제5판

강의 민사소송법

전병서

Civil Procedure

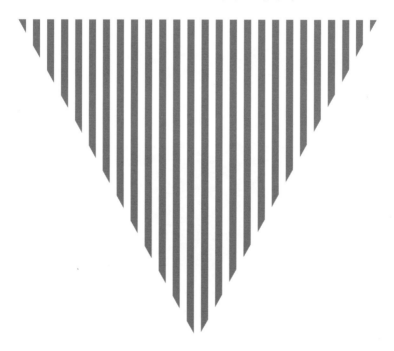

박영사

[QR코드]

☞ 유스티치아(Justitia) Law Center 플랫폼(justitia.kr 또는 walaw.kr)이나 유튜브 채널('와로'로 검색)에서 강의 동영상 및 최신 판례를 볼 수 있습니다.

제5판 머리말

한참 부족한 본인을 후학(後學)이자 제자로 지도하여 주시고 아껴주신 민사절차법의 대가(大家) 고(故) 이시윤 선생님께 애도와 추모의 마음을 바칩니다.

...

제5판을 출간하면서, 다음과 같은 최근 민사소송법 개정 내용을 반영하였습니다.

- 2023. 7. 11. 개정 민사소송법은 소송관계인의 생명 또는 신체에 대한 위해의 우려가 있다는 소명이 있는 경우에 법원이 해당 소송관계인의 신청에 따라 결정으로 소송기록의 열람·복사·송달에 앞서 주소 등 해당 소송관계인이 지정한 개인정보가 당사자 및 제3자에게 공개되지 아니하도록 보호조치를 할 수 있도록 하였다(제163조 제2항 신설). 법원이 소송기록 열람·복사·송달 시 소송관계인의 개인정보가 공개되지 않도록 조치할 수 있는 근거를 마련하여 피해자 등이 개인정보 노출에 대한 두려움 없이 민사소송을 통해 손해배상을 받을 수 있도록 하려는 것이다. 2025. 7. 12.부터 시행한다.

- 2024. 1. 16. 개정 민사소송법은 항소법원이 원심법원으로부터 항소기록을 송부 받으면 바로 그 사유를 당사자에게 통지하도록 하고(제400조 제3항), 항소장에 항소이유를 적지 아니한 항소인은 항소기록 접수의 통지를 받은 날부터 40일 이내에 항소이유서를 항소법원에 제출하여야 하되(제402조의2 제1항), 항소인의 신청이 있는 경우에 1회에 한하여 해당 기간을 1개월 연장할 수 있도록 하는(동조 제2항) 한편, 항소인이 법정기간 내에 항소이유

서를 제출하지 아니하면 직권조사사항이 있거나 항소장에 항소이유가 기재된 경우를 제외하고는 항소법원으로 하여금 결정으로 항소를 각하하도록 하였다(제402조의3 제1항). 종전 민사소송법은 형사소송법과 달리 항소이유서의 제출 의무나 제출 기한에 관한 규정이 없었는데, 민사소송 운영상 나타난 일부 미비점을 개선·보완한 것이다. 2025. 3. 1.부터 시행한다.

- 2023. 3. 28. 개정 소액사건심판법은 판결서에 이유를 기재하지 않을 수 있는 특례와 관련하여, 소액사건 중 판결이유에 의하여 기판력의 객관적 범위가 달라지는 경우, 청구의 일부를 기각하는 사건에서 계산의 근거를 명확하게 제시할 필요가 있는 경우, 소송의 쟁점이 복잡하고 상대방의 주장, 그 밖의 공격방어방법에 대한 다툼이 상당한 사건 등 당사자에 대한 설명이 필요한 경우에는 청구를 특정함에 필요한 사항 및 주문의 정당함을 뒷받침하는 공격방어방법에 관한 판단 요지를 판결서의 이유에 기재하도록 노력할 의무를 부과하였다(제11조의2 제3항 단서 신설). 공포 당일인 2023. 3. 28. 시행하였다.

그리고 2024년도 최근 판례도 해당 부분에 반영하면서, 내용을 업데이트하였습니다.

제5판을 출간하면서 윤혜경 대리 등 출판사 『박영사』 관계자를 비롯하여 도움을 주고 격려하여 준 주위 여러분들에게 다시 한번 감사를 표합니다.

2025. 1.

전병서

머 리 말

법학전문대학원제도의 도입으로부터 10년의 경과 및 사법시험의 폐지 등에 따른 법학교육의 변화와 현실에 맞추어 신(new & next)세대 독자를 위하여 기존의『기본강의 민사소송법』을 바탕으로 본서를 출간하게 되었다. 본서의 특징이나 독자에게 전하고 싶은 말은 기존『기본강의 민사소송법』의 머리말에 잘 나타나 있으므로 아래와 같이 그 머리말을 발췌하여 적는 것으로 대신하고자 하는데, 법리의 기본적 이해를 바탕으로 분석력, 응용력, 창의력 등 이른바 리갈 마인드를 함양하고자 한 저자의 집필 의도를 학습자가 충분히 느낄 수 있었으면 한다. 그리고 관련된 강의 동영상 및 판례 자료의 업데이트 등은 유스티치아 Law Center 라는 플랫폼(http://justitia.kr)을 이용하면 된다.

***

√ 본서는 독자 스스로가 항시 민사소송절차의 전체를 의식하면서, 해당 내용을 심층 이해할 수 있도록 여러 가지 배려를 한 교재이다. 민사소송법의 효율적 학습을 목표로 절차에 관한 흐름도, 구체적 예, 일람표, 서식 등을 되도록 많이 이용하여 민사소송절차의 전체상을 이해하기 쉽도록 꾸몄다. 서술의 순서도 기존의 체계서와 달리하였다. 절차법의 특성을 반영하여 먼저 절차의 흐름을 자세히 살펴보고, 기본원리나 기본개념을 앞에서 충분히 설명하였다. 그리고 나서 본격적으로 절차의 흐름에 따라 세세한 각론적 설명으로 나아갔다(종전『기본강의 민사소송법』제1판).

√ 포괄적이면서 철저한 학습이라는 지금까지의 법학교육의 큰 이점을 포기하지 않으면서, 법률상의 개념이나 이론을 학생이 그 자신의 언어로 포착하고 또

한 자기의 법률적 견해를 형성할 수 있도록 배려하여 내용을 구상하였다(종전『기본강의 민사소송법』제2판).

√ 절차법으로서의 민사소송법의 특성을 충분히 고려하여, 민사소송법의 표준적 내용에 대한 기본적 지식을 학습자가 무리 없이 몸에 익히면서 흥미 있게 이해할 수 있도록 내용을 구성하였다. 또한 난해한 부분도 기초적 내용에 바탕을 두고 가능한 알기 쉽게 서술하면서 아울러 학습자가 새로운 문제에 대처할 수 있는 역량을 쌓아감에 부족함이 없도록 집필하였다(종전『기본강의 민사소송법』제3판).

√ 민사소송법의 표준적 내용을 학습자에게 무리 없이 이해시키려는 의도를 여전히 유지하였다(종전『기본강의 민사소송법』제4판).

√ 기본 학습서로서 필요·충분한 분량으로 민사소송법 지식(이론과 판례)을 전달하려고 하였다(종전『기본강의 민사소송법』제5판).

√ 민사소송법을 처음 배우는 학생으로서는 민사소송을 경험할 기회가 거의 없었으므로 실제 이미지를 떠올리기 어렵고, 그 구사되는 용어도 일상의 언어와 비교하여 생소한 느낌의 용어가 적지 않은 상황에서 민사소송법 학습자에게 절차 내용을 가급적 이해하기 쉽게 구체적 예를 들면서, 그러면서도 기본적 지식과 판례를 확실히 익힐 수 있도록 여러 가지 배려를 하였다(종전『기본강의 민사소송법』제6판).

√ 민사소송법 학습에 있어서 강의식 교재를 전제로 하면서 구체적 사례·판례를 가지고 학습자의 법적 사고 및 절차법에 대한 이해도를 끌어 올리고자 한 의도는 여전히 유지되고 있다. 그리고 유스티치아 Law Center라는 플랫폼 (http://justitia.kr)에 본서의 강의 동영상 및 학습자료 등을 구축하여 효율적 학습에 도움이 되도록 하였다(종전『기본강의 민사소송법』제7판).

√ 개정된 민사소송법 관련 법령을 반영하였다(종전『기본강의 민사소송법』 제8판).

√ 대학 교수로 강단에 서서 막 민사소송법 강의를 담당한 때로부터 20년이 지났는데, 처음 그때부터의 강의교재에서 비롯한 본서가 지금까지 오랜 시간에 걸쳐 다듬어져 이제 적절한 분량으로 알찬 내용이 되었다. 강의교재로서 그 내용의 충실도와 관련, 이번에는 신설 규정의 반영, 이론의 보완이나 신규 판례의 추가 등의 개정을 하였다(종전 『기본강의 민사소송법』 제9판).

***

본서를 출간하는 데 기획 단계부터 도움을 준 박영사의 조성호 출판기획이사 및 편집 작업을 맡아 준 박송이 대리 등에게 감사드린다.

민사소송법을 비롯한 일련의 민사절차법 연구와 교육에 앞으로도 계속 진력할 것을 다짐하는 것으로 주위 여러분에 대한 고마움의 표시를 대신하고자 한다.

2018. 7.

전병서

목 차

제 1 부 민사소송의 이해

제 1 장 민사소송절차

제 2 장 민사소송의 기본개념과 기본원리

제 2 부 소송절차의 진행

제 1 편 소송의 개시

제 1 장 소의 제기 및 관련 절차

제 2 장 소의 적법

제 3 장　소제기의 효과

제 2 편　소송의 심리

제 1 장　심리의 기본원칙

제2장 변 론

제 3 장 증거조사

제 3 편 소송의 종료

제 1 장 소송종료사유

제 2 장 당사자의 행위에 의한 소송의 종료

제 3 장　종국판결에 의한 소송의 종료

제 3 부 복잡한 소송형태

제 1 편   복수청구소송
제 1 장 총   설

제 2 장   소의 객관적 병합

제 3 장   소의 변경

제 4 장 반 소

제 3 장　제3자의 소송참가

제 4 장 당사자의 변경

제 5 장 선정당사자

제 4 부 상소 · 재심

제 1 장 상   소

제 2 장 재   심

제 5 부 민사소송의 기본이념

제 1 장   민사소송의 이상과 신의성실의 원칙

제 2 장   민사소송의 목적

[참고문헌]

[체계서]	[인용약어]
강현중, 민사소송법, 박영사, 2002	강
김용진, 민사소송법, 신영사, 2006	김용
김홍규/강태원, 민사소송법, 삼영사, 2017	김/강
김홍엽, 민사소송법, 박영사, 2024	김홍
범경철/곽승구, 민사소송법, 정독, 2024	범/곽
송상현/박익환, 민사소송법, 박영사, 2014	송/박
이시윤, 신민사소송법, 박영사, 2024	이
정동윤/유병현/김경욱, 민사소송법, 법문사, 2023	정/유/김
정영환, 신민사소송법, 법문사, 2023	정영
한충수, 민사소송법, 박영사, 2021	한
호문혁, 민사소송법, 법문사, 2024	호

[그 밖의 참고문헌]

권혁재, 민사소송법요론, 법문사, 2014

김상수, 민사소송법개론, 법우사, 2007

김연, 판례와 함께 읽는 민사소송법, 탑북스, 2023

김일룡, 민사소송법강의, 오래, 2013

박재완, 민사소송법강의, 박영사, 2017

손한기, 민사소송법, 홍문사, 2017

오창수, 로스쿨 민사소송법, 한국학술정보, 2011

이태영, 민사소송법강의, 법문사, 2016

이헌묵, 민사소송법, 홍문사, 2015

전병서, 민사소송법강의, 법문사, 2003

전원열, 민사소송법강의, 박영사, 2024

제 1 부

민사소송의 이해

제 1 장

민사소송절차

제 1 절 절차로서의 민사소송

사인의 자력구제(Selbsthilfe)를 금지하는 것에 대응하여 국가는 법원을 설치하고 민사법의 영역에서의 법률상 다툼에 대하여 재판을 행한다. 결국 민사소송은 사법적(私法的) 법률관계에서 발생하는 분쟁에 대하여 권리를 확정하여, 다툼을 해결하기 위한 재판상 절차인 것이다.

사인은 그 생활을 둘러싸고 다른 사람과의 사이에 분쟁이 생긴 때에는 그 분쟁의 법적 해결을 국가의 법원에 구할 수 있는데, 이 경우에 분쟁의 해결을 구하는 사람을 「원고」라 하고, 그 상대방을 「피고」라 한다(양쪽을 합쳐 「당사자」라고 한다).   1-1

원고는 피고와의 사이에 어떠한 분쟁이 있는가를 「소장」이라는 서면에 기재하여, 이를 법원에 제출하여 분쟁의 해결을 구하는 것이 보통이다. 원고의 이러한 분쟁해결의 신청이 「소」이고, 분쟁해결을 신청하는 것을 「소의 제기」라고 한다.

소의 제기가 있으면, 법원은 소장(부본)을 피고에게 송달하여(소송에 관한 서류를 보내는 것을 「송달」이라고 한다), 원고가 소를 제기한 것을 피고에게 알리는 것과 함께 원고의 주장에 대하여 피고가 어떠한 태도를 펼칠 것인가를 「답변서」라고 불리는 서면에 적어 법원에 제출할 것을 요구한다.

이를 바탕으로, 원칙적으로 「변론기일」이 열리게 된다(필요한 경우에 변론준비절차를 거친다). 당사자는 서로 법원에 대하여 자기의 변명이 옳다는 주장을 펼치고, 증거를 제출하는데, 이를 「변론」이라고 하며, 당사자는 이 변론을 일반인에게도 「공개」된 법정에서 「말」로 행한다.

그리고 법원은 당사자 사이의 다툼에 대하여 판결을 내릴 수 있는 상태에 이르면, 변론을 종결하고 분쟁에 대하여 「판결」로 결론을 맺는다.

이렇게 민사소송은 「사인 사이의 분쟁의 법적 해결」을 위하여 「소의 제기」로부터 「변론」을 거쳐 「판결」에 이르기까지 원고, 피고 및 법원의 행위가 연속하여 이루어지면서 진행되어 가는 「재판상의 절차」이다.[1]

◆ **민사소송과 형사소송의 용어** ◆   민사소송과 형사소송(범죄를 인정하여 이에 대한 형벌을 부과할 것인지 여부를 확정하는 소송절차)의 용어는 비슷하기도 하고 다르기도 하다. 가령 소를 제기 당한 당사자를 민사소송에서는 「피고」, 형사소송에서는 「피고인」이라고 부르고, 공개의 법정에서 열리는 심리절차를 민사소송에서는 「변론」 또는 「구술변론」, 형사소송에서는 「공판」이라고 부른다. 영미법계 국가에서는 「피고」, 「피고인」 어느 쪽도 모두 「defendant」이고, 「변론」과 「공판」 어느 것도 모두 「trial」이다. 그리고 소송개시시에 소를 제기하는 당사자(민사소송에서는 「원고」, 형사소송에서는 「검사」)가 작성·제출하는 기본 문서를 민사소송에서는 「소장」, 형사소송에서는 「공소장」이라고 한다. 이렇게 기본용어가 다른 것은 민사소송법은 독일법을 계수한 반면, 형사소송법은 프랑스법적 요소가 투입되었기 때문이다. 다만, 공개주의, 직접주의와 같은 소송원칙이나 자유심증주의와 같은 증거법의 개념은 민사소송과 형사소송에서 공통된다. 그 밖에 법관의 제척이나 기피 등 재판운영상의 개념도 공통된다.

◆ **민사소송의 목적 등** ◆   통상 민사소송법의 체계서 및 강의는 「민사소송의 목적」, 「민사소송의 이상」, 「신의칙」으로부터 시작한다. 이는 민사소송법 이론과 해석의 척추(脊椎)이며 절차의 운용을 위한 원천이라고 할 수 있는데, 본 책에서는 이를 마지막에 배치하였다(☞17-1).

---

1) 민사소송법 법전의 구성은 반드시 절차의 흐름에 대응하여 편별되어 있지 않아 조문을 찾아보기 어렵다. 가령 소의 제기가 있은 후 변론을 열고, 증거조사를 하여 판결을 내리는 것이 절차의 흐름이지만, 조문의 순서에 의하면 판결 부분이 앞에(198조 이하), 소의 제기 부분(248조 이하)이 뒤에 배치되어 있어, 결국 절차상 가장 최후에 등장하는 판결 부분이 조문상으로는 앞에 나오는 것이 민사소송법의 조문의 편성이다(이는 독일의 대단히 추상적인 사고, 즉 총칙 시스템이 그대로 수입된 것에서 비롯된 것이다).

◆ **소송과 비송** ◆ 법원이 절차를 주재(主宰)하여 공권적인 판단을 나타내는 것이지만, 소송절차에 의하지 않는 비송사건이라는 것이 있다. 본래 사인 사이의 생활관계의 처리는 각자의 의사에 맡겨져 있는 것이 원칙이지만, 국가기관인 법원의 후견감독적 개입이 필요한 사항도 있다. 사인 사이의 분쟁을 예방하거나 분쟁에 있어서 생활상의 불편을 제거하기 위하여 등기, 공탁, 신탁 등의 제도를 두어 사인의 이용에 제공하거나, 법인의 사무나 청산의 감독 등 일반인에게 영향이 많은 생활관계를 감독하거나, 스스로 재산의 관리나 생활을 할 수 없는 사람을 위하여 후견인, 재산관리인 등의 선임감독을 할 필요가 있는데, 이러한 여러 가지 다양한 사항을 법원의 임무로 하여 비송사건으로 취급하고 있다. 법원의 관할에 속하는 비송사건을 위하여 비송사건절차법이 제정되어 있다. **형식적 의미**에서 비송사건은 비송사건절차법에 규정된 사건과 그 총칙 규정의 적용 또는 준용을 받는 사건이다. 한편, **실질적 의미**의 비송사건을 어떻게 볼 것인가에 대하여 여러 입장이 있는데, 민사에 관한 사항의 처리에 있어서 법원의 판단의 기준을 명시한 법률을 구체적 사건에 단순히 적용하여 권리의무의 존부를 판단하는 것이 소송사건임에 대하여, 법원이 후견적으로 개입하여 가장 합목적적이라고 생각하는 바에 따라 처리하도록 맡긴 사항은 비송사건에 해당한다는 입장이 일반적이다.[2] 결국 민사소송은 **민사사법**(司法)이고, 비송사건은 **민사행정**이라고 할 수 있다. 비송사건은 소송사건과 현저하게 다른 절차원칙이 지배한다.

	소송사건	비송사건
성질	사법(司法)절차	민사행정절차
판단형식	양자택일적 판단	합목적적 판단
당사자	2당사자대립구조	대립 당사자를 전제로 하지 않음
신청	특정이 필요함	특정이 필요하지 않음
자료수집	변론주의	직권탐지주의
증명	엄격한 증명	자유로운 증명
재판의 공개	공개주의	비공개주의
심리방식	필수적 변론	임의적 변론
재판형식	판결	결정
재판의 효력	구속력 있음	사정변경에 의한 취소·변경 가능
불복신청	항소·상고	항고·재항고

2) 비송사건절차법에 규정된 비송사건을 민사소송의 방법으로 청구하는 것은 **허용되지 않는다**. 그러나 소송사건과 비송사건의 구별이 항상 명확한 것은 아니고, 비송사건절차법이나 다른 법령에 비송사건임이 명확히 규정되어 있지 않은 경우 당사자로서는 비송사건임을 알기 어렵다. 이러한 경우 수소법원은 당사자에게 **석명을 구하여** 당사자의 소제기에 사건을 소송절차로만 처리해 달라는 것이 아니라 비송사건으로 처리해 주기를 바라는 의사도 포함되어 있음이 확인된다면, 당사자의 소제기를 비송사건 신청으로 보아 재배당 등을 거쳐 비송사건으로 심리·판단하여야 하고 그 비송사건에 대한 토지관할을 가지고 있지 않을 때에는 관할법원에 이송하는 것이 타당하다(대법원 2023. 9. 14. 선고 2020다238622 판결).

제 2 절 절차의 흐름

본래 소송에 해당하는 용어인 prozess(process)는 일정한 목적을 향하여 진전되는 과정을 뜻하는 것이므로 소송절차의 전체적 흐름을 이해하는 것은 대단히 중요하다. 예를 들어 제주도를 여행하고자 할 때에 처음에 제주도 전체가 담겨 있는 지도에서 제주도의 전체 상을 파악하고 난 후에, 특히 한라산, 제주시, 서귀포시가 어디에 있는지를 염두에 두고, 각지의 위치를 보며 동쪽으로, 서쪽으로 어떻게 섬을 일주할 것인가, 또 한라산을 어떻게 등반할 것인가 하는 등의 상세한 계획을 세우는 것이 합리적이듯, 세세한 것은 나중에 미루고 우선 여기에서는 소송절차의 전체적 흐름을 살펴보기로 한다.

원고는 소장에 의하여 소를 제기한다. → 재판장이 소장을 심사한다. → 소장심사를 통과하면, 소장부본을 피고에게 송달한다. → 피고는 답변서를 제출하여야 한다. → 재판장은 변론준비절차에 부칠 필요 등 예외적으로 필요한 경우 이외에는 바로 변론기일을 정한다. → 변론과 증거조사가 끝나면, 변론을 종결한다. → 법원은 판결을 선고한다.

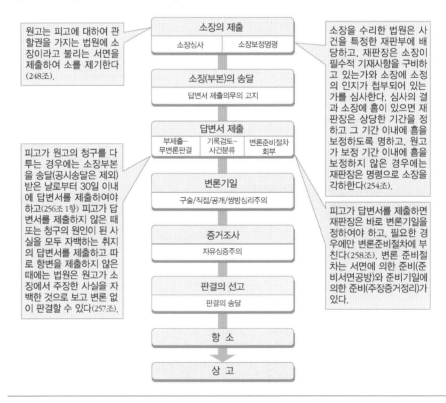

제1항 소의 제기

I. 소장의 제출

소송은 당사자의 주도에 의하여 개시된다. 법원의 직권으로 개시되지는 않는 1-2
다(처분권주의. ☞2-89).3)

1. 의 의

소는 소송절차를 개시하는 중요한 소송행위이다. 민사소송법은 소의 제기, 1-3
특히 그 방식에 대하여 몇 가지 규정을 두고 있는데, 원칙적으로 소를 제기하려
는 사람은 법원에 소장을 제출하여야 한다(248조 1항).4) 전산정보처리시스템을
이용하여 전자문서로도 제출할 수 있다(전자소송. ☞3-1).

소장을 제출하여 소를 제기하려는 경우에는 소장에 일정한 사항을 기재하여, 작
성자인 원고 또는 그 대리인이 기명날인 또는 서명하고(249조 2항, 274조), 소송목적
의 값(=소가)5)에 따라서 인지를 붙여야 한다.6)

그런데 소권을 남용하는 소 제기를 방지하기 위하여 소장에 붙이거나 납부
한 인지액이 「민사소송 등 인지법」에 따른 최소인지금액(가령, 소송목적의 값이

---

3) 처분권주의는 권리의 행사 여부 및 어떠한 범위에서 권리를 행사할 것인가를 권리자 자신이
결정할 수 있는 실체법의 사적 자치의 원칙에 대응하는 것이다.

4) 소장제출주의의 예외로 소송목적의 값이 3,000만원 이하의 금전 기타 대체물 또는 유가증
권의 일정 수량의 지급을 구하는 소액사건에 있어서는 구술제소, 당사자 쌍방의 임의출석에
의한 제소를 할 수 있다(소액사건심판법 4조, 5조).

5) 소송목적의 값이라 함은 소송물, 즉 원고가 소로써 달성하려는 목적이 갖는 경제적 이익을
화폐단위로 평가한 금액이다. 가령, 1억원 금전지급청구의 경우에는 그 청구금액인 1억원이 소
송목적의 값이 된다. 가령, 물건의 인도를 구하는 소에 있어서 소유권에 기한 경우에는 목적물
건의 가액의 2분의 1, 점유권에 기한 경우에는 목적물건 가액의 3분의 1이 소송목적의 값이 된
다(민사소송 등 인지규칙 참조).

6) 인지의 납부에 있어서 「민사소송 등 인지법」은 소가가 1천만원 미만일 경우 1만분의 50을 곱한 금
액, 1천만원 이상 1억원 미만일 경우 1만분의 45를 곱한 금액에 5천원을 가산한 금액, 1억원 이상
10억원 미만일 경우 1만분의 40을 곱한 금액에 5만 5천원을 가산한 금액, 10억원 이상인 경우 1만분
의 35를 곱한 금액에 55만 5천원을 가산한 금액 상당의 인지를 붙이도록 한 역진제를 채택하고 있다.
또 상소심 인지액의 할증비율은 항소심에는 소장의 1.5배, 상고심에는 소장의 2배이다. 한편, 미국은
제소수수료를 소가와 관계없이 일정액만을 납부하도록 하는 정액제를 채택하고 있으며, 프랑스는 재
판무상원칙에 따라 소송비용을 무료로 하고 있다. 참고로 보면, 삼성자동차 채권단인 서울보증보험
등 14개 회사가 이건희 삼성그룹 회장과 28개 삼성 계열사를 상대로 삼성자동차의 부채와 연체이자
등 모두 4조 7천 3백 80억원을 지급하라며 제기한 약정금청구소송의 경우에 인지대는 사상 최고액인
182억원이었다.

3,000만 원 이하인 사건에서는 1,000원, 3,000만 원 초과 5억 원 이하인 사건에서는 1만 원, 5억 원을 초과하는 사건에서는 5만 원)에 미달한 채 소장을 제출하는 경우에는 법원은 **소장의 접수를 보류**할 수 있다(248조 2항).[7] 접수 보류 후 최소인지금액을 납부하여 소장이 접수되면 처음 소장이 제출된 때에 소가 제기된 것으로 본다(248조 3항).

그리고 각 피고에 송달하기 위하여 피고 수만큼의 소장부본을[8] 함께 제출한다(민사소송규칙 48조 1항). 또 필요한 소송서류의 송달비용을 미리 낼(=예납) 것도 요구된다(116조 1항).[9]

소장의 제출은 원고 또는 대리인 자신이 할 필요는 없고, 사자(使者)에 의하여도 무방하다. 소장은 지참제출이 바람직하지만, 우편으로 제출하여도 무방하다. 다만, 전화에 의한 경우는 인정될 수 없다.

2. 소장의 기재사항

(1) 필수적 기재사항

1-4   소장의 제출에 의하여 소송절차가 개시되므로 소장에는 소송절차를 진행하기 위한 필요최저한의 정보, 즉 누가 누구에게 무엇을 구하는가를 명확하게 하지 않으면 안 된다(주체 및 객체의 특정). 그리하여 소장에는 당사자와 법정대리인, 청구의 취지와 원인을 적어야 하는데, 이것이 소장의 필수적 기재사항이다(249조 1항). 이에 의하여 소의 본질적 부분인 원고, 피고 및 소송물이 특정된다.

1-5   **(가) 당사자와 법정대리인**   누가 원고가 되고, 누구를 피고로 하는가, 즉 당사자를 소장에 적어야 하는데, 원고 및 피고를 다른 사람으로부터 특정·식별할 수 있을 정도의 기재가 필요하다.

자연인의 경우에는 성명과 주소에 의한다(연락처 등도 적는다). 이것으로 불충분한 때에는 연령이나 직업 등에 의하여 보충되어야 한다. 예명이나 아호 등에

---

7) 「민사소송 등 인지규칙」 4조의2에서는, 위 금액에 미달하는 경우로서 소장 등을 제출한 사람이 동일인을 대상으로 반복하여 소장 등을 제출한 전력이 있고, 그 소 등에 대하여 각하판결 또는 소장각하명령 등을 받은 적이 있는 경우를 소장 등의 접수를 보류할 수 있는 경우의 하나로 규정하고 있다.

8) 최초로 작성된 문서 그 자체가 원본이라면, 같은 내용으로 작성된 것을 부본이라고 하는데, 문서를 프린터로 출력하는 요즈음에는 실제 구별할 큰 의미는 없다.

9) 소장을 제출할 때에는 당사자 수에 따른 계산방식에 의한 송달료(가령 민사 제1심 단독·합의사건은 당사자 수×5,200원(1회분)×15회분)를 송달료수납은행(대부분 법원 구내 은행)에 납부하고 그 은행으로부터 교부받은 송달료 납부서를 소장에 첨부하여야 한다.

의한 표시도 허용된다.

법인 등의 경우에는 상호·명칭과 본점·주사무소의 소재지에 의하여 특정·식별하는 것이 통상적이다.

파산관재인, 유언집행자 등과 같이 일정한 자격에 의하여 당사자가 되는 사람은(파산자 A의 파산관재인 甲, 망 A의 유언집행자 甲과 같이) 그 당사자적격의 근거를 표시하여야 한다. 다만, 채권자대위권을 행사하는 채권자는 법정소송담당관계를 적지 않고, 단순히 당사자인 채권자의 성명, 주소만을 적는 것이 실무관행이다.

만약, 당사자가 미성년자·피성년후견인과 같이 **제한능력자**인 경우에는 원칙적으로 **법정대리인**이 위 소송무능력자(제한능력자)를 대리하여 소송을 수행하기 때문에(55조), (미성년자이므로 법정대리인 친권자 부 A, 모 B와 같이) 누가 법정대리인인가를 분명히 하여야 한다.[10] 그리고 법인이 소송의 당사자가 되는 경우에는 그 대표자는 법정대리인에 준하여 취급되고(64조), 소송행위는 그 대표자에 의하여 행하는데, 가령 송달 등의 관계에서 소송행위를 할 사람을 명확하게 하기 위하여 (대표이사 A와 같이) 그 대표자를 적어야 한다. 한편, **소송대리인**의 표시는 필수적 기재사항은 아니나, 임의적 기재사항(249조 2항, 274조)으로 송달의 편의상 적는 것이 실무관행이다.

■ **당사자 기재례**

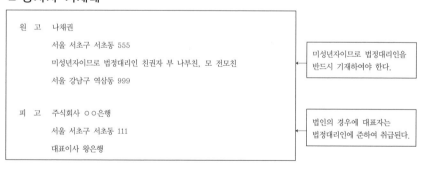

```
원  고   나채권
         서울 서초구 서초동 555
         미성년자이므로 법정대리인 친권자 부 나부친, 모 전모친     ◄  미성년자이므로 법정대리인을
         서울 강남구 역삼동 999                                      반드시 기재하여야 한다.

피  고   주식회사 ○○은행
         서울 서초구 서초동 111                                  ◄  법인의 경우에 대표자는
         대표이사 왕은행                                             법정대리인에 준하여 취급된다.
```

당사자를 잘못 적은 경우에는 뒤에 보충·정정할 수 있다(표시정정). 그런데 별도의 법인격을 표시하는 결과가 되는 경우에는 단순한 표시정정이 아니라, 당사자의 변경이 되므로 그 요건·효과에 따른다(가령 260조 피고의 경정).

---

10) 이렇게 당사자 본인이 스스로 소송을 수행할 수 없는 상태이기 때문에 그 사람의 이익을 보호하기 위하여 법정대리인이 필요한 것이고, 반면 당사자가 소송능력자이라면 법정대리인이 필요한 것은 아니다.

◈ **소장의 예** ◈ 甲은 2015. 10. 1. 乙에게 2억 5천만원을 변제기는 2015. 10. 31.로 정하여 대여하였다고 하자. 변제기가 지나도록 위 대여금을 변제하지 않은 때에 甲(원고)이 乙(피고)에 대하여 위 소비대차계약에 기하여 대여금의 반환을 청구하는 경우의 소장은 다음과 같다. 이자 지급의 약정은 없었으므로 이자는 청구되지 않고, 대여금의 원금과 지연손해금이 청구되는 경우이다.

소 장

원 고 ○ ○ ○
서울 서초구 서초동 999
전화 (02) 530-1111, 휴대폰 (011) 9999-1111
팩스번호 (02) 3480-1111, 이메일주소
우편번호 137-750

피 고 △ △ △
서울 송파구 오륜동 1000
우편번호 138-151

대여금청구의 소*

청 구 취 지

1. 피고는 원고에게 250,000,000원 및 이에 대하여 2020. 11. 1.부터 이 사건 소장 부본 송달일까지는 연 5%**, 그 다음날부터 다 갚는 날까지는 연 12%*** 의 각 비율로 계산한 돈을 지급하라.
2. 소송비용**** 은 피고가 부담한다.
3. 제1항은 가집행***** 할 수 있다.
라는 판결을 구합니다.

청 구 원 인

원고는 2020. 10. 1. 피고에게 2억 5천만 원을 변제기 2020. 10. 31.로 정하여 대여하였습니다. 그런데 피고가 변제기에 변제하지 않으므로 원고는 피고에 대하여 위 원금 2억 5천만 원 및 이에 대하여 변제기 다음날인 2020. 11. 1.부터 이 사건 소장 부본 송달일까지는 민법이 정한 연 5%, 그 다음날부터 다 갚는 날까지는 소송촉진 등에 관한 특례법이 정한 연 12%의 각 비율로 계산한 지연손해금을 구하고자 이 건 청구에 이른 것입니다.

증 거 방 법

갑 제1호증 (차용금증서)

첨 부 서 류

1. 위 입증방법 2통
1. 송달료 납부서 1통
1. 소장 부본 1통

2022. . .
위 원고 ○ ○ ○ 기명날인 또는 서명

서울동부지방법원****** 귀중

---

*사건명은 간결하고 정확하게 표시하고, 여러 개의 청구가 병합되어 있는 때에는 대표적인 청구 1개만을 택하여 "...등 청구의 소"와 같이 적는다.

**변제기가 경과하면, 특약이 없어도 당연히 법정이율 연 5분의 비율에 의한 지연손해금을 청구할 수 있다(민법 397조 1항 본문).

***소제기의 실체법상 효과와 관련하여, 채무자가 이유 없이 소송을 지연하는 것에 대한 방지책으로 금전채무의 이행을 명하는 판결을 선고할 경우에 금전채무 불이행으로 인한 손해배상액산정의 기준이 되는 법정이율은 소장 부본 송달 다음날부터는 연 12%로 한다(소송촉진 등에 관한 특례법 3조 1항).

****소송비용은 소송의 진행 중에는 각각의 당사자가 지급하지만, 최종적으로는 원칙적으로 패소한 당사자가 부담한다(98조). 법원은 직권으로 소송비용에 대하여 재판하여야 하지만(104조), 원고의 입장에서 청구의 취지란에 소송비용의 재판을 구하는 것이 관행적이다.

*****승소자는 판결의 확정을 기다려서 그 내용을 실현할 수 있는 것이 원칙이지만, 현재의 3심제 소송제도 아래에서는 판결이 확정될 때까지는 상당한 시간이 걸린다. 미확정의 종국판결이지만, 확정된

판결과 마찬가지로 그 내용을 실현시킬 수 있는 효력을 부여하는 형성적 재판을 가집행선고라고 한다. 「재산권의 청구에 관한 판결」에는 상당한 이유가 없는 한, 당사자의 신청 유무를 불문하고 직권으로 가집행을 할 수 있다는 것을 선고하여야 하지만(213조 1항), 원고의 입장에서 청구의 취지란에 가집행선고를 구한다고 적는 것이 관행적이다.

******토지관할과 관련하여 「각급법원의 설치와 관할구역에 관한 법률」은 각 법원에 그 직무집행의 지역적 한계로서 그 관할구역을 정하여 놓고 있다. 피고의 주소가 서울 송파구 오륜동이므로 서울동부지방법원을 관할법원으로 한 것이다.

　(나) 청구의 취지와 청구의 원인　　무엇을 구하는가를 소장의 청구의 취지　　1-6
와 청구의 원인에 의하여 명확하게 하여야 한다. 이 「무엇」이란 것은 이론적으로
는 나중에 설명할 소송물과 밀접하게 관계된다.

　① 청구의 취지: 청구의 취지는 원고가 청구의 내용·범위를 나타내 어
떠한 내용의 판결을 구하는지를 간결·명료하게 표시하는 소의 결론부분이고, 원
고가 소로 구하고자 하는 판결의 주문에 대응하는 형식으로 적는 것이 보통이다.
가령 이행의 소인 대여금반환청구소송의 경우에는 명하는 형식으로 「피고는 원
고에게 6,000만원을 **지급하라**」, 확인의 소인 소유권확인소송의 경우에는 선언하
는 형식으로 「원고와 피고 사이에서 별지 목록 기재 부동산이 원고의 소유임을
확인한다」(따라서 '피고는' 별지 목록 기재 부동산이 원고의 소유임을 확인'하라'와 같이
피고에 대하여 확인을 명하는 형식을 취하는 것은 잘못), 형성의 소인 이혼소송의 경우
에는 선언하는 형식으로 「원고와 피고는 **이혼한다**」는 「판결을 구한다」와 같이
적는다. 어느 경우이든 청구의 취지는 소송상 청구를 특정하고, 이에 대응하여
피고에게 방어의 목표를 정하게 한다.

◈ **청구취지 기재례** ◈

- 피고들은 연대하여 원고에게 100,000,000원 및 이에 대한 2021. 12. 1.부터 이 사
  건 소장 부본 송달일까지는 연 5%의, 그 다음날부터 다 갚는 날까지는 연 12%의
  각 비율에 의한 금원을 지급하라.[11]

---

11) 여러 명의 피고들에 대하여 중첩적으로 금전의 지급을 구하는 때에는 연대채무관계인 경우에
　는 "연대하여", 어음·수표 채무자 서로 사이에는 "합동하여", 부진정연대채무관계인 경우에는
　"공동하여(종래는 각자)"와 같이 각각의 상호관계와 각자의 의무의 범위가 명확하게 되도록 부
　가하여 기재하여야 한다. 그러한 중첩관계를 표시하지 아니하면 분할 지급을 구하는 것이 된다.
　그리고 원금 외에 부대청구금을 덧붙여 청구하는 경우에 이자, 지연손해금 등의 부대청구금의
　성질은 청구취지에 표시하지 않고 항상 '금원'이라는 무색투명한 용어를 사용하여야 한다.

- 피고는 원고에게 서울 동작구 흑석동 123 대 500㎡를12) 인도하라.13)
- 원고에게,

  피고 乙은 별지 제1목록 기재 건물에서 퇴거하고,

  피고 丙은 위 건물을 철거하고, 별지 제2목록 기재 토지를 인도하라.14)
- 피고는 원고에게 별지 목록 기재 부동산에15) 관하여 2000. O. O. 매매를16) 원인으로 한 소유권이전등기절차를 이행하라.
- 피고는 원고에게 별지 목록 기재 부동산에 관하여 서울동부지방법원 강동등기소 2009. 4. 16. 접수 제11078호로 마친 소유권이전등기절차의 말소절차를 이행하라.17)
- 원고의 피고에 대한 2018. 8. 1. 금전소비대차계약에 기한 채무는 존재하지 아니함을 확인한다.

청구의 취지는 판결을 확정적으로 요구하여야 한다. 그래서 경우에 따라서 기한 또는 조건을 붙일 수 있는지 여부가 문제된다. 소가 일반적으로 현재의 권리관계를 주장하는 것이라는 점에 비추어 기한을 붙이는 것은 허용되지 않는데, 장래의 이행을 청구하는 소(251조)는 약간 특수한 경우이다. 조건은 그것을 붙이는 것이 심판대상의 특정을 방해하는 때(가령 소송 밖의 조건)에는 허용되지 않으나, 그러한 우려가 없는 경우(가령 소송 내의 조건)에는 허용된다. 예비적 청구, 예비적 반소와 같은 예비적 신청이 그 예이다.

한편, 소장의 청구취지란에는 그 밖에 소송비용의 부담과 가집행선고의 신청을 적는 것이 관행적이다(앞의 소장 기재례 참조).

◈ **원고가 이행의 청구를 하여야 할 금액이 불확실할 때에 청구의 취지에 금액을 명시하지 않고 소를 제기할 수 있는가** ◈ 특히 불법행위에 의한 손해배상청구에 있어서는 원고가 미리 손해액을 산정하는 것이 용이하지 않고, 또 손해의 금전적 평가에는 법관의 재량이 들어가므로(이는 특히 위자료금액뿐만 아니라 실제상 과실상계에 있어서도 작용하기 때문에) 최종적인 법원의 판단을 예측하기 어렵다. 이러한 손해배상이 가지는

---

12) '대'(垈·집터)라고 표시하여야 하고, '대지'라고 표시하지 않도록 주의하라. 공간정보의 구축 및 관리 등에 관한 법률 67조 1항 참조. 그리고 '평방미터'라고 쓰지 않고 단위부호를 그대로 표기한다.
13) 여기서 사용하는 '인도'라는 용어는 물건에 대한 직접적 지배, 즉 점유를 이전하는 것을 의미하므로 목적물이 동산이든, 건물이든, 토지이든 구별하지 않고 사용한다.
14) 건물에서 퇴거하는 것이, 건물을 철거하는 전제가 되므로 기재 순서를 위와 같이 한 것이다.
15) 별지에 목적 부동산을 표시한다.
16) 등기원인인데, 사안에 따라 '매매'를 원인으로 대신에 '증여'나 '서울중앙지방법원 관악등기소 2000. OO. OO. 접수 제1111호로 마친 가등기에 기하여 2000. O. O. 매매'와 같이 그 등기원인을 적으면 된다.
17) 말소 대상 등기는 관할등기소, 접수연월일, 접수번호, 등기종류로 특정하여 적는다. 그러나 그 밖에 등기원인, 내용까지 적지 않으므로 이를 주의하라.

특성으로부터 소장의 단계에서 청구의 취지에 적을 금액을 명시하지 않을 필요성 또는 명시하지 못할 예외성을 인정할 것인지 여부가 쟁점이 된다. **생각건대** 청구금액을 명시하여야 하고, 가령 「법원이 적당하다고 인정하는 금액」을 지급하라는 등과 같은 청구는 허용되지 않는다고 할 것이다.

② **청구의 원인**: 청구의 원인은 청구의 취지를 보충하여 청구(소송물)를 특정하기 위하여 필요한 사실을 말한다(협의의 청구원인).[18] 환언하면 청구를 다른 것과 식별시키고 오인·혼동시키지 않을 정도의 사실관계를 의미한다.[19] 다만, 사실관계를 법적으로 평가하여 법률적 용어로 표현할 필요는 없다. 원고가 사실관계에 기한 법률효과를 법률적 용어로 표현하였다고 하더라도 법원은 이에 구속되지 않는다.

나아가 소장의 청구원인에는 자기 청구를 뒷받침하는 구체적 사실, 피고가 주장할 것이 명백한 방어방법에 대한 구체적인 진술 그 밖에 입증이 필요한 사실에 대한 증거방법 등을 적도록 하고 있는데(민사소송규칙 62조), 이는 집중심리방식과 관련하여 소장이 준비서면으로서의 기능도 겸하게 하여(그런 의미에서 이는 소장의 임의적 기재사항이고, 앞에서 말한 청구를 특정하기 위한 협의의 청구원인만이 소장의 필수적 기재사항이다)[20] 소송촉진을 기할 수 있게 하기 위함과 상대방 및 법원에 대하여 이후의 소송을 예상할 수 있게 하기 위함이다.

(2) 임의적 기재사항

위 필수적 기재사항은 적지 않으면 소장이 각하될 뿐인 사실이고, 그 밖의 사실을 적으면 안 된다는 것은 아니다. 예를 들어 관할법원과 관련하여 관할원인의 기초가 되는 사실을 적을 수 있다. 소장에는 준비서면에 관한 규정을 준용하   1-7

---

18) 청구의 원인의 기재는 「청구를 이유 있게」 하기 위한 것인가, 그렇지 않으면 「청구가 무엇인가를 특정」 하기 위한 것인가. 현재의 **통설**은 위 본문과 같이 청구가 무엇인가를 특정하기 위한 청구의 원인을 적을 것이 요구된다고 풀이한다. 이는 청구의 원인의 기재 정도에 관한 **식별설**(=동일인식설[Individualisierungstheorie])의 입장으로 협의의 청구의 원인을 적으면 된다고 보는 입장이다.
19) 청구의 특정에 있어서 채권과 같은 상대적·비배타적 권리의 경우에는 (물권과 같이 권리의 주체와 권리의 내용만에 의해 특정되지 않고) 같은 내용의 권리가 동일 당사자 사이에 여러 개가 성립할 수 있기 때문에 발생시기와 발생원인까지 청구원인으로 기재하여야 청구가 특정된다.
20) 청구의 원인의 기재에 대하여 앞에서 언급한 식별설 이외에 종전에는 청구의 원인으로 청구를 이유 있게 하는 데 필요한 일체의 사실을 적어야 한다는 **이유기재설**(=사실기재설[Substanzierungstheorie])도 있었는데, 이는 소의 제기 단계가 아니더라도 이어지는 변론에서 제출하면 되지만, 위 규칙에 의해 현재 소송운용의 결과는 이유기재설과 마찬가지가 된다.

므로(249조 2항) 필수적 기재사항 이외의 준비서면의 기재사항으로 규정된 사항을 적을 수 있다. 다만, 이를 빠뜨려도 소장의 효력에는 전혀 관계없고, 소장이 각하되는 것은 아니다.

II. 재판장등의 소장심사와 소제기 뒤의 조치

1. 사건의 배당

1-8　　위와 같은 사항을 기재한 소장이 법원에 제출되어 접수되면, 사건기록을 작성한 뒤에[21] 사무배당에 의하여 법원은 소송사건을 특정한 재판부에 배당한다.

2. 재판장등의 소장심사

1-9　　재판장(합의체의 재판장 또는 단독사건에서의 단독판사)이 소장을 심사한다(254조 1항). 한편, 소장도 소송서류의 일종이므로 소장이 접수된 때에 접수사무관등이 일차적으로 심사를 하는데, 소장의 적법 여부를 판단할 정식의 권한은 어디까지나 재판장이므로, 접수사무관등이 하는 심사는 재판장을 보조하는 의미에서의 사실상의 조사에 그친다. 그리고 사건이 배당되면 바로 참여사무관은 재판장의 위임을 받아 접수된 소장의 심사업무를 처리한다. 즉 참여사무관은 접수사무관등이 심사한 형식적 기재사항의 구비 여부 등을 다시 심사한다. 형식적 기재사항의 심사는 재판장의 포괄적 위임에 따라 참여사무관이 정형적으로 처리하고 실질적 사항은 재판장에게 개별적으로 보고하여 그 지시에 따라 처리하는 방식을 활용하고 있다.

(1) 대 상

1-10　　심사의 대상은 ① 소장이 필수적 기재사항을 갖추고 있는지 여부와 ② 소장에 소정의 인지가 첨부(貼付)되어 있는지 여부이다.

(2) 소장보정명령

1-11　　심사의 결과, 소장에 흠이 있으면 재판장은 상당한 기간을 정하여 보정을 명한다. 재판장은 법원사무관등으로 하여금 위 보정명령을 하게 할 수 있다(254조

---

21) 법원의 사건부호는 다음과 같다.

사 건 명	민사제1심단독사건	민사제1심합의사건	민사항소사건	민사상고사건
사건부호	가단	가합	나	다

1항). 법원사무관등이 1차적으로 형식적 보정명령을 담당하게 하는 한편, 재판장에게는 사후적 역할을 행하도록 하고 있다. 인지가 부족한 경우에 인지의 추가첩부에 의한 보정의 효과는 소장 제출시에 소급하여 발생한다. 소장의 필수적 기재사항(청구의 특정)에 문제가 없는 것을 전제로 한다면, 소급효를 인정하여도 상관없기 때문이다. 반면 당사자나 청구의 내용이 불분명하여 그 특정이 어려운 경우와 같이 필수적 기재사항의 보정의 경우에는 견해의 대립이 있는데, 보정의 시점에서 비로소 적법한 소장이 된다고 보아야 하기 때문에 소급효를 부정하는 견해가 옳다고 생각한다.22) 재판장의 보정명령에 대하여는 독립하여 이의신청이나 항고를 할 수 없다. 이 단계에서 보정명령에 불복이 있는 경우에는 원고는 보정에 응하지 않은 뒤, 소장각하명령이 내려지는 것을 기다려, 이에 대하여 즉시항고(254조 3항)를 하여야 할 것이다.23)

그리고 가령 기본적 서증으로 부동산관계소송에서는 등기부등본, 어음·수표소송에 있어서는 어음·수표 사본 등을 소장에 붙여야 하고 그 밖에도 소장에는 증거로 될 문서 가운데 중요한 것의 사본을 붙여야 하는데(민사소송규칙 63조 2항), 재판장은 소장을 심사하면서 필요하다고 인정하는 경우에는 원고에게 청구하는 이유에 대응하는 증거방법을 구체적으로 적어 내도록 명할 수 있고, 원고가 소장에 인용한 서증의 등본 또는 사본을 붙이지 아니한 경우에는 이를 제출하도록 명할 수 있다(254조 4항). 이를 통하여 소장의 충실화를 도모하고, 피고의 방어준비를 용이하게 하여 실질적 내용이 담긴 답변서를 유도하고자 한 것이다. 다만, 이를 이행하지 않더라도 재판장은 다음의 소장각하명령을 할 수 없다(소장보정명령의 대상과 소장각하명령의 대상의 구별).

(3) 소장각하명령

원고가 보정기간 이내에 소장의 흠을 보정하지 않는 경우에는 재판장은 **명령**으로 소장을 각하한다(254조 2항).24) 보정기간이 경과하였어도 소장각하명령을 하

1-12

---

22) 김/강, 124~125면; 김홍, 330면; 이, 275면, 정/유/김, 89면; 정영, 378면; 한, 228면. 이에 반대하며 비록 청구의 내용이 불분명하더라도 청구의 의사는 소장 제출시에 분명히 밝힌 것이므로 소급시키는 것이 타당하다는 견해로는 송/박, 253면; 호, 184면.

23) 소장이 각하되면 그 각하명령에 대하여 즉시항고로 다툴 수밖에 없다(대법원 1995. 6. 30.자 94다39086, 39093 결정 등).

24) 그런데 소장에 일단 법인의 대표자의 표시가 되어 있는 이상, 설령 그 표시에 잘못이 있다고 하더라도 보정명령을 하고, 그 불응을 이유로 **소장**을 **명령**으로 **각하**하는 것은 허용되지 않고, 오로지 **판결**로서 **소**를 **각하**할 수 있을 뿐이다(대법원 2013. 9. 9.자 2013마1273 결정).

기 전에 흠을 보정하면 소장을 각하할 수 없다고 할 것이다. 이 소장의 각하는 소장을 수리할 수 없다는 이유에서 소장을 반환하는 취지이고, 소의 각하와는 다르다. 다만, 청구의 당부에 대하여 판단하지 않고 사건의 종결을 가져오는 점에서는 공통된다. 소장각하명령을 받은 원고는 즉시항고를 하여 그 위법을 다툴 수 있다(동조 3항). 소장의 적법 여부는 각하명령을 한 때를 기준으로 판단하므로 가령 즉시항고를 하고 동시에 부족한 인지를 추가로 붙였다 하여도 그 흠은 보정되지 않는다.

한편, 소장의 흠이 간과되어 소장부본이 피고에게 송달되었다면 그대로 당사자 쌍방이 대립하는 절차가 개시되게 되므로 이제 **재판장의 명령**에 의한 소장의 각하는 할 수 없고, **종국판결**로 소를 부적법 각하하여야 한다. 즉 재판장이 소장을 각하할 수 있는 시기는 소장부본이 피고에게 **송달된 때**까지의 시점에 한정된다고 보아야 한다(소장송달시설).[25] 이에 대하여 소장의 각하는 변론을 열기에 앞서서 소장의 분명한 흠을 간단히 처리하여 소송경제를 도모하고자 하는 것이므로 소장부본의 송달시를 지나 **변론개시시**까지 소장의 각하를 할 수 있다는 견해도 있다(변론개시시설).[26] 다만, 어느 입장에 따르더라도 변론에 들어간 뒤에는 종국판결로 소를 부적법 각하하여야 한다.

◈ **소장각하명령의 예** ◈   미국에 망명하여 거주하고 있는 북한 김○○ 국방위원회 제1위원장의 이모 고○○이 국내에서 방송활동 중인 탈북자 3명을 상대로 국내 법원에 낸 명예훼손 손해배상청구소송이 시작도 못한 채 종결됐다. 해당 인사들의 주소를 알 수가 없었기 때문이다. 암살위협 등으로 국가기관의 보호를 받고 있는 일부 탈북자들은 행정기관에서도 주소를 확인하기 힘들 때가 있다. 고씨는 이들의 직장으로 알려진 곳의 주소를 법원에 제출했지만 이곳에서는 아무도 우편을 받지 않는 상황이 계속됐다. 이 같은 상황이 계속되자 법원은 소 제기 후 넉 달만에 결국 **소장각하명령**을 하였다 (2016.3.24.자 법률신문 기사).

◈ **소장각하명령에 대한 즉시항고의 예** ◈   김씨 등 원고들을 포함한 100명은 "이명박 대통령이 일본 총리를 만난 자리에서 일본의 독도영유권을 인정하는 발언을 해 정신적인 손해를 입었다"며 이 대통령과 국가를 상대로 국가배상청구소송을 제기하고, 송달료로 9만 600원을 예납했다. 재판부는 원고들에게 송달료로 298만 9800원을 예납하라는 보정명령을 내렸지만 응하지 않자 **소장각하명령**을 내렸고, 이에 김씨 등은 **즉시항고**했는데, 항고심에서 각하 명령을 취소한다고 결정했다. 재판부는 원고들이 여러 명

---

25) 강, 285면; 김홍, 331면; 호, 104~105면.
26) 이, 275~276면; 송/박, 254면; 정/유/김, 90면; 정영, 379면.

이라 하더라도 소송대리인이 선임돼 있는 경우 실질적인 송달은 소송대리인 1인에게만 이뤄지므로 예납해야 할 소장부본 송달비용은 원고소송대리인과 피고에 보낼 금액이면 충분하고, 그리고 소송 진행 중에 송달료가 부족하면 추가로 예납할 것을 명할 수 있고, 민사소송규칙 20조가 소송비용 예납 불이행으로 소송절차의 진행이 현저히 곤란할 때는 그 소송비용을 국고에서 대납받아 지출할 수 있도록 돼 있는 점을 고려하면 원고들이 소장의 송달에 필요한 비용을 예납하지 않았다고 보기 어렵다고 밝혔다(2011. 11.29.자 법률신문 기사).

◈ **소장의 흠과 소각하 판결의 예** ◈　X는 세계적으로 유명한 크리스티 경매회사에 중국도자기의 감정과 경매를 위탁하기 위해 항공우편으로 보냈으나 10여일 후 도자기가 파손된 채 되돌아와 3백 60억파운드(한화 약 64조 8천억여원)의 손해를 입었다고 주장하며 처음에 청구금액을 10원으로 하고, 1천원짜리 인지만 붙여 소액사건으로 소송을 진행하였다가, 소장이 피고인 경매회사에 송달되고 소송이 계속되자 청구액을 6백 95억 5천 6백만파운드(한화 약 1백 25조 2천 8억여원)로 변경하여 소송을 합의부로 이송하도록 하고는 4천 3백 82억여원이라는 엄청난 액수의 인지대는 보정하지 않았다. 재판부는 원고가 보정명령을 받고도 흠을 보정하지 않은 때에는 **재판장은 명령으로 소장을 각하**하여야 하지만, 소장이 피고에게 송달되어 **소송이 계속된 후에는 판결로써 소를 각하**하여야 한다며 소를 각하하였다. 한편, 크리스티사는 고가의 물건은 운송 중 파손될 염려가 있고 고가의 운송비를 부담해야 하기 때문에 물건을 직접 전달받아 가치를 감정하는 경우는 전혀 없고 사진을 먼저 전달받은 후 가치가 있다고 판단되는 경우 직원을 파견하는 것이 원칙이라며 X는 아무런 사전 통보나 상담도 없이 물건을 먼저 보내며 우체국 직원에게는 물건 가격을 4만원이라고 해놓고 이제 와서 파손되었다며 1백 25조원의 손해배상을 청구하는 것은 이해할 수 없다고 밝혔다(2003.7.15.자 법률신문 기사).

3. 소장부본의 송달

재판장이 소장을 심사한 결과 적식이라고 인정된 때, 즉 소장에 흠이 없는 경우 또는 흠이 있어도 보정이 행하여진 경우에는 법원은 피고에게 소장부본을 송달한다(255조 1항). 송달에 관한 사무는 법원사무관등이 처리한다(175조 1항).　　　1-13

소장에 적은 피고의 주소가 잘못되었든가(가령 처음부터 살고 있는 장소를 알 수 없는 피고를 상대방으로 소를 제기하는 경우나 처음 주소 등에서 피고가 이사한 경우 등), 피고가 소송무능력자임에도 법정대리인의 표시가 없는 등의 이유에서 송달불능이 된 때에는 재판장은 그 보정을 명하고, 이에 응하지 않으면 명령으로 소장을 각하한다(255조 2항). 그리고 피고가 이사한 곳을 조사하는 등 아무리 해도 피고의 주소·거소가 판명되지 않는 경우 등에는 당사자의 신청에 따라 또는 법원의

직권으로 공시송달이 이루어지게 된다(194조).27)

■ **주소보정서의 예**28)

<table>
<tr><td colspan="4" align="center">주 소 보 정 서</td></tr>
<tr><td colspan="2">사건번호
원고(채권자)</td><td colspan="2">[담당재판부 : 제   (단독)부]</td></tr>
<tr><td colspan="4">피고(채무자)
위 사건에 관하여 아래와 같이 피고(채무자)   의 주소를 보정합니다.</td></tr>
<tr><td rowspan="2">주소변동
유무</td><td>주소변동 없음</td><td colspan="2">종전에 적어낸 주소에 그대로 거주하고 있음</td></tr>
<tr><td>주소변동 있음</td><td colspan="2">새로운 주소 :
                              (우편번호   －   )</td></tr>
<tr><td rowspan="4">송달신청</td><td>재송달신청</td><td colspan="2">종전에 적어낸 주소로 다시 송달</td></tr>
<tr><td rowspan="2">특별송달신청</td><td>주간송달   야간송달   휴일송달</td><td></td></tr>
<tr><td colspan="2">종전에 적어낸 주소로 송달   새로운 주소로 송달</td></tr>
<tr><td>공시송달신청</td><td colspan="2">주소를 알 수 없으므로 공시송달을 신청함
                              (첨부서류:)</td></tr>
<tr><td colspan="4" align="center">20 .   .   . 원고(채권자)   (서명 또는 날인)</td></tr>
<tr><td colspan="4" align="right">법원 귀중</td></tr>
</table>

소장부본이 송달불능이 되면, 주소보정명령, 보정, 공시송달신청, 공시송달의 실행 및 관련 증거신청을 변론기일 전에 모두 마치도록 한 뒤, 첫 변론기일에 변론이 종결될 수 있도록 진행하는 것이 실무이다.

4. 답변서 제출의무

1-14   피고가 원고의 청구를 다투는 때에는 공시송달의 방법에 따라 소장부본을 송달받은 경우를 제외하고,29) 소장부본을 송달받은 날부터 30일 이내에 답변서를 제출하여야 하고(256조 1항), 법원은 소장부본을 송달할 때에 위 취지를 피고에게 알려야 한다(동조 2항-답변최고). 피고의 입장에서 다투는 사건의 경우에는 제소사실을 처음 통보받고 대리인의 선임 및 응소준비 등을 위한 여유기간을 갖도록 30일을 배려한 것이다. 그리고 피고가 제출한 답변서부본을 법원은 원고에게 송달하여야 한다(동조 3항).

---

27) 그런데 주소보정명령에 대하여 원고가 아무런 소명 없이 피고가 소재불명이란 이유로 공시송달의 신청을 하였다면 원고가 이를 보정하였다고 할 수 없다.

28) 대법원 홈페이지에서 인용함. 이하 각종 양식은 특별히 인용표시를 하지 않더라도 대법원 홈페이지에서 인용한 것임.

29) 이는 실제 공시송달이 당사자의 절차보장과 관련하여 송달실시의 방법으로 극히 불충분하기 때문에 피고의 보호를 위해서 제외한 것이다.

■ 답변서의 예

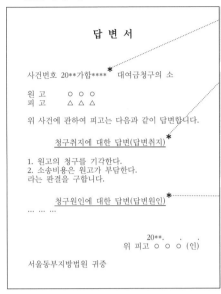

답 변 서

사건번호 20**가합**** 대여금청구의 소

원 고   ○ ○ ○
피 고   △ △ △

위 사건에 관하여 피고는 다음과 같이 답변합니다.

청구취지에 대한 답변(답변취지)

1. 원고의 청구를 기각한다.
2. 소송비용은 원고가 부담한다.
라는 판결을 구합니다.

청구원인에 대한 답변(답변원인)
… … …

20**.   .   .
위 피고 ○ ○ ○ (인)

서울동부지방법원 귀중

*사건번호는 법원에 소장을 제출할 때 비로소 부여되는데, 답변서에는 사건명과 함께 사건번호를 적는다.

*원고의 소장 청구취지에 대응하는 것인데, 소송요건의 흠결로 인한 소각하의 신청과 같은 본안 전의 답변과 청구의 기각을 구하는 본안의 답변, 이에 부수하는 소송비용부담의 신청을 적는다.

*가령 피고의 입장에서 원고로부터 돈을 빌린 사람은 자신의 전처(前妻)이고, 또한 자신이 원고에게 대신 변제함으로써 전처의 채무를 전부소멸시켰으므로, 원고의 청구에 응할 수 없다는 내용이 펼쳐질 것이다.

답변서에는 준비서면에 관한 규정을 준용하므로(256조 4항) 답변서에는 원고의 청구와 공격 또는 방어의 방법에 대한 진술과 사실상 주장을 증명하기 위한 증거방법 및 상대방의 증거방법에 대한 의견을 함께 적어야 하고 그 밖에도 청구의 취지에 대한 답변과 소장에 기재된 개개의 사실에 대한 인정 여부 및 이에 관한 증거방법, 항변과 이를 뒷받침하는 구체적 사실 및 이에 관한 증거방법을 적어야 한다(민사소송규칙 65조 1항). 즉 단순히 「원고의 청구를 일단 부인한다」와 같은 형식적 답변을 하여서는 안 되고, 어느 정도 구체적 내용이 기재된 답변서를 제출하여야 한다.

5. 무변론판결

답변서 제출기간 이내에 답변서가 제출되었는지 여부에 따라 다른 방식으로 사건의 후속절차가 진행될 수 있다.

1-15

피고가 답변서 제출기간 이내에 답변서를 제출하지 아니하거나 답변서를 제출하였더라도 원고의 주장사실을 모두 자백하는 취지이고 따로 항변을 하지 아니한 때에는 법원은 원고가 소장에서 주장한 사실을 피고가 자백한 것으로 보아 변론 없이 곧바로 선고기일을 지정하여(선고기일은 반드시 연다) 판결을 선고할 수 있

15-사법시험
17-법무사시험

다(257조 1항, 2항. 무변론판결. 이 경우에 판결서의 이유에는 청구를 특정함에 필요한 사항만 간략하게 표시할 수 있다. 208조 3항).30) 법원은 피고에게 소장부본을 송달할 때에 위 규정에 따라 변론 없이 판결을 선고할 기일을 함께 통지할 수 있다(동조 3항). 다만, 무변론판결이 곧 원고 승소판결을 의미하는 것은 아니고, 가령 주장 자체로 원고의 청구가 이유 없는 경우 등에는 인용판결을 할 수 없고, 그렇다고 변론 없이 원고 청구를 기각하는 판결도 원칙적으로 인정되지 않는다.31) 한편, 직권으로 조사할 사유가 있거나 판결이 선고되기까지 피고가 원고의 청구를 다투는 취지의 답변서를 제출한 경우에는 무변론판결을 할 수 없다(동조 1항 단서). 가령, 2019. 3. 31 피고에게 소장부본을 송달하였지만, 30일 동안 답변서를 제출하지 않아 법원이 무변론판결 선고기일을 2019. 5. 16.로 정하여 통지하였는데, 피고가 2019. 5. 14. 원고의 청구를 기각하여 달라는 취지의 답변서를 제출하였다면, 법원이 이를 간과하고 2019. 5. 16. 무변론판결을 선고한 것은 절차위반이다.32) 그리고 한편, 만약 사건이 무변론판결을 하기에 적합하지 않은 경우에는 법원이 변론기일을 지정하거나 보정명령을 발령하는 방식으로 후속절차를 진행한다.

6. 답변서가 제출된 사건

1-16   피고가 답변서를 제출하면, 재판장은 사건기록을 검토하여 사건진행의 방향을 정하는데, 원칙적으로 바로 변론기일을 정하여야 한다(258조 1항). 가능한 최단기간 안의 날로 제1회 변론기일을 지정하여야 한다(민사소송규칙 69조 1항).

---

30) 그리고 그 밖에 소가 부적법하여 그 흠을 보정할 수 없는 경우(가령 제소기간 경과)에도 법원은 변론 없이 판결로 소를 각하할 수 있다(219조).

31) 무변론판결은 원고의 청구를 인용할 경우에만 할 수 있다(대법원 2017. 4. 26. 선고 2017다 201033 판결). 다만, 이, 279면은 무변론판결이 곧 원고승소판결을 의미하지 않는다는 것은 조문 자체로 명백하므로 주장 자체로 소가 부적법하거나 원고의 청구가 이유 없는 경우는 보정의 여지가 없으면 경우에 따라 부득이 소 각하나 청구기각판결도 할 수 있다고 하여 이에 반대한다. 참고로 보면, 소액사건에 있어서 법원은 소장·준비서면 기타 소송기록에 의하여 청구가 이유없음이 명백한 때에는 변론없이 청구를 기각할 수 있다(소액사건심판법 9조 1항). 그리고 30일 내의 답변서제출기간을 기다리지 않고 바로 변론기일을 정할 수 있다(동법 7조 1항).

32) 대법원 2020. 12. 10. 선고 2020다255085 판결.

제 2 항   변론과 변론준비절차

답변서가 제출되면, 원칙적으로 바로 변론기일을 지정함으로써 절차가 변론기일을 중심으로 진행되도록 하여 충실한 구술심리를 실현하고 당사자의 신속한 재판을 받을 권리를 보장하고자 하였다.

I. 변론준비절차

1. 변론준비절차에의 회부

변론준비절차는 변론이 효율적이고 집중적으로 실시될 수 있도록 당사자의   1-17
주장과 증거를 정리하는 절차를 말한다(279조 1항).

피고가 답변서를 제출하면, 재판장은 (원칙적으로 변론기일을 정하여야 하지만) 사건을 검토하여 변론준비절차에 부칠 **필요가 있는 경우**에만 **예외적**으로 변론준비절차에 부친다(258조 1항 단서, 민사소송규칙 69조 1항).

■ **변론준비절차에 회부된 경우의 개요도**[33]

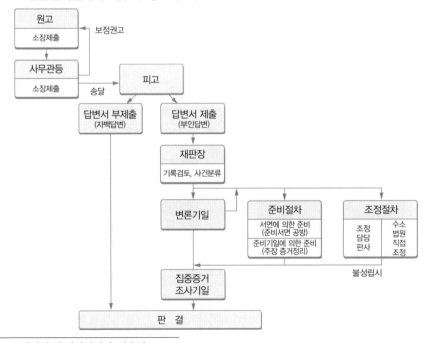

─────────────
33) 대법원 홈페이지에서 인용함.

2. 변론준비절차의 진행

1-18 변론준비절차를 통하여 쟁점이 정리되면 소송의 승패에 대하여 어느 정도 예상을 할 수 있어 법원은 화해나(286조, 145조) 조정을 권고할 수 있고, 또한 화해권고결정을 할 수 있다(286조, 225조 이하).

3. 변론준비절차를 마친 뒤의 변론

1-19 변론준비절차가 끝난 경우에는 재판장은 바로 변론기일을 정하여야 한다(258조 2항).

II. 변 론

1-20 당사자가 사실을 주장·증명하고, 법원이 심증을 형성하는 민사소송의 핵심 절차가 변론이다. 원칙적으로 피고가 답변서를 제출하면, 재판장은 사건을 검토하여 가능한 최단기간 안의 날로 제1회 변론기일을 정한다(258조 1항, 민사소송규칙 69조 1항). 당사자는 법원에서 변론하여야 한다(134조 1항). 이를 필수적 변론의 원칙이라고 한다. 공개의 법정에서, 법관의 면전에서, 당사자 쌍방이 대석하여, 말로 변론을 하게 되므로 공개주의, 구술주의, 직접주의, 쌍방심리주의라는 근대적 소송의 여러 가지 원칙이 실현되게 된다.

■ **변론기일**[34)

변론기일은 공개법정에서 사건(가령 「2023가합(또는 가단)○○○○ 손해배상청구사건」)과 당사자의 이름을 부름으로써 시작된다(169조). 변론은 재판장이 지휘하고 주재한다(135조). 변론은 집중되어야 한다(272조 1항). 법원은 변론이 집중되

---

34) 법률포털 오세오닷컴에서 인용함.

도록 함으로써 변론이 가능한 한 속행되지 않도록 하여야 하고, 당사자는 이에 협력하여야 한다(민사소송규칙 69조 2항).

제1회 변론기일에 원고는 미리 제출된 소장에, 피고는 미리 제출된 답변서에 기재한 사항에 대하여 말로 진술하여 변론한다. 또한 변론에 앞서 미리 준비서면(법원에 제출하는 서면으로서 공격방어방법 및 상대방의 공격방어방법에 대한 응답내용을 기재한 것)에 적어 상대방에게 변론의 내용을 예고한 사항을 당사자는 변론기일에서 말로 진술하여 서로 공격방어를 펼치게 된다.

변론에 들어가 변론을 그 기일에 종결할 수 없으면 차회 기일이 지정되어 변론을 속행한다. 따라서 각 기일의 시종(始終)과 변론의 시종은 구별하여야 하지만, 변론을 여러 차례의 기일에 걸쳐서 행하였다고 하여도 동일한 기일에 동시에 행한 것과 같다(변론의 일체성). 뒤의 기일에서의 변론은 앞의 기일에서의 변론을 전제로 연속되는 것이다.

법원은 변론에서 당사자에게 중요한 사실상 또는 법률상 쟁점에 관하여 의견을 진술할 기회를 주어야 하는데(민사소송규칙 28조 2항), 당사자가 충분한 의견진술 기회를 가지지 못하였다면, 당사자는 변론기일이 종결되기 전에 재판장의 허가를 받아 최종의견을 진술할 수 있다(민사소송규칙 28조의3 1항). 이는 당사자가 만족하고 승복하는 민사재판을 하기 위함이다.

■ 기일진행의 예

2010년 2월 8일	소장 제출	
2010년 2월 26일	피고 답변서 제출	
2010년 3월 26일	변론기일(쟁점정리 및 증거조사범위 확정)	속행
2010년 4월 23일	변론기일(집중증거조사)	변론종결
2010년 5월 14일	판결선고기일	판결선고

제 3 항   증거조사

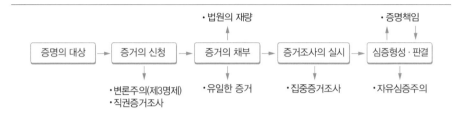

증거조사절차는 대략 증거의 신청 → 증거의 채부 결정 → 증거조사의 실시 → 증거조사의 결과에 의한 심증형성의 순으로 진행된다.

I. 증거조사의 개시

1. 증거조사의 의의

1-21   증명을 필요로 하는 사실에 대하여 당사자가 일정한 증거의 조사를 구하는 한, 법원은 원칙적으로 증거조사를 하게 된다. 증거조사라 함은 법관의 심증형성을 위하여 법정의 절차에 따라 인적·물적 증거의 내용(가령 증인의 증언, 문서의 기재)을 오관의 작용에 의하여 지각하는 법원의 소송행위이다. 고유한 증거조사 이외에 그 준비로서 또는 그 실시에 즈음하여 여러 가지 행위가 행하여지는데(가령 당사자의 증거신청·증거조사결과원용 등, 법원의 증거 채부 결정·증인출석요구·문서송부촉탁 등), 이와 같이 증거조사와 관련하여 행하여지는 법원 및 당사자의 행위를 합쳐서 증거조사절차라고 부른다. 당사자 사이에 다툼이 있는 사실의 진위가 어떠한가를 증거에 의하여 확정하기 위한 증거조사절차가 실시되게 된다.

◆ 예 ◆   사실주장에 대하여, 다툼이 없는 사실은 재판상 자백으로서 법원은 그대로 재판의 기초로 한다. 가령, 소송에서 원고가 주장한 2013. 8. 1. 피고에게 2억원을 변제기를 2013. 9. 5.로 정하여 대여한 사실을 피고가 인정한다고 진술하였다고 하자(재판상 자백). 이 점에 대하여는 다툼이 없으므로 증명이 필요하지 않다(288조). 그런데 가령, 피고가 자신은 돈을 빌린 사실이 없고, 원고로부터 돈을 빌린 사람은 자신의 전처(前妻)라고 진술하였다고 하자(부인). 이렇게 당사자 사이에 다툼이 있는 사실에 대하여 법원은 당사자가 제출한 증거를 조사하여 그 사실에 대한 심증을 형성한다.

2. 증거의 신청

증거의 신청은 당사자가 그 주장을 증명하기 위하여 일정한 증거방법(증인, 당사자본인, 감정인, 문서, 검증물 등)에 대하여 법원에 조사를 구하는 소송행위이다.

1-22

3. 증거의 채부

법원은 원칙적으로 신청한 증거를 조사하여야 하지만, 합리적인 이유가 있는 경우에는 신청한 증거의 조사를 거부할 수 있다. 사건의 쟁점과 직접 관련이 없거나 사건의 재판에 중요하지 않는 등 불필요한 것은 조사할 필요가 없다(290조 본문).

1-23

II. 증거조사의 시행

직접심리주의 하에서 증거조사는 수소법원이 그 법정에서 **변론기일**에 행하는 것을 원칙으로 한다(변론기일에 집중증거조사가 실시되는데, 이때의 변론기일은 집중증거조사기일이 된다). 이 경우에 그 증거조사기일은 동시에 변론기일이 된다. 그 예외로서 기일 전이나 법원 밖 다른 장소에서 증거조사를 할 수 있다. 이 경우에는 **증거조사기일**이 **변론기일**과 분리된다.

1-24

III. 자유심증주의

증거조사결과의 평가는 법원의 자유심증주의에 따른다(202조). 즉 법원은 법정의 증거법칙에 구속되지 않고, 변론 전체의 취지와 증거조사의 결과를 참작하여 자유로운 심증으로 사실주장이 진실에 합치하는지 여부를 판단한다(☞8-113).

1-25

IV. 증명책임

법원이 사실의 존부에 대한 심증을 얻을 수 없는 경우, 이른바 진위불명(眞僞不明)의 경우에는 증명책임에 따른 판결이 행하여진다(☞8-125). 증명책임의 개념을 도입하여, 그 사실의 존재를 증명할 수 있으면 자기에게 유리할 수 있는 법률효과의 발생이 인정되지 않게 되는 위험 또는 불이익을 부담하게 된다.

1-26

제 4 항   판결의 선고

소송에서 심리가 무르익으면 변론(증거조사를 포함하는 의미)을 마치고 법원은 판결을 선
고한다(198조). 즉 법원은 증거조사를 하여 이것을 가지고 판결을 내릴 수 있다고 여기
든가, 또는 그 이상 증거조사를 하더라도 무의미하다고 여길 때에는 변론을 종결하고
판결을 선고한다(다만, 일단 종결한 변론이 재개되는 경우도 있다). 판결이 선고되기 위해서
는 우선 판결의 내용이 확정되어야 한다. 다음으로 판결서를 작성하여 판결이 선고된다.
양자의 구별은 대단히 중요하다. 판결의 선고에 의하여 법원은 그 판결에 구속되는데,
반면 선고되지 않은 판결은 아직 판결안에 불과하고 언제라도 변경할 수가 있다.

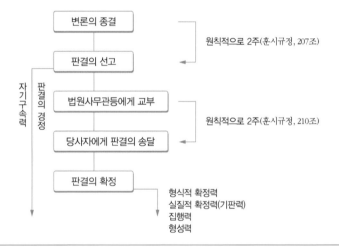

I. 판결내용의 확정

1-27   판결내용은 직접주의의 요청에서 기본이 되는 변론에 관여한 법관이 확정하
여야 한다(204조 1항). 변론종결 뒤 판결내용이 확정되기 전에 법관이 바뀐(＝경
질) 경우에는 새로운 법관으로 하여금 판결내용을 확정시키기 위하여 변론을 재
개하여야 하고(142조), 당사자는 변론을 갱신(종전 변론결과를 진술)하여야 한다
(204조 2항). 판결내용이 확정된 뒤에는 관여법관이 사망, 퇴임, 전임 등에 의하여
판결서에 서명날인할 수 없더라도 합의체의 다른 법관이 판결에 그 사유를 적고
서명날인하면 되므로(208조 4항) 판결의 성립에는 아무런 영향이 없다.

       판결내용의 확정은 단독제의 경우는 1인의 법관이 스스로 판결내용을 결정

하면 되지만, 합의제의 경우에는 합의체를 구성하는 법관의 합의에 따른다. 합의는 재판장이 주재하며 공개하지 않는다(법원조직법 65조).

◈ **합의 공개 판사 정직 6개월** ◈ 법관징계위원회는 이정○ 판사에게 정직 6월의 중징계를 의결했다. 영화 '부러진 화살'의 소재가 된 석궁테러 사건을 일으켰던 김명○ 전 성균관대 교수의 교수지위확인소송의 합의 내용을 법원 내부 코트넷에 공개해 징계위에 회부됐다. 법관징계위는 "합의의 비밀유지 의무는 법관의 독립과 재판의 신뢰를 보호하기 위한 법관의 가장 기본적이고도 중요한 법적 의무"라고 설명했다(2012.2.15.자 법률신문 기사).

II. 판결서의 작성 및 판결의 선고

법원이 어떤 내용의 판결을 할 것인가를 확정하면, 법원은 그 선고 전에 판결서를 작성하여야 하고(이 서면을 판결서 원본이라고 한다), 이에 기하여 판결을 선고하는 절차로 진행한다.

1-28

1. 판결서의 작성

판결서는 소정의 필수적 기재사항(당사자와 법정대리인, 주문, 청구의 취지, 이유, 변론종결한 날짜, 다만 변론 없이 판결하는 경우에는 판결을 선고하는 날짜, 법원 등)을 적고 판결한 법관이 서명날인한 것(208조 1항)으로 1통만이 작성된다(법원에 보관되는 것이 이 원본이다). 판결서는 판결을 공증하는 가장 중요한 소송문서이다. 판결서는 당사자에 대하여 법원의 판단 및 판단과정을 나타내는 것과 함께 판결효의 범위를 명확하게 하고, 상소가 있는 경우에 대상을 특정하는 것과 함께 원심에서의 심리결과를 알리고, 확정된 경우에는 법의 실현의 기준이 되는 등 여러 기능을 하고 있다.

1-29

그런데 판결서의 작성에 있어서 이유를 적는 법관의 노력을 줄이고 그 대신에 충실한 심리에 힘을 쏟게 할 필요가 있다. 판결서의 이유에는 주문이 정당하다는 것을 인정할 수 있을 정도로 당사자의 주장, 그 밖의 공격·방어방법에 관한 판단(불필요하거나 주문에 영향이 없는 공격방어방법에 관하여는 판단을 생략할 수 있다)을 표시한다(208조 2항). 다만 제1심 판결(단독사건·합의사건 불문) 중 무변론판결과 자백간주 또는 공시송달에 따른 판결에서는 (기판력의 범위를 확정하는 데 필요한) 청구를 특정함에 필요한 사항과 상계항변의 판단에 관한 사항만을 간략하게 표시할 수 있

고,35) 그 밖에 일반적으로 판결이유의 기재를 생략할 수 있다(동조 3항).36)

■ **판결서의 예**

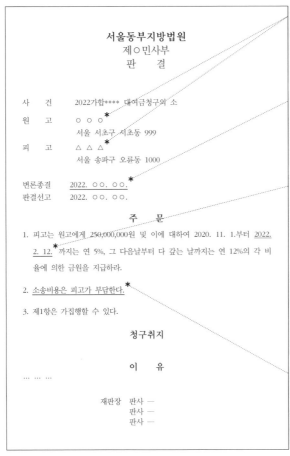

서울동부지방법원
제○민사부
판 결

사   건   2022가합**** 대여금청구의 소
원   고   ○ ○ ○
         서울 서초구 서초동 999
피   고   △ △ △
         서울 송파구 오류동 1000

변론종결   2022. ○○. ○○.
판결선고   2022. ○○. ○○.

주 문

1. 피고는 원고에게 250,000,000원 및 이에 대하여 2020. 11. 1.부터 2022. 2. 12. 까지는 연 5%, 그 다음날부터 다 갚는 날까지는 연 12%의 각 비율에 의한 금원을 지급하라.

2. 소송비용은 피고가 부담한다.

3. 제1항은 가집행할 수 있다.

청구취지

이 유

… … …

재판장   판사 ─
         판사 ─
         판사 ─

*개인정보 관련, 판결서에 당사자의 성명·주소만 기재할 뿐, 등록의 의사표시를 명하는 경우를 제외하고, 원칙적으로 주민등록번호를 적지 않는다(재판서 양식에 관한 예규 9조).

*당사자의 표시 다음에는 판결의 기초가 된 변론을 종결한 날짜를 기재하는데(208조 1항 5호), 다만 무변론판결의 경우에는 변론종결일란에 '무변론'이라고 표시한다.

*가령, 2022. 2. 12.에 소장부본이 송달되었다고 하자. 소장의 청구의 취지에서는 「소장부본의 송달일」로 기재된 것을, 판결의 주문에서는 그에 해당하는 2022. 2. 12.로 확정한 뒤, 그 특정 연월일로 바꾸어 기재하여야 한다. 다만, 채무자가 그 이행의무의 존재 여부나 범위에 관하여 항쟁함이 상당하다고 인정되면 소장부본이 송달된 날이 아닌, 판결선고일 다음 날부터 연 12%의 비율을 적용한다(소송촉진 등에 관한 특례법 3조 2항).

*가령, 일부패소의 경우에는 그 소송비용은 각 당사자가 분담하는 것이 원칙인데(101조 본문), 예를 들어 '소송비용 중 2/3는 원고가, 나머지는 피고가 각 부담한다'와 같이 적는다.

2. 판결의 선고

1-30   판결은 공개의 법정에서 판결원본에 따라 재판장이 주문을 읽어 선고한다. 필요한 때에는 이유를 간략히 설명할 수 있다(206조). 결국 판결선고를 하는 때에는 원본이 완성되어 있어야 한다. 판결원본에 의하지 않은 판결의 선고는 위법하

---

35) 한편, 항소심에서 공시송달 판결을 하는 경우에는 위와 같이 간략하게 표시할 수 없다(대법원 2021. 2. 4. 선고 2020다259506 판결).

36) 위 208조에도 불구하고 소액사건에는 이유를 적지 아니할 수 있는 특례가 있다(소액사건심판법 11조의2 3항. ☞3−5).

다(417조). 판결은 선고로 확정적으로 성립되고 그 효력이 생긴다(205조).37)

◆ **승패 뒤바뀐 '연습용 판결문' 송달** ◆ "피고는 원고에게 4000만원을 지급하라"며 원고 승소의 판결을 내렸지만 피고에게 송달된 판결문은 '정본입니다'란 글귀와 함께 위변조 방지용 바코드까지 찍혀 있는 정반대의 내용으로, "소멸시효가 완성됐으니 원고의 청구를 기각한다"는 내용을 담고 있었다. 승패가 완전히 뒤바뀐 것이다. 그러나 이는 판사가 '연습 삼아' 써두었던 것으로 밝혀졌다. 결론을 내리기 어려워 두 개의 초고를 작성했는데 실수로 엉뚱한 판결문이 전산시스템에 등록됐고, 이를 법원사무관등이 출력해 보낸 것이다. 결국 법정에서 선고한 내용을 담은 '새 판결문'이 당사자에게 전해졌지만, 법원의 실수로 혼란이 빚어진 셈이다. "원고의 청구를 기각한다"는 판결문이 먼저 송달됐으니 이것이 진짜라는 피고의 주장에 대해, 선고 당일 법정에서 피고 패소라고 했으므로 둘째 판결문이 진짜라는 것이다. 판결은 선고로 그 효력이 생기고, 선고는 재판장이 판결원본에 따라 주문을 읽는 것이라며 원고 승소(즉 피고 패소)의 주문으로 판결을 선고한 것으로 인정된다고 보았다(2010.7.29.자 뉴시스 기사 변형).

한편, 판결선고기일은 원칙적으로 변론이 종결된 날로부터 2주 이내로 되어 있지만(207조 1항 전문), 이는 **훈시규정**이고 실무상은 잘 지켜지지 않는다(이에 위반하여도 상소이유가 되지는 않지만, 소송촉진의 관점에서 그 준수가 요망된다). 그리고 제1심 판결은 소가 제기된 날로부터 5월 이내에 선고하여야 하는데(199조),38) 이 것도 **훈시규정**이다. 선고기일은 통상 변론종결시에 구체적으로 지정되지만, 나중에 별도로 지정되는 경우도 있다. 선고기일은 일반의 기일과 마찬가지로 당사자에 대한 통지가 이루어지고, 다만 그 사건으로 출석한 사람에게는 직접 고지하는 방법으로 통지한다(167조). 당사자가 출석하지 아니하여도 판결을 선고할 수 있다(207조 2항).

III. 판결의 송달

판결서(판결원본)는 선고 뒤 바로 법원사무관등에게 교부하여야 한다(209조). 1-31
그 뒤에 법원사무관등은 판결서를 받은 날로부터 2주 이내에 당사자에게 판결정본을 송달하여야 하는데(210조), 여기의 2주도 **훈시규정**이다. 판결정본은 법원사

---

37) 다만, 심리불속행·상고이유서부제출에 의한 상고기각판결은 선고를 요하지 아니하며, 상고인에게 송달됨으로써 그 효력이 생긴다(상고심 절차에 관한 특례법 5조 2항).
38) 다만, 항소심 및 상고심에서는 기록을 받은 날로부터 5월 이내에 판결을 선고하여야 한다(199조 단서). 그리고 심리불속행으로 인한 상고기각의 판결은 기록의 송부를 받은 날로부터 4월 이내에만 할 수 있다(상고심 절차에 관한 특례법 6조 2항).

무관등이 정본이라는 취지를 기재하여 작성한 원본의 사본이다.39) 항소기간은 판결서가 송달된 날로부터 진행된다(396조).

IV. 부수적 재판

1. 소송비용의 재판

1-32　　　법원은 사건을 완결하는 재판을 하는 때에 **직권**으로 종국판결의 주문에서 그 심급의 소송비용에 대하여 당사자가 부담하여야 할 소송비용의 액수 또는 비율을 선고하여야 한다(104조, ☞11 – 38). 소송비용은 소송의 진행 중에는 각각의 당사자가 지급하지만, 최종적으로는 원칙적으로 **패소한 당사자**가 부담한다(98조).

　　　소송비용에 **변호사비용**이 포함되는데, 다만, 변호사비용은 변호사에게 실제 지급한 또는 지급할 보수 전액이 소송비용으로 인정되는 것이 아니라, 대법원규칙(변호사보수의 소송비용 산입에 관한 규칙)이 정하는 금액의 범위 안에서 소송비용으로 인정하고 있다(109조 1항).40)

◆ **변호사보수의 소송비용 산입** ◆ '변호사보수의 소송비용 산입에 관한 규칙'은 각 심급단위로 소송목적의 값에 따라 정한 별표상의 일정액만을 소송비용으로 인정하여 주고 있다. 집과 농지를 소유하고 있는 정씨는 이웃한 토지에 집을 지으려는 김씨에게 주위토지통행권확인 등 청구의 소를 제기당하였다. 정씨가 김씨의 토지와 연결되던 기존 통행로를 폐쇄하고 새 통행로를 만들었는데, 기존 통행로를 이용하게 해달라는 취지의 소송이었다. 이 사건의 소가는 43만 6,500원이었는데, 정씨는 착수금 300만원에 성공보수 200만원을 주기로 하고 변호사를 소송대리인을 선임하였고, 제1심 재판에서 승소하였다. 재판에서 이긴 정씨가 변호사비용으로 지출한 돈은 모두 500만원이었으나, 패소한 김씨로부터 받아낼 수 있는 소송비용은 소가 43만 6,500원 중 10%만 반영되는 4만 3,650원이 고작인 것을 알게 되었다. '배보다 배꼽이 크다'는 사실을 알게 된 정씨는 위 규칙 별표 중 '100만원까지' 부분은 재판받을 권리 등을 침해한다며 헌법소원을 냈으나 헌법재판소는 위 규칙이 합헌이라고 보았다. 이후 경제사정의 변화, 소송목적의 값의 상승 등을 감안해 2008년 위 규칙을 개정하여 변호사보수의 산입 비율을 구분하는 구간별 금액과 각 구간별 산입비율을 조정하였다. 그리고 산정한 금

---

39) 그런데 이는 원본도 정본도 손으로 작성되던 시절의 상황이고, 현재 실무는 미리 법관명을 기재한 판결서를 원본과 정본으로 필요한 부수만큼 프린트하여 1통은 법관이 서명날인을 하여 이것을 판결원본으로, 남은 정본의 묶은 법원사무관 등이 이것이 정본이라는 취지의 종이 1장을 판결과 일체의 것으로 첨부하는 형태를 취한다.

40) 상대방의 변호사보수를 패소자에게 부담시키는 위 규정은 재판청구권 등을 침해하지 않는다(헌법재판소 2016. 6. 30. 선고 2013헌바370, 2013헌바392, 2013헌바421, 2014헌바7, 2014헌바296, 2015헌바74(병합) 결정).

액이 개별 소송의 특성 및 이에 따른 소송대리인의 선임 필요성, 당사자가 실제 지출한 변호사보수 등에 비추어 현저히 부당하게 낮은 금액이라고 인정되는 때에는 당사자의 신청에 따라 2분의 1의 한도 내에서 위 금액을 증액할 수 있도록 하였다(규칙 6조 2항). 그리하여 가령 소송목적의 값(=소가)이 10억원인 경우에 기본적으로 심급당 1,230만원이 인정되지만, 1/2을 증액한 1,845만원까지도 패소자로부터 상환받을 수 있다.

2. 가집행선고

재산권의 청구에 관한 판결에는[41] 상당한 이유가 없는 한, 당사자의 신청 유무를 불문하고 **직권**으로 가집행을 할 수 있다는 것을 선고하여야 한다(213조 1항, ☞11-39). 본래 승소자는 판결의 확정(제1심 판결은 상소 여하에 따라 아직 확정되었다고 말하기에는 이르다)을 기다려서 그 내용을 실현할 수 있는 것이 원칙이지만, 현재의 3심제 소송제도 아래에서는 판결이 확정될 때까지는 상당한 시간이 걸린다. 그런데 법원이 미확정판결에 관하여도 확정된 것과 마찬가지로 그 내용을 실현할 수 있도록 그 판결주문에서「판결을 가집행을 할 수 있다」고 선고한 때에는 그것에 기초하여(즉 가집행선고 있는 종국판결이 집행권원이 된다) 그대로 강제집행을 할 수 있다. 패소자가 강제집행의 지연만을 목적으로 상소의 제기를 남용하는 것을 억제하는 역할을 할 뿐만 아니라 가집행선고에 따라 즉시 집행 당하는 것을 피하기 위하여 제1심에서 모든 소송자료를 제출하게 되므로 심리가 제1심에 집중되는 효과를 거둘 수 있다.

1-33

V. 판결 이외의 소송의 종료

물론 사건의 전부가 항상 판결로 마무리되는 것은 아니다. 소의 취하, 청구의 포기·인낙, 소송상 화해, 조정에 따라 소송이 종료되는 경우가 있다(☞9-2, 10-1 이하). 소의 취하의 경우는 취하된 부분에 대하여는 소가 처음부터 계속되지 아니한 것으로 본다(267조 1항). 한편, 화해, 청구의 포기·인낙을 변론조서·변론준비기일조서에 적은 때에는 그 조서는 확정판결과 같은 효력을 가진다(220조).

1-34

---

41) 재산권의 청구는 강제집행을 한 뒤에 상소심에서 그 판결이 취소변경된다 하더라도 원상회복이 비교적 용이하고 또 금전배상으로 처리할 수 있는 것이 보통이기 때문이다. 따라서 이혼청구 등 신분상의 청구와 같은 비재산권의 청구에 대하여는 가집행선고를 할 수 없다. 한편, 재산권의 청구라도 등기절차의 이행을 명하는 판결과 같이 의사의 진술을 명하는 판결은 성질상 가집행선고가 허용되지 않는다. 확정되어야만 의사의 진술이 있는 것으로 보기 때문이다(민사집행법 263조).

제 5 항   항소심

판결은 그 심급을 종결시키는 것이지만(종국판결), 소송을 무조건 마무리하는 것은 아니다. 제1심 판결에 대하여 불복이 있으면, 일정한 요건 하에, 일정한 기간 이내에 항소를 제기할 수가 있다.

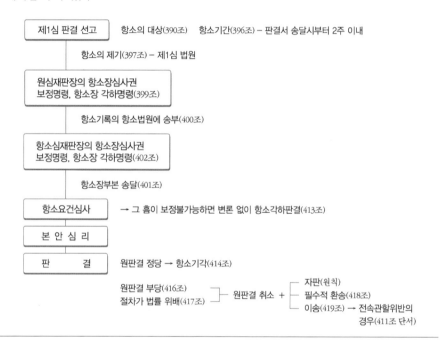

I. 항소의 의의

1-35

◆ **예** ◆   원고가 3천만원의 손해배상청구의 소를 제기하였는데, 5백만원의 지급을 명하는 판결을 받았다고 하자. 이러한 판결은 3천만원 전액이 인정되리라고 생각하고 있던 원고에게 불만일 것이고, 반대로 청구기각을 기대하고 있던 피고에게도 마찬가지로 불만일 것이다. 이러한 경우에 불만이 있는 당사자는 혹시나 법관이 잘못 판결을 한 것은 아닌가라고 생각할 수도 있다. 확실히 재판이라는 것이 神이 아닌 인간(법관)이 행하는 것인 이상 절대로 잘못이 없다고는 단정할 수 없다. 법이 정한 자격을 갖춘 법관의 재판도 항상 오류가 없다고는 할 수 없고 재판의 기초에 부적절한 사실인정이나 타당하다고 할 수 없는 법해석이 포함되어 있을 가능성을 완전히 부정할 수는 없다. 그래서 일단 재판이 행하여지더라도 당사자가 그 재판에 대하여 불만이 있는 경우에는 해당 재판의 내용을 확인하여 거기에 내용적·수단적인 잘못이 있으면 그것을 시정하여

당사자의 이익을 보호하는 것과 동시에 재판에 대한 국민의 신뢰를 확보하기 위한 제도가 필요하게 된다. 그러한 제도를 「상소」라고 한다. 부당 또는 위법한 재판에 의하여 직접적인 불이익을 받은 소송 당사자에게 법은 상소의 수단을 부여하여 재판을 시정할 기회를 보장하고 있다.

재판이 확정되지 않은 동안에 상급법원에 그 취소·변경을 구하는 불복신청을 상소라고 하는데, 판결에 대한 상소에는 항소와 상고가 있다(한편 항고는 결정 또는 명령에 대한 상소이다). 항소를 제기한 사람을 항소인이라고 부르고 제기된 사람을 피항소인이라고 부르는데, 원고가 반드시 항소인이 되는 것은 아니다. 원고·피고, 항소인·피항소인, 상고인·피상고인은 각각 별개의 명칭으로 가령 동일한 인물이 원고·피항소인·상고인이 되는 경우도 있을 수 있다. 상고이유가 법령위반에 한정되는 상고심은 법률심이라고 불리는 데 대하여, 항소심은 관행상 사실심이라고 부른다.

여기서 살펴볼 항소는 **제1심 종국판결**에 대하여 그 바로 위의 상급법원에 하는 불복신청을 말한다(390조 1항). 소송비용 및 가집행에 관한 재판에 대하여는 독립하여 항소를 하지 못한다(391조). 항소의 이유는 사실인정의 부당 및 법령위반을 포함한다. 적법한 항소에 의하여 소송은 원칙적으로 항소심에 이심(移審)된다.

II. 항소제기의 방식

1. 항소장의 제출

항소는 항소기간 이내에 항소장이라는 서면에 법정사항을 적어 제1심 법원에 제출하여야 한다(397조 1항). 항소기간은 판결서의 송달일로부터 2주의 불변기간이다(396조).42) 항소기간은 판결서를 송달받은 날로부터 진행하므로 원고에게 송달된 날과 피고에게 송달된 날이 다르면 원고와 피고의 기산일이 다르게 된다. 다만, 판결의 선고가 있으면 판결서 송달 전에도 항소장을 제출하는 것은 적법하다(동조 1항 단서). 그러나 선고 전의 판결은 항소권이 발생하지 않는다.

1-36

---

42) 불변기간이므로 소송행위의 추후보완(173조), 즉 여기서는 항소의 추후보완이 자주 문제된다. 항소장을 항소기간 내에 제1심 법원 이외의 법원에 제출하였다 하더라도 항소제기의 효력이 있는 것은 아니며, 소송대리인의 보조인이 잘못 우편으로 항소장을 제출하였어도 추후보완항소가 허용되지 않는다(대법원 2003. 3. 28. 선고 2002다73067 판결).

◈ **항소장 잘못 보내 항소기회 놓쳐** ◈　김씨는 전주지법 군산지원으로부터 1억 5,900여만원을 H사에 지급하라는 패소판결이 내려지자, 미리 법무사가 작성한 항소장을 A변호사에게 가지고 가, A변호사 사무실에서 가지고 간 항소장을 법원에 제출하여 주기로 하고, 인지대 100여만원을 지급하였다. 그러나 A변호사 사무실 직원이 전주지법 군산지원으로 우편접수함에 있어 전주지법 주소를 쓰고 그 밑에 '전주지법 군산지원'이라고 기재하는 바람에 항소장이 '군산지원'이 아닌 '전주지법'으로 보내졌고, 항소제기기간 도과로 판결이 그대로 확정되자, A변호사를 상대로 위자료청구소송에서 1,500만원의 승소판결을 받았다. 제1심 판결이 항소심에서 김씨에게 유리하게 변경될 가능성이 없다고 하더라도 항소심에서 다시 판단받을 수 있는 기회를 원천적으로 상실하여 이에 따른 정신적 고통을 입었을 것이나, 김씨가 항소하였더라도 승소할 가능성이 없었다며, 패소금액 등 전액에 대한 김씨의 손해배상 주장은 받아들이지 않았다(2007.9.8.자 리걸타임즈 기사).

2. 항소장의 기재사항

1-37　　　항소장에는 당사자 등의 표시 이외에 제1심 판결의 표시와 그 판결에 대한 항소의 취지를 표시한다(397조 2항). 이것이 항소장의 **필수적 기재사항**이며, 불복의 범위와 불복의 이유는 **임의적 기재사항**이고, 성질상 기재되어도 **준비서면**이 되는 것이다(398조).

　　그런데 민사소송규칙에서는 항소의 취지를 분명하게 하기 위하여 항소인에게 항소장 또는 적어도 항소심에서 처음 제출하는 준비서면에 ① 제1심 판결 중 사실을 잘못 인정한 부분 또는 법리를 잘못 적용한 부분, ② 항소심에서 새롭게 주장할 사항, ③ 항소심에서 새롭게 신청할 증거와 그 입증취지, ④ 위 주장과 증거를 제1심에서 제출하지 못한 이유를 적도록 하고 있다(위 규칙 126조의2). 사실상 **항소이유서**에 대신하고자 한 것인데, 최근 **민사소송법 개정**에 의하여 항소인이 항소기록 접수의 통지를 받은 날부터 **40일 이내**에 **항소이유서**를 제출하도록 하고, 항소인의 신청이 있는 경우에 1회에 한하여 해당 기간을 1개월 연장할 수 있도록 하였고(402조의2), 직권으로 조사하여야 할 사유가 있거나 항소장에 항소이유가 기재되어 있는 때를 제외하고, 위 제출기간 내에 항소이유서를 제출하지 않은 때에는 항소법원은 결정으로 **항소**를 **각하**하도록 하는 규정을 신설하였다(402조의3 1항).

■ **항소장의 예**

항 소 장

사 건   2022 가합(가단,가소) ○○○호 근저당권설정등기말소

항소인(원고)   성 춘 향
　　　　　　　　 서울 ○○구 ○○동 ○○번지
　　　　　　　　 우편번호 ○○○ － ○○○
　　　　　　　　 전화번호 ○○○－○○○○

피항소인(피고) 이 몽 룡
　　　　　　　　 서울 ○○구 ○○동 ○○번지
　　　　　　　　 우편번호 ○○○ － ○○○

　위 당사자간 ○○지방법원 2022 가합 제○○○호 근저당권설정등기말소청구사건에 관하여 2022년 ○월 ○일 같은 법원에서 선고한 제1심 판결에 대하여 원고는 전부 불복이므로 항소를 제기합니다.

　원고는 위 판결을 2022년 ○월 ○일 송달 받았음.

원판결의 표시

　원고의 청구를 기각한다.
　소송비용은 원고의 부담으로 한다.

항 소 취 지

1. 원판결을 취소한다.

2. 피고는 원고에 대하여 ○○시 ○○동 ○○번지 대 ○○평방미터와 동지상 세멘벽돌조 스라브지붕 주택 건평 78평방미터에 관하여 「○○지방법원 ○○등기소 ○년 ○월 ○일 접수 제○○○호」로서 된 근저당권설정등기의 말소등기절차를 이행하라.

3. 소송비용은 제1, 2심 모두 피고가 부담한다.

라는 판결을 구합니다.

항 소 이 유

…… …… ……

첨 부 서 류

1. 납부서   1통
2. 항소장부본 1통

2022.   .   .
위 항소인(원고) 성 춘 향   (인)

○○고등법원   귀중 (※ 제1심 사건이 합의사건인 경우)

3. 인지의 첨부

　항소장에 신청수수료로 소를 제기하는 경우에 납부하여야 할 수수료의 1.5 배의 금액의 인지를 첨부하여 납부하여야 한다.　　　　　　　　　　　　1-38

　◆ **항소심 인지대만 무려 190억원** ◆　고(故) 이병철 삼성그룹 창업주의 장남인 이맹희씨가 선대 회장의 상속 주식을 달라며 이건희 회장을 상대로 낸 3건의 주식인도 등

청구소송에서 패소했다. 이번 소송은 가액이 4조 849억원에 달해 제1심 인지대만 127억원에 달했다. 항소심의 인지대는 제1심의 1.5배로, 항소심 인지대만 무려 190억원에 달한다. 결국 이맹희씨 측은 항소장과 함께 제1심에서 4조 800억여원이었던 소송가액을 항소심에서 100억여원대로 크게 줄였고, 이에 인지대만 128억원이었던 제1심과 달리 항소심에서는 5,000만원의 인지대를 법원에 납부한 것으로 전해졌다(2013.2.15.자 중앙일보 기사).

제6항   상고심

상고 및 상고심절차에는 특별한 규정이 없는 한 항소 및 항소심절차에 관한 규정이 준용된다(425조). 제1심의 소송절차에 관한 규정도 준용된다(408조). 상고심절차는 상고장의 제출, 소송기록접수통지(426조), 상고이유서의 제출(427조), 심리속행사유의 심사(상고심절차에관한특례법), 상고이유서의 송달과 답변서의 제출(428조), 상고이유의 심리순서로 진행된다.

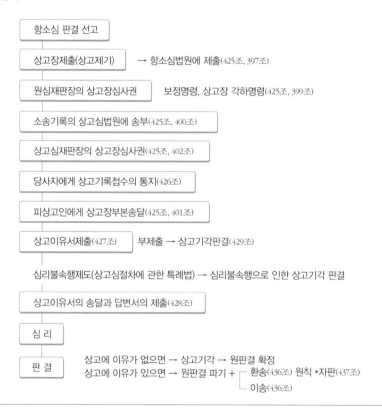

I. 상고의 제기

상고는 원칙적으로 항소심의 종국판결에 대한 법률심인 대법원에의 상소로, 1-39 항소심 판결의 당부를 오로지 법령의 준수·적용의 측면에서만 심사할 것을 구하는 불복신청이다. 상고와 상고심의 소송절차에는 특별한 규정이 없으면 항소에 관한 규정을 준용한다(425조).

■ 상고장의 예

상 고 장

사건 2016 나 ○○○호 부당이득금반환

상고인(피고)   성 춘 향
　　　　　　　서울 강남구 ○○동 ○○번지
　　　　　　　우편번호 ○○○ － ○○○
　　　　　　　전화번호 ○○○ － ○○○○

피상고인(원고)   이 몽 룡
　　　　　　　서울 중구 ○○동 ○○번지
　　　　　　　우편번호 ○○○ － ○○○

위 사건에 관하여 서울고등법원에서 2016. ○. ○ 선고한 판결 정본을 2016. ○. ○ 송달받았으나 이에 불복이므로 상고를 제기합니다.

제 2 심 판결의 표시

제 2 심 판결 중 피고에 대하여 원고 이몽룡에게 ○○○만원 및 이에 대한 ○.○.○.부터 다 갚는 날까지 연 15%의 비율에 해당하는 돈의 지급을 명한 부분을 취소하고 그 부분에 대한 원고들의 청구를 기각한다. 소송비용은 제1, 2심을 통 털어 3등분하여 1은 원고, 나머지는 피고의 부담으로 한다.

상 고 취 지

원판결 중 피고의 패소 부분을 취소한다.
원고의 청구를 기각한다.
소송비용은 모두 원고의 부담으로 한다.
라는 판결을 구합니다.

상 고 이 유

추후에 제출하겠습니다.

첨 부 서 류

1. 납부서　　　1통
2. 상고장부본　1통

2010.　　.　　.
위 상고인(피고)　성 춘 향 (인)

대법원 귀중

상고장의 제출은 원심(항소심)법원에 제출하여야 한다(425조, 397조). 판결이 송달된 때부터 2주 이내의 상고기간의 준수 여부는 원심법원이 상고장을 접수한 때가 기준이다. 인지액은 소장의 2배이다.

상고인이 상고장에 상고이유를 함께 적지 않은 때에는 소송기록접수통지를 받은 날로부터 20일 이내에 상고법원(원심법원이 아님)에 상고이유서를 제출하여야 한다(427조). 이를 어기어 상고이유서를 제출하지 않은 때에는 직권조사사항이 있는 경우를 제외하고,43) 상고법원은 변론 없이 판결로 상고를 기각하여야 한다(429조).

II. 상고심리불속행제도

1-40   무익한 상고·남상고를 본안심리에 앞서서 사전에 체크하여 대법원의 법률심으로의 기능을 효율적으로 수행하게 하고 법률관계를 신속하게 확정하기 위하여 당사자에 의하여 주장된 상고이유가 **중대한 법령위반**과 같은 상고심절차에 관한 특례법상의 일정한 사유(심리속행사유 ☞14-43)에 해당되지 아니한다고 판단될 때, 위 사유에 해당하더라도 그 주장 자체로 보아 이유가 없는 때 등에는 상고법원이 더 나아가 심리를 진행하지 아니하고 상고기각판결을 한다(상고심절차에 관한 특례법 4조).

III. 상고심의 심판

1-41   상고법원이 스스로 상고를 부적법하다고 인정하고 흠을 보정할 수 없는 경우에는 종국판결로 상고를 각하한다(425조, 413조).

상고법원은 상고이유에 따라 불복신청의 한도 안에서 심리한다(431조). 상고심은 원심법원이 적법하게 행한 사실인정에 기속되고(432조), 원판결의 당부를 법률적인 측면에서만 심사하기 때문에 **법률심**이라고 부른다. 직권조사사항(상고심에서 비로소 주장 가능)을 제외하고 새로 소송자료의 수집과 사실확정을 할 수 없다.

본안심리에 있어서 제1심 및 제2심과 다르게, 서면심리를 하여 상고장, 상고이유서, 답변서 그 밖의 소송기록에 의하여 상고를 이유 없다고 인정하면 변론을 거치지 않고 종국판결로 상고를 기각할 수 있다. 상고를 인용하여 원판결을 파기

---

43) 직권조사사항은 당사자의 주장이 없더라도 법원이 당연히 직권으로 조사하여 재판에 고려하여야 하기 때문이다(대법원 2000. 10. 13. 선고 99다18725 판결).

하는 경우에도 변론을 열지 않아도 무방하다(430조 1항). **임의적 변론**이다.

제 7 항 재   심

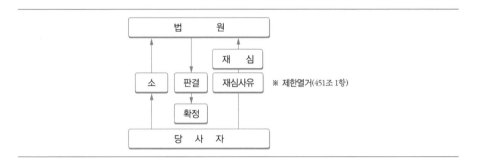

가령 상고심의 종국판결과 같이 더 이상 상소를 할 수 없는 확정된 종국판결   1-42
에 대하여 판결의 확정에 이르기까지 절차의 중대한 흠이나 판결의 기초가 되는
자료에 묵과할 수 없는 흠이 있을 때에 당사자는 그 판결의 취소와 사건의 재심
판을 구할 수 있다.

상소제도가 선고된 판결에 대해 심급제도를 전제로 상급심에서의 재도의 판
단을 구하기 위해 인정되고 있는 통상의 구제제도인 것에 대하여, 재심제도는 확
정되어 이미 기판력을 취득하여 본래 뒤집을 수 없는 것을 전제로 한 종국판결에
대하여 그 동일 심급에서의 재심리를 허용하는 예외적인 특별한 구제제도이다.

종결되어 기판력이 생긴 사건을 다시 심리하기 때문에 재심사유가 법정되어
있고(451조 1항), 재심의 제기기간도 제한되어 있다(456조, 예외는 457조). 재심소장
의 기재례를 포함하여 자세히는 후술한다(☞15-1 이하).

제 2 장

민사소송의 기본개념과 기본원리

제 1 절   민사소송의 구조

민사소송의 구조를 이해하는 것은 민사소송법 전체를 이해하는 데에 대단히 중요하므로
여기서는 재판의 구조, 심리의 구조에 대하여 살펴보기로 한다.

I. 재판의 구조

2-1   민사소송이란 분쟁이 발생한 경우에 원고가 주장하는 권리(의무)의 존부에
대하여 법원이 심리하여 그 판단을 판결이라는 형식으로 재판하는 것에 의하여
그 분쟁을 해결하는 것이다. 그런데 권리라는 것은 머릿속에서 생각하는 추상적·
관념적인 존재에 지나지 않고 실제로 그것을 보거나 접촉하는 등 직접 감지할 수
있는 것은 아니므로 법관이 오감(五感)의 작용에 의하여 직접적으로 권리의 존부
를 인식할 수는 없다.

그렇다면 법원은 권리의 존부에 대하여 어떻게 판단하여 재판하는가. 민법이
나 상법 등의 실체사법이 권리의 존부를 인식하기 위한 수단이다. 법규는 「어느
법률요건이 있는 때에는 어느 법률효과가 발생한다」는 형식으로 규정되어 있다
(반드시 모든 조문이 이러한 형식으로 규정되어 있는 것은 아니지만, 그러한 경우는 해석에
의하여 보완된다). 어느 권리를 가지고 있는 것을 주장하기를 원하는 당사자는 「권
리의 발생」이라는 법률효과를 정하는 법규의 법률요건에 해당하는 사실을 주장
하고 증명하게 된다.

◈ **예** ◈　甲의 乙에 대한 금 1,000만원의 대여금반환청구권에 대하여 다툼이 있는 경우에 대여금반환청구권이라는 권리의 발생의 법률효과를 정하는 법규는 민법 598조이다. 동조는 "소비대차는 당사자 일방이 금전 기타 대체물의 소유권을 상대방에게 이전할 것을 약정하고 상대방은 그와 같은 종류, 품질 및 수량으로 반환할 것을 약정함으로써 그 효력이 생긴다"고 규정하고 있다. 여기서 대여금반환청구권이라는 법률효과를 발생시키는 법률요건은 대주(貸主)가 금전 기타 대체물의 소유권을 차주(借主)에게 이전할 것을 약정하고, 차주가 위 약정한 대체물과 동종, 동질, 동량의 물건을 반환할 것을 약정한 것이다. 그리하여 소비대차계약의 성립이 인정되면, 그 법률효과로 소비대차계약의 효력이 생기며, 따라서 대여금반환청구권이라는 권리가 발생한다는 것이다.

　이에 대하여 상대방 당사자가 권리를 가지고 있지 않다는 것을 주장하기를 원하는 당사자는 「권리의 발생의 장애」나 「권리의 발생의 소멸」이라는 법률효과를 정하는 법규의 법률요건에 해당하는 사실을 주장하고 증명하게 된다.

　위와 같이 재판은 ① 어느 법률요건(Tatbestand)이 있으면, 어느 법률효과(Rechtfolge)가 발생한다는 **법규**(T → R)를 **대전제**로 하고, ② 어느 확정된 구체적인 **요건사실**(주요사실)(Sachverhalt)이 위 법률요건에 포섭되는(S ⊂ T) 것을 **소전제**로 하여, ③ 따라서 사안에서 그 법률효과가 인정된다(S → R)는 **결론**을 이끌어 내는 법적 3단 논법으로 구체적인 법률효과의 발생·변경·소멸을 판단하여 선언하는 것이다.

■ **법적 3단 논법**

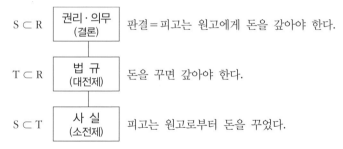

II. 심리의 구조

　민사소송의 절차를 단순화하면, 다음과 같이 몇 개의 주요한 국면으로 나눌 수 있다. 즉 원고에 의한 심리·판단의 대상의 제시(청구) → 원고·피고에 의한 주장(주장) → 원고·피고에 의한 입증(증명) → 법원에 의한 판단(판결)이라는 과정을 거친다. 마지막 국면인 판결 단계를 제외한다면, 심리의 구조는 다음과 같이 분류

2-2

하여 단계적으로 파악할 수 있다(☞ 7 - 34).

◈ **심리의 단계** ◈　소를 제기하여 당사자는 여러 가지 소송행위를 펼치는데, 이를 바탕으로 한 심리는 다음과 같이 분류·단계화하는 것이 가능하다. 첫째, 각 차원을 지배하는 원리가 다르고, 따라서 각 차원에 속하는 소송행위의 규율방법도 다르게 된다. 결국 기본적으로는 [1]의 단계에서는 처분권주의가 지배하고, [2]의 단계에서는「법적 구성＝법적 평가＝법원의 책무」라는 명제가 지배하고, [3]·[4]의 단계에서는 변론주의가 지배한다. 이로부터 [1]과 [3]·[4]의 단계에서는 당사자가 주도권을 쥐는 데 대하여, [2]의 단계에서는 법원이 주도권을 쥔다는 차이가 발생한다.1) 둘째, 절차가 이 순서로 결국 [1] → [2] →[3] → [4]로 전개되어 간다는 것이다.

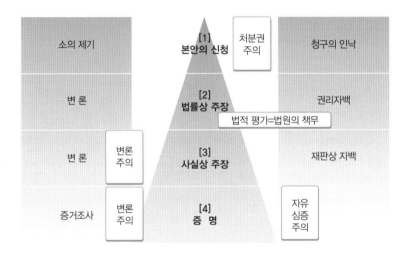

1. 청구(본안의 신청)의 단계

2-3　　　소송은 원고가 청구를 제시하는 것에서 시작한다. 법률상 분쟁이 생긴 경우에 원고가 될 사람은 민사소송이라는 법정의 분쟁해결수단에 있어서 어떠한 법률관계(권리·의무)를 해결의 대상으로 할 것인가를 특정하여 명확하게 법원에 제시할 필요가 있는데, 이를 청구(본안의 신청)라고 한다.

　　　청구는 소제기의 단계에 있어서는 소장에 청구의 취지로서 기재되며, 이후

---

1) 청구의 인낙은 [1]의 차원에, 권리자백은 [2]의 차원에, 재판상 자백은 [3]의 차원에 각각 속한다. 그래서 각 차원을 지배하는 원리의 차이에 의하여 청구의 인낙과 재판상 자백에 대하여는 원칙적으로 당사자의 의사에 의한 효과가 인정되는 데 대하여, 권리자백의 경우에는 원칙적으로 당사자의 의사에 따른 효과가 인정되지 않는다.

권리(의무)의 발생, 소멸 등을 둘러싼 주장·증명으로 심리의 대상이 되고, 판결의 단계에서는 판결서의 중심적 판단의 대상이 된다.

이에 대하여 피고가 응답한다. 통상은 청구의 기각을 구하면서(또는 소의 부적법 각하를 구하기도 한다) 원고의 청구를 다툰다. 다투는 경우에 절차는 다음 단계로 진행한다.

한편, 청구의 단계에서 소송이 종료되는 경우도 있다. 그것은 원고에 의한 소의 취하, 청구의 포기, 피고에 의한 청구의 인낙, 원·피고 사이에 소송상 화해가 성립한 경우이다. 이렇게 당사자의 의사에 따른 소송종료가 인정되는 것은 처분권주의가 지배하기 때문이다.

2. 법률상 주장 단계

다음 원고가 자기의 청구를 뒷받침하는 법률상 주장을 행하고, 이에 대하여 피고가 응답한다.

2-4

가령, 소유권에 기한 반환청구권으로서 목적물의 인도를 구하는 경우에 자기의 청구(소유권에 기한 인도청구권)가 이유 있음을 뒷받침하기 위해서 실무상 원고는 자기가 그 목적물의 소유권을 가지고 있다는 것과, 피고가 그 목적물을 점유하고 있다는 것을 처음부터 위 **1.** 청구의 단계에서 함께 주장하게 된다. 여기서 목적물의 소유권을 가지고 있다는 원고의 법률상 주장을 피고가 인정하면, 원고가 소유권의 취득원인사실을 구체적으로 주장·증명할 필요가 없지만(권리자백 관련. ☞8-32), 한편 피고가 원고의 소유권을 다투면, 원고는 소유권에 대한 취득원인사실을 주장하여야 하므로 절차는 다음 단계로 진행하게 된다.2)

3. 사실상 주장 단계

다음 위 예에서 청구에 대한 원인사실(소유권취득원인사실로 가령 매매계약이나 증여계약)을 원고가 주장하고,3) 이에 대하여 피고가 응답한다.

2-5

---

2) 본래 법률상의 주장이 당사자 사이에 일치하여도 아무런 효과를 가지지 않기 때문에 법률상 주장이 서로 일치한 경우에도 절차는 원칙적으로 다음 단계로 진행된다. 왜냐하면 법률상의 주장에 관하여는 「법적 구성·평가＝법원의 임무·책무」라는 원리가 타당하기 때문이다. 다만, 권리자백을 한 것으로 볼 것인가 하는 문제가 있다(☞8-32).

3) 소유권을 주장하는 원고가 목적물의 소유권이 자기에게 귀속하는 것을 증명할 필요가 있는데, 소유권에 있어서, 목적물 그 자체는 보거나 만져볼 수는 있지만, 그 소유권은 보거나 만져볼 수 없다. 원고는 소유권 그 자체를 보거나 만져서 증명할 수 없으므로 매매계약 등과 같은 소유권취

통상적으로 피고의 응답방법은 ① 인정한다, ② 다툰다, ③ 인정하면서 다툰다로 나눌 수 있다.

우선 ① 원고가 증명책임을 지는 사실의 주장을 피고가 인정하면, **자백**이 성립하여 그 사실은 불요증사실이 된다(288조). 이는 변론주의가 타당하다는 점에 기인한다. 특히 다투지 않고 **침묵**하고 있는 경우도 마찬가지이다(150조 1항). 이를 자백간주라고 한다. 이 경우에 그 사실을 법원은 그대로 인정하지 않으면 안 된다.

다음 ② 원고의 주장을 피고가 다투면, 그 사실은 증명이 필요하다. 이를 **부인**이라고 한다. 피고가 그 사실을 알지 못한다는 **부지**(不知)의 진술을 한 경우도 마찬가지이다(150조 2항). 이 경우에는 이러한 사실에 관하여 다음 증명의 단계로 절차가 진행된다.

한편 ③ 원고의 주장을 인정하면서, 피고가 적극적으로 자기의 방어방법을 제출하는 경우가 있다. 이를 **항변**이라고 한다. 이 경우에는 피고의 주장, 즉 항변에 대하여 원고의 응답을 구하게 되는데, 경우에 따라 원고는 재항변까지 나아갈 것이다.

◆ **예** ◆ 甲의 乙에 대한 대여금반환청구소송에서 乙은 이 금액을 이미 변제하였고, 또 만약 변제하지 않았다고 하여도 시효에 의하여 소멸되었다고 주장하는 데 대하여, 甲은 변제를 부인하고, 시효는 도중에 중단되었다고 주장하였다고 하자. 사안에서 乙은 「이 금액」이라고 하고 있으므로 대여금이란 사실은 일단 인정한 뒤에(자백), 변제의 항변과 예비적으로 시효의 항변을 제출한 것이다(피고가 원고의 청구원인사실을 자백하면, 원고는 그 사실상의 주장에 대하여 증명이 필요하지 않으므로 그 뒤 피고가 항변을 하면 그 항변사실을 둘러싸고 새로운 공격방어가 진행된다). 그리고 시효의 항변에 대하여 甲은 시효중단의 재항변을 제출하였다. 그렇다면 소송에서 甲이 승소하기 위하여는 ① 대여금이 인정될 것, ② 변제가 부정될 것, ③ 소멸시효의 완성이 부정될 것의 3가지가 필요하다. ①에 대하여는 자백이 성립하였으므로 ②와 ③에 대하여는 증거에 의한 인정이 필요하게 된다. 이에 대하여 乙이 승소하기 위하여는 ②, ③ 가운데 어느 것 하나라도 乙의 주장이 인정되면 충분하다. 물론 대여금이 부정되면 좋겠지만, 그것이 인정되더라도 변제 또는 시효의 어느 쪽이 인정된다면 승소한다. 그렇다면 사안에서 법원이 우선 시효의 항변을 인정하여 甲의 청구를 기각한 조치는 잘못이 없다. 사고논리로 보나 시효를 이유로 승소하는 피고의 감정을 생각한다면 확실히 ①, ②, ③의 순서로 심리하는 것이 적절하지만(또 실제 그렇게 하는 것이 보통이다), 사실에 의한 인정이 난이도에서 차이가 있는 경우도 있고, 또 피고의 목적은 청구기각을 바라는 이상(216조 2항—판결이유중의 판단에는 기판력은 미치지 않는다), 소송촉진의 관점에서도 그다지 나쁘다고 할 수 없다.

득원인사실을 요건사실로 주장하고 증명할 필요가 있다.

4. 증명(입증)의 단계

위 다툼이 된 사실에 대하여 증명을 하게 된다. 이 경우에 그 사실에 대하여   2-6
증명책임을 지는 당사자는 본증을 하게 된다.

위 예에서 원고가 목적물을 매수하였는지 여부를 둘러싸고, 매매계약서를
증거로 제출하고(본증), 피고는 그 계약서가 위조되었다는 것을 감정에 의하여 밝
히려는(반증) 공방이 전개될 것이다. 법원은 증거조사의 결과에 따라 자유로운 심
증으로, 가령 매매계약의 성립을 부정하는 사실인정을 한다면 원고의 청구를 기
각하는 판결을 내리게 될 것이다.

제 2 절   소송의 주체

제 1 항   법   원

I. 법원의 의의

구체적 사건을 재판에 의하여 처리하는 국가권력을 재판권이라고 하는데,   2-7
민사재판권은 법원에 속한다. 법원은 **넓은 의미**로는 법관과 그 이외의 법원직
원에 의하여 조직된 복합적 국가관서(官署)로서의 법원을 의미한다. **좁은 의미**
로는 재판사무를 담당하기 위하여 1인 또는 수인으로 구성된 재판기관으로서
법원을 의미하는데, 판결절차를 취급하는 수소법원(가령 서울중앙지방법원 제3민
사부)이 그 예이다.

II. 법원의 구성

법원은 그것을 구성하는 법관의 수에 의하여 합의제와 단독제로 나뉜다. 재   2-8
판의 적정이라는 점에서는 합의제가 우월하고, 재판의 신속이라는 점에서는 단독
제가 뛰어나다. 대체로 세계 각국은 제1심에 있어서는 원칙적으로 단독제를 채택
하고, 상급심에 있어서는 합의제에 의하고 있다.

1. 합의제

2-9   합의제는 재판장과 합의부원(이른바 배석판사라고 한다)으로 구성된다. 합의제
에 있어서는 사건의 처리상 중요한 사항은 그 구성법관의 합의에 의한 과반수의
의견으로 정한다. 합의는 공개하지 않는다. 합의제는 여러 법관이 사실관계를 다
양한 측면에서 검토하고 이를 평가하여 합의의 과정에서 의견을 교환하고 평의
(評議)하게 됨으로써 법관 개인의 주관성을 배제하고 재판이 보다 객관성을 가지
게 된다.

재판장은 화해의 권고, 법원 밖에서의 증거조사 등 일정한 사항의 처리를 위
임할 수 있는데, 그 처리를 위하여 지정된 법관을 수명(受命)법관이라고 한다. 한
편 합의체의 기관은 아니나, 수소법원이 동급의 다른 법원에 일정한 재판사항의
처리를 부탁한 경우에 그 처리를 맡은 법관을 수탁(受託)판사라고 한다.

2. 단독제

2-10   한편, 단독제에서는 법관 개인의 주관성의 배제가 곤란한데, 그 반면 단독제
는 책임과 소신에 의하여 신속하게 처리할 수 있고, 법관의 수가 일정하다면 일
정기간에 많은 사건을 처리할 수 있는 장점이 있다.

3. 합의제와 단독제의 조화

2-11   양자 사이에는 위와 같은 장단점이 있으므로 이를 어떻게 조화할 것인가가 각
국 소송법의 과제이다. 합의제에서는 그 단점을 보완하기 위하여 각종의 촉탁(139조
2항), 기일지정(165조 1항) 등 모두의 관여가 필요 없는 간단한 사항과 여유가 없는
급박한 사항에 대하여 재판장이 독립하여 법원의 권한을 행한다. 또 화해의 권고
(145조), 법원 밖에서의 증거조사(297조) 등 법정의 사항에 대하여 그 구성법관의 일
부를 수명법관으로 지정하여 그 처리를 위임한다(139조 1항). 한편, 단독제에서는 그
단점을 보완하기 위하여 **재정합의사건**으로 처리하는 경우가 있다. 가령, 단독판사의
법정관할에 속하는 사건이라도 그 내용이 복잡하고 중요하여 합의부에서 심판할 것
으로 합의부가 스스로 결정하면 합의부로 이송할 수 있다(민사소송법 34조 3항 참조).

III. 법관의 제척·기피·회피

제척(41조)	—— 법정사유에 의하여 당연히 배제 * 인적 관계(1, 2, 4호) * 물적 관계(3, 5호)
기피(43조)	—— 당사자의 신청에 따른 배제
회피(49조)	—— 법관의 자발적 회피 * 법원사무관등에 준용(50조)

1. 의 의

공정한 **재판**을 담보하기 위하여 법은 법관의 임명자격을 엄격하게 정하고   2-12
있는 것과 함께 그 독립을 보장하고 있다. 그러나 구체적 사건에 있어서 재판의
공정과 이에 대한 국민의 신뢰를 확보하기 위해서는 위와 같은 일반적 보장만으
로는 충분하지 않다. 그리하여 구체적 사건에 있어서 이를 취급하는 법관이 우연
히 그 사건과 인적, 물적으로 특수한 관계에 있기 때문에 불공정한 재판이 이루
어질 우려가 있는 경우에 **법관의 중립성**을 확보하기 위하여 그 법관을 당해 사
건의 직무집행으로부터 배제하는 제도가 법관의 제척, 기피, 회피이다.

제척은 일정한 법정사유(제척이유)가 있는 경우에 법률상 당연히 직무집행을
할 수 없는 것이고, **기피**는 제척이유가 한정열거이므로 제척원인 이외에 재판의
공정을 기대하기 어려운 사정이 있는 경우에 당사자의 신청과 그에 대한 재판에
의하여 법관을 직무집행으로부터 배제하는 것이고, **회피**는 법관이 당사자의 신
청이나 재판을 거치지 않고 스스로 직무집행을 피하는 것이다.

제척, 기피, 회피제도는 법관을 중심으로 규정하고 있지만, 위와 같은 취지로부
터 법원사무관등에게도 준용된다(50조). 그리고 제척, 기피제도(회피제도는 제외)는 전
문심리위원에게도 준용된다(164조의5). 또한 소송 이외의 절차에도 이러한 제도가 마
련되어 있다(비송사건절차법 5조 등).

2. 제 척

법관이 일정한 법정사유(제척이유)가 있는 경우에 법률상 당연히 직무집행을   2-13
할 수 없는 것을 제척이라고 한다.

(1) 제척원인

2-14   41조에 열거되어 있는 대로 법관의 제척이유는, 법관이 사건의 당사자(넓은 의미로 원·피고뿐만 아니라 보조참가인 그리고 기판력이 미치는 당사자와 동일시할 사람을 포함하나, 법정대리인은 그 기준이 되지 않음)와 관계가 있는 경우(1, 2, 4호)와 법관이 사건의 심리에 이미 관계한 경우(3, 5호)로 크게 두 가지로 구별할 수 있다. **전자**의 경우로는, ① 법관 또는 그 배우자나 배우자이었던 사람이 사건의 당사자가 되거나 당사자와 공동권리자·공동의무자4) 또는 상환의무자의 관계에 있는 때(동조 1호), ② 법관이 당사자와 친족의 관계에 있거나 그러한 관계에 있었을 때(동조 2호), ③ 법관이 사건당사자의 대리인이었거나 대리인이 된 때(동조 4호)이고,5) **후자**의 경우로는, ① 법관이 사건에 관하여 증언이나 감정을 하였을 때(동조 3호), ② 법관이 불복사건의 이전심급의 재판에 관여하였을 때(그 취지는 하급심의 재판에 관여한 법관이 상급심의 재판에 다시 관여하면 예단(豫斷)을 가진 법관이 다시 재판에 관여하는 것이 되어 상소제도(심급제도)를 둔 취지가 무의미할 뿐만 아니라 재판의 공정을 저해할 우려가 있기 때문이다. 다만, 다른 법원의 촉탁에 따라 그 직무를 수행한 경우는 그러하지 아니하다. 동조 5호)이다.6) 결국 위 법정사유는 법관이 중립·공평하지 못하다는 의혹을 가지는 경우가 열거된 것이다. 이는 한정열거인 것에 주의하여야 한다.

◆ **이전심급의 재판 관여** ◆　甲의 乙에 대한 손해배상청구의 소를 접수한 S지방법원은 이 사건을 제2민사부에 배당하였다. 당시의 합의부의 구성법관은 金, 李, 朴 3명의 판사였다. 이러한 구성으로 변론과 일부의 증거조사를 행하였는바, 법관의 인사이동에 의하여 李판사가 S지방법원에서 S고등법원으로 전임하고, 대신 崔판사가 새로 부임하였다. 제1심 판결에서 甲이 승소하여 乙은 이에 대하여 S고등법원에 항소를 제기하였다. 이 항소사건을 담당한 법원은 黃, 鄭 및 위 李판사에 의하여 구성되었다. 乙은 李판사에 대하여 제척이유가 있다고 제척의 신청을 하였다. 그런데 여기서 재판에 관여하였

---

4) 사건의 당사자와 공동권리자·공동의무자의 관계라 함은 소송의 목적이 된 권리관계에 관하여 **공통되는 법률상 이해관계**가 있어 재판의 공정성을 의심할 만한 사정이 존재하는 지위에 있는 관계를 의미하는 것으로 해석할 것이다. 종중 규약을 개정한 종중 총회 결의에 대한 무효확인을 구하는 소가 제기되었는데 재판부를 구성한 판사 중 1인이 **당해 종중의 구성원**인 사안에서 그 판사는 이에 해당한다(대법원 2010. 5. 13. 선고 2009다102254 판결[미간행]).

5) 전자는 「누구도 자기의 사건에 있어서 법관일 수 없다」, 즉 자기가 소송의 결과에 대하여 이해관계를 가진 때에는 법관으로 될 수는 없다는 원칙에 입각한 것이다.

6) 그런데 **재심사건**에 있어서 그 재심의 대상으로 삼고 있는 원재판은 여기에서의 전심 재판에 해당한다고 할 수 없다(대법원 2000. 8. 18. 선고 2000재다87 판결). 그리고 본안사건의 재판장에 대한 **기피신청사건**의 재판에 관여한 법관은 이에 해당하지 않는다(대법원 1991. 12. 27.자 91마631 결정).

다는 것은 단순히 기본인 변론에 관여하였거나 또는 선고에만 관여하였다는 것으로 부
족하고 재판의 내용결정인 합의, 판결서의 작성에 관여한 경우를 필요로 한다. 따라서
최종변론 아닌 그 전의 변론, 증거조사, 소송지휘상의 재판에 관여한 것만으로는7) 乙
의 제척신청은 인정되지 않을 것이다.

(2) 제척의 재판

제척이유가 있는지 없는지는 그 이유가 있는 법관 자신과 그 소속합의부의   2-15
직권조사사항이다. 조사결과 제척이유가 있으면(물론 해당 법관이 스스로 회피하는
경우가 많을 것임) 해당 법관은 스스로 직무집행에서 물러나고 이를 조서에 적으면
된다.

그러나 제척이유의 유무에 관하여 의문이 있을 때에는 법원은 직권으로 또
는 당사자의 신청에 따라 제척의 재판을 하여야 한다(42조). 다만, 제척의 효과는
그 재판 유무에 관계없이 당연히 발생하기 때문에 제척의 재판은 **확인적 성질**을
갖는다. 제척의 재판절차는 기피의 경우와 마찬가지이므로 후술할 기피신청에 대
한 재판 부분에서(☞2-20) 함께 살펴보기로 한다.

(3) 제척의 효과

제척이유가 인정되면, 해당 법관은 당연히 그 직무집행으로부터 배제된다. 당사   2-16
자가 이를 문제 삼아야 하는 것이 아니므로 절차이의권(책문권)의 상실도 문제되지
않는다. 제척이유가 있음에도 불구하고 법관이 그대로 관여한 소송행위는 전부 무효
이고, 이에 기하여 내려진 판결에 대하여는 절대적 상고이유(424조 1항 2호) 및 (확정
된 경우에는) 재심사유(451조 1항 2호)가 된다(☞14-40, 15-3).

3. 기 피

제척이유는 한정열거인데, 제척이유 이외에 재판의 공정을 기대하기 어려운   2-17
사정이 있는 경우에 당사자의 신청에 따라 법관을 해당 사건의 직무집행으로부터
배제하는 제도가 기피이다(43조 이하).

---

7) 따라서 원심 재판장이 제5차 변론기일부터 제9차 변론기일까지 사이에 행하여진 변론·증
   거조사 및 기일지정 등에만 관여하였을 뿐인 경우에 전심관여 판사로서 원심판결에 관여하
   였다고 볼 수 없다(대법원 1997. 6. 13. 선고 96다56115 판결; 대법원 1994. 8. 12. 선고 92
   다23537 판결도 같은 취지).

(1) 기피원인

2-18   43조 1항은 재판의 공정을 기대하기 어려운 사정이 있는 때를 기피이유로 규정하고 있다. 이는 사회의 평균적인 일반인의 관점에서 볼 때, 법관과 사건과의 관계, 즉 법관과 당사자 사이의 특수한 사적 관계 또는 법관과 해당 사건 사이의 특별한 이해관계 등으로 인하여 그 법관이 불공정한 재판을 할 수 있다는 의심을 할 만한 객관적인 사정이 있고, 그러한 의심이 단순한 주관적 우려나 추측을 넘어 합리적인 것이라고 인정될 만한 때를 말한다.8) 중립적인 법관이라도 하나의 인격체로서 인생관·사상·신조 등을 가지고 있는 것은 당연하고, 그것이 재판의 내용에 전혀 영향을 주지 않을 것이라고는 말하기 어렵다. 그러나 이러한 윤리적·가치적·인격적 판단은 헌법 103조에서 말하는 「양심」에 포함되는 것이고, 그것을 이유로 법관을 직무집행으로부터 배제할 수는 없다. 반면에 법관과 당사자 사이에 특별한 우호적 내지는 적대적 관계가 존재한다든가, 법관이 소송의 목적물에 대하여 이해관계를 가지든가, 해당 사건과 관련된 종전의 절차에 관여한 경우 등의 사정이 존재하는 경우에는 공정을 의심할 객관적 사정이 인정된다. 이러한 경우에 기피이유가 된다.

◈ **재판의 공정을 기대하기 어려운 사정을 부정한 예** ◈   한 건물에서 웨딩부페를 하는 A씨에게 등기부상 땅 소유자로 돼 있는 B씨가 건물인도소송을 제기하였는데, 재판부는 B씨가 땅을 소유하는 과정에서 사문서 위조와 사기 등의 혐의를 받고 기소돼 형사재판이 진행 중이므로 형사재판 결과를 기다리자며 변론기일을 뒤로 미뤘다. 그러나 재판부가 바뀌면서 상황이 바뀌어 B씨 측이 낸 기일지정신청을 받아들여 미뤄뒀던 변론을 재개했다. 형사재판이 언제 끝날지도 모르는 마당에 무한정 장기 미제 사건을 방치할 수 없다는 것이 바뀐 재판부의 입장이었다. 그런데 공교롭게도 사건을 맡은 재판부의 재판장과 B씨 측 소송대리인(변호사)은 같은 고등학교와 대학교를 나온 동기 동창이었다. 게다가 사법고시도 같은 해 합격한 연수원 동기였고, 사법연수원에서 교수로서, 같은 법원에서 부장판사로 함께 근무했다. 재판부의 갑작스러운 재판 재개에 자신에게 불리한 판결이 내려질지도 모른다고 생각한 A씨는 이런 이유를 들어 기피 신청을 냈다. 하지만 기피사유인 '불공정한 재판을 할 우려'가 있다고 보기 어렵고, 대리인과 판사가 같은 동문·연고 출신이라는 게 기피사유가 안 된다며 신청을 기각했다(2007.10.14.자 연합뉴스 기사).

---

8) 그러므로 평균적 일반인으로서의 당사자의 관점에서 위와 같은 의심을 가질 만한 객관적인 사정이 있는 때에는 실제로 법관에게 편파성이 존재하지 아니하거나 헌법과 법률이 정한 바에 따라 공정한 재판을 할 수 있는 경우에도 **기피**가 **인정**될 수 있다(대법원 2019. 1. 4.자 2018스563 결정).

(2) 기피신청

제척과 달리 기피절차는 **당사자의 신청**으로만 개시된다. 합의부의 법관에   2-19
대한 기피는 그 법관의 소속 합의부에, 수명법관, 수탁판사 또는 단독판사에 대한
기피는 그 법관에게 이유를 밝혀 신청하여야 하고, 신청한 날로부터 3일 이내에
기피하는 이유와 소명방법을 서면으로 제출하여야 한다(44조).

기피신청은 기피이유를 안 직후에 하여야 한다(43조 2항). 즉 당사자가 법관
을 기피할 이유가 있다는 것을 알면서도 본안에 관하여 변론하거나 변론준비기일
에서 진술을 한 경우에는 기피권을 상실한다.

◈ **예** ◈　　甲은 A변호사를 소송대리인으로서 乙을 상대로 건물철거 및 토지인도청구의
소를 제기하였다. 이미 변론이 행하여진 뒤에 乙은 담당의 B판사에 대하여 기피신청을
하였다. 기피이유로 A변호사가 최근 B판사의 외동딸 C양과 결혼하였다는 사실을 들고
있다. 법관과 당사자의 한쪽 사이에 특별히 밀접한(우호적) 이해관계가 있는 때에는 재판
의 공정을 기대하기 어려운 사유에 해당한다고 볼 수 있는데, 사안에서 甲의 소송대리인
A가 B판사의 사위라는 것이 재판의 공정을 기대하기 어려운 사정에 해당하는지 여부가
문제된다. 법관이 소송대리인과 혼인관계, 민법 소정의 친척관계, 깊은 우정관계 또는 불
화관계가 있을 때에는 본인과의 관계만큼 엄격한 기준에 의할 것은 아니더라도 제척이유
인 41조 2호(법관이 당사자와 친족의 관계에 있거나 그러한 관계에 있었을 때)와의 균형의
점에서 기피이유로 봄이 옳고, 따라서 乙의 기피신청을 인정할 수 있다. 한편, 이미 피고
가 법관의 면전에서 변론을 하였는데, 이는 기피이유가 되는 A변호사와 B판사의 딸 C양
의 결혼이 최근에 있은 것이므로 기피이유가 있다는 것을 알면서도 본안에 관하여 변론
한 경우(43조 2항)에 해당되지 않아 기피권을 잃지 않는다.

(3) 기피신청에 대한 재판

(가) 간이각하　　기피(또는 제척)의 신청이 방식에 어긋나거나 소송의 지연을   2-20
목적으로 하는 것이 분명한 경우에는 **신청을 받은 법원 또는 법관이 직접** 결정
으로 신청을 각하한다(45조 1항). 이를 **간이각하**라고도 하는데, **기피권의 남용**에
대한 우리 법의 독특한 것이다. 예를 들어 법관의 변론기일의 지정이나 증거의
채부 등 절차적인 이유를 들면서 이유가 없는 기피의 신청을 여러 차례 반복하는
등 소송을 지연시키기 위하여 기피권을 행사하는 것은 신의칙에 어긋나므로 이를
방지하기 위한 취지이다. 그 밖에 대법관 모두에 대한 기피신청과 같이 기피신청
의 당부에 대한 재판을 할 수 없게 하는 경우 등이 기피권 남용의 예이다.

2-21   **(나) 다른 합의부의 재판**   위 간이각하가 아니라면, 기피(또는 제척)의 신청
에 대한 재판은 그 신청을 받은 법관의 소속법원의 **다른 합의부**(해당 법관을 제외
한 다른 법관으로 구성된 합의부)에서 결정으로 한다(46조 1항).9) 이 경우에 기피(또는
제척)를 당한 법관은 이 절차에 관여하지 못하고, 다만 그에 관한 의견을 진술할
수 있을 뿐이다(동조 2항). 만일 기피당한 법관의 소속법원이 합의부를 구성하지
못하는 경우에는 바로 위의 상급법원이 결정한다(동조 3항). 기피신청의 당부를 심
사하는 절차는 본안의 소송절차와는 전혀 별개로 진행한다. 제척과 달리 기피의
재판은 **형성적**이다. 기피(또는 제척)을 당한 법관은 위 간이각하의 경우를 제외하
고는 바로 기피(또는 제척)의 신청에 대한 의견서를 제출하여야 한다(45조 2항).

2-22   **(다) 불복신청**   기피(또는 제척)의 신청이 이유 있다는 결정에 대하여는 불
복신청이 인정되지 않는다(47조 1항). 당사자가 공정하지 못하다고 주장하여 특정
한 법관에 의한 재판을 배제할 수 있지만, 반대로 특정한 법관에 의한 재판을 구
할 수 없다는 것을 그 취지로 들 수 있다. 신청당사자에게 불복이익은 없고, 신청
하지 않은 당사자는 이해관계인은 아니다. 즉 법관은 본래 몰개성적인 것이므로
우연히 자기로서는 마음에 드는 법관이 기피신청의 인용결정에 의하여 재판에의
관여가 배제되더라도 그것에 대하여 불복신청을 할 정당한 이익은 인정되지 않는
다. 반면, 간이각하결정이나 기피(또는 제척)의 신청이 이유 없다고 기각한 결정에
대하여는 즉시항고를 할 수 있는데(동조 2항), 이 가운데 간이각하결정에 대한 즉
시항고는 집행정지의 효력을 가지지 않는다(동조 3항).

(4) 기피신청의 효과

2-23   **(가) 본안절차의 정지**   신청이 각하된 경우 또는 종국판결을 선고하거나
(변론종결 뒤에 비로소 기피신청이 있는 때)10) 긴급을 요하는 행위를 하는 경우를 제

---

9) 기피재판은 일반적인 재판절차보다 신속성이 더욱 강하게 요구되며 만약 기피신청을 당한 법관
의 소속이 아닌 법원에서 기피재판을 담당하도록 한다면, 소송기록 등의 송부 절차에 시일이 걸
려 상대방 당사자의 신속한 재판을 받을 권리를 저해할 수도 있다. 또한 어떠한 경우에도 기피신
청을 받은 법관 자신은 기피재판에 관여하지 못하도록 되어 있고, 기피신청을 받은 법관의 소속
법원이 기피신청을 받은 법관을 제외하면 합의부를 구성하지 못하는 경우에는 바로 위 상급법원
이 결정하도록 규정하고 있으며, 기피신청에 대한 기각 결정에 대하여는 즉시항고를 할 수 있도
록 하여 상급심에 의한 시정의 기회가 부여되는 등 기피신청을 한 자의 공정한 재판을 받을 권리
를 담보할 만한 법적 절차와 충분한 구제수단이 제도적으로 마련되어 있다. 결국, 공정한 재판을
받을 권리를 침해한다고 보기 어렵다(헌법재판소 2013. 3. 21. 선고 2011헌바219 결정).
10) 규정의 취지는 이미 변론이 종결되어 종국판결의 선고만이 남은 상태에서는 사안의 실체
에 대한 구체적인 자료가 대부분 드러나 법원이 어느 쪽이든 내심의 심증을 형성하고 있을

외하고, 기피(또는 제척)의 신청이 있으면 기피의 재판이 확정될 때까지[11] 소송
절차를 정지하여야 한다(48조). 기피신청은 본래 그 법관에 의하여 소송절차를
진행하는 것이 곤란하다는 취지의 신청인데, 기피신청이 있더라도 법관은 당연
히 직무집행으로부터 배제되지 않고 그대로 소송절차를 진행하면 나중에 기피
신청이 이유 있다는 결정이 있더라도 그 목적이 달성되지 않게 된다. 그래서 기
피신청을 당한 법관이 본안의 소송절차를 진행하는 것은 적당하지 않으므로 기
피신청에 대한 재판이 확정될 때까지 위와 같은 예외를 제외하고 소송절차를
정지하여야 한다. 위 규정에 위반한 소송행위는 위법하다고 풀이한다.

◈ **예** ◈   위 예에서, 기피신청에도 불구하고 B판사는 그대로 심리를 속행하고 이
미 소환한 증인 D에 대한 증인신문을 행하고 변론을 종결하여 다음 기일에 甲 승
소의 판결을 선고한 경우에, 증인신문이 위 예외사유 중 긴급을 요하는 행위에 해
당하지 않는다면, 이는 위법하므로 이에 기하여 판결을 내리는 것은 허용되지 않는다.
위 증인신문은 위법하고 이에 기하여 내려진 판결은 상소에 의하여 취소할 수 있다.

◈ **예** ◈   변론이 종결된 후에 기피신청이 있었다고 하자. 기피신청에도 불구하고 48조
단서의 규정에 의하여 절차를 정지하지 않고 본안사건에 대한 종국판결을 선고하였다.
이 경우에 종국판결이 선고되었으므로 기피신청에 대한 재판을 할 이익이 상실되어 기
피신청은 부적법하다고 보아 기피신청을 각하하여야 한다는 입장이 판례이다.[12] 그러
나 기피신청 뒤에 종국판결이 선고되었더라도 그 법관이 관여한 행위가 유효한가를 판
단할 필요가 있는 점에서 기피신청에 대한 재판의 목적 또는 이익을 잃는 것은 아니므
로 판례의 입장에 반대하고 오히려 기피신청에 대한 재판을 하여야 한다고 생각한다.

터이어서 당사자가 법원의 심증방향을 추단하여 자신에게 불이익한 판결을 피해보고자 하
는 의도로 기피신청에 이르는 등 기피제도를 악용할 가능성이 높고 그렇지 아니한 경우라도
이러한 기피신청은 너무 시기에 늦은 신청이어서 이로 인하여 반대당사자의 신속한 재판을
받을 권리를 지나치게 제약하고 법관의 독립성을 침해하는 결과가 초래되기 때문에 이를 방
지하기 위한 것이므로 그 합리성을 충분히 인정할 수 있다(대법원 2007. 6. 18.자 2007아9
결정[위헌법률심판제청신청]).

11) 여기에서 가령 신청이 이유 없다는 결정이 고지되면 이해관계인은 1주일 내에 즉시항고를 할
수 있으므로(47조 2항) 그 기간이 경과하거나(444조) 항고권을 포기한 때 또는 최종 항고심의
결정이 고지되었을 때 재판이 확정된다.

12) 위 경우에는 그 담당 법관을 그 사건의 심리재판에서 배제하고자 하는 기피신청의 목적은
사라지는 것이므로 기피신청에 대한 재판을 할 이익이 없다고 본다(대법원 1991. 6. 14.자 90
두21 결정; 대법원 2008. 5. 2.자 2008마427 결정).

2-24   **(나) 흠의 치유**   위 소송절차의 정지를 무시하고 절차를 진행한바, 그 뒤
기피신청이 이유 없는 것으로 귀착되면, 흠이 치유되는지 여부에 대하여 적극·소
극의 다툼이 있다. **학설**은 기피신청한 사람의 소송상 이익을 해치지 않은 때에는
흠이 치유된다고 보는 **절충설**이 일반적이지만, 정지를 규정하고 있는 법의 취지
에 비추어 **소극적으로 보아야 한다고 생각한다.** **판례**도 위 규정을 위반하여 변
론기일을 진행하여 쌍방불출석의 효과를 발생시킨 사안에서 특별한 사정이 없는
이상, 그 뒤 기피신청을 각하하는 결정이 확정되었다는 사정만으로 절차 위반의
흠이 치유된다고 할 수 없다고 보았다.13)

4. 회 피

2-25   법관이 위에서와 같이 당사자의 신청이나 재판을 거치지 않고 스스로 제척
또는 기피의 사유가 있다고 인정하여 직무집행을 피하는 것을 회피라고 한다. 회
피를 하려면 사법행정상의 감독권이 있는 법원의 허가를 얻어야 한다(49조). 회피
의 허가는 사법행정상의 처분이고 제척 또는 기피의 사유를 확정하는 효과를 가
지는 재판이 아니기 때문에 예를 들어 기피이유가 있는 것을 이유로 허가를 받아
직무집행을 회피한 법관이 그 뒤에 그대로 그 사건에 관여하였다 하여도 그 행위
의 효력에는 영향이 없고 소송법상 위법은 아니다.

제 2 항   당사자

I. 당사자의 의의

2-26   민사소송에서 당사자는 법원과 함께 절차의 주체이다. 당사자는 어느 소송사
건에 있어서 자기의 이름으로 법원에 판결(권리보호)을 구하는 사람 및 이에 대립
하는 관계에 있는 상대방을 말한다. 또한 판결은 청구에 대하여 행하여진다는 점
에서 당사자는 판결의 명의인이 되는 사람이다.

1. 형식적 당사자개념

민사소송의 당사자는 실체법상 법률관계의 당사자와 전혀 다르고, 누가 재판

---

13) 대법원 2010. 2. 11. 선고 2009다78467, 78474 판결. 한편, 종래 대법원 1978. 10. 31. 선고
78다1242 판결은 가정적 판단이었지만, 적극적 입장이었는데, 위와 같이 최근 판결이 사건과 마
찬가지로 소극적으로 판시한 점이 특이하다.

상의 권리보호를 구하고 있고, 누가 그 상대방이 되는가에 의하여 결정되는 것이 2-27
다. 이는 다툼 있는 법률관계의 주체가 실체법상 누구인가에 관계없이 결정되는
것을 의미하고, 실체법상 권리관계의 주체와 단절하여 완전히 형식적으로 이해되
는 것이다. 이러한 당사자개념을 형식적 당사자개념(formelle Parteibegriff)이라고
부른다.

2. 당사자의 호칭

당사자는 소송절차의 종류나 각각의 단계에 대응하여 그 호칭이 다르다. 판 2-28
결절차의 제1심에 있어서는 원고·피고, 항소심에서는 항소인·피항소인, 상고심
에서는 상고인·피상고인이라고 부른다. 반소에서는 반소원고, 반소피고라고 부
른다. 증거보전절차, 소송비용액확정절차에서는 신청인, 상대방이라고 부른다.
독촉절차에서는 채권자, 채무자라고 부른다.

3. 당사자는 민사소송의 주역 – 당사자권

민사소송의 주역은 당사자이다. 당사자의 소송절차상 지위는 최종적으로는 2-29
청구에 대한 심판을 받는 것에 집약되는데, 헌법상 원리인 「재판을 받을 권리」나
「적법절차의 보장」에 기하여 공평하면서 적정한 심판을 받기 위하여 소송절차상
자기의 변명, 평계를 충분히 밝힐 지위가 보장되어 있다. 즉 자기의 신청의 정당
성을 기초지우는 사실을 주장하거나 증거를 제출하여 자유롭게 공격방어를 행할
수 있는 지위가 보장되어 있다. 그 밖에 당사자에게는 민사소송의 주역에 어울리
는 여러 가지 권능(이송신청권, 제척·기피신청권, 기일의 소환, 소송서류의 송달을 받을
권리, 소송절차의 진행에 관한 신청권, 소송물의 처분권, 상소권 등)이 보장되고 있는데,
민사소송의 주역으로서 인정되고 있는 위와 같은 권리를 총칭하여 강학상 당사자
권(Parteirecht)이라고 부르기도 한다(이는 민사소송의 기본규제개념인 절차보장의 핵심
적 내용이 된다).

4. 두 당사자 대립의 구조

비송절차와 달리 소송절차에 있어서는 통상 서로 대립하는 양쪽 당사자의 2-30
존재가 필수불가결하다. 그 한쪽이 상대방에 대한 관계에서 재판상의 권리보호를
구하고 그 요구의 당부에 대하여 법원이 양쪽 당사자에게 주장과 반론의 기회를

공평하게 부여한 뒤에 재판한다는 기본구조(쌍방심리주의)를 가지기 때문이다. 서로 대립하는 양쪽 당사자에게 대등하면서 충분한 공격방어가 가능한 지위를 부여하는 원칙을 「두 당사자 대립의 원칙」(Zweiparteienprinzip)이라고 부르는데,14) 민사소송은 당사자의 공격방어를 축으로 발전하여 간다는 것을 나타내는 원칙이라고도 볼 수 있다.

II. 당사자의 확정

소의 제기로부터 시작하여 판결의 확정에 이르기까지 소송절차는 당사자를 중심으로 진행되는데, 당사자에게 절차에 관여할 당사자권, 나아가 판결의 효력의 범위도 당사자의 확정에 의하여 결정되고, 또한 확정된 당사자를 전제로 하여 당사자능력, 소송능력, 변론능력 및 당사자적격을 검토하게 된다. 그리하여 우선 누구에 의하여 누구에 대한 청구가 행하여지는가를 확정하여야 한다.

1. 의　의

2-31　　현실적으로 계속된 소송에서 누가 당사자인가를 명백히 하는 것이 당사자의 확정(Die Bestimmung der Partei)의 문제이다.15) 당사자는 소송의 주체이므로 법원은 절차의 전 과정에 있어서 당사자에게 절차에 관여할 기회(소장의 송달, 기일의 소환, 변론의 허용 등)를 부여하여야 하고, 판결도 당사자를 명의인으로 하여 선고하지 않으면 안 된다. 또한 민사소송법은 당사자를 기준으로 인적 재판적, 소송절차의 중단, 중복된 소제기의 금지, 증인능력(증인신문인가, 당사자신문인가), 기판력의 주관적 범위 등의 규정을 두고 있다. 그리고 당사자능력, 소송능력, 당사자적격도 현실적으로 당사자가 된 사람에 대하여 판정하여야 하므로 그 전제로 누가 당사자인가를 명백하게 하지 않으면 안 된다.

---

14) 다만, 다수당사자소송의 경우에는 어느 쪽 또는 양쪽 당사자 측이 여러 사람이 되기도 하고, 독립당사자참가소송과 같이 세 당사자 사이에 소송법률관계가 성립하기도 하는 경우가 있는데, 하여튼 기본이 되는 것은 2당사자대립구조이다.

15) 당사자의 확정 이외에 **당사자의 특정**이라는 개념도 등장한다. 당사자의 특정은 당사자를 다른 당사자와 구별할 수 있도록 식별하는 것을 말한다. 이러한 당사자의 특정은 원고에 의한다. 이는 소장의 필수적 기재사항으로서 당사자의 기재가 요구되는 것에도 나타나고 있다. 오인과 혼동이 생기지 않도록 당사자를 정확하게 표시할 것이 요구된다. 당사자의 표시는 성명, 주소와 거소에 의하여, 경우에 따라서는 연령이나 직업을 기재하여 행한다. 이와 같이 원고에 의하여 소장에서 당사자로 특정된 사람을 법원이 당사자로 취급하는 것이 타당한가를 해석에 의하여 판단하는 작업이 당사자의 확정이다.

2. 당사자확정의 기준

소장에 객관적으로 표시된 것으로부터 누가 당사자인가를 객관적으로 확정하여   2-32
야 한다(표시설). 다만, 이때에 소장의 당사자란의 기재만이 아니라, 청구의 취지·원
인, 그 밖의 기재의 전취지로부터 종합적으로 해석하고 합리적으로 판단하여야 한다
(이를 수정된 표시설 내지는 실질적 표시설이라고 한다. **통설·판례**).16)

3. 당사자확정이 문제되는 영역

당사자의 확정이 실제로 문제되는 것은 특별한 사안에서만이고, 통상적으로는 문제되지
않으며, 당사자를 일부러 확정할 필요는 없다. 형식적 당사자개념에 있어서 소장에 원고
로 적혀 있는 사람이 원고로 확정되고, 피고로 적혀 있는 사람이 피고로 확정되는 것이
다. 결국 실제 문제되는 것은, ① 다른 사람의 성명을 사용하여 소송을 수행한 경우, 이
에 의하여 판결까지 취득한 **성명모용소송**의 처리, ② 사자를 당사자로 표시하여 소송이
개시된 경우, 이에 의하여 판결까지 확정된 **사자명의소송** 처리의 국면에서의 당사자의
확정 등이다. 그 밖에 ③ **법인격부인**에 있어서 법인과 그 배후에 있는 사원이나 다른
회사의 어느 쪽이 소송당사자인지 애매한 경우 등에 당사자확정의 문제가 등장하고 있
다. 가령 甲은 乙회사를 피고로 외상대금의 회수를 구하는 소를 제기하였는데, 소제기
직전에 乙회사는 해산하고 乙회사의 경영자는 새로운 丙회사를 설립하였으며, 乙회사와
丙회사의 대표이사는 동일한 인물이고, 회사의 사무소도 동일한 빌딩에 있다고 하자. 여
기서 乙회사가 甲에 대한 채무를 면탈하기 위하여 법인격을 남용하여 해산하고 새로운
丙회사를 설립하였거나 법인격이 형해화(形骸化)된 경우에 법인격부인의 법리를 이용하
여 乙회사의 채무에 대하여 丙회사도 책임을 진다고 할 수 있다.

(1) 성명모용소송

(가) 의 의   성명모용소송은 A가 甲의 성명을 무단히 모용하여 甲 명의로   2-33
소를 제기하여 소송을 수행하거나(원고측 모용소송), 乙에 대한 소송에 B가 무단히
乙 명의로 소송대리인을 선임하여 응소하는 등 乙 명의를 참칭(僭稱)하여 소송을
수행하는 것(피고측 모용소송)과 같이 소장에 표시된 성명에는 아무런 잘못이 없이
제3자가 다른 사람의 성명을 모용하여 소송을 수행하는 것을 말한다.

(나) 소송계속 중 판명된 경우   **표시설**에 따라 당사자가 피모용자인 것을   2-34

---

16) 대법원 1996. 12. 20. 선고 95다26773 판결; 대법원 1996. 3. 22. 선고 94다61243 판결; 대
　　법원 1999. 11. 26. 선고 98다19950 판결 등 다수. 위와 같은 표시설에 대하여 종전에 당사자
　　(특히 원고) 또는 법원의 의사를 기준으로, 즉 당사자로 삼으려고 한 사람이 당사자가 된다는
　　의사설, 소송상 당사자처럼 행동한 사람을 당사자라고 보는 **행동설**이 주장되어 왔다.

전제로 한다면, 소송계속 중에 법원이 성명모용의 사실을 발견한 때에(법원은 직권으로 조사하여야 한다) 그 취급은 다음과 같다. 성명모용이 **원고 측**이라면 소를 **부적법 각하**하게 된다. 왜냐하면 위 예에서 소장의 표시에 따른다면 피모용자 甲이 당사자가 되는데, 현실적으로 소송수행을 하고 있는 모용자 A는 실질적으로 무권대리인과 마찬가지로 소제기를 비롯한 소송행위를 甲 명의로 행할 자격을 갖지 못하여 그 소는 소송요건에 흠이 있기 때문이다. 다만, 피모용자가 모용자의 소송행위를 추인할 수는 있다(60조 참조). 추인에 의하여 모용자가 행한 소송행위는 피모용자에 대하여 그 효과가 생긴다. 한편 **피고 측**의 성명모용의 경우에는 모용자의 **소송관여를 배척**하고, 피고인 피모용자를 출석요구하여 소송수행을 시킨다.

2-35   (다) 간과한 판결의 효력   성명모용의 사실이 발견되지 않은 채 법원이 이를 간과하고 그대로 본안판결을 하였을 때에 그 효력에 대하여 **표시설**에 의하면 피모용자에게 판결의 효력은 미친다. 왜냐하면 표시설에 의한 당사자는 어디까지나 피모용자이기 때문이다. 다만, 이 판결이 모용자의 성명모용에 의하여 행하여진 판결인 이상, 피모용자는 **무권대리인이 대리권을 행사한 경우에 준하여** 판결이 확정 전이면 **상소를**(424조 1항 4호), 확정된 뒤이면 **재심**의 소에 의하여(451조 1항 3호) 판결을 취소할 수 있게 된다. **판례**도 표시설의 입장에서 피고의 지위는 피고의 의사와는 아무런 관계없이 원고의 소에 의하여 특정되는 것이므로 설령 제3자가 원고의 소에 의하여 특정된 피고를 참칭하였다고 하더라도 그 소송의 피고가 모용자로 변경되는 것이 아니고, 만일 피고 아닌 제3자가 피고를 모용하여 소송을 진행하여 판결이 선고되었다고 하면 피고는 그 소송에 있어서 적법하게 대리되지 않은 타인에 의하여 소송절차가 진행되므로 말미암아 결국 소송관여의 기회를 얻지 못하였다고 할 것이며(이는 소송대리권이 없는 사람이 피고의 소송대리인으로서 소송행위를 한 것과 아무런 차이가 없다) 피모용자는 **상소** 또는 **재심**의 소를 제기하여 그 판결의 취소를 구할 수 있다고 보았다.17)

◈ **예** ◈ A가 甲의 성명을 모용하여 甲을 원고로, 乙을 피고로 하는 외상매매대금지급청구의 소가 제기되었고, 甲 패소의 판결이 확정되었다고 하자. 그 후에 甲 본인이 원고로 乙에 대하여 동일한 소를 제기한 경우에 우선 위 성명모용소송판결의 효력이 피모용자에게 미치는가, 다음으로 피모용자에 의한 두 번째 소가 인정되는가, 아니면

17) 대법원 1964. 11. 17. 선고 64다328 판결.

재심의 소에 의하여 취소하는 것이 필요한가에 대하여 생각하여 보자. 여기서 당사자의 확정이론의 구체적 적용이 문제된다. **표시설**에 의하면 甲 패소의 판결은 甲에게 미친다. 그래서 甲은 451조 1항 3호에 준하여 재심의 소에 의하여 판결을 취소할 수 있지만, 취소하지 않는 한, 甲 본인이 원고가 되어 乙을 상대로 동일한 내용의 소를 제기하는 것은 확정된 전소의 기판력 때문에 부정된다.

(2) 사자명의소송

(가) 의 의   제소 전 또는 소송계속 발생(일반적으로 피고에게 소장부본송달   2-36
시) 전에 원고(다만, 소제기 뒤의 원고의 사망을 피고의 경우와 달리 보아, 상속인이 소송을 수계하여야 한다는 입장도 있다) 또는 피고로 표시된 사람이 사망하였음에도 불구하고 소장이 별도의 사람에 의하여 수령되어 외관상 소송계속이 발생하고 소송절차가 진행되는 경우가 있다. 실제로는 사자의 상속인이 사자명의로 소송행위를 하거나 또는 수계를 한 뒤에 소송행위를 하는 것에 의하여 이러한 상황이 생길 수 있다. 이를 이른바 사자명의소송이라고 한다.

■ **절차 단계에 따른 당사자 사망의 취급**

19-법원행정고시

제소 전 사망	사망자를 피고로 하는 소제기는 원고와 피고의 대립당사자 구조를 요구하는 민사소송법상의 기본원칙이 무시된 부적법한 것으로서 실질적 소송관계가 이루어질 수 없는 것이다.
소제기 뒤, 소장부본 송달 전 사망	위 대립당사자 구조를 요구하는 기본원칙이 무시된 부적법한 것이라는 법리는 소제기 뒤 소장부본이 송달되기 전에 피고가 사망한 경우에도 마찬가지로 적용된다.[18]
소송계속 발생 뒤, 변론종결 전 사망	이 경우에는 소송중단, 상속인에게로 수계사유가 될 뿐이고, 상속인이 그 소송상의 지위를 수계할 때까지 소송절차가 중단된다(233조).
변론종결 뒤 사망	이 경우에는 소송절차는 중단되지만, 당사자가 소송절차에 관여할 필요가 없고, 판결은 되도록 신속한 것이 바람직하므로 중단 중에도 법원은 판결을 선고할 수 있다(247조 1항). 한편, 그 뒤에 판결이 확정되면 상속인은 변론종결 뒤의 승계인으로서 사망한 당사자에 대한 판결의 효력을 받는다(218조 1항).

(나) 소송계속 중 판명된 경우   사자를 당사자로 삼은 소송인 것이 소송계   2-37
속 중에 판명된 경우에 **표시설**에 의하면 소장에 표시된 사자가 당사자이고, 그렇   19-5급공채시험
19-변리사시험
24-변호사시험
다면 당사자가 실재하지 않는 소가 되므로 소송계속이 발생할 여지가 없고, 소송계속의 발생을 전제로 하는 소송행위가 행하여지더라도 당사자 부존재로 그 소는

---

18) 대법원 2015. 1. 29. 선고 2014다34041 판결.

부적법 각하된다(소송요건과 관련).19) 한편 당사자가 사망하더라도 소송대리인의 소송대리권은 소멸하지 아니하므로(95조 1호), 당사자가 소송대리인에게 **소송위임을 한 다음 소 제기 전에 사망**하였는데 소송대리인이 당사자가 사망한 것을 모르고 당사자를 원고로 표시하여 소를 제기하였다면 소의 제기는 적법하고, 시효중단 등 소 제기의 효력은 상속인에게 귀속되고, 이 경우 **233조 1항이 유추적용**되어 사망한 사람의 상속인은 소송절차를 수계하여야 한다는 특이한 판결이 있었다.20)

      그런데 상속인이 존재하고, 이미 소송에 관여하고 있는 경우에는 소송경제나 상대방의 이익을 고려할 때 위와 같은 부적법 각하의 결과는 바람직하지 않고 그대로 소송을 진행시키는 것이 합리적이라고 생각한다. 그 방법으로 이를 **당사자변경**(가령 260조의 피고의 경정. 당사자표시정정이 아니라, 피고경정을 통하도록 하면 시효중단의 효과는 당초 소장 제출한 때가 아니라, 265조에 따라 경정신청서 제출시에 발생)으로 해결하려는 대부분의 **학설**과 달리, **판례**는 **당사자표시정정**으로 처리하면서 **당사자변경**에 부정적이다(당사자표시정정의 입장).21) 즉 위 경우에 표시설로 일관하지 않으면서 소를 부적법 각하할 필요가 없고, 그대로 상대방 당사자와 상속인 사이에 소송을 속행할 수 있으며, 다만 소장의 당사자표시가 잘못되어 있으므로 그 표시를 사자로부터 상속인으로 정정할 것이 필요하다고 한다(다만, 소장에 기재된 표시 외에 청구의 내용과 원인 사실 등 소장의 전취지를 합리적으로 해석하여 상속인을 당사자로 확정한다는 점에서 **실질적 표시설**의 입장이라고 볼 수는 있다).

---

19) 또한 소 제기 당시 이미 사망한 당사자와 상속인이 공동원고로 표시된 손해배상청구의 소가 제기된 경우, 이미 사망한 당사자 명의로 제기된 소 부분은 부적법하여 각하되어야 할 것일 뿐이고, 소의 제기로써 상속인이 자기 고유의 손해배상청구권뿐만 아니라 이미 사망한 당사자의 손해배상청구권에 대한 자신의 상속분에 대해서까지 함께 권리를 행사한 것으로 볼 수는 없다(대법원 2015. 8. 13. 선고 2015다209002 판결).

20) 대법원 2016. 4. 29. 선고 2014다210449 판결.

21) 대법원 1983. 12. 27. 선고 82다146 판결(표시를 사자로부터 상속인으로 정정하는 소송수계신청은 적법), 대법원 2006. 7. 4.자 2005마425 결정 등. 청구의 내용과 원인사실, 당해 소송을 통하여 분쟁을 실질적으로 해결하려는 원고의 소제기 목적 내지는 사망 사실을 안 이후의 원고의 피고 표시 정정신청 등 여러 사정을 종합하여 볼 때 사망자의 상속인이 처음부터 **실질적인 피고**이고 다만 그 표시를 잘못한 것으로 인정된다면, 사망자의 상속인으로 피고의 표시를 정정할 수 있다고 본다. 학설 가운데 김홍, 122면 이하는 대체로 판례의 입장과 마찬가지로, 판례는 실질적 표시설의 입장에서 상당히 신축적 내지 탄력적으로 융통성 있게 운용하는 것이고, 사자명의소송의 경우에만 의사설을 부분적으로 채택하고 있는 것으로 볼 이유가 없다고 한다.

◈ **원고가 사망자의 사망 사실을 모르고 그를 피고로 표시하여 소를 제기한 경우, 사망자의 상속인으로의 당사자표시정정이 허용되는지 여부 및 이 경우 실질적인 피고로 해석되는 상속인의 의미** ◈   제소 전에 피고가 사망하였음에도 불구하고 이를 간과하고 그대로 사자를 상대로 소를 제기한 사안에 있어서 소송계속 중에 이 점이 판명되어 상속인으로 당사자표시정정이 되었는데(이미 보았듯이 학설은 반대), 상속인이 상속을 포기한 경우에 다시 제2순위 상속인으로 당사자표시정정을 할 수 있는가? 이 경우에 **판례**는 **실질적인 피고**로 해석되는 사망자의 상속인은 실제로 상속을 하는 사람을 가리키고, 상속을 포기한 사람은 상속 개시시부터 상속인이 아니었던 것과 같은 지위에 놓이게 되므로 제1순위 상속인이라도 상속을 포기한 경우에는 이에 해당하지 아니하며, 후순위 상속인이라도 선순위 상속인의 상속포기 등으로 실제로 상속인이 되는 경우에는 실질적인 피고가 되므로 피고의 경정이 아닌, **당사자표시정정**에 의하여 소송을 진행하여야 한다고 보았다.[22] 이에 대하여 **피고의 경정**으로 처리하여야 한다는 **학설**도 만만치 않다. 피고의 경정이 있는 경우에 시효중단의 효과는 경정신청서를 제출한 때 생기므로(265조) 경정신청서 제출 당시에 이미 소멸시효기간이 경과한 상황이라면 당초 소장을 제출한 때에 시효중단의 효과가 생기는 피고를 표시정정으로 처리하는 경우와 피고의 경정의 경우에는 차이가 생긴다(☞13-86).

또한 나아가 판례는 피고의 사망사실을 몰랐던 경우가 아니라, **사망사실을 알면서도 그를 피고로 기재하여 소를 제기한 사안**에서 원고는 피고의 상속인으로 피고의 표시를 정정할 수 있고, 따라서 당초 소장을 제출한 때에 소멸시효중단의 효력이 생긴다고 보았다.[23] 그런데 원래 당사자표시정정은 당사자의 동일성을 해치지 않는 범위에서 허용되는 것이므로, 표시정정에 의하여 당사자로 새로운 사람을 끌어들이는 결과가 된다면, 이는 당사자의 표시정정이 아니라 당사자의 변경이 된다는 점에서 판례에 대하여 의문이 든다(다만, 판례는 상속인이 실질적 피고라고 본다).

◈ **당사자표시정정과 임의적 당사자변경** ◈   당사자의 확정과 관련하여 당사자표시정정과 임의적 당사자변경(☞13-82)의 문제가 있다. 절차도중에 당사자의 표시가 가령 甲으로부터 乙로 바뀌는 것에 있어서 이를 당사자표시정정으로 볼 것인가, 아니면 당사자의 변경으로 볼 것인가는 당사자로서의 동일성의 유무에 의하는데, 여기서 당사자

---

22) 대법원 2006. 7. 4.자 2005마425 결정. 또한 위(사망자를 피고로 표시하여 소제기→1차 당사자표시정정 → 상속포기에 따른 2차 당사자표시정정) 대법원 2006. 7. 4.자 2005마425 결정의 피고표시정정의 법리는 채권자가 채무자의 사망 이후 그 1순위 상속인의 상속포기 사실을 알지 못하고 **1순위 상속인을 상대로 소를 제기**하였다가 실제 상속인을 피고로 하고자 하는 경우에도 채권자가 의도한 **실질적 피고**의 동일성에 관한 위 전제요건이 충족되는 한 마찬가지로 적용이 된다고 보았다(대법원 2009. 10. 15. 선고 2009다49964 판결).

23) 대법원 2011. 3. 10. 선고 2010다99040 판결.

로서의 동일성의 유무를 판정하기 위해서는 그 선결문제로서 당해 소송절차의 당사자는 누구인가가 확정되지 않으면 안 된다. 당사자표시정정과 임의적 당사자변경의 양자를 개념상 명확하게 구별하고, 그 기준을 당사자의 확정을 통하여 당사자표시의 변경 전후에 있어서 당사자의 동일성이 있는 경우에는 당사자표시정정이고, 동일성이 없는 경우에는 임의적 당사자변경이라고 풀이하는 것이 일반적이다.24) 그리하여 당사자표시정정은 확정된 당사자를 보다 적정한 표시로 구성하는 것으로, 이는 어디까지나 동일 인격의 표시의 문제에 지나지 않은 것에 대하여, 임의적 당사자변경은 확정된 당사자를 변경하는 경우로 다른 법주체(인격자) 사이에 생기는 문제라고 할 수 있다.

2-38

16-변호사시험
16-변리사시험
17-사법시험
19-법무사시험

22-변호사시험

　　(다) 간과한 판결의 효력　　법원이 당사자가 사자임을 간과하고 그대로 본안판결을 하였을 때에 **표시설**에서는 사자가 당사자가 되며, 그렇다면 사자를 당사자로 한 판결은 **당연무효**라고 본다. 왜냐하면 사자는 실체법상 권리능력을 가지지 못하여 사자를 권리의무의 귀속주체로 하는 판결내용은 분명히 실체법에 어긋나고 그러한 판결은 무효이기 때문이다.25) **판례**도 마찬가지이다.26) 가령, 그 판결에 대하여 사망자인 피고의 상속인이 한 항소나 소송수계신청은 부적법하다(당사자표시정정신청도 허용되지 않는다). 그리고 이러한 법리는 **소제기 후 소장부본이 송달되기 전**에 피고가 사망한 경우에도 마찬가지로 적용된다.27) 그리고 애

---

24) 종중소송에서 공동선조의 변경은 단순한 당사자표시의 변경으로 볼 수 없고, 임의로 당사자를 변경하는 것에 해당하므로, 종중의 공동선조를 변경하는 것은 허용될 수 없다(대법원 1996. 11. 26. 선고 96다32850 판결). 종중의 명칭을 변경하더라도 변경 전의 종중과 공동선조가 동일하고 실질적으로 동일한 단체를 가리키는 경우에는 당사자표시의 정정에 불과하여 허용된다(대법원 1999. 4. 13. 선고 98다50722 판결).

25) 한편, 상속인이 존재하여 실제 소송에 관여한 경우에 판결을 무효로 하는 것은 소송경제상 불합리하다. 이러한 점을 시정하는 이론으로 상속인이 소송을 수행하였으므로 신의칙상 상속인에게 그 소송수행의 결과나 판결의 효력을 인수시키는 것이 타당하다. 김홍, 127; 이, 144면; 정/유/김, 188면; 정영환, 215면.

26) 소제기 이전에 이미 사망한 사실을 간과한 채 본안판단에 나아간 원심판결은 **당연무효**라 할 것이나, 민사소송이 당사자의 대립을 그 본질적 형태로 하는 것임에 비추어 사망한 자를 상대로 한 상고는 허용될 수 없으므로, 이미 사망한 자를 상대방으로 하여 제기한 **상고는 부적법**하다(대법원 2000. 10. 27. 선고 2000다33775 판결). 원래 재심의 소는 확정된 판결에 대하여서만 제기할 수 있는 것이므로 소송수계 또는 당사자표시정정 등 절차를 밟지 아니하고 사망한 사람을 당사자로 하여 선고된 판결은 **당연무효**로서 확정력이 없어 이에 대한 **재심**의 소는 **부적법**하다(대법원 1994. 12. 9. 선고 94다16564 판결).

27) 대법원 2015. 1. 29. 선고 2014다34041 판결. 다만, 판결에서 당사자의 표시를 상속인으로 경정할 필요는 있다(211조). 한편, 이 경우에 소송계속 발생 뒤의 사망에 준하여 당연승계의 규정(233조)을 유추하는 것을 생각할 수 있는데(앞의 대법원 2016. 4. 29. 선고 2014다210449 판결도 참조), 소송승계를 전제로 한 묵시의 수계가 행하여진 것으로 간주하여 당연승계를 유추한다면 당사자는 사자가 아니라 상속인으로 되어 그 판결은 유효한 것이 된다.

초부터 시효중단의 효력도 없다.28) 한편, **소송계속 발생 뒤** 당사자 사망을 간과
한 경우는 후술한다(☞7-85).

제 3 항 소송상 대리인

I. 의 의

민법상으로 법률행위에 있어서 대리인이 본인을 대신하여 법률행위를 행할   2-39
수 있는 것과 마찬가지로 소송상에 있어서도 대리가 인정된다. 가령 교통사고에
의한 피해자가 가해자에 대하여 손해배상청구를 하는 경우에 소송의 당사자는 반
드시 자기가 법정에 나가 스스로 주장이나 증명을 하여야 하는가. 만약 피해자가
성년자라면(그리고 물론 피성년후견인과 같은 제한능력자가 아니라면), 당사자능력도 소
송능력도 인정되지만, 반드시 스스로 충분한 법률적 전문지식을 가지고 있는 것
은 아니므로 누군가가 피해자를 대신하여 법정에 출석하고 주장이나 증명을 할
수 없는가. 한편, 피해자가 미성년자인 경우에는 민사소송의 당사자로 될 수 있지
만, 반면 소송능력이 없기 때문에 그 능력을 보충하는 제도가 필요하다. 이것이
소송상 대리의 문제이다.

1. 개 념

소송상 대리인은 당사자 본인에게 법률효과를 귀속시키기 위하여(판결의 효력   2-40
을 본인이 받는다) 당사자 본인의 이름으로 대리인인 것을 표시하고 당사자 본인에
갈음하여 자기 스스로의 의사에 기하여 상대방이나 법원에 소송행위를 하거나 받
는 사람이다.

---

28) 대법원 2014. 2. 27. 선고 2013다94312 판결.

2. 유사한 개념

2-41   **사자**(使者)는 본인을 위하여 본인의 소송행위를 전달하거나 수령하는 것만을
하는 사람이다. 스스로 의사결정에 기하여 소송행위를 하지 않는 점에서 대리인
과 다르다. 또 **제3자의 소송담당**은 소송물인 권리의무관계에 대하여 그 주체인
다른 사람을 위하여 제3자가 자기의 이름으로 소송수행을 하는 점에서 대리인과
다르다. 한편, 다른 사람이 당사자가 아님에도 불구하고 소송에 관여하여 당사자
에게 영향을 미치는 경우가 있는데, 자기의 이름으로 소송행위를 하는 점에서 대
리인은 아닌, 가령 보조참가인이 있다.

3. 소송상 대리인의 종류

2-42   소송상 대리인은 우선 민법상의 대리인과 마찬가지로 본인의 의사에 의하지
않고 선임된 **법정대리인**과 본인의 의사에 의하여 선임된 **임의대리인**의 두 가지
로 대별할 수 있다. 그리고 후자의 임의대리인은 소송위임에 의한 소송대리인과
법률상의 소송대리인으로 나뉜다.

이러한 분류 이외에도 포괄대리인과 개별대리인의 구별이 있다. 소송상 대리
인은 원칙적으로 포괄적 대리권을 가진다. 그러나 가령 송달의 수령과 같이 개개
의 특정한 행위만을 대리하는 개별적 대리인을 선임할 수도 있다(181조, 182조,
184조 등).

소송상 대리인 가운데 포괄적 대리권을 가진 임의대리인을 소송대리인이라
고 하는데, 여기서는 이에 대하여 살펴보고, 법정대리인에 대하여는 소송무능력
자와 관련하여 뒤에서 따로 설명한다(☞4-70). 민사소송법 조문에서는 당사자와
함께 법정대리인에 관련된 규정이 있고(가령, 58조, 59조 등), 뒤에서 소송대리인에
게 법정대리인에 관한 규정을 준용하고 있다(97조 참조).

II. 소송대리인

1. 의 의

2-43   임의대리인은 본인의 의사에 의하여 선임되는 대리인으로(본인의 의사에 의하
지 않고 대리인이 되는 법정대리인과 구별된다), 당사자로부터 대리권을 수여받은 사
람이다. 포괄적 대리권을 갖는 임의대리인을 소송대리인이라고 하고(개별적 대리

인도 있을 수 있다), 단순히 소송대리인이라고 하는 경우는 통상 이러한 의미에서 사용된다. 포괄적 대리권을 갖는 임의대리인은 다음과 같은 두 가지로 구별된다.

2. 소송대리인의 종류

(1) 법률상 소송대리인

일정한 지위에 있는 사람에게 법률이 일정한 범위의 업무에 관하여 소송대   2-44
리권을 인정한다고 규정하고 있기 때문에 본인으로부터 그 사람에게 지위가 맡겨
지면, 본인의 일정한 범위의 업무에 관하여 당연히 소송대리권도 수여되는 사람
을 말한다. 소송대리권 자체는 법률의 규정에 의하고 있지만, 그 기초인 법률상의
지위가 본인의 의사에 근거하고 있으므로 법정대리인이 아니고, 임의대리인으로
보는 것이다. 그 예로서는 영업에 관한 재판상의 행위를 할 수 있는 지배인(상법
11조),29) 선박관리인(상법 765조), 선장(상법 749조), 국가소송에 있어서 법무부장
관으로부터 지정받은 소송수행자 등이다(국가를 당사자로 하는 소송에 관한 법률
7조).30) 소송위임에 의한 소송대리인과 마찬가지로 소송수행을 위하여 포괄적 대
리권을 갖는 임의대리인이지만, 소송위임에 의한 소송대리인과 달리, 변호사자격
의 유무는 문제되지 않는다(87조 본문). 한편, 민법상 조합의 업무집행조합원은 그
업무집행의 대리권이 있는 것으로 추정한다는 규정(민법 709조)에 비추어 법률상
의 소송대리인으로 볼 수 있다는 입장도 있다(반대설 있음).

(2) 소송위임에 의한 소송대리인

소송수행을 위하여 포괄적 대리권을 갖는 임의대리인으로, 특정한 사건에 있   2-45
어서 소송위임을 받아서 그 대리권을 수여받은 사람이다. 좁은 의미의 소송대리
인이라고 할 때에는 이를 지칭한다.

---

29) 지배인에게 영업주에 갈음하여 그 영업에 관한 행위는 물론이고 소송행위까지 모두 할 수 있게
한 것은 영업의 수행과정에서 발생한 분쟁에 대하여는 해당 영업을 지배인 자신이 직접 수행하
였거나 다른 직원들을 지휘·감독하여 수행하였으므로 그 영업의 내용이나 진행과정을 누구보다
도 잘 알고 있는 점을 감안하고 해당 영업에 관한 책임소재를 명백히 하기 위하여 포괄적인 대
리권의 범위를 객관적으로 정형화한 것인데, 최근 일부 금융기관에서는 대리나 과장급 직원을
지배인으로 등기한 다음 그들에게 소송을 전담시키는 사례가 증가하고 있어 문제가 되고 있다.
변호사에게 소송을 위임하면서 지급하는 수임료를 절약하기 위한 조치인 것이나, 지배인에게 영
업과는 무관하게 오로지 소송행위만을 하기 위하여 지배인등기를 하고 실제 법원 등에 출석하여
타인이 수행한 영업과 관련한 소송행위를 한다는 것은 지배인 제도를 악용하는 것에 다름 아니
고 상법의 취지에 정면으로 반하는 것이다.
30) 그러나 지방자치단체를 당사자로 하는 소송에는 위 법률의 적용이 없다.

■ **소송위임장 양식**[31]

소 송 위 임 장*

사　건　20○○가단○○　이혼 등

원　고　○○○

피　고　◇◇◇

위 당사자간 이혼 등 청구사건에 관하여 원고는 변호사 ◎◎◎(주소 : ○○시 ○○구 ○○동 ○○, 우편번호 : ○○○-○○○, 전화번호 : (○○)○○○-○○)를 소송대리인으로 선임하고 다음의 권한을 위임함.

1. <u>일체의 소송행위</u>*

2. 반소의 제기 및 응소

3. 재판상 및 재판 외의 화해

4. 소의 취하, <u>상소의 제기</u>* 또는 취하, 청구의 포기 및 인낙

5. 복대리인의 선임

6. 승소금, 화해금 및 목적물의 수령

7. 공탁물의 납부, 공탁물 및 이자의 반환청구와 수령

8. 담보권행사최고신청, 담보취소신청, 같은 신청에 대한 동의, 담보취소결정 정본의 수령, 같은 취소결정에 대한 항고권 포기

9. 배당금 수령에 관한 일체의 행위

10. 기타 재판상 필요한 사항

20○○.　○.　○.
위임인(원고)　○○○　(서명 또는 날인)
○○시　○○구　○○동　○○

○○지방법원 제○○민사단독　귀중

*소송대리권의 위임장이 사문서인 경우 법원이 소송대리권 증명에 관하여 인증명령을 할 것인지의 여부는 법원의 재량에 속한다고 할 것이나 상대방이 다투고 있고 또 기록상 그 위임장이 진정하다고 인정할 만한 뚜렷한 증거가 없는 경우에는 법원은 그 대리권의 증명에 관하여 인증명령을 하거나 또는 달리 진정하게 소송대리권을 위임한 것인지의 여부를 심리하는 등 대리권의 흠결 여부에 관하여 조사하여야 한다(대법원 1997. 9. 22.자 97마1574 결정).

*특별수권사항을 제외하고 필요한 일체의 행위를 할 수 있다.

*90조 2항 3호는 상소의 제기를 본인의 특별수권사항으로 하고 있는데, 해석상 상소의 제기만이 아니라, 상대방의 상소에 응소하는 경우도 특별수권사항으로 본다. 이를 근거로 특별수권이 없으면 대리권은 해당 심급에 한정되고, 더 이상 상급심에는 대리권이 미치지 않는다는 심급대리의 원칙이 주장된다.

2-46　　　　(가) 소송위임 - 소송대리권의 수여　　　소송대리권의 수여행위 자체는 소송대리권의 발생이라는 소송법상의 효과를 발생시킨다는 의미에서 소송행위이다. 이를 소송위임이라고 하는데, 승낙을 필요로 하지 않는 본인의 단독행위이다. 통상 민법상의 위임계약의 체결과 함께 소송위임이 행하여진다. 그런데 위임계약과 소송위임은 각각 별개의 행위이고 민법상의 위임계약에 의하여 성실의무나 비용·보수청구권이 발생하고, 소송위임에 의하여 소송대리권이 발생한다. 그 요건도

---

31) 법률구조공단 홈페이지에서 인용함.

별개이고, 위임계약에 있어서는 행위능력을 필요로 하나, 소송위임을 행하는 데에는 소송위임이 소송행위이므로 소송능력을 필요로 한다. 소송대리권의 수여방식은 자유이고 말이나 서면으로 할 수 있지만, 대리권의 존재와 범위는 서면으로 증명하여야 한다(89조 1항). 일반적으로 소송위임장을 제출한다.

(나) **변호사대리의 원칙 – 소송대리인의 자격**　　소송위임에 의한 소송대리　　2-47
인의 자격은 원칙적으로 변호사(또는 법무법인, 법무조합 등)가 아니면 안 된다(87조). 이를 **변호사대리의 원칙**이라고 한다. 의뢰자인 당사자 본인의 이익을 보호하기 위한 원칙이다. 그런데 한편 우리나라는 아직 반드시(필수적) 변호사가 변론하여야 한다는 **변호사강제주의**(Anwaltzwang)를 취하고 있지 않으므로 본인은 스스로 소송행위를 할 수 있다. 이를 **본인소송주의**라고 한다. 하지만 변호사대리의 원칙상 대리인을 선임하여 소송을 수행하려면 소송대리인은 변호사(또는 법무법인 등)에 한정된다(이를 변호사반(半)강제주의라고도 한다).

(다) 변호사대리의 원칙의 예외

① **단독사건 가운데 일정한 사건**: 단독판사가 심판하는 사건 가운데　　2-48
그 소송목적의 값(=소가)이 일정한 금액(현재 민사소송규칙상 **1억원**) 이하인 사건에서 당사자와 밀접한 생활관계를 맺고 있고 일정한 범위안의 친족관계에 있는 사람 또는 당사자와 고용 등의 관계에서 그 사건에 관한 통상사무를 처리·보조하여 오는 등 일정한 관계에 있는 사람이 **법원의 허가**를 받은 때에는 비변호사라도 소송대리인으로 선임될 수 있다(88조 1항). 그런데 단독사건의 소송목적의 값이 상향되고 재정단독사건이 꾸준히 증가하여 복잡하고 전문적인 단독사건이 늘어남에 따라 법원의 허가를 받을 수 있는 사건의 범위, 대리인의 자격 등에 관한 구체적인 사항을 대법원 규칙으로 정하도록 하고 있다(동조 2항). 법원은 언제든지 위 허가를 취소할 수 있다(동조 3항).

◈ **민사소송규칙** ◈　① 사건의 범위: 민사소송법의 위임에 따라 민사소송규칙 15조 1항에서는 비변호사의 소송대리가 허용되는 사건의 범위를 규정하고 있다. 소송목적의 값이 소제기(또는 청구취지 확장) 당시 1억원을 넘지 않는 청구사건이 이에 해당한다.[32] 한편 수표금·약속어음금청구사건은 2억원을 초과하더라도 이에 해당하는데, 가령 남편이 제기한 2억 5천만원의 약속어음금청구의 소에 있어서 약속어음금청구사건은 단독판

---

32) 그런데 변론 도중에 소송목적의 값이 1억원 이하로 줄어들더라도 소송대리를 허가할 수 없다. 그리고 제2심은 **합의사건**이 되므로 비변호사가 소송대리를 할 수 없다.

사의 사물관할이므로(☞4－17) 처가 변호사가 아니더라도 예외적으로 소송대리를 할 수 있다고 할 것이다. ② 소송대리인이 될 수 있는 사람의 자격: 민사소송규칙 15조 2항에서는 비변호사라도 소송대리인이 될 수 있는 사람의 자격은 다음 각호 가운데 어느 하나 —즉 당사자의 배우자 또는 4촌 안의 친족으로서 당사자와의 생활관계에 비추어 상당하다고 인정되는 경우(1호), 당사자와 고용, 그 밖에 이에 준하는 계약관계를 맺고 그 사건에 관한 통상사무를 처리·보조하는 사람으로서 그 사람이 담당하는 사무와 사건의 내용 등에 비추어 상당하다고 인정되는 경우(2호)— 에 해당하여야 한다. 이 경우에 한하여 소송대리의 허가를 받을 수 있도록 하였다. ③ 허가신청의 방식: 위 허가신청은 서면으로 하여야 한다(민사소송규칙 15조 3항).**33)** ④ 허가의 취소: 허가가 있은 뒤 사건이 청구취지 확장이나 변론의 병합으로 소송목적의 값이 1억원을 초과하게 된 경우에는 법원이 허가를 취소하고(이 경우는 의무적 취소), 이 경우에 새로운 소송대리인을 선임하거나 본인이 소송을 수행할 수 있도록 그 취지를 당사자 본인에게 통지하여야 한다(민사소송규칙 15조 4항).

　　② **소액사건**: 소액사건(소송목적의 값 3,000만원 이하의 금전 등 지급청구사건)의 제1심에서는 당사자의 배우자, 직계혈족, 형제자매는 따로 **법원의 허가가 없어도** 소송대리인이 될 수 있다(소액사건심판법 8조).

　　③ **가사소송사건**: 본인출석주의가 원칙인데, 변호사 아닌 자가 대리인이 되려면 미리 재판장 등의 허가를 받아야 한다(가사소송법 7조 2항).

　　④ **특허심결 등 취소소송사건**: 변리사라도 특허심결 등 취소소송에 있어서는 소송대리인이 될 수 있다(변리사법 8조). 그런데 심결취소소송뿐만 아니라 나아가 특허침해소송에서도 변리사의 전문적인 지식과 경험의 도움 없이 변호사가 단독으로 소송수행하는 것은 거의 곤란한 상황이므로 변리사에게 특허침해소송의 소송대리권을 부여하는 것이 앞으로 검토될 과제이다(판례 내지는 실무는 부정).**34)**

3. 소송대리인의 권한

(1) 법률상 소송대리인

2-49　　법률상 소송대리인의 대리권의 범위는 실체법에 정하여져 있는데(상법 11조 1항, 765조, 749조 등), 재판상 일체의 행위를 할 수 있다. 재판상 행위를 할 수 있는 권

---

33) 소송대리권은 법원의 허가를 얻은 때로부터 발생하는 것이므로 변론기일 소환장을 수령한 날 자가 법원이 허가한 날짜 이전이라면 그 변론기일 소환장은 소송대리권이 없는 자에 대한 송달로서 부적법하다(대법원 1982. 7. 27. 선고 82다68 판결).

34) 대법원 2012. 10. 25. 선고 2010다108104 판결; 헌법재판소 2012. 8. 23. 선고 2010헌마740 결정 참조.

한을 제한할 수 없다(92조). 대리인의 권한은 서면으로 증명하여야 하는데(89조
1항), 그 지위에 있다는 증명을 제출하면 된다. 지배인 등의 경우에는 보통 지배
인 등기가 되어 있는 법인등기사항증명서를 제출한다.

(2) 소송위임에 의한 소송대리인
(가) 법정범위

　　　　① 소송위임에 의한 소송대리인의 대리권의 범위는 소송법에서 직접 규　　　2-50
정하고 있다. 반소의 제기, 소의 취하 등 일정한 사항에 대하여 특별수권이 있어
야 하는(90조 2항) 이외에 소의 변경, 중간확인의 소의 제기, 상대방이 제기한 반
소와 제3자의 소송참가에 대한 응소, 공격방어방법의 제출과 해당 소송에 관한
강제집행, 가압류·가처분 등 위임된 사건의 처리를 위하여 필요한 일체의 행위를
할 수 있다(90조 1항).35)

　　　　② 그리고 위 소송대리권에 제한을 가하지 못한다고 규정하고 있다(91
조 본문). 위와 같이 소송위임에 의한 소송대리인에게 **포괄적·획일적**으로 대리권
을 수여한 것은 대리권이 있는지 여부를 일일이 확인하지 않고 소송진행의 원활
화를 도모하기 위한 필요 때문이고, 또한 소송대리인이 변호사이므로 본인의 신
뢰를 배반할 우려가 적다는 것에 그 이유가 있을 것이다. 그러므로 예외적으로
변호사가 아닌 소송대리인에 대하여는 본인의 의사를 존중하는 뜻에서 그 제한이
허용된다(91조 단서).

　　　　③ 소송대리인은 실체법상 행위도 할 수 있다. 90조 1항은 단순히 변제
의 영수만을 규정하고 있는데, 이는 소송수행과 직접적 관계가 없으므로 예시적
으로 규정한 것이고, 그 밖에도 소송위임의 목적을 달성하기 위하여 필요한 행위
는 사법행위와 소송행위를 묻지 않고 소송대리권에 속한다고 본다. 따라서 소송
대리인은 본인이 가지는 취소권, 해제권, 상계권 등의 사법상의 형성권을 행사할
수 있다.

(나) 특별수권사항 – 소송대리권의 제약

　　　　① 중대한 결과가 생기는 경우에는 본인의 의사를 존중하기 위하여 소　　　2-51
송대리인은 특별한 권한을 따로 받아야 한다(90조 2항). 소의 취하, 화해, 청구의

---

35) 그런데 본안소송을 수임한 변호사가 수임함에 있어 강제집행이나 보전처분에 관한 소송행위를
　　할 수 있는 소송대리권을 가진다고 하여 의뢰인에 대한 관계에서 당연히 그 권한에 상응한 위임
　　계약상의 의무를 부담한다고 볼 수는 없다(대법원 1997. 12. 12. 선고 95다20775 판결).

포기·인낙 등 소송의 종료를 가져오는 행위(내지는 소송탈퇴)나 반소의 제기 및 항소·상고의 제기(또는 취하),36) 복대리인의 선임 등이 그 예이다. 특별한 권한을 따로 받지 않은 대리인이 행한 소송행위는 무효이다. 여기서 법은 상소의 제기만을 특별수권사항으로 규정하고 있지만, 해석상으로는 상대방의 상소에 응소하는 것도 특별수권사항으로 보아 만약 제1심만의 대리인이라면 상대방이 제기한 상소에 응소할 수 없다고 본다(이를 근거로 **심급대리의 원칙**이 주장된다). 그러나 법은 오히려 상소의 제기만을 특별수권사항으로 하고 있으므로 반대로 상대방이 제기한 상소에 응소하는 것은 통상의 소송대리권에 포함되는 것으로 볼 여지도 있다.

② 한편, 실제로 변호사에게 소송위임을 하는 때에는 정형화된 소송위임장이 사용되는 경우가 일반적이다(앞의 소송위임장 양식 참조). 정형화된 위임장에는 90조 1항에 열거되어 있는 통상의 위임사항은 물론이고, 동조 2항 각호에 규정되어 있는 특별수권사항도 위임의 내용으로서 부동문자(不動文字)로 인쇄되어 있다. 이 때문에 개별의 위임사항을 삭제하는 등 특별한 의사표시를 하지 않는 한, 의뢰자는 특별한 권한도 함께 준 것으로 취급되는 것이 현실이다.37)

23-변호사시험

③ 그런데 화해, 청구의 포기·인낙 등 **특별수권사항**에 대하여는 소송대리권을 제한할 수 있는지 여부가 문제된다. 소송대리권은 제한하지 못한다는 91조 본문이 가령 특별수권사항인 화해권한에도 미친다고 한다면, 당사자 본인은 소송대리인에게 화해권한을 수여할 것인지 여부를 결정하는 것만이고, (화해권한의 수여를 전면적으로 철회하는 것은 어쨌든) 화해권한의 범위를 **한정할 수는 없다**고 풀이될 것이다.38) 그러나 **생각건대** 특히 화해는 청구의 포기·인낙과 비교하여 다양한 내용이 등장하고 그 장면에 있어서 자기결정권의 보장이 중요하다는 점에 비추어 당사자 본인으로서는 그 내용을 제어할 수 있는 것이 타당하고, 그리하여

---

36) 소송대리인이 상소 제기에 관하여 특별한 권한을 따로 받았다고 하더라도, 실제로 소송대리인이 아닌 **당사자 본인이 상고장을 작성하여 제출한 경우**에는 소송대리인에게 상소장과 관련한 보정명령을 수령할 권능이 없으므로, 원심재판장이 소송대리인에게 보정명령을 송달한 것은 부적법한 송달이어서 그 송달의 효력이 발생하지 않는다(대법원 2024. 1. 11.자 2023마7122 결정).

37) 수임시에 인쇄된 위임장에 의하여 소취하 등에 관한 특별수권을 받은 경우에도 실제로 소를 취하함에 있어서 다시 본인의 승낙을 받는 것이 통례이나, 이는 본인의 의사를 확인하는 심중한 태도에서 나온 것으로, 소취하의 문구가 의미 없는 예문에 불과하다거나 특별수권의 효력이 없다고는 할 수 없다(대법원 1984. 2. 28. 선고 84누4 판결).

38) 소송상 화해나 청구의 포기에 관한 특별수권이 되어 있다면, 특별한 사정이 없는 한 그러한 소송행위에 대한 수권만이 아니라 그러한 소송행위의 전제가 되는 당해 소송물인 권리의 처분이나 포기에 대한 권한도 수여되어 있다고 봄이 상당하다(대법원 1994. 3. 8. 선고 93다52105 판결; 대법원 2000. 1. 31.자 99마6205 결정).

적어도 화해에 대하여는 소송대리권을 제한하여 화해권한의 범위를 한정할 수 있어야 한다.

◈ **예** ◈　가령, 대여금청구소송의 피고는 변호사 A를 소송대리인으로 선임하고 화해권한을 포함하는 소송대리권을 수여하는 취지의 소송위임장을 작성·제출하였다. 변호사 A는 화해를 하는 것이 피고를 위하여 타당하다고 생각하여 대여금지급의무를 승인하고, 이를 3회에 걸쳐 분할하여 지급하는 것과 함께 그 지급을 담보하기 위하여 피고 소유의 토지에 대하여 저당권설정계약을 행하는 것을 주요한 내용으로 하는 소송상 화해를 하였다. 변호사 A에게 소송물 이외의 법률관계(저당권설정계약)를 화해내용으로 포함할 권한이 있는가. 소송대리인인 변호사의 화해권한의 범위가 어디까지인가. 사안에서 저당권의 설정은 소송물에 관한 서로 양보의 한 방법으로 행하여진 것이고, 대여금청구사건에 있어서 피고의 소송대리인의 화해권한에는 화해의 한 조항으로서 해당 대여금채권의 담보를 위하여 피고 소유의 부동산에 대하여 원고와 저당권설정계약을 하는 권한도 포함된다고 풀이할 수 있는가. 해당 소송위임의 대상이 된 사건의 소송물을 처분하는 것이 변호사의 화해권한의 범위 내인 것은 다툼이 없으나, 소송물 이외의 법률관계를 화해내용에 포함할 권한을 어디까지 가지는가가 문제이다. 소송대리인의 화해권한에 대하여 소송물에 한정하는 입장(소송물한정설), 소송대리인에 대한 화해권한에는 제한을 가할 수 없고(91조 참조) 소송물에 한정하여 화해권한의 범위가 정하여지는 것은 아니라는 입장(제한부정설) 등이 있다. 그런데 소송상 화해는 실제로는 미묘한 심리전도 수반되고 시점도 중요하여 소송대리인으로서는 임기응변의 대응이 요구되며, 당사자의 합의에 의한 분쟁해결방법이므로 그 화해권한은 분쟁해결목적이라는 관점에서 소송물에 한정되는 것은 아니라고 보면서도, 다만 그 한계가 아주 없는 것은 아니라는 입장도(중간설) 주목할 가치가 있다.

4. 소송대리인의 지위

(1) 제3자로서의 지위

소송대리인은 자신이 소송의 당사자가 아니므로 판결의 명의인으로 되지 않고, 또한 제3자로서 증인이나 감정인이 될 수 있다. 법률상 소송대리인도 마찬가지이다. 가령, 화해의 권고를 위한 본인의 출석이 명하여진 경우에(145조 2항) 이는 직접 본인으로부터 이야기를 듣기 위하여 행하여지는 것이기 때문에 소송대리인은 본인에 대신하여 출석할 수 없다.　　2-52

(2) 소송수행자로서의 지위

소송대리인은 자기의 의사에 기하여 소송행위를 행하는 사람이므로 그 전제로 사실에 대한 지(知)·부지(不知) 또는 고의·과실이 소송절차상 문제가 될 때에　　2-53

는(43조 2항, 77조, 149조 등) 소송대리인 스스로가 그 표준이 된다(민법 116조 1항 참조). 가령 149조는 당사자의 고의 또는 중과실로 시기에 늦게 제출한 공격방어방법에 대하여 소송의 완결을 지연시키게 하는 것으로 인정할 때에는 법원은 직권으로 또는 상대방의 신청에 따라 각하할 수 있다고 규정하고 있는데, 이 당사자에는 소송대리인도 포함되고, 우선 소송대리인을 표준으로 고의 또는 중과실을 결정한다. 변호사대리가 원칙인 것에서 소송대리인에 의하여 신속하게 공격방어방법이 제출될 것이 기대된 것이다. 그러나 본인의 고의·과실이 대리인의 부지 또는 부작위의 원인으로 인정되는 때에는 대리인의 부지 등을 본인이 유리하게 원용하는 것은 허용되지 않는다(민법 116조 2항 참조).

◆ 예 ◆　甲으로부터 부동산의 매매대금의 지급을 소구 당한 乙은 응소하기로 하고, 알고 지내는 A변호사에게 소송대리인으로 상소의 제기의 권한도 포함하여 소송위임을 하였다. 제1심의 변론종결 뒤, 판결선고 전에 A는 수임 당시 乙로부터 받아 보관하고 있던 서류 가운데 乙에게 도움을 받은 감사의 표시로 본건 부동산을 증여한다는 취지의 甲의 선친 명의의 문서를 발견하였다. 깜짝 놀란 A는 증여이지 매매가 아니라는 것을 주장하기 위하여 변론의 재개를 구하였다. 사안에서 이미 법원이 甲의 청구인용의 심증을 형성하고 있더라도, 가령 그 문서에 의하여 서면에 의한 증여라고 인정된다면 소송은 청구기각이 될 것이다. 그러나 의뢰인 乙로부터 받은 서류 가운데 중요한 일부를 누락한 것은 A변호사의 중대한 과실이 있다고 할 수 있고 이미 변론종결 뒤이고 심리를 재개한다면 소송의 완결을 지연시키게 하는 것이 되므로 법원은 변론을 재개하지 말고 판결을 선고하여야 한다. 본인에게는 안 된 일이지만, 소송대리인의 부주의에 의하여 본인이 불이익을 입은 다른 일반적인 경우와 마찬가지로 본인과 소송대리인 사이의 내부관계로 처리하여야 한다.

(3) 당사자의 경정권

2-54　　소송대리인을 선임하였어도 본인은 스스로 소송행위를 할 수 있다. 소송대리인이 권한 내에서 행한 소송행위는 본인이 행한 것과 동일한 효력이 생기지만, 소송대리인과 본인이 모두 기일에 출석한 경우에 소송대리인의 사실상 진술을 본인(또는 법정대리인)이 곧 취소하거나 경정한 때에는 그것을 인정하여 소송대리인의 진술은 효력을 잃고 없었던 것이 된다(94조). 사실에 대하여는 본인 쪽이 잘 알고 있기 때문이다. 이를 당사자의 경정권이라 한다. 한편 법률상 의견 등은 경정권의 대상에 포함되지 않는다.

　　그리고 법률상의 소송대리인이 소송위임에 의한 소송대리인을 선임한 때에는 법정대리인에 준하여 법률상의 소송대리인은 이러한 경정권을 가진다고 할 것이다.

(4) 개별대리

동일한 당사자에 대하여 여러 소송대리인이 있는 때에는 대리인 각자가 당   2-55
사자를 대리한다(93조 1항). 소송을 신속·원활하게 진행시키고자 하는 취지이다.
당사자가 이에 어긋나는 공동대리 등의 약정을 하더라도 법원이나 상대방에 대한
관계에서 그 약정은 무효이다(동조 2항). 그리고 여러 소송대리인의 서로 모순·저
촉되는 행위가 동시에 행하여진 경우에는 어느 것도 효력이 발생하지 않는다. 다
만, 법률상 소송대리인에 있어서 공동지배인과 같이 실체법상 공동대리가 인정되
는 경우에는(상법 12조) 소송상으로도 공동대리가 인정된다.

5. 소송대리권의 소멸

(1) 본인의 사망 등에 의한 불소멸의 특칙

① 당사자(법정대리인)의 사망 또는 소송능력의 상실, ② 당사자인 법인의 합병   2-56
에 의한 소멸, ③ 당사자인 수탁자의 신탁임무의 종료, ④ 법정대리인의 대리권의
소멸이나 변경 등의 사유에 의하여 당연히 소송대리권은 소멸되지 않는다(95조).
이는 민법상의 위임과 다르다. 민법상의 위임이 개인적 신뢰관계에 기한 일신전속
적 관계인 것에 대하여, 소송위임에 있어서는 수임자가 변호사인 것에서 신뢰관계
를 깨뜨릴 우려가 적다는 점, 소송절차를 신속·원활하게 진행시킬 필요와 위임범
위가 명확하다는 점에 특색이 있고, 이것이 민법에서의 소멸과 다른 이유이다. 제3
자의 소송담당에 있어서 소송담당자(선정당사자 등)가 자격을 잃더라도 마찬가지로
소송대리인의 대리권은 소멸되지 않는다(96조).

한편, 법률상 소송대리인은 실체법상 지위가 소멸되면 당연히 소송대리권의
소멸을 가져온다. 위 불소멸의 특칙은 변호사인 소송대리인을 전제로 한 것이므
로 법률상의 소송대리인에게는 적용이 없다.

(2) 소멸사유

소송대리권은 위와 같은 경우를 제외하고 민법의 규정에 의하여 소멸된다.   2-57
즉 ① 소송대리인의 사망·성년후견의 개시 또는 파산(민법 127조 2항), ② 위임관
계의 종료 등에 의하여 소멸된다.

6. 대리권에 흠이 있는 경우의 취급

(1) 소송행위의 유효요건

2-58

13-사법시험

대리권의 존재는 소송행위의 유효요건이고, 대리권에 흠이 있으면 그 소송행위는 무효로 본인에 대하여 효과가 생기지 않는데, 이는 **상대적·유동적** 무효로 뒤에 당사자 본인이나 정당한 대리인은 **추인**에 의하여 **행위시에 소급**하여 그 소송행위를 유효하게 할 수 있다(60조, 97조). 이러한 점에서 소송무능력자의 소송행위와 마찬가지로 취급된다. 추인은 특별한 사정이 없는 한 소송행위 전체에 대하여 하여야 하고, 원칙적으로 **일부추인**은 허용되지 않는다(예외적으로 가령 소취하 행위만을 제외하고 나머지 소송행위를 추인하는 것은 유효).[39] 그리고 추인은 상고심에서도 할 수 있다.

(2) 소송요건

2-59

소의 제기나 소장부본의 송달 단계, 즉 제소과정에서의 대리권의 존재는 소송요건이다.

(3) 대리권의 조사

2-60

대리권의 존부는 **직권조사사항**이다.[40] 법원은 당사자가 문제 삼지 않는 경우에도 대리권의 유무에 대하여 (그 판단의 기초자료인 사실과 증거를 직권으로 탐지할 의무까지는 없다 하더라도 의심이 갈 만한 사정이 엿보인다면) 심리·조사를 하여 무권대리인을 소송으로부터 배제하여야 한다. 다만, 보정할 수 있다면 기간을 정하여 보정명령을 한다. 그리고 지연으로 인하여 손해가 발생할 염려가 있는 경우에는 일시적으로 소송행위를 하게 할 수 있다(59조, 97조).

조사 결과, **원고 측**의 대리권에 흠이 있는 경우에는 변론종결시까지 보정되

---

39) 대법원 2008. 8. 21. 선고 2007다79480 판결. 예외적으로 일부추인이 허용되는 특별한 사정과 관련하여, 무권대리인이 변호사에게 위임하여 소를 제기하여서 승소하고 상대방의 항소로 소송이 2심에 계속 중 그 소를 취하한 일련의 소송행위 중 소취하 행위만을 제외하고 나머지 소송행위를 추인함은 소송의 혼란을 일으킬 우려 없고 소송경제상으로도 적절하여 그 **추인**은 **유효**하다(대법원 1973. 7. 24. 선고 69다60 판결).

40) 직권조사사항으로서, 소송대리권의 위임장이 사문서인 경우에 법원이 대리권 증명에 관하여 인증명령을 할 것인지의 여부는 법원의 재량에 속하지만, 상대방이 다투고 있고 또 기록상 그 위임장이 진정하다고 인정할 만한 뚜렷한 증거가 없는 경우에는 법원은 그 증명에 관하여 인증명령을 하거나 또는 달리 진정하게 소송대리권을 위임한 것인지의 여부를 심리하는 등 대리권의 흠결 여부에 관하여 조사하여야 한다(대법원 2015. 12. 10. 선고 2012다16063 판결).

지 않는 한, 법원은 종국판결로 소를 부적법 각하하여야 한다. **피고 측**의 경우에
보정되지 않으면 절차 지연에 따른 손해의 우려가 있다면 특별대리인의 선임을
고려할 것이다(62조).

(4) 쌍방대리의 금지

소송위임에 의한 소송대리인의 경우는 통상 변호사이므로 변호사법 31조가　2-61
관련된다. 당사자 일방으로부터 상의(相議)를 받아 그 수임을 승낙한 사건의 상
대방이 위임하는 사건(동조 1항), 공무원 등으로서 직무상 취급한 사건(동조 3호)
등에 관하여 수임을 제한하고 있다. 이에 위반된 소송행위의 효력에 관하여, 학
설은 **절대무효설**, 뒤에 선임한 본인의 추인에 의하여 소송행위가 유효하게 된다
는 **추인설** 및 사실심 변론종결시까지 아무런 이의를 제기하지 않았다면 그 소송
행위는 소송법상 완전한 효력이 생긴다는 **이의설**(다수설·판례)41) 등이 있다.

(5) 비변호사의 대리행위

변호사대리의 원칙(87조)을 어기고 변호사가 아닌 사람이 이익을 받을 목적　2-62
으로 행한 대리행위는 변호사법 109조 위반으로 절대 무효이고, 추인의 여지가
없다 할 것이다.

한편, 변호사가 징계로 업무정직 중인 경우에 소송관여를 배제하여야 하지
만, 만약 법원이 이를 간과한 경우, 그 변호사의 행위를 무효로 한다면 의뢰자는
물론 상대방에 대하여도 불측(不測)의 손해를 미치게 되어 재판의 안정을 해치고
소송경제에 반하는 결과가 되므로 그 소송행위를 유효라고 보는 입장도 있으
나,42) **생각건대** 그 소송행위를 간단히 유효라고 볼 것은 아니다.

41) 대법원 1995. 7. 28. 선고 94다44903 판결.
42) 김홍, 226면; 이, 191면; 정/유/김, 255면; 정영, 277면.

제3절　소송의 객체

제1항　소

I. 소의 의의

2-63　　소(Klage)는 원고가 법원에 대하여 피고와의 관계에 있어서 일정한 권리를 제시하고, 그 당부에 대한 심판을 구하는 신청(＝소송행위)이다.

1. 소송절차의 개시

2-64　　소는 법원에 대하여 민사소송제도를 이용하고 싶다는 취지의 신청의 의미를 가진다. 소에 의하여 제1심 소송절차가 개시된다. 국가는 민사소송제도를 마련하고 사인(私人)의 이용에 제공하고 있는데, 이를 이용할 것인지 여부는 사인의 의사에 맡겨져 있다. 법원은 그 신청의 범위 내의 사항에 대하여만 심판할 수 있는 것이 원칙이다(203조. 처분권주의).[43]

2. 법원에 대한 권리보호 또는 판결의 신청

2-65　　소는 법원에 대하여 심판을 구하는 신청의 일종이다.

3. 심판의 대상을 지정하는 행위

2-66　　소의 제기는 보통 소장이라고 불리는 서면을 법원에 제출하는 방식에 의하는데, 이 소장에 청구의 취지, 청구의 원인을 기재하는 것에 의하여 원고의 피고에 대한 관계에서의 권리주장과 그 주장을 인용하는 특정한(이행, 형성, 확인) 심리·판결의 법원에 대한 요구를 구체적으로 특정·표시하게 된다. 그 내용에 포함되어 있는 원고의 피고에 대한 관계에서의 권리주장과 법원에 대한 그 당부의 심리·판결의 요구가 소의 제기에 의한 심판의 대상(소송상 청구)이 된다. 따라서 소는 심판의 대상을 지정하는 행위라고 할 수 있다.

---

43) 법원의 직권에 의하여 소송절차가 개시되지 않는다. 「소 없으면 재판 없다」는 법언(法諺)은 이를 뜻한다. 민사소송법은 이렇게 처분권주의를 채택하고 있다.

◈ **소와 청구의 개념적 구별** ◈   소와 소송상 청구(또는 단순히 청구)의 개념적 구별이
반드시 명확하지 않다. 우선, 소도 청구도 모두 법원에 대한 원고의 소송행위이지만, 청구
가 일정한 권리의 주장에 머무르는 데 대하여, 소는 청구를 대상으로 하는 법원에 대한
심리·판결을 구하는 신청으로서 구별된다.「협의의 청구 + 법원에 대한 심리·판결의 요
구」의 의미에서 청구의 개념을 넓게 사용하기도 한다. 이를 광의의 청구라고 하기도 한다.
어렵고 혼란스러울 것 같은데, 실제로는 이렇게 엄밀하게 의식하여 사용하고 있지는 않다.
소, 협의의 청구, 광의의 청구, 소송물은 서로 교환적으로 사용된다고 파악하면 무방하다.
한편, 소의 내용으로는 청구와 당사자가 포함되는데, 보통 당사자를 떼어놓고 심판의 대상
인 청구만을 소에 있어서 강조한 나머지 소=청구로 혼용하는 것이다. 가령 청구의 변경
을 소의 변경이라고 하거나, 청구의 병합을 소의 객관적 병합이라고 한다.

II. 소의 유형

민사소송법 조문상으로는 이행의 소에 대한「장래의 이행을 청구하는 소」(251조), 확인
소송에 대한「증서의 진정 여부를 확인하는 소」(250조)와「중간확인의 소」(264조), 형성
의 소라고 볼 수 있는「정기금판결과 변경의 소」(252조) 등 소의 종류에 관련하는 사항
에 대하여 개별적으로 규정을 두고 있는 데 불과하고, 특별히 소의 유형에 관한 규정은
없다.

소는 청구의 내용 또는 요구되는 판결의 내용을 기준으로 크게 이행의 소,   2-67
확인의 소, 형성의 소의 세 가지 유형으로 구별할 수 있다.[44] **이행의 소**는, 원고
의 청구가 피고에 대한 특정한 이행청구권의 주장이고, 그 이행을 명하는 판결을
구하는 소이다. **확인의 소**는, 원고의 청구가 특정한 권리 또는 법률관계의 존재
또는 부존재의 주장이고, 그것을 확인하는 판결을 구하는 소이다. **형성의 소**는,
원고의 청구가 일정한 법률요건(형성요건·형성원인)에 기한 특정한 권리 또는 법
률관계의 변동(발생·변경·소멸)의 주장이고, 그 변동의 판결을 구하는 소이다. 각
각을 인용하는 판결을 이행판결, 확인판결, 형성판결이라고 한다.

◈ **이행의 소, 확인의 소, 형성의 소의 세 가지 유형의 구별의 의의** ◈   역사적으로
이러한 순서로 발전하여 왔다. 즉 이행의 소는 로마법의 actio 이래 가장 오래된 역사를
가졌으며, 확인의 소는 19세기에 유럽 각국에서 법전편찬활동의 결과로 시민에게 법률지
식이 보급되어 피고에 대한 명령(이행판결)을 포함하지 않는 법률관계의 확인선언만으로

---

44) 그 밖에도 소는 여러 가지 관점에서 분류된다. **제소의 형태**에 따라 단일한 소와 병합의 소,
또 **제소의 시기** 내지는 다른 소송절차와의 관련에 따라서 독립한 소와 소송 중의 소(소의 변경,
중간확인의 소, 반소, 당사자참가 등)로 구별된다.

분쟁해결이 가능한 경우도 있게 되어 19세기 말에 인정되었고, 형성의 소는 20세기에 들어와서 인정되었다는 법사적(法史的)인 측면을 별도로 한다면, 위 세 가지 유형의 구별은 소송물, 소의 이익, 판결효 등 민사소송의 기본적 문제에 대하여 적절한 분석시각을 제공해 준다는 이론적인 면의 필요성이 크다. 예를 들어 판결효에 있어서는 확인의 소에서는 법률관계를 확정하는 기판력뿐이지만, 이행의 소에서는 청구인용판결에 강제집행에 의한 권리를 실현할 수 있는 집행력이, 형성의 소에서는 청구인용판결에 법률관계를 형성하는 형성력이 각각 기판력 이외에 발생한다.

1. 이행의 소

2-68   이행의 소는 이행청구권의 확정과 피고에 대해 이행명령을 할 것을 요구하는 소이다. 가령 대여금의 반환을 구하는 소, 임대차계약의 해지를 이유로 가옥의 반환을 구하는 소, 소음방지용의 벽을 설치할 것을 구하는 소와 같이 물건의 인도나 사람의 작위 등을 구하는 소이다. 부작위청구소송도 이행의 소의 일종이다. 이행의 소는 원칙적으로 실체법상 청구권이 그 바탕이 되어야 한다. 채권이든 물권이든 상관없고, 민사소송사항이라면 공법상의 청구권도 무방하다.

◆ **코카콜라와 썩은 이(齒), 경고표시청구** ◆   나홀로소송 시민연대 이○○ 대표가 "30년간 매일 마셔온 코카콜라 때문에 치아가 상했다"며 손해배상 청구와 별도로 "탄산음료가 치아에 유해한 영향을 미칠 수 있다는 경고표시를 콜라병이나 캔에 기재토록 해달라"며 낸 청구에 대하여 법원은 "민사상 원고에게 이 같은 청구를 할 권리가 없다"며 각하했다. 재판부는 경고문구 표시와 관련, "원고에게 금전적 배상 외에 경고표시 이행을 구할 권리가 없다"고 밝혔다(2004.8.27.자 연합뉴스 기사).

◆ **천륜 끊게 해달라는 청구** ◆   한 부부가 자신들의 반대를 무릅쓰고 결혼을 했다는 등의 이유로 아들과 불화를 겪다 "부모자(父母子) 관계를 끊게 해 달라"며 소송을 냈지만 패소했다. 천륜을 끊을 수 있도록 하는 현행 법률규정은 존재하지 않기 때문이다(2017.2.6.자 법률신문 기사).

2. 확인의 소

2-69   이행청구권의 실현을 목적으로 하는 이행의 소에 대하여, 확인의 소는 판결로 권리 또는 법률관계의 존부를 관념적으로 확정하는 것에 의하여 당사자 사이의 분쟁을 해결하고, 나아가 나중의 파생적인 분쟁을 예방하려는 예방적 기능을

가진다.

토지 소유권의 확인, 학교법인의 이사인 지위의 확인 등 권리 또는 법률관계의 존재의 확정을 목적으로 하는 소를 **적극적 확인**의 소, 반대로 채무부존재확인 등의 그 부존재의 확정을 목적으로 하는 소를 **소극적 확인**의 소라고 한다.

확인의 소의 대상은 본래 권리 또는 법률관계에 한하는 것이 원칙이지만, 예외적으로 법은 법률관계를 증명하는 서면이 진정한지 아닌지를 확정하기 위하여 증서의 진정 여부를 확인하는 소를 인정하고 있다(250조. ☞4-114). 그 밖에 소송 진행 중에 쟁점이 된 법률관계의 존부의 확정을 위한 중간확인의 소도 인정되고 있다(264조).

	이행의 소	확인의 소
목 적	현상의 변경이 목적	현상의 유지가 목적
판결의 효력	청구인용판결 → 이행판결(기판력·집행력) 청구기각판결 → 확인판결(기판력만)	청구인용·청구기각 모두 확인판결 → 기판력만
소의 이익	현재이행의 소에서는 원칙적으로 그 자체로 소의 이익 긍정	확인의 소의 이익이 필요

◈ **소멸시효 중단을 위한 후소로서 기존의 '이행소송' 외에 '재판상의 청구'가 있다는 점에 대하여만 확인을 구하는 형태의 이른바 '새로운 방식의 확인소송'을 허용할 것인지 여부** ◈ 민법 168조 1호는 소멸시효의 중단사유로서 '청구'를 규정하고 있고, 민법 170조는 '재판상의 청구'의 시효중단 효력에 관하여 규정하고 있는데, 위 '새로운 방식의 확인소송'에 대하여 **판례**는 적극적으로 보았다.[45] 그리하여 채권자는 두 가지 형태의 소송 중 자신의 상황과 필요에 보다 적합한 것을 선택하여 제기할 수 있다. 이러한 **다수의견**에 대하여 이행소송을 허용하는 실무에 문제가 많다고 보이지 않고, 새로운 방식의 확인소송에는 법리적으로 많은 문제점이 있고, 당사자의 편리보다는 혼란만 가중될 우려가 있다는 점 등에서 새로운 방식의 확인소송은 허용되어서는 안 된다는 취지의 **소수의견**이 있었다.

3. 형성의 소

원래 사법상의 권리 또는 법률관계는 그 당사자 사이의 합의로 이를 자유롭게 변동시킬 수 있고, 또 법률이 정하는 일정한 요건을 갖추면 (가령 취소권, 해제

2-70

---

45) 대법원 2018. 10. 18. 선고 2015다232316 전원합의체 판결.

권 등의 형성권) 일방 당사자의 의사표시에 의하여도 변동을 시킬 수 있는 것이
원칙이다. 그러나 법은 권리관계를 다수의 이해관계인 사이에서 획일적으로 명확
히 하고자 하는 경우 또는 법적 안정을 도모할 필요가 있는 경우에 대하여는 소
로써 형성요건에 해당하는 사실이 존재하는 것을 주장시켜, 법원이 그 존재를 확
정하고 판결에 의하여 비로소 권리 또는 법률관계의 변경·소멸을 하고자 한
다.46) 즉 형성의 소는 창설적 효과를 목적으로 한다. 가령 이혼의 소(민법 840조),
인지를 구하는 소(민법 863조), 주주총회결의의 취소를 구하는 소(상법 376조)47)
등이 그 예이다(신분관계나 회사관계소송 등의 영역이고, 아울러 제소권자나 제소기간도
한정하는 경우가 많다). 이렇게 형성의 소는 형성요건을 실현시키는 것이 소로써 명
문의 규정으로 허용되는 경우에만 인정되고, 그러한 특별규정 없이 제기된 형성
의 소는 부적법하다.

　　형성의 소에는 위와 같은 실체법상 권리 또는 법률관계에 대한 형성의 소(실
체법상 형성의 소) 이외에 소송법상 효과의 변동을 목적으로 하는, 가령 정기금판
결의 변경의 소(252조), 재심의 소(451조), 청구이의의 소(민사집행법 44조), 중재판
정취소의 소(중재법 36조) 등도 일반적으로 형성의 소(소송법상 형성의 소)의 일종으
로 본다. 그리고 다음과 같은 '소'라는 신청은 존재하지만, '소송상의 청구 또는
소송물'이 존재하지 않는다고 할 수 있는 형식적 형성의 소가 있다.

07-변리사시험
12-사법시험
14-사법시험

　　◆ **형식적 형성의 소** ◆　법률관계의 변동을 목적으로 하는 점에서는 다른 유형의 **형
성의 소**와 그 성질을 같이 하지만, 형성요건(형성원인 또는 형성권)이 법정되어 있지 않
고 어떤 내용의 법률관계를 형성할 것인가는 법원의 **재량**에 맡겨져 있는 점(실질적으로
비송사건의 성격)에 특색이 있는 형식적 형성의 소가 있다. 그 예로는 일반적으로 공유
물분할의 소, 경계확정의 소, 父를 정하는 소 등을 들 수 있다(한편, 이혼시의 재산분할청
구는 가사비송사건이다).48) 가령, 민법 269조 1항에 기한 공유물분할의 소의 경우에는
당사자는 법원에 대하여 분할을 청구할 수 있을 뿐이고, 어떠한 법률요건사실에 기하
여 법원에 어떠한 내용의 분할을 청구할 수 있는가는 규정되어 있지 않다. 통상의 형

---

46) 형성판결의 효력을 개인 사이의 합의로 창설할 수는 없으므로, 형성소송의 판결과 같은 내용으
　　로 재판상 화해를 하더라도 판결을 받은 것과 같은 효력은 생기지 않는다(대법원 2012. 9. 13.
　　선고 2010다97846 판결 참조).
47) 한편, 주주총회결의무효확인의 소에 대하여는 그 명칭처럼 확인의 소인가, 실질은 형성의 소인
　　가의 대립이 있다.
48) 과거의 양육비의 상환청구는 **가사비송사건**으로 보는 전제에서, 양육자 지정과 현재 및 장래의
　　양육비의 적정 금액의 분담을 청구하는 **가사비송사건에 병합하여 청구**할 수 있다(대법원
　　1994. 5. 13.자 92스21 전원합의체 결정).

성소송과 같이 형성요건이 법정되어 있지는 않지만, 공유자 사이의 기존의 권리관계를 폐기하고 장래의 권리관계를 창설하는 판결을 구하는 것으로 형성의 소라는 성격도 가지고 있다. 그 분할의 방법은 당사자가 구하는 방법에 구애받지 아니하고(처분권주의의 예외. ☞2-92), 법원의 재량에 따라 공유관계나 그 객체인 물건의 제반 상황에 따라 공유자의 지분비율에 따른 합리적인 분할을 하면 된다. 법원의 합목적적인 **재량**에 의하여 심판된다는 점에서[49] 실질적으로는 비송사건(본래 사인 사이의 생활관계의 처리는 각자의 의사에 맡겨져 있는 것이 원칙인데, 필요에 의해 국가기관인 법원이 후견감독적 개입을 하여 그 절차를 주재(主宰)하고 그에 따라 공권적인 판단을 나타내지만, 그 절차는 소송절차에 따르지 않는 사건. ☞1-1 소송과 비송의 비교 참고)이고, 본래는 소송의 형식으로 심판할 것은 아니다. 다만, 대상이 되는 법률관계가 첨예하게 대립되어 있다는 중요성에 따라 대등하게 변론의 기회를 부여하여 공평한 판단을 확보하고자 하는 정책적 이유에서 소송절차의 형식을 취하고 있는 것에 지나지 않는다. **형식적**이라는 표현은 이 때문이다. 결국 비송사건의 성격을 가지는 점과 법률관계의 변동을 목적으로 하는 점에서 위와 같은 소송은 **형식적 형성소송**이라고 불린다. 또한 인접한 토지의 경계가 사실상 불분명하여 다툼이 있는 경우에[50] 재판으로 그 경계를 확정해 줄 것을 구하는 경계확정의 소에 대하여 법은 아무런 규정도 두고 있지 않지만, '경계확정은 법원이 행한다'는 소송의 방식을 취하고 있는데, 실질적으로 비송사건이지만, 소송절차를 거쳐 판결에 의하여 경계를 형성하여야 하는 형식적 형성소송이라고 본다. 가령, 경계확정의 소에 있어서 피고가 원고 주장의 경계선을 넘어서 원고의 토지의 일부를 시효취득하였다고 주장한 경우에 그 취득시효의 주장은 경계확정의 소가 형식적 형성의 소라는 입장에 의하면, 취득시효의 항변은 본안의 항변이 될 수 없다. 그 이유는 경계가 공법상의 것으로, 경계확정의 소는 '지번과 지번의 경계'를 공익적 요청에서 확정하는 소이므로 토지소유권과는 관계가 없기 때문이다. 그렇다면 피고가 원고 주장의 경계선을 넘어서 원고의 토지의 일부를 시효취득하였다고 주장하는 데에는, 피고는 별도로 해당 토지에 대하여 소유권확인의 별소나 반소를 제기하여야 한다.

◈ **공유물분할의 소 및 경계확정의 소의 공통된 특징** ◈ 공통점은 형식적 형성소송이라는 점으로 모아지는데, 이는 구체적으로 보면 다음과 같다. ① 실질은 비송사건이다. ② 그러나 절차는 소송절차에 따른다. ③ 판결에 의하여 무엇인가의 형성이 있게 된다. ④ 청구의 취지는 공유물을 분할하여 달라, 경계를 확정하여달라는 것으로 충분

---

49) 공유물분할의 소는 공유자 상호간의 지분의 교환 또는 매매를 통하여 공유의 객체를 단독 소유권의 대상으로 하여 그 객체에 대한 공유관계를 해소하는 것을 말하므로, 법원은 공유물분할을 청구하는 자가 구하는 방법에 구애받지 아니하고 자유로운 재량에 따라 공유관계나 그 객체인 물건의 제반 상황에 따라 공유자의 지분 비율에 따른 합리적인 분할을 하면 되는 것이다(대법원 2004. 10. 14. 선고 2004다30583 판결).

50) 그 대상이 되는 '경계'란 지적공부상 공적으로 설정 인증된 지번과 지번과의 경계선을 가리키는 것이나, 다만 '인접한 토지의 경계가 사실상 불분명하여 다툼이 있는 경우'에는 지적도를 작성하면서 기점을 잘못 선택하는 등 **기술적인 착오**로 지적도상 경계가 진실한 경계선과 다르게 잘못 작성되었다고 다툼이 있는 경우를 **포함**한다(대법원 2021. 8. 19. 선고 2018다207830 판결).

하고, 당사자가 구체적 신청을 하더라도 법원은 여기에 구속되지 않는다(**처분권주의의 부적용**). 가령 원고가 특정한 경계선을 나타내더라도, 법원은 그 경계선을 넘은 경계선을 정하는 것도 허용되고, 항소심에서 불이익변경금지의 원칙도 타당하지 않다. 또한 법률관계를 기초지우는 요건사실이 존재하지 않은 이상, 그것에 대한 진위불명도 있을 수 없으므로 법원은 **청구기각판결을 할 수 없고**, 재량(직권)에 의하여 무엇인가의 경계선을 정하여야 한다.51)

제 2 항 소송물

원고가 소에 의하여 주장한 권리 또는 법률관계의 존부(예를 들어 소유권확인의 소에 있어서는 소유권의 존부), 즉 법원의 심판의 대상을 소송물이라고 부른다. 그런데 소송물을 실체법상 청구권과 동일한 것으로 파악할 수 있는가. 그렇지 않으면 소송법이 독자의 입장에서 결정할 것인가. 가령, 후자라고 한다면 어떠한 기준에 의할 것인가. 또한 이를 정하는 것은 어떠한 의미가 있는가가 문제된다.

I. 의 의

2-71   어떠한 소송에 있어서도 심판의 대상을 둘러싸고 양쪽 당사자가 공격방어방법을 충분히 다한 뒤에 법원의 판결이 내려져야 한다. 예를 들어 매매대금이행의 소에 있어서 원고가 제시한 매매대금이행청구가 인정되는지 여부를 둘러싸고 공방이 행하여지고, 법원이 원고의 청구가 정당하다고 인정하면 피고에 대하여 매매대금채무의 이행을 명하는 판결을 선고하게 된다.

소송에 있어서 이렇게 중요한 지침이 되며, 심판의 대상이 되는 소송의 객체를 「소송물」(Streitgegenstand)이라고 부른다. 일반적으로 소송의 대상 또는 심판의 객체를 학설에서는 물론 판례에서도 '소송물'이라고 하고 있다. 민사소송법에서는 소송의 대상을 「소송목적」(26조)이라고 부르는 경우도 있으나,52) 오히려 「청구」라고 부르는 경우가 많다(25조, 253조 등). 이러한 「청구」라는 용어법은 1877년의 독일 민사소송법(CPO)의 입법자가 소송대상을 나타내기 위하여 실체법상의 청구

---

51) 경계확정의 소에서 법원은 당사자 쌍방이 주장하는 경계선에 구속되지 않고 스스로 진실하다고 인정되는 바에 따라 그 경계를 확정하여야 하고, 따라서 특별한 사정이 없는 한 원고가 주장하는 경계가 인정되지 않더라도 청구의 전부 또는 일부를 기각할 수 없다(대법원 2021. 8. 19. 선고 2018다207830 판결).

52) 민사소송법은 '소송물'이라는 용어를 사용하고 있지 않으며 소송의 대상 또는 심판의 객체에 관하여 '소송목적'이라고 규정하고 있다(26조, 27조, 65조, 81조, 82조, 83조 등 참조).

권(Anspruch)과 마찬가지의 Anspruch(청구)라는 단어를 사용한 것에서 유래한다. 독일 민사소송법 제정 당시에 있어서 소송은 실체법상 권리를 행사하는 것이므로 소송의 대상도 실체법상의 청구권이라고 여기고, 실체법상 청구권의 개념으로 충분하다고 본 것이다.

그러나 이행소송 이외에 확인소송이나 형성소송이 독자의 소송유형으로서 승인되자, 심판의 대상으로서「청구＝실체법상 청구권」의 도식은 더 이상 확인소송이나 형성소송에서의 심판의 대상으로서「청구＝실체법상 청구권」으로 상정되는 대응관계는 소멸하고, 소송상 청구의 개념도 어의(語義)의 전환(轉換)이 필요하게 되었다. 예를 들어 확인소송에 있어서는 청구권이 아닌 특정한 권리 또는 법률관계의 존부가 심판의 대상이 되고, 여기서는 청구권은 등장하지 않기 때문이다.

결국 이를 계기로 소송법의 견지에서 소송물(소송상 청구)의 개념을 다시 새롭게 정립하려는 학설의 전개가 시작되었다. 이러한 전개는 독일에서 시작되었고, 그 영향을 받은 일본에서도 1950년대 중반부터 본격적인 검토가 시작되었다.

II. 소송물이론

심판의 대상을 이론적으로 어떻게 포착할 것인가가 소송물이론이다. 애초부터 소송물논쟁이라고 불릴 정도로 그 다툼이 있었고, 어떤 체계서도 이에 대하여 많은 지면을 할애하고 있다. 소송물이론은 크게, ① 원고가 청구로 제시하고 있는 실체권(실체법상 권리) 그 자체를 소송물로 파악하는 **구소송물이론**(**판례**도 기본적으로 이 입장이다), ② 실체법상 권리에 구애받지 않고 소송법 독자의 관점에서 소송물을 파악하는 **신소송물이론**(과거에는 소수설이었으나 이제는 다수설이 되었다고 볼 수 있다)의 두 가지 입장이 있다. 그 밖에 신실체법설이라고 불리는 입장도 나타났다.

그런데 확인소송의 소송물의 포착에 대하여는 견해가 거의 일치하고 있고, 주로 논의되는 것은 이행소송과 형성소송에 대한 것이다. 즉 확인소송의 소송물은 구체적인 권리 또는 법률관계의 주장이고, 그 동일성에 의하여 소송물이 특정된다고 한다.53) 가령 甲이 乙에게 A토지의 소유권확인소송을 제기한 경우에는 구소송물이론, 신소송물이론 어느 쪽에서도 A토지의 소유권의 주장이 소송물이 된다.

2-72

---

53) 강, 331~332면; 김/강, 250면; 김홍, 316면; 이, 259면, 정/유/김, 281면. 반대입장으로는 호, 133면 이하 참조.

1. 구소송물이론(구실체법설)

2-73   이 입장은 원고가 소송에서 주장하고 있는 실체권(실체법상 권리) 그 자체를 소송물로 파악한다. 가령 개개의 구체적인 실체법상 청구권마다 이행소송의 소송물이 다르고, 개개의 형성권·형성원인마다 형성소송의 소송물이 다르다는 것이다.[54] 따라서 **청구권경합**이 생기는 경우, 가령 전차의 승객이 사고에 의하여 손해를 입은 때에 승객에 귀속하는 상법 148조의 운송계약불이행에 기한 손해배상청구와 민법 750조 또는 756조의 불법행위에 기한 손해배상청구를 하는 경우, 또는 진단결과 위궤양이 발견되어 애초 투약치료를 받았는데 차도가 없어 위 일부를 잘라낼 정도가 되어 의사에게 수술을 받았으나 수술 후 절제부위에 통증이 느껴져 검사한 결과 수술부위에서 외과수술용기구가 발견되어 민법 390조의 진료계약불이행책임과 750조의 불법행위책임을 주장하여 손해배상청구를 하는 경우에 이 입장에서는 소송물은 2개가 되는 것으로 **청구의 병합**이 존재하게 되고, 먼저 어느 한쪽이 주장되고 이어서 다른 쪽이 소송계속 중에 주장되면 **청구의 변경**에 의한 후발적 청구의 병합이 존재하게 된다. 이 경우에 법원은 1개의 청구권이 이유가 있다고 인정되는 경우에도 다른 청구권에 대하여 재판하여야 한다. 그러나 실체법이 1회의 급부밖에 인정하지 않은 경우에 동일한 급부를 향한 청구권이 복수로 주장되고 있더라도 여러 개의 집행권원을 채권자에게 부여하는 것은 결코 합리적이라고는 할 수 없다. 이것은 구소송물이론의 문제성을 나타내는 것이다. 그리하여 이 입장에서는 병합되어 있는 여러 개의 청구권의 병합형태를, 여러 개의 청구 가운데 어느 하나가 인용되면 그 목적을 달성할 수 있기 때문에 다른 청구에 대하여는 재판을 바라지 않는 형태의 「**선택적 병합**」이라는 특수한 것으로 보고(☞12-7), 위와 같은 비판은 타당하지 않다고 반론한다.

2. 소송법설(신소송물이론)

2-74   위와 같은 구소송물이론이 가지는 난점으로부터 소송물을 실체법상 권리에 구애받지 않고 소송법 독자의 관점에서 파악하고자 한다. 이러한 입장으로는 독일에서 제창된 일분지설(一分肢說=일원설)과 이분지설(二分肢說=이원설)이 있다.

---

54) 김홍, 304~305면이 이러한 입장이다.

(1) 일분지설(일원설)

소송물개념에서 실체법상 권리를 단절하여 소송물개념을 오로지 「신청」   2-75
(Antrag＝우리 법의 청구의 취지)이라는 소송법상의 요소로 구성하고, 실체법상 권
리는 법적관점 내지는 공격방어방법으로서의 지위로 한 단계 끌어내리는 입장이
다.55) 위 청구권경합이 생기는 손해배상청구의 예에 있어서, 신청이 1개이므로
소송물도 1개가 되고, 여러 개의 청구권을 주장하여도 이는 공격방어방법에 불과
하여 청구의 병합이 되지 않는다.

한편, 이 입장에 의하여도 금전이나 대체물의 일정수량의 이행을 구하는 이
행소송의 경우에는 신청만으로는 소송물이 특정되지 않는다고 본다. 동일 당사자
사이에 동일 금액의 지급을 구하는 전혀 별개의 청구권이 복수로 존재할 수 있기
때문이다. 이러한 경우에 소송물은 「사실관계」에 의하여 특정된다고 한다. 다만,
그렇더라도 사실관계를 신청의 해석을 위한 단순한 보조수단으로 풀이하는 것이
고, 신청과 대등한 소송물의 구성요소로 인정하는 것은 아니다.

(2) 이분지설(이원설)

「신청」(우리 법의 청구의 취지)과 「사실관계」(Sachverhalt＝우리 법의 청구의 원인   2-76
의 사실관계)라는 두 가지 요소에 의하여 소송물이 구성된다는 입장으로, 오늘날
독일에서의 다수설이고, 독일 연방대법원의 판결도 이를 지지하고 있다.56) 위 청
구권경합이 생기는 손해배상청구의 예에 있어서, 사실관계가 동일함에도 불구하
고 여러 개의 청구권의 수만큼의 소송물을 긍정하는 것은 불합리하다고 본다. 위
예는 동일한 사실관계에 입각한 것으로 소송물은 1개이고 청구의 병합이 아니라
고 한다. 이에 대하여 「사실관계」란 모호한 개념을 소송물의 구성요소로 함으로
써 그 한계의 획정이 어려워 사실관계의 동일성 여부를 가리기 힘들고, 또 자칫
이를 좁게 해석하면 권리의 발생원인사실과 같아져 구소송물이론과 결론이 같아
지고 신소송물이론을 채택하는 의미가 몰각될 수 있다는 비판이 있다.57)

---

55) 이, 255면이 이러한 입장이다.
56) 정영, 35면이 이러한 입장이고, 정/유/김, 275면도 일반론으로 이 입장이 타당하다고 한다.
57) 이, 246면.

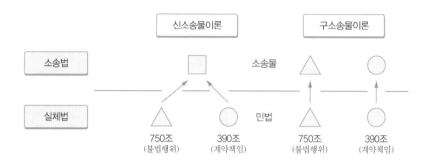

3. 신실체법설

2-77   신소송물이론에서는 소송물과 실체법상 청구권의 단절만을 생각하였는데, 종래 청구권경합(Anspruchskonkurrenz)인가, 법조경합(Gesetzeskonkurrenz)인가라는 형태로 논의되어 온 영역을 중심으로 소송물과 실체법상 권리를 단절할 것이 아니고, 나아가 실체법상 청구권의 개념 자체를 수정하여, 1개의 생활사실에 복수의 법규가 적용되는 경우에도 실체법상 질서가 법적 내지는 경제적으로 보아 1개의 급부를 시인하는 것에 지나지 않은 때에는 실체법상으로도 1개의 통합된 청구권이 성립하는 데 지나지 않는다는 입장이다. 그리하여 이 수정된 의미의 실체법상 권리의 주장을 소송물로 보고자 한다. 위 손해배상청구의 예에 있어서 그것은 청구권의 경합이라기보다는 단지 그 근거가 복수의 법규인 것이고, 소송물은 복수의 법규에 입각한 1개의 통일적 손해배상청구권이라고 본다.

III. 소송물의 실천적 장면

1. 소송물의 특정의 필요성

2-78   소의 제기에 있어서 소송물을 특정하지 않으면 안 되는 이유는 크게 보아 두 가지이다. **첫째,** 심판의 대상을 명확하게 하기 위한 것이다. 법원에 대하여 심판의 목표를 명확히 하고(처분권주의 관련), 상대방에 대하여 방어의 목표를 분명하게 하기 위하여 요청된다(예상외 재판방지, 불의의 타격방지 관련). **둘째,** 다른 제도의 적용의 유무를 분명하게 하기 위한 것이다. 청구의 병합의 유무, 중복된 소제기의 금지의 범위, 청구의 변경의 유무, 기판력의 객관적 범위 등은 그 소의 소송물이 무엇인지가 특정되어 있지 않으면 판단할 수 없기 때문이다.

        소를 제기하는 원고로서는 소송의 유형에 따라 소송물을 구성하여 특정할 필요가 있다. 구체적으로 원고로서는 소장의 기재에 의하여 소송물을 특정할 것이 요청된다. 소장에는 청구의 취지와 청구의 원인 등이 기재되므로 소송물은 이 청구의 취지, 청구의 원인에 의하여 특정되게 된다.

◆ **예** ◆　소장의 청구취지에 「별지 기재 건물이 원고의 소유임을 확인한다」는 판결을 구한다고 적어 확인의 소를 제기한 경우에 **확인의 소의 소송물**은 청구취지에 표시된 권리 또는 법률관계의 존부의 주장 내지는 이에 대하여 확인재판을 하여 달라는 요구이다. 확인소송의 경우에 **청구취지만으로 소송물이 특정**되며, 따로 청구원인에 의한 보충이 필요 없다는 것이 일반적이다.[58] 결국, 청구원인란에 소유권의 취득원인(매매, 시효취득 등)을 적지 않더라도 소송물은 특정되며, 위와 같은 청구로 그 최저·필요조건을 충족하게 된다. 따라서 부적법한 소가 되는 것이 아니고, 반대로 청구원인에 소유권의 취득원인을 적었어도 이는 공격방어방법의 의미가 있을 뿐이다.

◆ **예** ◆　그런데 확인소송과 달리, 이행소송 및 형성소송에 대하여는 이행의 내용이나 형성의 목적이 여러 권리관계에 의하여 터잡을 수 있고, 따라서 청구의 취지만에 의하여 청구가 특정되는지를 검토할 필요가 있다. 즉 **구소송물이론**에 의한다면 청구의 취지만으로 소송물이 특정되지 않고, 그 특정을 위하여 청구의 원인을 적어야 한다. 그러나 **신소송물이론**에 의한다면 이행소송과 형성소송의 경우에도 청구의 취지만으로 소송물이 특정된다고 보기 때문에 소송물의 특정을 위한 청구의 원인을 적을 필요는 없다. 다만, 신소송물이론에 의하더라도 **금전이나 대체물의 일정 수량의 이행을 구하는 소**의 경우에는 청구의 취지에 기재된 급부가 동일 당사자 사이에 중첩적으로 존재할 가능성이 있고, 그 급부는 청구원인마다 별개 독립하여 발생하는 이행청구권에 근거하고 있기 때문에 청구의 원인에 의한 특정이 필요하게 된다(예를 들어 청구의 취지에 표시된 피고의 원고에 대한 금 ㅇㅇㅇ원의 급부는 ㅇ월 ㅇ일의 매매계약, ㅇ월 ㅇ일의 소비대차계약 등 여러 원인에 의하여 성립할 수 있기 때문이다).

다음과 같은 이행소송의 예를 살펴보자. 소유자인 건물 임대인 甲이 임대차의 종료 뒤에도 목적 건물을 인도하지 않는 임차인 乙에 대하여 소유권에 기하여 건물인도청구

---

58) 우선 청구권의 확인의 경우에 관하여 보면, 예를 들어 청구취지에 「몇 년 몇 월 며칠 체결된 원·피고 사이의 소비대차에 기한 금 ㅇㅇ만원의 대여금채권은 존재하지 아니함을 확인한다」라고 청구권의 발생원인사실까지 기재하는 것이 보통이므로, 청구취지 외에 따로 청구원인의 도움이 없어도 소송물이 특정된다. 다음 절대권의 확인에 관하여 보면, 가령 「ㅇㅇ토지는 원고의 소유임을 확인한다」라는 소유권의 확인의 경우에는 일물일권주의에 의하여 청구취지에 특정물과 그에 대한 권리를 기재하면 충분하고, 즉 청구취지만에 의하여 소송물이 특정되며, 청구원인의 기재는 불필요하다. 보통 청구원인에는 매매, 취득시효 등 소유권의 취득원인이 기재되는데, 이는 확인하려는 권리의 성질에 아무 영향을 주지 못한다. 이러한 일반적 입장에 대하여, 확인소송에 있어서 심지어 절대권의 확인의 경우에도 청구취지와 청구원인 중의 사실관계에 의한 특정이 필요하다는 이분지설(二分肢說)로 일관하는 견해가 있다(호, 134~135면).

의 소를 제기하였다. 청구의 취지는 「乙은 甲에 대하여 건물을 인도하라」는 판결을 구한다가 될 것이다. 소송물이론에 있어서 일분지설(一分肢說), 특히 신소송물이론에 따르면, 이러한 청구취지만으로 소송물이 건물의 인도청구를 구하는 법적 지위라는 것을 특정할 수 있으므로, 그 밖에 청구의 원인을 적는 것이 필수적인 것은 아니다. 그러나 구소송물이론에 따르면, 소유권에 기한 물권적 청구권으로서 건물인도청구권인가, 아니면 임대차계약종료에 기한 목적물반환청구권으로서 건물인도청구권인가에 따라서 건물인도청구의 소송물이 다르게 되므로 청구의 원인에서 이를 적어서 어느 쪽인가를 분명하게 하는 것이 필요하다.

2. 소송물이론의 시금석

2-79

◆ **소송물과 관련된 조문** ◆ 소송물과 관련된 조문은 다음과 같다. 심판대상의 결정권은 당사자에게 있다(처분권주의). 법원은 당사자가 구하는 범위에서만 주문에서 판단(즉 판결)한다(203조). 주문에 포함된 판단만이 기판력을 가지는 것이 원칙이다(216조 1항). 그리하여 「신청사항＝소송물＝판결사항≒기판력이 생기는 사항」이라는 도식이 성립할 수 있다.

판결사항(203조)	당사자가 신청한 사항
기판력의 객관적 범위(216조 1항)	주문에 포함된 것
소의 객관적 병합(253조)	청 구
중복제소금지(259조)	사 건
청구의 변경(262조)	청구의 취지 또는 원인
재소금지(267조 2항)	소

민사소송에서는 여러 가지의 장면에 있어서 소송물이 중요성을 가질 수 있다. 우선 **첫째**, 원고는 여러 개의 소송상 청구를 같은 종류의 소송절차에서 병합하여 소를 제기할 수가 있는데(소의 객관적 병합), 1개의 소에 있어서 여러 개의 소송상 청구가 병합되어 있는지 여부는 소송물의 동일성을 기준으로 판단한다.

둘째, 법원에 계속된 사건에 대하여는 당사자는 다시 소를 제기하지 못한다(중복된 소제기의 금지). 여기서도 제1소송의 소송상 청구와 제2소송의 그것이 동일하다고 할 수 있는가의 문제에 있어서 소송물의 동일성이 관계한다. 예를 들어 건물소유자이자 임대인 X가 임대차계약이 종료한 뒤에도 목적 건물을 인도하지 않는 임차인 Y에 대하여 소유권에 기하여 건물인도청구의 소를 제기하였다. 이 소가 계속 중 X가 Y에게 임대차계약종료에 기하여 건물인도청구의 소를 제기할 수 있는가. 구소송물이론에 의하면 후소는 중복된 소제기가 되지 않는다.

셋째, 청구의 변경에 관하여 소송상 청구의 동일성이 문제된다. 동일한 소송물이라면 청구의 변경은 존재하지 않는다. 예를 들어 乙이 甲에 대한 금전채무지급을 위하여 약속어음을 발행하였는데, 이후 乙이 약속어음금을 지급하지 않자, 甲은 乙을 상대로 약속어음금지급청구의 소를 제기하여 소송계속 중 약속어음금지급청구를 원인관계(가령 소비대차)에 의한 청구로 바꾼 경우에 구소송물이론에 의하면 청구의 변경이 된다(어음채권과 원인채권은 별개이다).

넷째, 판결이 확정된 뒤에 동일한 소송상 청구에 대하여 재차 소를 제기하는 것은 확정판결의 기판력에 저촉된다. 여기서 전소의 소송물과 후소의 소송물이 동일한지 여부가 문제된다.

다섯째, 본안에 관한 종국판결선고 뒤의 소의 취하의 경우에 동일한 사건에 대하여 재차 소를 제기하는 것은 허용되지 않는다. 따라서 소송물의 동일성이 이러한 재소금지효를 한계짓는 의미도 가진다.

여섯째, 가령 구소송물이론에 의하면 아파트에 대한 일조를 차단한 것에 관하여 불법행위의 손해배상을 청구하였을 뿐이고, 이와는 별도로 아파트에 관한 분양계약을 위반하였음을 이유로 한 손해배상을 청구하지는 않았음에도 일조방해를 이유로 한 불법행위 손해배상청구를 배척한 다음, 분양계약 위반 등을 원인으로 하여 손해배상지급을 명하는 판결을 선고한 것은 203조 처분권주의에 위배된다.[59]

IV. 소송물이론의 방향

소송물을 둘러싼 논의의 흐름을 거시적으로 살펴보면 점점 정치화(精緻化)되고 있지만, 한편 그 결과로 소송물개념이 가지는 한계도 의식하게 되었다. 각각의 문제영역에 있어서 소송물개념의 효용이 상대화하고, 소의 제기시부터 판결에 이르기까지 소송물에 의하여 소송이 통일적으로 규율된다는 견해는 흔들리는 지경에 이르렀다. 지금까지의 소송물이론은 위와 같은 민사소송의 여러 장면에서의 문제(청구의 병합, 중복된 소제기, 청구의 변경, 재소, 기판력 등)를 통일적으로 규율하기 위하여 적절한 소송물의 개념 규정의 추구에 중점이 있었고, 격렬한 논쟁이 소송물이론으로 전개된 바 있다. 그러나 통일적 소송물개념은 어느 경우에는 적절한 결과를 가져오나, 다른 경우에는 그렇지 않은 결과를 가져온다. 각각 그 자

2-80

---

59) 대법원 2008. 9. 11. 선고 2005다9760, 9777 판결[미간행] 등.

체 제도의 취지를 고려하여야 하고, 소송물로부터 귀납적으로 결론을 이끌어 내는 것은 이제 재조정이 필요하게 되었다. 소송물은 기준으로서의 위치를 잃은 것은 아니나, 절대적 기준은 아니라고 이해되어야 할 것이다.60) 그런고로 소송물개념이 그 역할을 하는 개개의 규정(청구의 병합, 중복된 소제기, 청구의 변경, 재소, 기판력 등)의 취지에 대응하여 상대적으로 소송물을 규정하는 것이 적절하다고 생각한다(**상대적 소송물이론**).

V. 판례의 입장

2-81		판례는 기본적으로 **구소송물이론**의 입장에 입각하고 있다. 가령, 부당이득반환청구권과 불법행위로 인한 손해배상청구권은 서로 실체법상 별개의 청구권으로 존재하고 그 각 청구권에 기초하여 **이행을 구하는 소**는 소송법적으로도 소송물을 달리한다.61) 가령, 원금채권과 이자채권(나아가 채무불이행으로 인한 지연손해금청구)은 별개의 소송물이다.

1. 등기청구

2-82		(1) 소유권이전등기가 **원인무효라는 이유로 그 등기의 말소**를 구하는 말소
08-사법시험
등기청구사건에 있어서 **소송물은 당해 등기의 말소등기청구권**이고(실체법상 근거는 소유권에 기한 방해배제청구권. 민법 214조), 그 동일성의 식별표준이 되는 청구의 원인, 즉 말소등기청구권의 발생원인은 해당 「등기원인의 무효」에 국한된다고 본다.62) 가령 전소에서 무권대리를 주장하다가 후소에서 불공정한 법률행위를 주장한 경우에 등기원인의 무효를 뒷받침하는 개개의 원인무효사유인 무권대리, 불공정한 법률행위 등은 모두 소송물인 말소청구권을 뒷받침하는 공격방어방법에 불과하여 별개의 청구원인을 구성하는 것은 아니므로 위 주장사유들이 모두 전소 변론종결 전에 발생한 사유라면 결국 전소와 후소는 소송물이 동일하여 기

---

60) 김용, 70~71면.
61) 그리하여 채권자로서는 어느 하나의 청구권에 관한 소를 제기하여 승소 확정판결을 받았다고 하더라도 아직 채권의 만족을 얻지 못한 경우에는 다른 나머지 청구권에 관한 이행판결을 얻기 위하여 그에 관한 이행의 소를 제기할 수 있다. 그리고 채권자가 먼저 부당이득반환청구의 소를 제기하였을 경우 특별한 사정이 없는 한 손해 전부에 대하여 승소판결을 얻을 수 있었을 것임에도 우연히 손해배상청구의 소를 먼저 제기하는 바람에 과실상계 또는 공평의 원칙에 기한 책임제한 등의 법리에 따라 그 승소액이 제한되었다고 하여 그로써 제한된 금액에 대한 부당이득반환청구권의 행사가 허용되지 않는 것도 아니다(대법원 2013. 9. 13. 선고 2013다45457 판결).
62) 대법원 1981. 12. 22. 선고 80다1548 판결; 대법원 1993. 6. 29. 선고 93다11050 판결.

판력에 저촉된다고 한다.63)

소송물	말소등기 청구권	
청구원인	등기원인의 무효	
공격방어방법	무권대리	불공정 법률행위

◆ **청구취지의 기재례** ◆ 말소 대상 등기는 관할등기소, 접수연월일, 접수번호, 등기 종류로 특정하여 적는다. 그러나 그 밖에 등기원인, 내용까지 적지는 않으므로 "피고는 원고에게 별지목록 기재 부동산에 관하여 ~~2009. 2. 6. 매매를 원인으로 한~~ 서울동부지 방법원 강동등기소 2009. 4. 16. 접수 제11078호로 마친 소유권이전등기절차의 말소절 차를 이행하라."와 같이 적는다. 사선을 그은 등기원인까지 적지 않도록 주의하라. 가 령 X(원고) → Y → Z에게로 순차로 소유권이전등기가 경료된 경우에 있어서 등기원인이 원인무효에 의하여 소급적으로 실효하였다는 것을 이유로 X(원고)가 등기의 말소를 구 하는 때에 순차로 경료된 여러 등기의 말소등기의 청구취지의 기재례는 다음과 같다.

> 1. 원고에게, 별지목록 기재 부동산에 관하여,
>   가. 피고 Y는 전주지방법원 OO등기소 2005. 5. 15. 접수 제2569호로
>   마친 소유권이전등기의,
>   나. 피고 Z는 같은 등기소 .....소유권이전등기의
>   각 말소등기절차를 이행하라.

본래 등기는 등기권리자와 등기의무자의 공동신청에 의하는 것이 원칙인데(부동산등기법 23조 1항), 판결(등기의무자에게 등기에 관한 의사의 진술을 명한 판결)에 기한 등기는 승소 한 등기권리자 또는 등기의무자의 단독신청에 의해서도 할 수 있게 되어 있다. 이 경 우에 판결은 피고(등기의무자)의 등기신청의사의 진술에 갈음하는 기능을 하는 것이고, 따라서 표현을 「...등기절차를 이행하라」고 명하는 형식을 취한다(물론 「원고와 공동으로 등기신청의사의 진술」을 하도록 하는 것이 구체적이라 하겠으나, 실무에서는 보다 추상적으로 「...등기절차를 이행」하도록 하는 형식을 사용).

---

63) 그런데 이와 달리 가령 소유권에 기한 방해배제청구권의 행사로서 말소등기청구를 한 확정판 결은 계약해제에 따른 원상회복으로(채권적 청구권) 말소등기청구에 기판력이 미치지 않는다(대 법원 1993. 9. 14. 선고 92다1353 판결).

(2) 말소등기에 갈음하여 허용되는 진정명의회복을 원인으로 한 소유권이전등기청구권과64) 무효등기의 말소등기청구권은 어느 것이나 진정한 소유자의 등기명의를 회복하기 위한 것으로서 실질적으로는 그 목적이 동일하고, 두 청구권 모두 소유권에 기한 방해배제청구권으로서 그 법적 근거와 성질이 동일하므로 그 **소송물은 실질상 동일한 것으로 보아야 하고** 따라서 소유권이전등기말소청구 소송에서 패소확정판결을 받았다면 그 기판력은 그 뒤 제기된 진정명의회복을 원인으로 한 소유권이전등기청구소송에도 미친다고 본다.65)

(3) 통상의 소유권이전등기청구사건에 있어서는 가령 매매와 시효취득 등과 같이 등기원인을 달리하는 경우에 그것은 단순히 공격방어방법의 차이에 불과한 것이 아니고 **등기원인별로 별개의 소송물**로 인정된다고 한다.66) 가령 등기청구권의 발생원인을 처음에는 **매매**로 하였다가 뒤에 **취득시효**의 완성을 선택적으로 추가하는 것은 단순한 공격방법의 차이가 아니라 별개의 소송물을 추가시킨 것이므로 소의 추가적 변경에 해당한다.67) 그러나 여기서 신소송물이론(일분지설)에 의하면 소의 추가적 변경이 아니고 공격방어방법을 추가한 것에 불과하다.

소송물	매매를 원인으로 한 이전등기청구	시효취득을 원인으로 한 이전등기청구	
청구원인	매매	**시효취득** ① 소유의 의사로, ② 평온, 공연하게, ③ 부동산을, ④ 20년간 점유한 것	
공격방어방법		**대물변제를** 받았다는 주장	**증여를** 받았다는 주장

---

64) 진정한 등기명의의 회복을 위한 소유권이전등기청구는 이미 자기 앞으로 소유권을 표상하는 등기가 되어 있었거나 법률에 의하여 소유권을 취득한 사람이 진정한 등기명의를 회복하기 위한 방법으로 현재의 등기명의인을 상대로 그 등기의 말소를 구하는 것에 갈음하여 허용되는 것이다.

65) 대법원 2001. 9. 20. 선고 99다37894 전원합의체 판결.

66) 가령 약정을 이유로 한 소유권이전등기청구권과 매매를 원인으로 한 소유권이전등기청구권은 (실체법상 청구권을 기준으로 본다면 2개의 청구권이므로) 별개의 소송물이어서 기판력이 미치지 않는다.

67) 대법원 1996. 8. 23. 선고 94다49922 판결; 대법원 1997. 4. 11. 선고 96다50520 판결. 한편, 가령 **취득시효**의 완성으로 인한 소유권이전등기청구사건에 있어서, 전소에서의 **대물변제**를 받았다는 주장과 후소에서의 **증여**를 받았다는 주장은 모두 부동산을 소유의 의사로 점유한 것인지를 판단하는 기준이 되는 권원의 성질에 관한 주장으로서 이는 공격방어방법의 차이에 불과하다(대법원 1994. 4. 15. 선고 93다60120 판결).

◈ **청구취지의 기재례** ◈

> 1. 피고는 원고에게 별지 목록 기재 부동산에 관하여 2000. 0. 00. 매매를 원
>   인으로 한 소유권이전등기절차를 이행하라.

2. 소유권·점유권에 기한 반환청구

동일물의 반환청구를 소유권에 기하여 청구하는 때와 점유권에 기하여 청구   2-83
하는 때에 별개의 소송물에 관한 청구임을 전제로 전자의 청구임이 명백하다면
후자의 청구인지 여부를 석명할 의무가 없다고 한다.68)

3. 신체상해로 인한 손해배상청구

1개의 신체상해에 의하여 치료비, 의복 등의 파손, 일실이익 등과 같은 손해   2-84
를 입은 경우에 소송물을 적극적 재산상 손해, 소극적 재산상 손해, 정신적 손해
로 3분할 것인가에 대하여(☞2-93), **학설**은 ① 전손해1개설,69) ② 재산적 손해·
비재산적 손해의 2분설,70) ③ 적극손해·소극손해·비재산적 손해의 3분설로71)
나뉜다. **판례**는 손해3분설의 입장이다.72)

◈ **청구취지의 기재례** ◈   가령 일실수입 50,000,000원＋기왕치료비 10,000,000원＋
향후치료비 30,000,000원＋위자료 20,000,000원은 소장의 청구원인(＝판결의 이유)에 적
고, 실무상으로는 소장의 청구취지(＝판결의 주문)에는 적극, 소극 재산상 손해, 위자료

---

68) 대법원 1996. 6. 14. 선고 94다53006 판결. 그러나 신소송물이론을 취하는 이, 256면은 소송물
  은 동일하며 공격방법이 2개 경합하는 차이뿐이라고 한다.
69) 손해배상청구에 있어서 적극적 재산상 손해, 소극적 재산상 손해, 위자료(정신적 손해) 등
  의 항목분류는 생명, 신체침해로 인하여 생긴 하나의 인적 손해를 금전적으로 평가하기 위한
  자료에 지나지 않는 것이다. 손해의 종류·성질에 있어서 소송물을 구별·특정하여야 할 의미
  는 없고, 또한 손해 총액이 피해자의 주된 관심사이고 분쟁의 핵심이다. 이렇게 보는 것이 손
  해배상사건의 비송적 성격, 위자료의 보충적 작용에 어울린다. 이렇게 보아야 원고가 손해항
  목마다 별건으로 만들어 제소함으로써 피고로 하여금 여러 차례 응소강제를 당하게 하는 폐
  단을 막을 수 있다. 김/강, 367면; 이, 257면. 신소송물이론의 입장인데, 다만 정/유/김, 287면
  은 소송물이론과 논리적인 필연성은 없다고 본다).
70) 재산상의 손해배상청구권과 비재산상의 손해배상청구권은 별개의 소송물이다. 양손해는
  침해된 권리내용이 다르고, 양 배상청구권의 근거법조가 다르다(민법 750조, 751조, 752조
  참조). 호, 377면.
71) 재산상의 손해를 다시 적극손해와 소극손해로 나누어 양손해도 별개의 소송물이다. 적극손해와
  소극손해는 그 금액의 산정과정, 즉 전자는 증거에 의한 엄밀한 인정이 요구되고, 후자는 예측에
  의한 평가의 요소가 강하기 때문에 소송물에 있어서 차이가 있다.
72) 대법원 1976. 10. 12. 선고 76다1313 판결.

를 합친 손해 총액 100,000,000원을 적는다.

> 1. 피고는 원고에게 100,000,000원 및 이에 대하여 2010. O. OO.부터 이 사건 소장 부본 송달일까지는 연 5%, 그 다음날부터 다 갚는 날까지는 연 12%의 각 비율로 계산한 돈을 지급하라.

4. 일부청구

2-85

◈ **일부청구의 의의** ◈　상대방에게 일정한 급부를 구하는 소송을 이행청구소송이라고 하는데, 이 이행청구에는 건물 등의 특정물의 인도청구 및 금 ○○○원의 지급을 구하는 것과 같은 금전 또는 대체물의 일정 수량의 이행(지급, 인도)청구의 2종류가 있는데, 일부청구는 주로 후자의 금전(또는 대체물)의 일정 수량의 이행청구에 있어서 가분의 이행청구의 일부만을 소송상 청구하는 방식이다. 채권자가 재판 밖에서 소송에 의하지 않고 채권을 분할적으로 행사하는 경우에는 사적 자치의 원칙 하에서 그것이 권리남용이 아니라면 아무런 문제는 없다. 그러나 법원이라는 국가기관을 통하여 권리행사를 하는 경우에 일부청구는 제도의 남용이 되어 문제가 생긴다(가령 채권자는 소액사건심판법의 적용을 받을 목적으로 청구를 분할하여 그 일부만을 청구할 수 없고, 이에 위반한 소는 판결로 이를 각하하여야 한다(소액사건심판법 5조의2). 신의칙 참조 ☞16-8). 또한 채권자·채무자간의 이행소송이 하나의 분쟁으로서 1회에 해결되는 것이 법원으로서도, 피고로 법원에 끌려나오는 채무자에게도 바람직한 것이다. 이는 소송경제의 요청에 근거한 것이다. 한편 채권자로서는 광적으로 소송에 집착하는 사람이 아니라면 원래는 1회의 소송에서 채무자와 다툼의 결론을 보는 것을 바랄 것이나, 경우에 따라서는 일부청구를 할 수밖에 없는 상황이 있다. 예를 들어 공해소송이나 의료과오소송 등의 이른바 현대형 소송에서 청구하려는 손해액이 고액인데, 반드시 승소할 확률이 높지 않은 경우, 패소할 경우의 비용적인 위험이 크므로 시험적으로 일부만 청구하는 것을 생각할 수 있기 때문이다. 또한 일부청구제도를 필요로 하는 배경으로는 위 소송비용 등의 문제뿐만 아니라, 사건의 특수성에서 소송의 처음부터 전액 청구하는 것이 불가능한 경우에 그 필요성이 있게 된다. 예를 들어 교통사고에 의한 손해배상청구의 경우에 처음부터 전부의 손해를 특정할 수 없는 경우가 있어 일부청구가 될 수밖에 없다.

　　판례는 전 소송에서 불법행위를 원인으로 치료비청구를 하면서 일부만을 특정하여 청구하고 그 밖의 부분은 별도소송으로 청구하겠다는 취지를 명시적으로 유보한 때에는 그 전 소송의 **소송물**은 그 청구한 일부의 치료비에 한정되는 것이라고 보아 **명시적 일부청구긍정설**의 입장이다.[73] 반면, 그 밖의 일부청구긍정설(확정판결 뒤의 잔부청구를 긍정하는 입장)에서는 소송물은 그 일부에 지나지 않고, 일부청구부정설

---

[73] 대법원 1985. 4. 9. 선고 84다552 판결. 명시적 일부청구 해당 여부는 소장 등의 기재뿐만 아니라 소송의 경과 등도 고려하여 판단한다(대법원 2016. 7. 27. 선고 2013다96165 판결).

(판결확정 뒤의 잔부청구를 부정하는 입장)에서는 일부청구의 경우에도 채권 전부가 소송물이 된다(일부청구와 잔부청구 ☞5 – 12, 11 – 19).

5. 소유권확인소송

가령 토지·건물의 소유권확인청구소송의 소송물은 '토지·건물의 소유권'이 고, 소유권의 취득원인으로 매매계약, 취득시효 등이 주장되더라도 소송물은 소유 권의 존부이므로 소유권취득원인은 공격방어방법의 하나의 주장에 지나지 않고, 따라서 소유권의 취득원인마다 소유권확인청구소송의 소송물이 다른 것이 아니다.

2-86

판례는 특정한 토지에 대한 소유권확인의 본안판결이 확정되면 그에 대한 권리 또는 법률관계가 그대로 확정되는 것이므로 그 사건의 변론종결 전에 그 확인원인이 되는 다른 사실이 있었다 하더라도 그 확정판결의 기판력은 거기까지도 미친다고 본다.[74]

◈ **청구취지의 기재례** ◈ 피고에 대하여 확인을 명하는 '...확인하라'의 형식으로 적 어서는 안 된다. 아래와 같이 '...확인한다'와 같이 적는다.

> 1. 원고와 피고 사이에서 별지 목록 기재 부동산이 원고의 소유임을 확인한다.

학설도 대체로 이렇게 보는데,[75] 이에 대한 비판으로 확인소송의 경우에도 소송물은 청구취지와 청구원인 중의 사실관계에 의하여 특정되며, 기판력도 그러 한 범위의 소송물의 한도에만 미친다는 **이분지설**이 타당하며, 가령 전소인 소유 권확인소송에서 쟁점으로 나타나지도 않았고 심리되지도 않은 별개의 소유권취 득원인사실인 시효취득의 주장을 후소에서 바로 배척하는 것은 오로지 외형상의 법적 평화만을 추구하고 구체적 타당성에 기한 진정한 법적 평화는 외면하는 것 이 되므로 후소에서 전소의 피고가 해당 토지의 소유권을 시효취득하였는지의 여 부를 심리하여 판결하였어야 옳았을 것이라는 입장이 있다.[76]

---

74) 따라서 피고가 비록 그 사건의 변론종결 전에 그 토지를 매수하였다거나 취득시효의 완성으로 소유권을 취득하였다 하더라도 그와 같은 사유만으로 위 소유권확인의 확정판결의 기판력을 배 제할 수 없다(대법원 1987. 3. 10. 선고 84다카2132 판결).

75) 이, 259면.

76) 호, 133면 이하 참조.

6. 형성소송

2-87   (1) **이혼소송**과 같은 형성소송에 대하여도 이행소송과 마찬가지의 문제가
있다. **판례**는 민법 840조 소정의 각호의 이혼사유(가령 부정한 행위, 악의의 유기,
심히 부당한 대우 등)마다 소송물이 별개이고, 법원은 원고가 주장한 이혼사유(가
령 심히 부당한 대우)에 관하여만 심판하여야 하며 원고가 주장하지 아니한 이혼
사유(가령 부정한 행위)에 관하여는 심판을 할 필요가 없고 그 사유에 의하여 이
혼을 명하여서는 안 된다고 한다.77) 여기서 **신소송물이론**(일분지설)에 의하면
각각의 이혼사유를 구별하지 않고, 통괄하여 한 개의 소송물로 본다.

(2) **회사소송**에서 주주총회결의에 관한 경우에도 그 취소, 그 무효확인 및
그 부존재확인의 각 소송을 별개의 소송목적으로 보는 입장도 있으나, 판례는 소
송물은 한 개로 공통한다고 보고 있는 듯하다(소송물일원론).

나아가 각 소송의 소송물을 본다면, **주주총회결의무효확인소송**에 있어서
일정한 일시에 행하여진 주주총회의 결의의 무효확인의 주장이 소송물로, 무효의
원인은 공격방법에 불과한 것으로 보는 입장이 일반적이다.

또한 **주주총회결의취소소송**에 있어서도 취소사유로서의 흠마다 소송물이
구별되는지 여부에 대하여 다툼이 있지만, 동일한 결의에 대하여 그 취소를 구하
는 지위는 해당 결의에 대한 절차상 또는 내용의 흠이라는 사실에 기하여 생기는
것이며, 그 흠에 상당하는 구체적 사실에 의하여 구별되는 것은 아니라고 한다면,
소송물은 단일하다.

제 4 절   법원과 당사자의 기능 분담

2-88   소송심리에 있어서 주요한 역할을 당사자에게 인정하는 것을 당사자주의라
고 하고, 반면 법원에게 인정하는 것을 직권주의라고 한다.
법원과 당사자의 기능 분담을 표로 정리하면 다음과 같다.

---

77) 대법원 1963. 1. 31. 선고 62다812 판결.

	당사자의 주도(당사자주의)	법원의 주도(직권주의)
소송의 이용·개시	처분권주의(○) 203조	직권(개시)주의(×)
소송자료의 수집·제출	변론주의(○) → 석명권, 직권증거조사 136조 292조	직권탐지주의(×)
절차의 진행	당사자진행주의(×)	직권진행주의(○) → 절차이의권(책문권) 151조 직권송달주의(○) 174조

제 1 항 처분권주의

어떠한 절차에 있어서든 우선 누가 절차를 개시할 수 있고, 누가 심판의 대상을 결정할 권능을 가지는가의 문제를 해결하여야 한다. 민사소송에서는 처분권주의에 의하여 ① 소송의 개시에 있어서는 「신청 없으면 재판은 없다」는 원칙으로 설명되듯이 절차의 개시 여부는 당사자의 자유의사에 맡겨져 있다. ② 또 심판의 대상과 범위의 결정에 대하여는 「법원은 당사자가 신청하지 아니한 사항에 대하여 판결하지 못한다」(203조)라고 하여 심판의 형식(이행판결, 확인판결, 형성판결) 및 심판의 범위의 특정은 당사자의 권한으로 맡겨져 있다. ③ 그리고 소송의 종결에 대하여는 판결에 의하지 않고 당사자의 의사에 의하여 소송을 종료시킬 수 있다. 즉 소의 취하, 청구의 포기·인낙, 소송상의 화해에 의한 소송의 종료가 인정되고 있다.

I. 의 의

처분권주의는 소송의 개시, 심판의 대상과 범위의 결정, 소송의 종결에 있어 2-89 서 당사자에게 주도권을 인정하고, 당사자의 처분에 맡기는 원칙을 말한다. 이는 실체법의 사적 자치의 원칙에 대응하는 것이다.78) 사적 자치에 있어서 개인의 자유로운 의사의 존중은 민사소송에 있어서는 처분권주의라는 원칙에 의하여 구현되고 있다. 반대로 위와 같은 점에 대한 결정권한을 법원에 주는 것이 직권주의이다.

---

78) 사적 자치의 원칙은 일반적으로 「사법적 법률관계는 개인의 자유로운 의사에 따라 결정시키는 것이 적당하다고 하는 원칙」이라고 할 수 있다.

II. 소송의 개시

2-90   처분권주의가 소의 제기의 장면에서 나타나는 것으로서 우선 소송은 원고의 소의 제기에 의하여 개시된다는 것이다. 법원은 당사자가 분쟁을 법원에 끌어들이지 않는 한, 분쟁의 심리를 개시하여서는 안 된다. 「신청 없으면 재판은 없다」는 것은 민사소송의 대원칙이다.79)

III. 심판의 대상과 범위

1. 청구의 특정

2-91   소송의 개시뿐만 아니라 심판의 대상과 범위를 결정하는 권한도 당사자에게 있다. 당사자의 의사에 따라 특정된다. 민사소송법은 소장에서 청구의 취지 및 청구의 원인을 적어(249조 1항) 소송대상을 특정할 것을 원고에게 요구하고 있다.

> ◆ **예** ◆   甲은 乙이 운전하는 차에 받혀서 중상을 입었다. 甲이 乙에 대하여 손해배상청구의 소를 제기하면서 청구의 취지에서 구체적인 청구금액을 빠뜨린 소장을 제출한 경우에 법원은 어떻게 처리하여야 하는가? 처분권주의와 관련하여 원고는 소장의 청구의 취지에 구체적인 금액을 명시하여야 한다(☞1-6). 따라서 위 소장은 필수적 기재사항에 흠이 있어서 부적법하다(249조 1항 참조).

2. 신청사항과 판결사항

2-92   법원은 당사자가 신청하지 않은 사항에 대하여는 판결할 수 없다(203조).80)
16-변리사시험   이러한 법리는 법원은 당사자가 신청한 사항 이외의 사항에 대하여 판결하는 것이 허용되지 않을 뿐만 아니라 신청한 사항을 넘어서 유리한 판결을 하는 것도 허용되지 않는다는 것을 의미한다.81) 상소심에서는 이러한 법리가 불이익변경·

---

79) 처분권주의의 예외로서 소송비용의 재판(104조), 가집행선고(213조 1항) 등은 당사자의 신청이 없더라도 직권으로 행할 수 있다. 한편, 당사자가 민사소송상의 소를 제기하지 않을 선택을 결정한다는 의미에서 부제소의 합의는 처분권주의의 표현이라고 할 수 있으며, 유효하다.

80) 한편, **형식적 형성소송**으로 보는 **경계확정소송**에 있어서 법원은 당사자의 신청으로서의 경계선에 구속되지 않고, 경계선을 확정할 수 있다. 즉 처분권주의의 적용이 없다. 공유물분할의 소에 있어서도 마찬가지로 당사자가 구하는 분할방법에 구애받지 않고, 법원의 재량으로 합리적 분할을 할 수 있다(☞2-70).

81) 청구취지로 피고들의 각 채무가 부진정연대채무의 관계에 있음을 전제로 청구하였는데, 피고들

이익변경금지의 원칙(415조)으로 나타난다.

◈ **예** ◈ 원고 주장 날짜의 2,000만원의 대여금은 이미 변제되었지만, 별도의 다른 날짜의 대여금은 아직 변제되지 않아서 이에 의하면 원고의 청구를 인용할 수 있는 것이 심리의 결과 분명하게 되었더라도 원고가 위 별도의 대여금의 반환을 청구하고 있지 않는 한, 법원은 원고의 청구를 인용하는 판결을 할 수 없다. 또한 원고의 대여금이 2,000만원이 아니라, 실제 4,000만원인 것이 심리의 결과 분명하게 되었더라도 법원은 4,000만원의 지급을 피고에게 명할 수는 없다. 물론 소송계속 중 원고가 청구를 4,000만원으로 확장하면, 법원은 4,000만원의 지급을 명할 수 있음은 당연하다.

3. 질적 한계

(1) 소송물의 이동(異同)

원고가 신청한 소송물과 다른 소송물에 대하여 판결하는 것은 처분권주의의 2-93 위반이다. 가령 건물에서의 '**퇴거**'는 건물에 대한 채무자의 점유를 해제하는 것을 의미할 뿐, 더 나아가 채권자에게 그 점유를 이전할 것까지 의미하지는 않는다는 점에서 건물의 '**인도**'와 구별되므로 건물에서 퇴거할 것을 구하고 있는데 법원이 건물인도를 명하는 것은 처분권주의에 반하여 허용되지 않는다.[82]

◈ **예** ◈ 원고가 매매계약에 기한 매매대금의 지급청구를 소구하더라도 법원이 이 청구는 도급계약에 있어서 도급대금이라고 생각하는 경우에 도급계약을 이유로 청구를 인용할 수 있는가. 구소송물이론에서는 실체법상의 권리가 다르므로 당사자에게 석명을 하여 청구원인을 변경시키지 않으면 안 된다. 그대로 판결하면 처분권주의의 위반이 된다.[83] 이에 대하여 신소송물이론의 경우에는 이행을 구하는 하나의 법적 지위(이를 수급권이라고 한다)를 소송물로 보므로 이 경우에 매매계약인가, 도급계약인가는 법적 관점의 차이에 지나지 않고 처분권주의의 위반의 문제는 생기지 않는다(다만, 변론주의 하에서 주장책임의 문제는 생길 것이다).

에게 중첩관계가 아닌 개별적인 지급책임을 인정한 것은 청구한 범위를 넘는 것으로서 처분권주의 위반이다(대법원 2014. 7. 10. 선고 2012다89832 판결[미간행]).

82) 대법원 2024. 6. 13. 선고 2024다213157 판결.

83) 동일 부동산에 대한 것이라 하더라도 매매를 원인으로 한 소유권이전등기청구와 양도담보약정을 원인으로 한 소유권이전등기청구와는 **청구원인 사실이 달라** 동일한 청구라 할 수 없으므로 당사자가 주장한 청구에 대하여는 심판하지 아니하고 주장하지 아니한 청구에 관하여 심판한 것이어서 이는 처분권주의에 위반되어 위법하다(대법원 1992. 3. 27. 선고 91다40696 판결).

◆ **인신사고로 인한 손해배상청구의 소송물** ◆ 원고가 피고에 대하여 치료비 등의 손해는 1,500만원이고, 일실이익은 1억원이고, 위자료는 1,000만원이라고 주장하여 인신사고로 인한 손해배상청구를 한 경우에 있어서 소송물(그 손해배상청구의 소송물을 어떻게 볼 것인가에 대하여는 ☞2-85)을 적극손해·소극손해·비재산적 손해로 나누어 포착하는 **손해 3분설**에 따르면, 위 사안은 소송물이 복수로 소의 객관적 병합(특히 단순병합)이 된다. 따라서 법원이 각 손해항목에 있어서 원고의 요구액을 초과하는 금액을 인정하는 것은 처분권주의의 위반이 된다. 예를 들어 일실이익에 있어서 원고의 요구금액(1억원)을 초과하는 금액(1억 2천만원)을 인정한 것은 처분권주의의 위반이 된다. 물론 위자료가 500만원이라는 인정은 가능하다. 가령, 법원이 1억 2천만원의 일실이익을 인용하기 위해서는 석명권을 행사하여 원고에게 구하는 금액을 변경시키는 것을 생각할 수 있다. 그러나 손해의 종류·성질에 있어서 소송물을 구별·특정하여야 할 의미는 없다고 보는 **전손해 1개설**에 따르면, 법원은 총액에 있어 구하는 액(1억 2,500만원)을 넘지 않는 한, 일부 항목에서 각 손해의 주장액을 초과하는 금액을 인정하여도 처분권주의의 위반의 문제가 되지 않는다. 다만, 이와 같은 인정이 변론주의에 어긋나는지 여부는 별개로 검토하여야 한다. 손해액의 산정은 법관의 재량으로 결정되면 되고, 손해액을 규정하고 있는 근거조문이 없으므로 손해액은 주요사실이 아니라고 하는 소극설과 손해액의 측면에서 피고에게 방어목표를 명시하여야 하고, 손해액은 원고 측의 사정이어서 증명이 용이하므로 주요사실에 해당된다는 적극설이 있다.

(2) 권리구제의 형식(종류)·순서

2-94   법원은 원고가 청구의 취지란에 표시하여 구하는 판결의 권리구제의 형식(종류)에 구속된다. 이행의 소에 대하여 확인판결을 하거나, 확인의 소에 대하여 이행판결을 하는 것은 허용되지 않는다. 예를 들어 원고가 어떤 청구권의 확인을 구하는 소를 제기한 경우에 법원이 소의 이익이 없어 부적법하다는 이유로 확인판결을 하지 않고, 오히려 동일한 청구권에 관한 이행판결을 하는 것은 허용되지 않는다.

또한 당사자가 구하는 권리구제의 순서에도 구속된다. 예를 들어 원고가 2가지의 청구를 주위적 청구, 예비적 청구라는 순서로 심판을 구하고 있는 때에(예비적 병합) 법원이 주위적 청구에 대하여 먼저 기각판결을 하지 않은 채, 예비적 청구에 대한 판결을 하는 것은 처분권주의의 위반이다.

4. 양적 한계

(1) 권리구제의 범위

처분권주의의 근거규정의 하나인 「신청사항과 판결사항」(203조)의 일치는 문언   2-95
이 극히 단순하고 간결하여 반드시 명확한 기준을 제공하지 않고 있으므로 그 사정
범위를 둘러싸고 몇 가지 해석론상의 문제가 검토의 대상이 되고 있다. 이러한 개별
문제의 해결에 있어서는 다소 구체적인 기준에 의한 전체적인 비교형량이 필요하게
된다. 이 경우에 처분권주의가 사적 자치의 원칙에 기한 것인 이상, 당사자의 합리적
의사의 존중이라는 것이 하나의 기준이 될 것이다. 결국 법원의 판결이 당사자의 신
청에 비추어 볼 때에 당사자에게 있어서 예상 밖의 재판이 되는지 여부일 것이다.
결국 「신청사항과 판결사항」이 다르더라도 상대방 당사자의 방어의 이익까지 고려
하여 불의의 타격이 되지 않는 한, 처분권주의의 허용범위에 속한다고 할 수 있다.

(2) 일부청구와 과실상계

일부청구에 대하여 과실상계를 인정할 경우에 그 방법이 문제된다.   2-96

◈ **예** ◈   1,000만원의 채권 가운데 700만
원을 일부청구한 경우에 과실상계의 비율을
3할(즉 300만원 삭감)이라고 하자. ① **외측설**
은 실제 손해액 전체에서 과실상계하는 것이
고 결론은 700만원의 전부인용이 된다. ②
내측설은 일부청구된 부분에서 삭감하여 결
론은 400만원의 일부인용이 된다. ③ **안분
설**(按分說)은 과실상계 부분 300만원을 양쪽
에 3:7의 비율로 按分하여 외측으로부터 90
만원, 내측으로부터 210만원을 삭감하는 것
이고, 결론은 490만원의 일부인용이 된다.

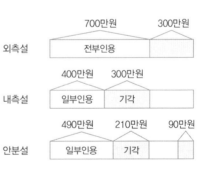

23-법무사시험

일부청구이론에 있어서(☞2-85, 5-12), **일부청구긍정설**에 의하면 청구된
「일부」가 소송물이 되므로 심판의 대상은 그 부분에 한정되고 그것을 넘는 실제
손해액 전체에 대하여 과실상계를 행한다는 것은 생각할 여지가 없기 때문에 과
실상계를 안분하는 **안분설**이 논리적이다. 반면, **일부청구부정설**에 의하면 전체
가 소송물이 되므로 실제 손해액 전체에 대하여 과실상계하는 **외측설**을 채택하

는 데 이론상 지장이 없게 된다. 한편, 일부청구긍정설을 취하면서 외측설을 취한다면, 이론적 정합성에 어긋나게 된다. 그런데 **학설**의 대부분은 일단 **외측설**이 타당하다고 보지만,[84] 한편 명시적 일부청구로서 잔부를 유보하여 둔다는 표시를 한 경우까지 **외측설**을 관철하는 것은 무리이고, 오히려 **안분설**에 따르는 것이 당사자의 의사에 더 합당하다고 보는 입장도 있다.[85] **생각건대** 원고로서는 청구한 만큼 인정되면 좋겠다는 것이 일반적 의사이고, 원고가 자신의 과실을 자인하여(과실이 서로 문제되는 일부청구에서는 과실상계를 고려) 일부청구를 하는 경우가 보통이므로 **외측설**의 처리가 원고의 의사에 합치된다고 할 것이다. **판례**도 **외측설**의 입장으로, 손해액 전액에서 과실비율에 의한 감액을 하고 그 잔액이 청구액을 초과하지 않을 경우에는 그 잔액을 인용할 것이고, 잔액이 청구액을 초과할 경우에는 청구의 전액을 인용하는 것으로 해석하는 것이 일부청구를 하는 당사자의 통상적 의사라 할 것이고, 이에 따라 원고의 청구를 인용하였다고 하여도 처분권주의에 위반되는 것은 아니라고 보았다.[86]

◈ **예** ◈　2,000만원의 손해배상을 청구하였다. 법원은 손해액을 3,000만원, 원고의 과실 5할이라고 인정하고 1,500만원을 인용하였다. 손해액(3,000만원)에서 과실비율(5할)에 의한 감액을 한 잔액만(1,500만원)을 인용한 결과(외측설), 원고의 청구금액인 2,000만원을 초과하여 지급을 명하지 아니하였고, 따라서 법원이 손해액을 일단 3,000만원으로 인정한 것은 손해배상의 범위에 있어서 처분권주의에 위반되었다고 할 수 없다.[87]

5. 일부인용판결

2-97　　권리구제의 범위에 관하여 종종 문제되는 것은 일부인용판결(일부의 이행을 명하고 잔부의 청구를 기각하는 것)이다.

---

84) 김용, 89면; 김/강, 367면; 김홍, 396면.
85) 이, 322면; 호, 378면.
86) 대법원 1976. 6. 22. 선고 75다819 판결.
87) 대법원 1994. 10. 11. 선고 94다17710 판결. 위 외측설과 안분설의 대립과 마찬가지의 문제가 **상계의 항변**에 있어서도 존재한다. 특정한 채권 가운데 일부가 소송상 소구되고 있는 일부청구에 있어서 상계의 항변이 이유 있는 경우에 외측설에 따라서 우선 당해 채권의 전액을 확정하고 그 금액으로부터 자동채권의 금액을 공제한 잔존액을 산정한 뒤에 원고가 청구하는 일부청구액이 잔존액의 범위 내인 경우에는 그대로 인정하고, 잔존액을 넘는 경우에는 그 잔존액의 한도에서 이를 인용하여야 할 것이다. **판례**도 이와 같이 풀이하는 것이 일부청구를 하는 당사자의 통상적인 의사라고 본다(대법원 1984. 3. 27. 선고 83다323, 83다카1037 판결).

금전이행청구 등에 있어서 채권액은 채권의 내용을 이루는 것이므로 청구의 양적 범위를 넘어서 이행을 명하는 것은 처분권주의의 위반에 해당하지만, 반대로 양적 범위 내에서 그 일부의 이행을 명하고 잔부의 청구를 기각하는 것은 처분권주의에 저촉되는 것은 아니다.

◈ **예** ◈ 금액적인 일부인용판결 이외에도 가령 부동산을 분할협의에 의하여 단독으로 상속하였다는 이유로 그 부동산 **전부**가 자기 소유임의 확인을 구하는 청구에는 그와 같은 사실이 인정되지 아니하는 경우에 자신의 상속받은 **지분**에 대한 소유권의 확인을 구하는 취지가 포함되어 있다고 볼 수 있으므로 특단의 사정이 없는 한, 법원은 그 청구의 전부를 기각할 것이 아니라 그 소유로 인정되는 지분에 관하여 일부승소판결을 할 수 있는 것과 같이 청구 전부가 이유가 있는 것은 아니지만, 그 **일부**라도 인용하는 판결을 하는 것이 원고의 통상의 의사에 합치하고, 피고에게도 예상 밖의 재판이 되는 것은 아니므로 일부인용판결을 할 수 있다.

다만, 어떠한 경우가 일부인용이고, 어떠한 경우가 당사자가 구하는 것과 다른 것을 인용하는 것이 되는가 하는 판단은 구체적인 사안에서 반드시 용이한 것은 아니다(또한 일시금배상 방식에 따른 청구에 대하여 정기금배상 방식에 따른 판결의 경우도 처분권주의와 관련된다. 정기금판결에 대하여는 ☞11 – 29).**88)**

(가) 단순이행청구에 대한 상환이행판결 가령 원고가 무조건의 물건의 인도를 구하는 소를 제기한 경우에 법원이 피고가 제출한 유치권의 항변(또는 동시이행의 항변)을 인용하는 때에는 그 물건에 관하여 발생한 채권의 변제와 상환하여 (원고의 반대급부의 이행을 조건으로 하는) 물건의 인도를 명하는 상환이행판결을 선고하는 것이 처분권주의에 위반되는가. **생각건대** 당사자의 신청범위 내에 있어서 법원이 질적인 의미의 일부인용의 판결을 하는 것은 당사자의 의사에 반하지 않고 적법하다고 본다(**통설·판례**).**89)**

2-98

2-99

---

88) 채권자취소소송에서 원고가 사해행위인 계약 전부의 취소와 부동산 자체의 **반환을 구하는** 청구취지 속에는 일부취소를 하여야 할 경우 그 일부취소와 **가액배상을 구하는** 취지도 **포함**되어 있다고 보아, 청구취지의 변경이 없더라도 바로 가액반환을 명할 수 있다(대법원 2001. 6. 12. 선고 99다20612 판결).

89) 피고의 유치권 항변이 인용되는 경우에는 그 물건에 관하여 생긴 채권의 변제와 상환으로 그 물건의 인도를 명하여야 한다(대법원 1969. 11. 25. 선고 69다1592 판결). 피고의 대금 미완납 항변을 인용하면서 원고에게 불리한 상환판결을 하는 것은 잘못이 없고, 오히려 법원이 원고 청구를 전부 기각하는 것은 위법이다(대법원 1979. 10. 10. 선고 79다1508 판결). 다만, 동시이행의 항변이 이유 있는 경우라도 **원고의 청구가 반대급부의무가 없다는** 취지임이 분명한 경우에는 청구기각판결을 하여야 한다(대법원 1980. 2. 26. 선고 80다56 판결).

(나) 현재의 이행의 소에 대한 장래의 이행판결   현재의 이행의 소에 대하여 심리한 결과 원고에게 청구권은 있지만, 이행기의 미도래, 이행조건의 미성취일 때에 어떠한 판결을 내려야 하는가. 가령 원고가 현재의 이행의 소를 제기한바, 피고로부터 변제기의 유예가 있다는 취지의 주장이 있고, 법원으로서는 소구채권의 이행기는 변론종결시로부터 3개월 뒤라는 판단이 드는 경우에 이행기가 도래하면 지급하라는 장래의 이행을 명하는 판결을 선고하여도 무방하다고 생각한다. 여기서 장래의 이행을 명하는 판결이 ① 신청사항인 현재의 이행청구에 대하여 이질적인 사항을 판단하는 위법한 것이 되는가. 장래의 이행의 소는 특별히 미리 청구할 필요라는 소의 이익이 요구되는 점에서 분쟁해결방식의 특수한 형태를 나타내는 것으로 현재의 이행의 소와 다른 목적을 가지므로 이 제도를 특히 이용하겠다는 원고의 의사가 표명되지 않는 한, 장래의 이행판결을 할 것은 아니라고 한다. 아니면 ② 동일 신청사항의 범위 내에 있는 일부인용판결로서 적법한 것으로 처리할 수 있는가의 문제인데, 후자로 볼 것이다.90)

◆ 예 ◆   피담보채무 전액을 변제하였다고 주장하면서 근저당권설정등기에 대한 말소등기절차의 이행을 청구하였으나, 잔존채무가 있는 것으로 밝혀진 경우에 피담보채무가 소멸되지 아니하였다는 이유로 원고의 청구를 전부 배척한 판결에 잘못이 없는가? 특별한 사정이 없는 한, 그 청구 중에는 확정된 잔존채무의 변제를 조건으로 그 등기의 말소를 구한다는 취지까지 포함되어 있는 것으로 해석하여야 하고, 이는 장래의 이행을 청구하는 소로서 그 근저당권설정등기의 말소를 미리 청구할 필요가 있다고 보아야 한다. 따라서 피담보채무가 전액 변제되지 않았다는 이유만으로 원고의 청구를 기각할 것이 아니라, 근저당권설정등기의 피담보채무 중 잔존채무액을 심리·확정한 다음, 그 변제를 조건으로(선이행) 근저당권설정등기의 말소를 명하였어야 한다(선이행판결).91)

바로 청구를 기각할 것이 아니라, 장래의 이행을 청구하는 소로(251조) 「미리 청구할 필요」가 있고, 원고의 의사에 어긋나는 것이 아니라면,92) 장래의 이행을

---

90) 그리고 청구취지에 대하여 법원이 원고에게 석명을 하는 것도 불가능한 것은 아니다. 석명을 하면 원고는 청구의 취지를 바꿀 수도 있다. 그렇지만 법관은 판결 전에 자신의 심증을 펼쳐 보이는 것을 좋아한다고 할 수는 없다. 한편, 처분권주의의 적용을 엄격하게 생각한다면 법원이 이러한 석명을 하는 것이 허용될 수 있는가가 문제된다.

91) 대법원 2023. 11. 16. 선고 2023다266390 판결.

92) 다만, **피담보채무가 발생하지 아니한 것을 전제로 한** 근저당권설정등기의 말소등기절차이행 청구 중에는, 피담보채무의 변제를 조건으로 장래의 이행을 청구하는 취지가 포함된 것으로는 볼 수 없다(대법원 1991. 4. 23. 선고 91다6009 판결).

명하는 판결을 선고하여도 무방하다고 할 것이다(**통설·판례**).93) 현재의 이행의
소에 대하여, 장래의 이행을 청구하는 소는 미리 청구할 필요가 있는 경우에 한
하여 소의 이익이 인정된다는 것(☞4-107)을 너무 강조하여 양자가 그 신청사항
을 달리하는 이질적인 것으로 볼 것은 아니고, 장래의 이행을 명하는 판결은 이
행명령의 집행력의 기준을 변론종결 뒤의 시점으로 하는 점에서 현재의 이행의
소에 대한 일부인용판결로 동일시하여 생각할 수 있기 때문이다.94)

(다) 채무부존재확인청구에서의 일부패소판결　소극적 확인소송인 금전채 　2-100
무의 부존재확인소송은 금원의 이행을 구하는 이행소송의 반대형태의 소송으로,
같은 확인소송이지만 소유권확인청구와 같은 통상의 적극적 확인소송과는 그 소
송상 취급을 달리하는 점이 있다. 가령 **통상의 확인소송**은 일부인용판결의 여지
가 없고, 원고 주장대로의 구체적 내용이 인정되지 않으면 청구기각판결을 하여
야 한다는 취급이 그 특질로 이해되고 있다. 통상의 확인소송의 경우에는 소송중
의 「청구의 취지」로 특정된 사항(보통은 구체적인 내용을 가지고 있는 권리 또는 법률
관계)에 대하여 일도양단적인 결론을 구하는 것이 원고의 일반적 의사일 것이다.
반면 **소극적 확인소송**인 금전채무의 부존재확인소송의 경우에는 일부인용이 인
정될 여지가 있다고 할 것이다.

여기서 일부인용판결이 인정될 수 있는지 여부는 원고의 의사의 해석에 관
계하는 문제이고, 원고의 입장에서 일반적으로 가질 것이라고 생각되는 의사(즉
합리적으로 판단하여 추측할 수 있는 의사)를 추량하여 판단하는 것이 된다. 이 판단
은 구체적·개별적인 검토가 필요하다.

금전채무의 부존재확인소송의 경우에는 그 실질이 금원의 이행청구소송의

---

93) 대법원 1995. 7. 28. 선고 95다19829 판결 등. 이에 대하여 현재이행의 소는 당연히 장래이행의
　소를 포함하는 것은 아니므로 청구를 기각하여야 한다는 반대입장도 있다(송/박, 377~378면).
94) **판례** 가운데에도 소유권이전등기로 담보되는 채무가 아직 남아 있어 피담보채무의 소멸을 이
　유로 한 소유권이전등기 말소청구는 이유가 없으나, 채무자가 피담보채무를 변제공탁하는 과정
　에서 계산상의 착오로 채무 전액을 소멸시키지 못하였다고 보인다면, 채무자의 위 청구 중에는
　확정된 잔존채무의 변제를 조건으로 위 소유권이전등기의 말소를 청구하는 취지도 포함되어 있
　다고 보아 잔존채무의 선이행을 조건으로(선이행판결도 장래이행판결의 일종이다) 청구를 인용
　하여야 한다고 판시한 것이 있다(대법원 1992. 7. 14. 선고 92다16157 판결; 대법원 1996. 2.
　23. 선고 95다9310 판결; 대법원 1996. 11. 12. 선고 96다33938 판결 등). 가령 잔존채무액이
　1,000만원인 경우에 판결 주문은 다음과 같이 될 것이다.

> 1. 피고는 원고로부터 1,000만원을 지급받은 다음 원고에게 … 소유권이전등기의 말소등
>   기절차를 이행하라.
> 2. 원고의 나머지 청구를 기각한다.

반대형태인 점에서 원고가 확인을 구하는 금액의 부존재가 인정되지 않는 때에는 법원이 곧바로 청구를 전부 기각하여야 할 것은 아니라고 할 것이다. 다툼이 있는 채무관계의 현존액에 대하여 무엇인가의 확정력이 생기지 않는 청구기각판결을 하더라도 당사자 사이에 분쟁의 근본적 해결을 가져올 수 없을 뿐만 아니라 오히려 액수를 둘러싼 분쟁을 유발하는 것이 될 수밖에 없다. 원고의 의사로서는 그 소송에서 액수를 둘러싼 분쟁을 근본적으로 해결하는 것을 희망한다고 보이므로 특별한 사정(원고의 예상을 훨씬 초과하는 잔존채무가 인정되는 경우)이 없는 한, 가령 원고가 주장하는 금액 부분과 달라도 잔존채무의 금액을 확정하는 것이 오히려 원고의 의사에 합치하는 것이라고 할 수 있다.[95]

◆ **예** ◆ 5,000만원을 차용한 채무자 甲이 4,000만원은 변제하였는데, 채권자 乙은 변제를 다투며 아직 5,000만원의 대여금채권이 있다고 주장한다. 그래서 채무자 甲이 채권자 乙을 상대로 채무는 1,000만원을 초과하여서는 존재하지 아니함을 확인한다는 소를 제기한 경우에 법원이 채무가 1,500만원이라는 심증을 얻은 때에 어떠한 판결을 선고하여야 하는가. 위 예에

4,000만원의 부존재 → 다툼	3,500만원 부존재
1,000만원 자인	심증 → 1,500만원

서 법원은 잔액채무로서 1,500만원이 있다는 심증을 얻고 있는바, 원고로서는 자인하고 있는 현존채무액인 1,000만원을 넘고 있더라도 그 금액이 1,500만원이라면 이때 그 금액으로 채무액을 둘러싼 분쟁에 종지부를 찍고 싶을 것이다. 따라서 「1,500만원을 초과하여 존재하지 않는 것을 확인한다. 원고의 나머지 청구를 기각한다」라는 일부인용판결(원고의 신청을 4,000만원의 채무부존재확인이라고 해석한다면 3,500만원에 대하여 청구인용, 500만원에 대하여 청구기각판결)을 하는 것은 원고의 신청의 양적 범위에 속하므로 허용된다.

따라서 특별한 사정이 없는 한, 법원은 그 청구의 전부를 기각할 것이 아니라 존재하는 채무 부분에 대하여 일부패소판결을 하여야 할 것이다(**통설·판례**).[96] 즉

---

95) 부존재확인을 구하는 법률관계가 가분적이고 심리한 결과 분량적으로 그 일부만이 존재하는 경우, 존재하는 부분에 대하여만 일부 패소의 판결을 하여야 한다(대법원 2018. 6. 28. 선고 2018다10081 판결[미간행]).

96) 원고가 상한을 표시하지 않고 일정액을 초과하는 채무의 부존재의 확인을 청구하는 사건에 있어서 일정액을 초과하는 채무의 존재가 인정되는 경우에는, 특단의 사정이 없는 한, 법원은 그 청구의 전부를 기각할 것이 아니라 존재하는 채무부분에 대하여 일부패소의 판결을 하여야 한다(대법원 1994. 1. 25. 선고 93다9422 판결).

자인하고 있는 채무액을 초과하여 채무가 존재한다고 인정하여 원고의 청구의 일
부를 인용하고 나머지 청구를 기각하는 일부인용판결을 할 수 있다. 가령, 근저당
권자가 유치권 신고를 한 사람을 상대로 경매절차에서 유치권을 내세워 대항할 수
있는 범위를 초과하는 유치권의 부존재확인을 구한 경우에 심리 결과 유치권의 피담
보채권으로 주장하는 금액의 일부만이 유치권으로 대항할 수 있는 것으로 인정되는
경우에는 법원은 특별한 사정이 없는 한 **그 유치권 부분에 대하여 일부패소의
판결을 하여야** 하므로 유치권의 피담보채권의 범위를 심리·판단하지 않고, 원고의
청구를 **모두 배척한 것은 잘못**이다.97)

17-변호사시험

　한편, 위 예에서 가령 법원이 잔존채무로서 500만원밖에 존재하지 않는다는
심증을 얻었다 하여도「500만원을 초과하여 존재하지 않는 것을 확인한다」는 판
결은 원고가 소로 구하고 있는 부분 이상으로 유리한 내용이 되므로(양적으로 신청
의 범위를 넘고 있다) 처분권주의에 위반되어 허용되지 않는다. 그냥 원고가 제시한
소송물의 틀에 따라「1,000만원을 초과하여서는 존재하지 아니함을 확인한다」는
판결을 하여야 한다.

IV. 판결에 의하지 않은 소송의 종료

　소송의 종료에도 처분권주의가 적용된다. 당사자는 법원의 판결에 의하지
않고 일정한 행위에 의하여 소송을 종료시킬 수 있다(☞9-2). 즉 원고는 소의
취하(266조)로 소송을 종료시킬 수 있고, 상소인은 상소의 취하 또는 상소권의
포기로 상소법원의 판결을 받지 않고 소송을 종료시킬 수 있다(이 경우에는 불복
신청의 대상이 된 원판결이 확정된다). 또 원고가 청구를 포기하거나 피고가 청구를
인낙하면 청구의 포기 또는 인낙을 조서에 기재하는 것에 의하여 소송이 종료된
다(220조). 이는 당사자 일방이 단독으로 소송을 종료시킬 수 있는 경우인데, 그
밖에 양쪽 당사자가 주장을 서로 양보한 소송상의 화해를 조서에 기재하는 것에
의하여 소송을 종료시킬 수도 있다. 한편, 직권탐지주의에 따르는 가사소송이나
행정소송은 처분권주의가 제한을 받아서 소취하는 인정되나, 청구의 포기·인
낙, 소송상의 화해는 그 성질상 허용될 수 없다고 본다.

2-101

---

97) 대법원 2016. 3. 10. 선고 2013다99409 판결.

제 2 항 변론주의

변론주의는 민사소송의 중심인 사실의 확정에 대한 법원과 당사자의 역할분담에 있어서 당사자의 주도권을 인정하는 것이다. 민사소송법에 직접적인 명문의 규정이 없음에도 불구하고 변론주의는 당연하게 인정되고 있는 민사소송의 기본원리이다.

I. 의 의

2-102

1. 변론주의(Verhandlungsmaxime)는[98] 판결의 기초를 이루는 사실의 확정에 필요한 재판자료, 즉 사실 및 증거의 수집 및 제출을 당사자의 권능 및 책임으로 하는 원칙을 말한다. 민사소송의 기본원리이다. 변론주의는 사실의 확정에 필요한 자료의 탐색을 법원의 직책으로 하는 직권탐지주의(Untersuchungsmaxime)에 대립되는 개념이다.

2. 변론주의는 민사소송의 중심인 사실의 확정에 대한 법원과 당사자의 역할분담에 있어서 당사자의 주도권을 인정하는 것이므로 넓은 의미에서는 처분권주의를 포함한 의미에서 사용된다. 처분권주의와 합쳐서 당사자주의로도 사용된다.

3. 재판자료의 수집 및 제출에 대하여는 당사자에게 주도권을 인정하는 변론주의가 채택되고 있어도, 절차의 진행에 있어서는 법원에게 주도권을 인정하는 직권진행주의가 취하여지고 있다.

4. 현실의 소송에 있어서 변론주의가 수행하는 기능·역할은 **불의의 타격의 방지**와 같은 변론권 보장에 있다. 어느 당사자도 상대방이 변론한 사실에 대하여만 신경을 집중하여 공격방어를 다하면 충분하므로, 변론주의는 당사자에게 사실면에 있어서 공격방어의 목표를 명시하게 되어 공격방어의 기회를 실질적으로 보장하면서 **예상외 재판의 방지**라는 역할을 하는 것이다. 그리하여 ① 쟁점형성(사실심리의 범위)을 양 당사자의 의사에 의하여 한정할 수 있고, 그에 따라 판결에 의하여 해결하여야 하는 사실면을 당사자가 결정할 수 있는 역할을 하고,[99] 그

---

98) 변론주의라는 용어는 「Verhandlungsmaxime」라는 독일어의 번역이다. Verhandeln이라는 단어는 상대와 교섭한다는 의미를 가지는데, 이를 「변론」이라고 번역하는 것은 민사소송법의 특유한 번역법이다.

99) 변론주의가 채택된 근거를 사적 자치에서, 즉 실체사법상 당사자의 자유로운 처분에 맡긴 사항은 그에 관한 분쟁을 법원에 구하고자 하는 때에도 그 해결 내용은 가능한 한 당사자의 자기결정의사를 존중하는 것이 바람직하므로 재판의 전제가 되는 사실관계의 해명을 당사자의 역할로

결과 법원의 작업범위를 정하는 기능을 한다. 그 밖에 ② 양 당사자의 이기심에 기하여 사건의 진실규명에 보다 경제적·합목적적 수단으로서의 기능을 한다.100) 또한 ③ 중립적인 법원에 의한 공평한 재판에 대한 신뢰확보의 기능을 한다.101)

II. 변론주의의 내용

변론주의의 내용은 다음의 3가지로 분해할 수 있다.

2-103

첫째, **변론주의 제1명제**로 법원은 당사자에 의하여 주장되지 않은 사실을 판결의 기초로 할 수 없다(주장책임과 관련). 그런데 이 명제는 법원의 석명권에 의하여 보완·수정되고 있다.

둘째, **변론주의 제2명제**로 법원은 당사자 사이에 다툼이 없는 사실에 대하여는 당연히 판결의 기초로 하지 않으면 안 된다(자백의 구속력과 관련). 따라서 그 진부를 확인하기 위하여 증거조사를 하여 자백에 반하는 사실인정을 하는 것은 허용되지 않는다(☞8-29).

셋째, **변론주의 제3명제**로 당사자 사이에 다툼이 있는 사실을 확정하는 때에 법원이 조사할 수 있는 증거는 당사자가 신청한 것에 한한다(직권증거조사의 금지와 관련). 다만, 이러한 직권증거조사의 금지는 위 제1명제, 제2명제 정도로 절대적인 것은 아니다. 직권에 따른 보충적인 증거조사를 인정하고 있고(292조), 직권에 따른 증거조사를 부분적으로 인정하고 있어서(294조, 341조, 367조 등) 대폭적으로 제한되고 있다(☞8-50).

주장 단계			
	주장이	증거상 주장이 인정	판결의 기초로
• 제1명제 – 주장책임	존재하지 않는 경우	되더라도	하여서는 안 됨
• 제2명제 – 자백의 구속력(288조)	일치하는 경우	되지 않더라도 될 필요 없이	하여야 함
증명 단계			
• 제3명제 – 직권증거조사의 금지 (292조)	심증을 얻을 수 없거나 필요하다고 인정한 때 직권증거조사 가능		

한 것이라고 본다. **본질설**이라고 한다.

100) 당사자의 이기심을 이용한다면, 당사자에게 재판자료의 제출의 책임을 맡기더라도 필요한 자료는 수집되고, 반면 법원이 현실적 문제로서 재판자료의 수집에 대한 책임을 지는 것은 불가능하다는 입장에서 변론주의는 진실발견을 위한 합목적적 고려의 소산이라고 본다. **수단설**이라고 한다.

101) 변론주의가 채택된 근거를 위 불의의 타격의 방지 내지는 예상외 재판의 방지와 ①, ②, ③ 모두의 다원적 근거에 기한 역사적인 것이라는 입장도 있다. **다원설**이라고 한다.

이하에서는 변론주의 제1명제에 대하여만 자세히 살펴보고, 제2명제, 제3명제는 증거법 부분에서 살펴보기로 한다.

1. 사실의 주장책임

2-104

23-법원행정고시

법원은 당사자가 주장한 사실만을 판결의 기초로 할 수 있다.[102]

◆ 예 ◆   대여금반환청구소송에서 피고가 대여사실을 부인하고 있으며, 소멸시효의 항변을 하지 않은 상황에서 법원이 원고가 제출한 차용증에 대한 서증절차를 통하여 이미 그 대여금채권의 소멸시효기간이 경과하였음을 알게 되었다고 하자. 법원은 위 대여사실을 인정하면서도 소멸시효완성을 이유로 청구를 기각하는 판결을 할 수 없다. 변론에서 주장하지 않는 사실에 기하여 선고된 판결은 변론주의 위반이기 때문이다.

여기서 당사자는 자기에게 유리한 어느 사실을 판결의 기초로 하기 위해서는 사실의 주장이 있어야 한다는 **주장책임**(Behauptungslast)의 개념을 사용한다. 사실을 주장하지 않아 판결의 기초로 할 수 없어, 그 결과 불이익을 입게 되는데, 그것을 그 당사자가 해당 사실에 대하여 주장책임을 진다고 한다. 이러한 주장책임의 분배는 증명책임의 분배에 따른다. 그런데 변론주의는 소송자료의 수집에 대한 법원과 당사자 측의 역할분담문제이고, 그 사실이 양쪽 당사자의 어느 쪽에서 주장한 이상, 그것으로 충분하고, 주장책임을 지는 사람이 주장한 사실인가, 아니면 상대방이 주장한 사실인가에 상관없이 법원은 이를 판결의 기초로 할 수 있다. 이를 **주장공통의 원칙**이라고 한다.

2. 변론주의가 적용되는 사실

2-105

우선 변론주의가 적용되는 사실에 대하여 분석할 필요가 있는데, 모든 사실이 여기에 해당하는 것은 아니고, 법규의 구성요건에 해당하는 주요사실에만 한정된다는 입장이 일반적으로, 「**주요사실과 간접사실의 구별**」의 법리를 승인한다.

(1) 소송에 있어서 사실

2-106

(가) **주요사실**   민사소송은 사인 사이에 생기는 법률상의 분쟁을 국가기관

---

102) 그런데 그 주장을 직접적으로 명백히 한 경우뿐만 아니라 변론을 전체적으로 관찰하여 그 주장을 한 것으로 볼 수 있는 경우에도 주장이 있다고 보아야 하고, 또한 청구원인에 관한 주장이 불분명한 경우에 그 주장이 무엇인지에 관하여 석명을 구하면서 이에 대하여 가정적으로 항변한 경우에도 주장이 있다고 볼 수 있다(대법원 2017. 9. 12. 선고 2017다865 판결).

인 법원이 최종적·강제적으로 해결하는 제도라고 할 수 있다. 당사자는 자기의 권리를 주장하거나 또는 상대방의 권리를 다투는 형태로 사적 분쟁을 해결하려고 하는데, 여기서 분쟁의 대상이 되고 있는 권리를 당사자는 어떻게 주장하고 증명하는가. 또 법원은 당사자가 주장하는 권리가 존재하는지 여부를 어떻게 판단하는가. 토지소유권을 예로 들면 토지 자체는 보거나 만져볼 수는 있지만, 토지에 대한 소유권은 현지에 가보아도 보거나 만져볼 수 없다. 관념적 존재인 권리 자체를 오감의 작용에 의하여 직접적으로 인식하는 방법은 원칙적으로 없다 할 것이다. 이 권리를 인식하는 수단이 민법이나 상법 등의 실체사법이다. 실체법규는 「어느 법률요건이 있는 때에는 어느 법률효과가 발생한다」라는 형식으로 규정되어 있다(반드시 모든 조문이 이러한 형식으로 규정되어 있는 것은 아니지만, 그러한 경우는 해석에 의하여 보완된다). 법률효과는 「일정한 권리의 발생·변경·소멸」이므로 어느 실체법상의 권리를 가지고 있는 것을 주장하기를 원하는 당사자는 「권리의 발생」이라는 법률효과를 정하는 법규의 법률요건에 해당하는 사실을 주장하고 증명하게 된다. 또 상대방 당사자의 권리가 없는 것을 주장하기를 원하는 당사자는 「권리의 발생의 장애」나 「권리의 발생의 소멸」이라는 법률효과를 정하는 법규의 법률요건에 해당하는 사실을 주장하고 증명하게 된다. 이렇게 법률효과의 발생요건(즉 법률요건)에 해당하는 사실을 주요사실이라고 한다(직접사실, 요건사실이라고도 한다).

◈ **예** ◈　甲의 乙에 대한 1,000만원의 대여금반환청구권이 분쟁으로서 문제되고 있는 경우에 甲의 주장 가운데 주요사실은 무엇인가. 대여금반환청구권에 있어서 「권리의 발생」의 법률효과를 정하는 법률은 민법 598조이다. 동조는 "소비대차는 당사자 일방이 금전 기타 대체물의 소유권을 상대방에게 이전할 것을 약정하고 상대방은 그와 같은 종류, 품질 및 수량으로 반환할 것을 약정함으로써 그 효력이 생긴다"고 규정하고 있다. 「그 효력이 생긴다」라는 것은 소비대차계약의 효력이 생기며, 대여금반환청구권 등의 권리가 발생한다는 것이다. 그리하여 그 법률효과의 발생요건은 대주가 금전 기타 대체물의 소유권을 차주에게 이전할 것을 약정하고, 차주가 위 약정한 대체물과 동종, 동질, 동량의 물건을 반환할 것을 약정한 것이다. 소비대차는 낙성(諾成)계약이므로 위와 같은 합의가 있으면 소비대차는 성립한다. 결국 주요사실은 예를 들어 "甲은 2021년 2월 10일에 乙에 대하여 1,000만원을, 변제기를 같은 해 ○월 ○일로 정하여 대여하였다"는 사실이다.

◈ **소멸시효 기산일** ◈ 소멸시효 기산일은 채무의 소멸이라고 하는 법률효과 발생의 요건에 해당하는 소멸시효기간 계산의 시발점으로서 소멸시효항변의 법률요건을 구성하는 구체적인 사실에 해당하므로 이는 변론주의의 적용대상이라 할 것이다. 따라서 본래의 소멸시효 기산일과 당사자가 주장하는 기산일이 서로 다른 경우에는 변론주의의 원칙상 법원은 당사자가 주장하는 기산일을 기준으로 소멸시효를 계산하여야 하는데, 이는 당사자가 본래의 기산일보다 뒤의 날짜를 기산일로 하여 주장하는 경우는 물론이고, 특별한 사정이 없는 한 그 반대의 경우에 있어서도 마찬가지라고 보아야 할 것이다. 왜냐하면 당사자가 주장하는 기산일을 기준으로 심리판단하여야만 상대방으로서도 법원이 임의의 날을 기산일로 인정하는 것에 의하여 예측하지 못한 불이익을 받음이 없이 이에 맞추어 권리를 행사할 수 있는 때에 해당하는지의 여부 및 소멸시효의 중단사유가 있었는지의 여부 등에 관한 공격방어방법을 집중시킬 수 있을 것이기 때문이다. 예를 들어 피고는 물품대금채무에 대하여 거래종료시점인 1990.9.30.을 기산점으로 하여 소멸시효완성의 항변을 하고 있음이 명백한데도 법원은 그로부터 6개월 후인 1991.3.30.을 기산점으로 하여 소멸시효기간을 산정하였는바, 위 양 기간 사이에 동일성이 있다고는 볼 수 없으므로 이는 당사자가 주장하지 아니한 사실을 인정한 것이어서 변론주의에 위배된다.[103)]

2-107   **(나) 간접사실**   간접사실은 경험칙, 논리법칙의 도움을 빌려서 주요사실의 존재 또는 부존재를 추인하는 데에 역할을 하는 사실을 말한다(징빙(徵憑)이라고도 하며, 그 전형적인 예가 알리바이이다). 위에서 살핀 바와 같이 민사소송의 심리에서 당사자는 소송물의 존부를 둘러싸고 각각 자기에게 유리한 주요사실을 주장하게 된다. 그리고 법원은 증거조사절차를 통하여 당사자가 주장한 주요사실의 존부를 결정하여야 한다. 이때에 주요사실의 존부를 직접 증명할 수 있는 증거(이를 직접증거라고 한다)가 있고, 또한 그것이 충분하게 신용할 수 있다면 법원은 그 증거로부터 주요사실의 존부를 인정하면 된다. 그러나 어느 사건에서도 항상 직접증거가 있다고는 할 수 없다. 그 경우에 당사자는 주요사실의 존부를 추인시키는 사실, 즉 간접사실을 주장하고, 증명하는 것에 의하여 주요사실의 존부를 증명하여 나가게 된다. 법원도 간접사실을 가지고 주요사실의 존부를 인정하게 된다.

◈ **예** ◈ 위 예에서 주요사실은 "甲은 2021년 2월 10일에 乙에 대하여 1,000만원을, 변제기를 같은 해 ○월 ○일로 정하여 대여하였다"는 사실이다. 이 주요사실의 직접증거로서 생각할 수 있는 것은 차용증, 乙이 甲에게 교부한 대여금의 영수증, 본건 소비대차계약이 체결된 것을 목격한 증인의 증언 등이다. 그리고 이 주요사실의 존재를 추

---

103) 대법원 1995. 8. 25. 선고 94다35886 판결.

인시키는 간접사실로서 생각할 수 있는 것은 가령, ① 甲이 그 때에 1,000만원을 자기
의 예금구좌에서 인출한 것(계약체결시에 甲이 대여자금으로 될 수 있는 현금을 마련한 것을
의미), ② 乙이 그 때에 자기의 예금에 1,000만원을 입금한 것 또는 그 때까지 자금난
에 허덕이다가 그 때에 자기의 별개의 차용금 1,000만원을 지급한 것(계약체결시에 乙이
차용금에 상당하는 현금을 취득한 것을 의미), ③ 소송에 앞서서 甲이 乙에 대하여 1,000
만원의 지급을 수차례 최고하였음에도 乙이 "잠시 기다려 달라"고 말한 것(본건 대여금
과 동액의 금원에 대한 지급의 최고가 행하여지고, 이에 대하여 乙이 변제기의 유예를 구한 것,
즉 乙이 본건 대여금과 동액의 무엇인가의 채무를 부담하고 있다는 것을 의미) 등 여러 가지
이다. 반대로 주요사실의 추인을 방해하는(내지는 대여의 부존재를 추인시키는) 간접사실
로서는 가령 乙은 계약체결시에 장기해외여행 중이었고 국내에 있지 않았다는 것 등을
생각할 수 있다.

◈ **취득시효 기산일** ◈ 판례는 앞의 소멸시효의 기산일과 달리, 부동산의 시효취득에
있어서 점유기간의 산정기준이 되는 점유개시의 시기는 취득시효의 요건사실인 점유기간
을 판단하는 데 간접적이고 수단적인 구실을 하는 간접사실에 불과하다고 본다.[104]

(다) 보조사실   보조사실은 증거능력이나 증거력에 관한 판단의 자료로,   2-108
증거의 신용성에 영향을 미치는 사실이다. 예를 들어 증인이 당사자의 한쪽과 특
별한 이해관계(약혼자 등)를 가진다든가, 종전에 위증죄로 유죄판결을 받은 적이
있다든가와 같은 사실이다.

(2) 주요사실에만 한정
　　그렇다면 변론주의의 적용은 왜 주요사실에만 한정되는가. 간접사실(또는 보   2-109
조사실)은 당사자의 주장이 없더라도 법원이 판결의 기초로 할 수 있는 이유는 무
엇인가. 이는 다음 예와 같이 간접사실과 증거의 등질(等質)성, 사실인정에 있어
법원의 자유심증주의로부터 이를 설명할 수 있다.

◈ **예** ◈ 위 예에서 자금난에 허덕이다가 갑자기 자금사정이 좋아졌다는 간접사실은
대여라는 주요사실의 증거인 차용증과 그 역할이 마찬가지이다. 대여의 주요사실을 추
인시키는 간접사실의 존재가 인정된다는 판단이 들고, 한편 특별히 대여의 주요사실의
추인을 방해할 간접사실은 없다고 한다면, 법원으로서는 주요사실인 대여의 사실을 인
정하게 된다. 즉 소송에 있어서 권리의무존부의 판단을 위한 사실인정의 종국적인 대
상이 되는 것은 주요사실인데, 이 주요사실의 존부의 판단에 대한 관계에서 간접사실

---

104) 따라서 이에 대한 자백은 법원이나 당사자를 구속하지 않는다(대법원 1994. 11. 4. 선고 94다
　　37868 판결).

은 증거와 마찬가지의 위치를 차지한다. 그렇다면 증거의 평가에 있어서 작용하는 자유심증주의(202조)가 간접사실의 존부의 판단에 있어서도 마찬가지로 타당하고, 법원은 간접사실을 당사자의 주장을 기다리지 않고 자유로이 인정하여도 무방하다고 할 수 있다. 만약, 거꾸로 간접사실에 대하여 변론주의의 적용이 있다고 한다면, 즉 법원이 간접사실을 인정함에 있어서 당사자의 주장이 필요하다고 한다면, 법원은 당사자의 주장이 없는 경우에 증언이나 그 밖의 증거로부터 판명되어 있는 간접사실을 판결의 기초로 할 수 없어서 자연스럽지 못한 사실인정이 된다. 이는 자유심증주의를 채택한 취지에 반하게 된다.

◈ **준주요사실** ◈   교통사고에 의한 손해배상소송에서 피고의 「과실」이 문제가 되는 경우에 과실 그 자체가 주요사실인가, 아니면 과실의 구체적 사실이나 내용을 이루는 음주운전, 속도위반 등이 주요사실인가가 반드시 분명하지 않게 된다. 종래의 입장은 「과실」과 같은 일반조항 내지는 추상적인 개념을 법규의 구성요건으로서 그 자체가 주요사실이라고 보았다. 그런데 「과실」을 주요사실로 보면, 그 구체적 사실이나 내용인 음주운전이나 속도위반은 간접사실이 되어 당사자의 주장이 필요하지 않고, 법원이 이를 자유롭게 인정할 수 있게 된다는 의문이 들게 된다. 「과실」 그 자체가 주요사실이므로 당사자가 가령 음주운전 여부를 다투고 있는 때에 법원은 속도위반을 인정하면서 이에 기한 판결을 할 수 있는데, 이는 당사자 특히 패소한 피고에게는 불공평하다. 이러한 논의를 배경으로 주요사실과 간접사실을 구별하는 종래의 틀을 유지하면서도, 「과실」, 「정당사유」, 「신의성실」과 같은 일반조항 내지는 추상적인 개념의 요건사실 자체에 한정하여 이를 변론주의의 적용이 있는 주요사실로 볼 것이 아니라, 경우에 따라서는 위 예에서 음주운전, 속도위반 등의 구체적 사실을 **준주요사실**로 보아, 이 준주요사실에 대하여도 변론주의의 적용에 의하여 당사자의 주장이 필요하고, 주장이 없으면 판결의 기초로 할 수 없다는 견해가 **다수설**로 등장하였다.

3. 소송자료와 증거자료의 준별

2-110

10-사법시험

당사자의 변론으로부터 얻은 재판의 자료를 소송자료(사실자료)라고 하고, 증거조사로부터 얻은 재판의 자료를 증거자료라고 한다(다만, 넓은 의미에서 소송자료는 증거자료를 포함하는 의미로도 사용한다). 그런데 변론주의 제1명제의 파생원칙으로서 「소송자료와 증거자료의 준별」이 등장한다. 즉 증인의 증언 그 밖의 증거에 의하여 법원이 주요사실을 알았다 하더라도 당사자가 변론에서 그 사실을 주장한 바 없으면 그것을 기초로 재판을 할 수 없다. 이는 주요사실이 변론에서의 당사자의 주장에 의하여 소송자료가 되지 않는 한, 증거자료 중에서 법원이 그 사실의 심증을 얻었더라도 그 사실을 인정할 수 없다는 것을 표현하는 것으로, 증거

자료를 가지고 소송자료로 대체할 수 없다고도 표현된다(반면, 소송자료는 변론 전
체 취지로서 법원의 심증형성의 원인이 되므로(202조) 소송자료를 가지고 증거자료로 대체
할 수 있다).

◈ **예** ◈   피고가 대여금을 변제하였다는 항변을 제출하지 않은 경우에, 증인신문에서
증인이 변제하였다는 증언을 하고 법원이 이를 믿는다고 하더라도 법원은 변제한 사실
을 기초로 채권소멸을 인정하여 판결을 할 수 없다. 또한 피고가 대여금을 변제하였다
는 주장을 하였는데, 증거조사한 결과, 변제사실은 인정되지 않지만, 원고로부터 채무
의 면제를 받았다는 심증을 얻은 경우에 법원은 당사자가 주장하지 않은 채무면제의
사실을 인정하여 판결을 할 수 없다. 판례도 증거자료에 나타난 사실을 소송상 주장사
실과 같이 볼 수는 없으므로 당사자본인신문에 있어서 당사자의 진술은 증거자료에 불
과하여 이를 소송상 당사자의 주장과 같이 취급할 수 없다고 하였다.105)

◈ **준별의 완화** ◈   甲이 乙에 대하여 계약에 기한 이행을 구하는 소를 제기하면서 甲   24-변리사시험
과 乙 사이에 계약이 체결되었다고 주장하는 데 대하여, 법원은 甲과 乙의 대리인 丙
사이에 계약이 체결되었다고 인정하였다면, 법원의 인정은 적법한가? 대리인에 의한 의
사표시인가, 본인에 의한 의사표시인가는 법률효과의 발생에 필요한 사실이고, 주장·증
명의 과정을 달리하므로 **주요사실**이다. 甲이 진술하지 않은 대리행위를 법원이 인정하
는 것은 원칙적으로 변론주의에 어긋난다. 그러나 변론주의의 기능인 불의의 타격(예상
밖의 재판) 방지나 당사자의 공격방어의 기회보장에 비추어 사안에 따라서 당사자의 주
장이 없는 대리행위를 인정하여도 변론주의에 어긋나지 않는 경우가 있다는 것을 생각
하여야 한다. 위 예에서 계약이 대리인에 의하여 성립하였다는 사실은 주요사실이지만,
양쪽 당사자가 이를 문제 삼지 아니하여 계약이 대리인, 본인 누구에 의하여 성립하였
는지 여부가 중요한 쟁점이 되지 않는 경우에는 **증거자료만으로** 대리인에 의하여 계
약이 성립하였다고 인정하더라도 예상 밖의 재판이 되지 않는다. 결국 변론주의의 기
능인 불의의 타격의 유무에 비추어 변론주의의 적용범위를 조정하는 것이 바람직하다
할 것이다. 재판실무상으로도 **소송자료**와 **증거자료**의 **준별**은 **완화**되고 있음을 알 수
있다.106) 이에 대하여 상대방 당사자의 방어권 침해의 우려 등이 문제되므로 소송운영
기술상 석명권을 발동하여 주장을 촉구한 뒤 변론에서 그와 같은 주장이 나왔을 때 비
로소 판결의 기초로 삼는 것이 보다 순리라는 견해가 있다.107)

---

105) 따라서 「피고의 재단기는 원고 집에 있다. 잘못된 것을 해결해 주고 가지고 가라고 했다」는 원
　　고본인신문결과(증거자료)를 가지고 원고가 유치권항변(주장)을 한 것이라고 볼 수 없다(대법원
　　1981. 8. 11. 선고 81다262, 263 판결).
106) 대리행위에 관한 명백한 주장을 한 흔적은 없다 하더라도 증인신청을 하여 조부가 자신을 대리
　　하여 계약을 체결한 사실을 증명하고 있다면, 대리행위에 관한 **간접적인 진술**은 있었다고 볼 수
　　있다(대법원 1987. 9. 8. 선고 87다카982 판결).
107) 김용, 126면; 김/강, 377면; 송/박, 355면; 이, 329면; 호, 399면. **판례** 가운데에도 비록 원고가
　　명백한 주장을 한 바가 없다 하더라도 증인신청으로써 이에 대한 간접적인 주장이 있었다고 볼

4. 변론주의의 한계

2-111

18-변호사시험
18-변리사시험
18-법원행정고시

　　사실에 관한 재판자료의 제출은 당사자의 책임에 맡겨져 있지만, 법령의 해석적용은 법원의 직책이므로 따라서 변론주의의 적용이 없다. 가령 당사자가 민법에 따른 소멸시효기간을 주장한 경우에도 법원은 직권으로 상법에 따른 소멸시효기간을 적용할 수 있다. 어떤 시효기간이 적용되는지에 관한 당사자의 주장은 권리의 소멸이라는 법률효과를 발생시키는 요건을 구성하는 사실에 관한 주장이 아니라 단순히 **법률의 해석이나 적용에 관한 의견을 표명**한 것이다. 법원이 그 주장에 구속되지 않고 직권으로 판단할 수 있다.108) 다만, 법규의 사실에의 적용, 즉 법적 관점은 사실 그 자체의 주장과 불가분의 관계에 있으므로 당사자가 어느 법적 관점을 전제로 그에 적합한 사실주장을 하고 있는 때에 법원이 동일한 사실에 기하여 별도의 법적 관점을 채택하는 것은 변론주의 위반의 문제를 생기게 하는 것은 아니지만, 그것에 의해 해당 당사자 및 상대방의 공격방어방법에 영향을 미치므로 법원은 법적 관점의 내용을 당사자에게 지적하여야 할 것이다(☞2-122 지적의무).

　　◈ **배상의무자가 피해자의 과실에 관하여 주장하지 않았으나 소송자료에 따라 피해자의 과실이 인정되는 경우, 법원이 이를 직권으로 심리·판단하여야 하는지 여부** ◈　예를 들어 甲의 乙에 대한 손해배상청구소송에서 피고 乙이 원고 甲의 과실도, 과실상계도 주장하지 않았음에도 법원이 직권에 의하여 과실상계를 할 수 있는가(민법 396조, 763조 참조). 할 수 있다면 변론주의 제1명제(주장책임의 원칙)에 어긋나지 않는가가 문제된다. 이론적으로는 ① 채권자의 과실을 주장하고, 과실상계를 항변으로 제출할 것이 필요하다, 과실상계의 주장을 소멸시효, 동시이행항변 등과 마찬가지로 취급하여 변론주의의 적용범위로 보는 입장, ② 채권자의 과실의 주장도 과실상계의 주장도 필요하지 않다. 그렇지 않으면 공평 내지 신의칙의 입장에서 인정되는 과실상계의 취지가 몰각된다는 입장, ③ 채권자의 과실의 주장은 필요하지만, 과실상계의 주장은 필요하지 않다. 과실상계의 주장은 소멸시효, 동시이행항변 등과 달리, 법원이 직권으로 참작할 사항이라는 입장이 있을 수 있다. **판례**는 불법행위로 인한 손해의 발생 또는 확대에 관하여 피해자에게도 과실이 있는 때에는 법원은 가해자의 손해배상의 범위를 정할 때

여지가 없지 아니할 뿐 아니라, **그렇지 않다 하더라도 법원으로서는 적어도 원고가 이를 주장하는 취지인지 석명을 구하여 당사자의 진의를 밝힘으로써 소송관계를 명확히 하였어야 옳을 것**이라는 것이 있다(대법원 1993. 3. 9. 선고 92다54517 판결).

108) 대법원 2013. 2. 15. 선고 2012다68217 판결, 대법원 2017. 3. 22. 선고 2016다258124 판결 등.

당연히 이를 참작하여야 하고, 배상의무자가 피해자의 과실에 관하여 주장을 하지 아니한 경우에도 소송자료에 따라 과실이 인정되는 경우에는 이를 법원이 직권으로 심리·판단하여야 한다고 보았다.[109] **생각건대** 손해배상청구권의 발생을 가져오는 사실인 가해자의 과실에 대하여는 변론주의가 적용됨에 대하여 청구권의 축소를 가져오는 요소인 피해자의 과실에 대하여 변론주의의 지배를 배제하는 것은 소송에서 당사자의 평등·공평을 해치는 것이므로 채무자가 과실상계의 주장을 하는 것은 필요하지 않지만, 적어도 채권자의 과실을 기초 짓는 구체적 사실에 대한 주장은 할 필요가 있다고 본다.

III. 석명권－변론주의의 보완·수정

1. 의 의

석명권(Aufklärungsrecht)이라 함은 사건의 내용을 이루는 소송관계를 분명하게 하기 위하여 당사자에게 **사실상 또는 법률상 사항**에 대하여 질문할 수 있거나 증명을 하도록 촉구하고, 나아가 당사자가 간과하였음이 분명하다고 인정되는 **법률상 사항**에 관하여 당사자에게 의견을 진술할 기회를 주어야 하는 법원의 소송지휘권에 의한 권능을 말하며(136조 1항, 2항, 4항), 질문권(Fragerecht)이라고도 한다.

2-112

석명권은 당사자가 석명을 하는 권능이 아니라, 당사자에게 석명을 구하는 법원의 권능을 말하는 것으로 용어 사용법에 주의하여야 한다. 그리고 석명권은 법원의 권능인 동시에 일정한 범위에 있어서는 법원의 석명의무이다. 당사자가 부주의 또는 오해로 인하여 명백히 간과한 법률상의 사항이 있거나 당사자의 주장이 법률상의 관점에서 보아 모순이나 불명료한 점이 있는 경우 법원은 적극적으로 석명권을 행사하여 당사자에게 의견진술의 기회를 주어야 하고, 만일 이를 게을리한 경우에는 석명 또는 지적의무를 다하지 아니한 것으로서 위법하다.

변론주의 하에서 극단적으로 법원이 자발적으로 소송관계에 개입할 것은 아니라고 이해한다면, 법원은 당사자의 변론을 통한 주장이나 증거의 제출에 입각하여 판결하면 되고, 당사자의 부주의로 인하여 이를 주장·제출하지 않아서 패소하더라도 그것은 그 당사자의 자기책임이라 할 것이다. 그런데 주장이나 증거의 제출을 전적으로 당사자에게 맡긴 점에서 불합리한 경우가 생기고, 이는 승소하여야 할 사람이 승소하지 못하게 되어 국민의 정의감정에서 이탈하게 된다. 본래

---

109) 대법원 2016. 4. 12. 선고 2013다31137 판결 등. 학설은 대체로 직권조사사항 부분에서 그 적용범위로 위 재판례를 소개하고 있다(가령 이, 338면 등).

양쪽 당사자가 실질적으로 소송수행능력이 평등(무기평등)하고, 쟁점에 대하여 법원과 당사자 사이에 공통된 이해를 바탕으로 원활하면서 공정하게 공격방어가 전개되는 경우에 변론주의가 발휘되는데, 실제로는 변론주의의 기능과 특징이 제대로 수행되지 못하는 경우도 많다. 이를 시정하면서 지나친 당사자주의의 폐해를 방지하기 위하여 당사자의 신청이나 주장 등의 불명료 내지는 모순, 또는 불충분한 것을 보완하고 수정하는 것이 법원의 석명권이라고 할 수 있다. 즉 석명권은 변론주의의 형식적 적용에서 나오는 불합리를 시정하는 Magna Charta라고 할 수 있다(엄밀하게는 석명권은 변론주의뿐만 아니라 처분권주의의 보완·수정원리라고도 할 수 있다).

2. 석명권의 행사

(1) 주 체

2-113　　석명권은 소송지휘권의 하나이므로 합의부에서는 재판장이, 단독판사의 경우에는 그 판사가 이를 행사한다(136조 1항). 합의부원은 재판장에게 알리고 행사할 수 있다(동조 2항). 다만, 후자의 예는 실무상 거의 없으며 합의부원이 필요하다고 생각하는 사항을 재판장에게 알려서 재판장이 석명권을 행사하는 방식이 보통이다. 수명법관 등이 변론준비절차를 진행하는 경우에는 그 판사가 이를 행사한다(286조).

한편, 당사자는 직접 상대방에게 석명을 구하는 것이 아니라, 재판장에게 상대방에 대하여 설명을 요구하여 줄 것을 요청할 수 있다(136조 3항). 이를 **구문권**(求問權)이라고 한다. 그러나 재판장이 이 요구에 대하여 항상 응할 의무가 있는 것은 아니고 석명을 위하여 설명이 필요한 사항이라고 인정하는 경우에 한하여 상대방에게 설명을 요구하면 된다.

재판장 등의 조치에 대하여 불복이 있으면 당사자는 이의를 신청할 수 있고, 이의를 한 때에는 법원이 결정으로 재판한다(138조).

(2) 방 법

2-114　　변론에서 사실상 또는 법률상 사항에 대하여 질문하는 것, 증명을 하도록 촉구하는 것, 당사자가 간과하였음이 분명하다고 인정되는 법률상 사항에 관하여 당사자에게 의견을 진술할 기회를 주는 것이다.

그리고 필요한 경우에는 재판장은 당사자에게 미리 변론기일 전에 이를 준비하도록 명할 수 있다(137조의 **석명준비명령**). 변론준비절차에서도 재판장등이 변론준비기일 전에 이러한 명령을 할 수 있다(286조). 이 석명준비명령은 소송의 촉진 및 집중심리를 위하여 변론(준비)기일 밖에서 서면으로 석명준비명령서를 작성하여 송달하는 방식으로 행하는 것이 바람직하지만, 예외적으로 변론(준비)기일에 말로 행하여지기도 한다.

(3) 석명불응시의 조치

법원의 석명에 대하여 당사자가 반드시 응하여야 할 의무는 없다. 다만, 법원은 그 당사자의 불이익 때문에 석명하는 것이므로, 이에 응하지 않으면 주장·증명책임의 원리에 따라서 주장·증명이 없는 것으로 취급되어 불리한 재판을 받을 염려가 있다. 주로 재판장의 석명준비명령(137조)에 응하지 아니한 경우가 많을 것이다. 가령 공격방어방법의 취지가 분명하지 아니하여 석명을 하였는데도 당사자가 필요한 설명을 하지 아니하거나 설명할 기일에 출석하지 아니한 때에는 그 공격방어방법이 각하되는 불이익을 받을 수 있다(149조 2항).

2-115

3. 석명권의 범위

(1) 일반적 해석론

석명권의 범위에 대한 해석론으로서는 두 가지 문제가 있다. **하나**는 법원이 석명하여야 할 의무는 어느 경우에 생기는가이다. 게다가 석명하지 않은 경우에 상고이유가 되어 원판결이 파기되는 범위는 어디까지인가 하는 문제이다. **다른 하나**는 석명권의 불행사의 문제가 아닌, 오히려 석명권의 행사가 위법하게 되는 경우이다. 즉 석명이 지나친 것이 아닌가 하는 문제이다. 그러나 이 문제를 해결하는 것, 즉 석명권의 행사를 위한 명확한 기준을 정립하는 것은 거의 불가능에 가깝다. 법원이 석명권의 행사를 필요로 하는 상황은 당사자·대리인의 역량, 사건의 종류, 소송의 진행상황 등에 따라 천차만별이어서 용이하게 일률적으로 정할 수 없기 때문이다. 법원이 석명권을 행사하는 데 있어서 일응의 준칙이 될 기준·제한에 대하여 일반적으로 소극적 석명·적극적 석명으로 구별하여 설명한다.

2-116

(2) 소극적 석명

소극적 석명은 당사자가 사안에 있어서 필요한 신청이나 주장 등을 하고 있

2-117

지만, 그것에 불명료, 불완전, 전후 모순 등이 나타나는 경우에 이를 정확하게 하고자 하는 석명인데, 이러한 소극적 석명이 허용되는 것은 당연하다.

(3) 적극적 석명

2-118 적극적 석명은 당사자가 사안의 내용상 필요한 신청이나 주장 등을 하지 않는 경우에 법원이 이를 시사하는 석명을 말한다. 당사자가 종전의 신청이나 주장 등을 그대로 유지하는 때에는 패소로 이어질 수 있는 경우도 있을 수 있는데, 법원이 자발적으로 적극적 석명을 하는 점에서 그 승패가 역전될 수 있다. 이 경우에 상대방 당사자의 입장에서는 지나친 석명이라고 비치어 불공평한 재판이라는 인상을 불식시키기 어렵다. 따라서 법원이 적극적 석명을 하는 데에는 극히 신중하여야 할 필요가 있다. 당사자가 주장하지도 아니한 법률효과에 관한 요건사실이나 독립된 공격방어방법을 시사하여 그 제출을 권유함과 같은 행위를 하는 것은 변론주의의 원칙에 위배되는 것으로 석명권 행사의 한계를 일탈하는 것이 된다.

4. 석명의 대상

대 상	석명의 내용
신청	직권조사사항 → 부적절한 신청 → 적절한 신청의 촉구110)
소송요건	직권조사사항 → 소송요건 흠에 의심이 있으면 지적111)
사실 주장	불충분한 사실 주장 → 보충의 촉구
증명	증거신청에 흠이 있는 경우, 당사자가 증거신청을 전혀 하지 않거나 또는 외형상 불충분하게 하는 경우 → 증거신청의 정정, 보충의 촉구 내지는 증거신청의 촉구
법률적 관점	당사자가 간과하였음이 분명하다고 보이거나 중시하고 있지 않은 법적 관점의 시사

---

110) 행정소송법상 항고소송으로 제기하여야 할 사건을 민사소송으로 잘못 제기한 경우에 수소법원이 그 항고소송에 대한 관할도 동시에 가지고 있다면, 항고소송으로 소변경을 하도록 석명권을 행사하여야 한다(대법원 2020. 1. 16. 선고 2019다264700 판결).

111) 종중이 당사자인 사건에서 종중의 대표자에게 적법한 대표권이 있는지는 소송요건에 관한 것으로서 법원의 직권조사사항이다. 법원으로서는 판단의 기초자료인 사실과 증거를 직권으로 탐지할 의무까지는 없더라도, 이미 제출된 자료에 따라 그 대표권의 적법성을 의심할 만한 사정이 엿보인다면 상대방이 이를 구체적으로 **지적**하여 다투지 않더라도 이에 관하여 심리·조사할 의무가 있다(대법원 2022. 4. 14. 선고 2021다276973 판결). 乙이 甲 회사를 상대로 감사 지위의 확인을 구하는 소를 제기하였는데, 심리 도중 乙의 임기가 만료되어 후임 감사가 선임된 사안에

(1) 청구취지의 석명

원고의 청구취지가 불분명, 불특정, 법률상 부정확한 경우에 법원은 소송의   2-119
목적을 달성할 수 있도록 적절하게 석명하여야 한다.112) 가령 구체적으로 재산적
손해와 위자료로 각각 얼마씩을 구하는 것인지에 관하여 그 내역을 밝히지 않은
손해배상청구에 있어서 석명을 통하여 청구내역을 구체적으로 밝히도록 하여야
하고,113) 또한 청구가 변경된 경우에 변경된 청구와 구청구의 관계가 불명확할
때에는 교환적인지 또는 추가적인지, 선택적 또는 예비적인지 여부에 관하여 석
명을 하여야 한다.

◈ **소의 변경에 대한 적극적 석명** ◈ 토지임대차 종료시 임대인의 건물철거와 그   07-사법시험
부지인도청구에 대하여 임차인이 건물매수청구권을 행사한 경우에 건물 철거·부지인도
청구에는 건물매수대금지급과 동시에 건물명도를 구하는 청구가 포함되어 있다고 할
수 없으므로 법원으로서는 임대인이 종전의 청구를 계속 유지할 것인지, 아니면 **대금
지급과 상환으로 지상물의 인도를 청구할 의사가 있는지**(예비적으로라도)를 **석명**하
고 임대인이 그 석명에 응하여 소를 변경한 때에는 지상물인도의 판결을 함으로써 분
쟁의 1회적 해결을 꾀하여야 한다고 봄이 상당하다. 왜냐하면 이처럼 제소 당시에는

서, 乙의 감사 지위 확인 청구가 과거의 법률관계에 대한 확인을 구하는 것이 되었으나, 과거의
법률관계라고 할지라도 현재의 권리 또는 법률상 지위에 영향을 미치고 이에 대한 위험이나 불
안을 제거하기 위하여 그 법률관계에 관한 확인판결을 받는 것이 유효·적절한 수단이라고 인정
될 때에는 확인을 구할 이익이 있으므로, 乙에게 현재의 권리 또는 법률상 지위에 대한 위험이나
불안을 제거하기 위해 과거의 법률관계에 대한 확인을 구할 이익이나 필요성이 있는지를 **석명**하
고 이에 관한 의견을 진술하게 하거나 청구취지를 변경할 수 있는 기회를 주어야 하는데도, 과거
의 법률관계에 대한 확인을 구하는 것이 되었다는 등의 이유만으로 확인의 이익이 없다고 보아
乙의 청구를 부적법 각하한 것은 확인의 이익 및 **석명의무의 범위**에 관한 법리오해의 잘못이
있다(대법원 2020. 8. 20. 선고 2018다249148 판결).
112) 대법원 1999. 12. 24. 선고 99다35393 판결(청구취지에서는 피고를 상대로 그 명의로 경료된
등기의 말소등기절차의 직접 이행을 구하고 있으나 청구원인 사실로 대위권 행사의 전제가 되
는 사실관계를 모두 주장하고 있는 경우, 위 주장의 취지를 직접 등기의 말소를 구하는 것으
로만 보아 청구를 기각한 것은 석명의무 위반). 물론 처분권주의의 적용을 엄격하게 생각한다
면 법원이 이러한 석명을 하는 것이 허용될 수 있는가가 문제된다. 청구취지에 관한 법원의
석명권은 소송수행에 대한 당사자의 자기책임을 완화하고 사실상 처분권주의에 영향을 미치
는 것이지만, 당사자의 처분자유에 대하여 변경을 가하는 것은 아니다. 즉 당사자가 부적절한
신청을 하고 있는 때에는 법원은 석명권의 행사로 적절한 신청을 하도록 촉구할 수가 있다.
다만, 법원은 신청의 변경을 강제할 수는 없다.
113) 대법원 2006. 9. 22. 선고 2006다32569 판결[미간행]. 대법원 2017. 11. 23. 선고 2017다251694
판결(수개의 손해배상채권이 발생시기를 달리하는 별개 채권인 이상 손해배상채권별로 청구금
액을 특정하여야 한다. 청구취지는 그 내용 및 범위가 명확히 알아볼 수 있도록 구체적으로 특
정되어야 하고, 그 특정 여부는 직권조사사항이므로 청구취지가 특정되지 않은 경우에는 법원은
피고의 이의 여부와 관계없이 직권으로 보정을 명하고, 이에 응하지 않을 때에는 소를 각하).

임대인의 청구가 이유 있는 것이었으나 제소 후에 임차인의 매수청구권행사라는 사정 변화가 생겨 임대인의 청구가 받아들여질 수 없게 된 경우에는 임대인으로서는 통상 지상물철거 등의 청구에서 전부 패소하는 것보다는 대금지급과 상환으로 지상물명도를 명하는 판결이라도 받겠다는 **의사를 가질 수도 있다고 봄이 합리적**이라 할 것이고, 또 임차인의 처지에서도 이러한 법원의 석명은 임차인의 항변에 기초한 것으로서 그에 의하여 논리상 **예기되는 범위 내**에 있는 것이므로 그러한 법원의 석명에 의하여 임차 인이 특별히 불리하게 되는 것도 아니고, 오히려 법원의 석명에 의하여 지상물인도와 상환으로 대금지급의 판결을 받게 되는 것이 매수청구권을 행사한 임차인의 **진의에도 부합**한다고 할 수 있기 때문이다. 또한 위와 같은 경우에 법원이 이러한 점을 석명하 지 아니한 채 토지임대인의 청구를 기각하고 만다면, 또다시 지상물인도 청구의 소를 제기하지 않으면 안 되게 되어 쌍방 당사자에게 다같이 불리한 결과를 안겨 줄 수밖에 없으므로 소송경제상으로도 매우 불합리하다고 하지 않을 수 없다.114)

(2) 주장사실의 석명

2-120   사실에 관한 당사자의 주장이 불분명, 모순, 불충분, 부적당한 경우에는 법원 은 이를 석명하여 사실면과 법률면에서 정리하여야 한다.115) 가령 쌍무계약의 해 제를 주장하는 때에 그 요건사실인 자신의 이행제공 여부와 상대방에 대한 이행 의 최고 여부에 관하여 아무런 언급이 없으면 법원이 이를 석명하여야 한다. 그 러나 가령 등기부취득시효의 주장이 분명한 경우에 법원이 그 주장에 점유취득시 효의 주장이 함께 포함되어 있는 것인지 여부를 석명할 의무까지는 없다.

(3) 증명의 촉구

2-121   다툼 있는 사실을 증명하기 위하여 제출한 **증거가 불완전·불명료**한 경우에 법원은 그 제출된 증거를 명확·명료하게 할 것을 촉구할 수 있다.116) 나아가 다

---

114) 대법원 1995. 7. 11. 선고 94다34265 전원합의체 판결. 한편, 소송경제와 분쟁의 1회적 해결을 위하여 임대인의 건물철거 및 토지인도청구에는 건물매매대금지급과 동시에 건물인도를 구하는 청구가 포함되어 있다고 긍정하여 임차인이 건물매수청구권을 행사한 경우에는 임대인에게는 매 매대금을 치르고 건물을 인도받는 권리밖에 남을 것이 없으며, 다른 권리행사에 대한 선택 가능 성이 없는 것에 비추어 원고에게 석명할 것도 없이 상환이행판결을 하는 것이 옳다는 입장(상환 이행판결설)도 있을 수 있다.

115) 중재신청으로 소멸시효가 중단되었다는 피고의 주장은 권리 위에 잠자는 것이 아님을 표명한 것으로서 이는 소멸시효의 중단사유로서 민법 168조 1호에서 정한 '청구'를 주장하는 것으로 볼 여지가 있으므로, 원심으로서는 설령 피고가 명시적으로 재판상 청구를 소멸시효 중단사유로 주 장하지 아니하였다고 하더라도 피고의 소멸시효 중단 주장에 그러한 주장이 포함된 것인지 여부 등 피고의 주장이 의미하는 바를 보다 분명히 밝히도록 촉구하는 방법으로 석명권을 행사하여 그에 따라 심리하였어야 한다(대법원 2023. 10. 12. 선고 2020다210860, 210877 판결).

116) 대법원 2021. 3. 11. 선고 2020다273045 판결; 대법원 2021. 6. 10. 선고 2021다211754 판결.

툼이 있는 사실에 대하여 **증명이 없는** 경우에 법원은 그 증명을 하도록 촉구할 수 있다. 그러나 증명의 촉구는 소송의 정도로 보아 당사자가 무지, 부주의 또는 오해로 인하여 증명하지 아니하는 것이 분명한 경우에 한하여 인정되는 것이고 다툼이 있는 사실에 관하여 증명이 없는 모든 경우에 법원이 심증을 얻을 때까지 증명을 하도록 촉구하여야 하는 것은 아니다. 가령 불법행위에 기한 손해배상청 구소송에서 손해발생사실이 인정되는 경우에 손해액에 대한 증명이 없는 때에는 그 손해액에 대한 증명을 촉구할 의무가 있다(나아가 경우에 따라서는 법원은 직권으 로라도 손해액을 심리·판단하여야 한다. 또한 202조의2에서 손해가 발생한 사실은 인정되 나 구체적인 손해의 액수를 증명하는 것이 사안의 성질상 매우 어려운 경우에 법원은 변론 전체의 취지와 증거조사의 결과에 의하여 인정되는 모든 사정을 종합하여 상당하다고 인정 되는 금액을 손해배상 액수로 정할 수 있도록 하고 있다).[117] 여기서 위 금액의 범위에 관한 증명책임은 원고에게 있으므로 법원의 증명의 촉구에 대하여 응하지 않을 뿐만 아니라 분명히 그 증명을 하지 않겠다는 의사를 표시한 경우에는 법원은 원 고의 청구를 배척할 수 있다.

◆ **유권대리에 관한 주장 가운데 무권대리에 속하는 표현대리의 주장이 포함되는가?** ◆
포함되어 있다고 볼 수 없으며, 따로이 표현대리에 관한 주장이 없는 한, 법원은 나아 가 표현대리의 성립 여부를 심리·판단할 필요가 없다. 즉 변론에서 당사자가 주장한 주요사실만이 심판의 대상이 되는 것으로서 여기에서 주요사실이라 함은 법률효과를 발생시키는 실체법상의 구성요건 해당사실을 말하는 것인바, 대리권에 기한 대리의 경 우나 표현대리의 경우나 모두 제3자가 행한 대리행위의 효과가 본인에게 귀속된다는 점에서는 차이가 없으나 유권대리에 있어서는 본인이 대리인에게 수여한 대리권의 효 력에 의하여 위와 같은 법률효과가 발생하는 반면 표현대리에 있어서는 대리권이 없음 에도 불구하고 법률이 특히 거래상대방 보호와 거래안전 유지를 위하여 본래 무효인 무권대리행위의 효과를 본인에게 미치게 한 것으로서 표현대리가 성립된다고 하여 무 권대리의 성질이 유권대리로 전환되는 것은 아니므로, **양자의 구성요건 해당사실 즉**

09-사법시험
13-변호사시험
15-사법시험

---

117) 불법행위로 인하여 손해가 발생한 사실이 인정되는 경우에는 손해액에 관한 당사자의 주장 과 증명이 미흡하더라도 적극적으로 석명권을 행사하여 입증을 촉구하여야 하고, 경우에 따 라서는 직권으로라도 손해액을 심리·판단하여야 한다(대법원 1987. 12. 22. 선고 85다카2453 판결). 점포에 대한 매매계약이 유효한 것으로 믿고 비용을 들여 영업광고지를 배포하였으나 계 약이 기망을 이유로 취소됨으로써 광고지 배포비용 상당의 손해를 입은 사실을 인정할 수 있는 경우, 특단의 사정이 없는 한 손해액을 심리·확정하여야 하는 것이므로 광고지 제작비에 관한 입증이 불충분하다 하더라도 그 이유만으로 그 부분 손해배상 청구를 배척할 것이 아니라 손 해액에 관하여 적극적으로 석명권을 행사하고 입증을 촉구하여 이를 밝혀야 한다(대법원 1997. 12. 26. 선고 97다42892, 42908 판결).

주요사실은 서로 다르다고 볼 수밖에 없으므로 유권대리에 관한 주장 가운데 무권
대리에 속하는 표현대리의 주장이 포함되어 있다고 볼 수 없으며, 따로이 표현대리
에 관한 주장이 없는 한 법원은 나아가 표현대리의 성립여부를 심리판단할 필요가 없
다.118) 그리고 법원은 표현대리의 성립 여부를 심리판단할 필요가 없음은 물론 **나아가
당사자에게 표현대리에 관한 요건사실의 주장이나 입증을 촉구할 의무가 없다.**119)

(4) 지적의무

2-122   **(가) 의 의**   법원은 당사자가 **간과하였음이 분명하다고 인정되는 법률상
사항**에 관하여 당사자에게 의견을 진술할 기회를 주어야 한다(136조 4항).120) 가
령, 채무를 대위변제한 경우에 갖게 되는 '구상권'과 '변제자대위권'(또는 상법 682
조의 보험자대위권)은 서로 법적 근거가 달라 중대한 법률적 사항에 해당하는데,
당사자의 주장이 어느 법률적 관점에서인가가 현저한 모순이나 불명료한 부분이
있는 경우 등이다.121) 위 규정의 제도적 취지는 당사자의 **심문청구권**을 법률상
사항에까지 확장하여 법률적 관점에 있어서 당사자의 절차적 기본권을 보장한 것
이고, 석명권이 **권한**임과 아울러 **의무**임을 분명히 입법화한 것이다.122) 용어사용
에 있어서 지적의무보다 시사의무 또는 표명의무가 더 적당하다는 입장도 있다.

　　종래 변론주의는 판결의 기초를 이루는 사실의 확정에 필요한 자료의 수집·
제출의 권한·책임의 문제로, 오로지 사실에만 관계하는 개념으로 이해되어 왔고,
「너는 사실을 말하라, 그러하면 너에게 법을 주겠노라」는 법언(法諺)과 같이 법의
적용에 대하여는 법원의 전권이고, 당사자는 일절 관여할 수 없다고 생각되었다.
그러나 소송에 있어서 사실이라는 것은 무목적·무통제로 변론에 제출되는 것은
아니고, 실체법상의 법률적 관점에 의하여 지지되고, 수집되어 변론에 제출되는

---

118) 대법원 1983. 12. 13. 선고 83다카1489 전원합의체 판결.
119) 대법원 2001. 3. 23. 선고 2001다1126 판결[미간행].
120) 나아가 민사소송규칙 28조 2항은 간과 여부와 상관 없이 법원은 변론에서 당사자에게 중요한
　　사실상 또는 법률상 쟁점에 관하여 의견을 진술할 기회를 주어야 한다고 규정하고 있다.
121) 양쪽은 법적 근거를 달리하는 것이자, 이로 인하여 요건사실에 대한 증명책임이 달라지고 법적
　　효과도 동일하지 않은 중대한 법률적 사항에 해당하는데, 법원으로서는 **적극적으로 석명권**을
　　행사하여 당사자에게 **의견을 진술의 기회**를 줌으로써 청구원인의 법적 근거에 관한 현저한 불
　　분명·모순을 바로잡은 후 이를 기초로 판단하여야 한다(대법원 2022. 4. 28. 선고 2019다
　　200843 판결).
122) 지적의무에 대하여 석명권 내지 석명의무와는 비록 그 행사방법이 시사라는 점에서 공통되지
　　만 그 뿌리를 달리하는 것이므로 종래의 석명의무에 새로운 내용을 추가하였다거나 그 의무를
　　법적 측면에서 확대하였다고 보는 것은 타당하지 않다는 입장이 있다(호, 416면).

것이다. 따라서 법률상 사항에 있어서도 예상외의 재판방지의 필요성을 인정하여
법원이 취할 법적 구성에는 어떠한 것이 있을 수 있는가를 당사자에게 전달하여
그에 맞게끔 당사자에게 충분한 주장·증명활동을 보장하는 것이 바람직하다는
점에서 지적의무의 중요성을 찾을 수 있다.123)

(나) 요 건   ① 당사자가 간과하였음이 분명한 ② 법률상 사항에 관하여   2-123
③ 재판에 대한 영향이 있어야 한다.124) ① **「당사자가 간과하였음이 분명한」**은
통상인의 주의력을 기준으로 당사자가 소송목적에 비추어 당연히 주장하여야 할
법률상 사항을 빠뜨리고 주장하지 않은 경우이다. ② **「법률상 사항」**이 그 대상
이 되는데, 「법률상 사항」은 사실관계에 대한 법규적용에 관한 사항인 법률적 관
점을 말한다.125) 마지막 ③ **「재판에 대한 영향이 있어야 한다」**는 것은 법 규정
에는 나타나 있지 않지만, 요건으로 긍정하여야 할 것이다.

◈ **예** ◈   X는 이 사건 손해배상청구가 계약책임을 묻는 것인지 아니면 불법행위책임
을 묻는 것인지 명시한 바 없다. 이 사건에서 피고 Y 주식회사의 손해배상책임이 인정
될 것인지 여부의 관건이 되는 핵심적인 법률요건은 원고 X가 전화요금을 연체하였는
지의 여부 및 피고 Y 주식회사가 해지에 앞서 이행최고절차를 거쳤는지의 여부이다.
그런데 위 요건들에 대한 증명책임은 손해배상청구의 법률적 근거를 계약책임으로 구

---

123) 간과한 재해보상금을 수령할 수 있는 유족의 요건에 관하여 석명을 구하고 입증을 촉구하여야
함에도 불구하고, 아니한 채 원고가 이미 제출한 증거만으로는 그러한 요건을 인정할 수 없다고
청구를 기각하였음은, 당사자가 전혀 예상하지 못하였던 법률적인 관점에 기한 예상외의 재판으
로 불의의 타격을 가하였을 뿐만 아니라 원고가 유족으로서 그 재해보상금을 수령할 수 있는 지
위에 있었는지 여부에 관하여 심리를 다하지 않아 위법하다(대법원 1998. 9. 8. 선고 98다19509
판결).
124) 동업계약에 해당한다고 주장하면서도 다른 한편으로는 동업계약과 같은 조합계약에서 허용되
지 않는 방식인 계약의 해제 또는 해지에 의한 계약 종료를 주장하며 그에 따른 원상회복이나
손해배상 등을 구하는 사안에서 석명권을 행사하는 등의 조치를 취하지 않은 채 당사자에게 만
연히 '이 사건 계약은 조합계약에 해당하고, 이 사건 계약에 기한 조합은 원고의 해산청구에 의
해 해산되었다'고 판단한 것은 **석명의무를 위반**하여 필요한 심리를 다하지 않은 채 당사자가 예
상하지 못한 법률적 관점에 기초한 뜻밖의 재판을 한 것이다(대법원 2024. 9. 27. 선고 2024다
224645, 224652 판결).
125) 136조 1항의 '법률상 사항'은 '소유자'라는 주장이나 '권리의 소멸'과 같이 당사자의 사실주장의
법률적 근거나 효과, 즉 개개의 법률요건에 관한 것이고, 동조 4항의 '법률상'의 사항은 원고의
소송상 청구와 피고의 항변 자체의 근거가 되는 법적 관점, 즉 그 사건에 적용한 법규범에 관한
것이라고 보는 것이 타당하다는 입장으로는 호, 417면. **외국적 요소가 있는 사건이라면 준거
법과 관련한 주장이 없더라도** 법원으로서는 적극적으로 석명권을 행사하여 당사자에게 의견을
진술할 수 있는 기회를 부여하거나 필요한 자료를 제출하게 하는 등 그 법률관계에 적용될 국제
협약 또는 국제사법에 따른 준거법에 관하여 심리, 조사할 의무가 있다(대법원 2022. 1. 13. 선
고 2021다269388 판결).

성하느냐 아니면 불법행위책임으로 구성하느냐에 따라 정반대로 달라지게 된다. 즉 계약책임으로 구성할 경우 위 요건들에 대한 증명책임(원고 X가 전화요금을 연체하였다는 것과 피고 Y 주식회사가 이행최고를 하였다는 것에 대한 증명책임)은 피고 Y 주식회사가 부담하게 되는 반면, 불법행위책임으로 구성할 경우 그 증명책임(원고 X가 전화요금을 연체하지 않았다는 것과 피고 Y 주식회사가 이행최고를 하지 아니하였다는 것에 대한 증명책임)은 일반원칙에 따라 원고 X가 부담하게 되는 것이다. 따라서 이 사건 손해배상청구의 법률적 성질을 어떻게 파악하느냐는 그에 따라 소송의 승패가 달라질 수도 있는 중대한 법률적 사항에 해당한다고 할 것이다. 원고 X가 부주의나 법률적인 지식의 부족으로 증명책임의 법률적 효과에 관하여 명백히 이해하지 못하고 있거나 그 주장이 법률상의 관점에서 보아 불명료 또는 불완전한 경우라고 하지 않을 수 없으므로 법원은 마땅히 위와 같은 점을 지적하고 원고 X에게 의견을 진술할 기회를 부여함으로써 원고 X로 하여금 그 주장을 법률적으로 명쾌하게 정리할 기회를 주었어야 한다. 그럼에도 불구하고 이러한 조치를 취하지 아니하고 원고 X의 이 사건 손해배상청구의 법률적 근거를 불법행위책임을 묻는 것으로 단정한 뒤(이 경우 증명책임은 원고가 부담하게 된다는 점에서 이는 원고에게 심히 불리한 것이다) 원고 X의 증명이 부족하다는 이유로 원고 X의 청구를 받아들이지 아니한 것은 석명권을 적절하게 행사하지 아니하고 당사자에게 법률사항에 관한 의견 진술의 기회를 주지 아니하여 잘못이라고 할 것이고, 이는 판결 결과에 영향을 미쳤음이 분명하다.126)

2-124   **(다) 위반의 효과**   당사자에게 법률상 사항에 관한 의견 진술의 기회를 주지 아니한 판결은 절차위배로 일반적 상고이유(423조)가 되는데, 따라서 지적의무 위반이 판결 결과에 영향을 미쳤어야 한다.127)

5. 석명처분

2-125   법원은 소송관계를 분명하게 하기 위하여 변론(또는 변론준비절차)에서 석명권을 행사할 수 있는 이외에 **변론의 준비 또는 보충으로서 사안의 해명**을 도모하기 위하여 본인의 출석이나 검증, 감정, 조사의 촉탁 등의 적당한 처분을 할 수 있다(140조). 즉, 소송대리인이 있더라도 직접 본인으로부터 사정을 청취하는

---

126) 대법원 2009. 11. 12. 선고 2009다42765 판결.
127) 가족관계증명서를 제출하면서도 피고는 그 상속분의 범위 내에서만 보험금을 청구할 수 있다는 주장을 명시적으로 하지 않은 채 망인의 사망이 일반상해사망에 해당하지 않는다는 주장만을 한 것은 부주의 또는 오해로 명백히 법률상의 사항을 간과한 것으로 볼 수 있으므로, 법원으로서는 적극적으로 석명권을 행사하여 당사자에게 의견 진술의 기회를 주고, 그에 따라 피고의 상속분에 관하여 나아가 심리해 보았어야 할 것임에도 이에 이르지 아니한 것은 법원의 석명의무에 관한 법리를 오해하여 필요한 심리를 다하지 아니함으로써 판결에 영향을 미친 잘못을 범한 것이다. 이 점을 지적하는 취지의 상고이유 주장은 이유 있다(대법원 2017. 12. 22. 선고 2015다236820, 236837 판결).

것이 적당한 경우에 본인 또는 법정대리인의 출석을 명하고(동조 1항 1호), 계약의 취지·내용을 이해하기 위하여 당사자가 인용하는 계약서의 원본을 제출하거나 유치를 명하고(동조 동항 2호, 3호), 토지의 경계에 대한 다툼이나 교통사고에 관한 사건에 있어서 당사자의 설명을 이해하기 위하여 현장검증을 하고, 전문의 학식·경험이 없으면 이해가 곤란한 경우에 전문가에게 감정을 명하고(동조 동항 4호), 소송관계를 분명하게 하기 위하여 필요한 조사를 공공기관 등에 촉탁할 수 있다(동조 동항 5호). 이러한 석명처분은 어디까지나 사건의 내용을 이해하고, 이를 파악하기 위한 것이므로, 다툼이 있는 사실을 인정하기 위한 증거자료를 수집하는 **증거조사와는 목적을 달리한다.** 다만, 절차 그 자체에 대하여는 증거조사와 차이를 둘 특별한 이유가 없으므로 증거조사에 관한 규정을 준용하도록 하고 있다(동조 2항).

제 3 항　직권진행주의

소송자료의 수집 및 제출에 대하여는 당사자에게 주도권을 인정하는 변론주의가 채택되고 있어도, 절차의 진행에 있어서는 법원에게 주도권을 인정하는 직권진행주의가 취하여지고 있다. 절차의 진행의 국면에 있어서 법원의 역할을 강조하는 것이다. 당사자진행주의는 현행법에서는 부정되고 있다는 것이 일반적이다.

I. 의　의

소송절차의 진행 및 심리의 정리를 법원의 주도하에 행하는 입장을 직권진행주의라고 하고, 이를 당사자에게 맡기는 입장을 당사자진행주의라고 한다. 우리 민사소송법은 직권진행주의를 취하고 있는데, 이 원칙은 법원에 소송지휘권을 부여하는 것에 의하여 구체화된다. 관련하여 당사자의 각종의 신청권, 소송절차에 관한 이의권, 나아가 법원과 당사자와 절차진행에 관한 의견의 교류 등과 같은 당사자의 의사를 반영하는 구조에 대하여 관심을 가져야 할 것이다.

2-126

II. 소송지휘권

1. 의　의

소송의 심리를 신속하면서 완전하게 수행하기 위해서는 소송절차를 적법하게 진행하여야 함은 물론 각 경우에 대응하여 적절한 처리를 할 필요가 있다. 이

2-127

를 위하여 법원이 가지는 소송의 주재(主宰)권능을 소송지휘권(Prozessleitung)이라고 한다. 법원은 소송절차가 공정하고 신속하며 경제적으로 진행되도록 노력하여야 한다(1조 1항).[128] 소송지휘권은 법원의 권한이자 책무·의무이기도 한다.

◆ **석명권을 통한 소송지휘** ◆   30대 여성이 다섯 살 배기 딸에게 실수로 뇌진탕을 일으키게 한 변호사를 상대로 치료비 등 4,800여만원을 배상하라며 '나홀로 소송'을 하였는데, 법원이 여성(딸의 어머니)의 위자료인 300만원만 인정하였다. 원고에 딸이 포함되어 있지 않았던 것이다. 원고가 사실상 패소한 셈인데, 이와 관련하여 직접 본인소송을 수행하는 당사자에게 적절하게 **소송지휘권**을 행사하지 않았다는 비판을 제기했다. 당사자가 소송을 통하여 얻고자 하는 바를 파악하여 미성년자인 딸을 원고로 추가하도록 함으로써 딸의 위자료와 치료비를 배상받도록 조치할 여지가 충분히 있다는 것이다. 피고가 법률전문가인 반면 원고는 평범한 가정주부로서 소송수행능력에 현저한 차이가 있으므로 대등한 공격방어방법을 보장하기 위해 법원이 적극적으로 **석명권**을 행사하였어야 한다는 것이다(법률신문 2017.8.21.자 법률신문).

2. 내 용

2-128   소송지휘가 구체적으로 어떠한 형태로 나타나는가를 살펴보면 다음과 같다.

(1) 절차의 진행

2-129   기일의 지정(165조), 기간의 신축(172조), 소송절차의 중지(246조), 중단절차의 속행(244조) 등과 같은 절차의 진행에 대하여는 일반적으로 당사자의 신청을 기다리지 않고, 또한 합의에도 구속되지 않는 것이 원칙이다.

(2) 심리의 집중

2-130   쟁점을 확실하게 하여서 변론을 중요한 쟁점에 집중시키기 위한 수단으로서 주장을 제출하거나 증거를 신청할 재정기간(147조), 변론준비절차의 실시(279조), 석명준비명령(137조), 법원의 석명처분(140조) 등의 지휘가 이루어진다.

(3) 심리의 정리

2-131   변론이나 증거조사에 대한 지휘가 행하여진다. 변론을 분리·제한(141조), 변론을 재개(142조)하는 등 변론을 지휘하고(135조), 석명권을 통하여 소송관계를

---

128) 그리하여 법원은 석명권 등 소송지휘권을 적절히 행사하여 실체적인 진실을 규명하고 분쟁을 효과적으로 종식시킬 수 있도록 충실히 사건을 심리하여야 한다(대법원 2017. 4. 26. 선고 2017다201033 판결).

분명하게 할 수 있다(136조). 또 증거결정을 통하여 정리된 쟁점에 따라서 증거조사가 행하여지도록 지휘하고, 불필요한 증거조사를 배제하고 있다(290조). 한편, 쓸모없는 심리의 중복을 피하기 위하여 변론의 병합(141조)을 명할 수 있고, 당사자의 고의 또는 태만에 의한 소송지연을 교정하기 위하여 당사자의 자료제출을 실기한 공격방어방법으로 각하할 수 있다(149조). 심판의 편의에 따른 재량이송(35조)도 심리를 정리하기 위한 조치이다.

3. 주 체

소송지휘권은 **법원**이 행사하는 것이 원칙이다(140조 내지 145조). 특별한 경우에는 **재판장**이 합의체의 대표기관으로서 행사하고(135조 내지 137조), 또는 합의체로부터 독립적으로 그 권한을 부여받는 경우도 있다(165조 1항 본문, 154조). 당사자가 변론의 지휘에 관한 재판장의 명령 또는 석명권, 석명준비명령 등 재판장이나 합의부원의 조치에 대하여 이의를 신청한 때에는 **합의체**가 결정으로 그 이의신청에 대하여 재판한다(138조). 한편, 수명법관이나 수탁판사도 수권된 사항을 처리하는 데에 있어서 소송지휘권을 가진다(165조 1항 단서, 286조, 332조).

2-132

4. 행사의 형식

소송지휘는 변론의 지휘(135조)와 같이 사실행위로서 행하여지는 경우도 있지만, 진술금지(144조)와 같이 관계인에게 행위를 명하거나 일정한 소송법상의 효과를 발생시키는 재판의 형식을 취하는 경우도 있다. 재판의 형식에 있어서 법원이 주체이면 결정이고, 재판장, 수명법관, 수탁판사의 지위에서 하는 경우에는 명령이다. 소송지휘의 재판(결정·명령)은 그 뒤에 불필요·부적당하다고 인정되면 언제라도 스스로 이를 취소할 수 있는 것이 원칙이다(222조).

2-133

5. 법원의 소송지휘에 관한 당사자의 신청권

직권진행주의 하에서 당사자는 심리의 진행 및 정리에 있어서 주도권을 가지지 못하고, 가령 당사자가 이에 대하여 신청을 행하여도 그것은 법원의 소송지휘권의 발동을 촉구하는 행위밖에 안 된다. 다만, 당사자에게도 예외적으로 소송지휘상의 조치를 요구할 수 있는 경우가 있다. 가령 심판의 편의에 의한 재량이송(35조), 구문권(136조 3항), 실기한 상대방의 공격방어방법의 각하(149조), 중단

2-134

절차의 수계(241조) 등이다. 이렇게 당사자의 신청권이 명시적으로 인정되고 있는 경우에는 가령 재량사항이라도 신청에 대하여 법원은 그 허부를 분명히 하여야 하고 방치하여서는 안 된다.

III. 당사자의 소송절차에 관한 이의권

1. 의 의

2-135   소송절차에 관한 규정에 어긋난 소송행위로 불이익을 받은 당사자는 법원에 그 흠에 대한 이의를 진술하여 무효를 주장할 수 있는 권능이 있는바, 이를 소송 절차에 관한 이의권이라고 한다(민사소송법 151조에서는 용어를 소송절차에 관한 이의 권이라고 바꾸었으나, 전통적으로 **책문권**(Rügerecht)이라고 부른다). 모든 소송행위가 소송절차에 관한 규정에 어긋나지 않고 적법하게 행하여지는 것이 가장 바람직한 일이나 실제 간혹 어긋난 행위가 생기는데(법원은 무효인 소송행위를 전제로 하여 소 송절차를 진행시켜서는 안 되고, 따라서 소송행위가 절차규정에 적합하게 이루어지고 있는 지 여부를 항상 주의할 직책을 가지는데, 법원도 절차규정의 위반을 전혀 모르고 소송절차 를 진행시키는 경우가 없지 않다), 소송절차의 원활한 진행을 유지시키고자 법원에게 소송지휘권을 인정한 것에 대응하여, 그 보완으로 당사자에게는 자기의 소송상 이익을 보호하도록 소송절차가 적법하게 행하여지는지 여부를 감시하는 기능을 부여한 것이다. 그리하여 당사자가 이의를 제기할 수 있도록 하였다.

그런데 151조는 소송절차에 관한 이의권(이하 단순히 절차이의권이라고 한다)에 관하여 적극적으로 규정하지 않고(당사자가 절차이의권을 가지는 것을 당연한 전제로), 다만 그 포기 또는 상실로 인하여 여하한 범위에서 흠이 있는 소송행위가 치유되 는가 하는 방식으로 소극적으로 규정하고 있다. 결국 소송행위가 소송절차에 관 한 규정에 어긋난 경우에 당사자가 바로 이의를 하여 무효로 할 수 있음은 물론 이나, 당사자가 절차이의권을 포기하거나 바로 이의를 제기하지 아니한 경우에 소송경제와 절차의 안정을 위하여 소송행위의 흠을 치유시킨다는 점에 절차이의 권의 제도적 의의가 있다(소송행위의 흠의 치유에 대하여는 ☞2-155).

2. 대 상

2-136   (1) 절차이의권의 대상이 되는 것은 소송절차에 관한 규정에 어긋난 경우에 한한다. 여기에서 소송절차에 관한 규정이란 소송행위의 방식이나 심리에 관한

형식적 사항에 관한 것만을 지칭한다. 소송행위의 내용(가령 공격방어방법에 관한 판단, 자백에 반하는 사실인정 등)에 관한 것은 포함하지 않는다.

(2) 그 법규에 어긋나면 행위나 절차의 효력이 영향을 받게 되는 종류의 규정이 효력규정인데, 효력규정은 다시 공익상 그 준수가 절대로 필요하고 법원이나 당사자가 변경 또는 그 구속을 배제할 수 없는 **강행규정**(가령 전속관할, 법관의 제척 등)과 당사자의 편익을 도모하려는 **임의규정**(사익적 규정)으로 나뉜다. 효력규정 가운데 절차이의권이 인정되는 것은 성질상 **임의규정에 어긋난 경우**이다. 강행규정은 법원이나 당사자가 당연히 준수하여야 할 공익적 규정으로서 이에 어긋난 소송행위는 당사자의 이의 여부에 관계없이 당연히 무효이기 때문에 그 대상이 되지 않는다(151조 단서).

(3) 가령 ① 송달의 흠(소장, 답변서 등 소송서류의 송달을 하지 않은 경우),[129] 다만 불변기간의 기산점이 되는 판결정본의 송달에 관한 흠은 달리 본다.[130] ② 소송행위의 방식의 흠(서면에 의하지 아니한 청구취지의 변경), ③ 증거조사절차의 흠(감정인신문할 것을 증인신문한 경우나 당사자본인신문할 것을 증인신문한 경우), ④ 소송절차중단중의 소송행위 등은 임의규정에 어긋난 경우로 절차이의권의 대상이 된다.

◆ **예** ◆ 甲의 乙에 대한 소송계속 중에 乙이 사망하였다. 법원은 이를 간과하여 절차를 중단하지 않고 증거조사를 하였다. 그 뒤에 乙의 상속인이 이를 알면서 바로 이의를 제기하지 않은 경우에 위 증거조사는 유효한가? 중단제도는 새롭게 당사자가 되는 사람에게 절차참가의 준비의 기회나 여유를 주기 위한 것으로 효력규정이지만, 주로 당사자 사이의 소송수행상의 공평을 기하고, 당사자의 이익과 편의를 도모하는

---

129) 사망한 자에 대하여 실시된 송달은 위법하여 원칙적으로 무효이나, 그 사망자의 상속인이 현실적으로 그 송달서류를 수령한 경우에는 하자가 치유되어 그 송달은 그 때에 상속인에 대한 송달로서 효력을 발생한다(대법원 1998. 2. 13. 선고 95다15667 판결).

130) 항소제기기간에 관한 규정은 성질상 강행규정이니만큼 그 기간 계산의 기산점이 되는 판결정본의 부적법한 송달의 흠은 절차이의권의 포기나 상실로 인하여 치유될 수 없다(대법원 1979. 9. 25. 선고 78다2448 판결; 대법원 1972. 5. 9. 선고 72다379 판결).

목적에서 규정된 것으로, 효력규정 가운데에서도 임의규정이다. 따라서 乙의 상속인
이 소송에 관여하면서 바로 이의를 제기하지 않은 이상, 절차이의권을 상실하여 중
단중에 이루어진 증거조사도 유효하게 된다.

(4) 소송절차에 관한 규정일지라도 효력규정이 아닌, 그것이 훈시규정일 경
우에는 그 법규에 어긋난 행위라도 효력에는 영향이 없으므로 이에 어긋나도 당
사자는 이의를 할 수 없고, 절차이의권의 문제는 발생할 여지가 없다. 법원의 행
위에 관한 법규, 가령 판결선고기간(199조), 판결선고기일(207조) 등과 같이 이른
바 직무규정에 훈시규정이 많다.

3. 행 사

(1) 주 체

2-137   행사의 주체, 즉 누가 절차이의권자가 되는가 하는 문제는 흠이 있는 소송행
위를 한 주체가 법원인가 아니면 당사자인가에 따라 다르다. 법원의 소송행위에
흠이 있는 경우에는 원칙적으로 당사자 쌍방이 절차이의권자가 된다. 이에 대하
여 당사자의 소송행위에 흠이 있는 경우에는 그 상대방만이 절차이의권자가 된
다. 그런데 절차이의권은 어디까지나 법원 또는 상대방 당사자의 소송절차에 관
한 규정에 어긋난 경우에 인정되는 것이고, 자기의 행위에 대하여는 절차이의권
의 대상이 될 수 없다.

(2) 시 기

2-138   행사의 시기에 대하여는 절차이의권의 해태로 인한 이의권의 상실과의 관계
로 보아 당사자가 소송절차에 관한 규정에 어긋난 것임을 알거나 알 수 있었을
경우에 바로(지체 없이) 행사되어야 할 것이다.

4. 절차이의권의 포기·상실

(1) 절차이의권의 포기

2-139   소송절차에 관한 규정에 어긋난 소송행위가 생긴 경우에 당사자가 소송절차
에 관한 불이익을 감수하고 이에 대한 이의를 하지 않겠다는 취지를 적극적으로
법원에 대하여 표시하는(명시 또는 묵시의 의사표시) 것을 절차이의권의 포기라고
한다. 절차이의권의 포기는 규정에 어긋난 소송행위가 있을 때에 비로소 행사되

므로 사전포기는 인정되지 않는다. 따라서 예를 들어 자기에 대한 송달은 불필요
하다고 표시하여도 송달을 생략하는 것은 허용되지 않는다.

(2) 절차이의권의 상실

절차이의권의 상실이란 소송절차에 관한 규정에 어긋난 것임을 알거나 알   2-140
수 있을 경우에 바로 이의를 제기하지 않는 것에서 절차이의권을 잃게 되는 경우
를 말한다(151조 본문). 여기서 「바로」는 이의를 할 수 있는 기회에 지체 없이 이
의를 하지 아니한 것을 뜻한다. 가령 당사자에 대한 기일통지서를 송달하지 아니
한 채 기일을 열어 증거조사를 한 경우에 그 다음 기일에 바로 이의를 제기하지
않고 변론을 하였으면 절차이의권을 상실한다. 절차이의권을 상실하면 흠이 있는
소송행위는 완전히 유효하게 된다(흠의 치유). 다만, 법원의 행위로 당사자 쌍방에
절차이의권이 생긴 경우에는 쌍방 모두가 이를 상실한 때에 유효하게 된다.

제 5 절 소송행위

소송절차는 소송주체인 당사자 및 법원이 행하는 다음과 같은 여러 가지의 행위에 의하
여 구성된다. 소송은 원고의 소의 제기에 의하여 개시된다. 소가 제기되면, 법원은 원고
로부터 제출된 소장부본을 피고에게 송달한다. 그 뒤 양쪽 당사자는 스스로 자기의 주
장을 펼치고 상대의 주장을 다투거나 또는 상대방의 주장을 인정하고 증거를 제출하
는 등의 소송활동을 행한다. 법원은 당사자가 제기한 소의 적부 및 청구의 이유 유무에
대하여 심리·재판을 하는데, 분쟁을 적정·신속하게 해결하기 위하여 각종의 소송지휘
나 파생적 사항에 대한 재판도 행한다. 이렇게 진행되어 소송절차는 종국판결의 확정에
따라 종료되든가 또는 당사자의 소의 취하 등에 따라 종료된다. 이러한 소송주체인 법
원과 당사자의 소송절차를 형성하는 행위를 **소송행위**라고 한다. 소송행위 가운데 **당사
자의 소송행위**(Parteihandlungen)는 사법행위(법률행위)와 교착·인접하는 면이 있으므로
소송행위와 법률행위의 차이 및 관련성을 살피는 것이 중요한 관점이 되는 데 대하여,
한편 **법원의 소송행위**는 재판과 증거조사 등의 국가기관의 행위로서 사법행위와는 다
른 원리에 따르고 오히려 행정행위에 연결되는 면도 가진다. 그런데 소송행위의 중요한
장면은 어디까지나 당사자의 소송행위이다. 처분권주의·변론주의를 취하는 소송절차
하에서는 당사자의 소송행위가 절차의 형성에 특히 상당한 역할을 하고, 당사자의 소송
행위가 소송의 결과를 크게 좌우하기 때문이다. 특히 변론의 내용을 구성하는 본안의
신청과 공격방어방법인 주장 및 증명 등은 당사자에 의하여 이루어지는 소송행위의 하
나이다.

I. 소송행위의 의의

2-141   소송행위의 개념에 있어서 **소송행위**와 **법률행위**(사법행위)의 **구별**이 중요하다. 왜냐하면 소송행위는 기본적으로 법률행위와 다른 규제가 타당하기 때문이다. 민법총칙에는 법률행위에 관한 일반규정이 정하여져 있지만, 민사소송법은 소송행위 전체에 타당한 일반규정을 두고 있지 않다.

애초에 소송행위론은 민법의 법률행위론에서 그 모형을 구한 것으로서, 「소송을 형성하는 당사자의 행태로 그 요건 및 효과가 소송법에 의하여 규제되는 것」을 소송행위라고 보았다(**요건 및 효과설**). 소의 제기, 소의 취하, 청구의 포기·인낙, 주장, 자백, 상대방의 주장을 다투는 것 또는 다투지 않는 것 등이 이러한 개념 정의에 해당한다. 그런데 이후 소송법이 그 학문적 영역을 확대하는 것과 함께 소송행위의 개념을 넓게 풀이하여 「그 특유의 효과가 절차형성에 있는 일체의 행태로 소송에서 주장함에 따라 절차형성을 야기하거나 저지하는 행태」도 소송행위에 포함된다고 하는 경향이 나타났다(**효과설**). 그리하여 그 요건이 민법의 규율을 받게 되더라도 소송법상의 효과를 발생시키는 행위는 모두 소송행위라고 보았다. 위 요건 및 효과설에서 살핀 소송행위는 효과설에 따른 개념 정의에서도 역시 소송행위로 보게 된다. 나아가 효과설을 전제로 하면, 그 요건에 관하여 민법의 규율을 받게 되는 소취하의 합의도 소송행위가 된다. **생각건대** 소의 취하, 청구의 포기·인낙, 자백과 같이 요건과 효과 모두가 소송법에 의하여 규율되고 있는 행위가 소송행위인 것에 대하여는 의문이 없다. 그런데 요건 및 효과설은 소송행위의 개념 정의가 너무 좁다. 소송 전, 소송 밖에서 이루어진 행위라도 그 **주요한 효과**가 소송이라는 작용 영역에 있는 것은 소송행위로 풀이할 여지를 두는 것이 타당하다(이를 **주요효과설**이라고 한다. 가령 계쟁물의 양도행위는 그 주요한 효과는 실체법상의 처분행위로, 그 행위가 소송절차상 당사자적격에 영향을 미치는 등 소송절차에 밀접하게 관련된 것이라도 그것은 부차적이고, 이것 때문에 그 행위를 소송행위로 위치 부여할 수 없다).

II. 소송행위의 종류

2-142   당사자의 소송행위에는 가령 변론에 있어서 각종의 신청·공격방어방법(법률상·사실상의 주장, 증거신청), 소송 전·소송 외의 소송행위(관할의 합의, 소송대리권의

수여 등), 소송종료행위(소의 취하, 청구의 포기·인낙, 소송상의 화해 등) 등 다양한 것이 포함된다.

1. 신 청

당사자가 법원에 대하여 일정한 행위를 할 것을 구하는 행위로서 소 및 상소 등의 본안의 신청과 기일지정의 신청 및 증거신청 등의 소송상의 신청을 들 수 있다. 법원은 이러한 신청에 대하여 무엇인가의 행위를 하여야 할 의무가 있으나, 법원의 행위는 반드시 당사자가 신청한 내용을 실현하는 것에 한정하지 않는다. 따라서 신청이라는 당사자의 행위의 성질은 의사표시라기보다는 **의사의 통지**에 가깝다.

2-143

2. 법률상·사실상 주장

당사자가 재판자료를 법원에 제출하는 행위로서 법률상·사실상 주장을 들 수 있다. 이는 행위의 성질로서는 **관념의 통지**에 속한다고 볼 수도 있지만, 법률효과의 발생을 수반하는 것은 아니므로 오히려 **사실행위**로 보아야 한다.

2-144

3. 소송법률행위

소송법률행위로는 소의 취하, 상소의 취하, 청구의 포기·인낙 및 소송상의 화해 등 소송종료 등의 법률효과를 발생시키는 것을 목적으로 하는 행위를 들 수 있다. 이는 **의사표시**로서의 성질을 가지므로 소송법률행위라고 한다. 관할의 합의, 중재계약도 소송계약으로서 소송상의 의사표시, 즉 소송법률행위로 분류할 수 있다.

2-145

III. 소송행위의 특질

당사자의 소송행위는 재판을 목표로 하여 연속적으로 쌓여 나간다. 이러한 당사자의 소송행위는 일반적으로는 소송법상의 효과를 목적으로 한다. 사법행위 (법률행위)와 같이 당사자 사이의 실체법상의 법률효과를 생기게 하는 것을 목적으로 하는 것은 아니다. 따라서 종래 사법행위와 관련하여 소송행위에는 다음과 같은 특징이 있다고 설명되어 왔다.

2-146

1. 유효요건으로 당사자능력과 소송능력이 필요

2-147   당사자가 소송행위를 하기 위해서는 당사자능력, 소송능력이 필요하다. 당사
자능력이 없는 사람의 소송행위나 소송능력이 없는 사람의 소송행위는 무효이다
(반면, 행위능력에 관한 민법의 규정은 당사자의 소송행위에는 적용되지 않는다). 다만, 추
인권자에 의한 추인이 인정된다(☞4-60).

2. 소송행위의 방식

2-148   소송행위의 방식에 대하여 민사소송법에서 통일적인 규정을 두고 있지 않다.
그러나 대부분 일정한 방식이 정하여져 있다. 예를 들어 소송행위를 변론에서 할
필요가 있는 때에는 그 소송행위를 법원에 대하여 말로 진술하여야 한다(134조 1항).

3. 소송행위와 조건·기한

2-149   소송행위는 소송절차의 안정성 유지의 관점에서 원칙적으로 조건·기한을 붙
일 수 없다. 절차의 안정을 확보할 필요가 있기 때문이다. 기한은 언제나 허용되
지 않는다. 가령 「법원이 일정한 기간 내에 판결을 하지 않는 경우에는 그 기간경
과와 함께 소제기는 효력을 잃는다」와 같은 식의 종기부(終期附)의 소는 허용되지
않는다. 조건의 경우도 장래의 불확실한 소송 밖의 조건을 연결시키는 것은 소송
행위의 효력을 불확실하게 하기 때문에 허용되지 않는다. 이와 달리 소송행위의
효력이 소송 내의 사정에 연결되는 때에는 그러하지 않다. 이 경우에 법원은 조
건이 성취되는지 여부를 소송 내에서 스스로 판단할 수 있어 절차의 불안정성이
생기지 않기 때문이다. 가령 소유권의 취득원인으로서 우선 매매를 주장하고, 이
것이 인정되지 않는다면 취득시효를 주장하는 경우와 같은 예비적 주장이나 가정
적 주장 등은 허용된다.

4. 소송행위에 있어서 표현법리(表見法理)의 부적용

2-150   소송행위는 거래행위가 아니므로 거래의 안전을 위한 표현법리의 적용은 없
다는 소극설과 한편 적용이 있다는 적극설이 있으나(☞4-79), **판례**는 적법한 대
리권 없이 공정증서작성의 촉탁을(공증인 면전에서 법률행위를 하고 그것을 공정증서
로 작성하여 달라고 촉탁하여야 한다) 한 사안에 있어서 즉시 강제집행을 하여도 이

의가 없다는 강제집행수락의 의사표시는 소송행위라 할 것이고, 이러한 소송행위에 민법상의 표현대리규정이 적용 또는 유추적용될 수는 없다고 판시하여 소극적이다.131)

5. 소송행위의 철회

(1) 신 청

소송행위 가운데 신청은 법원에 대하여 일정한 행위를 할 것을 구하는 것이므로 법원이 그러한 행위를 할 때까지 당사자는 신청을 자유롭게 철회할 수 있는 것이 원칙이다(처분권주의 관련). 반면 법원이 그러한 행위를 한 뒤에는 철회가 허용되지 않는다. 또한 신청에 대하여 상대방이 일정한 행위를 한 때에는 상대방의 지위를 보호하기 위하여 신청의 철회가 제한되는 경우가 있다. 가령 피고가 본안에 관하여 응소한 뒤에는 원고의 소의 취하가 제한된다(266조 2항).

2-151

(2) 주 장

소송행위 가운데 주장에 대하여도 변론주의 하에서는 원칙적으로 자유롭게 철회가 인정된다. 허용되는 시기는 사실심의 변론종결시까지이다. 철회된 주장은 소송자료가 되지 않는다.132) 다만, 철회 그 자체가 변론 전체의 취지로 증거자료가 될 가능성은 있다.

2-152

(3) 재판상 자백

재판상 자백에 대하여는 상대방의 신뢰를 보호하기 위하여 그 철회에 대하여 특별한 요건이 부가되어 있다(☞8-31). 가령 진실에 어긋나는 자백은 그것이 착오로 말미암은 것임을 증명한 때에 취소할 수 있다(288조 단서 참조).

2-153

6. 소송행위에 있어서 의사표시의 흠

소송행위에 있어서 소송절차의 안정성 유지나 명확성의 관점에서 표시주의가 강조되는데, 의사표시에 흠이 있는 경우에 사법행위의 무효·취소와 마찬가지

2-154

23-변리사시험

---

131) 대법원 1983. 2. 8. 선고 81다카621 판결.
132) 소송상 방어방법으로서의 상계 항변은 그 수동채권의 존재가 확정되는 것을 전제로 하여 행하여지는 일종의 예비적 항변으로서 상대방의 동의 없이 이를 철회할 수 있고, 그 경우 법원은 처분권주의의 원칙상 이에 대하여 심판할 수 없다(대법원 2011. 7. 14. 선고 2011다23323 판결[미간행]).

로 생각할 수 있는지 여부가 문제이다. 예를 들어 민법에서는 당사자가 행한 법률행위에 있어서 사기·강박이나 착오 등에 의하여 나중에 그 무효나 취소를 주장하는 것이 조문상 인정되고 있지만(가령 민법 110조 등), 민사소송법에서는 당사자가 행한 소송행위의 무효나 취소를 인정하는 규정은 없다. 그래서 해석상, 민법의 의사표시의 흠에 관한 규정을 유추적용하여 소송행위에서 그 행위의 무효나 취소를 주장할 수 있는지 여부가 다투어지고 있다.

> ◈ **예** ◈ 선량한 시민이 폭력단의 행동대원을 상대로 불법행위에 기한 손해배상청구를 제기하였는데, 이 행동대원으로부터 협박당하여 소를 취하한 경우에 나중에 협박에 의한 것이므로 위 소취하의 의사표시를 취소할 수 있는가 하는 문제이다(☞10-5).

　종래의 입장은 소송행위와 실체법상의 법률행위(사법행위)를 엄격하게 구별하여 소송행위에 대하여는 절차안정성이나 공적인 진술로서의 명확성의 요청으로부터 획일적인 처리가 필요하기 때문에 민법상의 의사표시의 흠에 대한 규정의 적용을 배제하였다(**하자불고려**).133) 다만, 451조 1항 5호의 「형사상 처벌을 받을 다른 사람의 행위」라는 재심사유를 유추하여 그 효력을 부인할 수 있다고 보았다(**재심사유 유추적용. 판례의 입장**). 그런데 이러한 처리에 따르면, 사기, 강박과 같은 가벌적 행위의 개재가 없는 착오의 경우에는 재심사유에 해당되지 않아 구제되지 못하게 되고, 따라서 균형을 잃게 되어 불합리하다는 비판이 있게 되므로 앞으로 민법의 의사표시의 흠에 관한 규정의 적용을 한층 넓게 인정하려고 하는 유연한 방향으로 옮겨가야 할 것이다.134)

---

133) 예외적으로 관할의 합의와 같이 소송 전, 소송 밖의 소송행위에 대하여만 절차의 누적에 의한 안정성의 요청이 없는 것으로 보아 의사표시의 흠에 대한 규정의 적용을 인정하였다.

134) 소송행위라고 하여도 여러 종류가 있는바, 가령 대리권의 수여나 관할의 합의와 같이 소송 전 내지는 소송 밖에서 행한 소송행위는 소송절차와 직접적인 관련성이 없고, 또한 더 나아가 소의 취하, 청구의 포기·인낙, 재판상의 화해 등 소송절차를 종료시키는 소송행위도 생각보다 다른 소송행위가 겹쳐지지 않으므로 절차안정성의 요구를 중시할 필요가 없어 **의사표시의 흠을 고려**할 것이고(다만, 청구의 포기·인낙, 재판상의 화해는 기판력과 관련하여 좀 더 검토가 필요하다), 그리하여 민법의 의사표시의 흠에 관한 규정을 **유추적용**하여 소송행위에 있어서도 무효·취소의 주장을 인정하여도 무방하지 않은가 하는 입장이 등장하였다. 정/유/김, 496면; 호, 448면. 결국 소송행위에 민법 등의 사법법규가 적용되는가 하는 문제는 각각의 소송행위마다 그 소송행위의 성질이나 종류를 감안하여 개별·구체적으로 결정하여 나갈 필요가 있다.

IV. 소송행위의 흠의 치유

무효 내지는 부적법한 소송행위를 흠이 있는 소송행위라고 한다. 소송행위   2-155
에 흠이 있어도 이를 즉시 배척하지 않고 가능한 한 흠을 시정하여 그 소송행위
를 살리는 것이 이를 행한 당사자의 이익에 적합하고, 절차를 안정시키는 것도
된다. 이러한 관점에서 일정한 사유가 있으면 흠은 치유된다(흠의 제거를 포함하는
광의의 의미의 치유). 한편, 소송행위는 원칙적으로 철회할 수 있으므로 흠이 있는
소송행위를 행한 당사자는 이를 철회하여 새로이 흠이 없는 소송행위를 하는
것에 의하여 흠을 제거할 수 있으나, 철회로서는 당초의 소송행위시에 소급하여
소송행위를 유효로 할 수 없다. 소송행위시에 소급하여 흠을 치유하기 위해서는
다음과 같은 방법이 있다.

① 소송능력, 대리권 등에 흠이 있는 사람이 행한 소송행위에 대하여 능력을
취득한 본인 내지는 법정대리인 또는 적법하게 권한이 수여된 대리인이 추인을
한다(60조, 61조, 97조). 가령 피성년후견인임에도 스스로 소장을 작성하여 소를
제기한 경우에 법정대리인이 피성년후견인의 소의 제기를 추인함으로써 소급적
으로 흠이 치유된다.

② 소의 제기에 대하여는 소장에 필수적 기재사항에 흠이 있거나, 인지가 부
족하여도 당사자가 그 흠을 보정하면 흠은 치유된다(254조).

③ 소송절차에 관한 규정 가운데에서 임의규정의 위반에 따른 흠은 절차이
의권(=책문권)의 포기·상실에 의하여 치유된다(151조).

④ 일정한 소송행위로는 흠이 있으나 다른 유효·적법한 소송행위로서 활용
하는 것이 당사자의 의사에 반하지 않은 때에 이를 그 다른 소송행위로 취급할
수 있다. 이를 소송행위의 전환이라고 하는데(민법 138조 참조), 다만, 전환이 인정
되는 한계를 어떻게 볼 것인가는 쉽지 않다.

⑤ 흠이 있는 소송행위가 소송절차에서 행하여져도 판결이 확정되면 그러한
흠이 강행규정 위반으로 재심사유(451조 1항)에 해당하지 않는 한, 치유된다.

V. 사법행위와의 관계가 문제되는 경우

실체법상의 법률행위(사법행위)가 소송절차에서 이루어질 수 있는데, 이 경우   2-156
에 그것을 실체법상의 법률행위로 볼 것인가, 아니면 소송행위로 볼 것인가 하는

점에 있어서 의문이 생길 수 있고, 또한 1개의 행위라도 실체법상의 법률행위와 소송행위의 2가지 성질을 겸유하는 것도 있을 수 있다. 그리하여 소송행위와 실체법상의 법률행위의 한계가 중요한 쟁점이 된다.

1. 형성권의 소송상 행사

(1) 의 의

2-157　　변론에 있어서 공격방어방법으로 해제권, 해지권, 취소권, 상계권 등을 행사하는 모습에는 소송 전이나 소송 밖에서 이를 행사한 뒤, 그 사법상의 효과를 소송상 공격방어방법의 하나로 진술하는 경우도 있으나(가령 채무자가 소송 전이나 소송 밖에서 사법상의 상계의 의사표시를 하고, 이에 의하여 발생한 대립채권의 소멸이라는 법률효과를 상대방의 청구에 대한 소송상의 항변으로 제출하는 경우), 소송상 비로소 직접 형성권을 공격방어방법으로 행사하는 경우도 있다. 전자의 경우에는 통상의 공격방어방법과 마찬가지로 생각하면 되므로 그다지 문제는 없으나, 후자의 경우에는 소송상 형성권의 행사 그 자체가 공격방어방법의 하나이므로 소송법상의 규제를 받는데, 이 경우에도 소송 전이나 소송 밖에서 형성권을 행사한 경우와 마찬가지로 사법상의 효과가 발생하는가, 아니면 단순히 소송법상의 효과밖에 생기지 않는가가 문제이다(가령, 사법행위는 상대방에게 의사표시가 도달한 경우에 비로소 그 효력이 생기므로 소송에 상대방이 결석한 경우에도 형성권을 행사하기를 원할 때에 그 행사 여부 및 사법상의 형성권에 조건을 붙이는 것이 허용되지 않는 것과의 관계에서 소송상 가정적 주장이 허용될 수 있는가 등의 문제).

(2) 법적 성질

2-158　　**(가) 사법행위설**(Zivilistische Theorie)　　소송상의 형성권의 행사는 외형적으로는 1개의 행위인 것처럼 보이지만, 실제는 상대방에 대하여 형성권을 행사하는 사법상의 의사표시(**사법행위**)와 그 행사에 따라 생긴 사법상 효과의 법원에 대한 소송법상의 진술(**소송행위**)이라는 두 가지의 행위가 병존한다고 본다(=**병존설**).135)
그래서 전자는 민법이 이를 규율하는 데 반하여, 후자는 소송법이 적용된다고 한다. 사법상의 법률행위가 소송계속 중에 행하여진다고 하여 그 성질이 변하여 소

17-사법시험
18-변리사시험

---

135) 사법행위설은 소송상 형성권의 행사에 민법상의 의사표시와 함께 형성권의 행사에 기한 사법
　　상 효과를 법원에 주장하는 소송행위의 병존을 인정하므로 병존설(Doppeltatbestandtheorie)이
　　라고도 부른다. 그러나 소송행위로서의 존재는 각 학설이 공통하고 있으므로 사법행위설로 부르
　　는 것이 적절할 것이다.

송행위로 전화되는 것은 아니라고 한다. **판례**는 **해제권** 행사에 있어서 이러한
입장이다.136)

  (나) **소송행위설**(Prozessuale Theorie)   소송상의 형성권의 행사는 오로지   2-159
소송상의 공격방어방법으로서 소송 전이나 소송 밖의 행사와는 전혀 성질을 달리
하는 소송법 고유의 순수한 소송행위라고 한다. 그 요건·효과는 오로지 소송법의
규율을 받는다고 한다.

> ◆ **예** ◆   원고의 매매대금청구의 소에 대하여 피고가 소송상 하자담보책임을 이유로
> 계약의 해제를 주장하였는데, 소송 진행 중 원고가 소를 취하하였다고 하자(266조). 이
> 경우에 소송행위설에서는, 소송이 판결에 의하지 않고 소취하로 소송계속이 소급적으로
> 소멸되어 종료되었으므로 해제의 효과는 발생하지 않는 것이 된다. 그러면 장래 원고
> 가 다시 같은 소를 제기하여 온 경우에 피고가 하자담보를 이유로 해제를 주장하려고
> 하여도 제척기간이 이미 경과한 상황이 있을 수 있다. 이에 대하여 사법행위설에서는,
> 해제의 효과는 소의 취하에 의하여 상실되는 것이 아니므로 소송행위설을 취한 경우와
> 같은 불합리는 생기지 않는다. 이 점에서 사법행위설이 뛰어나다고 보인다. 다만, 소송
> 행위설을 전제로 하는 경우에도 피고는 소의 취하에 동의하지 않으면 이러한 위험을
> 방지할 수 있고, 거꾸로 그러한 사태를 초래한 것은 소의 취하에 동의한 피고의 책임이
> 라고 할 수 있으므로 이 점을 가지고 소송행위설이 문제가 있다고 할 수 없을 것이다.

> ◆ **예** ◆   소송상 상계의 항변이 시기에 늦은 방어방법으로서 각하(149조 1항)된 경우
> 에 사법행위설과 소송행위설의 차이는 가장 결정적으로 나타난다. 사법행위설에 의하
> 면, 상계의 항변이 시기에 늦은 방어방법으로서 각하된 경우라도 상계의 사법적 효과
> 는 존속하므로, 피고는 상계에 제공하여 그 결과 이미 소멸한 반대채권을 주장할 수
> 없다. 따라서 피고는 애초 상계의 항변을 제출하지 않은 경우와 비교하여 한층 불이익
> 한 입장에 서게 되는 것이다. 이러한 불이익은 소송행위설에 의하면 회피할 수 있다.
> 즉 소송행위설에 의하면, 소송상의 상계에 사법상의 상계가 포함되어 있지 않으므로
> 상계의 항변이 시기에 늦은 방어방법으로서 각하된 경우에 상계의 실체적 효과가 발생·
> 존속할 수는 없기 때문이다. 다만, 사법행위설을 전제로 하는 경우에 피고가 반대채권
> 을 잃을 불이익은 상계의 항변이 시기에 늦어서 각하된 것에서 생긴 결과에 지나지 않
> 고 그것은 변제의 항변이 시기에 늦어서 각하된 경우와 마찬가지의 불이익이며, 이 점
> 을 들어 사법행위설의 치명적 결점이라고 할 수 없다는 반론이 가능하다.

  (다) **신병존설**   사법행위설에 대한 소송행위설의 비판의 핵심은 결국 사법   2-160
행위설이 과연 소송상 해당 형성권을 행사한 당사자의 의사 내지 의도와의 정합

---

136) 대법원 1982. 5. 11. 선고 80다916 판결.

성이 있는가 하는 점이다. 그리하여 기본적으로 사법행위설을 취하면서 소송상 형성권의 행사가 소송행위로서의 의미를 상실한 경우에는 사법행위로서의 그 사법상의 효과도 소멸한다는 **신병존설**이 나타났다(**통설**). 그 내용은 소송상 형성권의 행사에 (법원의 판단을 받는다는) 조건을 붙이는 것을 인정하여 부적법 내지는 의의가 없는 것으로 귀착된 형성권의 행사에 있어서 실체적 효과의 잔존을 부정한다(이러한 신병존설의 이론구성을 특히 **조건설**이라고 한다). 즉 소의 취하, 소의 부적법 각하 등에 따라 소송이 종료된 경우에는 사법상의 형성권의 효과는 실효하거나 또는 원래의 효과를 발생시키지 않는다고 풀이한다. 소송상 형성권을 행사한 당사자의 의사 내지 의도와의 정합성에 비추어 이러한 입장이 타당하다고 생각한다.137)

> ◆ **예** ◆ 甲은 乙에 대한 대여금 5,000만원을 소구하였는바, 乙은 甲에 대한 1억원의 반대채권 가운데 5,000만원을 가지고 예비적으로 상계한다는 진술을 하였다. 그 뒤 「乙은 甲에게 3,000만원을 지급한다. 甲은 잔액 2,000만원을 포기한다. 甲은 이미 제기한 5,000만원 지급의 소를 취하한다」는 소송외의 화해가 성립되어, 甲은 乙의 동의하에 유효하게 소를 취하하였다. 그 뒤 乙은 甲을 피고로 하여 앞의 1억원의 지급을 구하므로, 甲은 「청구기각을 구한다. 그리고 1억원 중 5,000만원은 상계에 의하여 소멸되었다」고 주장하였다. 사법행위설에서는, 소의 취하에 의한 소송계속의 소급적 소멸에 불구하고 예비적 상계의 사법상 효과는 잔존·존속하는 것이 될 것이므로 甲의 소멸의 항변이 인정되게 된다. 그러나 신병존설에 의하면, 상계의 사법상 효과가 남지 않으므로 甲의 소멸의 항변은 인정되지 않는다. 그리고 이러한 결과는 오히려 소송행위설을 취한다면 당연한 결론이 된다. 왜냐하면 소송행위설에 의하면, 전소의 상계의 항변이 소의 취하에 의하여 법원의 판단을 받지 못하였고, 따라서 당연히 상계의 효력은 불발생으로 끝났다고 보기 때문이다.

---

137) 소송상 방어방법으로서의 상계항변은 그 수동채권의 존재가 확정되는 것을 전제로 하여 행하여지는 일종의 **예비적 항변**으로서 당사자가 소송상 상계항변으로 달성하려는 목적, 상호양해에 의한 자주적 분쟁해결수단인 조정의 성격 등에 비추어 볼 때 당해 소송절차 진행 중 당사자 사이에 **조정이 성립됨으로써 수동채권의 존재에 관한 법원의 실질적인 판단이 이루어지지 아니한 경우**에는 그 소송절차에서 행하여진 소송상 상계항변의 **사법상 효과도 발생하지 않는다고 봄이 상당**하다(대법원 2013. 3. 28. 선고 2011다3329 판결). 그런데 위 판결에 있어서 확정판결과 마찬가지 효력을 가지는 조정조서의 효력, 소송상 상계항변의 특수성 및 실체법적 성격 등을 좀 더 확실히 밝혀주었다면 좋았을 것이다. 대법원 2014. 6. 12. 선고 2013다95964 판결도 앞의 판결과 마찬가지 취지이다.

■ 상계권 행사의 경우

	사법행위설	신병존설	소송행위설
상계의 요건	실체법에 따름	왼쪽과 같음	왼쪽과 같음
상계의 방법	일방적 의사표시, 준비서면의 기재라도 가능	왼쪽과 같음	변론에서의 진술
행위의 상대방	원고	왼쪽과 같음	수소법원, 원고 결석의 변론에서도 가능
조건부 상계	의사표시의 도달에 의하여 발생	왼쪽과 같음, 다만 조건을 인정함	상계를 인정한 판결의 효력 발생과 같이 생김
사후적 경과 관련	일단 발생한 실체적 효과는 변함이 없음	오른쪽과 같음	사후에 소의 각하, 소의 취하, 소송상 상계항변의 각하 등이 있으면 소송상 상계는 해소됨

2. 소송상의 합의(=소송계약)

(1) 의   의

현재 또는 장래의 소송 당사자가 현재 또는 장래의 특정한 소송에 대한 일정   2-161
한 효과의 발생을 목적으로 하는 합의를 소송상의 합의 또는 소송계약이라고 한
다. 그런데 관할의 합의(29조), 최초의 기일변경의 합의(165조 2항), 비약상고의 합
의(390조 1항 단서) 등과 같이 소송법이 규정하고 있는 소송상 합의는 소송행위로
서, 그 요건과 효과 모두가 소송법에 의하여 결정되므로 적법성에 대하여 특별히
문제는 없다. 그러나 소송법에 규정이 없지만, 그 적법성이 인정되는 부제소의
합의나 소(상소)취하의 합의 등과 같은 소송상의 합의를 소송법상 어떻게 취급할
것인가가 그 법적 성질을 둘러싸고 문제된다.[138]

◈ **소송계약이라는 용어** ◈   소송계약이라는 용어는 넓은 의미와 좁은 의미로 사용된
다. 좁은 의미의 소송계약은 (실체법상의 효과의 발생을 내용으로 하는 법률행위의 하나인)
실체법상의 계약(사법계약)의 대칭 용어로, 합의의 내용에 따라 소송법상의 효과를 직접

---

138) 그 밖에도 항소하지 않기로 하는 합의(이른바 불항소의 합의), 변론에서 특정한 사실을 다투지
않기로 하는 합의(이른바 자백계약) 등이 문제된다. 이는 각 계약 당사자가 의도하는 목적에 따
라 각 소송계약을 소송상 어떻게 무리 없이 설명할 것인가라는 이론구성상 논의와 나아가 각 소
송계약의 소송법상 효과가 언제, 어떠한 절차를 거쳐 발생하는가 등의 문제이다.

발생시키려고 하는 행위를 말한다. 그런데 소송에 관한 합의 전부가 좁은 의미의 소송계약에 해당하는 것은 아니다. 예를 들어 소취하의 합의는 아래에서 설명하듯이 소송행위(소송계약)인가 사법행위(사법계약)인가의 다툼이 있다.

(2) 임의소송금지의 원칙

2-162		임의소송 또는 편의소송(Konventionalprozess)은 금지된다는 임의소송금지의 원칙은[139] 법률에 따라 정형화된 소송심리의 방법, 진행 및 소송행위의 방식, 요건 등을 당사자가 자유로이 변경할 수 없다는 것을 의미한다. 그런데 만약 소송상 사항에 대하여 당사자의 합의를 허용하게 되면 소송절차가 당사자의 의사에 따라 변경되는 것이 되고 결국 궁극적으로 임의소송을 허용하는 것이 되므로 종래에는 임의소송금지의 원칙을 강조하여 소송상의 합의는 부적법하다고 보기도 하였으나, 오늘날에는 처분권주의·변론주의가 적용되는 범위 내에서 소송상의 합의의 적법성을 인정한다. 가령 소를 제기하지 않는다는 취지의 부제소의 합의나 소를 취하한다는 취지의 소취하의 합의는 일반적으로 허용되고,[140] 반면 전속관할에 대한 관할의 합의와 같이 공익상 인정된 강행규정을 변경하거나 배제하려는 합의는 무효라고 본다. **생각건대** 소송상의 합의는 대체로 임의소송금지의 원칙에 반하지 않는 한 허용되지만, ① 소송상의 합의로 입게 될 소송수행상의 불이익의 한도가 명확하지 않으면 안 된다. ② 당사자에게 의사결정의 자유가 확보되어 있어야 한다. ③ 당사자에게 그 법적 효과가 가지는 의미가 명확하게 예견될 수 있고 또 중대한 효과의 발생을 목적으로 하지 않는 경우이어야 한다.[141]

---

139) 이를 정면으로 규정하고 있는 조문은 없지만, 민사소송법상 이 원칙이 일반적으로 승인된 것에 대하여는 다툼이 없다.

140) 그런데 부제소의 합의의 효력이 미치는 범위가 문제된다. 합의의 해석에 따라서는 민사소송의 제기만이 아니라 지급명령의 신청, 민사조정의 신청, 제소전 화해의 신청마저도 금지되는데, 특히 시효중단을 위한 소의 제기는 허용되는지 여부와 같이 그 구속력의 범위에 관하여 문제된다. 그 합의의 전제가 되는 계약내용, 합의의 취지나 당사자의 의사 등을 충분하게 고려하여 개별적으로 판정하여야 한다. 그런데 부제소의 합의가 그 대상으로 하는 권리(채권)마저도 포기하는 취지가 아닌 한, 시효중단을 위한 소의 제기는 인정되어야 할 것이다.

141) 부제소합의는 합의 당사자가 처분할 권리 있는 범위 내의 것으로서 특정한 법률관계에 한정될 때 허용되며, 그 합의시에 예상할 수 있는 상황에 관한 것이어야 유효하다(대법원 1999. 3. 26. 선고 98다63988 판결). 노동조합이 조합규약에 근거하여 자체적으로 만든 위로금의 지급을 둘러싼 노동조합과 조합원의 분쟁에 대하여 조합원은 노동조합을 상대로 일절 소송을 제기할 수 없다는 제소금지규정을 둔 경우, 그 규정이 국민의 재판을 받을 권리를 보장한 헌법 및 법원조직법의 규정과 부제소 합의 제도의 취지에 위반되어 무효이다(대법원 2002. 2. 22. 선고 2000다65086 판결).

◈ **무효라고 본 예** ◈   甲 보험회사의 자동차종합보험계약에 가입된 차량과 乙 보험회사의 자동차종합보험계약에 가입된 차량 사이에 발생한 교통사고에 관하여 자동차보험 구상금분쟁심의에 관한 상호협정에 따라 구성된 심의위원회가 조정결정을 하여 그 결정이 확정되었는데, 위 조정결정의 확정으로 甲 회사와 乙 회사 사이에 부제소합의가 성립한 것인지 문제된 사안에서 부제소합의는 소송당사자에게 헌법상 보장된 재판청구권의 포기와 같은 중대한 소송법상의 효과를 발생시키는 것이다. 이와 같이 그 합의의 존부 판단에 따라 당사자들 사이에 이해관계가 극명하게 갈리게 되는 소송행위에 관한 당사자의 의사를 해석할 때는 표시된 문언의 내용이 불분명하여 당사자의 의사해석에 관한 주장이 대립할 소지가 있고 나아가 당사자의 의사를 참작한 객관적·합리적 의사해석과 외부로 표시된 행위에 의하여 추단되는 당사자의 의사조차도 불분명하다면, 가급적 소극적 입장에서 그러한 합의의 존재를 부정할 수밖에 없다. 그리고 권리의무의 주체인 당사자 간에서의 부제소합의라도 그 당사자가 처분할 수 있는 특정된 법률관계에 관한 것으로서 그 합의 당시 각 당사자가 예상할 수 있는 상황에 관한 것이어야 유효하게 된다고 전제하고, 위 사안에서 제반 사정과 관련 법리에 비추어 보면 부제소합의의 존재를 부정할 수밖에 없고, 설령 상호협정의 해석상 조정결정이 확정된 경우에 부제소합의가 성립된 것으로 볼 여지가 있다고 하더라도, 이는 상호협정의 당사자들이 재판청구권을 구체적인 분쟁이 생기기 전에 미리 일률적으로 포기한 것으로서 부제소합의 제도의 취지에 위반되어 무효라고 보았다.[142]

(3) 법적 성질

소송법에 규정이 없지만, 위에서 살핀 바와 같이 그 적법성이 인정되는 부제소의 합의나 소(상소)취하의 합의 등과 같은 소송상의 합의를 소송법상 어떻게 취급할 것인가가 그 법적 성질을 둘러싸고 문제된다.   **2-163**

(가) 사법계약설   효과뿐만 아니라 그 행위의 요건 양자가 소송법에 의하여 규율되는 행위가 소송행위라고 보는 요건 및 효과설에 의하면(☞2-141), 소송상의 합의는 요건 등이 소송법에 의하여 규율되고 있지 않으므로 사법상 계약에 지나지 않고, 그것이 소송상 사항에 관한 것이라고 하더라도 그 효과로서는 사법상 효과 이외의 것은 생기지 않는다고 결론지을 수 있다. 이러한 사법계약설의 입장에서는 가령 소취하의 합의에서 원고가 합의에 반하여 소를 취하하지 않는 경우에 소취하와 이에 의한 소송계속의 소급적 소멸이라는 소송법상 효과를 실현하기 위해서는 피고는 사법상의 의무위반에 따른 별소(소취하의 의사표시를 구하여 간접강제 또는 의사표시의 의제 수단에 따라 집행하는 등)의 방법을 취하지 않으면 안 된다.   **2-164**

142) 대법원 2019. 8. 14. 선고 2017다217151 판결.

2-165

14-사법시험
19-법원행정고시

(나) **항변권발생설**　그러나 이는 우회적이므로 사법계약설의 발전 형태로서 원고가 합의를 이행하지 않는 경우에는 피고가 사법계약의 존재를 소송에서 항변으로 주장하고, 만약 합의의 존재가 증거에 따라 인정된다면, 법원은 원고의 권리보호의 이익이 없는 것으로 소각하의 소송판결을 하여야 한다는 발전적 사법계약설(＝항변권발생설)이 주장되었고, 이러한 입장이 현재의 **통설·판례**이다.143) 부제소특약의 경우도 마찬가지이다.144)

> ◆ **예** ◆　甲이 乙에게 건물철거 및 토지인도의 소를 제기하였는바, 甲·乙 사이에 소송 밖에서 화해가 성립하여 甲은 위 소를 취하기로 하는 내용의 합의를 하였다. 그런데 甲이 합의에 반하여 위 소를 취하하지 않는 경우에 항변권발생설에서는 소취하의 합의를 사법상의 계약으로 풀이하고 합의에 위반한 소송의 속행에 있어서 乙이 합의가 존재함을 소송에서 항변으로 주장하여 그것이 인정되면 甲의 권리보호의 이익이 없는 것으로 법원은 소를 부적법 각하하여야 하는 것으로 본다.

2-166

(다) **소송계약설**　그런데 사법계약설이든, 그 발전적 형태인 항변권발생설이든 소취하의 합의로부터 직접적으로 소송계속의 소급적 소멸이라는 소송법상 효과를 이끌어 내는 것이 아니고, 소송법상 효과를 간접적으로밖에 인정하지 않는데, 이는 성립한 합의를 의미 없게 만든다. 그래서 이러한 합의를 기능면에서 파악하여 그 합의에 소송법상 직접적인 효과, 즉 무엇인가의 형태로 소송계속의 소급적 소멸이라는 소송종료효과의 부여가 시도되었다. 여기서 사법상 계약으로부터 그것과는 계통을 달리하는 소송법상 효과가 발생한다는 것은 논리적으로 인정하기 어려우므로 소송행위의 개념을 확대하여 이러한 합의를 소송행위에 속하는 것으로 하고 그 효력을 인정하고자, 소송행위는 소송법상 효과를 발생시키는 일체의 행위라는 효과설이 성립한 것이다(☞2-141). 이를 전제로 결국 당사자의 의사는 본래 소취하의 합의에 의하여 직접적으로 소송을 종료시키려는 점에 있으므로 그렇다면 합의의 효과로서 직접적으로 소송계속의 소급적 소멸을 인정하여

---

143) **항소취하의 합의**가 있는데도 항소취하서가 제출되지 않는 경우 상대방은 이를 항변으로 주장할 수 있고, 이 경우 항소심법원은 항소의 이익이 없다고 보아 그 항소를 각하함이 원칙이다(대법원 2018. 5. 30. 선고 2017다21411 판결). 다른 **소송을 취하기로 하는 내용의 재판상 화해조서**가 작성되었다면 다른 소송이 계속 중인 법원에 취하서를 제출하지 않는 이상 그 소송이 취하로 종결되지는 않지만, 권리보호의 이익이 없게 되어 그 소는 각하되어야 한다(대법원 2005. 6. 10. 선고 2005다14861 판결).

144) 대법원 1993. 5. 14. 선고 92다21760 판결; 대법원 2013. 11. 28. 선고 2011다80449 판결.

야 하는 것이 아닌가라는 소송계약설이 주장되기에 이르렀다. 소송계약설에 의하면 변론에 있어서 당사자로부터(통상적으로 피고) 소취하의 합의가 존재하는 사실이 주장·증명된다면 직접적으로 소송계속은 소멸되고, 다만 법원은 이것을 확인하고 소취하의 합의에 따라 해당 소송이 종료되었다는 취지의 **소송종료선언**을 (☞9-3) 하는 것이 될 것이다.

(라) 검 토　　**생각건대** 사법계약설과 소송계약설 어느 한쪽으로 보지 않고,　　2-167
사법상의 계약과 소송상의 계약이 병존한다고 볼 것이다. 가령 소취하의 합의의 경우에는 사법상의 계약으로서는 원고가 피고에 대하여 소의 취하라는 행위를 할 의무를 부담함과 동시에 소송상의 계약으로 소송계속의 소멸이라는 효력이 발생한다고 할 것이고, 결국 사견에서는 원고가 소취하의 의무를 이행하지 않는 경우에 피고가 합의의 사실을 주장·증명한다면 소송계속이 소멸된 것으로 법원은 소송종료선언을 하게 된다(이는 소의 이익을 결여한 것으로 소를 각하하여야 한다고 보는 **통설·판례와 다르다**).

(4) 법적 규율

명확성의 필요에서 서면으로 하여야 할 것이다.[145] 그리고 의사표시의 흠　　2-168
등에 관하여는 민법상의 규율에 따라야 할 것이고,[146] 단독적 소송행위와 달리 조건·기한 등 부관을 붙일 수 있다고 할 것이다.[147]

---

145) 이에 반대하여 구술이든 서면이든 상관없는 방식자유가 존중된다는 견해로는 이, 397면.
146) 소취하합의의 의사표시 역시 민법 109조에 따라 법률행위의 내용의 중요 부분에 착오가 있는 때에는 취소할 수 있을 것이다(대법원 2020. 10. 15. 선고 2020다227523, 227530 판결).
147) 다만, 조건부 소취하의 합의를 한 경우에는 조건의 성취사실이 인정되지 않는 한 그 소송을 계속 유지할 법률상의 이익이 있다(대법원 2013. 7. 12. 선고 2013다19571 판결[미간행].

제 6 절   기일·기간·송달

제 1 항   기일·기간

I. 기 일

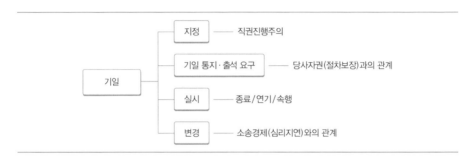

1. 의 의

2-169   기일은 법원, 당사자 그 밖의 소송관계인이 모여서 소송에 관한 일정한 소송
행위를 하기 위하여 정하여진 시간을 말한다. 그 목적으로 하는 사항에 따라 여
러 명칭이 있는데, 예를 들어 변론기일, 증거조사기일, 판결선고기일, 변론준비기
일, 심문기일, 화해기일 등이 있다.

2. 기일의 지정

(1) 직권으로 지정

2-170   기일은 원칙적으로 **직권**으로148) 재판장이 지정한다(165조 1항 본문). 수명법관
이나 수탁판사가 신문(訊問)하거나 심문(審問)하는 기일은 그 법관이나 판사가 지정한
다(동조 동항 단서). 재판장은 사건의 변론 개정시간을 구분하여 지정하여야 한다(민사
소송규칙 39조). 기일은 필요한 경우에 한하여 공휴일로도 정할 수 있다(166조).**149)**

---

148) 그러나 당사자에게 기습적인 심리의 진행을 행하는 것은 법원에 대한 불신감을 생기게 한다.
　　 가령 당사자 사이에 재판 밖에서 화해의 이야기가 오가고 있다면 그 사이에 소송을 사실상 휴지
　　 (休止)하는 것과 같이 어느 정도 당사자의 사정을 조정하면서 기일을 조정하여 가능한 한 당사
　　 자가 납득할 수 있는 진행이 되도록 하여야 할 것이다.
149) 소액사건에 있어서는 특히 직장근로자의 편의를 위하여 근무시간 외 또는 공휴일에도 개정할
　　 수 있다(소액사건심판법 7조의2).

(2) 기일지정신청

당사자의 신청에 따라 재판장이 기일을 지정할 수 있는데, 심리의 속행을 위   2-171
하여 기일의 지정을 촉구하는 당사자의 신청을 기일지정신청이라고 한다(165조
1항 본문). 다음과 같이 **세 가지**가 있다. ① 법원이 사건을 심리하지 않은 채 방치
하고 있는 경우에 당사자는 법원의 직권에 따른 기일의 지정을 촉구하는 의미에서
신청하는 것이다. ② 가령 소취하의 효력을 다투는 경우와 같이 소송종료 뒤에
그 종료를 다투며 기일지정신청을 하는 경우이다(민사소송규칙 67조, 68조 참조. ☞
9-3). ③ 당사자 쌍방이 2회 결석한 때에 소의 취하간주를 방지하기 위하여 당사
자는 1월 내에 기일지정신청을 할 수 있다(268조 2항. ☞7-60).

3. 기일의 통지

지정된 기일을 당사자 그 밖의 소송관계인에게 통지하여 출석을 요구하는   2-172
것을 기일의 통지(종래의 용어로, 소환)라고 한다. 기일통지의 방식은 **기일통지서**
또는 **출석요구서**를 (그 중요성을 고려하여) **송달**하는 것이 원칙이나, 다만 그 사건
으로 출석한 사람에게는 기일을 직접 **고지**하면 된다(167조 1항). 당사자 등 소송관
계인이 재판장이 정한 기일에 출석하겠다는 취지의 서면을 제출하면, 이미 기일
을 알고 출석의 의사까지 나타내고 있는 것이므로 그 경우까지 별도로 기일통지
서 또는 출석요구서를 송달할 필요가 없으며, 송달한 것과 같은 효력을 가진다
(168조). 한편, 법원은 대법원규칙이 정하는 간이한 방법(즉 전화·팩시밀리·보통우
편 또는 전자우편 등 상당한 방법. 민사소송규칙 45조)에 따라 기일을 통지할 수 있다
(간이통지방식). 다만, 이 경우에 기일에 출석하지 아니한 당사자, 증인 또는 감정
인 등에 대하여 법률상의 제재 그 밖에 기일을 게을리 함에 따른 불이익을 줄
수는 없다(167조 2항).

4. 기일의 실시

기일은 지정된 일시 및 장소에서 실시된다. 최근 변론준비기일, 심문기일 및   2-173
변론기일을 영상재판 방식으로 열 수 있게 되었다(287조의2). 기일은 사건과 당사
자의 이름을 부름으로써 시작된다(169조). 적법한 기일의 통지 없이 행한 기일의
실시는 위법하다. 다만, 이의권의 포기·상실에 의하여 그 흠은 치유될 수 있다.

기일은 그 날에 예정된 소송행위가 종료하면 종료된다. 예를 들어 그 기일이 판결선고기일이라면 판결의 선고에 의하여 자연히 종료되고, 특히 종료의 선언을 할 필요는 없다.

5. 기일의 변경

(1) 의　의

2-174　　　기일의 변경은 지정기일의 실시 전에 그 지정을 취소하고, 이에 대신하는 기일을 지정하는 법원의 결정을 말한다. 기일의 개시 뒤에 그 기일에 아무런 소송행위를 하지 아니하고 새로운 기일을 지정하는 기일의 연기와 구별되며, 기일에 소송행위를 하였지만 완결을 보지 못하여 다시 계속하기 위하여 새로운 기일을 지정하는 기일의 속행과 구별된다.

기일의 변경	기일의 실시 전에 그 지정을 취소하고, 대신하는 기일 지정
기일의 연기	기일 개시 뒤에 그 기일에 아무런 소송행위를 하지 않고 새로운 기일 지정
기일의 속행	기일을 실시하였으나 완결을 보지 못하여 다시 계속하기 위해 새로운 기일 지정
기일의 해태	기일에 결석(☞2−177)
변론의 재개	종결된 변론을 다시 여는 것(☞7−28)
변론의 갱신	법관이 바뀐 경우에 종전 변론결과를 새로운 법관의 면전에서 진술(☞6−11)

◆ **임시공휴일 지정에 따른 기일의 변경** ◆　5월 6일에 기일을 잡아놨는데 징검다리 연휴(2016년에 5월 5일이 목요일로 어린이날이고, 5월 8일이 일요일) 관련 갑자기 5월 6일이 임시공휴일이 돼, 법원이 이날 잡혀 있던 기일을 통으로 옮기느라 진땀을 뺐다. 한 판사는 기일은 보통 한 달 전에 미리 잡아놓는데 재판일정 등 모든 일정이 꼬였다며 4월 28일 목전에 와서 이렇게 갑작스럽게 임시공휴일을 정해야만 했는지 불만을 터뜨렸다. 한 변호사는 기일의 변경 연락이 왔다며 공휴일이 생긴다는 것은 좋은 일이지만 기일도 새로 잡아야 하고 여러 가지로 번거롭게 됐다고 말했다. 반면 다른 판사는 임시공휴일 지정과 상관없이 처음부터 징검다리 연휴에는 기일을 잡지 않으려고 했기 때문에 다행히도 큰 문제가 없다며 느긋한 반응을 보였다(2016.5.2.자 법률신문 기사).

(2) 요 건

당사자에게 사정이 있는 경
우에는 기일의 변경을 인정할 필
요가 있지만, 무제한으로 변경을
인정하는 것은 심리의 지연원인
으로 되므로 법은 기일의 성질을
고려하여 그 요건을 마련하고 있
다. 우선, **첫 변론기일**(첫 변론준
비기일도 마찬가지)은 당사자들의
합의가 있으면 현저한 사유가 없
는 경우라도 바꾸는 것이 허용된
다(165조 2항). 이 경우, 합의서나
상대방의 동의서를 첨부하는 등
기일변경을 필요로 하는 사유를
명시하고, 이를 소명하여 기일변
경신청서를 해당 법원에 기일 전

2-175

```
          기 일 변 경 신 청 서

  사   건   20○○ 가합(가단) ○○○     매매대금

  원 고   이 몽 룡
  피 고   성 춘 향

  위 사건에 관하여 20○○. ○. ○. 10:00에 변론기일이 지정되
  었으나 원고는 다음과 같은 사유로 인해 출석할 수 없으므로
  변론기일을 변경하여 주시기 바랍니다.

               다    음
          동 일자 예비군 동원훈련

             첨 부 서 류
  1. 예비군훈련소집통지서 사본 1통
  2. 기일변경합의서(동의서) 1통

                     20○○.    .    .
          위 원고    이 몽 룡      (인)
  ○○지방법원     귀중
```

에 제출하여야 한다. 다음, **제2차 이후의 속행기일**은 첫 변론기일과 달리 현저
한 사유(가령 자기 가족의 혼례·장례에 참석하는 경우, 당해 기일의 통지를 받기 전에 다
른 법원으로부터 통지를 받은 경우 등)가 있는 때에 한하여 법원의 **허가**를 받아야만
바꿀 수 있다(165조 2항의 반대해석). 이 경우, 현저한 사유를 소명할 수 있는 자료
를 첨부하여 법원에 기일변경신청서를 제출하여야 한다(민사소송규칙 40조 참조).
그런데 당사자의 게으름에 의한 준비부족으로 기일변경이 행하여지는 것을 방지
하는 것도 중요하지만,150) 당사자에게 예기치 못한 불이익을 주거나 충분한 주
장·증명을 다하지 못하였다는 불만감을 남기지 않기 위한 배려도 필요할 것이다.

(3) 절 차

기일변경신청을 하는 때에는 변경이 필요한 사유를 밝히고 그 사유를 소명　　2-176
하는 자료를 붙여야 한다(민사소송규칙 40조). 재판장은 신청이 이유 있다고 인정

---

150) 재판장등은 위 165조 2항에 따른 경우 외에는 특별한 사정이 없으면 기일변경을 허가하여서는
　　　아니 된다고 하고 있다(민사소송규칙 41조).

되는 때에는 기일변경의 명령을 하고, 신청이 이유 없다고 인정될 때에는 결정으로 각하한다. 이에 대하여는 불복신청이 허용되지 않는다.

6. 기일의 해태(懈怠)

2-177 기일의 게을리 함(해태)이라 함은 당사자가 적법한 기일의 통지를 받고도 필수적 변론기일에 출석하지 아니하거나 출석하였어도 변론하지 않은 경우를 말한다(☞7-55). 또한 변론무능력으로 진술금지(144조)의 재판을 받은 경우에는 당사자가 출석하였어도 불출석한 것으로 취급된다(☞4-68).

II. 기 간

1. 의 의

2-178 기간은 일정한 시점으로부터 다른 시점까지의 시간의 경과를 말한다. 기간의 계산은 민법에 따른다(170조). 기간의 말일이 공휴일에 해당한 때에는 기간은 그 다음 날로 만료한다(민법 161조). 가령 판결정본이 6. 7.에 송달되었으면 6. 8.부터 상소기간이 기산되며 6. 21. 24:00로써 만료되지만, 가령 6. 21.이 토·일요일 또는 공휴일이면 그 다음 날에 만료된다. 기간의 진행은 소송절차의 중단 또는 중지에 의하여 정지되며, 그 해소와 동시에 다시 전체 기간이 새로이 진행된다(247조 2항).

2. 기간의 종류

2-179

소송법상의 기간에는 크게 나누면 당사자 그 밖의 소송관계인의 소송행위에 관한 것과 법원의 소송행위에 관한 것이 있는데, 전자를 **고유기간**(본래기간), 후자를 **직무기간**으로 부른다. 후자의 직무기간은 그 기간을 도과하여도 별도의 위법의 효과가 생기지 않고, 그 의미에서는 훈시규정이고, 진정한 의미에서의 기간이라고 부를 수 없다. 가령 판결선고기간(199조, 207조 1항), 판결송달기간(210조)

등이다. 전자의 고유기간에는 다음의 종류가 있다.

(1) 법정기간과 재정기간

기간(의 길이)을 정하는 근거에 의한 구별이다. 법정기간은 기간을 법률에 의 2-180
하여 정하는 것이고, 재정(裁定)기간은 구체적인 상황에 따라서 재판기관이 재판
에 의하여 정하는 것이다. 전자의 예는 상소기간(396조, 425조, 444조)을 들 수 있
고, 후자의 예는 소장의 보정기간(254조)을 들 수 있다(가령 소장을 언제까지 보정하
라). 적시제출주의의 실효성을 확보하기 위하여 재판장은 당사자의 의견을 들어
한쪽 또는 양쪽 당사자에 대하여 특정한 사항에 관하여 주장을 제출하거나 증거
를 신청할 기간을 정할 수 있는데(147조), 이것도 재정기간의 예이다. 재정기간에
있어서 시작되는 때를 정하지 아니한 경우에 그 기간은 재판의 효력이 생긴 때부
터 진행한다(171조).

(2) 불변기간과 통상기간

법정기간 내에서의 구별이다. 불변기간은 법률이 불변기간이라고 명시한 것 2-181
을 말한다. 대체로 상소기간 등의 재판에 대한 불복신청기간이 이에 해당된다.
통상기간은 불변기간 이외의 법정기간을 말한다. 이러한 구별은 후술할 기간의
신축을 허용하는가, 추후보완을 허용하는가에 따라서 의미가 있게 된다.

3. 기간의 신축

불변기간을 제외하고 통상기간은 법원이, 그리고 재정기간은 이를 정한 재판 2-182
기관이 늘이거나 줄일(신축할) 수 있는 것이 원칙이다(172조 1항, 3항). 다만, 이 기
간의 신축은 소송의 진행에 관한 소송지휘적 견지에서 인정된 것이므로 소송지휘
의 차원에서 규율할 수 없는 중대한 효과를 가져오는 기간에 대하여는 신축을 인
정할 수 없다. 가령 소송행위의 추후보완기간 등은 명문으로 신축을 금지하는 경
우이다(173조 2항).

한편, 불변기간에 대하여는 일반의 신축은 인정하고 있지 않지만, 법원으로
부터 주소 또는 거소가 멀리 떨어진 곳에 있는 사람을 위하여 부가기간을 정할
수 있다(172조 2항). 부가기간은 본래의 기간과 합체하여 전체 기간이 1개의 불변
기간이 된다.

4. 기간의 해태와 추후보완

(1) 기간의 해태

2-183　　기간의 해태라 함은 당사자 그 밖의 소송관계인이 일정한 행위기간 내에 소정의 행위를 하지 아니하는 경우를 말한다. 이로 말미암아 당사자 등은 보통 그 행위를 할 기회를 잃게 되는 불이익을 받게 된다. 그런데 **통상기간을 지킬 수 없었던 경우**에는 소송계속이 아직 존속하고 있으므로 당사자는 그 뒤의 절차에서 무엇인가의 구제를 구할 여지가 있다. 그러나 **불변기간을 지킬 수 없었던 경우**(가령 2주일의 상소기간 내에 상소를 하지 않은 경우)에는 재판의 확정 등의 중대하면서 종국적인 결과를 수반하는 치명적인 불이익을 받게 된다.

(2) 추후보완

2-184　　**(가) 의　의**　　당사자가 책임질 수 없는 사유로 말미암아 불변기간을 지킬 수 없었던 경우에 이를 구제하지 않는다면 당사자에게 너무 가혹한 것이 된다. 그리하여 그 **사유가 없어진 날로부터 2주일 내**에 게을리 한 소송행위를 보완할 수 있다고 하여 소송행위의 추후보완(줄여서 추완)을 인정하고 있다. 다만, 그 사유가 없어질 당시 외국에 있던 당사자에 대하여는 이 기간을 30일로 한다(173조 1항). 이 소송행위의 추후보완은 실질상 간이한 재심기능을 수행하는 것이 많다.

2-185　　**(나) 대　상**　　173조 1항은 불변기간에 한하여 추후보완을 인정하고 있지만,[151] 불변기간 이외에도 **상고이유서제출기간**(427조) 등은 그 도과에 의하여 재판의 확정이라는 중대한 효과가 생기므로 동조의 유추적용을 인정하여도 무방하다고 생각한다. 그러나 **판례**와 **일부 학설**은 상고이유서제출기간은 불변기간이 아니므로 동조의 적용이 없다고 **반대**한다.[152]

2-186　　**(다) 사　유**　　당사자가 책임질 수 없는 사유, 즉 귀책사유가 없는 경우이다. 이는 천재지변 그 밖의 불가항력에만 한정하는 것이 아니고, 당사자가 해당 소송행위를 하기 위한 일반적 주의를 다하였어도 그 기간을 지킬 수 없었던 사유를 말한다. 그런데 가령 판결정본이 피고와 동거하는 처에게 송달된 이상(☞2-196 보충송달 참조), 피고가 그 때 다른 지방에 여행을 한 관계로 불변기간 내에 항소

---

151) 한편, 당사자 쌍방의 결석의 소취하간주에서 1월의 휴지기간은 불변기간이 아니어서 그 추후보완이 허용되지 않는다(대법원 1992. 4. 21. 선고 92마175 판결. ☞7-60).

152) 대법원 1970. 1. 27. 선고 67다774 판결. 송/박, 274면.

를 제기하지 못하였다고 하더라도 이는 피고에게 책임 없는 사유에 해당되지 아니한다.153) 소송대리인이나 그 보조자의 과실은 당사자 본인의 과실로 본다.

① **공시송달의 경우**　　공시송달에 의하여(☞2-200) 판결 등을 송달받은 당사자의 불이익을 구제하기 위하여 상소의 추후보완을 무제한으로 인정한다면 공시송달제도 자체가 무의미하게 되기 때문에 특히 문제가 되는데, 일반론으로서는 수송달자에게 **송달의 부지에 대하여 과실이 있다고 인정할 만한 특별한 사정이 없는 한**, 책임질 수 없는 사유로 인하여 불변기간을 지킬 수 없었던 경우에 해당한다고 본다. 가령, 피고에게 과실이 있다고 할 수 있는 특별한 사정이란, 피고가 소송을 회피하거나 이를 곤란하게 할 목적으로 의도적으로 송달을 받지 않았다거나 피고가 소 제기 사실을 알고 주소신고까지 하여 두고서도 그 주소로 송달되는 소송서류가 송달불능되도록 장기간 방치하였다는 등의 사정을 말한다.154) 가령, 수감된 피고에 대하여 법원이 판결정본을 **교도소장에게 송달하지 않고**(182조 참조) 피고 주소지로 공시송달을 한 것은 공시송달의 요건을 갖추지 못한 하자가 있으나 재판장의 명령에 따라 공시송달을 한 이상 송달의 효력은 있고, 다만 피고는 **과실 없이** 제1심 판결의 송달을 알지 못하여 **책임을 질 수 없는 사유**로 항소기간을 준수할 수 없었던 때에 해당하여 추완항소를 할 수 있다.155)

23-변리사시험

23-변리사시험

◈ **추완항소 긍정** ◈　　한 번도 빠짐없이 변론기일에 출석하여 소송을 수행하였는데 법원이 직권으로 선고기일을 연기하면서 당사자에게 이를 통지하는 절차를 **누락**하였고 판결정본의 송달에 관하여는 휴가철에 연속하여 송달하였으나 폐문부재로 송달불능되자 이를 공시송달한 경우에, 정상적으로 소송을 수행하여 오던 당사자가 원래 예정된

---

153) 대법원 1966. 4. 19. 선고 66다253 판결.
154) 조정이 성립되지 아니한 것으로 사건이 종결된 후 피신청인의 주소가 변경되었음에도 피신청인이 조정법원에 주소변경신고를 하지 않은 상태에서 **조정이 소송으로 이행**되었는데, 통상의 방법으로 변론기일통지서 등 소송서류를 송달할 수 없게 되어 발송송달이나 공시송달의 방법으로 송달한 경우에는 처음부터 소장 부본이 적법하게 송달된 경우와 달라서 피신청인에게 **소송의 진행상황을 조사할 의무가 있다고 할 수 없으므로** 피신청인이 이러한 소송의 진행상황을 조사하지 않아 상소제기의 불변기간을 지키지 못하였다면 이는 당사자가 책임질 수 없는 사유로 말미암은 것에 해당한다(대법원 2015. 8. 13. 선고 2015다213322 판결). 소장부본 등이 이미 공시송달의 방법으로 송달된 상태에서 제1심법원이 피고에게 전화로 연락하여 소장부본 송달에 관한 내용과 변론기일 등을 안내해 주었다는 정도의 사정만으로는 제1심판결이 공시송달의 방법으로 송달된 사실을 피고가 모른 데 대하여 피고에게 책임을 돌릴 수 있는 사유가 있다고 섣불리 단정하기 어렵다(대법원 2021. 8. 19. 선고 2021다228745 판결).
155) 대법원 2022. 1. 13. 선고 2019다220618 판결.

선고기일 직후의 재판진행상황을 그 즉시 알아보지 아니함으로써 불변기간을 준수하지 못하게 되었다 할지라도 그 책임을 당사자에게 돌릴 수 없다.156)

◈ **추완항소 부정** ◈   소장부본과 제2차 변론기일의 소환장이 피고에게 **적법**하게 송달되어 소송이 진행되던 중에 소송서류의 송달이 불가능하게 되자 종국에 가서 판결정본을 공시송달한 경우, 당초 소장부본부터 송달이 불가능하여 공시송달의 방법에 의하여 소송서류를 송달하는 경우와는 달리 피고로서도 원고가 소를 제기한 사실을 알고 있을 터이므로 소송의 진행상황을 조사하여 그 결과까지도 알아보아야 하며, 따라서 판결이 선고된 것을 몰랐기 때문에 항소기간을 준수할 수 없었다고 하더라도, 달리 특별한 사정이 없는 한, 당사자인 피고가 책임질 수 없는 사유로 인하여 기간을 준수할 수 없었던 경우라고 할 수 없다.157)

② **무권대리인이 소송을 수행하여 판결정본을 송달받은 경우**   이 경우는 당사자가 과실 없이 소송계속사실 및 그 판결정본의 송달사실을 몰랐던 것이므로, 그 당사자의 추완항소는 적법하다.158)

2-187   **(라) 절 차**   추후보완을 위하여 따로 절차가 마련되어 있지는 않다. 보완은 책임질 수 없는 사유가 없어진 날로부터(가령, 공시송달의 방법으로 송달된 경우는 단순히 판결이 있었던 사실을 안 때가 아니고 나아가 판결이 **공시송달의 방법으로 송달된 사실을 안 때**를 말한다) 2주일(외국에 있는 당사자에 대하여는 30일) 내에159) 게을리 한 소송행위를 그 방식에 따라서 하면 된다. 가령 상소기간을 도과하였으면 상소장을 제출하면 된다. 위 2주일은 신축하거나 부가기간을 정할 수 없다(173조 2항). **추후보완사유의 주장 및 증명의 책임은 보완자가 부담**한다. 게을리 한 소송행

---

156) 등기우편에 의한 발송송달을 하기에 앞서 기록에 현출되어 있는 정확한 주소로 변론기일통지서 등의 소송서류를 송달하여야 하는데, 결국 피고가 변론기일통지서 및 판결정본 등을 적법하게 송달받지 못하였으므로 그 후의 재판진행상황을 알아보지 않았다고 하더라도 이는 피고에게 책임을 돌릴 수 있는 사유는 아니다(대법원 2018. 4. 12. 선고 2017다53623 판결).

157) 대법원 1997. 9. 26. 선고 97다23464 판결.

158) 대법원 1996. 5. 31. 선고 94다55774 판결.

159) 공시송달의 방법으로 제1심에서 원고 승소판결이 있은 후, 이에 기하여 원고가 피고의 예금채권에 대해 채권압류 및 추심명령을 받자 제3채무자인 금융기관 측에서 피고에게 '법원의 요청으로 계좌가 압류되었다'는 내용(채권압류 및 추심명령의 사건번호와 채권자만 기재되어 있었다)의 문자메시지를 보냈고, 그 후 피고는 2달이 지나 제1심 판결을 영수한 후 추완항소를 제기한 사안에서, 위 문자메시지를 받은 시점부터 추완항소 기간이 진행된다고 본 것은 잘못이다. 제1심 판결에 관한 내용이 전혀 언급되어 있지 않은 문자메시지를 받았다는 사정만으로는 제1심 판결이 있었던 사실을 알았다거나, 사회통념상 그 경위를 알아볼 만한 특별한 사정이 있었다고 보기 어렵다. 오히려 제1심 판결을 영수한 때로부터 추완항소 기간이 진행된다고 보아야 한다(대법원 2021. 3. 25. 선고 2020다46601 판결).

위를 보완하는 것만으로는 불변기간의 도과에 의한 재판의 형식적 확정은 해소되지 않으므로 기판력·집행력에 아무런 영향이 없다. 확정재판에 기한 강제집행에 대하여는 별도로 집행의 정지를 신청하여야 한다(500조).

■ **추완항소장의 작성 기재례**[160]

추 완 항 소 장

항 소 인 (피고)   ◇◇◇

　　　　　　　　○○시 ○○구 ○○동 ○○(우편번호 ○○○−○○○)

　　　　　　　　전화·휴대폰번호:

　　　　　　　　팩스번호, 전자우편(e−mail)주소:

피항소인 (원고)   ○○○

　　　　　　　　○○시 ○○구 ○○동 ○○(우편번호 ○○○−○○○)

　　　　　　　　전화·휴대폰번호:

　　　　　　　　팩스번호, 전자우편(e−mail)주소:

　　계금청구 추완항소사건

　위 당사자간 ○○지방법원 20○○가단○○○ 계금청구사건에 관하여 같은 법원에서 20○○. 7. 21. 판결선고 하였는바, 항소인(피고)은 위 판결에 전부불복하고 다음과 같이 항소를 제기합니다.

원판결의 주문표시

1. 피고는 원고에게 금 10,659,023원 및 이에 대하여 19○○. 5. 7.부터 20○○. 3. 9.까지는 연 5%의, 그 다음날부터 다 갚는 날까지는 연 ○○%의 각 비율에 의한 돈을 지급하라.

2. 소송비용은 피고의 부담으로 한다.

3. 위 제1항은 가집행 할 수 있다.

항 소 취 지

1. 원심판결을 취소한다.

2. 원고의 청구를 모두 기각한다.

3. 소송비용은 제1, 2심 모두 원고의 부담으로 한다.

라는 판결을 구합니다.

소송행위추완에 대한 주장

1. 원심판결은 20○○. 8. 6.에 공시송달의 방법에 의하여 20○○. 8. 21.에 항소인(피고)에게 송달된 것으로서 송달의 효력이 발생되어 20○○. 9. 5.에 형식상 확정되었습니다.

2. 그런데 항소인(피고)는 제1심 법원으로부터 항소인(피고)의 주소지인 ○○ ○○구 ○○동 ○○○ ○○아파트 ○○○동 ○○○호에서 이 사건 소장부본 및 최초의 변론기일소환장을 송달 받고 그 변론기일에 출석한 이후 변호사의 도움 없이 직접 소송을 수행하면서 변론기일에 한 번도 빠짐없이 출석하여 소송을 회피하거나 지연하려는 행위를 한 적이 없었는데, 제3차 변론기일에 변론이 종결되고 판결선고기일이 20○○. 7. 7.로 고지되었습니다.

　　그 뒤 제1심 법원은 변론종결 당시 고지한 선고기일에 판결선고를 하지 않고 직권으로 선고기일을 연기하면서 다음 선고기일에 대한 기일소환을 하지 아니한 채 20○○. 7. 21.에 당사자 쌍방이 출석하지 아니한 가운데 판결선고를 하였고, 그 뒤 판결정본을 즉시 송달하지 아니하고 그로부터 10일이나 경과한 20○○. 7. 30.에야 이를 발송함으로써 마침 항소인(피고)이 휴가를 가서 주소지에 거주하고 있지 아니한 기간인 20○○. 8. 3.부터 3일간 집배원의 3차에

---

160) 법률구조공단 홈페이지에서 인용함.

걸친 배달시에 모두 폐문부재로 송달불능 되자 20○○. 8. 6. 판결정본을 공시송달 하여 20○○. 8. 21.에 피고에게 송달된 것으로서 송달의 효력이 발생되어 20○○. 9. 5.에 형식상 확정된 것입니다.

3. 그러나 제1심 법원은 한여름 휴가철인 8. 3.부터 8. 5. 사이에 판결정본의 송달이 불능으로 되었다면 피고가 여름 휴가철로 집을 비웠을 가능성을 고려하여 보충송달 등의 방법으로 재송달 하였어야 할 것인데 별다른 조치를 취하지 아니한 채 바로 공시송달결정을 하였으므로, 제1심 법원의 이 사건 공시송달결정은 요건을 결여한 부적법한 것이고, 피고는 제1심 판결이 이러한 부적법한 공시송달의 방법에 의하여 송달된 사실을 모르고 있다가 시일이 오래 지나도록 판결문이 송달되지 않자 20○○. 9. 9.에야 직접 원심법원을 찾아가 기록을 열람해 보고 판결문을 수령한 것입니다.

4. 그렇다면 피고는 위와 같은 피고가 책임질 수 없는 사유로 항소기간을 준수할 수 없었던 것이므로 피고의 이 사건 추완항소는 적법하다고 할 것입니다.

항 소 이 유

추후 제출하겠습니다.

입 증 방 법

1. 을 제3호증 　　　　　　주민등록표등본
1. 을 제4호증 　　　　　　판결등본교부신청증명

첨 부 서 류

1. 위 입증방법 　　　　각 1통
1. 추완항소장부본 　　　1통
1. 송달료납부서 　　　　1통

20○○.○○.○○.
위 항소인(피고) ◇◇◇ (서명 또는 날인)

○○지방법원 귀중

제 2 항 송 달

I. 의 의

2-188　　　　송달은 당사자 그 밖의 이해관계인(소송관계인)에 대하여 소송상의 서류를 법정의 방식에 의하여 통지하는 것이다(일반적 용어로, 송달은 상대방에게 서면을 도달하는 것, 통지는 상대방에게 알리는 것을 말한다). 송달은 절차의 진행을 당사자 등에게 알리기 위한 것으로 당사자의 절차보장의 기본 가운데 중요한 하나이다. 송달은 재판권의 한 작용에 속하며, 특별한 규정이 없으면 법원이 직권으로 행하는 직권송달주의를 취하고 있다(174조 이하. 다만, 공시송달은 그 예외). 가령 소장을 원고가 법원에 제출하면, 법원이 피고에게 송달한다. 비교법적으로는 당사자가 필요한 서류를 서로 송부하는 당사자송달주의를 취하는 입법례도 있다.

II. 송달기관

1. 송달담당기관

송달에 관한 사무는 법원의 법원사무관 등이 처리한다(175조 1항). 법원사무 2-189
관등은 송달하는 곳의 지방법원에 속한 법원사무관등 또는 직접 그 법원 소속 **집
행관에게 위 사무를 촉탁**할 수 있다(175조 2항).

2. 송달실시기관

실제로 송달을 행하는 송달실시기관은 원칙적으로 우편집배원 또는 집행관 2-190
이다(176조 1항, 2항). 송달방법을 우편에 의할 것인가, 집행관에 의할 것인가는 법
원사무관등이 결정하는데, 실제로는 집행관은 일몰 후·일출 전의 송달(특별송달
이라고 한다)에 이용되는 정도이고, 우편집배원에 의하는 것이 보통이다. 법원사무
관등도 예외적으로 해당 사건에 관하여 출석한 사람에게는 직접 송달할 수 있다
(177조). 송달하는 데 필요한 때에는 국가경찰공무원에게 원조를 요청할 수 있다
(176조 3항). 송달한 기관은 송달에 관한 사유를 서면으로 법원에 알려야 한다(193
조). 다만, 법원이 상당하다고 인정하는 때에는 전자통신매체를 이용한 통지로 서
면통지에 갈음할 수 있다(민사소송규칙 53조).

III. 송달서류

송달서류는 원칙적으로 등본 또는 부본(가령 소장부본)을 사용하지만(178조 1 2-191
항), 판결서의 송달은 정본에 의한다(210조 2항). 송달을 하여야 하는 소송서류를
제출하는 때에는 특별한 규정이 없으면 송달에 필요한 수의 부본을 함께 제출하
여야 한다(민사소송규칙 48조).

IV. 송달받을 사람

송달을 받을 사람은 원칙적으로 송달할 서류의 명의인인 당사자이지만, 예외 2-192
적으로 서류의 명의인이 소송무능력자일 때에는 그의 법정대리인이 송달을 받을
사람이다(179조).161) 법인에게 효과가 발생할 소송행위는 그 법인을 대표하는 자

---

161) 판결정본이 미성년자에게만 송달된 경우 판결이 소송무능력을 이유로 소를 각하한 것이라는
등 특별한 사정이 없는 한 그 송달은 부적법하여 무효이다(대법원 2020. 6. 11. 선고 2020다

연인의 행위거나 그 자연인에 대한 행위라야 할 것이므로 법인 그 밖의 단체에
대한 송달은 그 대표자 또는 관리인에게 한다(64조 참조).

　　소송대리인이 있는 경우에는 소송대리인이 송달을 받을 사람인데, 이 경우
에 당사자본인에 대한 송달은 적절하지 않지만, 적법·유효하다고 보는 입장이
일반적이나,162) 소송대리인을 선임하는 본인의 의사에 비추어 본인에 대한 송
달은 부적법하다고 풀이할 것이다.

　　그 밖에 교도소·구치소 또는 국가경찰관서의 유치장에 체포·구속 또는 유
치된 사람에게 할 송달은 교도소·구치소 또는 국가경찰관서의 장에게(182조), 군
사용의 청사 또는 선박에 속하여 있는 사람에게 할 송달은 그 청사나 선박의 장
에게(181조) **송달받을 사람을 대리**하여 송달하여야 한다. 가령 수감자에 대한 송
달을 교도소 등의 장에게 하지 아니하였다면 그 송달은 부적법하여 무효이다.163)
한편, 판례는 수감된 당사자는 185조에서 정한 송달장소 변경의 신고의무를 부담
하지 않는데, 교도소장 등에게 송달하지 않고 당사자 주소 등에 공시송달한 경우
에 요건을 갖추지 못한 하자가 있다고 하더라도 재판장의 명령에 따라 공시송달
을 한 이상 송달의 효력은 있고, 이 경우 추완상소를 할 수 있다고 한다.164)

8586 판결[미간행]).

162) 당사자가 민사소송 등에서의 전자문서 이용 등에 관한 법률에서 정한 **등록사용자가 아니거나**
　　전산정보처리시스템을 이용한 민사소송 등의 **진행에 동의하지 않은 경우**에 소송대리인을 선임
　　하였다고 하더라도 당사자가 본인 고유의 소송수행권을 잃게 되는 것은 아니므로 소송서류를 본
　　인에게 우편으로 송달하였다고 하더라도 위법한 것은 아니다. 그런데 이와 같이 소송서류가 당
　　사자와 소송대리인에게 모두 송달되었다면 당사자 또는 그 소송대리인 중 먼저 도달한 것을 기
　　준으로 송달의 효력을 따져야 한다(대법원 2024. 7. 25. 선고 2024다236211 판결).

163) 이는 법원이 서류를 송달받을 당사자가 수감된 사실을 몰랐거나, 수감된 당사자가 송달의 대상
　　인 서류의 내용을 알았다고 하더라도 마찬가지이다. 따라서 수감된 당사자에 대하여 185조나
　　187조에 따라 종전에 송달받던 장소로 **발송송달**을 하였더라도 적법한 송달의 효력을 인정할 수
　　없다(대법원 2021. 8. 19. 선고 2021다53 판결).

164) 대법원 2022. 1. 13. 선고 2019다220618 판결.

V. 송달의 방식

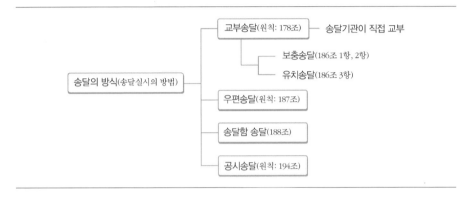

1. 교부송달

현행법상 다양한 송달실시의 방법이 마련되어 있는데, 송달받을 사람에게 서류의 등본 또는 부본을 교부하는 **교부송달**이 송달의 **원칙**이다(178조).　　2-193

◈ **민사소송규칙상의 특례** ◈　민사소송규칙은 민사소송법 176조 1항의 위임에 의하여, ① 변호사인 소송대리인에 대한 송달은 법원사무관등이 전화·팩시밀리·전자우편 또는 휴대전화 문자전송을 이용하여 할 수 있게 하여 교부송달원칙의 예외를 인정하고 있고(민사소송규칙 46조), ② 양쪽 당사자가 변호사에 의하여 대리되는 경우에는 한쪽 당사자의 변호사가 상대방 변호사에게 송달될 소송서류의 부본을 교부하거나 팩시밀리 또는 전자우편으로 보내고 그 사실을 법원에 증명하는 방법으로 송달할 수 있게 하여 우편집배원 등에 의한 송달원칙의 예외를 인정하고 있다. 다만, 그 소송서류가 당사자 본인에게 교부되어야 할 경우에는 그러하지 않다(민사소송규칙 47조).

◈ **전자송달** ◈　전자적 송달을 할 수 있도록 한 「민사소송 등에서의 전자문서 이용 등에 관한 법률」이 2010년 3월 24일에 제정되었다. 즉 법원사무관 등은 미리 전산정보 처리시스템을 이용한 민사소송 등의 진행에 동의한 등록사용자, 전자문서를 출력한 서면 등을 송달받은 후 등록사용자로서 전산정보처리시스템을 이용한 민사소송 등의 진행에 동의한 자, 국가나 지방자치단체 등에게 전자적으로 송달할 수 있도록 하고(동법 11조 1항), 송달할 전자문서가 전산정보처리시스템에 등재된 사실을 송달받을 자에게 전자적으로 통지하도록 하며(동조 3항), 송달받을 자가 등재된 전자문서를 확인한 때에 송달된 것으로 보되, 등재사실을 통지한 날부터 1주 이내에 확인하지 아니하는 때에는 등재사실을 통지한 날부터 1주가 지난 날에 송달된 것으로 본다(동조 4항).[165]

---

165) 원심판결문의 상고인에 대한 송달 효력이 발생한 시기는 전자우편 등으로 등재사실이 통지

(1) 송달장소

(가) 주소등   송달받을 사람의 **주소, 거소, 영업소 또는 사무소**(이하 주소등)가 송달장소이다. 다만, 법정대리인에게 할 송달은 본인의 영업소나 사무소에서도 할 수 있다(183조 1항). 법인 등 단체의 대표자 또는 관리인에 대한 송달도 마찬가지이다(64조).**166)** 그런데 여기서 말하는 영업소 또는 사무소는 송달받을 사람 **자신이 경영**하는 영업소 또는 사무소(선거사무소와 같이 한시적으로 운영되더라도 어느 정도 반복해서 송달이 이루어질 것이라고 객관적으로 기대할 수 있으면 이에 해당)를 의미하는 것이지, 송달받을 사람의 근무장소는 이에 해당하지 않으며(183조 2항 참조), 또한 송달받을 사람이 경영하는, 그와 별도의 법인격을 가지는 회사의 사무실은 송달받을 사람의 영업소나 사무소라 할 수 없고, 이는 그의 근무장소에 지나지 아니한다.

(나) 근무장소   그런데 대부분의 가족이 학업과 취업을 위하여 낮 시간에 집을 비우고 있는 현실에서 송달받을 사람의 주소 등에서 송달하기가 어렵고, 근무장소가 아니면 만나기 힘든 실정이다. 그리하여 위 장소를 알지 못하거나 그 장소에서 송달할 수 없는 때에는 송달받을 사람이 고용, 위임 그 밖에 법률상 행위로 취업하고 있는 다른 사람의 주소등(**근무장소**)에서 송달할 수 있다(183조 2항). 이때의 근무장소는 현실의 근무장소로서 고용계약 등 법률상 행위로 취업하고 있는 지속적인 근무장소를 말한다.**167)**

(다) 만나는 장소   송달을 받을 사람의 주소등 또는 근무장소가 국내에 없거나 알 수 없는 때에는 그를 만나는 장소에서 송달할 수 있다(183조 3항). 주소등 또는 근무장소가 있는 사람도 송달받기를 거부하지 아니하면 만나는 장소에서 송

2-194
13-사법시험

16-변리사시험

된 날의 다음 날부터 기산하여 7일이 지난 2014. 10. 2.의 오전 0시가 되고, 상고기간은 2014. 10. 2. 당일부터 기산하여 14일이 되는 2014. 10. 15. 만료하므로(상소기간은 민법 157조 단서에 따라 송달의 효력이 발생한 당일부터 초일을 산입해 기산하여 2주가 되는 날) 2014. 10. 16. 제출된 이 사건 상고장은 상고기간을 도과한 것으로서 그 흠결을 보정할 수 없다(대법원 2014. 12. 22.자 2014다229016 명령).

166) 당사자인 법인에의 소장 등 서류는 그 대표자에게 송달하여야 하는 것이니 그 대표자의 주소등이 원칙이고, 법인의 영업소나 사무소에도 할 수 있어 법인의 주소지로 발송하였으나 이사불명으로 송달불능된 경우에는, 원칙으로 되돌아가 대표자의 주소지로 소장부본 등을 송달하여 보고 송달되지 않을 때에 주소보정을 명하여야 하므로 법인의 주소지에 송달불능되었다는 이유만으로 그 주소보정을 명한 것은 잘못이고, 그 보정을 하지 않았다는 이유로 한 소장각하명령은 위법하다(대법원 1997. 5. 19. 선고 97마600 판결).

167) 다른 주된 직업을 가지고 있으면서 회사의 비상근이사, 사외이사의 직에 있는 사람에게 위 회사는 지속적인 근무장소라고 할 수 없다(대법원 2015. 12. 10. 선고 2012다16063 판결).

달할 수 있다(183조 4항). 이를 실무상 **조우**(遭遇) 또는 **출회**(出會)송달이라고 한다. 가령 우체국 직원이 수취인 부재로 반송되어 있는 송달서류를 우체국창구로 찾아온 송달받을 사람에게 교부하는 경우를 생각할 수 있다. 그런데 송달받을 사람 이외의 보충송달을 받을 수 있는 데 불과한 동거인 등 **수령대행인에 대하여는 위와 같은 송달은 인정될 여지가 없다.**[168]

12-변리사시험
16-사법시험
23-변호사시험

(라) **송달받을 장소의 신고**　　당사자·법정대리인 또는 소송대리인은 위 송달장소인 자신의 주소등 외의 장소(대한민국 안의 장소로 한정한다)를 **송달받을 장소로 정하여** 법원에 신고할 수 있다. 이 경우에는 (임의적) **송달영수인**을 정하여 신고할 수 있다(184조). 송달영수인은 송달서류를 영수할 대리권만을 수여받은 **개별적 임의대리인**이다.[169]

2-195

(2) 송달장소변경의 신고의무

송달받을 장소를 바꿀 때에는 바로 그 취지를 법원에 신고하여야 하는데(185조 1항), 변경을 신고하여야 할 송달장소에는 주소등뿐만 아니라 근무장소나 신고된 송달장소(184조)도 포함된다. 그런데 **판례**는 소송계속 중 교도소에 수감된 당사자는 위 신고의무를 부담하지 않는다고 한다.[170] 그 신고를 하지 아니한 사람에게 송달할 서류는 달리 송달할 장소를 알 수 없으면, 종전에 송달받던 장소에 대법원규칙이 정하는 방법으로 **발송**할 수 있다(동조 2항. ☞2-198).

(3) 보충송달

근무장소 외의 송달할 장소에서 송달받을 사람을 만나지 못한 때에는 그 사무원, 피용자 또는 동거인으로서(가령 경비원, 가사사용인 등)[171] 사리를 분별할 지능이 있는 사람에게[172] 서류를 교부할 수 있다(186조 1항). 이를 보충송달이라

2-196

13-법원행정고시

---

168) 대법원 2001. 8. 31.자 2001마3790 결정; 대법원 2018. 5. 4.자 2018무513 결정.
169) 소송대리권이 없는 법무사가 본인소송을 하는 사람으로부터 소장, 답변서 등 법원에 제출하는 서류의 작성을 의뢰받으면서 아울러 송달장소로 법무사 사무소, 송달영수인으로 법무사를 기재하는 경우가 많다.
170) 대법원 2022. 1. 13. 선고 2019다220618 판결.
171) 여기에서 '동거인'은 송달을 받을 사람과 사실상 동일한 세대에 속하여 생활을 같이하는 사람이기만 하면 된다. 피고의 동거인으로서 처남도 이에 해당한다(대법원 2021. 4. 15. 선고 2019다244980, 244997 판결). 이혼한 처라도 사정에 의하여 사실상 동일 세대에 소속되어 생활을 같이 하고 있다면 여기서의 동거자가 될 수 있다(대법원 2000. 10. 28.자 2000마5732 결정).
172) 사리를 분별할 지능이 있다고 하려면, 사법제도 일반이나 소송행위의 효력까지 이해할 수 있는 능력이 있어야 한다고 할 수는 없을 것이지만 적어도 송달의 취지를 이해하고 그가 영수한 서류를 송달받을 사람에게 교부하는 것을 기대할 수 있는 정도의 능력은 있어야 한다(대법원 2000.

고 한다.173) 위 사무원, 동거인 등 수령대리인에게 서류를 교부한 때에 송달의
효력이 생기고, 송달받을 사람에게 서류가 전달되었는지 여부는 송달의 효력에
관계없는 것이 원칙이다. 그런데 아래와 같이 **이해의 대립 내지 상반된 이해관
계**가 있는 수령대행인에게 보충송달한 것은 **부적법**하다는 **판례**가 나왔다. 이후
에도 **판례**는 가령 이혼소송에서의 동거 자식과 같이 **동일한 수령대행인**이 이해
가 대립하는 소송당사자 쌍방을 대신하여 소송서류를 동시에 수령하는 경우에 같
은 이유에서 그 보충송달은 **무효**라고 보았다.174)

23-변호사시험

> ◆ **이해의 대립 내지 상반된 이해관계가 있는 수령대행인에게 보충송달을 할 수 있
> 는지 여부** ◆ 甲은 A를 채무자, 乙회사를 제3채무자로 하여 A의 乙회사에 대한 임금
> 및 퇴직금 채권에 대하여 채권압류 및 추심명령을 받았다. 甲은 위 추심금을 지급할
> 의무가 있다고 주장하면서, 乙회사를 상대로 추심금청구의 소를 제기하였는데, 채무자
> 이자 피고 乙회사의 사무원인 A가 피고 乙회사의 본점 소재지에서 위 추심금청구의 소
> 의 소장 등을 수령하였으나 피고 乙회사의 대표이사(법인의 경우는 그 대표자가 송달받을
> 사람)에게 전달하지 않은 사안에서 **판례**는 본인과 수령대행인 사이에 해당 소송에 관
> 하여 이해의 대립 내지 상반된 이해관계가 있는 때에는 수령대행인이 소송서류를 본인
> 에게 전달할 것이라고 **합리적으로 기대하기 어렵고**, 이해가 대립하는 수령대행인이
> 본인을 대신하여 소송서류를 송달받는 것은 **쌍방대리금지의 원칙**에도 반하므로 **보
> 충송달을 할 수 없다**고 보았다.175) 위와 같은 경우에 제1심 법원이 소송서류 및 판
> 결정본을 보충송달한 것은 **부적법**하고, 이에 따라 항소기간은 진행하지 않는다고 판
> 시한 최초의 판례이다. 그러나 **생각건대** 수령대행인이 사리를 분별할 지능이 없는 등
> 과 같이 보충송달의 형식적 요건을 결여할 때에는 물론 송달이 무효가 되지만, 원칙에
> 따라 외형상 법정의 요건을 충족하고 있다면, 사무원, 동거자 등의 수령대행인에게 서
> 류를 교부한 시점에 송달의 효력이 생기고, 송달받을 사람에게 그 서류가 실제로 전달
> 되었는지 여부는 송달의 효력에 관계없는 것이고, 이해의 대립 내지 상반된 이해관계
> 로부터 소송서류의 전달을 합리적으로 기대할 수 없는 사람에 대한 보충송달에 대해
> 무효로 할 것은 아니라고 본다. 객관적으로 명료하지 않은 사정에 의해 송달의 효력이

---

2. 14.자 99모225 결정; 대법원 2005. 12. 5.자 2005마1039 결정 등 참조). 만 9세 7개월로서
초등학교 3학년 학생은 사리를 변식할 지능이 있는 자로 유효한 송달이다(대법원 1990. 3. 27.
선고 89누6013 판결).

173) 217조 1항 2호에서 외국법원의 확정재판 등을 승인·집행하기 위한 송달 요건에서 공시송달과
비슷한 송달에 의한 경우를 제외하고 있는데, 보충송달은 이렇게 볼 수 없고, 외국재판 과정에서
보충송달 방식으로 송달이 이루어졌더라도 그 송달이 방어에 필요한 시간 여유를 두고 적법하게
이루어졌다면 위 규정에 따른 적법한 송달로 보아야 한다(대법원 2021. 12. 23. 선고 2017다
257746 전원합의체 판결).

174) 대법원 2021. 3. 11. 선고 2020므11658 판결.

175) 대법원 2016. 11. 10. 선고 2014다54366 판결. 앞의 대법원 2021. 3. 11. 선고 2020므11658
판결도 마찬가지 취지이다.

좌우되는 것은 법적 안정성을 훼손할 뿐만 아니라, 송달사무를 혼란시키게 된다. 일단 송달 실시 단계에서 보충송달의 효력을 직접적으로 문제 삼지 않고, 송달의 유효성과 당사자의 구제수단을 분리하여, 실시된 송달의 사후적 평가에 있어서 기대되었던 송달받을 사람에게의 전달이 없었다면, 그러한 보충송달에 의해 진행된 소송절차에 흠이 있는 것이므로 그에 따른 당사자의 구제수단의 단계에서 검토하면 될 것이다.

또한 **근무장소**에서의 송달에 있어서도 교부송달 외에 송달받을 사람의 사용자, 피용자 등에게 보충송달을 할 수 있다(186조 2항). 다만, 이 경우의 보충송달은 위 1항 근무장소 외의 보충송달과 달리, **서류의 수령을 거부하지 않은 때에 한정**된다. 그리고 이 경우에는 다음과 같은 유치송달은 할 수 없다.

(4) 유치송달

보충송달	근무장소 외(186조 1항)	
	근무장소(186조 2항)	수령을 거부하지 않은 때에 한정
유치송달	근무장소 외(186조 3항)	송달받을 사람 또는 서류를 넘겨받을 사람
	근무장소(186조 2항, 186조 3항 해석)	근무장소에서의 송달의 경우에는 서류를 넘겨받을 사람이 수령을 거부하는 경우에는 유치송달 불가

한편, 서류를 송달받을 사람 또는 위 186조 1항의 규정에 의하여 서류를 넘겨받을 사람이 정당한 사유 없이 송달받기를 거부하는 때에는 송달할 장소에 서류를 놓아둘 수 있다(186조 3항). 이를 유치송달이라고 한다. 그런데 유치송달은 수령이 요구되는 사람에게 수령하여야 할 의무 내지는 법적 필요성이 있는 것을 전제로 하여 이에 위반한 사람에게의 일종의 불이익처분이라고 할 수 있다. 다만, 근무장소에서의 송달의 경우에는 보충송달의 수령자격자가 **수령을 거부하지 않은 때에 한하여** 송달받을 서류를 교부할 수 있는 것이므로(위 186조 2항 참조) 그러한 사람에 대한 유치송달을 할 수 없다.

2-197
19-5급공채시험

◈ **예** ◈ 甲은 乙에게 빌려준 돈에 대하여 소를 제기하였다. 그러나 乙은 소장의 수령을 거부하여 송달이 안 되고 있다. 송달받을 사람임이 명백함에도 송달받기를 거부하는 경우에는 우편집배원은 송달할 서류를 송달할 장소에 놓아두어(＝유치송달) 송달의 효력을 발생시킬 수 있고, 그 사유를 송달통지서에 기재하여 법원에 제출하게 된다.

2. 우편송달(발송송달)

2-198   **보충송달은 물론 유치송달에 의하여 송달할 수 없는 때**에는 법원사무관등
은 서류를 등기우편 등 대법원규칙이 정하는 방법으로 발송할 수 있고(187조),[176]
또한 당사자 등이 송달받을 장소를 바꿀 때에는 바로 그 취지를 법원에 신고를
하여야 함에도(185조 1항) **신고를 하지 아니한 사람**에게 송달할 서류는 **달리 송
달할 장소를 알 수 없는 경우**에[177] 종전에 송달받던 장소에 대법원규칙이 정하
는 방법으로 발송할 수 있다(동조 2항). 이 경우, 서류를 발송한 때에 송달된 것으
로 보아 **발신주의**를 취하고(189조),[178] 현실적으로 서류의 도달이나 도달시기 등
은 불문한다. 송달받을 사람에게는 상당히 불이익한 송달방법이다.

여기서 등기우편에 의한 발송송달을 우편송달이라고 하는데, 우편송달은 **법
원사무관등이 송달실시기관**으로 행하는 점에서 우편집배원이 송달실시기관으
로 행하는 「우편에 의한 송달」과 구별된다.

그런데 187조, 185조 2항에서 발송송달의 방법을 등기우편으로 국한하지 않고
대법원규칙에 위임하고 있다. 이는 '전자우편제도' 등과 같이 비용과 인력을 줄일 수
있는 발전된 우편제도를 이용할 수 있도록 함인데, 아직은 규칙에서 등기우편에 의
한 발송송달만을 인정하고 있다(민사소송규칙 51조).

3. 송달함 송달

2-199   **송달서류가 많은 변호사나 금융기관** 등의 경우에는 서류마다의 개별적인
송달방법이 법원사무관등과 우편집배원의 업무와 송달비용의 측면에서 매우 비
효율적이라고 할 수 있다. 그리하여 위 교부송달 등과 같은 183조 내지 187조의
송달방법에 불구하고 법원 안에 우편사서함과 유사한 송달할 서류를 넣을 함(송

---

176) 위 요건에 의한 발송송달은 당해 서류에 관하여 교부송달·보충송달 또는 유치송달이 불가능함
   을 요건으로 하는 것이어서 당해 서류의 송달에 한하여 할 수 있을 뿐이므로, 그에 이은 별개의
   서류 등의 송달에 관하여는 그 요건이 따로 구비되지 않는 한 당연히 발송송달을 할 수 있는 것
   은 아니다(대법원 1994. 11. 11. 선고 94다36278 판결). 일단 요건이 갖추어지면, 그 뒤에 그 당
   사자에게 송달할 모든 서류를 발송송달 할 수 있는 185조 2항에 의한 발송송달의 경우와 다르다.
177) 이는 상대방에게 주소보정을 명하거나 직권으로 주민등록표 등을 조사할 필요까지는 없지만,
   적어도 기록에 현출되어 있는 자료로 송달할 장소를 알 수 없는 경우에 한하여 등기우편에 의한
   발송송달을 할 수 있음을 뜻한다(대법원 2018. 4. 12. 선고 2017다53623 판결).
178) 한편, 형사소송에서는 발송한 때가 아니라 소송서류가 송달할 곳에 도달된 때에 송달의 효력이
   발생한다(형사소송법 61조 2항).

달함)을 설치하여 여기에 서류를 넣는 방법으로 서류를 송달할 수 있도록 하였다 (188조 1항). 송달받을 사람이 송달함에서 서류를 수령하여 가지 않은 경우에는 송달함에 서류를 넣은 지 3일이 지나면 송달된 것으로 본다(동조 3항). 송달함의 이용절차와 수수료 등은 민사소송규칙 52조에서 정하고 있다. 법원장 또는 지원 장은 법원의 시설, 송달업무의 부담 등을 고려하여 송달함을 이용할 사람·이용방 법, 그 밖에 필요한 사항을 정할 수 있다(위 규칙 52조 4항).

4. 공시송달

(1) 의 의

공시송달(öffentliche Zustellung)은 법원사 무관등이 송달할 서류를 보관하고 명의인이 출석하면 언제라도 이를 교부한다는 취지를 공시하여 행하는 송달방법이다(195조). 실제 소송에서 공시송달이 이루어지는 것은 처음부 터 살고 있는 곳을 알 수 없는 피고를 상대방 으로 소를 제기하는 경우나 본래의 주소에서 피고가 이사하였기 때문에 소장부본을 송달할 수 없어 재판장의 보정명령이 내려지고(255조 2항), 이에 대하여 이사한 곳을 조사하여도 원 고가 이를 알 수 없는 경우와 같이 송달할 장 소를 알 수 없는 경우이다. 소장 등을 송달할 수 없어 절차를 진행시킬 수 없게 되므로 위와 같은 경우에 공시송달을 하게 된다.

2-200

> **서울중앙지방법원**
> **공 시 송 달**
>
> 사 건 2012 가단 ○○○ 건물철거 등
> 원 고   이 몽 룡
> 피 고   성 춘 향
> 송달서류   변론기일통지서
>
> 피고에게 송달할 위 서류는 법원에 보관 중이오니 법원에 직접 방문하여 담당재판 부(민사26단독)에서 위 서류를 받아가시 기 바랍니다.
>
> 　　　　　　2014.　 .　 .
> 　　법원 주사보　　변학도

(2) 요 건

당사자의 주소등(또는 근무장소)을 알 수 없는 경우와(폐문부재는 해당되지 않 음)[179] 외국에서 하여야 할 송달에 관하여 191조의 촉탁송달을 할 수 없거나 촉 탁송달을 하여도 그 효력이 없을 것으로 인정되는 경우에 공시송달을 할 수 있다 (194조 1항).[180]

2-201

---

[179] 법원이 송달장소는 알고 있으나 단순히 폐문부재로 송달되지 아니한 경우는 이에 해당되지 않 는다. 그러나 송달받을 사람이 주소나 거소를 떠나 더 이상 송달장소로 인정하기 어렵게 된 경우 는 이에 해당된다(대법원 2024. 5. 9.자 2024마5321 결정).

[180] 231조에 따라 재판상 화해의 효력을 가지는 **화해권고결정**에 대하여는 225조 2항 본문에서 법

한편, 원고가 소권(항소권을 포함)을 남용하여 반복적으로 소송을 제기한 것에 대하여 법원이 변론없이 판결로 소를 각하하는 경우에는(219조 참조) 재판장은 직권으로 피고에 대하여 공시송달을 명할 수 있다(194조 4항 신설).

(3) 절 차

2-202   법원사무관등은 **직권**으로 또는 **당사자의 신청**에 따라 공시송달을 할 수 있다(194조 1항). 당사자가 공시송달의 신청을 함에는 그 사유를 **소명**하여야 한다(동조 2항). 신청의 허부에 대하여는 신중하게 결정할 필요가 있다. 재판장은 위 공시송달의 요건을 갖춘 경우에 소송의 지연을 피하기 위하여 필요하다고 인정하는 때에는 공시송달을 명할 수 있다(동조 3항). 한편, 소권의 남용하는 소 제기를 방지하기 위하여, 원고가 소권(항소권 포함)을 남용하여 청구가 이유 없음이 명백한 소를 반복적으로 제기한 것에 대하여 법원이 변론 없이 판결로 소(또는 항소)를 각하하는 경우에는 재판장은 직권으로 피고에 대하여 공시송달을 명할 수 있다(동조 4항). 그리고 재판장은 직권으로 또는 신청에 따라 법원사무관등의 공시송달처분을 취소할 수 있다(동조 5항).[181]

공시송달은 법원사무관등이 송달할 서류를 보관하고 그 사유를 법원의 게시판에 게시하거나 그 밖에 **대법원규칙**이 정하는 방법에 따라서 한다(195조). 법원의 게시판에 게시하는 방법은 명의인이 알아차릴 수 없는 방법으로서 실제적인 의미가 거의 없어 당사자의 절차보장과 관련하여 문제가 없지 않으므로 다양한 방법을 순차 도입하기 위해서 그 방법을 대법원 규칙에 위임하고 있다. 현재, ① 법원게시판 게시 이외에, ② 관보·공보 또는 신문 게재, ③ 전자통신매체를 이용한 공시 가운데 어느 하나의 방법으로 그 사유를 공시하도록 하고 있다(민사소송규칙 54조 1항).

원사무관 등은 화해권고결정의 결정내용을 적은 조서 또는 결정서의 정본을 당사자에게 송달하여야 한다고 규정하면서, 화해권고결정이 재판상 화해와 같은 효력을 가지게 됨을 감안하여 당사자의 이의신청권을 보장하기 위하여 같은 항 단서에서 그 송달은 공시송달의 방법으로는 할 수 없다고 규정하고 있다. 또한 **환경분쟁조정법에 의한 재정문서**의 송달도 공시송달의 방법으로는 할 수 없다(대법원 2016. 4. 15. 선고 2015다201510 판결).

181) 형식적·부수적 절차판단 업무인 공시송달을 법원사무관등이 이를 일차적으로 담당하게 하는 한편, 재판장에게는 직권공시송달명령 및 보정명령 권한을 유지시키고, 법원사무관등의 공시송달에 관한 감독 내지 사후 교정 역할을 수행하게 함으로써 절차적 적정성을 확보함과 동시에, 재판장의 제한된 업무역량을 실체판단에 관한 심리에 집중할 수 있는 여건을 조성하고자 한 것이다.

(4) 효 력

첫 공시송달은 실시한 날로부터 **2주일**이 지나야 효력이 생긴다(196조 1항 본   2-203
문). 외국에서 할 송달에 대한 첫 공시송달은 그 기간이 2월이다(동조 2항). 다만,
같은 당사자에게 하는 그 뒤의 공시송달은 **실시한 다음 날**부터 효력이 생긴다(동
조 1항 단서). 이러한 기간은 줄일 수 없다(동조 3항).

공시송달의 요건에 흠이 있다 하여도 재판장이 공시송달을 명하여 공시송달이
이루어진 경우에는 그 뒤에 요건의 흠이 판명된다고 하더라도 그 공시송달은 유효
하다고 볼 것이다. 이론적으로 공시송달명령에는 불복할 수 없는 점, 무효설을 취
하면 공시송달제도의 존재의의가 저해되는 점, 재심사유(451조 1항 11호)의 취지 등
을 그 논거로 들 수 있다. 다만, 공시송달의 취지에 반하여 원고가 피고의 주소를
알고 있었음에도 불구하고 고의로 주소불명으로 하여 공시송달의 신청을 하고, 이
로 말미암아 소송절차가 진행되어 피고 패소의 판결이 행하여진 경우에 피고에게
는 일정한 요건 하에 상소의 추후보완(173조)이 인정됨은 물론이고,[182] 또한 피고
는 이를 확정판결에 대한 재심사유(451조 1항 11호)로 삼을 수 있다(☞11-36).

VI. 송달의 흠

송달은 명의인이 아닌 사람에게 한 경우나 법정의 방식이 잘못되면 무효이   2-204
다. 다만, 명의인을 잘못하여 송달한 경우도(가령 송달받을 사람이 아닌 사람에 대한
송달) 정당한 명의인의 추인이 있으면 그 사람에 대한 송달로 유효하게 된다. 그
리고 송달의 흠은(다만, 판결정본의 송달에 관함 흠은 그러하지 않다. ☞2-136) 소송절
차에 관한 이의권의 포기·상실에 의하여 치유될 수 있다(151조).

송달이 무효인 때에는 송달을 매개로 하여 이루려고 한 다른 소송행위의 효
력도 생기지 않는다. 가령 판결의 송달이 무효인 경우에 상소기간이 진행하지 않
는다. 다만, 사망자에 대하여 실시된 송달은 위법하여 원칙적으로 무효이나, 그
사망자의 상속인이 현실적으로 그 송달서류를 수령한 경우에는 흠이 치유되어 그
송달은 그때에 상속인에 대한 송달로서 효력을 발생하고 그때부터 상소기간이 진
행한다. 그러나 송달의 흠 가운데 상소기간의 기산점이 되는 **판결의 송달**에 관한

---

182) 공시송달은 송달장소를 알 수 없는 경우의 최후의 송달수단으로서의 필요성을 부정할 수는 없
　　지만, 송달장소 불명에 대하여 명의인 측에 과실이 없는 경우에는 상소의 추후보완 등에 의하여
　　간이한 구제를 넓게 인정할 필요가 있다.

흠은 소송절차에 관한 **이의권의 포기·상실의 대상이 아니다.**

한편, 판결의 송달에 관한 흠과 관련하여 **자백간주**(＝의제자백)에 따른 **판결의 편취**가 문제되고 있다(☞11－37).

◆ **우편집배원이 소송서류 잘못 송달** ◆　　우편집배원이 소송서류를 다른 사람에게 건네고도 그의 무인을 받아 본인에게 직접 교부송달한 것처럼 송달통지서를 작성해 자백간주에 따른 승소판결이 선고된 후 이 판결로 소유권을 취득한 사람과 부동산매매계약을 맺어 5억원을 날린 사람에게 국가가 손해배상을 하여야 한다는 판결이 나왔다. 소송 외 김씨 등은 미국으로 이민을 가 살고 있는 최씨의 임야 6,000여평을 법원을 속여 사위판결을 받는 방법으로 편취하기로 하고, 매매계약서 등을 위조한 다음 최씨를 피고로 소송을 낸 후 경기도 파주시 탄현면에 살고 있는 황씨에게 최씨 앞으로 송달되는 소송서류를 받아달라고 부탁, 황씨가 우편집배원 이씨에게 '최씨가 이 주소지에 살고 있으니 송달서류를 주면 최씨에게 전달하여 주겠다'고 하여 송달서류를 받았으나 이씨는 송달통지서를 최씨 본인에게 직접 교부송달한 것처럼 작성하고, 황씨로 하여금 최씨의 것처럼 무인을 하게 하였다. 이후 김씨 등은 자백간주로 승소판결을 받아 확정되었는데, 원고가 이 임야를 10억 3,000만원에 매수하기로 하는 계약을 맺어 계약금 1억원과 중도금 4억원을 주었으나 뒤늦게 판결편취사실을 알게 된 원소유자 최씨가 서울고법에 추후보완항소를 내 승소확정된 판결을 뒤집는 바람에 임야의 소유권을 취득할 수 없게 되자 국가를 상대로 소송을 냈다. 정확성과 더불어 신속성을 요구하는 우편배달업무의 성질과, 송달받을 사람 측에서 임의로 협력하지 않는다면 우편집배원이 송달받을 사람이 송달장소에 실제로 거주하는지 여부나 대신 송달받으려는 사람과 송달받을 본인과의 관계 등을 조사할 권한이 없다는 점을 감안하더라도 우편집배원으로서는 최씨가 송달장소에 살고 있으므로 자신이 대신 전달해 주겠다는 황씨의 말만 믿고 그에게 송달서류를 송달할 것이 아니라 최씨가 황씨의 집에 거주하게 된 경위, 최씨와 황씨의 관계 등을 따져 물어 황씨가 최씨를 대리하여 소송서류를 수령할 적법한 권한이 있다고 믿을 만한 상당한 이유가 있는 때에 한하여 보충송달을 하여야 하고, 이러한 확인이 불가능하다면 송달불능으로 처리하여 법원으로 하여금 다른 조치를 강구하도록 하였어야 한다는 것이다(2005.1.4.자 리걸타임즈 기사).

제 2 부

소송절차의 진행

제1편 소송의 개시

제1장

소의 제기 및 관련 절차

I. 소제기의 방식

소는 소송절차를 개시하는 중요한 소송행위인데, 민사소송법은 소제기의 방식에 대하여 몇 가지 규정을 두고 있다. 3-1

소를 제기하려는 사람은 소장을 제출하여야 하는데(248조 1항),[1] 소장에 붙이거나 납부한 인지액이 **최소인지금액**에 미달한 경우에는 **소장의 접수를 보류**할 수 있다(동조 2항. ☞1-3).[2] 이러한 소장제출주의의 예외로 소송목적의 값(＝소가)이 3,000만원 이하의 금전 그 밖의 대체물 또는 유가증권의 일정 수량의 지

---

[1] 독립한 소뿐만 아니라 소송중의 소(반소, 당사자참가 등)의 경우에도 마찬가지로 법률에 다른 규정이 없는 한, 원칙적으로 소장에 준하는 서면 제출이 필요하다.

[2] 이는 소권을 남용하여 무익한 소송의 반복적인 제기에 따른 사법자원의 소모를 방지함으로써 일반 국민의 정당한 재판청구권을 실질적으로 보장하는 데에 그 목적이 있다. 개정「민사소송 등 인지법」13조 2항에서는 접수를 보류할 수 있는 대상으로 소장, 참가신청서, 재심소장 또는 준재심소장만 규정하고 있으나, 그 목적과 취지에 비추어 볼 때 반복하여 제기된 소에 대한 각하판결 또는 소장각하명령에 대한 불복절차에 부수하여 제출하는 **소송구조 등의 신청서**나 **항고장** 및 **재항고장** 등에 대해서도 접수를 보류할 수 있다고 할 것이다. 또한 접수를 보류할 수 있는 소장, 신청서 등에 형식적으로 법원의 접수인이 날인이 되었다고 하더라도 접수인의 날인이 업무상 착오 또는 오류에 의한 것이라면 그와 관계없이 접수를 보류할 수 있다(대법원 2024. 11. 5.자. 2024카기172 결정).

급을 구하는 소액사건에 있어서는 구술제소, 당사자 쌍방의 임의출석에 의한 제소를 할 수 있다(소액사건심판법 4조, 5조).3)

　　그리고 소제기가 의제되는 경우가 있다. 즉 지급명령의 신청(472조 1항), 제소전 화해의 신청(388조 2항), 조정신청(민사조정법 36조)에서 그 절차가 불발에 그쳐 결국 소송절차로 이행하는 때에는 이들 신청을 한 때에 소를 제기한 것으로 본다. 이때에는 인지를 가첩(소장에 붙여야 할 인지액으로부터 해당 신청서에 붙인 인지액을 공제한 액)하여야 한다.4)

◆ **전자소송** ◆　전자통신·인터넷 분야 기술의 획기적인 발전, 전자문서 이용의 증가에 따라 소송절차에서 전자문서를 전산정보처리시스템을 이용하여 제출할 수 있도록 하는 등 전자소송을 도입함으로써 당사자의 편의를 증진하고 분쟁 해결의 효율성을 높이며 종이문서 제출·관리 비용과 부담을 감소시키고 전자소송 관련 산업의 발전 등 경제 발전에 이바지하려는 목적에서 2010. 3. 24.에 「민사소송 등에서의 전자문서 이용 등에 관한 법률」이 제정되었다. 2010. 4. 26. 특허법원에 제기되는 지식재산권 사건을 대상으로 한 특허전자소송을 시작으로, 2011. 5. 2. 민사전자소송을 실시하는 등 형사사건을 제외한 모든 사건에서 전자소송을 단계적으로 도입하였다. 전자소송 홈페이지(http://ecfs.scourt.go.kr)를 통하여 사용자 등록을 마친 당사자나 대리인은 법원에 소장, 준비서면, 증거서류 등 소송 관련 서류를 직접 혹은 우편으로 제출하는 대신, 인터넷상에서 손쉽게 작성, 접수시킬 수 있고, 인지나 송달료도 신용카드결제나 계좌이체 등의 방법으로 전자적 납부를 할 수 있다. 또한, 법원의 판결이나 결정 및 상대방이 제출한 문서도 기존의 송달보다 훨씬 빠르게 실시간으로 확인할 수 있다.

II. 소제기 전의 준비

3-2　　　소를 제기하려는 사람은 여러 가지를 고려할 필요가 있다. 특히 승소하기 위해 필요한 증거의 수집을 철저히 하여야 하고(☞증거보전 8 - 107 참조),5) 소송 도

---

3) 그러나 소액사건이더라도 현실은 대서소, 법무사를 통하여 소장을 작성하는 것이 일반적이다. 그리고 법원 민원실에서 소액사건 소장양식을 구할 수 있다.
4) 한편, 피해자의 손해를 신속하게 처리하기 위한 제도로 소송촉진 등에 관한 특례법에서 규율하고 있는 배상명령제도가 있는데, 이는 법원이 직권 또는 피해자의 신청에 의하여 피고인에게 피고 사건의 범죄행위로 인하여 발생한 손해의 배상을 명하는 절차를 말한다. 배상신청은 엄밀한 의미의 소는 아니나, 시효중단 등 소의 제기와 마찬가지의 효력이 있다(위 법 26조 8항). 형사소송절차에 덧붙여 배상신청을 할 것인지, 아니면 민사소송상으로 소제기를 할 것인지를 선택할 수 있다. 모든 범죄가 아니라, 상해, 중상해, 상해치사, 폭행치사상, 과실치사상의 죄, 강간과 추행의 죄, 절도와 강도의 죄, 사기와 공갈의 죄, 횡령과 배임의 죄, 손괴의 죄 등이 그 대상이다.
5) 우리 민사소송법상 소제기 전에 증거수집 등을 위한 절차로는 미리 증거조사를 하지 않으면 그 증거를 사용하기 곤란한 사정이 있다고 인정되는 때에 증거보전(375조)을 신청하여 증거조사

중에 상대방의 재산상태의 변동, 다툼의 대상(계쟁물이라고 한다)에 관한 처분 등으로 소송에서 승소하고도 권리의 실질적 만족을 얻지 못할 우려에 대비하여 잠정적 조치(=보전절차)를 취하여야 할 것이다.

한편, 좀 더 빠르고 간편하게 집행권원을 얻기 위해서는, 금전 기타 대체물 또는 유가증권의 일정 수량의 지급을 구하는 경우라면, 통상의 판결절차에 비하여 신속·저렴한 독촉절차의 이용도 생각하여 볼 필요가 있다(☞3-6).

그런데 분쟁이 존재하더라도 이를 모두 소송에 의하여 해결하여야 한다고 단정할 것은 아니다. 오히려 소송 이외의 화해, 조정, 중재, 상담, 주선 및 알선 등의 소송에 갈음하는 분쟁해결제도(=대체적 분쟁해결방식=A.D.R.[alternative dispute resolution]이라고도 한다)가 일도양단적인 결론을 가져오는 소송과 비교하여 소송보다 분쟁처리가 유연하고, 간이·신속하며, 또 분쟁의 성격상 소를 제기하는 것이 선뜻 내키지 않은 사건에 있어서 유용한 제도라고 할 수 있다(☞3-7).

III. 보전절차

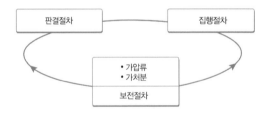

	피보전권리 (본안의 권리)	보전의 이유	구체적 보전처분
가압류	금전채권	가압류를 하지 않으면 장래의 강제집행이 불가능 또는 매우 곤란할 염려가 있을 경우	가압류
다툼의 대상에 관한 가처분	금전 이외의 계쟁물에 관한 청구권	계쟁물의 현상이 바뀌면 채권자의 권리의 실행이 불가능 또는 매우 곤란할 염려가 있을 경우	인도청구 - 점유이전금지가처분
			소유권이전등기청구 - 처분금지가처분

를 할 수 있는 것에 그치고 있다. 미국식의 증거개시제도(Discovery)를 본격적으로 도입하는 것은 우리 법체계와의 조화를 고려하여 좀 더 검토가 필요하다.

임시의 지위를 정하기 위한 가처분	다툼이 있는 권리관계	현저한 손해를 피하거나 급박한 위험을 막기 위할 필요성이 있을 경우	공사금지 등 부작위청구 – 공사중지가처분

3-3　　　　보전절차는 판결절차와 집행절차를 연결하는 목적을 가진다. 채권자의 권리 실현을 위하여 우선 판결절차에 의하여 권리의 존재를 확정하고, 이를 전제로 집행절차에 의하여 권리의 실현을 도모하는 것이 본래의 순서이다. 그러나 그 도중에 채무자의 재산상태의 변동, 다툼의 대상(계쟁물이라고 한다)에 관한 처분 등으로 채권자는 소송에서 승소하고도 권리의 실질적 만족을 얻지 못할 우려가 있다.

◆　예　◆　금전지급청구소송 중 피고가 자기의 유일한 재산을 처분하여 버린 경우, 건물인도소송 중 피고가 그 점유를 다른 사람에게 이전한 경우, 소유권이전등기소송 중 피고가 다툼이 있는 부동산을 제3자에게 처분하고 소유권이전등기를 마쳐 버린 경우 등에는 원고가 피고에게 승소판결을 받더라도 강제집행을 할 수 없어 판결문이 한낱 휴지조각으로 전락하게 된다. 가령 甲은 건물 임차인 乙을 상대로 건물인도청구의 소를 제기하고자 하는데, 乙이 건물의 점유를 다른 사람에게 이전할 우려가 있는 상황이 포착되었다. 이러한 상황에 비추어 필요하다고 판단되면 소의 제기에 앞서 점유이전금지가처분을 신청하는 것을 고려하여야 한다.

그래서 민사집행법(보전절차는 민사집행법에서 규율)은 집행절차에 의하여 실현될 청구권을 보전하기 위한 잠정적 조치로서 채무자의 일반재산이나 다툼의 대상의 현상변경을 금지시키는 것 등을 인정하고 있다. 이것이 가압류 및 가처분을 내용으로 하는 보전절차이다.

가압류는 금전채권이나 금전으로 환산할 수 있는 채권에 관하여 장래 그 집행을 보전하려는 목적으로 미리 채무자의 재산을 압류하여 채무자가 처분하지 못하도록 하는 제도이다. 금전채권이나 금전으로 환산할 수 있는 채권에 대한 보전 수단이라는 점에서 아래의 다툼의 대상에 대한 청구권 보전을 위해 그 현상변경을 금지하는 가처분과 구별된다.

그리고 **가처분**은 채권자가 부동산에 대한 등기청구나 특정물의 인도와 같이 **다툼의 대상**에 관하여 청구권을 가지고 있을 때 그 다툼의 대상이 처분되거나 멸실되는 등 법률적·사실적 변경이 생기는 것을 방지하기 위해서 판결을 받기 전에 그 다툼의 대상의 현상변경을 금지시키는 제도로, 일반적으로는 점유이전행위를 금지하는 점유이전금지가처분과 처분행위를 금지하는 처분행위금지가처분이 있다. 또한 당사자 사이에 현재 **다툼이 있는 권리관계** 또는 법률관계에 대하여 그에 대한 확정판결이 있기까지 현상의 진행을 그대로 방치한다면 권리자가 현저한 손해를 입거나 목적을 달성하기 어려운 경우에 잠정적으로 임시의 조치를 행하는 제도로, 가령 해고의 무효를 주장하는 사람에게 임금의 계속지급을 명하는 따위의 가처분을 할 수 있다. 그런데 가처분의 방법은 여러 가지이어서 그 형식도 일정하지 않다.

한편, 위에서 설명한 가압류·가처분은 가집행과는 다르다. 가압류·가처분은 집행보전에 그치나, 가집행은 압류 → 현금화 → 만족까지 가는 종국적인 집행이다. 다만, 가집행은 본집행과 달라서 확정적이 아니며, 상급심에서 가집행선고 있는 판결이 취소·변경되는 것을 해제조건으로 집행의 효력이 발생할 뿐이다.

유체동산 가압류 신청서

채권자 ○○○(전화번호　　　　　)
서울 중구 서소문동 100

채무자 ○○○(전화번호　　　　　)
서울 서초구 서초동 110

청구채권의 표시

금 ○○○원(대여금)
채권자가 채무자에게 20○○년 ○월 ○일, 변제기 200○년 ○월 ○일, 이자 연 20%로 약정하여 대여한 원금

신청의 취지

채권자는 채무자에 대한 위 채권의 집행을 보전하기 위하여 채무자 소유의 유체동산을 가압류한다라는 결정을 구함.

신청의 이유

1. 채권자는 채무자에 대하여 20○○년 ○월 ○일 금 ○○만원을 변제기 200○년 ○월 ○일 이자 연 20%의 약정으로 대여하였습니다. 그러나 채무자는 변제기에 이르러서도 이를 지급하지 않고 있습니다.
2. 채권자는 채무자에 대하여 대여금청구의 소 제기를 준비 중인바, 본안소송은 상당한 시일을 요하므로 그 동안 집행보전의 수단으로 이 건 신청에 이른 것입니다.
3. 담보제공에 대하여는 보증보험회사와 지급보증위탁계약을 체결한 문서로 제출하고자 하오니 허가하여 주시기 바랍니다.

첨 부 서 류

1. 차용증서　　1통

20　.　.　.
위 채권자 ○○○　　(인)

○○지방법원　　귀중

부동산 처분금지 가처분 신청서

채권자 ○○○(전화번호   )
서울 ○○구 ○○동 ○○번지

채무자 ○○○
서울 ○○구 ○○동 ○○번지

목적물의 가액

금 ○○○원

신청 취지

채무자는 별지 물건 목록 기재 부동산에 대하여 양도 저당권 임차권의 설정 기타 일체의 처분을 하여서는 아니 된다.
라는 재판을 구합니다.

신청 이유

1. 채권자는 채무자 소유의 별지 목록 기재 토지를 20○○년 ○월 ○일 금 1억원에 매수하기로 하고 그 대금은 계약금으로
   계약당일 1,000만원, 중도금 5,000만원은 20○○년 ○월 ○일, 잔대금은 20○○년 ○월 ○일 소유권이전등기와 동시에
   지급하기고 하는 계약를 체결하고 중도금까지 지급한 바 있습니다.

2. 채권자는 잔금 지급기일에 채무자를 찾아가서 잔금 4,000만원을 제공하고 이전등기를 요구하였던 바, 채무자는 위 토지
   부근에 지하철역이 들어온다는 발표와 함께 부동산 가격이 상승하자 일방적으로 계약을 해제한다고 하면서 잔금의 수령
   을 거부하므로 잔대금을 20○○년 ○월 ○일 서울지방법원 공탁공무원에게 변제공탁 하였습니다.

3. 채권자는 바로 소유권이전등기청구의 소를 준비중에 있으나 가격상승을 노리고 타에 전매할 경우 제3자에게 대항할 수
   없게 되므로 신청취지의 기재와 같이 가처분신청을 하기에 이르렀습니다.

4. 담보제공에 대하여는 보증보험회사와 지급보증위탁계약을 체결한 문서로 제출하고자 하오니 허가하여 주시기 바랍니다.

첨부 서류

1. 매매계약서 사본 1통
2. 영수증 사본 2통
3. 부동산등기부등본 1통

20 .   .   .

위 채권자 ○○○   (인)

○○지방법원   귀중

IV. 특별절차

3-4   특별절차는 권리의무나 법률관계를 확정 또는 실현하는 목적에 대하여는 판
결절차와 공통성을 가지나, 대상이 되는 법률관계의 특징에 착안하여(금전 그 밖의
대체물 등의 지급을 목적으로) 채권자로 하여금 통상의 판결절차에 비하여 보다 간
이하게 집행권원을 얻게 하는 절차이다.

1. 소액사건심판절차

(1) 소액사건심판법과 소액사건

소액사건이라 함은 소송목적의 값, 즉 소가(訴價)가 3,000**만원 이하**의 금전 기타 대체물 또는 유가증권의 일정 수량의 지급을 구하는 제1심의 민사사건인데 (소액사건심판규칙 1조의2), 다만 부동산 등 특정물에 관한 청구는 비록 소가가 3,000만원 이하라고 하더라도 소액사건이 아니다. 소액사건에 있어서는 절차의 간이화, 저렴한 비용, 신속한 재판 등의 규제 이념과 법원의 후견적 개입의 요청 때문에 민사소송법과의 관계에서 여러 가지 절차상 특례를 마련한 소액사건심판 법이 적용된다. 소액사건심판법은 상고제한(사실상 2심제)에 관한 규정을 빼고(소 액사건심판법 3조), 그 밖의 나머지 규정은 소액사건의 제1심 절차에만 적용된다 (소액사건심판법 1조, 소액사건심판규칙 1조의2).

3-5

(2) 절차상 특례

절차상 특례는, 가령 구술에 의한 제소나 임의출석에 의한 제소를 할 수 있 고(소액사건심판법 4조, 5조), 변호사대리의 원칙에 대한 특칙으로 변호사가 아닌 사람도 당사자의 가족 등은 법원의 허가 없이 소송대리인이 될 수 있고(소액사건 심판법 8조), 직권증거조사의 보충성을 지양하고 필요시에는 직권으로 증거조사를 할 수 있고(소액사건심판법 10조 1항), 판결의 선고는 변론종결 후 즉시 할 수 있고 (소액사건심판법 11조의2 1항), 판결서에는 민사소송법 208조에도 불구하고 이유를 적지 아니할 수 있다. 다만, 판결이유에 의하여 기판력의 객관적 범위가 달라지는 경우, 청구의 일부를 기각하는 사건에서 계산의 근거를 명확하게 제시할 필요가 있는 경우, 소송의 쟁점이 복잡하고 상대방의 주장, 그 밖의 공격방어방법에 대한 다툼이 상당한 사건 등 당사자에 대한 설명이 필요한 경우의 어느 하나에 해당하 는 경우에는 청구를 특정함에 필요한 사항 및 주문의 정당함을 뒷받침하는 공격 방어방법에 관한 판단 요지를 판결서의 이유에 기재하도록 노력하여야 한다(소액 사건심판법 11조의2 3항) 등이다.

(3) 이행권고결정

그런데 소액사건에 있어서 원고로부터 소가 제기된 때에 법원은 특별한 사 정이 없는 한(임의적 전치), 결정으로 소장부본(또는 제소조서등본)을 첨부하여 피고

에게 청구취지대로 이행할 것을 권고할 수 있다(소액사건심판법 5조의3). 원고 전부
승소판결을 할 수 있는 사건에 한하여 할 수 있다. 이러한 **이행권고결정**제도는
독촉절차의 지급명령의 개념을 소액사건에 반영·도입한 제도이다. 이행권고결정
에 대하여 피고로부터 2주 이내에 이의가 없는 때에는 이행권고결정은 확정판결
과 같은 효력을 가져(소액사건심판법 5조의7) (집행권원이 되어) 변론절차를 거치지
아니하고 곧바로 집행력이 발생하여(별도의 집행문 부여 없이, 다만, 조건이 있는 채권
인 경우와 승계집행문이 필요한 경우에는 재판장의 명을 받아 집행문을 부여받아야 한다(소
액사건심판법 5조의8 1항 단서)) 원고는 신속히 권리구제를 받을 수 있다(다만, 이행
권고결정에 기판력까지 인정하지 않는 입장이 일반적이다). 한편, 이행권고결정에 피고
의 이의가 있으면 이행권고결정은 실효되고, 법원은 지체 없이 변론기일을 정하
여야 한다(소액사건심판법 5조의4 3항).

2. 독촉절차

3-6　　　독촉절차는 금전 그 밖에 대체물이나 유가증권의 일정 수량의 지급을 목적
으로 하는(청구목적의 값의 제한 없음) 청구권에 관하여6) 채무자가 다툼이 없을 것
으로 예상할 경우에 채권자로 하여금 통상의 판결절차보다 간이, 신속, 저렴(민사
소송 등 인지법 7조 2항을 보면, 인지가 소장의 10분의 1이다)하게 집행권원을 얻게 하
는 절차인데(462조 본문), 이 절차를 이용하여 **지급명령**을 신청하면 간편하게 된
다. 금전지급 등 이행소송의 대체적 기능을 하는 약식절차이다. 독촉절차에서는
신청인을 채권자, 상대방을 채무자라고 한다.

　　　청구목적의 값에 불구하고 지방법원 단독판사 또는 시군법원판사의 직분관
할에 전속한다(법원조직법 34조 1항 2호). 독촉절차에 관한 업무는 사법보좌관이 이
를 행할 수 있다(법원조직법 54조 2항 1호).

　　　다만, 채무자에 대한 지급명령을 국내에서 공시송달 외의 방법으로 송달할
수 있는 경우이어야 한다(462조 단서). 한편, 「은행법」에 따른 은행 등의 채권자가
그 업무 또는 사업으로 취득하여 행사하는 대여금, 구상금, 보증금 및 그 양수금
채권에 대하여 지급명령을 신청하는 경우에는 예외적으로 공시송달을 명할 수 있
다(소송촉진 등에 관한 특례법 20조의2).7)

---

6) 부동산인도청구와 같은 **반대급부의 이행과 동시**에 금전 등의 지급을 명하는 지급명령도 허용
　 된다(대법원 2022. 6. 21.자 2021그753 결정).
7) 지급명령이 공시송달의 방법으로 송달되어 채무자가 이의신청의 기간을 지킬 수 없었던 경우

독촉절차에도 「민사소송 등에서의 전자문서 이용 등에 관한 법률」이 적용되어 전자문서 등에 의하여 독촉절차를 수행할 수 있다. 전자소송 홈페이지(http://ecfs.scourt.go.kr)에 접속하면 된다.

◈ **예** ◈ 甲은 乙에 대하여 300만원의 수표금채권이 있다. 甲은 그동안 乙에게 여러 차례 전화로 이행을 재촉하였으나, 乙은 갚겠다고 하면서도 차일피일 시간만 끌고 있다. 그런데 甲은 시간관계로 도저히 법원에 출석할 시간이 없는 경우에 직접 출석하여 변론을 하지 않고 간편하면서 저렴하게 집행권원을 얻을 수 있는 방법으로 우선 지급명령을 신청하는 것을 생각할 수 있다.

■ **처리개요도**

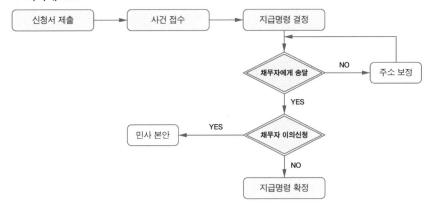

■ **지급명령신청서 작성 기재례**[8]

소송행위의 추후보완 사유가 있는 것으로 본다(위 특례법 20조의2 5항).
8) 법률구조공단 홈페이지에서 인용함.

신 청 취 지

채무자는 채권자에게 금 5,000,000원 및 이에 대한 20○○. ○. ○.부터 이 사건 지급명령결정 정본을 송달받는 날까지는 연 6%의, 그 다음날부터 다 갚는 날까지는 연 12%의 각 비율에 의한 금액 및 아래 독촉절차비용을 합한 금액을 지급하라는 지급명령을 구합니다.

아 래

금 26,660원   독촉절차비용

내 역

금 2,500원   인 지 대
금 24,160원   송 달 료

신 청 이 유

1. 채권자는 채무자에게 20○○. ○. ○. 금 5,000,000원을 대여해주면서 변제기한은 같은 해 ○○. ○, 이자는 월 0.5%를 지급받기로 한 사실이 있습니다.
2. 그런데 채무자는 위 변제기일이 지났음에도 불구하고 원금은 고사하고 약정한 이자까지도 채무이행을 하지 아니하므로 채권자는 채무자에게 위 원금 및 지연이자를 변제할 것을 여러 차례에 걸쳐 독촉하자 채무자는 원금 및 지연이자를 20○○. ○. ○○.까지 지급하겠다며 지불각서까지 작성하여 주고서도 이마저도 전혀 이행치 않고 있습니다.
3. 따라서 채권자는 채무자로부터 위 대여금 5,000,000원 및 이에 대한 20○○. ○. ○.부터 이 사건 지급명령결정 정본을 송달받는 날까지는 연약정한 이자인 연 6%(계산의 편의상 월 0.5%를 연단위로 환산함), 그 다음날부터 다 갚는 날까지는 소송촉진등에 관한 특례법이 정한 연 12%의 각 비율에 의한 이자, 지연손해금 및 독촉절차비용을 합한 금액의 지급을 받기 위하여 이 사건 신청을 하기에 이르게 된 것입니다.

첨 부 서 류

1. 지불각서   1통
1. 송달료납부서   1통

20○○.   ○○.   ○○.

위 채권자 ○○○ (기명날인 또는 서명)

○○지방법원 귀중

지급명령은 채권자의 일방적 신청에 기하는데, 그 신청에는 그 성질에 어긋나지 아니하면 소에 관한 규정을 준용한다(464조). 지급명령의 신청에는 권리의 존재나 관할에 관한 소명자료의 첨부조차도 필요하지 않다. 지급명령의 신청에 대하여는 채무자를 심문(審問)하지 않고(467조), 신청이 적법하고 신청의 취지에 의하여 청구가 이유 있다고 인정되면 지급명령이 발하여진다.

채무자는 지급명령을 **송달받은 날로부터 2주 이내**에 **이의신청**을 하여 불복할 수 있다(469조 2항).[9] 채무자가 적법한 이의신청을 하면, 지급명령은 이의의 범

---

9) 송달되기 전에 한 이의신청은 부적법하지만 그 후에 채무자에게 지급명령이 적법하게 송달되면 그 하자는 치유된다(대법원 2024. 6. 7.자 2024마5496 결정). 이의신청 기간 내에 소송중단 사유가 생긴 경우에는 247조 2항이 준용되어 그 이의신청 기간의 진행이 정지된다(대법원 2012.

위 안에서 실효되고(470조 1항), 지급명령을 신청한 때에 소를 제기한 것으로 보아
(472조 2항) 통상의 소송절차로 이행되지만,10) 한편 이의신청을 하지 않아 확정된
지급명령은 집행력이 발생하며 집행권원이 된다(민사집행법 56조). 즉 확정된 지급
명령은 확정판결과 같은 효력이 있는데(474조. 그리고 지급명령으로 확정된 채권은 본
래의 채권의 소멸시효기간이 적용되는 것이 아니라, 민법 165조 2항에 따라 그 소멸시효기
간은 10년으로 연장된다. 또한 지급명령의 신청은 청구의 일종으로 시효중단의 효력이 있
는 것(민법 168조, 170조 참조)은 물론이다),11) 다만, 이는 기판력까지 인정하는 취지
는 아니다(민사집행법 58조 3항이 청구이의사유의 시간적 한계에 대한 규정인 44조 2항을
적용하지 않는다고 한 점 등을 그 근거로 들 수 있다).12)

V. 소송에 갈음하는 분쟁해결제도

분쟁을 해결하는 방법으로 소송과 함께 소송외의 화해, 상담, 알선, 조정, 중　3-7
재 등의 대체적 분쟁해결제도(Alternative Dispute Resolution. 이른바 ADR)가 있다.

	절차개시에 상대방의 동의가 필요한가	중립적 제3자를 선택할 자유가 있는가	해결책의 제시가 있는가	해결책을 받아들일지 여부에 대한 자유가 있는가
조　정	○	○	○	○
중　재	○	○	○	×
소　송	×	×	○	×

---

11. 15. 선고 2012다70012 판결).

10) 법원은 채권자에게 상당한 기간을 정하여, 소를 제기하는 경우에 소장에 붙여야 할 인지액에서
지급명령신청시에 붙인 인지액을 뺀 액수의 인지를 보정하도록 명하여야 한다(473조 1항). 위
경우에 채권자는 인지를 보정하는 대신 해당 기간 이내에 조정으로의 이행을 신청할 수 있다(민
사조정법 5조의2 1항). 소송으로 이행되는 단계에서 당사자가 조정을 통하여 분쟁을 해결할 수
있도록 채권자의 의사에 따른 절차선택권을 보장한 것이다.

11) 민법 170조의 재판상 청구에 지급명령 신청이 포함되는 것으로 보는 이상, 지급명령 신청이 각
하된 경우라도 6개월 이내 다시 소를 제기한 경우라면 동조 2항에 의하여 시효는 당초 지급명령
신청이 있었던 때에 중단되었다고 보아야 한다(대법원 2011. 11. 10. 선고 2011다54686 판결).
지급명령 사건이 이의신청으로 소송으로 이행되는 경우에 시효중단의 효과는 소송으로 이행된
때가 아니라 지급명령을 신청한 때에 발생한다(대법원 2015. 2. 12. 선고 2014다228440 판결).

12) 지급명령 발령 전에 생긴 청구권의 불성립이나 무효 등의 사유를 그 지급명령에 관한 청구이의
의 소에서 주장할 수 있으므로 그 의미에서 지급명령에 기판력은 인정되지 않는다(대법원 2009.
7. 9. 선고 2006다73966 판결). 확정판결과 달리 지급명령에는 기판력이 인정되지 않으므로 실체
적 권리관계와 다른 내용으로 지급명령이 확정되고 그 지급명령에 기한 이행으로 금전 등이 교부
되었다면 그에 관하여 부당이득이 성립할 수 있다(대법원 2024. 4. 12. 선고 2023다307741 판결).

1. 화　해

3-8　　　　화해의 본체는 당사자 서로의 양보에 의한 자주적 분쟁해결이다(민법 731조 참조). 민사소송법 자체에서도 법원의 판결에 의하지 않은 분쟁해결방식으로서 화해를 인정하고 있는데, 재판상 화해는 소송상 화해(☞10-22)와 제소전 화해(☞10-33)로 나뉜다. 분쟁당사자는 일단 소송이 개시된 뒤(소송계속 중)에도 서로 양보하여 합의한 내용을 법원에 진술하여 재판에 의하지 않고 소송을 종료시키는 **소송상 화해**를 할 수 있다. 그리고 **제소전 화해**로, 분쟁당사자는 민사상의 다툼이 소송으로 발전하는 것을 방지하기 위하여 **소제기 전**에 지방법원(또는 시군법원) 단독판사 면전에서 **화해**신청을 하여 분쟁을 해결할 수 있다(385조 이하). 화해가 성립하지 않은 때에는 당사자는 소제기신청을 할 수 있는데, 적법한 소제기신청이 있으면 화해신청을 한 때에 소가 제기된 것으로 본다(388조 1항, 2항).

■ **제소전 화해절차의 흐름**

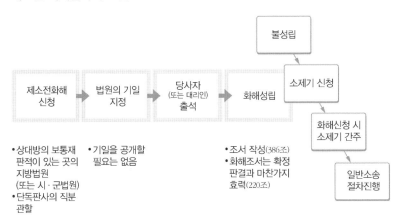

한편, 화해가 성립하였다면, 이를 조서에 기재한 때에 그 조서는 확정판결과 같은 효력을 가진다(220조).

2. 조　정

3-9　　　　조정이란 원래 넓은 의미로는 제3자가 분쟁당사자를 중개하고 쌍방의 주장을 절충하여 화해에 이르도록 알선·협력하는 것을 말한다. 제3자의 중개가 필요하다는 점에서 반드시 그렇지 않은 화해와 구별된다. 조정은 법률이 기준이 된 일

도양단적인 분쟁해결이 아니라, 서로 양보하여 실정에 맞는 해결을 가져오는 점과 조정안에 대하여 당사자의 합의가 필요하다는 점에서 소송과 본질을 달리한다.

◆ **예** ◆ 건축공사를 한 원고가 건축공사대금을 청구한 사건에서 일반적으로 건축주인 피고가 건축물의 흠을 주장하여 그에 대한 감정이 실시되는데, 고액의 감정비용이 소요되고 감정결과에 불만이 있으면 당사자가 감정인에 대한 증인신청 또는 재감정신청을 하며, 판결을 선고하더라도 상소를 함으로써 분쟁해결이 지연된다. 예를 들어 5,000만원의 건축공사대금청구가 문제된 사안에서 건축주가 건축물의 흠을 주장한 경우에 그에 대한 감정이 실시되어야 하는데, 감정비용만 1,000만원 정도로 추정된다고 하자. 이 경우에 조정에 의하면, 조정위원인 건축사가 저렴한 비용으로 현장조사를 하여 개략적인 하자보수비용을 산정한 후, 조정기일에서 당사자 쌍방이 출석한 가운데 의견을 진술하고 법원과 당사자 쌍방의 의문점에 대하여 응답하여 당사자를 납득시키고 양보를 얻어냄으로써 신속하게 저렴한 비용으로 분쟁을 해결할 수 있다.

◆ **예** ◆ 종합병원 산부인과에서 신생아가 뒤바뀐 채, 서로 다른 부모에게 인도되어 양육되다가 17년이 지난 후에 우연히 이러한 사실을 알게 되어 병원을 상대로 양육비, 정신치료비, 위자료 등의 손해에 대한 배상이 문제된 사건에서 소송절차에 의하면 피고 측에서 원고의 손해배상청구권은 불법행위일부터 10년이 지나서 시효소멸하였다는 주장을 할 수 있다. 그렇다면 법률적으로 원고 패소판결이 선고될 것이 거의 명백하고, 원고는 물론 일반인들도 위와 같은 결론을 수용하기는 곤란할 것이다. 따라서 법률에 엄격히 구애받음이 없이 개별 분쟁에 따른 적합한 결론을 내리기 위하여 법원은 사건을 조정절차에 회부하여 피고 측에게는 소멸시효를 원용하는 것이 그동안의 원고 측의 고통에 비추어 신의칙에 반하지 않겠느냐는 조심스러운 의견 타진을, 원고 측에게는 피고 측이 소멸시효 주장을 하는 경우에 소송에서는 소멸시효의 벽을 넘기가 쉽지는 않다는 점과 책임이 인정된다 하더라도 그 배상의 범위는 위자료와 정신적 치료비 등을 제외하고는 인정될 여지가 적다는 점을 제시하여 조정에 응할 것을 설득하여 조정에 성공함으로써 일도양단적인 분쟁해결이 아니라, 구체적 타당성 있는 분쟁해결을 도모할 수 있다.

민사조정의 활성화를 위하여 1990년 여러 개별법상의 민사조정 관련조항을 통폐합하여 민사조정법으로 일원화한 바 있는데, 민사조정법상 국가기관(조정담당 판사 또는 법원에 설치된 조정위원회 및 수소법원)이 조정을 행한다(☞10-34). 그런데 2009년 2월 6일자로 상임조정위원제도를 신설하였다. 즉, 변호사 자격이 있고 일정한 경력을 가진 사람을 상임조정위원으로 위촉하여 상임조정위원이 조정장으로서 조정사건을 처리할 수 있도록 함으로써 조정을 활성화하여 분쟁을 신속하고 원만하게 해결하고자 하였다. 분쟁당사자는 법원에 조정을 신청할 수 있다(민사조정법 2조). 그리고 소송계속 중인 사건이라도 수소법원은 필요하다고 인정하는 경우에는 사건을 조정에 회부할 수 있다(민사조정법 6조. 수소법원조정이라고 한다). 조정은 소송에 비하여 비용이 저렴하고(소장 인지의 1/10), 간이·신속한 해결을 가져올 수 있으며, 딱딱한 법정이 아닌 자유로운 분위기의 조정실에서 당사자의 말을 충분히 듣고 실정에 맞게 분쟁을 해결하고 비공개로 진행될 수 있기 때문에 비밀이 보장되기도 한다. 당사자 사이에 합의된 내용을 조서에 기재함으로써 조정은 성립하며, 조정조서는 재판상의 화해와 동일한 효력이 있다(민사조정법 28조, 29조).

■ **조정절차의 흐름**[13]

한편, 위와 같은 민사조정 이외에 소비자분쟁조정위원회와 같은 각종 행정형 분쟁조정위원회에 의한 조정도 널리 실시되고 있다.

---

13) 대법원 홈페이지에서 인용함.

3. 중 재

중재는 당사자가 일정한 법률관계에 관한 분쟁에 대하여 제3자인 중재인에   3-10
게 그 해결을 맡겨 중재인의 판정에 복종할 것을 약정하고 그에 터 잡아 행하여
지는 절차를 말한다. 조정과 중재의 가장 큰 차이점은 조정안은 당사자가 받아
들이지 않는 한 구속력이 없음에 대하여, 중재판정은 **구속력**을 갖는다는 것이
다. 국제화·선진화된 중재제도를 마련하기 위하여 1999년 중재법이 전면 개정
된 바 있었고, 또한 최근 2016년 중재제도 이용 활성화를 위해 중재대상 사건
범위를 현행 '사법상의 분쟁'에서 '재산권상의 분쟁 및 당사자가 화해에 의하여
해결할 수 있는 비재산권상의 분쟁'으로 확대하고, 중재합의 요건을 완화하는
한편, 중재판정의 승인·집행을 판결이 아닌 결정으로 하도록 하는 등 중재제도
를 국제기준에 맞게 선진화함으로써 중재 친화적인 환경을 조성하려는 취지에
서 중재법 개정이 있었다. 중재는 그 분야의 전문가를 중재인으로 선정함으로써
실정에 맞는 분쟁해결을 할 수 있고, **단심제**이기 때문에 분쟁의 신속한 해결을
가져오며, 비공개심리이기 때문에 업무상 비밀의 유지에 적당하고, 특히 국제거
래상의 분쟁에 있어서 적합하다고 할 수 있다. 중재판정은 승인 또는 집행거절
사유가 없는 한, 확정판결과 동일한 효력을 가진다(중재법 35조).

◆ **예** ◆   미국 컴퓨터회사와 우리 컴퓨터회사 사이에서 프로그램을 둘러싸고 분쟁이
발생하였는데, 양쪽 회사 모두 과거의 권리의무의 확정보다도 장래에 있어서 거래관계
의 수립을 희망하고 있고, 또한 위 프로그램은 양쪽 회사에 있어서 기업비밀로 일반에
게 공개되는 것은 절대적으로 피하기를 원한다고 하자. 민사소송의 본질은 과거의 사
실을 근간으로 권리의무관계를 확정하는 것에 있으므로 장래에 있어서의 새로운 관계
(가령 미국 컴퓨터회사는 이후부터 프로그램정보를 제공하고 로얄티를 지급받는 등)를 수립하
는 것은 소송으로는 불가능하다. 그리고 민사소송에 있어서는 공개된 법정에서의 심리
가 원칙이므로 비밀보호절차는 약하다. 아울러 국제거래분쟁이라는 점도 고려하면 적어
도 소송보다는 중재 등의 재판외 분쟁처리에 의하는 것이 최적이라고 생각한다.

VI. 소송구조

3-11　　　돈이 없기 때문에 소송비용을 지출할 수 없어 재판을 포기하지 않으면 안 된다면, 그것은 재판을 받을 권리의 침해에 해당하고 소송제도의 이용은 부유층의 특권으로 전락하고 만다(「법원의 문은 돈의 열쇠가 없으면 열 수 없다」는 속언이 있다). 그래서 이러한 사태에 대비하여 소송구조제도가 있다. 소송구조는 민사소송법상의 제도인데,[14] 패소할 것이 분명한 경우가 아니며, 소송비용을 지출할 자금능력이 부족한 사람에 대하여 신청에 따라 또는 직권으로 법원이 일시 소송에 필요한 비용의 지출을 유예하는 제도이다(128조

소송구조신청서

구조대상사건 : 200○가합○○○ 손해배상(자)
신청인(원고, 피고)　○○○
　　　　　주소 :
　　　　　전화, 휴대폰, 팩스번호 :
상대방(원고, 피고)　○○○
　　　　　주소 :

　신청인은 위 사건에 관하여 아래와 같은 사유로 소송구조를 신청합니다.

1. 구조를 신청하는 범위
　□ 인지대　[□ 소장　□ 상소장　□ 기타(　　　　)]
　□ 변호사비용
　□ 기타 (　　　　　　　　　　　　　　　　　)
　□ 위 각 사항 등을 포함한 소송비용 전부
2. 구조가 필요한 사유
　가. 사건 내용 : 별첨 기재와 같다(소장 사본의 첨부로 갈음 가능).
　나. 신청인의 자력 : 별첨 재산관계진술서 기재와 같다.

　신청인은 소송진행 중이나 완결 후에 신청인의 직업이나 재산에 중대한 변동이 생긴 때, 소송의 결과 상대방으로부터 이행을 받게 된 때에는 법원에 즉시 그 내용을 신고하겠습니다.

　　　　　　200 .　 .　 .
　　　신청인 ○○○ ＿＿＿＿＿＿＿＿(서명 또는 날인)

○○지방법원 제○부(단독) 귀중

이하). 그 요건으로는 남소라고 할 정도로 **패소할 것이 분명한 경우가 아닌 것**으로 충분하다.[15] 또 소송비용을 지출할 자금능력이 부족한 사람은 반드시 무자력자나 극빈자에 한정되지 않는다(자금능력이 없는 사람이 아님을 주의).

　　　구조의 범위는 재판비용의 **납입유예**, 변호사 등의 보수와 체당금의 **지급유예**, 소송비용의 **담보면제**, 대법원규칙이 정하는 **비용의 유예나 면제**이다(129조 1항).

　　　구조결정이 확정되면, 가령 납입이 유예되는 소송비용 가운데 법원에서 현실로 지출하여야 하는 비용에 대하여는 우선 국고에서 체당(替當)하여 지출한다. 그리고 체당을 한 국고 등이 직접 그 부담의 재판을 받은 상대방으로부터 추심한다(132조 1항).

　　　원고가 소장에 인지를 붙이지 않고 구조신청을 한 경우에 구조신청에 대한

---

14) 한편, 일정한 요건 하에 대한법률구조공단의 법률구조제도도 이용할 수 있다.

15) 패소할 것이 명백한 경우에 소송구조의 거부를 인정하는 위 단서(즉 소송비용을 지출할 자력이 부족하다는 것만을 요건으로 하는 방법을 선택하지 아니하였다 하더라도)가 바로 국민의 재판청구권의 침해의 문제로 연결되는 것은 아니다(헌법재판소 2001. 2. 22. 선고 99헌바74 결정).

기각결정 확정 전에는 인지가 첨부되어 있지 않다는 것을 이유로 소장을 각하하여서는 안 된다.

한편, **소권의 남용**에 대응하여, **패소할 것이 분명한 사건**에 대해서는 **소송구조신청**에 필요한 소송비용과 그 **불복신청**에 필요한 소송비용에 대해서도 소송구조를 하지 않을 수 있도록 하였다(128조 2항).

◈ **예** ◈ 정○○ 전 한보그룹 회장이 자신의 명의의 부동산 수십여개에 설정된 근저당권에 대해 피담보채무가 존재하지 않는다고 주장하며 제기한 채무부존재확인소송에서 인지대가 없다며 낸 소송구조신청이 기각되었다. 신청인이 고령이고 별다른 직업이 없는 반면, 조세채무 2,400여억원을 부담하고 있어 **무자력**인 점은 소명된다면서도 소송구조는 '**자금능력이 부족할 것**' 외에도 '**패소할 것이 분명하지 않을 것**'을 요건으로 하고 있는데 위 진행 중 소송이 패소할 것이 분명한 경우가 아니라는 점에 대해 소명이 부족하다고 보았다(2007.5.14.자 법률신문 기사). 당초 정씨는 채무규모를 알 수 없다며 소송액을 산출할 수 없는 경우 소송액을 2천만 100원으로 한다는 대법원규칙에 따라 소송액을 2천만 100원으로 정하였고, 인지대도 관련 계산식에 의해 산출된 9만 5천 1원만 냈다. 그러나 소송이 진행되면서 정씨의 채무가 481억원 이상임이 확인되었고, 법원은 인지대 부족액 1억 6천 888만여원을 더 내라고 명령하였지만, 정씨는 이에 불응하면서, 위와 같이 소송구조신청을 한 것이다.

제 2 장

소의 적법

4-1   원고가 소를 제기하면, ① 소장의 적식, ② 소의 적법, ③ 원고가 소로 구하고 있는 청구의 당부 등이 심리(조사·심사)의 대상이 된다. ① 우선 소장의 적식으로 소장의 필수적 기재사항을 적어야 하고, 소정의 인지를 붙여야 한다. 이러한 소장의 적식이 재판장의 소장심사에서 체크되어 부적법한 경우에는 소장은 각하된다(☞1-12). ② 적식의 소장에 의한 소의 제기에 의하여 항상 본안판결이 행하여지는 것은 아니다. 본안의 심리·판결을 하는 데에는 일정한 요건이 구비될 필요가 있다. 이 본안판결을 하는 데에 필요한 요건이 소송요건이고, 소송요건은 소가 적법한 취급을 받기 위하여 구비하여야 할 사항, 즉 소의 적법요건을 말한다. 소송요건을 갖추지 못하면 소는 부적법 각하된다(소송판결). ③ 그런 뒤에 원고가 소로 구하고 있는 청구의 당부에 대하여 심리하고, 법원은 그에 따른 본안판결을 하게 된다.

12-사법시험   ◆ **소송요건과 본안의 심리(소송요건의 선순위성)** ◆   심리의 순서에 대하여, 우선 소송요건의 존부의 조사에 집중하고 그 존재를 확정한 뒤에 비로소 본안심리에 들어가는 것이 아니라는 점에 주의하라. 본안과 소송요건의 심리를 병행하여 동시에 진행한다(그 존부를 판단하는 표준시는 본안이나 소송요건이나 원칙적으로 사실심 변론종결시이다). 그런데 그렇더라도 본안판단에 앞서서 우선 소송요건이 존재한다는 것이 확정되어야 비로소 본안청구에 이유가 있는지 여부가 판단된다(소송요건의 선순위성). 청구를 인용하는 경우에는 반드시 이 원칙에 따라야 한다. 하지만 경우에 따라서는 소송요건의 구비 여부가 아직 진위불명이고, 심리를 좀 더 전개시키지 않는다면 소송요건의 존부가 명확하지 않게 되는 경우가 있는데, 이 경우에 명확히 본안청구에 이유가 없는 것이 판명되고 있다면 이를 가지고 청구기각판결을 할 수 있지 않은가가 문제되고 있다. 이러한 경우에 소

송요건의 심리를 마치는 것은 헛수고이고, 소송경제상 오히려 청구기각의 본안판결을
하는 것이 분쟁의 발본적 해결에 이바지한다는 **긍정설**이 최근 유력하다. **생각건대** 이
러한 유력설에 완전히 찬성할 수는 없으나, 다만 소의 이익이나 부제소특약의 경우와
같이 무의미한 소송을 배척하는 데에는 청구기각판결의 쪽이 종국적이고, 소송경제에도
이바지하므로 이에 대하여는 유력설의 입장이 합리적이어서 지지할 수 있다.

제 1 절 소송요건

원고가 주장하는 청구에 있어서 소가 부적법한 일정한 경우에는 소각하라는 소송판
결에 의하여 원고의 청구를 심리하지 않고 문전에서 떨쳐버릴 수도 있다. 본안판결을
내릴 가치가 없는 부적법한 소를 미리 배제하기 위하여 마련된 것이 소송요건이다.

I. 의 의

소송요건(Prozeßvoraussetzung)은 법원에 소가 제기된 경우에 본안판결을 하   4-2
기 위하여 필요한 요건으로, 소가 적법한 취급을 받기 위하여 구비하여야 할 소
의 적법요건을 말한다.[1]

II. 각개의 소송요건

소송요건에 대하여는 법률상 통일적으로 규정되어 있지 않다. 일반적 소송요   4-3
건 이외에도 상급심의 절차, 보조참가, 독립당사자참가, 중간확인의 소, 장래의
이행의 소, 재심의 소와 같은 다른 특별한 절차를 위한 그 자체 특수한 소송요건
이 있는데, 각각의 절차는 일반적 소송요건과 함께 각각의 특수한 소송요건이 구
비된 경우에 적법하다. 여기서는 일반적 소송요건에 대하여 설명한다. 우선 소송
의 기초를 이루는 소의 제기의 적식성이 일반적 소송요건에 속하고, 그 밖에 해
당 소송요건이 법원, 당사자 및 소송물의 어느 것에 관한 소송요건인가에 의하여
다음과 같이 세 가지로 분류할 수 있다. 그러한 분류 외에도 직권조사사항과 항
변사항의 구별이 중요하다(☞4-7).

---

1) 그 요건에 흠이 있으면 본안에 대하여 판결을 할 수 없다는 의미이고, 절차적으로 본안과 심리
  자체를 병행하여 진행하는 것이 배제되는 것은 아니므로 그 표현을 보다 정확하게 포착하여 본
  안판결요건(Sachentscheidungsvoraussetzung)이라는 용어를 사용하기도 한다.

1. 법원에 관한 소송요건

4-4　　　① 피고가 우리나라의 재판권에 복종할 것, ② 법원이 관할권을 가질 것 등이 법원에 관한 소송요건이다.

2. 당사자에 관한 소송요건

4-5　　　① 당사자가 실재할 것, ② 당사자능력을 가질 것, ③ 당사자적격을 가질 것, ④ 소송능력을 가질 것,[2] ⑤ 대리권이 존재할 것,[3] ⑥ 원고가 소송비용의 담보를 제공할 필요가 없을 것, 그 필요가 있을 때에는 원고가 필요한 담보를 제공할 것(117조) 등이 당사자에 관한 소송요건이다.[4]

3. 소송물에 관한 소송요건

4-6　　　① 소의 이익을 가질 것, ② 동일한 사건이 다른 법원에 계속되고 있지 않을 것(259조) 및 재소금지에 저촉되지 않을 것(267조 2항),[5] ③ 기판력 있는 재판이 존재하지 않을 것 등이 소송물에 관한 소송요건이다(①과 같이 그 존재가 요구되는 적극적 요건과 ②, ③과 같이 그 부존재가 요구되는 소극적 요건으로 나눌 수 있다. 위의 재판권, 당사자능력 등도 적극적 요건의 예이다). 그런데 ③과 관련하여 기판력의 본질을 **반복금지설**로 파악하면 소송물에 관하여 기판력 있는 재판이 존재하지 않을 것이 소극적 소송요건으로 되나, **모순금지설**로 파악하면 경우를 나누어 전소가 승소확정판결의 경우에는(패소확정판결의 경우에는 후술 ☞11-12) 그 존재로 인하여 동일한 후소가 **소의 이익을 갖추지 못한 것**이 된다(☞4-102).

---

2) 한편, 변론능력은 소송요건이 아니며, 이를 갖추지 못한 때에는 가령 기일해태의 불이익으로 돌릴 수 있을 뿐이다(☞4-68).

3) 당사자가 소송능력을 갖추지 못한 경우에는 법정대리인에 의하여 대리될 것, 소송위임에 의한 대리의 경우에는 소송대리인의 대리권이 유효하게 존재할 것이 소송요건이다.

4) 총유재산에 관한 소송은 비법인사단이 그 명의로 사원총회의 결의를 거쳐 하거나 또는 그 구성원 전원이 당사자가 되어 필수적 공동소송의 형태로 할 수 있을 뿐이며, 비법인사단이 사원총회의 결의 없이 제기한 소송은 소송요건(제기에 관한 특별수권)이 흠결된 것으로서 부적법하다(대법원 2011. 7. 28. 선고 2010다97044 판결).

5) 중복된 소제기의 금지나 재소금지에 저촉되지 않을 것을 따로 소송물에 관한 소송요건으로 열거하기도 하나, 한편 이는 모두 소의 이익에 속하는 것이기 때문에(☞4-100) 중복을 피하기 위하여 소송물에 관한 소송요건으로 따로 열거하지 않는 경우도 있다.

◈ **예** ◈ Y가 운전하는 차에 부딪친 X가 부상을 입고 1,000만원 상당의 손해를 입었다고 하자. 이 경우에 X가 Y에 대하여 불법행위에 기한 손해배상청구로 1,000만원의 지급을 구하지 않고, X가 위 사고에서 어느 정도의 부상을 입었는가 하는 사실의 확인을 구한 경우는 어떠한가. 또 X가 Y에 대하여 불법행위에 기한 손해배상청구권을 가진다는 권리관계의 확인을 구하는 경우는 어떠한가. 이러한 문제는 소송요건의 하나인 **소의 이익**의 문제이다. 또한 위 예에서 X의 직장 동료인 Z가 원고가 되어 Y에 대하여 X에게 1,000만원을 지급하라는 소를 제기한 경우는 어떠한가. Z가 당사자가 될 수 있는 자격이 있는 것인가. 이러한 문제는 소송요건의 하나인 **당사자적격**의 문제이다.

III. 소송요건의 조사

소송요건은 소가 법원이 심리하기에 어울리는지 여부를 선별하는 요건이므로 그 정도는 똑같지 않지만, 어느 소송요건이라도 판결의 정당성 확보나 소송기능의 유지라는 어느 정도의 공익성을 가지고 있다. 그래서 소송요건은 원칙적으로 **직권조사사항**이다. 소송요건이 법원의 직권조사사항이라는 점에서, 직권조사라는 것은 법원이 직권으로 소송요건의 구비 여부에 의심이 있을 때에 피고의 지적이 없더라도 스스로 직권으로라도 고려(berücksichtigung), 즉 그 사항의 구비에 대한 조사(prüfung)를 개시하여야 한다는 것뿐이고, 그에 관한 판단자료의 수집을 어떻게 할 것인가는 별개 영역의 문제가 된다고 본다. 반면, 소송요건 가운데 공익성의 정도가 낮은 것도 있다. 가령 중재계약의 존재, 부제소특약의 존재,6) 소송비용담보의 부제공 등은 공익성의 강도가 낮으므로 이러한 소송요건은 당사자의 주장이 있을 때 조사를 개시하면 무방하고, 통상 피고가 항변으로 제출하므로 **항**

4-7

14-변리사시험

---

6) 이, 215면; 정/유/김, 398면. 그런데 **판례**는 **부제소 합의**에 위배되어 제기된 소는 권리보호의 이익이 없고, 또한 신의성실의 원칙(1조 2항)에도 어긋나는 것이므로, 소가 부제소 합의에 위배되어 제기된 경우 법원은 직권으로 소의 적법 여부를 판단할 수 있다. 다만, 직권으로 부제소 합의에 위배되었다는 이유로 소가 부적법하다고 판단하기 위해서는 그와 같은 법률적 관점에 대하여 당사자에게 의견을 진술할 기회를 주어야 하고, 부제소 합의를 하게 된 동기 및 경위, 그 합의에 의하여 달성하려는 목적, 당사자의 진정한 의사 등에 관하여도 충분히 심리할 필요가 있다. 법원이 그와 같이 하지 않고 직권으로 부제소 합의를 인정하여 소를 각하하는 것은 예상외의 재판으로 당사자 일방에게 불의의 타격을 가하는 것으로서 석명의무를 위반하여 필요한 심리를 제대로 하지 아니하는 것이라고 본다(대법원 2013. 11. 28. 선고 2011다80449 판결). 부제소 합의에 위배되어 소가 제기된 경우에 법원은 **직권으로 소의 적법 여부를 판단할 수 있다**고 하면서도 부득이 직권으로 다루어야 할 경우에는 항변사항인 성질에 맞추어 당사자 한쪽에 불의의 타격이 되지 않도록 당사자에게 의견진술의 기회를 주어야 한다는 것이 판례의 취지로 보인다(강(2018), 61면). 직권조사사항으로 보면서도 결과적으로 항변사항과 같이 취급한 것이다(강(2018), 102면).

변사항이라고 한다. 일반적 입장은 이러한 항변사유의 존재도, 소송요건의 부존재 도 모두 본안판결을 저지하는 점에서는 다르지 않다고 보아 항변사항도 포함하여 소송요건을 이해한다.7)

그런데 위에서 보았듯이 소송요건의 조사의 개시가 법원의 직권에 의한 경 우라도 법원이 스스로 조사를 개시하여야 한다는 것을 의미하는 데 머무르고, 그 소송요건의 존부에 대하여 필요한 판단자료를 어떻게 수집할 것인가의 문제는 남 게 된다. 이에 대하여 청구(소송물) 그 자체에 대한 재판자료의 수집방법과 동일 하게 **변론주의**에 의할 것인가, 아니면 **직권탐지주의**에 의할 것인가, 또는 청구 와 달리 독자의 **제3의 판단자료의 수집방법**을 인정할 것인가가 문제된다.8) 가 령 법원이 직권으로 수집할 것인지, 당사자가 법원에 제출한 것에 한정할 것인지 에 대하여 **판례**는 직권으로 탐지할 의무까지는 없다고 하고,9) 그리고 자백이나 자백간주가 성립할 수 있는지 여부 등이 문제되는데, **판례**는 자백이나 자백간주 의 대상이 될 수 없다고 한다.10)

19-변호사시험

여러 가지 견해가 주장되는데, **생각건대** 피고의 이익보호를 목적으로 하는 항변사항에 대하여는 변론주의에 따르면 되고, 또한 직권조사사항 가운데 본안관 련성이 밀접한 임의관할, 소의 이익, 당사자적격11) 등은 직권탐지의 대상이 되지

---

7) 한편, 독일법에서는 항변사항은 당사자가 그 사유가 존재하는 것의 고려를 법원에 요구하는 경 우에만 법원에 의하여 참작된다는 점에서 직권조사사항과 중대한 차이가 있으므로 항변사항을 소송요건에 포함시키지 않고, 소송장애사유(Prozeßhindernis)라고 부르면서 소송요건과 구별한 다. 즉 항변사항과 직권조사사항을 일괄하여 소송요건이라고 볼 합리성은 없다고 한다.

8) 일부 학설은 독자의 제3의 방법인 직권조사(Prüfung von Amts wegen)에 의한다고 한다. 판 단자료의 제출책임은 원칙적으로 당사자에게 있기 때문에 법원은 소송요건의 존부에 의심이 있 을 때에는 당사자에게 이를 지적하여 주장·증명을 촉구할 수 있지만, 나아가 직권에 의한 증거 조사는 법이 특별히 인정하는 경우를 제외하고는 허용되지 않는다는 점에서 변론주의와 공통되 지만, 당사자의 합의나 소송절차에 관한 이의권의 포기 등에 의하여 법원의 직권행사를 배제할 수 없고, 자백이나 자백간주의 대상이 될 수 없고, 공격방어방법과 달리 제출시기에 제한을 받지 않는다는 점에서 직권탐지주의와 공통되므로 변론주의와 직권탐지주의의 중간에 위치하는 특별 한 심리방식으로 보는 입장이다(이, 215면, 337면; 호, 328~329면).

9) 비법인사단이 당사자인 사건에 있어서 대표자에게 적법한 대표권이 있는지 여부는 소송요건에 관한 것으로서 법원의 직권조사사항이므로, 법원으로서는 그 판단의 기초자료인 사실과 증거를 직권으로 탐지할 의무까지는 없다 하더라도 이미 제출된 자료에 의하여 그 대표권의 적법성에 의심이 갈 만한 사정이 엿보인다면 그에 관하여 심리·조사할 의무가 있다(대법원 2009. 1. 30. 선고 2006다60908 판결).

10) 소송대리권의 존부는 직권탐지사항으로서, **자백간주에 관한 규정이 적용될 여지가 없다**(대 법원 1999. 2. 24. 선고 97다38930 판결). 종중의 대표자에게 적법한 대표권이 있는지의 여부는 직권조사사항이고, **자백의 대상이 될 수가 없다**(대법원 2002. 5. 14. 선고 2000다42908 판결).

11) 다만 **통설·판례**의 입장에서 피보전채권의 존재를 소송요건으로 보는 채권자대위소송(즉 그

않고 변론주의에 따를 것이다.

조사의 개시 ＼ 자료의 수집	직권조사사항		항변사항(공익성 희박)
직권탐지주의	공익성 强 본안관련성 희박	재판권, 전속관할, 당사자의 실재 등	×
변론주의	공익성 有 본안관련성 밀접	임의관할, 협의의 소의 이익, 당사자적격 등	중재계약, 부제소특약, 소송비용의 담보의 제공 등

　　소송요건의 조사에 있어서 그 존부를 판단하는 표준시(기준시)는 원칙적으로 사실심 변론종결시이다.12) 이는 현행법상 소송요건의 심리를 위한 단계성이 마련되어 있지 않다는 소극적 조건과 소송요건이 본안판결의 전제요건으로 된다는 적극적 조건의 결합의 귀납적 결과이다. 따라서 제소 당시에는 소송요건이 부존재하여도 사실심 변론종결시까지 갖추면 적법한 소로 되고, 가령 제소 당시에는 소송요건을 갖추었더라도 변론종결시 전에 소멸되었으면 본안판결을 할 수 없다.

성질은 법정소송담당)에서 위와 같은 일반적 소송형태에서의 논의가 그대로 타당한가는 추가 검토가 필요하다. 채권자대위소송에서 피보전채권이 존재하는지 여부는 소송요건으로서 법원의 **직권조사사항**이므로, 법원으로서는 그 판단의 기초자료인 사실과 증거를 **직권으로 탐지할 의무까지는 없다** 하더라도, 법원에 현출된 모든 소송자료를 통하여 살펴보아 피보전채권의 존부에 관하여 의심할 만한 사정이 발견되면 **직권으로 추가적인 심리·조사**를 통하여 그 존재 여부를 확인하여야 할 의무가 있다(대법원 2009. 4. 23. 선고 2009다3234 판결). 또한 채권자대위소송에서 (제3채무자는 채무자가 채권자에 대하여 가지는 항변권이나 형성권 등과 같이 그 권리자에 의한 행사를 필요로 하는 사유를 들어 채권자의 채무자에 대한 권리가 인정되는지 여부를 다툴 수 없지만), 채권자의 채무자에 대한 권리의 발생원인이 된 법률행위가 무효라거나 위 권리가 변제 등으로 소멸하였다는 등의 사실을 주장하여 다투는 경우에 법원은 위 주장을 고려하여 채권자의 채무자에 대한 권리가 인정되는지 여부에 관하여 **직권**으로 **심리·판단**하여야 한다(대법원 2015. 9. 10. 선고 2013다55300 판결).

12) 다만, 예외로 ① 관할에 관하여는 소를 제기한 때를 표준으로 정하고(33조), 그 뒤에 관할원인이 소멸하여도 관할은 소멸하지 않는다(관할의 항정[恒定]). ② 당사자능력, 소송능력, 법정대리권의 소송계속 중의 소멸은 소각하사유가 아니고 소송중단사유로 되는 것에 그친다. 한편 ③ 법정대리권, 소송대리권 또는 소송행위에 대한 특별한 권한의 수여에 흠이 있는 때의 추인(424조 2항)은 상고심에 있어서도 할 수 있으므로 법정대리권 등의 소송요건에 대하여는 상고심의 심리종결시가 그 존부의 기준으로 된다고 풀이할 수 있다. 그리고 **판례** 가운데에는 사실심 변론종결시에 있어서 갖추지 못한 소송요건을 상고심에 있어서 갖추게 된 경우에 흠의 치유를 인정한 것이 있다(또는 그 반대의 경우). 대법원 1995. 5. 23. 선고 94다23500 판결; 대법원 2003. 1. 10. 선고 2002다57904 판결 등.

IV. 소송요건의 조사의 결과

4-8 조사한 결과, 소송요건을 갖추지 못한 것이 분명하면 법원은 소각하의 판결을 한다. 다만, 관할위반의 경우에는 소를 부적법 각하하지 않고, 관할권 있는 법원에 이송한다(34조 1항).

한편, 소송요건을 갖추지 못하였더라도 보정할 수 있는 소송요건이라면(가령 소송능력이나 대리권의 부존재), 법원은 일단 보정명령을 내리고(59조), 만약 보정이 불가능한 경우에는 부적법한 소로서 **변론 없이 판결로 소를 각하**하고(219조), 그 이상 심리에 들어가는 것을 그만둔다.

소각하의 판결을 본안판결에 대하여 **소송판결**이라고 한다. 판결주문에 「이 사건 소를 각하한다」고 기재한다. 소송요건의 부존재를 확인하는 확인판결의 일종이며, 그 부존재에 기판력이 생긴다.

한편, 직권조사사항에 관하여도 그 사실의 존부가 불명한 경우에는 증명책임의 원칙이 적용되어야 할 것인바, 본안판결을 받는다는 것 자체가 원고에게 유리하다는 점에 비추어 직권조사사항인 소송요건에 대한 증명책임은 원칙적으로 원고에게 있다.[13]

■ 소송요건과 본안의 심판 비교

	소송요건	본 안
심리의 개시/ 판단자료의 수집	대부분 직권조사사항 * 관할권(32조)	처분권주의/변론주의
심리순서	소송요건의 선순위성	병행심리 진행
증명방법	엄격한 증명 ? 자유로운 증명 ?	엄격한 증명
판단의 표준시	변론종결시 * 관할의 항정(33조)	변론종결시
판 결	소송판결 * 관할위반 이송(34조 1항)	본안판결
기판력	○	○

---

13) 정/유/김, 395면. 대법원 1997. 7. 25. 선고 96다39301 판결(원고로부터 적법하게 소송대리권을 수여받았는지 여부가 문제된 사안), 대법원 2014. 10. 27. 선고 2013다25217 판결(채권자대위소송에서 피보전채권의 존부가 문제된 사안). 한편, 소극적 소송요건이나 항변사항의 경우에는 이를 주장하는 피고에게 증명책임이 있다. 가령 채권자취소권의 행사에 있어서 제척기간의 도과에 관한 증명책임은 채권자취소소송의 상대방에게 있다(대법원 2009. 3. 26. 선고 2007다63102 판결).

제 2 절 재판권과 관할 — 법원에 관한 소송요건

제 1 항 재판권

I. 의 의

구체적 사건을 재판에 의하여 처리하는 국가권력을 재판권이라고 한다. 이   4-9
가운데 민사소송을 처리하는 권능을 민사재판권이라고 부른다. 민사재판권은 광
의의 사법권(司法權)의 하나의 작용으로 법원에 속한다. 민사재판권에는 재판에
의하여 당사자를 구속, 복종시키고, 강제집행을 위하여 채무자에게 강제력을 가
하는 외에, 이에 부수하여 송달, 공증 등의 사무를 행하고, 제3자를 증인, 감정인
으로서 소환, 신문하거나 당사자나 제3자에게 증거물을 제출시켜 응하지 않는 사
람에게 강제나 제재를 가하는 등의 권능이 포함된다.

II. 대인적 제약(인적 한계)

민사재판권은 영토고권(高權)과 관련하여 원칙적으로 국적을 불문하고 우리   4-10
국내에 있는 모든 사람에게 미친다. 대통령이라고 하여 그 예외가 아니라고 할
것이다.

그러나 국제법의 원칙에 의하여 일정한 사람에 대하여 예외적으로 재판권의
행사가 제한되는 경우가 있다. 예를 들어 외교사절, 영사관원, 국제기구 등의 치
외법권자(治外法權者)에게 재판권의 면제가 인정된다(근거로서는 직무수행의 필요성
을 들 수 있다).

한편, **외국국가**에 대하여는(국가면제 내지는 주권면제. 최근 위안부 피해자들이
일본 정부를 상대로 국내 법원에 제기한 손해배상청구소송에서 이 부분이 문제됨), 그 행
위의 성질이 어떠하냐를 묻지 않고, 민사재판권이 면제된다는 절대적 면제주의
도 있었지만,14) 현재에는 외국국가의 행위 자체의 성질에 따라 사법적 행위(acta

---

14) 국가의 주권은 국내의 관계(대내주권)에서는 최고이지만, 타국에 대한 대외관계(대외주권)에서
   는 독립·평등이다. 그리하여 평등자 사이에서는 서로 지배권(명령권)이 없으므로(par in parem
   habet non imperium) 일국은 다른 나라의 재판권에 복종하지 않고, 다른 나라의 법원에 제소당
   하지도 않는다. 이것이 국가면제(state immunity) 또는 주권면제(sovereign immunity)의 원칙
   인데, 이러한 원칙은 본래 절대적 면제주의(theory of absolute immunity)로부터 발달하였다.

juregestionis)에 있어서는 국내 민사재판권에 복종하여야 하고, 주권적 행위(acta jure imperii)에 한하여 면제된다는 **상대적**(제한적) **면제주의**(theory of restrictive immunity)가 일반적이다(물론 외국국가가 스스로의 의사에 의하여 특권을 포기(waive)하고 다른 국가의 재판권에 임의로 복종하는 경우를 제외).[15] **판례의 입장도 상대적 면제주의**를 취하고 있다고 본다.[16] 가령 외국(몽골)이 경계를 침범하여 인접 토지를 대사관으로 점유하고 있는 경우에 인접 토지의 소유주의 그 **철거·인도청구** 부분에 대하여는 재판권이 면제되나, **부당이득반환청구** 부분에 대하여는 우리나라의 재판권이 있다고 보았다.[17]

III. 대물적 제약(국제재판관할권)

4-11 　　세계화·국제화시대에 있어서 기업이나 개인의 차원에서 국경을 넘나드는 교류가 있게 되면서 섭외적(涉外的) 민사분쟁이 급격히 증가하였는데, 국제민사분쟁이 소송화하는 경우에 제1차적으로 생기는 문제는, 소가 제기된 나라(법정지국)의 법원이 그 재판을 할 수 있는가 하는 「**국제재판관할권**」(internationale Zuständig‒keit) 내지는 「일반관할권」의 문제가 있다. 이 국제재판관할권은 어느 국가의 법원이 해당 사건에 대하여 재판을 할 수 있는가 하는 문제로, 한 국가 내에서 어느 지방의 법원이 관할권을 가지는가 하는 문제와는 차원이 다르다.[18]

---

15) 즉 면제권을 가지는 국가 스스로 다른 나라의 법원에 소를 제기한 때에는 재판권의 면제를 포기한 것으로 풀이되므로 그 나라의 법원은 그 사건에 관하여 재판권을 가진다.

16) 우리나라의 영토 내에서 행하여진 외국의 사법적 행위가 주권적 활동에 속하는 것이거나 이와 밀접한 관련이 있어서 이에 대한 재판권의 행사가 외국의 주권적 활동에 대한 부당한 간섭이 될 우려가 있다는 등의 특별한 사정이 없는 한, **외국의 사법적 행위에 대하여는 당해 국가를 피고로 하여 우리나라의 법원이 재판권을 행사할 수 있다**(대법원 1998. 12. 17. 선고 97다39216 전원합의체 판결). 그런데 **강제집행**에서의 재판권 행사는(피압류채권이 외국의 사법적 행위를 원인으로 하여 발생한 것이라고 하더라도, 피압류채권의 당사자가 아닌 집행채권자가 해당 국가를 제3채무자로 한 압류 및 추심명령을 신청하는 경우) **판결절차에서의 재판권 행사보다 더욱 신중히 행사될 것이 요구된다**(대법원 2011. 12. 13. 선고 2009다16766 판결).

17) 외교공관은 한 국가가 자국을 대표하여 외교 활동을 하고 자국민을 보호하며 영사사무 등을 처리하기 위하여 다른 국가에 설치한 기관으로, 외국이 부동산을 공관지역으로 점유하는 것은 그 성질과 목적에 비추어 **주권적 활동과 밀접한 관련**이 있다고 볼 수 있으므로 그 공관의 직무수행을 방해할 우려가 있는 경우, 그에 대한 우리나라 법원의 재판권 행사가 제한되고, 이때 위 소송이 외교공관의 직무수행을 방해할 우려가 있는지 여부는 원고가 주장하는 청구 권원과 내용, 그에 근거한 승소판결의 효력, 그 청구나 판결과 외교공관 또는 공관직무의 관련성 정도 등을 종합적으로 고려하여 판단하여야 한다(대법원 2023. 4. 27. 선고 2019다247903 판결).

18) 특수한 남북한 관계에서 북한을 외국으로 보아 국제재판관할권의 문제로 취급하여 관할권을 정하여야 하는가의 문제와 관련하여, 우리 개성공업지구 현지기업 사이에 소송 목적물이 개성공

종전에는 이에 대한 성문법규가 존재하지 않았으나,[19] 2001년 **개정 국제사법** 2조 1항에서 "법원은 당사자 또는 분쟁이 된 사안이 대한민국과 **실질적 관련**이 있는 경우에 국제재판관할권을 가진다. 이 경우 법원은 **실질적 관련**의 유무를 판단함에 있어 국제재판관할 배분의 이념에 부합하는 합리적인 원칙에 따라야 한다." 2항에서 "법원은 국내법의 관할규정을 참작하여 국제재판관할권의 유무를 판단하되, 1항의 규정의 취지에 비추어 **국제재판관할의 특수성**을 충분히 고려하여야 한다."는 일반적인 원칙규정을 마련하였다. 그런데 이는 추상적인 기준만을 제시하고 있으므로 여전히 실무상 종래의 학설과 판례의 이해가 필요하였는데, 최근 국제재판관할 결정의 일반원칙인 '실질적 관련성' 판단 기준을 구체화하고, 일반관할 및 사무소·영업소 소재지 등의 특별관할, 반소·합의·변론·전속관할 등 국제재판관할에 관한 총칙 규정을 신설하며, 채권, 지식재산권, 친족·상속, 해상 등 유형별 사건에 관한 국제재판관할 규정을 도입하는 국제사법의 전부개정이 있었다(법률 제18670호, 2022. 1. 4., 전부개정). 개정 국제사법은 2022. 7. 5.부터 시행되었는데, 국재재판관할에 관한 법적 안정성 및 예측가능성을 확보할 수 있을 것이 기대된다.

◈ **원고가 소를 제기할 당시 피고의 재산이 대한민국에 있으나 원고의 청구와 직접적 관련이 없는 경우, 국제재판관할권을 판단하는 방법** ◈　甲은 중국 국적으로 중국에서 사채업에 종사하다가 대한민국에서 영업을 하려고 입국한 사람이고, 乙 등은 중국 국적의 부부로 중국에서 부동산개발사업을 영위하다가 대한민국에 거주지를 마련한 사람들인데, 甲이 과거 중국에서 乙 등에게 빌려준 대여금의 반환을 구하는 소를 대한민국 법원에 제기한 사안에서 乙 등이 대한민국에 있는 부동산과 차량을 구입하여 소유·사용하고, 위 소 제기 당시 대한민국에 생활의 근거를 두고 자녀를 양육하면서 취득한 부동산에서 실제로 거주해 온 사실 등과 甲도 위 소 제기 무렵 대한민국에 입국하여 변론 당시까지 상당한 기간을 대한민국에서 거주하면서 향후 대한민국에서 영업활동을 수행할 계획을

업지구에 있는 분쟁에서 우리 법원(의정부지방법원 고양지원)의 재판관할권을 인정하였다(대법원 2016. 8. 30. 선고 2015다255265 판결).

19) 그리하여 ① 민사소송법상의 토지관할에 관한 규정으로부터 역(逆)으로 추지(推知)하여 국내에 재판적이 인정되는 사건은 우리나라에 국제재판관할권이 있다는 **역추지설**, ② 당사자의 공평, 재판의 적정, 절차의 신속 등의 국제적 민사소송법의 이념에 기하여 국제적인 규모에서 재판관할권을 배분하는 것으로 조리에 의하여 종합적으로 판단하여야 할 문제라고 보는 **관할배분설**, ③ 일단 민사소송법상의 토지관할에 관한 보통 또는 특별재판적이 인정되는 경우에는 우리나라 법원에 해당 소송에 관한 국제적 재판관할권을 인정하되, 다만 이 기준에 의한 적용의 결과가 부당한 이른바 특별한 사정이 있으면 관할배분설에 따른다는 **특별한 사정설**(수정역추지설) 등과 같은 학설이 주장되었다.

가지고 있는 사실 등을 종합하면 甲과 乙 등이 모두 위 소 제기 당시 대한민국에 실질
적인 생활 기반을 형성하였다고 볼 수 있는 점, 乙 등은 중국을 떠난 뒤 대한민국에 생
활 기반을 마련하고 재산을 취득하였으므로 甲이 자신들을 상대로 대한민국 법원에 위
소를 제기할 것을 예상하지 못했다고 보기 어렵고, 乙 등이 대한민국에 부동산과 차량
등 재산을 소유하고 있어 甲이 이를 가압류한 상황에서 청구의 실효성 있는 집행을 위
해서 대한민국 법원에 소를 제기할 실익이 있는 점, 중국 국적인 甲이 중국 국적인 乙
등을 상대로 스스로 대한민국 법원에 재판을 받겠다는 의사를 명백히 표시하여 재판을
청구하고 있고, 乙 등도 대한민국에서 소송대리인을 선임하여 응소하였으며, 상당한 기간
대한민국 법원에서 본안에 관한 실질적인 변론과 심리가 이루어졌는데, 위 사건의 요증
사실은 대부분 계약서나 계좌이체 내역 등의 서증을 통해 증명이 가능하고 반드시 중국
현지에 대한 조사가 필요하다고 보기 어렵고, 대한민국에서 소송을 하는 것이 乙 등에게
현저히 불리하다고 볼 수 없는 반면, 위 사건에 관하여 대한민국 법원의 국제재판관할을
부인하여 중국 법원에서 다시 심리해야 한다면 소송경제에 심각하게 반하는 결과가 초래
되는 점, 위 사건에 관한 법률관계의 준거법이 중국법이라 하더라도 국제재판관할과 준
거법은 서로 다른 이념에 의해 지배되는 것이므로 그러한 사정만으로 위 소와 대한민국
법원의 실질적 관련성을 부정할 수는 없는 점 등에 비추어 위 소는 대한민국과 **실질적
관련성**이 있으므로 대한민국 법원이 국제재판관할권을 가진다.[20]

IV. 재판권에 흠이 있는 경우의 효과

4-12   법원이 민사재판권을 가지는 것은 **소송요건**의 하나로, 직권조사사항이다.
재판권에 흠이 있으면 그 소는 부적법 각하된다. 그 흠을 간과하고 본안판결을
한 경우에는 상소로 취소할 수 있으나, 판결확정 뒤에는 재심사유에 해당하지 않
으므로 취소의 여지는 없다.[21]

---

20) 대법원 2019. 6. 13. 선고 2016다33752 판결. 또한 대법원 2010. 7. 15. 선고 2010다18355 판
  결은 중국 법인인 중국국제항공공사가 운항하는 북경발 김해행 항공기가 김해공항에서 추락한
  사안에서 피고 회사의 사망한 승무원의 부모로서 **중국인**인 원고들은 한국인인 다른 피해자, 유
  가족들과 함께 위 항공사를 상대로 하여 대한민국 법원(부산지방법원)에 손해배상을 청구하는
  소를 제기하였는데, 민사소송법상 토지관할권, 소송당사자들의 개인적인 이익, 법원의 이익, 다
  른 피해유가족들과의 형평성 등에 비추어 위 소송은 대한민국과 **실질적 관련**이 있다고 보기에
  충분하다고 판단하여 우리나라 법원의 국제재판관할권을 인정하였다.
21) 그러나 본래 재판권에 복종하지 않는 사람에 대하여는 형식상 당사자의 지위에 있더라도 그
  절차 내에서 스스로의 이익을 방어할 것을 그 사람에게 기대하는 것은 이상하므로 그러한 판결
  이 확정되어도 기판력, 집행력 등의 판결의 효력을 미칠 수 없다. 그 의미에서 당연 무효판결이
  고, 재심에 의하여 취소할 실익도 없다.

제 2 항 관 할

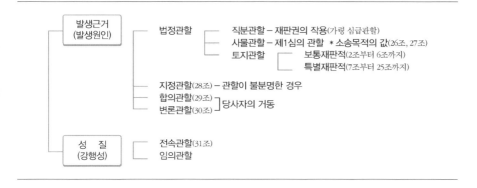

I. 관할의 의의

특정한 사건에 대하여 어느 법원이 재판권을 행사하는가에 대한 재판권의   4-13
분장관계(分掌關係)의 정함을 관할이라고 한다. 결국 관할은 법원에 소를 제기하
려는 경우에 어느 법원에 제기하여야 하는가의 문제이다. 각 법원이 행사할 수
있는 재판권의 범위를 의미하는 경우에는 관할권이라고 하고, 그 사건에 대하여
재판권을 행사할 수 있는 법원을 관할법원이라고 한다.22)

		재판권	관할권
공통점		소송요건 직권조사사항 직권탐지주의	
차이점	의의	우리나라의 법원을 일체로 본 경우에 사람에 대한 권한 및 사건에 대한 권한으로 우리 법원 전체에서 추상적으로 판단	재판권의 존재를 전제로 구체적으로 이를 어떤 법원이 행할 것인가 하는 문제
	흠의 효과	재판권을 결한 소는 부적법 각하	관할권 있는 법원에 이송(34조 1항)

---

22) 한편, 관할은 법원을 단위로 정한 것이고, 동일한 법원 내에서 여러 재판부(=法廷)가 있을 때
에 어느 재판부가 어떠한 사건을 심판하는가 하는 것은 관할의 문제가 아니라, 이른바 사무분담
의 문제이다.

II. 관할의 종류

4-14   관할은 여러 가지 관점에서 분류된다.

우선, 관할이 발생하는 **근거**의 차이에 의하여 법정관할(법률의 규정), 지정관할(재판), 합의관할(당사자 사이의 합의), 변론관할(본안에 대한 피고의 변론)로 나뉜다.

그리고 법정관할은 그 준수를 요구하는 **강약**에 의하여 전속관할과 임의관할로 나뉜다.

전속관할은 법정관할 가운데 재판의 적정·신속 등 특히 고도의 공익적 요구에 기하여 특정한 법원에만 관할을 인정하고, 그 밖의 관할을 일체 배제하는 것을 말한다(가령 주주대표소송과 같은 상법상의 회사관계소송은 본점 소재지의 전속관할이다). 한편, **임의관할**은 주로 당사자의 편의와 공평을 도모하기 위한 취지에서 정하여진 법정관할로 그 목적은 당사자의 사익을 보호하고자 하는 것이므로 당사자의 의사나 태도에 의하여 이와 다른 관할(가령 합의관할과 변론관할)을 인정하여도 무방하다(반면, 31조는 전속관할이 정하여진 소에는 29조 합의관할, 30조 변론관할의 규정을 적용하지 않는다고 하고 있다). 사물관할이나 토지관할은 원칙적으로 임의관할이다.

III. 법정관할

4-15   재판권의 작용에는 여러 종류가 있어서, 동일 사건이라도 각종의 작용에 의하여, 또한 동일 작용을 하는 법원이라도 하급법원은 여럿 있으므로 어느 종류의 어느 곳의 법원이 재판권을 분담하는가의 기준을 미리 법률에 따라 획일적으로 정하여 둘 필요가 있다. 이렇게 직접 법률에 따라 정한 관할을 법정관할이라고 한다. 법정관할은 다시 분담을 정하는 기준 내지는 원인의 차이에 의하여 직분관할, 사물관할, 토지관할로 나뉜다.

1. 직분관할

4-16   가령, 수소법원과 집행법원의 관할과 같이 행사되는 재판권의 내용에 따라 재판권의 여러 종류의 작용을 어느 종류의 법원의 직분(직무권한)으로서 분담시킬 것인가를 정한 것을 말한다. 동일한 사건이더라도 재판작용이 다르면 재판기관이 달라진다. 직분관할은 사법제도 전체의 운용이라는 공익에 관계하는 것이므로 원

칙적으로 전속관할이고, 당사자의 의사나 태도에 따른 변경의 여지는 없게 된다.

직분관할 가운데 중요한 것은 **심급관할**이다. 판결절차에 있어서는, 제1심 위에 상소심으로 항소심과 상고심의 두 단계를 두어 3심제를 채택하고 있는데, 심급관할은 어느 종류의 법원이 제1심의 수소법원이 되고, 그 법원의 판결에 대한 상소(항소·상고)에 대하여 어느 종류의 법원이 관할을 가지는가의 문제, 즉 어느 종류·단계의 법원에 어느 심급의 직분을 분담시킬 것인가를 정한 것이다. 서로 종류·단계를 달리하는 법원 사이에서 다루는 심급의 직분의 차이를 기준으로 재판권의 분담을 정하여 놓은 것이므로 심급관할은 **직분관할**이다. 제1심은 지방법원(본원, 지원) 단독판사나 지방법원(본원, 지원) 합의부, 항소심은 지방법원본원(또는 일부지원)23) 합의부(항소부)나 고등법원,24) 상고심은 대법원이 담당한다.

◈ **예** ◈ 가령, 지방법원 본원 합의부가 지방법원 단독판사의 판결에 대한 항소사건을 제2심으로 심판하는 도중에 지방법원 합의부의 관할에 속하는 소송이 새로 추가되거나 그러한 소송으로 청구가 변경되거나 반소가 제기되더라도, 심급관할은 제1심 법원의 존재에 의하여 결정되는 전속관할이어서 이미 정하여진 항소심의 관할에는 영향이 없는 것이므로 추가, 변경된 청구나 반소에 대하여도 그대로 심판할 수 있다. 지방법원 본원 합의부가 소송을 고등법원에 이송하든지, 제1심 법원으로 판결하여 다시 고등법원에 항소할 수 있도록 처리하여야만 되는 것은 아니다.25)

24-변리사시험

---

23) 특별히 지역 특성상, 춘천지방법원 강릉지원 합의부는 제2심을 담당한다.

24) 한편, 행정사건 제1심판결에 대한 항소사건은 고등법원이 심판해야 하는데(법원조직법 28조 1호), 원고가 고의나 중대한 과실 없이 행정소송으로 제기하여야 할 사건을 민사소송으로 잘못 제기하고 단독판사가 제1심판결을 선고한 경우에도 그에 대한 항소사건은 고등법원의 전속관할이다(대법원 2022. 1. 27. 선고 2021다219161 판결). 고등법원은 현재 서울, 대전, 대구, 부산, 광주, 수원의 여섯 곳에 설치되어 있으며, 한편, 사법 접근성을 높이기 위하여 인천, 춘천, 청주, 창원, 울산, 전주 및 제주 등에 각 고등법원 원외재판부를 설치하여 운영하고 있다.

25) 대법원 1992. 5. 12. 선고 92다2066 판결; 대법원 2011. 7. 14.자 2011그65 결정[미간행].

2. 사물관할(제1심 소송사건: 합의부 ↔ 단독판사)

4-17   사물관할은 제1심 소송사건을 그 경중(대소·특질)을 기준으로 지방법원단독
판사와 지방법원합의부의 어느 쪽에 분담시킬 것인가의 정함을 말한다. 재판권의
분담관계를 정한 것으로 사무분담과 다르다. 즉 같은 지방법원 내이더라도 합의
부와 단독판사 사이의 재판권의 분담은 사건배당의 문제가 아니라, 관할의 문제
가 된다(민사 및 가사소송의 사물관할에 관한 규칙 참조). 가령, 소송목적의 값(＝소가.
그 산정에 대하여는 26조, 27조 참조. 산정을 용이하게 하고, 계산의 번잡을 피하려는 취지
에서 원금과 이자를 함께 청구하는 때에는 이자를 무시한다(27조 2항, 부대청구의 불산입).
청구를 병합한 경우는 ☞12−9, 청구취지를 확장한 경우는 ☞12−13)이 5억원을 넘지 않
으면(이하) 원칙적으로 단독판사(다만, 2억원 초과하는 고액 단독사건은 원칙적으로 단
독판사가 아닌 부장판사가 담당하고, 한편, 당사자 사이의 합의로 첫 변론기일 전에 합의부
에서 재판받기를 신청하면, 재정결정부에 회부된다)가 담당한다(100원 미만은 계산하지
않으므로 5억 100원부터는 합의부의 관할에 속한다).26) 다만, 수표, 어음은 유통증권
으로 신속처리가 요구되며, 사안도 금액에 관계없이 단순한 것이 일반적이기 때
문에 수표금, 약속어음금 청구사건은 소송목적의 값이 5억원을 초과하더라도 단
독판사의 관할이다(민사 및 가사소송의 사물관할에 관한 규칙 2조 단서 1호). 한편, 재
산권에 관한 소로서 그 소송목적의 값을 계산할 수 없는 것과 비재산권을 목적으
로 하는 소송은 합의부의 관할이다(동 규칙 2조 본문).

◈ **소송목적의 값(＝소가)** ◈ 소송목적의 값(＝소가)은 소송물, 즉 원고가 소로 달성
하려는 목적이 갖는 경제적 이익을 화폐단위로 평가한 금액이다. 이는 사물관할을 정
하는 기준이 되고, 또한 소장 등을 제출할 때에 납부할 인지액을 정하는 기준이 된다.
그 산정은 원고가 청구취지로 구하는 범위 내에서 원고의 입장에서 보아 전부 승소할
경우에 직접적으로 받게 될 경제적 이익을 객관적으로 평가하여 정함을 원칙으로 한다.
가령, 1억원 금전지급청구의 경우에는 그 청구금액인 1억원이 소송목적의 값이 된다.
소송목적의 값은 사물관할을 정하는 기준이 되고, 또한 소장 등을 제출할 때에 납부할
인지액을 정하는 기준이 된다. 26조 1항은 「법원조직법에서 소송의 목적의 값에 따라
관할을 정하는 경우, 그 값은 소로 주장하는 이익을 기준으로 계산하여 정한다」고 규
정하고 있는데, 여기서 「소로 주장하는 이익」이 이에 해당한다. 소가 산정의 기준은 대
법원규칙인 「민사소송 등 인지규칙」에 정하여 놓고 있다. 동 규칙에 따른 몇 가지 소

---

26) 소가가 3,000만원 이하의 소액사건도 단독판사의 관할에 속하지만, 시군법원 관할구역 내의 사
    건은 시군법원만이 배타적 사물관할권을 가진다(법원조직법 34조 2항).

가 산정의 표준에 대한 예를 살펴보면, ① 물건의 인도·명도 또는 방해배제를 구하는 소에 있어서 소유권에 기한 경우에는 목적물건 가액의 2분의 1, 점유권에 기한 경우에는 목적물건 가액의 3분의 1에 의하여, ② 소유권이전등기의 경우에는 목적물건의 가액에 의한다. 여기서 토지의 가액은 개별공시지가에, 건물의 가액은 시가표준액에 50/100을 곱하여 산정한 금액으로 한다.

◆ **청구를 병합한 경우의 소송목적의 값 - 합산의 원칙** ◆   원고가 하나의 소로 여러 개의 청구를 하는 경우에, 즉 청구가 병합된 때에는 그 여러 청구의 값을 모두 합하여 소송목적의 값(＝소가)을 정한다(27조 1항). 가령 2억원의 대여금반환청구와 4억원의 매매대금지급청구를 1개의 소로 **병합청구**한 경우에 소송목적의 값은 6억원이 되고, 합의부에 사물관할이 생긴다. 이러한 소의 객관적 병합 이외에 여기서 말하는 청구의 병합은 **공동소송**도 포함된다. 또한 소송 도중에 소의 추가적 변경이 있은 경우(청구취지의 확장 포함)나 중간확인의 소가 제기된 경우도 마찬가지이다. 다만, 원고가 제기한 청구의 병합에 한정되므로 반소는 본소와 합산하지 않는다. 그리고 법원에 의한 변론의 병합의 경우에도 소송목적의 값에는 영향이 없다.

◆ **위 합산주의의 예외(1) - 중복청구의 흡수** ◆   청구가 병합되어 있더라도 여러 개의 청구가 목적으로 하는 경제적 이익이 공통한다면 소송목적의 값은 합산하지 않고, 단일한 경제적 이익으로서 산정된다. 그 예로 물건의 인도 및 대상청구의 병합, 선택적·예비적 병합이나 보증인과 주채무자 또는 여러 연대채무자에 대한 청구의 병합 등을 들 수 있다.

◆ **위 합산주의의 예외(2) - 부대청구의 불산입** ◆   과실(이자 등), 손해배상(지연배상 등), 위약금 또는 비용의 청구가 주청구의 부대목적이 되는 경우에는 이러한 부대청구의 값은 소송목적의 값에 넣지 않는다(27조 2항). 가령 원고가 원금과 이자를 함께 청구하는 때에는 이자를 무시하고 소송목적의 값을 산정한다. 산정을 용이하게 하고, 계산의 번잡을 피하려는 취지이다.

3. 토지관할

토지관할은 소재지를 달리하는 동종의 법원 사이에서 동종의 직분을 분담시키기 위하여 소재지에 따라 재판권의 분담을 정한 것이다. 다수의 민사사건을 각지의 법원에 합리적으로 배분한다는 점에서는 토지관할은 사법제도의 운용과 관계가 있다.

「각급 법원의 설치와 관할구역에 관한 법률」에서 각 법원에 그 직무집행의

4-18

지역적 한계로서 그 관할구역을 정하여 놓고 있다.27) 어느 사건이 어느 법원의 관할구역 내의 지점과 일정한 관련이 있는 경우에 그 지점을 기준으로 토지관할이 정하여진다. 이 토지관할의 발생원인이 되는 관할구역 내의 관련지점을 재판적이라고 하는데, 재판적은 사건의 당사자 또는 소송물과 밀접하게 관련하는 특정한 지점을 지시하는 관념이다.

관할구역 내에 그 재판적이 존재하는 법원에 토지관할이 인정된다(관용적으로 재판적은 그것을 기초로 하는 토지관할을 지칭하는 의미로도 사용된다). 다만, 재판적은 하나의 사건에 있어서 하나만으로 한정되는 것은 아니고, 가령 피고의 주소, 소송물인 의무의 이행지, 불법행위지 등 여러 재판적이 인정되는 것이 보통이다. 따라서 이러한 경우에는 재판적을 기준으로 하는 토지관할도 경합하여 발생한다.

재판적에는 사건의 종류·내용과 상관없이 일반적으로 인정되는 보통재판적과 한정된 종류·내용의 사건에만 인정되는 특별재판적의 구별이 있다.

(1) 보통재판적

4-19   모든 소송사건에 대하여 당사자의 속성으로부터 인정되는 관할이다. 사건의 종류·내용을 묻지 않고, 일반적·원칙적으로 인정되는 것이므로 이를 보통재판적이라고 한다.

소를 제기할 것인지 여부의 선택권은 원고에게 있고, 일단 소가 제기되면 피고로서는 응소가 강제된다. 원고는 자기가 원해서 소를 제기한 것이므로 어떤 장소로든 나갈 것이지만, 피고는 할 수 없이 이에 맞닥뜨리게 된다. 따라서 피고의 이익을 위한 원리에 따라 관할은 피고의 편의를 고려하는 것이 공평에 합치한다는 관점에서 결정된다. 「원고는 피고의 법정에 따른다(actor sequitur forum

---

27) 가령 서울중앙지방법원, 창원지방법원의 관할구역을 보면, 다음과 같다.

rei)」는 것이 로마법 이래의 원칙이다. 민사소송법 2조에서도 「소는 피고의 보통재판적이 있는 곳의 법원이 관할한다」고 규정하고 있다. 다만, 후술하듯이 민사소송법은 많은 특별재판적을 인정하고 있고, 만약 특별재판적이 적용될 수 있는 경우에는 그것이 전속관할이 아니라면(31조 참조), 특별재판적이 있는 곳의 법원과 보통재판적이 경합하여, 원고로서는 여러 재판적에 기하여 관할법원 가운데 하나를 선택하여 소를 제기할 수 있으므로 위 원칙이 피고의 이익보호의 면에서는 큰 기능을 수행하고 있다고는 할 수 없다.

하여튼 보통재판적은 원칙적으로 우선 자연인이면 그의 주소(3조), 법인 등 단체이면 이들의 주된 사무소 또는 영업소(5조)에 의하여 정한다. 그리고 민사소송에 있어서 피고가 국가일 때에 국가의 보통재판적은 국가를 대표하는 관청(국가를 당사자로 하는 소송에 관한 법률 2조에 따라 법무부장관을 장으로 하는 법무부)이 있는 곳(현재는 경기도 과천시이고, 수원지방법원 안양지원이 관할) 또는 대법원이 있는 곳(서울시 서초구이므로 현재로서는 서울중앙지방법원이 관할)으로 한다(6조). 위 규정에 따라 보통재판적을 정할 수 없는 때에는 대법원이 있는 곳을 보통재판적으로 한다(민사소송규칙 6조).

(2) 특별재판적

특별재판적은 한정된 종류·내용의 사건에 있어서만 인정되는 재판적이다. 특별재판적은 보통재판적과 경합하여 발생하고, 한편 특별재판적에 의하여 보통재판적이 없는 곳의 법원에 소를 제기할 수도 있다. 특별재판적의 필요성은 다음과 같은 고려로부터 이해될 수 있을 것이다.

4-20
20-5급공채시험

◆ **예** ◆ 각각 별개의 법원의 관할구역에 주소를 가진 X와 Y가 승용차를 운전중에 충돌사고를 일으켜 각각 상대방의 과실에 의한 사고라고 주장하여 손해배상을 구한다고 하자. 이 경우에 보통재판적밖에 없다고 한다면, 각자는 각각 상대방의 주소지에 있어서 소를 제기하여야 한다. 그러나 X의 손해배상소송과 Y의 그것이 별도의 법원에서 심리된다면 불편하고, 또 사실인정, 손해액의 산정, 과실의 비율의 판단에 차이가 생길지도 모른다. 모순된 재판은 재판에 대한 국민의 신뢰를 깨뜨리게 된다. 위 예에서 증거는 X, Y의 주소지와 다른 곳인 교통사고가 난 곳에 집중하고 있다. 그런고로 교통사고가 일어난 지역을 관할하는 법원에서 소송을 수행할 가능성을 인정하는 것이 바람직하다. 위 예에서 불법행위지의 특별재판적(18조 1항)의 필요성을 느낄 수 있다.

특별재판적의 예로, 불법행위에 관한 소는 행위지(18조 1항)의 법원에서 재판하는 것이 증거자료의 수집에 용이하며, 증거조사에 의한 사실규명에 적당하다. 가해행위지와 손해발생지가 다르면 모두 행위지가 된다. 이 특별재판적은 손해배상책임부존재의 소극적 확인의 소에도 적용된다.

특별재판적에는 7조부터 25조에 걸쳐 여러 가지 종류가 있는데, 주로 당사자의 편의의 관점에서 규정된 것이다. 가령, **재산권에 관한 소**는 의무이행지(8조 후단)에서 소를 제기할 수 있다.28) 그 취지는 당사자가 의무이행지에서 이행의 제공을 하고 그 수령을 하므로 그 곳에서 소를 제기하고 이에 응소하는 것은 어느 쪽 당사자에게도 편리하며 부당한 불이익은 되지 않는다는 점에 있다. 의무이행지는 채무의 성질 또는 당사자의 의사표시로 변제장소를 정하지 않은 때에는 특정물의 인도는 채권 성립 당시에 그 물건이 있던 장소이고(민법 467조 1항), 특정물인도 이외의 채무변제는 **지참채무의 원칙**에 의하여 채권자의 현주소가, 다만 영업에 관한 채무의 변제는 채권자의 현영업소가 의무이행지가 된다(민법 467조 2항).29)

◈ **예** ◈ 甲은 대전에서 살았을 당시 동네 이웃인 乙에게 돈을 빌려준 바 있는데, 현재 甲은 인천에 살고 있다. 소를 제기하려고 하는데, 대전에서 소를 제기하여야 한다면, 왔다 갔다 하는 것이 문제라서 선뜻 내키지 않는다. 여기서 재산권에 관한 소는 의무이행지의 특별재판적(8조 후단)이 인정되고 있으므로 보통재판적과 특별재판적에 의하여 생기는 토지관할이 경합되는 경우에 甲은 그 가운데 임의로 선택하여 소를 제기할 수 있다. 위 사안에서 특별히 甲이 乙의 주소지에 가서 돈을 받기로 한 사정이 없다면, 甲은 乙의 주소지 관할법원(대전)과 의무이행지 관할법원(인천) 가운데 자신의 주소지인 인천에서도 소를 제기할 수 있다.

28) 사해행위취소의 소에서 그 취소의 효과는 채권자와 수익자 또는 전득자 사이의 관계에서만 생기는 것이므로, 의무이행지는 '취소의 대상인 법률행위의 의무이행지'가 아니라 '취소로 인하여 형성되는 법률관계에 있어서의 의무이행지'라고 보아야 한다. 그러나 부동산등기의 신청에 협조할 의무의 이행지는 성질상 등기지의 특별재판적에 관한 19조에 규정된 '등기할 공무소 소재지'라고 할 것이므로, 원고가 사해행위취소의 소의 채권자라고 하더라도 사해행위취소에 따른 원상회복으로서의 소유권이전등기 말소등기의무의 이행지는 그 등기관서 소재지라고 볼 것이지, 원고의 주소지를 그 의무이행지로 볼 수는 없다(대법원 2002. 5. 10.자 2002마1156 결정).

29) 위 '영업에 관한 채무'는 영업과 관련성이 인정되는 채무를 의미하고, '현영업소'는 변제 당시를 기준으로 그 채무와 관련된 채권자의 영업소로서 주된 영업소(본점)에 한정되는 것이 아니라, 그 채권의 추심 관련 업무를 **실제로 담당하는 영업소**까지 포함된다(대법원 2022. 5. 3.자 2021마6868 결정). 한편, 상법에 의하면, 채권자의 지점에서의 거래로 인한 채무이행의 장소가 특정되지 아니한 경우 특정물 인도 외의 채무이행은 그 지점을 이행장소로 본다(상법 56조. 상대방이 상인인지 여부는 문제되지 않는다).

또한 **부동산에 관한 소**(부동산 자체에 관한 소이기 때문에 그 매매대금청구의 소는 이에 해당하지 않는다)는 부동산이 있는 곳(20조)의 법원에서 재판하는 것이 증거자료의 수집의 편의로부터 적당하다.

그 밖의 특별재판적으로는 ① **근무지**의 특별재판적(7조), ② 거소지의 특별재판적(8조 전단), ③ 선원, 군인, 군무원에 대한 특별재판적(10조), ④ 재산이 있는 곳의 특별재판적(11조. 가령 승소판결을 얻으면 해당 재산에 집행할 수 있다), ⑤ 사무소·영업소가 있는 사람에 대하여 그 업무와 관련 **사무소·영업소**가 있는 곳의 특별재판적(12조. 사업자가 업무를 행하는 중심적 장소이고, 그 업무에 관하여서는 사람의 주소에 준하는 것으로 볼 수 있다), ⑥ 선적(船籍)이 있는 곳의 특별재판적(13조), ⑦ 선박이 있는 곳의 특별재판적(14조), ⑧ 사원 등에 대한 특별재판적(15조, 16조, 17조), ⑨ 해난구조에 관한 특별재판적(19조), ⑩ 등기·등록에 관한 특별재판적(21조), ⑪ 상속·유증 등의 특별재판적(22조, 23조) 등이 있다.

◈ **지식재산권 등에 관한 특별재판적** ◈　특허권등(특허권, 실용신안권, 디자인권, 상표권, 품종보호권)의 지식재산권에 관한 소를 제기하는 경우에는 2조부터 23조까지의 규정에 따른 관할법원 소재지를 관할하는 고등법원이 있는 곳의 지방법원의 **전속관할**로 한다. 다만, 서울고등법원이 있는 곳의 지방법원은 **서울중앙지방법원**으로 한정한다(24조 2항). 위 규정에도 불구하고 당사자는 (선택적 내지는 경합적 광역관할권) **서울중앙지방법원**에 특허권등의 지식재산권에 관한 소를 제기할 수 있다(동조 3항). 가령 제주도에 주소를 두고 있는 甲(自然人)이 청주시 오송 생명과학단지에 본사가 있는 乙주식회사가 자신의 특허권을 도용, 침해하였다고 주장하면서 손해배상청구의 소를 제기하고자 할 때에, 乙회사의 보통재판적 소재지인 청주지방법원 소재지를 관할하는 고등법원(대전고등법원)이 있는 곳(특허법원과는 혼동하지 말 것)의 지방법원인 대전지방법원에 특별재판적에 의하여 위 소를 제기할 수 있다. 전속관할로, 청주지방법원에는 관할권이 없다. 지식재산권에 관한 소송의 전문성 및 효율성을 제고하기 위하여, 지식재산권을 통상 산업재산권으로 지칭되는 '특허권, 실용신안권, 디자인권, 상표권, 품종보호권(특허권등)'과 '특허권등을 제외한 지식재산권'으로 구별하고, 기술과 산업재산권에 관한 전문성이 강조되는 '특허권등'에 관한 소를 제기하는 경우에는 고등법원이 있는 곳의 지방법원의 전속관할(다만, 서울 지역은 서울중앙지방법원으로 한정)로 하였다. 한편, **특허권등을 제외한 지식재산권과 국제거래에 관한 소**를 제기하는 경우에는 종전과 같이 2조 내지 23조의 규정에 따른 관할법원이 있는 곳에 소를 제기할 수 있는 것은 물론이지만, 위 규정에 따른 관할법원 소재지를 관할하는 고등법원이 있는 곳의 지방법원에 제기할 수 있다(따라서 전속관할 아님). 다만, 서울고등법원이 있는 곳의 지방법원은 **서울중앙지방법원으로 한정**한다(24조 1항).[30] 그리고 특허권등에 관한 **침해소송의 항소사건**을 일반법원의 심판대상에서 제외하고, 특허법원의 전속관할로 하여 **관할을 집중화**

하였다(법원조직법 28조의4 참조).31)

(3) 관련재판적

4-21

특허 25조는 특별재판적의 일종으로서(특별재판적은 다른 사건과 관계없이 인정되는 **독립재판적**과 다른 사건과의 관계에서 인정되는 **관련재판적**으로 나뉨) 관련재판적을 규정하고 있다. 관련재판적은 하나의 소로 여러 개의 청구(A청구, B청구)를 하는 경우에(객관적 병합으로, 원시적 병합뿐만 아니라 소의 변경도 포함) 그 여러 개 가운데 하나의 청구(A청구)에 대하여 수소법원에 관할이 있으면 본래 그 법원에 법정관할권이 없는 나머지 청구(B청구)도 그 법원에 관할이 생기는 것을 말한다. 하나의 소로 여러 개의 청구를 병합하기 위해서는 본래는 수소법원에 각 청구에 대하여 각각 관할이 인정되지 않으면 안 되지만, 관련재판적에 의하여 그 가운데 하나의 청구에 대하여 수소법원에 관할이 있다면 이에 병합하려는 다른 청구는 독립적으로는 그 법원에 관할이 없더라도 병합에 의하여 그 법원에 토지관할이 생기므로 병합이 용이하게 된다(☞12-8). 한편, **공동소송**의 경우에는 소송목적이 되는 권리나 의무가 여러 사람에게 공통되거나 사실상 또는 법률상 같은 원인으로 말미암아 그 여러 사람이 공동소송인으로서 당사자가 되는 경우, 즉 65조 전문의 공동소송의 경우에만 관련재판적의 적용을 인정하고 있다(25조 2항. ☞13-12). 서로 사이에 관련성이 거의 없는 65조 후문과 같은 경우마저 관련재판적의 적용이 있게 되면, 피고로서는 무관계한 법원에 응소가 강제되어서 현저히 피고의 관할의 이익을 해치게 되고, 반면 청구 사이에 서로 관련성이 강한 65조 전문의 경우에는 관련재판적의 적용을 인정하여 병합을 용이하게 하고자 하는 취지라고 생각한다.32)

---

30) 한편, 지식재산권에 관한 소라도 **심결 등 취소소송**(협의의 특허소송)은 특허법원의 전속관할이고(특허법 186조 1항), 위 규정의 적용은 없다.

31) 특허의 공동발명자라고 주장하며 직무발명보상금의 반환이나, 특허권 지분의 귀속의무 불이행을 원인으로 하는 손해배상을 구한 사안은 민사소송에 해당하는 것으로 보아야 하고, 그 심리·판단은 전문적인 지식이나 기술에 대한 이해가 필요한 소송으로 24조 2항이 규정하는 소로 위 사건에 대한 **항소사건은 특허법원의 전속관할**에 속한다(대법원 2019. 4. 10.자 2017마6337 결정; 대법원 2024. 3. 28. 선고 2023다309549 판결). 고등법원 및 지방법원 합의부의 심판대상이 아니다(법원조직법 28조의4 2호 참조).

32) 한편, 원고가 소를 제기하면서 어떤 사람을 공동피고로 한 것이 실제로는 그 사람에게 청구를 할 의도는 없으면서도 단지 그 사람의 주소지를 관할하는 법원에 관련재판적에 따른 관할권을 생기게 하기 위한 경우에는 이는 **관할선택권의 남용**으로서 **신의칙에 위반**하여 관련재판적의 적용이 배제된다(대법원 2011. 9. 29.자 2011마62 결정. ☞16-11).

그런데 25조 1항 명문으로는 관련재판적의 적용에 있어서 2조 내지 24조에
의하여 하나의 청구에 대한 관할권이 있는 법원에 다른 청구를 병합하여 소를 제
기할 수 있다고 규정하고 있지만, 본래 관할권이 있는 청구는 위와 같은 경우에
한정할 필요는 없고, 합의관할(29조)이나 변론관할(30조)이라도 지장은 없다.

한편, 병합청구의 하나가 다른 법원의 전속관할에 속하는 청구에는 그 적용
이 배제된다(31조).

IV. 지정관할

구체적인 사건에 있어서 재판하여야 할 법원이 확실하지 않은 경우에 관계   4-22
된 법원과 공통되는 바로 위의 상급법원이 그 관계된 법원 또는 당사자의 신청에
따라 **결정**으로 관할법원이 어디인가를 정하여 생기는 관할이다(28조 1항). 법은
관할에 관하여 상세하게 규정하고 있지만, 관할법원이 재판권을 법률상 또는 사
실상 행사할 수 없는 때(1호), 법원의 관할구역이 분명하지 않은 때(2호. 예를 들어
심야에 달리는 기차에서 발생한 불법행위)에 당사자의 재판을 받을 권리를 보장하기
위하여 위 관할의 지정을 마련하고 있다. 다만, 실무상 활용되는 일이 거의 없다.
바로 위의 상급법원은 위 1호의 경우에는 직접의 상급법원이지만, 위 2호의 경우
에는 관계된 법원이 가령 수원지방법원 성남지원과 여주지원의 각 단독판사의 토
지관할이 분명하지 않을 경우라면, 위 양 법원을 관할구역 내에 가지고 있는 수
원지방법원 합의부가 바로 위 상급법원이 되고, 만약 청주지방법원과 춘천지방법
원과 같이 별개의 고등법원의 관할구역 내인 때에는 공통되는 바로 위의 고등법
원이 없으므로 대법원이 공통의 바로 위 상급법원에 해당한다. 관할의 지정의 결
정에는 불복신청이 허용되지 않는다(28조 2항). 그러나 지정신청을 기각한 결정에
대하여는 28조 2항의 대상이 되지 않으므로 항고가 허용된다(439조).

V. 합의관할

1. 의 의

토지관할과 사물관할과 같은 경우는 주로 당사자의 편의를 고려하여 규정된   4-23
것이므로 당사자가 임의로 이것과 다른 관할을 바라는 경우에는 그 의사에 따른
관할을 허용하여도 무방하고, 구태여 이를 불허할 이유가 없다. 그리하여 소송의
당사자는 법정관할에 구속되지 않고 자유롭게 합의로 관할을 정할 수 있다. 이를

합의관할(vereinbarte Zuständigkeit)이라고 한다(29조). 이를 인정하더라도 법원 사이의 공평한 사무의 분담이라는 법정관할의 (당사자의 사익적 요청 이외의) 또 다른 취지를 해칠 염려는 없기 때문이다.

관할의 합의는 관할의 발생(변경)이라는 소송법상의 효과를 목적으로 하기 때문에 **소송행위(소송계약)**이다. 그러므로 그 요건이나 효과는 소송법에 의한 규율에 따른다. 사법상의 계약과 동시에 이루어지는 경우에도 사법상의 계약과는 별개의 소송행위이며, 사법상 계약의 취소나 해제에 영향을 받지 않는다(계약의 취소나 해제 등과 같은 분쟁이 생긴 경우를 대비하여 관할을 정하여 두는 것이 당사자의 합리적 의사이기 때문). 또한 소송행위이므로 관할의 합의에는 소송능력이 필요하므로 가령 법정대리인의 동의 유무를 불구하고 제한능력자는 단독으로 관할의 합의를 할 수 없다. 한편, 관할의 합의는 소송행위이지만, 소송 전, 소송 밖에서 법원의 관여 없이 당사자의 의사의 합치에 의하여 이루어지고, 재판절차상의 일환을 이루는 절차조성적인 소송절차 내의 행위가 아니어서 사법상의 법률행위와 매우 유사하므로 합의과정에 사기, 강박, 착오 등 의사표시의 흠(=하자)이 있으면 민법상의 일반원칙이 유추적용되어, 이를 이유로 관할의 합의를 취소할 수 있다는 입장이 일반적이다(☞2-154).

◈ **약관에 의한 합의관할** ◈   합의관할은 대부분 거래약관 중에 「이 약정에 기한 거래에 관하여 소송의 필요가 발생한 경우에는 귀행의 본점 또는 ○○지점의 소재지를 관할하는 법원을 관할법원으로 하는 것에 합의한다」(은행거래약정서)와 같이 미리 다른 조항과 함께 규정되고 있다. 이를 합의관할조항이라고 한다. 그런데 이러한 합의가 민사분쟁의 발생 뒤에 이루어지는 경우, 또는 기업 대 기업의 거래에서 약정되는 경우에는 그다지 문제가 없지만, 소비자를 상대로 거래를 하는 기업이 일방적으로 작성한 보통거래약관에 합의관할조항이 규정되어 있는 것은 문제가 될 수 있다. 따라서 만약 서울에 본사를 두는 기업 X와 제주도에 살고 있는 소비자 Y가 크레디트(신용)카드계약을 체결하였는데, 그 계약서에 X의 본사 소재지를 관할하는 법원으로 한다는 취지의 합의관할조항이 있는 경우에 X가 서울 소재 법원에 소를 제기한다면 소비자 Y는 서울에서 응소하지 않으면 안 된다. 또 소비자 Y가 소를 제기하려고 하는 경우에는 제주지방법원에 소장을 제출할 수 없다. 그러나 이는 자력(資力)이 없는 소비자가 자기의 권리보호를 법원에 구하는 것을 사실상 단념하도록 하는 것이고, 헌법이 보장하는 「재판을 받을 권리」를 공동화(空洞化)할 우려가 있다. 그래서 약관에서 규정되어 있는 합의관할조항에 대하여 가령 소비자가 이 약관에 서명, 날인을 하였더라도 무엇인가 그 구속력으로부터 해방될 방법이 강구되어야 하지 않는가가 문제되고 있다. 약관의 규제에 관한 법률 14조가 고객에 대하여 부당하게 불리한 재판관할의 합의조항은 이를 무효로

한다고 규정하고 있고,[33] 할부거래에 관한 법률 44조, 방문판매 등에 관한 법률 53조는 전속관할의 규정을 두고 있다(전속관할의 경우에는 관할의 합의를 할 수 없다).

2. 합의관할의 요건

(1) 제1심 법원의 임의관할에 관하여 할 것

관할의 합의는 제1심 관할법원에 관한 것에 한하여 할 수 있다(29조 1항). 가령 대법원이나 서울고등법원을 제1심 법원으로 하는 합의는 허용되지 않는다. 또한 관할의 합의는 제1심 법원이라도 토지관할과 사물관할 등 임의관할에 한하여 할 수 있다. 전속관할이 법정되어 있는 때에는 합의할 수 없다(31조).

4-24

(2) 일정한 법률관계로 말미암은 소에 관한 합의일 것

일정한 법률관계로 말미암은 소에 관한 합의이어야 한다(29조 2항). 이는 합의의 대상이 되는 소송이 어떠한 법률관계에 관한 것인지를 예측할 수 없다면 피고의 관할의 이익을 해칠 우려가 있기 때문이다. 따라서 장래의 모든 소송이라고 정하는 방식은 허용되지 않는다. 다만, 특정한 매매계약이나 임대차계약으로부터 생기는 일체의 분쟁이라는 것과 같이 소송의 범위가 명확하다면 무방하다. 여기서 관할의 합의는 재산권상의 법률관계에 한하지 않는다. 다만, 비재산권상의 법률관계에 관한 소는 대부분 전속관할로 규정되어 있으므로 그 범위 내에서 관할의 합의는 배제된다.

4-25

(3) 일정한 법원을 관할법원으로 정할 것

합의의 취지로부터 관할법원의 특정이 가능하지 않으면 안 된다. 그러나 그 특정이 1개인가 여러 개인가는 관계없다. 법정관할의 일부를 배제하는 소극적 합의라도 무방하나, 일체의 법원의 관할을 배제하는 합의는 부제소의 합의라고 할 수 있고 본래의 관할의 합의가 아니다. 반대로 모든 법원에 관할을 인정하는 합의는 피고의 관할의 이익을 박탈하여 당사자 사이의 공평을 해치므로 허용되지 않는다. 또한 원고가 지정하는 법원을 관할법원으로 하기로 하는 합의(관할법원의 지정의 위임)도 결국 전국의 법원 가운데 원고가 선택하는 어느 법원에나 관할권을 인정하는 합의로서 피고의 권리를 부당하게 침해하고 공평의 원칙에 어긋나 무효이다.

4-26

---

33) 대법원 1998. 6. 29.자 98마863 결정(아파트 공급계약서상의 관할합의 조항이 약관의 규제에 관한 법률 제14조에 해당하여 무효).

◈ **합의의 형태** ◈   일반적으로 관할의 합의에는 전속적 합의와 부가적 합의가 있다. **전속적 합의**는 합의로 정하여지는 특정한 법원에만 관할을 인정하고, 그 밖의 법원의 관할을 배제하는 것이고, **부가적 합의**는 법률의 규정에 의하여 발생하고 있는 법정관할법원 이외에 다시 별도의 법원에도 병존적으로 관할을 인정하려는 것이다. 표시된 기재내용으로부터 전속적인지 부가적인지 판단하기 애매한 경우에는 어떻게 합의를 해석할 것인가에 대하여 견해의 대립이 있는데, 경합하는 법정관할법원 가운데 어느 하나를 특정하거나 또는 그 가운데 어떤 것을 배제하는 합의는 전속적이고, 그렇지 않으면 부가적이라고 해석하는 견해가 일반적이다(합의한 법원이 법정관할법원인지 여부와 상관없이 특별한 사정이 없는 한, 전속적으로 해석하여야 한다는 반대설 있음). 가령 A, B 2개의 법원이 법정관할법원인데, 그 가운데 A법원만을 관할법원으로 하기로 특정하였다면, A법원이 전속적 합의법원이 되고, A, B법원이 아닌, C법원을 관할법원으로 합의하였다면, C법원이 부가적 합의법원이 되는 것이다.

3. 합의의 방식과 시기

(1) 합의의 방식

4-27   합의는 서면으로 하여야 한다(29조 2항). 이는 당사자의 의사를 명확히 남겨 이에 대한 분쟁이 생기지 않게 하려는 취지이다.

(2) 합의의 시기

4-28   합의의 시기에 대하여는 특별한 제한은 없다.34)

4. 합의의 효력

(1) 관할의 변경

4-29   합의에 의하여 직접 그 내용대로 관할의 변경이 생긴다. 만약 부가적 합의라면 그 법원에도 관할권이 생기고, 전속적 합의라면 다른 법정관할은 배제된다(이송에 관하여는 ☞4-38).

(2) 주관적 범위

4-30   관할의 합의는 합의 **당사자 및 그 일반승계인**을 제외한 제3자에게 그 효력이 미치지 않는 것(가령 채권자와 주채무자 사이의 합의는 보증인에게 미치지 않는다)이

---

34) 그런데 법정의 관할법원에 소의 제기가 있으면 이제 관할의 합의에 의하여 관할권이 변경되지 않기 때문에(관할은 제소한 때를 표준으로 하여 정한다) 그 뒤의 합의는 이송(35조)을 신청하는 전제로서의 의미가 있는 데 지나지 않는다.

원칙이지만, 당사자의 합의로 관할이 변경된다는 것을 실체법적으로 보면, 권리
행사의 조건으로서 그 권리관계에 불가분적으로 부착된 실체적 이해관계의 변
경이라 할 수 있으므로 **지명채권**과 같이 그 권리관계의 내용을 당사자가 자유
롭게 정할 수 있는 경우에는 그 관할합의의 효력은 **특정승계인**(가령 대출금채권
을 양수한 사람)에게도 미친다.35)

한편, 물권이나 어음상의 권리와 같이 그 내용이 법률상 정형화되어 있어서
당사자가 자유로이 변경할 수 없는 성질의 권리관계인 경우의 특정승계인은 그
관할합의에 구속되지 않는다.36)

◆ **전속적 국제관할합의의 유효요건** ◆   대한민국 법원의 관할을 배제하고 외국의 법
원을 관할법원으로 하는 전속적인 국제관할의 합의가 유효하기 위하여는, ① 당해 사
건이 대한민국 법원의 전속관할에 속하지 아니하고, ② 지정된 외국법원이 그 외국법
상 당해 사건에 대하여 관할권을 가져야 하는 외에, ③ 당해 사건이 그 외국법원에 대
하여 합리적인 관련성을 가질 것이 요구된다고 할 것이고, ④ 한편 전속적인 관할합의
가 현저하게 불합리하고 불공정한 경우에는 그 관할합의는 공서양속에 반하는 법률행
위에 해당하는 점에서도 무효이다.37) 반대로 외국법원의 관할을 배제하고 대한민국 법
원을 관할법원으로 하는 전속적인 국제관할의 합의가 유효하기 위한 요건도 다음과 같
이 마찬가지이다. 즉 ① 외국법원의 전속관할에 속하지 아니하고, ② 대한민국 법원이
당해 사건에 대하여 관할권을 가져야 하는 외에, ③ 합리적인 관련성을 가질 것이 요
구되며, ④ 전속적인 관할합의가 현저하게 불합리하고 불공정하여 공서양속에 반하는
법률행위에 해당하지 않는 한, 그 관할합의는 유효하다.38)

VI. 변론관할

원고가 관할권 없는 법원에 소를 제기하였는데 피고가 관할위반이라고 항변   4-31
하지 아니하고 본안에 대하여 변론하거나 변론준비기일에서 진술함으로써 생기
는 관할을 변론관할이라고 한다(30조. 종전에는 응소관할이라는 표현을 사용하였으나,

---

35) 대법원 2006. 3. 2.자 2005마902 결정. 그런데 그 약정이 이루어진 국가 내에서의 재판을 예상
하여 그 국가 내에서의 법원을 정하는 취지의 합의라고 해석될 수 있고, 채권양도 등의 사유로
외국적 요소가 있는 법률관계에 해당하게 된 때에는 다른 국가의 재판관할권이 성립할 수 있고,
관할합의의 효력이 미치지 않는다(대법원 2008. 3. 13. 선고 2006다68209 판결).

36) 근저당권부담부의 부동산의 취득자가 특정승계인에 불과하다면, 근저당권설정자와 근저당권자
사이의 관할의 합의의 효력은 미치지 않는다(대법원 1994. 5. 26.자 94마536 결정).

37) 대법원 1997. 9. 9. 선고 96다20093 판결.

38) 대법원 2011. 4. 28. 선고 2009다19093 판결.

현재는 변론관할이라는 표현을 사용). 실제 바람직한 답변 태도는 아니나, 청구기각
의 판결만을 구하고 청구원인에 대한 답변을 뒤로 미룬 경우라도 본안에 대한 변
론으로 볼 수밖에 없다. 한편, 단지 소 각하를 구한 것은 본안에 관한 진술이 아
니다. 그리고 말로 진술한 것을 말하므로 기일에 결석한 경우에 답변서 등이 진
술간주(148조)가 되어도 변론으로 볼 수 없다.39) 변론관할도 합의관할과 마찬가
지로 제1심의 토지관할이나 사물관할과 같은 **임의관할을 위반**한 경우에 인정되
는 것이지, 전속관할 위반의 경우에는 인정되지 않는다(31조). 반면, 전속적 합의
관할의 경우에는 그 성질은 임의관할이고, 법정의 전속관할은 아니므로 변론관할
이 생길 수 있다. 위 경우에 일부러 관할권 있는 법원에 이송할 필요까지는 없는
것이고, 차라리 합의관할에 준하여(말하자면 사후적·묵시적인 합의로 볼 수 있다) 그
법원에 관할을 인정하여도 무방하다. 당사자의 이익, 소송촉진에 도움이 되기 때
문이다. 그리고 국제재판관할에서도 변론관할이 인정된다.40)

VII. 관할권의 조사

1. 직권조사사항

4-32   관할권이 있는 법원이 아니라면 본안판결을 할 수 있는 것이 아니므로 관할
권의 존재는 소송요건의 하나이고, 관할권의 유무는 **직권조사사항**이다(32조). 따
라서 법원은 언제라도 그 존재에 대하여 의심이 있는 때에는 관할권을 조사할 필
요가 있다. 물론 사물관할과 토지관할에 대하여는 피고가 관할을 다투지 않고 본
안에 대하여 변론하면 변론관할(30조)이 성립하므로 (전속관할을 제외한 임의관할에

---

39) 대법원 1980. 9. 26.자 80마403 결정도 마찬가지 취지이다.

40) 국제재판관할권의 존부에 관한 관할위반 항변을 하지 아니한 채 본안에 관한 변론만을 하였고,
   그 결과 본안에 관한 사항만을 쟁점으로 한 판결이 선고된 사안에서 변론관할을 인정하더라도
   당사자 사이의 공평을 해칠 우려가 없는 점, 효과적인 절차의 진행 및 소송경제에도 적합한 점
   등에 비추어 보면, 국제재판관할에 있어서도 변론관할을 인정할 수 있다(대법원 2014. 4. 10. 선
   고 2012다7571 판결).

있어서는) 법원이 관할권의 존부를 판단할 필요는 없게 된다. 그리고 **전속관할**은 상소심에서도 조사의 대상이 되지만(411조 단서, 424조 1항 3호. 그러나 451조 1항 2호~3호를 보면 전속관할위반은 재심사유는 아니다), 임의관할의 위반은 그 흠을 상소심에서는 더 이상 다툴 수 없기 때문에(411조 본문) **임의관할**은 제1심에 있어서만 조사의 대상이 된다.

2. 관할결정의 표준시

법원의 관할은 원고가 **소를 제기한 때**를 표준으로 정한다(33조). 예를 들어 제소 뒤에 피고가 주소를 옮겼더라도 제소시에 발생한 보통재판적에 의한 관할은 소멸되지 않고 아무런 영향이 없다. 이는 제소시에 존재한 관할이 소송 중에 사정이 변경되는 것에 따라 관할이 동요하여 심리가 무위로 되는 불안정을 막기 위하여 관할이 그 뒤에 소멸되지 않는다는 취지인 것이고(=관할의 항정[恒定]), 반대로 관할이 없는 경우까지 제소시를 표준으로 하여야 하는 것은 아니다. 오히려 제소시에 관할이 없는 경우라도 그 뒤 소송 중에 변론종결시까지 그 법원에 관할원인이 발생하면 관할위반이 되는 것이 아니고 치유된다(참고로 보면 일반적인 소송요건의 존부는 변론종결시를 기준으로 하여 결정된다).

4-33

3. 조사의 결과

관할권의 존재가 긍정되면 법원은 심리를 그대로 진행한다. 한편, 조사의 결과, 관할위반이 인정되는 경우에는 소각하 판결을 할 것이 아니라, 다른 관할법원이 있다면 직권으로 이송결정을 한다(34조 1항).

4-34

VIII. 소송의 이송

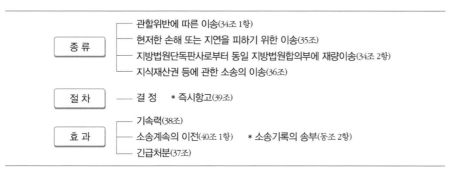

종 류	─ 관할위반에 따른 이송(34조 1항) ─ 현저한 손해 또는 지연을 피하기 위한 이송(35조) ─ 지방법원단독판사로부터 동일 지방법원합의부에 재량이송(34조 2항) ─ 지식재산권 등에 관한 소송의 이송(36조)
절 차	─ 결 정 * 즉시항고(39조)
효 과	─ 기속력(38조) ─ 소송계속의 이전(40조 1항) * 소송기록의 송부(동조 2항) ─ 긴급처분(37조)

1. 의   의

4-35   소송의 이송은 어느 법원에 일단 발생하고 있는 소송계속[41]을 그 법원의 재
판에 의하여 다른 법원에 이전하는 것을 말한다. 그 재판을 이송의 재판이라고
부른다. 이송을 행한 수소법원을 이송법원이라고 부르고, 이송을 받은 법원을 수
이송법원(受移送法院)이라고 부른다. 이송은 크게 나누어 관할위반에 따른 이송(34
조 1항) 및 심판의 편의에 따른 재량이송(35조, 34조 2항)으로 구분할 수 있다. 그
밖에 지식재산권 등에 관한 소송의 이송(36조. ☞4-39), 반소제기에 따른 이송
(269조 2항. ☞12-45) 등이 있다.

2. 이송제도의 목적

4-36   이송제도는 여러 가지 목적을 가진다.
        첫째, 관할위반의 소에 대한 구제이다. 관할권의 존재는 소송요건의 일종이므
로 관할위반의 경우에 소송요건의 흠으로써 소를 각하하면, 원고는 다시 관할법원
에 소를 제기하여야 하는데, 그 결과로 소제기에 따른 수수료 등의 비용·수고뿐만
아니라 그 밖에 시효중단이나 기간준수의 이익도 잃게 되는 예상 밖의 손해를 받
을 수 있다. 그래서 관할을 가지는 법원에 직권으로 이송하는 것이 34조 1항의
관할위반에 따른 이송이다. 피고의 입장에서도 정당한 관할법원에서의 심판을 보
장하면 충분하고, 따라서 원고의 소를 각하하는 것은 너무 지나친 것이 된다.
        둘째, 어느 소에 대하여 여러 관할권이 인정되는 때에 원고가 선택한 법원에서
심리를 행하는 것이 당사자 및 법원으로서 현저하게 불합리한 경우가 있다. 이 경우
에 수소법원이 관할을 가지고는 있지만, 즉 관할위반이 아닌 경우이지만, 소송촉진
과 소송경제의 취지로부터 적절한 심리의 실현을 위하여 수소법원이 다른 관할법원
에 소송을 이송하는 것이 인정된다. 이는 관할의 탄력화라는 성질을 가진다. 35조는
이 목적을 실현하기 위한 규정으로, 결과적으로 적절한 법원이 선택될 수 있다.
        셋째, 지방법원단독판사와 지방법원합의부 사이의 사물관할의 탄력화이다.
사물관할은 일정한 기준에 의하여 정하여지는데, 사건에 따라서는 지방법원합의
부의 심리가 적당한 경우도 있고, 당사자가 이를 바라는 경우도 있다. 이 경우에

---

41) 소제기 후 소송계속 발생 전에 이송의 결정을 하는 것은 변론관할의 발생 가능성 등을 고려한
   다면 부적절하다.

34조 2항은 지방법원단독판사는 소송이 그 관할에 속하는 경우라도 상당하다고 인정하면 직권 또는 당사자의 신청에 따른 결정으로 소송의 전부 또는 일부를 같은 지방법원합의부에 이송할 수 있다고 규정하고 있다.

3. 이송의 원인

(1) 관할위반에 따른 이송

법원은 소송의 전부 또는 일부에 대하여 관할권이 없다고 인정하는 경우에는 결정으로 이를 관할법원에 이송한다(34조 1항). 원칙적으로 **직권**으로 이송하여야 한다(당사자의 신청에 의할 수 있는 다른 원인에 의한 이송의 경우와 다른 점이다). 전속관할 위반에 한정되지 않으며, 사물관할위반(가령 지방법원합의부에 제기될 소가 잘못하여 지방법원단독판사에게 제기된 경우), 토지관할위반의 경우에도 관할법원에 이송된다. 다만, 사물관할의 탄력화와 관련하여 지방법원합의부는 잘못하여 제기된 소송이라도 전속관할에 속하는 것이 아닌 한(34조 4항), 상당하다고 인정하면(재량) 그대로 스스로 심판할 수 있다(동조 3항). 이 경우에 그 지방법원합의부에서 심판하는 것이 당사자에게 불이익을 주지 않고, 오히려 이익이 되는 경우도 있기 때문이다.

4-37

(2) 심판의 편의에 따른 이송

(가) 현저한 손해 또는 지연을 피하기 위한 이송

하나의 사건에 여러 개의 관할법원이 경합하는 때에는 원고는 그 하나를 임의로 선택하여 제소할 수 있는데, 그 선택된 법원이 항상 그 사건의 심판에 적절하다고는 할 수 없다. 그래서 그 법원에서 심리한다면 현저한 손해가(주로 피고에게) 생기거나 또는 소송의 진행이 현저하게 지연되는 경우에는 이러한 불합리를 피하기 위하여 **직권** 또는 당사자

4-38

■ **소송이송신청서 작성 기재례[42]**

> **소 송 이 송 신 청 서**
>
> 사 건   20○○가단○○○   손해배상(자)
> 원 고   ○○○
> 피 고   ◇◇◇
>
> 위 사건에 관하여 피고는 아래와 같이 소송이송을 신청합니다.
>
> **신 청 취 지**
>
> 이 사건을 ◎◎지방법원 ◎◎지원으로 이송한다.
> 라는 재판을 구합니다.
>
> **신 청 이 유**
>
> 1. 원고가 피고를 상대로 20○○년 ○월 ○○일 귀원에 제소한 이 사건 소송은 20○○년 ○월 ○○일 ○○:○○경 ◎◎지방법원 ◎◎지원 앞 인도에서 발생한 교통사고로 인하여 피해자인 이 사건 원고가 손해배상을 청구함에 있어서 원고의 주소지인 귀원에 소를 제기하였던 것입니다.

---

42) 법률구조공단 홈페이지에서 인용함.

의 **신청**에 따른 결정으로 소
송의 전부 또는 일부를 다른
관할법원에 이송할 수 있다(35
조 본문).43) 다만, **전속관할**에
속하는 사건은 이송할 수 없
다(35조 단서. 다만, 전속관할 그
자체가 경합하는 경우를 제외).44)

    그런데 실무상(＝판례)으
로는 현저한 손해 또는 지연
을 피하기 위한 이송 자체를
사실상 사문화(死文化)시켜 이송을 인정하지 않고 있다.

2. 그런데 위 사건에 있어서는 교통사고의 발생지가 ○○시 ○○지방법
   원 ○○지원 앞 인도이고, 위 교통사고의 목격자인 증인이 ○○시에
   거주하고 있으며, 양 당사자의 근무처가 ○○시내에 있으므로 향후
   소송진행 과정에서 예상되는 현장검증 등을 고려하여 볼 때, 이 사건
   을 귀원에서 심리하는 것은 쌍방 당사자에게 소송수행상 부담을 줄 수
   있음은 물론 소송의 지연을 초래할 염려가 있다 할 것입니다.
3. 따라서 피고는 민사소송법 제35조에 의하여 이 사건 소송을 불법행위
   지로서의 관할권이 있는 ○○지방법원 ○○지원으로 소송이송의 결정
   을 구하기 위하여 이 사건 신청에 이른 것입니다.

소명방법 및 첨부서류

1. 교통사고사실확인원	1통
1. 참고인 진술조서	1통
1. 송달료납부서	1통

20○○. ○. ○.
위 피고 ◇◇◇   (서명 또는 날인)

○○**지방법원 제**○○**민사단독 귀중**

17-사법시험

◆ **관할합의와 이송** ◆   예를 들어 수원에 거주하는 甲이 대구에 거주하는 乙을 상대
로 하여 서울중앙지방법원에 매매대금을 청구하는 소를 제기하면서 관할법원을 서울중
앙지방법원으로 하는 합의가 있었다고 주장하고 있는 사안에서 甲이 관할의 합의가 있
다고 주장할 뿐이므로, 그 주장의 진실성이나 합의의 유효성 여부를 검토한 뒤에 서울
중앙지방법원에 합의관할의 성립이 인정되지 않는다면 34조 1항의 관할위반에 따른 이
송을 하여야 하나, 甲이 주장하는 합의관할의 성립이 인정되고 유효하다면 서울중앙지
방법원에 관할이 있게 되므로 대구지방법원에 이송으로 생각할 수 있는 것은 35조의
현저한 손해 또는 지연을 피하기 위한 이송의 가능 여부이고 이를 검토하여야 한다.
이 경우에 관할의 합의의 해석을 **전속적**으로 보는가, **부가적**으로 보는가(☞4-26), 그
리고 전속적 합의관할의 경우에도 위와 같이 이송을 할 수 있는지 여부의 문제와 관련
되게 된다.

23-법무사시험

◆ **전속적 합의관할과 이송** ◆   한편, **전속적 합의관할**은 법정의 전속관할은 아니기
때문에 그 적용 여부를 둘러싸고 다툼이 있을 수 있다. **통설**은 특히 현저한 지연을 피
한다는 공익상 필요가 있는 경우에 한하여 합의의 효력을 부정하여 이송할 수 있다고
한다. 그 이유는 관할의 합의에 의하여 당사자가 처분할 수 있는 것은 관할에 관한 당
사자의 이익뿐이고, 관할의 공익적 측면(즉 현저한 지연을 피하기 위한 이송)은 처분할 수

---

43) '현저한 손해'라 함은 주로 피고 측의 소송수행상의 부담을 의미하는 것이기는 하지만 원고 측
   의 손해도 도외시하여서는 안 된다(대법원 2010. 3. 22.자 2010마215 결정). 피고 측이 소송을
   수행하는 데 많은 비용과 시간이 소요된다는 사정만으로는 현저한 손해 또는 소송의 지연을 가
   져올 사유가 된다고 단정할 수 없다(대법원 1998. 8. 14.자 98마1301 결정).
44) 전속관할인 심급관할에 35조는 적용되지 않아 손해나 지연을 피하기 위한 이송의 여지는 없다
   (대법원 2011. 7. 14.자 2011그65 결정[미간행]).

없으므로 이에 관한 합의의 효력은 인정할 수 없고, 그 범위에서 법정관할권이 소멸되었다고 볼 수 없으나, 한편 순수한 사익적 측면(즉 현저한 손해를 피하기 위한 이송)은 전속적 합의에 구속을 받아서 허용되지 않는다고 한다. 이에 대하여 사익적 필요와 공익적 필요를 구별하지 않고 이송을 적극적으로 인정하는 견해도 있고, 한편 당사자의 합의를 부정하면서까지 35조에 의하여 이송할 필요는 없다고 반대하는 소극적 견해도 있을 수 있다. **생각건대** 공익과 사익을 구별하는 기준이나, 그 인정요소를 개별적으로 어떻게 고려할 것인가가 문제이지만, 결론적으로 관할의 합의와 공익상 요청의 양자를 존중하는 견지에서 통설의 입장을 지지하는 바이다. 다만, 약관에 의한 합의관할 등에 있어서는 그 불공평을 시정하기 위하여 현저한 손해라는 사익적 측면의 고려에 적극적이어야 한다고 본다.

◈ **35조 이송의 사문화(死文化)** ◈ 김씨는 부산에서 승합차를 타고 가다 이씨의 개인택시와 충돌하였는데, 허리 등을 다쳤다. 이씨 측의 개인택시운송사업조합연합회가 치료기간 수입손실과 위자료 등 246만원 외에는 더 줄 수 없다며 부산지방법원에 채무부존재확인소송을 내자, 이에 맞서 열흘 뒤, 김씨는 서울중앙지방법원에 손해배상청구소송을 냈다. 개인택시연합회는 동일한 내용의 소송을 한 곳에서 병합심리하는 것이 결론의 모순을 피하는 경제적인 방법이라며 부산지방법원으로 위 손해배상청구의 **이송신청**을 하였다. 재판부는 부산에 사무실이 있는 개인택시연합회가 소송수행에 많은 비용과 시간이 든다고 해서 이송규정을 적용할 수는 없다고 할 것이다. 또한 개인택시연합회가 부산지방법원에 소송을 낸 뒤에 김씨가 서울중앙지방법원에 소송을 낸 것이 신의칙에 있어서 '소송상태의 부당형성'에 해당한다고 할 수도 없다고 보았다(2004.5.9.자 연합뉴스 기사).

(나) 지방법원단독판사로부터 동일 지방법원합의부에 재량이송 지방법원 4-39
단독판사는 그 관할에 속하는 소송이라도 상당하다고 인정하는 때에는 전속관할에 속하는 경우를 제외하고(34조 4항) 직권 또는 당사자의 신청에 따른 결정으로 지방법원합의부에 이송할 수 있다(동조 2항). 그 취지는 앞에서 설명한 바 있다. 소액사건도 본 규정에 의하여 지방법원합의부에 이송할 수 있다.

◈ **지식재산권등에 관한 소송의 이송** ◈ 24조 1항에서 특허권등을 제외한 지식재산권과 국제거래에 관한 소를 제기하는 경우에 2조 내지 23조의 규정에 따른 관할법원 소재지를 관할하는 고등법원이 있는 곳의 지방법원에 특별재판적을 인정하고 있다는 것을 설명한 바 있는데, 이러한 특별재판적은 성질상 전속관할이 아니라, 임의관할에 지나지 않으므로 당사자가 그 특별재판적이 있는 법원 이외의 법원에 소를 제기하는 것을 막을 수 없고, 그렇게 되면 위 특별재판적을 인정하는 취지가 몰각된다. 따라서 법원은 특허권등을 제외한 지식재산권과 국제거래에 관한 소가 제기된 경우에 직권

또는 당사자의 신청에 따른 결정으로 그 소송의 전부 또는 일부를 24조 1항에 따른
관할법원에 이송할 수 있도록 하고, 다만 소극적 요건으로 이로 인하여 소송절차를
현저하게 지연시키는 경우에는 이송할 수 없도록 하는 규정을 두고 있다(36조 1항).
그리고 전속관할이 정하여져 있는 소의 경우에는 위 이송의 규정을 적용하지 않는다
(동조 2항). 다만, 전속관할로 규정된 특허권등의 지식재산권에 관한 소의 경우에도
현저한 손해 또는 지연을 초래할 우려가 있는 경우에 법원은 직권 또는 당사자의 신
청에 따른 결정으로 소송의 전부 또는 일부를 2조부터 23조까지의 규정에 따른 지방
법원으로 이송할 수 있도록 하여(36조 3항) 당사자의 소송수행의 편의성과 법원에의
접근성 등을 보장하였다.

4. 이송의 절차

(1) 이송결정

4-40   이송은 수소법원의 재판인 이송결정으로 행한다.45) 신청의 방식과 결정에
관한 의견진술에 대하여 민사소송규칙 10조, 11조가 규율하고 있다.

(2) 즉시항고

4-41   이송결정과 이송신청의 기각결정의 양쪽에 대하여 당사자가 즉시항고로 불복
을 신청할 수 있다(39조). **이송결정**에 대해서는 관할위반에 의한 이송결정의 경우
이거나 그 밖의 경우를 불문하고 즉시항고를 할 수 있지만, 한편 이송신청에 대한
기각결정의 즉시항고를 둘러싸고 그 적용범위가 문제된다. 35조의 현저한 손해
또는 지연을 피하기 위한 이송에 있어서는 직권에 의한 경우 이외에 당사자에게
이송신청권이 인정되는 것이 규정으로부터 분명하므로 이송신청의 기각결정에 대
하여 즉시항고할 수 있는 것은 아무런 문제가 없지만, 한편 34조 1항의 **관할위반
에 따른 이송**에 있어서는 당사자의 이송신청권이 명시되어 있지 않으므로 이송신
청의 기각결정에 대하여 즉시항고권이 있는지 여부에 대하여 학설의 대립이 서로
팽팽하다. **판례**는 수소법원에 재판관할권이 있고 없음은 원래 법원의 **직권조사
사항**으로서 법원은 직권으로 이송결정을 하는 것이고, 소송 당사자에게 이송신청
권이 있는 것이 아니므로 당사자가 이송신청을 한 경우에도 이는 단지 법원의 **직
권발동을 촉구**하는 의미밖에 없는 것이라고 즉시항고권을 부정하나,46) **생각건**

---

45) 다만, 상소심에서 원판결을 취소 또는 파기하고 이송하는 때에는 예외적으로 **판결**의 형식으로
    한다(419조, 436조).
46) 따라서 법원은 이송신청에 대하여는 재판을 할 필요가 없고, 이송신청의 기각결정에 대하여 즉
    시항고가 허용될 수 없다고 한다(대법원 1993. 12. 6.자 93마524 전원합의체 결정). 위와 같이

대 이송신청권을 인정하는 명시적 규정이 없다고 하여 이것만 가지고 즉시항고가
허용될 수 없다고 보는 것은 법원의 편의에 따른 해석으로 지양되어야 할 것이다.

5. 이송의 효과

(1) 기속력(구속력)

이송재판이 확정되면 소송을 이송받은 법원은 그 재판에 따라야 하므로(38조   4-42
1항) 이송받은 법원은 이송법원의 이송사유와 관할권의 판단에 기속을 받아 이송
받은 사건을 심리·판단하여야 하며, 이송한 법원과 다른 사실인정과 판단으로 사
건을 다시 이송한 법원에 재이송(=반송)하거나 다른 법원에 전송(轉送)할 수 없다
(동조 2항). 만약 이송받은 법원이 다시 이송사유와 관할권의 존부를 심사하게 된
다면 법원이 소극적 문제인 권한쟁의에 시간을 소비하여 본안심리의 전제일 뿐인
관할문제로 말미암아 본안의 심리가 지연됨으로써 당사자에게 적지 않은 손해를
줄 염려가 있기 때문에 이를 방지하기 위한 취지이다. 그런데 전속관할에 관한
규정에 위반한 이송의 경우에도 위 이송결정의 기속력을 긍정할 것인지 여부가
문제이다(원칙적으로 기속력이 있으나, **판례**는 전속관할의 하나인 심급관할의 위반에 있
어서는 상급심법원까지는 아니고 하급심법원만을 기속한다고 본다).**47)**

(2) 소송계속의 이전

이송결정이 확정된 때에는 소송계속이 처음부터 이송받은 법원(수이송법원)   4-43
에 계속된 것으로 본다(40조 1항). 따라서 소제기의 효과인 **시효중단의 효력**이나
기간준수의 효력은 그대로 유지된다.**48)** 그런데 이송 전에 행하여진 당사자나 법

당사자에게 이송신청권이 인정되지 않는 이상 제1심 법원이 이송결정을 하였으나 항고심에서 당
초의 이송결정이 취소되었다 하더라도 이에 대한 신청인의 재항고는 허용되지 않고(대법원
2018. 1. 19.자 2017마1332 결정), 그리고 단지 법원의 직권발동을 촉구하는 의미밖에 없는 것
이므로, 그 이송신청에 대한 재판을 할 필요가 없는데도 법원이 그 이송신청을 기각하는 결정을
하였다면, 그 결정은 그 결정에 대한 특별항고인에게 아무런 불이익을 주는 것이 아니며 그 결정
에 대하여 특별항고를 할 어떤 이익도 없는 것이 분명하므로 그 특별항고는 부적법하다(대법원
1996. 1. 12.자 95그59 결정).

47) 38조가 전속관할의 경우를 제외하고 있지 않고, 또 이송의 반복에 따른 소송지연을 방지하기
위한 공익적 요청이 이 경우에도 마찬가지로 요구되므로 기속력을 긍정하여야 한다는 것이 **통설**
이다. 한편, **판례**도 원칙적으로 전속관할의 위반의 경우에도 기속력이 있으나, 그 하나인 심급관
할의 위반에 있어서는 **당사자의 심급의 이익의 박탈** 등을 이유로 기속력이 **상급심법원까지는
미치지 아니하고**(가령 제2심법원이 대법원으로 잘못 이송한 경우 대법원은 다시 제2심법원으로
이송 가능), **하급심법원만을 기속**한다고 본다(대법원 1995. 5. 15.자 94마1059, 1060 결정).
48) 재심의 소가 재심제기기간 내에 제1심 법원에 제기되었으나 재심사유 등에 비추어 항소심판결

원의 소송행위, 즉 공격방어방법의 제출이나 증거조사의 효력이 이송받은 법원에 서 유지되는지 여부가 문제되나, 대체로 이를 긍정하면서, 다만 변론을 갱신하여 야 한다고 한다.

◈ **제1심 법원 아닌 항소법원에 제출한 항소장 항소기간 지나버렸다면 추완항소 안 돼** ◈

최씨는 이웃 주민과의 토지소유권 분쟁을 해결하기 위하여 창원지방법원 통영지원에 소송을 냈다가 패소하자, 항소장을 진주지원 우체국에서 제2심 법원인 창원지방법원으 로 보내 항소제기기간 만료 하루 전 창원지방법원에 접수되었으나, 창원지방법원은 항 소장이 잘못 접수되었다며, 발송지인 진주지원에 되돌려 보냈고, 진주지원은 항소기간 이 지난 후 항소장을 최씨에게 반려하였다. 이에 최씨는 추완항소장을 제1심 법원인 통영지원에 제출하였지만, 항소기간이 지난 항소라는 이유로 항소각하판결을 받았다. 그러나 항소장을 처음 접수받은 창원지방법원이 이를 통영지원으로 보냈으면 되었을 것을 진주지원으로 보내 항소제기기간이 만료된 만큼 당사자가 책임질 수 없는 사유에 해당되어 추완항소를 받아달라고 상고하였으나, 비록 항소장이 항소기간 내이더라도 제 1심 법원 이외의 법원에 제출되었다면 항소제기의 효력이 있는 것은 아니고, 이런 사 유로 항소기간이 지나 제1심 법원에 항소장을 다시 제출하였더라도 추후보완할 수 없 다고 보았다(2003.4.8.자 법률신문 기사).

(3) 소송기록의 송부

4-44   이송결정이 확정된 때에는 그 결정의 정본을 소송기록에 붙여 이송받을 법 원에 보내야 한다(40조 2항).

(4) 긴급처분

4-45   이송결정이 확정된 뒤라도 이송법원은 급박한 사정이 있는 때에는 직권으로 또는 당사자의 신청에 따라 증거조사나 가압류·가처분 등의 필요한 처분을 할 수 있다. 다만, 기록을 보낸 뒤에는 그러하지 아니한다(37조).

을 대상으로 한 것이라 인정되어 위 소를 항소심법원에 이송한 경우에 있어서 재심제기기간의 준수여부는 **제1심 법원에 제기된 때를 기준으로** 할 것이지 항소법원에 이송된 때를 기준으로 할 것은 아니다(대법원 1984. 2. 28. 선고 83다카1981 전원합의체 판결). 행정소송법상 항고소 송으로 제기해야 할 사건을 민사소송으로 잘못 제기하여 관할법원에 이송하는 결정을 하고, 항 고소송으로 소 변경을 한 경우, 그 항고소송에 대한 제소기간 준수 여부는 원칙적으로 **처음에 소를 제기한 때**를 기준으로 판단하여야 한다(대법원 2022. 11. 17. 선고 2021두44425 판결). 한편, **판례** 가운데 대법원 1996. 10. 25.자 96마1590 결정은 착오로 상고장을 **고등법원과 동일 청사 내에 있는 지방법원에 잘못 접수시킨 경우**에 지방법원에 상고장을 제출한 날을 기준으로 하여 상고기간 준수 여부를 가려 보는 것이 상고인의 진정한 의사에도 부합하고 상고인에게 회 복할 수 없는 손해도 방지할 수 있는 타당한 처리라고 보았는데, 이는 이송을 인정한 결과와 마 찬가지이다.

제 3 절 당사자능력과 소송능력
— 당사자에 관한 소송요건

제 1 항 당사자능력

당사자능력자	├── 권리능력자(51조) * 자연인, 법인
	└── 법인이 아닌 사단·재단(52조) * 민법상 조합의 당사자능력
당사자능력이 없는 경우	├── 소송요건 – 부적법 각하
	└── 소송계속 중의 상실 – 중단·수계
흠을 간과한 종국판결	── 상소 가능, 재심 불가능(반대입장 있음)

I. 의 의

당사자능력(Parteifähigkeit)은 민사소송에 있어서 당사자로 될 수 있는 일반적   4-46
인 자격을 말한다. 민법상 권리의무의 주체로 될 수 있는 자격인 권리능력에 대
응하여 소송법상의 주체로서 소송수행을 하고 최종적으로는 판결의 명의인으로
서 판결의 효력의 귀속주체로 될 수 있는 자격을 지칭한다. 당사자능력은 당사자
적격(☞4-82)과 달리 구체적인 사건(청구)과 관계없이, 내세운 당사자의 속성에
의하여 일반적으로 정하여진다.

II. 당사자능력자

1. 권리능력자

51조는 당사자능력은 민사소송법에 특별한 규정이 없으면 민법 그 밖의 법   4-47
률에 따른다고 규정하고 있는바, 실체법상 권리능력을 가진다면 소송법상 당사자
능력을 가진다(이를 실질적 당사자능력자라고도 한다). 민사소송의 대상은 사인 사이
의 권리의무관계이고, 판결로 권리의무의 존부가 확정된다. 그런데 실체법상 권
리능력을 가지지 않는다면 권리의무의 귀속주체가 될 수 없고, 이에 대하여 판결
을 내린다고 하여 분쟁의 해결이 얻어지는 것이 아니다. 그러므로 실체법에 따르
게 하여 자연인 및 법인은 당연히 당사자능력을 가지는 것으로 하고 있다.

(1) 자연인

4-48   사람은 생존하는 동안 권리의무의 주체가 되므로(민법 3조) 연령·성별에 관계없이 소송상으로도 당사자능력이 있다. 그리고 사망에 의하여 당사자능력을 잃는다. 한편, 실종선고의 효력이 발생하기 전에는 실종기간이 만료된 실종자라 하여도 당사자능력을 상실하는 것은 아니다.[49] 파산은 채무자의 당사자능력에 변동을 가져오지 않는다. 한편, 자연보호라는 환경소송의 목적에 충실하려면 동물, 식물 등 자연 그 자체를 당사자로 하여도 무방하다고 할 것이나, **일반적 입장**은 당사자능력을 인정하고 있지 않다.

> ◆ **도롱뇽의 당사자능력** ◆   천성산 일원에 서식하고 있는 도롱뇽이 천성산 일원의 자연 자체를 보호하기 위하여 고속철건설에 있어서 천성산을 관통하는 길이 13.5km의 원효터널의 착공금지가처분을 신청하였는데, 자연물인 도롱뇽 또는 그를 포함한 자연 그 자체에 대하여 당사자능력을 인정하고 있는 현행 법률이 없고, 이를 인정하는 관습법도 존재하지 아니하므로 신청인 도롱뇽이 당사자능력이 있다는 주장은 이유 없다고 보았다.[50]

(2) 법 인

4-49   법인은 모두 권리능력자(민법 34조)이므로 당사자능력을 가진다. 외국법인도 당사자능력이 인정된다. 국가, 지방자치단체 등의 공법인도 권리능력을 가지기 때문에 당사자능력이 있다. 그러나 **읍·면**은 지방자치단체의 하부행정구역에 불과하여 당사자능력이 없다. 한편, 법인의 기관에게는 당사자능력이 인정되지 않는다.[51] 다만, 행정소송에 있어서는 피고적격이 국가의 기관인 행정청에 있으므로(행정소송법 13조) 그 한도에서는 행정청에게 피고능력이 부여되지만, 일반 민사소송에서는 행정청에 당사자능력이 인정되지 않는다.

---

49) 대법원 1992. 7. 14. 선고 92다2455 판결.
50) 대법원 2006. 6. 2.자 2004마1148, 1149 결정.
51) 판례는, 학교는 국공립학교, 사립학교 등을 불문하고 교육을 위한 시설(영조물)에 불과하고, 재단이 아니라는 이유로 당사자능력을 부인하므로(대법원 2017. 3. 15. 선고 2014다208255 판결), 학교에 관한 분쟁에 있어서는 그 운영주체(가령 사립학교에 있어서는 학교법인)를 당사자로 삼을 수밖에 없다. 또한 특허출원인이나 특허심판청구인도 될 수 없다(대법원 1997. 9. 26. 선고 96후825 판결). 한편, 서울대학교는 법인이 아닌 교육시설의 명칭에 불과하여 당사자능력을 인정할 수 없다고 보았으나(대법원 2001. 6. 29. 선고 2001다21991 판결), 이제 **서울대학교**는 독립법인인 **국립대학법인** 서울대로 운영되고 있다. 그리고 사립대학교 학장은 학교법인의 기관의 하나에 지나지 아니하여 민사소송상 당사자적격이 없다(대법원 1987. 4. 4. 선고 86다카2479 판결).

2. 법인이 아닌 사단 또는 재단

(1) 의 의

52조는 법인이 아닌 사단이나 재단은 대표자 또는 관리인이 있는 경우에는   4-50
그 사단이나 재단의 이름으로 당사자가 될 수 있다고 규정하고 있다(이를 형식적
당사자능력자라고도 한다). 당사자능력이 인정되는 취지는 다음과 같다. 민법, 상법
그 밖의 실체법에서는 거래관계의 혼란을 방지하거나 공익상의 필요에서 법률관
계의 명확화를 도모하고, 충분한 국가의 감독을 행하기 위하여 법률의 규정에 의
하여 일정한 요건을 구비하여 설립된 단체에만 법인격을 인정하고 있다. 그런데
본래 단체로서 존재하고 있지만, 법인격을 취득하지 않은 단체의 경우에, 단체가
실제의 개개의 구성원으로부터 독립한 주체로 거래를 행하면서 다른 사람과의 사
이에 분쟁이 생길 수 있다는 것을 부정할 수 없다. 그런데 이들 단체는 실체법상
법인격을 가지고 있지 않으므로 소송상도 당사자능력을 가지지 않는다고 한다면,
이들 단체를 상대방으로 소를 제기하려고 하는 사람은 단체 그 자체를 피고로 하는
것이 불가능하고, 항상 누구를 피고로 하여야 하는가 하나하나 조사하여야 하며,
그것을 알았더라도 다수의 구성원을 피고로 소를 제기하여야 하므로 매우 불편하
다. 또한 단체 자체로서도 그 이름으로 원고로 소를 제기하여 소송을 수행하는 쪽
이 훨씬 편리한 경우가 많다. 그리하여 민사소송법은 독자적 입장에서 비법인 단체
에게 대표자 또는 관리인이 있는 경우에 당사자능력을 인정하고 있는 것이다.

(2) 법인이 아닌 사단

법인은 아니지만, 여기서 사단이라 함은 일정한 목적을 위하여 조직된 다수   4-51
인의 결합체로서 그 구성원의 가입·탈퇴에 관계없이 존속하며, 대내적으로 그
단체의 의사를 결정하고 업무를 집행할 기관에 관한 정함이 있고(내부조직성), 대
외적으로 사단을 대표할 기관에 관한 정함이 있는 단체를 말한다.[52] 그 예로서
는 종중, 문중, 설립중의 회사, 동창회, 정당, 노동조합, 학회, 교회,[53] 자연부

---

[52] 그리하여 종중 또는 문중과 같이 특별한 조직행위 없이도 자연적으로 성립하는 예외적인 사단
이 아닌 한, 사단으로서의 실체를 갖추는 조직행위가 있어야 하는바, 만일 어떤 단체가 외형상
목적, 명칭, 사무소 및 대표자를 정하고 있더라도 사단의 실체를 인정할 만한 조직, 그 재정적
기초, 총회의 운영, 재산의 관리 기타 단체로서의 활동에 관한 입증이 없는 이상, 이를 법인이
아닌 사단으로 볼 수 없다(대법원 1997. 9. 12. 선고 97다20908 판결).
[53] 교회가 건물을 다른 교회에 매도하고 더 이상 종교활동을 하지 않아 해산하였다고 하더라

락,54) 사찰, 지역주택조합, 아파트입주자대표회의, 상가번영회 등을 들 수 있다. 그리고 사단법인의 **하부조직**의 하나라 하더라도 스스로 위와 같은 단체로서의 실체를 갖추고 독자적인 활동을 하고 있다면 사단법인과는 별개의 독립된 비법인 사단으로 볼 수 있다.55)

(3) 법인이 아닌 재단

4-52

22-변리사시험

권리능력 없는 재단은 일정한 목적을 위하여 결합된 재산의 집합체로 출연자로부터 독립한 관리자가 있음에도 불구하고 주무관청의 허가가 없어 법인격을 가지지 못한 것을 말한다. 그 예로는 사회사업을 위하여 모집한 기부재산, 육영회, 대학교 장학회 등을 들 수 있다. 한편, 노인요양원이나 노인요양센터와 같은 노인의료복지시설은 대표자 있는 비법인 사단 또는 재단이 아니므로 원칙적으로 당사자능력이 인정되지 않는다.56)

(4) 민법상 조합

4-53

09-사법시험

위 법인이 아닌 사단이라도 대표자 또는 관리인이 있으면 원고 혹은 피고로서 당사자능력을 인정할 수 있다는 취지의 52조와 관련하여, 민법상 조합(2인 이상의 특정인이 함께 출자하여 공동사업을 경영할 것을 목적으로 하여 결합된 단체)에 위 규정의 적용이 있는가, 즉 당사자능력이 있는지 여부에 대하여는 견해가 나뉘어 있다. 다만, 조합의 명칭을 사용한다고 하여도 명칭에 구애됨이 없이 실질에 의하여 판단하여야 하고, 가령 농업협동조합 등은 명칭은 조합이나, 법인임을 주의하여야 한다.

학설을 보면, 사단과 민법상 조합은 구별이 가능하다는 전제에서 법인격 없는 사단에는 당사자능력을 긍정하고, 민법상 조합에는 당사자능력을 **부정**하는 입장이 종래 일반적이다.57) 민법상 조합은 공동의 사업목적을 위한 조합원 사이의 계약적 관계에 지나지 않으며, 조합원의 개성과 독립된 고유의 목적을 가진 단체라고 인정할 수 있는 실질이 없고, 조합재산에 대하여는 사단의 총유와는 달리 조합원의 합유에 속하여 조합채무는 조합원 각자의 채무이기 때문에(민

도 교인들이 교회 재산의 귀속관계에 대하여 다투고 있는 이상 교회는 청산목적의 범위 내에서 당사자능력이 있다(대법원 2007. 11. 16. 선고 2006다41297 판결).

54) 자연부락인 '수하리'는 거주하는 주민들로 구성되고 고유의 목적과 주민총회라는 의사결정기관 및 이장이라는 대표자를 갖추고 독자적인 활동을 하는 사회조직체로서 비법인사단으로 당사자능력을 가진다(대법원 1999. 1. 29. 선고 98다33512 판결).

55) 대법원 2022. 8. 11. 선고 2022다227688 판결.

56) 대법원 2018. 8. 1. 선고 2018다227865 판결.

57) 김홍, 142면; 송/박, 130면; 이, 152면; 정/유/김, 196면; 정영, 224면; 호, 228면.

법 704조, 711조, 712조) 조합에까지 52조를 적용하는 것은 무리라고 한다. 이에 대하여 최근에는 이론상 사단과 민법상 조합의 한계는 반드시 명확하지 않고, 사회적 실재로서의 양자를 항상 구별할 수 있는가 어떤가는 상당히 의문이고, 소를 제기하려고 할 때에 문제의 단체가 사단인가 조합인가를 일일이 확인하지 않으면 52조를 이용할 수 없다고 하는 것은 위 규정의 실익을 실질적으로 말살하는 결과가 된다고 하면서 민법상 조합에 당사자능력을 **긍정**하는 입장도 점차 지지를 받고 있다.58)

그런데 **판례**는 당사자능력을 부정한다. 예를 들어 구성원의 직업재활과 자립정착의 달성 등을 목적으로 하여 설립된 「원호대상자 광주목공조합」은 조합에 가입하려면 전조합원의 동의를 얻어야 하고, 탈퇴하려면 조합원 3분의 2 이상의 동의를 얻어야 하며, 조합자산은 원칙적으로 균일지분에 의하여 조합원에게 합유적으로 귀속되어 조합원이 단독으로 그 분할청구를 하지 못하도록 되어 있는 사실에 비추어 보면 민법상 조합의 실체를 가지고 있으므로 당사자능력이 없다고 보았다.59)

생각건대 민법이 예정하는 전형적인 민법상 조합에 대하여는 당사자능력을 부정하여야 하지만, 민법상 조합이라는 성격의 결정으로부터 즉시 52조의 적용을 부정하는 것은 적절하지 않고, 민법상 조합이더라도 조합재산의 독립성이 어느 정도 확보되는 사단적 조직을 가지며, 대표자의 정함이 있는 경우라면, 당사자능력을 긍정하여야 한다고 본다.60)

◈ **예** ◈   A사가 경영부진에 빠졌으므로 주요 거래은행인 B, C, D 각 은행은 A사의 경영을 관리하는 것과 동시에 채권을 보전·회수하기 위하여 3은행단 채권관리위원회(X)를 결성하여 A사 내에 X의 사무소를 설치하고 B사의 이사인 F를 대표자로 업무집행을 시켰다. 또 X는 A사가 가지는 일체의 채권을 양수하여 그 추심으로부터

---

58) 강, 131~132면; 김용, 750~751면; 김/강, 202면.
59) 대법원 1991. 6. 25. 선고 88다카6358 판결. 또한 채권자 137명이 정관이나 규약을 작성하지는 아니한 채, 다만 소외 B, C, D 등 10인을 대표자로 선임하여 「주식회사 A의 채권단」을 구성한 경우에 비법인사단으로서의 실체를 갖추지 못하여 당사자능력이 없다(대법원 1999. 4. 23. 선고 99다4504 판결).
60) 가령, 조합의 당사자능력을 긍정한다면 당사자 기재례는 다음과 같이 된다. 대표자는 실제 소송을 수행할 자연인으로서 법정대리인과 같이 취급되고(64조), 그 기재는 소장의 필수적 기재사항이 된다(249조).

원고   ○○조합
        대표자 이사장 ○○○

일체의 경비를 지급한 잉여금을 B, C, D의 채권액에 따라서 배당하는 한편, A사의 경영에 요하는 자금은 X가 B, C, D와 연락·조달하기로 하였다. X가 대외적으로 X의 이름으로 활동을 하고 있기 때문에 약하지만 하나의 독립한 사회적 실체로 볼 수 있고, X의 이름으로 소송수행을 하는 것이 가장 유효하고, 또한 가장 적절한 분쟁해결에 연결된다고 생각한다. 따라서 X가 A사로부터 양수한 채권을 Y에 대하여 소로써 청구한 경우에 X의 당사자능력을 긍정하여야 하고, 그 의미에서 X의 소제기는 적법하다. 반대의 입장에서, X의 당사자능력을 부정하여 소가 부적법하다고 보는 경우에, 조합재산은 전 조합원의 합유(민법 271조, 704조)에 속하므로 당사자적격과 관련하여 원칙적으로 조합원 전원이 당사자가 되어야 한다(고유필수적 공동소송).61) 그런데 이는 상당히 불편하다. 그 불편은 ① 조합원 가운데에서 **선정당사자**를 선정하여(53조. ☞13–102 이하) 그 사람을 내세우거나, ② 대표자에게 **임의적 소송담당**을 하여(☞4–91) 그의 이름으로 소송수행을 하게 하거나, ③ 대표자를 **법률상의 대리인**으로 보고(민법 709조 참조. ☞2–44) 소송대리권이 있다고 해석한다면, 제거될 수 있다고 한다. 물론 ④ 소송대리인을 선임하는 것도 한 방법이 될 수 있다.

(5) 소송상 취급

4-54

19-법원행정고시

법인이 아닌 사단이나 재단이 당사자가 된 경우에는(조합의 당사자능력을 긍정하는 경우에는 이를 포함) 법인이 당사자가 된 때와 마찬가지의 소송상 취급을 한다. 따라서 단체 그 자체가 당사자가 되며, 그 대표자나 관리인은 법정대리인에 준하여 취급되므로(64조) 대표자·관리인에게는 사단·재단의 명의로 실제의 소송수행을 할 권한이 주어진다. 한편. 사단·재단의 권리의무의 실체법상 권리주체인 구성원 등은 소송 외의 제3자이다.62) 판결의 효력은 단체에 대하여만 미치기 때문에 그 구성원이나 출연자 개인은 판결의 효력을 받지 않고, 강제집행의 대상은 단체의 고유재산뿐이다.

III. 당사자능력이 없는 경우의 취급

4-55

1. 당사자능력의 존재는 **소송요건**의 하나이다. 그 존부는 **직권조사사항**이므로, 법원은 의심이 있으면 그 존부에 대하여 (그 판단의 전제가 되는 사실에 관하여는 당사자의 주장에 구속될 필요 없이) 직권으로 조사하여야 한다. 그 결과, 가령 교육시설의 명칭으로서 일반적으로 법인도 아닌 '학교'와 같이 당사자능력이 없는 경우

---

61) 대법원 2012. 11. 29. 선고 2012다44471 판결.
62) 총유재산에 관한 소송에서 법인 아닌 사단의 **구성원**은 설령 그가 사단의 대표자라거나 사원총회의 결의를 거쳤다 하더라도 **당사자가 될 수 없고**, 이러한 법리는 총유재산의 **보존행위**로서 소를 제기하는 경우에도 **마찬가지**이다(대법원 2005. 9. 15. 선고 2004다44971 전원합의체 판결).

는 당사자의 지위를 가지지 못하므로 법원은 본안판결을 할 수 없고, 소를 부적법으로 각하(소송판결)하게 된다.

2. 당사자능력은 소송요건인 동시에 나아가 개개의 소송행위의 유효요건이다. 당사자능력이 없는 경우에는 그 소송행위는 무효인데, 이는 절대적 무효가 아니고, 상대적·유동적 무효이다.

3. 만약 소송계속 중에 당사자의 사망, 합병 등의 사유로 당사자능력이 상실되면, 소송대리인이 있는 경우를 제외하고(238조) 소송절차의 중단·수계의 문제가 생긴다(233조 등). 다만, 이혼소송에 있어서 당사자 일방의 사망과 같이 소송물이 승계할 성질의 권리관계가 아닌 때에는 소송관계는 소멸되고, 이 경우에 소송의 종료가 다투어지는 때에는 법원은 소송종료선언(☞9-3)을 하여야 한다.

4. 당사자능력이 없는 것을 간과하여(다만, 자연인은 모두 당사자능력을 가지므로 흠의 간과는 거의 문제가 되지 않는다) 법원이 본안판결을 선고한 경우에 확정 전이면 상소에 의하여 취소할 수 있는데, 문제는 그 판결이 확정된 뒤에 어떻게 할 것인가이다. 이에 대하여 내용상 효력이 생기지 않는다는 무효설도 있지만, 당연무효로 볼 것은 아니다(다만, 당사자가 사망한 사람이거나 실재하지 않는 등 부존재인 경우에는 판결이 무효가 된다). 나아가 유효로 본다면, 재심사유가 되는지 여부에 대하여, 당사자능력이 없는 것이 재심사유로 규정되어 있지 않으므로 확정된 뒤에는 이를 취소할 수는 없다고 할 것이고, 이러한 입장이 **통설**이다.

제 2 항 소송능력

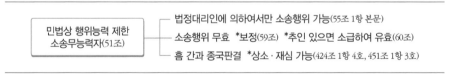

I. 의 의

소송능력(Prozeßfähigkeit)이라 함은 당사자로서 스스로 유효하게 소송행위를   4-56
하거나 상대방의 소송행위를 받을 능력(내지는 자격)을 말한다. 당사자능력이 있으면 소송상 청구의 주체 또는 그 상대방이 될 수 있으나, 당사자는 소의 제기를

비롯하여 여러 가지 소송행위를 하여야 하고 또한 소송행위의 결과에 의하여 중
대한 이익·불이익을 받기 때문에 법은 일정한 사람에 한정하여 소송능력을 인정
하면서, 스스로 자기의 이익을 충분히 옹호할 수 없다고 인정되는 사람에 대하여
는 스스로 유효하게 소송행위를 할 수 없다고 하여 그 사람을 보호하고자 한다.
이것이 소송능력제도의 취지이다. 소송능력은 민법상의 행위능력(민법 개정으로
2013년 7월 1일부터 행위무능력자제도 대신에 행위능력이 제한되는 제한능력자제도가 도
입)에 대응하지만(한편, 당사자능력은 민법에 있어서 권리능력에 대응한다), 소송능력은
행위능력과 권리행사의 국면과 형태가 다른 점에서 후술하듯이 양자 사이에 차
이가 생기는 경우가 있다.

II. 소송능력자

4-57   1. 51조는 소송능력에 관하여 민사소송법에 특별한 규정이 없으면 민법 그
밖의 법률에 따른다고 하므로 소송능력의 유무는 민법상의 행위능력을 기준으
로 결정된다. 즉 민법상의 행위능력자는 소송능력을 가진다. 한편, 2016년 2월
3일 개정된 민사소송법에 따르면(2017년 2월 4일부터 시행), 민법상 제한능력자인
미성년자, 피성년후견인은 종전과 마찬가지로 소송무능력자이지만(55조 1항), **피
한정후견인**은 원칙적으로 소송능력을 인정하되, 예외적으로 가정법원이 한정후
견인의 동의를 받도록 한 행위에 관하여는 소송능력을 부정한다(55조 2항).

외국인의 소송능력에 대해서는 57조에 특칙이 있다. 즉 그의 본국법에 따르
면 소송능력이 없는 경우라도 우리 법률에 따라 소송능력이 있는 경우에는 소송
능력이 있는 것으로 본다.

2. 한편, 유효한 소송행위를 하는 데에는 소송능력을 갖추는 것만으로 충분
하지 않다. 가령 정신박약자 등과 같이 의사능력이 없는 사람이 행한 소송행위
는 (절대적) 무효이므로 유효한 소송행위를 하는 데에는 **의사능력**의 구비가 필
요하다.

3. 파산선고를 받은 채무자(파산자)와 같이 자기의 재산에 관하여 **관리처분
권**을 잃은 사람이라도(채무자 회생 및 파산에 관한 법률 384조) 행위능력자이므로
소송무능력자가 아니다.

4. 한편, **혼인한 미성년자**는 성년자로 보므로(민법 826조의2) 소송법상으로
도 소송무능력자가 아니다.

5. 가령, 소송 도중에 당사자가 소송능력을 잃었다면 소송절차는 중단되고, 법정대리인이 된 사람이 소송절차를 수계하나(235조), 만약 소송대리인이 있는 경우에는 절차는 중단되지 않는다(238조). 반대로 당사자 본인이 소송능력을 회복하면 법정대리인에 의한 소송절차는 중단되고, 소송능력을 회복한 본인이 소송절차를 수계한다(235조).

III. 소송무능력의 범위

1. 행위능력이 없는 사람은 민사소송절차에 관해서는 원칙적으로 소송능력이 없다. 즉 미성년자 또는 피성년후견인(민법상 제한능력자)과 같은 소송무능력자는 원칙적으로 단독으로 소송행위를 할 수 없고 법정대리인에 의하여서만 이를 할 수 있다(55조 1항 본문). 사법상의 법률행위는 법정대리인의 동의가 있으면, **미성년자**가 스스로 할 수 있는데(민법 5조 1항 본문), 반면 소송행위는 그러하지 않다. 소송행위에 있어서 개별적 동의에 기해 소송능력을 인정하면 절차가 불안정하게 되기 때문이다. 또한 **피성년후견인**의 법률행위는 원칙적으로 취소할 수 있는데(민법 10조 1항), 피성년후견인은 소송능력이 없으므로 법정대리인에 의하지 않으면 소송행위를 할 수 없다. 재판 외에서 행사되는 법률행위와 그 권리행사의 형태에 차이가 있기 때문이다. 한편, **피한정후견인**은 한정후견인의 동의가 필요한 행위에 관하여는 소송능력이 인정되지 않으므로 이 경우에는 대리권 있는 한정후견인에 의해서만 소송행위를 할 수 있다(55조 2항).

4-58

◆ **예** ◆ 미성년자인 X가 겨울방학에 눈썰매를 타러 갔다가 그 눈썰매장을 경영하는 Y회사에 안전요원으로 고용된 아르바이트생 A의 부주의로 리프트에서 떨어져 중상을 입었다. X가 Y회사를 상대로 손해배상청구를 하고자 한다면, X는 미성년자이므로 소송무능력자이고, 원칙적으로 소제기 및 소송수행은 X의 법정대리인인 친권자 부, 모에 의하여야 한다. 그런데 소송도중에 X가 결혼하였다면, 이제는 X가 소송능력을 갖추게 되어 법정대리인은 그 대리권을 잃게 된다.

2. 예외적으로 미성년자가 **독립적으로 법률행위가 가능한 경우**(가령 법정대리인의 허락을 얻어 영업에 관한 법률행위를 하는 경우 등), 또는 가정법원은 피성년후견인이 취소할 수 없는(즉 단독으로 할 수 있는) 법률행위의 범위를 정할 수 있는데(민법 제10조 제2항), 위 규정에 따라 피성년후견인이 **취소할 수 없는 법률행위를**

할 수 있는 경우에는 그 범위 내에서 소송행위를 할 수 있다(55조 1항 단서).

3. 한편, 법정대리인이 범위를 정하여 처분을 허락한 재산은 미성년자가 임의로 처분할 수 있으나(민법 6조), 가령 처분을 허락한 재산으로 구입한 물건에 관하여 문제가 생겨서 발생한 소송에서 소송능력은 인정되지 않는다. 처분이 허락된 재산의 범위를 탐색하는 것은 번잡하여 소송절차의 안정을 해할 염려가 있거나 또는 1회적인 법률행위와 달리 소송행위는 연쇄적이고 또 복잡하여 앞을 내다보기 어렵기 때문이다.

4. 그리고 미성년자는 단독으로 근로계약의 체결 및 임금의 청구를 할 수 있으므로(근로기준법 67조, 68조) 이에 관련된 소송에서 소송능력이 인정된다. 가령 체불임금을 받기 위한 소송에서 미성년자가 단독으로 임금청구의 소를 제기할 수 있다.

IV. 소송능력이 없는 경우의 취급

1. 무 효

4-59 소송능력은 **소송요건**인 동시에 개개의 **소송행위의 유효요건**이기도 하다. 소송능력이 없는 사람의 소송행위나 그 사람에 대한 소송행위는 무효(unwirksam)이다. 가령 미성년자에 의한 소의 제기, 소송대리인의 선임 등은 무효이다. 소송무능력자제도는 명확하면서 안정적인 것을 목적으로 하고, 부동적인 사태의 발생을 가능한 한 피하고자 하는 것이므로, 취소할 수 있게 되어 있는 민법상 제한능력자의 법률행위의 취급과는 다르다. 그리고 기일에 소송무능력자가 출석하여 변론을 하려고 하는 경우에는 그 무능력자의 소송관여를 배척하고 기일에 불출석한 것으로 취급한다.[63]

◈ **미성년자는 자기가 단독으로 제기한 소를 스스로 유효하게 취하할 수 있는가** ◈
미성년자가 단독으로 한 소송행위는 무효라는 원칙에서 본다면, 미성년자가 제기한 소는 우선 무효이고, 따라서 소의 제기가 무효라면 소송계속도 없는 것이고, 따라서 소의 취하를 할 필요도 없지 않는가의 의문, 또 소의 취하를 할 필요가 있다고 하여도 미성년자가 단독으로 소를 취하하면 그 취하 자체는 다시 무능력자의 소송행위로서 무효가 아닌가의 의문, 그러면 법원은 어떻게 대처하여야 하는가가 핵심이다. 소송능력을 개개의 소송행위의 유효요건으로 본다면 신소의 제기행위 자체가 무효가 되지만, 그러나

---

63) 이에 대하여 호, 264면은 소송무능력자인 피고의 불출석의 경우에 자백간주로 처리하는 것은 타당하지 않고, 특별대리인의 선임을 신청할 수 있도록 62조를 유추적용하는 것이 타당하다고 한다.

일반적으로 소송요건을 갖추지 못한 것이고 따라서 소는 부적법 각하되어야 한다고 설명한다. 그리고 일단 각하되기까지는 소송이 계속된다고 본다. 이는 소송능력의 소송요건으로서 성격을 보다 중시하는 것이 된다. 나아가 소송계속이 인정된다고 하면 소의 취하가 문제될 수 있는데, 미성년자가 단독으로 소의 취하를 유효하게 할 수 있는 것에 대하여 미성년자 보호의 견지에서 허용된다는 것이 일반적이다. 이 경우에 미성년자의 소의 취하 자체도 소송능력이 없는 행위이므로 무효가 되어야 하지만, 유효로 하는 이유에 대하여 "부적법한 소송계속의 소멸을 위하여 구태여 소송능력의 구비는 필요하지 않다"라든지, "그 소송수행에 있어서 소송능력에 흠이 있는지 유무를 일체로 보아야 하고, 개개의 행위를 무효로 하여야 하는 것은 아니다" 등으로 설명한다.

소송능력의 존부에 관하여 당사자 사이에 다툼이 있는 경우에는 소송능력을 다투는 한도에서(소송능력의 조사에 관한 범위 내) 일단 소송능력이 있는 것으로 보아 유효하게 소송행위를 할 수 있다.

2. 추인·보정

소송무능력자의 소송행위나 그 사람에 대한 소송행위라도 절대적 무효가 아니고, 소송능력을 회복한 본인이나 법정대리인의 **추인**이 있는 경우에는 동일한 소송행위를 반복하지 않아서 소송경제에도 합치하며, 반드시 소송무능력자에게 불리한 것만은 아니므로 행위시에 소급하여 효력이 있다(60조). 즉 상대적·유동적 무효이다. 추인할 행위를 선별하는 것은 절차의 안정을 해치고 상대방에게 불이익이 되므로 추인은 원칙적으로 그 때까지의 소송행위를 일괄하여 전체에 대하여 하여야 하고, 개개의 행위에 대한 일부추인은 허용되지 않는다.

소송능력이 없는 사람의 소송행위도 위와 같이 추인의 여지가 있으므로 법원은 기간을 정하여 **보정**을 명하여야 하고, 긴급을 요하는 행위는 일시적으로 소송행위를 하게 할 수 있다(59조). 보정이라 함은 과거의 불완전한 소송행위에 대하여 적법한 추인과 동시에 장래에 있어서 유효한 소송행위를 할 수 있는 태세를 정비·강구하는 것이다.

◈ **예** ◈　미성년자 X가 소를 제기하여 변론기일에 X 스스로 출석하여 변론을 하였는데, 이후에 비로소 법원은 X가 아직 미성년자인 것을 알게 되었다고 하자. 소송무능력자의 소송행위라고 하더라도 능력을 취득한 본인 또는 법정대리인의 추인이 인정되고, 따라서 법원으로서는 즉시 소를 각하할 것이 아니라, 기간을 정하여 그 보정을 명하여야 한다. 또 보정을 기다리는 동안 소송의 지연으로 X에게 손해가 발생할 염려가 있는 경우에는 법원

4-60

은 보정하기 전의 당사자 또는 법정대리인으로 하여금 일시적으로 소송절차를 진행하는 것을 허락할 수 있다. 다만, 이 경우에 장래에 추인이 없으면 전부무효가 된다.

3. 소송요건

4-61   소송능력은 소송요건의 하나이고, 원고 또는 피고의 어느 쪽이든지 소송능력에 흠이 있는 때에는 법원은 본안에 대하여 심리할 수가 없고, 본안판결을 할 수가 없다. 소송능력의 존재에 대하여 법원은 소송의 개시 단계뿐만 아니라 소송 전체의 단계에 있어서 직권으로 조사하여야 한다. 당사자의 한쪽이 소송무능력자인 때에는 원칙상 소는 부적법 각하되는데,[64] 이 각하판결에 대하여 소송무능력자도 상소를 할 수 있다(단독으로 제기한 상소도 유효). 가령, 항소심에서는 소송능력이 있다고 판단되는 경우에는 원칙적으로 부적법 각하의 제1심 판결을 취소하고 사건을 제1심 법원에 환송하게 된다(418조 본문. ☞14 - 29).

4. 소송능력의 흠을 간과한 판결의 효력

4-62   한편, 소송능력의 흠을 간과하고 소송무능력자가 수행한 소송이 종국판결에 이른 경우, 그 판결은 당연무효는 아니다. 절대적 **상고이유**로 상소에 의하여 취소할 수 있다(424조 1항 4호). 확정된 뒤에는 **재심사유**(법정대리인에 의하여만 소송행위를 하여야 하는데, 그에 의하여 대리되지 않은 경우)로 재심에 의하여 취소할 수 있다(451조 1항 3호). 다만, 판결 뒤라도 적법한 추인이 있으면 상소나 재심의 이유가 없게 된다.

10-변리사시험   여기서 소송무능력자가 승소한 경우에(승소하였는가, 패소하였는가로 나누어 살펴보는 것이 일반적이다) **승소한 무능력자** 측이 능력이 없는 것을 이유로 상소나 재심을 제기할 이익이 없는 것은 당연하고, 또한 **패소한 상대방**으로부터도 승소한 무능력자 측이 능력이 없는 것을 주장하여 상소나 재심을 제기할 이익이 없다고 본다. 왜냐하면 패소한 상대방으로부터 무능력자임을 이유로 상소나 재심이 제기되어 무능력자의 승소판결이 취소되면 무능력자 본인을 보호하기 위한 무능력자제도의 취지에 어긋날 뿐만 아니라, 능력자가 반대 측 당사자의 무능력을 이유로 자기의 패소결과를 뒤집으려고 하는 것은 신의칙에 어긋나기 때문이다.

---

64) 그런데 호, 246면은 원고의 경우와 달리, 소송무능력자를 피고로 한 경우에 원고의 소가 부적법한 것은 아니라고 한다.

◆ **소송능력이 없는 것을 간과한 패소판결의 효력** ◆ 가령 미성년자가 단독으로 행한 무효의 소송행위의 축적에 의하여 내려진 패소의 본안판결, 즉 소송능력이 없는 것을 간과한 미성년자 패소판결의 효력이 우선 문제가 된다. 다음으로 그 판결의 미성년자에 대한 송달의 효력이 문제가 된다. 이것이 유효하다고 한다면 미성년자를 이러한 패소판결로부터 구제할 필요가 있지 않은가, 이를 위하여 미성년자가 단독으로 상소하는 것을 인정할 수 있는가가 문제이다. 왜냐하면 미성년자가 단독으로 행한 상소 자체도 본래 무효로 하여야 하기 때문이다. 능력의 흠을 간과하고 내린 패소의 본안판결과 그 송달을 무효로 하지 않을 뿐만 아니라, 미성년자가 단독으로 제기한 상소를 유효하다고 볼 것이다. 이는 상소를 인정하고 그 상소를 인용하여 능력의 흠을 간과한 제1심 판결을 취소하고 상소심에서 스스로 소각하의 자판을 하도록 함으로써 본인패소의 제1심 판결로부터 미성년자를 구제하고(상소만을 부적법하다고 하여 각하하면 제1심 판결이 확정되므로 상소를 각하할 것은 아니다), 이로써 소송능력제도의 취지에 부합하고자 하는 것이다. 그런데 만약 미성년자가 제1심에서 소송능력이 있다고 주장하거나 그렇게 행동한 경우에도 상소를 인정하는 것이 타당한가. 패소하였다고 하여 이제 와서 능력의 흠에 대한 주장을 허용하는 것은 금반언에 반하는 것이 아닌가. 하지만 무능력자보호를 우선하기 때문에 (상소를 인정하는) 적극적으로 풀이하여야 한다고 생각한다. 하여튼 소송능력의 흠의 효과는 각각의 구체적 경우에 있어서 꽤 복잡하다. 그러나 요약하면 소송능력제도는 해당 소송무능력자를 소송상 보호하기 위한 것이라는 제도의 취지에서, 구체적 경우에 소송무능력자를 어떻게 보호하면 좋은가, 또 보호할 필요성이 있지 않은가라는 관점에서 고찰하면 좋을 것이다.

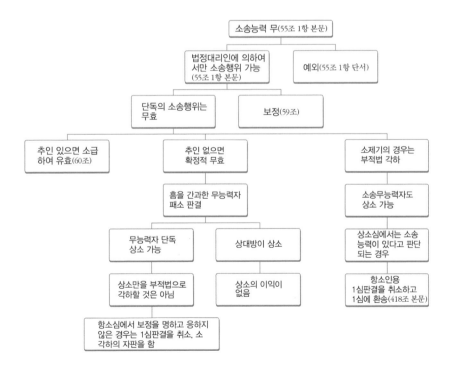

V. 변론능력

1. 의 의

4-63   변론능력은 당사자가 법원에 대한 관계에서 소송절차에 관여하여 현실적으로 소송행위(특히 변론)를 유효하게 하기 위하여 필요한 능력 내지는 자격을 말한다. 다른 용어로 연술(演述)능력이라고도 한다. 의사능력을 전제로 하면서 획일적 기준으로 주로 **당사자의 이익옹호**를 도모하고자 하는 소송능력에 대하여, 변론능력은 소송의 원활, 신속을 도모하고 사법제도의 건전한 운영을 기하기 위한 **공익적 필요**에 의한 것으로 그 제도의 목적을 달리한다.

> ◈ **예** ◈   소송능력을 가진 사람이 가령 변론기일에 법정에 출석하여 변론을 하려고 하였으나 법정 분위기에 휩쓸려 흥분하였기 때문에 또는 사안이 복잡하거나 혹은 본인의 이해력이 원래부터 떨어지기 때문에 사안의 해명에 필요한 진술을 할 수 없게 되어 그대로 본인에게 변론을 인정하면 소송절차의 원활하고 신속한 진행이 방해되는 경우가 있다. 그래서 144조가 소송절차의 원활하고 신속한 진행을 도모하기 위하여 법원이 당사자 등의 진술을 금지하고 필요에 따라 변호사의 선임을 명하고. 이를 따르지 않을 때에는 법원은 소 또는 상소를 각하할 수 있다.[65]

   독일과 같은 변호사강제주의(Anwaltzwang)에서는 가령 당사자 본인이 소송능력을 가지고 있는 경우라도 소송절차에 관여하여 변론을 행할 수 없으므로 소송능력과 변론능력의 차이가 분명하게 나타난다. 그러나 우리나라와 같이 본인소송주의에서는 당사자 본인이 소송능력을 가지고 있다면 스스로 소송절차에 관여하면서 유효하게 이를 수행할 수 있게 되므로, 특별한 사정이 없는 한 변론에 있어서 변론이 금지되지 않고 따라서 변론능력은 소송법상 큰 의미가 없다고 할 수 있다.

---

65) 이는 136조에 따라 소송관계를 분명하게 하기 위하여 석명을 구하더라도 당사자 등이 사안의 진상을 충분히 밝혀 필요한 진술을 할 수 있는 능력이 없는 때에 당사자 등으로 하여금 변론을 계속하게 하는 것이 그 당사자에게 불이익하고 또한 소송절차를 지연시키는 등 바람직하지 않은 결과를 가져오므로 이를 막기 위한 것이다. 그런데 소 또는 상소가 각하되는 경우에는 당사자의 재판받을 권리에 상당한 제약이 가해지고 경제적·시간적으로도 많은 불이익이 주어지므로 법원은 청구의 종류와 내용, 본안소송의 진행경과, 소장 및 답변서 등을 통해 제출한 공격방어방법의 주요 내용, 증명책임 부담에 따른 증거신청 내역 및 변론기일에서의 진술내용 등을 종합하여, 재판장이 소송관계를 분명하게 하기 위하여 석명을 구하더라도 당사자 등에게 필요한 진술을 할 능력이 없어 진술금지 또는 변호사선임명령을 할 필요가 있는지 여부를 판단하여야 한다(대법원 2023. 12. 14.자 2023마6934 결정).

그런데 소송능력은 있지만, 정신적·신체적 제약으로 소송관계를 분명하게 하기 위하여 필요한 진술을 하기 어려운 고령자나 장애인 등의 당사자는 법원의 허가를 받아 진술을 도와주는 사람과 함께 출석하여 진술할 수 있는 진술보조제도가 있다(143조의2). 사회적 약자의 소송수행과 관련된 사법접근권을 보장하여 실질적 당사자 평등을 실현하고자 함이 그 취지이다.66)

2. 변론능력의 제한

위에서 본 것처럼 현행법에 있어서는 당사자 본인이 소송을 수행할 수 있으   4-64
므로 소송능력이 있는 사람은 변론능력을 갖는 것이 원칙인데, 다음의 경우는 변론능력이 문제된다.

(1) 진술금지의 재판

현실적으로 개개의 소송에 있어서 절차에 관여하는 당사자 또는 대리인이   4-65
항상 그 진술내용을 법관이 명료하게 파악할 수 있는 정도로 언어표현능력을 갖추고 있다고는 할 수 없다(그 이유가 그 사람의 사리변별능력이 결여되어 있다든가, 격앙되기 쉬운 기질이라든가 또는 특히 사안이 복잡한 것이든가 상관없다). 따라서 원활한 소송진행을 위하여 당사자 또는 대리인이 소송관계를 분명하게 하기 위하여 필요한 진술을 할 수 없는 경우에는 법원은 이 사람들에 대하여 진술을 금지하고 변론을 계속할 새 기일을 정하는 것과 함께 필요하다고 인정하면 변호사를 선임하도록 명할 수 있다(144조 1항, 2항). 이렇게 진술금지의 재판을 받은 사람은 변론능력을 잃게 된다. 진술금지의 재판에 대하여 독립하여 불복신청을 할 수 없다.

위 진술금지의 목적을 당사자보호가 아니라, 소송의 원활, 신속한 진행에 있는 것으로 본다면, 변론능력이 없는 것을 간과하여 위와 같은 소송절차관여의 배척의 조치를 취하지 않은 경우에 그 사람이 진술한 내용을 소송자료로 삼아 종국판결을 하여도 위법한 판결은 아니고, 그 흠은 일단 치유된 것으로 볼 수 있고, 따라서 그 자체는 상소나 재심사유가 되지 않는다.

---

66) 진술보조인은 변론기일에 당사자 본인과 동석하여 법원과 당사자, 그 밖의 소송관계인의 진술을 상호 중개하거나 설명할 수 있고, 이에 대해 당사자 본인은 진술보조인의 행위를 즉시 취소하거나 경정할 수 있다(민사소송규칙 30조의2 3항).

(2) 듣거나 말하는 데 장애가 있는 사람 등

4-66   변론에 참여하는 사람이 우리말을 하지 못하거나 듣거나 말하는 데 장애가
있으면(농자(聾者)나 아자(啞者)) 통역인에게 통역하게 하여야 한다. 다만, 위와 같
은 장애가 있는 사람에게는 문자로 질문하거나 진술하게 할 수 있다(143조 1항).
이 규정을 근거로 이러한 사람을 변론무능력자로 보는 견해가 있을 수 있으나,67)
반드시 음성이란 수단을 거쳐서 변론을 할 필요는 없으며, 통역인은 변론에서 의
사소통을 보조하는 역할을 하는 것에 불과하고, 변론의 내용이 통역인을 통해서
제대로 전달될 수 있다면 위와 같은 장애가 있는 사람을 변론무능력자로 볼 필요
는 없다고 생각한다.68)

3. 변론능력이 없는 경우의 취급

(1) 소송행위의 유효요건

4-67   변론능력은 소송이 법원에 적법하게 계속하는 데 필요한 소송요건은 아니고,
소송행위의 유효요건일 뿐이다. 변론무능력자의 소송행위는 추인할 수 없는 절대
무효라는 입장(소송능력과 다르다)과 추인이 가능하다는 입장으로 나뉜다.

(2) 기일해태의 불이익

4-68   진술이 금지된 사람은 변론능력을 잃게 되어 해당 변론기일뿐만 아니라, 금
지의 재판이 취소되지 않는 한, 그 심급에 있어서 그 뒤의 변론기일 전부에 그
효력이 미쳐서 소송절차에의 관여가 배척된다.69) 즉 법원은 그 사람을 소송에서
배제하고, 그 소송행위를 무시할 수가 있고, 그 사람이 정하여진 신 기일에 재차
출석하여도 기일에 불출석한 것으로 취급되어 기일해태의 불이익을 받게 된
다.70) 다만, 진술금지의 재판은 변론기일에서의 진술만을 금지하는 데 지나지 않
으므로 준비서면 그 밖의 서면을 제출하거나 송달을 수령하는 것은 유효하게 할

---

67) 이러한 견해로는 송/박, 150면.
68) 정영, 236면; 호, 266면도 마찬가지 입장이다.
69) 한편, 발언금지(135조 2항)는 해당 기일에서 불필요하거나 적당하지 않은 발언 때문에 변론질
    서를 유지할 필요에서 취하는 조치이므로 그 기일에 있어서 효력이 있는데 그친다. 이 점에서
    진술금지와 다르다.
70) 만일 당사자가 변론기일 진행 중 일시적으로 흥분하여 소송의 원활한 진행을 방해하는 사유
    로 진술을 금지한 경우에는 새로 지정한 기일에 당사자가 진정이 되었다면 종전 기일에 한 진
    술금지명령을 취소하여야 할 것이다(부산고등법원 2004. 4. 22. 선고 2003나13734, 13741 판결
    [확정]).

수 있다.

(3) 변호사선임명령에 불응한 경우 - 소(또는 상소)의 각하

진술금지의 재판과 함께 변호사선임명령을 받은 사람이 새 기일까지 변호사   4-69
를 선임하지 아니한 때에는 법원은 결정으로 소 또는 상소를 각하할 수 있다(144
조 4항). 이 규정은 변호사선임을 간접적으로나마 강제하고자 하는 것이다. 위 각
하결정에 대하여는 즉시항고를 할 수 있다(동조 5항).[71]

한편, 당사자 본인이 아닌 대리인에게 진술을 금지하거나 변호사를 선임하도
록 명하였을 때에는 본인에게 그 취지를 통지하여야 한다(144조 3항). 이는 실질
적으로 변호사의 선임권한을 가진 본인에게 그 취지를 통지하여 명령에 따라서
변호사 선임 여부를 결정할 수 있는 기회를 부여하기 위함이다.[72]

VI. 법정대리인

1. 의 의

법정대리인은 본인의 의사에 의하지 않고 대리인이 된 사람, 즉 법률의 규   4-70
정에 의하여 소송상의 대리권이 부여된 사람을 말한다(한편, 소송대리인에 대하여
는 ☞2-43). 미성년자 또는 피성년후견인과 같은 소송무능력자는 원칙적으로 법
정대리인에 의하여서만 소송행위를 할 수 있다(55조 1항 본문). 소송에 있어서 법
정대리를 인정하는 것은 소송무능력자와 같이 본인이 스스로 소송을 수행할 수
없는 상태에 있기 때문에 그 사람의 이익을 보호하기 위한 것이다.

한편, 법인 등의 대표자도 법정대리인에 준하여 취급된다(64조). 법인 등은
자연인인 대표자가 없이는 소송수행을 생각할 수 없는데, 이는 마치 당사자능력

---

71) 그런데 소(또는 상소)의 각하가 피고(또는 피상소인)에게는제재가 될 수 없는 것이고, 기일해
   태의 불이익 외의 아무런 제재가 없어 원고(상소인)와 비교하여 당사자평등의 원칙상 균형이 맞
   지 않는다는 비판이 있게 된다.
72) 이는 소송대리인과 유사한 측면이 있는 선정당사자에도 유추하여 선정자에게 그 취지를 통지
   하여야 한다(대법원 2000. 10. 18.자 2000마2999 결정).

은 있으나, 소송능력은 없는 미성년자 등이 법정대리인에 의하여 소송수행을 하는 것과 흡사하다. 따라서 법인 등의 대표자에게 법정대리 및 법정대리인에 관한 규정을 준용하고 있다(64조). 가령 대표자의 기재는 당사자인 법인과 함께 소장 및 판결서의 필수적 기재사항이다(249조 1항, 208조 1항).

실체법상 법정대리인의 지위에 있는 사람은 소송법상으로도 법정대리인이 되고(51조), 소송무능력자를 위하여 소송행위를 행한다. 미성년자에 있어서는 친권자 또는 미성년후견인이, 피성년후견인에 있어서는 성년후견인(민법 949조 1항), 피한정후견인에 있어서는 한정후견인(민법 959조의4. 가정법원은 일정한 사무의 범위를 정하여 한정후견인에게 대리권을 수여할 수 있다)이 법정대리인이 된다. 법인의 이사도 법인의 대리인으로서 지위를 가진다(민법 59조).

그리고 이들 법정대리인과 본인 사이에 이해상반(利害相反)된 경우에 법원에 의하여 선임되는 특별대리인(민법 94조, 921조), 법원이 선임한 부재자의 재산관리인(민법 22조)도 소송법상 법정대리인이 된다.

◆ **법정대리인의 종류—소송법상 특별대리인** ◆   법정대리인은 **실체법상 법정대리인과 소송법상 특별대리인**으로 나뉘는데, 후자의 소송법상 특별대리인은 민사소송법 규정에 따른 특별대리인으로, 개개의 소송 또는 이에 부수하는 절차를 위하여 특히 법원이 선임하는 법정대리인이다.

이 경우에는 우선, **제한능력자를 위한** 특별대리인으로 미성년자·피한정후견인 또는 피성년후견인이 당사자인 경우, 그 친족, 이해관계인(미성년자·피한정후견인 또는 피성년후견인을 상대로 소송행위를 하려는 사람을 포함한다), 대리권 없는 성년후견인, 대리권 없는 한정후견인, 지방자치단체의 장 또는 검사는 ① 법정대리인이 없거나(가령 미성년자에게 친권자가 없고 미성년후견인도 지정되지 않은 경우) 법정대리인에게 소송에 관한 대리권이 없는 경우,[73] ② 법정대리인이 사실상 또는 법률상 장애로 대리권을 행사할 수 없는 경우(가령 이해상반(利害相反) 등으로 대리권 행사에 법률상 장애가 있는 경우 또는 질병, 장기간의 여행 등의 사실상의 장애가 있는 경우), ③ 법정대리인의 불성실하거나 미숙한 대리권 행사로 소송절차의 진행이 현저하게 방해받는 경우에 **소송절차가 지연됨으로써 손해를 볼 염려**(가령 가압류·가처분의 필요, 시효중단의 필요 등)가 있다는 것을 소명하여 수소법원[74]

---

73) 법인 또는 법인 아닌 사단의 대표자가 없거나 대표권을 행사할 수 없는 경우 등 64조에 의하여 준용되는 62조의 규정에 따라 선임된 특별대리인, 즉 소송법상 특별대리인은 법인 또는 법인 아닌 사단의 대표자와 동일한 권한을 가져 소송수행에 관한 일체의 소송행위를 할 수 있으므로 소송법상 특별대리인은 특별한 사정이 없는 한 법인을 대표하여 수행하는 소송에 관하여 상소를 제기하거나 이를 취하할 권리가 있다(대법원 2018. 12. 13. 선고 2016다210849, 210856 판결).

74) 여기서 수소법원은 본안사건이 장래에 계속될 또는 이미 계속되어 있는 법원을 의미한다(대법원 2024. 2. 15.자 2023마7226 결정).

에 특별대리인의 선임을 신청할 수 있다(62조 1항).[75] 법원은 필요하다고 인정하면 직
권으로 특별대리인을 선임·개임 또는 해임할 수 있다(62조 2항).

그리고 종전의 학설·판례의 입장에 따라,[76] **의사무능력자를 위한** 특별대리인으로,
가령 甲이 乙에 대하여 소를 제기하려고 하는데, 乙이 갑자기 쓰러져 뇌손상을 입으면
서 사고능력과 판단능력이 떨어지고 기억장애현상이 나타났는데, 아직 乙이 성년후견개
시심판 등을 받지 않은 경우에도(따라서 성년후견인도 없다) 긴급하게 소를 제기하려는
甲은 사실상 의사능력을 상실한 상태에 있는 乙을 대리할 특별대리인의 선임을 수소법
원에 신청할 수 있도록 하였다(62조의2). 또한 위 특별대리인이 소의 취하, 화해, 청구
의 포기·인낙 또는 소송탈퇴를 하는 경우 법원은 그 행위가 본인의 이익을 명백히 침
해한다고 인정할 때에는 그 행위가 있는 날부터 14일 이내에 결정으로 이를 허가하지
아니할 수 있고, 이 결정에 대해서는 불복할 수 없다(62조의2 2항).

■ 법정대리인과 소송대리인의 비교

		법정대리인 ※ 본인 대신의 존재	소송대리인 ※ 제3자적 입장
대리권	자격	자격 제한 무	변호사대리의 원칙
	범위	실체법에 의함	포괄적으로 제한 불가
	수인이 대리인	원칙적 대리인 전원이 공동으로	원칙적 개별대리
	소멸	민법 등의 법률에 의함	당사자의 사망으로 소송대리권은 당연히 소멸되지 않음(238조). 물론 소송대리인의 사망은 대리권의 소멸사유(민법 127조 2항)
지위	대리인의 표시	소장의 필수적 기재사항	필수적 기재사항 아님
	송달	법정대리인에게 함(179조)	본인에게 하여도 무방
	본인의 경정권	없음	있음
	증인적격	당사자신문(372조)	증인 가능
	대리인의 사망	중단사유	중단사유가 아님(본인이 소송수행을 할 수 있기 때문)

---

75) 신청을 기각하는 결정에 대하여는 즉시항고를 하여야 한다는 규정이 없으므로, 결국 439조에
   의하여 통상항고의 방법으로 불복하여야 한다. 통상항고로서 불복할 수 있으므로 항고의 이익이
   있는 한 항고기간에 제한이 없다(대법원 2018. 9. 18.자 2018무682 결정).
76) 대법원 1993. 7. 27. 선고 93다8986 판결 참조.

2. 법정대리인의 권한

(1) 법정대리권의 범위

4-71　　　법정대리인의 경우에 대리권의 범위에 관하여 소송법에 특별한 규정이 없는 한, 실체법의 정함에 따른다(51조). 따라서 친권자는 자(子)를 대리하여 일체의 소송행위를 할 수 있고(민법 920조), 또한 후견인도 마찬가지이지만(민법 949조 참조), 다만 후견인은 피후견인을 대리하여 소 제기 등의 소송행위를 할 때에는 후견감독인의 동의를 받아야 한다(민법 950조). 한편, 후견감독인의 동의가 없는 때에 상대방의 보호를 위하여 미성년후견인, 대리권 있는 성년후견인 또는 대리권 있는 한정후견인이 상대방의 소(또는 상소) 제기에 관하여 소송행위를 하는 경우와 같이 수동적인 경우에는 후견감독인으로부터 특별한 권한을 받을 필요가 없다(56조 1항). 그러나 후견인은 소의 취하, 화해, 청구의 포기·인낙 또는 소송탈퇴를 하기 위해서는 후견감독인으로부터 특별한 권한을 받아야 하고, 다만 후견감독인이 없는 경우에는 가정법원으로부터 특별한 권한을 받아야 한다(동조 2항).

(2) 공동대리

4-72　　　친권을 공동행사하는 부모(민법 909조)와 같이 공동대리의 정함이 있는 경우에는 소송행위의 수령은 단독으로 할 수 있지만(송달의 경우의 180조), 적극적 행위에 대하여는 공동대리는 대리권의 상호제한이므로 원칙적으로 대리인 전원이 행하여야 한다. 그 밖에 소·상소의 제기 그리고 소의 취하 등 56조 2항이 열거하는 특별수권사항은 동조를 유추하여 전원이 공동으로 행하여야 한다. 그 밖의 것은 단독으로 행하고 다른 대리인이 묵인한다면 공동으로 한 것으로 인정된다. 각 대리인의 변론내용이 모순되는 경우에는 본인에게 유리한 쪽을 인정하여야 한다.[77]

(3) 대리권의 증명

4-73　　　법정대리권이 있는 사실 또는 소송행위를 위한 권한을 받은 사실은 서면으로 증명하여야 한다(58조 1항). 가령 가족관계증명서 또는 주민등록등본 등을 제출하면 된다. 법원은 이를 소송기록에 붙여야 한다(동조 2항).

---

77) 이에 대하여 강, 174면은 필수적 공동소송에 대한 특별규정을 준용하여 공동대리인 가운데 1인의 행위가 본인에게 유리한 경우에는 다른 공동대리인과의 일치를 기다릴 것 없이 그 행위는 효력이 있으나, 공동대리인의 행위가 본인에게 불리한 경우에는 공동대리인 전원이 일치될 때에만 효력이 있다는 입장이다.

3. 법정대리인의 지위

법정대리인은 당사자 본인이 아니기 때문에 법관의 제척이나 재판적을 정하 4-74
는 경우에 그 표준이 되지는 않고, 또한 판결의 효력도 받는 것은 아니므로 당사
자와는 다르다. 그러나 법정대리인은 단독으로 유효하게 소송행위를 할 수 없는
사람에 대신하여 소송행위를 행하는 사람이므로 그 지위는 당사자와 유사하다
(법정대리인과 소송대리인의 비교에 대하여는 ☞4-70).

① 법정대리인의 기재는 당사자와 함께 소장 및 판결서의 필수적 기재사항
이다(249조 1항, 208조 1항). ② 소송서류의 송달은 법정대리인이 있으면 법정대리
인에게 할 것이 법률상 요구된다(179조). ③ 법원의 출석에 대하여도 법정대리인
은 본인에 대신하여 출석한다. 법원의 **석명처분**으로서 본인의 출석이 명하여진
경우나(140조 1항 1호). 법원에 의하여 **화해의 권고**를 위한 본인의 출석이 명하여
진 경우에(145조 2항) 법정대리인이 있으면 본인에 대신하여 출석한다. ④ 증거조
사에 있어서 법정대리인은 본인에 대신하는 사람이므로 그 신문은 당사자신문의
절차에 의한다(372조). ⑤ 법정대리인은 본인의 간섭을 전혀 받지 않고(반면, 소송
대리인의 진술은 당사자가 이를 곧 취소하거나 경정한 때에는 그 효력을 잃는다. 94조 참
조), 소송대리인도 선임할 수 있다. ⑥ 법정대리인이 사망하거나 대리권을 상실하
면 본인의 사망, 능력의 상실에 준하여 소송절차는 원칙적으로 중단된다(235조).
생각건대 이 경우는 소송을 수행할 수 있는 자가 없게 되기 때문이다. 따라서 법
정대리인이 소송대리인을 선임하고 있는 경우에는 중단되지 않는다(238조).

4. 법정대리권의 소멸

(1) 소멸사유

대리권의 소멸원인도 실체법의 규정에 의한다(51조). 본인·법정대리인의 사 4-75
망, 법정대리인이 성년후견개시·파산선고를 받은 때에는 대리권은 소멸된다(민법
127조). 또한 본인이 소송능력을 갖게 되거나(가령 미성년자의 혼인) 법정대리인의
자격상실의 경우(가령 친권의 상실)에도 대리권은 소멸된다.

(2) 소멸의 통지

대리권의 소멸은 본인 또는 대리인이 상대방에게 소멸된 사실을 통지하지 4-76

않으면 소멸의 효력을 주장하지 못한다(63조 1항 본문). 통지가 없는 동안에 대리인의 또는 대리인에 대한 행위는 유효하다. 이는 상대방의 보호를 목적으로 하는 것은 아니고, 대리권의 소멸에 대하여 절차의 안정과 명확을 도모하기 위함이다. 따라서 소멸에 대하여 상대방의 주관적 요소를 배제하여 획일적으로 명확하게 처리하여야 하고, 상대방의 지(知)·부지(不知), 모르는 데 대하여 과실 여부는 문제가 되지 않는다.78)

16-변호사시험

◆ **예** ◆ 가령, 대표권의 상실사실이 상대방에게 통지되지 아니한 틈을 이용하여 구대표자가 상대방과 공모하여 본인에게 손해를 입힐 의도로 진행 중인 소를 취하하는 등의 소송행위를 한 경우에도 이를 유효한 것으로 볼 수밖에 없게 되는데, 이는 본인에게 지나치게 가혹한 면이 없지 않기 때문에 민사소송법 63조 1항 단서에서는 법원에 법정대리권(64조에 의해 법인의 대표권에도 준용)의 소멸사실이 알려진 뒤에는 상대방에게 통지하지 않은 상태라고 하더라도 그 법정대리인(그 법인의 대표자)은 소의 취하나 청구의 포기·인낙 등의 소송의 목적을 처분하는 소송행위를 하지 못한다는 규정을 두고 있다.

(3) 소송절차의 중단

4-77
소송의 진행 중에 대리권소멸의 효과가 발생하면 소송절차는 중단된다(235조). 다만, 소송대리인이 있는 때에는 중단되지 않는다(238조).

5. 대리권에 흠이 있는 경우의 취급

4-78
무권대리인이라 함은 대리권이 없는 대리인을 말한다. 법정대리인의 무자격, 대리권의 서면증명이 없는 경우 등이다. 법인이나 비법인단체의 대표자 등이 대표권이 없는 경우에도 무권대리인에 준하여 취급된다(64조 참조).

(1) 소송행위의 유효요건

4-79
20-변리사시험
대리권의 존재는 소송행위의 유효요건이고, 대리권에 흠이 있으면 그 소송행위는 무효이고, 본인에 대하여 효과가 생기지 않는다(상대적·유동적 무효, 추인 등에 관하여는 소송대리권 부분 참조. 가령, 후에 적법하게 대리인(대표자) 자격을 취득한 자가 소송행위를 추인하면 행위시에 소급하여 효력을 가지게 된다(60조). ☞2-58).

---

78) 대법원 1998. 2. 19. 선고 95다52710 전원합의체 판결 참조.

◈ **표현법리의 적용 여부** ◈   甲은 주식회사 乙의 상업등기부상의 대표이사 丙을 乙의 대표자로서, 乙에 대하여 매매대금의 지급을 구하는 소를 제기하였다. 丙은 乙의 대표자로서 이 소송의 소장부본의 송달을 받고 변론기일에 출석하여 甲의 청구를 다투었다. 丙은 소송의 심리가 상당히 진행된 단계에서, 자기는 乙의 대표이사에 선임된 적이 없고, 乙의 진실의 대표이사는 丁이라는 취지를 변론기일에 있어서 진술하였다.

이러한 사안에서, 진실한 대표자가 소송행위를 하여야 하고, 그 밖의 사람이 행하거나, 그 밖의 사람에 대하여 행하였을 때에는 대표권이 없는 것으로 그 소송행위는 무효가 된다.

그러나 등기부상 대표자로 되어 있는 사람과 실제의 대표자가 다른 것이 소송 도중에 판명된 경우에 실체법상에서는 表見法理(표현법리)를 적용하여 권리자인 것과 같은 외관을 가진 사람을 권리자로 취급하여 처리하고 있으므로 이를 소송법에도 (유추)적용할 수 없는가가 문제된다(판례는 사안은 다르지만 부정적이다. ☞2-150). 결국은 진실한 대표자에 의하여 재판을 받을 권리와 등기부를 신뢰한 상대방의 보호 및 절차안정과의 비교형량의 문제인데, 공평의 관점에서 **긍정설**(적극설)에 기울 수 있다(학설은 표현법리의 적용에 긍정적이다). 위 예에서는 甲은 등기부를 신뢰하여 丙에게 소를 제기하였고, 丙을 상대방으로 소송을 수행하였으므로 종전의 소송수행은 유효한 것으로 취급된다. 다만, 丙에게는 그 이상의 소송수행의 의사는 없으므로 법원은 소송으로부터 丙을 배제하고, 이후 乙의 이익을 고려하여 진실한 대표자 丁에게 소송수행을 시켜야 한다. 그리고 丙의 소송수행도 표현법리의 적용에 의하여 유효가 되는 이상, 丁에게 변경 후도 종전의 소송자료는 유용(流用)될 수 있다. 그러나 **부정설**(소극설)을 취하면, 법원은 丙의 소송관여를 배제한 다음, (소를 즉시 각하하는 것보다는) 원고 甲에 대하여 소장의 보정을 명한다. 한편, 진실한 대표이사 丁이 丙의 소송행위를 추인하면 이는 유효하고, 이후 법원은 丙의 소송행위를 전제로 丁에게 소송을 수행시키면 된다.

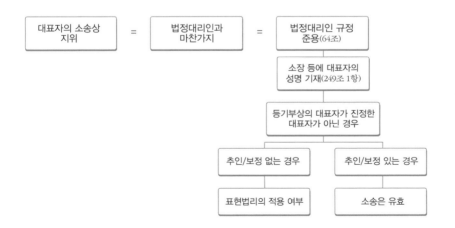

(2) 소송요건

4-80   소의 제기나 소장부본의 송달 단계, 즉 제소과정에서의 대리권의 존재는 소송요건이다. 그리고 대리권의 존부는 직권조사사항이다(소송대리권 부분 참조. ☞2−60).79)

(3) 쌍방대리의 금지

4-81   민법상의 법률행위에 있어서는 본인의 허락이 없으면 쌍방대리를 금지하고, 이에 반하여 대리인이 대리행위를 하더라도 그 효과는 본인에게 귀속하지 않는다(민법 124조). 또한 쌍방대리에 해당하는 경우에는 보통 법정대리권의 제한으로서 실체법상 규정을 두고 있다(민법 64조, 921조 등). 따라서 이러한 규정에 어긋나는 쌍방대리의 소송행위는 무권대리로 처리된다.

제 4 절 당사자적격과 소의 이익

어느 분쟁을 유효, 적절하게 해결하는 데에는 누구와 누구 사이에서 소송을 행하는 것이 좋은가를 고려하여 해당 분쟁의 해결에 어울린다고 선별된 사람이 당사자적격을 가진다 할 것이다. 그 선별에 있어서 해당 청구에서 내세운 당사자에 대하여 판결을 내림으로써 분쟁의 해결이 얻어질 수 있는지 여부를 심사한다. 협의의 소의 이익이, 청구의 측면에서 당해 청구에 있어서 본안판결을 할 필요성이 있는가를 살피는 것임에 대하여, 당사자적격은 특정한 청구에 있어서 어느 사람에 대하여 본안판결을 하는 것이 필요한가의 문제이다. 결국 당사자적격은 소의 이익과 표리일체의 관계에 있고, 분쟁해결의 필요성·유효성·적절성에 있어서 구체적으로 판단하는 점에서 공통이고, 다만 시각이 청구의 측면에서인가(소의 이익), 당사자의 측면에서인가(당사자적격)가 다를 뿐이다.

---

79) 비법인사단의 대표자의 대표권 유무는 법원의 직권조사사항이므로, 법원으로서는 그 판단의 기초자료인 사실과 증거를 직권으로 탐지할 의무까지는 없다 하더라도 이미 제출된 자료에 의하여 그 대표권의 적법성에 의심이 갈만한 사정이 엿보인다면 그에 관하여 심리·조사할 의무가 있다(대법원 2009. 1. 30. 선고 2006다60908 판결).

제 1 항 당사자적격 – 당사자에 관한 소송요건

I. 의 의

당사자적격은 특정한 청구(소송물인 특정한 권리 또는 법률관계)에 대하여 당사   4-82
자로서 소송을 수행하고 본안판결을 구할 수 있는 자격을 말한다. 당사자로서 소
송을 수행할 수 있는 자격을 당사자의 권능으로 보는 때에는 「**소송수행권**」
(Prozeßführungsrecht)으로 부르고, 이 자격 내지는 권능을 가지는 당사자를 「**정당
한 당사자**」라고 한다. 당사자가 원고·피고로 나뉘는 것에 대응하여 당사자적격
도 원고적격과 피고적격으로 나뉜다.

형식적 당사자개념에서는(☞2–27) 실체법상의 권리관계의 주체와 전혀 관계
없는 제3자가 타인의 권리를 자기의 이름으로 소송상 주장하는 것(예를 들어 타인
의 권리에 대하여 아무나 나서서 소송하는 민중소송)을 막을 수 없다. 다만, 전혀 무관
계한 제3자가 타인의 권리의무에 대하여 행한 소송에서 내려진 판결은 실체법상
의 권리관계의 주체를 구속하지 않으므로 불필요하게 상대방과 법원을 번잡하게
할 뿐이다. 이러한 무의미한 소송을 배척하여 본안판결에 이르지 않게 하는 것이
필요하다. 이 때문에 당사자가 특정한 청구에 대하여 당사자적격을 가질 것이 요
구된다.

당사자적격은 특정한 청구와의 관계에서 결정되는 것이고, 당사자능력
(☞4–46)과 같이 개개의 사건을 떠난 일반적·인격적 능력과는 다른 것이다. 당
사자의 자격의 심사에 있어서는 당사자능력이 이른바 '총론'을 이루고, 당사자적
격이 이른바 '각론'을 이룬다고 할 수 있다. 가령 단체 甲이 乙에게 대여금청구를
한 경우에 원래 甲은 당사자가 될 수 있는가의 형태로 당사자능력을 판단하고,
해당 대여금채권에 대하여 甲을 당사자로 하는 것이 유효·적절한가의 형태로 당
사자적격을 판단한다.

		당사자능력	당사자적격
공통점		해당 사건에서 원고·피고를 확정하고, 그 밖의 사람을 배제하는 역할을 수행. 양쪽 모두 소송요건	
다른 점	판단 기준	해당 소송의 소송물과 관계없이 일반적으로 소송의 주체가 될 수 있는 사람	해당 소송의 소송물과의 관계에서 당사자로 하기에 적당한 사람인가를 개별적으로 판단하는 기준
	판단 순서	우선, 일반적으로 당사자로서의 유자격자를 선별하는 기준을 세우고(당사자능력), 그것에 적합한 사람에 대하여 나아가 개별 사건의 소송물과의 관계에서 소송주체로서 소송을 수행하고 판결의 명의인으로 하기에 적당한 자격자를 결정(당사자적격)	

◈ **예** ◈   주민이 환경피해나 소비자피해에 있어서 손해 내지는 피해를 당하여 불법행위나 인격권을 이유로 손해배상소송이나 금지소송을 제기하는 경우에, 주민 각자가 손해배상청구권이나 금지청구권을 가진다. 가령, 주민단체나 소비자단체가 비법인사단으로 당사자능력을 가진다고 하더라도, 위와 같은 소송에서 주민단체나 소비자단체가 곧바로 당사자적격을 가지는 것으로 볼 수 없다. 이러한 점을 배경으로 단체소송제도 나아가 집단소송제도의 도입이 문제되는 것이다(☞13−112).

II. 당사자적격의 판단기준−일반적인 경우

4-83   일반적인 규정은 없으나, 통상 소송물인 권리 또는 법률관계의 존부의 확정에 대하여 법률상 이해관계를 가지는 사람이 정당한 당사자이다. 이 경우에는 해당 권리관계를 둘러싸고 원·피고 사이에 분쟁이 있으므로, 그 권리관계에 대하여 해당 당사자를 명의인으로 판결을 내리면 분쟁이 해결될 수 있기 때문이다. 소의 종류에 따라서 구체적으로 살펴보면 다음과 같다.

1. 이행의 소

4-84   이행의 소에 있어서는 자기의 실체법상 이행청구권을 주장하는 사람이 원고적격자이고, 그로부터 의무자로 주장되고 있는 사람이 피고적격자이다. 여기서 청구권 내지는 의무가 존재하는가에 대하여는 법원이 실체관계를 심리한 후 결정되는 것이므로80) 정당한 원고가 반드시 실체법상의 권리자이고 정당한 피고가

---

80) 독일에서는 이를 본안적격(Sachlegitimation)이라고 하여 당사자적격과 구별한다.

반드시 실체법상의 의무자는 아니라는 것을 주의하여야 한다. 결국 당사자적격은 주장만으로 판단한다.

◆ **예** ◆ 서울에 사는 甲은 고향인 대전에 토지를 소유하고 있는데, 오래간만에 고향에 가보니 빈 땅인 자신의 토지 위에 자기가 전혀 알지 못하는 사이에 건물이 세워져 있었고, 이 건물을 세운 자가 乙회사라는 것을 듣고서 甲은 즉시 乙회사를 상대로 건물의 철거 및 토지의 인도를 청구하는 소를 제기하였다. 그런데 실은 위 건물의 소유자는 Y이고, 乙회사가 아니었다고 하자. 그렇더라도 위 소송의 피고적격자는 乙회사이고, 다만 피고 乙회사는 이행의무가 없으므로 법원은 청구기각의 본안판결을 하게 된다. 한편, 등기부상의 형식상 그 등기에 의하여 권리를 상실하거나 기타 불이익을 받을 자, 즉 등기의무자가 아닌 자를 상대로 한 말소등기청구는 **당사자적격이 없는 자**를 상대로 한 부적법한 소라고 한 **판례**가 있는데,[81] 이는 본안적격의 문제가 아닌가 하는 의문이 든다.[82]

2. 확인의 소

확인의 소에 있어서는 그 청구에 관하여 **확인의 이익**(☞4-110)을 가지는 사람이 정당한 원고이고, 이 원고와 반대의 이해관계를 가지는 사람이 정당한 피고이다. 즉 확인의 이익 자체가 특정된 원고와 피고 사이의 분쟁을 확인판결에 의하여 해결할 필요가 있는가, 또 유효·적절하게 해결할 수 있는가를 따지는 것인 이상, 확인의 이익이 있는 때에는 당사자적격이 있는 것이 원칙이다.[83] 따라서 확인의 소의 당사자적격은 확인의 이익에 의하여 각각의 사건마다 개별적으로 판정한다. 반드시 그 권리 또는 법률관계의 주체가 자신일 필요는 없고 다른 사람 사이의 권리관계라도 확인의 이익이 있으면 당사자적격이 인정된다.

◆ **교수·학생의 학과폐지 관련 소송** ◆ 학교법인 ○○대학교 이사회는 귀금속보석과를 폐지하고 신입생을 모집하지 않기로 결의하였는데, 이에 대하여 해당 학과 교수와 학생이 이사회 결의가 교수·학생을 상대로 한 청문절차를 거치지 않았고, 내용도

---

81) 대법원 1994. 2. 25. 선고 93다39225 판결; 대법원 2019. 5. 30. 선고 2015다47105 판결.
82) 이, 155면 각주 4) 부분.
83) 확인의 이익은 원고의 권리 또는 법률상의 지위에 현존하는 불안·위험이 있고 그 불안·위험을 제거함에는 피고를 상대로 확인판결을 받는 것이 가장 유효·적절한 수단일 때에만 인정되므로 확인의 소의 피고는 원고의 권리 또는 법률관계를 다툼으로써 원고의 법률상의 지위에 불안·위험을 초래할 염려가 있는 사람이어야 하고 그와 같은 피고를 상대로 하여야 당사자적격이 인정된다(대법원 1997. 10. 16. 선고 96다11747 판결).

'학과 통합 및 폐과 규정'에 위반하였다며 (학과폐지)이사회결의무효확인의 소를 제기하였다. 재판부는 확인소송의 경우 권리 또는 법률상의 지위에 있는 불안·위험이 있는 경우에 제기할 수 있는데, 원고들은 그와 같은 지위를 갖지 않으며, 폐지결정은 내려졌지만 재학생들은 졸업할 때까지 이 학과의 학생으로 신분을 유지하고 학과의 수업을 받을 수 있어 이사회 결의로 인해 원고들의 권리 또는 법률상 지위에 아무런 영향이 없고, 교수들도 신입생 모집 중단으로 전공 관련 수업을 할 기회가 줄어들겠지만 교수 신분에 변동이 있는 것도 아니어서 재학생들에 대한 교육권이나 학문 연구의 자유가 침해됐다고 볼 수도 없다고 보았다(2008.1.15.자 법률신문 기사).

3. 형성의 소

4-86   형성의 소에 있어서는 형성, 즉 법률관계의 변동의 효과가 생기는 것에 대하여 이익이 있는 사람이 원고적격자이고, 그 반대의 이해관계를 가진 사람이 피고적격자이다. 그런데 형성의 소는 형성권의 행사를 권리자의 일방적 의사표시로는 할 수 없고, 반드시 소의 방법에 의하여 하도록 되어 있어 누가 누구를 상대로 제소할 것인가는 거의 실체법규에 정하여져 있는데, 이러한 사람이 정당한 당사자이다.

◆ **예** ◆   주주총회결의취소의 소에 있어서 원고적격자는 주주, 이사 또는 감사이고 (상법 376조), 중혼(重婚)을 이유로 한 혼인취소의 소에 있어서는 당사자, 그 배우자, 직계혈족, 4촌 이내의 방계혈족 또는 검사이다(민법 818조). 가령 재판상 이혼은 부부의 일방이 청구할 수 있는데(민법 840조), 따라서 배우자의 부모는 이혼소송의 당사자적격이 없다.

15-사법시험   ◆ **채권자취소소송의 피고적격** ◆   채권자가 채권자취소권을 행사하려면 사해행위로 인하여 이익을 받은 사람이나 전득한 사람을 상대로 그 법률행위의 취소를 청구하는 소송을 제기하여야 되는 것으로서 채무자를 상대로 그 소송을 제기할 수는 없다.[84]

4. 특수한 경우

(1) 고유필수적 공동소송

4-87   분쟁당사자가 여러 사람 존재하는 경우의 당사자적격의 포착 방법에 대하여는 특수한 고려가 필요하다. 그 예가 고유필수적 공동소송의 문제인데(☞13-17),

---

84) 대법원 2004. 8. 30. 선고 2004다21923 판결; 대법원 2009. 1. 15. 선고 2008다72394 판결 등.

가령, 재산의 관리처분권이 여러 사람에게 합유적·총유적으로 귀속된 경우 등과 같은 일정한 권리관계를 둘러싼 분쟁에 대하여는 이해관계인 모두에 대하여 일거에 일률적으로 해결할 필요에서 그 모두가 공동으로 소를 제기하거나 제소되어야한다. 그렇지 않으면 당사자적격이 없다. 다만, 유사필수적 공동소송은 모두가 공동으로 소를 제기하거나 제소되지 않더라도 당사자적격을 잃는 것은 아니다.

◈ **예** ◈　제3자가 제기하는 친자관계부존재확인소송은 부모 및 자를 공동피고로 하여야 하고, 제3자가 제기하는 혼인취소의 소는 부부를 공동피고로 하여야 한다. 공유물분할청구소송도 모든 공유자를 공동피고로 하여야 한다.[85] 이러한 경우에는 그 모두가 함께 할 때에 비로소 소송수행권이 주어지고, 각자 단독으로는 당사자적격이 인정되지 않는다.[86]

14-사법시험

(2) 단체의 내부분쟁

어떤 단체(가령, 주식회사)와 외부의 제3자 사이에서 분쟁이 일어난 경우에는 그 단체가 원고 또는 피고가 되어 상대방인 제3자와 소송을 함으로써 분쟁을 해결하면 되므로 이러한 경우에는 특별한 문제는 없다. 이에 대하여 단체의 내부분쟁(통상의 사단법인이나 재단법인뿐만 아니라 종교법인이나 학교법인 등 여러 종류의 단체의 내부분쟁이 소송에 등장)은 단체 내부에서 획일적으로 처리되어야 한다는 요청 때문에 누구를 당사자로 하여 소송을 진행할 것인가가 문제된다.

4-88

◈ **주주총회 결의취소 및 결의무효확인의 소에 있어서 피고적격** ◈　甲회사가 주주총회를 개최하여 丙 등을 이사로 선임한바, 甲회사의 주주 乙이 甲회사를 상대방으로 소집절차의 흠을 이유로 주주총회결의취소를 구하는 소를 제기하였다고 하자. 주주총회 결의취소의 소 등에 대하여는 상법이 명문으로 원고적격의 규정을 두고 있지만(상법 376조 등), 피고적격은 명문의 규정을 두고 있지 않다. **판례**는[87] 회사 자체를 그리고 회사만을 피고로 하지 않으면 안 된다는 입장이다. 회사는 결의의 효력에 가장 큰 이해관계를 가지고 있으므로 회사 자체를 제외한 채, 결의의 효력을 결정하여서는 안 되고, 분쟁의 발본적 해결을 위하여 판결이 **대세효**를 가져야 하는데, 회사를 피고로 하지 않으면 대세효의 실효성이 없으므로 **회사 자체를 피고로 할 필요**가 있고 그것으

12-사법시험

---

85) 대법원 2003. 12. 12. 선고 2003다44615, 44622 판결.
86) 1인에 소송요건의 흠이 있으면 전 소송이 부적법하게 된다(대법원 2012. 6. 14. 선고 2010다105310 판결[미간행]).
87) 주주총회결의 취소와 결의무효확인 판결은 대세적 효력이 있으므로 그와 같은 소송의 피고가 될 수 있는 자는 그 성질상 **회사로 한정**된다(대법원 1982. 9. 14. 선고 80다2425 전원합의체 판결).

로 충분하다는 것이다. 그러나 **생각건대** 직접적 이해관계인이고 실질적 분쟁당사자인 丙 등에게도 甲회사와 함께 피고로서의 지위를 부여하는 것이 충실한 소송수행을 기대할 수 있을 뿐만 아니라 판결의 대세효에 의한 직접적 영향을 받아 이사로 될 수 있는 지 여부가 결정되는 丙 등의 입장과도 균형이 맞게 되는 것이다. 따라서 판례의 입장은 타당하지 않다고 생각한다.88)

III. 제 3 자의 소송담당 - 예외적인 경우

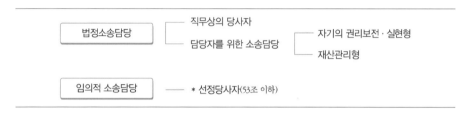

1. 의 의

4-89   실체법상 권리의무의 주체에 갈음하여 또는 함께 제3자가 당사자적격을 가지는 경우가 있다. 이렇게 권리의무의 주체 이외에 제3자가 당사자로서 소송수행을 하는 것을 인정하는 경우를 **제3자의 소송담당**이라고 한다. 당사자는 어디까지나 제3자인 소송담당자이고, 권리의무의 주체는 표면에 나타나지 않으므로 대리와는 다르다(대리는 권리의무의 귀속주체가 당사자가 된다).

제3자의 소송담당은 크게 나누어 당사자가 당사자적격을 취득하는 원인에 대응하여 법률의 정함에 따라 제3자가 당사자가 되는 **법정소송담당**과 권리의무의 주체로부터의 권한의 수여(의사)에 따라 제3자가 당사자가 되는 **임의적 소송담당**으로 나뉜다.89)

---

88) 일반적으로 회사를 피고로 하여야 한다는 입장이 정당하다고 하면서, 다만 이사선임결의무효확인소송에서 해당 이사와 같이 단체 구성원 일반으로서의 이해를 초월하는 중대한 이해관계를 갖는 자가 있을 경우에 분쟁당사자에게 방어의 기회를 주지 않는 것은 당사자의 변론권을 부당하게 박탈하는 것이므로 찬성할 수 없고, 그러므로 이 경우에는 회사와 당해 이사를 모두 피고로 함으로써 분쟁의 획일적 처리와 분쟁의 실질 주체에 대한 변론권을 보장하는 것이 합당하다는 견해(강, 139면)와 한편 단체 자체는 필수적인 피고이고, 반대이익을 가지는 자를 반드시 공동피고로 하는 것(고유필수적 공동소송)까지 요구할 필요는 없고, 유사필수적 공동소송으로 보면 된다는, 즉 반대이익을 가지는 자는 소송참가를 할 수 있다고 풀이하는 것이 좋을 것이라는 견해(정/유/김, 222면)가 있다.

89) 그 밖에 가령 소비자기본법상 소비자단체소송에 있어서 소비자단체와 같이 법원허가에 의한 소송담당(재정소송담당)이 있다.

제3자의 소송담당의 경우에 소송담당자가 받은 판결의 효력은 피담당자인 본래의 권리의무의 귀속주체에게 미친다(218조 3항 참조). 다만, 채권자대위소송에 있어서는 제3자(채권자)가 받은 판결의 효력이 피담당자(채무자)에게 미치는가가 추가적으로 검토되고 있다(☞11 – 25).

2. 법정소송담당

법정소송담당은 다시 피담당자인 권리의무의 주체를 위한 법정소송담당인 이른바「직무상의 당사자」와 제3자의 이익을 위한 이른바「담당자를 위한 법정소송담당」으로 나뉜다(양자의 구별은 상대적인 것에 지나지 않고, 법정소송담당으로서의 기본적인 성격에 차이가 생기는 것은 아니다).

직무상의 당사자는 권리의무의 주체가 소송수행권을 행사하는 것이 곤란한 경우 등에 있어서 일정한 법률상의 직무에 있는 제3자에게 당사자적격을 부여하는 경우이다. 직무상의 당사자의 예로서는 子가 본래의 적격자인 父 사망 후에 인지청구를 하는 경우에 피고로 되는 검사와 같이(민법 864조) 신분관계사건에서 당사자로 되는 검사 등을 들 수 있다.

한편, **담당자를 위한 법정소송담당**은 다시 담당자가 소송수행권을 가지는 실질적인 근거로부터 다음의 2가지의 유형으로 구별할 수 있다(그 밖에도 소송수행권을 제3자가 권리관계의 주체인 사람과 같이 함께 가지는지(병행형 내지는 대립형), 아니면 갈음하여 가지는지(갈음형 내지는 흡수형) 여부에 따른 분류방법 등 여러 가지가 있다).

하나는 자기의 **권리보전, 실현**을 위하여 담당자가 당사자로 되는 경우이고, 채권자대위소송의 채권자(민법 404조)가 그 전형적인 예이다(**통설·판례**. 이에 대하여 다음에서 보듯이 반대유력설이 있다). 대표소송을 하는 주주(상법 403조)[90] 등도 여기에 포함된다. 채권추심명령을 받은 압류채권자(추심채권자. 민사집행법 249조)의 소송상 지위도 채권자대위소송의 채권자와 유사하게 보고 있다(한편, 채무자는 당사자적격을 상실).[91]

4-90

14-변호사시험

---

90) 주주가 소를 제기할 때 주식보유요건을 갖추면 되고, 소 제기 후에는 보유주식의 수가 그 요건에 미달하게 되어도 무방하다. 그러나 대표소송을 제기한 주주가 소송계속 중 주식을 전혀 보유하지 아니하게 되어 주주의 지위를 상실하면, 특별한 사정이 없는 한 그 주주는 원고적격을 상실하여 그가 제기한 소는 부적법하게 되고(상법 403조 5항), 이는 그 주주가 주식교환 등 비자발적 사유로 자신의 의사에 반하여 주주의 지위를 상실하였다 하여 달리 볼 것은 아니다(대법원 2018. 11. 29. 선고 2017다35717 판결).

91) 추심명령이라 함은 채무자가 제3채무자에 대하여 가지고 있는 채권에 대하여 대위의 절차(민

◆ **채권자대위소송의 예** ◆ 甲은 乙에 대하여 이미 변제기가 도래하고 있는 대여금 채권이 있다고 주장하고 있다. 乙은 丙에 대하여 매매대금채권을 가지고 있고 乙은 이 채권 이외에는 달리 값나가는 자산을 가지고 있지 않다. 甲은 乙을 대위하여 丙을 피고로 乙의 丙에 대한 매매대금채권의 지급을 구하는 소를 제기하였다.[92] 심리결과, 甲의 乙에 대한 채권의 성립이 인정될 수 없는 경우에 법원은 어떠한 판결을 하여야 하는가를 생각하여 보자. 채권자대위소송에 있어서 채권자의 지위를 **법정소송담당**으로 포착한다면, 채권자의 채무자에 대한 채권은 대위원인을 구성하여 소송담당자로서의 당사자적격을 뒷받침하고 있다고 볼 수 있다. 따라서 甲의 乙에 대한 채권, 즉 피보전채권이 존재하지 않는 경우에는 채권자는 소송담당에 있어서 애초부터 당사자적격을 가지지 못하는 것이 되어 본안의 심리에 들어갈 필요도 없이 그 채권자대위소송은 **부적법 각하**를 면치 못하게 된다(**통설·판례**).[93] 그러나 이에 대하여 채권자대위소송을 채권자의 제3채무자에 대한 고유한 권리를 기초로 하는 독자의 소송이라고 해석하여 법정소송담당이 아니라고 보는 반대 입장에서는, 이 경우에 민법이 채권자에게 인정한 대위권이라는 실체법상의 권리를 소송상 행사하는 것이지 아무런 권리관계 없이 채무자를 위하여 소송을 하거나 어떤 직무를 행하기 위하여 소송을 하는 것이 아니며, 또 이때에 채권자는 자기 채권의 보전을 위하여 대위권을 행사하는 것으로 자신의 이익을 위하여 소송을 수행하는 것이라고 본다. 그러므로 채권자대위소송을 소송담당이라고 하는 것은 타당하지 않다고 한다. 그리하여 당사자적격이 없다 하여 그 소를 각하할 것이 아니라, 청구를 이유 없다 하여 기각하여야 한다고 한다.[94] **생각건대** 채권자대위소송에 있어서 법정소송담당으로 채권자의 지위를 포착하는 통

법 404조) 없이 직접 집행채권자에게 추심할 권리를 부여하는 집행법원의 명령을 말한다(민사집행법 229조 2항). 채권자는 추심명령에 의하여 채무자가 제3채무자에 대하여 가지는 채권을 본인 명의로 직접 추심할 수 있다. 그런데 채권에 대한 압류 및 추심명령이 있으면 제3채무자에 대한 이행의 소는 **추심채권자만이 제기**할 수 있고, **채무자**는 피압류채권에 대한 이행소송을 제기할 **당사자적격을 상실**한다(대법원 2000. 4. 11. 선고 99다23888 판결). 그러나 채무자의 이행소송계속 중에 추심채권자가 압류 및 추심명령 신청의 취하 등에 따라 추심권능을 상실하게 되면 채무자는 당사자적격을 회복한다(대법원 2010. 11. 25. 선고 2010다64877 판결).

92) 채권자대위소송에 있어서, 피고인 제3채무자로 하여금 채무자에게 이행할 것을 청구하여야 하고, 직접 원고에게 이행할 것을 청구하지는 못하는 것이 원칙이나, 다만 금전의 지급 또는 물건의 인도를 목적으로 하는 채권과 같이 변제의 수령을 요하는 경우에 피고로 하여금 채무자가 아닌, 원고 자신에게 **직접 이행할 것을 청구**할 수 있다. 한편 **등기청구권과 같은 특정한 채권의 보전을 위한 전용된** 채권자대위소송의 청구취지의 기재례는 다음과 같다(소외 乙을 이행 상대방으로 한다).

  1. 피고는 소외 乙에게 별지 목록 기재 부동산에 관하여 OO지방법원 OO등기소 2018. 6. 15. 접수 제OOOO호로 마친 소유권이전등기의 말소등기절차를 이행하라.

93) 대법원 1994. 6. 24. 선고 94다14339 판결 등. 피대위자인 채무자가 실존인물이 아니거나 사망한 사람인 경우 역시 피보전채권인 채권자의 채무자에 대한 권리를 인정할 수 없는 경우에 해당하므로 그러한 채권자대위소송은 당사자적격이 없어 부적법하다(대법원 2021. 7. 21. 선고 2020다300893 판결).

94) 이를 실체법상의 법률요건의 불비로 보아 청구기각판결을 하는 것이 타당하다고 한다(호, 249면).

설·판례에 찬성한다. 확실히 채무자의 책임재산의 보전을 전제로 하는 이상, 채권자 대위소송에 있어서 소송물은 채무자 乙의 제3채무자 丙에 대한 권리(매매대금채권) 그 자체이고, 甲이 乙에 대하여 가지는 채권(대여금채권)은 대위원인으로서 乙의 丙에 대한 권리에의 관여를 정당화하는 요인이 되고 있다. 결국 채권자 甲의 채무자 乙에 대한 피보전채권은 대위원인을 구성하고, 그 존재는 소송담당자로서의 당사자적격을 뒷받침하고 있다고 볼 수 있다. 한편 당사자적격의 존부는 소송요건의 하나로 이른바 **직권조사사항**에 속한다. 따라서 법원은 만약 甲의 乙에 대한 채권의 존재에 의심을 가진다면, 피고 丙의 항변을 기다릴 필요도 없이 그 존부를 조사할 수 있고, 만약 채권의 부존재가 명확하게 되면 소각하의 소송판결을 하게 된다.

다른 하나는 다른 사람의 재산에 대하여 포괄적인 관리처분권이 부여된 재산관리인이 당사자가 되는 경우인데, 파산재단의 재산에 관한 소송에서의 파산관재인이 그 전형적인 예이고(채무자 회생 및 파산에 관한 법률 359조), 유증 목적물 관련 소송에서 유언집행자(민법 1101조) 등이 여기에 포함된다.

◈ **유언집행자의 예** ◈ A는 "본건 토지를 B에게 유증한다. 유언집행자를 C로 한다"는 취지의 공정증서에 의한 유언을 한 뒤에 사망하였다. A의 법정상속인(단독)은 D이다. B가 본건 토지에 대하여 이전등기를 구하는 경우에 누구를 피고로 소를 제기하여야 하는가를 생각하여 보자. 유언집행자에 대하여 그 소송상 지위를 어떻게 이해할 것인가가 문제된다. 「유언집행자는 상속인의 대리인으로 본다」는 명문의 규정(민법 1103조)을 근거로 법정대리인이라고 보는 견해도 있을 수 있으나, 유언집행자에 대하여는 「유증의 목적인 재산의 관리 그 밖의 유언의 집행에 필요한 행위」를 할 수 있는 것(민법 1101조)으로부터 소송담당자로 보아 유언집행자가 그 자격에 있어서 자기의 이름으로 소송의 당사자가 되는 것을 승인할 수 있다(**통설·판례**). 따라서 수유자가 유증의 이행을 구하는 때에는 유언집행자를 피고로 하여야 하고, 상속인을 피고로 하여 유언집행자를 그 법정대리인으로 하여야 하는 것은 아니다.[95] 결국 수유자 B는 본건 토지의 이전등기를 구하는 경우에 상속인 D가 아니라, 유언집행자 C를 피고로 하여 소를 제기하여야 한다.

3. 임의적 소송담당

(1) 의 의

본래의 권리관계의 귀속주체의 권한의 수여(=수권)에 따라 제3자가 소송을   4-91

---

[95] 유언집행자가 있는 경우, 그의 유언집행에 필요한 한도에서 상속인의 상속재산에 대한 처분권은 제한되며, 그 제한 범위 내에서 상속인은 당사자적격이 없다(대법원 2001. 3. 27. 선고 2000다26920 판결).

수행하는 경우이다(제3자가 수권(의사)에 따라 당사자적격을 취득. 임의적 소송신탁이라
고도 한다). 법에 규정이 있는 임의적 소송담당으로는 선정당사자(53조 이하. ☞
13-102), 어음의 추심위임배서의 피배서인(어음법 18조), 한국자산관리공사(한국
자산관리공사 설립 등에 관한 법률 26조 1항) 등이 있다.

(2) 허용성과 그 범위(한계)

4-92   그런데 위와 같이 법에 규정이 있는 경우 이외에 어디까지 임의적 소송담당
이 인정되는가가 종전부터 논의되어 왔다. 즉 임의적 소송담당의 방식은 소송대
리인을 변호사로 한정하는 취지(엉터리 브로커가 일반인을 유혹하여 제물로 삼는 폐해
를 방지하고, 사법운영을 명확화하려는 점)의 변호사대리의 원칙(87조)과 소송행위를
행하게 하기 위하여 재산의 관리처분권을 이전하는 이른바 소송신탁의 금지(신탁
09-사법시험   법 6조)와의 관계에서 일반적으로 허용될 것인지 여부가 문제되고 있다.96) 법이
허용하는 경우 이외의 임의적 소송담당은 이러한 소송수행방식에 따라 변호사대
리의 원칙의 잠탈, 소송신탁의 금지의 회피의 탈법행위로서(소송대리를 변호사에게
한하게 하고 소송신탁을 금지하는 것을 피하는 따위) 이용될 가능성이 있으므로 원칙
적으로 허용되지 않지만, 그러나 이러한 잠탈·회피의 우려가 없고 또 합리적인
이유가 있는 경우에는 임의적 소송담당을 예외적으로 허용함이 옳다는 견해가
통설·판례이다. **판례**는 공유수면을 매립하여 농경지를 조성할 목적으로 조직된
동백흥농계(민법상 조합)는 당사자능력이 없어서 각 조합원이 당사자로 나설 수밖
에 없고, **합유재산으로** 위 조합원 전원을 당사자로 하여야 하는 **필수적 공동소송**
이라 할 것인데, 자기의 이름으로 조합재산을 관리하고 대외적 업무를 집행할 권한
을 수여받은 **업무집행조합원**은 조합재산에 관한 소송에 관하여 **조합원으로부터**
임의적 소송신탁을 받아 자기의 이름으로 소송을 수행할 수 있다고 보았다.97) 또
한 집합건물의 관리단으로부터 관리업무를 위임받은 **위탁관리회사**가 구분소유자

---

96) 부부 사이의 채권양도가 소송행위를 하게 함을 주목적으로 하는 신탁에 해당하여 무효이다(대
   법원 1996. 3. 26. 선고 95다20041 판결). 수급인이 건축중인 도급인 소유인 주택 및 부지를 매
   수한 후 공사대금을 지급받을 목적으로 제3자와 그 매매계약상 권리 및 의무를 양도하기로 하는
   계약을 체결한 사안에서, 양도계약이 체결된 경위와 방식, 양도계약시로부터 단기간 내에 소송이
   제기된 점, 소송과 관련된 제3자의 그간의 행적 등 상황에 비추어 볼 때, 위 양도계약은 진정한
   의미에서의 권리의 양도·양수가 아니라 소송행위를 하게 하는 것을 주된 목적으로 하는 신탁으
   로서 무효이다(대법원 1997. 5. 16. 선고 95다54464 판결).
97) 대법원 1984. 2. 14. 선고 83다카1815 판결. 이후 대법원 2001. 2. 23. 선고 2000다68924 판결
   등도 마찬가지이다.

등을 상대로 자기 이름으로 관리비 청구의 소를 제기하는 경우 임의적 소송담당을 허용하였고,[98] 집합건물의 관리단으로부터 공용부분 변경에 관한 업무를 위임받은 **입주자대표회의**가 공용부분 변경에 관한 업무를 수행하는 과정에서 체납된 비용을 추심하기 위하여 직접 자기 이름으로 그 비용에 관한 재판상 청구를 하는 것은 임의적 소송신탁에 해당하나, 예외적으로 허용된다고 보았다.[99] 판례는 그 허용범위를 점점 넓히고 있는 것으로 보인다. **생각건대** 임의적 소송담당의 허용의 구체적 기준으로는 첫째, 소송담당자가 타인의 권리관계에 관한 소송에 있어서 자기의 고유한 이익(ein eigenes rechtliches Interesse)을 가지고 있는 경우, 둘째, 소송을 수행할 권한을 포함한 포괄적인 관리권을 수여받고, 권리주체와 동등한 또는 그 이상으로 당해 권리관계에 대한 지식을 가지고 있을 정도까지 관여하고 있는 경우를 들 수 있으며, 이러한 경우에 임의적 소송담당을 허용할 합리적인 필요성이 있다고 할 것이다.

◈ **예** ◈   X외 A, B, C 4명은 경기도가 발주한 토목공사를 공동으로 도급받을 것을 목적으로 「Z건설공동체」라는 이름의 민법상 조합을 조직하고, 조합의 규약에 있어서 X를 업무집행조합원으로 선출하고 X의 명의로 도급대금의 청구수령 및 Z건설공동체 재산관리를 할 권한을 규정하였다. Z는 경기도와의 사이에 도급공사계약을 체결하여 공사를 개시한바, 도중에 경기도가 일방적으로 이를 해제하므로 X는 경기도에 대하여 A, B, C의 몫까지 포함한 손해배상청구의 소를 제기하였다. X의 당사자적격을 검토하여 보자.[100] 조합규약에 의하여 업무집행조합원에게 자기의 이름으로 조합재산을 관리하고, 조합재산에 관한 소송을 수행할 권한을 부여하였다고 풀이할 수 있는 경우에는 실체법상의 관리권, 대외적 업무집행권과 함께 조합재산에 관한 소송수행권이 수여되고 있는 것이므로, X에 대한 조합원의 임의적 소송담당을 인정하여, X가 자기의 이름으로 소송을 수행하는 것을 인정할 수 있다 할 것이다.[101]

---

98) 대법원 2016. 12. 15. 선고 2014다87885, 87892 판결.
99) 대법원 2017. 3. 16. 선고 2015다3570 판결.
100) 당사자적격은 본래 소송물인 권리 또는 법률관계의 귀속주체에게 있는 것이고, 조합에 있어서 권리관계의 귀속주체는 조합원 모두일 수밖에 없으므로 결국 조합재산에 관한 소송은 고유필수적 공동소송으로 조합원 모두가 소송수행권을 공동으로 행사하여야 한다. 물론 소송을 수행하기 위한 간편한 방법으로 조합에 당사자능력을 인정하는 방법도 고려될 수 있으나, 부정하는 입장도 있고, 판례도 당사자능력을 부정한다. 그렇다면 조합의 업무집행조합원 X에 대한 임의적 소송담당을 활용하는 것을 생각할 수 있을 것이다.
101) 결국 X는 권리관계의 주체인 다른 조합원과 고도의 신뢰관계가 있고, 조합의 재산에 대하여 정통하고 있기 때문에 다른 조합원을 희생양으로 삼아 자기의 이익만 도모하는 등의 폐해는 대체로 없다고 보아도 좋고, 게다가 X는 조합의 재산에 관한 소송에 대하여 자기의 고유한 이익이 있으므로(결국 자기가 패소하면 자기도 불이익을 입는다) 소송담당자로서 소송을 수

IV. 당사자적격이 없는 경우의 취급

1. 소송요건

4-93

14-변호사시험
16-변호사시험

당사자적격도 **소송요건**의 하나이므로 기본적으로 그 규율에 따른다. 즉 당사자적격은 **직권조사사항**이고, 당사자적격이 없는 경우에 법원은 본안판결을 할 필요가 없고, 소를 **부적법 각하**한다(소송판결). 다만, 이행의 소에 있어서는 주장 자체에 의하여 당사자적격이 판단되고, 실제로 이행청구권 내지는 의무가 존재하는가에 대하여는 본안의 판단에 흡수되기 때문에(즉, 자기의 이행청구권을 주장하는 자가 정당한 원고이고, 의무자라고 주장된 자가 정당한 피고)[102] 가령 대여금반환청구소송에서 피고가 돈을 빌린 사람은 자신의 전처(前妻)이고, 자기는 돈을 빌린 적이 없다고 하면서 자기에 대한 소송은 피고적격이 없어 부적법 각하되어야 한다고 주장하였더라도 원고로부터 의무자로 몰린 사람이 피고적격자이고, 피고가 실제 의무자가 아님이 판명되면, 즉 실제 이행청구권이 없으면 **청구기각판결**을 할 것이고, 당사자적격의 흠이라 하여 소를 부적법 각하하여서는 안 된다. 한편, 채권자대위소송과 같은 **제3자의 소송담당**에 있어서는 일반적 소송과 달리, 소송을 담당하는 원고의 당사자적격의 존부가 소송물인 권리관계의 존부의 전제로서 판단되어야 하므로[103] 피보전채권이 부존재한다면, 그 소는 **부적법 각하**된다.

2. 당사자적격의 흠을 간과한 판결

4-94

당사자적격이 없음에도 불구하고 이를 간과하고 내려진 본안판결에 대하여는 상소로 다툴 수 있으나, 확정되면 재심사유가 되지 않으므로 원칙적으로 다툴 수 없다.[104]

행할 수 있다고 보아야 한다. 한편, 민법상 조합의 업무집행조합원은 그 업무집행의 대리권이 있는 것으로 추정한다는 규정(민법 709조)에 비추어 법률상 소송대리인으로 볼 수 있다는 입장(강, 185면; 이, 183면; 정/유/김, 248면)과 이에 대하여, 추정할 뿐이므로 당연히 소송대리권을 인정하는 것에 의문을 제기하거나(김홍, 195면; 호, 275면), 민법상 조합에 당사자능력을 인정하는 한, 법률상 소송대리인으로 해석하는 것은 무리라든가(정영, 261면), 업무집행조합원은 조합의 대표자로 법정대리인에 준하여 취급될 뿐이라는 입장도 있다(김용, 768~769면).

102) 대법원 1994. 6. 14. 선고 94다14797 판결.

103) 채권자대위소송에서 법원으로서는 피보전채권이 존재하는지 여부 판단의 기초자료인 사실과 증거를 직권으로 **탐지할 의무까지는 없다** 하더라도, 법원에 현출된 모든 소송자료를 통하여 살펴보아 피보전채권의 존부에 관하여 의심할 만한 사정이 발견되면 **직권으로 추가적인 심리·조사**를 통하여 그 존재 여부를 확인하여야 할 의무가 있다(대법원 2009. 4. 23. 선고 2009다3234 판결).

104) 그런데 고유필수적 공동소송의 경우나 판결의 효력이 일반 제3자에게 미칠 수 있는 경우에 있

3. 소송계속 중의 당사자적격의 상실

소송계속 중에 당사자적격을 잃은 경우에 그 당사자 사이에 본안판결을 할   4-95
의미는 없게 된다. 이 경우에 종래의 소송수행의 결과를 승계할 제3자가 있는 때
에는 그 사람에게 소송승계의 문제가 발생한다. 그런데 소송승계의 형식에 관하
여 일의적으로 규정하고 있지 않다. **당연승계의** 규정에 따라 새로운 적격자가
소송승계를 하게 될 경우도 있고, 한편 **특정승계**의 경우에는 새로운 적격자의 참
가승계나 인수승계의 방법에 따른다(☞13-87).

제 2 항   소의 이익-소송물에 관한 소송요건

로마법과 같이 개별적으로 소를 제기할 수 있는 경우(Actio)를 규정하던 법체계와 달리, 근
대 법제도 하에서는 일반적으로 소의 제기를 인정하는 원칙에 입각하고 있으므로 무엇인
가의 기준에 의하여 소송제도를 이용할 필요성이 있는 사건을 선별하고, 그러한 사건에
한정하여 소송을 허용한다는 취급이 필요하다. 이렇게 소의 이익은 무익한 소송을 배제하
고 해당 청구에 대하여 판결을 내리는 것에 의하여 분쟁의 해결이 얻어질 수 있는지 여부
를 심사하는 개념이다. 이러한 소의 이익은 소송요건의 하나이다. 그런데 다른 소송요건은
해당 부분에서 설명한 바 있으므로 여기서는 소의 이익에 한정하여 살펴보기로 한다.

I. 의 의

소의 이익은 소송요건의 하나인바, 본안판결의 필요성의 관점으로부터 민사   4-96
소송제도의 이용을 인정할 수 있는지 여부의 음미이며, 심판의 대상인 특정한 청
구에 대한 본안판결을 구하는 것이 분쟁의 해결로서 필요하면서 유효·적절한 것
을 말한다.

소의 이익의 개념은 발생사(發生史)적으로는 확인소송이 일반적인 소송유형
으로서 인정되게 된 것과 관계한다. 그런고로 소의 이익은 확인소송의 경우에 가
장 문제가 된다. 확인소송은 그 대상이 무한정이고, 게다가 그 판결은 이행소송과

어서 당사자에게 당사자적격이 없음에도 불구하고 행하여진 본안판결은 기판력이나 형성력이 생
기지 않는다는 의미에서 무효판결이라고 할 수 있다. 한편, 제3자의 소송담당의 경우에는 담당자
가 받은 판결의 효력은 그 담당자에게 당사자적격이 있는 경우에만 본래의 권리의무의 귀속주체
에게 미치는데(218조 3항), 권리의무의 귀속주체는 별소로써 소송담당자에게 당사자적격이 없었
다는 취지를 주장·증명하여 그 판결의 효력이 자기에게 미치는 것을 다툴 수 있다.

같은 집행력을 가지지 못하므로 이를 무제한으로 인정할 수는 없어 법원이 심리·
판단하여야 할 것과 그렇지 않은 것을 선별하지 않을 수 없기 때문이다. 다만,
소의 이익의 개념은 확인소송에 특유한 것은 아니고, 소 전체에 있어서 문제된다.
이행소송에서는 그 대상이 이행청구권에 한정되고 또 형성소송에서는 법률이 개
별적으로 그 요건을 규정하는 것이 일반적이므로, 소의 이익이 문제되는 경우는
많지 않지만, 예외적으로 그 유무가 문제되는 경우가 있다.

결국 소의 이익은 분쟁의 해결을 구하는 원고의 이익, 무익한 응소의 부담을
면하고 싶은 피고의 이익, 한정된 사법자원의 유효한 활용을 바라는 공적 이익을
종합적으로 판단하여 결정할 필요가 있다. 소의 이익을 흠결하는 경우에 그 소는
부적법 각하된다.

II. 발현의 형태

4-97
넓은 의미에 있어서 소의 이익은 여러 가지 형태로 나타난다.105)

우선 ① 청구의 내용이 본안판결을 받는 데에 적합한 일반적 자격(**청구적격
또는 권리보호의 자격**이라고 한다)이 있어야 하고, 그리고 ② 원고가 청구에 대하여
판결을 구할 현실적 필요성(**권리보호의 이익 내지는 필요**)이 있어야 한다. 이는 청
구의 측면에서 본 객관적 이익의 문제이다. 좁은 의미의 소의 이익이라고 할 때
에는 이러한 권리보호의 자격과 권리보호의 이익을 지칭하고, 가장 좁은 의미에
서는 권리보호의 이익을 지칭한다.

위와 같은 객관적 이익 이외에 ③ 그 소송의 원고·피고 사이에 그 청구에
대하여 판결을 하는 것이 분쟁의 해결에 있어서 유효·적절하다고 할 만한 권능·
적격(**당사자적격**)을 당사자가 가지고 있을 것이 필요하다. 이는 당사자의 측면에
서 본 주관적 이익의 문제이다.

이렇게 넓은 의미의 소의 이익의 발현 형태는 관념적으로는 두 가지 내지는
세 가지로 나뉠 수 있는데, ① 권리보호의 자격, ② 권리보호의 이익, ③ 당사자적
격은 서로 관련을 맺고 있는 문제이고, 그 한계는 반드시 명확하지 않을 뿐만 아니
라, 확인소송에서와 같이 권리보호의 이익과 당사자적격이 표리일체의 관계에 있

---

105) 소송요건 가운데 특히 소의 이익과 당사자적격은 청구의 내용과 밀접하게 관련되는 점에서 다
른 소송요건과 다른 성질을 가진다. 다른 소송요건이 청구의 내용과 관계없는 일반적 사항인 데
대하여, 소의 이익과 당사자적격은 해당 당사자 사이에서 본안판결이 분쟁해결의 실효성을 가지
는가를 각각 청구의 내용에 비추어 개별적으로 판단하는 것이다.

는 경우도 있다.106) 게다가 그 어느 것이나 모두 소송요건이고, 그 소송상의 취급에는 차이가 있는 것은 아니므로 굳이 그 어디에 속하는가를 명확히 할 필요는 없다. 여기서는 당사자적격을 제외하고 객관적 이익에 대하여 살펴보기로 한다.

13-변호사시험
13-법무사시험
15-변호사시험
22-변호사시험

◈ 피담보채무의 소멸 또는 근저당권설정등기의 원인무효를 이유로 근저당권 이전의 부기등기에 대하여 말소를 구할 소의 이익이 있는지 여부(소극) 및 근저당권 이전의 부기등기가 경료된 경우, 근저당권설정등기 말소청구의 상대방(=양수인) ◈ 가령, 甲이 乙에게 채무자 甲, 근저당

【을　　구】	(소유권 이외의 권리에 관한 사항)			
순위번호	등 기 목 적	접 　 수	등 기 원 인	권리자 및 기타사항
1	근저당권설정	2010년 6월 10일 제2345호	2010년 6월 10일 설정계약	채권최고액 금 650,000,000원 채무자 이헌삼 670715-1925566 서울 서초구 서초동 254 고려아파트 10동 1707호 근저당권자 김일동 491210-1052653 서울 서초구 반포동 123 반포아파트 102동 807호 공동담보 건물 서울 강서구 염창동 56-4 지상
1-1	1번 근저당권이전	2010년 7월 20일 제3456호	2010년 7월 10일 제3456호	근저당권자 윤상진 621105-1321528 서울 동작구 흑석동 321 동작아파트 1002동 506호

권자 乙로 하는 근저당권을 설정하여 준 뒤, 피담보채권이 乙로부터 丙에게 양도되어 乙로부터 丙 앞으로 근저당권이전등기(근저당권이전의 부기등기)가 경료되었다고 하자(등기부등본 참조). 이 경우에 근저당권이전의 부기등기는 기존의 주등기인 근저당권설정등기에 종속되어 주등기와 일체를 이루는 것이어서 피담보채무가 소멸되었거나 부존재하는 경우, 주등기인 근저당권설정등기의 말소만 구하면 되고, 그 부기등기는 별도로 말소를 구하지 않더라도 주등기의 말소에 따라 직권으로 말소되는 것이므로 그 말소를 구할 **소의 이익이 없다.**107) 그리고 근저당권의 양도에 따른 부기등기는 기존의 근저당권설정등기에 의한 권리의 승계를 등기부상 명시하는 것뿐으로 그 등기에 의하여 새로운 권리가 생기는 것이 아닌 만큼 근저당권설정등기의 말소등기청구는 **양수인만**을 상대로 하면 충분하고, 양도인은 그 말소등기에 있어서 피고적격이 없다.108)

---

106) 법인 아닌 사단의 대표자 또는 구성원의 지위에 관한 확인소송에서 대표자 또는 구성원 개인을 상대로 제소하는 경우에는 청구를 인용하는 판결이 내려진다 하더라도 그 판결의 효력이 해당 단체에 미친다고 할 수 없기 때문에 대표자 또는 구성원의 지위를 둘러싼 당사자들 사이의 분쟁을 근본적으로 해결하는 유효적절한 방법이 될 수 없으므로, 그 단체를 상대로 하지 않고 대표자 또는 구성원 개인을 상대로 한 청구는 확인의 이익이 없어 부적법하다(대법원 2023. 6. 1. 선고 2020다211238 판결). 학교법인의 자주성과 정체성을 대변할 지위에 있다고 할 수 있는 종전이사들로서는, 임시이사들로만 구성된 임원진이 존재하다가 임시이사 선임사유가 해소된 경우, 자신이 정식이사로서의 지위를 회복하는지 여부 또는 스스로 새로운 정식이사를 선임할 권한이 있는지 여부와 관계없이 학교법인의 설립목적을 구현함에 적절한 정식이사를 선임하는 문제와 관련하여 직접적인 이해관계를 가지는 사람이라 할 것이다. 결국, 종전이사들은 임시이사들이 정식이사를 선임하는 내용의 이사회 결의에 대하여 법률상의 이해관계를 가진다고 할 수 있으므로 그 무효 확인을 구할 소의 이익이 있다(대법원 2007. 5. 17. 선고 2006다19054 전원합의체 판결). 이러한 다수의견에 찬성할 수 없다는 반대의견이 있다.
107) 대법원 2009. 7. 9. 선고 2009다21386 판결.
108) 대법원 1995. 5. 26. 선고 95다7550 판결.

III. 각종의 소에 공통한 소의 이익

4-98   소의 이익은 보통, 각종의 소에 공통하는 일반적 소의 이익과 각종의 소에 고유(특수)한 소의 이익으로 분류할 수 있는데, 전자는 이행·확인·형성이라는 소의 유형에 관계없이 공통하여 일반적으로 문제되는 소의 이익이다.

1. 청구가 구체적인 권리관계 그 밖의 법률관계의 존부의 주장일 것-권리보호의 자격(법률상 쟁송)

4-99   민사소송은 청구(그 청구가 재판상 청구할 수 있는 것이어야 하는 것은 물론이다)의 당부를 법률적으로 판단하는 것에 의하여 현존하는 구체적인 분쟁의 해결을 도모하려는 것이므로 그 청구가 법률적으로 당부를 판단할 수 있는 법률관계의 주장이 아니면 안 된다. 조문상의 근거로서는 법원조직법 2조 1항에서 규정한 「법률상 쟁송」을 들 수 있다. 가령 지동설이 옳은가, 천동설이 옳은가, A와 B의 학설 가운데 어느 쪽이 옳은가 등의 분쟁은 법률상 쟁송에 해당하지 않고, 민사소송에는 어울리지 않는다.

그리하여 ① 사실의 존부만의 다툼(다만, 증서의 진정여부를 확인하는 소는 예외(250조)), ② 추상적인 법령의 해석,[109] ③ 고도의 정치적 성격을 지니는 이른바 통치행위 내지는 정치문제, ④ 종교단체 등의 자치에 간섭하는 이른바 부분(部分) 사회의 내부분쟁이 청구의 내용을 이루는 경우에는 소의 이익이 없다.[110] 그런데

---

[109] 사단법인 대한민국 상이군경회의 정관의 무효확인을 구하는 것은 일반적·추상적 법규의 효력을 다투는 것일 뿐 구체적 권리 또는 법률관계를 대상으로 하는 것이 아님이 명백하므로, 이를 독립한 소로써 구할 수는 없다(대법원 1995. 12. 22. 선고 93다61567 판결).

[110] 그러나 한편, 청구는 구체적인 권리관계의 존부의 다툼이면서, 그 전제문제에 종교문제가 포함되어 있는 경우에 소의 이익을 인정하여도 무방하지 않은가의 문제도 있다. 그리하여 종단으로부터 치탈도첩 또는 승적의 제적이라는 징계를 받았으므로 사찰을 점유·관리할 권원을 상실하였다 하여 그 명도를 청구한 경우에는 구체적인 권리 또는 법률관계를 둘러싼 분쟁이 존재하고, 또한 그 청구의 당부를 판단하기에 앞서 위 징계의 당부를 판단할 필요가 있으므로, 법원으로서는 그 판단의 내용이 종교교리의 해석에 미치지 아니하는 한, 위 징계의 당부를 판단하여야 할 것이다(대법원 1992. 5. 22. 선고 91다41026 판결). 하여튼 헌법이 종교의 자유를 보장하고 종교와 국가기능을 엄격히 분리하고 있는 점에 비추어 종교단체의 조직과 운영은 그 자율성이 최대한 보장되어야 할 것이므로, 교회 안에서 개인이 누리는 지위에 영향을 미칠 각종 결의나 처분이 당연 무효라고 판단하려면, 그저 일반적인 종교단체 아닌 일반단체의 결의나 처분을 무효로 돌릴 정도의 절차상 하자가 있는 것으로는 부족하고, 그러한 하자가 매우 중대하여 이를 그대로 둘 경우 현저히 정의관념에 반하는 경우라야 한다(대법원 2006. 2. 10. 선고 2003다63104 판결).

④ 부분사회의 내부분쟁의 문제를 넓은 의미의 소의 이익으로 보는 것은 무방하지만, 엄밀하게 본다면, 소의 이익의 문제가 아닌 민사사법권의 한계의 문제로 보아야 할 것이다.111) 통상의 소의 이익과는 성격을 달리하는 면이 있으므로 소의 이익으로부터 심판권의 한계를 독립시켜 검토하는 것이 바람직하다.

2. 제소가 금지되어 있지 않을 것

가령 중복된 소제기의 금지(259조), 본안에 대한 종국판결에 대하여 소취하 뒤의 재소금지(267조 2항) 등이 그 예이다. 다만, 이는 소의 이익만을 그 근거로 하는 것은 아니고, 각각 그 자체의 특별한 이유에서 제소를 금지하는 것이라고 생각한다. 그 자체의 효력으로 검토하면 충분하고, 소의 이익의 개념을 매개시킬 필요가 없다고 보지만, 이를 소의 이익과 관련시키는 것은 체계상의 의미는 있다. 한편, 이를 소송물에 관한 소송요건으로 열거하기도 한다(☞4-6). **4-100**

3. 당사자 사이에 소송을 이용하지 않는다는 특약이 없을 것

분쟁의 해결은 소송 및 판결이라는 방식이 전부는 아니다. 당사자가 그 이외의 분쟁해결방식을 바라고 있다면 법원은 청구에 대하여 판결을 하여야 하는 것은 아니다. 예를 들어 부제소특약(☞2-161), 중재계약(중재법 9조)이 있는 경우 등이다. 이 경우에는 제소되어도 피고는 그 합의의 존재를 주장·증명하면 소의 이익이 없는 것으로 각하된다고 풀이한다. 한편, 부제소특약 또는 중재계약이 없을 것 등을 구태여 소의 이익과 결부시키는 않고 단적으로 소극적 소송요건으로 볼 수도 있다고 생각한다. **4-101**

4. 그 밖의 제소장애사유가 없을 것

가령 소송비용으로 지출한 금액은 소송비용확정절차(110조)라는 소송 외의 법률상 수단이 인정되고 게다가 그 수단만에 의하여 상환을 받을 수 있는 것인데도 별도로 신체감정비용에 대한 소송비용의 상환을 구하는 소를 제기한 경우에는 소의 이익이 없다. **4-102**

그리고 원고가 동일 청구에 대하여 이미 승소의 확정판결을 얻고 있는 경우

---

111) 교회의 **권징재판**은 종교단체의 내부적인 제재로 자율에 맡겨져 있어서 원칙적으로 **사법심사의 대상**이 되지 아니하므로 그 권징재판으로 말미암은 목사, 장로의 자격에 관한 시비는 직접적으로 법원의 **심판의 대상**이 된다고 할 수 없다(대법원 1995. 3. 24. 선고 94다47193 판결).

에는 동일한 청구에 대한 신소의 제기는 원칙적으로 소의 이익이 없다(다만, 예외
적으로 시효중단을 위한 소의 이익이 인정되는 경우 등이 있다. ☞4-106, 11-13).[112]

5. 신의칙위반의 제소가 아닐 것

4-103   신의칙에 위반하여(☞16-7 이하) 제소하는 경우에는 소권의 남용으로 인정
되어 소의 이익이 부정된다.

IV. 권리보호의 이익 또는 필요

4-104   위에서 살펴본 기준에 비추어 권리보호의 자격이 인정된다고 하더라도, 다시
당해 사건에 있어서 구체적 사실관계에 비추어 원고의 청구에 대한 본안판결을
내리는 것이 분쟁해결에 유효·적절한지 여부의 판단이 행하여져야 한다. 이것이
권리보호의 이익이라고 불리는 것으로 각각의 유형의 소에 고유(특수)한 소의 이
익이다. 다만, 권리보호의 자격에 관한 사항과 권리보호의 이익에 관한 사항의
구별은 반드시 한마디로 명확한 것은 아니다. 이행의 소, 확인의 소, 형성의 소로
나누어 이를 살펴보는 것이 일반적이다.

1. 이행의 소의 이익

4-105   이행의 소는 이행청구권에 대한 이행기가 **변론종결시**에 도래하고 있는지 여
부에 의하여 현재의 이행의 소와 장래의 이행의 소로 구별되는데, 소의 이익을
검토하는 데에도 이러한 구별이 전제가 된다.

> ◆ **예** ◆   이행판결을 받더라도 이행 또는 집행이 불능이거나 현저하게 곤란한 사유가
> 있는 경우에 그 이행의 소는 적법한가, 채무자가 무자력으로 될 것을 염려하여 제기한
> 장래이행의 소는 적법한가.

---

112) 채권자가 일단 사해행위 취소 및 원상회복으로서 원물반환 청구를 하여 승소판결이 확정되었
다면, 그 후 어떠한 사유로 원물반환의 목적을 달성할 수 없게 되었다고 하더라도 다시 원상회복
청구권을 행사하여 가액배상을 청구할 수는 없으므로 그 청구는 **권리보호의 이익이 없어** 허용
되지 않는다(대법원 2006. 12. 7. 선고 2004다54978 판결; 대법원 2018. 12. 28. 선고 2017다
265815 판결). 그런데 어느 한 채권자가 동일한 사해행위에 관하여 사해행위취소 및 원상회복청
구를 하여 승소판결을 받아 그 판결이 확정되었다는 것만으로는 그 후에 제기된 **다른 채권자의**
동일한 청구가 **권리보호의 이익이 없게 되는 것은 아니고**, 그에 기하여 재산이나 가액의 회복
을 마친 경우에 비로소 다른 채권자의 사해행위취소 및 원상회복청구는 그와 **중첩되는 범위** 내
에서 **권리보호의 이익이 없게 된다**(대법원 2005. 11. 25. 선고 2005다51457 판결).

(1) 현재의 이행의 소의 이익

(가) 현재의 이행의 소는 변제기가 도래한 이행청구권을 주장하는 소이므로   4-106
특별한 사정이 없는 한, 그것만으로 소의 이익이 있다. 즉 이는 원고가 현재 이행
을 청구할 수 있는 지위에 있는데, 이행을 받지 못하고 있다고 주장하는 소이고
따라서 이러한 청구에 대하여 판결을 내리면 원칙적으로 분쟁의 해결이 기대될
수 있으므로 이행청구권을 주장하는 것 자체에 의하여 원칙적으로 소의 이익은
긍정된다.113) 소제기 전에 원고가 최고를 하였는가, 피고가 이행을 거절하였는가,
임의로 지급할 의사를 피고가 가지고 있지 않다는 등의 사정은 소의 이익과 관계
없다.114)

(나) 이행판결을 받더라도 그 급부의 실현(집행)이 법률상 또는 사실상 불가
능하거나 현저히 곤란한 경우라도 그것만으로 곧바로 소의 이익이 없다고는 할
수 없다.115) 예를 들어 유명화가에게 초상화를 그리도록 하는 청구권과 같은 부
대체적 작위의무는 간접강제 등의 방법에 의하여 이를 강제적으로 실현하는 것
이 법률상 허용되지 않을지라도, 청구권이 존재하는 이상, 그 이행을 구하는 이
행의 소를 원고가 제기하는 것을 막지는 못한다.116) 또한 채무자의 책임재산이

---

113) **제3자를 위한 계약**에서 제3자는 채무자(낙약자)에 대하여 계약의 이익을 받을 의사를 표시한
   때에 채무자에게 직접 이행을 청구할 수 있는 권리를 취득하고(민법 539조), 요약자는 제3자를
   위한 계약의 당사자로서 원칙적으로 제3자의 권리와는 별도로 낙약자에 대하여 제3자에게 급부
   를 이행할 것을 요구할 수 있는 **권리를 가진다**(=당사자적격 긍정). 이때 낙약자가 요약자의 이
   행청구에 응하지 아니하면 특별한 사정이 없는 한 요약자는 낙약자에 대하여 제3자에게 급부를
   이행할 것을 **소로써 구할 이익**이 있다(대법원 2022. 1. 27. 선고 2018다259565 판결).
114) 다만, 피고가 청구를 다투지 않고 즉시 청구의 인낙을 한 때에는 원고의 승소임에도 불구하
   고 원고에게 소송비용을 부담시킬 수 있다(99조). 원고의 소제기가 「권리를 늘리는 데 필요
   하지 아니한 행위」라고 할 수 있기 때문이다.
115) 개성공업지구에 위치한 건물에 관한 인도청구의 소에서 승소하더라도 강제집행이 곤란하므로
   소의 이익이 없다는 주장에 대하여 원칙적으로 이행청구권의 존재를 주장하는 것으로서 권리보
   호의 이익이 인정되고, 위 사정만으로 곧바로 그 이익이 부정되는 것은 아니라고 보았다(대법원
   2016. 8. 30. 선고 2015다255265 판결). 제3자를 위한 계약에서 특별한 사정이 없는 한 요약자
   는 낙약자에 대하여 제3자에게 급부(영업자 지위승계신고절차)를 이행할 것을 소로써 구할 이익
   이 있다(대법원 2022. 1. 27. 선고 2018다259565 판결).
116) 그런데 이행을 구하는 아무런 실익이 없어 법률상 이익이 부정되는 경우까지 소의 이익이 인정
   된다고 볼 수는 없다. 특히 **의사의 진술을 명하는 판결**은 확정과 동시에 그러한 의사를 진술한
   것으로 간주되므로(민사집행법 263조 1항), 의사의 진술이 간주됨으로써 어떤 법적 효과를 가지
   는 경우에는 소로써 구할 이익이 있지만 그러한 의사의 진술이 있더라도 아무런 법적 효과가 발
   생하지 아니할 경우에는 소로써 청구할 법률상 이익이 있다고 할 수 없다(대법원 2016. 9. 30.
   선고 2016다200552 판결).

존재하지 않는 등의 이유에서 강제집행에 의한 만족을 사실상 기대할 수 없는 경우라도 청구권의 존재를 기판력으로 확정한다는 의미는 있으므로 소의 이익이 있다.

(다) 확정된 이행판결이 있는 때에는 채권자는 다시 소를 제기할 수 없는 것이 원칙인데, 다만 예외적으로 소의 이익이 인정되는 경우가 있다. 판결원본의 멸실의 경우, 판결내용이 특정되지 아니하여 집행을 할 수 없는 경우, 확정판결에 의한 채권의 소멸시효기간인 10년의 경과가 임박한 경우에(반면, 임박하지 않은 상태에서는 소의 이익을 인정할 수 없다) 채권의 시효중단을 위하여 동일한 내용의 소가 제기된 경우117) 등이다. 다만, 시효중단 등 특별한 사정이 있어 예외적으로 신소가 허용되는 경우라고 하더라도, 신소의 판결은 전소의 승소확정판결의 내용에 저촉되어서는 안 된다.118)

21-변리사시험

21-변호사시험

◈ **후소가 전소 판결이 확정된 후 10년이 지나 제기되었더라도 법원은 채무자인 피고의 항변에 따라 원고의 채권이 소멸시효 완성으로 소멸하였는지에 관한 본안판단을 하여야 하는지 여부** ◈ 판례는 판결이 확정된 채권의 소멸시효기간의 경과가 임박하였는지 여부에 따라 시효중단을 위한 후소의 권리보호이익을 달리보는 취지와 채권의 소멸시효 완성이 갖는 효과 등을 고려해 보면, 시효중단을 위한 후소를 심리하는 법원으로서는 전소 판결이 확정된 후 소멸시효가 중단된 적이 있어 그 중단사유가 종료한 때로부터 새로이 진행된 소멸시효기간의 경과가 임박하지 않아 시효중단을 위한 재소의 이익을 인정할 수 없다는 등의 특별한 사정이 없는 한, 후소가 전소 판결이 확정된 후 10년이 지나 제기되었다 하더라도 곧바로 소의 이익이 없다고 하여 **소를 각하해서는 아니 되고**, 채무자인 피고의 항변에 따라 원고의 채권이 소멸시효완성으로 소멸하였는지에 관한 **본안판단을 하여야 한다**고 보았다.119) 이에 반대하여 10년이 지나 시효중단을 구할 이익이 없으므로 이를 본안에 앞서 소송요건으로 먼저 판단하여 소의 이익이 없는 것으로 소각하 판결을 하면 된다는 입장도 생각할 수 있다.

---

117) 대법원 1987. 11. 10. 선고 87다카1761 판결. 심지어 재차 2번에 걸친 시효중단을 위한 경우도 권리보호의 이익이 있다(대법원 2018. 7. 19. 선고 2018다22008 전원합의체 판결). 그런데 한편 건물철거 등 청구소송의 확정판결의 소송물은 소유권에 기한 물권적 청구권으로서 소멸시효의 대상이 되지 아니하는 권리이므로 특별한 사정이 없는 한, 확정판결이 있는 경우에 시효소멸에 대비하여 동일한 소를 제기할 소의 이익은 없는 것이다(대법원 2001. 7. 27. 선고 2001다31448 판결). 한편, 집행권원인 공정증서를 소지하고 있더라도 집행증서는 집행력이 있을 뿐이고 기판력이 없으므로 기판력 있는 판결을 받기 위하여 집행증서의 내용과 동일한 소를 제기할 소의 이익이 있다(대법원 1996. 3. 8. 선고 95다22795, 22801 판결).

118) 따라서 후소 법원으로서는 그 확정된 권리를 주장할 수 있는 모든 요건이 구비되어 있는지에 관하여 다시 심리할 수 없다(대법원 2018. 4. 24. 선고 2017다293858 판결).

119) 대법원 2019. 1. 17. 선고 2018다24349 판결.

(2) 장래의 이행의 소의 이익

(가) 의 의   장래의 이행의 소는 **변론종결시** 기준으로 장래의 이행을 명하   4-107
는 판결을 현재 구하는 소이다. 기한미도래나 조건부이기 때문에 변론종결시에
있어서는 이행을 구할 수 있는 상태가 아닌 이행청구권이라도 장래의 이행의 소
라는 형태로 소를 제기할 수 있다.[120] 다만, 이는 **변론종결시** 기준으로 이행을
구할 수 있는 상태에 이르지 않은 이행청구권을 주장하는 것으로, 반드시 현재
판결에 의한 분쟁해결의 필요성이 있다고는 할 수 없으므로 **미리 청구를 하여
이행판결을 얻어 둘 필요가 있는 경우**에만 허용된다(251조). 이는 **소의 이익**에
관한 요건인데, 필요성의 요건이라고도 한다. 채무자가 무자력이 될 염려나 재산
상태가 악화될 징후 등의 강제집행의 곤란에 대비하기 위한 것은 아니므로[121] 그
필요성은 가압류나 가처분에 있어서 보전의 필요성과는 다르다. 즉 아직 이행하
여야 할 상태에 이르지 않았음에도 불구하고 「이행판결＝집행권원」을 획득하는
것을 목적으로 하는 것이며, 채무자가 미리부터 채무의 존재를 다투는 것과 같이
기한이 도래하거나 조건이 성취된 경우에 채무자의 임의이행의 거부에 대비하는
것이다. 가령 청구인용판결이 내려진 경우라도 판결주문에는 이행기가 표시되고,
강제집행도 이행기가 도래하여야 비로소 허용된다.[122]

◈ **장래이행의 소를 둘러싼 쟁점** ◈   미리 청구할 필요는 무엇인가의 필요성의 요건
(소의 이익) 이외에 ① 처분권주의와 관련하여 원고의 현재이행의 소에 대하여 법원이
장래이행판결을 할 수 있는가(☞2-99), ② 급부의무의 장래이행을 명한 이상 그 확정
판결의 기판력은 변론종결 이후 기간까지의 청구권의 존부에 대하여 미치는데,[123] 기
판력과 관련하여 정기금지급을 명한 장래이행판결과 그 내용의 재조정(☞11-29) 등을
검토하여야 한다.

---

120) 점유를 침탈당한 자가 점유권에 기한 **점유회수의 소**를 제기하고, 본권자가 그 점유회수의 소
　　가 인용될 것에 대비하여(점유가 회복될 것을 조건으로) **본권에 기초한 장래이행의 소**로서 별
　　소를 제기하는 경우, 그 소송요건이 갖추어졌다고 보아야 한다(대법원 2021. 3. 25. 선고 2019다
　　208441 판결 참조).
121) 이행기에 이르거나 조건이 성취될 때에 채무자의 무자력으로 말미암아 집행이 곤란해진다던가
　　또는 이행불능에 빠질 사정이 있다는 것만으로는 미리 청구할 필요가 있다고 할 수 없다(대법원
　　2000. 8. 22. 선고 2000다25576 판결).
122) 가령 판결에서 이행에 조건이 붙어 있는 경우에 그러한 조건의 성취가 확인되어야 비로소 (조
　　건성취) 집행문을 부여하고(민사집행법 30조 2항 본문), 강제집행의 개시를 할 수 있게 된다. 한
　　편, 확정기한의 도래는 달력으로 기한의 도래를 쉽게 알 수 있으므로 집행문 단계에서 문제되지
　　않고, 집행개시의 요건이 된다(민사집행법 40조 1항).
123) 대법원 2019. 8. 29. 선고 2019다215272 판결.

4-108　　　　　**(나) 미리 청구할 필요가 있는 구체적 예**　　　미리 청구할 필요라는 요건은 대단히 추상적으로 구체적 결론을 이끌어 낼 때 기준으로서 기능을 하기에 충분하지 않다고 생각한다. 주장된 청구의무의 성질이나 내용, 채무자인 피고의 태도 등을 고려하여 구체적으로 판단된다. 다음과 같이 두 가지 유형으로 분류할 수 있다.

　　① 첫째, 급부의 성질상 이행이 조금이라도 늦으면 채무의 본지에 맞는 이행이 되지 않는 경우(일정한 일시의 연주회에서의 연주, 정기매매에 기한 이행청구), 또는 이행지체에 의하여 원고가 현저한 손해를 입는 경우(생활보호를 위한 부양료의 청구) 등은 의무자가 현재 이행을 확약하고 있어도 즉시의 이행을 확보하기 위하여 미리 청구할 필요가 인정된다.

　　② 둘째, 이행기가 도래하거나 조건이 성취하여도 그 때에 임의의 이행이 기대될 수 없다고 판단되는 사정이 있는 경우이다.

　　가령 ㉮ 1회적 이행청구권이더라도 의무자가 현재 이미 의무의 존재, 이행기, 조건 등을 다투고 있는 경우에는 원고가 주장하는 이행기가 도래하는 시점에서의 임의의 이행을 기대하기 어려우므로 미리 청구할 필요가 있다.[124]

17-변리사시험

　　㉯ 원금의 지급청구에 병합된 **원금 다 갚을 때까지**의 지연이자나 손해금을 청구하거나, 토지의 인도청구에 변론종결시 뒤 그 **인도에 이르기까지**의 임대료 또는 임대료 상당액의 지급청구를 병합한 경우에 있어서, 피고가 주된 청구(위 예에서 원금채권, 인도의무)를 다투는 경우에 파생적 급부의 이행도 원고의 주장대로 이행이 기대될 수 없으므로 미리 청구할 필요가 있어 소의 이익이 인정된다(실무상 가장 빈번하게 행하여지는 현재의 이행의 소와 장래이행의 소의 병합의 예이다). 한편, 문제가 되는 것은 본래의 목적물의 이행의 청구에 장래 그 청구의 집행불능을 우려하여 이에 갈음하는 대상청구를 병합한 경우인데, 대상청구도 그 이행이 장래의 집행불능이라는 조건에 관계하고 있으므로 장래의 이행의 소이고, 미리 청구할 필요가 있다고 풀이할 수 있으므로 소의 이익이 긍정된다.

　　㉰ 계속적 또는 반복적(가령 임대료 지급의무) 이행의무에 있어서는 현재 이행기에 있는 부분에 대하여 다투거나 불이행이 있는 이상, 장래 부분의 이행도 기

---

124) 피고가 서울시와의 특약에 따라 원고에게 건물을 10년간 무상으로 사용하게 할 의무 있음에도 원고의 2차례에 걸친 사용수익요구에 불응할 뿐 아니라 서울시와의 위 특약의 효력 자체를 다툰 다면 피고의 채무불이행상태는 **장래에도 계속되리라고 예측**되므로 장래에 발생할 손해배상 또는 부당이득까지 미리 청구할 필요가 있다(대법원 1993. 7. 27. 선고 92다13332 판결).

대할 수 없는 것이 분명하므로 이 부분에 대하여도 현재 부분에 맞추어 청구할 수 있다. 다만, **판례**는 회귀적 급부가 장기에 걸치는 경우에는 무제한으로 장래 부분에 대하여 소의 이익을 인정하지는 않는다. 채무의 이행기가 장래에 도래할 예정이고 그때까지 **채무불이행 사유가 계속 존속할 것이 변론종결 당시에 확 정적으로 예정**되어 있어야 한다.[125] 채무불이행 사유가 언제까지 존속할 것인지 가 불확실하여 변론종결 당시에 확정적으로 채무자가 책임을 지는 기간을 예정할 수 없다면 장래의 이행을 명하는 판결을 할 수 없다.[126]

◈ **장래이행의 소의 적법성 여부가 문제된 사건** ◈ 원고가 임대차계약이 이미 기간 만료로 종료되었음을 원인으로 건물인도청구를 하였다가 받아들여지지 않자, 원심 변론 종결 직전에 제2 예비적 청구로 약 1년 8개월 후 임대차계약의 종료에 따른 건물인도 청구를 추가한 사안에서, 임대차보증금·권리금·차임 등에 관한 언급 없이 단지 장래의 인도청구권에 관한 집행권원을 부여하는 내용의 원고의 화해권고 요청에 피고가 응하 지 않았다는 사정만으로는 '미리 청구할 필요'가 있다고 볼 수 없다. **쌍무계약관계의 이행기가 도래하지 않은 상태**임에도 당사자 일방에 대하여 선제적으로 집행권원을 확보할 수 있게 하는 것은 자칫 계약관계의 균형이 상실되어 상대방 당사자의 계약상 권리가 침해될 수 있을 뿐만 아니라 장래의 이행기에 이르기까지 발생할 수 있는 계약 상 다양한 변화를 반영하지 못함으로써 이행기 당시 쌍방 당사자의 권리의무관계와 집 행권원이 모순·충돌되는 불합리한 결과를 초래할 수 있다. 따라서 장래이행의 소의 적 법 여부는 엄격한 기준에 따라 신중하게 판단하여야 한다.[127]

---

125) 피고가 **변론종결 무렵**까지 도로를 점유, 상용하면서도 이에 대한 임료 상당의 부당이득금의 반환을 거부하고 있어 위와 같은 계속적, 반복적 이행의무에 관하여 현재의 이행기 도래분에 대 하여 그 이행을 하지 아니한 이상, 이 사건 **도로의 폐쇄에 의한 피고의 점유종료일 또는 원고 의 이 사건 도로에 대한 소유권 상실일까지의 이행기 도래분에 대하여도 그 채무를 자진하 여 이행하지 아니할 것이 명백히 예견되는 경우**라고 봄이 상당하고 따라서 장래에 이행기가 도래할 위 부분에 관하여는 미리 청구할 필요가 있다(대법원 1993. 3. 9. 선고 91다46717 판결). 참고로 보면, 위와 같이 장래의 부당이득금의 계속적·반복적 지급을 명하는 판결의 주문에 종래 부터 사용되고 있는 피고의 점유종료일 또는 점유상실일 외에 **'원고의 소유권 상실일까지'** 라는 표시는 확정된 이행판결의 집행력에 영향을 미칠 수 없는 무의미한 기재이므로 이행판결의 주문 표시로서 **바람직하지 않다**고 본다. '피고의 점유 상실일'은 부당이득반환의무를 부담하는 피고 의 임의의 이행과 관련되는 의무자 측의 사정으로서, 장래의 부당이득금의 지급을 명하는 판결 의 주문에 그 의무의 종료 시점으로 기재할 수 있는 최소한의 표현에 해당한다고 볼 수 있다(이 점은 사실심의 재판 실무에서 장래이행판결의 주문에 흔히 사용되는 '인도 완료일'도 마찬가지라 고 볼 수 있다). 그러나 이와 달리 원고의 소유권 상실·이전 여부는 권리자인 원고의 영역에 속 하는 사정으로서 특별한 사정이 없는 한 의무자인 피고가 이를 좌우할 수 있는 성질의 것이 아 니기 때문이다(대법원 2019. 2. 14. 선고 2015다244432 판결).
126) 대법원 1987. 9. 22. 선고 86다카2151 판결; 대법원 2018. 7. 26. 선고 2018다227551 판결.
127) 대법원 2023. 3. 13. 선고 2022다286786 판결.

4-109   **(다) 청구적격성의 유무**   장래이행의 소가 허용되려면 현재 「청구의 기초
관계가 성립하고 있고, 변론종결 당시에 청구권 발생의 가능성이 존재하고 내용
이 명확한 경우」이어야 한다는 것이 일반적 견해이다.[128] 위에서 보았듯이 채무
불이행 사유가 계속 존속할 것이 변론종결 당시에 예정으로 예정되어 있어야 한
다는 점도 그러한 취지이다. 다만, 이러한 요건의 체계상 위치에 대하여는 위
(나)에서 살핀 「미리 청구할 필요」의 하나의 요소인가, 별개의 요건인가는 분명
하지는 않다.[129] **생각건대** 양자의 요건에 있어서 그 상관관계가 긴밀하므로 일
체화하여 보더라도 무방하다고 본다.

　　확실히 본래 이행기에 있어서 이행의 유무를 기다린 다음 소송을 이용하면
충분하다고 풀이할 수 있다. 그런고로 이행하여야 할 상태 전에 장래이행의 소를
제기하는 것은 나름대로의 이유가 있어야 한다. 여기서 이행의 유무를 기다릴 것
인지 여부는 상대방의 태도나 청구권의 성질에 의존하는 면이 적지 않을 것이다.

◆ **예** ◆　인근에 있는 공항의 소음에 의하여 피해를 당하고 있다는 이유로 변론종결
시 뒤에도 불법행위가 계속되는 것이 예상된다고 하여 미리 변론종결시 이후 부분의
손해배상을 청구한 경우와 같이 **계속적 불법행위에 기한 장래의 손해배상**을 구하는
경우에 그러한 소는 인정되는가? 과거와 동일한 형태의 침해행위가 장래에도 계속할
것인지 여부, 계속한다 하더라도 그 행위가 위법성을 가지는지 여부는 각각 불확정요
소, 즉 피해방지대책의 유무의 내용 또는 생활사정의 변화 등에 의하여 좌우되게 된다.
결국, ① 「청구적격」의 성립 여부, ② 장래에 있어서 위법한 침해행위의 계속에 대한
인정에 있어서 불확정요소를 어떻게 평가할 것인가, ③ 본래 불법행위에 있어서 원칙
적으로 성립요건의 증명책임은 피해자 측에 있는바, 만약 이 경우에 불확정요소를 유
보하고 이행판결을 할 수 있다고 하면, 오히려 피고가 청구이의 소를 제기하여 그
소송에서 자기가 불확정요소의 발생·불발생을 주장·증명하지 않으면 안 되는 것인지,
피고에게 이러한 부담을 부과하는 것이 당사자 사이의 공평의 관점에서 합리적이라고
말할 수 있는지 여부 등의 관점에서 고찰하지 않으면 안 된다. 위 경우에 청구권으로
서 적격을 가지지 않는다고 보아 소의 이익을 부정하는 경향이 강하다.

---

128) 피고가 계쟁 토지를 적법하게 동시이행항변권 또는 유치권의 행사에 따라 점유하는 사안에서
　　원고가 임료 상당의 금원의 부당이득을 청구하고 있는 경우, 피고가 원고에게 토지를 인도하지
　　않더라도 인도하는 날 이전에 토지의 사용·수익을 종료할 수도 있기 때문에 의무불이행사유가 인
　　도하는 날까지 존속한다는 것을 **변론종결 당시에 확정적으로 예정할 수 없는 경우**에 해당하여
　　그때까지 이행할 것을 명하는 판결을 할 수 없다(대법원 2002. 6. 14. 선고 2000다37517 판결).
129) 김홍, 273면 이하; 이, 231면 이하에서는 별도의 항목으로 설명하고 있다.

① 조건부 청구권, 장래 발생할 청구권의 경우에는 위 청구적격의 요건이 반드시 구비되어 있다고 할 수 없고, 그리하여 어떤 형태로든 이미 위 청구적격이 현존하고 있어야「미리 청구할 필요」가 있다는 것을 객관적으로 보장하는 것이 될 것이다. 말하자면 이는 최소한도의 요건이라고 생각한다.

② 또한 먼저 자기 채무의 이행이 있어야 비로소 그 이행기가 도래하여 현실화하는 이행청구권을 대상으로 하는 **선이행청구**는 원칙적으로 허용되지 않는다. 가령 채무자는 자신의 채무를 먼저 변제하여야만 비로소 그 채무를 담보하기 위하여 경료되었던 가등기 및 그 가등기에 기한 본등기의 말소나 새로운 소유권이전등기를 청구할 수 있다. 하지만 채권자가 그 가등기 등이 채권담보의 목적으로 경료된 것임을 다툰다든지 피담보채무의 액수를 다투기 때문에 채무자가 채무를 변제하더라도 채권자가 위와 같은 소유권의 공시에 협력할 의무를 이행할 것으로 기대되지 않는 경우에는 미리 청구할 필요가 있다고 보아 채무의 변제를 조건으로 채권담보의 목적으로 경료된 가등기 및 그 가등기에 기한 본등기의 말소나 새로운 소유권이전등기를 청구하는 장래이행의 소를 허용하여야 할 것이다(☞2-99).[130]

2. 확인의 소의 이익

(1) 의 의

확인의 소는 기본적으로는 대상이 무한정이다. 따라서 남소의 우려가 있으므로 소의 이익으로 그 제한을 하지 않으면 안 된다. 그리하여 소의 이익 가운데, 확인의 소에 있어서 소의 이익이 가장 문제된다.[131] 어떠한 확인의 소도 일단은 가능하지만, 확인의 소는 분쟁해결방식으로서 법적인 권리관계의 확인을 할 뿐이고, 강제적인 실현방법(이행의 소의 경우의 강제집행 등)을 가지고 있지 않으므로 분쟁해결수단으로서 확인의 소가 유효·적절한가. 또는 어떠한 형태의 확인의 소가 원·피고 사이의 분쟁해결에 있어서 유효·적절한가를 신중하게 음미할 필요가 있다. 이하 몇 가지 일반적 기준이다.

4-110

◈ **예** ◈ 공동상속인 사이에 A동산이 피상속인의 상속재산에 속하는지 여부에 관하여 다툼이 있어 일부 공동상속인이 다른 공동상속을 상대로 그 재산이 상속재산임의

---

130) 대법원 1992. 1. 21. 선고 91다35175 판결.
131) 원래 소의 이익의 개념은 확인의 소의 이익에서 발전한 것이다. 분쟁마다 개별적인 음미가 요구되고, 현재의 이행을 구하는 소처럼 원칙적으로 소의 이익이 있는 것과는 다르다.

확인을 구하는 소를 제기한 경우의 확인의 이익을 생각하여 보자. A동산이 상속재산인지 여부는 기본적으로 사실관계에 대한 것이기는 하나, 원·피고들 각자에게 최종적으로 귀속될 구체적으로 특정된 상속재산 내지 상속분의 범위를 정하기 위한 전제가 되는 법률관계로 볼 여지도 있다. 그러나 법원이 원고들의 청구를 받아들여, 「A동산이 피상속인의 상속재산에 속한다」는 이유로 「이를 확인한다」는 판결을 하더라도, 구체적인 최종 상속분이 상속재산분할 절차 등을 통해 확정되지 않고서는 상속재산을 둘러싼 원·피고들 사이의 권리관계의 다툼이 종국적으로 해결될 수 없어, 이 사건 확인청구를 원고들의 권리 또는 법적 지위에 현존하는 법적 불안을 제거하기 위한 가장 유효적절한 수단으로 보기는 어렵다. 그렇다면 상속재산에 포함되는지 여부는 상속재산분할심판에서 상속인들의 '구체적 특정 상속분' 확정의 전제되는 법률관계로서 주장하면 족하므로 오로지 그 확인만을 별도의 독립한 소로써 구할 이익은 없는 것이다. 그러나 이에 대하여 **판례**는 위 상속재산임의 확인을 구하는 소송의 확정판결에 의하여 그 재산이 상속재산분할의 대상이라는 점이 확정되어 상속재산분할심판절차 또는 분할심판이 확정된 후에 다시 그 재산이 상속재산분할의 대상이라는 점에 대하여 다툴 수 없게 되고, 그 결과 공동상속인 간의 상속재산분할의 대상인지 여부에 관한 분쟁을 종국적으로 해결할 수 있으므로 확인의 이익이 있다고 보았다.132)

	원 칙	예 외
확인대상 선택의 적부	① 사실의 확인은 허용되지 않음 ② 과거의 법률관계의 확인은 허용되지 않음	① 증서의 진정 여부를 확인하는 소(250조) ② 주주총회 등의 결의부존재 또는 무효확인의 소
분쟁의 성숙성 (즉시확정의 이익)	① 피고가 원고의 지위에 줄 위험·불안의 형태 ② 원고의 위험·불안의 현실성	① 시효중단의 필요가 있는 경우
방법선택 (해결수단)의 적부	① 이행의 소가 가능한 청구권에 대하여 그 청구권 자체의 확인을 구할 이익은 없음(확인소송의 보충성) ② 소극적 확인보다는 적극적 확인을 구하여야 함(확인대상선택의 적부이기도 함) ③ 본안판단의 전제를 이루는 절차문제의 확인을 별소로 구할 이익도 없음(소취하의 유·무효 등은 해당 소송에서 기일지정신청을 하여 해결하여야 하고, 별도로 소취하의 무효확인청구를 할 수 없음)	② 소송상 화해의 효력과 관련, 화해무효확인의 소

---

132) 대법원 2007. 8. 24. 선고 2006다40980 판결.

(2) 확인의 대상 – 대상적격(권리보호의 자격)

① 확인의 소의 이익을 판단하는 원칙적인 기준으로서 **「현재의 권리 또는 법률관계의 확인」**에 한한다는 명제를 내세운다. 민사소송은 「법률상 쟁송」의 해결을 목적으로 하는 것이므로 확인의 대상이 될 수 있는 것도 현재의 권리 또는 법률관계에 한정하는 것이 원칙이다.133) 따라서 **단순한 사실관계나 과거의 권리 또는 법률관계의 존부는 확인의 대상이 되지 않는다.** 이러한 경우는 대부분 우회적이고 법률관계가 그 후 변화하고 있을지 모르므로 현재의 분쟁이 그것에 의하여 해결된다고 할 수 없기 때문이다. 그러나 이에 대한 예외로 명문의 규정에 의하여 증서의 진정 여부를 확인하는 소(250조), 주주총회결의부존재·무효확인의 소(상법 380조)가 인정되고 있다.

4-111

한편, 사실관계 또는 **과거의 권리 내지는 법률관계**에 대한 확인이라도 경우에 따라서 그 확인이 현재의 법률관계를 둘러싼 분쟁의 **발본적 해결**에 역할을 하는 경우에, 가령 이혼으로 혼인관계가 이미 해소되었다면 기왕의 혼인관계는 과거의 법률관계가 되는데, 그러나 신분관계인 혼인관계는 그것을 전제로 하여 수많은 법률관계가 형성되고 그에 관하여 일일이 효력의 확인을 구하는 절차를 반복하는 것보다 과거의 법률관계인 혼인관계 자체의 무효확인을 구하는 편이 관련된 분쟁을 한꺼번에 해결하는 유효·적절한 수단일 수 있으므로, 특별한 사정이 없는 한 혼인관계가 이미 해소된 이후라고 하더라도 혼인무효의 확인을 구할134)

---

133) 학교법인의 정관이나 대학교원의 인사규정상 임용기간이 만료되는 교원에 대한 재임용의무를 부여하는 근거규정이 없다면 임용기간의 만료로 당연히 교원의 신분을 상실한다고 할 것이고, 따라서 임용기간 만료 전에 행하여진 직위해제 또는 면직처분이 무효라고 하더라도 교원의 신분을 회복할 수 없는 것으로서 그 무효확인청구는 과거의 법률관계의 확인청구에 지나지 않는다고 할 것이며, 한편 과거의 법률관계라 할지라도 현재의 권리 또는 법률상 지위에 영향을 미치고 있고 현재의 권리 또는 법률상 지위에 대한 위험이나 불안을 제거하기 위하여 그 법률관계에 관한 확인판결을 받는 것이 유효·적절한 수단이라고 인정될 때에는 그 법률관계의 확인소송은 즉시확정의 이익이 있다고 보아야 할 것이지만, **직위해제 또는 면직된 경우에는 징계에 의하여 파면 또는 해임된 경우와는 달리** 공직이나 교원으로 임용되는 데에 있어서 법령상의 아무런 제약이 없으므로 그 무효확인을 구할 이익이 없다(대법원 2000. 5. 18. 선고 95재다199 전원합의체 판결).
134) 혼인관계가 이혼으로 해소되었더라도 그 효력은 장래에 대해서만 발생하므로 이혼 전에 혼인을 전제로 발생한 법률관계는 여전히 유효하다. 예를 들어 이혼 전에 부부의 일방이 일상의 가사에 관하여 제3자와 법률행위를 한 경우 다른 일방은 이혼한 이후에도 그 채무에 대하여 연대책임을 부담할 수 있지만(민법 832조), 혼인무효 판결이 확정되면 기판력은 당사자뿐 아니라 제3자에게도 미치므로(가사소송법 21조 1항) 제3자는 다른 일방을 상대로 일상가사채무에 대한 연대책임을 물을 수 없게 된다. 그러므로 이혼 이후에도 혼인관계가 무효임을 확인할 실익이 존재한다(대법원 2024. 5. 23. 선고 2020므15896 전원합의체 판결).

확인의 이익이 인정되고,135) 가령 현재의 권리나 법률관계에 존재하는 불안·위험이 있어 확인을 구하는 소를 제기하였으나, 법원의 심리 도중 시간적 경과로인해 확인을 구하는 대상이 **과거의 법률관계가 되어 버린 사안**에서, 확인의 이익 유무는 직권조사사항이므로 법원으로서는 확인의 대상이 과거의 법률관계라는 이유로 확인의 이익이 없다고 보아 곧바로 소를 각하할 것이 아니라, 당사자에게 현재의 권리 또는 법률상 지위에 대한 위험이나 불안을 제거하기 위하여 과거의 법률관계에 대한 확인을 구할 **이익이나 필요성이 있는지 여부를 석명**하여이에 관한 의견을 진술하게 하거나 당사자로 하여금 청구취지를 변경할 수 있는기회를 주어야 한다고 보고 있다.136) 결국 이는 확인판결을 받는 것이 유효·적절한 수단이어야 한다는 후술할 권리보호의 이익의 문제와 관련된다.

◈ **예** ◈   甲은 소유하는 토지를 5,000만원에 매수하고 싶다는 청약을 乙로부터 받고매매계약을 체결하였는데, 그 뒤 甲은 乙을 상대로 위 매매계약에는 요소의 착오가 있는 것으로 매매무효확인을 구하는 소를 제기하였다. 이러한 사안에서 가령 매매계약이유효하다고 한다면, 甲은 토지소유권을 乙에게 이전하여야 하므로 甲은 乙에 대하여이전등기의무가 발생하고, 반면 乙에 대하여 대금채권을 가지게 되는데, 이러한 파생적권리의무관계를 둘러싼 분쟁을 기본적 관계인 매매계약의 무효의 확정에 의하여 효율적으로 예방 내지는 해결할 수 있으므로 매매의 무효를 확인하는 것은 과거의 권리또는 법률관계라도 확인의 이익이 인정된다고 본다. 가령, 위 사안에서 乙이 본건 토지를 매수한 것이 아니라 토지를 구하고 있던 A의 의뢰를 받아 甲과 A의 계약을 알선한것뿐이라고 하자. 이러한 경우에 乙의 피고적격과 관련하여 확인의 이익이 인정되는가를 살펴보자. 실제로 매매계약의 상대방은 乙이 아니고 A이다. 따라서 乙과의 사이에매매계약의 무효를 확정하여도 A가 그 유효를 주장한다면 여전히 甲의 소유자로서의지위는 위험하고 불안정하다. 그리하여 매매무효확인소송은 乙이 아닌, A가 피고적격을갖게 되고, 乙을 피고로 한 소송은 확인의 이익이 없게 된다. 이러한 관점에서 **확인의이익**을 문제 삼을 때에는 **당사자적격**의 문제가 된다(가령, 확인의 소의 피고는 원고의 권

---

135) 대법원 2018. 5. 30. 선고 2014다9632 판결. 사립고등학교 학생이 코로나19 감염병과 관련하여정학 2일의 징계를 당한 후 학교법인을 상대로 위 징계의 무효확인을 구하는 소를 제기하였다가학교를 졸업한 경우 **과거 법률관계**인 징계에 대한 무효확인을 구할 법률상 이익이 인정되는지여부가 문제된 사건에서 원고로서는 피고가 작성 및 관리하는 생활기록부에 기재된 위 징계 내역이 잘못된 경우 그 정정을 요구할 수 있고, 위 학교생활기록 작성 및 관리지침에서 정한 절차를 거쳐 학교생활기록부를 정정하기 위해서는 '객관적 증빙자료'를 확보할 필요가 있으므로, 징계의 무효확인을 구하는 이 사건 소는 징계 내역이 기재된 학교생활기록부 정정요구에 필요한객관적 증빙자료를 확보하기 위한 것으로 현재의 권리 또는 법률상 지위에 대한 위험이나 불안을 제거하기 위하여 **무효확인 판결을 받는 것이 유효적절한 수단**에 해당한다고 보았다(대법원2023. 2. 23. 선고 2022다207547 판결).

136) 대법원 2022. 6. 16. 선고 2022다207967 판결.

리 또는 법률관계를 다툼으로써 원고의 법률상의 지위에 불안·위험을 초래할 염려가 있는 사람
이어야 하고 그와 같은 피고를 상대로 하여야 확인의 이익이 있다).

② 그런데 확인의 대상은 소송의 당사자가 권리 또는 법률관계의 주체인 것
에 한정하지 않고, **다른 사람 사이(당사자 일방과 제3자간, 제3자 상호간)의 권리
또는 법률관계의 확인**도 권리보호의 자격이 인정된다. 다른 사람 사이의 권리
또는 법률관계의 확인의 경우에는 후술할 확인의 이익이 문제되는데, 자기의 권
리영역에 영향이 미치는 한, 확인의 이익이 인정된다. 즉 그것을 확인하는 것에
의하여 피고에 대한 관계에서 원고의 법률상 지위에 안정을 얻을 수 있다면 그것
을 확인의 대상으로 할 수 있다.137)

(3) 확인의 이익(권리보호의 이익)

확인의 소는 원고의 권리 또는 법률상의 지위에 현존하는 불안·위험이 있
고, 그 불안·위험을 제거하는 데 피고를 상대로 확인판결을 받는 것이 가장 유효·적
절한 수단일 때에만 인정된다.

(가) 즉시확정의 이익   확인의 소는 즉시확정의 이익이 있어야 한다. 환언   4-112
하면 확인판결에 의하여 보호되는 원고의 권리 또는 법률상 지위가 피고에 의하
여 현실적으로 위험에 노출되어 있어야 한다는 절박성이 필요하다(=**위험·불안의
현존**). 가령, 법정상속인이 피상속인과 제3자를 상대로 양자 사이에 이루어진 피
상속인의 토지의 매매계약의 무효확인을 피상속인의 생전에 구하는 것은 장래적
인 불안에 지나지 않아 즉시확정의 현실적 필요성이 없다. 장래적인 불안으로는
부족하다. 원고의 법률상 지위가 피고에 의하여 부인·침해 또는 서로 양립할 수
없는 권리주장에 의하여 위협받는 경우에 즉시확정의 이익이 인정되는 것이 보

---

137) 근저당권자는 유치권 신고를 한 사람을 상대로 유치권 전부의 부존재뿐만 아니라 경매절차에
    서 유치권을 내세워 대항할 수 있는 범위를 초과하는 유치권의 부존재 확인을 구할 법률상 이익
    이 있다(대법원 2016. 3. 10. 선고 2013다99409 판결). 그런데 경매절차에서 유치권이 주장되었
    으나 소유부동산 또는 담보목적물이 **매각된 경우**, 소유권을 상실하거나 근저당권이 소멸된 소유
    자와 근저당권자가 유치권의 부존재 확인을 구할 **법률상 이익이 없다**. 한편, 경매절차에서 유
    치권이 주장되지 아니한 경우, 담보목적물이 매각되어 그 소유권이 이전됨으로써 **근저당권이
    소멸하였더라도** 채권자는 유치권의 존재를 알지 못한 매수인으로부터 민법 575조, 578조 1항,
    2항에 의한 담보책임을 추급당할 우려가 있으므로 채권자인 근저당권자가 유치권의 부존재 확인
    을 구할 **법률상 이익이 있고**, 반면 채무자가 아닌 소유자는 위 각 규정에 의한 담보책임을 부담
    하지 아니하므로 유치권의 부존재 확인을 구할 **법률상 이익이 없다**(대법원 2020. 1. 16. 선고
    2019다247385 판결).

통이지만,138) 상대방이 다투지 아니하여 아무런 다툼이 없더라도 소멸시효의 완성단계에 이른 경우에 시효중단의 필요, 또는 등기부 등의 공부의 기재의 정정을 위하여 판결에 의한 확정이 필요한 때에 즉시확정의 이익이 인정되기도 한다.

◈ **채무부존재확인소송의 확인의 이익 – 보험계약의 당사자 사이에 계약상 채무의 존부나 범위에 관하여 다툼이 있는 경우, 보험회사가 보험수익자를 상대로 소극적 확인의 소를 제기할 확인의 이익이 있는지 여부** ◈　보험회사 甲은 '망인이 보험계약 체결 당시 업종을 사무로 고지하였으나, 실제로는 제조업인 플라스틱도장업을 수행한 것으로 확인되어 고지의무를 위반하였다'는 이유로 乙에게 보험계약의 해지를 통지함과 동시에 보험금의 지급을 거절하고, 그 무렵 乙을 상대로 위 보험계약에 기한 보험금 지급채무의 부존재 확인을 구하는 이 사건 소를 제기하였다. 사안에서 **판례**는 보험계약의 당사자 사이에 계약상 채무의 존부나 범위에 관하여 다툼이 있는 경우에 그로 인한 법적 불안을 제거하기 위하여 보험회사는 먼저 보험수익자를 상대로 채무부존재(소극적) 확인의 소를 제기할 확인의 이익이 있다고 보았다.139) 또한 **판례**는 보증보험계약이 체결된 후 보험금이 아직 지급되지 않은 상태에서 주계약의 당사자인 보험계약자와 피보험자 사이에 주계약에 따른 채무의 존부와 범위에 관하여 다툼이 있는 경우에 보험계약자가 피보험자를 상대로 주계약에 따른 채무 부존재 확인을 구할 이익이 있다고 보았다.140)

　금전채권에 관한 분쟁은 채권자(라고 주장하는 사람)가 채무자에게 그 지급을 구하는 이행소송을 제기하여 다투는 것이 일반적이다. 이러한 이행소송에서 채권의 불성립이나 변제 등에 의한 소멸이 인정된 경우에는 청구는 기각되어 해당 채권의 부존재는 기판력에 의하여 확정되게 된다. 채무자(채권자라고 주장하는 자로부터 청구를 받고 있는 사람)로서도 이러한 이행소송에서 자기의 주장을 펼치는 것에 의하여 해당 채권에 관한 분

---

138) 일반적으로 채권은 채무자로부터 급부를 받는 권능이기 때문에 소송상으로도 채권자는 통상 채무자에 대하여 채권의 존재를 주장하고 그 급부를 구하면 되는 것이지만, 만약 하나의 채권에 관하여 2인 이상이 서로 채권자라고 주장하고 있는 경우에 있어서는 그 채권의 귀속에 관한 분쟁은 채무자와의 사이에 생기는 것이 아니라 스스로 채권자라고 주장하는 사람들 사이에 발생하는 것으로서 참칭채권자가 채무자로부터 변제를 받아버리게 되면 진정한 채권자는 그 때문에 자기의 권리가 침해될 우려가 있어 그 참칭채권자와의 사이에서 그 채권의 귀속에 관하여 **즉시 확정을 받을 필요**가 있고, 또 그들 사이의 분쟁을 해결하기 위하여는 그 채권의 귀속에 관한 확인판결을 받는 것이 가장 유효 적절한 권리구제 수단으로 용인되어야 할 것이므로 스스로 채권자라고 주장하는 어느 한쪽이 상대방에 대하여 그 채권이 자기에게 속한다는 채권의 귀속에 관한 확인을 구하는 청구는 그 확인의 이익이 있다(대법원 2004. 3. 12. 선고 2003다49092 판결).
139) 대법원 2021. 6. 17. 선고 2018다257958, 257965 전원합의체 판결.
140) 대법원 2022. 12. 15. 선고 2019다269156 판결. 원심은 원고가 위 소송에서 승소하더라도 그 승소판결의 기판력은 원고와 피고 사이에서만 미칠 뿐이므로, 장차 보험자(보증보험회사)가 피고의 보험금청구를 받아들여 보험금을 지급하고 원고에게 구상할 경우 원고는 이 사건 승소판결로써 대항할 수 없다는 점을 들어 현존하는 권리관계의 불안을 해소할 수 있는 유효적절한 방법이 아니어서 확인의 이익이 없다고 판단하였다.

쟁을 해결할 수 있다. 그러나 결과적으로 분쟁이 해결될 수 있다고 하더라도, 이행소송을 제기할 것인지 여부는 채권자의 자유로운 판단에 맡겨져 있는 것이므로 채무자에게 항상 그러한 분쟁해결의 수단이 연결된다고 할 수 없다. 채권자가 이행소송을 제기하지 않는 경우에, 채무자가 해당 채권에 대한 분쟁을 소송에 의하여 해결하기 위해서는 스스로 원고가 되어 채무부존재확인의 소를 제기하게 된다. 이와 같이 채무부존재확인소송은 본래 채권자가 이행소송에 의하여 해결되어야 할 분쟁에 있어서 오히려 채무자가 원고가 되어 제기하는 것으로, **이행소송의 반대형상**(形相)이라고 할 수 있다.

생각건대 독립한 소에 의하여 채무부존재의 확인을 구할 정도의 「쟁송의 성숙성」이 존재하여야 채무부존재확인소송은 확인의 이익이 있다고 할 것이다. 채권자가 채권의 존재를 주장하는 것에 의하여 채무자의 **법적 지위가 불안·위험에 빠지게 되는 것**을 구체적으로 나타내야 한다.141) 가령, 가해자측, 특히 보험회사나 그 대리인인 변호사가 피해자의 치료 내용에 대해 충분히 조사하지 않거나 피해자와 사전에 협상하지 않고 사고의 형태나 사고 후 일정한 기간이 지난 것을 기준으로 안일하고 기계적으로 채무부존재확인의 소를 제기하는 경우, 채무자가 채권자의 증명활동의 준비부족을 틈타서 채무부존재확인의 소를 제기하는 경우가 있는데, 채무부존재확인소송이 선제공격적으로 남용되고 있다고 판단되면, 법원은 **확인의 이익이 없는 것으로 소를 각하**하여야 할 필요가 있을 것이다.142)

(나) **방법선택의 적부**   확인소송은 대상이 기본적으로 무엇이든지 제기할   4-113
수 있다는 무한정성을 가지므로 이행소송 등의 다른 분쟁해결방법과 경합하는 경우가 있는데, 확인소송이 다른 분쟁해결방법보다도 유효·적절한가, 또는 확인소송에 의하더라도 어떠한 형태의 확인소송에 의하는 것이 유효·적절한가를 확인의 이익의 관점으로부터 음미할 필요가 있다.

① 가령 청구권 자체의 확인은 이행소송을 제기하는 쪽이 집행의 면도 충족되고 효율적이며 발본적 해결이 되므로 원칙적으로 확인의 이익이 있다고 할수 없다(확인소송의 보충성).143) 형성권 자체의 확인도 마찬가지 이유에서 형성소

---

141) 현재 금전채무가 없다는 점에 대하여 당사자 사이에 다툼이 없다면 원고의 법적 지위에 어떠한 불안·위험이 있다고 할 수 없으므로 특별한 사정이 없는 한 그 채무의 부존재확인을 구할 확인의 이익이 없다(대법원 2023. 6. 29. 선고 2021다277525 판결).

142) 위 2018다257958, 2018다257965 전원합의체 판결의 **반대의견**은 확인의 이익은 확인의 소에 특수한 소의 이익으로서 국가적·공익적 측면에서 남소를 억제하고 형평에 반하는 소송제도의 이용을 통제하는 원리로 기능한다고 언급하면서, 확인의 이익을 엄격화하여 추가로 '특별한 사정'을 살펴보아야 한다고 보았는데, 이는 위 사견과 마찬가지 입장으로 주목할 가치가 있다.

143) 근저당권설정자로서는 피담보채무가 존재하지 않음을 이유로 **근저당권설정등기의 말소를 구**하는 것이 분쟁을 유효·적절하게 해결하는 직접적인 수단이 될 것이므로 별도로 근저당권설정계약에 기한 **피담보채무의 부존재확인**을 구하는 것은 확인의 이익이 없다(대법원 2000. 4. 11. 선고 2000다5640 판결). 이행을 청구하는 소를 제기할 수 있는데도 불구하고, 확인의 소를 제기

송에 의하여야 하고, 그 형성권의 확인의 이익은 없다. 다만, 형성권을 행사한 결과로 생긴 법률효과를 전제로 확인소송을 제기하는 것은 분쟁해결에 적절하므로 인정된다.

16-변리사시험
19-5급공채시험
20-변호사시험

◈ **손해배상채무의 부존재확인을 구하는 본소에 대하여 그 채무의 이행을 구하는 반소가 제기된 경우, 본소에 대한 소의 이익이 소멸되는지 여부** ◈ X보험주식회사의 자동차보험에 가입한 소외 A가 운전하던 승용차가 차량의 고장으로 인하여 정차하였는데, 그 과정에서 Y운전의 오토바이가 위 승용차를 뒤에서 추돌하여 Y가 사망하는 사고가 발생하였다. X보험주식회사는 1997. 5. 19. 위 사고는 오로지 Y의 일방적 과실만에 의하여 발생한 것이라고 주장하며 Y를 상대로 위 사고와 관련한 손해배상채무의 부존재확인을 구하는 소를 제기하여 소송계속 중이다. 이에 대하여 Y는 같은 해 7.8. X보험주식회사를 상대로 손해배상채무의 이행을 구하는 반소를 제기하였다(한편, 이 경우에 반소의 적법성에 관하여는 ☞12-31). X보험주식회사의 손해배상채무의 부존재확인을 구하는 본소의 소의 이익은 소멸되는가? 이러한 사안에서 **원심**은 소의 이익의 존부는 사실심 변론종결시를 기준으로 판단하여야 하는바, 본소의 목적은 반소에 대한 기각을 구하는 방어로써 충분히 달성할 수 있으므로 본소는 확인의 이익이 없어 부적법하다고 이를 각하하였다. 그러나 **상고심**에서는 본소가 그 뒤에 상대방이 제기한 반소로 인하여 소송요건에 흠이 생겨 다시 부적법하게 되는 것은 아니므로 원고가 피고에 대하여 위 교통사고와 관련한 손해배상채무의 부존재확인을 구할 이익이 있어 본소로 그 확인을 구하였다면, 피고가 그 뒤에 그 손해배상채무의 이행을 구하는 반소를 제기하였다 하더라도 그러한 사정만으로 **본소의 확인의 이익이 소멸되어 부적법하게 된다고 볼 수는 없다**고 보았다.[144] 그러나 **생각건대** 채무자의 소극적 확인소송은 상대방인 채권자가 특정한 법률관계에 기하여 권리주장을 하는 것이 예측되지만, 한편 적극적으로는 소의 제기를 하는 것에는 이르지 않은 때에 해당 법률관계의 부존재를 주장하여 확인을 구하는 **선제공격적 성격**을 가지는 것이고, 게다가 채권자는 응소에 있어서 채권의 존재를 주장·증명하여야 한다는 소극적 확인소송의 구조로부터[145] 그것은 채권자에게 **제소를 강제하는 것과 마찬가지의 기능**을 가진다. 당사자 사이에 다툼이 있는 어느 청구권 또는 법률관계의 존부에 있어서 소송에 의한 결말을 채권자에게 재촉하는 채무부존재확인소송의 성격에 비추어 채권자의 권리주장이 반소의 제기

하는 것은 분쟁의 종국적인 해결 방법이 아니어서 확인의 이익이 없으므로 직접 자신이 주주임을 증명하여 **명의개서절차의 이행**을 구할 수 있음에도 **주주권 확인**을 구하는 것은 확인의 이익이 없다(대법원 2019. 5. 16. 선고 2016다240338 판결).

144) 대법원 1999. 6. 8. 선고 99다17401, 17418 판결. 이후 위 사견과 같은 입장에서 위 99다 17401, 17418 판결을 변경할 필요가 있다는 원심에 대하여 대법원 2010. 7. 15. 선고 2010다 2428, 2435 판결은 이를 받아들이지 않았다.

145) 채무부존재확인소송에 있어서는, 채무자인 원고가 먼저 청구를 특정하여 채무발생원인사실을 부정하는 주장을 하면 **채권자인 피고**는 그 권리관계의 요건사실에 관하여 주장·입증책임을 부담한다(대법원 1998. 3. 13. 선고 97다45259 판결).

라는 형태로 현실화된 경우에는 채무부존재확인소송은 그 당초의 기능상 목적을 완전히 다하였다고 할 것이고, 그 결과로 확인의 이익이 소멸된다고 할 것이다.146)

② 적극적 확인과 소극적 확인의 양쪽이 가능한 경우에는 분쟁해결의 효율성, 발본적 해결의 관점으로부터 원칙적으로 적극적 확인에 의하여야 한다. 가령 소유권을 다투고 있는 경우에는 상대방의 소유권의 부존재의 확인보다도 적극적으로 자기의 소유권의 확인을 구하여야 하는 것이고, 상대방의 소유권에 대하여 소극적 확인을 구하는 것은 확인의 이익이 없다.147) 적극적 확인을 구하여 승소한 때에는 원고가 소유권자인 것이 기판력을 가져 확정되지만, 반면 피고는 소유권자가 아니라는 소극적 확인을 구하여 승소하여도 소유권자가 누구인가는 판결주문의 기판력에 의하여 확정되는 것은 아니다. 따라서 적극적 확인을 구하는 쪽이 소극적 확인을 구하는 쪽보다 분쟁해결의 실효성은 높다. 그러나 이것도 절대적인 원칙은 아니다. 가령 원고에게 내세울 소유권이 없고 반면 피고의 소유권이 부정됨으로써 원고의 법적 지위에 대한 불안이 제거되어 분쟁이 해결될 수 있는 경우에는 피고의 소유권에 대한 소극적 확인을 구할 이익이 있다.148)

③ 본안판단의 전제문제로서 판단되어야 할 절차문제는 해당 소송 내에서 확인하면 충분하므로 별소로 확인할 이익은 없다. 가령 별도로 소송대리인의 대리권의 부존재의 확인을 구하는 소, 별도로 소송대리권을 증명하는 서면의 진정 여부를 확인하는 소 등은 인정될 수 없다.

◈ 예 ◈ 계약의 성립에 있어서 乙의 사기를 이유로 甲이 매매계약의 의사표시를 취소한 뒤, 이 취소권을 확인하는 소를 제기하였다고 하자. 취소 그 자체가 취소의 대상이 되는 법률행위의 무효를 초래하는 행위이며, 단지 무효의 하나의 법률요건사실에 지나지 않는다고 볼 수 있다. 따라서 甲으로서는 형성권인 취소권을 확인할 것이 아니라, 취소의 효과로서 매매계약의 무효를 확인의 대상으로 하지 않으면 안 된다. 그러나 취소의 확인의 소가 제기된 경우에 이를 석명하여 매매계약의 무효확인의 소로 보는 것이 불가능한 것은 아니라 할 것이다.

---

146) 반소의 경우는 아니지만, 판례 가운데, 채무인수자를 상대로 한 채무이행청구소송이 계속중 채무인수자가 별소로 그 채무의 부존재 확인을 구하는 것은 소의 이익이 없다고 판시한 것이 있다 (대법원 2001. 7. 24. 선고 2001다22246 판결. ☞5 - 11 참조).

147) 대법원 2016. 5. 24. 선고 2012다87898 판결.

148) 대법원 1984. 3. 27. 선고 83다카2337 판결.

(4) 증서의 진정 여부를 확인하는 소

4-114　　　　확인의 소는 법률관계를 증명하는 서면이 진정한지 아닌지를 확인하기 위하여도 제기할 수 있다(250조). 권리 또는 법률관계에 대한 확인이 아닌, 예외적으로 **사실에 대한** 확인소송을 인정한 경우이다. 다만, 증서의 진정 여부를 확인하는 소가 인정되기 위해서는 ① 진정 여부의 대상이 되는 서면이 법률관계를 증명하는 서면이어야 하고, ② 보통의 확인의 소와 마찬가지로 확인의 이익이 있을 필요가 있다.

11-5급공채시험

　　　　여기서 ① 법률관계를 증명하는 서면이라 함은 그 기재 내용에 의하여 직접적으로 현재의 법률관계의 성부·존부를 증명할 수 있는 것이다. 매매계약서, 정관 등이 그 예이다. 대차대조표와 같이 과거의 사실의 보고를 증명하는 서면(보고문서)은 확인의 대상이 되지 않는다. 그리고 여기서 진정 여부라 함은 그 서면이 작성자라고 주장된 사람의 의사에 따라 작성되었는지 여부의 사실을 말한다. 내용의 진정까지 의미하는 것은 아니다.

　　　　그런데 법률관계를 증명하는 서면이라고 하더라도 언제나 소를 제기할 수 있는 것은 아니다. 이 소도 확인의 소인 이상, ② 일반적인 확인의 소와 마찬가지로 확인의 이익(＝즉시확정의 이익)이 있어야 한다. 즉 원고의 권리 또는 법률상 지위의 위험·불안이 오로지 그 서면의 진정 여부에 관계하고 있는 경우에만 인정된다.

　　　　한편, 서면의 진정 여부만이 아니라 그 밖의 점, 가령 그 서면에서 행하여진 법률행위의 효력에 대하여도 다툼이 있는 때에는 증서의 진정 여부를 확인하는 소가 아니라, 통상의 권리 또는 법률관계 자체의 확인의 소에 의하여야 한다.

◈ **예** ◈　　원고는 피고를 상대로 임대차계약서, 영수증에 대해서 각기 그 서면이 진정하지 아니하다는 확인을 구하고 있다. 피고가 원고 명의의 임대차계약서가 원고에 의해 진정하게 작성되었다고 주장하고 있는 이상, 원고로서는 임대차계약서가 진정하지 않다는 확인을 받음으로써 법적 지위의 불안에서 어느 정도 벗어날 수 있을 뿐만 아니라 그와 같은 확인으로 원고와 피고 사이의 분쟁 해결에도 도움이 될 수 있다고 볼 것이므로, 원고가 임대차계약서의 진정 여부를 확인할 이익이 없다고는 볼 수 없다. 다만, 피고가 위 원고의 이 사건 증서의 진정 여부를 확인하는 소를 제기하기 전에 이미 원고를 상대로 임대차계약서, 영수증을 증거로 하여 임대차계약의 체결, 임대계약금의 지급 및 위약시 계약금의 배액 지급 약정 등이 있었음을 주장하면서 그에 기한 금원지

급을 구하는 소를 제기한 경우에, 피고가 소송에서 증거로 제출한 문서의 진정 여부에 대해서 원고가 다시 별소로 그 확인을 구할 이익은 없다.149) 한편, 영수증에 대해서 살펴보면, 위 영수증에는 "원고가 피고로부터 금 2억원을 병원의 주차장 임대계약금으로 정히 영수한다"고 기재되어 있다. 위 영수증은 그 기재대로 임대차계약금으로 일정한 금원을 받았음을 증명하기 위하여 작성되는 서면에 지나지 아니하여 특별한 사정이 없는 한, **그로부터 원고와 피고 사이의 임대차 등 법률관계의 성립 내지 존부가 직접 증명되는 것은 아니므로**, 증서의 진정 여부를 확인하는 소의 대상이 될 수 없다.

3. 형성의 소의 이익

(1) 의 의

어떠한 경우에 형성판결에 의한 권리관계의 변동이 인정되는가에 대하여는 법률에 규정이 마련되어 있다. 이렇게 형성소송은 이행소송이나 확인소송과 달리 형성판결을 인정할 필요가 있는 경우에 법률이 일정한 요건 하에 특히 인정한 것이어서 그 주체나 요건이 법률에서 개별적으로 정하여져 있는 것이 원칙이고, 따라서 소정의 형성의 요건을 주장하여 소를 제기하고 있는 한, 원칙적으로 당연히 소의 이익이 인정되고, 그 유무에 대하여 다툼이 생기지 않는다(실제 형성요건이 충족되고 있는지 여부는 본안의 문제이다). 다만, 사후의 사정의 변경에 의하여 형성의 필요가 없게 되는 경우, 즉 소의 목적인 법률관계를 변동시키는 것이 무의미하게 되면 소의 이익은 없게 된다.

4-115

(2) 문제되는 경우

(가) 소송목적의 실현   원고가 형성판결에 의하여 의도한 법률상태와 마찬가지의 상태가 사실관계의 변동에 의하여 실현된 경우이다. 예를 들어 중혼(重婚)을 이유로 하는 후혼의 취소소송의 계속 중에 후혼이 이혼에 의하여 해소된 경우, 회사설립무효의 소나 설립취소의 소의 계속 중에 회사가 해산된 경우 등이다. 전자에서는 혼인취소, 후자에서는 회사의 설립의 무효나 취소의 효과는 소급효를 가지지 않고(가령 민법 824조), 혼인의 해소, 회사의 해산이라는 동일한 법률상태를 생기게 할 뿐이기 때문에 소의 이익이 없게 된다. 반면 형성판결이 기왕에 소급하여 그 효력을 가지는 경우에는 사정이 다르다. 가령 협의이혼으로

4-116

---

149) 대법원 2007. 6. 14. 선고 2005다29290, 29306 판결.

혼인관계가 해소된 경우에도 소급효가 인정되는 혼인무효의 소(확인의 소로 보는
입장도 있다)는 소의 이익이 있을 수 있다. 즉 형성의 대상이 도중에 소멸하였음
에도 불구하고 형성판결을 받는 데 원고가 법률상 이익을 가지는 때에는 소의
이익을 잃지 않는다.[150)]

4-117   (나) **사정변경**   원고가 형성판결을 받는 것에 의하여 실현하려는 실질적
목적이 사실관계의 추이에 의하여 이미 실현될 수 없는 경우에는 특별한 사정이
없는 한, 소의 이익을 잃는다. 가령 어느 이사의 퇴직위로금을 지급하는 취지의
주주총회결의에 대한 취소소송의 계속 중에 동일한 내용에 관한 안건이 재의결된
경우,[151)] 제3자이의의 소가 계속 중 강제집행이 끝난 경우 등이다.

◈ **예** ◈   丙을 이사로 선임하는 취지의 甲주식회사 주주총회결의취소소송 계속 중에
丙이 임기만료에 의하여 퇴임하고, 후임 이사로서 A가 선임된 경우에 소의 이익이 있
는가? 주주총회결의취소소송(상법 376조)의 판결에 소급효를 인정하기 때문에 가령, 이
사에게 지급한 보수의 반환을 청구하는 전제로 선임결의의 효력을 다툴 경우에는 소의
이익이 있다고 할 것이다.

V. 소의 이익의 소송상 취급

1. 직권조사사항

4-118   소송요건의 조사는 직권조사사항인데(☞4-7), 그 가운데 소의 이익은 사익
적 색채가 강하며 본안청구의 내용과도 밀접하게 관련하고 있는 점에서 그 조사
에 있어서는 변론주의에 의하여 자료를 당사자에게 수집시키면 충분하다.

---

150) 협의이혼으로 혼인관계가 해소된 경우에도 그 혼인무효가 현재의 법률상태에 직접적 영향
    을 미치는 이상 그 무효확인을 구할 법률상 이익이 있다(대법원 1978. 7. 11. 선고 78므7 판
    결). 혼인관계가 이미 협의이혼신고에 의하여 해소되었다면 청구인이 주장하는 위 혼인관계
    의 무효확인은 과거의 법률관계의 확인으로서 그것이 청구인의 현재의 법률관계에 영향을
    미친다고 볼 사정이 없는 한 단순히 여자인 청구인이 혼인하였다가 이혼한 것처럼 호적상
    기재되어 있어 불명예스럽다는 사유만으로는 확인의 이익이 없다(대법원 1984. 2. 28. 선고
    82므67 판결).
151) 적법한 절차에 따라 소집, 의결한 주주총회에서 하자 있는 종전의 결의를 그대로 추인하거나
    재차 동일한 안건에 대한 결의를 한 경우, 종전의 하자 있는 결의에 대하여 부존재나 무효확인
    또는 그 취소를 구할 소의 이익이 없다(대법원 2024. 7. 11. 선고 2024다222861 판결).

2. 소의 이익의 조사와 본안의 심리순서

소의 이익을 확실히 긍정한 뒤가 아니라면 본안판결을 내려서는 안 된다는 4-119
것이 현재의 **통설**이다. 그러나 기능적·목적적 관점에서 소의 이익의 존재가 확인
되지 않으나, 청구기각의 본안판결을 내릴 수 있는 단계에 이르렀다면 청구기각으
로서 처리하는 쪽이 무의미한 소송을 배척하는 데에는 종국적이고(소각하판결에서
는 소의 이익이 구비되면 재소가능) 소송경제에도 이바지하는 것이라고 생각한다.152)

3. 소의 이익을 갖추지 못한 경우

소의 이익은 본안판결을 하는 데에 필요한 요건이며 따라서 소의 이익을 갖 4-120
추지 못하였으면 소를 부적법 각하하여야 한다(소송판결).

◈ **소의 이익과 소권론과의 관계** ◈ 사인이 법원에 소를 제기하여 판결을 구하는
것을 그 사람의 권리로 보아 소권이라고 한다. 소권이라는 개념을 인정하고 그 내용을
본안판결청구권(소권을 승패에 관계없이 소송의 대상에 관하여 본안판결을 요구하는 권리로
파악)으로 보는 견해에서는 소의 이익이 존재하는 것이 소권의 요건이고, 소권의 존재
가 소송요건의 하나가 된다. 소의 이익은 「소권이익」이라고 불리고, 이것을 갖추지 못
하면 소는 각하된다. 이에 대하여 **권리보호청구권설**(구체적 소권설=소권을 자기에게 유
리한 판결[승소판결]을 요구하는 권리로 파악)에서는 소의 이익은 사법상의 권리의 존재와
함께 원고의 권리보호청구권의 요건으로 보고, 그 결과 소의 이익을 갖추지 못한 때에
는 본안이 이유 없는 것과 마찬가지로 청구기각의 판결을 하여야 한다. 종전에는 이러
한 영향을 받아 소의 이익을 갖추지 못한 경우에 청구기각의 판결을 한 예가 있었다.

---

152) 그런데 위와 같은 편의적인 취급이 시인되기 위해서는 소의 이익이 당사자 사이에서만 문제로
되는 성질의 것이라는 점이 필요하여, 가령 종래 소의 이익 가운데에서 논하여진 민사심판권의
한계가 문제로 되는 때에 민사심판권의 범위 내인 것을 확인하지 않고 청구기각판결을 내리는
것은 사법권의 한계를 일탈할 염려가 있어 허용될 수 없다. 또한 신분사건의 청구기각판결과 같
이 제3자에 대하여도 효력이 미치는 경우에도 소의 이익이 확인된 후의 본안판결이 아니라면 대
세효 등의 인정 때문에 위와 같은 편의적인 취급을 허용하여서는 안 될 것이다.

제 3 장

소제기의 효과

원고가 소장을 법원에 제출하는 것에 의하여 **원고**와 **법원** 사이의 소송법률관계가 성립하고, 소장부본을 피고에게 송달하면 **법원**과 **양쪽 당사자** 사이에 소송법률관계가 성립하는데, 이 상태를 소송계속이라고 부른다. 그리고 중복된 소제기의 금지(259조)도 소제기의 효과의 하나이다. 또한 소의 제기는 사법상의 권리행사의 방법의 하나이므로 사법상의 효과로 시효중단의 효과와 기간준수의 효과(265조 참조)를 가져온다.

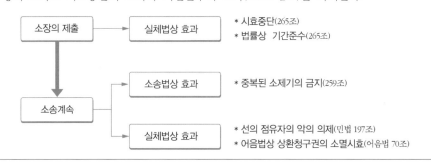

제 1 절   소송계속

5-1   소의 제기에 의하여 소송계속이 발생한다. 소송계속이라 함은 특정한 청구에 대하여 법원에 절차가 현실적으로 존재하는 상태, 다시 말하면 법원이 판결하는 데 필요한 행위를 할 수 있는 상태를 말한다.

소송계속이 구체적으로 언제 발생하는가에 대한 명문의 규정은 없다. 소장 제출시라는 입장도 있지만, **통설·판례**는 소장부본이 **피고에게 송달된 때**에 소송계속이 발생한다고 풀이한다.1) 비록 소제기에 앞서 가압류, 가처분 등의 보전절차가 선행되어 있다 하더라도 이는 상관없다. 소송법률관계가 법원, 원고, 피고 3자 사이의 3면적 법률관계라고 본다면, 피고에게 소장부본이 송달됨으로써 3면적 법률관계가 성립되고, 그에 따라 당사자가 다툼에 관한 공격방어를 펼칠 수 있기 때문에 소장부본송달시가 타당하다.

그리고 소송계속은 소장의 각하, 판결의 확정, 소송상 화해, 청구의 포기·인낙, 소의 취하 등에 의하여 소멸된다.

제 2 절 중복된 소제기의 금지

I. 의 의

이미 법원에 소송계속되어 있는 사건과 동일한 사건에 관하여 당사자는 다시 소를 제기하지 못한다(259조). 이를 중복된 소제기의 금지라고 한다(줄여서 중복제소금지). 한편 판결이 확정되어 소송계속이 끝난 뒤에는 중복제소의 문제가 아니라, 기판력의 문제가 된다.   5-2

중복된 소제기의 금지의 취지(근거)는 동일한 사건이 다시 이중으로 제기된 경우에 ① 피고의 어쩔 수 없는 이중응소의 방지, ② 법원의 중복심리에 따른 무용한 비용과 노력의 낭비를 방지, ③ 각각 판결이 내려져서 서로 모순·저촉되는 것은 판결에 대한 국민의 신뢰를 해치게 될 수 있으므로 이를 방지하기 위한 것이다. 이러한 실질적 취지를 배경으로 하여 다음과 같은 중복제소의 해당 요건 내지는 범위가 논의될 수 있다.

II. 해당 요건

이미 소송계속 중인 사건과 동일한 사건에 관하여 다시 후소가 제기되어야 한다. 중복된 소제기인지 여부의 판단은 원칙적으로 당사자 및 소송물(청구)의 동일이라는 두 가지 면에서 행한다. 전후 양소가 계속된 법원의 동일성은 문제되지   5-3

---

1) 한편, 소장이 법원에 제출되면 재판장이 소장을 심사하는데, 그 한도에서는 소장송달 전에 법원과 사건과의 관계가 생긴다. 이러한 상태를 독일법에서는 소송계속과 구별하여 단순히 계속(Anhängigkeit)라고 부르는데, 우리 법에서는 특별한 용어는 없다.

않으며, 소가 어느 법원에 제기되었는가와 관계없이 당사자 및 소송물이 동일하면 중복된 소제기에 해당될 수 있는 것이다.

1. 당사자의 동일

5-4   중복된 소제기의 금지의 요건으로서 우선 당사자의 동일성이 요구된다. 예를 들어 甲이 乙을 상대로 소유권확인의 소를 제기하여 소송계속 중에 관계 없는 丙이 乙을 상대로 제기한 동일물의 소유권확인의 소는 일단 대상이 되는 권리관계와 피고는 동일하더라도 원고가 다르므로 전소와 후소가 동일한 사건이라고 할 수 없다.

(1) 원·피고 역전형

5-5   원고와 피고의 지위가 동일할 필요는 없고, 원고와 피고가 전소와 후소에서 서로 바뀌어도, 즉 전소에서의 원고가 후소에서는 피고가 되어도 동일성은 인정되어 중복제소가 된다. 가령 甲이 乙을 상대로 (甲의) 소유권확인청구의 소를 제기하여 소송계속 중에 乙이 甲을 상대로 별소로 동일 물건의 (甲의) 소유권부존재확인청구를 하는 경우에는 중복된 소제기에 해당된다(후술 2. 소송물의 동일 (2) 참조).

(2) 판결의 효력을 받는 사람

5-6   전소와 후소에서 당사자가 동일한 경우 이외에 전소의 사실심 변론을 종결한 뒤에 소송물을 양수한 사람이 후소를 제기한 경우나 전소에서 당사자를 위하여 청구의 목적물을 소지한 사람(218조 1항. ☞11-24)에 대하여 후소가 제기된 경우에는 동일한 당사자로 간주되어 후소는 전소에 대하여 중복제소의 관계에 선다. 당사자가 다르더라도 후소 당사자가 전소의 판결의 효력을 받으므로(218조 1항) 판결의 효력이 모순·저촉될 수 있기 때문이다.

또한 소송담당에 있어서 권리귀속주체인 피담당자와 같이 기판력의 확장으로 전소의 판결의 효력을 받게 될 경우에도(218조 3항) 중복된 소제기로 본다(선정당사자의 제소 뒤에 선정자가 후소를 제기한 경우). 동일한 소송수행권을 양쪽이 행사하는 것은 판결의 효력의 모순·저촉의 방지 등의 중복된 소제기의 금지의 취지에 어긋나게 되므로 당사자의 동일성이 있다고 보는 것이다(그런데 채권자대위소송에 대하여는 좀 더 살펴볼 필요가 있다).

◈ **예-채권자대위소송** ◈ ① 채권자대위소송이 제기된 뒤에 채무자가 동일한 내용의 12-변호사시험
후소를 제기한 경우에 있어서 채권자대위소송을 법정소송담당이라고 해석하는 **통설**에 12-사법시험
서는 채무자의 후소는 중복된 소제기에 해당하여 부적법 각하된다. 다만, 이렇게 중복 20-5급공채시험
제소로 금지된다고 보면, 채권자대위소송의 기판력이 채무자가 대위소송의 제기 여부를
알았을 경우에 한하여 기판력이 미친다고 한 대법원 1975. 5. 13. 선고 74다1664 전원
합의체 판결과 논리의 모순이 있다는 지적을 하고, 그리하여 위 전원합의체 판결과의
일관성을 고려하여 무조건 중복제소로 부적법 각하할 것이 아니라 채무자에게 채권자
대위소송이 계속 중임을 알려 참가의 기회를 제공하고 부적법 각하함이 타당하다는 견
해도 있다.2) 한편 채권자대위소송을 법정소송담당이 아니라고 보는 **유력설**의 입장에서
는 위 경우에 각각 소송물도 다르고 당사자도 달라서 중복제소가 아니라고 볼 것이고,
설사 채권자대위소송을 법정소송담당이라고 보더라도 이를 중복제소로 처리하는 것은
문제가 있다고 한다.3) **판례**는 통설과 마찬가지로 비록 당사자는 다르다 할지라도 실
질상으로는 동일 소송이라고 할 것이므로 중복제소금지 규정에 저촉된다고 판시하였
다.4) ② **역**(逆)**의 경우**에 있어서도, **판례**는 양 소송은 동일소송이므로 후소인 채권자
대위소송은 중복제소금지 규정에 저촉된다고 보았다.5) 학설도 이러한 입장을 수긍한다.
그러나 이러한 경우는 채무자가 이미 자기 채권을 행사하고 있으므로 민법 404조 1항
의 해석상 요구되는 '채무자가 채권을 행사하지 않을 것'이라는 대위권 행사요건이 불
비되었다고 보아야 하고, 따라서 중복제소로 처리할 것이 아니라, 후소인 채권자대위소
송을 청구기각하여야 한다는 비판이 있다.6) ③ **대위소송의 경합의 경우**에 **판례**는 시
간적으로 나중에 계속하게 된 소송은 중복된 소제기라고 보았다(채권자취소소송의 경합은
후소).7) 이에 대하여 기판력에 관한 문제와 일관하려면 채무자가 채권자대위소송이 있

---

2) 이, 288면. 이에 대하여 강, 289면은 채권자의 대위소송의 판결효가 채무자에게 미치는지 여부
는 기판력의 문제이고, 소극적 소송요건인 중복제소의 경우와 동일시할 필요는 없는 것으로 기
판력의 저촉·충돌 가능성을 방지하려는 중복제소금지의 취지에 비추어 오히려 채무자가 채권자대
위소송의 제기 여부를 아느냐에 관계없이 일률적으로 이를 금지하는 것이 타당하다고 반박한다.
3) 호문혁, "채권자대위소송과 중복제소", 민사소송법연구(Ⅰ), 240면 이하. 남의 권리를 행사
하는 모습을 지닌 채권자대위소송보다는 자기 권리의 행사가 우선하여야 하므로 비록 채권
자대위소송이 먼저 계속되었어도 이는 변론종결시를 기준으로 민법 404조 1항의 해석상 요
구되는 '채무자가 채권을 행사하지 않을 것'이라는 실체법상 대위권 행사요건의 불비로 전소
인 채권자대위소송을 기각하여야 하는 것이지, 채무자의 소송이 뒤에 계속되었다고 하여 이
를 중복제소로 부적법 각하하여서는 안 된다고 한다(호, 147~148면).
4) 대법원 1995. 4. 14. 선고 94다29256 판결.
5) 대법원 1981. 7. 7. 선고 80다2751 판결. 한편, 위 경우를 중복된 소제기의 금지 규정의 저
촉으로 보지 않고, 채권자대위권은 채무자가 제3채무자에 대한 권리를 행사하지 아니하는 경
우에 한하여 채권자가 자기의 채권의 보전을 보전하기 위하여 행사할 수 있는 것이므로, 채
권자가 대위권을 행사할 당시 이미 채무자가 그 권리를 재판상 행사하였을 때에는 설사 패
소확정판결을 받았더라도 채권자는 채무자를 대위하여 권리를 행사할 **당사자적격이 없다**는
판례도 참조하라(대법원 1992. 11. 10. 선고 92다30016 판결, 대법원 1993. 3. 26. 선고 92
다32876 판결).
6) 호, 146면.
7) 대법원 1994. 2. 8. 선고 93다53092 판결.

는 것을 **알았을 때**에 다시 다른 채권자가 제기한 대위소송이 중복된 소제기가 된다고
볼 것이라는 견해와[8] 한편 채권자대위소송의 소송물은 채권자의 대위권 행사라고 보는
것이 타당하므로 이 경우는 각기 다른 대위권의 행사로 소송물이 다르므로 중복된 소
제기가 되지 않는다는 비판이 있다.[9]

◆ **비교-추심의 소** ◆   채무자가 제3채무자를 상대로 먼저 제기한 이행의 소가 법원
에 계속되어 있는 상태에서, 압류 및 추심명령을 받은 압류채권자가 제3채무자를 상대
로 나중에 제기한 추심의 소는 중복된 소제기에 해당하지 않는다.[10] 압류채권자는 채
무자가 제3채무자를 상대로 제기한 이행의 소에 소송참가할 수도 있으나, 채무자의 이
행의 소가 상고심에 계속 중인 경우에는 승계인의 소송참가가 허용되지 아니하므로 압
류채권자의 소송참가가 언제나 가능하지는 않으며, 압류채권자가 채무자가 제기한 이행
의 소에 참가할 의무가 있는 것도 아니고, 추심의 소의 본안에 관하여 심리·판단한다
고 하여, 제3채무자에게 불합리하게 과도한 이중응소의 부담을 지우고 본안심리가 중
복되어 당사자와 법원의 소송경제에 반한다거나 판결의 모순·저촉의 위험이 크다고 볼
수 없다 등이 그 논거이다.[11]

◆ **비교-여러 명의 채권자취소소송** ◆   여러 명의 채권자가 제기한 사해행위취소 및
원상회복청구의 소는 중복된 소제기에 해당하지 않는다. 채권자취소권의 요건을 갖춘 각
채권자는 고유한 권리로 채무자의 재산처분행위를 취소·원상회복을 구할 수 있기 때문
이다.[12] 한편, 참고로 보면 동일한 채권자가 보전하고자 하는 채권을 달리하여 동일한
법률행위의 취소 및 원상회복을 구하는 채권자취소의 소를 이중으로 제기하는 경우에 전
소와 후소는 소송물이 동일하다고 보아야 한다.[13] 그렇다면 중복된 소제기에 해당한다.

---

8) 이, 288면.

9) 호, 145~146면. 이러한 경우는 중복제소로 각하하는 것보다 오히려 변론을 병합하여 유사
   필수적 공동소송으로 처리하는 것(대법원 1991. 12. 27. 선고 91다23486 판결 참조)이 논리
   에 맞고 소송경제에도 부합한다고 한다.

10) 대법원 2013. 12. 18. 선고 2013다202120 전원합의체 판결.

11) 이에 대하여 채권자대위소송과 별 차이가 없는데, 달리 보는 것은 문제라는 지적으로는 이,
    288면.

12) 그리고 어느 한 채권자가 동일한 사해행위에 관하여 사해행위취소 및 원상회복청구를 하여 승
    소판결을 받아 그 판결이 확정되었다는 것만으로는 그 후에 제기된 다른 채권자의 동일한 청구
    가 권리보호의 이익이 없게 되는 것은 아니고, **그에 기하여 재산이나 가액의 회복을 마친 경
    우**에 비로소 다른 채권자의 사해행위취소 및 원상회복청구는 그와 중첩되는 범위 내에서 권리보
    호의 이익이 없게 된다(대법원 2005. 11. 25. 선고 2005다51457 판결). 각 소송에서 채권자의
    청구에 따라 사해행위의 취소 및 원상회복을 명하는 판결을 선고하여야 하고, 수익자 또는 전득
    자가 가액배상을 하여야 할 경우에도 수익자 등이 반환하여야 할 가액을 채권자의 채권액에 비
    례하여 채권자별로 안분한 범위 내에서 반환을 명할 것이 아니라, 수익자 등이 반환하여야 할
    가액 범위 내에서 각 채권자의 피보전채권액 전액의 반환을 명하여야 한다(대법원 2008. 6. 12.
    선고 2008다8690, 8706 판결).

13) 대법원 2012. 7. 5. 선고 2010다80503 판결.

2. 소송물(청구)의 동일

사건의 동일성이 인정되어 중복된 소제기에 해당되려면 원칙적으로 소송물   5-7
이 동일하여야 한다. 다음과 같은 경우가 문제된다.

(1) 청구의 취지가 같지만, 청구의 원인을 이루는 실체법상 권리가 다른 경우

소송물의 동일성은 소송물이론에 따라 그 기준이 달라지는 것이고, 즉 소송   5-8
물개념이 결정적 의미를 가지고, 따라서 중복된 소제기의 범위도 그에 따라서
달라진다. 가령 동일한 사실관계에 기하여 채무불이행을 원인으로 하는 손해배
상청구의 소를 제기하여 계속 중에 불법행위를 원인으로 하는 손해배상청구의
별소를 제기하는 경우에는 구소송물이론에 따르면 소송물이 다르므로 중복된
소제기에 해당되지 않으나, 신소송물이론에 따르면 소송물은 동일하고, 다만 공
격방어방법 내지 법률적 관점만 달리할 뿐이므로 중복된 소제기에 해당된다.

(2) 청구의 취지가 다른 경우

원고가 구하고 있는 권리보호(심판)의 형식이 소송물의 특정에 있어서 중요   5-9
한데, 신·구소송물이론 어느 쪽에서도 일반적으로 청구의 취지가 다르면 소송물
이 다르므로 청구의 취지가 다른 경우에는 중복된 소제기에 해당되지 않는다. 다
만, **청구의 취지가 다르더라도** 심리의 중복과 판결의 모순·저촉을 방지하고자
하는 중복된 소제기의 금지의 취지에 비추어 다음과 같이 그 **기초를 이루는 권
리관계가 동일한 경우**에는 사건으로서 동일성이 인정된다고 할 것이다.

(가) 적극적 확인청구와 소극적 확인청구

(가) 적극적 확인청구와 소극적 확인청구   가령 甲의 乙에 대한 (甲의) 소   5-10
유권확인청구가 계속 중 乙이 甲을 상대로 동일 물건의 (甲의) 소유권부존재확인
청구를 한 경우와 같이 동일한 권리관계에 관한 원고의 적극적 확인청구에 대하
여 피고의 소극적 확인청구는 원고의 청구기각을 구하는 것 이상의 의미가 없으
므로 양 청구는 동일한 사건이다.[14)]

---

14) 한편, 가령 甲의 乙에 대한 **소유권확인청구**가 계속 중 乙도 甲을 상대로 동일 물건의 **소유권
확인청구**를 한 경우와 같이 동일한 권리관계에 관한 원고의 **적극적 확인청구**와 피고의 **적극적
확인청구**는 전소의 기각판결이 피고의 소유권을 확인하는 것이 아니기 때문에 동일한 사건이라
고 할 수 없어 중복제소가 아니라는 입장이 있다(이, 287면; 정/유/김, 304면). 그러나 **생각건대**
이러한 경우는 중복심리의 가능성이 있고 또한 전후 양소가 기판력의 모순관계에 있어서 판결내
용이 저촉될 우려가 있으므로 중복제소금지의 원칙을 적용하여야 할 것이다(마찬가지 입장으로
는 강, 290면).

(나) 확인청구와 이행청구

5-11   ① **반복형소송**: 가령 대여금채권의 확인을 구하는 확인의 소를 제기하고 다시 별소로 그 금전의 이행청구를 구하는 소를 제기한 경우(또는 그 逆의 경우)와 같이 동일한 권리관계에 관한 확인소송과 이행소송이 반복적으로 경합하는 경우이다.

㉮ 이행의 소에 대한 청구기각은 반드시 그 청구권의 부존재에 기한 경우에만 한정되는 것은 아니므로(가령 기한미도래로 현재의 이행청구가 기각되는 경우), 어느 쪽이 선행하더라도 동일한 사건이 아니라는 견해도 있을 수 있다.

㉯ 이에 대하여 경우를 나누어 이행판결은 이행청구권의 존재를 확정하는 효력이 있으므로 그 한도에서 이행청구권의 확인판결과 동일한 기능을 하게 되므로 이행의 소가 먼저 제기된 경우에 후소로 확인의 소를 제기하는 것은 동일한 사건이지만, 확인의 소가 먼저 제기되었을 때에 이행의 소를 제기하는 것은 동일한 사건이 아니라고 보는 입장도 있다.[15]

㉰ 그런데 **다수설**은 동일한 권리관계인 이상, 심리의 중복과 판결의 모순저촉을 피하기 위하여 그 선후를 묻지 않고 어느 경우라도 별개의 소송절차를 인정할 필요는 없고, 중복된 소제기가 된다고 한다. 예를 들어 청구취지의 변경에 의하여 원고는 필요한 신청을 하면 충분하다고 한다. **생각건대** 청구의 취지가 다르더라도 심리의 중복과 판결의 모순저촉을 방지하고자 하는 중복된 소제기의 금지의 취지에 비추어 그 기초를 이루는 권리관계가 동일한 이행청구권에 관하여 채무부존재확인소송과 그 청구권에 기한 이행소송은 사건으로서 동일성을 인정할 수 있어 중복된 소제기에 해당된다고 본다.

㉱ 한편, 소의 종류에 따라서 청구의 취지가 달라 양소의 소송물이 동일하지 않은 이상, 중복된 소제기의 장면에서 포착한 것은 방향을 잘못 잡은 것이고, **확인의 소의 보충성**에 기하여 그 선후를 불문하고 확인의 소를 권리보호의 이익 내지는 자격이 없는 것으로 부적법 각하하고자 하는 입장도 있다.[16]

② **대향형소송**: 위와 같은 반복형소송 이외에 가령 甲이 乙을 상대로

---

15) 이, 292면; 정영, 391면.
16) 호, 153~154면. 김용, 204면도 확인의 소에 있어서 소의 이익의 흠결 등과 같은 다른 제도에 의하여 부적법이 될 수는 있을지언정, 중복된 소제기에 해당하지 않는다고 본다. 또한 이, 292면도 중복제소의 문제로 부적법하게 되지 않더라도 판결하기에 성숙하였는지 등 여러 가지 사정을 고려할 것이라고 한다.

손해배상채무의 부존재확인의 소를 제기하여 계속 중에 乙이 甲을 상대로 별소로
위 손해배상채무의 이행을 구하는 청구를 하는 경우(또는 그 반대의 경우)와 같은
대향형소송에 있어서도 반복형소송과 마찬가지로 청구의 취지가 동일하지는 않
지만, 이행청구권의 부존재확인소송과 이행소송은 사건의 동일성이 인정되어 중
복된 소제기에 해당된다고 생각한다.

	甲의 채무부존재확인소송	乙의 손해배상청구소송	
소송물	甲의 채무의 부존재	乙의 손해배상청구권	
소송물의 기초를 이루는 권리관계	甲·乙 사이의 손해배상채권의 존부	⇔ 동일	甲·乙 사이의 손해배상채권의 존부

◈ **예** ◈ 한편, 여기서 소송물 내지는 심판의 형식의 동일을 중복제소의 기준으로 한
다면 소의 종류에 따라서 청구의 취지가 다르고, 소송물이 같지 않으므로 중복된 소제
기의 장면으로 포착하지 않고, 소의 이익의 장면으로 처리할 수도 있다. 채무부존재확
인소송의 계속 중에 동일 채권에 기한 이행의 소가 제기된 때에는 원칙적으로 후소는
중복된 소제기가 되지 않고, 오히려 전소 쪽이 소의 이익이 없어 각하되어야 하고, 반
대로 이행소송의 계속 중에 채무부존재확인의 소가 제기된 때에는 전소 피고가 채무부
존재를 이유로 청구기각판결을 받으면 후소의 목적을 달성할 수 있으므로 후소 쪽이
소의 이익이 없어 부적법하다. 참고로 보면, **판례** 가운데에도 채권자가 채무인수자를
상대로 제기한 채무이행청구소송(전소) 중에 채무인수자가 채권자를 상대로 별소로 채
무부존재확인을 구하는 것(후소)은 그 청구취지와 청구원인이 서로 다르므로 중복제소
에 해당되지 않지만, 후소는 소의 이익이 없다고 본 것이 있다.[17]

(3) 일부청구와 잔부청구

가령 甲이 乙에 대하여 불법행위에 기한 6,000만원의 손해배상청구의 소를
제기하였는데, 이 소송계속 중에 甲은 乙에 대하여 손해액이 8,000만원인 것으로
판명되었다고 하여 2,000만원의 지급을 구하는 별소를 제기하는 경우와 같이 금
전 또는 대체물의 일정 수량의 이행청구에 있어서 가분적인 동일 채권의 수량적

5-12
23-법무사시험

---

17) 대법원 2001. 7. 24. 선고 2001다22246 판결. 참고로 보면, 원고가 자동차들이 아파트 단지 내
로 출입·통행 및 주차할 수 있음의 확인을 청구하면서 원고가 위 확인청구와 별도로 자동차들
의 아파트 단지 내로 출입·통행 및 주차에 대한 방해 금지를 청구하고 있는 경우에 앞의 출입·통
행 및 주차할 수 있음의 확인을 청구하는 부분은 확인의 이익이 없다고 본다(대법원 2006. 3.
9. 선고 2005다60239 판결).

일부를 전소에서 청구하고 그 잔부를 후소로 별도로 청구하는 경우에 중복된 소제기에 해당되는지 여부가 문제이다. 일부청구의 소송물을 어떻게 구성할 것인가에 따라(☞2-85) 그 판단이 나뉜다.

① **일부청구긍정설**: 판결확정 뒤의 잔부청구를 긍정하는 입장에서는 소송물은 그 일부에 지나지 않게 되고, 그 한도 내에서 소송계속의 효과가 발생하므로 일부청구의 소송계속 중 잔부청구의 별소는 중복제소금지에 저촉되지 않는다.

② **일부청구부정설**: 판결확정 뒤의 잔부청구를 부정하는 입장에서는 일부청구의 경우에도 채권 전부가 소송물이 되므로 소송계속 중 잔부청구의 별소는 중복제소금지에 저촉되어 허용되지 않는다. 잔부를 청구하고자 한다면 동일소송절차 내에서 청구취지를 확장하면 되고(소의 추가적 변경), 별소로 청구하는 등의 낭비는 불필요하며, 이는 기판력이 서로 저촉될 우려가 있다.18)

③ **명시적 일부청구긍정설**: 일부청구임을 명시하였을 때에는 그 부분만이 독립한 소송물이 되고, 따라서 잔부청구의 별소는 중복제소에 해당되지 않게 된다.19) **판례**도 명시적 일부청구긍정설의 입장이라고 할 수 있다.20) 이 경우, 일부청구임을 명시하는 방법으로는 반드시 전체 액수를 특정하여 그 가운데 일부만을 청구하고 나머지에 대한 청구를 유보하는 취지임을 밝혀야 할 필요는 없고, 일부청구하는 손해의 범위를 잔부청구와 구별하여 그 심리의 범위를 측정할 수 있는 정도의 표시를 하여 전체 손해의 일부로서 우선 청구하고 있는 것임을 밝히는 것으로 충분하다.21) 그리고 일부청구임을 명시하였는지 판단할 때에는 소장, 준비서면 등의 기재뿐만 아니라 소송의 경과 등도 함께 살펴보아야 한다.22)

④ **단일절차병합설**: 일부청구가 계속 중일 때 청구취지의 확장에 의하여 잔부를 청구하는 것은 상고심에서 허용될 수 없음에 비추어 문제이고, 한편 1회적 절차로 해결하는 것이 어려울 이유가 없는데도 일부청구임을 명시하였다

---

18) 강, 291~292면; 송/박, 286면. 그런데 청구취지의 확장 내지는 소의 변경은 서로 소송물이 다르다는 것을 전제로 하는 것인데, 한편 중복제소가 된다고 하는 것은 소송물이 동일하다는 것이므로 이는 앞뒤 모순이라는 지적이 있다(호, 152면).

19) 정영, 356면, 391면. 다만, 별소로 잔부청구를 하기보다는 청구의 확장에 의하는 것이 바람직하다는 지적이 있다(김용, 206면; 정/유/김, 293면).

20) 대법원 1985. 4. 9. 선고 84다552 판결.

21) 대법원 1986. 12. 23. 선고 86다카536 판결 등.

22) 대법원 2016. 7. 27. 선고 2013다96165 판결.

는 이유로 잔부를 별소로 청구하여도 무방하고 두 개의 절차를 벌일 수 있다는
것은 분쟁의 1회적 해결에 반하고, 아무래도 설득력이 약하다. 결국 일부청구가
명시적이든 묵시적이든 불문하고 사실심에 계속 중이어서 잔부마저 청구취지의
확장에 의하여 쉽게 흡수 청구할 수 있는 경우인데 별소로 잔부를 청구하는 것은
남소이다. 이때에 우선 동일 법원의 별개 재판부에 각 계속 중일 때에는 이부로,
동일 심급의 별개 법원에 계속 중일 때에는 이송으로, 동일 재판부에 계속중일
때에는 변론의 병합으로 절차의 단일화를 시도하여 보고, 그것이 잘 안 될 때에
는 후소를 각하할 것이다.23)

⑤ **검   토: 생각건대** 일부청구(분할청구) 그 자체의 적부는 처분권주의
의 문제와 관련하여 원칙적으로 긍정될 것이다. 그러나 후소로 별도 잔부를 청구
할 수 있는지 여부, 즉 중복된 소제기와의 관계에서는 피고의 동일 사건에 대한
중복된 응소의 부담, 법원에 의한 심리의 중복 등을 고려하여 이러한 폐해, 불이
익을 넘어서는 원고의 이익이 인정되는가에 따라 판단하여야 할 것이다.

(4) 소송물의 전제를 이루는 공격방어방법

소송물이 동일하여야 한다는 기준에 의하여 전소의 소송물과 후소의 소송물   5-13
이 동일하여야 하므로 소송물의 전제를 이루는 항변이나 선결문제로 주장한 권리
에 대하여 소를 제기하더라도 중복된 소제기에 해당되지 않는다.

◆ **예** ◆   원고가 피고를 상대로 매매에 기한 소유권이전등기청구를 하였을 때에 피고
가 잔대금을 받기 전에는 원고의 청구에 응할 수 없다는 동시이행항변을 하면서 별도
로 피고가 원고를 상대로 잔대금청구를 한 경우와 같이 피고가 동시이행항변이나 유치
권항변으로 제출한 반대채권을 다시 별소로 제기하여도 중복제소에 해당하지 않는다.
그리고 소유권에 기한 물건의 인도청구소송 계속 중 별소로 소유권확인청구를 한 경우
와 같이 선결문제인 소유권에 대하여 별소로 그 확인을 청구하여도 중복된 소제기가
되지 않는다.24)

---

23) 이, 293면. 호, 152면도 기본적으로 이러한 입장이다.
24) 만약, 수소법원이 동일하다면 소유권확인청구는 중간확인의 소(264조)가 된다. 또한 반대의 경
    우인 소유권확인 소송계속 중에 별소로 소유권에 기한 인도청구를 하더라도 역시 중복된 소제기
    가 아니다. 한편, 위 경우를 앞에서 이미 살펴본 바 있는 기초를 이루는 권리관계가 동일한 경우
    의 확인청구와 이행청구의 경합 문제와 착각하면 곤란하다.

(5) 상계의 항변

위와 같이 공격방어방법으로 주장한 권리에 대하여는 소송계속이 발생하지 않으나, 상계의 항변에 대하여는 대항한 액수에 있어서 그 판단에 기판력이 인정되는(216조 2항) 등 보통의 공격방어방법과 다르게 취급되는 특수성이 있어서 반대채권에 대하여 소송계속이 발생하는지 여부의 점에 대하여 논의가 있다. 가령 현재 계속된 소송에서 상계항변으로 주장된 채권(자동채권)을 별소로 청구하거나 (이른바 항변선행형), 반대로 이미 별소로 청구하고 있는 채권을 후소에서 자동채권으로 하여 상계항변을 할 수 있는가(이른바 별소선행형)가 중복된 소제기와 관련된다.25) 항변선행형, 별소선행형 각각의 형태에 따라 고려하여야 할 요소가 다른 점도 있으나, 대체로 논의는 중첩되므로 여기서는 구별하지 않고 살펴본다.

◈ **예** ◈   甲이 乙에 대하여 1,000만원의 대여금채권을 청구하는 소를 제기한 데 대하여, 乙이 1,500만원의 매매대금채권을 가지고 상계한다는 취지의 항변을 제출하였다. 그 후 乙은 甲에 대하여 위 1,500만원의 매매대금의 청구를 구하는 소를 제기하였다 (항변선행형). 乙의 소가 적법한지 여부가 문제된다.26) 한편, 乙이 甲에 대하여 1,500만원의 매매대금청구의 소를 제기하였다. 그 후 甲이 乙에 대하여 1,000만원의 대여금반환청구의 소를 제기하였다. 이 소송에서 乙은 1,500만원의 매매대금채권을 가지고 상계한다는 취지의 항변을 제출하였다(별소선행형). 乙이 상계의 항변을 제출할 수 있는지 여부가 문제된다.

---

25) 피고가 원고에 대하여 반대채권을 가지고 있는 경우에 피고의 권리의 행사로서는 별소에 의하는 방법, 반소에 의하는 방법 이외에 상계의 항변을 제출하는 방법이 있다. 그런데 위 3가지 방법 가운데 피고가 어느 한 가지만을 선택하여 권리행사를 하는 한도에서는 아무런 문제는 없으나, 상계의 항변과 별소의 방법을 병용하거나 또는 상계의 항변과 반소의 방법을 병용한 경우에는 문제이다.

26) 위 중복된 소제기의 논의 이외에 가령, 위 선행소송 항소심 변론기일에서 위 상계항변을 철회하였고 항소심은 청구를 일부 인용하는 판결을 선고하였는데, 그 판결이유에서 철회된 상계항변에 관해서는 판단하지 않고 확정되었다면, ① 소의 취하와 달리 소송상 방어방법으로서의 상계항변은 그 수동채권의 존재가 확정되는 것을 전제로 하여 행하여지는 일종의 예비적 항변으로서 상대방의 동의 없이 이를 철회할 수 있고, 그 경우 법원은 처분권주의의 원칙상 이에 대하여 심판할 수 없으므로 먼저 제기된 소송의 제1심에서 상계 항변을 제출하여 제1심판결로 본안에 관한 판단을 받았다가 항소심에서 상계 항변을 철회하였더라도 이는 소송상 방어방법의 철회에 불과하여 267조 2항의 **재소금지 원칙**이(☞10-10) 적용되지 않으므로 그 자동채권과 동일한 채권에 기한 소송을 별도로 제기할 수 있다. ② 그리고 216조 2항에서 판결이유 중의 판단인데도 상계 주장에 관한 법원의 판단에 기판력을 인정한 취지에 비추어(☞11-21), 선행소송의 항소심 판결은 철회된 상계항변에 관해서는 판단하지 않았으므로 상계항변에 관하여 **기판력**을 가지지 않는다(대법원 2022. 2. 17. 선고 2021다275741 판결).

① **적극설**: 상계의 항변 자체는 소송물이 아니라 공격방어방법에 지나지 않기 때문에 논리적으로는 중복의 소송계속에 해당되지 않는다. 또한 소송계속을 이유로 피고의 반대채권을 주장할 수 없게 하는 것은 피고의 권리실현에 정면으로 반하므로 피고의 이익을 위하여 반대채권에까지 소송계속의 효과를 적용시킬 수 없다.27) **판례**도 이러한 입장이다. 즉, 먼저 제기된 소송에서 상계항변을 제출한 다음(항변선행형), 그 소송계속 중에 위 자동채권과 동일한 채권에 기한 소송을 별도의 소(또는 반소)로 제기할 수 있다고 본다.28) 종래 별소선행형의 사안에서도 상계의 항변을 할 수 있다고 보았다.29)

② **소극설**: 상계에 제공된 반대채권의 존재에 대한 심리가 중복되어 기판력이 모순·저촉될 염려가 있으므로 중복제소금지를 유추적용하여 허용될 수 없다.30)

③ **절충설**: ㉮ 허용된다는 적극설에 원칙적으로 찬성하면서, 다만 항변선행형에 있어서 적극적으로 볼 경우에 생길 수 있는 심리의 중복과 기판력의 모순·저촉을 방지하기 위하여 자동채권에 관한 별소제기 대신에 기왕의 소송에서 석명권에 의하여 (예비적) 반소를 제기하도록 유도하거나 별도의 소를 이부, 이송 등에 의해 반소로서 병합되도록 노력하는 것이 타당하다는 견해가 있다(반소유도설 내지는 반소병합설).31) ㉯ 한편, 이부, 이송 등으로 병합하여 심리하도록 하되, 그것이 불가능하면 경우를 나누어 상계항변이 예비적이면 후소를 적법한 소로 허용하고, 무조건적인 것이면 중복제소로 처리하는 것이 가장 부작용이 없다는 견해도 있다.32)

④ **변론의 중지**: 어느 한쪽의 변론을 중지하여, 상계항변에 대한 판단

---

27) 김용, 318면; 김/강, 308면; 김홍, 351면; 송/박, 284면.

28) 대법원 2022. 2. 17. 선고 2021다275741 판결.

29) 대법원 1975. 6. 24. 선고 75다103 판결. 담당재판부로서는 전소와 후소를 같은 기회에 심리·판단하기 위하여 **이부, 이송 또는 변론병합** 등을 시도함으로써 기판력의 저촉·모순을 방지함과 아울러 소송경제를 도모함이 바람직하였다고 할 것이나, 그렇다고 하여 특별한 사정이 없는 한, 별소로 계속 중인 채권을 자동채권으로 하는 소송상 상계의 주장이 **허용되지 않는다고 볼 수는 없다**(대법원 2001. 4. 27. 선고 2000다4050 판결).

30) 강, 293면.

31) 이, 290~291면은 종래 반소로 제기할 것을 요구하여야 한다는 입장이었으나(반소요구설), 이는 처분권주의와 관련하여 타당하지 않다는 비판이 있자, 이제 입장을 다소 완화하여 구태여 별도의 소를 제기하였을 때에 바로 이를 각하할 것이 아니라, 별도의 소를 소송의 이부, 이송 또는 변론의 병합에 의해 기왕의 소송절차 있는 쪽으로 몰아서 그 절차의 반소로서 병합되도록 노력할 것이라고 하고 있다. 정/유/김, 306면; 정영, 392면도 이러한 입장이다.

32) 호, 155~156면.

이 있게 되면 별소는 기판력에 저촉되고, 상계항변에 대한 판단이 없게 되면 심리를 진행하도록 하여 자동채권에 대한 이중의 심판을 방지하고자 하는 독일 민사소송법의 입장도 소개되고 있다.

⑤ **검 토**: 상계의 항변은 소가 아니라 공격방어방법의 하나에 지나지 않고, 소와 달리 판결에서 반드시 응답되는 것은 아니다. 특히 예비적 상계항변에 대하여 실체적 요건에 들어가 심리가 행하여질 것인지 여부, 그 판단이 판결이유 중에서 행하여질 것인지 여부는 불확실하고 미필적이라는 것을 부정할 수는 없다. 따라서 중복된 소제기에 해당되지 않는다는 입장(판례 및 다수설)도 수긍하지 못할 바는 아니다. 그러나 양쪽이 병행하게 된다면 별도로 자동채권의 심리가 필요하여 실질적으로 심리가 중복되며, 소송경제상 헛수고가 발생하고, 나아가 상계의 항변에 대한 판결이유 중의 판단에 기판력이 인정되어(216조 2항) 판결의 효력이 모순·저촉될 우려가 있다는 것도 부정할 수는 없고, 이러한 의미에서 상계의 항변은 「감축된 반소」 내지는 「중간확인의 반소」라고 할 수도 있다. 따라서 중복된 소제기의 금지(259조)를 유추적용하여야 할 것이다.

3. 전소의 계속 중에 다시 후소를 제기하였을 것

5-15   전후 양소가 동일한 사건이면 전소와 후소가 같은 법원에 제기되었든 다른 법원에 제기되었든 중복된 소제기로 취급됨에 상관없다. 반면, 계속 중의 소송절차에서 반소를 제기하거나, 소를 추가적으로 변경하는 것은 금지의 대상이 되지 않는다.

◈ **예** ◈   원고의 채무부존재확인소송의 계속 중에 동일한 권리관계에 대하여 피고가 **반소로** 이행의 소를 제기하는 것은 중복된 소제기에 **해당되지 않는다**. 심판의 중복과 판결의 모순·저촉의 방지라는 중복제소금지의 취지에 비추어 전후 양소가 별개의 소로서 심리되는 경우에 한하여 중복된 소제기가 문제되는 것이고, 259조의 「다시」라는 문언에서 이해할 수 있듯이 중복된 소제기는 별개의 소를 제기하는 것을 의미하기 때문에 반소는 이에 해당하지 않는다.

한편, 금지되는 후소는 단일의 독립한 소일 것에 한하지 않는다. 다른 청구와 병합되어 있든지 다른 소송에서 소의 변경, 반소 또는 소송참가의 방법으로 제기되었든지 금지됨에 있어서 문제되지 않는다. 가령 소송계속 중에 소송의 목적인 권리의무가 승계되었을 때에 승계인이 신소를 제기하는 한편, 참가승계(81조)나 인수승계(82조)에 따라 전소의 당사자의 지위를 이어받았다면 신소가 소급하여 중복된 소제기가 된다.

III. 효과(중복된 소제기의 처리)

1. 부적법 각하

동일한 사건에 대하여 소송계속이 발생하고 있지 않을 것은 **소극적 소송요** 5-16
건이다. 중복된 소제기에 해당되면 후소는 부적법 각하된다. 중복된 소제기를 배척하는 것은 공익상의 요청이다. 법원은 직권으로 이를 고려하여야 하는 **직권조사사항**이다. 다만, 당사자 쪽이 법원보다도 중복제소의 존재를 잘 알 수 있을 것이므로 실제로는 당사자의 지적에 의하여 소송계속의 유무를 알 수 있는 항변적인 처리가 되는 경우가 많을 것이지만, 법원은 중복된 소제기에 해당되면 피고의 항변을 기다릴 필요 없이 후소를 부적법 각하하여야 한다. 그런데, 동일한 사건이라도 소의 변경 또는 반소로써는 적법할 여지가 있으므로 법원은 변론의 병합이 가능하다면 부적법 각하 대신에 병합심리의 방법을 취하는 것이 바람직할 것이다. 후소의 부적법 각하만을 경직적으로 중복제소 상태의 유일한 해소수단으로 삼을 필요는 없다고 본다.

한편, 중복된 소제기이더라도 **후소의 변론종결시**까지 전소가 취하·각하 등에 의하여 **소송계속이 소멸**되면 중복제소의 문제는 해소된다. 그러나 전소가 적법한 경우에만 중복된 소제기의 금지가 적용되는 것은 아니다. 설령 전소가 소송요건에 흠이 있어서 부적법하다고 할지라도 후소의 변론종결시까지 전소가 취하·각하 등에 의하여 소송계속이 소멸되지 않는 한, 후소는 중복된 소제기의 금지에 위배되어 각하를 면치 못한다.33)

---

33) 대법원 2017. 11. 14. 선고 2017다23066 판결. 그런고로 채권자가 채무자를 대위하여 제3채무자를 상대로 제기한 채권자대위소송이 법원에 계속 중 다른 채권자가 같은 채무자를 대위하여 제3채무자를 피고로 하여 동일한 소송물에 관하여 소를 제기한 경우에 전소의 적법 및 당부를 심리하여 진정한 채권자가 채무자의 권리를 적법하게 대위하고 있다는 결론에 이른 경우에만 후에 제기된 채권자대위소송을 중복제소로서 부적법한 것으로 판단하여야 하는 것은 아니며, 전소의 적법 및 당부를 심리하지 아니한 채 후소를 부적법하다고 본 것은 정당하다(대법원 1998. 2. 27. 선고 97다45532 판결).

2. 중복된 소제기를 간과한 판결

5-17   법원이 중복제소임을 간과하여 그대로 본안판결을 하였다면 상소에 의하여 취소를 구할 수 있다. 그러나 그 판결이 먼저 확정되면 기판력의 문제로 되고 오히려 아직 계속 중의 전소에서는 먼저 확정된 판결과 저촉되는 판결을 할 수 없게 된다. 그리고 만약 전후 양소의 판결이 어느 쪽도 모두 확정되고, 내용이 저촉되는 때에는 이제 전소와 후소라는 소제기의 전후는 문제되지 않고, 뒤의 확정판결이 앞의 확정판결의 기판력에 저촉되는 것으로 재심의 소에 의하여 취소되게 된다(451조 1항 10호. ☞15-11).

16-5급공채시험

   ◆ **국제적 중복제소(=국제적 소송경합)** ◆   동일한 당사자 사이의 동일한 분쟁에 있어서 국내의 법원과 외국의 법원에서 소송이 경합되어 계속되는 경우가 발생한다. 가령 외국 여행 중 비행기의 추락사고에 의하여 사망한 승객의 유족이 항공회사를 상대로 국내의 법원에 손해배상청구의 소를 제기하였는데, 이 소송에 앞서 이미 제조물책임을 물어 외국(특히 미국 등)의 법원에도 마찬가지의 소를 제기한 경우와 같은 이른바 원·피고 공통형과 외국기업이 한국기업을 상대로 자국에서 손해배상 등을 구하는 소를 제기한 경우에 한국기업이 그 대항조치로서(전략적 측면도 있다) 국내에서 당해 채무부존재확인의 소를 제기하는 경우와 같은 원고와 피고의 입장이 바뀐 이른바 원·피고 역전형도 있다. 위와 같이 국제적으로 소송이 중복되어 제소된 경우에 외국의 소송계속을 고려하여야 하는지 여부의 문제는 종래부터 259조 **중복된 소제기의 금지의 규정을 이 경우에 적용하여야 하는지** 여부의 문제로 논의되어 왔다. 이에 대하여 외국에서 이미 계속하고 있는 소송에서 장래에 내려질 판결이 국내에서 승인될 가능성이 있는 것을 요건으로서 종래부터 259조의 중복된 소제기의 금지의 취지를 국내소송에 적용하려는 입장인 **승인예측설**이 다수설이다.[34] **생각건대** 외국의 소송절차도 일정 한도에서는 존중되지 않으면 안 된다. 이는 소송경제의 점에서 유익하다. 법원이 이중의 심리에서 해방되는 것에 그치지 않고, 피고도 이중의 응소의 부담으로부터 보호된다. 그리고 가장 중요한 이유로는 판결의 모순·저촉의 방지 및 파행적 법률관계를 예방할 수 있다는 것이다. 그런데 소송계속을 고려하는 것을 전제로 하여 국내의 소송을 소송상 어떻게 취급할 것인가에 대하여 소의 각하와 절차의 중지(Stay)의 2가지의 방법을 생각할 수 있다. 소의 각하보다 절차의 중지 쪽을 지지한다.

   이에 대하여 최근 전부 개정된 국제사법의 11조 1항에서는 원칙적으로 외국법원의 재

---

34) 하급심 판결이지만, 서울지방법원 2002. 12. 13. 선고 2000가합90940 판결(미합중국 캘리포니아주 법원에 채무불이행을 원인으로 한 손해배상청구의 소가 제기되어 있는 사안), 부산지방법원 2007. 2. 2. 선고 2000가합7960 판결(일본에서 강제징용과 관련한 손해배상청구 등의 소가 제기되어 있는 사안)은 승인예측설을 취하였다.

판이 대한민국에서 승인될 것으로 예상되는 때에는 법원은 직권 또는 당사자의 신청에 의하여 결정으로 **소송절차를 중지**할 수 있다고 규율하여, 마찬가지 입장이다.

제 3 절 실체법상의 효과

소의 제기에는 민법 그 밖의 실체법에 의하여 시효중단(민법 168조, 247조 2항, 248조),35) 출소(出訴)기간 및 제척기간 등의 법률상의 기간준수의 효과(민법 204조 3항, 205조 2항 등), 선의점유자의 악의의 의제(민법 197조 2항), 어음법상 상환청구권의 소멸시효기간의 개시(어음법 70조) 등의 효과가 부여되고 있다. 그 밖에 채무자가 이유 없이 소송을 지연하는 것에 대한 방지책으로 금전채무의 이행을 명하는 판결을 선고할 경우에36) 소장 송달 다음 날로부터는 금전채무불이행으로 인한 손해배상액 산정의 기준이 되는 법정이율은 연 12%로 하고 있다(소송촉진 등에 관한 특례법 3조 1항).

5-18

이러한 효과의 발생과 소멸은 반드시 소송계속과 일치하는 것은 아니고, 각각의 효과를 인정한 규정 또는 취지에 따라서 정하여진다. 가령 시효중단이나 기간준수의 효과의 발생은 **소를 제기한 때**(소장 제출시)이지만(265조),37) 선의점유자의 악의의 의제나 어음법상 상환청구권의 소멸시효의 기산일은 그 취지로부터 피고에게 **소장이 송달**된 때라고 풀이한다. 지연손해금의 법정이율의 인상도 **소장 송달 다음 날**로부터이다.

◈ **채권자대위소송의 제기로 인한 시효중단효가 채무자에게 미치는지 여부** ◈　채권자 甲이 채무자 乙을 대위하여 丙을 상대로 부동산에 관하여 부당이득반환을 원인으로 한

---

35) 만기는 기재되어 있으나, 지급지, 지급을 받을 자 등과 같은 어음요건이 백지인 약속어음의 소지인이 그 백지 부분을 보충하지 않은 상태에서 어음금을 청구하는 것은 어음상의 청구권에 관하여 잠자는 자가 아님을 객관적으로 표명한 것이고, 그 청구로써 어음상의 청구권에 관한 소멸시효는 중단된다(대법원 2010. 5. 20. 선고 2009다48312 전원합의체 판결).

36) 한편, 금전채무에 관하여 채무자가 채권자를 상대로 **채무부존재확인소송을 제기하였을 뿐** 이에 대한 채권자의 이행소송이 없는 경우, 사실심의 심리 결과 채무의 존재가 일부 인정되어 이에 대한 확인판결을 선고하더라도 지연손해금 산정에 대하여 소송촉진 등에 관한 특례법 3조의 **법정이율을 적용할 수 없다**(대법원 2021. 6. 3. 선고 2018다276768 판결).

37) 민법상 재판상의 청구(민법 168조. 170조)에 시효중단의 효과가 부여되어 있지만, 효력발생의 시기가 소장의 법원에의 제출시인가 아니면 피고에게의 송달시인가에 대하여는 규정되어 있지 않으므로 민사소송법 265조에서 위와 같이 규정한 것이다.

소유권이전등기절차 이행을 구하는 소를 제기하였다가 소각하판결을 선고받아 확정되었고, 그로부터 3개월 남짓 경과한 후에 다른 채권자 丁이 같은 소송을 제기하였다가 피보전권리가 존재하지 않는다는 취지의 조정이 성립되었는데, 또 다른 채권자 戊가 조정 성립일로부터 10여 일이 경과한 후에 같은 내용의 소를 다시 제기한 사안에서(민법 170조 참조), **판례**는 채무자 乙의 丙에 대한 위 소유권이전등기청구권의 소멸시효는 甲, 丁, 戊의 순차적인 채권자대위소송에 최초의 재판상 청구인 甲의 채권자대위소송 제기로 중단된다고 본다.38)

22-변호사시험

◈ **추심의 소에서 피압류채권의 소멸시효 완성 여부** ◈   채무자가 제3채무자를 상대로 금전채권의 이행을 구하는 소를 제기한 후 채권자가 위 금전채권에 대하여 압류 및 추심명령을 받아 제3채무자를 상대로 추심의 소를 제기한 경우, 채무자가 권리주체의 지위에서 한 시효중단의 효력은 집행법원의 수권에 따라 피압류채권에 대한 추심권능을 부여받아 일종의 추심기관으로서 그 채권을 추심하는 **추심채권자에게도 미친다**. 그리하여 **판례**는 위 사안에서 채권자의 압류 및 추심명령으로 인하여 채무자의 제3채무자를 상대로 한 소송이 당사자적격이 없음을 확인한다는 내용의 화해권고결정으로 확정된 경우, 추심채권자가 그로부터 6개월 내에 제3채무자를 상대로 추심금청구소송을 제기하였다면(민법 170조 참조) 채무자가 제3채무자에게 제기한 재판상 청구로 인하여 발생한 시효중단의 효력은 추심채권자의 추심소송에서도 그대로 유지된다고 본다.39)

17-5급공채시험
23-법무사시험

◈ **일부청구와 시효중단효** ◈   원고가 2000. 6. 25.자 소장에서 1997. 8. 9. 의료과오로 발생한 불법행위 손해 등을 주장하여 손해배상으로 피고에 대하여 6,000만원을 청구하였다가(원고는 소장을 제출하면서 앞으로 시행될 법원의 신체감정결과에 따라 청구금액을 확장할 뜻을 표시하였다) 제1심 소송계속 중인 2000. 11. 28.에 청구금액을 7,000만원으로 확장하는 청구취지확장신청서를 제1심 법원에 제출한 사안에서 피고가 확장된 부분에 대하여 소멸시효의 항변을 하였다고 하자. 여기서 시효의 중단에 필요한 재판상의 청구는 소를 제기한 때 또는 청구취지확장신청서를 법원에 제출한 때에 효력이 생기고(265조), 특히 불법행위로 말미암은 손해배상청구는 그 손해 및 가해자를 안 날로부터 3년간 행사하지 않으면 시효로 인하여 소멸하는데(민법 766조 1항), 그렇다면 청구취지를 확장한 부분은 형식적으로는 3년의 소멸시효기간이 도과하였으므로 문제이다. 결국 쟁점은 **청구취지를 확장한 부분의 시효가 처음 소제기 시에 전부 중단되는지 여부**이다. 일부청구가 명시적인지 여부와 관계없이 시효중단의 효력은 실제로 청구한 그 일부에만 미치고, 청구하지 않은 부분에는 그 중단의 효력이 생기지 않는다는 **일부중단설**, 명시 여부에 따른 **절충설**, 명시 여부와 관계없이 그 권리관계 전부에 대하여 시효중단의 효력이 생긴다는 **전부중단설**이 있다. 가령, 명시적으로 일부를 청구하고, 소멸시효기간이 경과한 뒤 청구취지를 확장한 경우에 **절충설**에 따르면 확장 부분은 소멸

---

38) 대법원 2011. 10. 13. 선고 2010다80930 판결.
39) 대법원 2019. 7. 25. 선고 2019다212945 판결.

시효가 완성된 것으로 본다. 사견으로는 일부청구의 경우에는 실질적으로 권리 위에 잠자고 있지 않다는 점이 나타나고 있으므로 명시적인지 여부와 관계없이 그 권리관계 전부에 대하여 시효중단의 효력이 생긴다고 보는 **전부중단설**에 찬성하는데, 이에 따르면 법원은 피고의 소멸시효항변을 배척하게 된다. **판례**는 신체의 훼손으로 인한 손해의 배상을 청구하는 사건에 있어서는 그 손해액을 확정하기 위하여 통상 법원의 신체감정을 필요로 하기 때문에, 뒤에 법원이 선정한 **감정인의 감정결과를 보면서 그 결과에 따라 청구금액을 확장**하겠다는 뜻을 소장에 객관적으로 **명백히 표시**한 경우에는 그 소제기에 따른 시효중단의 효력은 소장에 기재된 일부청구액뿐만 아니라 그 손해배상청구권 전부에 대하여 미친다고 본다.40) 명시적 일부청구의 경우에 그 일부에만 미치는 것을 전제로 하면서도41) 융통성 있게 판단한 것이다.

그런데 소장에서 일부만을 청구하면서 소송의 진행경과에 따라 장차 청구금액을 확장할 뜻을 표시하였으나 소송이 종료될 때까지 **실제로 청구금액을 확장하지 않은 경우나 채권의 특정 부분을 청구범위에서 명시적으로 제외한 경우**에는 소송의 경과에 비추어 볼 때 채권 전부에 관하여 판결을 구한 것으로 볼 수 없으므로, 나머지 부분에 대하여는 재판상 청구로 인한 **시효중단의 효력이 발생하지 않고**,42) 다만 이러한 경우에도 소를 제기하면서 장차 청구금액을 확장할 뜻을 표시한 채권자로서는 장래에 나머지 부분을 청구할 의사를 가지고 있는 것이 일반적이라고 할 것이므로, 다른 특별한 사정이 없는 한 당해 소송이 계속 중인 동안에는 나머지 부분에 대하여 권리를 행사하겠다는 의사가 표명되어 **최고에 의해 권리를 행사하고 있는 상태가 지속**되고 있는 것으로 보아야 하고, 채권자는 당해 **소송이 종료된 때부터 6월내**에 민법 174조에서 정한 조치를 취함으로써 나머지 부분에 대한 소멸시효를 중단시킬 수 있다고 본다.43)

---

40) 대법원 1992. 4. 10. 선고 91다43695 판결 등.
41) 청구부분이 특정될 수 있는 경우에 있어서의 일부청구는 나머지 부분에 대한 시효중단의 효력이 없고 나머지 부분에 관하여는 소를 제기하거나 그 청구를 확장(청구의 변경)하는 서면을 법원에 제출한 때에 비로소 시효중단의 효력이 생긴다(대법원 1975. 2. 25. 선고 74다1557 판결; 대법원 2022. 5. 26. 선고 2020다206625 판결).
42) 대법원 2021. 6. 10. 선고 2018다44114 판결.
43) 대법원 2020. 2. 6. 선고 2019다223723 판결; 대법원 2022. 4. 28. 선고 2020다251403 판결. 그러나 이 판결에서 펼친 **최고의 법리**가 타당한가는 의문이다. 최고는 일정한 행위를 할 것을 상대방에게 요구하는 일방적 의사의 통지행위인데, 최고가 상대방인 피고 내지는 채무자에게 도달한 후에도 그 상태가 소송계속 중 지속된다고 보는 것은 의사의 통지에 기하여 잠정적인 효과를 생기게 하는 최고의 취지에 어긋나고 최고의 법적 성질과도 어울리지 않는다고 생각한다.

제2편 소송의 심리

제1장

심리의 기본원칙

법원은 사실의 존부의 판단에 필요한 자료를 획득하기 위하여 심리(당사자의 주장을 듣고, 다툼이 있는 사실에 대하여 증거조사를 하는 것)를 행한다. 헌법에 의하여 보장된 재판을 받을 권리와 관련하여 생각하면, 심리를 통하여 소송물에 대한 판단자료제출의 기회를 당사자에게 보장하는 것이 필요하다. 이것이 쌍방심리주의로 상징되는 절차보장의 이념이다. 또 적정한 재판으로 당사자에게 받아들여지기 위해서는 다툼이 있는 사실에 대하여 법원이 진실을 발견할 것이 요청된다. 구술심리주의나 직접심리주의 등의 원칙은 이 요청을 충족하는 역할을 한다. 또한 절차보장의 이념이나 진실발견의 요청은 당사자뿐만 아니라 재판권의 근원인 국민에게의 공개를 요구하는 공개심리주의에 의하여 담보된다. 그 밖의 심리와 관련한 기본원칙으로 처분권주의, 변론주의, 직권진행주의에 대하여는 이미 살펴본 바 있다.

원리·원칙	내용·근거	예외
공개심리주의	일반공개 (헌법 109조, 법원조직법 57조)	– 공개의 제한 – 소송기록열람 등 제한(163조) – 변론준비절차
구술심리주의 (134조 1항)	– 청구의 당부 판정을 위한 자료의 법원에의 제출방법 – 필수적 구술변론의 원칙(134조 1항 본문)	상고심

직접심리주의 (204조)	판결법관과 심리법관의 일치	수명법관 등에 의한 증거조사 (297조, 298조)
쌍방심리주의	당사자 쌍방에게 평등하게 주장·증명의 기회를 보장(헌법 11조, 민사소송규칙 28조 2항)	– 소액사건 – 독촉절차
적시제출주의 (146조)	청구의 당부 판정을 위한 자료의 법원에의 제출시기의 규제 – 재정기간제도(147조) – 시기에 늦은 제출 제재 (149조 1항) – 석명불응 제재(149조 2항) – 쟁점정리종료 뒤 제출 규제(285조)	가사소송과 같은 직권탐지주의 – 실체적 진실의 발견
집중심리주의 (272조)	미리 쟁점·증거정리 뒤 집중증거조사(293조)	

I. 공개심리주의

1. 의 의

공개(심리)주의(Grundsatz der Öffentlichkeit)는 변론, 증거조사 및 판결의 선   6-1
고를 공개된 법정에서 행하는 원칙이다. 헌법상의 요청이다(헌법 109조, 법원조직
법 57조). 일반 공중의 방청을 허용하는 주의를 일반공개주의라고 하고,1) 한편 당
사자에게만 재정(在廷)을 허용하는 것은 일반공개주의와 구별하여 당사자공개주
의라고 한다. 공개주의의 반대는 심리 및 판결의 비공개를 의미하는 소송밀행주
의이다. 공개주의에 의하여 사법권의 공정·공평한 행사와 국민에 대한 정보공개
를 도모할 수 있다.

2. 내 용

재판의 심리와 판결은 공개한다. 반면, 변론준비절차는 원칙적으로 비공개이   6-2
다.2) 여기서의 재판은 소송사건의 재판을 말한다. 따라서 조정절차(민사조정법 20

---

1) 일반공개의 원칙을 철저히 한다면 법정공개만으로는 충분하지 않고 텔레비전 등의 보도기관을
매개하는 텔레비전 공개 등을 생각할 수 있다. 한편 법원조직법 59조는 법정 안에서는 재판장의
허가 없이 녹화, 촬영, 중계방송 등을 할 수 없다고 규정하고 있다.
2) 변론준비기일은 수소법원이 아닌, 재판장등에 의해 진행되며, 변론기일과 달리 비공개로 진행
될 수 있다.

조), **비송사건절차**(비송사건절차법 13조)에서는 **공개주의가 배제**된다.

변론의 공개에 관한 사항(변론의 공개 여부와 공개하지 아니한 경우에는 그 이유)은 변론조서의 필수적 기재사항이다(153조 6호). 비공개재판은 당연히 무효가 되는 것은 아니지만, 절대적 상고이유가 된다(424조 1항 5호).

그런데 소송사건이라도 국가의 안전보장 또는 안녕질서를 방해하거나 선량한 풍속을 해할 염려가 있을 때에 수소법원의 결정으로 공개를 제한할 수 있다. 그러나 이는 재판의 심리에 한하며, 재판의 선고는 항상 공개하여야 한다(헌법 109조).

◆ **예** ◆ 신분관계소송에서 타인의 주목을 받고 싶지 않은 가정 내의 일들이 공개의 법정에서 까발려지는 것을 참지 않으면 안 된다는 점에서 당사자의 프라이버시가 소송절차에서 완전히 무시되고 있으며, 또 영업비밀 등이 소송의 대상이 되는 경우에는 공개주의는 소송상 권리행사에 중대한 제약사유가 된다. 즉 일정한 소송사건에서는 공개의 법정에서의 심리가 소송 당사자에게 감내하기 어려운 불이익을 주는 경우가 있어서 결국 공개주의는 당사자에게 권리행사를 망설이게 할 수 있다. 그리하여 이러한 경우에 공개주의를 제한할 수 없는가가 문제된다. 이를 대비한 명문의 규정이 없는데, 철저한 일반공개는 신중하게 재검토되어야 한다. 다만, 다음과 같이 163조에서 소송기록 중 비밀기재 부분의 열람 등을 제한하고 있다.

3. 소송기록의 열람 등

6-3 공개주의는 **소송기록**에도 적용되어 당사자 이외에 **이해관계 있는 제3자**도 소송기록의 **열람·복사**, 재판서 등의 교부 청구권을 가진다(162조 1항). 본래 소송기록에 대하여는 공개주의 그 자체가 적용되는 것은 아니지만, 법은 공개주의의 취지를 존중하여 이해관계 있는 제3자의 열람 등을 인정한 것이다. 또한 사법절차를 보다 투명하게 하고 재판에 대한 적정성을 확보하며 나아가 사법에 대한 국민의 신뢰를 높이기 위하여 이해관계인 이외에 **일반인**에게도 **권리구제·학술연구 또는 공익적 목적**이 있으면 **재판이 확정**된(즉 계속중 사건 제외) 소송기록의 **열람을 허용**하되, 심리가 비공개로 진행된 사건이거나 당해 소송관계인이 동의하지 아니하는 경우에는 **열람**을 **제한**하도록 하였다(동조 2항, 3항).

위 규정에도 불구하고 **누구든지** 판결이 **선고된 사건의 판결서**(확정되지 아니한 사건에 대한 판결서를 포함하며, 「소액사건심판법」이 적용되는 사건의 판결서와 「상고심절차에 관한 특례법」 4조 및 이 법 429조 본문에 따른 판결서는 제외)를 인터넷, 그 밖의 전산정보처리시스템을 통한 전자적 방법 등으로 열람 및 복사할 수 있다 (163조의2 1항 본문). 판결서에 대한 접근성을 높여 재판의 공개원칙이 실질적으로 보장되도록 한 것이다. 다만, 변론의 공개를 금지한 사건의 판결서로서 대법원규칙으로 정하는 경우에는 열람 및 복사를 전부 또는 일부 제한할 수 있다(163조의2 1항 단서).

한편, 소송기록의 열람 등을 통하여 프라이버시나 영업비밀이 누설될 우려가 있는데, 비밀의 유지를 바라는 당사자의 입장에서 이러한 것이 소송기록에 나타나는 것을 두려워하여 비밀사항에 관한 주장·증명을 주저하게 되고, 그 결과 패소의 위험에 빠지는 것을 방지하고자 법원은 당사자의 신청에 따라 소송기록 중에 당사자의 **사생활에 관한 중대한 비밀** 및 당사자가 가지는 **영업비밀**(부정경쟁방지 및 영업비밀보호에 관한 법률 2조 2호에 규정된 영업비밀을 말한다)이 적혀 있는 부분에 대한 열람 등을 신청할 수 있는 사람을 **당사자**로 **한정**할 수 있도록 하고 있다(163조 1항).3) 위 신청이 있는 경우에는 그 신청에 관한 재판이 확정될 때까지 제3자는 비밀 기재부분의 열람 등을 신청할 수 없다(동조 2항). 이 163조는 162조에 대한 예외적 규정이다.

◈ **비밀의 보호** ◈ 가령 甲은 乙이 운전하던 차량에 부딪혀서 부상을 입었는데, 이로 인해 甲은 병원에 입원해서 치료를 받던 중 우연히 자신이 후천성면역결핍증(이하 AIDS)에 걸린 사실을 알게 되었다. 그 후 甲은 乙을 상대로 위 교통사고로 인한 손해배상을 구하는 소를 제기하였는데, 甲은 위 소송에서 법정에 증거로 현출되어야 할 진료기록을 통해 자신의 AIDS 감염 및 치료 사실이 노출되는 것을 원하지 않고 있다. 이렇게 사회의 고도화·복잡화와 함께 법적으로 보호되어야 할 비밀(가령 영업비밀이나 개인의 프라이버시)이 여러 가지 형태로 나타나고 있는데, 소송절차에서도 이를 배려할 필요가 있게 되었다. 민사소송의 분쟁해결기능을 저하·상실시키지 않기 위하여 비밀을 보호하는 것은 불가결한 요청이 된다. ① 소송기록의 열람 등의 제한(163조), ② 증언 등의 거절권(315조 등), ③ 문서제출의무의 거부사유(344조 1항 3호 단서, 344조 2항), ④

---

3) 352조에 따라 미확정 상태의 다른 소송기록을 대상으로 하는 문서의 송부가 촉탁된 경우, 해당 소송기록을 보관하는 법원은 정당한 사유가 없는 한 이에 협력할 의무를 부담한다(352조의2). 이에 따라 이해관계의 소명이 없는 제3자라 할지라도 다른 미확정 상태의 소송기록을 대상으로 문서송부촉탁을 신청하여 채택된다면, 대상 기록에 관해 163조의 소송기록 열람 등 제한이 되어 있지 않은 경우에는, 제한 없이 미확정 상태의 소송기록을 열람할 수 있는 결과가 된다. 미확정 상태의 소송기록에 적혀 있는 영업비밀을 보호할 필요성이 더욱 크다(대법원 2020. 1. 9.자 2019마6016 결정).

문서의 일부제출명령제도(347조 2항), ⑤ 비밀심리절차(347조 4항) 등이 민사소송법이 인
정하는 비밀보호의 예라고 할 수 있다.

그리고 2023년 개정 민사소송법은 소송관계인의 생명 또는 신체에 대한 위
해의 우려가 있다는 소명이 있는 경우에 법원은 해당 소송관계인의 신청에 따라
결정으로 소송기록의 열람·복사·송달에 앞서 주소 등 대법원규칙이 정하는 개
인정보로서 해당 소송관계인이 지정하는 부분이 당사자 및 제3자에게 공개되지
않도록 조치할 수 있도록 하는 규정을 신설하였다(163조 2항. 2025. 7. 12. 시행).

II. 구술심리주의

1. 의 의

6-4   구술(심리)주의(Grundsatz der Mündlichkeit)는 변론이나 증거조사를 말로 하
여야 한다는 원칙이다. 역사적으로 보면 프랑스대혁명 뒤의 근대법치국가가 요
구한 재판의 공개라는 정치적 요구에 결합하기 위하여 생겨난 이념이다. 반대는
서면(심리)주의인데, 서면주의는 사건에 대한 당사자의 진술도, 법원의 증거조사
도 제출된 서면을 통하여서만 할 수 있다는 주의이다.

구술주의는 내용이 복잡한 사건의 경우에 이해하기 어렵고, 기억·기록하기
어려운 결점은 있지만, 말로 하는 진술은 신선하고 듣는 사람에게 강한 인상을
주며, 진술의 불명확·모순을 직접 지적하는 것도 용이하고, 절차에 기동성을 부
여하고, 직접주의나 공개주의와도 연결 짓기 쉽다는 이점이 있다.

2. 내 용

(1) 원칙으로서의 필수적 구술변론

6-5   현행법은 당사자는 소송에 대하여 법원에서 변론하여야 한다고 하여 필수적
구술변론을 채택하고 있다(134조 1항 본문).4) 다만, 상고심은 변론 없이 판결할 수
있다(430조).

(2) 서면의 이용에 의한 구술주의의 보완

6-6   (가) 서면의 이용의 필요성   소송의 심리는 본안의 신청을 이유 있게 하는

---

4) 변론은 당사자가 말로 중요한 사실상 또는 법률상 사항에 대하여 진술하거나, 법원이 당사자에
게 말로 해당사항을 확인하는 방식으로 한다(민사소송규칙 28조 1항).

사실주장의 존부확정이라는 것으로 마무리된다고 간단히 이해할 수 있지만, 사실이 복잡하여 심리의 대상이 주요사실 이외에 많은 간접사실·보조사실에까지 미치는 경우에는 당사자도 법원도 기억만으로 심리·판단하는 것은 거의 불가능한 것이다. 게다가 사회현상의 복잡화, 법규범의 치밀화, 사회분쟁의 집단화·다량화 현상이 발생하고 있는 요즈음은 재판시설의 물리적 능력에 있어서 한 사건의 심리시간을 단축할 수밖에 없고, 당사자의 희망대로 변론을 충분히 하도록 할 수는 없다. 이러한 객관적 상황에서 본래의 구술주의를 관철하는 것은 거의 불가능한 것이다.5) 따라서 소송심리의 능률을 도모하기 위하여 심리를 압축시켜 변론의 어느 부분인가에 수정을 가할 필요가 있다. 그렇다고 구술주의가 형해화(Karikatur einer Verhandlung)되거나 구술주의의 포기에 이르러서는 안 된다. 구술주의의 장점을 소송심리에 끌어들이면 당사자를 의욕적으로 소송에 참가시킬 수 있다. 소송심리의 최종 목표인 판결형성작업에 자기가 참여하고 있다고 실감하는 경우에 당사자는 충분히 사실·증거의 조사·검토를 하는 것이 촉발되고 심리가 활발하게 된다. 법관도 그렇게 되면 심리의 내용을 이해·파악하는 것이 계속적으로 가능하고, 적절한 시기에 소송지휘를 하여 분쟁해결이라는 목표를 향하여 당사자를 이끌 수 있다. 구술주의와 서면주의 각각의 장점을 살리면서 양 주의를 병용하여 서로 조화를 꾀하여야 할 것이다.6)

(나) 현행법에 있어서 서면의 이용

　　① 심판의 기초를 이루는 중요한 소송행위에 대하여는 원칙적으로 서면　6-7 으로 할 것이 요구되고 있다. 소의 제기, 항소·상고·재심의 소, 항고, 소의 변경, 소의 취하, 관할의 합의, 소송고지 등이 그것이다. 탈락·망각의 위험성이라는 구술주의의 단점에 대한 보완이다.

　　② 복잡한 사실관계, 상세한 이론의 전개가 필요한 경우에도 서면의 제

---

5) 내용이 간이한 사건이고 심리에 있어서 당사자의 충분한 준비가 되어 있는 경우에는 구술주의에 의하여 심리를 신속·적정하게 진행할 수 있다. 그러나 소송사건의 대량 발생과 법원의 물리적 조건은 순수한 구술주의의 유지를 불가능하게 하고 있다. 종전의 실무를 보면, 가령 준비서면 등을 제출한 경우에 변론에서 「몇 월, 며칠자 준비서면대로 진술한다」라는 발언에 의하여 서면에 기재된 내용 전체를 진술한 것으로 취급하고, 증인신문은 자유진술식이 아닌, 당사자가 원하는 답변내용을 기재한 신문사항에 대하여 증인이 「예」, 「아니오」, 「모른다」 중 하나의 답변만을 하는 것이 통상적인 모습이라고 할 수 있었는데, 이 경우에 있어서 구술주의는 단순히 확인적·보고적 의미만 가진다.

6) 구술주의와 서면주의의 관계에 대하여 일반적으로 구술주의를 민사소송의 기본원리로 파악하고, 서면주의는 구술주의를 수정하고 보충하는 방법으로서 받아들이고 있다.

출이 요구된다. 변론의 준비를 위한 준비서면의 제출·상고이유서의 제출 등이 그 것이다. 게다가 서면의 제출·부제출에 일정한 법적 효과를 부여하고 있다(148조, 276조). 검토의 곤란성이라는 구술주의의 단점에 대한 보완이다.

③ 그리고 법원에 있어서도 심리의 과정을 정확히 보존할 필요에서 변 론에 있어서 변론조서를 작성하여야 한다고 하여(152조) 구술주의의 단점을 보완 하고 있다. 또 재판의 결과에 대하여도 원칙적으로 판결서를 작성하여야 한다 (208조). 기억·보존의 곤란성이라는 구술주의의 단점에 대한 보완이다.

④ 신속한 판단이 필요한 **결정절차**에서는 필수적 변론이 배제되는 결과 서면주의가 받아들여지는 경우가 있다. 그리고 판결을 하는 경우라도 소송비용의 담보를 제출하지 아니한 경우(124조), 부적법한 소의 경우(219조) 등에 있어서는 구술변론을 거치지 않는 경우도 있는데, 이는 소송자료의 판단이 용이하고, 특히 신속하게 할 수 있는 경우에 한하고, 그 의미에서 구술주의의 발현이 그다지 필 요하지 않은 절차이다.

6-8 　　(다) 서면의 이용의 한계　　증거조사에 있어서 직접주의는 구술주의를 떠날 수 없다. 특히 증인신문, 즉 증언의 신빙성을 담보하기 위하여 법관이 직접 심증 형성을 하는 것이 필요한 경우에는 법관은 자기의 눈과 귀와 입으로 확인할 필요 가 있다. 이 장면에서는 여전히 구술주의는 엄연히 본래의 모습으로 존재할 것이 요구된다. 다만, 법원이 서면의 제출에 의한 진술로 충분하다고 인정할 때에는 증인으로 하여금 출석·증언에 갈음하여 서면을 제출할 수 있게 하였다(310조).

III. 직접심리주의

1. 의　의

6-9 　　직접(심리)주의(Grundsatz der Unmittelbarkeit)는 재판을 행하는 법관이 직접 당사자의 주장을 듣고 증거를 조사하여야 하는 원칙으로, 반대는 다른 사람이 심 리한 결과를 기초로 재판하는 간접(심리)주의이다. 당사자의 주장이나 사안을 이 해하는 데에는 직접주의가 적당하나, 해당 법관이 항상 심리에 참가하여야 하므 로 직접주의는 소송경제상으로 단점이 있다(법원의 인적 체제가 한계가 있는 이상, 반 드시 효율적 방식이라고 볼 수 없다).

2. 내 용

(1) 원칙으로서 직접주의

현행법은 직접주의를 원칙으로 하고 있다. 즉 판결은 기본이 되는 변론에 관 6-10
여한 법관이 하여야 한다(204조 1항). 이는 변론의 결과를 살펴 판결 내용을 작성
하는 것을 말하고, 다만 판결의 선고에만 관여하는 경우에는 판결의 선고는 이미
확정된 판결을 고지하는 것에 불과하므로 직접주의가 적용되지 않고 변론에 관
여하지 않았던 법관에 의해서도 할 수 있다.7)

(2) 직접주의의 변용과 후퇴 – 변론의 갱신

심리 도중에 법관이 바뀐(更迭) 경우에는 종전의 변론결과를 당사자가 새로 6-11
운 법관의 면전에서 진술하는 변론의 갱신을 행한다(204조 2항). 직접주의를 엄격
하게 관철하면 다시 변론이나 증거조사를 재차 행하여야 하는데, 처음부터 심리
를 되풀이 하는 것은 소송경제에 반하므로 종전의 변론의 결과를 보고하는 것으
로 충분하도록 한 것이다. 그 한도에서는 직접주의가 충족된 것으로 간주된다.
그런데 실무상으로는 당사자가 새로운 법관의 면전에서 종전의 변론결과를 진술
하는 것이 아니라, 이를 조서에 기재하여 놓는 요식행위에 그치고 있다(형해화)는
문제점도 있다.

동일 심급의 변론 중에 법관이 바뀐 경우뿐만 아니라 이송이나 항소에 의하
여 법관이 바뀐 경우와 그리고 재심사건의 본안심리에 들어서는 경우에도 변론
의 갱신은 필요하다.8)

(3) 직접주의의 위반

위 규정의 위반은 「법률에 따라 판결법원을 구성하지 아니한 때」에 해당되 6-12
어 절대적 상고이유(424조 1항 1호) 또는 재심사유(451조 1항 1호)가 된다.

---

7) 판결내용의 확정 뒤에 관여법관의 전임 등으로 판결서에 서명날인이 불가능한 경우는 다
   른 법관이 판결에 그 사유를 적고 서명날인할 수 있다(208조 4항). 그러나 변론종결일의 재
   판에 관여한 법관과 판결서에 서명날인한 법관이 서로 다른 경우는 기본이 되는 변론에 관
   여하지 않은 법관이 판결을 한 것이므로 위법하다.
8) 다만, 소액사건에서는 변론의 갱신 없이 재판할 수 있다(소액사건심판법 9조 2항).

◈ **예** ◈   법관이 바뀌었음에도 불구하고 당사자가 「종전의 변론결과」를 진술하지 않았다. 그런데 바뀐 법관은 「종전의 변론결과」를 판결의 기초로 채택하였다. 이는 직접주의의 요청을 충족하지 않은 경우로 절대적 상고이유, 재심사유가 된다고 할 것이다. 다만, 이러한 입장에서는 종전의 변론결과를 진술할 기회가 부여되었음에도 스스로 게을리 하고, 게다가 스스로 그것을 이유로 판결은 위법하다고 주장하여 고의로 판결의 취소를 획책한다는 악용의 가능성이 있게 된다. 따라서 종전의 변론결과의 진술의 흠은 소송절차에 관한 이의권의 포기·상실(151조)에 의하여 치유된다는 견해도 있을 수 있다.

(4) 증거조사

6-13   **(가) 증인신문**   증인신문에 있어서는 직접주의의 요청이 보다 강하므로, 직접주의의 형해화를 막기 위하여 **단독사건**의 판사가 바뀐 경우나 **합의부**의 법관의 **반수** 이상이 바뀐 경우에 당사자의 신청이 있으면 증인을 다시 신문하여야 한다(204조 3항).

6-14   **(나) 수명법관 등에 의한 증거조사**   증거조사를 법정 내에서 실시하기 어려운 사정이 있을 때에는 수명법관·수탁판사에게 법원 밖에서 증거조사를 시키고 그 결과를 기재한 조서를 재판자료로 하도록 하였는데(297조, 298조), 이 한도에서는 간접주의에 의한다. 외국에서 증거조사를 시행하는 경우에 그 나라에 주재하는 우리나라 대사, 공사, 영사 또는 그 나라의 관할 공공기관에 촉탁하는 것도 마찬가지이다(296조).

◈ **법관 정기인사와 '한 바퀴 돈다'** ◈   2월 하순 법관정기인사가 있은 뒤 변경된 재판부에서 맞이하는 3월 한 달의 재판일정은 종전 재판부에서 이미 정해 놓은 경우가 대부분이고, 이 때 후임자로서 가장 힘든 것이 속행되어 온 사건의 기록을 검토하고 심리를 준비하는 일이다. 그래서 3월 재판일정을 마치게 되면 속행 사건에 대한 파악이 거의 이루어지고 숨고르기를 하며 자신의 관점에서 심리방향을 설계해 보는 여유가 생기게 된다. 법관 사이에서는 이러한 3월 일정을 가리켜 '한 바퀴 돈다'는 표현을 쓴다. 메모를 물려받아 속행 사건을 검토하는 것이 고되기는 하지만 법관에게는 신선한 긴장감을 불어 넣어준다. 그리고 **변론이 갱신**된 법정에 들어와 낯선 판사와 마주하는 당사자와 대리인의 입장에서는 바뀐 판사가 나의 사건을 정확히 파악하고 있는지 궁금하고 불안한 마음일 것이다. 때로는 종전 재판부 하에서 패색이 짙었다고 느낀 당사자 측에서는 새로운 관점으로 사건을 바라봐 주었으면 하는 기대가 들기도 할 것이다. 그러한 심정을 이해하기에, 종전의 진행결과와 사건의 쟁점을 잘 파악하여 의구심을 해소시켜 드리는 한편 편견에 빠져 있다는 오해를 사지 않도록 준비와 언행에 신중을 기하게 된다(최OO 판사의 2016.5.2.자 법률신문 오피니언).

IV. 쌍방심리주의

1. 의 의

쌍방심리주의(Grundsatz des gegenseitigen Gehörs)는 당사자 쌍방에게 평등하　　6-15
게 그 변명을 다하고, 주장·증명의 기회를 충분히 주는 것을 요청으로 하는 원칙
으로, 절차보장의 중심적인 것이다. 쌍방심리라는 표현은 법원 측에서 본 것이고,
당사자 측에서 보는 경우에는 당사자평등의 원칙 또는 무기평등의 원칙이라고도
한다. 적정한 재판을 받을 권리와 법 앞의 평등 및 개인의 존엄·가치의 소송상의
발현이다.

2. 내 용

(1) **판결절차**에 있어서는 필수적 변론(134조 1항)에 기하여 변론에서는 쌍　　6-16
방심리주의가 관철된다. 당사자 쌍방을 동시에 대석시켜 변론·증거조사를 행하
는 필수적 변론은 쌍방심리주의를 실현하는 심리방식이다. 이에 대하여 권리관
계의 확정 그 자체를 목적으로 하지 않는 가압류, 가처분 등 **보전절차** 등에서는
변론이 필수적인 것이 아니고(동조 동항 단서), 쌍방심리주의가 엄격히 적용되는
것은 아니다. 그러나 이러한 절차에 있어서도 일방심리에 대하여 상대방으로부
터 이의신청이 있으면 쌍방심리주의의 취지가 존중된다.

(2) 가령 당사자 일방의 사망을 비롯하여 소송계속 중에 일방에게 소송을 수
행할 수 없는 사정이 생긴 경우 등의 소송절차의 중단·중지제도(233조 이하)는 실
질적으로 쌍방심리주의를 보장하기 위한 것으로 중요하다. 또한 소송절차의 중
단·중지의 사유에 해당하지 않는 경우에도 가령 당사자가 자기 책임으로 돌릴
수 없는 사유로 결석하고, 대리인이 출석할 기회마저 없은 채 패소된 경우에 대
리권의 흠을 이유로 상소 또는 재심에 의하여 구제되어야 하는 것(424조 1항 4호,
451조 1항 3호)은 쌍방심리주의의 당연한 요청이라 할 것이다.

(3) 쌍방심리주의는 당사자 양쪽이 변론에 출석·대석할 수 있는 기회가 주
어지면 충분하고, 현실적으로 한쪽이 결석하더라도 절차의 진행에 지장이 없다.

(4) 한편, 쌍방심리주의에 의하여 공격방어의 기회가 주어진 당사자가 그것
을 이용하지 않은 경우에는 그 당사자에게 일정한 불이익을 부과하더라도 어쩔
수 없는 것이다. 이는 상대방이나 법원의 행위에 대한 소송절차의 위반을 주장하

는 권능인 소송절차에 관한 이의권의 포기·상실(151조) 등이 있을 수 있는 것과
관련된다.

V. 적시제출주의

공격방어방법의 제출에 관한 원칙으로 적시제출주의를 채택하고 있고(146조).8) 나아가
재정기간제도(147조), 적시제출주의에 위반한 경우의 실권효에 관한 규정으로 실기한 공
격방어방법의 각하를 두고 있다(149조 1항).9)

1. 의   의

6-17   적시제출주의(Rechtszeitigkeit)는 당사자가 소송을 지연시키지 않도록 소송의
정도에 따라 공격방어방법을 적절한 시기에 제출하여야 한다는 원칙이다(146조).
적시제출주의의 목적은 쟁점의 압축을 전제로 한 효율적이며 탄력적인 심리의 실
현을 도모하고자 하는 것이다. 특히 집중증거조사(293조)의 실시를 위해서는 공격
방어방법이 적시에 제출될 것이 전제조건이 된다.

2. 적시제출주의의 내용

(1) 적절한 시기

6-18   공격방어방법을 제출하여야 할 적절한 시기는 언제인가가 문제이다. 이는
「소송의 정도에 따라」 개별·구체적으로 결정되게 되는데, 시간적인 뒤늦음뿐만
아니라 당사자에 의한 공격방어를 둘러싼 신의칙과의 관계에서 결정되어야 한다.
당사자는 신의에 따라 성실하게 소송을 수행하여야 하기 때문이다(1조 2항). 가령
원고가 어느 기일에 새로운 사실주장을 한 경우에는 일반적으로 그 다음 기일이
해당 주장에 대하여 피고의 인부나 반론이 있어야 할 적절한 시기라고 할 수 있
다. 그러나 한편 소송의 발전적 성격에서 가령 심리의 도중에 쟁점이 이동할 수
도 있으므로 유연한 판단이 필요하다고 본다.

---

9) 처음에 민사소송에서는 당사자가 변론종결에 이르기까지 어느 때라도 자유롭게 공격방어방법
   을 제출할 수 있는 수시제출주의(Der Freiheit des Vorbringens)를 채택하였다. 변론의 초점을
   조절하면서 공격방어방법을 제출할 수 있도록 하여 자유롭고 활발한 심리를 기대하고자 하는 것
   이 그 취지였으나, 그 취지가 오해되어 공격방어방법이 소송의 적절한 단계를 지나쳐서 제출되
   는 등 제출이 지연되는 현상이 계속되었으므로 **2002년 개정 민사소송법**에서 공격방어방법의
   제출에 관한 원칙을 **수시제출주의로부터 적시제출주의로 전환하였다.**

(2) 변론의 일체성

실제 변론은 판결에 이르기까지 여러 차례 실시될 수 있다. 이렇게 변론종결 6-19
시까지 여러 차례 실시된 변론은 그 전체가 마치 한 기일에 전부 행하여진 것과
마찬가지로 일체로 판결의 기초가 되는데, 이를 변론의 일체성이라고 한다. 종전
에 행하여진 변론은 다시 다음 기일에서 반복될 필요가 없고, 다음의 변론이 누
적되어 실시된다(따라서 속행된 기일에서도 종전 기일의 변론의 결과를 진술하는 변론의
경신이 필요 없다). 당사자의 변론 등이 어떠한 기일에서라도 유효하게 행하여진
이상, 재판자료로 동일한 가치가 있다(변론의 등가치성). 쟁점중심의 집중심리를
목적으로 하는 적시제출주의 하에서는 종전 수시제출주의 하에서의 그것과 뉘앙
스에 차이가 생기지만, 기일의 밀도 내지는 집중도가 다른 것뿐이다.

3. 적시제출주의의 실효성의 확보

(1) 재정기간제도

재판장은 당사자의 의견을 들어 한쪽 또는 양쪽 당사자에 대하여 특정한 사 6-20
항에 관하여 주장을 제출하거나 증거를 신청할 기간을 정할 수 있고, 정당한 사
유로 그 기간 내에 제출하지 못하였다는 것을 소명한 경우 이외에는 당사자는 그
제출을 할 수 없다(147조). 적시제출주의의 실효성의 확보를 위한 것인데, 사전에
실권 여부를 명확히 함으로써 당사자로 하여금 전체적인 절차의 진행에 있어서
안정성과 예측 가능성을 높이고, 부당한 소송상 전술을 방지하려는 긍정적 효과
를 기대할 수 있을 것이고, 이에 의하여 주장 등의 제출기간의 준수라는 법정관
행이 정착되리라고 본다. 위반에 대한 제재방안으로 정당한 사유가 있었던 경우
를 제외하고는 반드시 각하하도록 하였다. 그리고 부당하게 재정기간이 단기간으
로 되는 것을 막기 위하여 법원이 재정기간을 정하기 전에 먼저 당사자의 의견을
듣도록 하였다. 또한 법원은 그 정한 기간을 늘일 수도 있으므로(172조 1항) 주장
등의 제출에 필요한 충분한 기간을 확보하지 못하여 당사자의 공격방어방법에 대
한 절차보장이 침해될지도 모른다는 우려는 어느 정도 해소될 것이다.

(2) 실기한 공격방어방법의 각하

(가) 의 의   당사자가 적시제출주의의 규정을 어기어 고의 또는 중대한 6-21
과실로 공격방어방법을 뒤늦게 제출함으로써 소송의 완결을 지연시키게 하는 것

으로 인정할 때에는 법원은 직권으로 또는 상대방의 신청에 따라 이를 각하하는
결정을 할 수 있다(149조 1항).

　　앞에서 설명한 적시제출주의는 일단 당사자에 대하여 이상적인 공격방어방
법의 제출을 훈시적으로 의무지운 것에 불과하다고 볼 수 있다. 결국 적절한 시
기를 넘겨 제출된 공격방어방법이라도 그것만의 이유로 각하되는 것은 아니다.
그리하여 적시제출주의를 채택함과 아울러 그 규정이 특별한 의의가 없는 훈시
적 성격을 갖는 데 그치지 않도록 하기 위하여 실기한 공격방어방법의 각하에
관한 규정을 적시제출주의에 위반한 경우의 실권효에 관한 규정으로 함으로써
두 조문이 유기적 관계를 갖도록 하였다. 결국 실기한 공격방어방법의 각하는
적시제출주의의 연장선상에서 적시제출주의를 실현하기 위한 수단이나 내용으
로 포착될 것이다. 적시제출주의의 취지가 공격방어방법의 제출이 원활한 심리
의 진행을 막고, 상대방 당사자에게 부당한 부담을 생기게 하는 경우에는 그 제
출을 제한하고자 하는 것이기 때문이다.

6-22　　　　(나) 각하요건　　「시기에 뒤늦게 제출」 또는 「중대한 과실」의 판단을 적극
적으로 하여 그 적용을 어느 정도 촉진하여야 할 것이다.10)

　　　　① 「**시기에 뒤늦게 제출**」은 소송의 진행상황에 따라 개별적으로 판단
하여야 할 문제로, 변론의 경과에 비추어 당해 공격방어방법이 제출된 시점보다
이전의 변론에서 제출하였어야 할 기회가 있었던 것을 말한다.

　　　　그런데 항소심에서 새로운 공격방어방법이 제출되었을 때에 시기에 뒤
늦은 공격방어방법의 적용 여부를 항소심만을 기준으로 판정하여야 하는가, 아니
면 제1심, 항소심의 전 과정을 통하여 판정할 것인가 문제인데, 제1심, 항소심의
전 과정을 통하여 판정하여 항소심의 초기 단계에서의 공격방어방법의 제출이라
도 시기에 뒤늦은 것이면 각하할 수 있다고 본다.11)

　　　　② 「**당사자의 고의 또는 중대한 과실**」에 대하여는 공격방어방법의 종
류와 당사자의 법률지식의 정도 등도 고려하여 결정한다. 한편, 여기서의 당사자

---

10) 법원이 적극적으로 이 각하의 권한을 행사한다면 소송지연의 해소를 충분히 기대할 수 있지만,
　　그러나 반면 이는 중요한 사실이나 증거를 제외하는 것도 될 수 있으므로 소송의 적정성의 관점
　　에서는 위험성이 도사리는 것이 된다.
11) 대법원 2017. 5. 17. 선고 2017다1097 판결. 항소심의 구조에 대한 우리 민사소송법의 입장
　　인 속심제 하에서 항소심은 제1심에서 일단 종결하였던 변론을 재개하여 속행하는 것으로
　　되는데, 항소심에서 새로운 공격방어방법의 제출을 무제한으로 허용하면 제1심을 경시하거
　　나 항소심의 심리지연을 초래하기 때문이다.

에는 소송대리인도 포함된다. 대리인에 의한 소송수행에서의 지·부지, 고의·과실과 같은 사유가 소송법상의 효과에 영향을 미치는 경우에는 우선 대리인을 표준으로 결정한다(민법 116조 1항 참조).

◈ **예** ◈ 건물철거 및 토지인도청구에 대한 토지임차인의 건물매수청구권의 주장에 있어서 토지임차인으로서는 제1차적으로 임차권의 존재를 주장하고, 그것이 인정되지 않는 경우에 차선책으로 건물매수청구권을 행사하는 것이므로 이것은 자기의 패소가 농후하게 되는 단계에서 행사된다는 특수성도 있다(상계의 항변도 마찬가지). 이러한 특수성을 고려하여 위 경우에 특히 본인소송에서는 「고의 또는 중대한 과실」이 있다고는 할 수 없을 것이다. 변호사가 선임되어 있는 소송도 아닌 본인소송에서는 변호사대리 소송과는 달리 판단하여야 할 경우가 있을 것이다.

◈ **예** ◈ 미성년자의 신용카드이용계약 취소에 따른 부당이득반환청구사건에서 항소심에 이르러, 동일한 쟁점에 관한 대법원의 첫 판결이 선고되자, 그 판결의 취지를 토대로 신용카드 가맹점과의 개별계약 취소의 주장을 새로이 제출한 사안에 있어서, 대법원판결이 선고되기 전까지는 미성년자의 신용카드이용계약이 취소되더라도 신용카드 회원과 해당 가맹점 사이에 체결된 개별적인 매매계약이 유효하게 존속한다는 점을 알지 못한 데에 중대한 과실이 있었다고 단정할 만한 자료가 없는 점, 취소권 행사를 전제로 하는 공격·방어방법의 경우에는 취소권 행사에 신중을 기할 수밖에 없어 조기 제출에 어려움이 있다는 점 등에 비추어 위 주장이 당사자의 고의 또는 중대한 과실로 시기에 늦게 제출되었거나 제1심의 변론준비기일에 제출되지 아니한 데 중대한 과실이 있었다고 보기 어렵다는 판례가 있다.[12]

③ 「**소송의 완결을 지연시키게 하는 것**」은[13] 이러한 공격방어방법의 심리가 없으면 즉시 변론을 종결할 수 있는데, 이 때문에 기일을 새로 열지 않으면 안 되는 경우이다.[14] 가령 재정(在廷)증인과 같이 해당 기일에 즉시 조사할 수

---

12) 대법원 2006. 3. 10. 선고 2005다46363, 46370, 46387, 46394 판결.
13) 소송의 완결을 지연시키게 하는 것의 기준에 대하여 독일에서는 두 가지 견해가 대립된다. 첫째는 **절대적 지연개념**(absoluter Verzögerungsbegriff)으로 공격방어방법을 받아들이는 경우가 제출이 허용되지 않아 각하될 때보다 절차가 더 오래 지속될 것인가를 위 공격방어방법이 제출된 시점을 기준으로 절대적으로 비교하여야 한다는 것이며(이, 355면; 정/유/김, 333면; 정영, 461면), 둘째는 **상대적 지연개념**(relativer Verzögerungsbegriff)으로 공격방어방법이 적시에 제출되었을 경우를 가정하여 소요되었을 기간과 위 공격방어방법이 허용됨으로써 절차가 지속될 기간을 비교하여 지연 여부를 판단하여야 한다는 것이다(호, 437면). 상대적 지연개념의 입장에서는 예를 들어 증인신문을 신청하는 경우에 그 증인이 장기간 외유중이라 제때에 신청하였더라도 어차피 조사할 수 없었을 때에는 지연으로 보지 않는다.
14) 법원이 당사자의 변론재개신청을 받아들여 변론재개를 한 경우에는 소송관계는 변론재개 전의

있는 증거의 신청은 소송의 완결을 지연시킨다고 할 수 없다.

◆ 예 ◆   피고(항소인) 소송대리인은 항소심의 제1차 변론기일에서 상계주장을 하고, 항소심의 변론을 종결한 제8차 변론기일에서 그에 대한 서증을 제출하였으나, 항소심은 위 주장에 대한 심리뿐만 아니라 원고의 신체재감정 등 쌍방의 여러 가지 다른 주장 및 증명에 대한 심리를 위 제8차 변론기일까지 계속하여 왔다. 이 경우에 법원이 각하결정을 하지 아니한 채, 위 상계주장 및 서증제출에 관한 증거조사까지 마친 경우에 있어서는 더 이상 소송의 완결을 지연할 염려는 없어졌으므로, 그러한 상황에서 새삼스럽게 판결이유에서 당사자의 공격방어방법을 각하하는 판단은 할 수 없고, 더욱이 실기한 공격방어방법이라 하더라도 어차피 **기일의 속행을 필요로 하고 그 속행기일의 범위 내에서 공격방어방법의 심리도 마칠 수 있거나 공격방어방법의 내용이 이미 심리를 마친 소송자료의 범위 안에 포함되어 있는 때**에는 소송의 완결을 지연시키는 것으로 볼 수 없으므로, 각하할 수 없다.[15]

④ 「**공격방어방법**」이므로 소의 변경, 반소 등 본안의 신청은 이에 해당하지 않는다(가령 소의 변경에 대하여는 별도로 262조 1항이 절차를 현저히 지연시키지 않을 것을 요건으로 하고 있다). 한편, 증거방법 가운데 유일한 증거방법을 실기하였다고 각하할 수 있는가에 대하여 이를 부정하는 입장도 있으나,[16] 유일한 증거방법이라고 하여 예외로 취급할 필요는 없다.[17]

6-23   (다) 각하절차   **직권 또는 상대방의 신청**에 의한다. 각하 여부는 법원의 **재량**이다.[18] 각하를 함에는 독립된 결정으로 하거나 종국판결의 이유중에 판단하면 된다. 각하에 대하여 당사자는 독립하여 항고할 수 없고, 종국판결에 대한 상소와 함께 불복하여야 한다(392조). 각하신청이 배척된 경우에는 불복신청을

상태로 환원되므로, 그 재개된 변론기일에서 제출된 주장·증명이 실기한 공격방어방법에 해당되는지 여부를 판단함에 있어서는 변론재개 자체로 인한 소송완결의 지연은 고려할 필요 없다(대법원 2010. 10. 28. 선고 2010다20532 판결).

15) 대법원 1999. 2. 26. 선고 98다52469 판결.

16) 송/박, 349면; 호, 437~438면. 유일한 증거에 대하여는 법원이 임의로 조사 여부를 결정할 수 있는 것은 아니고, 신속한 소송이 당사자가 제출한 유일한 증거신청까지 무시할 만한 절대적인 가치를 지닌 것은 아니다.

17) 강, 484면; 이, 354면; 정/유/김, 333면; 정영, 460면.

18) 이에 대하여 신속한 소송완결을 위한 공익적 규정이므로 필요적으로 각하하여야 한다는 견해로는 송/박, 350면. 그런데 실기한 공격방어방법의 각하를 엄격하게 적용하는 것이 법원에 상당히 부담이 되는 만큼(그 적용을 꺼리는 것이 실무 관행), 재정기간제도를 적극적으로 활용하여야 할 것이다. 재판장이 당사자의 의견을 듣고 특정한 사항에 관해 제출기한을 정한 뒤, 그 기간을 넘긴 때에는 약속 위반을 이유로 실권시키는 재정기간제도를 활용하면, 당사자들의 예측 가능성을 보장하여 재판에 승복할 여지가 높아지고, 소송이 지연되는 것도 막을 수 있다.

할 수 없다. 법원의 소송지휘에 관한 것이기 때문이다.

(라) **직권탐지주의에 있어서 적용의 배제** 적시제출주의는 변론주의가 적 6-24
용되는 범위에 한정되며, 가사소송과 같은 직권탐지주의에 있어서는 그 적용이
배제된다. 이는 실체적 진실발견의 요청이 중시되기 때문이다.

(3) 석명에 응하지 않은 공격방어방법의 각하

법원이 취지가 분명하지 않은 공격방어방법을 제출한 당사자에 대하여 이를 6-25
명료하게 하도록 명하였음에도 이에 응하지 않거나 설명할 기일에 결석한 경우
에는 그 공격방어방법이 시기에 늦은 것이 아니라도 실기한 공격방어방법과 같
은 절차에 의하여 각하할 수 있다(149조 2항). 법원의 석명권 행사에 대하여 당사
자에게 진지하면서 신속한 대응을 구하여 적시제출주의의 실효성을 도모하고자
하는 것이다.

(4) 변론준비기일을 거친 경우의 새로운 공격방어방법의 제출의 제한

285조는 변론준비기일에 제출하지 아니한 공격방어방법은 ① 그 제출로 인하 6-26
여 소송을 현저히 지연시키지 아니하는 때, ② 중대한 과실 없이 변론준비절차에
서 제출하지 못하였다는 것을 소명한 때, ③ 법원이 직권으로 조사할 사항인 때
이외에는 변론에서 제출할 수 없다고 실권효에 대하여 규정하고 있다(☞7-22). 그
리고 제1심의 변론준비절차는 항소심에서도 그 효력을 가지므로(410조), 무변론판
결을 제외하고 변론준비기일을 거친 사건은 제1심 판결의 선고로 항소심에서도
실권효가 발생한다.

VI. 집중심리방식

집중심리주의는 소송의 초기단계에서 사건을 분류하여 각 사건에 적합한 처리방법에 따
라 변론을 집중적·계속적으로 행하여 그 사건의 심리를 마치고 나서 다른 사건에 들어
가는 원칙이다. 이에 대하여 병행심리주의는 동시에 다수의 사건의 심리를 병행해 나가
는 원칙으로, 병행심리주의에서는 여러 차례의 변론을 거치면서 조금씩 변론이 진행되
므로 사건 관계자의 기억이 희미하게 되고, 기일에 앞서 미리 이전의 진행상황을 살펴
보는 것이 매번 필요하게 되어 기록에 의존하기 쉽고, 한편으로는 법관의 교체가 빈번
하게 된다. 그래서 병행심리주의보다 집중심리주의 쪽이 소송촉진이 도모되고, 구술주
의·직접주의에도 합치하게 된다.

1. 의 의

6-27   현행법은 실체적 진실발견 및 신속한 재판에 이바지할 수 있도록 쟁점 중심의 집중심리를 핵심으로 하는 심리방식을 채택하고 있다. 이와 관련하여 272조는 변론은 집중되어야 한다고 규정하고 있다. 법원은 변론이 집중되도록 함으로써 변론이 가능한 한 속행되지 않도록 하여야 하고, 당사자는 이에 협력하여야 한다(민사소송규칙 69조 2항).

2. 집중심리방식의 내용

(1) 소송의 초기단계에서의 공격방어방법의 충실화

6-28   **(가) 재판장 등의 소장심사권의 강화**   재판장은 소장을 심사하면서 필요하다고 인정하는 경우에는 원고에게 청구하는 이유에 대응하는 증거방법을 구체적으로 적어 내도록 명할 수 있고, 원고가 소장에 인용한 서증의 등본 또는 사본을 붙이지 아니한 경우에는 이를 제출하도록 명할 수 있다(254조 4항, 민사소송규칙 63조 2항). 이를 통하여 소장의 충실화를 도모하고, 소송절차가 개시되는 제일 처음의 단계에서부터 주장과 증거를 정리하고, 피고의 방어준비를 용이하게 하여 실질적 내용이 담긴 답변서를 유도함으로써 쟁점을 조기에 부각시켜 집중심리의 효율화를 꾀하고자 한 것이다.

6-29   **(나) 답변서제출의무·무변론판결**   쟁점이 조기에 효과적으로 부각되고 효율적 심리를 할 수 있기 위하여 충실한 답변서 제출이 필요하므로 답변서에는 청구의 취지에 대한 답변과 청구의 원인에 대한 구체적인 진술을 적어야 한다(민사소송규칙 65조 1항). 한편, 제출기간 이내에 답변서가 제출되지 않은 사건은 바로 변론 없이 판결을 하는 것이 당사자의 의사에도 부합하고 소송경제에도 이바지하므로 무변론판결을 할 수 있다(257조).

6-30   **(다) 준비서면의 충실화**   준비서면에 어떠한 사항을 적을 것인가는 법정되어 있다(274조 1항). 그 가운데 중요한 것은 자기가 제출하려고 하는 공격방어방법과 상대방의 청구와 공격방어방법에 대한 진술인데(동조 4호, 5호), 위 사항에 대하여는 사실상 주장을 증명하기 위한 증거방법과 상대방의 증거방법에 대한 의견을 함께 적어야 한다(동조 2항).

6-31   **(라) 증거의 신청**   기본적 서증은 소장 또는 답변서 제출 단계에서 함께

제출하여야 하고, 문서송부촉탁이나 감정과 같이 증거조사의 실시를 위하여 후속
절차가 필요하거나 기간이 오래 걸리는 증거신청은 소송절차의 초기단계에 이루
어져야 한다.

(마) **적시제출주의·재정기간제도**(☞6-20) 공격방어방법은 소송의 정도에   6-32
따라 적절한 시기에 제출하여야 한다(146조). 그리고 재판장은 당사자의 의견을 들
어 주장을 제출하거나 증거를 신청할 기간을 정할 수 있으며(재정기간) 그 기간을
넘긴 때에는 그 주장을 제출하거나 증거를 신청할 수 없도록 하고 있다(147조).

(2) 쟁점정리

필요에 따라 변론이 효율적이고 집중적으로 실시될 수 있도록 당사자의 주   6-33
장과 증거를 정리하기 위하여 재판장은 사건을 변론준비절차에 부칠 수 있다(258
조 1항 단서, 279조).¹⁹⁾ 그 밖에도 변론을 중요한 쟁점에 집중시키기 위한 수단으
로서 주장을 제출하거나 증거를 신청할 재정기간(147조), 석명준비명령(137조), 법
원의 석명처분(140조) 등의 소송지휘가 이루어진다.

(3) 변론기일에서의 집중증거조사

① 법원은 변론준비절차를 마친 경우에는 첫 변론기일을 거친 뒤 바로 변론   6-34
을 종결할 수 있도록 하여야 하고, 당사자는 이에 협력하여야 한다(287조 1항).

② 법원은 변론기일에 변론준비절차에서 정리된 결과에 따라서 바로 증거조
사를 하여야 한다(287조 3항). 변론준비절차를 거친 경우에는 변론준비절차에서
쟁점과 증거를 정리하고 증거조사의 준비도 마칠 것이므로 첫 변론기일은 변론준
비절차에서 할 수 없었던 증인신문 등의 **집중증거조사기일**이 된다.

③ 증거의 신청과 조사는 변론기일 전에도 할 수 있다(289조 2항). 변론준비
절차를 거치지 않은 사건의 경우에는 이 규정에 따라 미리 증거조사의 준비(가령
문서의 제출, 증인의 출석요구) 등을 할 수 있다.

④ 증인신문 및 당사자신문은 당사자의 주장과 증거를 정리한 뒤 집중적으
로 행하여야 한다(293조). 쟁점을 분명히 정리한 뒤에 집중적으로 증인신문 또는
당사자신문을 실시함으로써 충실하고 효율적인 심리를 할 수 있다. 집중심리의
핵심적 내용이다.

---

19) 증거가 많고 사안이 복잡해 증명계획 등을 사전에 협의할 필요가 있는 전문재판부의 사건이나
   심리 방향을 예측하기 어려운 비전형 사건 등은 가급적이면 변론기일을 곧바로 진행하기보다 변
   론준비절차에 회부하는 것이 좋을 것이다.

◆ **집중증거조사의 구체적 방식** ◆   집중증거조사를 위한 구체적 방식은 다음과 같다. ① 증인의 교호신문제의 효율성과 관련하여 재판장이 알맞다고 인정하는 때에는 당사자의 의견을 들어 신문의 순서를 바꿀 수 있다(327조 4항). ② 증인이 정당한 사유도 없이 출석하지 않아 기일이 공전되는 예가 빈번하여 재판의 적정과 신속을 해치는 주요한 원인이 되고 있는데, 채택된 증인이 정당한 사유 없이 출석하지 않으면 소송비용의 부담이나 500만원 이하의 과태료의 제재를 받고(311조 1항), 증인이 과태료의 재판을 받고도 정당한 사유 없이 다시 출석하지 아니한 때에는 법원은 결정으로 증인을 7일 이내의 감치에 처할 수 있다(동조 2항). 또한 정당한 사유 없이 출석하지 아니한 증인을 구인할 수 있다(312조). 그런데 원격지나 시간을 낼 수 없는 증인신문을 어떻게 행할 것인가 문제되는데, 충실하고 효율적인 심리를 위하여 상당한 이유가 있는 경우로서 당사자가 이의를 제기하지 않는 때에 수명법관 또는 수탁판사로 하여금 법원 밖에서 증인을 신문할 수 있도록 하였다(313조). ③ 법원은 증인과 증명할 사항의 내용 등을 고려하여 상당하다고 인정하는 때에는 출석·증언에 갈음하여 증언할 사항을 적은 서면을 제출하게 할 수 있도록 하였다(310조 1항). 상대방의 반대신문권의 보장을 위하여 상대방의 이의가 있거나 필요하다고 인정하는 때에는 그러하지 않다(동조 2항). 한편, 실무상으로는 증인진술서를 이용하여 신문의 효율성을 높이고자 하고 있다(민사소송규칙 79조).

(4) 화해권고·조정

6-35   절차진행 중에 어느 단계에서든 화해권고(및 화해권고결정. 145조, 225조)나 조정을 활용하여 분쟁의 해결을 시도할 수 있다.

제 2 장

변 론

제 1 절 변론의 실시

I. 변론의 의의

변론 또는 구술(구두)변론이라는 말은 여러 가지 의미로 사용된다. **넓은 의** 7-1
미에서는 소송주체가 기일에서 하는 일체의 소송행위를 말하며, 판결의 선고 등
재판기관의 소송행위를 포함한다. 이런 의미에서 변론은 심리의 국면과 판결의
국면으로 나뉜다. **좁은 의미**에서는 당사자의 소송행위와 법원의 증거조사만을
말한다. 이런 의미에서 변론은 판결의 국면은 제외하고 심리의 국면만을 말한
다.1) 그리고 심리의 국면은 다시 **최협의**로서의 **변론**의 국면과 증거조사의 국면
으로 나뉜다. 상황에 따라 적절하게 이해하면 된다.

일반적으로 변론이라 함은 **최협의**의 의미로, 증거조사의 국면도 제외한 **당**
사자의 소송행위만을 말하는데, 결국 변론이라 함은 기일에 공개의 법정에서 당
사자 쌍방이 말로 판결의 기초가 될 재판자료(사실과 증거)를 진술하는 것이다.2)

---

1) 이러한 변론의 국면에서는 당사자의 주장이 다투어진다. 법원은 당사자의 주장이 다투어지는
   데 있어서 대체 무엇이 문제인가, 무엇을 해결하면 좋은가를 심리한다. 증거조사의 국면에서는
   당사자가 다투고 있는 사실의 진상이 어떤가를 증거에 의하여 확정한다. 법원은 증거조사를 하
   여 이것을 가지고 판결을 내릴 수 있다고 여기든가 또는 그 이상 증거조사를 하여도 무의미하다
   고 여기면 변론을 종결한다(다만, 일단 종결된 변론이 재개되는 경우도 있다).
2) 변론기일이 열린 사건이나 예외적으로 변론준비절차를 거쳤지만, 서면에 의한 변론준비절차로
   끝난 사건에서는 첫 변론에서 제출된 소장과 준비서면을 진술하는 방식으로 변론을 진행하고,
   서면에 의한 변론준비절차로 끝나지 않고, 변론준비기일까지 연 사건에서는 변론에서 그 결과를
   진술하는 방식으로 변론을 진행하게 될 것이다.

한편, 공개의 법정에서 이루어질 필요가 없고 대립구조를 취하지 않은 채, 당사자·이해관계인 등에 대하여 무방식으로, 개별적으로 서면 또는 말로 진술의 기회를 주고, 이를 청취하는 **심문**은 **변론**과 구별할 수 있다. 이러한 심문은 아무리 여러 번 반복하여도 변론이 아니다.

심　리		판결의 선고
당사자의 주장을 듣는 것	다툼이 있는 사실에 대하여 증거조사를 하는 것	
최협의 변론 (당사자의 소송행위)	증거조사	
예 재판장의 변론지휘권 (135조), 석명권 행사(136조)		
협의의 변론		
예 변론의 제한·분리·병합(141조), 변론의 재개(142조), 직접주의(204조)		
광의의 변론		
예 변론조서의 작성(152조), 절대적 상고이유로 변론의 비공개(424조 1항 5호)		

II. 필수적 변론의 원칙

1. 핵심절차로서의 변론

7-2　　　변론은 당사자가 주장·증명을 행하고, 법원이 쟁점을 정리하여 그 심증을 형성하는 민사소송의 핵심절차이다. 당사자가 사실주장을 행하고, 다툼이 없는 사실은 재판상 자백으로서 법원은 그대로 재판의 기초로 한다(288조). 당사자 사이에 다툼이 있는 사실에 대하여는 이를 정리하고, 당사자가 관련 증거를 제출한다. 이를 통하여 사건의 쟁점이 형성되어 간다. 쟁점에 대하여 당사자가 제출한 증거를 조사하여 법원이 쟁점에 대한 심증을 형성하고, 재판을 하여야 하는 경우에는 그 판단을 나타낸다.

변론은 공개의 법정에서, 법관의 면전에서, 당사자 쌍방이 대석하여, 말로 하게 되므로3) 공개주의, 직접주의, 쌍방심리주의, 구술주의라는 근대적 소송의 여

---

3) 변론은 당사자가 말로 중요한 사실상 또는 법률상 사항에 대하여 진술하거나, 법원이 당사자에

러 가지 원칙이 실현되게 된다. 이 때문에 공정·공평·신중한 절차가 이루어지고, 당사자의 충분한 절차보장이 이루어진다.4)

변론이 민사소송의 핵심절차인 것은 필수적 변론의 원칙(134조 1항 본문)에 잘 나타나 있다. 변론은 공개의 법정이라는 특수한 장소에 소송관계자 모두가 집합·출석하고, 절차의 진행도 엄격하게 규정되고, 변론조서를 작성하는(152조) 등 신중한 것이면서 상당한 수고와 비용이 드는 절차이다. 그럼에도 불구하고 필수적 변론의 원칙이 취하여지고 있는 실질적·역사적인 이유는 변론이 근대적 소송의 여러 가지 원칙을 실현하기 위한 최적의 심리방식이라고 생각하였기 때문일 것이다. 프랑스대혁명과 그 이후의 독일에서의 사법개혁운동의 슬로건이 근대적 소송원칙(특히 공개주의와 구술주의)의 실현이고, 우리나라에서도 이러한 역사적 경위를 발판으로 헌법상의 보장으로서 공개주의가 인정되고, 민사소송법상의 대원칙으로서 **필수적 변론**의 원칙이 취하여지게 된 것이다. 이에 대하여 소송물 이외의 절차적·파생적인 사항(관할의 지정, 법관의 제척·기피, 인수승계의 가부 등은 성질상 간이·신속한 처리를 요하므로)에 대한 재판인 결정을 내리는 데에는 반드시 변론을 거치지 않아도 좋고, 변론을 열 것인지 아닌지는 법원의 재량이다(134조 1항 단서). 이를 **임의적 변론**이라고 한다. 위와 같은 결정절차에서는 서면심리가 원칙이며, (구술)변론을 행하는 경우라도 그 변론은 서면심리를 보충하는 것이고, 변론에 의하여 얻어진 재판자료와 함께 서면으로 제출된 것도 또한 재판의 기초가 될 수 있다. 변론을 열지 않을 경우에는 특별히 방식은 법정되어 있지 않지만, 법원은 재량으로 당사자, 이해관계인 그 밖의 참고인에게 진술의 기회를 주는 심문(변론에 대신하는 심문)을 할 수 있다(134조 2항).5)

당사자는 변론종결 전에 재판장의 허가를 받아 최종의견을 진술할 수 있다(민사소송규칙 28조의3 1항 본문).

게 말로 해당사항을 확인하는 방식으로 한다(민사소송규칙 28조 1항). 법원은 변론에서 당사자에게 중요한 사실상 또는 법률상 쟁점에 관하여 의견을 진술할 기회를 주어야 한다(동조 2항).

4) 따라서 역사적으로 변론을 민사소송의 핵심절차로 하고 있는 것이다.

5) 위와 같은 결정절차에서는 서면심리가 원칙이며, (구술)변론을 행하는 경우라도 그 변론은 서면심리를 보충하는 것이고, 변론에 의하여 얻어진 재판자료와 함께 서면으로 제출된 것도 또한 재판의 기초가 될 수 있다. 변론을 열지 않을 경우에는 특별히 방식은 법정되어 있지 않지만, 법원은 재량으로 당사자, 이해관계인 그 밖의 참고인에게 진술의 기회를 주는 **심문**(변론에 대신하는 심문)을 할 수 있다(134조 2항).

2. 내 용

7-3   필수적 변론의 원칙에는 다음과 같은 2가지의 내용이 있다.

(1) 하나는 소송물에 대한 재판인 **판결을 내리는 데에는 반드시 변론을 거치지 않으면 안 된다는 원칙**이다(134조 1항 본문). 판결절차는 당사자 사이의 권리의무(소송물)를 최종적으로 판단하는 절차이므로 신중을 기하여야 하기 때문이다.

이 의미에서의 필수적 변론의 원칙에 대한 예외는, ① 피고가 30일 내의 답변서 제출기간 내에 답변서를 제출하지 않거나 답변서를 제출하였더라도 원고 주장사실을 모두 자백하는 취지이고 따로 항변을 하지 않은 때에는 **무변론 원고승소판결**을 할 수 있고(257조. ☞1-15), ② 소송요건이나 상소요건의 흠이 분명하고, 보정의 가망성이 없는 경우로 이때에는 변론을 열어도 헛수고가 되므로 **변론을 거치지 않고** 판결로 소를 각하할 수 있다(219조, 413조). 그리고 ③ **소액사건**에서 소송기록에 의하여 청구가 이유 없음이 명백한 때(소액사건심판법 9조 1항), ④ **상고심** 판결에 있어서(상고이유서를 제출하지 않은 경우의 429조, 상고심 심리에 있어서 430조), ⑤ 소송비용의 담보제공의 결정을 받고 **담보를 제공하지 않은 때**(124조) 등의 경우에는 변론을 거치지 않아도 된다.

(2) 다른 하나의 내용은 **변론에서 진술되거나 나타난 자료만이 판결의 기초가 된다는 원칙**이다. 변론할 사항을 소장, 답변서나 준비서면 등에 적어 법원에 제출하였더라도 반드시 변론기일에 출석하여 이를 말로 진술하여 변론하여야 한다. 따라서 변론에서 말로 진술이 없으면, 법원은 이를 참작하면 안 된다.

이 의미에서의 필수적 변론의 원칙에 대한 예외로 당사자의 한쪽이 변론기일에 출석하지 아니하거나 출석하고서도 본안변론을 하지 아니한 때에는 그가 제출한 소장, 답변서 그 밖의 준비서면에 적혀 있는 사항을 진술한 것으로 보아(진술간주) 심리를 개시할 수 있도록 하기 위한 편의적 규정이 있다(148조).

III. 변론의 준비

1. 변론의 준비의 필요성

7-4   변론은 당사자 쌍방을 대립·관여시키면서 공개된 법정에서 말로 하는 것이므로 다수의 소송관계자에게 수고와 비용을 끼치는 절차이다. 따라서 변론은 사전에 충분히 준비가 되어 헛수고가 되지 않도록 할 필요가 있다. 특히 집중심리

방식에 있어서는 소송촉진을 위하여 변론을 가능한 한 충실화하고 그 횟수를 줄여서 변론을 집중적으로 행할 필요가 있으므로(민사소송규칙 69조 2항) 그 전제로 변론의 준비의 의미가 크다. 변론의 준비의 방법으로 당사자에 의한 변론 내용의 예고인 **준비서면**과 법원에 의한 변론준비로서 쟁점과 증거를 정리하는 **변론준비절차**를 두고 있다.

2. 준비서면

(1) 의 의

준비서면(vorbereitende Schriftsätze)이라 함은 당사자가 변론에 앞서 미리 상 7-5
대방에게 변론의 내용을 예고하여 법원에 제출하는 서면으로서 공격방어방법 및 상대방의 공격방어방법에 대한 응답내용을 기재한 것을 말한다.

소송의 본격적인 심리의 마당은 변론인데, 그 기일에 당사자가 돌연 공격방어방법을 제출하면 상대방도 법원도 그 취지를 그 자리에서 이해하거나 또는 이에 대하여 응답하는 것이 곤란하다. 차회 기일로 속행되어 기일을 헛되게 반복할 염려가 있다. 따라서 당사자 각자에게 변론에서 진술하려는 사항을 미리 서면으로 적어 제출시켜 상대방에게 송달하는 것에 의하여 상대방에게 준비의 기회를 주고, 법원에게도 심리를 강구시키는 것에 의하여 집중심리를 용이하게 하고자 하는 것이 준비서면제도의 취지이다.

준비서면인지 여부는 그 목적(내지는 내용)으로부터 판단하여야 한다. 가령 소장에 임의적 기재사항으로서 공격방어방법을 적은 때에는 그 한도에서 준비서면으로서의 성격을 갖는 것이고(249조 2항), 한편 준비서면에 기일지정의 신청, 절차의 수계의 신청을 적으면 그 부분은 준비서면이 아니다. 그리고 피고가 원고의 청구기각의 반대신청을 적어 최초에 제출하는 서면을 답변서라고 하는데, 답변서에는 준비서면에 관한 규정을 준용한다(256조 4항).

준비서면은 변론의 준비를 위한 것이고, 변론에 대신하는 것이 아니므로 이를 제출한 것만으로는 소송자료가 되지 않는 것이 원칙이다.[6] 그 적은 내용을

---

6) 한편, 소송수행상 당사자가 제출하는 서면에는 준비서면에 대응하여 확정서면이 있다. 법상 용어는 아닌데, 확정서면은 제출에 의하여 거기에 기재된 그 당사자의 소송행위가 확정적으로 한 것으로 되는 것으로, 이른바 서면에 의한 소송행위의 방식으로 이용되는 것이다. 법이 일정한 소송행위는 서면의 제출에 의하여 할 것을 요구하고 있는 경우, 가령 청구변경의 서면(262조 2항), 소송고지서(85조) 등이 이에 해당한다. 또한 서면으로도 구술로도 할 수 있는 행위에 대하여 서면으로 하는 경우, 가령 소취하서는(266조 3항) 확정서면이다.

소송자료로 하는 데에는 변론에서 **말로 진술하여야** 한다(구술주의의 요청). 당사자는 제출한 준비서면을 진술하지 않고 철회할 수 있다.

준비서면은 본래 변론의 준비를 목적으로 하는 것이지만, 변론준비절차에 있어서도 준비서면이 활용된다(280조 1항).

(2) 기재사항

7-6   준비서면에 어떠한 사항을 적을 것인가는 **법정**되어 있다(274조 1항). 그 가운데 중요한 것은 자기가 제출하려고 하는 공격방어방법과 상대방의 청구와 공격방어방법에 대한 진술인데(동조 4호, 5호), 위 사항에 대하여는 사실상 주장을 증명하기 위한 증거방법과 상대방의 증거방법에 대한 의견을 함께 적도록 하여(동조 2항) 집중심리의 충실화를 기하고자 하였다. 그리고 준비서면에는 당사자 또는 대리인이 기명날인 또는 서명한다.

당사자가 가지고 있는 문서

준 비 서 면
사 건 201○ 가합(가단) ○○○   매매대금
원 고 이 몽 룡   피 고 성 춘 향
위 사건에 관하여 다음과 같이 변론을 준비합니다.
다   음
1. 피고의 물품에 관한 하자 주장에 관하여   피고는 주문한 용접기기 "휘다스"와 다른 "노타리"를 공급받아서 하자가 있다고 주장하나 이 두 제품은 모두 미국산 수입품으로 성능이나 가격에 차이가 없는데도 피고가 대금 지급을 지연하기 위한 구실로 "휘다스"로 교환해 달라고 하여 원고는 막대한 손해를 보면서까지 "휘다스"로 다시 구매하여 교환해 주었으며 피고도 이의없이 만족하였던 것인데, 이후 1년이 지난 지금에 와서 물품에 하자 운운함은 당치도 않으며 고장이 있다는 주장 또한 이해할 수 없습니다.   2. 피고가 주장하는 손해에 관하여   이에 대하여 원고로서는 허구라고 판단되어 부인할 뿐 구체적인 대꾸를 할 가치가 없다고 생각합니다.
201○ . . .   위 원고   이 몽 룡
○○지방법원   귀중

로서 준비서면에 인용한 것은 그 등본 또는 사본을 붙여야 하고(275조 1항), 문서의 일부가 필요한 때에는 그 부분에 대한 초본을 붙이고, 문서가 많을 때에는 그 문서를 표시하면 된다(동조 2항). 위 문서는 상대방이 요구하면 그 원본을 보여주어야 한다(동조 3항). 그리고 외국어로 작성된 문서에는 번역문을 붙여야 한다(277조).

(3) 제출 및 교환

7-7   **지방법원합의부** 이상의 절차에서는 준비서면의 제출이 필요하다. 쟁점이 간단한 **단독사건**에서는 준비서면의 제출이 필요한 것은 아니지만, 다만 상대방이 준비하지 않으면 진술하지 못하리라고 인정되는 경우에는 서면으로 준비하여야 한다(272조).

준비서면은 그것에 적힌 사항에 대하여 상대방이 준비하는 데 필요한 기간
을 두고 제출하여야 하며, 법원은 상대방에게 그 부본을 송달하여야 한다(273조).
미리 준비서면을 제출시키는 것에 의하여 상대방에 대하여 준비서면에 기재된 사
항에 대한 석명이나 반론 그 밖의 대응을 검토할 여유를 주고, 준비를 촉진시켜
기일에서의 변론을 충실하게 하려는 것이다. 법원도 준비서면을 미리 검토하는
것에 의하여 석명권을 행사하거나 기일에서의 변론을 준비할 수 있다. 준비함에
필요한 기간은 해당 준비서면의 내용과도 관련이 있는데, 상대방이 그 준비서면
을 읽고, 이에 대한 대응을 검토한 뒤 기일에 임할 수 있는 정도의 기간이어야
한다. 한편, 준비서면은 변론종결 전에 제출하여야 하는 것은 당연하고, 종결 뒤
에는 제출하여도 의미가 없고, 법원도 변론의 재개를(142조) 명하지 않는 한, 이
를 무시하여도 지장이 없고, 상대방에게 송달할 필요도 없다.

그런데 적시제출주의의 실효성을 위하여 재판장은 당사자의 의견을 들어 한
쪽 또는 양쪽 당사자에 대하여 특정한 사항에 관하여 주장을 제출하거나 증거를
신청할 기간을 정할 수 있다(147조 1항).

그리고 재판장은 당사자의 공격방어방법의 요지를 파악하기 어렵다고 인정
하는 때에는 변론을 종결하기에 앞서 당사자에게 쟁점과 증거의 정리 결과를 요
약한 준비서면(요약준비서면)을 제출하도록 할 수 있다(278조). 그 취지는 당사자
가 준비서면을 중복하여 제출하거나 지나치게 장황한 준비서면을 제출하는 경우
에 주장내용이 앞뒤가 맞지 않거나 모호한 때가 많으므로 당사자로 하여금 주장
등을 정리하게 함으로써 심리의 충실과 편의를 도모하려는 것이다.

(4) 부기재·부제출의 효과

(가) 예고 없는 사실주장의 금지   상대방이 불출석한 경우에 출석한 당사   7-8
자는 이미 제출한 준비서면에 적은 사실만을 변론에서 주장할 수 있다(276조 본
문). 다만, **단독사건**의 경우는 준비서면이 원칙적으로 강제되지 않으므로 그러
하지 아니하다(동조 단서). 상대방이 불출석한 경우에 준비서면에 적어 예고하지
않은 사실까지 주장할 수 있다고 한다면(준비서면의 예고적 기능), 불출석한 상대
방에게 예상밖의 재판(예기치 못한 사실에 대한 자백간주 등)이 되어 불공평하기 때
문에 위와 같이 주장이 제한되는 것이다.

여기서 금지되는 사실에는 주요사실·간접사실도 포함된다. 다만, 법률상의

진술과 상대방의 주장사실에 대한 부인, 부지의 진술은 여기에 포함되지 않는다.

7-9   (나) 증거신청의 금지 포함 여부   위 276조 본문이 「준비서면에 적지 아니한 사실」이라고만 규정하여 증거신청의 금지가 이에 포함되는지 여부가 명확하지 않다. 그래서 **금지되는 「사실」에 증거신청도 포함되는지 여부**가 문제된다.

> ◆ **예** ◆   가령 대여금청구소송에서 **준비서면에 적지 않은 증거**인 차용증서를 상대방이 결석한 기일에 증거로 제출한 경우에 주장이 제한되는 **사실에 증거신청도 포함되는지 여부**가 문제된다. 사실에 증거신청도 포함되어 준비서면에 적지 않았다면, 증거조사가 허용되지 않는다는 입장도 있으나, **생각건대** 위 경우에 증거신청에 따라 증거조사가 이루어지고 법원이 심증이 형성된다는 점에서 결석자에 대한 예상 밖의 재판의 우려가 있으나, 한편 대여금청구소송에서 사실주장에 비추어 차용증을 증거로 제출할 것이 당연히 예상되고 적어도 결석자가 이에 대한 특별한 방어준비를 할 것도 없으므로 차용증의 증거신청을 준비서면에 적지 않았더라도 결석자에게 불의타의 우려가 없다 할 것이다. 따라서 상대방이 예상할 수 있는 증거신청 정도라면, 그 증거조사는 허용할 수 있다고 볼 것이다.[7]

7-10   (다) 자백간주의 이익 상실   상대방이 불출석한 경우에는 위와 같이 예고 없는 사실주장이 금지되므로 상대방은 이 부분에 대하여 자백간주(의제자백)가 성립하지 않는다. 결국 출석한 당사자가 준비서면에 적지 않은 사실을 주장하려면, 속행기일의 지정을 구하여 그때까지 준비서면을 제출하여야 한다.

> ◆ **자백간주와 관련된 규정** ◆   상대방이 불출석한 경우에 출석한 당사자는 이미 제출한 준비서면에 적은 사실을 주장할 수 있는데, 출석한 당사자의 주장에 대한 결석한 당사자의 응답은 결석자가 제출하고 있는 준비서면 등에 적혀 있는 사항을 진술한 것으로 본다(**진술간주**: 148조 1항). 만약, 결석한 당사자가 공시송달에 의하지 않은 방법으로 기일통지서를 송달받고 준비서면 등을 제출하지 않은 경우에는 명백히 다투지 않은 것이 되어 자백한 것으로 본다(**자백간주**: 150조 3항, 1항. ☞7-58, 8-35). 또한 피고는 공시송달의 방법에 따라 소장부본을 송달받은 경우를 제외하고, 송달받은 날부터 30일 이내에 답변서를 제출하여야 하는데(256조 1항), 피고가 답변서(피고가 처음 제출하는 준비서면의 일종) 제출기간 이내에 답변서를 제출하지 않으면, 법원은 원고가 소장에서 주장한 사실을 피고가 자백한 것으로 보아 변론 없이 선고기일을 지정하여 판결을 할 수 있다(**무변론판결**: 257조 1항).

---

7) 이러한 입장으로는 김/강, 455~456면; 김홍, 462면; 이, 371면; 정/유/김, 436면; 정영, 483면. 결석자의 이익도 고려되어야 하므로 증거조사가 허용되지 않는다는 입장으로는 강, 468면; 송/박, 303면.

(라) 소송비용의 부담　준비서면에 적지 아니한 사실을 변론에서 절대로 　7-11
주장할 수 없는 것은 아니다. 상대방이 기일에 출석한 경우에는 주장할 수 있다.
그러나 상대방이 즉시 답변할 수 없고 그 결과 기일을 속행할 수밖에 없는 경우
에는 당사자는 승소에도 불구하고 소송비용부담의 재판을 받을 수 있다(100조).

(5) 제출의 효과

(가) 진술간주의 이익　준비서면을 제출하면, 제출한 당사자가 변론기일에 　7-12
결석하여도 그 내용을 진술한 것으로 본다(148조 1항 ☞7-57).

(나) 실권효의 배제　변론준비절차 전에 제출한 바 있는 준비서면에 적힌 　7-13
사항은 변론준비기일에 제출하지 않았더라도 변론에서 주장할 수 있다. 다만 변
론준비절차에서 철회되거나 변경된 때에는 그러하지 아니하다(285조 3항 ☞7-22).

(다) 피고의 경정에 대한 동의권　피고의 경정에 있어서 피고가 본안에 관 　7-14
하여 준비서면을 제출한 뒤에는 피고의 동의를 받아야 한다(260조 1항 ☞13-86).

(라) 소의 취하에 대한 동의권　피고가 본안에 관하여 준비서면을 제출한 　7-15
뒤에 원고가 소를 취하하는 데에는 피고의 동의를 필요로 한다(266조 2항. ☞
10-7). 피고의 청구기각판결을 얻을 이익을 고려한 것이다.

3. 변론준비절차

(1) 의 의

피고가 답변서를 제출하면, 재판장은 사건을 검토하여 원칙적으로 바로 변론 　7-16
기일을 정하여야 하는데(258조 1항 본문), 다만 **필요가 있는 경우**(증거가 많고 사안이
복잡한 사건, 심리 방향을 예측하기 어려운 사건)에 한하여 **예외적**으로 사건을 변론준비
절차에 부친다(258조 1항 단서). 현행법상 변론준비절차는「임의적」절차이고, 원칙적
인 사건관리방식은「변론준비절차 선행방식」이 아니라,「변론기일 지정방식」이다.

변론준비절차에 부친 경우에 재판장은 사건의 신속한 진행을 위하여 필요한
때에는 사건을 변론준비절차에 부침과 동시에 변론준비기일을 정하고 기간을 정
하여 당사자로 하여금 준비서면, 그 밖의 서류를 제출하게 하거나 당사자 사이에
이를 교환하게 하고 주장 사실을 증명할 증거를 신청하게 할 수 있다(민사소송규
칙 69조 3항). 재판장은 특별한 사정이 있는 때(가령, 반소 등으로 사건이 복잡하게 되는
경우)에는 **변론기일을 연 뒤에도**(변론을 일부 행한 뒤에도) 사건을 변론준비절차에

부칠 수 있다(279조 2항). 변론준비절차에서는 변론이 효율적이고 집중적으로 실시될 수 있도록 당사자의 주장과 증거를 정리하여야 한다(279조 1항).

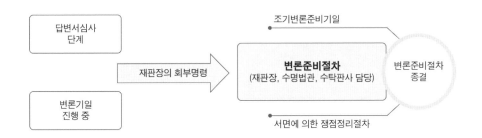

(2) 변론준비절차의 진행

7-17   변론준비절차의 진행은 재판장이 담당한다. 합의사건의 경우에 재판장은 합의부원을 수명법관으로 지정하여 변론준비절차를 담당하게 할 수 있다. 재판장은 필요하다고 인정하는 때에는 변론준비절차의 진행을 다른 판사에게 촉탁할 수 있다(280조 2항, 3항, 4항. 재판장, 수명법관, 위 판사 모두를 재판장이라고 한다).

재판장등은 변론준비절차에서 효율적이고 신속한 변론진행을 위하여 당사자와 변론의 준비와 진행 및 변론에 필요한 시간에 관한 협의를 할 수 있다(민사소송규칙 70조 3항). 재판장등은 기일을 열거나 당사자의 의견을 들어 양 쪽 당사자와 음성의 송수신에 의하여 동시에 통화를 하거나 인터넷 화상장치를 이용하여 위 협의를 할 수 있다(동규칙 동조 5항).

변론준비절차를 진행하는 재판장등은 변론의 준비를 위하여 필요하다고 인정하면 증거결정을 할 수 있고(281조 1항), 재판장등은 필요한 범위 안에서 증거조사를 할 수 있는데, 다만 증인신문 및 당사자신문은 일정한 제한이 있어 증인 등이 변론기일에 출석하기 어려운 경우 등 313조에 해당하는 경우에만 할 수 있다(동조 3항). 변론준비절차에서 서증, 검증, 감정 등을 행하여 주장 및 증거의 정리를 하고, 이를 바탕으로 나아가 변론에서는 증인신문 및 당사자신문만으로 집중적 심리를 하여 변론을 종결할 수 있도록 하기 위함이다.[8]

변론준비절차에서는 석명권(136조), 석명준비명령(137조), 소취하의 간주(268조) 등의 규정이 준용된다(286조). 또한 변론준비절차의 실효성을 확보하기 위하

---

8) 그러나 재판장등은 변론준비절차에서 판결을 할 수는 없으며, 이송결정, 소송수계허부결정 등의 재판도 할 수 없다(이, 376면).

여 요약준비서면의 규정을 변론준비절차에 준용하고 있으므로 변론준비절차를
종결하기에 앞서 당사자에게 주장과 증거의 정리를 요약한 준비서면을 제출하도
록 할 수 있다(286조, 278조).

　　변론준비절차를 통하여 쟁점이 정리되면 소송의 승패에 대하여 어느 정도
예상을 할 수 있어 법원은 화해나(286조, 145조) 조정을 권고할 수 있고, 또한 화
해권고결정을 할 수 있다(286조, 225조 이하).

(3) 변론준비절차의 종류

　　변론준비절차의 종류로 서면공방(＝서면교환)방식에 의한 쟁점정리절차와 쟁　　7-18
점정리기일의 두 가지를 마련하고 있다. 서면에 의한 변론준비절차가 원칙적인
변론준비절차로 선행하고, 재판장등은 이로써 부족한 경우에 변론준비기일을 열
어 쟁점정리를 할 수 있다.

		변론준비절차		첫 변론기일
		서면에 의한 변론준비절차	변론준비기일	
무변론판결		×		
원 칙	조기 제1회 변론기일방식	×		⇒
예 외	변론준비절차에 회부	쟁점정리, 기일 전 증거조사	쟁점정리기일	집중증거조사기일

　　(가) 서면에 의한 변론준비절차　　서면에 의한 변론준비절차는 기간을 정하　　7-19
여(기일을 열지 않고), 당사자로 하여금 준비서면, 그 밖의 서류를 내게 하거나 당
사자 사이에 이를 교환하게 하고 주장사실을 증명할 증거를 신청하게 하는 방법
으로 진행한다(280조 1항). 따라서 소장부본의 송달을 받은 피고가 답변서를 제출
하면, 그 부본을 원고 측에 보내어 반박준비서면을 제출하게 하고, 이를 다시 피
고 측에 보내어 재반박준비서면을 제출하게 한다. 이러한 서면공방방식은 실무상
특별한 경우가 아니라면, 양쪽 당사자에게 2회 정도 주어진다.

　　그런데 변론준비절차의 도입이 오히려 소송지연을 일으킬 수 있으므로 이를
방지하기 위하여 사건이 서면에 의한 변론준비절차에 부쳐진 뒤 이후 변론준비기

일이 지정됨이 없이 4월이 지난 때에는 재판장 등은 즉시 변론준비기일을 지정하거나 변론준비절차를 끝내야 한다(282조 2항).

    한편, 쟁점정리기일(변론준비기일 또는 제1회 변론기일)에 양쪽 당사자의 주장과 함께 증거관계에 대한 정리를 완결할 수 있도록 증인 및 당사자본인에 대한 증거조사를 제외한 모든 증거신청 및 증거자료의 현출을 원칙적으로 쟁점정리기일 전에 마쳐야 한다(기일 전 증거조사).

7-20   **(나) 변론준비기일**   재판장등은 서면공방방식에 의한 변론준비절차를 진행하는 중에 좀 더 주장 및 증거를 정리하기 위하여 필요하다고 인정하는 때에는 변론준비기일을 열어 당사자를 출석하게 할 수 있다(282조 1항). 재판장등은 상당하다고 인정하는 때에는 당사자의 신청을 받거나 동의를 얻어 비디오 등 중계장치에 의한 중계시설을 통하거나 인터넷 화상장치를 이용하여 변론준비기일을 열수 있다(287조의2 1항. 이에 따른 기일에 관하여는 327조의2 2항 및 3항을 준용). 비디오 등 중계장치에 의한 중계시설은 원칙적으로 법원 안에 설치하여 법원의 관리·감독이 있는 것이지만, 인터넷 화상장치는 법원의 관리·감독이 없다는 점에서 구별된다.

    앞에서 언급하였듯이 재판장은 사건의 신속한 진행을 위해 사건을 변론준비절차에 부침과 동시에 변론기일을 지정할 수도 있다(이를 조기변론기일지정이라고 한다). 서면공방방식에 의한 쟁점정리와 기일 전 증거조사가 완료된 사건에 있어서 양쪽 당사자가 법관의 면전에서 사건의 쟁점을 확인하고 주장과 반박을 하는 기회를 가지게 된다. 이러한 쟁점정리는 변론준비기일에 하는 것이 원칙인데, 이 경우에 변론준비기일을 **쟁점정리기일**이라고 한다.9) 서면공방방식만으로도 변론의 준비를 위한 변론준비절차를 진행할 수 있지만, 서면만으로 반드시 쌍방의 주장이 충분히 맞물려 즉시 쟁점이 명확하게 되는 것은 아니므로 한 발짝 나아가 따로 변론준비기일(=쟁점정리기일)을 열 수 있도록 유연성을 부여함으로써 구체적인 사건의 특성에 맞추어 다양한 방법으로 변론을 사전에 준비할 수 있도록 한 것이고, 소송대리인의 선임 여부와 상관없이 사건의 실체나 증거에 대하여 잘 알고 있는 당사자를 출석하게 한 것이다.

    그런데 변론준비기일은, 준비절차실이나 심문실과 같은 법정이 아닌, 법정

---

9) 그러나 쟁점정리를 첫 변론기일에 할 수도 있는데, 이러한 경우에는 첫 변론기일이 쟁점정리기일이 되고, 제2회 변론기일이 집중증거조사기일이 된다.

외의 장소에서 엄격한 형식에 구애받지 않고 비공개로 실시할 수 있는데, 그렇다면 이를 재판공개의 원칙과 관련하여 어떻게 볼 것인가가 문제이다. 변론준비기일에서는 변론을 준비하는 것만에 그치는 것이고, 나중에 변론기일에서 변론준비기일의 정리된 결과(정리된 쟁점, 증거조사결과, 이에 대한 당사자의 의견 등)를 진술하여 구체적으로 변론에 상정된 것만이 재판자료가 된다면, 재판공개의 원칙에 어긋난다고 보기 어렵다. 공개와 관련하여, 당사자는 재판장등의 허가를 얻어 변론준비기일에 제3자와 함께 출석할 수 있다(282조 3항).

당사자는 변론준비기일이 끝날 때까지 변론의 준비에 필요한 주장과 증거를 정리하여 제출하여야 한다(282조 4항).[10) 변론준비기일에서의 위와 같은 소송행위는 변론의 준비행위로서 쟁점과 증거의 정리에 불과하므로 엄격하게는 변론이 아니다. 재판장 등은 변론준비기일이 끝날 때까지 변론의 준비를 위한 모든 처분을 할 수 있다(동조 5항).

변론준비기일에 법원사무관 등이 참여하여 조서를 작성하여야 한다. 단지 경과만이 아니라 당사자의 공격방어방법 및 상대방의 응답을 기재하고, 특히 증거에 관한 진술은 명확히 하여야 한다. 변론준비기일의 조서에는 변론조서에 관한 규정이 준용된다(283조).

(4) 변론준비절차의 종결

재판장등은 사건을 변론준비절차에 부친 뒤 6월이 지난 때, 정한 기간 내에 준비서면 등을 제출하지 아니하거나 증거의 신청을 하지 아니한 때, 당사자가 변론준비기일에 출석하지 아니한 때에는 변론준비절차를 종결하여야 한다. 다만, 변론의 준비를 계속하여야 할 상당한 이유가 있는 때에는 그러하지 아니하다(284조 1항).[11) 변론준비절차를 종결하는 경우에 재판장 등은 변론기일을 미리 지정할 수 있다(동조 2항).   7-21

(5) 변론준비기일을 종결한 효과

변론준비기일에 제출하지 아니한 공격방어방법은 ① 그 제출로 인하여 소송을 현저히 지연시키지 아니하는 때(가령 재정증인의 증인신문신청), ② 중대한 과실   7-22

---

10) 변론준비기일에서는 당사자가 말로 변론의 준비에 필요한 주장과 증거를 정리하여 진술하거나, 법원이 당사자에게 말로 해당사항을 확인하여 정리하여야 한다(민사소송규칙 70조의 2).

11) 당사자가 변론준비기일에 출석하지 않은 때에 상당한 이유가 있어 변론준비기일을 진행할 경우에는 진술간주(148조), 자백간주(150조), 소취하간주(268조) 등의 법리가 준용된다(286조).

없이 변론준비절차에서 제출하지 못하였다는 것을 소명한 때, ③ 법원이 직권으로 조사할 사항인 때(가령 소송요건에 대한 흠의 주장) 이외에는 변론에서 제출할 수 없다(285조 1항). 서면공방방식에 의하여만 변론준비절차가 진행된 경우에는 당사자가 충분히 소송의 진행결과를 숙지하여 필요한 공격방어방법을 제출할 수 있었다고 보기 어려우므로 위 실권효는 발생하지 않고, **변론준비기일을 연 경우**에만 **실권효** 규정을 두었다.

실권효의 예외가 인정되어 뒤에 변론에서 공격방어방법을 제출할 수 있다고 하더라도 다시 276조의 적용이 있기 때문에 준비서면에 이를 적지 않은 경우에는 상대방이 결석한 때에는 이를 변론에서 주장할 수 없다(285조 2항). 다만, 위 ③ 직권조사사항은 성질상 적지 아니하였더라도 주장할 수 있을 것이다.

그리고 소장 또는 변론준비절차 전에 제출한 바 있는 준비서면에 적힌 사항은 위 실권효 규정에 불구하고 변론에서 주장할 수 있다(285조 3항 본문). 왜냐하면 이 사항은 본래 변론준비절차에서 제출되었을 것인데, 제출되지 않았을 리가 없는 사항이라고 볼 수 있기 때문이다. 그런데 이 경우에 준비서면에 적힌 사항이더라도 변론준비절차에서 철회되거나 변경된 때에는 변론에서 주장할 수 없다(동조 동항 단서).

제1심의 변론준비절차는 항소심에서도 그 효력을 가지므로(410조), 변론준비기일을 연 사건은 항소심에서도 실권효가 그대로 유지된다.

(6) 변론준비절차를 마친 뒤의 변론

7-23

법원은 변론준비절차를 마친 경우에는 첫 변론기일을 거친 뒤 바로 변론을 종결할 수 있도록 하여야 하고, 당사자는 이에 협력하여야 한다(287조 1항). 당사자는 변론준비기일을 마친 뒤의 변론기일에서 변론준비기일의 결과를 진술하여야 한다(동조 2항). 이는 필수적 변론의 원칙을 전제로 한 구술변론주의, 직접주의 등의 요청의 충족과 관련하여 변론준비기일에 제출된 자료를 소송자료로 하기 위하여 필요한 절차이다. 다만, 결과의 진술이 변론갱신시에 행하는 것과 같이 「변론준비기일 결과 진술」과 같이 형식에만 그친다면 구술변론주의, 직접주의의 실질적 구현과 거리가 멀게 되므로 변론준비기일에서 정리된 결과를 실질적으로 변론에 상정하여야 할 것이다.12) 그리고 법원은 변론기일에 변론준비절차에서 정

---

12) 변론준비기일 결과의 진술은 당사자가 정리된 쟁점 및 증거조사 결과의 요지 등을 진술하거나, 법원이 당사자에게 해당사항을 확인하는 방식으로 할 수 있다(민사소송규칙 72조의2).

리된 결과에 따라서 바로 증거조사를 하여야 한다(동조 3항). 즉 변론준비절차에서 할 수 없었던 증인신문 및 당사자신문을 중심으로 변론기일에서는 집중적으로 증거조사가 실시될 것인데(293조), 이때의 변론기일은 **집중증거조사기일**이 된다.

IV. 변론의 진행

전술하듯이 예외적으로 사건을 변론준비절차에 회부하는 경우도 있을 수 있으나, 그렇지 않으면 변론기일을 정하여 변론이 진행된다(☞자세히는 1－20). 당사자가 소송절차에 적극적으로 관여하여 자신의 주장 등을 충분히 다할 수 있게 변론기일을 열어 절차에 관여할 기회를 보장하고 있다.

2021. 8. 17.자 민사소송법 개정에 의하여, 법원은 교통의 불편 또는 그 밖의 사정으로 당사자가 법정에 직접 출석하기 어렵다고 인정하는 때에는 당사자의 신청을 받거나 동의를 얻어 **비디오 등 중계장치에 의한 중계시설**을 통하거나 **인터넷 화상장치**를 이용하여 변론기일을 열 수 있다. 이 경우에 법원은 심리의 공개에 필요한 조치를 취하여야 한다(287조의2 2항. 이에 따른 기일에 관하여는 327조의2 2항 및 3항을 준용). 비디오 등 중계장치에 의한 중계시설은 원칙적으로 법원(예외적으로 관공서나 공사단체 등 적당한 곳) 안에 설치하여 법원의 관리·감독이 있는 것이지만, 인터넷 화상장치는 법원의 관리·감독이 없다는 점에서 구별된다.

변론은 재판장이 지휘하고 주재한다(135조). 당사자의 변론의 내용에 대하여는 후술한다(☞7－34). 변론에 들어가 변론을 그 기일에 종결할 수 없으면 차회 기일이 지정되어 변론을 속행한다. 법원은 종국판결을 하기에 충분한 소송자료·증거자료가 얻어졌다고 판단한 때에는 변론을 종결한다(198조).

7-24

V. 변론의 제한·분리·병합 및 재개

법원은 변론의 진행 중에 변론의 제한, 분리 또는 병합을 명하거나 이를 취소할 수 있다(141조). 복잡한 사건을 단순화하여 초점을 좁혀서 변론이 행하여질 수 있도록 변론을 하나의 쟁점으로 제한하거나, 또는 청구가 병합되어 있는 경우에는 하나의 청구로 제한하거나 병합된 청구를 분리할 수 있다. 더욱이 소송경제의 요청 하에 심리의 중복을 피하고, 모순된 판단을 회피하기 위해 별소로 제기된 여러 개의 청구를 병합할 수 있다. 한편, 일단 종결된 변론에 대하여도 심리가 충분하지 않다고 판단되는 때에는 법원은 종국판결을 선고하기까지 직권으로 변론을 다시 열도록(재개) 명할 수 있다(142조).

1. 변론의 제한

7-25   (1) 1개의 절차에 있어서 여러 개의 청구가 심리되거나 1개의 청구에 대하여 여러 개의 쟁점이 심리의 대상이 되는 때에는 심리의 정리를 위하여 법원은 변론이나 증거조사를 1개의 청구나 쟁점에 한정할 수 있다. 가령 손해배상청구사건에 있어서 책임의 유무와 손해액의 양쪽이 쟁점으로 되는 때에는 변론을 우선 책임에 한정하여 손해액의 심리와 단절하여 행하는 것이다. 심리의 결과 책임이 없는 것이 분명하면 손해액의 심리를 할 필요도 없이 청구기각의 종국판결이 행하여지고, 책임이 존재한다고 인정되면 중간판결을 할 수가 있다(201조). 아니면 변론의 제한을 취소하여 단절한 사항의 심리로 옮겨간다.

(2) 변론의 제한은 **재량**에 따른 재판(결정)으로 행하여지고(141조), 당사자는 직권을 촉구할 수는 있어도 그 신청권은 없다고 본다.

(3) 변론의 분리와 달리, 변론의 제한에 있어서는 제한의 대상이 된 사항도 그 밖의 사항도 심리의 순서에 의하여 구별되지만, 동일한 절차에서 심리되는 것이므로 소송자료·증거자료 및 변론 전체의 취지는 공통한다. 또 청구에 대한 판결도 1개의 판결로 행하여진다.

2. 변론의 분리

7-26   (1) 1개의 절차에 있어서 여러 개의 청구가 심판의 대상이 된 때에는 법원은 1개의 절차에서 심리를 하고, 1개의 판결을 선고하는 것이 원칙이다. 그러나 심리의 번잡을 피하기 위하여 법원은 어느 청구에 대한 심리를 다른 청구에 대한 심리로부터 분리할 수 있다. 변론이 분리되면 그 뒤는 종전의 소송상태에서 각 청구는 별개로 심리되게 된다. 변론의 분리가 문제되는 것은 소의 병합, 반소 또는 변론의 병합 등의 원인으로 말미암아 여러 개의 청구가 하나의 소로 제기된 경우이다. 단일한 청구에 있어서는 문제가 될 여지는 없다.

(2) 변론을 분리할 것인지 여부는 원칙적으로 법원의 **재량**이다(141조). 재량위배가 절차위배가 되는 것은 아니다. 다만, 예외적으로 분리하여야 하는 경우와 분리하여서는 안 되는 경우가 있다. 전자의 예로서는 병합이 허용되지 않는 경우와 병합요건에 흠이 있는 경우가 있다. 이러한 경우에서 상대방이 이 점에 대하여 이의를 하였을 때에 병합청구를 부적법하다고 각하할 것은 아니고, 변론을 분

리하여 별소의 제기가 있는 것으로서 심리하여야 한다. 후자의 예로서는 일부판결이 허용되지 않는 경우를 들 수 있다. 일부판결에 따라 여러 개의 청구 서로 사이에 포함되어 있는 공통사항의 판단이 모순되고 법적으로 도저히 참을 수 없는 사태가 생길 우려가 있는 경우에는 일부판결이 금지된다. 변론을 분리한 경우에도 일부판결과 마찬가지 상황이 생기므로 일부판결이 허용되지 않는 경우에는 변론의 분리도 인정되지 않는다. 구체적으로는 필수적 공동소송, 독립당사자참가, 예비적 병합 등에서 문제될 수 있다.

(3) 변론의 분리 전의 소송자료·증거자료는 분리 뒤의 각각의 절차에서도 당연히 재판자료가 된다. 한편 분리 뒤의 각각의 절차에 상정된 소송자료·증거자료는 서로 구별되고, 판결도 별개로 행하여진다. 다만, 분리되더라도 법원의 관할에는 영향을 미치지 않는다(33조).

3. 변론의 병합

(1) 변론의 병합은 관서로서의 동일한 법원에 계속하고 있는 여러 개의 소송을 동일 절차에서 심리하는 법원의 **소송지휘**이다.[13] 병합될 소송이 동일 심급에 계속되고 있어야 한다. 그런데 병합될 소송은 동일 당사자 사이로 제한되지 않고, 다른 당사자 사이라도 무방하므로 병합에 의하여 **청구의 병합** 또는 **공동소송**이 된다.

7-27

(2) 변론을 병합할 것인지 여부는 분리의 경우와 마찬가지로 원칙적으로 법원의 **재량**이다(141조). 다만, 예외로서 역시 병합하지 않으면 안 되는 경우와 반대로 병합을 하여서는 안 되는 경우가 있다. 전자의 예로서는 회사관계소송과 관련 상법에 여러 개의 소가 동시 계속될 때는 변론을 병합하여야 한다고 규정하고 있다(상법 188조, 328조, 376조). 반대로 후자의 병합이 금지되는 것은 우선 병합된 여러 개의 소송이 동종의 절차에 따르지 않는 경우이다(253조). 또 동종의 절차에 따르는 경우라도 법률이 이것을 금지하고 있는 경우에는 병합하여서는 안 된다. 이에 위반하면 위법한 재판으로서 상소이유가 된다고 해석한다.

한편, 변론의 병합으로 공동소송이 되는 경우에 특히 65조의 공동소송의 요

---

13) 실무상 여러 개의 사건을 동일 절차에서 변론을 병합하는 것이 아니고, 단지 심리를 동시에 행하는 변론의 **병행**이 있다. 변론기일이나 변론준비기일 등을 같은 일시에 지정한다. 병합할 만큼 청구 사이에 밀접한 관련성이 없는 동종의 사건일 때에 이에 의하는 경우가 있다. 본안 사건과 보전소송을 병행하는 것도 그 예이다.

건의 구비가 요구되는가가 문제된다. 학설은 문제되지 않는다는 입장, 반대로 병합요건이 필요하다는 입장으로 나뉜다. 법원의 소송지휘에 의하여 법이 인정하지 않는 병합이 가능하게 되는 것은 부당하다고 생각하기 때문에 공동소송의 병합요건이 필요하다고 생각한다. 다만, 공동소송에 있어서 병합요건은 직권조사사항이 아니라, 상대방의 이의에 의하여 비로소 문제되는 것이기 때문에 변론의 병합의 경우에도 병합된 각 소송의 당사자가 이 점에 관하여 이의를 표명한 경우에 고려되는 것에 그친다고 할 것이다.

(3) 변론의 병합의 결정이 있으면 그 결정 뒤에는 1개의 병합소송으로서 그 전체에 있어서 공통한 변론, 증거조사 및 판결이 행하여진다. 그런데 병합결정이 있은 후 뿐만이 아니라, 별개의 소송은 애초부터 병합소송으로서 제기된 것과 마찬가지로 1개의 소송으로서 취급되어 병합 전의 각각의 사건의 소송절차에서 행한 증거조사의 결과가 병합 뒤의 다른 사건을 위하여도 공통한 증거자료로 사용할 수 있는가에 대하여 견해의 대립이 있다. 이에 대하여 변론의 병합에 의하여 각 소송은 당초부터 병합소송으로 제기된 것과 동일시할 수 있으므로 원용이 없어도 각 소송의 증거조사의 결과는 그대로 병합 뒤의 소송의 증거자료로 당연히 이용할 수 있으며, 다만 병합에 의하여 공동소송이 된 경우에는 증거조사에 참여하지 않은 당사자의 이익을 보호하기(절차보장) 위하여 원용이 필요하다는 입장이 일반적이다.

(4) 한편, 변론의 병합에 의하여 여러 개의 소송이 당초부터 병합되어 있던 것과 같은 상태가 되므로 **직접주의**와의 관계가 문제된다. 병합된 각 소송은 그 전에 관서로서의 동일 법원에 계속되어 있었던 것만이므로 병합에 의하여 그 수소법원의 구성에 변경이 생기는 경우가 있게 되고, 이 경우에는 법관이 바뀐 경우와 마찬가지로 **변론을 갱신**하여야 한다(204조 2항, 3항).

◆ **예** ◆   Y와 Z가 운전하는 2대의 승용차가 충돌하여 길가를 걷던 보행자 X가 큰 부상을 당하였다. X가 Y와 Z을 상대로 별도로 소를 제기하였다. X→Y 소송에서 목격자 A의 증인신문이 종료한 뒤에 두 사건은 병합되었다. 이 경우에 다시 X→Z 소송에서 A의 증거조사가 행하여지지 않더라도 X→Z 소송에서도 A의 증언은 그대로 증거가 되는 것이고, 서증으로 그 증언을 적은 증언조서가 X→Z 소송의 증거방법이 되는 것은 아니라 할 것이다. 다만, Z가 이를 원용하지 않는 경우에까지 그 증언이 증거가 된다면 Z로서는 증인에 대한 반대신문 등의 기회를 빼앗기는 것이 되고, 직접주의에도 반하게 된다. 그런고로 증거자료로 이용하는 데 있어서 당사자의 절차보장을 위하여 Z의 원용이 있어야 할 것이다.

4. 변론의 재개

일단 종결된 변론에 대하여도 법원은 심리가 불충분하다고 판단한 때(가령   7-28
심리미진 부분이 발견되었다든가, 당사자가 미처 주장 혹은 제출하지 못한 주요사실이나
증거를 발견하게 되었다든가)에는 변론을 직권으로 다시 열도록(재개) 명할 수 있다
(142조).

당사자에게 신청권이 없고, 신청은 법
원의 직권발동을 촉구하는 의미밖에 없으
므로 변론을 다시 열지 여부는 법원의 직권
사항이고, 법원의 **재량**으로 결정된다.[14]
다만, 이 재량권도 무제한인 것은 아니다.
변론을 다시 열어 당사자에게 공격방어방
법을 제출할 기회를 주는 것(예를 들어 주요
한=관건적 요증사실)이 분명히 민사소송에
있어서 절차적 정의의 요구라고 인정되는
특별한 사정이 있다면 **재개의무**를 인정하
여야 할 것이다.[15]

> **변 론 재 개 신 청 서**
>
> 사건   2010 가합(가단) ○○○   매매대금
>
> 원 고   이 몽 룡
> 피 고   성 춘 향
>
> 위 사건에 관하여 2010. ○. ○. 변론을 종결하고
> 동년 ○. ○. 10:00로 판결선고 기일을 지정하였으
> 나, 아래와 같이 새로운 증거를 발견하였으므로
> 이를 제출하고자 하니 변론을 재개하여 주시기 바
> 랍니다.
>
> 아   래
> 1. 새로 발견된 증거서류의 내용(예: 차용증서 1통)
>
> 2010 .   .   .
> 위 원고   이 몽 룡   (인)
>
> ○○지방법원 귀중

---

14) 대법원 1998. 9. 18. 선고 97다52141 판결. 법원이 변론을 재개할 의무가 있는 예외적 요건
   등을 갖추지 못하여 법원이 변론을 재개할 의무가 없는데도 변론이 재개될 것을 가정한 다음,
   그와 같이 가정적으로 재개된 변론의 기일에서 새로운 주장·증명을 제출할 경우 실기한 공격방
   어방법으로 각하당하지 아니할 가능성이 있다는 사정만으로 법원이 변론을 재개할 의무가 생긴
   다고 할 수는 없다(대법원 2010. 10. 28. 선고 2010다20532 판결).
15) 변론재개신청을 한 당사자가 변론종결 전에 그에게 책임을 지우기 어려운 사정으로 주장·증명
   을 제출할 기회를 제대로 갖지 못하였고, 그 주장·증명의 대상이 판결의 결과를 좌우할 수 있는
   관건적 요증사실에 해당하는 경우 등과 같이, 당사자에게 변론을 재개하여 그 주장·증명을 제
   출할 기회를 주지 않은 채 패소의 판결을 하는 것이 민사소송법이 추구하는 **절차적 정의에 반
   하는 경우**에는 법원은 변론을 재개하고 심리를 속행할 의무가 있다. 또한 법원이 **사실상 또는
   법률상 사항에 관한 석명의무나 지적의무 등을 위반한 채 변론을 종결**하였는데 당사자가 그
   에 관한 주장·증명을 제출하기 위하여 변론재개신청을 한 경우 등과 같이 사건의 적정하고 공정
   한 해결에 영향을 미칠 수 있는 소송절차상의 위법이 드러난 경우에는, 사건을 적정하고 공정하
   게 심리·판단할 책무가 있는 법원으로서는 그와 같은 소송절차상의 위법을 치유하고 그 책무를
   다하기 위하여 변론을 재개하고 심리를 속행할 의무가 있다(대법원 2010. 10. 28. 선고 2010다
   20532 판결).

VI. 변론조서

1. 의 의

7-29   변론의 경과를 명확하게 하기 위하여 **법원사무관등**은 변론기일에 참여하여 기일마다 조서를 작성하여야 한다. 다만, 변론을 녹음하거나 속기하는 경우(참여가 없어도 뒤에 재판의 진행사항을 파악할 수 있으므로) 그 밖에 이에 준하는 특별한 사정이 있는 경우에는 법원사무관등을 참여시키지 않고 변론기일을 열 수 있는데, 이 경우에는 법원사무관등은 그 기일이 끝난 뒤에 재판장의 설명에 따라 조서를 작성하고, 그 취지를 덧붙여 적어야 한다(152조).

```
                    ○ ○ 법원

        제 ○ 차   변론조서

        사   건  2005가단○○○   기   일  20 . . .
        판   사               장 소 제 호 법정
        법원주사               공개여부 공 개
                              고지된 다음기일   20 . . .

        사건과 당사자의 이름을 부름

        원고 및 대리인                        각 출석
        피고 및 대리인                        각 출석
        ⋯⋯⋯
                              법원주사        (인)
                              판   사         (인)
```

2. 기재사항

7-30   조서는 사건의 표시, 법관과 법원사무관등의 성명, 출석한 당사자·대리인·통역인의 성명과 출석하지 아니한 당사자 성명, 변론의 날짜와 장소, 변론의 공개 여부와 공개하지 아니한 경우에는 그 이유 등의 **형식적 기재사항**을 적고 작성자인 법원사무관 등이 이에 기명날인 또는 서명하고 변론을 주재한 재판장도 기명날인 또는 서명하여야 한다(153조). 이를 갖추지 못한 조서는 무효이다.

조서의 **실질적 기재사항**으로서 중요한 소송행위, 증거조사의 결과, 재판의 선고 등을 적어야 한다(154조). 변론의 일반적 내용을 하나하나 적을 필요는 없고 그 경과를 나타내는 요지를 적으면 된다. 조서에 적을 사항은 당사자의 이의가 없는 한, 대법원규칙이 정하는 바에 따라 생략할 수 있다.16) 다만, 변론방식에 관한 규정의 준수, 화해, 청구의 포기·인낙, 소의 취하와 자백에 대하여는 생략할 수 없다(155조). 이는 명확하게 기재할 것이 필요하기 때문이다.

---

16) 소송이 판결에 의하지 아니하고 완결된 때에는, 재판장의 허가를 받아, 증인·당사자 본인 및 감정인의 진술과 검증결과의 기재를 생략할 수 있다(민사소송규칙 32조).

3. 변론의 속기와 녹음

법원은 필요하다고 인정하는 경우에는 변론의 전부 또는 일부를 녹음하거나,　7-31
속기자로 하여금 받아 적도록 명할 수 있다. 당사자가 신청하면 특별한 사유가
없는 한 이를 명하여야 한다. 이 녹음테이프와 속기록은 조서의 일부로 삼는다
(159조). 재판장은 변론을 녹음 또는 속기하는 때에는 법원사무관등을 참여시키지
아니하고 변론기일을 열 수 있다(152조 1항 단서).

4. 관계인에게 공개

조서의 기재는 그 정확성의 담보를 위하여 관계인의 신청이 있으면 법정에　7-32
서 읽어(낭독)주거나 보여(열람)주어야 한다(157조). 그리고 기일 밖에서 당사자나
이해관계를 소명한 제3자는 대법원규칙이 정하는 바에 따라 소송기록의 열람 등
과 소송에 관한 사항의 증명서의 교부 신청권을 가진다(162조). 비밀보호를 위하
여(☞6-3) 열람 등의 신청을 당사자로 한정할 수 있다(163조).

5. 조서의 증명력

조서가 존재하는 한, 변론방식에 관한 규정이 지켜졌다는 것은 **조서로만 증명**　7-33
할 수 있다(158조). 즉 변론의 방식에 관한 사항은 자유심증주의를 배제하고 법정
증거주의를 취하였다. 다른 증거방법으로 증명하거나, 반증을 들어 다툴 수 없다.
다만, 조서가 없어진 때에는 그러하지 아니하다(동조 단서). 그리고 변론의 방식에
관한 규정이 아닌 것, 가령 당사자의 변론의 내용, 자백 등은 조서의 기재에 법정
증거력이 인정되지 않고, 일응의 증거가 되는 데 지나지 않는다. 다만, 법원사무
관등이 엄격한 형식 하에 작성하고 재판장이 기명날인한 것이므로 문서의 성질상
그 내용이 진실하다고 추정하여야 한다.

제 2 절 변론의 내용

변론에서 당사자는 법원에 대하여 여러 가지 소송행위를 하는데, 이는 구체적으로 원고·피고가 자기에게 유리한 판결을 구하는 본안의 신청과 이를 뒷받침하기 위한 주장 및 증명을 하는 공격방어방법으로 구성된다. 결국 변론의 내용인 본안의 신청과 공격방어방법인 주장 및 증명 등은 변론에서 당사자에 의하여 행하여지는 소송행위의 하나이다.

I. 의 의

7-34   변론에서의 당사자의 소송행위는, 판결에 이르기까지 원고에 의한 심리·판단의 대상의 제시(청구) → 원고·피고에 의한 주장 → 원고·피고에 의한 증명이라는 과정을 거치는데, 여기서 본안의 신청(청구)은 주장(통상은 사실상의 주장, 예외적으로는 법률상의 주장)에 의하여 뒷받침되며, 주장(사실상의 주장)은 증명에 의하여 뒷받침되는 단계적 구조로 되어 있다. 각 단계에 있어서 상대방이 다투지 않는 경우에는(처분권주의 효과로 본안의 신청단계에서는 청구의 인낙, 변론주의의 효과로 주장단계에서는 재판상 자백) 다음 단계의 소송행위에 의하여 뒷받침될 필요가 없으나, 다투는 경우에는 다음 단계의 소송행위에 의하여 뒷받침되어야 한다(☞2-2).

① 원고의 본안의 신청을 피고가 인정하면 **청구의 인낙**이 되고 그 취지를 조서에 적은 때에는 확정판결과 같은 효력이 발생하고 소송은 종료된다(220조).

② 원고의 본안의 신청을 피고가 명시적으로 인정하지 않는 한, 원고는 주장으로 자기의 신청을 뒷받침할 필요가 있다. 물론 신청을 뒷받침하기 위하여 여러 가지 주장을 가정적으로 할 수도 있다.

③ 원고의 본안의 신청이 법률상 주장으로 뒷받침된 경우에 피고가 이를 다투는 경우에는 원고는 그 법률상 주장을 뒷받침할 사실을 주장하여야 한다. 가령 원고가 소유권에 기한 반환청구권으로서 목적물의 인도를 구하는 경우에 원고의 소유권을 피고가 다투면 원고는 소유권취득의 원인사실을 주장하여야 한다. 원고가 한 법률상 주장인 소유권을 피고가 명시적으로 인정하면 **권리자백**이 되는데, 그 소송상 효과에 대하여는 다툼이 있다(☞8-32).

④ 원고가 사실상의 주장을 한 데 대하여, 피고가 명시적으로 인정하면 **재판상 자백**이 되지만(288조), 특히 다투지 않고 침묵하고 있어도 자백으로 본다(150

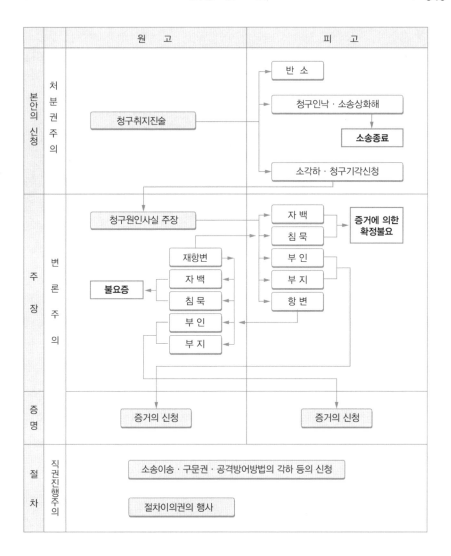

조 1항). 즉 명시적으로 다투어 자백간주를 부정하지 않는 한, 재판상 자백과 마찬
가지로 취급된다. 한편, 피고가 원고의 사실상의 주장을 부인하여 다투면, 원고
는 자기의 주장을 입증할 필요가 생긴다. 피고가 그 사실을 알지 못한다고 진술
한 부지의 경우도 그 사실을 부인한 것으로 추정한다(동조 2항). 이 경우에 그 사
실에 대하여 증명책임을 지는 원고는 본증을 하게 된다.

⑤ 피고가 적극적으로 자기의 방어방법을 제출하는 방법에는 **항변**이 있는
데, 항변은 원고의 청구원인의 효과발생을 막기 위하여 피고가 증명책임을 지는

별개의 사실을 주장하는 점에서 원고가 증명책임을 지는 사실을 다투는 부인과는 다르다. 피고의 항변의 효과발생을 막기 위하여 원고가 증명책임을 지는 또 다른 별도의 사실의 주장방법을 재항변이라고 한다.

⑥ 증거의 제출에 대한 상대방의 대응은 통상은 그 증거의 효력과는 관계없지만, 서증의 성립을 인정하면 보조사실의 자백이 된다.

II. 본안의 신청

7-35   변론은 원고가 소장에 기재한 청구의 취지에 따라 청구를 제시하여 특정한 내용의 판결을 구하는 뜻을 진술하는 것에서 시작한다(구술주의의 요청). 이렇게 당사자가 본안에 관하여 종국판결을 구하는 진술을 본안의 신청(Sachantrag)이라고 한다.17) 이에 대하여 피고가 반대신청(본안전의 신청으로서 소의 각하, 본안에 대한 신청으로서 청구기각판결의 신청)을 한다.18) 한편, 가집행선고 및 소송비용에 관한 재판도 종국판결에 포함되므로 그것에 관한 신청도 본안의 신청이 되는데, 다만 원고의 신청이 없더라도 직권으로 이를 할 수 있다.

III. 공격방어방법

7-36   법원이 심리·판결을 하기 위하여 필요한 사실 및 증거를 제출하는 당사자의 행위(판단자료제출행위)를 당사자 사이의 관계에서는 공격방어방법이라고 부른다(변론주의를 취하는 민사소송에서는 사실 및 증거의 제출이 당사자의 책임이다).19) 즉 당사자

---

17) 일반적으로 신청이라고 할 때에는 당사자가 법원에 대하여 재판, 증거조사, 송달 등의 일정한 소송행위를 요구하는 것을 말한다. 이러한 신청에는 위 본안의 신청 이외에 소송절차상의 사항에 관한 신청도 있는데, 이를 **소송상의 신청**이라고 부른다. 관할의 지정신청, 이송신청, 제척·기피신청, 기일지정신청 등에 대하여는 법에 당사자의 신청권이 인정되어 있다. 따라서 신청이 있으면 법원은 그것을 인정할 것인지 여부의 판단을 나타내어야 한다. 다만, 변론의 병합, 변론의 재개, 관할위반에 따른 이송 등에 대한 신청과 같이 법원의 직권발동을 촉구하기 위하여 신청이 행하여지는 경우도 있는데, 이러한 경우에 법원은 그 신청에 대하여 판단할 의무는 없다.

18) 직권조사사항인 소송요건의 경우에는 피고의 소각하의 신청은 필요하지 않다. 그리고 원고의 청구를 인용하지 않는다면 청구를 기각할 수밖에 없으므로 피고에 의한 청구기각의 신청이 없더라도 법원은 본안판결을 할 수 있다.

19) 여기서 본안에 관한 주장이나 항변 가운데 다른 공격방어방법과 관계없이 분리·독립하여 그에 관한 판단만으로 소송상의 청구를 유지 또는 배척하기에 충분한 것을 **독립한 공격방어방법**이라고 한다. 예를 들면 소유권이 다투어지는 경우에 원고가 그 목적물을 취득한 법적 원인으로 매매(또는 취득시효 등)를 주장한다고 하자. 법원이 매매를 인정하면 소유권의 취득이라는 법률효과의 발생이 긍정되므로 매매는 독립한 공격방어방법이다. 독립한 공격방어방법은 중간판결을 할 수 있다(201조).

가 본안의 신청을 뒷받침하기 위하여 제출하는 일체의 재판자료를 공격방어방법이라고 하는데, 원고가 자기의 청구를 이유 있게 하기 위하여 제출하는 재판자료를 **공격방법**(Angriffsmittel)이라고 하고, 반대로 피고가 원고의 청구를 배척하기 위하여(반대신청을 유지하기 위하여) 제출하는 재판자료를 **방어방법**(Verteidigungsmittel)이라고 한다. 공격방법, 방어방법의 구별은 제출자가 원고인가, 피고인가의 구별에 따라 결정되는 것이고 내용상의 구별은 아니다. 법원의 입장에서는 양자 모두 재판자료로서 동일한 것으로 취급된다.

공격방어방법은 자료의 성질에 따라서 법률상의 주장, 사실상의 주장 및 입증의 세 가지로 분류된다.[20] 그리고 항변도 공격방어방법에 있어서 주장에 속하는 것이나, 별도로 설명함이 보통이다. 한편, 원고의 소의 변경이나 피고의 반소는 새로운 본안의 신청인 것이고, 공격방어방법이 아니다.

공격방어방법은 소송의 정도에 따라 적절한 시기에 제출하여야 한다(146조).

1. 주장(진술)

(1) 의 의

당사자가 법원에 대하여 특별한 법률효과 또는 사실의 존부에 관한 인식을 표백(表白)하는 소송행위를 말하며, 관념의 통지로서의 성격을 가진다. 주장은 법원에 대하여 하는 것이므로 상대방이 결석한 경우에도 할 수 있다. 주장은 다시 법률상의 주장과 사실상의 주장으로 나뉜다.   7-37

(2) 법률상의 주장

법률상의 주장은 **협의**로는, 요건사실에 대한 법규의 적용의 효과, 즉 권리관계의 발생·변경·소멸의 주장을 의미한다. 손해배상의무가 있다는 주장이나, 채권소멸의 주장 등이 그 예이다. 상대방이 그 주장을 인정하는 취지의 진술을 하더라도 법원은 이에 구속되지 않는다. 왜냐하면 법률상의 주장에 관하여는 「법적 구성·평가 = 법원의 임무·책무」라는 원리가 타당하므로 원칙적으로 법률상의 주장이 당사자 사이에 일치하여도 아무런 효과를 가지지 않기 때문이다. 그러나 가령 원고가 목적물의 인도를 구하고(본안의 신청), 이를 뒷받침하기 위해서 소유   7-38

---

20) 엄격하게는 공격방어방법은 법률상의 주장, 사실상의 주장 및 입증이 주된 것이나, 그 밖에 증거항변, 소송요건의 존부 및 개개의 소송행위의 효력이나 방식의 당부에 관한 주장 등의 절차이의권의 행사도 넓게 공격방어방법에 포함시키기도 한다.

권의 존재를 주장하였을 때에(법률상의 주장) 소송물인 인도청구권의 전제를 이루는 원고의 소유권을 피고가 인정하는 경우에, 이는 권리자백으로 법원을 구속하는 경우도 있다(☞8-32).

그런데 법률상의 주장은 **광의**로는, 외국법을 포함한 법규의 존부, 내용, 해석, 운용에 대한 주장도 포함한다. 「법률은 법관이 안다」는 법언(法諺)에 나타나듯이 법규의 발견, 해석, 적용은 법원의 책임에 속하는 것이고, 당사자의 주장은 참고가 되는 것에 지나지 않는다. 그러나 당사자에 대한 절차보장과 관련하여, 법원이 당사자에 대하여 적용 가능성 있는 법적 관점을 지적할 의무와 함께 법원에 대하여 법적 관점의 시사를 요구할 당사자의 청구권 등이 인정되는 방향으로 나아가야 할 것이다(136조 4항 참조).

(3) 사실상의 주장

7-39 **(가) 의 의**　사실상의 주장이란 구체적 사실의 존부에 관한 당사자의 지식·인식을 법원에 보고하는 당사자의 행위이다. 사실에 관한 당사자의 진술이라도 당사자본인신문에 있어서의 진술은 사실을 증명하기 위한 증거자료이고 사실상의 주장에는 포함되지 않는다. 사실은 외계의 사실에 한하지 않고 선의·악의, 고의·과실 등과 같은 내심의 사실도 포함한다. 사실은 주요사실(권리의 발생·변경·소멸이라는 법률효과의 판단에 직접적으로 필요한 사실), 간접사실(논리칙, 경험법칙의 도움을 빌려서 주요사실을 추인케 하는 사실), 보조사실(증거능력이나 증거력에 관계되는 사실)로 구별된다.

(나) 소송상의 효과

7-40 ① **주장책임**: 변론주의 하에서는 당사자가 주장하지 아니한 주요사실을 재판의 기초로 할 수 없으므로 자료제출의 책임을 지는 당사자가 변론에서 주요사실을 주장하지 않는 경우에 그는 소송상 불리한 위치에 서게 된다.

② **철회가능성**: 당사자가 일단 사실상의 주장을 하였다 하더라도 변론종결시까지 철회·정정함으로써 소송자료로부터 이를 제거할 수 있다. 다만, 자기에게 불리한 진술을 상대방이 원용한 뒤에는 재판상 자백이 되어 철회가 제한된다(288조 참조).

③ **조건·기한**: 사실상의 주장에는 소송절차의 안정성 유지의 관점에서 원칙적으로 조건·기한을 붙일 수 없다. 다만, 예비적 주장이나 가정적 주장은 허용된다.

(다) **상대방의 답변 태도** 당사자의 사실상의 주장에 대한 상대방의 태도 7-41
는 부인, 부지, 자백, 침묵으로 나눌 수 있다(나아가 항변도 있다). 이 가운데 침묵
을 제외하고는 모두 사실상의 진술에 해당한다.

① **부 인**: 상대방의 주장사실을 부정하는 진술이다. 즉 상대방이 제출
한 주장사실이 그 중요성을 전제로 증거조사의 대상이 되어야 한다는 취지의 요
구이다. 부인에는 단순히 상대방의 주장을 진실이 아니라고 소극적으로 부정하는
단순부인과 상대방의 주장과 양립하지 않는 별도의 사실을 적극적으로 주장하여
(간접적으로, 이유를 붙여) 상대방의 주장을 부정하는 적극부인·간접부인 내지는
이유부 부인이 있다. 가령 대여금반환청구소송에서 원고의「금전을 대여하였다」
는 주장에 대한 피고의「그러한 사실이 없다」는 진술이 전자의 단순부인이고, 피
고의「금전은 받았으나, 빌린 것이 아니고 증여로 받은 것이다」는 진술이 후자의
이유부 부인이다. 그런데 단순부인으로부터는 그 소송에 있어서 구체적으로 어떠
한 점에 대하여 당사자 사이에 다툼이 있는지를 확실히 할 수가 없으므로 단순부
인은 원칙적으로 허용되지 않는다. 피고의 답변서에는 청구의 취지에 대한 답변
과 청구의 원인에 대한 구체적인 진술을 적어야 한다(민사소송규칙 65조 1항).

② **부 지**: 상대방의 주장사실을 알지 못한다는 진술로, 부지는 부인으
로 추정한다(150조 2항). 그러나 부지의 진술을 무제한으로 허용하는 것은 문제가
있다. 입법적으로 독일 민사소송법 138조 4항과 같이 부지의 진술이 허용되는 것
은 자기의 행위나 자기의 체득의 대상으로 되지 않았던 사실에 한정하여야 한다
고 본다.

③ **자 백**: 자기에게 불리한 상대방의 주장사실을 시인하는 진술이다
(☞8-21). 변론주의 하에서 자백한 사실은 증명을 필요로 하지 아니하고 재판의
기초로 하지 않으면 안 된다(288조).

④ **침 묵**: 상대방의 주장사실을 명백히 다투지 아니한 것을 말하며
(☞8-33), 변론 전체의 취지를 보아 다툰 것으로 인정되는 경우를 제외하고는 자
백한 것으로 본다(150조 1항). 당사자가 불출석한 경우에도 침묵에 준하여 자백으
로 본다(동조 3항).

◈ **예** ◈ 甲은 乙에 대하여 매매대금지급을 구하는 소를 제기하였다. 이 소송에서 乙
은 "甲이 주장하는 매매계약의 성립시에 자기는 외국에 출장중이었다"고 진술하였다.

乙의 진술은 부인인가, 항변인가. 위 경우에 甲이 증명하여야 할 주요사실은 甲·乙 사이에서 매매계약의 합의가 있었다는 것이다. 그리하여 乙의 위 진술은 부인(이유부 부인)이다. 왜냐하면 乙이 계약성립시에 외국, 즉 별도의 장소에 있었다는 주장은 甲이 증명책임을 부담하는 위 주요사실과 양립하지 않는 별도의 사실을 부가하면서 甲의 주장을 부정하는 것에 지나지 않기 때문이다. 한편, 이에 대하여 甲은 "乙이 당시 외국에 출장중이었다는 것은 인정한다"고 진술한 경우에 甲의 진술은 자백으로서 구속력이 생기는가. 乙의 위 진술은 단순히 甲이 주장하는 주요사실을 존부불명으로 하기 위한 간접사실에 지나지 않는다. 즉 甲이 주장하는 매매계약의 합의가 없었다는 것을 추인시킬 수 있는 사실이다. 따라서 甲이 이러한 사실을 인정하는 경우는 간접사실에 대한 자백이 된다. 그리하여 간접사실에 대한 자백에는 어떠한 효력이 인정되는가가 문제된다. 그런데 변론주의가 엄격하게 적용되는 것은 일반적으로 주요사실에 한정된다고 본다(☞2-105). 따라서 간접사실에 대한 자백이 법원을 구속하는 것으로 풀이할 것은 아니다.

2. 증명(증거신청)

7-42 증거신청은 증거를 제출하여 법관으로 하여금 사실상의 주장의 진부에 대하여 자기에게 유리하게 확신을 갖도록 하기 위한 소송행위이다. 사실상의 주장을 상대방이 다투는 경우(부인, 부지)에 필요하다. 엄밀한 의미에서는 신청의 일종이나, 재판의 기초가 될 증거자료의 제공행위라는 점에서 기능적으로 공격방어방법에서 논한다. 증거신청에 대하여 상대방은 부적법, 불필요, 증거능력의 흠 등을 이유로 증거항변을 할 수 있다.

IV. 항 변

1. 의 의

7-43 한쪽 당사자가 주장하는 사실에 따른 법률효과를 전제로 하면서 상대방이 그 법률효과의 발생을 방해하거나 그것을 저지·소멸시킬 목적으로 반대효과를 생기게 하는 별도의 양립 가능한 요건사실(반대규정의 요건사실)을 주장하는 것을 항변이라고 한다.[21]

---

21) 그런데 이러한 **항변**과 실체법상의 **항변권**은 엄격하게 구별하지 않으면 안 된다. 항변권은 항변과는 달리 타인의 권리행사를 저지하는 효력을 가진 실체법상 권리로서 상대방의 권리를 부인, 변경 또는 소멸시키는 것이 아니라, 오히려 상대방의 권리를 승인한 뒤에 그 권리의 행사에 일방적인 변경을 가하는 것이므로 일종의 특수한 형성권이라고 할 수 있는 것이다. 그리고 이 항변권에는 일

◈ **소송상의 항변** ◈ 항변이라고 불리는 것에는 실체법상의 효과와 관계있는 **본안의 항변** 이외에 소송절차에 관한 **소송상의 항변**도 있다. 후자인 소송상의 항변은 실체법상의 효과와 관계없는 것으로 다음의 두 가지가 있다. ① **본안전 항변**(방소항변) - 원고가 제기한 소에 대하여 소송요건의 흠을 이유로 소가 부적법하다는 피고의 주장이다. 그러나 소송요건의 대부분은 법원의 직권조사사항에 속하므로 이는 법원의 직권발동을 촉구하는 의미밖에 없고, 엄격하게는 항변이라고 할 수 없다. 그러나 중재계약의 존재(중재법 9조), 소송비용담보의 부제공(119조), 부제소특약의 존재 등의 방소항변사항은 예외적으로 피고의 주장이 없으면 참작할 수 없는 항변사유이기 때문에 진정한 의미의 항변이라고 할 수 있다.22) ② **증거항변** - 상대방의 증거신청에 대하여 부적법, 불필요, 증거능력의 흠 등을 이유로 그 불채택을 주장하는 것이다. 그런데 증거신청의 채부는 법원의 직권이므로 이것도 엄격하게는 항변이라고 할 수 없다. 증거에 대한 의견의 진술에 불과하다.

2. 종 류

본안의 항변에는 다음의 세 가지가 있다.23)   7-44

(1) 권리장애항변(권리불발생항변)

권리근거규정에 기한 권리의 발생을 애초부터 방해하는 권리장애규정의 요   7-45
건사실을 주장하는 경우이다. 의사능력의 흠, 불공정한 법률행위, 통정허위표시, 원시적 이행불능 등이 여기에 속한다.

(2) 권리저지항변

일단 발생한 권리의 행사를 저지하는 권리저지규정에 기한 항변을 말한다.   7-46
최고·검색의 항변권, 동시이행의 항변권, 유치권 등이 여기에 속한다.

(3) 권리소멸항변(권리멸각항변)

권리소멸규정에 기하여 일단 발생한 권리를 소멸시키고자 하는 항변을 말한   7-47

시적으로 이행을 거절하여 청구권의 작용을 저지하는 연기적 항변권과 영구적으로 이행을 거절하여 청구권의 작용을 저지하는 영구적 항변권이 있으며, 전자의 예로서는 최고·검색의 항변권, 동시이행의 항변권 등이 있고, 후자의 예로서는 한정승인의 항변권 등이 있다. 이러한 이행거절권의 성질을 갖는 항변권의 요건사실이 소송상에 있어서 권리저지규정의 요건사실로 파악된다.
22) 이에 대하여도 원고의 주장과 양립할 수 있는 것은 아니므로 진정한 의미의 항변이라고 할 수 없다는 입장으로는 정/유/김, 453면.
23) 피고의 항변사실에 대하여 원고의 응답을 구하는데, 피고의 항변사실을 일단 받아들이면서 항변사실의 효과의 발생에 장애가 되거나 발생한 효과를 소멸·저지하는 사실을 주장할 수 있는데, 이를 재항변이라고 한다. 가령 피고가 소멸시효의 항변을 하였을 때에 원고가 시효완성에 장애가 될 채무승인 등에 의한 시효중단(민법 168조)을 주장하는 경우이다. 나아가 재재항변도 있을 수 있다.

다. 변제, 면제, 경개, 소멸시효의 완성, 상계, 해제조건의 성취 등이 여기에 속한
다. 이와 같은 사유는 권리근거사실이 성립한 다음에 발생한다.

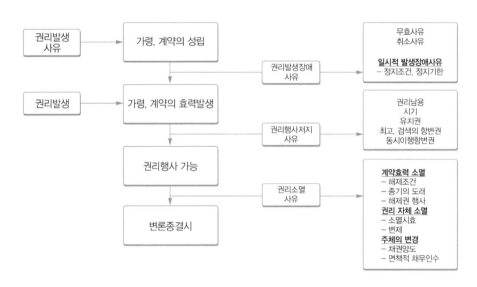

3. 형 태

(1) 제한부 자백·가정적 항변

7-48   항변은 주장의 형태에 따라 다음과 같이 나눌 수 있다. ① **제한부 자백**−상
대방의 주장사실을 인정하면서 양립될 수 있는 새로운 별도의 사실을 주장하는
경우이다. 가령 상대방이 금전을 빌려주었다고 하는 데 대하여 그 금원은 빌린
것이지만 변제하였다는 진술을 말한다. ② **가정적 항변**−상대방의 주장사실을
일응 다투면서 예비적으로 항변을 제출하는 경우이다. 가령 대여금청구소송에서
피고가 차용사실을 부인하고 가사 차용사실이 있더라도 이미 변제하였다고 주장
하는 경우의 변제항변과 같이 상대방의 주장사실을 가정적으로 인정한 뒤에 이와
상반되는 법률효과를 생기게 하는 주장을 제출하는 것을 말한다.

(2) 주위적 항변·예비적 항변

7-49   항변은 주장의 모습에 의하여 서로 구별된다. ① **주위적 항변**−당사자가 주
된 공격방어방법으로서 제출하는 항변을 말한다. ② **예비적 항변**−가령 대여금
청구소송에서 주위적으로 변제항변을, 예비적으로 소멸시효항변을 하는 경우와
같이 주위적 항변이 받아들여지지 않을 것을 고려하여 주위적 항변의 인용을 해

제조건으로 하여 이와 논리적으로 양립할 수 없는 제2의 항변을 제출하는 것을 말한다. 가령 상계항변은 일종의 **예비적 항변**인데, 피고의 상계항변에 대하여 원고가 다시 피고의 자동채권을 소멸시키기 위하여 **소송상 상계의 재항변**을 하는 것은 일반적으로 **허용할 이익이 없다**.[24]

15-5급공채시험
19-변리사시험

◈ **피고가 내세우는 다른 부인이나 항변에 대하여 판단하지 않고, 상계의 항변을 인정하여 원고의 청구를 기각할 수 있는가** ◈ 피고의 방어방법으로 여러 가지 항변이 주장되고 있는 경우에 일반적으로는 각 항변은 선택적 관계에 있으므로 법원은 원칙적으로 당사자가 제출한 공격방어방법에 대하여 그 실체법상의 논리적 순서에 구속되지 않고 자유로운 순서로 심리·판단할 수 있고, 가령 당사자가 순서를 지정하여도 이에 구속되지 않는다. 그러나 상계의 항변에 대한 판단은 판결이유 중의 판단이라도 기판력이 있고(216조 2항), 피고에게 반대채권의 실권이라는 불이익이 수반되므로 당사자가 예비적으로 상계의 항변을 제출한 경우는 물론, 그렇지 않더라도 우선 증거조사에 의하여 소구채권의 존재를 확정한 뒤, 상계에 대한 심리·판단이 내려져야 한다는 입장 (이른바 증거조사설)이 일반적이다. 이러한 **증거조사설**에 따르면 상계항변 이외의 피고의 부인, 항변 모두가 이유가 없는 것이 분명하게 되어 소구채권의 존재가 인정되어야 비로소 상계의 항변에 대하여 심판할 수 있다.

4. 부인과의 구별

(1) 의   의

부인과 항변은 모두 상대방의 주장을 이유 없게(배척) 하기 위한 사실상의 주장이라는 점에서는 공통한다. 그런데 당사자의 주장이 구체적으로 부인과 항변 어느 쪽에 해당하느냐 하는 것은 반드시 명확한 것이 아니고, 특히 간접부인과 항변의 구별은 결코 쉬운 것이 아니다(단순부인은 단순히 상대방의 주장을 진실이 아니라고 소극적으로 부정하는 데 그치는 것이므로 항변과의 구별에 큰 어려움이 있는 것은 아니다). 일반적으로 부인은 상대방의 주장사실이 진실이 아니라고 부정하는 진술인 데 대하여, 항변은 상대방의 주장사실에 기한 법률효과를 전제로 하면서 이와 별개의 양립 가능한 요건사실(반대규정의 요건사실)을 주장하는 것이라고 할 수 있

7-50

---

24) 대법원 2014. 6. 12. 선고 2013다95964 판결. 이 경우에 그 채권을 소의 추가적 변경에 의하여 해당 소송에서 청구하거나 별소를 제기할 수 있다. 이러한 법리는 2개의 청구채권 중 1개의 채권을 수동채권으로 삼아 피고가 소송상 상계항변을 하자, 원고가 다시 청구채권 중 다른 1개의 채권을 자동채권으로 소송상 상계의 재항변을 하는 경우에도 마찬가지로 적용된다 (대법원 2015. 3. 20. 선고 2012다107662 판결).

다(부인은 「nein」이고, 항변은 「ja, aber」라고 할 수 있다).

(2) 구별의 방법

7-51 부인과 항변은 주로 다음 두 가지 관점에서 구별된다. ① 증명책임을 어느 쪽이 부담하는가. 즉 부인과 항변은 증명책임의 소재가 서로 다른데, 자기에게 증명책임이 있는 사실의 주장은 항변이 되고, 그렇지 않은 사실의 주장은 부인이 된다. 그리고 ② 상대방의 주장사실과 양립할 수 있는가. 즉 상대방이 증명책임을 부담하는 사실에 대하여 이와 양립될 수 없는 별도의 사실을 주장할 뿐인 것은 부인이고, 상대방의 주장사실을 모두 인정하거나 이를 가정적으로 인정한 뒤에 그에 부가하여 자기가 증명책임을 부담하는 별도의 사실을 적극적으로 새로이 주장하고 게다가 그 사실이 상대방의 주장사실과 양립될 수 있는 경우가 항변이다.

(3) 구별의 실익

7-52

17-사법시험

(가) 증명책임 가령 소비대차로 인한 대여금청구소송에 있어서 대주인 원고가 금전대여사실을 주장한 데 대하여, 피고가 그와 같은 금원의 수령을 인정하면서 증여를 주장하였을 경우에 원·피고 사이에 소비대차계약이 성립된 사실(권리근거규정)은 원고에게 증명책임이 있는 것이므로 피고의 증여의 주장은 부인이지, 항변은 아니다. 그러나 이 경우에 피고가 소비대차계약의 성립을 모두 인정하면서 그 변제(또는 면제 등의 권리멸각(소멸)규정)를 주장하는 때에는 그것은 피고에게 증명책임이 있는 것이므로 그 주장은 부인이 아니고 항변이 된다.

7-53 (나) 판결이유의 설시 부인과 항변의 구별의 실익 가운데 또 하나는 판결의 결론인 주문(主文)에 도달하게 된 논리적 판단과정을 설명하는 판결이유의 설시에 있어서 차이이다. 원고의 청구원인사실이 인정되는 경우에 피고가 이를 부인함에 그치는 경우에는 원고의 주장사실을 인정하는 내용의 판단 가운데 이미 피고의 부인 주장을 배척하는 판단이 포함되어 있다고 볼 수 있기 때문에 그 부인의 주장에 대하여 반드시 따로 판단할 필요가 없으나, 반면 피고가 항변을 한 경우에 그 항변이 인정되지 아니할 경우에는 일단 원고의 청구원인사실이 인정된다는 판단을 마친 다음, 새로 그 항변을 배척한다는 판단이 판결이유에 설시되어야 한다(그렇지 않으면 판단누락의 위법이 있다).

제 3 절   당사자의 결석

I. 의 의

1. 구술주의의 원칙과 관련

소송의 심리에 있어서, 특히 당사자의 변론과 증거조사는 말로 하여야 한다   7-54
(구술주의). 말로 진술한 것만이 재판자료로 판결의 기초가 된다. 말로 진술하는
것은 서면에 의한 것보다 훨씬 신선한 인상을 주며, 진술의 불명료를 즉시 석명
할 수 있으므로 당사자의 진의를 파악하는 데 편리하고, 공개주의나 직접주의의
장점도 살릴 수 있기 때문이다. 그러나 실제로 당사자가 변론기일에 결석하여 말
로 진술할 수 없는 경우가 있다. 이 경우에도 구술주의를 관철한다면 소송심리를
진행하지 못하는 경우가 생기기 때문에 이 불편을 제거하기 위한 대책이 필요하다.

한편, 당사자가 소송절차에 적극적으로 관여하여 자신의 주장 등을 충분히
다할 수 있게 변론기일을 열어 절차에 관여할 기회를 보장하고 있는데, 다만 이
는 당사자가 항상 변론기일에 출석하거나 변론기일에서 진술을 하지 않으면 안
되는 의무를 부담하는 것까지 의미하는 것은 아니다.

2. 기일의 해태(懈怠)

당사자의 결석은 기일의 게을리 함(해태)이라고도 하는데, 이는 당사자가 적   7-55
법한 소환을 받고도 필수적 변론기일에 출석하지 아니하거나 출석하였어도 변론
하지 않은 경우를 말한다. ① 적법한 소환을 받고 불출석한 경우를 말하므로 가
령, 송달불능이 된 경우나 송달할 장소를 알 수 없는 경우가 아님이 명백함에도
공시송달된 경우, 요건이 구비되지 않은 우편송달의 경우는 기일의 결석이 아니
다.25) ② 당사자가 출석하였지만 변론하지 않은 경우에도 기일의 결석이 된다.
③ 또한 변론무능력으로 진술금지(144조)의 재판을 받은 경우에는 당사자가 출석
하였어도 불출석한 것으로 취급된다. 소송대리인이 있는 경우에는 당사자 본인마
저도 결석한 경우이어야 한다. 이는 필수적 변론기일에 있어서만 문제되므로 임의
적 변론에 있어서는 그 적용이 없다. 또한 판결의 선고(207조 2항)는 당사자의 재정

---

25) 대법원 1997. 7. 11. 선고 96므1380 판결; 대법원 2022. 3. 17. 선고 2020다216462 판결.

이 필요하지 않으므로 당사자의 결석에도 불구하고 법원이 이를 행할 수 있다.

현행법은 당사자 쌍방이 결석한 경우와 일방이 결석한 경우를 별개로 처리하고 있다. 당사자 쌍방이 결석한 경우는 기일이 개시되어도 변론을 전혀 할 수 없지만, 일방이 결석한 경우는 반드시 변론을 할 수 없는 것은 아니기 때문이다.

II. 당사자 일방의 결석

1. 대석판결주의

7-56   현행법은 당사자 한쪽이 변론기일에 출석하지 않거나, 출석하고서도 변론하지 않은 경우에 그가 제출한 소장·답변서 그 밖의 준비서면의 내용을 마치 진술한 것으로 보고(148조 1항) 출석한 상대방의 변론과 맞추어서 심리·판결하는 대석판결주의를 채택하고 있다.26) 이 경우에 출석자만이 변론하게 되는데, 쌍방심리주의라고 하여도 적식으로 기일통지를 하여 출석의 기회를 주면 되는 것이고, 이를 이용하는지 여부는 그 사람의 자유이므로 출석자의 일방적 변론만에 따라 변론을 진행하는 것은 무방하다. 그런데 출석자는 이미 제출한 준비서면에 적혀 있는 사항만을 주장할 수 있다(276조). 준비서면에 적어 예고하지 않은 사항까지 주장할 수 있다고 한다면 결석자에게 예상 밖의 재판이 되어 불공평하기 때문이다.

◆ **상황전개** ◆   [1] 원고의 불출석 – 피고가 출석한 경우에 피고가 변론하고자 한다면 원고의 소장 등을 진술간주하여 재판을 진행할 수 있다. 한편, 피고가 아무런 변론도 하지 않으면 재판장은 다음 기일을 정하여 원·피고 쌍방을 부르고, 새로 지정된 기일에도 원·피고 쌍방이 불출석하거나, 피고만이 출석하여 그 때에도 아무런 변론을 하지 않을 때에는 법원은 아무런 기일을 정하지 않고 두었다가 1월 내에 원고로부터 기일지정신청이 없으면 소가 취하된 것으로 본다(소취하간주). [2] 피고의 불출석 – 원고가 출석하여 이미 제출한 소장이나 준비서면을 진술한 경우에 피고가 답변서 그 밖의 준비서면을 제출하지 않았을 때에는 원고 주장사실이 전부 진실하다고 인정할 수 있고(자백간주), 반면 피고가 답변서 그 밖의 준비서면을 제출하였을 때에는 그 서면을 진술한 것으로 보아(진술간주) 재판을 진행할 수 있다.

---

26) 반면, 당사자 일방이 기일에 결석한 경우에 결석한 당사자에 대하여는 일응 패소판결을 선고하고, 결석한 당사자가 고장(故障)신청(이의신청＝Einspruch)을 하면 결석 전의 상태로 복귀되어 변론을 속행하는 제도인 결석판결제도(Versäumnisverfahren)를 채택한 입법례도 있다. 독일 민사소송법이 그러하다.

2. 준비서면 등을 제출한 경우 – 진술간주

원고 또는 피고의 어느 쪽이 변론기일에 결석한 경우에 결석자는 그 제출한   7-57
소장·답변서 그 밖의 준비서면에 적혀 있는 사항에 대하여 진술한 것으로 본다
(148조 1항). 이를 진술간주 또는 진술의제라고 한다. 이를 출석한 사람의 실제 변
론에 맞추어 심리하게 된다. 변론을 개시하는 것에 따라 최소한 소송지연을 피하
고 시간을 낭비하는 것을 막기 위한 것이다. 왜냐하면 원고가 결석하면 청구에
대한 진술이 없는 것이 되어 변론의 시작이 없게 되고 또한 피고는 변론을 하려
고 하여도 그 주제가 없게 되므로 최소한 그 진술이 있는 것으로 볼 필요가 있고
(다만, 원고 불출석의 경우에는 출석한 피고가 변론하지 않고 쌍방불출석을 유도하는 경우
가 많다), 반면 원고에게 소장을 진술하는 것으로 보는 것과 공평상 피고가 결석
한 경우에도 그 전에 제출한 답변서 등의 내용을 진술한 것으로 볼 필요가 있기
때문이다.

◈ **결석한 피고의 답변서 등에 원고의 주장사실을 인정한다고 적혀 있는 경우** ◈
가령, 甲의 乙에 대한 대여금반환소송에 있어서 乙이 금전대여사실을 인정하는 취지가
적혀 있는 답변서를 제출한 채, 변론기일에 결석을 한 경우에 재판상 자백이 성립하는가,
아니면 자백간주가 성립하는가? 그 뒤의 변론기일에 乙은 금전대여사실을 부인하는 취지
의 진술을 할 수 있는가? **자백간주설**의 입장에서는[27] 변론의 일체성으로부터 변론종결
시점을 기준으로 변론 전체의 취지에 의하여 다투는 것이 명백하게 판명되면 자백으로
보지 않으므로(150조 3항, 1항 단서) 그 뒤의 변론기일에 乙은 금전대여사실을 부인하는
취지의 진술을 할 수 있다. 반면 **통설**인 **재판상 자백설**의 입장에서는 자백의 철회의 요
건이 갖추어진 경우에만 그 철회가 인정되는데, 乙이 금전대여사실을 다투는 것은 자백
의 철회가 되어 원칙적으로 허용되지 않는다. **생각건대** 결석자는 상대방이 증명책임을
부담하는 사실 또는 자기가 전부 또는 일부라도 패소할 위험이 있는 상대방의 주장사실
을 인정한다고 적혀 있는 서면을 제출하고 있으므로 만약 결석자가 변론기일에 출석하였
다 하더라도 서면에 적혀 있는 대로 원고의 주장사실을 인정하는 취지의 진술을 할 것이
고, 따라서 결석의 경우에 제출서면대로 진술한 것으로 보아 재판상 자백의 효과를 인정
하여도 출석한 경우보다 특히 불이익한 것은 아니다. 다만, 피고가 청구의 원인이 된 사
실을 모두 자백하는 취지의 답변서를 제출한 경우에 자백한 것으로 보고 무변론판결을
할 수 있다는 제257조 2항, 1항과 관련하여 자백간주로 취급하는 것이 논리적일 것이다.

그런데 항상 진술간주를 적용하여야 하는 것은 아니고, 출석한 사람의 실제 변

---

27) 한, 372면.

론에 맞추어 진술간주에 따라 변론을 진행할 것인가, 아니면 기일을 연기할 것인가는 법원의 재량이다. 그러나 출석자만으로 변론을 진행할 때에는 반드시 결석자가 그때까지 제출한 준비서면에 적혀 있는 사항을 진술한 것으로 보아야 한다.28)

나아가 당사자가 결석한 경우에도 당사자가 진술한 것으로 보는 답변서, 준비서면에 청구의 포기·인낙의 의사표시가 적혀 있고 공증사무소의 인증을 받은 때에는 그 취지에 따라 포기·인낙이 성립된 것으로 본다(148조 2항). 가령, 변론기일에 피고만이 결석한 경우에 그 제출한 답변서에 원고의 청구를 인낙한다는 취지를 적은 것에 대하여 진술간주(서면인낙)의 효과가 미친다. 마찬가지로 공증사무소의 인증을 받은 경우에 화해의 경우에도 상대방 당사자가 기일에 출석하여 그 화해의 의사표시를 받아들인 때에는 화해가 성립된 것으로 본다(148조 3항).

3. 서면의 제출 없이 결석한 경우 – 자백간주

7-58

13-변호사시험
15-변리사시험

공시송달의 방법에 의하지 않고(150조 3항 단서),29) 기일통지서를 송달받은 당사자가 결석한 경우에 답변서, 준비서면 등을 제출하지 아니한 때에는 출석한 당사자의 주장사실에 대하여 마치 출석하여 명백히 다투지 않은 경우처럼(침묵) 결석자가 그 사실을 자백한 것으로 본다(150조 3항 본문, 1항). 이를 자백간주(＝의제자백)라고 한다(☞8–35). 당사자가 상대방의 주장사실을 다투려면 출석하여 이에 반하는 어떠한 주장을 하여야 할 것인데, 결석하였으므로 해당 사실에 대하여 자백한 것으로 보아도 무방하다는 것이다.

---

28) 대법원 2008. 5. 8. 선고 2008다2890 판결.

29) 이는 공시송달이 당사자의 절차보장과 관련하여 송달실시의 방법으로 실제로 극히 불충분하기 때문에 공시송달로 기일통지서를 송달받은 당사자를 보호하기 위함이다. 공시송달의 경우에 자백간주가 되지 않고, 상대방은 그 주장사실을 부인당한 경우와 마찬가지로 그 사실에 대하여 증명을 하지 않으면 안 된다. 헌법재판소 2013. 3. 21. 선고 2012헌바128 결정은 150조 3항 단서에서 공시송달로 기일통지를 받은 당사자가 불출석한 경우 자백으로 간주되지 않도록 규정한 것은, 공시송달의 경우 당사자가 기일이 있음을 현실적으로 알았다고 볼 수 없으므로 당사자의 자백의사가 있었다고도 볼 수 없다는 데에 기초한 것으로, 이는 입법자가 민사소송절차를 변론주의에 따라 합리적으로 형성한 결과이다. 이 사건 법률조항에 따라 자백간주가 배제된다고 하더라도, 그 상대방 당사자는 자신이 주장하는 사실을 증명하는 데에 지장이 없으므로, 민사소송을 통한 상대방 당사자의 실체적 권리 구제의 실효성은 충분히 보장된다. 위 조항은 민사소송절차에 관한 입법형성의 한계를 벗어났다고 볼 수 없으므로, 공시송달로 기일통지를 받은 당사자의 대립당사자인 청구인이 가지는 효율적이고 공정한 재판을 받을 권리를 침해하지 아니한다고 보았다.

III. 당사자 쌍방의 결석 - 소취하간주

1. 쌍방의 1회 결석

양쪽 당사자가 (적법한 절차에 의한 송달을 받고도) 변론기일에 출석하지 않거 　7-59
나30) 출석하였다 하더라도 변론하지 아니한 때에는31) 기일은 목적을 달성하지
못한 채 종료할 수밖에 없는데, 이때에 재판장은 다시 변론기일을 정하여 양쪽
당사자에게 통지하여야 한다(268조 1항).

2. 쌍방의 2회 결석

양쪽 당사자가 한 차례 결석 후, 새 변론기일 또는 그 뒤에 열린 변론기일에 　7-60
또다시 결석한(출석하지 않거나 출석하였다 하더라도 변론하지 아니한) 경우에 1월 내
에 기일지정의 신청을 하여 소송수행의 의사가 있는 것을 표시하지 않는 한, 양
쪽 당사자에게 소송을 유지할 열의가 없는 것으로 보아 소취하로 본다(268조
2항).32) 이를 **실무상 쌍불취하**라고 하는데, 1월의 휴지기간이 만료되면 소취하
의 효력이 발생한다(소송종료시기는 1월이 경과한 날이다). 1월의 기간은 불변기간이
아니므로 기일지정신청의 추후보완(173조 참조)은 허용될 수 없다(☞2 - 181).33)
이를 고려하면 불출석은 앞에서 보았듯이 양쪽 당사자가 적법한 절차에 의한 송
달을 받고도 변론기일에 출석하지 않는 것을 가리킨다.34)

---

30) 적법한 절차에 의한 송달을 받고도 변론기일에 출석하지 않는 것을 말하고, 송달절차가 적법하지
　　않은 이상, 불출석의 효과는 발생하지 않는다(☞7 - 55).
31) 양쪽 당사자의 기일의 해태에는 첫째, 양쪽 당사자가 모두 불출석한 경우, 둘째, 양쪽 당사자가
　　모두 출석하였으나 모두 변론하지 않은 경우, 셋째, 당사자 중 일방은 불출석하고 다른 일방은 출
　　석하였으나 변론하지 않은 경우 등 세 가지 유형이 있다. 어느 경우나 효과는 동일한데, 실무상 원
　　고가 결석할 때에는 피고가 변론하지 아니함으로써 양쪽 당사자 다 같이 기일의 해태가 되는 셋째
　　유형이 가장 일반적이다.
32) 소취하간주라는 법적 효과가 발생한다고 하더라도 이에 대한 재소금지규정을 두고 있지 않으
　　므로, 당사자가 부득이한 사유로 기일을 해태하고 기일지정신청도 하지 못하였더라도 후일 다시
　　소를 제기할 수 있다. 더욱이 불출석 상태에서 본안 판단을 받을 경우 발생하게 되는 기판력으로
　　인한 당사자의 불이익과 비교해 보더라도, 소취하간주의 효과가 당사자의 재판청구권을 형해화
　　시킬 정도의 불이익이라고 볼 수는 없다. 결국 이 사건 법률조항이 재판청구권을 침해한다고는
　　볼 수 없다(헌법재판소 2012. 11. 29. 선고 2012헌바180 결정).
33) 대법원 1992. 4. 21. 선고 92마175 판결.
34) 따라서 변론기일의 송달절차가 적법하지 아니한 이상 비록 그 변론기일에 양쪽 당사자가 출석
　　하지 아니하였다고 하더라도, 소 또는 상소를 취하한 것으로 보는 효과는 발생하지 않는다(대법
　　원 2022. 3. 17. 선고 2020다216462 판결).

여기서 양쪽 당사자의 두 차례 결석이 반드시 연속적일 필요는 없고, 단속적이어도 상관없으나, 동일 심급에서의 두 차례 결석이어야 한다.

그리고 여기서 변론준비기일은 변론기일의 일부라고 볼 수 없고 변론준비기일과 그 이후에 진행되는 변론기일이 일체성을 갖는다고 볼 수도 없으므로 변론준비기일에서 양쪽 당사자가 불출석한 효과는 변론기일에 승계되지 않는다. 가령 변론준비기일에 1회, 변론기일에 1회 불출석하였고, 1월 내에 기일지정신청을 하지 않은 경우에 변론준비기일에서 불출석의 효과가 변론기일에 승계되지 아니하므로 소를 취하한 것으로 볼 수 없다.35)

또한 청구의 변경이 있는 경우에도 승계되는지 여부가 문제인데, 추가적 변경의 경우는 승계되지만, 교환적 변경의 경우에는 승계되지 않는다고 변경의 형태에 의하여 달리보는 입장과,36) 절차 단위로 파악해야지 청구별로 판단할 것이라 아니라고 하여 변경의 형태를 구별하지 않고 승계된다고 보는 것이 타당하다는 입장도 있다.37)

한편, 2차례 불출석한 경우에 법원이 그대로 해당 기일을 종료시킨 경우에는 소취하의 요건을 갖추게 된다 할 것이나, **직권**으로 새기일을 지정한 때에는 당사자의 **기일지정신청**에 의한 기일지정이 있는 경우와 마찬가지로 보아야 한다는 입장이 **판례**이다.38) 그 근거는 재판장의 기일지정권(165조 1항)은 양쪽 당사자가 2회 불출석하였다고 하여 당연히 상실하는 것은 아니어서 직권으로 기일지정을 할 수 있는 것에 찾을 수 있을 것이다.

---

35) 변론준비절차는 원칙적으로 변론기일에 앞서 주장과 증거를 정리하기 위하여 진행되는 변론 전 절차에 불과할 뿐이어서 변론준비기일을 변론기일의 일부라고 볼 수 없고 변론준비기일과 그 이후에 진행되는 변론기일이 일체성을 갖는다고 볼 수도 없는 점, 변론준비기일이 수소법원 아닌 재판장 등에 의하여 진행되며 변론기일과 달리 비공개로 진행될 수 있어서 직접주의와 공개주의가 후퇴하는 점, 변론준비기일에 있어서 양쪽 당사자의 불출석이 밝혀진 경우 재판장 등은 양쪽의 불출석으로 처리하여 새로운 변론준비기일을 지정하는 외에도 당사자 불출석을 이유로 변론준비절차를 종결할 수 있는 점, 나아가 양쪽 당사자 불출석으로 인한 취하간주제도는 적극적 당사자에게 불리한 제도로서 적극적 당사자의 소송유지의사 유무와 관계없이 일률적으로 법률적 효과가 발생한다는 점까지 고려할 때 변론준비기일에서 양쪽 당사자 불출석의 효과는 변론기일에 승계되지 않는다 (대법원 2006. 10. 27. 선고 2004다69581 판결).

36) 김홍, 544면; 이, 415면.

37) 한, 391면.

38) 대법원 1994. 2. 22. 선고 93다56442 판결.

3. 기일지정신청 뒤의 쌍방의 결석

위 1월의 사실상의 소송의 정지를 이용하여 기일지정의 신청과 결석을 반복   7-61
하는 것을 막기 위하여 양쪽 당사자가 두 차례 결석한 뒤 그로부터 1월 내의 당
사자의 기일지정신청에 따라 정한 변론기일 또는 그 뒤의 변론기일에 양쪽 당사
자가 결석한 때에도 **소를 취하**한 것으로 **본다**(268조 3항). 이러한 규정은 상소심
절차에도 준용되는데, 다만 상소심에서는 **상소를 취하**한 것으로 **본다**(동조 4항).

4. 소취하간주의 효과

소취하간주(위 상소취하간주도 마찬가지)는39) 법률상 당연히 발생하는 효과이   7-62
다. 법원이나 당사자의 의사로서 좌우할 수 있는 것은 아니라고 볼 것이다. 양쪽
당사자가 결석, 기일지정의 신청, 결석을 반복한 경우에는 소송계속이 제한되지
않고 이어지지만, 그 사이 어떤 진전도 없고 분쟁해결도 도모할 수 없다는 이상
한 사태가 일어나므로 소송제도 전체의 효율성 및 다른 소송 이용자에 대한 영향
을 고려하여 위와 같은 규정을 두게 된 것이다.

소취하간주는 원고의 의사표시에 따른 소의 취하와 그 효과가 같으므로 소
송계속의 효과는 소급적으로 소멸되고(한편, 268조 4항에 따라 상소심에서 상소취하로
보는 경우에는 원판결이 그대로 확정된다) 소송은 종결된다. 이를 간과한 채, 본안판
결을 한 경우에 상급법원은 **소송종료선언**을 하여야 한다.

---

39) 268조 4항에서 정한 항소취하 간주는 그 규정상 요건의 성취로 법률에 의하여 당연히 발생하
는 효과이고 법원의 재판이 아니므로 상고의 대상이 되는 종국판결에 해당하지 않으므로 그 효
력을 다투려면 민사소송규칙 67조, 68조에서 정한 절차에 따라 항소심 법원에 기일지정신청을
할 수는 있으나 상고를 제기할 수는 없다(대법원 2019. 8. 30. 선고 2018다259541 판결).

제 4 절　절차의 정지

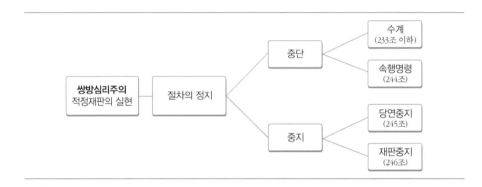

I. 총 설

1. 의 의

7-63　　　법원은 계속된 소송절차를 진행시킬 의무를 지는데, 반대로 다음과 같은 일정한 사유가 발생한 경우에는 절차를 진행시키는 것이 금지된다. 가령 ① 당사자가 사망하거나, ② 당사자에게 파산선고가 내려지거나, ③ 대지진 등의 천재에 의하여 법원이 직무집행을 할 수 없게 되거나, ④ 전쟁 등의 사유로 교통이 마비되어 당사자가 법원에 출석할 수 없는 경우 등이 있다. ①의 경우에는 당사자가 부존재하게 되고, ②의 경우는 파산자의 재산의 관리처분권이 파산관재인에게 이전하므로(채무자 회생 및 파산에 관한 법률 384조) 소송절차를 그대로 진행할 수는 없다. ③의 경우는 사실상으로도 소송절차를 진행할 수가 없다. ④의 경우는 출석할 수 없는 당사자를 배제하고 절차를 진행할 것은 아니다. 그래서 이와 같은 경우에 소송절차는 정지한다. 즉 소송절차의 정지라 함은 소송이 계속된 뒤 아직 절차가 종료되기 전에 소송절차가 법률상 진행되지 않는 상태를 말한다. 소송절차의 정지는 일정한 사유에 기한 법률효과인 점에서 법원이 기일의 지정을 하지 않았기 때문에 사실상 절차가 정지된 경우(기일의 연기나 실무상 기일을 추후지정하는 형식으로 사실상 절차의 진행이 정지된 경우)와 구별된다.

2. 인정이유

당사자의 소송행위가 불가능 또는 현저히 곤란하게 할 사정이 있는 경우임   7-64
에도 불구하고 소송절차를 그대로 진행시킨다면 쌍방심리주의의 관점에서 소송
에 관여할 수 없는 당사자 측의 절차관여의 기회가 침해되기 때문이다.

3. 적용범위

쌍방심리주의를 관철시키기 위한 것이므로 원칙적으로 양당사자의 대석적   7-65
변론을 필요로 하는 판결절차에 적용된다. 또한 당사자의 절차관여를 필요로 하
는 판결절차에 준하는 독촉절차, 제소전 화해절차, 소송비용확정절차 등에도 적
용된다. 그러나 재판의 적정보다는 절차의 신속을 우선하는 강제집행절차, 가압
류·가처분절차, 증거보전절차, 경매절차 등에는 그 적용이 없다.

4. 종 류

소송절차의 정지에는 소송절차의 중단과 중지가 있다. 소송절차의 중단은 소   7-66
송계속 중에 당사자 일방의 소송수행자에게 교대의 사유가 발생한 경우에 새로운
수행자가 소송에 관여할 수 있을 때까지 절차의 진행을 법률상 당연히 정지하여
그 당사자의 이익을 보호하는 제도이다. 이에 대하여 소송절차의 중지는 법원의
직무집행불가능 또는 당사자에게 소송을 진행할 수 없는 장애가 생긴 경우 및 그
밖의 다른 절차와의 관계에서 소송절차의 진행이 부적당하다고 인정되는 경우에
소송절차가 정지되는 경우를 말하는데, 법률상 당연히 정지되는 경우와 법원의
중지결정에 의하여 정지되는 경우가 있다.40)

그 밖에 특별한 정지로 제척·기피신청이 있는 경우(48조), 관할지정신청이
있는 경우(민사소송규칙 9조)가 있다.

II. 중 단

중단은 법정의 중단사유의 발생에 의하여 소송절차의 정지의 효과가 발생하   7-67

---

40) 그 밖의 중단과 중지의 차이로, 정지의 종료에 있어서 새로운 소송수행자로의 수계를 필요로 하는
   가의 여부(중단은 당사자에 의한 소송절차의 수계 또는 법원의 속행명령에 의하여 해소되나, 중지
   는 새로운 소송수행자로의 교체가 없고 수계가 없는 점에서 중단과 다르다) 및 정지의 효과에 있어
   서 판결의 선고는 소송절차가 중단된 중에도 할 수 있다는 점(247조 1항)에서 다르다.

는 것을 의미하는 것이고, 그 사유에 대한 법원이나 당사자의 지·부지와 상관없다. 중단사유를 분류하면 당사자능력의 상실, 소송능력의 상실, 법정대리권의 소멸 및 당사자적격의 상실로 구분된다.

1. 중단사유(중단의 발생원인)

(1) 당사자능력의 상실

7-68　　　이 경우에는 ① 자연인의 사망(233조),[41] ② 법인의 합병에 의한 소멸(234조)의 경우가 있다. 법인이 아닌 사단·재단에 대하여도 법인에 준하여 보면 된다(52조).[42]

　　　(가) 자연인의 사망　　자연인의 사망에 있어서 상속인이 상속포기기간 내에 포기를 한 경우, 소송물인 권리의무가 일신전속적인 경우(가령 이혼소송에 있어서 당사자 일방의 사망)에는[43] 절차는 중단되지 않고, 소송은 종료된다(☞9-3). 또 대립당사자의 지위의 혼동이 생긴 경우(가령, 피고가 소송물인 원고의 권리를 상속)에도 소송은 종료하고 중단되지 않는다.

　　　(나) 법인의 합병　　법인은 합병에 의하여 법인의 일방 또는 쌍방의 법인격이 소멸하므로 소송절차가 중단되고, 합병에 의하여 설립된 법인 또는 존속하는 법인이 당사자인 소멸법인의 권리의무를 포괄적으로 승계하는 것에 의하여, 새로운 당사자로서 소송을 당연히 승계하는 것이 되어 소송절차를 수계하여야 하는 지위에 서는 것이다. 그런데 합병 이외의 해산사유의 경우에는 법인은 청산절차의 범위 내에서 존속하므로 절차는 당연히는 중단되지 않는다. 그리고 청산이 종료되어 법인격이 소멸한 때에는 절차의 중단이 아닌, 소송종료의 효과가 생긴다. 위 합병 이외에, 가령 법률의 변경에 의하여 법인격의 기초가 바뀌거나 법인격을 잃는 경우에도 권리의무의 귀속주체로서의 동일성에 변함이 없다면 중단하지 않지만, 다른 법인격이 되는 경우에는 준용이 있다고 본다. 한편, 가령, 상법상 주식

---

41) 그런데 사망 시점에 있어서 소송 도중이 아니라, 당사자가 소송대리인에게 **소송위임을 한 다음** 소 제기 전에 사망하였는데 소송대리인이 당사자가 사망한 것을 모르고 당사자를 원고로 표시하여 소를 제기한 경우에(☞2-36 참조) 233조 1항이 유추적용되어 사망한 사람의 상속인은 소송절차를 수계하여야 한다는 판례가 있다(대법원 2016. 4. 29. 선고 2014다210449 판결). 당사자가 사망하더라도 소송대리인의 소송대리권은 소멸하지 않으므로(95조 1호) 소의 제기는 적법하고, 시효중단 등 소 제기의 효력은 상속인에게 귀속된다고 보았다.

42) 대법원 2022. 1. 27. 선고 2020다39719 판결.

43) 이혼소송과 재산분할청구가 병합된 경우, 배우자 일방이 사망하면 이혼의 성립을 전제로 하여 이혼소송에 부대한 재산분할청구 역시 이를 유지할 이익이 상실되어 이혼소송의 종료와 동시에 종료된다(대법원 1994. 10. 28. 선고 94므246, 94므253 판결).

회사의 유한회사로의 조직변경이나, 그 반대의 경우와 같은 조직변경은 단체로서의 동일성을 잃지 않으므로 법인이 소멸된 때에 해당하지 않는다.44)

(2) 소송능력의 상실 또는 법정대리인의 사망 또는 법정대리권의 소멸

당사자 자체는 변경되지 않지만, 소송수행자가 교체되기 때문에 중단되는 경우이다(235조). 이러한 경우는 본인 자신이 유효하게 소송행위를 할 수 없고 또한 본인을 위하여 소송행위를 할 사람도 일시적으로 존재하지 않게 되므로 소송은 중단된다. 다만, 법정대리권의 소멸(법정대리인의 사망 및 성년후견개시에 의한 소멸의 경우를 제외)은 본인 또는 법정대리인으로부터 상대방에게 통지하지 않으면 그 효과가 생기지 않으므로(63조) 통지하지 않는 동안에는 소송절차의 중단도 생기지 않는다. 한편, 법정대리인과 달리, 소송대리인의 사망이나 소송대리권의 소멸의 경우에는 본인이 즉시 소송을 스스로 수행하는 데 장애가 없으므로 중단사유로는 되지 않는다. 법인 그 밖의 단체의 대표자 내지는 관리인의 사망 또는 대표권의 소멸도 위와 같은 법리에 의하여 마찬가지로 중단된다(64조). 가처분에 의하여 직무집행이 정지된 경우도 이에 해당된다.

7-69

(3) 당사자인 수탁자의 임무종료

신탁재산에 관한 당사자인 수탁자의 임무가 끝난 때에 새로운 수탁자에 의한 수계가 이루어지기까지 절차가 중단된다(236조).

7-70

(4) 소송수행자격(당사자적격)의 상실

제3자가 권리관계의 귀속주체에 갈음하여 소송담당자인 당사자로서 소송행위를 할 자격을 갖는 경우에 그 자격을 상실하면 유효하게 소송행위를 할 수 없게 되고, 또 권리관계의 귀속주체 자신도 즉시 소송행위를 할 수 없다. 그래서 중단을 인정하고 있다.

7-71

① 일정한 자격에 기하여 당사자가 된 사람이 그 자격을 잃은 때에 절차가 중단된다(237조 1항). 소송담당자가 여기에 해당하고, 가령 파산관재인이 자격을 상실한 경우이다. 집합건물의 관리비 징수업무를 위탁받은 관리업자도 여기에 해당하고, 관리위탁계약이 종료되면 절차는 중단된다.45) 다만, 채권자대위소송의

---

44) 대법원 2021. 12. 10. 선고 2021후10855 판결.

45) 새로운 위탁관리업자가 소송절차를 수계하거나 새로운 위탁관리업자가 없으면 관리단이나 관리인이 직접 소송절차를 수계하여야 한다(대법원 2022. 5. 13. 선고 2019다229516 판결).

채권자와 같이 권리주체와 병행하여 소송담당자가 된 경우에는 피담당자를 위한 것이 아니라, 자기의 권리실현을 위한 소송담당이므로 여기에는 해당되지 않는다. 이 경우에 그 적격을 잃게 되면, 소는 각하될 뿐이다.

② 선정당사자 모두가 자격을 잃거나 죽은 때에 중단된다(237조 2항 전문). 다만, 일부의 사람이 그 자격을 상실하더라도 나머지 다른 사람이 소송수행을 할 수 있으므로(54조) 이는 중단사유가 되지 않는다.46) 중단된 소송은 선정자 모두 또는 새로운 선정당사자가 수계한다(237조 2항 후문).

(5) 당사자가 파산선고를 받은 때 등

7-72   당사자가 파산선고를 받은 때에는 파산재단에 관한 소송절차는 중단된다(239조 전문). 파산재단에 관한 소송계속 중에 당사자가 파산선고를 받으면, 파산재단의 관리처분권은 파산선고를 받은 사람으로부터 파산관재인에게 이전하므로(채무자 회생 및 파산에 관한 법률 384조) 그에 따라 소송이 중단되는 것이다(회생절차개시결정이 있는 경우도 마찬가지). 소송대리인이 선임되어 있더라도 중단을 피할 수 없다(238조). 파산관재인과 파산선고를 받은 당사자의 이해가 일치하는 것은 아니기 때문이다. 중단된 소송은(파산채권에 관한 소송은 해당 채권에 대한 이의 유무에 따라) 파산관재인이 수계하는 등의 조치가 취하여진다(민사소송법 241조, 채무자 회생 및 파산에 관한 법률 347조 1항 참조). 다만, 그 수계가 이루어지기 전에 파산절차가 해지되면 파산자의 관리처분권이 회복되므로 파산자가 당연히 이를 수계하게 된다(239조 후문).

또한 일단 「채무자 회생 및 파산에 관한 법률」의 규정에 따른 수계가 이루어진 뒤에도 파산절차가 해지되면, 다시 소송이 중단되고 관리처분권을 회복한 파산선고를 받은 사람이 이를 수계한다(240조). 여기서 파산해지는 파산절차종료의 의미로, 파산의 취소, 파산폐지, 배당에 의한 종결 등을 말한다. 한편, 회생절차에 있어서 소송절차의 중단에 대하여는 채무자 회생 및 파산에 관한 법률 59조가 규정하고 있고,47) 개인회생절차에서는 채무자가 그대로 관리처분권을 가지므로

---

46) 파산관재인이 여럿인 경우에는 **필수적 공동소송**에 해당하나, 선정당사자에 관한 54조에 비추어 볼 때, 공동파산관재인 중 일부가 파산관재인의 자격을 상실한 때에는 남아 있는 파산관재인에게 관리처분권이 귀속되고 소송절차는 중단되지 않는다(대법원 2008. 4. 24. 선고 2006다14363 판결).

47) 소송절차의 중단에 관한 규정이, 파산절차에 있어서는 채무자 회생 및 파산에 관한 법률이 아니라, 민사소송법 239조에 규정되어 있는데, 관련 규정의 정비가 요망된다. 일본은 2005년 시행 신파산법 44조 자체에서 이에 대하여 규정하면서, 관련된 민사소송법 125조를 삭제하였다.

계속 중인 소송은 중단되지 않는다.[48]

2. 중단의 예외

위 중단사유 중에 (5) 당사자의 파산 및 파산절차의 해지(이는 이미 보았듯이   7-73
파산관재인과 파산자 사이에 이해관계의 대립이 존재하기 때문에 중단의 예외의 예외이다)
이외의 중단사유에 대하여는 중단이 발생한 당사자 측(가령 사망한 당사자)에게 소
송대리인이 있는 때에는 소송절차는 중단되지 않는다(238조). 소송대리인이 있으
면 그 대리권은 소멸되지 않으므로(95조, 96조) 당사자가 무방어상태가 되는 것은
아니기 때문이다. 소송위임의 경우에는 변호사가 수임자가 되는 것이 원칙이고,
위임자 또는 승계인의 신뢰를 배신할 우려가 적다는 것을 고려한 것이다. 소송대
리권이 소멸되지 않는다는 것에 의하여 승계인인 새로운 당사자로부터 동일 내용
의 권한을 받은 것과 마찬가지로 소송대리권이 계속되는 것이 되어, 새로운 위임
행위가 없어도 소송대리인은 당연히 상속인 등 소송을 수행하여야 할 사람의 소
송대리인이 된다(민사소송규칙 61조는 그 사실을 소송대리인은 법원에 서면으로 신고하
도록 하고 있다). 법원이 당사자의 승계를 간과하여 구당사자를 그대로 표시하여
판결을 선고한 때에는 그 흠은 판결의 경정으로 처리하면 된다.[49] 소송대리인이
있어 소송절차가 중단되지 않는 경우에도 승계인은 소송절차를 수계할 수 있다.
그리고 상속인이 누구인지 몰라 판결의 당사자표시가 사망자 명의로 되어 있다
하더라도 그 판결은 상속인 모두에 대하여 효력이 있다. 가령 사망자의 공동상속
인 중 소송수계절차를 밟은 일부만을 당사자로 표시하였다 하더라도 그 판결은

---

48) 그 밖에 채무자 회생 및 파산에 관한 법률에 기한 특수한 중단·수계로서 사해행위취소소송이 채
　무자에 대한 파산선고에 따라 중단하는 경우가 있는데(동법 406조 1항), 채권자대위소송도 그 목적
　이 채무자의 책임재산 보전에 있고 채무자에 대하여 파산이 선고되면 그 소송 결과는 파산재단의
　증감에 직결된다는 점은 채권자취소소송에서와 같으므로 채권자대위소송에도 준용 내지 유추적용
　된다고 할 것이다(대법원 2013. 3. 28. 선고 2012다100746 판결). 이는 채권자 등에 생긴 사유가
　아닌, 채무자에 대한 파산선고를 중단사유로 하고 있는 점에서 위에서의 중단과는 성질이 다르다.
49) 전수탁자가 파산의 선고를 받아 임무가 종료되었으나 소송대리인이 있어서 소송절차가 중단되
　지 아니하는 경우에는 원칙적으로 소송수계의 문제가 발생하지 아니하고, 소송대리인은 당사자
　지위를 당연승계하는 신수탁자를 위하여 소송을 수행하게 되는 것이며, 그 사건의 판결은 신수
　탁자에 대하여 효력이 있다. 이때 신수탁자로 당사자의 표시를 정정하지 아니한 채 전수탁자를
　그대로 당사자로 표시하여도 무방하며, 신탁재산에 대한 관리처분권이 없는 자를 신당사자로 잘
　못 표시하였다고 하더라도 그 표시가 전수탁자의 소송수계인 등 신탁재산에 대한 관리처분권을
　승계한 자임을 나타내는 문구로 되어 있으면 잘못 표시된 당사자에 대하여는 판결의 효력이 미
　치지 아니하고 여전히 정당한 관리처분권을 가진 신수탁자에 대하여 판결의 효력이 미친다(대법
　원 2014. 12. 24. 선고 2012다74304 판결).

수계하지 아니한 나머지 공동상속인에게도 그 효력이 미친다.

다만, 소송대리인이 있다고 하더라도 **상소제기의 특별한 권한이 없는 한,** **심급대리의 원칙상** 그 심급의 판결정본이 당사자 측(소송대리인)에게 송달되면 송달된 시점에서 소송대리인의 대리권은 소멸되고, 소송절차는 중단된다. 중단된 상태에서 상소제기의 특별한 권한이 없는 소송대리인에 의하여 제기된 상소는 부적법하다. 그런데 소송대리인이 **상소제기의 특별한 권한**을 따로 받았다면, 그 소송대리인은 상소를 제기할 권한이 있으므로 상소기간 만료시까지 소송절차는 중단되지 않고, 쌍방이 최종적으로 상소를 제기하지 않게 되면, 그 판결은 확정되게 된다.50) 한편 소송대리인이나 상속인 또는 상대방 당사자에 의하여 적법하게 상소가 제기되면 그 판결이 확정되지 않는다.51) 그리고 소송대리인이 상소한 경우에는 상소에 따른 이심의 효력에 의하여 이제 상소심에서의 소송대리인의 소송대리권은 소멸되고, 상소제기시부터 소송절차가 중단되므로 이때는 상소심에서 적법한 소송수계절차를 거쳐야 소송중단이 해소된다.52)

24-변호사시험

소송대리인 없음	중단(233조)	중단 간과 판결 → 상소, 재심
소송대리인 있음	상소제기 특별수권 X	**판결정본송달** 시점까지 중단 X → 송달된 시점에서 소송대리권 소멸하고 절차 중단 → 중단 해소되지 않으면, 상소기간 진행 X → 판결 미확정
	상소제기 특별수권 O	**상소기간만료** 시점까지 중단 X → 만약, 상소 제기 없이 상소기간 도과하면 판결 확정 → 만약, 상소 제기하면 상소심에서의 대리권 소멸하고 상소제기시부터 절차 중단 → 수계절차를 거쳐야 중단 해소

---

50) 소송대리인에게 **상소제기에 관한 특별수권**이 부여되어 있었는지 여부를 심리하여 판결이 이미 확정되어 이 사건 소가 전소 판결의 **기판력에 저촉되는 것인지**, 아니면 판결정본의 송달시에 절차가 중단됨으로써 이 사건 소가 **중복제소에 해당하는 소인지**를 판단하지 않은 것은 잘못이다(대법원 2014. 12. 24. 선고 2012다74304 판결).

51) 그런데 만약 사망자의 공동상속인 중 소송수계절차를 밟은 일부만을 당사자로 표시하고 그 잘못된 당사자 표시를 신뢰한 사망자의 소송대리인이나 상대방 당사자가 그 잘못 기재된 당사자를 상소인 또는 피상소인으로 표시하여 상소를 제기한 경우라도, 소송대리인의 지위를 여전히 보유하고 있으므로 그 판결은 **정당한 상속인들 모두에 대하여 상소가 제기된 것으로** 보아야 한다(대법원 2010. 12. 23. 선고 2007다22859 판결).

52) 대법원 2016. 9. 8. 선고 2015다39357 판결.

◈ **당사자가 사망하였으나, 소송대리인이 있는 경우에 판결의 효력이 상속인들 전원에 대하여 미치는지 여부** ◈ **판례**는 사망한 당사자에게 소송대리인이 선임되어 있는 이상, 그의 승계인을 누구로 표시하든 제1심 판결의 효력은 진정한 상속인 전원에 대하여 미치는 것이라고 본다. 다만, 망인의 소송대리인이 항소의 특별수권을 가지고 있어서 누락된 상속인에 대하여도 항소기간이 진행되는데도 그들을 위한 항소가 없으므로 그들에 대한 관계에서는 이미 판결이 확정되어 사건이 종료되었다고 볼 것이라고 한다.53) 이에 대하여는 누락된 상속인의 절차보장과 관련하여 여러 가지 논의가 있다.54) 그런데 이 사안은 제1심 판결에 대하여 **항소를 제기한 사람**은 새로운 당사자로 판결문상에 표시된 **수계한 상속인**이었고, 망인의 소송대리인이 항소를 제기한 것은 아니었다. 그리고 위 수계한 상속인이 나머지 상속인을 대리할 권한을 가진 것도 아니었다. 이 사안과 달리, 정당한 상속인들 모두에게 항소가 제기된 것으로 보아야 한다는 앞 각주 51) 2007다22859 판결의 사안은 망인의 **소송대리인이 항소를 제기**한 것으로 여전히 망인의 정당한 상속인들 전원을 위하여 소송대리인 지위를 보유하고 있었으므로 수계하지 못한 나머지 정당한 상속인들도 항소를 제기한 것으로 볼 수 있다. 결국 위 각주 53) 91마342 결정(수계한 상속인이 항소를 제기)과 앞 2007다22859 판결(망인의 소송대리인이 항소를 제기)은 그 사안을 달리한다.

3. 중단의 해소

중단사유에 따른 정지의 효과는 당사자 측의 수계신청 또는 법원의 속행명령에 의하여 해소되고, 소송절차의 진행이 재개된다.   7-74

(1) 수   계

신청에 따라 중단된 소송절차를 진행시키는 것이다(다만, 그 예외로 수계의 절차를 거치지 않고, 당연히 수계의 효과가 생기는 경우로는 239조 후문). 물론 중단사유가 아니라면, 절차를 수계할 필요가 없다.55)   7-75

---

53) 대법원 1992. 11. 5.자 91마342 결정.
54) 그 방법으로는, ① 누락된 상속인에 대하여는 **재판의 누락**이 있는 것으로 보는 입장(강봉수, "소송대리인이 있는 경우 당사자의 사망과 수계", 사법행정(1994.2), 18면 이하), ② 누락된 상속인을 위한 **추후보완의 상소**로 침해된 절차권을 보호할 것이고, 그렇지 않으면 손해배상 등 실체법의 문제로 해결할 수밖에 없다는 입장(이, 450면), ③ 수계절차를 밟지 않았으면 당사자는 여전히 사망자이고 사망 사실을 모르고 선고한 판결은 무효이며, 누락된 상속인에 대하여는 당사자가 사망한 시점에 **절차가 중단**된 상태라고 보는 것이 타당하다는 입장(호, 972면) 등이 주장되고 있다.
55) 상법상 주식회사의 유한회사로의 조직변경이나, 그 반대의 경우에 이는 중단사유가 아니므로 절차를 수계할 필요가 없다(당사자표시정정으로 처리)(대법원 2021. 12. 10. 선고 2021후10855 판결).

◆ **예** ◆   소송계속 중 당사자가 사망한 경우에 그 소송이 상속인에게 승계될 수 있는 성질의 것이라면 실체법상 피상속인의 권리의무가 상속인에게 승계되고 그것에 대응하여 소송법상은 상속인이 피상속인에 대신하여 즉시 당연히 당사자의 지위에 서게 된다(소송의 당연승계). 그런데 소송절차에 참여할 상속인의 이익보호를 위하여 절차가 일시 중단되고, 상속인은 당사자로서 소송을 속행하기 위하여 절차를 수계하게 된다(소송절차의 수계). 상속인은 수계하는 것에 의하여 당사자가 되는 것이 아니고, 상속으로 말미암아 당사자가 되는 것에 의하여 수계하지 않으면 안 되는 것이다.56) 「소송의 당연승계」와 「소송절차의 수계」는 표현은 유사하지만 당연승계의 경우에 개념적으로 확실히 구별하여야 한다(☞13 – 90).

7-76					**(가) 수계신청권자** 수계하여야 할 사람은 중단사유마다 법정되어 있다. 가령 당사자의 사망의 경우에는 상속인, 상속재산관리인 그 밖의 법률에 의하여 소송을 계속하여 수행할 사람이 수계하여야 한다(233조 1항). 상속인은 상속포기를 할 수 있는 동안 수계하지 못한다(동조 2항). 공동상속재산은 상속인들의 공유이므로 필수적 공동소송관계라고 인정되지 아니하는 이상, 반드시 공동상속인 모두가 공동으로 수계하여야 하는 것은 아니며, 수계되지 아니한 상속인에 대한 소송은

소송절차수계신청

사   건   20○○ 가합○○○ 소유권이전등기말소
신 청 인 (원고)
           ○○시 ○○구 ○○동 ○○(우편번호 ○○○ – ○○○)
피   고 (망)   ◇◇◇
           ○○시 ○○구 ○○동 ○○(우편번호 ○○○ – ○○○)
피신청인(상속인) 1. ◈◈◈ (피고의 처)
피신청인(상속인) 2. ◇◈◇ (피고의 장남)
피신청인(상속인) 3. ◇◇◇ (피고의 장녀)
피신청인들의 주소 : ○○시 ○○구 ○○동 ○○ (우편번호 ○○○ – ○○○)

   위 사건에 관하여 피고가 20○○.○.○. 사망하여 소송절차가 중단되었는바, 피신청인들이 피고의 유산을 공동상속 하였으므로 피신청인들에게 소송절차를 수계하도록 하여 주시기 바랍니다.

첨 부 서 류
           1. 가족관계증명서(피고)   1통
           1. 기본증명서(망 피고)   1통
           1. 신청서부본   3통
           1. 송달료납부서   1통

                        20○○.   ○.   ○.
                        위 원고   ○○○ (기명날인 또는 서명)

○○지방법원 제○민사부   귀중

중단된 상태로 그대로 피상속인이 사망한 당시의 심급법원에 계속되어 있다고 할 것이다.57)

---

56) 이에 반대하여 수계절차를 밟아서 당사자로 표시되어야 당사자가 변경된다는 견해로는 호, 970면.

57) 대법원 1993. 2. 12. 선고 92다29801 판결. 제1심 원고이던 甲이 소송계속 중 사망하였고 그의 소송대리인도 없었는데 그 공동상속들 중 1인인 X만이 甲을 수계하여 심리가 진행된 끝에 제1심 법원은 X만을 甲의 소송수계인으로 하여 판결을 선고한 경우, 만일 甲을 수계할 다른 사람이

중단사유가 생긴 당사자 측의 새로운 수행자(수계하여야 할 사람)뿐만 아니라, 그 사람이 수계할 수 있는 상태에 있으면서도 수계신청을 하지 않을 경우에 그 상대방도 수계신청을 하여 소송의 속행을 구할 수 있다(241조).

(나) **수계신청을 할 법원**　중단 당시 소송이 계속된 법원에 대하여 하여야 한다(243조 2항 참조). 종국판결이 송달된 뒤에 소송절차가 중단된 경우에 있어서는 그 판결을 행한 법원에 대하여 신청을 하여야 하고, 상소법원에 할 것은 아니라는 견해와 원법원 또는 상소법원에 선택적으로 할 수 있다는 견해가 있다. 후자는 243조 2항의 명문에 반하고 상소장을 원법원에 제출하도록 한 현행법하의 원심제출주의(397조 1항)로부터 전자가 타당하다는 것이 **통설**이다. 그러나 **판례**는 상소심법원에 신청하는 것도 허용할 것이라고 하고, 또한 소송절차가 중단된 상태에서 제기된 상소는 부적법한 것이지만, 상소심 법원에 수계신청을 하여 그 흠을 치유시킬 수 있다고 한다.58)

7-77

수계신청이 있으면 법원은 상대방에게 이를 통지하여야 하며(242조), 상대방에 대한 관계에서는 이 통지에 의하여 중단이 해소된다(247조 2항 참조).

(다) **수계신청의 방식**　수계신청은 새로운 수행자가 수계의 의사를 표시하여 서면 또는 말(구술)로 할 수 있다(161조). 기일지정신청 또는 당사자표시정정신청 등 그 명칭에 구애받지 않고 실질적으로 판단한다.

7-78

(라) **수계신청에 관한 재판**　수계신청이 있으면 법원은 신청인의 적격 등 수계의 적부를 직권으로 조사하여 **이유가 없다고 인정한 때**에는 결정으로 수계신청을 기각한다(243조 1항). 이에 대하여 수계신청이 **이유 있는 때**에는 변론종결 전의 중단인지 여부에 의하여 그 취급이 다르다. 변론종결 전의 중단의 경우에는 수계의 요건이 충족되었다고 판단되면 기일을 지정하여 심리를 속행하면 충분하고, 별도의 독립한 재판이 필요하지 않다. 그러나 이에 대하여 종국판결의 선고 뒤의 중단의 경우에는 판결의 효력을 받을 사람 및 상소기간의 기산점을 명확히 할 필요에서 원법원이 수계결정을 하고(243조 2항), 이를 송달할 필요가 있다.

7-79

있음에도 수계절차를 밟지 않았다면 그에 대한 관계에서는 그 소송은 중단된 채로 제1심 법원에 계속되어 있다고 보아야 한다(대법원 1994. 11. 4. 선고 93다31993 판결).

58) 대법원 1996. 2. 9. 선고 94다61649 판결. 한편, 피고 회사로부터 분할·설립되어 권리·의무를 승계하였다고 주장하면서, 상고이유서 제출기간이 지난 다음에 소송수계신청을 한 사안에서, 상고심 소송절차가 이와 같은 단계에 이르러 **변론 없이 판결을 선고할 때**에는 신설회사로 하여금 소송절차를 수계하도록 할 필요가 없으므로 수계신청을 받아들이지 않았다(대법원 2019. 12. 24. 선고 2016다222712 판결).

(2) 속행명령

7-80   당사자 측으로부터 수계신청이 없는 경우에도 법원이 직권으로 속행명령을
할 수 있다(244조). 속행명령도 중단 당시 소송이 계속된 법원이 한다.

III. 중 지

7-81   소송절차의 중지의 원인은 다음과 같다.

1. 당연중지−천재지변 그 밖의 사고로 법원이 직무를 수행할 수 없을 경우(245조)

7-82   이 경우에는 법원이 중지의 결정을 하는 것은 성질상 기대할 수 없으므로 따
로 결정의 필요가 없으며 중지는 당연히 발생하고, 사고가 그치는 것에 의하여
법원이 사실상 직무를 재개하는 때에 해소된다(245조).

2. 재판중지−당사자의 장애로 말미암은 경우(246조)

7-83   가령 천재지변 등의 사유에 의하여 당사자와 법원 사이의 교통이 두절된 때,
당사자가 전염병에 의하여 격리된 때에 그것이 상당한 기간 계속되리라고 예상되
어 당사자가 일정하지 아니한 기간(부정기간)동안 소송행위를 할 수 없는 장애사
유가 생긴 경우이다. 절차관여권을 보장하기 위함이다. 이 경우는 위 245조의 경
우와 달리 법원의 결정으로 비로소 정지의 효과가 생긴다(246조 1항). 법원은 기
일의 연기 및 대리인의 선임가능성 등을 고려하여 중지의 가부를 결정한다. 장애
사유가 그친 경우에는 법원이 중지결정을 취소하고(동조 2항), 이에 의하여 절차
가 속행된다.

> ◆ **노 대통령 언론사 소송 연기신청. "임기 후 진행"** ◆ '용인땅 위장 매매거래'의
> 혹 제기와 관련, 한나라당 김OO 의원과 4개 신문사를 상대로 손해배상소송을 제기했
> 던 노무현 대통령이 246조 1항에 의해 대통령의 임기를 마칠 때까지 소송절차의 **중지
> 를 신청**했다. 이와 관련, 김 의원은 실체규명과 방어의 기회를 원천적으로 봉쇄·박탈
> 하는 것이므로 받아들일 수 없다며 중지신청을 할 것이 아니라 잘못 제기한 손배소송
> 을 취하하라고 주장했다. 본래 이 손배소송은 현직 대통령이 야당 국회의원과 언론을
> 상대로 제기한 역사상 초유의 소송으로서 제기해서는 안 될 소송이었다며 대통령이 권
> 력남용이라는 세계적 비난과 여론의 악화를 모면하기 위해 다시 절차의 중지신청이라

는 교묘한 법률적 수단을 동원한 것은 잘못이라고 지적했다. 신속한 재판을 받을 권리는 국민의 기본적 인권인데도 대통령 5년간 소송절차를 자의적으로 중지시킬 것을 신청한 것은 피고들의 불안한 상태를 연장시키려고 하는 것이고, 또 다른 인권침해라고 비난했다. 임기 중 재판을 통해 설사 승소한다고 하더라도 대통령의 지위를 이용했다는 비판을 피하기 위해 김 의원과 신문사들에 대한 제소는 유지하되, 퇴임 후 홀가분한 신분에서 소송절차를 재개한다는 것이 노 대통령의 판단이다(2003.9.26.자, 오마이뉴스 기사). 그러나 법원은 이 사건만 특별히 소송진행을 중지해 차별적으로 진행할 필요를 느끼지 못했다며 대통령 측근들에 대한 수사와 형사재판을 통해 사실관계가 어느 정도 정리됐기 때문에 일반적 사건 진행 속도를 감안하면 선고까지 그리 오래 걸리지 않을 것으로 생각한다고 말했다(2004.6.8.자 연합뉴스 기사).

3. 다른 절차와의 관계상 소송진행이 부적당하다고 인정되는 경우

다른 절차와의 관계에서 소송의 진행이 부적당하다고 하여 다른 법령에서 법원이 당연히 사건의 진행을 중지하도록 한 경우가 있다. 가령 해당 사건에 있어서 법원이 헌법재판소에 법률의 위헌여부제청을 한 경우(헌법재판소법 42조 1항), 사건이 조정에 회부된 경우(민사조정규칙 4조 2항) 등이다. 또한 특허심결이 선결관계에 있는 경우 등(특허법 164조 2항)과 같이 법원이 재량에 의해 절차를 중지할 수 있는 경우가 있다. 한편, 위와 같은 규정이 없는 경우라도 해석상 다른 민사 또는 형사사건이 선결관계에 있는 것을 이유로 법원이 중지결정을 할 수 있는가가 문제이다. 명문의 규정이 없는 점 및 기일의 추후지정이라는 실무상의 수단에 의하여 대응할 수 있는 점을 근거로 **소극적**인 견해도 있지만, **생각건대** 실무상 추후지정의 수단에 의한 대응에는 한계가 있으며, 246조가 반드시 그 밖의 사유에 의한 법원의 재량중지를 부정하는 취지는 아니므로 절차의 진행을 명확히 하는 의미에서 **적극적**으로 볼 것이다.

7-84

IV. 정지의 효과

1. 소송행위의 무효

소송절차의 정지 중에는 기간도 진행하지 않고, 당사자 및 법원이 소송행위를 하더라도 그 효력은 생기지 않는다. 정지 중의 당사자의 소송행위는 정지사유 있는 당사자의 행위이든지, 그 상대방의 행위이든지 원칙적으로 각각의 상대방과의 관계에서 무효이다. 상대방 측에서 무효라고 주장할 수 있는 것만이고, 신의칙

7-85

상 행위자 스스로 그 무효를 주장할 수는 없다. 다만, 중단을 해소시키는 것을 목적으로 하는 수계의 신청이나 그에 대한 재판은 그 성질상 중단된 중에도 할 수 있고, 유효하다.

위 원칙에 대한 **예외**로서 변론종결 뒤에 중단이 생긴 경우에는 절차가 중단된 중에도 법원은 판결의 선고를 할 수 있다(247조 1항). 이 단계에서는 더 이상 당사자에게 소송행위를 행할 기회를 부여할 필요가 없고, 당사자의 이익을 침해하는 것이 아니기 때문이다. 다만, 상소기간과의 관계에서 절차보장이 문제가 되므로 판결의 송달은 중단이 해소된 뒤에 하여야 한다.

위 정지의 효력은, 가령 필수적 공동소송에 있어서 1인에게 정지의 원인이 있으면 그 효력은 모두에게 미치지만(67조 3항), 반면 통상공동소송에서는 1인에 대하여 정지의 사유가 발생하여도 다른 사람에게는 영향이 없다(66조).

2. 흠의 치유

7-86   정지 중에 행하여진 소송행위의 무효는 나중에 정지가 해소된 것만으로 소급하여 유효하게 되는 형태로 그 무효라는 흠이 치유되는 것은 아니다. 상대방이 정지가 해소된 뒤에 절차이의권을 포기·상실한 경우(151조 참조)에 그 흠이 치유되어 소송행위가 유효하게 될 뿐이다.

3. 기간의 진행의 정지

7-87   속행 등에 의하여 정지된 기간이 다시 진행을 개시하는 것이 아니고, 즉 정지가 해소된 뒤에 잔존기간이 아닌, 전체 기간이 새로이 진행을 시작한다(247조 2항).

4. 정지를 간과한 판결의 효력

7-88   정지를 간과하여 변론을 종결하고 판결이 선고된 경우에 그 판결은 위법하지만 당연무효(**무효설**)라고 할 수 없고, 당사자가 절차관여의 기회를 빼앗긴 것으로 대리인에 의하여 적법하게 대리되지 않은 경우와 마찬가지로 풀이하여 불이익을 받은 당사자가 추인하지 않는 한, 대리권의 흠을 이유로 그 판결이 확정 전이면 **상소**(424조 1항 4호), 확정 뒤이면 **재심**(451조 1항 3호)에 의하여 구제될 수 있다는 입장(**위법설**)이 일반적이고, **판례**도 마찬가지이다.

◈ **소송계속 중 당사자의 사망을 간과하고 선고된 판결의 효력** ◈   판례는[59] ①
당사자가 사망하여 실재하지 아니한 자를 당사자로 하여 **소가 제기**된 경우는 당초부
터 원고와 피고의 대립당사자구조를 요구하는 민사소송법상의 기본원칙이 무시된 것이
므로, 그와 같은 상태하에서의 판결은 **당연무효**라고 할 것이지만, ② 일응 대립당사자
구조를 갖추고 적법이 소가 제기되었다가 **소송 도중** 어느 일방의 당사자가 사망함으
로 인해서 그 당사자로서의 자격을 상실하게 된 때에는 그 대립당사자구조가 없어져
버린 것이 아니고, 그때부터 그 소송은 그의 지위를 당연히 이어받게 되는 상속인들과
의 관계에서 대립당사자구조를 형성하여 존재하게 되는 것이고, 다만 상속인들이 그
소송을 이어 받는 외형상의 절차인 소송수계절차를 밟을 때까지는 실제상 그 소송을
진행할 수 없는 장애사유가 발생하였기 때문에 적법한 수계인이 수계절차를 밟아 소송
에 관여할 수 있게 될 때까지 **소송절차는 중단**되도록 법이 규정하고 있을 뿐인 바,
이와 같은 중단사유를 간과하고 변론이 종결되어 판결이 선고된 경우에는 그 판결은
대리인에 의하여 적법하게 대리되지 않았던 경우와 마찬가지로 보아 대리권 흠을
이유로 상소 또는 재심에 의하여 그 취소를 구할 수 있을 뿐이라고 판시하여 **위법설**
을 취하였다(따라서 이러한 판결이 선고된 뒤 그 상속인들이 수계신청을 하여 판결을 송달받
아 상고하거나 또는 적법한 상속인들이 사실상 송달을 받아 상고장을 제출하고, 상고심에서 수
계절차를 밟은 경우에도 그 수계와 상고는 적법한 것이다).[60] ③ 나아가 위와 같이 선고된
판결이 형식적으로 **확정**된 경우에 사망자인 구당사자 명의로 내려진 판결에 기하여 승
계인인 상속인에게 **강제집행**을 하는 데 있어서는 승계집행문을 부여받아야 한다는 견
해와 판결문상 당사자표시가 실질적 당사자인 상속인과 달리 표시된 것이므로 판결경
정으로 사망자로부터 상속인으로 이를 시정한 뒤 강제집행할 수 있다는 견해로 나뉘는
데, **판례**는 승계집행문을 부여함이 상당하다고 보았다.[61]

　그리고 소송절차의 정지를 간과한 판결이 반드시 수계인에게 불리한 것이
아니므로 수계인은 이를 추인할 수 있다. 이 경우에 수계인의 추인은 반드시 명
시적이어야 할 필요는 없고, 묵시적으로도 할 수 있다.

---

59) 대법원 1995. 5. 23. 선고 94다28444 전원합의체 판결.
60) 대법원 2011. 10. 27. 선고 2011다56057 판결(회생절차 개시결정사실을 알지 못한 경우); 대법
　　원 2013. 6. 13. 선고 2012다33976 판결(채권자취소소송 계속 중 채무자에 대한 개인회생절차
　　개시결정사실을 알지 못한 경우) 등도 마찬가지 취지이다. 이에 대하여 그 판결은 당사자능력이
　　소멸된 뒤의 판결이어서 무효라고 보는 것이 타당하다는 입장으로는 호, 351면.
61) 대법원 1998. 5. 30.자 98그7 결정.

제 3 장

증거조사

제 1 절   증거법의 기초 개념

I. 증거와 증거조사의 필요성

8-1   재판은 ① 어느 법률요건이 있으면 어느 법률효과가 발생한다는 법규를 **대전제**로 하고, ② 어느 확정된 구체적인 요건사실(주요사실)이 위 법률요건에 포섭되는 것을 **소전제**로 하여, ③ 따라서 사안에 있어서 그 법률효과가 인정된다는 **결론**을 이끌어내는 법적 3단 논법에 의하여 구체적인 법률효과의 발생·변경·소멸을 판단하여 선언하는 것이다(☞2-1). 따라서 어느 사건에 대하여 판결을 할 수 있기 위해서는 법규 적용의 소전제가 되는 구체적인 사실의 존부를 확정하고, 이에 적용할 대전제인 법규를 명확하게 하지 않으면 안 된다. 법원은 법규를 실마리로 해당 분쟁과 관련되는 법규의 법률요건에 해당하는 구체적인 사실인 주요사실 가운데 다툼이 없는 것은 그대로 사실인정을 하고(자백사실), 다툼이 있는 것에 대하여는 증거에 의하여 증명된 사실을 존재하는 것으로 이를 인정하고(사실확정), 그렇게 하여 주요사실의 존부가 확정되면 법규에 규정되어 있는 권리·의무의 존부(법률효과)가 확정되는 것으로서(법규적용) 판결을 내려 해당 민사분쟁을 해결하는 것이다.

결국 사실의 존부에 대하여 당사자 사이에 다툼이 없다면 법원도 이를 그대로 취하여야 하지만, 그렇지 않다면 법원이 판결을 내리는 데 있어서 이를 확정하여야 한다. 그것은 법관만의 우연적·주관적인 판단에 의할 것이 아니라, 소송에 현출된 객관적인 자료에 근거할 것이 요구된다. 그런고로 증거와 그 조사의 문제가 발생한다.

II. 증거라는 용어의 다의성

증거(Beweis)는 판결의 기초를 확정하기 위한 법원의 판단자료를 의미한다. 판단자료는 증거조사라는 법원의 소송행위를 통하여 형성된다. 증거는 심증형성의 과정에 따라서 단계적으로 다음과 같은 의미로 사용된다.   8-2

1. 증거방법

증거조사의 대상이 되는 유형물을 「**증거방법**」(Beweismittel)이라고 한다. 즉 증인이나 계약서 등 물리적인 의미에서의 증거 그 자체를 증거방법이라고 한다. 즉 증인, 감정인, 당사자본인과 같은 인증(人證), 그리고 문서, 검증물과 같은 물증(物證) 등 물리적인 의미에서의 증거 그 자체를 증거방법이라고 한다.   8-3

2. 증거능력

그리고 증거방법이 증거조사에 있어서 이용될 수 있는 법률상의 자격을 「**증거능력**」 또는 「**증거적격**」이라고 한다. 자유심증주의를 취하고 있는 현행 민사소송에서는 원칙적으로 증거능력에는 제한이 없다(그러나 형사소송에서는 전문(傳聞) 증거의 배제 등 증거능력의 제한이 존재하는데, 최근 민사소송에서도 위법하게 수집한 증거 방법의 증거능력이 문제되고 있다. ☞8-123).   8-4

3. 증거자료

증거방법에 대한 증거조사를 통하여 형성된 판단자료를 「**증거자료**」(Beweis-stoff)라고 한다. 증언, 감정결과, 당사자신문결과, 문서의 기재내용, 검증결과 등이 증거자료이다.   8-5

4. 증거력

그리고 증거자료가 현실적으로 요증사실의 인정에 기여하는지 여부의 영향력(정도)을 「**증거력**」(Beweiswert), 「증명력」 또는 「증거가치」라고 한다. 자유심증주의 하에서 증거자료의 증거력의 평가는 법관의 자유로운 심증에 맡겨져 있고,   8-6

법에 의한 제약을 받지 않는다.

5. 증거원인

8-7   사실의 존부에 있어서 법관의 심증형성의 원인이 된 자료를 「**증거원인**」 (Beweisgrund)이라고 한다(☞8‒115). 증거자료와 변론 전체의 취지가 증거원인이 된다(202조).

III. 증거의 종류

1. 직접증거와 간접증거

8-8   증명의 대상이 되는 사실이 주요사실인가 아니면 간접사실 또는 보조사실인 가에 따른 구별이다. 직접증거는 다툼이 있는 주요사실을 직접대상으로 하는 증 거이다. 이에 대하여 간접증거는 간접사실이나 증거의 증명력에 영향을 미치는 사실인 보조사실을 대상으로 한다.

> ◆ **예** ◆   대여금청구사건에 있어서 대여하였다는 주요사실의 직접증거로서 생각할 수 있는 것은 차용증, 소비대차계약이 체결된 것을 목격한 증인의 증언 등이다. 그리고 주 요사실의 존재를 추인시키는 간접사실로서 생각할 수 있는 것은 가령, ① 甲이 그때에 1,000만원을 자기의 예금구좌에서 인출한 것(계약체결시에 甲이 대여자금으로 될 수 있는 현금을 마련한 것을 의미), ② 乙이 그때까지 자금난에 허덕이다가 자기의 별개의 차용금 1,000만원을 지급한 것(계약체결시에 乙이 차용금에 상당하는 현금을 취득한 것을 의미) 등 여러 가지인데, 이 경우에 ①에 대한 예금지급신청서나 ②에 대한 증인의 증언 등이 간접증거이다.

> ◆ **간접증명** ◆   가령, 대여금반환청구에서 甲의 주장 가운데 "乙이 아파트구입자금으 로서 2억 원이 필요하다고 말한 사실"은 乙이 甲으로부터 2억원을 빌렸을 가능성이 있 다는 것을 의미한다. 따라서 이 사실은 2억 원의 대여라는 주요사실을 추인시키는 간 접사실이라고 할 수 있다. 대여금반환청구에서 주요사실의 증거(직접증거)로 생각할 수 있는 것은 차용증, 계약이 체결된 것을 목격한 증인의 증언 등인데, 이러한 직접증거가 있고 또한 그것을 충분하게 신용할 수 있다면, 법원은 그 증거로부터 주요사실의 존부 를 인정하면 충분하나, 항상 당사자가 직접증거를 가지고 있다고 할 수 없다. 그 경우 에 당사자는 주요사실의 존부를 추인시키는 사실, 즉 간접사실을 주장하고, 간접사실을 증명하는 것에 의하여 간접사실로부터 사실상의 추정에 의하여 주요사실의 존부를 증 명하여 나가게 되고(간접증명), 법원도 간접증명에 의하여 주요사실의 존부를 인정하게 된다.

2. 본증과 반증

실제의 소송에서는 증명책임을 지는 당사자만이 증명활동을 하는 것은 아니고, 양쪽의 당사자가 한쪽은 그 사실의 존재를 증명하기 위하여 증거를 제출하고, 다른 쪽은 그 사실의 존재를 부정하기 위하여 증거를 제출하는 것이 보통이다. 이 경우에 자기가 증명책임을 지는 사실을 증명하기 위한 증거 내지는 증명활동을 **본증** (Hauptbeweis), 상대방이 증명책임을 지는 사실에 대하여

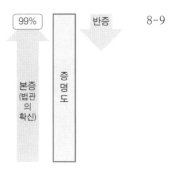

제출되는 증거 내지는 증명활동을 **반증**(Gegenbeweis)이라고 한다. 본증은 그 사실의 존재(요증사실)에 대하여 법관의 확신을 생기게 하여야 한다. 이에 대하여 반증은 그 사실의 부존재에 대하여 완벽하게 증명할 필요는 없고, 그 사실의 존재에 대하여 법관에게 의심(Zweifel)을 품게 하여 진위불명의 사태로 내몰기만 하면 그것으로 목적을 달성한다. 반증에는 직접반증과 간접반증이 있다(☞8-136).

◆ **예** ◆ 대여금반환청구소송에 있어서 본증을 하여야 하는 원고는 그 권리발생사실인 금전소비대차에 대하여 법관에게 확신을 품게 하지 못하면 증명책임에 의하여 패소판결을 받지만, 피고는 금전소비대차에 있어서 원고와 거래한 상대방은 피고 자기와는 전혀 무관한 제3자(무권대리인)라는 등의 사실을 증명하여 권리발생사실에 대한 법관의 확신을 동요시키면 된다.

한편, 반증과 반대사실의 증명은 구별하여야 한다. 법률상의 추정을 뒤집기 위한 이른바 **반대사실의 증명**은 반증이 아니라 본증이다. 반대사실의 존재는 법률상의 추정을 다투는 사람에게 증명책임이 있기 때문이다. 그 추정을 다투는 사람은 반대사실의 증거를 제출하여야 하는데, 이는 본증이므로 당사자로서는 법원이 그 추정사실의 존재에 의심을 품게 하는 정도의 증명으로 충분하지 않고, 그 추정사실을 뒤집을 만한 반대사실의 존재를 완벽하게 증명하여야 한다(☞8-134).

IV. 증명과 소명

1. 증 명

8-10   증명과 소명(疎明)은 법관의 심증의 정도(증명도)를 기준으로 구별된다. 증명이라 함은 재판의 기초로서 분명히 하여야 할 사항에 관하여 법관에게 확신을 생기게 하는 상태 또는 이러한 상태에 이르도록 당사자가 증거를 제출하여야 할 증거제출행위를 말한다. 다만, 어느 정도의 심증을 확신이라고 할 것인가는 한마디로 결정될 성질은 아니다. 생각건대 한 점의 의심도 허용되지 않는(즉 논리적으로 반대사실의 존재는 있을 수 없고, 실험결과에 의하여 확인될 수 있는 정도의) 자연과학적 증명의 경우와 달리 통상인이 일상생활에서 의심을 품지 않을 정도의 진실성의 확신을 가지는 정도(＝고도의 개연성)가 필요하며, 이로써 충분하다.

2. 소 명

8-11   소명(Glaubhaftmachung)이라 함은 증명의 정도에 이르지 아니하였지만 법관이 일응 확실하다는 심증을 얻은 상태 또는 이러한 심증을 형성시키기 위하여 당사자가 행하는 활동을 말한다. 실체적 권리관계의 종국적 확정을 도모하는 것을 목적으로 하는 재판이 아닌, 그 보전을 위한 전 단계의 신속한 처리를 요하는 일응의 보전적 처분이나 또는 소송진행상의 절차적 사항(가령 특별대리인의 선임신청)에 관한 재판을 하는 경우에는 소명으로 충분하다. 이러한 경우까지 전부 증명을 요구하면 (보전적 처분에 있어서) 시기적으로 의미가 없거나 (소송진행상의 절차적 사항에 있어서) 파생적 문제 때문에 사건의 심리를 지연시키게 되므로 증명에 갈음하여 법률이 소명을 요구하는 데 그치고 있다. 소명에 있어서 사용하는 증거방법은 위와 같은 목적을 달성하기 위하여 즉시 조사할 수 있는 것에 한정된다(299조 1항). 이를 소명방법의 「즉시성」이라고 부른다. 가령 재정(在廷)증인을 증인으로 신청하거나 현재 소지하고 있는 문서를 제출하는 경우이다. 다만, 이러한 즉시성 때문에 오히려 증명보다도 이용할 수 있는 증거방법이 부족하기도 하므로 법원은 사정에 따라서 보증금의 공탁 또는 그 주장의 진실함에 대한 선서에 의하여 소명의 대용을 허용할 수 있다(동조 2항). 이 경우에 나중에 그 주장사실이 허위임이 판명되면 보증금의 몰취 또는 과태료의 제재를 받는다(300조, 301조).

V. 엄격한 증명과 자유로운 증명

법원이 증거자료를 얻는 방법에 따라 증명은 엄격한 증명(Strengbeweis)과 자   8-12
유로운 증명(Freibeweis)으로 분류된다.

289조 이하에서 증거방법의 증거조사절차에 대하여 규정하고 있는데, 이러한
규정에 따른 증명을 엄격한 증명, 그것으로부터 해방된 증명을 자유로운 증명이라
고 부른다.1) 민사소송법이 규정하고 있는 증거조사절차는 사실을 인정하는 과정의
공정, 나아가서 재판의 공정을 담보하려는 것이므로, 반대로 재판의 공정을 침해할
우려가 없다면 간이한 방법으로 사실인정을 행하여도 무방하다고 생각한 것이다.
즉 재판의 공정을 침해하지 않는 범위에서 소송상 편의를 위하여 법정절차에 의하
지 않는 간이한 증거조사를 인정할 수 있다는 것이 자유로운 증명의 근거이다. 주
의할 것은 엄격한 증명과 자유로운 증명의 구별은 법관의 심증의 정도에 의한 구별
은 아니라는 것이다. 자유로운 증명도 증명이므로 확신의 정도에 차이는 없다.

제 2 절   증명의 대상

어느 사건에 대하여 판결을 할 수 있기 위해서는 법규적용의 소전제로 되는 구체적인
사실의 존부를 확정하고, 이에 적용할 대전제인 법규를 명확하게 하지 않으면 안 된다.
그리고 경험칙도 증명의 대상으로 문제된다.

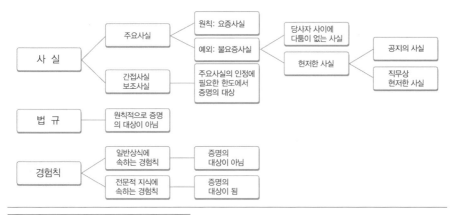

---

1) 자유로운 증명은 원래 형사소송절차의 영역에서 간이한 증거조사라는 소송상 편의의 관점에서
   인정된 것으로(민사소송절차와 비교하여 형사소송절차에서는 증거능력의 제한이 엄격하다) 그
   이후에 민사소송절차에 도입된 관념이다.

I. 사 실

8-13   1. 민사소송의 대상은 원고가 주장하는 권리·의무이지만, 이를 직접 감지할 수는 없으므로 주요사실의 존부로부터 그 법률효과로 권리·의무의 유무를 판단하게 된다. 따라서 주요사실의 존부만 확정할 수 있으면 권리·의무의 판단을 할 수 있으므로 원칙적으로 주요사실은 증명의 대상이 된다. 그리고 주요사실을 간접적으로 추인케 하는 간접사실(=징빙)이나 증거능력이나 증거력에 관계되는 보조사실은 주요사실의 인정에 필요한 한도에서 증명의 대상이 되는 것에 지나지 않는다.

2. 변론주의 제1명제에 의하면 당사자가 변론에서 주장하지 않은 주요사실을 판결에서 인정하는 것은 불가능하다. 따라서 주요사실이라고 하여도 변론에서 주장되지 않았으면 증명의 대상이 되지 않는다. 또한 변론주의 제2명제에 의하여 당사자가 자백한 사실은 증명의 대상이 되지 않는다. 그리고 현저한 사실도 증명의 대상이 되지 않는다(288조). 현저한 사실은 증명을 필요로 하지 않더라도 판단의 공정성·객관성이 의심스러운 경우가 없기 때문이다(☞8-37).

3. 한편, 원고가 주장하는 사실이 원고가 주장하는 법률효과에의 추론을 정당화하는지 여부를 조사하여야 하는데(사실주장의 유리성[有理性]의 조사), 그 청구를 정당화하는 데 필요한 사실주장에 흠이 있으면 원고의 사실주장은 불충분하고 (주장 자체의 실당(失當)), 법원은 원고의 청구를 기각하여야 한다. 이 경우에 증거조사를 할 필요는 없다. 즉 주장 자체로서 원고의 청구를 이유 있게 할 공격방법인 사실과 원고의 청구를 배척할 수 있는 방어방법인 사실만을 증거조사의 대상으로 할 필요가 있으며, 그것으로 충분하다(가령 도박에 건 돈에 대하여 대여금청구를 하는 것은 주장 자체로 이유 없다).

II. 법 규

1. 원 칙

8-14   법규에 대하여는 「법적 구성=법원의 책무」라는 원리가 타당하고, 법규의 존부 및 내용은 법원에 맡기더라도 판단의 공정성은 담보되므로 법규는 원칙적으로 당사자에 의한 증명을 요구할 필요가 없다. 법원은 **직권**으로 그 내용을 조사

하여야 한다. 한편, 적용될 법규가 외국법규인 경우에 외국법규에 흠결이 있거나 그 내용의 확인이 불가능하다면, 법원(法源)에 관한 민사상의 대원칙에 따라 외국 관습법에 의할 것이고, 외국 관습법도 그 내용의 확인이 불가능하면 **조리**에 의하여 재판할 수밖에 없다.2)

2. 예 외

그러나 예외도 있다. 특수한 외국법(국내의 관습법)에 대하여 그 존부 및 내용을 법관이 정확하게 알고 있다는 보장이 없다. 이를 항상 법관의 직책으로 하는 것은 실제적으로도 곤란하다. 따라서 이러한 경우에는 직권으로 법원에 조사를 맡기는 것만으로 판단의 객관성은 담보되지 못하므로 당사자에 의한 증명을 요구할 필요가 있다. 당사자 측의 증명수단으로서는 해당 외국법에 대한 문헌을 서증으로 제출하든지, 해당 외국법의 전문가를 감정인으로서 신문하는 것이 일반적인데, 다만 이 경우의 증명은 엄격한 증명일 필요는 없고 자유로운 증명으로도 충분하다.3)

8-15

III. 경험법칙

1. 의 의

가령 비가 내리면 도로는 미끄러지기 쉽다든지, 물은 위로부터 아래로 흐른다(중력의 법칙)든지 또는 사람은 죽는다 등과 같이 같은 종류의 많은 사실을 경험한 결과로부터 귀납되는 사물에 관한 지식이나 법칙적 명제를 경험법칙 (Erfahrungssätze)이라고 한다(경험칙이라고도 한다).4) 경험법칙에는 일상의 상식에

8-16

---

2) 대법원 2000. 6. 9. 선고 98다35037 판결.
3) 외국법은 법원이 권한으로 그 내용을 조사하여야 하고, 그 방법에 있어서 법원이 합리적이라고 판단하는 방법에 의하여 조사하면 충분하다(대법원 1990. 4. 10. 선고 89다카20252 판결). 직권 조사에도 불구하고 외국법의 내용을 확인할 수 없는 경우에 한하여 **조리** 등을 적용해야 한다(대법원 2019. 12. 24. 선고 2016다222712 판결). 외국적 요소가 있는 법률관계에 관하여 적용되는 준거법으로서의 외국법은 사실이 아니라 법으로서 법원은 직권으로 그 내용을 조사하여야 하므로 준거법과 관련한 주장이 없더라도 법원으로서는 적극적으로 석명권을 행사하여 당사자에게 의견을 진술할 수 있는 기회를 부여하거나 필요한 자료를 제출하게 하는 등 그 법률관계에 적용될 국제협약 또는 국제사법에 따른 준거법에 관하여 심리, 조사할 의무가 있다(대법원 2022. 1. 13. 선고 2021다269388 판결).
4) 일반육체노동을 하는 사람 또는 육체노동을 주로 생계활동으로 하는 사람의 가동연한에 대하여 특별한 사정이 없는 한 만 60세를 넘어 만 65세까지도 가동할 수 있다고 보는 것이 경험칙에 합당하다(대법원 2019. 2. 21. 선고 2018다248909 전원합의체 판결. 만 60세까지 종전 견해 폐기).

속하는 것에서부터 전문적 기술 또는 과학상의 것까지 포함된다. 그 개연성도 대단히 높은 것에서부터 단순한 가능성에 머무르는 것까지 천차만별이다. 사실인 관습도 경험법칙이라고 보아도 좋다.

2. 기　능

(1) 사실의 확정

8-17　　사실의 확정에 있어서 증거로부터 사실을 인정하거나 간접사실로부터 주요사실의 존재를 추인(소송에 있어서 사실인정은 1개 또는 여러 개의 간접사실로부터 추론의 단계를 거쳐 주요사실에 대한 판단에 도달하는 것이 보통)함에 있어서 경험법칙을 이용하지 않을 수 없다. 여기서는 경험법칙이 법적 3단논법의 대전제로 기능한다.

(2) 법규의 해석

8-18　　법규가 그 요건을 특정한 구체적 개념으로 규정하고 있는 경우에는 언어상의 경험법칙만으로 해석할 수 있는 경우가 많다. 그러나 법규가 추상적인 불특정개념을 사용하여 요건을 규정하고 있는 경우(가령 과실, 정당한 이유, 신의성실 등)에는 경험법칙을 이용하여 그 개념 내용을 보충하여야 한다. 여기서는 경험법칙이 법적 3단논법의 대전제인 법규의 구성부분으로 기능한다.

3. 증명의 대상인가

8-19　　자유심증주의가 타당하여 경험법칙의 취사선택은 법관에게 맡겨져 있고, 합리적인 통상인이라면 당연히 갖추어 알고 있는 일상적인 경험법칙은 법관에게 그 판단을 맡겨도 잘못할 위험은 적으므로 당사자에 의한 증명을 요구할 필요는 없다. 그러나 전문적인 경험법칙(과학적인 경험칙 등으로 가령 수면제를 어느 정도 먹으면 죽는가 등)에 대하여는 법관도 평범한 사람이므로 이를 법관에게 맡기는 것만으로는 판단의 공정성·객관성은 담보할 수 없으므로 당사자에 의한 증명을 요구할 필요가 있다. 다만, 이 경우에 자유로운 증명으로 충분하다.

8-20　　## 4. 경험법칙의 잘못된 인정이나 적용을 이유로 상고할 수 있는가

통상의 경험법칙에 현저히 어긋나는 사실인정이 된 경우, 즉 자유심증주의의 내재적 제한을 일탈한 경우에 자유심증주의 위배를 이유로 상고할 수 있다(☞8-122).

제 3 절 불요증사실

증명의 대상이 되는 것은 통상적으로 「사실」인데, 사실 가운데서도 변론주의 하에서는 변론에 나타나지 않은 사실은 판결의 기초로 할 수 없고, 증명의 필요도 없다. 나아가 변론에 나타난 사실이라도 증명이 불필요한 경우가 있다. 당사자 사이에 **다툼이 없는 사실**(자백사실)과 **현저한 사실**이 그것이다(288조). 다툼이 없는 사실에는 다시 적극적으로 당사자 쌍방의 진술이 일치한 경우(재판상 자백)와 일방의 주장사실을 상대방이 명백히 다투지 않은 데 지나지 않은 경우(자백간주)가 있다. 다툼이 없는 사실은 변론주의 제2명제와 관련하여 이에 반하는 법원의 인정이 배척된 결과, 증명의 대상이 되지 않는다. 한편 현저한 사실은 그 객관성(공정성) 때문에 증명이 불필요한 것이다(따라서 직권탐지주의 하에서도 증명을 필요로 하지 않는다). 나아가 법률상의 추정에 있어서 추정사실은 적극적 증명을 필요로 하지 않고 판결의 기초로 할 수 있는 경우로서 그 의미에서는 증명이 불필요한 사실이다. 추정사실이 증명이 불필요한 것은 추정규정의 적용결과이고, 증명이 불필요하더라도 사실인정의 객관성(공정성)은 추정규정이라는 법규 자체에 의하여 담보되어 있다.

I. 재판상 자백

1. 의 의

일반적으로 재판상 자백(Geständnis)이라 함은 「당사자가 그 소송의 변론(또는 변론준비절차)에서 하는 상대방의 주장과 일치하는 자기에게 불리한 사실의 진술」을 말한다. 상대방의 주장에 단순히 침묵하거나 불분명한 진술을 하는 것만으로는 자백이 있다고 인정하기에 충분하지 않다.

8-21

「법원은 당사자 사이에 다툼이 없는 사실은 증거조사를 하지 않고 당연히 재판의 기초로 하지 않으면 안 된다」는(288조 참조) 변론주의의 제2명제가 있다. 이렇게 재판상 자백이 증명을 필요로 하지 않는 이유를 일반적으로 **변론주의**에서 찾는다.

자백은 **소송행위**이므로 소송행위의 일반원칙에 따라서 조건이나 기한을 붙일 수 없다. 가령 '상대방이 자기의 주장사실을 인정하면 자기도 상대방의 주장사실을 인정한다'와 같은 경우는 자백으로서 효력이 없다.

2. 자백의 성립요건

(1) 자백의 대상

8-22   **(가) 구체적 사실에 대한 자백일 것**   법원의 재판은 법규를 대전제로 하고 구체적인 사실을 소전제로 하는 법적 삼단논법에 의하여 법률효과의 발생·변경·소멸을 판단하여 선언하는 것인데, 자백의 대상이 되는 것은 소전제를 이루는 구체적인 사실에 한정된다. 법적 삼단논법에서 대전제를 이루는 법규의 존부·내용·해석에 관한 진술은 법원의 전권사항이기 때문에 자백의 대상이 되지 않는다.5) 또한 당사자의 의사에 따라 일반적 판단법칙의 내용을 결정하는 것은 타당하지 않으므로 경험칙에 대하여도 자백이 성립하지 않는다.

권리자백에 대하여는 항을 바꾸어 상세히 후술한다(☞8-32).

8-23   **(나) 간접사실에 대한 자백**   나아가 자백의 대상이 되는 사실은 주요사실에 한정되는가, 아니면 간접사실도 자백의 대상으로 되는가가 문제된다. 자백의 대상을 **주요사실에 한정**하고, 따라서 간접사실(가령 시효취득에 있어서 점유기간의 산정 기준이 되는 점유개시의 시기는 취득시효의 요건사실인 점유기간을 판단하는 데 간접적이고 수단적인 구실을 하는 간접사실에 불과6))에 대하여는 자백의 구속력을 인정하지 않는 입장이 일반적이다.7)

> ◆ **예** ◆   무단전대(無斷轉貸)를 이유로 하는 가옥인도청구소송에 있어서 피고가 원고는 전대차의 사실을 알면서 임대료를 받았다고 주장하고, 원고도 이를 인정하는 취지의 진술을 한 경우를 살펴보자. 전대차를 위해서 필요한 임대인의 동의와의 관계에서 전대차 뒤에도 이를 알면서 임대료가 수수되었다는 사실은 간접사실이라고 풀이할 수 있다. 승낙의 유무는 직접적으로 법률효과를 좌우하므로 주요사실이지만, 임대료의 수수는 직접적으로 법률효과를 좌우하는 것이 아니라, 다만 주요사실인 동의가 있었다는 것을 추인시키는 것에 지나지 않는다. 따라서 사안은 간접사실의 자백의 문제이다. 원고의 자백은 법원을 구속하지 않고, 법원은 증거조사의 결과에 기하여 임대료의 수수는 없었다는 것을 인정하여도 무방하다.

---

5) 사건에 적용할 법률은 자백의 대상이 되지 않으므로 이 사건 운송계약에 몬트리올 협약을 적용하는 데 대하여 이의가 없었으므로 그 협약에 정한 바에 따라 운송인의 책임제한 여부를 판단하여야 한다고 주장하나, 이는 법원을 기속하지 않는다(대법원 2016. 3. 24. 선고 2013다81514 판결).
6) 대법원 1994. 11. 4. 선고 94다37868 판결.
7) 그 결과 법원은 별도의 증거조사로부터 심증을 얻을 수 있다면 별도의 간접사실을 인정하여도 무방하고, 한편 당사자는 자유롭게 자백된 간접사실을 철회할 수가 있다. 다만, 간접사실의 자백도 **변론 전체의 취지로서 참작**되기 때문에 법원이 다른 증명을 필요로 하지 않고 주요사실을 인정할 수 있게 되는 효과가 사실상 생길 수 있다.

(다) **보조사실에 대한 자백**   간접사실이 아닌 보조사실에 대하여도 자백의   8-24
대상이 되는가가 문제된다. 다만, 보조사실 일반에 대한 것이 아니고, 그 가운데 **문서**
의 성립의 진정에 대한 자백이 논의되고 있다. 문서의 성립의 진정은 보조사실이
지만, 진정성립의 인정의 취소에 관하여는 주요사실에 관한 자백의 취소와 동일하게 취
급하여야 할 것이라는 입장이 일반적이다(☞8-90).[8]

	주요사실(=권리의 발생, 변경, 소멸이라는 법률효과의 판단에 직접적으로 필요한 사실)	**간접사실**(=논리칙, 경험법칙의 도움을 빌려서 주요사실을 추인케 하는 사실)	**보조사실**(=증거능력이나 증거력에 관계되는 사실)
변론주의의 적용			간접사실과 마찬가지.
자백의 대상	○	×(통설·판례)	다만, 문서의 성립에 관한 자백
증명의 대상	○	주요사실의 증명에 필요한 한도	간접사실과 마찬가지

(2) 자백이 자백자에 있어서 불리한 진술일 것

이 요건에 있어서는 자백자에 있어서 불이익의 구체적인 내용은 무엇인가라   8-25
는 문제가 있다. ① 상대방에게 증명책임이 있는 사실을 인정하는 경우라고 보는
증명책임설과[9] ② 이에 한하지 않고, 상대방의 주장사실이 판결의 기초로 채택
되면 패소가능성이 있는 경우에는 자기에게 증명책임이 있는 사실도 포함된다고
보는 **패소가능성설**(다수설)의[10] 대립이 있다. 증명책임설과 패소가능성설 모두
상대방이 증명책임을 지는 사실에 자백의 성립을 인정하는 점은 마찬가지이므로
가령 대여금반환청구소송에서 채무자인 피고가 돈을 차용한 사실을 인정하거나
채권자인 원고가 변제한 사실을 인정한 것은 자백이다.

◆ **예** ◆   채권자인 원고가 1억원의 지급을 청구하면서 실은 5,000만원은 아직 빌려
주지 않았다고 진술하고 채무자인 피고가 그렇다고 진술한 때 또는 채무자인 피고의

---

8) **판례**는 진정성립을 인정한 다음 그 문서의 일부변조항변을 제출한 사안에서 **문서의 성립에 관**
한 자백은 **보조사실에 관한 것**이나, 그 취소에 관하여는 주요사실에 관한 자백취소와 동일하게
취급하여야 할 것이므로 문서의 진정성립을 인정한 당사자는 자유롭게 이를 **철회할 수 없다**고 하
였다(대법원 1988. 12. 20. 선고 88다카3083 판결; 대법원 1991. 1. 11. 선고 90다8244 판결).
9) 이, 469면.
10) 강, 503면; 김/강, 505면; 송/박, 529면; 정/유/김, 529면; 정영, 569면; 호, 483면.

5,000만원을 받은 사실이 없다는 주장에 대하여 채권자인 원고가 이를 인정한 때에도 패소가능성설에 의하면 원고인 채권자에 대하여 자백이 성립한다. 이 경우에 증명책임설에 의하면, 이는 자백이 아니라 청구원인의 일관성의 심리에서 주장 자체가 실당(이유 없는 것)이 되는 전형적인 경우이다.

◈ **예** ◈   채권자인 원고가 대여금 1억원의 지급을 청구하면서 변론에서 변제기가 1997. 12. 31.이라고 주장하였다. 피고는 원고의 주장사실을 전부 인정한 뒤에 변제기가 원고의 주장사실과 같다면, 소멸시효가 완성하였다고 항변하였다고 하자. 원고는 당황하여 변제기는 1999. 12. 31.이라고 하여 앞의 주장을 철회하였다. 이 경우에 변제기는 1억원 반환청구의 요건사실이고, 원고가 증명책임을 지는 사실이다(**통설**). 따라서 증명책임설에 의하면, 원고의 자백은 성립하지 않고, 다른 날이 변제기라고 변제기를 변경하는 취지의 진술은 단순한 주장의 변경에 지나지 않는다. 이에 대하여 패소가능성설에 의하면, 자백이 성립하고(여기서는 선행자백) 변제기의 변경은 자백의 철회에 해당하고, 따라서 자백의 철회요건을 갖추지 않으면, 원고는 주장의 철회를 할 수 없다.

위 양쪽 입장은 각 일장일단이 있으며, 다수설은 패소가능성설이나, 자기가 증명책임을 지는 사실을 스스로 부정하는 것은 주장의 일관성에서 판단되어야 할 것이고 자백이라고 볼 것은 아니므로 증명책임설에 찬성한다.

(3) 자백의 형태

8-26   **(가) 선행자백**   자백은 상대방의 사실주장과 일치하여야 하는데, 주장의 일치에 있어서 시간적 선후관계는 상관없다. 즉 당사자의 일방이 자기에게 유리한 사실을 진술하고 상대방(자백자)이 그것을 인정한다고 진술하는 것이 통상적이나, 반대로 당사자의 일방(자백자)이 자발적으로 불리한 사실을 진술하고, 이를 철회하지 않는 동안 상대방이 이를 **원용**하는 경우에도 자백이 성립한다.11) 상대방이 원용하기까지는 선행「자백」이 아니므로12) 상대방이 원용하지 않은 상태에서

---

11) 구속력이 발생하므로 이를 철회할 수 없고, 법원도 그 자백에 저촉되는 사실을 인정할 수 없다(대법원 1992. 8. 18. 선고 92다5546 판결; 대법원 2005. 11. 25. 선고 2002다59528, 59535 판결).

12) 이에 대하여 선행자백은 상대방이 원용하기 전의 상태를 말하고, 상대방이 원용하여 재판상 자백이 되었으면 굳이 이를 따로 선행자백이라고 부를 이유는 없다는 입장도 있다(호, 483면). 그런데 **판례**는 재판상 자백의 일종인 소위 선행자백은 당사자 일방이 자기에게 불리한 사실상의 진술을 자진하여 한 후 상대방이 이를 원용함으로써 그 사실에 관하여 당사자 쌍방의 주장이 일치함을 요하므로 **그 일치가 있기 전에는 이를 선행자백이라 할 수 없다고 한다.** 따라서 일단 자기에게 불리한 사실을 진술한 당사자도 그 후 그 상대방의 **원용이 있기 전에는 그 자인한 진술을 철회**하고 이와 모순된 진술을 자유로이 할 수 있으며(대법원 1986. 7. 22. 선

자기에게 불리한 진술은 이를 철회할 수 있고,13) 반면 상대방이 원용하였다면 자백의 구속력이 발생하므로 이를 철회할 수 없다.14) 한편, 진술에 잘못된 계산이나 기재, 기타 이와 비슷한 표현상의 잘못이 있고, 잘못이 분명한 경우에는 비록 상대방이 이를 원용하였다고 하더라도 당사자 쌍방의 주장이 일치한다고 할 수 없으므로 선행자백이 성립할 수 없다.15)

◈ **예** ◈   원고 甲은 乙을 상대로 한 손해배상청구소송에서 제1회 변론기일에 휴업급여금으로 250만원을 지급받았다고 스스로 인정하였다가, 제2회 변론기일에 와서는 금액이 100만원이라고 진술하였다. 피고 乙은 이러한 甲의 주장에 대하여 아무런 원용을 하지 않았다. 일단 자기에게 불리한 사실을 진술한 당사자도 그 후 그 상대방의 원용이 있기 전에는 그 자인한 진술을 철회하고 이와 모순되는 진술을 자유로이 할 수 있으며, 이 경우에 앞의 자인진술은 소송자료로부터 제거되는 것이므로 법원은 甲의 진술을 자백으로 인정하여 재산상 손해배상액을 산정함에 있어서 250만원을 공제하는 것은 위법하다.16)

(나) 자백의 가분성   상대방의 진술의 취지에 결론적으로 반대하여도 그 일부에 대하여는 일치한 진술을 하는 경우나(**이유부 부인**), 상대방의 진술을 긍정하면서 이와 관련시켜 별개의 사실을 부가하여 방어하는 경우에도(**제한부 자백**) 일치하고 있는 부분에 대하여는 자백의 성립을 방해하지 않는다. 가령, 상대방이 금원을 빌려주었다고 하는 데 대하여, 그 금액의 금전을 받았지만 이는 증여로 받았다고 하는 것이 전자의 예이고, 그 금원은 빌린 것이지만 즉시 변제하였다는 것이 후자의 예이다. 이때에 진술이 일치하지 않는 나머지 부분에 대하여 이유부 부인의 경우에는 **부인**이 되고, 제한부자백의 경우에는 **항변**이 된다.

8-27

고 85다카944 판결), 이 경우에 앞의 자인진술은 소송자료에서 제거된다(대법원 2016. 6. 9. 선고 2014다64752 판결).

13) 그런데 상대방이 원용하지 않더라도 법원에 대한 구속력은 있으므로 법원은 그와 반대심증에도 불구하고 이를 기초로 하여 판단하여야 한다는 입장도 있다(강, 504면; 이, 469면). 한편, 원고가 스스로 자기에게 불리한 진술을 하는 경우에는 피고의 원용이 없더라도 주장 자체에 의하여 이유 없다는 이유로 법원이 청구를 기각하는 수가 있다(정/유/김, 529면).

14) 당사자가 변론에서 상대방이 주장하기도 전에 스스로 자신에게 불이익한 사실을 진술하였다고 하더라도, 상대방이 이를 명시적으로 원용하거나 그 진술과 일치되는 진술을 하게 되면, 재판상 자백이 성립되어 법원도 그 자백에 구속되어 그 자백에 저촉되는 사실을 인정할 수 없다(대법원 1992. 8. 18. 선고 92다5546 판결; 대법원 2005. 11. 25. 선고 2002다59528, 59535 판결).

15) 대법원 2018. 8. 1. 선고 2018다229564 판결.

16) 대법원 1986. 7. 22. 선고 85다카944 판결.

(4) 변론이나 변론준비기일에 있어서 자백일 것

자백은 변론이나 변론준비기일에서의 소송상의 진술(진술간주 포함)에 한하는데, 법원에 제출되어 상대방에게 송달된 준비서면 등에 자백에 해당하는 내용이 기재되어 있는 경우라도 그것이 변론기일이나 변론준비기일에서 진술 또는 진술간주되면 재판상 자백이 성립한다.17) 한편, 소송 밖에서 한 재판 외 자백(가령 소송 밖의 교섭단계에서 그 사실을 인정하는 취지의 진술을 한 경우 또는 상대방에 대하여 편지로 그 사실을 인정하는 취지의 진술을 한 경우)은 단지 소송상 진술되면 징빙(＝간접사실)으로서 사실인정에 영향이 있을 뿐이고, 당연히 법원의 사실인정을 배제하는 효과는 없다. 또한 다른 소송에서 한 자백도 하나의 증거원인이 될 뿐 재판 외 자백이다.18) 그리고 해당 소송의 당사자본인신문에서 상대방의 주장사실을 인정하더라도 이는 변론이 아니고 증거자료에 지나지 않으므로 자백이라고 할 수 없다.19)

3. 자백의 효력

당사자 사이에 다툼이 없는 사실은 증거조사를 하지 않고 당연히 재판의 기초로 하여야 한다. 288조의 「당사자가 자백한 사실은 증명을 필요로 하지 아니한다」라는 것은 이러한 의미이다. 제1심에서의 자백의 효력은 제1심 변론결과의 진술(407조 2항)에 의하여 당연히 상급심에서 유지된다(409조).

한편, 자백의 효력은 직권탐지주의에 의하여 심리되는 소송절차나 사항에 있어서는 배제된다고 볼 것이다.

피고의 자백이 있은 뒤, 원고가 청구를 교환적으로 변경함으로써 원래의 주장사실을 철회한 경우에 이미 성립되었던 피고의 자백은 그 대상이 없어 효력이 소멸된다.20)

(1) 자백의 구속력

자백이 있으면 다음과 같은 구속력이 있게 된다. 즉 법원은 그 사실을 심리하는 것이 허용되지 않고(사실인정권 배제효),21) 자백자 자신도 이를 철회하는 것

---

17) 대법원 2024. 2. 29. 선고 2023다299789 판결.
18) 따라서 재판상 자백으로 구속력이 없다(대법원 1996. 12. 20. 선고 95다37988 판결).
19) 대법원 1978. 9. 12. 선고 78다879 판결.
20) 대법원 1997. 4. 22. 선고 95다10204 판결.
21) 법원은 당사자 사이에 다툼이 없는 사실에 관하여 성립된 자백과 배치되는 사실을 증거에 의하여 인정할 수 없다. 기대여명이 정상인의 70%이라는 사실에 관하여 재판상 자백이 성립하였으

이 원칙적으로 불가능하다(불가철회효).22)

(2) 자백의 철회(취소)

자백의 철회는 인정되지 않는 것이 원칙이다. 그런데 다음과 같은 경우는 철 8-31
회가 허용된다. 다만, 법률심인 상고심에 이르러서는 자백을 철회할 수가 없다. 12-사법시험
14-변호사시험
24-변리사시험
① 상대방의 동의가 없더라도, 진실에 어긋나는 자백은 그것이 착오로 말미
암은 것임을 증명한 때에는 철회할 수 있다(288조 단서). 철회는 반드시 명시적으
로 하여야만 하는 것은 아니고, 종전의 자백과 **배치되는 사실을 주장함으로써
묵시적으로도 할 수도** 있다. 다만, 자백을 취소하는 당사자는 그 자백이 **진실에
어긋난다는 것 외에 착오로 말미암은 것**임을 아울러 증명하여야 한다. 진실에
어긋난다는 것에 대한 증명은 그 반대되는 사실을 직접증거에 의하여 증명함으로
써 할 수 있지만, 자백이 진실에 어긋남을 추인할 수 있는 **간접사실의 증명에
의하여도 할 수 있다.**23) 그런데 진실에 어긋나는 것임이 증명되었다고 하여 착
오로 말미암은 자백으로 **추정되지는 않으며,** 한편 착오로 말미암은 것임은 **변론
전체의 취지**만으로 인정할 수 있다.24) 그리고 **판례**는 ② 위 ① 반진실, 착오의
요건을 고려함이 없이 상대방의 동의가 있는 경우에 자백의 철회를 인정한다(다
만, 이의하지 않았다고 하여 곧바로 동의하였다고 볼 수 없다).25) 또한 **통설**은 ③ 당사
자가 소송대리인의 자백에 있어서 경정권을 행사한 경우(94조), ④ 상대방 또는
제3자의 형사상 처벌받을 행위로 말미암아 자백을 한 경우(451조 1항 5호 참조)에
는 예외적으로 자백의 철회가 허용된다고 풀이한다.

　　므로, 법원도 이에 구속됨에도 이와 달리 기대여명을 정상인의 40%로 인정한 후 이를 기초로
　　일실수입, 향후치료비와 보조구 비용, 개호비를 산정한 것은 잘못이다(대법원 2018. 10. 4. 선고
　　2016다41869 판결).
22) 형사소송법에서는 피고인의 자백은 반드시 사실인정의 결정적인 근거로 되는 것은 아닌데, 민
　　사소송법에서는 자백은 전지전능한 결정적인 것으로 자백이 성립하면 곧바로 사실이 확정된다.
　　다만, 민사소송법에서 자백은 변론주의의 채택 등과 관련한 결과이고 증거는 아니다.
23) 대법원 2000. 9. 8. 선고 2000다23013 판결.
24) 자백이 진실에 반한다는 증명이 있다고 하여 그 자백이 착오로 인한 것이라고 추정되는 것은
　　아니지만 그 자백이 진실과 부합되지 않는 사실이 증명된 경우라면 변론의 전취지에 의하여 그
　　자백이 착오로 인한 것이라는 점을 인정할 수 있다(대법원 2004. 6. 11. 선고 2004다13533 판결).
25) 자백을 취소하고 상대방이 이의를 제기함이 없이 동의하면 자백의 취소를 인정하여야 할 것이
　　나, 다만 상대방이 아무런 이의를 하고 있지 않다는 점만으로는 그 취소에 동의하였다고 볼 수는
　　없다(대법원 1994. 9. 27. 선고 94다22897 판결).

4. 권리자백

8-32   사실에 관한 자백은26) 사실을 인정하는 것임에 대하여 권리자백은 권리 또
는 법률관계를 인정하는 점에서 서로 다르다. 한편, 상대방이 주장하는 바를 인
정하는 점에서 권리자백은 청구의 인낙 및 사실에 관한 자백과 공통한다. 자백
의 대상이 되는 권리관계가 소송물 그 자체를 이루는 경우는 청구의 인낙이다.
그런데 청구의 인낙이나 사실에 관한 자백은 모두 법원에 대하여 그것에 따라서
판단을 하여야 한다는 구속력 및 당사자를 구속하는 효력을 가지지만,27) 권리
자백에 대하여는 명문의 규정이 없어서 문제된다.

07-사법시험   우선, 소송에 있어서 「법적 구성 = 법원의 책무」 또는 「법은 법관이 아는 것」
이라는 원리가 지배하므로 ① 법규·경험칙의 존부, 내용, 해석에 관한 진술이 당
사자 사이에 일치하여도 자백의 대상이 되지 않는다.28) 다음으로 ② 특정한 사실
이 특정한 법규의 구성요건에 해당하는가에 대한 평가의 표명 등의 법률상의 진
술이(가령 민법 750조의 '과실', 민법 126조의 '정당한 이유' 등) 당사자 사이에 일치하
여도 자백의 대상이 되지 않는다. 가령 법률상 유언이 아닌 것을 유언이라고 시
인하였다 하여 그것이 곧 유언이 될 수 없고, 그 진술은 자백이 될 수 없다.29)

> ◆ **과실의 자인** ◆   권리자백인가, 사실에 관한 자백인가의 점에서 자주 문제가 되는
> 것은 예를 들어 「피고에게는 본건에 대하여 과실이 있다」라는 원고의 주장에 대하여
> 피고가 「자기에게 과실이 있는 것을 인정한다」라고 진술한 경우 등이다('정당한 이유'의
> 존재에 관한 진술도 마찬가지이다). 구체적 사실에 관한 진술이 아니고 그것에 대한 평가
> 를 전제로 한 법적 판단을 당사자가 진술하는 경우이다. 과실 등의 불확정개념은 거기
> 에 법적 추론을 포함하고 있어서 자백으로서 구속력을 인정할 수 없다. 다만, 변론의

---

26) 일부러 밝히지 않더라도 자백이라면 본래 사실에 관한 것이지만, 권리자백과 구별하기 위하여
　　여기서는 본래의 자백을 사실에 관한 자백이라고 한 것이다.
27) 청구의 인낙은 그것이 조서에 기재되면 그 조서는 확정판결과 동일한 효력이 생기고(220조),
　　또한 자백된 사실은 증명이 불필요한 사실이 된다(288조).
28) 법정변제충당의 순서를 정함에 있어 기준이 되는 이행기나 변제이익에 관한 사항 등은 구체적
　　사실로서 자백의 대상이 될 수 있으나, **법정변제충당의 순서 자체**는 법률규정의 적용에 의하여
　　정하여지는 법률상의 효과여서 그에 관한 진술이 비록 진술자에게 불리하더라도 이를 자백이라
　　고 볼 수는 없다(대법원 1998. 7. 10. 선고 98다6763 판결).
29) 유언이라고 시인하였다가 사인증여계약이 체결되었다고 주장한 경우에 그 주장은 의사표시의
　　법률적 성격에 관한 진술에 불과하고 사실에 관한 진술을 한 것이라고 볼 수 없으므로 그 진술
　　은 자유로이 철회할 수 있고 법원도 이에 구속되지 않는다(대법원 2001. 9. 14. 선고 2000다
　　66430, 66447 판결).

상황으로부터 당해 진술이 법적 추론의 전제로 되는 구체적 사실을 일괄하여 자백하고 있다고 보이는 경우에는 그러한 사실에 관한 자백으로 간주할 여지가 있다.

그런데 문제가 되는 것은, ③ 매매, 소비대차, 소유권 등과 같은 법률개념의 진술, 법률적 사실의 진술이나, ④ 선결적 법률관계의 진술 등이다.

위 ③ 매매, 소비대차, 소유권 등과 같은 법률개념의 진술이나 법률적 사실의 진술, 즉 구체적 사실의 경과를 주장하지 않고, 이를 포괄적으로 포착하여 매매 등과 같은 법률용어로 진술하였더라도 그것은 일상적인 법률개념이고 구체적 사실관계의 표현이라고 인정될 수 있으므로 상대방이 이를 이해하고 자백하였다면 자백으로 보아 자백의 구속력을 인정하여야 한다.

그리고 ④ 가령 소유권에 기한 토지인도청구소송에서 소유권의 존부는 토지인도청구권의 존부의 판단에 대한 관계에서 소전제의 위치에 있는 전제문제인데, 이러한 「**선결적 법률관계**」에 관한 자백, 즉 「원고의 소유권을 인정한다」라는 피고의 진술을 (협의의) 권리자백이라고 부르고, 이러한 권리자백에 대하여도 본래의 자백과 마찬가지로 취급하여 구속력을 인정할 것인지 여부가 문제이다. 피고가 원고의 토지인도청구권의 존부 자체를 인정하는 청구의 인낙과 위 경우는 다르다.

19-변리사시험
20-법원행정고시
23-변리사시험

일반적 입장은, 선결적 법률관계가 법적 3단논법의 소전제의 위치에 있는 경우에는 사실관계와 다를 바 없으므로 선결적 법률관계의 존부에 대하여 자백이 있으면, 그 진위 여하에 불구하고 자백이 긍정되어 구속력이 있다고 본다(긍정설). 위 토지인도청구소송의 예에서 소유권의 존부는 선결적 법률관계를 이루는 것인바, 그것이 중간확인의 소(264조)의 대상이 되었을 때에 피고로서는 청구의 인낙도 할 수 있는 것이라면, 그보다 유리한 피고의 자백은 응당 긍정하여야 할 것이고 구속력이 있다고 본다.30)

◈ **예** ◈ X가 Y에 대하여 소유권에 기한 토지인도청구의 소를 제기하였는 바, Y가 「토지소유권은 X에게 있는 것을 인정하지만, 자기가 토지상에 임차권을 가지고 있다」고 진술한 경우에 「토지의 소유권이 X에게 있다」는 진술은 「소유권」이라는 일상적 법률개념으로 표현된 것을 진술한 것으로 Y는 그 내용을 충분히 이해하고 있다고 생각한다. 또한 이러한 점은 Y가 X에게 토지소유권이 있는 것을 전제로 임차권의 항변을 제출하고 있는 것으로부터도 추인할 수 있다. 따라서 Y의 「토지의 소유권이 X에게 있다」는 진술에는 자백의 구속력이 인정된다고 생각한다.

---

30) 대법원 1989. 5. 9. 선고 87다카749 판결.

생각건대 자백은 구체적 사실을 대상으로 하는 것이지만, 소송에 있어서 사실이라는 것은 완전한 사회학적인 사실이 아니라, 다소간에 실체법의 구성요건에 포섭되어 구성되는 사실이다. 즉 아무런 평가도 받지 않은 객관적 사실 그 자체가 아닌, 당사자에 의한 사실 및 법인식의 주장이고, 당사자가 원용하는 법규에 의하여 의미와 위치가 부여된 것이다. 따라서 사실면의 연장선에서의 법률면의 일치라면, 자백과 마찬가지의 효력을 인정하여도 무방하다고 본다.

◈ **예** ◈   甲은 乙로부터 乙 소유인 X토지를 매수하였는데, 그 소유권이전등기를 마치기 전 X토지에 관하여 丙명의로 매매를 원인으로 한 소유권이전등기가 마쳐졌다. 이에 甲은 丙명의의 위 소유권이전등기는 丙이 乙의 인장을 훔친 후 위임장 등 관련 서류를 위조하여 마친 것이므로 원인 없는 무효의 등기라고 주장하면서, 乙을 대위하여 丙을 상대로 위 소유권이전등기의 말소등기 청구의 소를 제기하였다. 丙은 ① 甲과 乙 사이에서 매매계약이 체결된 사실과, ② 위조서류에 의하여 丙명의의 소유권이전등기가 마쳐진 사실을 인정한다고 진술하였다가, 이후 위 ①, ②의 진술을 모두 번복한 경우에 법원은 위 ①, ②의 사실을 그대로 인정하여야 하는가? 통설·판례와 같이 채권자대위소송의 구조를 법정소송담당으로 포착하는 경우, ①은 소송요건에 있어서 진술의 번복, ②는 사실에 관한 자백인가, 권리자백인가, 그에 따른 진술의 번복이 문제된다.

II. 자백간주

1. 의   의

8-33   당사자가 상대방이 주장하는 사실을 명백히 다투지 아니하거나 또는 당사자가 기일에 출석하지 않은 경우에는 당사자가 상대방의 주장사실을 스스로 자백한 것은 아니지만, 자백한 것으로 본다(150조 1항, 3항). 자백간주 역시 재판상 자백의 경우와 마찬가지로 상대방의 사실에 관한 주장에 대해서만 적용되고, 법률상의 주장에 대해서는 적용되지 않는다.[31]

2. 자백간주의 성립

(1) 상대방이 주장하는 사실을 명백히 다투지 아니한 때

8-34   당사자가 변론에서 상대방이 주장하는 사실을 **명백히 다투지 아니하고, 변론 전체의 취지로 보아 다툰 것으로 인정되지 않는 경우**에는 그 사실은 자백한 것

---

31) 대법원 2022. 4. 14. 선고 2021다280781 판결.

으로 본다(150조 1항). 이는 변론준비절차에도 준용된다(286조). 자백으로 간주되는 것은 변론의 일체성에서 변론종결시까지 다투지 않는 상태가 이어지는 경우이다. 변론 전체의 취지로 보아 다툰 것으로 인정되는 때에는 자백간주가 성립하지 않는다. 따라서 본래의 자백을 한 것과 달리, 자백간주는 상대방의 주장 당시에 즉시 다투지 않아도 항소심의 변론종결시까지 다투는 것에 의하여 자백으로 간주되는 효과를 면할 수 있다. 다만, 실권의 제한을 받을 수 있는 것은 별도의 문제이다.

(2) 당사자 일방이 변론기일에 불출석한 경우

당사자가 변론기일에 출석하지 않은 경우, 변론에서 실제로 다투는 장면은 생기지 않게 된다. 이 경우, 출석한 상대방의 주장사실을 알고 있음에도 불구하고 출석하지 않은 이상, 결석한 때에 진술한 것으로 보는 서면에 다투는 취지를 기재한 경우(148조 참조)를 제외하고는 자백한 것으로 본다(150조 3항. ☞7-58). 다만, **공시송달**의 방법으로 기일통지서를 송달받은 경우에는 현실적으로 출석한 상대방의 주장내용을 알지 못하는 것이 보통이므로 자백으로 보지 않으므로(동조 3항 단서)32) 상대방은 그 주장사실을 부인당한 경우와 마찬가지로 그 사실에 대하여 증명을 하지 않으면 안 된다.

8-35

(3) 답변서 부제출의 경우

법원은 피고가 답변서제출의무기간인 30일 이내에 답변서를 제출하지 아니한 경우(공시송달의 방법에 따라 소장의 부본을 송달받은 경우를 제외. 256조 1항)에 청구의 원인이 된 사실을 자백한 것으로 보고, 이때에는 변론 없이 원고승소판결(무변론판결)할 수 있다(257조 1항). 다만 직권으로 조사할 사항이 있거나 판결이 선고되기까지 피고가 원고의 청구를 다투는 취지의 답변서를 낸 경우에는 그러하지 아니하다(동조 동항 단서).

8-36

---

32) 다만, 일단 자백간주로서의 효과가 발생한 때에는 그 이후에 공시송달하게 되었다고 하더라도 이미 발생한 자백간주의 효과가 상실되는 것은 아니다(대법원 1988. 2. 23. 선고 87다카961 판결). 한편, 제1심에서 피고에 대하여 공시송달로 재판이 진행되어 피고에 대한 청구가 기각되었다고 하여도 피고가 원고 청구원인을 다툰 것으로 볼 수 없으므로, 원고가 항소한 항소심에서 피고가 공시송달이 아닌 방법으로 송달받고도 다투지 아니한 경우에는 자백간주가 성립된다(대법원 2018. 7. 12. 선고 2015다36167 판결).

III. 현저한 사실

1. 의 의

8-37 현저한 사실이란 법원이 소송절차에서 특별한 증거조사를 할 필요 없이 이미 소상하게 알고 있어서 의혹을 품을 여지가 없을 정도로 인식되어 있는 사실을 말하는데, 증거에 의한 증명이 필요하지 않다(288조). 당사자 및 일반인이 그 존재에 의심을 가지지 않고, 증거에 의하여 뒷받침되지 않더라도 법관의 판단의 공정성·객관성에 대하여 의혹을 초래할 우려가 없기 때문에 불요증사실로 한 것이다. 따라서 288조는 이를 자백과 함께 규정하고 있지만 그 취지는 다르고, 이는 자백과 달리 직권탐지주의 하에서도 그 적용이 있다.

현저한 사실이 주요사실인 경우, 증명이 불필요한 사실에 그치지 않고 나아가 그 주장조차도 필요 없는지 여부에 대하여 다툼이 있는데, 변론주의의 기능인 예상 밖 재판의 방지, 당사자의 절차보장에 비추어 주장이 필요하다고 볼 것이다.33)

한편, 현저한 사실에 반하는 사실을 당사자가 인정한 경우에 자백이 성립하는지 여부가 문제인데, 자백을 긍정하면 재판의 신용·위신을 실추시키는 것이므로 부정하는 입장이 일반적이다.34) 그런데 자백의 대상을 주요사실에 한정하는 경우에 있어서는 현저한 사실이 주요사실이 되는 경우가 많지 않으므로 논의의 실익은 그다지 크지 않다. 이론적으로 본다면, 자백은 증명의 대상이 되는 사실을 전제로 하는 것이므로 증명의 대상이 되지 않는 현저한 사실을 자백의 대상으로 취급하는 것은 모순이라고 하지 않을 수 없다.

현저한 사실에는 **공지의 사실**과 **법원에 현저한**(직무상 현저한) **사실**이 있는데, 양자의 소송상 취급에는 차이가 없다.

2. 공지의 사실

8-38 공지의 사실은 보통의 지식·경험으로 사회의 일반인이 믿어 의심하지 않을 정도로 알려진 사실로, 역사상 저명한 사건, 천재지변 그 밖의 신문 등에서 사회

---

33) 당사자가 주장하지 않았음에도 원심법원의 다른 판결에서 인정한 사실관계를 원심에 현저한 사실로 인정한 것은 변론주의를 위반한 것이다(대법원 2010. 1. 14. 선고 2009다69531 판결).

34) 김홍, 607면, 612면; 이, 472면; 정/유/김, 531면.

의 이목을 집중시킨 사실과 같은 것이다. 공지의 사실은 누구라도 알고 있는 사실이므로 증명을 요구하지 않아도 판단의 공정성·객관성을 담보할 수 있다. 다만, 공지 여부도 상대적인 것이고, 법원으로서는 알기는 하지만, 공지 여부가 분명하지 않으면 공지에 대한 증명이 필요하고, 한편 공지의 사실이더라도 진실과 다를 수 있으므로 반증을 드는 것은 허용된다.

3. 법원에 현저한 사실

법원에 현저한 사실, 즉 법관이 그 직무상 경험으로 명백하게 알고 있는 사실은 예외적으로 증거에 의하지 않고 판결의 기초로 하는 것이 허용된다. 가령 스스로 행한 다른 사건의 재판, 법관으로서 직무상 주의하여야 할 공고에 게재된 파산선고 등이다.[35]   8-39

한편, 공지의 사실이 아닌 한, 법관의 사지(私知)를 판결의 기초로 할 수는 없다. 즉 법관이 직무를 떠나 사적으로 경험한 사실은 이에 속하지 않으므로 스스로 알고 있으므로 틀림없다고 하더라도 증거를 생략할 수 없다.[36] 소송상 그 경험사실을 진술하여야 할 증인과 그 증언을 평가하여 채부를 결정하는 법관은 동일인이어서는 안 된다는 법률의 취지가(41조 3호 제척사유 ☞2-14 참조) 우연한 일에 의하여 붕괴되기 때문이다.

◈ 예 ◈ 교통사고에 의한 손해배상청구소송에 있어서 피고의 과실이 다투어지고 있는 경우에 담당 법관이 피고가 교차로에서 교통신호를 무시하고 직진하다가 횡단보도에서 원고를 다치게 한 현장을 우연히 목격한 경우에 피고가 교통신호를 무시한 사실은 법관이 그 직무수행상 알게 된 것이 아니고 완전히 사적으로 지득한 것이다. 따라서 법원에 현저한 사실에 해당하지 않는다. 이러한 우연의 사지(私知)를 증명이 불필요한 것으로 한다면 재판의 공정·신뢰가 유지될 수 없다. 결국 피고의 과실의 유무를 증거에 의하여 증명할 필요가 있고, 그대로 판결의 전제로 하면 안 된다.

---

35) 통계청이 정기적으로 조사·작성하는 **생명표**에 의한 남녀별 각 연령별 기대여명은 법원에 현저한 사실이다(대법원 1999. 12. 7. 선고 99다41886 판결). 한편, 인신사고의 손해배상액을 산정하는 기초가 되는 기대여명(감정인의 감정서에 의한 기대여명으로 생명표에 의한 기대여명이 아님)은 변론주의가 적용되는 주요사실로서 재판상 자백의 대상이 된다(대법원 2018. 10. 4. 선고 2016다41869 판결).
36) 다른 하급심판결의 이유 중 일부 사실관계에 관한 인정 사실을 그대로 인정하면서, 위 사정들이 '이 법원에 현저한 사실'이라고 본 사안에서, 당해 재판에서 다른 하급심판결의 판결문 등이 증거로 제출된 적이 없고, 당사자들도 이에 관하여 주장한 바가 없음에도 이를 '법원에 현저한 사실'로 본 것은 잘못이다(대법원 2019. 8. 9. 선고 2019다222140 판결).

그런데 직무상 현저한 사실이기 위해서는 법관이 반드시 해당 사실을 명확하게 기억하고 있어야 하는 것은 아니고, 그 세부를 기록 등의 조사를 통하여 곧바로 인식할 수 있더라도 무방하다.37)

IV. 법률상 추정되는 사실

8-40　　　법규화된 경험칙, 즉 추정규정에 의하여 추정되는 사실에 대하여 증명책임이 있는 당사자는 추정사실을 직접 증명할 수도 있으나 보통은 그보다 증명하기 쉬운 전제사실을 증명함으로써 이에 갈음하게 되는데, 이러한 의미에서 법률상 추정되는 사실은 증명의 필요가 없는 사실이 된다(☞8-134). 다만, 상대방은 이 경우에 반대사실에 대하여 주장·증명책임을 부담하므로 **반대사실이 증명의 대상**이 된다. 그리하여 법률상의 추정이 되었을 때 이를 깨뜨리기 위하여 그 추정을 다투는 사람이 반대사실에 대하여 제출하는 증거는 **반증이 아니라 본증에 해당**한다.

제 4 절　증거조사절차

증거조사절차의 흐름은 아래와 같다.

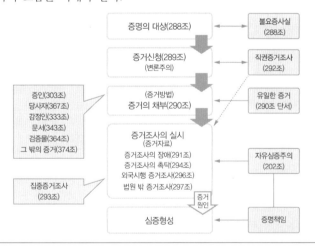

---

37) 대법원 1996. 7. 18. 선고 94다20051 전원합의체 판결(피해자의 장래 수입상실액을 인정하는 데 이용되는 직종별임금실태조사보고서와 한국직업사전의 각 존재 및 그 기재 내용을 법원에 현저한 사실로 보아, 그를 기초로 피해자의 일실수입을 산정).

제1항　증거조사의 실시

I. 증거조사의 개시

변론주의 하에서 증거조사는 원칙적으로 당사자가 신청한 증거에 대하여 행　8-41
하여진다. 예외적(보충적)으로 당사자가 신청한 증거에 의하여 심증을 얻을 수 없
거나, 그 밖에 필요하다고 인정하는 때에는 직권으로 증거조사를 할 수 있다(292
조). 그 밖에 법원은 공공기관 등에 필요한 조사를 촉탁할 수 있고(294조), 공공기
관 등에 감정을 촉탁할 수 있고(341조), 직권으로도 당사자본인을 신문할 수 있다
(367조). 그 근거는 사항의 공익성 또는 변론주의의 폐해 조절 등 여러 가지이다.

1. 증거의 신청

(1) 의　의

증거의 신청은 당사자가 그 주장을 증명하기 위하여 일정한 증거방법(증　8-42
인, 당사자본인, 감정인, 문서, 검증물 등)에 대하여 법원에 조사를 구하는 소송행위
이다. 신청 당사자를 거증자라고 한다. 그런데 증거의 신청과 현실적으로 증거
를 제출하는 것을 구분하여야 한다. 통상은 증거를 신청하여 채택이 되면, 증
거조사할 증거방법을 제출하나, 서증의 신청은 소지한 문서를 제출하거나 문
서소지자에게 제출을 명할 것을 신청하는 방식 등으로 한다(343조).

(2) 방　식

증거의 신청은 증명할 사실을 특정하여 증거방법을 표시하고, 증명할 사실과　8-43
증거방법의 관계를 구체적으로 밝혀야 한다(289조 1항, 민사소송규칙 74조). 가령
증인 A(증거방법)가 증명할 사실(매매계약의 성립)에 관하여 어떠한 관계에 있는가.
즉 계약의 중개인이거나 계약성립시에 참여한 사람이라는 사실 등을 명시하여야
한다. 관련하여 모색적 증명의 허용성이 문제된다(☞8-140). 증거조사에 비용을
필요로 하는 경우에는 비용을 미리 내야 한다(116조, 민사소송규칙 77조).

(3) 시　기

증거의 신청도 공격방어방법의 일종으로서 소송의 정도에 따라 적절한 시기　8-44
에 제출하여야 한다(146조). 그리고 재판장은 당사자의 의견을 들어 증거를 신청

할 기간을 정할 수 있으며(＝재정기간) 그 기간을 넘긴 때에는 그 증거를 신청할 수 없도록 하고 있다(147조).

그런데 현행 집중심리방식에 있어서, 기본적 서증은 소장 또는 답변서 제출 단계에서 함께 제출하여야 한다. 소장 제출단계에서 원고는 피고가 답변 방향을 결정하는 데 중요한 기본적 서증을 제출하여야 하고(민사소송규칙 63조 2항), 또한 원고가 소장에서 서증을 인용한 때에는 그 서증의 등본 또는 사본을 붙여서 제출 하여야 한다(254조 4항). 그리고 소장을 송달받은 피고는 답변서에 자기의 주장을 증명하기 위한 증거방법과 상대방의 증거방법에 관한 의견을 함께 적어야 하며, 답변사항에 관한 중요한 서증이나 답변서에서 인용한 문서의 사본 등을 붙여야 한다(256조 4항, 274조 2항, 275조).

기일의 반복을 피하고 소송절차의 신속을 위한 취지에서 변론기일 전에도 증거를 신청할 수 있도록 하고 있으므로(289조 2항) 증거조사의 실시를 위하여 후 속절차가 필요하거나 기간이 오래 걸리는 증거신청은 소송절차의 초기 단계에서, 기일 전 증거신청(이를 실무상 「소정외(訴廷外) 신청」이라고 한다)에 의하여 법원이 미리 증거결정을 하고, 기일까지 증거조사의 준비(가령 문서의 제출, 증인의 출석요 구)를 한다.

(4) 철　회

8-45　　증거의 신청은 그 조사에 들어가기 전에 임의로 철회할 수 있지만, 조사 개 시 뒤에는 자유심증주의에 의하여 상대방에게 유리한 증거자료가 생기는 경우도 있으므로(당사자 사이의 증거공통의 원칙. ☞8-118) 상대방의 동의가 없다면 그 신청 의 철회는 허용되지 않는다. 나아가 증거조사 종결 뒤에는 이미 법관의 심증형성 에 영향을 주었기 때문에 상대방의 동의가 있어도 철회가 허용되지 않는다.

(5) 상대방의 의견진술기회보장과 증거항변

8-46　　증거신청이 있으면 법원은 상대방 당사자에게 의견을 진술할 기회를 주어야 한다(274조 1항 5호, 283조). 상대방은 실기한 신청이라든지, 증거가치가 없다든지, 불필요한 증거라든지, 서증이 인장도용에 의한 위조문서라든지 따위의 증거항변 을 할 수 있다. 다만, 상대방에게 진술의 기회를 부여하면 되지, 상대방이 실제로 증거신청에 대한 의견을 진술할 필요는 없다. 의견진술이 있기까지 증거조사를 하지 않는 등의 조치를 취할 필요는 없고, 의견진술의 기회를 주었음에도 의견제

출이 없으면, 위법한 증거조사라도 소송절차에 관한 이의권이 포기·상실된 것으로(151조) 절차위배의 잘못이 치유된다.

2. 증거의 채부

(1) 의　의

법원은 원칙적으로 신청한 증거를 조사하여야 하지만, 합리적인 이유가 있는 경우에는 신청한 증거의 조사를 거부할 수 있다. 가령 시기에 뒤늦은 경우(149조) 등 부적법한 것은 조사하지 아니하여도 무방하다. 그리고 사건의 쟁점과 직접 관련이 없거나 사건의 재판에 중요하지 않는 등 불필요한 것은 조사할 필요가 없다(290조 본문).

또한 법원이 증명사항에 대하여 적극적으로 심증을 얻고 있는 때에는 그 이상 다른 증거를 조사하지 않을 수 있다. 이에 반하여 증명사항에 대하여 이미 반대의 심증을 얻고 있더라도 당연히 다른 증거를 조사할 필요가 없다고 할 수는 없다. 특히 당사자 일방이 신청한 증거에 의하여 심증을 얻었다 하여 상대방의 증거신청을 전혀 거부하는 것은 불공평하므로 허용되지 않는다.

한편, 본래는 조사하지 않으면 안 되는 증거라도 조사를 할 수 있을지, 언제 할 수 있을지 알 수 없는 부정(不定)기간의 장애가 있는 경우(가령 증인의 행방불명, 증서의 분실)에는 법원은 그 증거를 조사하지 않을 수 있다(291조).

(2) 유일한 증거

법원은 당사자가 신청한 증거를 필요하다고 인정하지 않은 때에는 조사하지 않을 수 있는데(290조 본문), 다만 그것이 당사자가 주장하는 사실에 대한 유일한 증거인 때에는 이를 채택하여 조사하여야 한다(동조 단서).[38] 유일한 증거라 함은 그 당사자가 증명책임이 있는 사항에 관한 유일한 증거를 말하는 것으로(반증은 이에 해당하지 않는다),[39] 주요사실에 관하여 당사자로부터 증거신청이 있는 경우

8-47

8-48

---

38) 위 규정은 소송절차의 신속과 심리의 원활한 진행을 위하여 당사자가 신청한 증거 중 심리의 진행이나 진실발견과 무관한 증거에 대하여는 이를 조사하지 않을 수 있도록 함으로써, 신속한 재판실현이라는 소송경제와 실체적 진실에 합치하는 공정한 재판실현이라는 헌법적 요청에 부합하는 규정이다(헌법재판소 2004. 9. 23. 선고 2002헌바46 전원재판부 결정).

39) 대법원 1980. 1. 13. 선고 80다2631 판결; 대법원 1998. 6. 12. 선고 97다38510 판결(유서에 대한 필적과 무인의 감정은 유언의 존재 및 내용이 증명사항인 이상, 반증에 불과하여 유일한 증거에 해당할 수 없다).

에 그 점에 대하여는 다른 증거방법이 없는 것으로 그 증거를 조사하지 않으면 증명의 길이 없게 되어 아무런 증명이 없게 되는 경우의 증거를 말한다. 유일한 증거를 조사하지 않고 주장을 배척하면 증명의 길을 막고 증거가 없음을 나무라는 결과가 되어 쌍방심리주의에 반하므로, 이 범위에서 법원의 증거채부의 재량권이 제한을 받는 셈이다.

유일한지 여부는 사건 전체가 아니라 **쟁점 단위로 판단**하여야 하므로 사건 전체로 보아 여러 개의 증거가 있어도 어느 특정한 쟁점에 관한 유일한 증거를 배척하여서는 안 된다. 또한 유일한지 여부는 전 심급을 통하여 판단하여야 한다. 그리고 유일한 증거이면 법원이 증거조사를 거부할 수 없다는 의미이고, 그 내용을 채택하여야 한다는 것은 아니다.

다만, 다음과 같은 경우에는 유일한 증거라 할지라도 증거조사를 하지 아니할 수 있는 **예외**이다. ① 증거신청이 부적법하거나 시기에 뒤늦은 경우(149조), ② 비용의 불예납 등 거증자의 고의나 태만으로 인하여 증거조사를 합리적인 기간 이내에 할 수 없는 경우, ③ 최종변론기일에 당사자가 더 이상 증거방법이 없다고 진술한 경우 등이다.

(3) 채부의 결정

8-49   법원이 증거의 신청을 채택하여 증거조사를 하는 데에는 하나하나의 형식적인 증거결정은 필요하지 않지만, 특히 증거조사를 위하여 새 기일을 정하거나 수명법관 또는 수탁판사에 의한 조사를 행하기 위해서는 그 취지의 결정을 할 필요가 있다. 한편, 신청을 부적법 또는 불필요하다고 배척하는 때에는 각하의 재판을 하여야 한다. 증거의 채부결정은 변론에 기한 것이므로 독립하여 항고할 수 없고, 종국판결과 함께 상급심의 판단을 받는다(392조).[40]

3. 직권증거조사

8-50   법원은 당사자가 신청한 증거에 의하여 심증을 얻을 수 없거나 그 밖에 필요

---

40) 채택 여부 결정은 소송지휘의 재판이어서 일반적으로 항고의 대상으로 삼고 있는 439조의 '소송절차에 관한 신청을 기각한 결정이나 명령'에 해당하지 않고, 이에 대하여 불복할 수 있는 특별규정도 없으므로, 그 결정에 대하여는 항고할 수 없다. 또한 채택 여부 결정은 종국판결과 함께 상소심의 심판을 받는 중간적 재판의 성질을 가지므로, 449조에서 특별항고 대상으로 정하는 '불복할 수 없는 결정이나 명령'에도 해당하지 않는다(대법원 2018. 3. 7.자 2018그512 결정[미간행]).

하다고 인정한 때에는 직권으로 증거조사를 할 수 있다(292조).41) 변론주의에 따르는 통상의 민사소송절차에서는 직권증거조사는 **보충적·예외적**으로만 인정되고(☞2－103), 법원은 처음부터 적극적으로 증거를 탐지하여서는 안 되고, 심증형성이 어렵거나 안 될 때에 증명책임분배의 원칙에 의하여 재판하는 것이 사회정의와 형평에 어긋나고 당사자 스스로의 증명이 더 이상 기대되지 않을 때에 비로소 직권증거조사를 할 수 있다고 할 것이다(직권증거조사가 법원의 의무는 아니고, 재량에 따른다).42)

한편, 행정소송과 같이 직권탐지주의에 따르는 절차에서는 직권증거조사가 원칙이다(행정소송법 26조에서 법원은 필요하다고 인정할 때에는 직권으로 증거조사를 할 수 있고, 당사자가 주장하지 아니한 사실에 대하여도 판단할 수 있다고 규정하고 있다).43) 그 밖에 명문으로 직권증거조사가 허용되는 것으로는 공공기관 등에 대한 조사의 촉탁(294조), 감정의 촉탁(341조), 당사자본인신문(367조) 등이 있다.

II. 증거조사의 시행

1. 증거조사기일

직접심리주의 하에서 증거조사는 수소법원이 그 법정에서 **변론기일**에 행하는 것을 원칙으로 하는데, 이 경우에 그 변론기일이 동시에 증거조사기일이 된다(변론기일에 집중증거조사가 실시되는데, 이때의 변론기일은 집중증거조사기일이 된다). 그 예외로서 기일 전이나 법원 밖 다른 장소에서 증거조사를 할 수 있다. 이 경우에는 **증거조사기일**이 **변론기일**과 **분리**된다.　　8-51

(1) 기일 전 증거조사

증거의 신청뿐만 아니라 증거의 조사도 변론기일 전에 할 수 있다(289조 2항). 가령 변론준비절차를 거치지 않은 사건의 경우에는 증인신문과 당사자신문을 제　　8-52

---

41) 반면, 소액사건에서는 필요한 때에는 언제든지 직권으로 증거조사를 할 수 있다(소액사건심판법 10조 1항).

42) 불법행위로 인하여 손해가 발생한 사실이 인정되는 경우에는 법원은 손해액에 관한 당사자의 주장과 증명이 미흡하더라도 **적극적으로 석명권을 행사하여 입증을 촉구하여야 하고, 경우에 따라서는 직권으로라도 손해액을 심리·판단하여야 한다**(대법원 1987. 12. 22. 선고 85다카 2453 판결). 그런데 마치 입증촉구와 직권증거조사가 같은 순위에 놓인 것처럼 표현하고 있지만, 입증촉구로 인한 당사자의 증명도 역시 직권조사보다 선순위에 있는 것이다(호, 546면).

43) 다만, 행정소송이 반드시 직권탐지주의를 채택한 것으로 보지 않고, 행정소송도 기본적으로 변론주의가 타당하다는 입장도 있다.

외하고, 이 규정에 따라 미리 기일 전에 감정인에 의한 감정, 서증의 조사 및 검증의 실시를 할 수 있다.

(2) 법원 밖에서의 증거조사

8-53 수소법원은 현장검증이나 임상신문 등과 같이 법정에서 증거조사를 행하는 것이 불가능 또는 곤란한 사정이 있으면 법원 밖의 다른 장소에서 증거조사를 할 수 있다. 이 경우에 수소법원은 합의부원인 수명법관 또는 다른 법원의 수탁판사에게 촉탁할 수 있다. 수탁판사는 필요하다고 인정할 때에는 촉탁된 증거조사를 다른 법원의 수탁판사에게 다시 촉탁할 수 있다. 이 경우에 그 사유를 수소법원과 당사자에게 통지하여야 한다(297조).

그런데 증거조사 가운데 수명법관 또는 수탁판사가 법원 밖에서 증인신문을 할 수 있는 경우가 직접심리주의와 관련하여 다음과 같이 제한된다(313조). 증인이 정당한 사유로 수소법원에 출석하지 못하는 때(1호), 증인이 수소법원에 출석하려면 지나치게 많은 비용 또는 시간을 필요로 하는 때(2호), 그 밖의 상당한 이유가 있는 경우(가령 원거리의 사고현장에서 검증을 하면서 동시에 목격증인을 신문하고자 하는 경우 등)로서 당사자가 이의를 제기하지 않는 때(3호)이다. 그리고 마지막의 경우(3호)는 어디까지나 예외적인 조치이므로 당사자의 이의가 있는 때에는 할 수 없다.

(3) 외국에서의 증거조사

8-54 외국에서 시행할 증거조사는 그 나라에 주재하는 대한민국의 대사, 공사나 영사 또는 그 나라의 관할 공공기관에 촉탁한다. 외국에서 시행한 증거조사는 그 나라의 법률에 어긋나더라도 우리나라의 법에 어긋나지 아니하면 효력을 가진다(296조).

2. 당사자의 참여

8-55 (1) 증거조사기일도 기일의 하나이고, 조사를 실시할 때에 자기의 이익을 도모할 필요가 있으므로 당사자에게 증거조사의 기일 및 장소를 통지하여야 한다(167조, 297조 2항, 381조 참조). 다만, 증거조사기일이 변론기일과 일치할 때에는 변론기일의 통지로써 충분하며, 따로 증거조사기일의 통지를 할 필요가 없으나, 독립한 증거조사기일인 경우에는 따로 통지하여야 한다.

(2) 적식의 소환이 있은 이상, 기일에 당사자의 일방 또는 쌍방이 출석하지 않은 경우에도 법원은 가능한 범위의 조사를 할 수 있다(295조). 가령 증인신문기일에 증인이 출석하였다면 그 증인을 신청한 당사자가 불출석하더라도 법원이 증인신문을 마칠 수 있다. 이에 의하여 증거조사가 종결되면, 불출석 당사자는 스스로 참여의 기회를 포기한 것이므로 조사의 재개를 당연히 요구할 수는 없다.

3. 증거조사조서

증거조사기일의 경과 및 조사의 결과는 그 기일의 조서에 적어야 한다. 즉 　8-56
변론기일에 행한 경우는 변론조서에(154조 2호, 3호), 독립한 증거조사기일에 행한 경우는 증거조사기일의 조서에 적어야 한다(160조).[44]

수소법원이 법정에서 행한 증거조사결과는 당연히 재판의 기초로 할 수 있으나, 수소법원이 아닌 수명법관 또는 수탁판사에 의한 증거조사 등은 직접심리주의에 관련하여 그 조서에 기하여 당사자가 수소법원의 변론에서 그 결과를 진술하여야 한다는 입장과[45] 직접심리주의의 예외로 수소법원이 증거조사의 결과를 변론에서 제시하고 당사자에게 의견진술의 기회를 주면 충분하다는 입장으로[46] 나뉜다.

III. 증거조사의 집중

293조에서 증인신문과 당사자신문은 당사자의 주장과 증거를 정리한 뒤 집　　8-57
중적으로 하여야 한다고 집중증거조사의 원칙을 규정하고 있다. 한편, 집중증거조사라고 하더라도 서증, 감정 및 검증은 이를 예정하고 있지 않으므로 집중증거조사는 증인 및 당사자신문에 한정된다(293조). 일반적으로 집중증거조사는 당사자의 주장과 증거를 충분히 정리한 뒤, 당사자 및 법원이 공통으로 인식한 중요한 쟁점에 대하여 증인이나 당사자본인을 신문할 필요가 있는 사건에 있어서 신문 자체로부터 얻어지는 선명한 심증에 기하여 사건을 해결하기 위하여 증인 및 당사자신문을 1회 또는 근접한 기일(조서를 읽지 않더라도 종전의 신문의 내용을 충분

---

44) 다만, 소액사건에서는 증인신문조서·감정인신문조서·당사자신문조서·검증조서 등의 작성은 당사자의 이의가 있는 경우를 제외하고는 판사의 허가를 얻어 생략할 수 있다(소액사건심판법 11조 1항).
45) 강, 544면; 호, 548면.
46) 이, 488면; 정/유/김, 587면.

하고 상세히 기억될 수 있는 정도의 접근한 기일)에 완료하는 것을 의미한다고 할 것이다. 하여튼 집중증거조사에 의하여 법원은 조서에 의하지 않고 한 번에 심증형성을 할 수 있고, 또한 심증에 기한 화해권고도 늘어날 것이다.

제 2 항　각종의 증거방법의 증거조사절차

예를 들어 토지의 매매계약에 따른 대금지급소송에서 피고가 원래 그 토지는 매수한 바 없다든가 또는 매수한 토지에 중대한 흠이 있어 응할 수 없다든가와 같이 어느 사실에 다툼이 있는 경우에는 당사자는 그 존부를 증거를 이용하여 증명하여야 한다. 이를 위한 증거방법으로서는 매매계약서 등의 문서나 매매의 목적으로 된 토지 등의 검증물, 인식한 사실을 보고하는 증인, 흠의 정도를 감정하는 감정인 그리고 당사자본인의 증거자료로서의 진술 등 여러 가지가 있다. 이들 증거방법은 증거조사라는 절차에서 조사된다. 그래서 여기서는 조사할 증거방법의 종류에 따라서 증거조사절차에는 어떠한 종류가 있는가 및 이들 절차는 구체적으로는 어떻게 진행하는가 라는 증거조사절차를 둘러싼 개별·구체적인 문제에 대하여 고찰하고자 한다. ① 증인, ② 감정인, ③ 당사자본인(내지는 법정대리인), ④ 문서, ⑤ 유체물의 증거방법에 대한 각각의 증거조사절차를 ① 증인신문, ② 감정, ③ 당사자신문, ④ 서증, ⑤ 검증이라고 부른다. 그리고 위와 같은 5가지 증거방법에 대한 증거조사절차 이외에 ⑥ 「그 밖의 증거」의 조사에 관한 사항에 대하여 감정, 서증, 검증의 규정에 준하여 대법원규칙으로 정하도록 하고 있다.

I. 증인신문

1. 의　의

8-58　　증인신문은 증인을 증거방법으로 하여 그 증언내용을 증거자료로 하기 위한 증거조사이다.

(1) 증　인

8-59　　증인은 사고의 목격자와 같이 과거에 **스스로 경험한 사실**을 법원에 진술하는 자연인인 제3자이다. 사고를 목격한 의사가 사고경위 이외에 당시 피해자의 신체의 피해 정도에 관하여 의학적 진술을 하는 경우와 같이 전문적인 학식경험으로부터 얻은 과거의 사실을 진술하는 **감정증인**도 증인의 하나이다(340조).

(2) 증인능력

8-60　　당사자본인 및 법정대리인은 증인이 되지 않는다. 이들에 대하여는 당사자신

문을 인정하고 있다(367조, 372조). 그러나 소송대리인이라도 증인능력이 있다. 미성년자 등 소송무능력자도 신문의 취지를 이해할 수 있으면 증인으로 신문할 수 있다. 공동소송인은 다른 공동소송인과 상대방 사이의 소송에 대하여 자기의 소송관계와 전혀 무관계한 경우에 증인능력을 가진다.

2. 증인의무

우리나라 재판권에 복종하는 사람은 모두 증인의무를 부담하는데(303조), 이는 **출석**의무, **선서**의무, **진술**의무로 이루어진다. 우리나라 재판권에 복종하지 않는 치외법권자도 임의로 신문에 응하면 증인이 될 수 있다. 증인은 증인의무를 이행하는 데 있어서 여비, 일당 및 숙박료를 받을 수 있다(민사소송비용법 4조). 공무원 등의 직무상 비밀에 대하여 신문함에는 해당 기관의 동의를 필요로 한다(304조 내지는 307조).

8-61

(1) 출석의무

(가) 증인은 그 지정한 일시·장소에 출석할 의무가 있다. 증인은 스스로가 경험한 것을 진술하는 사람이므로 대체될 수가 없다. 따라서 채택된 증인이 정당한 사유 없이 출석하지 않으면 소송비용의 부담이나 500만원 이하의 과태료의 제재를 받는다(311조 1항). 증인이 과태료의 재판을 받고도 정당한 사유 없이 다시 출석하지 아니한 때에는 법원은 결정으로 증인을 7일 이내의 감치에 처할 수 있다(동조 2항). 감치가 집행된 경우에 즉시 증인신문기일을 열어야 하며, 감치의 집행

8-62

```
            증 인 구 인 신 청

사  건    2000 가합(가단) ○○○     대여금

원 고    이 몽 룡
피 고    성 춘 향

위 사건에 관하여 다음 증인은 ○년 ○월 ○일 14:00, 같은
해 ○월 ○일 15:00의 각 변론기일에 증인으로 출석하여야
할 취지의 적법한 소환을 받고도 정당한 사유없이 출석하지
아니하므로 다음 변론기일에 증인에 대하여 구인절차를 취하
여 줄 것을 신청합니다.

                 다   음
증인의 표시
       성명: ○○○(당○○세)
       주소: 서울 ○○구 ○○동 ○○번지

                             200 .   .   .
                     위 원고  이 몽 룡  (인)

○○지방법원 귀중
```

중에 증언을 한 때에는 바로 감치결정을 취소하고 그 증인을 석방한다(동조 6항, 7항). 또한 정당한 사유 없이 출석하지 아니한 증인을 구인할 수 있다(312조).

(나) 다만, 증인이 질병 등과 같은 정당한 사유로 수소법원에 출석하지 못하

는 경우, 수소법원에 출석하려면 지나치게 많은 비용이나 시간을 필요로 하는 경우, 그 밖의 상당한 이유가 있는 경우로서 당사자가 이의를 제기하지 아니하는 경우에는 수소법원은 수명법관, 수탁판사로 하여금 증인을 신문하게 할 수 있다(313조).

(다) 증인이 멀리 떨어진 곳 또는 교통이 불편한 곳에 살고 있거나 그 밖의 사정으로 말미암아 법정에 직접 출석하기 어려운 경우 등에는 상당하다고 인정하는 때에 당사자의 의견을 들어 증인이 법정에 직접 출석하지 않고서도 비디오 등 중계장치에 의한 중계시설을 통하거나 인터넷 화상장치를 이용하여 증인신문을 할 수 있다(327조의2 1항). **비디오 등 중계장치**에 의한 중계시설은 원칙적으로 법원 안에(예외적으로 관공서나 공사단체 등 적당한 곳) 설치하여 법원의 관리·감독이 있는 것이지만, **인터넷 화상장치**는 법원의 관리·감독이 없다는 점에서 구별된다.

(라) 한편, 법원은 증인과 증명할 사항의 내용 등을 고려하여 상당하다고 인정하는 때에는 출석·증언에 **갈음**하여 증언할 사항을 적은 **서면**을 제출하게 할 수 있다(310조 1항). 가령 병원의 의사가 발행한 진단서나 치료비영수증 등의 진정성립을 증언하기 위한 것 등 간단한 사항의 증명을 위하여 증인으로 법정에 출석함에 있어서 시간과 비용의 문제가 생기고, 한편 고도의 전문적인 경험사실에 대한 신문은 법정에서 구술로 하는 것보다 서면에 의하는 것이 내용의 충실도나 정확도에 있어서 더 나은 경우가 있으므로 이를 배려하여 서면에 의한 증언을 채택한 것이다. 그런데 상대방의 반대신문권의 보장을 위하여 법원은 상대방의 이의가 있거나 필요하다고 인정하는 때에는 위 증인으로 하여금 출석·증언하게 할 수 있다(동조 2항). 증인은 증언할 사항을 적은 서면에 서명날인하여야 한다(민사소송규칙 84조 3항). 법원에 제출된 서면은 서증이 아니라 변론에 현출됨으로써 증언으로서 효력을 가진다.

(2) 선서의무

8-63   증인은 원칙적으로 증언에 앞서 선서할 의무가 있다. 특별한 사유가 있는 때에는 재판장은 신문한 뒤에 선서를 하게 할 수 있다(319조). 재판장은 선서에 앞서 선서의 취지를 밝히고, 위증의 벌에 대하여 경고하여야 한다(320조). 16세 미만인 사람 등 법률상 선서의무가 없는 경우(322조), 법원이 선서를 면제할 수 있는 경우(323조) 및 증인이 선서를 거부할 수 있는 경우(324조)가 인정되고 있다. 선서한

증인이 허위의 진술을 하면 위증죄가 된다(형법 152조).

(3) 진술의무

증인은 신문에 대하여 증언할 의무가 있다. 이에 부수하여 재판장은 필요하 8-64
다고 인정한 때에는 증인에게 문자를 손수 쓰게 하거나(수기) 그 밖의 필요한 행
위를 하게 할 수 있다(330조). 정당한 이유 없이 증언을 거부하면 불출석과 마찬
가지로 과태료 등의 제재가 부과된다(318조).

그런데 일정한 경우에 **증언거부권**을 인정하고 있다. 이는 소송에 있어서 진
실발견을 희생하더라도 일정한 사회적 가치를 지키려는 것이다. ① 증인 및 증인
과 신분적으로 가까운 관계에 있는 사람의 처벌을 초래하거나 치욕이 될 우려가
있는 경우에는 증언거부권이 있다(314조). ② 직무상 수비의무를 부담하고 있는
사항, 기술 또는 직업의 비밀에 속하는 사항에 대하여는 증언거부권이 있다(315
조). 증언을 거부하는 이유는 소명하여야 하고(316조), 증언거부가 옳은 지에 대하
여 수소법원은 당사자를 심문하여 재판하고, 그 재판에 대하여 당사자 또는 증인
은 즉시항고를 할 수 있다(317조).

3. 신문절차

교호신문에 있어서 신문기술의 부족으로 기대만큼의 성과를 얻지 못하여 직권신문보다
많은 시간이 걸리며 중복신문, 유도신문이 만연하는 등의 폐단이 나타났다. 특히 변호사
대리가 아닌 본인소송의 경우에 교호신문의 장점을 살리지 못하고 오히려 진실발견과
원만한 소송진행에 지장을 초래하는 것이 실무의 현실이었고 재판장의 보충신문과 개입
신문만으로는 이를 보완하기에 충분하지 않았다. 그런고로 교호신문제를 원칙으로 하면
서 재판장이 알맞다고 인정하는 때에는 당사자의 의견을 들어 신문의 순서를 바꿀 수
있도록 하여 경우에 따라서는 당사자의 신문에 앞서서 재판장이 먼저 다툼의 전제사실
과 주요쟁점 등에 관하여 신문하고, 그 답변의 바탕 위에서 양쪽 당사자가 차례로 신문
하는 방식을 취할 수 있도록 하는 등의 교호신문제를 완화하였다(327조 4항). 그리고 증
거조사절차의 편리성과 효율성을 도모하고 증인을 배려하기 위하여 정보통신기술을 활
용한 원격 영상신문절차를 도입하였다(327조의2).

(1) 증인신문의 신청

당사자가 증인신문을 신청하고자 하는 때에는 증인을 지정하여 신청하여야 8-65
한다(308조). 증인신문을 신청하려면 특정인을 증인으로 지정하여야 한다. 감정의

경우는 법원이 감정인을 선정하여 감정을 명하므로 당사자는 특정인을 감정인으로 지정하여 신청할 필요가 없고 특정인을 지정하여도 법원은 그것에 구속되지 않지만, 증인신문을 신청할 경우에는 반드시 특정한 사람을 지정하여야 한다. 증인신문은 당사자의 주장과 증거를 정리한 뒤 집중적으로 실시하여야 하므로(293조) 당사자는 부득이한 사정이 없는 한 필요한 증인을 기일 전에 일괄하여 신청하여야 한다(민사소송규칙 75조 1항).

```
              증 인 신 청 서

 1. 사건: 20        가

 2. 증인의 표시

 ┌─────────┬──────────────┬────────┬──────┐
 │ 성  명  │              │ 직  업 │      │
 ├─────────┼──────────────┴────────┴──────┤
 │주민등록번호│                             │
 ├─────────┼─────────────────────────────┤
 │ 주  소  │                             │
 ├─────────┼──────┬────────┬──────┬───────┤
 │전화번호 │ 자택 │        │사무실│ 휴대폰│
 ├─────────┼──────┴────────┴──────┴───────┤
 │원·피고 │                             │
 │와의관계 │                             │
 └─────────┴─────────────────────────────┘

 3. 증인이 이 사건에 관여하거나 그 내용을 알게 된 경위
 4. 신문할 사항의 개요
     ①
     ②
     ③
 5. 기타 참고사항
                    20  .  .  .
                 ○고 소송대리인 ○○○ (인)

 ○○지방법원 제○부 귀중
```

(2) 증인조사방식

8-66   민사소송법이 예정하고 있는 증인의 증거조사의 방식은 다음 세 가지 방식이 있다. 법원은 증인의 채부 결정과 함께 여러 상황을 고려하여 하나를 선택하여 고지한다.

8-67   **(가) 증인진술서 제출방식**   법원은 효율적이고 실질적인 증인신문을 위하여 필요하다고 인정하는 때에는 **증인을 신청한 당사자**에게 증인진술서를 제출하게 할 수 있다(증인에게 제출하게 하는 것이 아님). 증인진술서에는 증언할 내용을 그 시간 순서에 따라 적고, 증인이 서명날인하여야 한다(민사소송규칙 79조). 증

■ **증인진술서 작성례**

              증 인 진 술 서

사 건   2001가합0000 소유권이전등기
원 고   ○○○
피 고   ○○○

진술인(증인)의 인적사항
 이름: ○ ○ ○(000000-0000000)
 주소: 서울 00구 00동 000
 전화번호: 02-000-0000(휴대폰 011-000-0000)

1. 진술인은 1988년경 친한 친구로부터 피고를 소개받았는데, 진술인이 장사를 하는 관계로 급전이 필요할 때가 많아 그 무렵부터 여러 차례에 걸쳐 피고로부터 돈을 빌리게 되었고, 개인적으로도 친하게 지내왔습니다.

2. 그러던 중 피고가 1999년 1월경부터 자신의 아들 이름으로 소유하고 있는 봉천 30동 서울아파트 101동 201호를 팔려고 한다면서 진술인에게도 혹시 주위에 살 사람이 있으면 소개하여 달라고 한 사실이 있습니다.

3. 진술인은 1999년 4월경 피고로부터 빌린 차용금의 이자를 갚으러 피고의 집에 갔다가 그곳에 와 있던 원고를 처음으로 보게 되었습니다. 그 날 원고와 피고는 그 자리에서 위 아파트의 매매관계에 관하여 이야기를 나누었던 것으로 기억하는데, 그 날 계약서를 작성하였는지는 모릅니다.

인진술서를 제출하게 하
여 상대방에게 미리 송달
하고, 법정에서는 반대신
문을 중심으로 효율적이
고 실질적인 증인신문을
할 수 있도록 한 것이다.
가족, 친지, 회사동료와

> 4. 진술인은 그 며칠 뒤쯤 피고로부터 위 아파트를 원고에게 팔았다고 하는 이야기를 전화로 듣고 잘되었구나 생각하고 있었습니다. 그런데 그 후 보름쯤인가 지난 다음에 피고를 길거리에서 우연히 만났는데, 피고가 하는 말이 원고가 위 아파트를 살 수 없게 되었으니 제발 계약금을 되돌려 달라고 사정사정을 하여 할 수 없이 그 절반만 돌려주고, 서로 없던 일로 하기로 하였다는 이야기를 들은 사실이 있습니다. 그 무렵이나 그 후에 원고를 만난 일은 없습니다.
>
> 5. 이상의 내용은 모두 진실임을 서약하며, 이 진술서에 적은 사항의 신문을 위하여 법원이 출석요구를 하는 때에는 법정에 출석하여 증언할 것을 약속합니다.
>
> 2001. 3. 20.
> 진술인 (서명) (인)

8-68

같이 증인을 신청한 당사자의 지배영역 내에 있는 증인에 대하여는 증인진술서
의 제출방식에 의하는 것이 적당하다. 그런데 증인진술서는 증거방법으로는 **서
증**으로 취급된다.[47)]

　　(나) **증인신문사항 제출방식**　　증인신문을 신청한 당사자는 법원이 정한 기
한까지 상대방의 수에 3(다만, 합의부에서는 상대방의 수에 4)을 더한 통수의 증인신
문사항을 적은 서면을 제출하여야 한다. 증인진술서의 제출방식이 적당하지 않은
사건, 예를 들어 신청한 당사자의 지배영역 내에 있지 않은 중립적 증인인 경우
나 증인이 글을 읽거나 쓰지 못하는 경우, 증언 내용을 미리 밝히는 것이 부적절
한 경우 등에는 증인진술서 대신에 증인신문사항 제출방식에 의한다(민사소송규칙
80조).

　　(다) **서면에 의한 증언방식**　　앞에서 설명한 바 있다(☞8-62). 서면에 의한
증언과 위 (가) 증인진술서는 증거의 성질이 전자(서면에 의한 증언)는 증언에 해
당하는 반면, 후자(증인진술서)는 서증의 일종이라는 점, 전자는 증인에 대하여,
후자는 증인을 신청한 당사자에게 그 제출을 명한다는 점, 전자는 원칙적으로 서
면의 제출과 변론에서의 현출로 그 증거조사절차가 마쳐지는 데 대하여, 후자는
증인의 법정에의 출석과 증언이 뒤따른다는 점에서 차이가 있다.

8-69

---

47) 증인이 법정에서 선서 후 증인진술서에 기재된 구체적인 내용에 관하여 진술함이 없이 단지
　그 증인진술서에 기재된 내용이 사실대로라는 취지의 진술만을 한 경우에는 그것이 증인진술
　서에 기재된 내용 중 특정 사항을 구체적으로 진술한 것과 같이 볼 수 있는 등의 특별한 사정
　이 없는 한 증인이 그 증인진술서에 기재된 구체적인 내용을 기억하여 반복 진술한 것으로는
　볼 수 없으므로, 가사 거기에 기재된 내용에 허위가 있다 하더라도 그 부분에 관하여 법정에
　서 증언한 것으로 보아 위증죄로 처벌할 수는 없다(대법원 2010. 5. 13. 선고 2007도1397 판
　결[미간행]).

(3) 증인의 출석요구

8-70 증인신문의 신청을 법원이 채택하면, 이른바 재정(在廷)증인(법원에 의하여 소환됨이 없이 증인이 기일에 출석한 경우)의 경우를 제외하고 기일에 증인의 출석을 요구한다. 다만, 서면에 의한 증언의 경우에는 출석·증언에 갈음하여 증언할 사항을 적은 서면을 제출하면 된다(310조 증언에 갈음하는 서면의 제출).

(4) 신문의 방식

8-71 **(가) 구술신문** 증인의 진술은 말로 하는 것이 원칙이고, 서류에 의하여 진술할 수는 없다(331조). 증거방법으로서 증인의 특성은 구술진술에 의하여 법원이 증언내용뿐만 아니라, 진술의 태도, 표정 등을 요소로 증명력을 판단하는 점에 있다(당사자에게 우호적인 증인을 출석시켜 특정 의도가 담긴 장문의 질문을 던지고, 증인은 "예", "아니오"라는 단답으로 일관하는 신문방식은 피하여야 한다). 따라서 진술을 말로 하는 것은 증인의 증거조사에 있어서 본질적인 요청이다. 형식적으로 구술진술이더라도 서면의 기재를 낭독하는 진술은 구술진술이라고 할 수 없다. 다만, 이 원칙에 대한 예외로 첫째, 서면에 의한 증언이 있다(310조). 둘째, 법원이 서류에 의한 진술을 허가한 경우이다(331조 단서). 여기서 서류에 의한다는 것은 복잡한 숫자, 수량, 문구 등을 서면(메모 등)을 보면서 진술함을 말한다.

8-72 **(나) 격리신문** 동일 기일에 여러 증인을 신문하는 경우에는 따로따로 신문하는 것이 원칙이고, 신문하지 아니한 증인이 법정 안에 있을 때에는 격리하여 법정에서 나가도록(＝퇴정) 명하고, 다만 필요하면 뒤에 신문할 증인을 법정 안에 머무르게(＝재정) 하거나(328조) 또는 증인 서로의 대질을 명할 수 있다(329조). 위 규정은 증인이 먼저 증언한 증인의 증언에 의하여 영향을 받는 것을 방지하기 위한 것이다. 그런데 증인신문을 집중적으로 하는 심리방식에서는 증인을 서로 분리하여야 할 특별한 필요성이 있는 경우를 제외하고는 오히려 모든 증인을 재정시킨 상태에서 신문을 실시하는 방향이 바람직한 경우가 많다.

(다) 교호신문

8-73 ① **의 의**: 교호신문제도는 영미법에 있어서 배심재판의 역사를 배경으로 증거개시제도(discovery)나 상세한 증거법칙과 밀접하게 관련하여 발전하여 온 것인데, 우리 민사소송법은 1961년 법원에 의한 직권신문제를 폐지하고, 교호신문제도를 채택하여 당사자주의를 보다 철저하게 도모하고자 하였다.48)

② **신문의 순서**: 증인신문은 신청을 한 당사자가 우선 신문한다. 이를 주신문이라고 한다(민사소송규칙 89조 1항은 주신문 전, 증인에게 그 사건과의 관계와 쟁점에 관하여 알고 있는 사실을 개략적으로 진술하게 할 수 있다고 하고 있다). 주신문이 끝나면 상대방이 (반대)신문을 한다(327조 1항). 주신문에서는 유도신문을 하여서는 안 되지만, 반대신문에서는 필요한 때에는 유도신문을 할 수 있다(민사소송규칙 91조, 92조). 나아가 증인신문신청을 한 당사자가 재주신문을 한다. 이와 같은 이른바 교호신문제를 채택하고 있다. 이렇게 순서에 따른 신문이 끝난 후에는 당사자는 재판장의 허가를 받은 때에만 다시 신문할 수 있다(민사소송규칙 89조). 재판장은 쌍방의 신문이 끝나면 **보충신문**을 하는 것이 원칙인데(327조 2항), 필요하다고 인정하면 언제라도 스스로 **개입신문**을 할 수 있다(동조 3항). 당사자가 신문하지 않은 전혀 새로운 사실에 관하여 신문하여서는 안 된다. 그러나 이에 위반하여 신문한 경우라도 그 증언에 관하여 당사자가 이의하지 않는 한, 이를 증거자료로 할 수 있다. 또한 재판장은 당사자가 행하는 신문에 대하여 소송지휘상의 견지에서 신문이 중복되거나 쟁점과 관계가 없는 때와 같이 불필요, 부적당한 것, 그 밖에 필요한 사정이 있는 때에는 당사자의 신문을 제한할 수 있다(327조 5항). 그리고 합의부원은 재판장에 알리고 보충신문이나 개입신문을 할 수 있다(동조 6항).

③ **교호신문제의 완화**: 교호신문제를 원칙으로 하면서 재판장이 알맞다고 인정하는 때에는 당사자의 의견을 들어 신문의 순서(즉 증인을 신청한 당사자가 먼저 신문을 하고, 다음에 다른 당사자가 하고, 재판장은 위 신문이 끝난 뒤에 신문할 수 있는 순서)를 바꿀 수 있도록 하고 있다(327조 4항).[49] 그 예는 우선 법원이 신문을 하고, 그 뒤에 당사자에게 신문의 기회를 주는 것을 생각할 수 있다. 그리고 일단 주신문을 개시시켰지만, 도중에 그것을 중지시키고 법원이 주신문에 상당하는 신문을 하는 경우나 주신문이 끝난 뒤에 법원이 보충신문이나 개입신문의 범위를 뛰어 넘는 신문을 하고 그 뒤에 반대신문을 시키는 경우도 그 예라고 할

---

48) 다만, 소액사건의 경우에는 교호신문의 방식에 의하지 않고, 판사가 증인을 신문한다(소액사건심판법 10조 2항). 이는 소액사건이 소송에 관한 지식이나 경험이 부족한 일반시민의 이용, 즉 본인소송이 많은 것을 상정하여 인정된 특칙이라고 할 수 있다.

49) 이러한 교호신문제의 예외를 인정하는 것은 변론주의를 수정하는 것은 아니다. 변론주의 하에서는 어느 증인을 신문하기 위해서는 당사자로부터 신청이 있을 것이 필요한데, 당사자로부터 신청이 있는 증인을 누가 어떠한 순서로 신문하는가는 변론주의와는 아무런 관계가 없고, 교호신문제인가 직권신문제인가는 합목적적 내지는 합리성의 문제이다.

수 있다. 신문순서를 바꾸는 권한은 재판장에게 있는데, 「알맞다고 인정하는 때」
가 아니면 안 된다. 당사자 내지는 소송대리인이 증인신문을 적절하게 할 수 없
는 경우가 그 전형적인 예이고, 본인소송에 그 예가 많을 것이다. 당사자는 신문
순서를 바꾸는데 대하여 이의를 할 수 있다. 재판장은 신문순서를 바꾸는 때에는
사전에 당사자의 의견을 들어야 한다. 이 절차를 거치지 않고 순서를 바꾸는 것
은 절차규정의 위반인데, 소송절차에 관한 이의권의 포기·상실(151조)에 의하여
흠은 치유된다고 할 것이다.

II. 감 정

1. 의 의

8-74   감정이라 함은 법관의 **판단작용을 보충**하기 위하여 감정인으로 하여금 특별
한 학식·경험에 속하는 전문적 지식, 경험 또는 이를 이용한 의견·판단을 법원에
보고하도록 하여 법관의 판단능력을 보충하는 증거조사를 말한다. 그 증거방법이
감정인이다. 다만, 전문적 학식·경험에 의하여 습득한 사실에 대하여 진술하는 감
정증인(가령 사고 현장에서 피해자를 진료한 의사가 그 피해자의 증상이나 치료의 내용에
대하여 진술하는 경우)은 특별한 학식·경험 때문에 알 수 있게 된 사실을 진술하는
사람이고, 대체성이 없으므로 증인으로 보아야 하고, 그 조사는 증인신문절차를
따른다(340조 본문. 다만 비디오 등 중계장치 등에 의한 감정증인신문은 339조의3 준용).

한편, 여기서 설명하는 증거조사로서의 감정 이외에도 소송관계를 분명하게
하기 위한 전술한 석명처분으로서의 감정(140조 1항 4호)이 있다.

그리고 그 설명 등이 증거자료가 되는 것은 아니지만 이를 보완하기 위한 후
술할 전문심리위원제도(164조의2부터 164조의8까지)도 있다.

◈ **증인과 감정인의 차이** ◈   감정인도 증인과 마찬가지로 인증으로 제3자이어야 한
다. 감정인이 경험칙 등에 대하여 전문적 지식을 보고하는 때에는 증인과 구별이 명확
하다. 증인은 대체로 구체적인 사건에 관련하여 과거에 경험한 사실에 대한 보고를 하
는 사람이기 때문이다. 따라서 사실에 관하여 증인이 이미 과거에 경험한 사실의 인식
을 보고하는 것에 대하여, 감정인은 법원으로부터 명하여진 뒤에 전문적 경험·지식에
의하여 형성한 사실판단을 보고하는 점에서 양자를 구별할 수 있다. 이상과 같은 증인
과 감정인의 제도상의 차이에 기하여 다음과 같은 여러 가지의 소송절차상의 구별이
있게 된다.

증 인	감정인
증인을 지정하여 신청	감정인을 지정하여 신청할 필요 없음 지정하더라도 법원의 판단자료에 불과
증인능력에 특별한 제한이 없음	결격사유에 관한 규정이 존재
비대체적-불출석의 경우 구인	대체적-구인 × / 감치 ×(333조 단서)
기피에 관한 규정 ×	기피에 관한 규정 ○ (336조)
자연인에 한정	자연인 이외에 법인 등에게도 감정의 촉탁 가능
공동증언의 불허	공동감정의 허용

◈ **전문심리위원제도** ◈   첨단산업분야, 지식재산권, 국제금융 기타 전문적인 지식이 요구되는 사건에서 법원 외부의 관련분야 전문가를 소송절차에 참여시켜 전문적인 지식에 의한 설명 또는 의견을 담은 서면을 제출하게 하거나 기일에서 전문적인 지식에 의하여 설명이나 의견을 진술하도록 하여 재판의 전문성을 보완함으로써 재판절차를 보다 충실하게 하려는 취지에서 법 제1편, 제4장, 제2절(164조의2부터 164조의8까지)에서 전문심리위원제도를 두고 있다. 법원은 직권 또는 당사자의 신청에 따른 결정으로 전문심리위원을 지정하여 소송절차에 참여하게 할 수 있다. 그런데 감정인에 의한 감정은 증거자료가 되지만, 전문심리위원의 설명이나 의견은 증거자료가 아니다. 지정결정, 선서 등 여러 절차가 필요한 감정제도에 비하여 전문심리위원은 비교적 간이한 절차를 통하여 신속하게 도움을 받을 수 있다는 점에 서로 차이가 있을 수 있다.

2. 감정의 대상

감정의 대상이 되는 것은, ① 우선 재판의 **대전제**가 되는 법규나 경험칙으   8-75
로, 그 예로서는 외국법, 규약, 관습법이나 고도의 전문법칙 등이 있다. 다만, 법관의 통상의 지식에 의하여 인식할 수 있는 경험칙(상식적인 추정법칙)은 굳이 증명을 요하지 않으므로 감정에 의할 필요는 없다. ② 그리고 재판의 **소전제**가 되는 사실판단에 대하여는 문서의 진정성의 인식을 위한 필적, 인영(印影), 지문, 사용잉크, 용지의 이동(異同), 부동산의 평가나 적정임대료의 액, 손해배상사건에서 상해의 원인, 증상, 노동능력의 상실 정도 등이 대표적인 감정사항이 될 것이다. 특히 의료과오소송이나 그 밖의 과학기술상 쟁점을 포함하는 소송(특허사건에서 물건의 성질, 효능, 구조 등)에서는 법률전문가인 법관의 판단능력(인식능력)에 한계가 있으므로 당사자는 전문가인 감정인에게 기대하는 부분이 크게 된다. 이러한 경우에는 감정결과가 소송의 결과를 좌우하는 것이 되므로 감정인은 법관의 대행자적(代行者的)인 지위마저 가지게 된다.

3. 감정의무

8-76   감정인은 당사자 이외의 학식과 경험이 있는 제3자이고, 감정의무는 증인의무와 마찬가지로 재판권에 복종하는 사람에게 부과되는 일반적 의무이다(334조). 따라서 법원에 의하여 지정된 감정인이 감정을 거절하면 정당한 사유가 없는 한, 증인의무위반과 마찬가지의 일정한 제재를 가한다(333조). 다만, 증언거부사유, 선서거부사유에 해당하는 사유가 있는 사람 및 16세 미만인 사람 또는 선서의 취지를 이해하지 못하는 사람은 감정인이 될 수 없다(334조 2항). 감정인은 감정사항이 자신의 전문분야에 속하지 아니하는 경우 또는 그에 속하더라도 다른 감정인과 함께 감정을 하여야 하는 경우에는 곧바로 법원에 감정인의 지정 취소 또는 추가 지정을 요구하여야 한다(335조의2 1항). 그리고 감정인은 감정을 다른 사람에게 위임하여서는 안 된다(동조 2항).

4. 감정절차

8-77   감정절차는 원칙적으로 **증인신문의 절차를 준용**한다(333조 본문). 가령 재판장은 감정인에게 신문에 앞서 선서를 하게 하여야 한다(319조). 그렇지만 증인에 대한 감치는 감정에는 그 적용이 없다(333조 단서).

당사자는 감정의 대상으로 할 증명사항을 명확히 하여 감정의 신청을 하여야 한다(289조 1항). 변론주의와 관련하여 직권증거조사가 보충적으로만 인정되는 것을 감안하여, 예외적으로 법원은 필요한 경우 등에는 직권으로 감정을 명할 수 있다

감 정 신 청 서

사 건   2010 가합(가단) ○○○   손해배상

원 고   이 몽 룡
피 고   성 춘 향

위 사건에 관하여 원고는 다음과 같이 감정을 신청합니다.

다 음

1. 감정의 목적
   원고 소유 본건 건물 지반의 원상복구 및 경사지고 파손된 동 건물의 원상복구에 청구원인 제 ○항의 원고 주장 비용이 필요한 사실을 명백히 하고자 함.

2. 감정의 목적물
   서울 중구 서소문동 110 소재 원고 소유의 세멘벽돌조 스라브지붕 단층주택 123.45 평방미터

3. 감정사항
   위 건물파손 부분의 원상복구 및 내려앉은 지반 및 건물 경사상태의 원상복구 필요경비의 산출

2010 .   .   .
위 원고   이 몽 룡

○○지방법원   귀중

고 볼 것이다(292조).

법원은 감정의 신청에 대하여 채부를 결정하고 감정을 채택하는 때에는 감정사항을 확정하고 또한 감정인을 지정한다(335조). 증인신문의 신청이 증인을 지정하여 행하여지는 것(309조)과 비교하면, 당사자에 의한 감정인의 지정은 법원의 판단자료로서의 의미밖에 없고, 법원은 그 지정에 구속되지 않는다. 이는 감정의 목적이 법관의 판단작용을 보조하는 목적에 비추어 적절한 감정인을 선택하는 권한을 법관에게 부여한 것이라고 할 수 있다.

감정인을 정하면, 지정된 신문기일에 감정인이 출석하도록 한다.

감정인신문은 법원이 직권으로 신문하는 것을 원칙으로 하되(339조의2 1항), 당사자도 보충적으로 재판장에게 알리고 신문할 수 있다(동조 3항).

감정인이 법정에 직접 출석하기 어려운 특별한 사정이 있는 경우 등에는 당사자의 의견을 들어 **비디오 등 중계장치**에 의한 중계시설을 통하거나 **인터넷 화상장치**를 이용하여 신문할 수 있다(339조의3 1항).

감정의견의 진술방식은 서면이나 말이다(339조 1항). 통상 기일 밖에서 서면으로 감정의견을 보고하는 것, 즉 감정서의 제출이 일반적인 실무이다. 감정은 인증의 일종이므로 감정결과를 기재한 감정서를 서증으로 취급하여서는 안 된다. 다만, 소송 밖에서 당사자의 사적인 의뢰에 의하여 작성된 감정서를 법원에 제출하였을 때에는 위와 달리 서증이 된다. 감정인에 대한 당사자의 기피권, 신문권의 보장을 침해하기 때문에 이를 통상의 감정으로 보아서는 안 된다. 이것이 사감정(私鑑定)이라는 것이다.50) 사감정을 행한 사람은 감정인이라고 불리더라도 위에서 말하는 감정인은 아니다.

법원은 감정인의 감정진술에 관하여 당사자에게 서면이나 말로써 의견을 진술할 기회를 주어야 한다(339조 3항).

감정인은 감정을 위하여 필요한 경우에는 법원의 허가를 받아 남의 토지, 주

---

50) 한편, 감정인 신문이나 감정의 촉탁방법에 의한 것이 아니고, 소송 외에서 전문적인 학식 경험이 있는 자가 작성한 감정의견을 기재한 서면이라 하더라도 그 서면이 서증으로 제출되었을 때 법원이 이를 합리적이라고 인정하면 이를 사실인정의 자료로 할 수 있는 것인바, 법원이 감정인을 지정하고 그에게 감정을 명하면서 착오로 감정인으로부터 선서를 받는 것을 누락함으로 말미암아 그 감정인에 의한 감정 결과가 증거능력이 없게 된 경우라도, 그 감정인이 작성한 감정 결과를 기재한 서면이 당사자에 의하여 서증으로 제출되고, 법원이 그 내용을 합리적이라고 인정하는 때에는, 이를 사실인정의 자료로 삼을 수 있다(대법원 2006. 5. 25. 선고 2005다77848 판결).

거 등에 들어갈 수 있고(342조 1항), 이 경우에 저항을 받을 때에는 국가경찰공무원에게 원조를 요청할 수 있다(동조 2항).

◈ **감정의 촉탁** ◈ 법원은 필요하다고 인정하는 경우에는 공공기관, 학교 그 밖에 상당한 설비가 있는 단체 또는 외국의 공공기관에 감정을 촉탁할 수 있다(341조 1항). 개인에 대한 경우가 아니다. 법관이 감정대상물이 있는 곳에 가지 않고 감정인에게 감정촉탁서에 의하여 감정을 지시하는 점에서 감정인과 함께 현장에 가서 감정대상물을 지적하는 통상의 감정과 다르다. 감정의 촉탁의 경우에는 권위 있는 기관의 신뢰성을 전제로(따라서 그 공정성과 진실성 및 그 전문성이 담보되어 있어야 함) 선서에 관한 규정을 적용하지 아니한다(동조 1항 단서). 감정인에게 감정을 명할 것인지, 감정촉탁을 할 것인지는 법원이 직권으로 정할 사항이지 당사자의 신청 여하에 좌우될 사항이 아니다. 다만, 손해배상사건의 신체감정은 재감정을 포함하여 감정촉탁에 의하는 것이 보통이다. 감정촉탁서는 재판장 이름으로 작성 송부한다(139조 2항). 감정을 촉탁한 경우, 그 뒤에 제출된 감정서에 분명치 아니하거나 불비된 점이 있는 등 법원이 필요하다고 인정하면 감정을 한 단체 또는 외국의 공공기관이 지정한 사람으로 하여금 감정서를 설명하게 할 수 있다(341조 2항). 직접주의의 원칙상, 이러한 설명은 변론기일에 출석하여 함이 타당하겠으나, 소송경제상 적당치 못할 경우에는 변론기일에 출석시키지 아니하고 법정외의 장소에서 설명하게 하여도 무방하다. 다만, 감정서의 설명을 하게 하는 때에는 당사자를 참여하게 하여야 하고, 그 설명의 요지를 조서에 적어(민사소송규칙 103조 1항, 2항) 감정서의 내용을 보충하는 자료가 되도록 하여야 한다. 감정촉탁을 하였는데도 장기간 회신이 없는 경우에 무한정 회신을 기다리는 것은 소송촉진의 측면에서 바람직하지 아니하므로 일정기간(가령 촉탁서가 수탁기관에 도착한 날로부터 2개월)이 지나도록 회신이 없으면 독촉을 하는 등으로 소송촉진을 기하여야 할 것이다.

5. 감정결과의 채부

8-78   감정결과를 재판의 자료로 하기 위해서는 실무상 당사자의 감정결과에 대한 원용의 진술이 필요하지만, 법정에 감정결과가 현출된 이상, 당사자의 원용이 없어도 법원은 그 결과를 증거자료로 할 수 있다.

◈ **예** ◈ 甲과 乙의 소송에서 甲으로부터 다툼이 되고 있는 건물의 시가와 손괴 정도에 대한 감정신청이 있어 채택되었다. 그 뒤 변론기일에 그 감정서가 제출되었는데, 甲은 이를 원용하지 않는다는 취지의 진술을 하였다. 그러나 법원은 위 감정을 증거로 하여 甲에게 그 신청에 비하여 불리한 판결을 하였다. 여기서 감정결과가 법원에 현출된 이상, 당사자의 원용이 없어도 법원은 그 결과를 증거자료로 할 수 있다. 이렇게 그 효과가 인정되는 것, 즉 가령 신청 당사자가 원용하지 않는다고 진술하여도 배제되지

않는 것은 여기에도 이른바 증거공통의 원칙(자유심증)이 작용하기 때문이다. 이는 감정이 직권에 의한 것인지, 당사자의 신청에 의한 것인지 여부와는 관계가 없다.

감정결과의 채부는 법관의 **자유심증**에 의한다(202조). 그것이 경험칙이나 논리법칙에 위배되지 않는 한 위법이라고 할 수 없고, 심지어 상이한 수개의 감정결과가 있을 때 그 가운데 하나에 의하여 사실을 인정하였더라도 그것이 경험칙이나 논리법칙에 위배되지 않는 한 적법하고, 어느 하나를 채용하고 그 나머지를 배척하는 이유를 구체적으로 명시할 필요가 없다.

III. 당사자신문

1. 의 의

당사자신문은 사실의 증명을 위하여 당사자본인을 증인과 마찬가지로 증거방법의 일종으로서 그 경험사실에 대하여 신문하여 그 진술을 증거자료로 하는 증거조사이다(367조). 당사자신문은 증인신문과 동일한 증거조사의 성질을 가지지만, 증거방법이 증인과 같은 제3자가 아니라, 소송상의 주체인 **당사자본인**[51] 또는 이에 준하는 **법정대리인**인 것(372조. 법인 등이 당사자인 경우에 그 대표자 등)에서 그 특징이 있다. 한편, 당사자신문에서의 당사자본인에 의한 진술은 이른바 당사자의 변론으로서의 「주장」(소송자료)이 아니라, 「증거자료」인 것에 유의하여야 한다. 따라서 당사자신문에서의 진술에 대하여는 소송능력이 필요한 것은 아니다(372조 단서 참조). 또한 당사자신문에 있어서 상대방의 주장과 일치되는 부분이 나왔다고 하더라도 그것은 재판상 자백이 될 수 없다.

8-79

◈ **보충성 폐지** ◈ X는 성형수술을 하기 위하여 의사 Y 개인의 성형외과에 입원하여 수술 후 전신마취에서 깨어난 직후 하반신 마비증상이 나타났다. X는 Y를 상대방으로 의료과오에 기한 손해배상의 지급을 구하는 소를 제기하였다. X는 다른 증거조사에 앞서 의사 Y의 신문을 구하여 그 증거조사를 신청하였다. 이는 증인신문이 아니라, 당사자신문이다. 종전과 같은 당사자신문의 보충성의 원칙에 의하면, Y에 대하여 즉시 증거신청을 인정하거나 그 신문을 실시하는 것은 불가능하고, 우선 다른 증거조사절차의 경과를 살펴보아야 한다. 결국 Y를 신문할 것인지 여부에 대한 태도결정을

---

51) 공동소송인도 자기의 소송관계와 무관한 사항에 관하여는 증인이 될 수 있으나, 다만 공동의 이해관계 있는 사항에 대하여는 다른 공동소송인에 대한 관계에서 당사자신문의 대상이 된다.

유보하여야 한다. 그런데 이제 당사자신문의 **보충성을 폐지**하였으므로 Y의 신문이 독립하여 인정될 수 있다.[52]

◈ **140조 석명처분으로서 본인출석이 명하여진 경우의 당사자진술과 367조 당사자신문에서의 당사자진술의 소송상 취급의 차이** ◈ 당사자로부터의 진술도 그것이 행하여진 국면에 따라 사실주장으로 취급되는가, 또는 증거로 취급되는가가 구별된다(이와 관련하여 소송자료와 증거자료가 구별된다). 당사자의 변론에서 얻은 재판의 자료가 소송자료이고, 증거조사로부터 얻은 재판의 자료가 증거자료이다. 그런데 법원은 사안 해명을 위하여 적당한 처분을 할 수 있고, 그 일환으로서 당사자본인에게 출석을 명하고(140조), 사건에 관한 상황을 청취할 수 있다. 당사자본인이 이에 응하여 기일에 출석하고 사실을 진술한 경우에 이는 주장으로 취급된다. 법원의 석명처분은(☞2–125) 변론의 내용을 파악하기 위하여 행하는 것이고, 불명확한 사실주장이나 다툼이 있는 사실에 있어서 이를 인정하기 위하여 행하는 자료수집은 아니다. 그리하여 이 석명처분에 의하여 얻은 자료는 당연히 증거로서의 효력을 갖지 아니하며, 다만 변론 전체의 취지로서 참작될 뿐이다. 그러나 당사자가 이를 증거로 원용하면 증거자료로 될 수 있다. 한편 당사자신문은 당사자를 증거방법으로서 당사자가 경험한 사실에 대한 증거자료를 획득하기 위하여 행하는 증거조사이다. 이 경우의 당사자는 증거방법이므로 그 진술은 주장으로서 소송자료가 아니고, 증거자료이다. 변론주의의 적용이 있는 민사소송에서는 증거자료가 있다고 하여도 소송자료에 갈음할 수가 없다는 것은 이미 살펴본 바 있다(☞2–110).

2. 절 차

8-80   당사자신문절차는 대체로 **증인신문절차 규정이 준용**된다(373조). 법원은 효율적인 당사자신문을 위하여 필요하다고 인정하는 때에는 당사자신문을 신청한 당사자에게 당사자진술서 또는 당사자신문사항을 제출하게 할 수 있다(민사소송규칙 119조의2 1항. 종전의 신문사항 사전제출의무 삭제). 다만, 당사자신문은 당사자의 신청 이외에 법원의 직권으로도 할 수 있다. 당사자에게 선서를 하게 하여야 한다(367조). 거증자인 당사자는 자기 자신의 신문을 신청할 수 있을 뿐만 아니라, 상대방의 신문도 신청할 수 있다. **비디오 등 중계장치**에 의한 중계시설을 통하거나 **인터넷 화상장치**를 이용하여 신문할 수 있다(373조, 327조의2).

---

52) **2002년 민사소송법 개정**에 있어서 법원의 심증과 관계없이 소송의 어느 단계에서도 당사자본인을 신문할 수 있도록 보충성을 폐지하고, 당사자도 신문 전에 반드시 선서하도록 하였다.

◈ **당사자신문과 증인신문의 차이** ◈　신문의 방법으로서 대질은 증인 서로에 대하여 인정되지만(329조), 당사자본인에 대하여는 당사자본인 서로뿐만 아니라 당사자와 증인의 대질도 인정된다(368조). 당사자는 출석, 선서, 진술의무를 부담하는데, 정당한 사유없이 이에 위반하면 신문사항에 관한 상대방의 주장이 진실이라고 인정되는 불이익을 받는다(369조). 이는 증거방법이 당사자본인이라는 특질을 감안하여 당사자가 소지하는 문서의 부제출과 유사한 제재를 규정한 것이다. 그리고 선서한 뒤에 거짓 진술을 하면 증인의 경우에는 형법상의 범죄(＝위증죄)가 되지만, 당사자의 경우에는 500만원 이하의 과태료의 제재를 받는다(370조). 한편 당사자신문할 사람을 증인으로 신문하였다 하여도 당사자의 이의가 없으면, 소송절차에 관한 이의권의 포기·상실(151조)로 그 흠이 치유된다.

	증인신문			당사자신문
신문의 대상	제3자			당사자·법정대리인(372조)
직권 여부	신청(308조)			신청·직권(367조)
순서	관계없음			보충성 폐지로 관계없음
선서	필수적(319조)			필수적(367조)
불출석한 경우	소송비용의 부담 및 과태료 (311조 1항)	감치 (311조 2항)	구인 (312조)	상대방의 주장이 진실이라고 인정되는 불이익(369조)
선서를 거절한 경우	위와 같음(326조, 311조 1항)			
증언(진술)을 거절한 경우	위와 같음(318조, 311조 1항)			
허위 진술에 대한 제재	형법상 위증죄			과태료(370조)

IV. 서　증

1. 의　의

문서를 열독(閱讀)하여(문서가 증거로 채택되면 나중에 법관이 문서를 검토하여 읽　　8-81
는다) 문서에 적힌 의미·내용을 증거자료로 하기 위한 증거조사를 서증이라고 한다. 문서의 의미·내용을 증거자료로 하는 증거조사라는 점에서 문서의 존재 자체나 그 외형을 증거자료로 하기 위한 증거조사인 검증과 다르다. 단지 서증은 문서를 그 대상으로 하고, 검증은 그 밖의 사물을 대상으로 한다고 구별하는 것은 부정확하다. 위조문서라는 입증취지로 제출한 문서는 서증의 대상이 아니고 검증물이 된다.

> ◆ 예 ◆　팜플렛도 문서이므로 그 조사는 반드시 서증에 의하여야 하는가? 서증의 절차를 취하여야 하는 것은 어느 특정인의 사상내용이다. 따라서 유체물로서의 성격은 문서라고 할 수 있어도 무엇을 증명사항으로 하는지 여부에 의하여 서증이 아니라 검증이 되는 경우도 생긴다. 가령 허위기재가 이루어진 팜플렛의 배포에 의하여 명예 또는 영업을 침해당한 경우에 이를 배포한 사람에 대하여 손해배상청구를 하는 때에는 배포한 사람의 사상내용을 증거자료로 취하려는 것이므로 서증이다. 이에 대하여 팜플렛을 어느 시대의 사조나 여론 또는 풍조의 증거방법으로 이용하는 때에는 다만 그 존재를 증거로 하는 것만이므로 검증이 된다.

2. 문서의 종류

8-82　　문서 가운데 작성자, 기재사항 및 작성목적에 따라서 다음과 같은 종류로 분류할 수 있다.

(1) 공문서와 사문서

8-83　　공문서는 공무원이 그 권한에 의하여 직무상 작성한 문서이고, 그 밖의 것은 사문서이다. 그 구별에 의하여 그 진정성립의 추정에 대한 취급을 달리하는데, 후술한다(☞8-90).

(2) 처분문서와 보고문서

8-84　　**처분문서**는 증명하고자 하는 법률행위가 그 서면상 자체에 의하여 이루어진 문서를 말한다. 법률행위로서는 공법상의 행위뿐만 아니라 사법상의 행위도 포함한다. 판결서,[53] 행정처분고지서, 어음·수표 등의 유가증권, 유언서, 계약서 등이 그 예이다. 그 밖에(해당 문서에 의하지 않고 일어난 사건·상태 등의 상황에 대하여) 작성자의 견문, 판단, 기억, 감상 등을 기재한 것은 모두 **보고문서**이다. 가령 조서, 수령증, 상업장부, 가족관계증명서, 진단서, 일기 등이다. 처분문서는 그 정의

---

[53] **판결서**가 처분문서이기는 하나 그것은 그 판결이 있었던가 또 어떠한 내용의 판결이 있었던가의 사실을 증명하기 위한 **처분문서**라는 뜻일 뿐 판결서 중에서 한 사실판단을 그 사실을 증명하기 위하여 이용을 불허하는 것이 아니어서 이를 이용하는 경우에는 판결서도 그 한도 내에서 **보고문서**라고 볼 것이다(대법원 1980. 9. 9. 선고 79다1281 전원합의체 판결).

에서도 분명한 것처럼 문서 중에 법률행위의 내용이 기재되어 있으므로 해당 문
서를 열독함으로써 증명의 목적을 이룰 수 있다. 따라서 후술하듯이 처분문서는
그 형식적 증거력이 인정되면, 실질적 증거력이 당연히 인정된다(☞8-92).

(3) 원본, 정본, 등본, 초본

원본은 문서 그 자체를 말하고, **정본은 원본과 동일한 효력이 인정**되는 등   8-85
본으로서 특히 정본이라고 표시한 문서이다. 등본은 원본 전부의 사본이고, 초본
은 그 일부의 사본이다. 등본으로 인증기관이 원본과 다르지 않다는 취지를 부기
한 것을 인증등본이라고 한다. 법원에 문서를 제출하거나 보낼 때에는 원본, 정본
또는 인증등본으로 할 것을 원칙으로 한다(355조 1항. ☞8-95 참조).

3. 문서의 증거능력

문서의 증거능력은 문서가 추상적으로 증거조사의 대상이 될 수 있는, 즉 증   8-86
거방법으로 이용될 수 있는 자격을 말한다. 민사소송에 있어서는 형사소송과 달
라서 문서의 증거능력에 제한이 없음이 원칙이다. 다만, 무단녹음된 테이프의 녹
취서와 같이 위법수집된 증거가 증거능력이 있는지 여부가 문제이다(☞8-123).
가령 소제기 뒤에 계쟁사실에 관하여 거증자가 스스로 작성한 문서의 증거능력도
부정할 이유는 없다.54) 결국은 구체적으로 그 기재가 신용할 수 있는지 여부의
증거력의 문제로 돌아간다.

4. 문서의 증거력

어느 문서가 요증사실에 관한 법원의 심증에 기여하는 정도를 문서의 증거   8-87
력이라고 한다. 서증은 증거력을 분명히 하는 절차인데, 작성자의 사상을 적은
증거방법인 문서의 성질로부터 문서의 증거력 판단은 두 단계를 밟게 된다. 우선
문서가 거증자가 그 문서의 작성자라고 주장하는 특정인(작성명의인)의 의사에 기
하여 실제로 작성된 것인가를 확실히 하고, 이러한 **형식적 증거력**이 인정된 다
음, 비로소 그 문서의 기재내용이 요증사실을 진실한 것으로 인정할 자료가 되는
가(증거가치의 평가), 즉 **실질적 증거력**을 검토함이 순서이다.55) 가령 위조문서는
그 작성명의인이 작성한 문서가 아닌 것으로 진정성립을 인정할 수 없어서 형식

---

54) 대법원 1992. 4. 14. 선고 91다24755 판결.

55) 대법원 2002. 8. 23. 선고 2000다66133 판결 등.

적 증거력이 없기 때문에 실질적 증거력의 평가에 들어갈 수가 없게 된다. 서증이외의 증거방법은, 가령 증인신문이나 당사자신문과 같은 인증 등의 증거방법은출석한 사람이 본인인 것을 인정심문(人定審問)으로 확인하여 그 형식적 증거력의유무를 비교적 용이하게 판단할 수 있어서 증거조사의 결과를 바로 사실인정의자료로 할 수 있고, 따라서 따로 그 성립의 진정을 확정하지 않아도 무방하나,서증에서의 증거력의 판단은 형식적 증거력과 실질적 증거력으로 나누어(형식적증거력을 먼저) 판단하게 된다.

(1) 형식적 증거력

8-88　　(가) 의 의　　문서의 기재내용이 거증자가 그 문서의 작성자라고 주장하는특정인의 의사에 기하여 실제로 작성된 것을 **문서의 진정성립**이라고 하는데, 일반적으로 진정하게 성립된 문서를 **형식적 증거력**이 있다고 한다(다만, 습자(褶字)의 목적으로 작성된 문서와 같은 경우에는 문서의 성립은 진정이더라도 형식적 증거력이없다).[56] 그리고 작성자라 함은 기재내용인 사상의 주체를 의미하는 것이고, 반드시 문서상에 문자 등을 직접 기입한 사람을 의미하는 것은 아니다. 반드시 그 자신의 자필일 필요가 없다.

8-89　　(나) 성립의 인부　　형식적 증거력에 있어서 문서의 진정이 확정되어야 하므로 거증자로부터 문서가 제출되면 법원은 상대방에게 「성립의 인부」, 즉 문서의진정성립을 인정하는지 여부를 확인한다. 인부에는 ① 성립인정, ② 침묵, ③ 부인, ④ 부지의 4가지 형태가 있다.

성립인정은 상대방이 주장하는 바와 같이 작성자가 작성한 문서라는 사실을인정한다는 취지이고(판결서의 기재는 '성립에 다툼이 없는 갑 제1호증(매매계약서)'과같이 된다), **부인**은 작성자로 주장하는 사람이 작성하지 아니한 것이라는 취지이며, **부지**라 함은 작성자라고 주장하는 사람이 작성한 것인지 아니면 가짜인지 알수 없다는 것이다. 문서는 가장 확실한 증거방법이며, 이에 의하여 소송의 신속한해결에 기여하는 것이고, 특히 당사자간의 거래에서 작성된 문서가 증거방법으로사용되는 경우가 많으므로 문서의 진정성립에 대한 인부에 있어서 상대방 당사자

---

56) 그런데 진정성립과 형식적 증거력은 구별하여야 한다는 입장도 있다. 가령 좀 더 시간을 두고계약 체결을 할 생각으로 일단 작성한 승낙서가 이를 모르는 비서에 의하여 그대로 상대방에게송부된 경우에 승낙서의 진정성립은 인정되나, 승낙자가 승낙서에 적힌 의사표시를 하였다는것, 즉 형식적 증거력을 인정하기는 어렵다고 한다.

또는 대리인도 그 부인을 공정하고 신중하게 하여야 하고, 함부로 부인할 것은 아니다. 만약 고의나 중대한 과실로 진실에 어긋나게 문서의 성립을 다투면 과태료의 제재가 따른다(363조).

문서의 진정성립에 다툼이 있으면(부인·부지) 문서를 제출한 거증자는 증명을 하여야 한다. 성립의 진정은 결국 법관의 자유심증에 의하여 판단되는 것인데, 다른 증거에 의하지 않고 변론 전체의 취지만을 참작하여 진정성립을 인정할 수도 있다.57)

그런데 문서의 성질에 따라서 다음과 같은 추정규정을 두고 있다. 이는 법률상의 추정과는 구별되고, 법정증거법칙(gesetzliche Beweisregel)의 일종이다.58) 이는 법관의 증거력의 자유로운 평가에 대한 제한이 된다.

(다) 진정의 추정

① **공문서** 진정의 추정: 문서의 작성방식과 취지에 의하여 **공무원이**　8-90
직무상 작성한 것으로(공문서) 인정한 때에는 진정한 공문서로 추정하므로(356조 1항), 이를 다투는 상대방이 위조, 변조 등의 사실에 대한 **반증**을 들지 않으면 안된다(위조 또는 변조 등 특별한 사정이 있다고 볼 만한 반증이 있는 경우에는 위와 같은 추정은 깨어진다). 법원은 의심이 들면 직권으로 해당 공공기관에 조회할 수 있다(동조 2항). 외국의 공문서에 대하여도 마찬가지이다(동조 3항).59)

② **사문서**의 진정의 증명 및 추정: **사문서의 진정**에 대하여 다툼이 있는 때에는 **거증자가 증명**하여야 하는데(357조), 그 증명방법으로 작성명의인이 증인으로 자기가 작성하였다고 진술하거나 작성명의인 이외의 사람이 증인으로 자기 면전에서 명의인에 의하여 작성되었다고 진술하거나 또는 필적을 알고 있는 사람이 증인으로 작성명의인의 필적이라고 진술하는 방법이 있다.

---

57) 그 증명의 방법에 관하여 특별한 제한이 없고, 당사자가 부지라고 다투는 서증에 관하여 거증자가 특히 그 성립을 증명하지 아니한 경우라 할지라도 법원은 다른 증거에 의하지 아니하고 변론 전체의 취지를 참작하여 자유심증으로 그 성립을 인정할 수 있다(대법원 2010. 2. 25. 선고 2007다85980 판결).

58) 법률상의 추정이라고 보는 입장도 유력하다.

59) 추정을 위해서는 제출한 문서의 방식이 외관상 외국의 공공기관이 직무상 작성하는 방식에 합치되어야 하고, 문서의 취지로부터 외국의 공공기관이 직무상 작성한 것이라고 인정되어야 하는데, 법원은 이러한 요건이 충족되는지의 여부를 심사할 때 해당 공문서를 작성한 외국에 소재하는 대한민국 공관의 인증이나 확인을 거치는 것이 바람직하지만 이는 어디까지나 자유심증에 따라 판단할 문제이므로 다른 증거와 변론 전체의 취지를 종합하여 인정할 수도 있다(대법원 2016. 12. 15. 선고 2016다205373 판결).

　　그런데 소송에서 문서의 작성명의인이 그 작성을 부정하는 경우도 드물지 않고, 작성명의인 이외의 사람이 그 문서가 명의인의 의사에 기하여 작성된 것이라 것을 증명하는 것은 실제 문제로 그리 간단하지 않다. 그래서 사문서에 작성명의인인 본인 또는 대리인의 **서명이나 날인 또는 무인(拇印)이 있는 때에는 진정한 것으로 추정**하는 것으로(358조) 그 증명의무를 감경하고 있다(공문서의 경우는 위 356조 1항). 여기서 「서명이나 날인 또는 무인이 있는 때」라 함은 문서상에 형식적인 서명이나 날인 또는 무인이 존재하는 것을 뜻하는 것이 아니고, 본인 또는 대리인의 의사에 기한 서명이나 날인 또는 무인이 행하여진 사실이 있는 것을 뜻한다. 거증자는 통상 작성명의인인 본인 등의 의사에 기한 서명이나 날인 또는 무인행위를 증명하게 된다.

　　한편, 작성명의인이 (인영[印影] 부분은 인정하고) 인장을 도용당하였다고 주장하는 경우가 종종 있는데, 이 경우에는 날인이 있더라도 위 358조가 직접적으로 적용될 수는 없고, 다음과 같은 **2단계(二段階)의 추정**에 의하여 진정한 것으로 추정한다. 이렇게 인장을 도용당하기는 하였지만, 인영이 작성명의인의 인장에 의하여 현출된 경우에는 특단의 사정이 없는 한, 그 인영의 진정성립, 즉 날인행위가 작성명의인의 의사에 기한 것임이 **사실상 추정**되고(이는 우리나라의 인장 존중의 관행에서 이해할 수 있다),[60] 이와 같이 일단 **인영의 진정성립(날인행위)이 추정**되면, 위 358조에 의하여 그 문서 전체의 **진정성립이 추정**된다. 「인영과 인장의 일치 → 날인행위 → 본인 등의 의사에 기한 문서의 진정성립」이라는 이러한 추정의 구조를 「**2단계 또는 2단의 추정**」이라고 부른다(판결서의 기재는 '피고 이름 다음에 피고의 도장이 찍혀 있는 사실에 관하여 당사자 사이에 다툼이 없어 그 인영이 피고의 의사에 따라 날인된 것으로 추인되므로 문서 전체의 진정성립이 추정되는 갑 제1호증(각서)'과 같이 된다).

　　진정성립의 추정은 가령 그 날인행위가 작성명의인 **이외의 사람**에 의하여 이루어진 것임이 밝혀지거나 작성명의인의 **의사에 반하여** 혹은 작성명의인의 **의사에 기하지 않고** 이루어진 것임이 밝혀진 경우에는 **깨어지는 것**이므로[61] 따

---

60) 날인행위가 작성 명의인의 의사에 기한 것이라는 추정은 **사실상의 추정**이므로 인영의 진정성립을 다투는 자가 **반증**을 들어 인영의 진정성립, 즉 날인행위가 작성명의인의 의사에 기한 것임에 관하여 법원으로 하여금 의심을 품게 할 수 있는 사정을 입증하면 그 추정은 깨어진다(대법원 1997. 6. 13. 선고 96재다462 판결).

61) 인영이 피고의 진정한 인장에 의한 것임을 인정하는 취지로 진술하고 있으므로, **반증이 없는 한**, 약정서상 인영은 피고의 의사에 의하여 현출된 것으로 **사실상 추정**되어 358조에 의하여 그 진정

라서 이 경우에 문서 제출자는 그 날인행위가 작성명의인으로부터 위임받은 정당
한 권원에 의한 것이라는 사실까지 증명할 책임이 있다.62) 한편 작성명의인의 날 24-변리사시험
인만 되어 있고 그 내용이 백지로 된 문서를 교부받아 후일 그 백지 부분을 작성
명의자가 아닌 사람이 보충한 문서의 경우에 있어서는 진정성립은 배제된다.63)

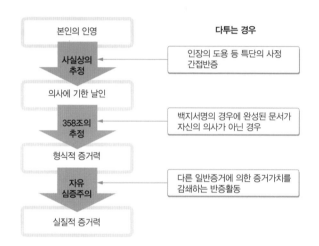

◈ **예** ◈   甲은 소송에서 매매계약서를 증거로 제출하였는데, 乙은 매도인란에 기재된
乙 이름 옆에 날인된 인영이 자신의 인장에 의한 것임은 맞으나 자신은 이를 날인한
사실이 없다고 다투었고, 甲은 乙의 사촌동생인 丙이 乙을 대신하여 날인한 것이라고
주장하였으며, 丙이 이를 날인하였다는 甲의 주장을 乙이 이익으로 원용한 사안에서
인영의 동일성이 인정된다고 하더라도, 다른 사람에 의한 날인사실이 인정되는 이상,
2단계의 추정은 깨어진다고 보아야 한다. 문서제출자인 甲은 丙이 乙을 대신하여 날인

성립이 추정될 수 있고, 한편 자신의 인감증명서상의 인영과 위 약정서상 인영을 육안으로 대조하
여 보아도 동일한 것으로 보이므로, 위 약정서는 어느 모로 보든 그 진정성립을 추정할 수 있을
것으로 보인다. 그러므로 약정서의 작성명의자로 되어 있는 피고가 그 성립 여부에 관하여 부지라
고 답변하였다고 하여 바로 그 약정서의 형식적 증거력을 배척할 것이 아니라, 그 작성명의자에게
그 인영 부분의 진정성립 여부를 석명한 후, 그에 따라 그 서증의 진부에 대한 심리를 더하여 보고,
**그 결과 그 사문서의 진정성립이 추정되면, 그 작성명의자가 자신의 인장이 도용되었거나
위조되었음을 입증하지 아니하는 한, 그 진정성립을 부정할 수 없음**에도 바로 그 사문서의
형식적 증거력을 배척한 것은 법리오해가 있다(대법원 2000. 10. 13. 선고 2000다38602 판결).

62) 대법원 1995. 6. 30. 선고 94다41324 판결; 대법원 2003. 4. 8. 선고 2002다69686 판결.
63) 대법원 2000. 6. 9. 선고 99다37009 판결. 일반적으로 문서의 일부가 미완성인 상태로 서명날
   인을 하여 교부한다는 것은 이례에 속하므로 그 문서의 교부 당시 백지상태인 공란 부분이 있었
   고 그것이 사후에 보충되었다는 점은 **작성명의인이 증명**하여야 한다. 그러나 일단 문서의 내용
   중 일부가 사후 보충되었다는 사실이 증명이 된 다음에는 그 백지부분이 정당하게 위임받은 권
   한에 의하여 보충되었다는 사실은 그 백지부분의 기재에 따른 **효과를 주장하는 당사자가 이를
   증명**할 책임이 있다(대법원 2013. 8. 22. 선고 2011다100923 판결).

한 것이 작성명의인 乙로부터 위임받은 정당한 권원에 의한 것이라는 사실을 증명할 책임이 있게 되고,**64)** 그렇지 못하면 위 매매계약서의 형식적 증거력은 인정될 수 없다.

11-사법시험
18-5급공채시험

　　　문서의 성립의 진정은 **보조사실**이지만, 진정성립의 인정의 취소에 관하여는 주요사실에 관한 자백취소와 동일하게 취급하여야 할 것이므로 문서의 진정성립을 인정한 당사자는 자유롭게 이를 **철회할 수 없고**(☞8-24), 이는 문서에 찍힌 인영의 진정함을 인정하였다가 나중에 이를 철회하는 경우에도 마찬가지이다.

　　　③ **필적 또는 인영의 대조**: 문서의 진정을 증명하기 위해서는 앞에서 보았듯이, 가령 필적을 알고 있는 사람이 증인으로 작성명의인의 필적이라고 진술하는 등의 방법과 같은 증거방법(판결서의 기재는 '증인 김갑동의 증언에 의하여 진정성립이 인정되는 갑 제1호증(각서)'과 같이 된다)이 이용된다. 특히 필적 또는 인영을 대조하여 증명할 수 있는데(359조), 이는 일종의 **검증**이다. 대조하는 데 적당한 필적이 없는 때에는 법원은 신청에 의하여 상대방에 대하여 그 문자를 손수 쓰도록(=수기) 명할 수 있다(361조 1항). 정당한 이유 없이 이 명령에 따르지 않으면 당사자는 문서의 진부에 관한 거증자의 주장이 진실하다고 인정되는 불이익을 받는다(동조 2항).

(2) 실질적 증거력

8-91
20-변리사시험

　　　(가) 의 의　　어떤 문서의 기재내용이 요증사실을 증명하기에 적합한 가치를 말한다. 바꾸어 말하면 당해 문서의 기재내용이 요증사실의 증명에 기여하는 정도를 말한다(증거가치=신빙성). 실질적 증거력의 판단은 법관의 **자유심증**에 맡겨져 있다. 다만, 법이 자유심증주의에 대한 예외로 변론조서에 관하여는 법정증거력을 인정하고 있다(158조). 실질적 증거력에 대하여는 형식적 증거력의 경우와 같은 추정규정은 없다. 문서의 실질적 증거력은 다음과 같이 처분문서와 보고문서에 따라 달리 취급된다.

8-92
10-사법시험
18-변호사시험

　　　(나) 처분문서의 경우　　처분문서의 경우, 그 진정성립이 인정되면 기재내용대로 법률적 행위가 있었음을 인정하여야 한다(따라서 처분문서에 있어서 성립의 진정을 다툴 독립한 이익이 인정되어 증서진부확인의 소에 의하여 다툴 수 있다). 가령, 계약서 등이 작성자의 의사에 기하여 성립한 것이 인정되면 기재내용인 계약성립의 사실이 인정된다. 다만, 엄밀하게 말한다면 처분문서성은 계약의 의사표시 부분

---

64) 대법원 1995. 6. 30. 선고 94다41324 판결.

에 한정되고, 계약서 작성의 일시, 장소 및 참여자 등의 기재 부분이나 그 법률행
위의 해석, 행위자의 능력이나 의사의 흠 등에 대하여는 의심이 있으면 다른 증
거에 의한 증명이 필요하고 법관의 자유심증에 의하여 별도로 판단할 수 있다.65)
위와 같은 처분문서의 증거력은 상대방의 반증이 허용되는 사실상의 추정이다.
처분문서의 기재내용을 배척하자면 합리적인 이유를 설시하여야 한다.

　　(다) 보고문서의 경우　　보고문서의 경우, 그 실질적 증거력은 문서의 성질,　　8-93
작성 시기 등에 따라 다르다. 문서에 따라서는 작성자의 사실 인식, 기억, 표현이
정확하지 않거나 허위 사실이 포함될 위험성이 증인과 마찬가지로 있게 된다. 따
라서 형식적 증거력이 갖추어져 있더라도 기재 내용의 증거력은 작성자의 신분,
직업, 성격, 계쟁 사건과의 이해관계의 유무나 정도, 작성의 목적, 시기, 기재사실
의 성질, 기재의 방법·체제 등 여러 가지 사정을 참작하여 법관의 **자유심증**에
의하여 결정하여야 한다. 그리고 가족관계증명서와 같은 보고문서인 공문서는 일
반적으로 실질적 증거력이 높지만(특별한 사정이 없으면 그 증거력을 쉽게 배척할 수
없다), 이것도 경험칙에 기한 사실상의 추정에 지나지 않는다. 또한 수령증, 상업
장부 등은 원칙적으로 소송 또는 분쟁이 발생하기 전에 작성된 것으로, 게다가
작성자에게 불이익한 성질을 가지는 사실을 기재한 것으로 허위 기재가 있을 위
험성이 낮은 것으로, 그 기재 내용에 오류가 생길 여지가 적으므로 특별한 사정
이 없는 한(가령, 제3자에게 보이기 위한 특별한 필요가 있어서 허위 내용의 수령증을 작
성하였다는 등), 경험칙상 기재된 대로의 사실을 인정할 수 있다.

5. 서증의 절차

　　문서에 대한 증거조사를 행하는 데에는 우선, 문서가 법원의 면전에 제출될　　8-94
필요가 있다(문서는 증거로서의 가치가 실제상 가장 높은데, 증거수집의 문제에 있어서도
다른 증거방법보다 문서가 가장 문제된다). 그 방식으로는 아래에서 따로 자세히 설명
할 것인데, 우선 343조가 규정하고 있듯이, ① 거증자가 **스스로 문서를 소지**하고
있으면 이를 제출하는 방식(☞8-95), 또는 ② **상대방이나 제3자가 가진**(소지하는)

---

65) 특별한 사정이 없는 한, 기재되어 있는 문언에 따라 당사자의 의사표시가 있었던 것으로 객관
　　적으로 해석하여야 하고, 다만 기재내용과 다른 특별한 명시적, 묵시적 약정이 있는 사실이 인정
　　될 경우에 그 기재내용의 일부를 달리 인정하거나 작성자의 법률행위를 해석함에 있어서 경험칙
　　과 논리법칙에 어긋나지 아니하는 범위 내에서 자유로운 심증으로 판단할 수 있을 뿐이다(대법
　　원 1999. 2. 12. 선고 98다45744 판결).

문서라면 이를 가진 사람에게 그 제출을 명할 것(문서제출명령)을 신청하는 방식으로(이는 가진 사람이 제출의무를 부담하는 때에 한하며) 한다(☞8-96). 그 밖에 ③ 문서를 가지고 있는 사람이 제출의무 없는 때에도 **제출을 기대할 수 있는 경우**에 문서를 보내도록(=송부) 촉탁할 것을 신청하는 방식이 있고(352조, ☞8-100), ④ 문서의 **송부촉탁이 어려우면** 문서소재장소에서의 서증신청을 하는 방법으로 한다(297조, 354조, 민사소송규칙 112조 1항, ☞8-101).

　　위 어느 경우라도 법원이 문서를 검토하여 읽는 것(=열독)에 의하여 문서에 대한 증거조사가 행하여진다. 법원은 필요하다고 인정한 때에는 제출되거나 보내온 문서를 맡아 둘(=유치) 수 있다(353조). 그리고 불필요한 서증이 기록에 많이 철해져 기록파악이 쉽지 않고, 보관에도 어려움이 있으므로 제출된 문서가 증거로 채택되지 않은 때에는 법원은 당사자의 의견을 들어 제출된 문서를 돌려주거나 폐기할 수 있다(355조 4항).

(1) 문서의 직접 제출

8-95　　거증자가 스스로 가지고 있는 문서에 대한 서증신청은 이를 법원에 제출하여야 한다(343조 전단). 실무상 일반적으로 소장·답변서 등 주장서면에 서증의 사본을 첨부한다.

　　제출의 방법은 변론기일에서 현실로 제출할 것을 요하는데, 당사자가 서증이 될 만한 문서를 준비서면 등에 첨부하여 제출하였으나, 변론기일에 불출석하였다면 그 준비서면 등이 진술간주되었더라도 서증은 제출하지 아니한 것으로 취급한다.

23-변리사시험　　제출은 원본, 정본 또는 인증등본으로 할 것을 원칙으로 한다(355조 1항). 그런데 사본을 원본에 갈음하여 또는 사본 그 자체를 원본으로서 제출할 수도 있다.

전자의 **원본에 갈음한 사본의 제출**은 당사자 사이에 원본의 존재와 성립에 대하여 다툼이 없고 사본으로서 원본에 갈음하는 것에 이의가 없는 경우에 한하여 허용되며, 원본이 제출된 것과 동일한 효과를 갖는다. 상대방으로부터 이의가 없는 경우에는 소송절차에 관한 이의권이 포기·상실된다. 대부분의 재판에서는 이러한 예외가 통용되고 있다. 후자의 **사본을 원본으로 제출**하는 경우에는 그 사본이 독립한 서증이 된다고 할 것이나, 그 대신 이에 의하여 원본이 제출된 것이 되는 것은 아니고, 이때에는 증거에 의하여 사본과 같은 원본이 존재하고 또 그 원본이 진정하게 성립하였음이 인정되지 않는 한, 그와 같은 내용의 사본이 존재한다는 것 이상의 증거가치는 없다.66) 서증의 부호는 가령 갑 제1호증, 을 제1호증과 같이 원고 측이 제출하는 서증에는 '갑', 피고 측이 제출하는 서증에는 '을'로 붙이고, 제출순서에 따라 번호를 부여한다(민사소송규칙 107조 2항).

(2) 문서제출명령

(가) 의 의　　상대방 또는 제3자가 가지고 있는 제출의무 있는 문서에 관하여 서증의 신청을 함에 있어서는 문서제출명령의 신청방식에 의한다(343조 후단). 미국법과 같은 포괄적 **증거개시제도**(discovery. 진술녹취(depositions), 질문서(interrogatories) 그 밖의 디스커버리 수단을 통하여 사실을 밝히거나 증거를 수집하는 변론 전 절차)를 가지고 있지 않은 우리 민사소송법에서는 증거의 구조적 편재를 시정하는 수단으로서 점차 이러한 문서제출명령의 중요성이 커지고 있다. 한편, 상법 32조는 법원은 당사자에게 직권으로도 상업장부의 제출을 명할 수 있도록 하고 있다.

8-96

◆ **64억 로또 당첨금 관련 국민은행 측에 문서제출명령 신청** ◆　　송씨는 지인으로부터 자신이 단골로 이용하던 세탁소 주인이 로또 복권 1등에 당첨되어 땅을 구입하고 고급승용차를 몰고 다닌다는 이야기를 듣고 세탁소 측과 벌였던 '로또시비'를 떠올렸다. 송씨에 따르면 로또를 구입해 양복주머니에 넣어둔 사실을 깜빡 잊고 옷을 문제의 세탁소에 맡겼는데, 송씨는 이후 "주머니에 중요한 물건이 있던데 아저씨 이름이 적혀 있다"는 세탁소 여주인의 말을 듣고서야 로또임을 깨달았다. 추첨일이 며칠 지난 뒤 세탁소를 찾아가 돌려 달라고 하였으나 그런 일이 없다는 면박을 받고 그냥 지나쳐 버렸다는 것인

---

66) 대법원 1997. 11. 14. 선고 97다30356 판결. 서증사본의 신청당사자가 문서 원본을 분실하였다든가, 선의로 이를 훼손한 경우, 또는 문서제출명령에 응할 의무가 없는 제3자가 해당 문서의 원본을 소지하고 있는 경우, 원본이 방대한 양의 문서인 경우 등 원본 문서의 제출이 불가능하거나 비실제적인 상황에서는 원본의 제출이 요구되지 아니한다고 할 것이지만, 그와 같은 경우라면 해당 서증의 신청당사자가 원본 부제출에 대한 정당성이 되는 구체적 사유를 주장·입증하여야 할 것이다(대법원 2002. 8. 23. 선고 2000다66133 판결).

데, 송씨는 그러나 세탁소 주인이 큰돈을 쓰고 다닌다는 소문을 듣고 보니 당시 양복 주
머니에 넣어둔 자신의 로또가 당첨됐을지도 모른다는 생각을 갖게 되었고, 점차 확신으
로 굳어져 결국 세탁소 주인을 상대로 로또 당첨금반환소송을 냈다. 당시 1등 당첨금은
총 835억원으로, 13명의 당첨자가 64억 3천만원씩 나눠 가졌다. 송씨는 국민은행 측에
세탁소 주인이 당첨금을 수령했는지, 로또에 자신의 이름이 적혀 있는지에 대한 확인을
하고자 하였으나, 개인정보보호를 이유로 거부당하자, 재판부를 통해 국민은행 측에 관련
문서제출명령을 신청하였다. 국민은행이 재판부에 관련 문서를 제출할지는 아직 미지수.
만일 복권에 서명 흔적이 있으면 송씨의 주장에 설득력이 있지만 그렇지 않을 경우 그
는 수백만원의 인지대와 변호사 비용만 날리게 될 판이다(2007.6.28.자 연합뉴스 기사).

(나) 문서제출의무

8-97   ① **일반의무**   당사자와 문서와의 사이에 특별한 관계가 있는 경우로
인용문서, 인도·열람문서, 이익문서, 법률관계문서는 제출의무가 있고(344조 1항),
그 밖에 특별한 관계가 없는 경우에도 제외사유에 해당하지 않는 경우에는 문서
를 가지고 있는 사람에게 문서를 제출하도록 하여67) 문서제출의무를 증인의무와
마찬가지로 일반의무로 하고 있다(동조 2항). 그러나 완전한 일반의무인가에 대하
여 의문이 든다. 한정적 일반의무화에 그친다고 생각한다.

② **문서제출의무의 범위**

㉮ 인용문서(1호): 당사자가 소송에서 인용한 문서를 가지고 있는
때, 즉 인용문서는 제출의무가 있다. 이는 당사자가 소송에서 자기가 소지한 문
서를 인용하고, 이것을 자기 주장의 근거로 한 이상, 상대방 당사자의 청구가
있는 때에는, 그 문서를 소송에 제출시켜 상대방이 이용·비판하게 하는 것이
공평하기 때문이다. 반대로 그렇지 않으면 문서를 인용한 당사자의 주장이 진실
이라는 심증을 일방적으로 형성시켜 적정한 재판을 그르칠 위험조차 있기 때문
이다. 그런데 여기서 말하는 당사자가 소송에서 인용한 문서라 함은 당사자가
소송에서 당해 문서 그 자체를 증거로서 인용한 경우뿐 아니라 자기 주장을 명
백히 하기 위하여 적극적으로 문서의 존재와 내용을 언급하여 자기 주장의 근거
또는 보조 자료로 삼은 문서도 포함한다고 할 것이다.68) 한편, 설령 당사자가

---

67) 공해소송, 행정소송 등 현대형소송 내지는 정보편재형소송을 중심으로 증거의 구조적 편재
    를 시정할 수단으로 문서제출명령이 충분하지 않았고, 특히 문서제출의무의 범위에 있어서 외
    연이 명확하지 않아 다툼이 생겼으므로 **2002년 개정 민사소송법** 344조 2항에서 문서와 당사
    자 사이에 특별한 관계가 없는 경우에도 제외사유에 해당하지 않는 경우에는 문서를 가지고
    있는 사람에게 문서를 제출하도록 문서제출의무를 확대하여 일반의무화하였다.
68) 여기서의 **인용문서에 해당하는 이상**, 344조 2항에서 규정하는 바와는 달리, 그것이 '공무원

문서를 인용하였더라도 제3자가 이를 소지하고 있다면, 제3자는 위 인용문서의 제출의무를 부담하지 않는다.69)

㉯ 인도·열람문서(2호): 신청자(거증자)가 문서를 가지고 있는 사람에게 그것을 넘겨 달라고(=인도) 하거나 보겠다고(=열람) 요구할 수 있는 **사법상의 권리를**70) 가지고 있는 때에 문서제출의무가 있다. 문서를 가지고 있는 사람은 본래 당사자의 청구에 따라서 소송 밖에서 그것을 제출하여야 하든지, 그 내용을 공개하여야 하므로 소송 내에서 당사자의 신청에 따라 그 제출의무를 인정하여도 무방하다. 문서를 가지고 있는 사람은 제3자라도 관계없고, 인도·열람청구권이 계약상의 것이든 법률상의 것(가령 민법 475조의 변제자의 채권자에 대한 채권증서의 반환청구권)이든 관계없다.

㉰ 이익문서·법률관계문서(3호)

㉠ 이익문서: 문서가 신청자(=거증자)의 이익을 위하여 작성된 문서, 즉 이익문서는 제출의무가 있다(예를 들어 유언서, 영수증, 수취증).

㉡ 법률관계문서: 또한 문서가 신청자(=거증자)와 문서를 가지고 있는 사람 사이의 법률관계에 관하여 작성된 문서, 즉 법률관계문서는 제출의무가 있다(그 전형적 예로는 계약서나 통장).

㉢ 거부사유: 위 3호 이익문서, 법률관계문서에 있어서 공무원의 직무상 비밀과 같은 사항이 적혀 있어 동의가 필요한 경우에 동의를 받지 아니한 문서, 증인의 증언거부사유와 같은 일정한 사유(형사소추, 치욕, 직무상·직업상 비밀)가 있는 문서의 경우에는 제출의무를 부담하지 않는다(344조 1항 3호 단서).

③ **일반적인 문서제출의무**   위 제1항의 경우 이외에도, 문서를 가지고 있 22-법무사시험는 사람은 원칙적으로 그 제출을 거부하지 못한다는 일반적인 문서제출의무를 규정하고 있다(344조 2항). 가령, 통신비밀보호법에서 정한 통신사실확인자료도 문

이 그 직무와 관련하여 보관하거나 가지고 있는 문서'라도(인용문서로 사법시험 과목의 문제은행 출제위원이 문제은행에 출제한 문제가 기재된 문서에 대한 대법원 2008. 6. 12.자 2006무82 결정[미간행]), 그 문서가 공공기관의 정보공개에 관한 법률 9조에서 정하고 있는 비공개대상정보에 해당한다고 하더라도(인용문서로 변호사시험 관리위원회의 회의록에 대한 대법원 2017. 12. 28.자 2015무423 결정) 특별한 사정이 없는 한 문서제출의무를 면할 수 없다.

69) 대법원 2024. 8. 29.자 2024무677 결정.

70) 종래의 학설은 인도·열람청구권이 사법상의 것이든 공법상의 것이든 불문한다는 입장이었는데, 규정상으로는 사법상의 권리만으로 명백히 제한하고 있다. 공공기관의 문서 등 열람에 관하여는 따로 공공기관의 정보공개에 관한 법률에서 범위와 절차를 규정하고 있다. 그런데 문서제출의무를 확대하고자 하는 취지에 비추어 이에 대한 비판이 있을 수 있다.

서제출명령의 대상이 된다.71) 다만, 여기서 예외적으로, ㉮ **공무문서**(공무원 또는 공무원이었던 사람이 그 직무와 관련하여 보관하거나 가지고 있는 문서)의 공개에 관하여는 별개의 절차법인 「공공기관의 정보공개에 관한 법률」에 따라 통일적으로 규율함이 바람직하다고 보아, 공무문서를 문서제출의무에서 제외하고 있다.72) 그리고 ㉯ 형사소추나 치욕이 될 사항, 직업의 비밀을73) 지킬 의무 등 **증언거부사유와 같은 사유**가 있는 **문서**, ㉰ 문서를 가지고 있는 사람의 이익보호라는 관점에서, 오로지 문서를 가진 사람이 자기가 이용하기 위한 문서에(**자기이용문서**라고 하는데, 가령 일기, 메모, 가계부 등과 같은 것은 공표를 목적으로 한 문서가 아니고, 또 거기에는 개인의 프라이버시에 관한 기재가 있으므로) 대하여 문서제출의무의 예외를 인정하고 있다. 이 ㉰의 **자기이용문서**는 증언거부권 등에서는 규정되어 있지 않은 문서제출의무에서의 **독자적 제외사유**인데, 구체적 적용에 있어서 아주 문제가 없는 것은 아니다. **판례**는 자기이용문서에 해당하기 위한 요건으로, ① 오로지 내부의 이용에 제공할 목적으로 작성되어, 외부에 공표하는 것이 예정되지 않은 문서일 것(**내부 문서성, 외부비개시성**), ② 개시에 의하여 개인의 프라이버시 침해나 단체의 자유로운 의사형성의 저해 등 소지자에게 간과하기 어려운 불이익이 생길 염려가 있을 것(**불이익성**-간과하기 어려운 불이익), ③ **특별한 사정이 없을 것**이라는 3개의 기준을 제시하였다.74) 그런데 ③ 특별한 사정이 구체적으로 어떠한 경우에 인정되는가가 반드시 분명하지 않다.75)

---

71) 전기통신사업자가 통신비밀보호법 3조 1항 본문을 들어 문서제출명령의 대상이 된 통신사실확인자료의 제출을 거부하는 것에는 정당한 사유가 있다고 볼 수 없다(대법원 2023. 7. 17. 선고 2018스34 전원합의체 결정).

72) 여기서 말하는 공무문서는 국가기관이 보유·관리하는 공문서를 의미한다고 할 것이고, 그 공개에 관하여는 **공공기관의 정보공개에 관한 법률**에서 정한 절차와 방법에 의하여야 할 것이다. 따라서 **금융감독원** 직원이 직무상 작성하여 관리하고 있는 문서는 위 **공무문서에 준하여** 그 제출을 거부할 수 있다(대법원 2024. 4. 25.자 2023마8009 결정; 대법원 2024. 8. 29.자 2024무677 결정 등).

73) 여기에서 '직업의 비밀'은 그 사항이 공개되면 직업에 심각한 영향을 미치고 이후 직업의 수행이 어려운 경우를 가리키는데, 어느 정보가 직업의 비밀에 해당하는 경우에도 문서 소지자는 비밀이 보호가치 있는 비밀일 경우에만 문서의 제출을 거부할 수 있다. 나아가 어느 정보가 보호가치 있는 비밀인지를 판단할 때에는 정보의 내용과 성격, 정보가 공개됨으로써 문서 소지자에게 미치는 불이익의 내용과 정도, 민사사건의 내용과 성격, 민사사건의 증거로 문서를 필요로 하는 정도 또는 대체할 수 있는 증거의 존부 등 제반 사정을 종합하여 비밀의 공개로 발생하는 불이익과 달성되는 실체적 진실 발견 및 재판의 공정을 비교형량하여야 한다(대법원 2015. 12. 21.자 2015마4174 결정).

74) 대법원 2015. 12. 21.자 2015마4174 결정. 이는 일본 最高裁 平成11年(1999년) 11月 12日 決定의 접근 방법이다.

75) 여기서 어느 문서가 자기이용문서에 해당하는지는 문서의 표제나 명칭만으로 판단하여서는 아

(다) 문서제출명령의 신청 및 심판

① **신　청**: 문서제출신청을 한 당사자는 문서의 표시, 문서의 취지, 문서를 가진 사람, 증명할 사실 및 문서제출의무의 원인을 밝혀야 한다(345조).

여기서 문서제출신청을 하는 데에는 문서의 표시나 취지에 의하여 문서를 특정할 필요가 있는데, 본래 문서의 소지자가 어떠한 문서를 소지하고 있는가가 명확하지 않은 상황도 있을 수 있다. 그리하여 필요하다고 인정하는 경우, 법원은 신청대상이 되는 문서의 취지나 그에 의하여 증명할 사실을 개괄적으로 표시한 당사자

■ **문서제출명령신청서 작성 기재례**　　　8-98

문서제출명령신청서

사　건　　201○ 가합(가단) ○○○　　손해배상

원　고　　이 몽 룡
피　고　　재단법인 산동성의료원

위 사건에 관하여 원고는 주장사실을 입증하기 위하여 다음 문서의 제출명령을 신청합니다.

다　음

1. 문서의 표시 및 소지자
   피고 재단법인 산동성의료원이 소지하고 있는 1990. ○. ○. 동 재단산하 서울 서초구 서초동 ○○○번지 소재 산동병원에 입원하여 수술가료 중 사망한 소외 망 이○○에 대하여 동 병원이 한 치료행위에 관한 의료차트일체

2. 문서의 취지
   위 문서에는 위 의료행위의 과실에 관한 증거가 됨. 의료행위 과정의 상세한 기재 내용이 있습니다.

3. 증명할 사실
   위 피고 산하 위 병원 담당의사들이 의료행위중 과실로 말미암아 피해자 소외망 이○○이 사망한 사실을 입증코자 함.

201○ .　.　.
위 원고　이 몽 룡　(인)

○○지방법원　귀중

의 신청에 따라 상대방 당사자에게 신청내용과 관련하여 가지고 있는 문서 또는 신청내용과 관련하여 서증으로 제출할 문서에 관하여 그 표시와 취지 등을 적어 내도록 명할 수 있다는 **문서정보공개제도**를 두고 있다(346조). 사전증거수집수단이 미비한 우리 상황 하에서 미국의「증거개시제도」(discovery)와 유사한 역할을 할 수 있다고 본다.

② **심　판**: 법원은 상대방이 그 문서의 소지 여부 및 제출의무의 존재를 다투는 때에는 그에 대한 존부를 심리하여야 한다.[76] 상대방이 당사자이고, 신청

니 되고, 문서의 작성 목적, 기재 내용에 해당하는 정보, 당해 유형·종류의 문서가 일반적으로 갖는 성향, 문서의 소지 경위나 그 밖의 사정 등을 종합적으로 고려하여 객관적으로 판단하여야 하는데, 설령 주관적으로 내부 이용을 주된 목적으로 회사 내부에서 결재를 거쳐 작성된 문서일지라도, 신청자가 열람 등을 요구할 수 있는 사법상 권리를 가지는 문서와 동일한 정보 또는 직접적 기초·근거가 되는 정보가 문서의 기재 내용에 포함되어 있는 경우, 객관적으로 외부에서의 이용이 작성 목적에 전혀 포함되어 있지 않다고는 볼 수 없는 경우, 문서 자체를 외부에 개시하는 것은 예정되어 있지 않더라도 문서에 기재된 '정보'의 외부 개시가 예정되어 있거나 정보가 공익성을 가지는 경우 등에는 내부문서라는 이유로 자기이용문서라고 쉽게 단정할 것은 아니다 (대법원 2016. 7. 1.자 2014마2239 결정).

76) 통신비밀보호법은 개인의 사생활 및 대화의 비밀과 자유를 보호하기 위해 통신사실확인자료에 대한 제공을 원칙적으로 금지하고 있으므로, 법원은 통신사실확인자료에 대하여 문서제출명령을 심리·발령할 때에는 이러한 통신비밀보호법의 입법취지를 고려하여 통신과 대화의 비밀 및 자

이 변론에서 행하여지는 때에는 상대방에게 의견진술의 기회가 부여되어야 한다.[77] 반면, 상대방이 제3자인 때에는 충분한 진술의 기회를 제공하기 위하여 법원은 제3자 또는 그가 지정하는 사람을 심문하여야 한다(347조 3항. 다만, 문서제출신청을 각하하거나 기각하는 경우에는 심문하지 않더라도 무방하다고 할 것이다).

　　　여기서 프라이버시나 영업비밀에 관한 사항이 기재된 문서에 해당한다는 이유로 문서제출의무의 존부가 다투어지는 신청에 있어서 이에 대한 심판은 그 문서가 공개되지 않아야 한다는 문서소지자의 주장의 당부를 심리·판단하는 것이다. 따라서 이 절차에 법관과 문서소지자 외의 다른 사람이 참여한다면, 사실상 문서제출을 명하는 결과가 되고, 경우에 따라서는 문서소지자에게 회복할 수 없는 손해를 입히게 될 것이다. 그래서 법원이 필요하다고 인정하는 때에는 문서를 가지고 있는 사람에게 그 문서를 제시하도록 명할 수 있고, 대신 법원은 그 문서를 비공개적으로 심리하여 문서제출의무의 존재 여부를 판단하는 **비밀심리절차**(이른바 In Camera절차. 밀실에서 비공개라고 하는 라틴어로 camera는 chamber라는 뜻)를 마련하고 있다(347조 4항). 법원만이 그 문서를 보고 제출의무의 유무를 판단하게 된다. 다만, 이 경우에 나중에 제출의무가 없다고 판단하여도 법관은 이미 문서를 보았으므로 심증형성에 이용되지 않는가 하는 문제가 생긴다.

　　　심리의 결과에 따라서 신청기각(각하 포함) 또는 제출명령의 재판이 결정의 형식으로 행하여진다(347조 1항).[78] 그런데 문서의 일부에 제출의무가 없는 부분이나 증거로서의 필요성이 없는 부분을 포함하고 있는 경우가 있는데, 나머지 부분만으로도 증거가치가 있다면 그 부분만이라도 제출하게 하는 것이 바람직하므로 문서제출의 신청이 문서의 일부에 대하여만 이유 있다고 인정한 때에는

유와 적정하고 신속한 재판의 필요성에 관하여 엄격한 **비교형량**을 거쳐 그 **필요성**과 **관련성**을 판단하여야 한다(대법원 2023. 7. 17. 선고 2018스34 전원합의체 결정).

[77] 민사소송규칙 110조 2항은 상대방이 문서제출신청에 관한 의견을 적은 서면을 제출할 수 있도록 규정하고 있으므로 문서제출신청의 허가 여부에 관한 재판을 함에 있어서는 그때까지의 소송경과와 문서제출신청의 내용에 비추어 신청 자체로 받아들일 수 없는 경우가 아닌 한, 상대방에게 문서제출신청서를 송달하는 등 문서제출신청이 있음을 알림으로써 그에 관한 의견을 진술할 기회를 부여하고, 그 결과에 따라 당해 문서의 존재와 소지 여부, 당해 문서가 서증으로 필요한지 여부, 문서제출신청의 상대방이 문서제출의무를 부담하는지 여부 등을 심리한 후, 그 허가 여부를 판단하여야 한다(대법원 2009. 4. 28.자 2009무12 결정).

[78] 문서를 가진 사람에게 그것을 제출하도록 명할 것을 신청하는 것은 서증을 신청하는 방식 중의 하나이므로, 법원은 그 제출명령신청의 대상이 된 문서가 서증으로서 필요하지 아니하다고 인정할 때에는(290조) 그 제출명령신청을 받아들이지 않을 수 있다(대법원 2008. 9. 26.자 2007마672 결정).

그 부분만의 제출을 명하여야 한다는 **일부제출명령제도**를 두고 있다(347조 2항). 이에 의하여 일부에만 프라이버시나 영업비밀과 같은 제출거부사유가 있는 문서에 대하여도 그 부분을 제외하고 제출을 명할 수 있으므로 적극적으로 문서제출명령을 할 수 있게 된다.

　　　문서제출의 신청에 관한 기각(각하 포함) 또는 제출명령의 결정에 그 어느 쪽에 대하여도 즉시항고를 할 수 있다(348조).

(라) 문서부제출 등의 효과　당사자가 문서제출명령(일부의 제출명령, 제시명령)에 따르지 않은 때에는(증명방해의 하나 ☞8-124) 그 부제출의 효과로서 법원은 문서의 기재에 대한 상대방의 주장을 진실한 것으로 인정할 수 있다(349조). 또한 당사자가 상대방의 사용을 방해할 목적으로 제출의무가 있는 문서를 훼손하여 버리거나(=훼기) 이를 사용할 수 없게 한 때에도 같다(350조).[79]

8-99
22-법무사시험

◆ **예** ◆　헬기추락사고에 의하여 사망한 조종사의 유족(원고)이 헬기 소유회사를 상대방으로 추락사고는 헬기의 정비불완전에 의하여 야기된 것을 이유로 손해배상 청구를 하였다고 하자. 원고는 위 사실을 증명하기 위하여 피고에 대하여 헬기사고 조사보고서의 제출을 신청하였는데, 법원의 문서제출명령에도 불구하고 피고는 이를 제출하지 않았다. 이 경우에 사고원인에 관한 증거가 전부 피고에게 있고, 원고는 사고조사보고서의 내용도 알지 못하여 조사보고서의 기재내용을 주장할 수 없으므로 피고가 제출을 거부하였다고 하여 문서의 내용을 진실이라고 인정하는 것만으로는(=자유심증설) 제출명령에 따르지 않은 피고에게 제재를 가한 것이라고 할 수 없다. 결국 증명책임이 원고에게 있기 때문에 원고가 패소하게 된다. 이는 공평에 반하므로 조사보고서에 의하여 원고가 증명하려는 사실, 즉 사고가 헬기의 정비불완전으로 인하여 야기된 사실을 진실로 인정하여 증명된 것으로 풀이하는 것이 타당하다는 주장이 전개되고 있다(=법정증거설).

한편, 제3자가 문서제출명령에 따르지 않은 때에는 문서의 기재에 대한 상대방의 주장을 진실한 것으로 인정할 수는 없는 것이고, 다만 500만원 이하의 과태료의 제재가 따른다(351조, 318조, 311조 1항). 과태료의 결정에 대하여는 즉시항고를 할 수 있다(311조 8항).

---

79) 증거로 제출된 문서가 상대방의 사용을 방해할 목적 없이 일부가 훼손되었더라도 그 부분에 잔존 부분과 상반되는 기재가 있을 가능성이 인정되어 문서 전체의 취지가 제출 당사자의 주장에 부합한다는 확신을 할 수 없다면, 그 불이익은 그 문서 제출 당사자에게 돌아가야 한다(대법원 2015. 11. 17. 선고 2014다81542 판결).

◆ **제3자 과태료 부과** ◆   A씨는 올해 초 아내 B씨의 불륜 상대 남성인 C씨를 상대로 손해배상청구소송을 냈으나, C씨의 이름과 주소를 몰랐고 알고 있는 것은 아내의 전화에 찍힌 C씨의 휴대전화번호 뿐이었다. 결국 A씨는 피고인 C씨의 인적 사항을 비워둔 채 소장을 법원에 제출했다. 재판부는 피고의 인적 사항을 보충하라며 A씨에게 보정명령을 내렸고, A씨는 이동통신사에 C씨의 인적사항을 요청하는 문서제출명령을 신청하였다. 법원은 이를 받아들여 SK텔레콤에 해당번호에 대한 '개통여부, 성명, 주민등록번호, 주소'를 알려달라는 문서제출명령을 내렸으나, SK텔레콤은 고객정보를 제공할 수 없다고 거부했다. 법원은 제출 거부 이유를 물었지만 SK텔레콤은 소명이나 진술을 하지 않았다. 이에 A씨 사건을 심리하던 재판부는 SK텔레콤에 과태료 500만원을 부과했다. 문서제출명령에서 제출 대상의 전자정보 범위를 '개통여부와 성명, 주민등록번호, 주소'로 제한하고 사용목적과 관련성을 명시했으며, 이는 피고의 특정과 소장 송달 주소의 확보라는 정당한 목적을 위해 반드시 필요한 최소한의 정보만 제출하라고 명령한 것이고, 이 같은 조치는 개인정보보호법 18조에 부합하는 것이어서 통신사의 직무상 비밀을 지킬 의무는 면제되므로 문서 소지인인 SK텔레콤은 그 제출을 거부할 수 없다는 것이다(2016.11.28.자 법률신문 기사).

(3) 문서의 송부촉탁

8-100   서증의 신청에 관한 제3의 방식은 문서송부촉탁의 신청이다. 즉 서증의 신청을 함에 있어서 문서를 가지고 있는 사람에게 그 문서를 보내도록 촉탁할 것을 신청하여 이를 할 수 있다(352조).[80] 그 취지는 문서제출의무를 부담하는 사람이라도 법원으로부터의 촉탁에 따라서 **임의의 제출이 기대될 수 있는 경우**에는 법원의 제출명령에 의할 필요도 없는 점 및 문서의 소지자가 당사자의 의뢰만으로는 제출하지 않지만, 법원의 촉탁이 있으면 제출하는 경우가 많은 점에 근거하는 것이다.

■ **문서송부촉탁신청서 작성 기재례**

문서송부촉탁신청서

사 건   2010 가합(가단) ○○○   손해배상(자)
원 고   이 몽 룡
피 고   성 춘 향

 위 사건에 관하여 원고는 주장사실을 입증하기 위하여 아래와 같이 문서 송부촉탁을 신청합니다.

아   래

1. 기록의 보관처
   서울지방검찰청 집행과 보존계
2. 송부촉탁할 기록
   서울지방검찰청 ○○형 제○○○호 피고인 ○○○에 대한 교통사고처리 특례법위반 사건의 기록일체
3. 증명하고자 하는 사실
   본건 교통사고가 피고의 과실에 의해 발생한 사실 및 기타 사고의 정황, 피해상황 등.

2010. . .
위 원고   이 몽 룡

○○지방법원   귀중

---

80) 통상 제출의무 없는 문서에 대하여 문서송부촉탁을 신청할 수 있다고 하는데, 그러나 문서의 소지자가 해당 문서에 대하여 제출의무를 부담하는지 여부와 관계없다(법원실무제요 민사소송 [Ⅲ], 1466면).

송부촉탁의 상대방을 공공기관이나 공무원에 한정하고 있지는 않지만, 실제로는 공공기관 등에 대하여 행하는 것이 많다. 교통사고나 산업재해사고로 인한 손해배상사건에서 검찰청에서 보관하고 있는 형사기록에 대하여 자주 이용되며, 그 밖의 일반사건에서도 많이 이용된다. 다만, 등기사항증명서, 가족관계등록부 등과 같이 당사자에게 법령상 문서의 정본 또는 등본의 청구권이 보장되어 있는 경우에는 송부촉탁을 구할 이익이 없으므로 문서송부촉탁의 신청이 허용되지 않는다(동조 단서). 법원으로부터 문서의 송부촉탁을 받은 사람은 정당한 사유가 없는 한, 이에 협력하여야 하고(352조의2 1항), 그 문서를 보관하고 있지 아니하거나 그 밖에 송부촉탁에 따를 수 없는 사정이 있는 때에는 법원에 그 사유를 통지하여야 한다(352조의2 2항). 송부촉탁을 받은 사람이 촉탁에 따를 경우에는 법원에 문서원본을 보내는 것이 원칙이지만, 정본 또는 인증등본을 보낼 수도 있다(355조 1항). 후자의 경우에 법원이 필요하다고 인정한 때에는 원본을 보내도록 촉탁할 수 있다(동조 2항). 문서송부촉탁의 신청은 기록의 일부에 대하여도 할 수 있는데, 기록의 일부에 대하여 송부촉탁신청을 접수한 법원이 그 신청을 채택한 경우에는 기록을 보관하고 있는 검찰청 등에 대하여 그 지정한 부분의 인증등본을 송부하여 줄 것을 촉탁한다(민사소송규칙 113조 2항). 법원에 송부된 문서가 당연히 증거가 되는 것이 아니고, 촉탁문서가 도착하였음을 통지받은 당사자가 필요한 부분을 선별하여 서증으로서 제출하여야 한다. 사문서의 경우에는 그 진정성립이 인정되어야 한다.

(4) 문서소재장소에서의 서증신청(법원 밖에서의 서증조사)

법원 밖에서의 서증조사(297조)는 법원이 문서가 있는 장소에 직접 가서 서증의 신청을 받아 조사하는 방법이다(문서소재장소에서의 서증신청). 위 경우에 증거로 남길 필요가 있으므로 신청인은 서증으로 신청한 문서의 사본을 법원에 제출하여야 한다(민사소송규칙 112조 1항, 2항). 가령, 기소중지의 수사기록 등과 같이 대외방출이 어려운 경우가 그 대상이 된다. 종전에는 문서소재지에 가서 기록검증이라고 하여 검증의 방식으로 증거조사를 하였으나, 문서의 외관과 형태 등이 증거자료가 되는 것이 아니라, 그 문서의 기재내용이 증거자료가 되는 것이어서 현재는 검증의 방식이 아닌, **법원 밖에서의 서증조사**의 방식으로 증거조사를 하고 있다. 문서를 가지고 있는 사람이 법원의 문서송부촉탁에 불응할 경우에는 이

8-101

방법에 의하여 증거조사를 할 수 밖에 없다. 증거조사의 대상인 문서를 가지고 있는 사람은 정당한 사유가 없는 한 증거조사에 협력하여야 한다(352조의2).

V. 검 증

1. 의 의

8-102   검증은 법관이 직접적으로 시각, 청각 등 그 오관(五官)의 감각작용에 의하여 물체의 성상(性狀)이나 사물의 현상을 검사하여 얻은 결과(＝판단내용)를 증거자료로 하는 증거조사방법의 하나이다.[81] 그 대상이 되는 것(토지·가옥·사고현장 등)을 검증물이라고 한다.

문서라도 그 기재된 의미·내용을 증거로 하는 것(서증)이 아니고 그 지질·필적 등을 검사하는 것, 또 사람을 신문하여 그 진술을 증거로 하는 것(인증)이 아니고 그 용모나 신체를 검사하는 것은 검증이다.

2. 절 차

8-103   검증도 원칙적으로 당사자에 의한 **신청**에 따라 개시된다. 신청에는 검증물(검증의 목적)을 표시한다(364조). 검증물의 제출은 서증에 준한다. 신청자가 목적물을 소지하지 않은 때에는 검증물의 제출에 갈음하여 소지자에 대한 검증물제출명령의 신청 또는 검증물송부촉탁의 신청이 행하여진다(366조 1항, 343조, 352조). 요증사실이 전문적 지식을 기초로 하여야 할 때에는 감정과 함께 신청할 수 있다.

3. 검증수인의무

8-104   당사자 및 제3자는 가지고 있거나 점유하는 검증물을 제시하고 검증을 수인할 의무(가령 혈액의 채취, 부동산에의 출입)가 있다. 이는 정당한 사유가 있는 경우를 제외하고 **일반적 의무**라고 풀이한다. **정당한 사유**는 증인의무

■ **검증신청서 작성 기재례**

> 현장검증신청서
>
> 사 건   2010 가합(가단) ○○○   건물철거 및 대지인도
>
> 원 고   이 몽 룡
> 피 고   성 춘 향
>
> 위 사건에 관하여 원고는 다음과 같이 현장검증을 신청합니다.

---

81) 한편, 여기서 설명하는 증거조사로서의 검증 이외에도 석명처분으로서의 검증(140조 1항 4호)이나 증거보전으로서의 검증(375조)도 있다.

에 관한 증언 또는 선서거부사유를 유
추하여, 즉 검증에 의하여 자기 또는
근친자가 처벌받거나, 명예나 비밀이
침해되어 치욕이 되거나, 영업 그 밖의
재산적 비밀을 잃을 우려가 있는 경우
로, 이 경우에는 검증수인을 거부할 수
있다고 풀이할 것이다. 이러한 정당한
사유가 없음에도 검증물의 제시 그 밖
의 검증수인을 거부하는 때에는 당사

다　음
1. 검증의 목적 이 사건 피고가 원고소유의 대지를 불법으로 점유사용하고 있는 사실 확인 및 원고의 주장사실을 명백히 하는데 있음. 2. 검증할 장소 서울 중구 서소문동 100 대지 350 평방미터 및 동 지상의 가 건물 3. 검증할 사항 원고가 소유하는 대지의 지번이 100번지임을 확인하고 피고 가 점유하고 있는 가건물의 현황검증 　　　　　　　　　　　　　　2010.　.　. 　　　　　　　　　위 원고　이 몽 룡　 (인) ○○지방법원　귀중

자라면 검증물에 관한 거증자의 주장이 진실하다고 인정되는 불이익을 받는다
(366조 1항, 349조). 제3자라면 200만원 이하의 과태료의 제재를 받는데, 이 결정
에 대하여는 즉시항고를 할 수 있다(366조 2항). 검증의 경우에도 감정에 있어서
와 같이 법원은 필요한 경우에는 남의 토지, 주거 등에 들어갈 수 있는 처분을
할 수 있고, 이 경우에 저항을 받을 때에는 국가경찰공무원에게 원조를 요청할
수 있다(366조 3항).

VI. 그 밖의 증거

　　최근 새로운 과학기술의 발달에 의하여 CD롬, DVD 등 문자정보나 음성·　　8-105
영상자료를 저장하는 신종매체가 등장하였는데, 이러한 신종매체에 저장된 내용
을 증거법상 어떻게 취급할 것인가가 문제되고 있다. 그리하여 374조는 도면, 사
진, 녹음테이프, 비디오테이프, 컴퓨터용 자기디스크 그 밖에 정보를 담기 위하여
만들어진 물건으로서 문서가 아닌 증거의 조사에 관한 사항은 감정, 서증, 검증의
규정에 준하여 대법원규칙으로 정하도록 하였다. 새로운 증거가 등장할 때마다
일일이 법률로 그 개념과 조사절차 등에 관하여 규정하려고 한다면 시기적으로
늦을 뿐만 아니라 사회의 변화에 즉응하여 탄력적으로 대응하기 어렵기 때문에
대법원규칙으로 정하도록 한 것이다. 민사소송규칙 120조 이하에서 이에 대하여
규정하고 있다. 가령 민사소송규칙 121조는 녹음·녹화테이프, 컴퓨터용 자기디
스크·광디스크 그 밖에 이와 비슷한 방법으로 음성이나 영상을 녹음 또는 녹화
(이하 "녹음 등"이라 한다)하여 재생할 수 있는 매체(이하 "녹음테이프 등"이라 한다)에
대한 증거조사절차를 규정하고 있는데, 녹음테이프 등에 대한 증거조사는 녹음테

이프 등을 재생하여 검증하는 방법으로 한다고 규정하고 있다(121조 2항).[82] **판례**도 녹음테이프에 대하여 **검증설**을 취하였다.[83]

◈ **전자문서에 의한 민사소송 등** ◈   전자문서에 의한 민사소송 등에서 전자문서(컴퓨터 등 정보처리능력을 가진 장치에 의하여 전자적인 형태로 작성되거나 변환되어 송신·수신 또는 저장되는 정보)는 민사소송법 등에서 규정된 **문서와 동일한 효력**을 부여하였는데 (민사소송 등에서의 전자문서 이용 등에 관한 법률 5조 2항), 문자, 그 밖의 기호, 도면·사진 등에 관한 정보에 대한 증거조사는 전자문서를 모니터, 스크린 등을 이용하여 열람하는 방법으로, 음성이나 영상정보에 대한 증거조사는 전자문서를 청취하거나 시청하는 방법으로 할 수 있다(동법 13조 1항). 이는 소송절차에서 종이 등의 유형물에 고착된 문자 등을 열람하여 그 의미·내용을 인식하는 과정에 대응하는 것으로 볼 수 있으므로 증거방법으로 전자문서는 **서증에 유사**한 것으로 볼 수 있게 된다.[84]

VII. 조사·송부의 촉탁

8-106 　**간이하고 특수한 증거조사**로 법원은 국내외의 공공기관, 학교, 그 밖의 단체, 개인에게[85] 그 업무에 속하는 사항에 관하여 필요한 조사 또는 보관중인 문서의 등본, 사본의 송부를 촉탁할 수 있다(294조). 이 규정은 민사소송법 중 증거에 관한 총칙 중에 규정되어 있으나, 그 **실질**은 증인신문, 감정, 서증, 검증 등과 같은 위치에 서는 **독립한 증거방법**으로 이해할 수 있다(문서송부촉탁과의 한계가 문제될 수 있다. ☞8-100). 실무상으로는 **사실조회**라는 용어를 더 많이 사용한다. 예를 들어 기상청에 어느 일시의 기후관계의 조사보고를 구하는 것이다.[86]

　조사의 촉탁은 법원의 **직권**으로 하며, 당사자의 신청은 직권발동을 촉구하

---

82) 실무상 당사자가 녹음테이프 등의 녹취서만을 서증으로 제출하는 경우도 종종 생기고 있는데, 서증의 증거능력에 관하여 특별한 제한이 없는 이상 녹음테이프 등의 녹취서만을 서증으로 제출하는 것도 허용된다고 볼 것이다. 다만, 이 경우 상대방이 녹음테이프의 존재나 그 녹음내용에 대한 확인을 요구한 때에는 녹음테이프 자체에 대한 검증절차를 거치는 것이 원칙일 것이나, 경우에 따라서는 제출자로 하여금 녹음테이프 등의 복제본을 상대방에게 교부하도록 하여 상대방이 그 내용을 확인하고 특별한 이의가 없으면 검증절차를 생략할 수도 있을 것이다.

83) 대법원 1981. 4. 14. 선고 80다2314 판결; 대법원 1999. 5. 25. 선고 99다1789 판결.

84) 법원실무제요 민사소송[Ⅲ], 1560~1561면.

85) 과거와 달리 개인이 각종 단체 못지않게 전문적이고 특수한 분야에 관한 지식이나 정보를 갖고 있는 경우가 증가하고 있다. 보다 능률적인 증거조사를 할 수 있으므로 조사의 촉탁의 대상을 개인에까지 인정하고 있다.

86) 상대방의 특별한 지식과 경험을 필요로 하는 것이거나 전문적인 의견을 구하는 것일 때에는 조사의 촉탁보다는 오히려 감정촉탁의 방법으로 하는 것이 상당할 것이다.

는 의미에 불과하다. 그러나 실무상으로는 대부분 당사자의 신청에 따라 이루어진다. 그리고 촉탁은 재판장이 서면으로 행한다.

촉탁에 응할 의무가 있는지 여부는 상대방과 촉탁기관인 수소법원의 관계에 의하여 결정된다. 상대방이 공공기관이나 공무원 또는 이에 준하는 경우에는 국법상의 일반의무로서 촉탁에 응할 의무가 있다 할 것이다. 반면, 개인은 촉탁에 응할 의무를 부담하지 않는다고 볼 것이다.

조사의 촉탁의 결과인 조사보고를 서증으로 취급하는 입장도 있지만, 제출된 조사보고를

■ **사실조회신청서 작성 기재례**

사실조회신청서

사 건   201○ 가   [담당재판부 : 제   (단독)부]
원 고
피 고

위 사건에 관하여 주장사실을 입증하기 위하여 다음과 같이 사실조회를 신청합니다.

1. 사실조회의 목적
  본건 지역의 벼농사가 피고 회사 제조공장 설치 후 그 공장에서 흘러나오는 폐유에 의하여 소장 청구원인 제3항에 기재와 같이 수확이 감소된 사실을 명백히 함에 있다.
2. 사실조회 기관
  농림수산부 농산물검사소
3. 사실조회 사항
  가. 경기도 부천군 소래면 서부구지구에 있어서 2000년 이전의 평년작 마지기당 수확량
  나. 위 지역에 있어서 1998년도 및 1999년도의 각 마지기당 수확량
                      201○ .   .   .

         신청인 원(피)고   (기명날인 또는 서명)
                 (연락처)

○○지방법원 귀중

법원이 변론에 현출하여 당사자에게 의견을 진술할 기회를 보장하면 충분하다고 생각한다. 따라서 당사자가 서증으로서 이를 따로 제출할 필요는 없다고 본다.

VIII. 증거보전

1. 의 의

증거보전이라 함은 본래의 증거조사의 기일까지 기다려서는 그 조사가 불가능 또는 곤란하게 될 우려(보전의 필요성 — 가령 증인이 될 사람의 사망이 예상될 때, 문서가 변개[變改], 멸실될 염려가 있는 때)가 있는 특정한 증거에 대하여 이를 보전하기 위하여 미리 조사를 하여 그 결과를 확보하여 두기 위한 소송절차이다(375조 이하). 소송계속 전후를 불문하고, 소송계속 중이라도 필요하면 증거보전에 따른 증거조사를 할 수 있는데, 증거보전절차는 본안의 소송절차와 구별되어 별개로 행하여진다. 따라서 증거보전절차는 본래의 소송절차에 부수하여 행하여지지만(판결의 부수절차), 별개의 독립된 소송절차이다.

8-107

2. 요건 및 절차

(1) 요 건

8-108 　　　당사자는 미리 증거조사를 하지 아니하면 그 증거를 사용하기 곤란한 사정
이 있다고 인정되는 때에 증거보전을 신청할 수 있다(375조). 신청은 서면으로 하
여야 한다(민사소송규칙 124조 1항). 당사자는 보전의 필요성(보전의 사유)에 대하여
소명하여야 한다(377조 2항). 신청서에 보전의 사유에 관한 소명자료를 붙여야 한
다(민사소송규칙 124조 2항).

　◆ **증거개시기능** ◆　 소송계속 중이라도 필요하면 증거보전에 따른 증거조사를 할 수
있지만, 보통 증거보전은 소 제기 전 단계에서 이용되는 것이 일반적이다. 증거보전에
의해 개시된 증거를 검토하는 것에 의하여 장래 원고가 되려고 하는 사람은 피고로
삼으려는 사람의 범위, 청구의 법적 범위, 증명방침을 결정할 수 있으므로 이른바 증거
의 구조적 편재에 대처할 수 있는 기능을 행한다(관련하여 미국법에서와 같은 디스커버리
(discovery)제도의 도입이 논의되고 있다). 가령 의료과오분쟁에 있어서 제소 전에 진료기
록부의 증거보전이 신청되었을 때, 증거보전신청이 인정된 경우의 증거조사절차는 상대
방인 병원 측에 증거조사를 행하는 취지의 결정을 고지하고, 틈을 주지 않고 즉시 증
거조사가 실시되게 된다. 병원에 가서 진료기록부의 사진을 찍는 검증절차를 행하거나,
문서로서 진료기록부의 제출을 요구한다. 이와 같이 증거보전신청을 하여 증거조사가
되면 진료기록부의 기재내용을 신청인이 알 수 있게 되어 소송 전에 그 문서를 입수한
것과 동일한 효과가 생긴다. 필연적으로 상대방의 지배영역 내에 있는 증거를 신청인
에게 개시하는 증거의 개시 내지는 공개기능을 하게 된다. 증거보전의 본래의 기능인
미리 증거조사를 하여 둠으로써 그 현상이나 내용을 확보하여 둔다는 **증거보전기능**
이외에 위와 같은 **증거개시기능**에 대하여 적극, 소극 양쪽의 입장이 있다. 소극론에
의하면,[87] 위 사안에 있어서 병원 또는 의사가 진료기록부를 고칠 우려가 있다는 것을
구체적으로 소명하여야 한다. 즉 변개의 전력이 있는 것, 환자에 대하여 허위의 사실을
알린 적이 있는 것, 불성실 또는 책임회피적인 태도로 시종일관하는 것 등이 그 전형
적인 예로 들 수 있다. 한편, 증거보전의 개시기능을 긍정적으로 평가하는 적극론에 의
하면,[88] 상대방이 증거에 배타적 접근을 할 수 있고, 그 이해관계로부터 진료기록부를
고칠 유혹이 큰 경우에는 통상 보전의 필요성을 충족한다고 볼 수 있다고 한다. 즉 진

---

[87] 증거보전은 어디까지나 증거를 보전하는 것이 목적이고, 제소에 필요한 자료를 입수하는 절
차는 아니므로 그 증거를 장래 사용하는 것이 불가능·곤란하게 될 우려라는 보전의 필요성
을 엄격하게 적용하여야 한다는 증거보전의 증거개시기능에 대한 소극론이 있다.

[88] 증거보전의 본래의 기능은 증거의 보전기능인데, 한편 증거보전은 미리 그 증거를 조사하여 두
는 것이기 때문에 증거조사가 되면 당사자 일방의 지배영역 내에 있는 증거의 내용을 상대방 당
사자에게 알리는 효과(＝증거의 개시기능)가 있으므로 최근 특히 제소 전의 증거보전에 대하여
증거의 개시기능이 강조되는 경향이 있다.

료기록부를 고칠 우려가 있는 것을 구체적으로 상세하게 소명할 필요는 없고, 다소 추상적이라도 상관없게 된다. 참고로 보면, 증권관련집단소송법에 증거보전의 필요성을 따지지 않고 필요하다고 인정할 때에는 미리 증거조사를 할 수 있는 특례를 두고 있다 (동법 33조).

(2) 절 차

(가) 신 청   증거보전은 **원칙적으로** 당사자의 **신청**에 의한다. **예외적으로**   8-109
소송계속 중에는 법원의 **직권**으로도 명하여 질 수 있다(379조). 관할법원은 소제기 뒤에는 원칙적으로 그 증거를 사용할 심급의 법원이지만, 소제기 전이나 급박한 경우에는 신문을 받을 증인, 감정인, 당사자의 거소 또는 증거로 할 문서를 가진 사람의 거소, 검증물이 있는 곳을 관할하는 지방법원이다(376조). 증거조사에는 신청인, 상대방에게 통지하여 관여시키는 것이 원칙이다(381조). 참여권을 보장하는 취지이다. 다만, 긴급한 경우에는 예외이다.

(나) 결 정   증거보전의 신청에 대하여 법원은 증거보전결정 또는 신청의   8-110
각하결정의 어느 쪽의 재판을 한다. 각하결정에 대하여는 항고할 수 있지만(439조), 반면 증거보전결정에 대하여는 불복신청을 하지 못한다(380조). 그 취지로서는 증거보전에 있어서 긴급성이 있는 것 또는 증거보전에 의하여 상대방이 특별히 불이익을 받을 가능성이 없는 것 등을 들 수 있다.

(다) **증거조사의 실시**   증거보전의 결정이 있으면, 본안소송에서와 동일한   8-111
방법으로 증거방법의 종류에 따라 증거조사가 실시된다. 이론적으로는 증거보전의 결정과 그에 기한 별개의 증거조사의 결정을 하여야 하겠으나, 실무상으로는 하나의 결정서에 의하여 증거보전을 허용하면서 증거조사의 실시방법에 관한 결정을 한다.

3. 효 력

증거보전에 관한 기록은 증거보전을 마치기 전에 본안소송이 제기된 경우에   8-112
는 증거보전을 마친 뒤 2주 안에 본안소송의 기록이 있는 법원에 보내야 한다 (382조, 민사소송규칙 125조 1항). 증거보전에 따른 증거조사를 마친 뒤에 본안소송이 제기된 때에는 본안소송이 계속된 법원의 송부요청을 받은 날로부터 1주 안에 증거보전에 관한 기록을 보내야 한다(민사소송규칙 125조 2항). 송부된 기록은 변론에 제출되어 증거자료가 된다. 즉 증거보전절차에서의 증거조사의 결과가 변론에 상정되면 그것이 그 자체로 본안소송의 증거가 된다. 가령 증인신문조서가 서증으로 되는 것은 아니다. 다만, 증거보전절차에서 신문한 증인이더라도 당사자가 변론에서 다시 신문을 신청한 때에는 수소법원은 그 증인을 신문하여야 한다(384조). 증인신문에 대하여 직접주의를 철저하게 관철하려는 것인데, 변론의 갱신에 있어서 증인신문(204조 3항)과 마찬가지 취지이다.

제 5 절　자유심증주의

증명이 불필요한 사실인 자백한 사실이나 현저한 사실을 제외하고 법원은 기일에 현출된 자료에 기하여 판결의 기초되는 사실을 인정하여야 하는데, 그 인정에 관한 기본원칙으로는 자유심증주의와 증명책임이 있다. 전자는 증거자료(내지는 증거원인)에 기한 사실인정에 있어서 법원이 취하여야 할 규범을 정한 것이고, 후자는 증거자료를 가지고도 증명주제인 사실에 대하여 법원이 확신을 형성할 수 없는 때에 그 사실의 존부를 어떻게 취급할 것인가에 관한 원칙이다. 여기서는 자유심증주의에 대하여 살펴본다.

I. 의　의

8-113　　　자유심증주의(freie Beweiswürdigung)란 재판의 기초가 되는 사실 인정에 있어서 법관은 법률상의 제약을 받지 않고 변론 전체의 취지와 증거자료를 통하여 사회정의와 형평의 이념에 입각하여 논리법칙과 경험법칙에 의하여 자유로운 판단으로 사실의 존부에 대한 확신을 얻는 원칙을 말한다(202조).[89]

자유심증주의의 반대개념은 법정증거주의(formelle Beweisregeln)로, 이는 어떠한 증거에 의하여 어떠한 사실을 인정하여야 하는가에 대하여 미리 증거법칙을 정하여 두고 법관이 이것에 따라 사실인정을 하는 주의이다. 가령 「부동산매매의

---

89) 민사소송법은 형사소송법과 함께 이 원칙을 채택하고 있다. 다만, 형사소송에서는 전문증거(傳聞證據)는 증거능력이 없다는 전문법칙과 같은 증거능력의 제한이 실제적으로는 작용한다.

사실은 반드시 서면으로 증명하여야 한다」 등이다.90) 그런데 현행법은 자유심증
주의를 채택하고 있다.

II. 자유심증주의의 내용

　　법원은 변론 전체의 취지와 증거조사의 결과를 참작하여 자유로운 심증으로　　8-114
사실주장의 진실 여부를 판단한다(202조). 즉 자유심증주의의 내용은 ① 「증거조
사의 결과」와 「변론 전체의 취지」에 한하여 사실인정의 자료(증거원인)가 되는 것
및 ② 그것들의 심증형성(참작)의 방법은 법규에 의하여 획일적으로 정하여진 것
이 아니라, 법관의 자유로운 재량(증거력의 자유평가)에 맡겨져 있는 것의 두 가지
점이다.

1. 증거원인

(1) 증거조사의 결과

　　증거조사의 결과(증거자료)라 함은 법원이 증거방법에 대한 증거조사로부터　　8-115
얻은 자료를 말한다. 예를 들어 증언, 감정 등이다. 그런데 민사소송에서는 일반
적으로 증거방법(증거능력)의 제한은 없으며, 법관의 자유심증에 의한 증거력의
평가의 문제로 남겨두고 있다. 이는 다음의 두 가지 의미가 있다. ① 특정한 사실
의 인정을 위하여 **증거방법이 한정되지 않는다.** 가령 부동산매매계약과 같은 중
요한 사실이라도 이를 증인의 증언만에 의하여 인정하는 것도 허용된다. ② 여러
가지 사람 또는 물건이 증거방법이 될 수 있다. 즉 **증거능력에 제한이 없는 것**
이 원칙이다. 당사자가 스스로 작성한 문서나 전문증언(傳聞證言)이라도 이에 기
하여 심증을 얻는 것이 허용된다. 한편, 법관이 소송과정에서 사적으로 지득한
지식인 「법관의 사지(私知)」는 심증형성에 사용되는 것이 금지된다.91)

---

90) 역사적으로는 법정증거주의의 시대가 더 오래되었다. 가령 「1인의 증인의 증언은 증거가 되지
　　않는다」라는 증거법칙은 성서에서 유래하여 로마제국에서는 콘스탄티누스황제에 의하여 채택되
　　었고, 이후 중세유럽의 증거법의 대원칙으로 되었다고 한다. 즉 중세유럽에서는 가령 「2명의 모
　　범적 증인이 있으면 완전한 증거로 취급한다」는 인증의 경우의 대원칙에 의하여, 가령 반대의
　　증인이 있으면 산술적(뺄셈)인 계산을 하여 사실을 인정하였고, 법관의 주관적인 심증은 배제되
　　었다고 한다.
91) 이는 법관의 제척사유(41조 3호 참조)가 될 수도 있다(법관이 증인을 겸할 수 없다).

(2) 변론 전체의 취지

8-116   증거조사의 결과 이외에 변론 전체의 취지도 심증형성의 자료(증거원인)가 된
다(한편, 형사소송에서는 증거재판주의에 의하여 증거자료만이 증거원인이 된다). 변론 전
체의 취지란 변론에 나타난 증거자료(증거조사의 결과) 이외의 일체의 자료·상황
을 말한다. 구체적으로는 석명처분에 의하여 얻은 진술·검증·감정의 결과 등
(140조), 당사자나 대리인의 진술태도, 공격방어방법의 제출의 시기, 공동피고의
자백, 당사자가 입증취지로 제출한 자료 등이 여기에 포함된다.92)

그런데 여기서 변론 전체의 취지만으로 독립적으로 사실인정을 할 수 있는
가(**독립적** 증거원인설), 아니면 증거자료에 보태어 사실인정의 자료로 쓰이는 보충
적인 증거원인이 되는 것에 그치는가(**보충적** 증거원인설)에 대하여 다툼이 있다.
판례는 원칙적으로 후자의 입장이나,93) 문서의 진정성립(☞8-89)과 자백의 철회
요건으로서의 착오(☞8-31)는 변론 전체의 취지만으로 그 사실을 인정하고 있다.
생각건대 보조사실이나 경미한 간접사실에 있어서는 변론 전체의 취지만으로 사
실인정의 자료를 삼을 수 있지만, 중요한 간접사실이나 주요사실에 대하여는 증
거조사를 거치지 않고 변론 전체의 취지만에 의하여 사실인정을 할 수는 없다고
본다.

2. 증거력의 자유평가

8-117   증거의 증거력의 평가(증거를 어느 정도로 고려하여 요증사실을 인정할 것인가)는
법관의 자유로운 판단에 맡겨져 있다. 가령 직접증거와 간접증거 사이에 증거력
에 있어서 차이가 없고, 민사재판에 있어서 형사사건의 확정판결에서 인정된 사
실에 구속을 받지 않는다. 이것이 자유심증주의의 핵심이다. 다만, 법관의 자유로
운 판단에 맡긴다고 하는 것이 법관의 자의(恣意)에 따른 임의적인 판단을 허용하
는 것은 아니고, 그것은 사회정의와 형평의 이념에 입각한 논리법칙과 경험법칙
에 따른 자유로운 증거력의 평가이어야 한다. 그런데 증거의 취사선택에 있어서
증거의 평가의 경로를 논리적으로 명시할 필요는 없다고 본다.

---

92) 한편, 자백간주에 있어서 150조 1항의 변론 전체의 취지는 각 변론기일에 있어서 변론을
일체로서 본 경우의 당사자의 변론내용을 의미하는 것으로 위 증거원인으로서의 변론 전체
의 취지와는 구별된다.

93) 변론의 전취지만으로는 사실인정의 자료로 할 수 없다(대법원 1983. 9. 13. 선고 83다카971
판결).

◈ **형사상 무죄라도 민사 불법행위책임 부담** ◈ 권씨는 지역 씨름대회에서 우승할
만큼 힘이 세고 건장한 체구인 반면 출동한 경찰관들은 몸이 왜소하거나 나이도 많
아 제압하기에 역부족이어서 오히려 밀리는 상황이었다. 권씨에 밀려 넘어졌다가 정
신을 차린 한 경찰관은 권씨가 동료 경찰관의 권총을 빼앗으려는 것으로 생각하고
공포탄을 발사하며 경고하였으나, 권씨가 아랑곳하지 않고 동료 경찰관을 폭행하며
밀어붙이자 실탄을 발사하였다. 총알은 권씨의 우측 흉부를 관통했고, 즉시 권씨는
병원으로 후송돼 치료를 받았으나 간파열 등으로 인한 패혈증으로 사망하고 말았다.
재판부는 경찰관이 총기사용을 신중히 판단했다면 쏘지 않을 수 있었고, 설령 부득
이 쏠 수밖에 없는 상황이었더라도 하체 부분을 향해 쐈다면 피해를 최소한으로 줄
일 수도 있었음에도 불구하고 경찰관이 흉부를 향해 실탄을 발사해 권씨를 사망에
이르게 한 과실이 있는바, 비록 총을 쏜 경찰관이 **형사사건에서 무죄판결이 확정**
됐더라도 권씨의 사망이라는 중대한 결과를 초래한 점에다가 사망으로 인해 발생한
손해의 공평한 분담이라는 측면까지 종합하면 **민사상 불법행위를 구성**하나, 다만
망인도 출동한 경찰관들에게 막무가내로 달려들어 폭력을 행사하고, 또 공포탄을 발
사해 경고했음에도 불구하고 계속 경찰관을 폭행한 잘못이 있고, 이런 잘못은 사고
를 발생케 한 직접적인 원인이 됐으므로 국가의 배상책임을 60%로 제한하였다
(2008.2.9.자 로이슈 기사).

3. 증거공통의 원칙

(1) 제출된 증거를 법관이 어떻게 평가하는가는 증거력의 자유평가의 문제   8-118
이다. 그렇기 때문에 증거를 제출한 당사자에게 증거조사의 결과를 유리하게도
불리하게도(즉 상대방 당사자에게 유리하게도) 평가할 수 있는 **증거공통의 원칙**이
도출된다. 게다가 상대방이 자신에게 유리한(제출한 당사자에게 불리한) 증거조사의
결과를 원용하는 것조차도 필요하지 않다. 예를 들어 대여금반환청구소송에서 원
고 측에서 신청한 증인이, 피고가 원고로부터 돈을 빌렸지만, 변제기를 연장해
달라고 사정하자, 변제기를 연장하여 주었다고 증언한 경우에 피고가 이 증언을
원용하지 않더라도 법원은 위 증언을 가지고 증인을 신청한 원고에게 불리하게(즉
피고에게 유리하게) 대여금이 아직 이행기가 도래하지 않았다고 판단할 수 있다.

(2) 증거공통의 원칙은 변론주의에 저촉하는 것은 아니다. 변론주의는 증거
제출의 책임을 법원과의 관계에서 당사자에게 있다고 한 것이므로 이미 증거가
제출된 이상, 당사자의 책임은 마무리되었고, 그것을 어떻게 평가하는가는 변론
주의의 적용 밖의 문제이기 때문이다.

(3) 그렇다면 당사자는 증거신청을 **철회**할 수 있는가(이미 앞에서 설명. ☞8-45).

증거조사의 개시 뒤에는 당사자 사이의 증거공통의 원칙이 작용하므로 상대방의
동의가 없다면 그 증거신청의 철회는 허용되지 않는다고 풀이한다.

(4) 나아가 증거공통의 원칙은 **공동소송인 사이**에도 적용된다. 공동소송의
경우에 공동소송인의 1인이 제출한 증거로부터 얻은 증거자료가 다른 공동소송
인에게도 공통으로 증거자료가 된다. 다만, 공동소송인 사이에 이해관계가 서로
상반되는 경우까지 확장되는 것은 아니고, 이 경우에는 원용이 없는 한, 증거공통
의 원칙을 적용하여서는 안 된다고 본다(☞13-26).

	대립 당사자 사이	공동소송인 사이		
		다툼이 있음		
증거공통의 원칙의 긍정 여부	긍정 (다툼이 없음)	긍정설	부정설	석명·공동소송인의 원용이 있는 경우 등에 한정하여 긍정
이유	자유심증주의 (증거력의 자유평가)		공동소송인 독립의 원칙을 철저히 함	변론주의의 불의타 방지 기능
		공동소송인 독립의 원칙을 수정		

4. 경험칙의 취사선택의 자유

8-119   소송물인 권리의 존부의 판단은 그러한 법률효과발생의 요건인 주요사실의
인정에 의한다는 구조를 가지는데, 주요사실이 증거에 의하여 직접적으로 인정
될 수 없는 경우에는 주요사실을 추인시키는 1개 또는 여러 개의 간접사실을 증
거에 의하여 증명하고, 그 간접사실로부터 주요사실을 인정하게 된다(간접증명).
이러한 간접증명의 과정은 법관이 자유로운 판단으로 취사선택한 경험칙을 이용
하여 행하는 것이고, 이것도 자유심증주의의 주요한 내용이다.

경험칙의 이용에 의하여 위와 같이 주요사실의 존재가 추인되는 것을 「사실
상의 추정」이라고 하고, 특히 유형적·정형적으로 추인되는 경우를 「일응의 추정」
이라고 부른다(☞8-135). 결국 사실상의 추정은 법관의 자유로운 심증의 틀 내에

서의 경험칙의 하나의 작용이다.94)

◈ **예** ◈ 원고의 생모가 교통사고로 사망한 자와의 사실상 혼인관계 중에 원고를 수태하여 원고를 출산하였으므로 원고는 망인의 친생자라고 주장하면서 검사를 상대로 한 인지소송에 있어서 혈연상의 친자관계라는 주요사실의 존재를 증명함에 있어서는, 부와 친모 사이의 정교관계의 존재 여부, 다른 남자와의 정교의 가능성이 존재하는지 여부, 부가 자를 자기의 자로 믿은 것을 추측하게 하는 언동이 존재하는지 여부, 부와 자 사이에 인류학적 검사나 혈액형검사 또는 유전자검사를 한 결과 친자관계를 배제하거나 긍정하는 요소가 있는지 여부 등 주요사실의 존재를 추인시키는 간접사실을 통하여 경험칙에 의한 사실상의 추정에 의하여 주요사실을 추인하는 간접증명의 방법에 의할 수밖에 없다.

◈ **예** ◈ 가령, 대여금반환청구의 소에서 200만원의 대여사실의 여부가 쟁점이 되었다고 하자. 甲은 급히 돈이 필요한 乙에게 2021. 3. 3. 오후 혹석로 노상에서 차용증을 받지 않고 대여하였다고 진술하면서, 위 대여사실을 뒷받침하는 증거로 甲·乙 양쪽 모두에게 친구인 丙이 당시 현장에 있었다고 하면서 증인신문을 신청하였다고 하자. 법원이 이 신청을 채택하여 신문을 실시한 결과, 丙은 대여 당시 현장에 같이 있지는 않았지만, 오전에 甲이 현금인출기에서 200만원을 인출한 장소에 같이 있었고, 같은 날 저녁 乙이 전자제품판매점에서 가격 200만원의 노트북컴퓨터를 현금으로 구입하는 장소에 같이 있었다고 하면서 전자에 대하여는 돈이 많은 甲이 한 번에 그 정도의 금액을 인출하는 것은 그 이전에도 몇 번 본 적이 있어서 특별하다고 여기지 않았고, 후자에 대하여는 식사비도 제대로 가지고 다니지 못하는 乙로서 상당한 금액의 물건을 사고 있다고 생각하였으나, 그 금액을 어떻게 조달하였는지에 대하여는 묻지 않았다고 증언하였다. 법원은 丙의 증언을 신용할 수 있다고 볼 때, 증언하는 사실(甲의 예금 인출, 乙의 노트북의 구입)을 甲, 乙이 별도로 주장하지 않았더라도 재판의 기초로 할 수 있는가. 丙이 증언하는 사실(甲의 예금 인출, 乙의 노트북의 구입)은 대여사실이라는 주요사실을 추인시키는 간접사실이다. 甲, 乙이 이러한 사실을 주장하지 않더라도 법원이 이를 재판의 기초로 하는 것이 허용된다. 간접사실은 변론주의의 적용이 없고, 당사자가 주장하지 않더라도 법원이 판결의 기초로 할 수 있다. 나아가 자유심증주의 하에서는 간접증거(위 사안에서 증인 丙의 증언 등)로부터 간접사실을 인정하고, 그 간접사실로부터 경험칙에 기한 사실상의 추정에 의하여 주요사실을 증명할 수 있다(간접증명). 이러한 간접증명의 과정은 법관이 자유로운 판단으로 취사선택한 경험칙을 이용하여 행하는 것이고, 이것도 자유심증주의의 주요한 내용이다. 경험칙의 이용에 의하여 위와 같이 주요사실의 존재가 추인되는 것을 「사실상의 추정」이라고 한다(특히 유형적·정형적

---

94) 한편, 법률상의 추정(☞8－132)은 전제사실의 증명이 있으면 상대방이 추정사실의 부존재를 증명하지 않는 한, 추정사실을 요건으로 한 법규를 적용하여야 하는 것으로 증명주제의 선택을 당사자에게 맡기고 증명책임의 전환에 의하여 증명자에게 증명의 부담을 경감시키는 입법상의 테크닉으로 증명책임의 문제이지, 법관의 자유심증과는 관계가 없다. 사실상의 추정과 다르다.

으로 추인되는 경우를 「일응의 추정」이라고 부른다). 결국 사실상의 추정은 법관의 자유로운 심증의 틀 내에서의 경험칙의 하나의 작용이라고 할 수 있다.

III. 자유심증과 심증의 정도(증명도)

1. 고도의 개연성의 확신

8-120　　　　재판에서 법관이 어느 사실을 「증명되었다」고 하여, 이를 인정하기 위해서는 그 사실의 존부에 대한 심증이 일정한 정도에 달할 것이 필요하고, 이 요구되는 (최저 한도) 심증의 정도를 「증명도」라고 부른다. 이 증명도는 사회의 통상인이 합리적 의심을 품지 않을 정도의 십중팔구라는 고도의 개연성의 확신에 이르는 것이 필요하다.[95] 결국 객관적으로는 「고도의 개연성」, 주관적으로는 법관의 「확신」이 필요하다. 법관의 심증이 위와 같은 증명도에 달하지 못한 경우에는 사실의 존부는 불명이 된다. 이 경우에 법관은 증명책임의 분배에 따라서 재판을 할 수밖에 없다.[96]

2. 상당한 손해액의 인정

8-121
20-변호사시험
24-법원행정고시
　　　가령 손해배상청구에서 손해의 발생 그 자체에 대해서는 증명이 있더라도, 손해액에 대한 증명이 증명도에 달하지 못하면 손해배상청구권은 인정되지 않는다. 그러나 이러한 경우에 청구기각판결을 하는 것은 당사자 사이의 공평에도 합치하지 않고, 또한 사회의 납득도 얻을 수 없다. 그래서 손해가 발생한 사실은 인정되나 구체적인 손해의 액수를 증명하는 것이 사안의 성질상 매우 어려운 경우에 법원은 확신에 이르지 않은 때라도 변론 전체의 취지와 증거조사의 결과에 의하여 인정되는 모든 사정을 종합하여 **상당하다고 인정되는 금액을 손해배상 액수**로 정할 수 있도록 하고 있다(202조의2).[97] 가령, 가옥이 전부 불에 탄 경우의

---

95) 이상은 증명이 요구되는 경우의 심증의 정도이다. 한편, 법률에 의하여 소명으로 무방하다고 허용된 경우에 요구되는 심증은 증명과 달리 일응 확실하다는 정도(＝일응의 개연성)로 충분하다.
96) 현대형소송에 있어서 가령 인과관계의 증명에 대하여도 반드시 위와 같은 증명도와 마찬가지로 취급하여야 하는가에 대하여 「증거의 우월」(preponderance of evidence)로 충분하다는 **증거의 우월설**도 있다. 즉 쌍방의 증거를 비교하여 한쪽이 우월하면 된다는 것이다. 이는 「증거의 우월」이란 너무 막연한 개념을 사용하며, 동일한 사실에 관하여 진과 위라는 모순된 이중의 사실인정이 생길 우려가 있는데, 다만 증명책임의 사실상 전환을 꾀한다는 점에서는 그 의미가 있다. 그 밖에 증명도의 경감에 대한 **개연성설**(☞8－137), **확률적 심증**(☞8－138) 등의 이론도 있다.
97) 종전 판례도 **채무불이행으로 인한 손해배상청구소송**에서 법원은 증거조사의 결과와 변론의 전취지에 의하여 밝혀진 당사자들 사이의 관계, 채무불이행과 그로 인한 재산적 손해가 발생하게

손해배상청구소송에서 가옥 내의 가재도구의 품목·구입가격·구입연월일 등을 개별적으로 일일히 증명시켜 손해액을 인정하는 것이 불가능한 것은 아니지만, 통상인에게 그 증거방법의 제출을 구하는 것은 합리적 기대를 넘어선다고 할 것이므로 법원은 가족의 구성이나 생활정도 등으로부터 그 정도의 가재도구가 있었을 것으로 손해액은 이 정도가 된다고 추인하여 상당하다고 인정되는 액수의 손해를 인정할 수 있다.

이 규정의 법적 성질에 대해 **증명도를 감경**한 것이라는 입장과[98] 법원의 **재량적 평가**를 인정한 것이라는 입장의 대립이 있는데, 증명도 감경 및 법원의 재량적 평가의 **양쪽 모두**를 인정한 것이라고 보기도 한다.

IV. 자유심증주의와 상고－사실인정에 대한 불복

상고심은 법률심이고, 사실심이 적법하게 확정한 사실은 상고법원을 기속하므로(432조) 자유심증의 범위에서 행하여진 하급심의 사실인정에 대하여는 본래 상고심에서 위법의 문제는 발생하지 않는다.[99] 그러나 자유심증에 의한 사실인정도 내재적 한계가 없는 것은 아니므로 가령 위법한 변론이나 증거조사의 결과를 채택하거나, 적법한 변론이나 증거조사의 결과를 간과한 경우에는 그 사실인정은 위법이 되고, 사실인정이 사실심의 전권에 속한다고 하더라도 그 사실인정

8-122

된 경위, 손해의 성격, 손해가 발생한 이후의 제반 정황 등의 관련된 모든 간접사실들을 종합하여 상당인과관계 있는 손해의 범위인 수액을 판단할 수 있다고 한 바 있고(대법원 2004. 6. 24. 선고 2002다6951, 6968 판결), 또한 **불법행위로 인한 손해배상청구소송**에서 법원은 증거조사의 결과와 변론 전체의 취지에 의하여 밝혀진 당사자들 사이의 관계, 불법행위와 그로 인한 재산적 손해가 발생하게 된 경위, 손해의 성격, 손해가 발생한 이후의 여러 정황 등 관련된 모든 간접사실들을 종합하여 손해의 액수를 판단할 수 있고, 이러한 법리는 자유심증주의하에서 손해의 발생사실은 입증되었으나 사안의 성질상 손해액에 대한 입증이 곤란한 경우 **증명도·심증도를 경감**함으로써 손해의 공평·타당한 분담을 지도원리로 하는 손해배상제도의 이상과 기능을 실현하고자 함에 그 취지가 있는 것이지, 법관에게 손해액의 산정에 관한 **자유재량을 부여한 것은 아니므로**, 법원이 위와 같은 방법으로 구체적 손해액을 판단함에 있어서는, 손해액 산정의 근거가 되는 간접사실들의 탐색에 최선의 노력을 다해야 하고, 그와 같이 탐색해 낸 간접사실들을 합리적으로 평가하여 객관적으로 수긍할 수 있는 손해액을 산정해야 한다고 한 바 있다(대법원 2007. 11. 29. 선고 2006다3561 판결).

98) 위 202조의2는 2016. 3. 29. 신설된 규정인데, 손해의 공평·타당한 분담원리를 지도원리로 하는 손해배상제도의 이상과 기능을 실현하고자 손해액 증명을 완화할 필요가 있다고 그 취지를 밝히고 있다.

99) 불법행위로 인한 손해배상사건에서 과실상계사유에 관한 사실인정이나 그 비율을 정하는 것은 그것이 형평의 원칙에 비추어 현저히 불합리하다고 인정되지 아니하는 한 사실심의 전권에 속한다(대법원 2000. 2. 22. 선고 98다38623 판결 등).

은 통상인의 상식에 비추어 생각할 수 있는 판단이어야 하는데, 통상의 논리법칙이나 경험칙에 현저히 어긋나는 사실인정이 된 경우, 즉 자유심증주의의 내재적 제한을 일탈한 경우에 상고심이 **사실심의 사실인정에 개입할 여지**가 생겨 당사자로부터는 자유심증주의위배를 이유로 상고할 수 있다. 가령, 버스의 뒷바퀴로 16세의 소년의 허벅다리를 역과하였다면 경상에 그치지는 않았을 터인 즉 경상에 그쳤다는 인정은 통상인이 일응의 납득을 할 수 있는 적법한 사실인정이라고 할 수는 없고, 경험칙에 현저히 어긋나는 것이다. 결국 위와 같은 경우라면 사실심에서의 사실인정은 상고심의 심사를 받게 되어 자유심증주의가 담보되게 된다. 상당한 의문이 제기되는 여러 사정이 있는데도, 그러한 사정에 관하여 추가로 필요한 심리를 진행하지 않은 경우에는 자유심증주의 위반 등의 잘못이 있다.[100]

V. 관련 문제

1. 위법수집증거의 증거능력의 문제

8-123　　　자유심증주의 하에서는 대립개념인 법정증거주의와의 대비상, 증거방법에 아무런 제한도 두지 않는 것이 원칙이다. 이러한 증거방법의 무제한에 대하여 최근 당사자에 의하여 **위법하게 수집된 증거방법**(가령 일기장의 도사(盜寫), 산업스파이를 이용한 회사 내부의 수집자료, 동의 없는 무단녹음테이프 등)을 이용하는 것은 무방한가. 아니면 이러한 증거방법은 증거능력을 부정할 것인지 여부가 문제되고 있다.[101] 위법수집증거에 대하여 침해되는 인격권의 가치나 위법수집의 유발을 방지한다는 견지에서 증거능력을 제한하려고 하는 방향이 점점 유력한데, 이러한 입장에서는 위법수집증거에 대한 증거조사가 허용되지 않으므로 증거방법의 제한에 따라 자유심증주의가 제한된다.

---

100) 대법원 2022. 1. 13. 선고 2021다269562 판결.

101) 본래 증거방법의 수집에 위법이 있으면 그로 인하여 손해배상청구나 형사소추의 원인은 되어도 그 자체 민사상 증거능력에는 영향이 없다는 것이 전통적인 견해이다. 그러나 손해배상에 있어서는 손해액의 증명이 곤란하며, 한편 그것만으로는 위법수집증거의 발생을 억제할 수 없게 되어 절차적 공정이나 법질서의 유지라는 관점에서 불충분하다. 즉 위법하게 수집된 증거를 언제나 이용할 수 있는 절차는 공정이 의심되고, 민법이나 형법상 위법하더라도 소송법상은 위법하지 않다고 취급하는 것은 법질서의 통일성·일체성이 없게 된다. 따라서 일정한 요건 하에 위법수집증거에 대하여 증거능력을 제한하려고 하는 방향이 최근 유력하다.

◈ **예** ◈ 甲은 乙에게 차용증을 받지 않고 돈을 빌려주었는데, 乙은 변제기일이 지났지만, 변제하지 않고 있다. 乙이 차용사실을 부인할 것에 대비하여 甲은 소송에서 증거로 사용하려고 차용사실에 대하여 이야기를 하면서 乙이 알지 못하도록 몰래 차용사실을 녹음하려고 한다. 그 증거능력 여부에 대하여 **판례**는 민사소송법이 자유심증주의를 채택하고 있기 때문에 **상대방의 부지중 비밀로 대화를 녹음한 녹음테이프**를 위법으로 수집되었다는 이유만으로 증거능력이 없다고는 단정할 수 없고, 그 채증 여부는 사실심 법원의 재량에 의할 것이라고 판시하였다.102)

위법수집증거에 대하여 진실발견의 요청과 절차적 정의 또는 법질서유지의 요청 사이의 조정의 관점에서 일정한 경우에는 그 증거능력을 부정하는 것이 승인되어야 한다. 다만, 일률적으로 증거능력을 부정하면 위법성의 정도가 약하거나 증거가치가 대단히 높은 경우에 적절하지 않게 되는데, 적어도 수집의 수단·방법이 형사상 처벌받을 행위에 해당하는 때에는 증거능력을 부정하여야 할 것이다.103)

2. 증명방해

증명책임을 지지 않는 당사자가 고의·과실 등에 의하여 증명책임을 지는 당사자의 증명활동을 실패시키거나 곤란에 빠뜨리는 것을 증명방해(Beweisvereitelung)라고 한다. 가령 상대방이 신청한 증인의 출석방해행위, 문서의 내용의 변조(의료과오소송에서 의사 측이 진료기록부를 변조), X－Ray 사진의 변조, 건물인도청구소송에서 건물 문을 잠그고 잠적하여 현장검증을 하지 못하게 되는 경우 등이 있다. 실정법 규정으로는 349조, 360조, 369조 등을 들 수 있는데, 이 경우에는 그에 따른 불이익을 명문으로 규정하고 있다. 예를 들어 당사자가 문서제출명령에 따르지 않은 경우에 법원은 문서의 기재에 대한 상대방의 주장을 진실한 것으로 인정할 수 있다(349조, 350조 등).

8-124

---

102) 대법원 1981. 4. 14. 선고 80다2314 판결; 대법원 1999. 5. 25. 선고 99다1789 판결도 마찬가지 취지. 그리고 녹음테이프에 대한 증거조사는 **검증**의 방법에 의하여 실시될 것이라고 판시하였다.

103) 한편, **통신비밀보호법** 3조 1항은 「누구든지 이 법과 형사소송법 또는 군사법원법의 규정에 의하지 아니하고는 우편물의 검열·전기통신의 감청 또는 통신사실확인자료의 제공을 하거나 공개되지 아니한 타인간의 대화를 녹음 또는 청취하지 못한다」고 규정하고, 14조 1항은 「누구든지 공개되지 아니한 타인간의 대화를 녹음하거나 전자장치 또는 기계적 수단을 이용하여 청취할 수 없다」고 규정하고, 4조와 14조 2항은 이에 위반한 것은 「재판 또는 징계절차에서 증거로 사용할 수 없다」고 규정하고 있다. 그런데 이는 **다른 사람 서로 사이의 대화**만을 규정하고 있다.

이러한 증명방해의 법리는 증거력의 자유로운 평가에 대한 제한과 관련된다. 즉 증명방해의 소송상 효과(제재)에 대하여 ① 증명책임이 전환되는가(**증명책임전환설**), ② 증명할 사실 자체를 진실로 인정할 수 있는가(**법정증거설**), ③ 방해의 태양이나 정도, 그 증거의 가치, 비난가능성의 정도를 고려하여 법관의 자유심증에 맡길 것인가(**자유심증설**=증거평가설)에 대하여 다툼이 있는데, 가령 증명방해의 제재에 대하여 ① 증명책임전환설이나 ② 법정증거설에 따르면, 이는 자유심증의 예외가 된다. 그런데 **통설**은 ③ 법원은 자유재량에 의하여 상대방에게 불리한 평가를 할 수 있는 자유심증의 범위 내에 머무는 것이라고 풀이한다. **판례**도 ③ 자유심증설의 입장으로, 법원으로서는 이를 하나의 자료로 삼아 **자유로운 심증**에 따라 방해자 측에게 불리한 평가를 할 수 있음에 그칠 뿐 증명책임이 전환되거나 곧바로 상대방의 주장 사실이 증명된 것으로 보아야 하는 것은 아니라고 한다.104) **생각건대** 이미 다른 증거로부터 얻은 심증에 방해의 태양, 정도를 감안하여 법관의 자유재량에 따라 유연하게 탄력적으로 운영할 수 있는 자유심증설이 타당하다고 본다.

제 6 절　증명책임

I. 의　의

1. 증명책임의 개념

8-125　　　　어느 구체적 사실이 진위불명(non liquet)인 경우에 판결에 있어서 그 사실을 요건으로 하는 자기에게 유리한 법률효과의 발생 내지는 불발생이 인정되지 않게 되는 일방 당사자의 위험 또는 불이익을 「증명책임」(Beweislast)이라고 한다(=입증책임=거증책임).105) 그러한 위험 또는 불이익을 당하는 당사자가 「증명책임을

---

104) 의료과오소송에 있어서 진료기록이 가필된 사안에서 **자유로운 심증**에 따라 방해자 측에게 불리한 평가를 할 수 있음에 그칠 뿐 증명책임이 전환되거나 곧바로 상대방의 주장사실이 증명된 것으로 보아야 하는 것은 아니라고 보았다(대법원 1999. 4. 13. 선고 98다9915 판결). 그 변조이유에 대하여 상당하고도 합리적인 이유를 제시하지 못하는 한, 당사자간의 공평의 원칙 또는 신의칙에 어긋나는 **증명방해행위에 해당**하고, 법원으로서는 **자유로운 심증**에 따라 의사 측에게 불리한 평가를 할 수 있다고 보았다(대법원 1995. 3. 10. 선고 94다39567 판결).

105) 종전에는 입증책임, 거증책임이라고 하였다. 어느 것도 Beweislast의 번역이고, 현재에 도 증명책임 이외에 입증책임, 거증책임의 용어로도 충분히 통용된다.

부담한다」고 표현한다. 진위불명은 직권탐지주의 하에서도 문제될 수 있기 때문에 증명책임은 변론주의뿐만 아니라 직권탐지주의에 따른 절차에서도 문제된다.

	주장책임(☞2-104)	증명책임
의 의	당사자가 사실을 주장하지 않은 경우에 그 사실을 요건으로 한 자기에게 유리한 법률효과의 발생이 인정되지 않는 불이익	어느 사실이 진위불명의 경우에 판결에 있어서 그 사실을 요건으로 하는 자기에게 유리한 법률효과의 발생 또는 불발생이 인정되지 않게 되는 한쪽 당사자의 불이익
취 지	당사자의사의 존중 (변론주의 제1명제)	재판거부의 방지
다른 점	① 주장책임은 직권탐지주의하에서는 인정되지 않는 개념인데, 증명책임은 직권탐지주의하에서도 사실의 존부 불명의 경우에 필요하게 됨 ② 변론주의하에서는 사실의 주장이 없는 한 증명의 대상이 되지 않는 점에서, 주장책임의 문제는 증명책임에 선행함 ③ 주장책임의 문제는 생기는데, 증명책임의 문제는 생기지 않는 경우가 있음(가령 공지의 사실)	
양자의 관계	① 패소의 불이익을 면하기 위해서 그 주장·증명이 필요함 ② 주요사실이 그 대상이 됨 ③ 주장책임의 분배도 증명책임의 분배원칙에 의함	

◆ **증명책임의 기능** ◆ 증명책임은 단순히 소송의 최종단계에 있어서 사실의 진위불명의 위험 내지는 불이익을 어느 쪽 당사자에게 부담시킬 것인가의 기준으로서 작용하는 것뿐만 아니라(현재의 재판실무에 있어서는 직접적인 증거가 불충분한 경우라도 경험칙이나 사실상의 추정 등의 활용에 의하여 심증을 얻는 경우가 많으므로 위와 같은 작용 내지는 기능만을 중시하여 본다면 증명책임의 의의는 그다지 크지 않다고 할 수 있다), 소송의 전 과정을 통하여 ① 당사자의 소송활동 및 ② 법원의 소송지휘의 지표로서 기능한다. 그 의미에서 증명책임은 '민사소송의 척추'(Rückgrat des Zivilprozesses)라고 일컬어진다. ① 당사자의 소송활동의 지표로서의 기능을 보면 주장책임의 분배, 즉 청구를 이유 있게 하는 사실(청구원인사실)과 항변사실의 구별, 그것에 의하여 나아가 부인과 항변의 구별 및 본증과 반증의 구별이 증명책임에 의하여 결정되게 된다(아울러 자백에 있어서 불이익한 사실의 구체적인 내용을 둘러싸고 그 기준도 된다). 당사자의 소송활동의 지표는 변론과 증거조사를 당사자 측으로부터 설명한 것이다. 따라서 ② 소송운영에 대한 직책을 담당하는 법원은 이러한 순서·형식에 따라 심리를 진행하고 필요하면 증명의 촉구 등 석명권을 행사하지 않으면 안 된다. 증명책임이 법원의 소송운영의 지침으로도 된다고 하는 것은 이러한 이유이다.

2. 증명책임의 근거

8-126   법관은 법규의 적용을 자기의 임무로 한다. 법관이 사실인정으로부터 판결에 이르는 법규적용의 과정(법적 3단논법)에 있어서 구체적 사실의 존부가 증거조사(증인신문, 감정, 서증, 검증, 당사자신문)의 결과나 변론 전체의 취지에 비추어서(사실의 확정은 법관의 자유심증주의에 맡겨져 있다) 소송의 최종단계에 이르렀더라도 구체적 사실의 존부에 확신을 얻지 못하는 경우, 즉 법관의 심증이 증명도까지 이르지 못하는 경우가 있을 수 있다. 이를 진위불명이라고 한다.

◈ **예** ◈   어느 제조회사가 제조한 제품의 결함 때문에 손해를 입었다고 하여 소비자가 그 제조회사를 상대로 소를 제기하는 경우에 통상 불법행위에 기한 손해배상을 청구하게 된다. 이 경우에 제조회사에 대하여 법원이 손해배상을 하라는 판단을 내리기 위해서는, ① 결함제품의 제조, ② 소비자 측의 손해발생, ③ 결함제품과 손해발생의 인과관계 등의 요건사실이 증명되지 않으면 안 된다. 만약 이러한 불법행위 손해배상소송에서 제품의 결함과 손해발생 사이의 인과관계가 변론이 종결되어 법관이 판결을 내려야 되는 단계로 되었을 때까지 확정될 수 없다면(이러한 진위불명은 재판에 있어서 법관의 사실의 인식 수단 내지는 능력에 한계가 있는 이상 피할 수 없는 것이다) 법관은 어떻게 하여야 하는가.

국민에게 재판을 받을 권리를 인정한 법치국가 하에서 법관은 적용법규의 요건사실이 진위불명이므로 재판을 거부하는 것이 허용되지 않는다. 이 경우에 법관은 재판을 회피할 수 없으므로 이것을 해결하기 위하여 진위불명의 사실이 존재하는 것으로 취급할 것인가, 존재하지 않는 것으로 취급할 것인가. 참 또는 거짓 어느 쪽의 의제를 하지 않으면 안 되는데, 증명책임의 개념을 도입하여 위 요건사실을 존재하지 않는 것으로 취급한다(법규부적용원칙). 즉 증명책임은 이 경우에 재판을 가능하게 하기 위한 법기술이다.

◈ **제조물책임법에서의 증명책임** ◈   위 예에서 증명책임에 의하여, 그 사실의 존재를 증명할 수 있으면 자기에게 유리한 법률효과가 발생할 수 있는 원고인 소비자가 법률효과의 발생이 인정되지 않게 되는 위험 또는 불이익을 부담하는 것이 된다(법규부적용의 원칙). 즉 법원은 청구기각의 판결을 하게 된다. 그리하여 결함제품을 제조한 것에 대한 제조회사의 과실 등을 소비자가 증명하는 것의 어려움을 포함하여 제조물책임에 대한 전반적인 문제를 규율하기 위해서 제조물책임법이 제정되었는데, 제조물책임법 3조의2에서 과실이 아니라 **결함**을 책임요건으로 하면서, **결함과 손해 사이의 인과관계를 추정**하는 규정을 두었다.

3. 증명책임의 내용

(1) 증명책임은 **주요사실**에 대하여만 문제된다. 증명책임은 진위불명의 경 8-127
우에 법률효과의 발생·변경·소멸의 판단을 가능하게 하기 위한 것이므로 증명
책임은 그 효과의 발생·변경·소멸을 직접적으로 규정하는 법규의 구성요건에
해당하는 사실, 즉 주요사실에 대하여만 필요하다. 간접사실, 보조사실에 있어서
는 증명책임을 관념할 필요는 없다. 가령 간접사실에 있어서는 50:50 또는 70:30
이라는 심증인 채, 다른 간접사실 또는 변론 전체의 취지를 종합하여 주요사실의
존부를 인정하면 충분하다.

(2) 증명책임은 하나의 사실에 대하여 **일방 당사자만이 부담**하는 것으로 일
방이 그 사실의 존재, 다른 쪽이 그 사실의 부존재(반대사실)에 대하여 동시에 부
담하는 것은 아니다. 위 예에서 가령 「인과관계」의 존부에 대하여 원고가 증명책
임을 지고, 그 부존재에 대하여 피고가 증명책임을 진다고 한다면 재판이 불가능
하다. 즉 「인과관계」의 존부가 진위불명이라면 위와 같은 분배에 있어서는 그 존
재가 진위불명이므로 원고에게 불리하게 청구기각이 되고, 또한 그 부존재가 진
위불명이므로 피고에게 불리하게 청구인용이 되어 동일한 청구 가운데에서 기각
과 인용이 충돌하기 때문이다. 그렇다면 어느 쪽의 당사자가 증명책임을 부담하
게 되는가를 논하는 것이 후술할 「증명책임의 분배」이다.

(3) 어느 당사자가 증명책임을 부담하는가는 소송의 최초부터 **추상적·일의
적**으로 정하여지는 것으로 소송의 경과에 의하여 좌우되는 것은 아니다. 처음에
는 원고에게 있던 증명책임이 도중에 피고에게 이전한다는 것은 없다. 가령 매매
계약에 기한 물건의 인도청구를 하는 원고는 계약(즉 청약과 승낙의 사실)에 대한
증명책임을 진다. 그 결과로 원고는 진위불명의 발생을 피하기 위하여 위 사실에
대한 증명활동을 한다. 원고가 위 사실에 대하여 유력한 증거를 제출하여 법관이
확신을 형성할 정도가 된 경우에 증명책임을 지지 않는 피고도 이를 방치한다면
그대로 위 사실이 인정되므로 법관이 확신을 형성하는 것을 방해하기 위한 증명
활동을 하는 것이 보통이다(반증을 제출하여야 하는 입장에 내몰리게 되는 것). 그러나
이는 피고에게 증명의 필요라는 사실상의 부담이 발생하는 것을 의미하는 것뿐이
고, 반대사실에 대한 증명책임이 피고에게 생기는 것을 의미하는 것은 아니다(단
지 증명의 현실적 필요가 이전). 이러한 당사자의 주관적 증명활동의 필요는 증명책

임과 구별하여야 한다.

> ◈ **채무부존재확인소송에서의 증명책임** ◈   설명의 편의상, 증명책임은 원고 아니면
> 피고가 부담한다는 형식으로 설명하였지만, 실제로 어떠한 사실의 증명책임은 그 사실
> 에 기하여 어떠한 법률효과를 구하는가에 따라 그 소재가 결정되는 것이지, 원고인가
> 피고인가에 의하여 결정되는 것은 아니다. 가령 채무부존재확인소송에 있어서는 채무자
> 인 원고가 먼저 채무발생원인사실을 부정하는 주장을 하면, 채권자인 피고가 그 권리
> 근거규정의 요건사실인 채권의 성립에 대하여 증명책임을 부담하게 된다.[106] 즉 증명
> 책임의 분배는 원고·피고의 지위의 변동에 의하여 바뀌지 않는다.

II. 증명책임의 분배

1. 분배의 필요

8-128   어떠한 요건사실에 대하여 어느 쪽 당사자가 증명책임을 부담하는가의 문제
를「증명책임의 분배」라고 한다. 민법 135조 1항(상대방에 대한 무권대리인의 책임),
민법 437조(보증인의 최고·검색의 항변권), 자동차손해배상보장법 3조 단서 등과 같
이 실체법규가「증명」의 용어를 사용하여 증명책임의 소재를 명시하고 있는 경
우에는 그것에 따르면 무방하나, 그러한 예는 많지 않다. 한편, 형사소송에서는
사실 전부에 대하여 검사가 증명책임을 부담한다.

2. 분배의 기준

8-129   **법률요건분류설**이 일반적 입장이다(규범설[Normentheorie]이라고도 한다). 그
내용은 다음과 같다. 소송물인 권리관계의 존부의 판단은 그 발생·변경·소멸의
법률효과의 판단에 근거하는데, 이러한 법률효과의 판단은 각 법조의 구성요건
사실의 존재의 확정에 의하여 그 법조가 적용되는 결과이다. 따라서 증명책임의
분배는 요건사실론과 표리일체를 이룬다. 즉 증명책임은 증명책임의 분배문제
를 고려에 넣고 입법된 민법 그 밖의 실체법규 중에서 법률효과와 관련, 각 요건
사실에 있어서 각 당사자에게 분배되어 있다.

이 법률요건분류설에 의하면 ① 일정한 법률효과를 주장하는 당사자는 그

---

106) 대법원 1998. 3. 13. 선고 97다45259 판결. 또한 유치권 부존재 확인소송에서 유치권의 요건사
　실인 유치권의 목적물과 견련관계 있는 채권의 존재에 대해서는 피고가 주장·증명하여야 한다
　(대법원 2016. 3. 10. 선고 2013다99409 판결).

법률효과의 발생을 규정하는 「**권리근거규정**」의 요건사실에 있어서 증명책임을 지고, ② 권리근거규정에 의한 법률효과의 발생에 있어 방해사유를 규정하는 「**권리장애규정**」의 요건사실은 법률효과의 발생을 다투는 자에게 증명책임이 있고, ③ 일단 발생한 법률효과의 소멸은 새로운 법률효과이므로 법률효과의 소멸을 주장하는 자는 소멸을 규정하는 「**권리소멸(멸각)규정**」의 요건사실에 있어서 증명책임을 지고, ④ 가령 동시이행의 항변권이나 유치권 등의 「**권리저지규정**」의 요건사실에 있어서는 상대방의 권리의 주장을 배제하고자 하는 자가 증명책임을 지고, ⑤ 본문과 단서로 되어 있는 조문에서는 단서에서 제외되는 사실에 대하여 본문에서 인정된 법률효과를 다투는 자에게 증명책임이 있고, ⑥ 명문을 결여하고 있는 경우나 명문은 있어도 해석상 명문에 없는 요건이 부가되어 있는 경우에 있어서도 문제가 되는 사실이 법률효과의 발생을 기초 지우는 사실인가, 그 발생의 장애를 기초 지우는 사실인가에 의하여 증명책임의 소재가 정하여진다고 한다.

◆ **예** ◆ 매매대금지급청구소송에서 원고는 대금발생채권을 주장하고 있으므로 그 근거가 되는 매매계약 성립의 요건사실에 대하여 원고가 증명책임을 부담하고, 이에 대하여 피고는 가령 불공정한 법률행위 등의 권리발생을 방해하는 권리장애규정의 요건사실, 소멸시효완성이나 변제 등의 권리소멸규정의 요건사실이나 동시이행항변권 등의 권리저지규정의 요건사실에 대한 증명책임을 부담하게 된다.

◆ **위험영역설·증거거리설** ◆ 법률요건분류설에 대하여 최근 양쪽 당사자의 공평의 요청, 입법취지, 경험상의 개연성 등의 실질적 관점에서 증명책임의 분배를 결정하여야 한다는 다음과 같은 입장도 있다. **위험영역설**은 가령 손해배상사건에 있어서 인과관계의 증명에 관하여는 손해의 원인이 가해자의 위험영역(그 지배 가능한 생활영역)으로부터 생긴 경우에는 가해자가 인과관계의 부존재에 대한 증명책임을 진다는 것이다. 다른 하나는 **증거거리설**로 증거와의 거리, 증명의 난이, 개연성 등 실질적 이익형량에 기하여 증명책임의 부담을 결정하는 것이 공평에 합치한다는 것이다. 그러나 증명책임의 소재는 당사자의 소송활동 및 법원의 소송운영지표로서의 기능도 하는데, 위와 같은 입장에 의하면 법규 전부에 대하여 증명책임의 분배를 확정하는 것이 곤란하고, 지표로서의 명확성을 결여한다는 문제점이 있다.

통설은 법률요건분류설을 유지하면서 증거가 구조적으로 편재하는 등 증명이 곤란한 경우에는 다음과 같이 개별적으로 분배원칙을 수정한다는 태도를 취하고 있다.

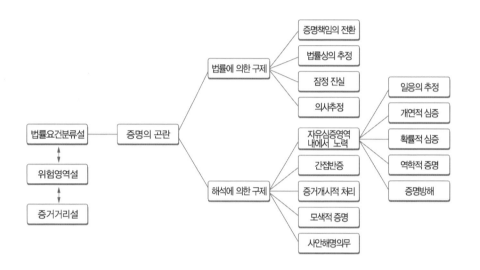

III. 법기술에 의한 증명책임분배의 수정

8-130   법률요건분류설에 따른 증명책임분배론을 형식적으로 적용하면 증명이 곤란한 요건사실의 증명책임을 부담하는 사람은 소송에서 현저히 불리한 지위에 서게 된다. 그리하여 증명책임의 전환, 법률상의 추정 등 입법에 의하여 당사자의 부담을 경감하기 위한 규정을 두고 있다. 이것들은 법률의 규정에 의하여 증명책임분배원리의 부적합성을 수정하는 것으로 증명책임에 의한 판결을 회피하기 위하여 실체법 자체가 채택하고 있는 법기술이다.

1. 증명책임의 전환

8-131   통상의 증명책임분배와는 별도로 특정한 경우에 실정법이 명문으로 상대방당사자에게 반대사실에 있어서의 증명책임을 부담시키는 것을 증명책임의 전환(Umkehr der Beweislast)이라고 한다.

◈ **예** ◈   증명책임의 전환의 예로서는 불법행위로 인한 손해배상의 소송에 있어서는 배상을 청구하는 원고가 피고의 과실에 대한 증명책임을 지는데(민법 750조), 자동차사고에 있어서는 가해자의 과실의 증명책임을 피해자 측으로부터 가해자 측으로 전환하는, 즉 피고가 무과실(반대사실)의 증명책임을 지는 자동차손해배상보장법 3조 단서가 있다. 이에 의하여 피해자(원고)측이 과실의 증명이 없는 것에 의하여 패소하는 것이 상당히 감소하게 된다.

2. 법률상의 추정

(1) 의 의

추정이라 함은 일반적으로 어느 사실로부터 다른 사실을 추인하는 것을 말 8-132
하는데, 추정에는 법관의 자유심증주의의 일작용으로서 경험칙에 터잡아 간접사
실로부터 주요사실을 추인하는 **사실상의 추정**과, 이 경우의 경험칙이 미리 추정
규정으로 법규화되어 그 규정의 적용으로써 행하는 **법률상의 추정**이 있다. 여기
서 살필 것은 후자의 법률상의 추정이다.

(2) 종 류

법률상의 추정에는 甲사실의 증명으로부터 乙사실을 추정하는 **사실추정** 8-133
(Tatsachenvermutung)과 甲사실의 증명으로부터 단적으로 권리를 추정하는 **권리추**
정(Rechtsvermutung)이 있다. 권리추정의 예로서는 점유의 사실에서 점유할 만한
적법한 본권을 추정하는 민법 200조가 있다. 법률상의 추정은 협의로는 사실추정
의 의미에서 사용되고, 권리추정은 예외적이다. 사실추정의 예로서는 민법 245조
에 의한 취득시효에 필요한 일정기간 계속점유에 관하여, 전후 양시의 점유로부터
전기간의 점유의 계속을 추정하는 민법 198조가 있다. 점유계속의 사실은 취득시
효의 법률요건사실이고, 시효에 의한 권리취득의 법률효과를 발생시키기 위해서는
20년 또는 10년간의 점유계속의 사실을 증명할 것이 요구된다. 그러나 입법자는
전후 양시의 점유라는 사실이 증명된 때에는 법률요건사실인 점유계속사실이 증명
된 것으로 하여 민법 245조가 재판규범으로 적용되게끔 한 것이다. 그 밖의 예로는
동시사망의 추정(민법 30조), 남편의 친생자의 추정(민법 844조), 상호의 부정사용목
적의 추정(상법 23조 4항) 등이 있다.

(3) 효 과

甲사실이 있을 때에는 乙사실(권리추정의 경우에는 권리)이 있는 것으로 추정 8-134
한다는 추정규정을 이용하여 증명책임을 지는 사람은 증명이 곤란한 乙사실보
다 증명이 비교적 용이한 甲사실을 증명하여 이에 갈음할 수 있다. 즉 법률상의
추정은 증명책임을 지는 사람에게 「증명주제의 선택」을 허용하는 점에서 추정
사실에 있어서의 증명책임의 부담을 경감하는 법기술이다.

추정을 복멸하기 위하여 상대방으로서는 다음과 같은 방법이 있다.107) **첫째**, **반증**을 들어 전제사실인 甲사실에 관한 법관의 심증을 방해하여 본래의 증명주제인 乙사실이 진위불명이 되게 하는 방법이다. **둘째**, 추정되는 乙사실의 부존재(**반대사실의 존재**)를 증명하여 추정을 복멸할 수 있다. 반대사실의 존재는 법률상의 추정을 다투는 사람에게 증명책임이 있기 때문에 그 추정을 다투는 사람은 반대사실의 증거를 제출하여야 한다. 이는 반증이 아니라 본증이다. 따라서 상대방으로서는 법원이 그 추정사실의 존재에 의심을 품게 하는 정도의 증명으로는 충분하지 않고 그 추정사실을 뒤집을 만한 반대사실의 존재를 완벽하게 증명하여야 한다. 상대방에게 추정사실의 부존재(반대사실의 존재)에 대하여 증명책임을 부담시킨다는 의미에서 증명책임의 전환이 있게 되는데, 위 민법 198조의 점유계속의 추정의 예에서 상대방은 점유의 불계속(반대사실의 존재)에 대한 증명책임을 지게 된다.

◆ **동시사망의 추정** ◆   동시사망의 추정은 **법률상 추정**으로서 이를 번복하기 위하여는 동일한 위난으로 사망하였다는 전제사실에 대하여 법원의 확신을 흔들리게 하는 반증을 제출하거나 또는 각자 다른 시각에 사망하였다는 점에 대하여 법원에 확신을 줄 수 있는 본증을 제출하여야 하는데, 이 경우에 충분하고도 명백한 증명이 없는 한 위 추정은 깨어지지 아니한다고 보아야 한다.108)

17-법무사시험

◆ **등기의 추정력** ◆   소유권이전등기가 전 등기명의인의 직접적인 처분행위에 의한 것이 아니라 제3자가 그 처분행위에 개입된 경우 현 등기명의인이 그 제3자가 전 등기명의인의 대리인이라고 주장하더라도 현 소유명의인의 등기가 **적법히 이루어진 것으로 추정**되므로, 그 등기가 원인무효임을 이유로 그 말소를 청구하는 전 소유명의인으로서는 그 **반대사실**, 즉 그 제3자에게 전 소유명의인을 대리할 권한이 없었다던가, 또는 제3자가 전 소유명의인의 등기서류를 위조하였다는 등의 무효사실에 대한 증명책임을 진다.109)

◆ **추정의 다른 용법 – 유사적 추정** ◆   법규정에 「추정」이라는 표현을 사용하고 있지만, 엄격한 의미의 법률상 추정이라고 할 수 없는 다음과 같은 경우가 있다. [1] **잠정적 진실** – 법률상의 추정과 달리, 전제사실의 증명조차 요구하지 않고, 무조건적으로 일정한 사실을 추정하는 것에 의하여 어느 규정의 요건사실의 부존재의 증명책임을,

107) 상대방은 반대사실을 증명한다면 추정을 복멸할 수 있으므로, 이 점에서 「추정」이 되고, 「의제」(Fiktion)와 다르다. 의제의 경우에는 의제사실의 부존재의 증명이 허용되지 않는다.
108) 대법원 1998. 8. 21. 선고 98다8974 판결.
109) 대법원 1997. 4. 8. 선고 97다416 판결.

그 효과를 다투는 상대방에게 전환하는 법기술을 잠정적 진실이라고 한다. 전제사실로 부터 요건사실을 추정하는 것이 아니고, 돌연 요건사실 그 자체를 추정하는 점에서 법률상의 추정과 다르다. 예로서는 민법 245조 1항의 점유취득시효에 필요한 요건사실인 점유자의 소유의 의사, 평온, 공연에 대하여, 점유자의 소유의 의사, 선의, 평온, 공연이 무조건적으로 추정되는 민법 197조 1항이 있다. 민법 197조 1항이 민법 245조의 취득시효의 규정과 연결될 때에 민법 245조 1항의 20년간, 소유의 의사, 평온, 공연, 타인의 물건, 점유라는 요건사실 가운데 민법 197조 1항이 소유의 의사, 평온, 공연을 무조건적으로 추정하므로 결과적으로 민법 245조 1항은 「타인의 물건을 20년간 점유한 자는 그 소유권을 취득한다. 다만, 소유의 의사로 평온, 공연하게 점유하지 않은 경우에는 그러하지 아니하다」와 마찬가지가 된다. 본문은 권리발생사실로서, 단서는 권리장애사실로서 규정할 수 있다. 이 잠정적 진실에 의하면, 추정사실(소유의 의사, 평온, 공연)에 대한 증명책임의 전환을 초래하게 된다. 예를 들어 점유자의 소유의 의사가 추정을 받으므로 스스로 소유의 의사를 증명할 책임은 없고, 소유의 의사가 없었다고 주장하는 사람은 그 사실에 관하여 증명하여 추정을 번복시켜야 한다. [2] **의사추정**―어느 법규가 의사표시의 내용을 추정하는 법률행위의 해석규정인 경우에는 그 적용을 다투는 상대방 당사자가 반대의 의사표시의 존재에 대하여 증명책임을 지는 점에서 법률상의 추정과 유사하지만, 전제사실로부터 추정사실을 추정하는 것이 아닌 점 및 사실이나 권리를 추정하는 것이 아니라는 점에서 법률상의 추정과 다르다. 예로서는 민법 153조 1항(기한의 이익), 민법 398조 4항(배상액의 예정) 등이 있다. [3] **법정증거법칙**―법원이 일정한 사실을 인정할 때에 그 근거로 하여야 할 사실이 법정된 것이 있다. 이는 자유심증주의의 예외를 이루는 것이고, 법정증거법칙이라고 부른다. 달리 보는 입장이 없는 것은 아니지만 문서의 진정의 추정이 그 예이다(356조, 358조. ☞8－90). 법이 추정이라는 용어를 사용함에도 법률상의 추정과는 다음의 2가지 점에서 구별된다. 첫째, 추정되는 사실이 실체법의 요건사실이 아니라는 점이다. 둘째, 따라서 추정사실에 대한 증명책임 및 그 전환을 생각할 여지가 없고, 상대방은 추정을 뒤집기 위한 본증의 필요는 없고 반증으로 충분하다는 점이다.

IV. 일응의 추정(=일단의 증명) 내지는 표현증명

1. 의 의

전술한 증명책임의 전환, 법률상의 추정 등의 **법기술**만으로는 당사자의 공평을 충분히 도모할 수 없는 경우도 있다. 가령 의료과오소송, 공해소송 등의 소위 현대형소송에 있어서 중요한 증거가 당사자 일방에 구조적으로 편재하고 있기 때문에 특히 과실(또는 인과관계)의 증명의 경우에 이를 피해자가 직접적으로 증명하는 것은 대단히 곤란하다.

그래서 대부분의 경우에 간접사실을 증명한(간접증명) 뒤, 경험칙의 도움을

8-135

빌려 이를 추정하는 방법이 취하여지고 있는데, 이 경우에 피해자의 증명의 부담을 경감하는 방법의 하나로서 이론적·해석적으로 **일응**(一應)**의 추정**(prima-facie-Beweis)이 활용된다(일단의 증명이라고도 한다).

일응의 추정은 간접사실에 의한 주요사실의 심증형성에 있어서 경험칙상 고도의 개연성이 있어서 주요사실의 존재를 시사한다고 할 수 있는 경우에는 특별한 사정을 입증하지 못하는 한, 주요사실에 있어서 확신에 달하였다고 보는 것을 말한다. 이 경우에 추정된 사실은 거의 증명된 것이나 마찬가지이므로 **표현증명**(Anscheinbeweis)이라고 부른다. 일응의 추정은 사실상의 추정의 특수한 경우로 그 본질이나 요건에 대하여는 반드시 분명하지 않은 점이 있으나, 대체로 고도의 개연성을 가지는 경험칙에 의하여 사태의 객관적 사정으로부터 주요사실을 추정한다는 것이다. 일반적 생활경험상 그 이상으로 상세한 해명을 행하지 않더라도 그 존재가 인정되고, 그 정형적 성격 때문에 개별 사실의 구체적 사정을 우선은 도외시하더라도 지장이 없는 사상(事象)의 추이를 **정형적 사상경과**(typischer Geschensablaub)라고 하는데, 정형적 사상경과라는 고도의 개연성을 가지는 경험칙이 작동하는 경우에 세세한 인정을 건너뛰어 한 번에 과실(또는 인과관계)이 있다고 인정하는 것이다. 요약하면 경험칙상 어떤 사실이 존재하면 일정한 방향으로 그러한 사태가 전개되는 것이 통례라는 것이다.

◆ **과실의 일응의 추정** ◆ 오토바이를 타고 가던 운전자가 운전조작을 잘못하지 않으면 오토바이가 도로로부터 벗어나 낭떠러지에 추락하는 경우는 없다는 명제를 살펴보자. 물론 자살 등 고의에 의한 경우를 제외한다. 만약, 이 명제의 확실성이 높다고 한다면, 오토바이가 낭떠러지에 추락하였다는 사실로부터 운전자에게 무엇인가의 과실이 있다는 것을 추정할 수 있다. 구체적으로 어떠한 과실(과속인가, 전방주시태만인가)이 있는가를 특정할 수는 없지만, 다른 특별한 사정(뒤에서 쫓아오던 대형트럭에 의한 추돌)이 증명되지 않는 한, 「무엇인가의 과실이 있다」고 인정하여도 무방한 것이다. 이를 과실의 일응의 추정이라고 부른다.

◆ **의료과오소송** ◆ 의료과오소송에 있어서 피해자 측에서 일반 상식적인 의료과실행위를 증명하고, 그 결과와 사이에 일련의 의료행위 외에 다른 원인이 개재될 수 없다는 점, 이를테면 환자에게 의료행위 이전에 그러한 결과에 원인이 될 만한 건강상의 흠이 없었다는 사정을 증명한 경우에 있어서는 의료행위를 한 측이 그 결과가 의료상의 과실과 전혀 다른 원인에 기한 것을 증명하지 않는 이상, 의료상 과실과 결과 사이의 **인과관계가 추정**된다.110) 다만, 이 경우에도 인과관계가 추정되어 증명책임이 완화

되나, 의료상 과실의 존재는 피해자가 증명하여야 하므로(의료행위를 한 측에게 무과실의 증명책임을 지울 수 없다) 의료과정에서 주의의무 위반이 있었다는 점이 부정된다면 그 손해배상청구는 배척될 수밖에 없다.111) 한편, 최근 환자 측이 의료행위 당시 임상의학 분야에서 실천되고 있는 의료수준에서 통상의 의료인에게 요구되는 주의의무의 위반, 즉 진료상 과실로 평가되는 행위의 존재를 증명하고, 그 **과실**이 환자 측의 손해를 발생시킬 **개연성**이 있다는 점을 **증명**한 경우에는 진료상 과실과 손해 사이의 인과관계를 추정하여 인과관계 증명책임을 완화하는 것이 타당하다고 하여 진료상 과실과 사망 사이에 **개연성**만으로 **인과관계를 추정**하는 새로운 법리를 밝힌 **판례**가 있었다.112)

◆ **텔레비전이 발화·폭발한 사안** ◆　　텔레비전이 발화·폭발한 사안의 손해배상소송에 있어서 **소비자** 측에서 ① 그 사고가 제조업자의 배타적 영역에서 발생한 것과 ② 그러한 사고가 어떤 사람의 과실 없이는 통상 발생하지 않는다는 사정을 증명하면, **제조업자** 측에서 ③ 그 사고가 제품의 결함이 아닌 다른 원인으로 말미암아 발생한 것임을 증명하지 못하는 이상, 이와 같은 제품은 이를 유통에 둔 단계에서 이미 그 이용시의 제품의 성상이 사회통념상 당연히 구비하리라고 기대되는 합리적 안전성을 갖추지 못한 결함이 있었고, 이러한 결함으로 말미암아 사고가 발생하였다고 **추정**하여 손해배상 책임을 지울 수 있도록 증명책임을 완화하는 것이 손해의 공평·타당한 부담을 그 지도원리로 하는 손해배상제도의 이상에 맞는다고 보았다.113) 최근 제조물책임법 3조의2에서 과실이 아니라 결함을 책임요건으로 하면서, 결함과 손해 사이의 인과관계를 **추정하는 규정**을 두었다.

---

110) 손해발생의 직접적인 원인이 의료상의 과실로 말미암은 것인지 여부는 전문가인 의사가 아닌 보통인으로서는 도저히 밝혀낼 수 없는 특수성이 있어서 환자 측이 의사의 의료행위상의 **주의의무 위반과 손해의 발생과 사이의 인과관계**를 의학적으로 완벽하게 증명한다는 것은 극히 어려우므로, 환자가 손바닥과 발바닥에 땀이 많이 나는 증상의 치료 도중에 사망한 경우에 피해자 측에서 일반 상식적인 의료과실행위를 증명하고, 그 결과와 사이에 일련의 의료행위 외에 다른 원인이 개재될 수 없다는 점, 이를테면 환자에게 의료행위 이전에 그러한 결과에 원인이 될 만한 건강상의 결함이 없었다는 사정을 증명한 경우에 있어서는 의료행위를 한 측이 그 결과가 의료상의 **과실과 전혀 다른 원인에 기한 것을 증명하지 않는 이상**, 의료상 **과실과 결과 사이의 인과관계를 추정**하여 손해배상책임을 지울 수 있도록 증명책임을 완화하는 것이 손해의 공평, 타당한 부담을 그 지도원리로 하는 손해배상제도의 이상에 맞는다(대법원 1995. 2. 10. 선고 93다52402 판결; 대법원 1999. 2. 12. 선고 98다10472 판결 등). 그런데 **판례**의 추정이론은 **사실상의 추정론**을 채택한 것인지, 아니면 **일응의 추정**인지 좀 더 검토가 필요하다.

111) 대법원 2019. 2. 14. 선고 2017다203763 판결. 그리고 의사의 과실로 인한 결과 발생을 추정할 수 있을 정도의 개연성이 담보되지 않는 사정들을 가지고 막연하게 중대한 결과에서 의사의 과실과 인과관계를 추정함으로써 결과적으로 의사에게 무과실의 증명책임을 지우는 것까지 허용되는 것은 아니다(대법원 2018. 11. 15. 선고 2016다244491 판결).

112) 여기서 손해 발생의 **개연성**은 자연과학적, 의학적 측면에서 의심이 없을 정도로 증명될 필요는 없으나, 해당 과실과 손해 사이의 인과관계를 인정하는 것이 의학적 원리 등에 부합하지 않거나 해당 과실이 손해를 발생시킬 막연한 가능성이 있는 정도에 그치는 경우에는 증명되었다고 볼 수 없다(대법원 2023. 8. 31. 선고 2022다219427 판결).

113) 대법원 2000. 2. 25. 선고 98다15934 판결.

　　일응의 추정은 ① 고도의 개연성을 가지는 경험칙에 의한 사실상 추정에 의한 심증형성의 태양이고, 법관의 확신을 요하는 점은 일반의 증명과 마찬가지이지만, ② 과실(또는 인과관계)을 별도로 증명하지 않아도 무방한 점에서 증명의 부담이 경감되는 결과, 상대방은 경험칙의 적용을 배제하는(추인을 방해하는) 특별한 사정을 증명(간접반증)할 필요가 생겨서 자유심증주의의 범위 내에서 증명책임전환과 유사한 기능을 가지게 된다. 이 경우에 실무상 「…한 사실(간접사실)이 인정되므로, 특별한 사정이 없는 한, …의 사실(과실 또는 인과관계 등의 주요사실)을 인정함이 상당하다」고 설시된다. 특별한 사정을 상대방이 증명(간접반증)하지 않는 한, 과실(또는 인과관계)은 그 증명이 있다고 취급하게 된다.

2. 간접반증

8-136　　한편, 간접반증(indirekter Gegenbeweis)은 어느 주요사실에 있어서 증명책임을 지는 당사자가 그 주요사실을 일응 추인시키기에 충분한 간접사실을 증명한 경우에(간접증명) 상대방이 위 간접사실과 양립할 수 있는 별개의 간접사실을 증명하는 것에 의하여 위 간접사실에 의한 주요사실의 추인을 방해하는 증거 내지는 증명활동을 말한다(일응의 추정의 복멸). 한편, 상대방이 그 주요사실을 일응 추인시키기에 충분한 간접사실을 직접 부정하기 위한 증명활동은 직접반증이다.

　◈ **예** ◈　　자(子)의 부(父)에 대한 인지청구의 소에서 주요사실은 원고와 피고 사이에 부자관계가 존재한다는 사실이다. 이를 증명하기 위하여 원고는 ① 그의 모(母)가 원고를 포태할 당시 피고와 성적 교섭이 있었다는 사실, ② 원·피고의 혈액형이 양자 사이에 부자관계로 인정됨에 어긋나지 않는다는 사실, ③ 얼굴 기타 신체상의 특징이 유사하다는 사실 등을 주장하고, 이에 대하여 피고는 원고가 자기의 아들이라는 사실을 부인하면서 원고의 모가 위 포태기간 전후를 통하여 다른 남자와 성적 관계를 맺었다는 사실을 주장한다고 할 때, 만약 원고의 위 ①, ②, ③의 주장(간접사실)이 증명된다면 주요사실인 원·피고 사이의 부자관계가 일응 증명되고, 따라서 이 경우에 피고는 원고의 위 ①, ②, ③ 주장(간접사실)과 양립할 수 있는 위 원고의 모가 위 포태기간 전후를 통하여 다른 남자와 성적 관계를 맺었다는 별개의 주장(이 주장은 이른바 부정의 항변 내지는 다수관계자의 항변이라고 부르지만, 그 법적 성질은 항변이 아니다)을 증명하여 위 일응의 추정을 의심스럽게 할 수 있는데, 이 후자의 피고의 간접사실의 증명이 간접반증이 된다.

　　해당 간접사실에 대하여는 그 증명책임이 상대방(위 예에서는 피고)에게 있고, 상대방은 간접사실에 대하여 **본증**이 요구된다. 다만, 주요사실 자체에 대하여 진위불명이라면 상대방이 승소할 수 있으므로 간접사실을 매개하여 주요사실의 추인을 동요시키는 점에서 「**간접**」이고, 그러나 주요사실에 대한 관계에서는 「**반증**」이 되므로 **간접반증**이라고 한다. 주요사실의 증명책임을 상대방에게 변경하는 것은 아니다.

　　그런데 이러한 간접반증이론을 응용하여 공해소송 등의 인과관계의 증명에 있어서 피해자의 증명의 부담을 경감시키려는 입장이 있다.114)

　◈ **예** ◈　상류에서 조업하는 화학공장이 수은화합물 등 폐액(廢液)을 하천에 방출하여 그것에 오염된 어류를 여러 해에 걸쳐 먹은 결과로 공해병에 걸렸다고 하천 부근에 거주하는 주민이 위 공장을 상대로 손해배상청구의 소를 제기한 것과 같은 공해소송 등의 인과관계의 인정에 있어서 그 기초가 되는 몇 개의 사실, 즉 ① 피해질환의 특성과 그 원인물질, ② 원인물질이 피해자에게 도달한 경로(오염경로), ③ 기업에 있어서 원인물질의 생성, 배출 여부 등이 문제가 된다. 그런데 피해자 구제 내지는 당사자 사이의 공평의 관점에서 본다면, 이 전부에 대한 증명을 피해자(＝원고)에게 부담시키는 것은 타당하지 않다고 보인다. 그래서 간접반증이론을 응용하여 그 과정의 일부를 상대방(피고)의 간접반증의 대상으로 하여 피해자의 증명의 부담을 경감시키려고 한다. 가령 위의 ①과 ②의 사실을 피해자가 증명하여 오염원의 추급이 이른바 기업의 문전에까지 도달한 경우에, 나머지 ③의 사실에 대하여는 경험칙상 그 추인(사실상의 추정)이 가능하므로(그 결과로서 인과관계의 존재가 추인되게 된다), 기업 측에서 ③의 사실의 부존재(또는 자기의 공장이 오염원으로 될 수 없는 이유)에 대한 간접반증을 제출하지 않으면 인과관계의 존재가 증명된다. 피해자로서는 인과관계를 구성하는 몇 개의 사실을 증명하면 충분하게 되어 증명의 부담이 경감되게 된다. 앞에서 설명한 일응의 추정을 복멸하기 위한 특별한 사정의 증명도 간접반증의 하나의 경우이지만, 여기서는 요건사실로서의 **인과관계를 복수의 사실로 나누어, 그 사실인정의 단계에 있어서 간접반증이 작동**하는 것이다.

　　이러한 간접반증이론은 주요사실의 증명책임을 변경하지 않으므로 법률요건분류설을 전제로 하면서 증명이 곤란한 주요사실을 둘러싼 간접사실에 있어서의 증명부담을 양당사자에게 분배하여 증명책임의 공평한 운영을 도모하는 기능을 가지며, 구체적으로 타당한 결과가 얻어지는 것이다.115)

---

114) 대법원 1984. 6. 12. 선고 81다558 판결.
115) 다만, 간접반증이론의 위치에 대하여 법률요건분류설을 비판하는 입장으로부터 다음과 같은 반론이 있다. 간접반증이론은 본래의 증명주제인 주요사실에 대한 법률요건분류설에 의한 부적당한 증명책임의 분배를 일부 수정하는 것인데, 간접반증이론이 이용되는 중요한 경우인 과실이나 인과관계 등과 같은 불특정개념(일반조항)의 증명에 있어서 간접반증의 증명주제인 간접사실을 주요사실로 포착하여야 하고(＝**준주요사실**. ☞2－109), 그 주요사실에 대하여 상대방이 증명책

V. 그 밖의 증명책임 보완 이론

1. 자유심증주의 관련

(1) 개연성설(=개연적 심증)

8-137   가령 공해로 인한 손해배상청구소송 등에서 인과관계의 증명에 대하여는 피해자 구제나 당사자 사이의 공평의 견지에서 일반적인 확신 내지는 고도의 개연성보다 낮은(해당 행위가 없었더라면 결과가 발생하지 아니하였으리라는 정도의) **개연적 심증**, 개연성의 우월 또는 상당 정도의 개연성으로서 충분하다고 본다. 즉 침해행위와 손해와의 사이에 인과관계가 존재하는「상당한 개연성」이 있다는 증명을 하므로써 충분하고, 가해자는 이에 대한 반증을 한 경우에만 인과관계를 부정할 수 있다고 본다.116)

(2) 심증도에 의한 비율적 인정(=확률적 심증)

8-138   비율적 심증에 의한 인정은 가령 손해배상청구에 있어서 택일적으로 인과관계의 유무를 판단하는 것이 아니고, 피해자 보호의 관점에서 심증의 정도에 따라 인과관계를 판단하여 손해배상액을 정하는 것이다.

◆ **예** ◆   법관이 교통사고와 후유증 사이의 인과관계에 관하여 십중팔구 확실하다는 확신이 서지는 않고 70% 정도의 심증을 얻은 경우에는 전체 손해액의 70%만을 비율적으로 인정하는 것이다. 고도의 개연성이 있는 증명을 하는 것이 곤란한 사례에 있어서 확신을 얻을 수 없는 경우에 기계적으로 증명책임의 분배에 의하여 원고 패소판결을 하는 것은 피해자 구제의 측면에서 바람직하지 않으므로 위 경우에 원고 패소판결 대신에 법관이 얻은 심증의 정도에 의하여 손해배상액을 정하고자 하는 방법으로 제창된 이론이다.

임을 진다(증명책임의 전환)라고 단적으로 설명하면 충분하다고 한다. 이 입장은 본래의 증명주제인 주요사실에 대하여 증명책임의 분배와 전환의 문제로 환원하여 살피고자 하는 것인데, 양자의 대립은 증명책임의 분배와 전환의 문제인가, 아니면 주요사실에 대한 법관의 심증형성의 영역에서 간접사실에 대한 증명부담의 분배에 의한 양 당사자의 공평의 실현으로 살필 것인가의 대립이라고 생각한다.

116) 대법원 1974. 12. 10. 선고 72다1774 판결. 또한 **의료과오소송**에 있어서도(☞8 – 135) 환자 측이 의료행위 당시 임상의학 분야에서 실천되고 있는 의료수준에서 통상의 의료인에게 요구되는 주의의무의 위반 즉 진료상 과실로 평가되는 행위의 존재를 증명하고, 그 과실이 환자 측의 손해를 발생시킬 개연성이 있다는 점을 증명한 경우에는, 진료상 과실과 손해 사이의 인과관계를 추정하여 인과관계 증명책임을 완화하는 것이 타당하다는 판례가 있다(대법원 2023. 8. 31. 선고 2022다19427 판결).

그러나 민사소송에 있어서 사실인정은 존재하는가 아닌가 하는 획일적 판단
으로 행하여지는 것이고, 그 존부불명의 경우는 증명책임분배에 의하여 처리되는
것이 원칙이므로 비율적 심증에 의한 인정은 정면으로 증명책임과 저촉되는 점에
서 문제가 있다.

관련되는 실무적인 예로서는 사망피해자의 일실이익의 산정에 있어서 평균여
명표를 이용하는 방법을 들 수 있다. 그리고 손해액의 증명이 곤란한 경우에 통계
적 증거로 손해액을 산정하는 것은 공평성과 합리성이 보장되는 한 허용된다.

◈ **평균피해발생률** ◈　최씨는 자신의 양돈장에서 돼지 290마리를 키우고 있었는데
OO건설이 근처에서 경부고속철도 건설 공사를 했다. 이 공사장에서 발생한 소음은
72.4~80.8dB로, 가축이 피해를 참고 견딜 수 있는 한도인 60dB을 훨씬 넘었고 이 과
정에서 돼지가 유산을 하거나 폐사하는 등 피해가 발생했다. 최씨는 공사장 소음 때문
에 손해를 봤다며 소송을 냈고 법원은 이를 받아들여 손해액을 산정했다. "유산이나
사산, 번식률 저하, 성장 지연 등에 따른 피해 발생률을 연 15%, 폐사는 연 7.5%를
적용해 피해액을 산정하면 1억300여만원을 배상할 의무가 있다"고 보았다. 이어 "소음
으로 인한 피해는 인정되지만 구체적인 손해액을 증명하는 것이 사실상 어려워 통상
돼지들이 비슷한 정도의 소음에 노출됐을 때의 평균피해발생률을 기준으로 계산하였다"
고 한다(2008.10.31.자 세계일보 기사).

(3) 역학적 증명

역학(疫學)이란 임상의학이나 병리학과 달리 어느 집단 내에서 자주 발생하　　8-139
는 유행병에 관하여 그 발생원인을 찾아내어 그것이 만연하는 것을 예방, 제압하
는 것을 꾀하는 학문인데, 공해소송, 약해소송 등에 있어서 질병의 원인이라고
가정되는 인자와 질병의 발생 사이의 인과관계의 증명을 위하여 역학의 성과를
활용하고자 한다(아직 실무는 여기까지 나아가지 않았다).

◈ **예** ◈　해명이 불가능한 집단적 질환에 관하여 공통한 인자로서 작용하고 있다고
생각되는 약품의 제조업자를 상대로 손해배상청구의 소를 제기한 경우의 인과관계에
있어서, ① 공통한 인자로서 작용하고 있다고 생각되는 약품의 발매 후 일정한 증후군
을 가지는 환자가 발생하고, ② 소비량의 증감과 환자수의 증감이 상관관계가 있는 것,
③ 해당 약품의 회수 등에 의하여 환자발생수도 0으로 되었든가 일정수 이하로 격감한
것, ④ 동물실험에 의하여 해당 약품이 문제의 증상을 야기할 가능성이 있는 것이 인
정되고 확인된다면 원고 측의 집단적 질환과 그 발생원인 약품 사이의 역학적 인과관
계가 증명되게 된다.

　　이러한 역학적 증명은 역학적 조사·연구의 성과(경험칙)를 이용하여 인과관계를 증명하기 때문에 간접증명의 일종이다. 다만, 역학적 증명은 집단적 질환의 원인을 명백하게 한 것에 지나지 않으므로 각 개인의 질환도 동일한 원인에서 발생한 것이라는 개별적 인과관계에 대하여 다시 증명이 행하여져야 한다.117) 그러나 이 점에 관하여는 역학적 인과관계가 인정되는 집단적 질환의 기본적 특징을 갖춘, 즉 마찬가지의 증후군을 가지는 원고 측의 질환의 원인은 해당 약품에 있다고 추정되는 데 지장은 없다고 할 것이다. 결국 피고 측에서 원고 측의 질환은 그 인자와는 관계없다는 것을 추인케 할 특별한 사정을 증명함으로써 벗어나는 식으로 증명책임이 분배된다.

2. 증거수집 관련

8-140　　　증거가 구조적으로 편재하는 의료과오소송, 소비자피해소송, 공해소송 등 「현대형소송」 내지는 「정보편재형소송」에서 증명이 용이하지 않은 문제가 급증하고 있는 바, 당사자가 자기의 주장을 증명할 수 없는 경우, 소송에서는 증명책임에 의하여 처리된다. 증명책임을 지는 당사자는 자기가 증명할 수 없었던 것에 대한 위험·불이익을 지는 것인데, 민사소송에 있어서 증명책임의 당사자 사이의 분배는 반드시 증명의 난이도 내지는 증거에 대한 접근과 일치하지 않는다(증명책임의 논쟁에서 통설인 법률요건분류설을 배척할 수 없고, 그리하여 증명책임의 전 단계인 증명과정, 즉 증거수집에 주목하게 된다). 그래서 증명책임을 지는 당사자가 중요한 증거를 제출하지 못하는 사태가 생기는데, 이것은 당사자 사이의 공평이나 충실한 심리 혹은 민사소송이 사회에 있어서 수행하는 역할에 반하게 된다. 중요한 증거는 전부 상대방 내지는 제3자인 기업, 의사 또는 행정청의 수중에 있는 증거의 구조적 편재에 있어서, 이를 시정하고자 하는 것이 증거법의 과제가 되고 있다(그리하여 소송의 당사자나 당사자가 되려고 하는 사람이 진술녹취(depositions), 질문서(interrogatories) 그 밖의 디스커버리 수단을 통하여 사실을 밝히거나 증거를 수집하는 변

---

117) 폐암 환자들과 그 유족들이 담배제조자를 상대로 손해배상을 청구한 국내 최초의 이른바 담배소송에서 담배를 결함 있는 제조물이라고 볼 수 없고, 흡연과 폐암 발병 사이에 **역학적 관련성이 인정된다 하더라도**(판결에서 역학적 관련성이 있음은 인정) 그것만으로는 이 사건 흡연자들의 폐암 발병과 흡연 사이의 **개별적 인과관계가 입증되었다고 할 수 없고**, 제조물책임이나 공해소송에서의 입증책임 완화 법리가 적용될 수 있는 사안이 아니므로 입증책임의 일반원칙에 따라 인과관계를 직접 입증할 책임이 원고들에게 있는데, 원고들은 이를 입증하지 못하였다고 하였다(대법원 2014. 4. 10. 선고 2011다22092 판결).

론 전 절차를 의미하는 미국법에서와 같은 디스커버리(discovery)제도의 도입이 논의되고 있다). 그리하여 상대방의 수중에 있는 문서의 개시를 위한 문서제출명령에 있어서 문서정보공개제도를 널리 활용하거나, 또는 예를 들어 의료사고의 원인을 알 수 없는 피해자가 진료기록부 등에 대하여 증거보전절차를 이용하여 증거를 개시할 수 있도록 운영되어야 한다는 **증거개시적 처리의 도입**(☞8-108), **모색적 증명**의 허용(아래 별도 설명), 상대방의 생활영역에 속하는 사실관계가 요증사실로 되지만, 증명책임을 지는 당사자가 그 구체적 내용을 전혀 알 수 없는 경우에 증명책임을 지지 않는 당사자에 대하여 증명책임을 지는 당사자의 사실주장을 보완하는 주장을 의무지우거나 증거의 제출을 의무지우는 **사안해명의무** 등이 논의되고 있다.118)

◈ **모색적 증명의 예** ◈　항공기추락사고로 인한 손해배상소송에서 사고원인을 알 수 없는 유족이 「사고가 사고기의 정비불량으로 발생하였다」고 일반적·추상적으로 주장하면서 그 구체적 사실관계를 증명하기 위하여 사고조사보고서의 문서제출명령을 신청하는 경우 또는 인지청구의 소에서 원고가 부자관계의 존재를 추인시키는 간접사실의 주장을 하게 되면, 피고는 원고의 모(母)가 「당시 다른 남성과 성적 관계가 있었다」고 주장하면서 그 증거로서 원고 모(母)에 대하여 증인신문을 신청하는 경우가 많은데, 이 경우에 일시(日時)와 상대방을 구체적으로 제시하지 않은 채, 위증죄의 문제를 걸면서 증인신문을 하여 증인의 진술로부터 다른 남성과의 성적 관계의 유무를 이끌어내어 비로소 자기의 주장을 구체화하고자 하는 것이 모색적 증명이다.

---

118) 그런데 **판례**는 증거자료에의 접근이 훨씬 용이한 일방 당사자가 상대방의 증명활동에 협력하지 않는다고 하여 상대방의 증명을 방해하는 것이라고 단정할 수 없으며, 일방 당사자에게 소송의 승패와 직결되는 **상대방의 증명활동에 협력하여야 할 의무가 부여되어 있다고 할 수 없으므로**, 상대방의 증명활동에 협력하지 않는다고 하여 이를 신의성실의 원칙에 위배되는 것이라고는 할 수 없다고 한다(대법원 1996. 4. 23. 선고 95다23835 판결).

제3편 소송의 종료

제1장

소송종료사유

I. 종국판결에 의한 종료

9-1 소송은 통상 법원이 소에 대하여 종국적인 응답으로서 행하는 종국판결(법원의 소송행위)에 의하여 종료되는 것이 정상적인 경과이다.

> ◆ **예** ◆ 교통사고의 피해자 X가 가해자 Y를 상대방으로 6,000만원의 손해배상청구의 소를 제기한 경우에 법원은 X의 손해배상청구가 인정되는지 여부를 심리하여 Y에게 손해배상을 명하는 재판(본안판결), 즉 "피고는 원고에게 6,000만원을 지급하라"고 하거나, X에게는 손해배상청구권이 없다는 것을 선언하는 재판(본안판결), 즉 "원고의 청구를 기각한다"고 하는 것이 대부분인데, 경우에 따라서 소송요건을 갖추지 못한 것을 이유로 소 그 자체를 부적법하다고 하는 재판(소송판결), 즉 "이 사건 소를 각하한다"고 하기도 한다.

충분한 심리를 거쳐 판단이 무르익으면 법원은 종국판결을 한다(198조). 다만, 제1심의 종국판결에 대하여 당사자가 상소를 제기한다면, 소송은 상급심에 이심(移審)하여 다시 상급심절차가 행하여지므로 소송의 종료를 가져오는 것은 종국판결이 확정된 때이다.[1]

---

[1] 이 경우에 상소의 취하, 상소권의 포기도 소송의 종료를 가져오지만, 이에 대하여는 상소 부분

II. 당사자의 행위에 의한 종료

그런데 처분권주의 하에서는 종국판결에 의하지 않고 당사자가 임의로(당사   9-2
자의 행위에 의하여) 소송을 종료시킬 수 있다(☞2-101). 즉 당사자는 소의 취하,
청구의 포기·인낙 또는 재판상 화해를 하여 소송을 종료시킬 수 있다(또한 조정도
생각할 수 있다).

III. 그 밖의 소송종료사유

한편, 다음과 같이 **2당사자대립구조의 소멸**에 의하여 소송이 종료되는 경   9-3
우가 있다.

① **당사자의 지위의 혼동**에 의하여, 즉 소송 중에 당사자 일방이 사망하고,
상대방이 유일한 상속인으로서 소송의 목적이 상속재산에 관한 것이라면 소송상
의 상대방이 그 지위를 승계하므로 대립 당사자의 지위가 1인에게 귀속하여 소송
은 종료된다. 소송 중에 대립 당사자인 법인이 합병한 경우도 마찬가지이다.

② **승계할 사람의 부존재**에 의하여, 즉 당사자가 사망하거나 소송물에 관한
적격을 잃어 탈퇴하였음에도 그 권리관계의 성질상 그 지위를 승계할 사람이 존
재하지 않는 경우에 소송은 종료된다.2) 이혼소송의 당사자인 부부의 일방이 사
망한 경우가 그 예이다.

이 경우에 소송은 바로 종료되나, 당사자 사이에 다툼이 있어 기일지정신청
을 한 경우에 이를 분명히 하는 의미에서 다음과 같은 소송종료선언을 한다.

IV. 소송종료선언

소송종료선언은 계속 중이던 본안의 소송이 유효하게 종료되었다는 취지의   9-4
선언을 하는 종국판결로 **확인판결**의 성질을 가진 **소송판결**에 해당된다. 이는 종

에서 다루기로 한다.
2) 친생자관계존부 확인소송은 소송물이 **일신전속적**인 것이므로, 제3자가 친자 쌍방을 상대로 제
기한 친생자관계 부존재확인소송이 계속되던 중 친자 중 어느 한편이 사망하였을 때에는 생존한
사람만 피고가 되고, 사망한 사람의 상속인이나 검사가 절차를 수계할 수 없고, 이 경우 사망한
사람에 대한 소송은 **종료**된다(대법원 2018. 5. 15. 선고 2014므4963 판결). 이사가 그 지위에
기하여 주주총회결의 취소의 소를 제기하였다가 소송계속 중에 사망하였거나 사실심 변론종결
후에 사망하였다면, 이사는 주식회사의 의사결정기관인 이사회의 구성원이고, 의사결정기관 구
성원으로서의 지위는 **일신전속적**인 것이어서 상속의 대상이 되지 않으므로 위 소송은 이사의
사망으로 중단되지 않고 그대로 **종료**된다(대법원 2019. 2. 14. 선고 2015다255258 판결).

래 판례법에 의하여 발전되어 온 것인데, 아래와 같이 민사소송규칙에서 이를 명
문화하였다.

① **기일지정신청**: 소 또는 상소의 취하(취하간주 포함)의 효력을 다투어 **기일
지정신청**을 하는 경우와 같이 확정판결에 의하지 않고 소송이 종료된 것으로 처
리된 뒤, 그 **소송종료의 효과를 다투어** 기일지정신청을 하는 경우에3) 법원은
변론기일을 열어(재판장 단독으로 신청에 대하여 기각명령 등의 재판을 할 것이 아니다) 취하의
유효·무효를 심리하고, 신청이 이유 없다고(즉 취하가 유효하다고) 인정되는 경우에
는 종국판결로 "이 사건은 2012. 1. 12. 소취하로 종료되었다", "이 사건 소송은
2012. 1. 12. 소취하 간주로 종료되었다"와 같은 소송종료선언을 하여야 한다(민사
소송규칙 67조, 68조). 반면 신청을 받아들이는 것은 소송종료의 처리가 잘못되었다
는 것이 되므로 변론을 속행하여 본안심리를 하되, 소송종료의 효과에 대한 다툼
을 중간판결로 미리 판단하거나 종국판결의 이유 중에서 판단하면 된다(민사소송규
칙 67조 3항).

② **소송종료의 간과**: 확정판결, 청구의 포기·인낙, 재판상 화해 및 소의 취
하(취하간주 포함)에 의하여 **소송이 종료되었음에도 불구하고 이를 간과**하고 소송
심리를 진행하여 온 사실이 뒤에 발견된 경우에 법원은 소송종료선언을 하여야
한다.

③ **승계가 허용되지 않는 경우**: 이혼소송에 있어서 당사자 일방의 사망과
같이 일신전속적인 법률관계로 승계가 허용되지 않는 경우에 소송이 종료된 것으
로 처리된 데 대하여 다툼이 있으면 소송종료선언을 하여야 한다.

---

3) 268조 4항에서 정한 항소취하 간주는 그 규정상 요건의 성취로 법률에 의하여 당연히 발생하
  는 효과이고 법원의 재판이 아니므로 상고의 대상이 되는 종국판결에 해당하지 않으므로 그 효
  력을 다투려면 민사소송규칙 67조, 68조에서 정한 절차에 따라 항소심 법원에 **기일지정신청**을
  할 수는 있으나 상고를 제기할 수는 없다(대법원 2019. 8. 30. 선고 2018다259541 판결).

제 2 장

당사자의 행위에 의한 소송의 종료

제1절 소의 취하

I. 의 의

원고는 여러 가지 이유에서 소송을 계속 진행하는 것에 관심을 잃는 경우가 있는데, 그렇다면 소의 취하(Zurücknahme der Klage)를 할 수 있다(266조 1항). 가령 소의 제기 뒤에 자기가 주장하는 권리의 부존재를 알거나 피고가 무자력이므로 강제집행에 의한 권리의 실현이 곤란한 것이 분명하게 되어 소송의 속행에 열의가 없어지는 경우 등이다. 그렇지만, 실제로 소송 밖에서 화해가 성립한 결과로 소의 취하를 약속한 경우가 많다. 소의 취하는, 원고가 법원에 대하여 소의 전부 또는 일부를 철회하는 의사표시로 소송행위이다. 한편, 소의 취하는 상소를 철회하는 의사표시인 상소의 취하와 구별하여야 한다.

1. 처분권주의의 발현

소의 취하는 처분권주의의 발현이다. 소송종결의 권한을 당사자에게 맡긴 것이다. 다만, 여기서 처분권주의의 기초는 실체법상의 권한의 처분을 의미하는 것은 아니기 때문에 가사소송, 행정소송과 같이 일반적으로 당사자가 자유로이 그 실체적 법률관계 자체를 처분할 수 없는 경우(직권탐지주의의 적용을 받는 경우)라도 소를 취하할 수 있다(소송상 화해와 다름). 즉 실체법상의 처분권한보다 넓게 「절차적 처분권」으로 처분권주의의 처분권한을 이해한다. 한편, 당사자 가운데 1인이

10-1

10-2

소를 취하함으로써 원고적격 자체가 소멸하는 결과가 생기는 (고유)필수적 공동소송에서는 당사자의 처분권한이 절차적 관점에서 부정되는 경우가 있다(☞13-30).

2. 청구의 포기와 구별

10-3　　　　소의 취하와 청구의 포기는 원고의 청구를 인정하지 않고 소송이 종료되는 점에서 공통이지만, 청구의 포기는 원고가 자기의 청구를 인정하지 않는다는 소송상 해결을 한 것이 되는 것이고, 반면 소의 취하는 소송이 소급적으로 소멸되고(267조 1항), 소송상은 어떠한 해결도 행하여진 것이 없다는 점이 다르다. 청구의 포기는 청구가 존재하지 않는다는 취지를 법원에 진술하는 의사표시이고 조서에 적은 때에는 확정판결과 같은 효력을 가지는데(220조), 소의 취하는 이미 제기된 소 그 자체를 소급적으로 철회하는 진술이다. 따라서 소의 취하 뒤에 동일한 소송상의 청구에 대하여 다시 소를 제기하는 것은 (본안에 관한 종국판결이 있은 뒤의 소의 취하가 아닌 한) 허용된다(267조 2항 참조).

3. 일부취하

10-4　　　　소의 취하는 소의 전부나 일부에 대하여 할 수 있다. 여러 개의 병합된 청구 가운데 1개의 취하, 가분청구 가운데 일부의 취하를 할 수 있다.[1] 청구의 취지에 적은 청구금액을 감축하는 경우도 소의 일부취하로 풀이하는 입장이 일반적이다 (이와 달리, 항소의 일부취하는 항소불가분의 원칙상 무효 ☞14-37).[2]

II. 요 건

10-5　　　　1. 소의 취하는 소송행위이므로 소송행위로써 유효요건, 가령 당사자가 소송 능력이 있어야 하고, 한편 조건(가령 피고가 소송비용을 부담하는 조건에서의 소의 취하)을 붙여서는 안 된다. 그리고 소송대리인이 소를 취하하는 경우에는 특별한 권

---

1) 공동소송에 있어서 공동소송인 가운데 원고 1인의 소의 취하는 소의 일부취하에 해당된다. 한편, 고유필수적 공동소송의 경우에 원고 1인의 소의 취하는 67조 1항의 「모두의 이익」이 되는 행위라고는 할 수 없으므로, 모두가 소를 취하하지 않는 이상, 그 효과는 생기지 않는다고 보는 입장이 일반적이다(☞13-30).

2) 대법원 2004. 7. 9. 선고 2003다46758 판결. 그런데 소가 취하된 경우에는 인지액의 2분의 1에 해당하는 금액의 환급을 청구할 수 있는데(민사소송 등 인지법 14조 1항 2호), 어느 청구가 취하된 것이 아니라 단순히 하나의 청구 중 일부를 감축한 데 그친 경우는 환급사유에 해당하지 않는다(대법원 2012. 4. 13.자 2012마249 결정).

한을 따로 받아야 한다(90조 2항).

2. 소의 취하는 실체법상의 권한의 처분을 의미하는 것은 아니므로(「절차적 처분권」으로 이해하여야 한다는 것을 이미 언급 ☞10-2) 모든 소송물에 대하여 자유롭게 소의 취하를 할 수 있다.

3. 소의 취하에 있어서 민법상의 의사표시의 흠에 대한 규정의 적용이 있는 지 여부에 대하여는, ① 민법의 적용을 배제하면서, 다만, 확정판결에 대한 재심 사유(사기, 강박 등 형사상 처벌을 받을 타인의 행위)의 유추적용을 하고자 하는 **판례** 및 **다수설**과 ② 직접 민법의 유추적용을 하고자 하는 유력설로 나뉘고 있다(☞ 2-154). 14-법원행정고시

◈ **예** ◈ 甲, 乙이 丙에게 소유권이전등기청구소송을 공동으로 제기하면서 A 변호사를 소송대리인으로 선임하였다. 그 소송의 계속 중에 乙이 그의 소를 취하하겠다는 뜻을 A 변호사에게 전해왔다. A는 그 사무원인 B에게 乙의 소 부분을 취하하는 서면을 작성하여 법원에 접수하라고 지시하였다. 그런데, B는 착오로 乙은 물론 甲의 소 부분까지 전부 취하하는 내용으로 취하서를 작성하여 법원에 접수시켰다. A가 위와 같은 사실을 뒤늦게 알고 법원에 甲과 乙 부분의 소취하는 사무원의 착오로 인한 것이므로 철회 또는 취소한다는 의사를 표시하였다. 여기서 소의 취하와 같은 소송행위는 일반 사법상의 행위와는 달리 내심의 의사보다 그 표시를 기준으로 하여 그 효력 유무를 판정할 수밖에 없는 것인바, 소송대리인의 표시기관에 해당되는 사무원의 착오로 소송대리인의 의사에 반하여 소를 취하하였다고 하여도 이를 무효라고 볼 수는 없고, 적법한 소취하의 서면이 제출된 이상, 그 서면이 상대방에게 송달되기 전·후를 묻지 않고 원고는 이를 임의로 철회할 수 없다는 입장이 일반적이다.[3] 04-변리사시험

III. 절 차

1. 시 기

원고는 소송계속 중, 즉 확정판결에 이르기까지 소를 취하할 수 있다(266조 1항). 종국판결선고 뒤에도 할 수 있고, **상급심**에서도 할 수 있다. 10-6

2. 피고의 동의

소의 취하는 원고의 법원에 대한 단독의 의사표시이지만, 피고가 본안에 대하여 준비서면을 제출하거나 변론준비기일에서 진술하거나 변론기일에서 변론 10-7

---

3) 대법원 1997. 6. 27. 선고 97다6124 판결; 대법원 1997. 10. 24. 선고 95다11740 판결 등.

을 한(이를 본안에 관한 응소라고 한다. 그런데 피고가 주위적으로 소각하판결, 예비적으로
청구기각판결을 구하는 경우는 본안에 관한 응소로 보지 않는다) 뒤에는 피고의 **청구기
각판결을 얻을 이익을 고려**하여야 하므로 피고의 동의가 없으면(그렇다고 소의
취하가 당사자 사이의 합의는 아니다) 소를 취하할 수 없다(266조 2항).4) 피고의 동의
에 의하여 소의 취하의 효력이 발생한 뒤에는 원칙적으로 그 철회가 허용되지
않는다.

◈ **소취하에 대한 피고의 부동의** ◈　이지아는 서태지를 상대로 낸 재산분할금 50억
원과 위자료 5억원 청구소송을 그만두겠다고 소취하서를 제출했다. 하지만 서씨 측이
소취하 부동의서를 법원에 제출해 법정싸움이 다시 시작됐다. 서씨는 상대방 측이 소
를 제기했고 예고 없이 단독으로 소를 취하했다. 따라서 본 사건은 향후 재발생할 가
능성도 배제할 수 없는 상황에 놓여 있고 본 사건의 사실확인 또한 필요하다고 판단해
법원의 판결에 맡기려 부동의서를 제출했다고 한다. 서씨가 부동의서를 제출함에 따라
이씨가 냈던 **위자료청구소송**은 끝나지 않고 그대로 진행된다. 이로써 서태지와 이지
아의 법적 분쟁은 다시 시작돼 예정대로 세 번째 변론이 시작될 예정이다. 그러나 **재
산분할청구사건**은 소취하로 종결됐다(2011.5.17.자 일간스포츠 기사). 일반소송사건인 위
자료청구소송과 달리, 재산분할청구는 원칙적으로 상대방의 동의를 요하지 않고 바로
소취하의 효과가 발생하는 **가사비송사건**이기 때문이다.5)

3. 방　식

10-8　　　방식에 대하여 다음과 같이 특별히 규정하고 있다. 즉 소의 취하는 소송계속
을 소멸시키는 중요한 효과를 수반하므로 원고의 의사를 명확하게 할 필요에서
서면(취하서의 제출)으로 하는 것이 원칙이고, 다만 변론기일(또는 변론준비기일)에
서는 원고의 의사가 직접적으로 법원 등에 대하여 표시되어 그 의사를 확인할 수
있으므로 말(구술)로도 할 수 있다(266조 3항).

소장부본을 송달한 뒤에는 소취하의 서면을 피고에게 송달하여야 한다(266
조 4항). 기일에 말로 소를 취하한 경우에 상대방이 기일에 출석하지 않은 때에는

---

4) 한편, 본소가 취하된 때에 피고가 반소를 취하하는 경우에는 항상 원고의 동의가 필요하지 않
다(271조). 원고가 반소의 제기를 유발한 본소를 스스로 취하하고 그로 인하여 유발된 반소의
유지를 상대방에게 강요하는 것은 공평하지 않기 때문이다.
5) 재산분할심판 사건은 상대방이 있는 마류 가사비송사건에 해당하고, 심판청구 취하에 상대방의
동의를 필요로 하지 않고, 상대방이 그 취하에 부동의 하였더라도 취하의 효력이 발생한다고 봄
이 타당하다(대법원 2023. 11. 2. 선고 2023므12218 판결).

조서의 등본을 송달하여야 한다(동조 5항). 이에 따라 피고는 동의를 할 것인지 여부를 결정하여야 한다. 소의 취하에 대한 피고의 동의를 요하는 경우에 피고의 동의도 서면 또는 말로 법원에 대하여 한다. 그러나 피고가 확실히 동의도 이의도 하지 않고 방치한 경우에는 취하가 있는 것을 안 날로부터 2주일이 경과하면 동의한 것으로 본다(동조 6항). 소의 취하에 대하여 피고가 이의하여 동의를 거절하면 소취하의 효력이 발생할 수 없고, 뒤에 동의하더라도 그 효력이 발생하지 않게 된 소취하가 그 효력이 발생하는 것은 아니다.

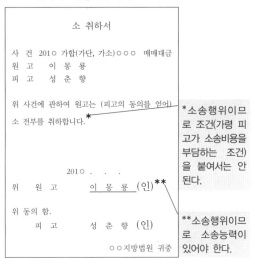

■ 소취하서 작성 기재례

소 취하서

사 건 2010 가합(가단, 가소)○○○ 매매대금
원 고 이 몽 룡
피 고 성 춘 향

위 사건에 관하여 원고는 (피고의 동의를 얻어) 소 전부를 취하합니다.＊

＊소송행위이므로 조건(가령 피고가 소송비용을 부담하는 조건)을 붙여서는 안 된다.

2010 . . .

위 원 고 이 몽 룡 (인)＊＊

위 동의 함.
피 고 성 춘 향 (인)

○○지방법원 귀중

＊＊소송행위이므로 소송능력이 있어야 한다.

IV. 효 과

1. 소송계속의 소급적 소멸

(1) 소의 취하에 의하여 소는 처음부터 계속되지 않았던 것으로 본다(267조 1항). 그 결과 그 소송에서의 당사자의 소송행위도 법원의 소송행위도 모두 효력이 없게 된다(그런데 소송계속을 근거로 한 관련재판적은 그 뒤에 소가 취하되더라도 소멸되지 않는다. 33조 참조). 종국판결선고 뒤의 소의 취하라면 이미 행한 판결도 실효된다. 다만, 이미 지출한 소송비용의 부담 및 액수를 정하는 절차가 남는데, 이는 당사자의 신청에 의하여 법원이 결정절차로 심판한다(114조). 원칙적으로 원고를 패소자에 준한 것으로 보아 원고에게 소송비용의 전액을 부담시킬 것이다.6)

한편, 소의 취하와 달리 상소의 취하에 있어서는 그 결과 상소제기행위가 소급적으로 소멸하고, 이심의 효과 및 확정차단의 효과가 소멸한다. 상소기간이 도

10-9

---

6) 소의 취하의 경우에 소송비용에 산입하는 변호사보수는 1/2이 아니고, 전액이다(변호사보수의 소송비용 산입에 관한 규칙 5조). 그리고 민사소송 등 인지법 14조 1항 2호에 의하면 제1심 또는 항소심에서 변론종결 전에 소가 취하된 경우에 당해 심급의 소장 또는 항소장에 붙인 인지액의 2분의 1에 해당하는 금액을 환급받을 수 있다(환급받을 수 있는 인지액 상당은 이를 소송비용에서 공제). 그러나 인지대가 10만원 이하인 때에는 환급대상에서 제외된다.

과하면 전심(前審)의 완결이 확정된다.

23-변호사시험

(2) 소의 제기에 의한 시효중단의 효과가 소의 취하에 의하여 어떻게 되는가에 대하여는, 민법에 소급적으로 소멸된다는 규정이 있다(민법 170조. 이 경우에 6월 내에 재판상의 청구를 한 때에는 시효는 최초의 소의 제기로 인하여 중단된 것으로 본다).

(3) 소송수행과 관련되어 변론에서 공격방어방법의 전제로 행사한 취소, 해제, 상계 등의 의사표시가 소의 취하에 의하여 어떻게 되는가에 대하여 논의가 있다(☞2－157). 소의 취하에 의하여 형성권 행사의 효과는 실효하거나 또는 원래의 효과가 발생하지 않는다고 할 것이다.

(4) 소취하의 유·무효에 대하여 당사자 사이에 다툼이 있을 때에는 해당 소송절차 내에서 기일지정신청 등으로 해결하여야 한다(☞9－3 소송종료선언 부분 참조).

2. 재소의 금지

(1) 의 의

10-10

소의 취하에 의하여 소송계속이 소급적으로 소멸하므로 소의 취하가 있으면 실질적 분쟁해결기준 없이 소송을 종료시켜 판단내용의 통용성이라는 문제가 생길 여지가 없고, 기판력 등의 판결효도 발생하지 않는다. 소의 제기가 없었던 것과 동일한 것으로 돌아가므로 마찬가지의 분쟁을 반복하여 뒤에 다시 동일한 내용의 소를 제기하는 것은 본래 무방하다. 그러나 한편, 소의 취하 뒤에 자유롭게 다시 동일한 내용의 소를 제기할 수 있다는 태도를 완전히 관철하면, 법원이 그때까지 심리를 위하여 기울인 노력은 수포로 돌아가게 되므로 법원이 나름 본안에 대한 종국판결에 의한 해결을 부여하였는데도 그 뒤에 만연히 소의 취하에 의하여 그 판결을 무위로 돌리려는 경우에는 재소를 금지하는 규정을 두고 있다(267조 2항).[7] 기능적으로는 불리한 본안판결을 받은 원고가 소의 취하를 남용하는 것을 방지하고자 하는 역할을 한다고 볼 수 있다. 다만, 이 재소금지의 구체적

---

7) 한편, 법원의 노력을 무위로 돌리지 않으려고 한다면 본안에 관한 종국판결 뒤는 직접 소취하를 금지하는 쪽이 (본안의 종국판결 뒤에 소취하를 금지하지는 않지만, 소취하 뒤의 재소를 금지하는 쪽)보다 철저하고 입법기술상으로도 간명하여 적용상의 문제가 적다는 주장이 있다. 그런데 재소금지의 규정이 없더라도 아무런 소의 이익이 없는 재소, 법원의 판결을 농락하거나 패소판결의 확정을 방해하고 다시 소송을 해 보려는 재소 등은 어차피 권리보호의 이익이 없는 소의 제기라고 하여 각하될 것이기 때문에 재소금지의 규정을 두어 일률적으로 재소를 금지함으로써 결과적으로 본안의 종국판결 뒤의 소의 취하에 제재를 가하는 것과 같은 결과를 가져오므로 재소금지의 규정은 두지 않는 쪽이 타당하다는 입장이 있다(호, 760면).

취지로, 위와 같이 다시 동일한 내용의 분쟁해결을 하여 줄 수 없다는 제재로 보는 **취하남용제재설** 이외에, 처분권주의하에서는 소의 취하에 의하여 당사자 사이에서 분쟁을 마무리하려는 것에 대하여 제재를 가할 수는 없는 것이고, 소를 취하한 뒤에 후소를 제기하는 경우의 소권남용방지를 그 근거로 보는 **재소남용방지설**, 그리고 양자 모두를 근거로 하는 **절충설** 등도 생각할 수 있다. **판례**는 소의 취하로 인하여 그 동안 판결에 들인 법원의 노력이 무용화되고 종국판결이 당사자에 의하여 농락당하는 것을 방지하기 위한 **제재적 취지**의 규정이라고 이해한다.8)

(2) 요 건

재소가 금지되는 요건으로는 우선, (가) 재소가 전소와 동일한 소인 것을 들 수 있다. 그리고 (나) 본안에 대한 종국판결이 있는 뒤의 소의 취하인 것을 들 수 있다. 요건과 관련하여 문제되는 경우는 다음과 같다.

(가) 동일한 소　　여기서 동일한 소라고 하려면 **당사자의 동일, 소송물의 동일 이외에**, 나아가 소를 취하한 때와 비교하여 재소를 제기하는 때에 재소를 필요로 하는 **사정의 동일성**(권리보호의 이익 내지는 필요성의 동일)까지 요구된다.

　① 당사자의 동일과 관련

　　㉮ 채권자대위소송의 채무자: **판례**는 채권자가 채권자대위권을 행사하는 방법으로 제3채무자를 상대로 소송을 제기하고 판결을 받은 경우에 채권자대위소송이 제기된 사실을 채무자가 알았을 때에는 그 판결의 효력은 채무자에게 미친다는 것을9) 전제로 채권자대위소송이 제기된 사실을 **피대위자가 알게 된 이상**, 위 대위소송에 관한 종국판결이 있은 뒤, 그 소가 취하된 때에는 피대위자도 재소금지규정의 적용을 받아 위 대위소송과 동일한 소를 제기하지 못한다고 해석함이 상당하다고 보았다.10) **학설**도 판례와 마찬가지 입장이 있는 반면,11) 채무자에게 재소금지의 효과가 미친다고 함은 부당하다는 **소극설**도 있다.12)

　　㉯ 또 다른 추심채권자: **판례**는 추심채권자가 추심의 소를 제기하였다가 항소심에서 소취하를 하였는데, 그 후 추심명령을 받은 또 다른 추심채

---

8) 대법원 1998. 3. 13. 선고 95다48599, 48605 판결 등.
9) 대법원 1975. 5. 13. 선고 74다1664 전원합의체 판결.
10) 대법원 1996. 9. 20. 선고 93다20177, 20184 판결.
11) 강, 600면; 김홍, 769면; 이, 575면.
12) 송/박, 482면; 한, 543면; 호, 762면.

권자가 다시 추심의 소를 제기한 사건에서, 후소는 **권리보호이익을 달리하여** 재소금지 원칙에 위반되지 않는다고 보았다.13)

② 소송물의 동일과 관련

㉮ 상계항변: 가령, **판례**는 선행소송에서 상계항변을 제출하여 본 안판단을 받았다가 항소심에서 상계항변을 철회한 경우에 이는 소송상 방어방 법의 철회에 불과하여 재소금지원칙이 적용되지 않으므로 그 자동채권과 동일 한 채권에 기한 소송을 별도로 제기할 수 있다.14)

㉯ 선결문제: 후소가 전소의 소송물을 선결적 법률관계 내지 전제 로 하는 것일 때에는 비록 소송물은 다르지만, 원고는 전소의 목적이었던 권리 내지 법률관계의 존부에 대하여는 다시 법원의 판단을 구할 수 없는 관계상 후 소에 대하여도 동일한 소로써 판결을 구할 수 없다고 풀이함이 상당하다는 것이 **판례**이다.15) **학설**은 판례와 마찬가지로 재소금지효의 적용이 있다는 입장과16) 소송물이 다르기 때문에 적용이 없다는 입장으로17) 나뉜다. **생각건대** 소송물에 대한 법원의 판단을 기초로 하는 기판력의 경우와 달리 보아, 소의 취하라는 원 고의 소송행위를 이유로 하는 재소금지효는 소송물이 동일한 경우에 한정하여 야 하고, 선결문제로 하는 경우에는 부정하여야 한다.

③ 재소의 제기를 필요로 하는 사정의 동일성과 관련

재소금지의 적용에서 동일한 소라 함은 반드시 기판력의 범위나 중복제 소금지의 경우의 그것과 같이 풀이할 것은 아니고, 당사자와 소송물이 동일하더 라도 **재소의 이익**이 다른 경우에는 동일한 소라 할 수 없다. 즉, 당사자와 소송 물의 동일성만이 아니라, 소의 제기를 필요로 하는 사정의 동일성도 고려하여야 한다.

가령, 신소가 구소와 당사자와 소송물이 동일한 경우라도 재소를 정당 화할 만한 **새로운 권리보호이익 내지는 필요성이 있는 때**에는 재소는 금지되

23-변호사시험
23-법원행정고시

20-5급공채시험

---

13) 선행 추심소송에서 패소판결을 회피할 목적 등으로 종국판결 후 소를 취하하였다거나 그 후 다른 채권자가 소송제도를 남용할 의도로 소를 제기하였다고 보기 어려운 사정 등을 감안할 때, 선행 추심소송과 별도로 자신의 채권의 집행을 위하여 위 소를 제기한 것이므로 새로운 권리보 호이익이 발생한 것으로 볼 수 있다(대법원 2021. 5. 7. 선고 2018다259213 판결).

14) 대법원 2022. 2. 17. 선고 2021다275741 판결.

15) 대법원 1989. 10. 10. 선고 88다카18023 판결.

16) 강, 600면; 김/강, 579면; 김홍, 770면; 정/유/김, 699면; 정영, 1048면.

17) 송/박, 482－483면; 이, 576면; 한, 543면; 호, 764－765면.

지 않는다. 가령, 전소 취하의 전제조건인 약정사항을 지키지 아니함으로써 위 약정이 해제 또는 실효되는 사정변경이 발생한 경우,18) 또는 소유권이전등기절 차이행의 소를 제기하여 승소판결을 받은 뒤, 항소심에서 토지거래허가를 받지 않은 것이 문제되자 소를 취하하였는데, 그 뒤 토지거래허가를 받고 다시 동일한 소를 제기한 경우에는19) 당사자와 소송물이 서로 동일하다 하더라도 소의 제기 를 필요로 하는 사정이 같지 아니하여 권리보호의 이익이 다르므로 재소금지원칙 의 적용이 없다.

가령, 집합건물의 **구분소유자**가 부당이득반환청구의 소를 제기하였다 가 본안에 대한 종국판결이 있은 뒤에 소를 취하한 경우에 다시 **관리단**이 부당이 득반환청구 소를 제기한 것은 특별한 사정이 없는 한, 새로운 권리보호이익이 발 생한 것으로(후자는 구분소유자 공동이익을 위한 것으로 구분소유자가 자신의 공유지분권 에 관한 사용수익 실현을 목적으로 하는 소송과 목적이 다르다) 재소금지 규정에 반하지 않는다고 본다.20)

(나) 본안에 관한 종국판결이 있은 뒤의 소의 취하와 관련

① **소송판결**: 소각하판결에 대하여는 재소금지의 적용이 없다.

② **당연무효의 판결**: 가령, 사망자를 상대로 한 판결에 대하여 그 망인 의 상속인인 피고가 항소를 제기하여 원고가 항소심변론에서 그 소를 취하하였 다 하더라도 위 판결은 당연무효의 판결이므로 원고는 재소금지의 제한을 받지 않는다.21)

③ **화해권고결정**: 소를 취하한다는 화해권고결정이 확정된 경우에 소 취하한 경우와 마찬가지로 위 규정의 적용이 있다.22)

④ **항소심에서의 소의 교환적 변경**: 가령, 제1심에서 인용한 청구를 항소심에서 다른 청구와 교환적 변경을 하고 나서 그것을 소의 변경에 의하여 다 시 부활시키게 되면 본안에 관한 종국판결 뒤에 취하한 소를 다시 제기한 결과가 되므로 재소금지의 원칙에 저촉된다는 것이 **통설·판례**이다.23) 이에 대하여 원

---

18) 대법원 1993. 8. 24. 선고 93다22074 판결.
19) 대법원 1997. 12. 23. 선고 97다45341 판결.
20) 대법원 2022. 6. 30. 선고 2021다239301 판결.
21) 대법원 1968. 1. 23. 선고 67다2494 판결.
22) 대법원 2021. 7. 29. 선고 2018다230229 판결.
23) 대법원 1987. 11. 10. 선고 87다카1405 판결. 제1심에서 부정경쟁방지 및 영업비밀보호에 관한 법률 4조, 5조에 기하여 침해금지청구, 일정 기간의 부정경쟁행위로 인한 손해배상청구를 하였

고로서는 법원의 판결을 농락하려거나 소취하 내지 재소를 남용할 의도는 추호도
없는 것이고, 통설·판례는 형식논리에 치우쳐 원고의 아무런 악의 없는 소송수행
에 느닷없이 족쇄를 채우는 결과를 초래하고 있다는 비판이 있다.24)

(3) 효   과

재소금지에 해당 여부는 법원의 직권조사사항이므로 피고의 태도와 관계없
이(피고의 동의가 있더라도) 이에 해당하면 (재)소를 부적법으로 각하하여야 한다.

그러나 이에 의하여 실체법상의 권리가 소멸되는 것은 아니므로 청구권이라
면 임의변제를 받을 수 있고(자연채무), 그 권리를 위하여 설정된 담보권을 실행할
수 있고, 또한 상대방의 청구에 대하여 요건을 충족하는 한 그 채권을 상계에 제
공할 수 있다. 그 때문에 상대방 쪽에서는 그 권리의 부존재의 확인을 구하는 소
를 제기할 이익은 인정된다.

09-사법시험
20-법원행정고시

◆ **예** ◆   甲은 乙을 피고로 하여 A토지에 있어서 소유권에 기한 인도의 소를 제기하
여 승소판결을 받았다. 그 뒤 이 소송이 항소심 계속중에 소송 밖에서 乙로부터 A토지
와 B토지를 교환하고 싶다는 신청을 받아 甲은 이것을 승낙하여 그 취지의 화해에 응
하였다. 그래서 甲은 이 소를 취하하였다. 그런데 乙이 B토지라고 보여준 토지는 C토
지이고, 실제의 B토지는 이용할 수 없는 토지임이 밝혀졌다. 甲이 취할 제1의 법적 수단
으로서 일단 종료된 소송을 부활시키는 것을 생각할 수 있다. 이는 수단적으로는 **속행기
일지정의 신청**이 된다. 결국 소송을 종료에 이르게 한 소의 취하는 무효이므로 소송은
종료되지 않았고, 따라서 변론은 열려야 하고, 다음의 기일을 언제로 할 것인지를 결정
해 주어야 한다는 것이다. 이 경우에 **민법상의 의사표시의 흠**에 관한 규정의 적용이
문제된다. 소의 취하를 무효화 하는 사유로서 사기와 착오가 고려될 수 있다. 다음 甲
이 취할 제2의 법적 수단은 다시 한 번 乙에 대하여 A토지의 인도청구의 소를 제기하
는 것이다. 이 경우에는 **재소금지**가 문제되는데, 그 요건으로서 **권리보호의 이익 내
지는 필요성**의 동일성도 고려하여야 한다. 甲의 소의 취하가 乙의 사기 내지는 甲의
착오에 의하여 행하여졌다면 당사자와 소송물은 동일하지만 판결로 분쟁을 해결할 필
요성을 다시 긍정할 수 있고, 따라서 甲의 위 재소는 재소금지에 어긋나지 않는다.

다가 패소한 후 항소심에서 이를 철회하는 등 청구원인을 변경한 자가, 다시 상표법에 기한 침해
금지청구 및 다른 기간의 상표권침해로 인한 손해배상청구를 추가한 사안에서, 추가한 청구가
제1심의 청구와 **소송물이 동일하다고 보기 어렵고 다시 청구할 필요도 있어** 재소금지의 원칙
에 저촉되지 않는다(대법원 2009. 6. 25. 선고 2009다22037 판결).
24) 호, 769면. 또한 정영, 910면도 이러한 입장을 지지한다.

◈ **소취하의 유무 및 효력에 대한 다툼** ◈ 소의 취하의 유무 및 효력은 소송계속의 유무, 즉 법원이 소송절차를 진행시킬 것인지 여부의 문제이므로 법원이 직권으로 조사할 것이다. 소의 취하에 관하여 당사자 사이에 다툼이 있으면 다투는 당사자는 별소로 소의 취하의 무효나 부존재의 확인청구를 할 수 없고(확인의 이익과 관련), 해당 소송절차 문제로 그 소송에서 즉시 해결하여야 한다. 따라서 당사자는 기일지정신청을 하여야 한다(민사소송규칙 67조 1항). 신청에 대하여 법원은 변론기일을 열어 사유에 대해 심리한 뒤에 소의 취하가 무효라고 인정되면 본안에 관한 변론을 속행할 것이고, 소의 취하의 다툼은 중간판결 또는 종국판결의 이유에서 그 판단을 표시하면 되고, 반면 소의 취하가 유효라고 인정되면 종국판결로 소송은 종료하였다는 취지의 소송종료선언을 하여야 한다(동규칙 67조 3항. ☞9-4).

한편, 종국판결이 선고된 뒤 상소를 하기 전(즉, 상소기간 중), 또는 상소를 한 뒤 소송기록이 상소심으로 송부되기 전에 소가 취하되었는데, 그 취하의 무효를 주장하는 기일지정신청이 있는 경우에 상소의 이익이 있으면서도 아직 상소를 하지 아니한 당사자가 남아 있을 때에는 원심법원에서 그 당부를 심판하여야 하고, 이 경우에 원심법원은 신청이 이유 없다고 인정하는 경우에는 통상의 경우와 같이 **소송종료선언**을 하여야 하나, 그러나 신청이 이유가 있다고 인정하는 경우에는 **소취하무효선언**을 하여야 한다(민사소송규칙 67조 4항 2호). 이에 대하여는 본안판결과는 별도로 상소가 허용되며, 그것이 확정된 뒤에 비로소 본안판결에 대한 상소의 길이 열리게 된다.

V. 소취하의 합의(=소취하계약)

소의 취하는 원고의 법원에 대한 의사표시로 행하여지는데, 원고가 피고에 대하여 소를 취하하기로 하는 취지를 약속하고(독립하여 약정되는 경우도 있으나, 보통 당사자가 다툼이 있는 권리·법률관계에 관하여 소송 밖에서 화해를 하고 그 화해조항으로서 소의 취하에 대하여 당사자가 합의하는 경우가 일반적이다),[25] 합의에 기하여 원고가 소를 취하하면 특별한 문제는 생기지 않지만, 원고가 소취하의 의무를 이행하지 않는 경우에 그 사실이 소송상 주장되는 경우가 있다.[26] 피고가 합의의 존재

10-11

---

[25] 소취하합의가 민법상의 화해계약에 해당한다면 원칙적으로 당사자는 착오를 이유로 취소하지 못하나(민법 733조), 소취하합의가 민법상의 화해계약에 이르지 않은 법률행위에 해당하는 경우에 민법 109조에 따라 법률행위의 내용의 중요 부분에 착오가 있는 때에는 취소할 수 있다. 착오를 이유로 한 취소의 요건이 달라질 수 있으므로 이 사건 소취하합의에 이르게 된 경위, 사정, 사실관계 등을 심리하여, 민법상 화해계약에 해당하는지, **민법상 화해계약에는 이르지 못한 소취하합의**인지 등을 판단한 후, 주장하는 착오가 이 사건 소취하합의의 취소사유가 될 수 있는지를 구체적으로 심리·판단하였어야 한다(대법원 2020. 10. 15. 선고 2020다227523, 227530 판결).

[26] 이러한 소취하의 합의의 적법성에 관하여 무효설도 있었지만, 소를 취하할 것인지 여부는 원고의 자유의사에 맡겨져 있으므로 그 취하에 대하여 합의를 하는 것을 금지할 이유는 없는 것, 그

를 소송에서 항변으로 주장하고, 만약 합의가 인정된다면, 법원은 원고의 권리보호의 이익이 없는 것으로 소각하의 소송판결을 하여야 한다는 **항변권발생설**이 현재의 **통설·판례이**다(그 법적 성질에 대하여 사법계약설, 소송계약설 등의 대립이 있는데, 자세히는 ☞2－161).

VI. 소취하간주

10-12　　　민사소송법상 소취하간주되는 경우는 다음과 같다.

첫째, 기일에 당사자 쌍방이 2회 **결석**하고 1월 이내에 기일지정신청을 하지 않은 때 또는 기일지정신청에 의하여 정한 기일 또는 그 뒤의 기일에 양쪽 당사자가 **다시 결석**한 때에는 소가 취하(상소심에서는 상소가 취하)된 것으로 본다(268조. ☞7－60).

둘째, **피고의 경정**의 경우에는 종전 피고에 대한 소는 취하된 것으로 본다(261조 4항. ☞13－86).

제 2 절　청구의 포기·인낙

I. 의　의

10-13　　　당사자의 어느 쪽도 소송상의 청구에 대한 일방적인 구속력 있는 진술에 의하여 소송을 종료시킬 수 있다. 청구의 포기는 원고가 자기의 청구가 이유가 없음을 인정하는 법원에 대한 진술이고, 청구의 인낙은 피고가 원고의 청구가 이유가 있음을 인정하는 법원에 대한 진술이다. 청구의 포기와 인낙은 청구기각판결과 청구인용판결에 각각 대응하는데, 청구의 포기·인낙 어느 것도 처분권주의에 따른 자주적 분쟁해결방식이다.

23-법원행정고시

청구의 포기·인낙은 소송절차를 종료시키려는 취지의 당사자의 의사표시이고,27) 직접적으로 법원에 대하여 효력을 가지므로 **소송행위**로 보아야 한다. 가

의도한 효과도 명확하게 예측할 수 있는 것 등을 이유로 현재는 적법하여 유효하다고 풀이한다. 다만, 조건부 소취하의 합의를 한 경우에는 조건의 성취사실이 인정되지 않는 한 그 소송을 계속 유지할 법률상의 이익이 있다(대법원 2013. 7. 12. 선고 2013다19571 판결[미간행]).

27) 독일과 같은 포기·인낙판결제도를 채택하고 있지 않은 우리로서는 당사자의 포기·인낙 행위 자체, 즉 이러한 진술에 포함된 당사자의 의사야말로 소송종료의 효과를 정당화하는 기초가 된

령, 청구의 인낙은 실체법상 채권·채무의 발생 또는 소멸의 원인이 되는 법률행위라 볼 수 없다(**통설·판례**).28) 다만, 청구의 포기·인낙은 그 실질적 기능으로서는 소송물인 권리 또는 법률관계를 구성하는 실체법적인 권리관계의 득실변경을 초래한다는 점을 무시할 수 없는 측면이 있는데, 일반적 입장은 소송상 이루어지는 포기·인낙에 의하여 결과적으로 실체법적 처분이 수반되더라도 굳이 그것을 소송법에 의한 규범적 평가에 포함시킬 필요는 없다고 보는 것이다. 그런데 가령, 소송상 청구를 정당하다고 하는 인낙의 진술 중에는 청구내용을 이루는 권리가 존재(또는 부존재)한다는 것에서, 이후 원·피고 사이의 법률관계를 규율하려는 의사, 바꾸어 말하면 주장된 권리를 실체법상으로도 존재(또는 부존재)하는 것으로서 타당하게 하자는 의사가 포함되어 있다고 보아야 할 것이다. 그러한 의미에서 청구의 인낙은 원고의 청구가 정당하다고 하는 피고의 소송상 진술인 동시에 사법상의 처분행위이기도 하다. 이러한 소송상 진술의 내용이 실체법상 법률상태와 일치한다는 보장에 의하여 아래와 같이 220조가 인낙조서에 확정판결과 같은 효력을 인정하고 있는 것이 시인될 수 있다고 할 것이다.

청구의 포기와 인낙은 양쪽 모두 법원에 대한 진술이고, 법원이 이러한 진술을 조서에 적는 것에 의하여 성립한다. 포기조서·인낙조서는 **확정판결과 같은 효력**이 있다(220조).

◈ **소의 취하, 재판상 자백, 권리자백과, 소송상 화해의 이동(異同)** ◈ 청구의 포기와 소의 취하는 원고의 청구를 인정하지 않고 소송이 종료되는 점에서는 공통이지만, 청구의 포기는 원고가 자기의 청구를 인정하지 않는다는 소송상 해결을 한 것이 되는 데 대하여, 소의 취하는 소급적으로 소송이 소멸하고, 소송상은 어떠한 해결도 행하여진 것이 없는 점이 다르다. 그리고 상대방의 주장을 인정하여 심리를 불필요하게 하는 점에서는 청구의 인낙과 재판상 자백이나 권리자백은 공통이지만, 대상에 있어서 인낙의 경

다고 할 수 있다. 다만, 확정판결과 같은 효력은(소송종료의 효과도) 법원이 그 진술을 조서에 적은 때에 발생하므로(220조) 소송종료의 효과의 발생에 대하여는 당사자의 의사는 문제가 되지 않고, 조서에 적는 것이 효과발생을 위한 요건이 되는 것처럼 보인다.

28) 청구의 인낙은 피고가 원고의 주장을 승인하는 소위 관념의 표시에 불과한 **소송상 행위**로서 이를 조서에 기재한 때에는 확정판결과 동일한 효력이 발생되어 그로써 소송을 종료시키는 효력이 있을 뿐이고, 실체법상 채권·채무의 발생 또는 소멸의 원인이 되는 법률행위라 볼 수 없다(대법원 2022. 3. 31. 선고 2020다271919 판결). 이에 대하여 청구의 포기나 인낙은 권리의 포기나 채무의 승인과 같은 실체법상 **권리의 포기 혹은 채무의 승인**에 지나지 않는다는 **사법행위**로 보는 입장도 있는데, 이러한 입장에서는 소송절차에서 행하여진 실체법상 행위이고, 이에 법원의 공증행위가 부가되었다고 본다.

우에는 소송상 청구(소송물)인 데 대하여, 재판상 자백의 경우에는 개개의 사실의 주장이고, 권리자백의 경우에는 선결적 권리관계인 점이 다르다. 나아가 청구의 포기·인낙은 소송상 화해와 마찬가지로 판결에 의하지 않은 소송종료원인이나, 청구의 포기·인낙은 당사자 일방만이 전면적으로 양보하는 단독행위임에 대하여 소송상 화해는 당사자 쌍방이 서로 양보하여 소송을 종료시키는 합의라는 점에서 차이가 있다.

1개의 소송절차에 의하여 수개의 청구가 정립되어 있는 때에는 일부의 청구에 대한 청구의 포기·인낙이 성립할 수 있는 것은 당연하고, 1개의 가분적 청구의 일부에 대하여 청구의 포기·인낙도 인정된다.

그리고 청구의 포기·인낙은 무조건으로 행하여야 한다. 가령 상계나 동시이행의 항변을 유보하면서 피고가 원고의 청구를 인정하여도 청구의 인낙으로서는 취급되지 않는다. 소송종료효 등이 불안정하게 되는 것을 막기 위한 취지이다.

청구의 포기·인낙은 소송행위의 일반적 요건, 가령 당사자능력, 소송능력이 요구된다. 소송대리인은 청구의 포기·인낙을 위한 특별수권이 필요하다(90조 2항).

II. 요 건

10-14 1. 청구의 포기·인낙에 의하여 계쟁 권리의 처분과 마찬가지의 효과가 생기므로 그 대상은 당사자가 자유로이 처분할 수 있는 성질의 것이어야 한다. 직권탐지주의가 채택된 가사소송(다만, 이혼소송이나 파양소송에서는 당사자가 실체적 처분권을 가지는 것을 이유로 청구의 포기·인낙을 적법하다고 볼 수 있다), 행정소송에서는 청구의 포기·인낙의 여지는 없다는 입장이 일반적이다. 회사관계소송에서는 청구인용판결에 대한 대세효가 인정되고 있는 것(상법 190조, 376조 2항 등)을 근거로 **청구의 포기**는 허용되나, **청구의 인낙**은 허용되지 않는다고 보는 입장이 일반적이다.[29]

2. 그리고 인낙되는 법률효과 자체가 법률상 허용되지 않는다면(가령 소작권과 같은 물권법정주의에 반하는 새로운 물권), 인낙은 인정되지 않는다. 또한 청구 자체가 선량한 풍속 기타 사회질서에 반하는 것(가령 사람의 근육 1kg의 청구)이 아니어야 한다.

그런데 도금(賭金: 도박에 건 돈)의 지급을 구하는 경우와 같이 법률의 효과

---

29) 주주총회결의의 하자를 다투는 소에 있어서 청구의 인낙이나 그 결의의 부존재·무효를 확인하는 내용의 화해·조정은 할 수 없다는 대법원 2004. 9. 24. 선고 2004다28047 판결 참조.

내지는 청구 자체가 아닌, 청구의 이유가 선량한 풍속 기타 사회질서에 위반되어 법률상 허용되지 않는 경우나 불법한 원인에 기한 경우에 그 청구가 인낙의 대상이 될 수 있는가에 대하여는 다툼이 있다.

◈ **예** ◈ 乙은 윤락업소에서 일하면서 선불금을 받아쓰고 또 다른 업소로 옮겨 선불금을 받아 종전 업소의 선불금을 변제하는 생활을 반복하는 자신의 모습에 회의가 들고, 또다시 윤락행위를 하여야 한다는 것이 너무 싫은 나머지 윤락업소에서 나와 도망쳤다. 윤락행위를 목적으로 고용되기로 약속하고 윤락행위를 통하여 번 돈으로 변제하기로 약정하고 선불금을 대여한 甲은 乙에게 위 대여금 3,000만원과 그 약정이자의 지급을 구함에 대하여, 乙은 甲의 청구를 그대로 인낙하는 취지의 진술을 하였다. 그렇지만 수소법원은 그 청구원인에 자세하게 기재된 사실관계로 미루어 그 대여금관계는 분명히 선량한 풍속 기타 사회질서에 반하여 위법하다는 확신을 가지게 되었다. 법원은 위 인낙에 기하여 조서를 작성하고 소송을 종료시켜도 되는가? 이와 같이 법률효과 자체(즉 대여금)는 허용되는 것이나, 청구의 이유가 되는 행위가 불법한 원인이나 강행법규위반의 원인에 기한 청구일 때에 청구의 인낙을 인정하여도 무방한가에 대하여 **긍정설**에서는30) 인낙이 조서에 기재되어 소송은 종료되고, 甲은 乙에 대하여 법원의 조력을 얻어 강제집행을 할 수 있게 된다. 그러나 **생각건대** 불법한 원인이나 강행법규위반의 원인에 기한 청구를 법원이 이른바 인증하는 형태로 소송을 종료시켜서 그 실현에 협력하는 것은 분쟁해결의 모범을 형성한다는 법원의 역할을 포기하는 것으로 바람직하지 못하다고 할 것이다. 인낙을 허용할 수 없다는 **부정설**에 찬성한다.31) 한편, 甲의 청구의 포기는 그러한 불법한 원인이나 강행법규위반의 원인에 기한 청구가 불가능한 것을 법원이 인증하는 것이므로 일반적으로 허용될 것이다.

3. 한편, 본안판결의 전제요건인 소송요건의 구비가 청구의 포기·인낙에 있어서도 필요한가가 문제된다. 그 직접적인 요건은 아니지만, 청구의 포기·인낙에 확정판결과 같은 효력이 인정되는 이상, 소송요건에 관한 규정은 포기·인낙에 대하여도 **유추적용**된다고 보는 입장이 일반적이다. 따라서 당사자의 실재, 당사자적격 등에 흠이 있는 때에는 청구의 포기·인낙은 인정되지 않고, 법원은 소각하의 소송판결을 하여야 한다고 본다.

---

30) 김홍, 747면; 이, 585면. 판례도 소재지 관서의 증명이 없더라도 농지이전등기청구의 인낙조서는 무효가 아니라고 본다(대법원 1969. 3. 25. 선고 68다2024 판결).

31) 송/박, 488면; 정/유/김, 702면; 이, 585면; 호, 795면. 이에 대하여 원칙적으로 소송요건을 구비하여야 하지만, 무익한 소송의 배제 또는 피고의 이익보호를 목적으로 하는 소송요건(가령 권리보호의 자격)은 피고가 그 존부를 다투지 않는다면 구태여 이를 갖추지 않더라도 무방하다는 **절충설**도 있다(강, 605면; 정영, 921면).

III. 절 차

1. 시 기

10-15   청구의 포기·인낙은 판결이 확정되기까지 항소심은 물론 상고심에 있어서도 할 수 있다. 변론종결 또는 판결선고 뒤에 포기·인낙을 하고자 하는 당사자는 포기·인낙을 위한 변론기일지정신청을 할 수 있다. 그리고 포기·인낙은 어느 것도 청구의 정립을 전제로 하는 것이므로 포기는 피고의 청구기각신청을, 인낙은 원고가 소장을 진술한 뒤에 할 수 있다.

2. 방 식

(1) 구술에 의한 진술

10-16   청구의 포기·인낙은 변론기일(또는 변론준비기일 등)에 당사자가 말로 진술하는 것이 원칙이다. 법원에 대한 일방적 진술이기 때문에 상대방의 재정(在廷)의 유무를 묻지 않는다. 원고의 승낙도 필요하지 않다. 그리고 자백간주(＝의제자백)와 같은 의제인낙은 인정될 수 없다.

(2) 조서기재

10-17   당사자에 의하여 청구의 포기 또는 인낙의 진술이 행하여진 때에는 법원은 그 요건이 충족된다고 판단하면 법원사무관등에게 명하여 진술을 조서에 적도록 한다(154조, 155조, 160조). 그 기일의 조서에는 청구의 포기·인낙이 있다는 취지만을 적고, 청구의 포기·인낙조서는 별도로 작성하는 것이 원칙이다(민사소송규칙 31조).

(3) 진술의 철회

10-18   조서에 적기까지는 당사자가 포기·인낙의 진술을 철회할 수가 있는데, 상대방의 이익에 중대한 영향이 있으므로 상대방의 동의가 필요하다. 다만, 자백의 철회에 준하여 진실에 반하고 착오에 의한 것이 증명된 때에는 상대방의 동의가 없어도 무방하다고 본다.

(4) 서면에 의한 포기·인낙

◈ 예 ◈ 피고가 청구를 인낙한다는 취지의 답변서를 제출한 채, 변론기일에 출석하

지 않았다면 그 서면기재에 대하여 진술간주(= 서면인낙)의 효과가 미치는지 여부가 문제된다.

당사자가 변론기일에 출석하지 않은 경우에도 당사자가 진술한 것으로 보는 답변서, 준비서면에 청구의 포기·인낙의 의사표시가 적혀 있고 공증사무소의 인증을 받은 때에는 그 취지에 따라 포기·인낙이 성립된 것으로 본다(148조 2항). 확실히 청구의 인낙은 말로 진술할 필요가 있지만, 한편 피고가 원고의 청구를 정확히 인식하고 명확한 의사표시를 한 것이라면 필수적 변론, 구술주의 원칙을 일정 한도에서 완화하여 결석한 사람의 서면기재의 사실을 말로 진술한 것으로 보는 것(148조 1항)도 무방하다(☞7 – 57). 청구의 인낙에 대하여만 다시 그 예외로 할 이유는 없다 할 것이므로 긍정적으로 볼 것이고, 위 규정은 타당하다.[32]

10-19

IV. 효　과

1. 소송종료효

청구의 포기조서나 인낙조서는 확정판결과 같은 효력이 있으므로(220조), 그 결과로 청구의 포기·인낙의 한도에서 소송은 종료된다. 상소심에서 포기·인낙이 행하여진 때에는 상소의 대상이 되고 있는 하급심 판결은 그 범위에서 당연히 그 효력을 잃는다. 청구의 포기·인낙을 한 당사자는 패소자로 소송비용을 부담하는 것이 원칙이다(114조 2항, 98조 참조).

10-20

2. 기판력 등

청구의 포기조서나 인낙조서는 확정판결과 같은 효력이 있으므로(220조), 가령 이행소송에 있어서 인낙조서에는 **집행력**이 생기고, 형성소송에 있어서 인낙조서에는 **형성력**이 생긴다. 한편, **기판력**에 대하여는 긍정·부정의 논의가 있는데, 조서에 확정판결과 같은 효력이 있고 또한 준재심(461조)을 근거로(청구의 포기·인낙은 소송행위이므로 의사의 하자가 있어도 준재심의 소를 제기할 수 있는 경우가 아니라면) 기판력이 있다는 입장이 **통설·판례**이다.[33]

10-21

---

32) 그런데 위 규정에도 불구하고 기일에 하는 포기나 인낙의 진술은 현실적인 진술이어야 하므로 서면에 의한 포기·인낙을 일반적으로 인정하는 것은 타당하지 않다는 입장도 있다(호, 796면).
33) 포기·인낙에 이르게 된 과정은 법원이 알 수 없는 경우가 많으므로 이를 무조건 판결과 동일시하는 것은 부당하다며 이에 반대하는 입장으로는 정/유/김, 705면.

◆ **예** ◆ 甲은 乙에 대하여 대여금반환을 구하는 소를 제기하였는데, 그 뒤에 그 청구를 포기하는 취지의 진술을 하고 이것이 조서에 기재되어서 소송은 종료되었다. 甲은 청구를 포기한 것은 착오에 기인한 것으로 취소·무효라고 하면서 다시 乙에 대하여 대여금반환을 구하는 소를 제기할 수 있는가? 이는 기판력이 인정되는지 여부와 관련되는데, 한편, 착오는 준재심사유에는 해당하지 않는다. **통설·판례**에 따르면, 甲은 다시 대여금반환을 구하는 소를 제기할 수 없다.

위 기판력을 인정하는 입장에서, 청구의 포기·인낙에 있어서 그 요건의 흠이나 의사의 흠 등을 이유로 하는 무효, 취소 등은 원칙적으로 인정되지 않고, 따라서 기일지정의 신청에 의하여 전소의 속행을 구할 수도 없고, 청구의 포기·인낙에 대한 무효확인의 소를 제기할 수도 없다.

그리고 청구의 포기·인낙을 소송행위로 보므로 그 조서상의 의무불이행을 이유로 계약해제의 법리가 적용될 여지는 없다는 것이 일반적 입장이다.

	소의 취하	청구의 포기·인낙	소송상 화해	종국판결
적용장면	제한 무	소송물의 처분 가능성이 있는 범위	소송물의 처분 가능성이 있는 범위	제한 무
당사자의 동의	일정한 경우에 피고의 동의 필요	불요	양자의 동의	불요
소송종료효	○	○	○	○
기판력	×	○ (통설·판례)	○× ? (다툼 有)	○
집행력	×	○ (인낙의 경우)	○	○

제 3 절 소송상 화해

화해에는 사법상 화해(재판외 화해)와 재판상 화해가 있다. 재판상 화해에는(220조 참조) 제소전 화해와 소송상 화해가 있다. 사법상 화해는 당사자가 서로 양보하여 당사자 사이의 분쟁을 종료할 것을 약정하는 것이다(민법 731조 이하). 제소전 화해는 소송계속 전에 당사자가 법원에 출석하여 화해를 하는 것이고(385조 이하), 소송상 화해는 일단 소송이 개시된 뒤(즉 소송계속 중)에 당사자가 서로 양보하여 합의한 내용을 법원에 진술하여 재판에 의하지 않고 소송을 종료시키는 것이다(145조 화해의 권고 참조). 다툼이 있는 당사자가 법원의 면전에서 서로 그 주장을 양보하여 분쟁을 종료시킨다는 점에서 제소전 화해는 소송상 화해와 함께 재판상 화해에 속한다.

I. 의 의

1. 소송상 화해는 소송계속 중(가령 법원의 화해권고 등에 의하여) 당사자 쌍방이 소송물에 대한 주장을 서로 양보하여 소송을 종료시키는 취지의 합의를 말한다. 민사소송은 제소 전의 교섭에서 해결할 수 없었기 때문에 결국 소제기에 이르렀고, 따라서 통상은 판결에 의하여 종료되는 것이 대부분이지만, 반면 점점 소송상 화해에 의하여 소송이 종료되는 사건이 증가하고 있다. 소송상 화해에 의한 분쟁해결은 신속하며 종국적이고, 당사자 사이의 관계유지에 연결되는 점에 비추어 분쟁해결방식으로서 장점이 많다고 할 것이다.

10-22

2. 소송상 화해의 전제가 되는 진술내용은 화해의 본질상 당사자 쌍방의 호양(互讓)이 필요하므로 단순히 소송종료의 합의만 하는 경우는 소송상 화해라기보다는 소취하의 합의라고 봄이 옳겠다. 또한 당사자 일방만이 전면적으로 양보하여 일방적 진술로 소송을 종료시키는 청구의 포기나 인낙과 소송상 화해는 구별된다. 그리고 소송상 화해는 분쟁 당사자의 직접적·자주적 교섭을 통한 호양으로서 이루어지는 것이므로 당사자의 수락(受諾)을 전제로 제3자가 타협안을 작성하는 조정과 구별되며, 사건마다 분쟁 당사자가 재정을 맡길 제3자를 정하고 그 판단에 복종케 하는 중재와도 다르다(☞3-7 이하 참조).

3. 조정, 중재 등과 함께 화해는 **소송에 갈음하는 분쟁해결수단**(=ADR)으로서 새롭게 그 중요성을 더해 가고 있다.34) 뿐만 아니라 소송절차에 있어서 집

---

34) 입법적으로 독일 민사소송법 2002년 개정에서도 화해적 변론(Güteverhandlung＝화해를 위한 변론) 등을 도입하여 화해를 통한 분쟁해결을 장려하였고, 조문 순서상으로 규정 순서를 바꾸어

중심리방식이 본격화될수록 미리 정리된 쟁점을 토대로 화해하고자 하는 경우가
증가할 것이다. 화해의 증가 및 중요성에 비추어 화해과정의 분석에 대한 연구까
지도 필요하게 되었다고 생각하며, 그 경우에는 「법과 경제학」, 「심리학」, 「게임
의 이론」 등의 인접한 여러 과학을 이용하는 것이 필요할 것이다.

　　4. 소송상 화해의 **법적 성질**에 대하여는 소송행위를 둘러싼 논의의 일환으
로서 사법행위설, 소송행위설, 병존설, 양성설(=양행위경합설) 등이 존재한다. **판례**
는 **소송행위설**의 입장이다. 소송상 화해는 재판의 대용으로서 소송물인 법률관계
를 확정하는 효력이 있으므로 순연한 소송행위로 볼 것이고, 소송상 화해에 의하여
확정된 법률관계에 상반되는 주장을 하려면 준재심의 소에 의하여야 한다고 한
다.35) **학설**은 소송행위로 보는 입장도 있지만, 사법상 화해계약과 소송행위라는
이중의 성질을 동시에 가지는 1개의 행위로 보는 양성설의 입장이 **다수설**이다.36)

II. 요 건

10-23　　① 소송상 화해는 소송종료효가 있으므로 화해를 함에 있어서 당사자에게
소송능력이 있어야 하고, 본인의 의사를 존중하기 위하여 소송대리인은 화해를
위한 특별한 권한을 따로 받아야 한다(90조 2항. ☞2-51). 그리고 ② 화해의 내용
은 다툼이 있는 권리의 처분도 포함하므로 그 대상이 되는 권리 또는 법률관계가
당사자가 자유롭게 처분할 수 있는 경우이어야 한다.37) 반면 행정소송과 같이 직
권탐지주의에 따르는 절차에 있어서는 원칙적으로 화해를 할 수 없다. 주주대표
소송과 증권관련집단소송에서 화해를 함에 있어서는 법원의 허가가 필요하다(상
법 403조, 증권관련 집단소송법 35조). 한편, ③ 화해를 함에 있어서 해당 소송이 소

화해에 관한 규정을 주(主)기일에 관한 규정보다 앞에 배치하여 화해를 통한 분쟁해결의 중요성
을 분명히 하였다.

35) 대법원 1962. 5. 31.자 4293민재6 결정.

36) 종래 재판상 화해의 법적 성질론은, 화해의 기판력과 관련하여 무효·취소원인과 그 구제방
법의 논의를 기축으로 하면서 표리일체의 것으로 여기고 전개되었다. 그런데 최근 법적 성질
론이 이론을 위한 이론이 되므로 법적 성질론을 따로 분리하고, 법적 성질론으로부터 기판력
을 연역하는 방법을 취하고 있지 않는 경향이 나타나고 있다. 화해의 법적 성질론이 기판력
의 유무에 직접적으로 연결되는 것이 아니며, 화해의 효력과 관련하여 그 구제방법의 선택은
「합목적적 고려」에 의하여 결정되어야 하고, 이 의미에서는 법적 성질론은 그다지 의미를 갖
지 못한다고 생각한다.

37) 성질상 당사자가 임의로 처분할 수 없는 사항을 대상으로 한 조정이나 재판상 화해는 허용될
수 없고, 설령 그에 관하여 조정이나 재판상 화해가 성립하였더라도 효력이 없어 당연무효이다
(대법원 2012. 9. 13. 선고 2010다97846 판결).

송요건을 충족하고 있을 필요는 없다고 생각한다. 소송요건은 일반적으로 본안판결의 요건으로, 화해에 의한 해결의 경우에는 그 전제를 결하기 때문이다(이에 반하여 청구의 포기·인낙에 대하여는 논의가 나뉘는데(☞10-14), 다만 소송상 화해에서도 청구의 포기·인낙과 마찬가지로 보는 입장도 있을 수 있다).

III. 절 차

1. 시 기

소송상 화해는 소송계속 중 어느 때나 할 수 있다. 상고심에서도 할 수 있다. 10-24

2. 화해권고

법원은 소송의 정도와 관계없이 화해를 권고하거나 수명법관 또는 수탁판사로 하여금 권고하게 할 수 있다(145조 1항). 소송대리인이 선임된 경우에는 화해를 위하여 당사자본인이나 법정대리인의 출석을 명할 수 있다(동조 2항). 10-25

3. 방 식

(1) 구술에 의한 진술

변론기일(또는 변론준비기일 등)에 쌍방 당사자가 출석하여 말로 화해를 한다는 취지를 진술하면, 법원은 당사자의 합의를 확인하고 이것을 조서에 적게 된다. 법원사무관 등은 형식적으로 화해가 있다는 내용만을 그 기일의 조서에 적고(154조 1호), 별도로 화해조서를 작성하여야 한다(민사소송규칙 31조). 화해의 내용을 조서에 적는 것에 의하여 화해가 완성된다. 10-26

(2) 서면에 의한 화해

당사자가 변론기일에 출석하지 않은 경우에도 당사자가 진술한 것으로 보는 답변서, 준비서면에 화해의 의사표시가 적혀 있고 공증사무소의 인증을 받은 경우에 상대방 당사자가 기일에 출석하여 그 화해의 의사표시를 받아들인 때에는 화해가 성립된 것으로 본다(148조 3항). 즉 서면에 의한 화해를 인정하고 있다. 이는 출석의 번잡함을 피하고 화해의 성립을 용이하게 하여 화해제도의 활성화를 도모하기 위함이다. 여기서 의사표시가 진의인지 여부를 확인하기 위하여 공증사무소의 인증을 받도록 하였다. 10-27

IV. 효 과

10-28   소송상 화해의 진술을 조서에 적은 때에는 그 조서는 확정판결과 같은 효력
이 있다(220조).[38]

1. 소송종료효

10-29   소송은 판결의 확정에 의하여 종료되는데, 소송상 화해가 확정판결과 같은
효력을 가지는 이상(220조), 소송상 화해가 성립하면 화해가 성립한 범위에서 소
송은 당연히 종료된다. 소송을 종료시킨다는 합의는 특히 필요하지 않다. 이 경우
에 화해비용과 소송비용에 대하여 특별히 정한 바 없으면 각자 지출한 비용을 부
담한다(106조).

2. 기판력

10-30   (1) 소송상 화해는 한편으로는 법원이 개입하고 있다고 할 수 있으면서도,
24-변리사시험 판결이라는 강제적 효력을 가지는 법원의 판단이 아니고, 당사자의 의사에 따른
분쟁해결방법이기 때문에 이미 행하여진 화해를 둘러싸고 화해의 성립과정에 의
사표시의 흠이 있다고 주장하여 그 효력을 다투는 등 새롭게 분쟁이 생기는 경우
가 적지 않은데, 이 경우에 기판력이 긍정되는지 여부에 대하여 확정판결과 같은
효력이 있다는 220조 및 구제수단으로서 461조 준재심을 둘러싸고 종래부터 논
의가 대립하고 있다. 분쟁해결에 있어서 당사자의 의사라는 사적 자치인 **자주적
요소**와 법원의 개입, 분쟁해결의 실효성이라는 **제도적·공권적 요소**와 관련하여
소송상 화해에 기판력이 인정되는지 여부가 그리 간단하지는 않다.

> ◆ **예** ◆   甲은 乙에 대하여 3,000만원의 매매대금의 지급을 구하는 소를 제기한바,
> 그 소송계속 중에 乙은 3,000만원의 지급의무의 존재를 인정하면서, 그 가운데 2,000
> 만원에 대하여는 乙 소유의 고급 바이올린을 대물변제하고 그 이행이 있으면 甲은 나
> 머지 1,000만원의 채무를 면제하기로 하는 취지의 소송상 화해가 성립하였는데, 위 화
> 해 뒤에 甲은 乙로부터 바이올린을 받았지만, 밝혀진 바에 의하면 화해시에 전제로 한
> 고급품이 아니고 그 반액에도 미치지 못하는 하급품임이 밝혀진 경우와 같이 소송상

---

38) 소송상 화해에 기판력이 있다는 점을 전제로 하면 민법 732조 화해의 창설적 효력을 별개로
독립하여 논할 특별한 의미는 없고, 그 창설적 효력은 기판력의 그림자에 감추어져 거의 문제가
되지 않는다고 생각한다.

화해의 성립과정에 착오, 사기 등에 의한 의사표시에 흠이 있는 경우에 당사자가 화해의 무효·취소를 주장할 수 있는가? 이는 소송상 화해의 분쟁해결기능을 중시하여 소송상 화해에 기판력을 인정할 것인가, 아니면 소송상 화해가 실체법상 거래행위와의 연속성이 있는 것을 중시하여 기판력을 부정할 것인가에 관계된다.

(2) 소송상 화해의 과정에 있어서 법원의 관여가 반드시 충분한 것이라고 할 수 없으므로 소송상 화해에 실체법상 흠이 있는 경우에도 기판력을 긍정하는 (무제한) **기판력긍정설**이 **판례**의 기본적 입장이지만,[39] 이는 타당한 해석이라고는 할 수 없다.[40]

(3) 다음으로 **기판력부정설**은 문언해석에 의한다면 타당하지 않다 할 것이다. 220조가 기판력을 빼놓고 가령 소송종료효만을 대상으로 하고 있다고 한다면 무엇 때문에 이러한 조문을 일부러 두고 있는가의 설명이 어렵게 된다. 소송상 화해의 목적은 소송을 종료시키는 것에 있는 것은 아니다. 단순히 소송을 종료시키려고 한다면 재판 밖에서 화해를 하고 소취하에 의하여서도 분쟁을 처리할 수도 있다. 소송상 화해는 소송이라는 영역에 들어온 분쟁을 소송절차의 과정 가운데 법원을 개재시키면서 당사자 사이의 합의결과에 따른 결론을 도모하는 것에 그 존재의의가 있는 것을 간과하여서는 안 된다.

(4) 이상의 검토로부터 여기서는 **제한적 기판력설**을 지지하기로 한다. 즉 220조, 461조 명문의 규정에 비추어 소송상 화해에 기판력을 인정하여야 하겠지만, 이 때의 기판력은 무제한적으로 인정되는 것이 아니고, 화해가 실체법상 유효할 때에 한하여 기판력이 인정된다고 해석할 것이다. 그리하여 소송상 화해에 실체법상 무효·취소의 원인이 있다면, 화해의 기판력을 부정할 수 있다고 할 것이다.

---

39) 재판상의 화해를 조서에 기재한 때에는 그 조서는 확정판결과 동일한 효력이 있고 당사자 사이에 **기판력**이 생겨 재심의 소에 의한 취소 또는 변경이 없는 한 당사자는 그 취지에 반하는 주장을 할 수 없음이 **원칙**이나, 화해조서에 기재된 내용이 특정되지 아니하여 강제집행을 할 수 없는 경우에는 동일한 청구를 제기할 소의 이익이 있다(대법원 1995. 5. 12. 선고 94다25216 판결). 재판상 화해는 확정판결과 같은 효력이 있어 기판력이 생기지만, 그 기판력은 재판상 화해의 당사자가 아닌 **제3자에 대하여까지 미친다고 할 수 없다**(대법원 1999. 10. 8. 선고 98다38760 판결; 대법원 2023. 11. 9. 선고 2023다256577 판결 등).

40) 가령, 소송절차의 초기에 행하여지는 화해의 경우에는 법원이 사건의 내용을 충분히 파악하고 있다고 할 수 없고, 착오 등의 유무를 적절하게 지적할 수 없는 우려가 있다. 한편, 법원의 적극적인 권고에 기한 화해가 아니고, 당사자 사이의 교섭에서 이미 성립한 합의를 가지고 그 조서화를 구하는 경우에는 이에 대한 법원의 심사에 한계가 있기 때문이다. 이러한 사정에도 불구하고 실체법상의 무효·취소에 대한 다툼을 일체 차단하는 것은 당사자의 절차보장을 해치고, 헌법 27조에 위반할 우려조차 있다고 본다.

◈ **화해의 해제** ◈   성립한 소송상 화해 그 자체에 흠이 있는 것이 아니라, 위 예에서 乙은 약정한 날에 바이올린을 순수히 교부하지 않고 甲이 몇 번이나 청구하여도 교부하지 않는 경우와 같이 그 화해에서 의무를 부담하는 당사자가 화해내용을 이행하지 않는 경우가 있다. 물론 화해조서의 기재가 화해 당사자의 일정한 구체적인 이행의무를 규정하고 있는 때에는 집행력이 인정되므로 이 경우 상대방 당사자는 그 화해조서를 집행권원으로 하여 강제집행을 할 수 있다(민사집행법 56조). 그러나 화해는 당사자가 소송물에 대한 주장을 서로 양보한 결과로 당초의 주장과 비교하여 정도의 차가 있을 수 있고 후퇴한 내용인 경우가 일반적이므로 이를 고려하면 항상 화해조서에 기한 강제집행의 방법이 강제될 이유는 없고, 화해내용의 이행을 구하는 것이 반드시 이득이 되는 방법이라고 할 수 없다. 그래서 이때에 소송상 화해 그 자체를 채무불이행을 이유로 해제할 수 없는가가 문제된다(물론 민법상으로 당사자 일방이 화해내용을 실행하지 않기 때문에 상대방이 채무불이행을 이유로 화해를 해제할 수 있다는 것에는 이론이 없다). 위에서 본 바와 같이 **판례**는 소송상 화해를 **소송행위**로 파악하고, (무제한) 기판력 긍정설을 취하면서 소송상 화해가 사법상의 계약이 아님을 들어 해제 자체가 허용되지 않는다고 한다.[41] 또한 제1화해가 성립한 뒤에 다시 제1화해와 모순·저촉되는 제2화해가 성립하였다 하여도 제2화해에 의하여 제1화해가 당연히 실효하거나 변경되지는 않는다고 한다.[42] 다만, 소송상 화해를 소송행위로 파악하면서도 소송상 화해가 해제조건부로 성립한 때에는 해제조건의 성취에 의한 실효조건부 화해의 효력을 인정하고 있다.[43] 그러나 실체법상 해제원인이 있으면 소송상 화해의 해제도 긍정하여야 한다. 가령 (무제한) 기판력 긍정설에서도 화해성립 뒤의 사유에 의한 해제는 기판력에 의하여 방해되지 않는다고 볼 수도 있다(기판력의 시적 한계 밖이다). 그리고 그 주장방법에 있어서는 화해의 무효·취소와 마찬가지로 해제에 있어서도 화해를 해제하고 구소의 속행의 방법으로 기일지정신청에 의할 것인가 또는 신소를 제기하는 방법에 의할 것인가는 **당사자의 선택**에 맡겨야 한다.[44] 각각의 분쟁의 형태, 전개의 태양에 대응하여 화해내용, 화해성립으로부터 해제까지의 시간의 경과 등에 의하여 자연스럽게 당사자의 선택에 맡기는 것이 적절하기 때문이다.

3. 집행력

10-31   화해조서의 기재가 화해 당사자의 일정한 구체적인 이행의무를 정하고 있는 때에는 집행력이 인정되어 화해조서가 집행권원이 된다(민사집행법 56조).

---

41) 대법원 1962. 2. 15. 선고 4294민상914 전원합의체 판결.
42) 대법원 1995. 12. 5. 선고 94다59028 판결.
43) 대법원 1965. 3. 2. 선고 64다1514 판결.
44) 유보해제권에 기한 해제의 경우에는 화해 전의 권리관계가 부활하므로 기일지정신청에 의하여야 하고, 채무불이행, 사정변경에 의한 해제나 합의해제의 경우에는 화해 전의 권리관계가 부활하지 않고 화해상의 권리관계를 청산하여야 하므로 신소(별소)의 제기에 의할 것이라는 입장은 정/유/김, 719면 참조.

V. 화해권고결정

위에서 살핀 화해권고(145조 1항) 이외에, 법원의 명시적이고 공개적인 판단   10-32
에 따라 직권으로 화해권고결정을 하고, 이에 불복이 있으면 법정절차에 따르도
록 함으로써 그 권고안의 권위와 공정성에 믿음을 주고, 따라서 화해를 성공으로
이끌 수 있도록 하기 위하여 법원, 수명법관 또는 수탁판사는 소송에 계속중인
사건에 대하여 직권으로 당사자의 이익, 그 밖의 모든 사정을 참작하여 청구의
취지에 어긋나지 아니하는 범위 안에서 사건의 공평한 해결을 위한 화해권고결정
을 할 수 있다는 규정을 두고 있다(225조 이하).45)

변론준비절차에도 화해권고결정에 관한 규정이 준용되므로(286조), 그 변론
준비절차를 진행하는 재판장 등이 화해권고결정을 할 수 있다.

당사자는 화해권고결정에 대하여 그 조서 또는 결정서의 정본을 송달받은
날부터 2주 이내에 이의를 신청할 수 있다. 다만, 그 정본이 송달되기 전에도 이
의를 신청할 수 있다. 이 기간은 불변기간으로 한다(226조). 이의신청이 적법한
경우에는 소송은 화해권고결정 이전의 상태로 돌아가고, 이 경우에 그 이전에 행
한 소송행위는 그대로 효력을 가진다(232조 1항). 화해권고결정은 그 심급에서 판
결이 선고된 때에는 효력을 잃는다(동조 2항).

화해권고결정은 위 기간 이내에 이의신청이 없는 때, 이의신청에 대한 각하
결정이 확정된 때, 당사자가 이의신청을 취하하거나 이의신청권을 포기한 때 가
운데 어느 하나에 해당하면 재판상 화해와 같은 효력을 가진다(231조. ☞10-28).

VI. 제소전 화해

제소전 화해라 함은 민사상 다툼이 소송으로 발전하는 것을 방지하기 위하   10-33
여 소제기 전에 지방법원(또는 시군법원) 단독판사 면전에서 화해신청을 하여 분쟁
을 해결하는 절차로(385조 1항) 위에서 살핀 소송계속 뒤에 소송을 종료시키기 위
한 화해인 소송상 화해와는 다르나, 다툼이 있는 당사자가 법원의 면전에서 서로

---

45) 한편, 수소법원은 필요하다고 인정하면 조정회부결정을 한 다음, 조정기일에 소환을 하여 그 기
일에 조정이 성립되지 않으면, 그 때 비로소 법원은 조정을 갈음하는 결정(강제조정이라고 한다)
의 형태로 화해권고를 할 수 있는데(민사조정법 30조. ☞10-34), 굳이 이와 같은 조정절차를 거
치게 할 필요 없이 소송진행 중 언제라도 화해권고결정을 할 수 있도록 한 것이다. 다만, 화해권
고결정제도와 수소법원조정제도는 그 제도적 취지가 동일한 것은 아니다.

그 주장을 양보하여 분쟁을 종료시킨다는 점에서 소송상 화해와 함께 재판상 화
해에 속한다(☞3-8). 제소전 화해의 법적 성질, 요건 및 효력은 대체로 위 소송상
화해와 마찬가지이다.46) 제소전 화해조서는 소송상 화해조서와 같이 확정판결과
같은 효력이 있고(220조), 또한 집행력도 있다.

　　그런데 제소전 화해는 **민사상 다툼**의 해결이라는 원래의 제도 취지와는 달
리 이미 당사자 사이에 성립된 다툼 없는 계약내용을 조서에 기재하여 재판상 화
해를 성립시켜 공증의 효과를 얻음과 동시에 집행권원을 얻고자 하는 목적으로
이용되는 것이 일반적인 실무이다.

> ◈ **제소전 화해에서의 민사상 다툼** ◈　　임차인이 1회라도 차임을 연체하면 즉시 임
> 대인에게 부동산을 인도하도록 하는 내용은 '제소전 화해'대상이 아니라는 판단이 있었
> 다. "'제소전 화해'는 '민사상 다툼'이 있는 경우에 '다투는 사정을 밝혀' 지방법원에 신
> 청하는 것"이라며 "이 사건에서 당사자 사이에 화해조항과 같이 임대차계약이 성립했
> 을 뿐 당사자 사이에 계약의 존부 및 범위에 관해 다툼이 있다고 보기 어렵다"고 보았
> 다. **현 시점에서 당사자 사이에 다툼이 없다면 '제소전 화해'로서 부적법**하다는 것
> 이다. "만약 당사자 사이에 화해조항과 같이 임대차계약이 성립했다는 내용을 공적으로
> 확인받을 목적이라면 공증인법에 따라 공증을 받으면 족하다"고 설명했다(2009.3.27.자
> 법률신문 기사). 그런데 실무에서는 민사상 다툼을 넓게 풀이하여 위와 같은 제소전 화
> 해도 적법한 것으로 취급하기도 한다.

VII. 민사조정

10-34　　　재판상 화해와 구별되는 민사조정이 있다. 민사에 관한 분쟁을 간이한 절차
에 따라 당사자 사이의 양해를 통하여 실정에 맞게 해결할 수 있게 된다. 이를
위한 「민사조정법」이 제정되어 있는데, 민사조정법은, 당사자의 신청에 의하여(동
법 2조) 또는 소송사건의 조정회부에 의하여(동법 6조. 수소법원조정이라고 한다) 조
정담당판사나 수소법원, 상임 조정위원 또는 조정위원회가 분쟁 당사자로부터 각
자의 주장을 듣고 서로 양보하게 합의하도록 권유·주선함으로써 화해에 이르게

---

46) 소유자가 제3자와 부동산에 관한 소유권이전등기절차를 이행하기로 하는 제소전 화해에 의하
　여 위 제3자 앞으로 등기가 경료된 경우에는 그 화해조서가 당연무효이거나 준재심절차에 의하
　여 취소되지 않는 한, 종전의 소유자에 대하여 등기청구권을 가지는 자가 이를 보전하기 위하여
　그를 대위하여 위 제3자 명의의 위 이전등기가 원인무효임을 이유로 말소를 구하는 것은 화해조
　서의 기판력에 저촉되어 부적법하다(대법원 2000. 7. 6. 선고 2000다11584 판결). 제소전 화해
　에 기하여 마쳐진 소유권이전등기가 원인무효라고 주장하며 말소등기절차의 이행을 청구하는 것
　은 기판력에 저촉된다(대법원 2002. 12. 6. 선고 2002다44014 판결).

하는 제도를 두고 있다(동법 7조).

　　조정은 당사자 사이에 합의된 사항을 조서에 기재함으로써 성립하고(동법 28 14-법무사시험
조), 조정조서는 재판상의 화해조서와 같이 확정판결과 동일한 효력이 있다(민사
조정법 29조, 민사소송법 220조). 따라서 기판력이 생기는 것이므로 거기에 확정판
결의 당연무효 등의 사유가 없는 한 설령 그 내용이 강행법규에 위반된다 할지라
도 그것은 단지 조정에 하자가 있음에 지나지 아니하여 준재심절차에 의하여(민
사소송법 461조 참조) 구제받는 것은 별문제로 하고 그 조정조서를 무효라고 주장
할 수 없고, 또한 조정조서가 조정참가인이 당사자가 된 법률관계도 그 내용으로
하는 경우에는 그 조정조서의 효력은 조정참가인의 법률관계에 관하여도 다를 바
없다.47) 그리고 그 효력은 소송물인 법률관계에만 미치고 그 전제가 되는 법률관
계에까지 미치지는 않는다(기판력의 객관적 범위 참조. ☞11‐20). 가령, 부동산 소유
권이전등기에 관한 조정조서의 기판력은 소송물이었던 이전등기청구권의 존부에
만 미치고 그 전제가 되는 부동산의 소유권 자체에까지 미치지는 않는다.48) 또한
조정조서는 **창설적 효력**을 가지는 것이어서 당사자 사이에 조정이 성립하면 종
전의 다툼 있는 법률관계를 바탕으로 한 권리·의무관계는 소멸하고 조정의 내용
에 따른 새로운 권리·의무관계가 성립한다.49)

　　조정절차를 진행한 결과, 당사자 사이에 합의가 성립되지 않는 경우에는 조
정불성립으로 조서에 기재하고 사건을 종결하게 되는데, 이때에는 상당한 이유가
없는 한 직권으로 조정을 갈음하는 결정을 하여야 한다(민사조정법 30조. 이를 흔히
강제조정이라고 부른다).50) 이 조정을 갈음하는 결정에 대하여 2주일 이의신청 기

---

47) 대법원 2014. 3. 27. 선고 2009다104960, 104977 판결.
48) 대법원 2007. 4. 26. 선고 2006다78732 판결; 대법원 2017. 12. 22. 선고 2015다205086 판결.
49) 대법원 2006. 6. 29. 선고 2005다32814, 32821 판결. 한편, 공유물분할의 소송절차 또는 조정
　　절차에서 공유자 사이에 공유토지에 관한 현물분할의 협의가 성립하여 그 합의사항을 조서에 기
　　재함으로써 조정이 성립하였다고 하더라도, 그와 같은 사정만으로 재판에 의한 공유물분할의 경
　　우와 마찬가지로 그 즉시 공유관계가 소멸하고 각 공유자에게 그 협의에 따른 새로운 법률관계
　　가 **창설되는 것은 아니고**, 공유자들이 협의한 바에 따라 토지의 분필절차를 마친 후 각 단독소
　　유로 하기로 한 부분에 관하여 다른 공유자의 공유지분을 이전받아 등기를 마침으로써 비로소
　　그 부분에 대한 대세적 권리로서의 소유권을 취득하게 된다고 보아야 한다(대법원 2013. 11. 21.
　　선고 2011두1917 전원합의체 판결).
50) 조정을 갈음하는 결정이 확정된 경우에 소송물 외의 권리관계에도 효력이 미치려면 특별한 사
　　정이 없는 한 그 권리관계가 결정사항에 특정되거나 결정 중 청구의 표시 다음에 부가적으로 기
　　재됨으로써 그 결정의 기재 내용에 의하여 소송물인 권리관계가 되었다고 인정할 수 있어야 한
　　다(대법원 2023. 6. 29. 선고 2023다219417 판결).

간 내에 이의신청이 없는 경우 등에는 그 결정은 재판상 화해와 같이 확정판결과
동일한 효력이 있다(동법 30조, 34조 참조). 한편, 적법한 이의신청이 있으면 소송
으로 이행된다(동법 34조, 36조).

조정이 성립하지 않은 경우 등에는 조정신청을 한 때에 소가 제기된 것으로
본다(민사조정법 36조).

◆ **재벌 총수 혼외자녀에 20억 지급 내용의 강제조정** ◆ 사망한 모 재벌 총수의
혼외자녀들이 유산분배에 문제를 제기하며 낸 100억원대의 소송이 법원의 강제조정
으로 해결됐다. 두 딸은 20년 이상 호적에 오르지 못하다 소송을 통해 입적하고 부
친 사망 이후 유산배분에 참여해 50억원씩을 받았으나 불리하게 유산이 배분됐다며
유언장 공개와 100억원의 추가 재산을 요구하는 소송을 냈었다. 법원은 수차례 조정
을 시도했으나 양측의 입장차이로 합의에 이르지 못하자, 죽은 회장의 부인과 친자
녀들이 두 딸에게 20억원을 지급하는 등 내용의 강제조정결정을 하였다. 두 딸은 조
정안에 이의를 하였다가, 이후 이의신청을 철회했다. 조정안은 생활보조금 명목으로
두 딸에게 20억원씩을 지급하고, 두 딸은 고인의 추모행사에 참석하는 등 가족의 화
합을 위해 힘쓰며 앞으로 재산에 관해 일체 청구하지 않는다는 내용을 담고 있다
(2008.2.13.자 연합뉴스 기사).

제 3 장

종국판결에 의한 소송의 종료

제 1 절 재판과 판결

◆ **재 판** ◆　보통 재판이라고 함은 소송사건을 해결하기 위하여 법원이 행하는 판단
의 표시인 종국판결을 의미하는데, 소송법상의 전문용어로서 재판은 보다 넓게 재판기
관의 판단이나 의견의 표시로 소송법상 효력을 가지는 **법원의 소송행위**를 지칭한다.
종국판결 이외에 소송의 심판에 부수하는 파생적 사항의 판단(가령 법관의 제척·기피),
소송지휘상의 처분(가령 기일의 지정) 등도 재판의 형식으로 행하여진다. 이러한 의미에
서의 재판은 판결, 결정, 명령으로[1] 구별된다. 재판의 주체와 성립절차 등의 차이에 따
른 구별이다. 판결은 재판기관인 법원의 행위로 재판의 하나이다. 재판을 하는 기관은
법원에 한하지 않고 그 밖에 법관도 독립한 재판기관으로 재판을 행하는 경우가 있다.
그런데 재판의 주체가 법원 또는 법관인 점에서 법원사무관등 또는 집행관의 행위와
구별된다. 법원사무관등 또는 집행관의 행위 가운데 재판과 유사한 행위라도 법원 또
는 법관의 행위가 아니므로 그 행위는 처분이라고 부를 수는 있어도(223조 참조) 재판
은 아니다. 민사소송법은 제일 중요한 판결을 중심으로 규정을 두고 있으며, 결정과 명
령에는 판결에 관한 규정을 준용한다(224조 1항). 여러 가지 관점에서 그 차이와 같은
점을 검토하면 다음과 같다. 가령, 재판주체는 판결도 결정도 법원이고, 재판장이나 수
명법관(또는 수탁판사)이 행하는 명령과 다르다.

---

[1] 법문상은 명령이라고 부르는 재판에도 결정이 상당수 포함되어 있는 것에 주의할 필요가 있다.
가령, 문서제출명령(347조 1항은 '결정으로'라고 명시하고 있다), 지급명령, 압류명령, 추심명령
등이 그것이다. 그 성질은 결정이다.

	판 결	결 정	명 령
재판주체	법 원		재판장이나 수명법관
재판사항	중요사항(소송물 등)	부수적·파생적 사항, 소송지휘에 관한 사항	
심리방식	필수적 변론	임의적 변론(134조 1항 단서)	
고지방법	판결서·선고 법관의 서명날인(208조)	조서기재로 대용(154조 5호)·상당한 방법으로 고지(221조 1항) 기명날인으로 갈음 가능(224조 1항 단서)	
자기구속력	엄격	약함	
불복방법	항소·상고	항고·재항고	

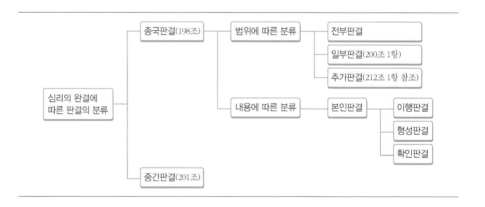

Ⅰ. 판결의 종류

11-1　　　　판결은 재판기관인 법원의 행위로 재판의 하나인데, 그 기능과 대상에 따라서 여러 종류로 분류할 수 있다. 한편, 특이한 경우이지만, 외국재판에 대한 집행판결(민사집행법 26조, 27조. 외국재판의 승인에 관하여는 민사소송법 217조 참조)도 판결의 종류로 들 수 있다.

1. 중간판결과 종국판결

판결은 우선 그 심급에서의 심리를 마치는지 여부에 따라 **중간판결**과 **종국판결**로 나눌 수 있다.

(1) 중간판결

(가) 의 의　　중간판결은 그 심급에 있어서 사건의 전부 또는 일부를 마치

는 재판인 종국판결을 하기에 앞서 그 종국판결의 전제가 되는 개개의 쟁점을 미
리 정리·판단하여 종국판결을 준비하는 재판이다(201조).2) 중간판결로 소송의
촉진도 도모될 수 있지만, 실무상 그리 많이 활용되지 않고 있다. 중간판결은 법
원의 재량으로 하는 것으로, 중간확인의 소에 대한 중간확인판결과 구별하여야
한다. 중간확인판결은 종국판결의 하나이다.

　　특히 재심사유의 존부에 관한 심판을 본안에 관한 심판과 분리하여 먼저 시
행하여 재심사유가 있다고 인정한 때에는 그 취지의 중간판결을 할 수 있다는 규
정을 두고 있다(454조).

　　(나) 중간판결사항　　중간판결을 할 수 있는 것은 독립된 공격방어방법, 중
간의 다툼, 청구의 원인과 액수에 대하여 다툼이 있는 경우에 그 원인에 대하여
3가지로 제한된다.

　　① **독립된 공격방어방법**: 그것만으로 그 존재·부존재에 따라 독립된 법률
효과(발생·변경·소멸)를 발생시키는 공격방어방법을 말한다. 즉 다른 공격방어방
법과 전혀 관계없이 분리·독립하여 심판할 수 있는 것으로, 그 하나만으로 본소
를 유지 또는 배척하기에 충분한 것을 말한다. 가령 소유권이 다투어지는 경우에
원고가 그 목적물을 취득한 법적 원인으로 매매(또는 증여, 취득시효 등)를 주장한
다고 하자. 법원이 매매를 인정하면 그 자체로 소유권의 취득이라는 법률효과의
발생이 긍정되므로 매매는 독립된 공격방어방법이다. 또는 대여금반환청구소송
에 있어서 피고가 변제(또는 소멸시효) 등을 주장하여 다투는 경우에 변제는 다른
사실과는 상대적으로 끊어서 판단할 수가 있고, 그 자체로 권리관계의 존부의 판
단에 직접 연결되므로 변제는 독립된 공격방어방법으로 된다. 다만, 독립된 공격
방어방법을 심리한 결과 곧바로 청구를 인용 또는 기각할 수 있는 경우에는 종국
판결을 하여야 하므로 중간판결을 할 수 없다.

　　한편, 권리의 발생·변경·소멸과 같은 법적 효과 발생의 개개의 하나의 요건
사실에 불과한 것(가령, 손해배상청구권의 요건사실로 고의·과실) 등은 독립된 공격방
어방법이라고 할 수 없고, 중간판결의 대상이 아니다.

　　② **중간의 다툼**: 계속 중의 소송절차상의 사항에 대한 당사자 사이의 다툼이
어서(소송상의 선결문제), 변론을 거쳐서 판단하여야 하는 것이다. 그 예로서는 관
할의 다툼, 당사자적격의 유무, 소의 이익의 존부 그리고 위에서 본 재심사유의

---

2) 대법원 1994. 12. 27. 선고 94다38366 판결.

존부(454조) 등이 있다. 사건이 소송절차상의 사항인 점에서 독립된 공격방어방법
과 구별된다. 또 소송절차상의 사항이라도 결정으로 재판한다고 되어 있는 것(가
령, 소의 변경의 가부)에 대해서는 중간판결을 할 수 없다.

③ **청구의 원인**: 청구를 이유 있게 하는 일체의 사실로부터 액수를 제외한
부분을 말한다(소송물 특정을 위한 청구의 원인이 아니다). 당사자 사이에 청구의 원
인과 액수의 양쪽에 다툼이 있는 때에는 법원은 액수를 끊어서 우선 청구의 원인
에 대한 것만 이를 긍정하는 판결을 할 수 있다. 복잡한 손해액을 우선 심리하고
나중에 과실 등을 심리한 끝에 과실 등이 인정되지 않는다는 판단을 하는 등의
심리상의 불경제를 피하기 위한 것인데, 실무상 거의 이용되지 않고 있다. 가령
손해배상청구에 있어서 손해액이 얼마인지를 제외하고 과실이나 인과관계 등에
있어서 애초 손해배상청구가 인정되는지 여부 등에 대하여 원인의 존재를 긍정하
는 판결이다. 이를 원인판결이라고 한다. 한편 청구의 원인을 부정하면 청구 그
자체를 부정할 수밖에 없으므로, 그 경우의 판결은 종국판결이지 중간판결이 아
니다.

(다) 법원의 재량   중간판결을 할 것인지 여부는 법원의 재량에 맡겨져 있
다(중간판결을 하지 않고, 종국판결의 이유 중에서 판단하여도 무방). 다만, 소송이 중간
판결의 대상이 되는 사항의 해결로 종결될 수 있는 경우(가령, 청구의 원인에 대하여
는 다툼이 있지만, 액수에 대해서는 다툼이 없는 경우), 결국 종국판결을 내리기에 성숙
한 때에는 종국판결을 하지 않으면 안 된다.

(라) 효 력   중간판결은 종국판결을 준비하는 것이므로 그 판단내용이 뒤
에 변경되서는 안 된다. 따라서 중간판결은 이를 선고한 법원을 구속한다(자기구
속력). 종국판결시에는 중간판결의 주문에서 나타낸 판단을 전제로 하여야 하며
(이유 중의 판단에는 구속력은 없다), 설령 중간판결의 판단이 그릇된 것이라 하더라
도 종국판결을 할 때에 이에 저촉되는 판단을 할 수 없다.3) 한편, 당사자도 중간
판결에 즈음한 그 자체의 변론종결 전에 제출할 수 있었던 소송자료를 그 뒤의
변론에서 제출할 수 없게 된다.4) 다만, 중간판결 뒤에 생긴 사정에 기하여 중간

---

3) 대법원 2011. 9. 29. 선고 2010다65818 판결.
4) 한편, 상계의 항변에 대하여는 이것은 액수에 관한 문제이고 청구의 원인에는 포함되지 않는다
   는 입장, 또는 청구의 원인에 들어가지만 법원은 특히 예비적 상계의 항변의 경우에는 이 점을
   유보한 원인판결을 내릴 수 있다는 입장(유보가 없는 때에는 실권) 등이 있다. 심리의 정리·합
   리화라는 시점에서 본다면 대부분 예비적으로 주장되는 상계의 항변에 대하여는 청구의 원인에
   포함되지 않는다고 하는 쪽이 타당하다고 생각한다. 그리하여 원인판결 뒤에도 상계의 항변을

판결의 판단의 변경을 구하는 것은 무방하다. 그리고 중간판결의 효력은 해당 심급에 한정되는 것이므로 상급심에서는 시기에 늦은 것으로 각하되지 않는 한(149조) 공격방어방법을 자유롭게 제출할 수 있다.

중간판결에 대하여는 종국판결 이전의 재판으로서 독립하여 상소할 수 없고, 종국판결을 기다려 이에 대한 상소와 함께 주장하고 상소심의 판단을 받아야 한다(392조, 425조).

(2) 종국판결

종국판결은 그 심급에서의 심리를 마치는 판결을 말한다(198조).[5]

종국판결은 심리를 마치는 범위에 따라 다시 청구의 전부에 대한 **전부판결**과 일부에 대한 **일부판결**(200조)로 나눌 수 있는데, 법원이 전부판결을 할 예정에서 무의식적으로 일부판결을 하여 재판의 누락(212조)이 발생한 경우에는 추가판결이 행하여진다.

또한 종국판결은 그 판단의 대상·내용에 따라 다시 **본안판결**과 **소송판결**로 나눌 수 있다. 본안판결에는 청구인용판결과 청구기각판결이 있는데, 청구인용판결에는 소의 유형에 대응하여 이행판결, 확인판결, 형성판결이 있으며,[6] 청구기각판결은 모두 확인판결에 해당하게 된다.

2. 전부판결과 일부판결

심리를 마치는 범위에 따른 분류이다.

(1) 전부판결

동일한 소송절차에서 심리되고 있는 청구의 전부를 동시에 마치는 종국판결이다. 가령 1개의 절차에서 여러 개의 청구가 심리되고 있는 때(소의 객관적 병합, 반소, 변론의 병합 등)에 그 여러 개의 청구에 대하여 한꺼번에 같이 판결한다면 전부판결이다.

할 수 있다고 할 것이다, 김/강, 620면; 정/유/김, 740면).

5) 대법원의 환송판결도 해당 사건에 대하여 재판을 마치고 그 심급을 이탈시키는 판결인 점에서 당연히 **종국판결**로 보아야 할 것이나, 다만 소송절차를 최종적으로 종료시키지 않으며, 종국적 판단을 유보한다는 점 등과 같은 점에서 **중간판결의 특성**을 갖는다(대법원 1995. 2. 14. 선고 93재다27, 34 전원합의체 판결 참조).

6) 형성판결의 개념은 독일법상 비교적 늦은 19세기 후반에 제창되었고, 20세기가 되어 확립되었다.

(2) 일부판결

(가) 의 의　　일부판결은 동일한 소송절차에서 심리되고 있는 사건의 일부를 다른 부분으로부터 분리하여 먼저 심리를 마치는 종국판결을 말한다(200조 1항). 일부판결이 인정되는 것은 당사자의 권리구제의 신속화, 소송심리의 정리·간편화에 있다. 일부판결에 의하여 심리가 정리되면, 잔부에 대하여도 심리가 간편하게 되므로 일부에 대하여 재판을 하기에 성숙한 때에는 그 일부에 대하여 재판을 하는 것은 바람직할 수 있다. 반면, 일부판결도 청구의 그 부분에 관하여는 종국판결이므로 독립한 상소의 대상이 되기 때문에 사건의 일부는 상소심에, 나머지는 원심에 계속하게 되어 오히려 소송수행상 불편하게 되고 모순된 해결이 될 수도 있다. 실무에서는 별로 활용되지 않고 있다. 한편, 가령 1,000만원의 청구에 대하여 300만원만 인정하는 경우와 같은 일부인용판결은 원고의 청구의 일부만을 인정하는 전부판결인 점에서 일부판결과 다르다.

(나) 일부판결의 가능 여부　　일부판결을 할 것인지 여부는 법원의 **재량**이다. 그런데 일부판결이 허용되기 위해서는 그 부분이 다른 부분으로부터 분리하여 독립적으로 종국적 판단을 할 수 있는 경우이어야 한다(따라서 절차적으로는 변론의 분리가 일부판결의 전제가 된다). 소송의 일부, 즉 1개의 청구의 일부(가령 토지인도청구소송의 특정한 일부)에 대한 심리를 마친 경우(200조 1항), 변론이 병합된 경우에는 병합된 뒤의 여러 개의 청구 가운데 1개의 심리를 마친 경우(동조 2항) 등에는 일부판결을 할 수 있다. 그리고 ① 소의 객관적 병합 가운데 단순병합의 경우, ② 통상공동소송에서 일부의 당사자에 관한 청구가 판결하기에 무르익은 경우, ③ 본소와 반소 가운데 한 쪽의 심리를 마친 경우(200조 2항) 등에도 일부판결을 할 수 있는데, 다음의 경우에는 문제가 된다.

17-변리사시험

　　① **소의 객관적 병합**: 단순병합과 달리, 선택적 병합과 예비적 병합은 심판에 있어서 일체성이라는 점에서 일부판결이 허용되지 않는다고 할 것이다(☞ 12-11).

　　　　㉮ **예비적 병합**의 경우: 통상적으로 객관적으로 병합된 여러 개의 청구는 동일 절차에서 심판되는데(심리의 공통), 예비적 병합의 경우에 주위적 청구를 먼저 판단하지 않고 예비적 청구만을 인용하거나 주위적 청구만을 배척하고 예비적 청구에 대하여 판단하지 않는 등의 일부판결의(한편, 주위적 청구를 인

용하는 판결은 예비적 청구에 관하여 판단할 필요가 없는 그 자체가 전부판결이다) 허용
여부에 있어서 **통설·판례**의 입장은7) 복수의 청구가 동일한 절차에 불가분적으
로 결합되었기 때문에 일부판결을 할 수 없다고 본다. 이를 허용하면 일부판결
제도의 목적에 반하게 되고, 상소가 각각으로 되어 제1, 제2 순서에 따른 심판이
곤란해지고, 본래 법률상 양립할 수 없는 청구인데, 양 청구 모두 인용될 우려가
있다는 것을 그 근거로 들 수 있다.

　　　㈏ **선택적 병합**의 경우: 위 예비적 병합의 경우에서 살핀 바와 같
은 마찬가지 근거에서 선택적 병합의 경우도 일부판결이 허용되지 않는다는 입
장이 **통설·판례**이다(한편, 선택적 병합의 경우에 원고 승소판결에 있어서 이유 있는 청
구 중 어느 하나를 선택하여 판단하면 되며 그 판결은 전부판결이고, 나머지 청구에 관하여
는 심판이 필요하지 않는 것에 주의).8)

　　② **다수당사자소송**: 통상공동소송의 경우에는 일부판결이 허용되나(☞13-25),
필수적 공동소송이나9) 독립당사자참가의 경우에는 일부판결이 허용되지 않는다
고 할 것이다(☞13-33, 13-74).

　　③ **본소와 반소**: 본소와 반소 가운데 한쪽의 심리를 마친 경우에(200조 2항)
일부판결이 허용되나, 가령, 동일한 부동산에 대하여 원고의 소유권확인의 본소
와 피고의 소유권확인의 반소와 같이 동일한 권리관계를 기초로 하고 있는 경우
나 이혼의 본소와 반소와 같이 동일한 목적의 형성청구의 경우에 일부판결은 기
판력의 저촉의 위험을 가져오므로 일부판결이 허용되지 않는다고 할 것이다.

(3) 잔부판결

　　전부판결의 경우에는 해당 심판의 절차 전체가 종료되지만, 일부판결 뒤에는
잔부에 대하여 심리가 속행되는데, 이를 마치는 판결을 잔부판결(또는 결말판결)이
라고 한다.

---

7) 주위적 청구를 먼저 판단하지 않고 예비적 청구만을 인용하거나 주위적 청구만을 배척하고 예
　비적 청구에 대하여 판단하지 않는 등의 일부판결은 예비적 병합의 성질에 반하는 것으로서 법
　률상 허용되지 않는다(대법원 2000. 11. 16. 선고 98다22253 전원합의체 판결).
8) 여러 개의 청구가 하나의 소송절차에 불가분적으로 결합되어 있기 때문에 선택적 청구 가운데
　하나만을 기각하는 일부판결은 선택적 병합의 성질에 반하는 것으로서 법률상 허용되지 않는다
　(대법원 1998. 7. 24. 선고 96다99 판결).
9) 대법원 2011. 6. 24. 선고 2011다1323 판결 등.

(4) 재판의 누락과 추가판결

(가) 재판의 누락   법원이 청구의 전부에 대하여 판결을 할 예정이었지만, 잘못하여 판단하여야 할 사항의 일부를 종국판결의 주문에서 빠뜨리고(유탈·탈루·누락) 무의식적으로 일부만을 판결한 경우에 그 일부에 대하여 잘못하여 판결을 하지 않은 것이 재판의 누락이다. 가령, 반소가 제기된 경우에 본소만 판단하고 반소에 관한 판단을 빠뜨린 경우이다. 다음의 경우를 주의하여야 한다. ① 재판의 누락 여부는 오로지 주문의 기재에 의하여 판정하여야 하고, 판결이유 중에서 판단하여야 할 공격방어방법에 대하여 잘못하여 판단을 빠뜨린 **판단의 누락**과 다르며, 판단의 누락은 상소, 재심사유가 된다(451조 1항 9호). ② 의식적으로 청구의 일부에 대하여만 판결하는 것은 일부판결로 재판의 누락과 구별되며, 뒤에 판결을 하지 않은 부분을 완결하는 판결을 잔부판결이라고 한다. ③ 일부판결이 허용되지 않음에도 불구하고 일부판결을 한 경우는 재판의 누락이 아니다.

(나) 추가판결   재판의 누락의 경우에 누락된 부분은 아직 계속(繼續)하여 그 누락시킨 법원에 계속(係屬)하고 있는 것이므로 그 법원이 재판한다(212조 1항). 나중에라도 그 부분에 대하여 그 법원의 추가판결이 이루어지지 않는 한(추가판결은 누락된 부분에 대한 종국판결이다), 소송계속은 종료되지 않는다. 즉, 재판의 누락이 있는 경우에는 그 법원은 직권으로 언제라도 추가판결을 할 수 있고 또한 하지 않으면 안 된다. 당사자도 선고기일 또는 변론기일의 지정을 신청하여 직권발동을 촉구할 수 있다. 그러나 누락된 부분에 대하여 (상소나 재심의 대상이 될 수 없으므로) 상소, 재심을 신청하는 것은 허용되지 않는다.[10] 추가판결과 그 전의 판결(누락판결)은 각각 별개의 판결로 상소기간도 각각 개별적으로 진행된다.

(다) 소송비용의 재판의 누락   한편, 소송비용의 재판을 누락한 때에는 법원은 직권으로 또는 당사자의 신청에 따라 결정으로 그 소송비용에 관한 재판을 할 것이나(212조 2항), 종국판결에 대하여 적법한 항소가 있는 때에는 그 결정은 효력을 잃고, 항소심이 소송의 총비용에 대하여 재판한다(동조 3항).

(5) 일부판결이 허용되지 않음에도 불구하고 일부판결을 한 경우

일부판결이 허용되지 않음에도 불구하고 일부판결을 하였으면 그 형식은 일부판결이라고 하더라도 흠이 있는 전부판결로 취급하여 상소로 다투어야 하는 것

---

10) 대법원 2005. 5. 27. 선고 2004다43824 판결.

이고, 재판의 누락이 있을 수 없으므로 추가판결의 대상은 아니다.

① **예비적 병합의 경우**: 일부판결이 허용되지 않는 소송에서는 재판의 누락이 있을 수 없으므로 추가판결로 시정할 것이 아니고, 병합의 성질상 하나의 전부판결이라고 볼 것이므로 판단누락(451조 1항 9호)에 준하여 상소로 구제할 것이고, 상소심으로서는 원심판결을 취소하고 사건 전체에 대하여 자판(상고심의 경우에는 원칙적으로 파기환송)함이 옳다(**통설·판례**. ☞12-11).11)

② **선택적 병합의 경우**: 재판의 누락이 아니라, 흠이 있는 전부판결로 취급하여 상소로 다투어야 한다(**통설·판례**. ☞12-11).12)

3. 본안판결과 소송판결

종국판결에 있어서 판단의 대상·내용에 따른 분류이다.

(1) 본안판결

본안판결은 청구의 이유의 유무에 대한 판결이다. 여기에는 청구인용판결과 청구기각판결이 있다. 청구를 인용하는 경우에 소의 종류에 대응하여 이행판결, 확인판결, 형성판결이라고 한다.

(2) 소송판결

소송요건을 충족하지 못하는 경우에 본안의 심리에 들어가지 않고 소를 부적법하다고 각하하는 판결이 소송판결이다(변론 없이 하는 소의 각하에 관한 219조도 참조). 본안판결과 소송판결은 판결의 성립방법이나 상소에 관하여 차이는 없지만, 기판력의 범위가 다르다. 가령, 소송능력에 흠이 있는 것을 이유로 소송판결이 행하여진 경우에 법정대리인이 다시 소를 제기한다면 부적법 각하 판결의 기판력을 받지 않지만,13) 한편 본안판결은 청구의 당부에 대하여 기판력이 생긴다.

---

11) 재판의 탈루에 해당하여 원심에 계속 중이라고 볼 것은 아니고, 판단이 누락된 예비적 청구 부분도 상소심으로 이심이 된다(앞의 대법원 2000. 11. 16. 선고 98다22253 전원합의체 판결).

12) 원고의 선택적 청구 가운데 증여의 해제를 원인으로 한 소유권이전등기청구에 대하여만 판단하여 이를 배척하고 양도합의를 원인으로 한 소유권이전등기청구에 대하여는 아무런 판단을 하지 아니한 사안에서 이는 위법한 것이고, 양도합의를 원인으로 한 소유권이전등기청구는 재판의 누락으로서 제1심 법원에 그대로 계속되어 있다고 판단한 것은 잘못이라고 보았다. 즉 흠이 있는 전부판결로 취급하여 상소로 다투어야 한다(앞의 대법원 1998. 7. 24. 선고 96다99 판결).

13) 종전 소송에서 당사자능력의 흠결을 이유로 소각하 판결을 받은 자연부락이 그 후 비법인사단으로서 당사자능력을 갖춘 것으로 볼 여지가 있다는 이유로 종전 소송판결의 기판력과의 저촉을 인정하지 않았다(대법원 2003. 4. 8. 선고 2002다70181 판결).

제 2 절 판결의 효력

판결선고기일은 일반의 기일과 마찬가지로 당사자에 대한 통지가 이루어지고, 다만 그 사건으로 출석한 사람에게는 직접 고지하는 방법으로 통지한다(167조). 당사자가 출석하지 아니하여도 판결을 선고할 수 있다(207조 2항).14) 판결은 선고로 그 효력이 생기고, 그 선고는 재판장이 판결원본에 따라 주문을 읽음으로써 하며(☞1-30), 한편, 기일의 조서에는 재판의 선고에 관한 사항을 기재하여야 한다(205조, 206조, 154조 6호). 변론 없이 하는 판결(가령, 219조, 257조)도 선고는 하여야 한다. 판결이 선고되면 일정한 효력을 가진다. 이는 판결의 선고에 따라 생기는 것과 판결의 확정을 전제로 하는 것이 있다. 즉 판결의 선고와 동시에 판결법원에 대한 관계에서 생기는 자기구속력(=자박성), 판결의 확정에 따라 당사자에 대한 관계에서 생기는 형식적 확정력, 법원 및 당사자에 대한 관계에서 생기는 기판력(=실질적 확정력)과 그 밖에 집행력, 형성력 등의 효력이 따른다.

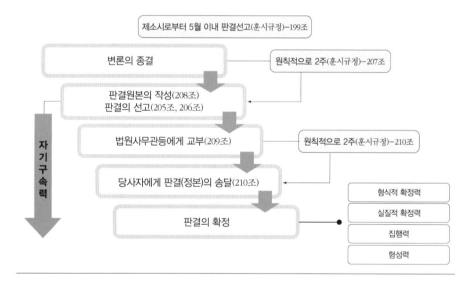

---

14) 따라서 법원이 적법하게 변론을 진행한 후 이를 종결하고 판결선고기일을 고지한 때에는 재정하지 아니한 당사자에게도 그 효력이 있는 것이고, 그 당사자에 대하여 판결선고기일 소환장을 송달하지 아니하였다 하여도 이를 위법이라고 할 수 없으나, 그 변론기일 지정명령을 적법하게 고지하지 않은 채 변론기일이 진행된 경우에는 적법하게 변론을 진행한 것으로 볼 수 없으므로 위법하다(대법원 2003. 4. 25. 선고 2002다72514 판결).

I. 자기구속력

1. 의 의

판결이 선고되기까지는 법원의 내부에서 내용이 확정된 것에 불과하므로 그   11-2
내용을 변경하더라도 외부로부터는 알 수가 없다. 그러나 일단 선고되면(형식적
확정을 기다릴 필요 없이 선고와 동시에) 판결법원은 이제는 더 이상 판결을 철회·
변경할 수가 없다. 즉 판결이 법원의 확정적인 판단의 표시인 이상, 그것이 불안
정해서는 의미가 없으므로 일단 판결이 성립하면 판결법원 자신이 구속되어 자유
로이 이를 변경·철회할 수 없게 되는 것을 판결의 자기구속력(＝자박성)이라고
한다. 자기구속력에 유사한 판결의 효력으로는 기속력과 기판력이 있다. 기속력
은 동일 사건의 절차 내에서 다른 법원에 대한 절차적 구속력이고,15) 반면 기판
력은 그 사건 뒤의 다른 사건에 있어서 후소법원에 대한 구속력이다.

자기구속력은 판결이 소송의 결과로 하나의 분쟁해결기준으로 작용하여야
하는 이상, 판결이 용이하게 변경되어서는 그 효과를 거두지 못하고 분쟁이 이어
지기 때문에 인정되는 것이다. 그런고로 자기구속력은 극히 예외적으로 경정결정
의 경우에 완화된다.

2. 판결의 경정

(1) 의 의

판결에 잘못된 계산이나 기재(위산, 오기) 그 밖에 이와 비슷한 잘못(＝오류)이   11-3
있음이 분명한 때에 법원은 직권으로 또는 당사자의 신청에 따라 경정결정을 할
수 있다(211조). 판결의 경정은 일단 선고된 판결에 대하여 그 내용을 실질적으로
변경하지 않는 범위 내에서 위와 같은 오류를 법원 스스로가 직권 또는 당사자의
신청에 의하여 결정으로(구태여 상소로 그 시정을 구할 것까지 없이) 정정 또는 보충
하여 강제집행이나 가족관계등록부의 정정 또는 등기의 기재 등 이른바 광의의
집행에 지장이 없도록 하자는 데 그 취지가 있다.16)

---

15) 상고법원이 법률심이기 때문에 원심판결의 사실판단에 기속되거나(432조), 상급법원의 재판에
   있어서의 판단이 하급심을 기속하거나(436조 2항), 이송재판은 수이송법원을 기속하는(38조) 것
   이 그 예이다.
16) 한편, 판결서에 피신청인의 **주민등록번호**가 기재되지 않은 것은 관련 법령에 따른 적법한 것
   이어서(개인정보 보호법의 제정을 계기로 판결서에 기재할 개인정보를 최소화함으로써 개인정보
   침해를 예방하기 위하여 등록의 의사표시를 명하는 판결서를 제외한 민사·행정·특허·도산사

(2) 요 건

11-4   ① 판결에 잘못이 존재하여야 하고, ② 그 잘못이 분명하여야 한다. 여기서 「잘못」이란 법원의 의사표시과정에 있어서의 표현상의 형식적 잘못을 말한다. 사실인정이나 법의 해석·적용에 관한 법원의 의사형성 내지는 의사 자체에 잘못이 있어서 그 결과 결론이 잘못된 경우는 이에 해당하지 않는다. 잘못이 **법원의 과실**에 의한 것이든, **당사자의 청구의 잘못**으로 인한 것이든 상관없다.17) 잘못이 분명한지 여부는 판결서의 기재 자체뿐만 아니라 소송의 전 과정에 나타난 자료는 물론 경정대상인 판결 이후에 제출되어진 자료도 다른 당사자에게 아무런 불이익이 없는 경우나 이를 다툴 수 있는 기회가 있었던 경우에는 소송경제상 이를 참작하여 그 오류가 명백한지 여부를 판단할 수 있다.18) 당사자의 신청의 경우에는 신청인이 위와 같은 잘못이 있음이 분명하다는 점을 소명하여야 한다.

◆ **예** ◆ **판례**에 의하면 판결에 표시된 당사자의 성명의 오기가 명백한 경우, 판결주문의 표현에 있어서 소유권이전등기를 명하는 건물에 관한 주문 기재 면적이 건축물대장의 면적과 서로 다른 경우, 1필지의 토지의 일부분에 대한 소유권이전등기를 명하면서 지적법상 허용되지 않는 제곱미터 미만의 단수를 존치시킴으로써 판결의 집행이 곤란하게 된 경우, 그리고 판결주문과 이유가 불일치하는 경우로 항소심에서 청구의 교환적 변경이 이루어져 항소심이 그 판결의 청구취지로 변경된 청구를 기재하고 판결이유에서 변경된 청구에 대하여 판단하였음에도 주문에서 '원고의 항소를 기각한다'고 기재한 경우(항소심에서 교환적으로 변경된 원고의 청구를 기각한다고 할 것을 잘못 표현한 것), 승계인이 소송에 인수참가하고 그 전 당사자가 소송에서 탈퇴한 때에 그 판결이유에서 원고의 피고인수참가인에 대한 청구에 관하여 판단을 하여 이를 인용하면서도 그 주문에서는 피고의 항소를 기각한다는 표시만을 한 경우(인수참가인과 상대방 사이의 소송이 되는 것이므로 원고의 피고인수참가인에 대한 청구를 인용할 것을 잘못 표현한 것) 등에 판결의 경정을 할 수 있다고 한다.

(3) 절 차

11-5   경정결정은 상소제기 뒤에는 물론 판결확정 뒤라도 할 수 있고, 사건이 상소심에 계속 중에는 그 상소법원도 할 수 있다. 상소법원은 원판결의 취소·변경을

건의 판결서에 당사자의 주민등록번호를 기재하지 않도록 정하였다) 판결경정절차에 따라 해결할 것이 아니다(대법원 2022. 9. 29.자 2022그637 결정 등).

17) 대법원 2023. 6. 15.자 2023그590 결정 등.
18) 대법원 2023. 8. 18.자 2022그779 결정.

할 권한을 가지기 때문이다.

경정결정은 판결의 원본과 정본에 덧붙여 적어야(부기) 한다. 다만, 정본이 이미 당사자에게 송달된 경우 등 정본에 덧붙여 적을 수 없을 때에는 따로 결정의 정본을 작성하여 당사자에게 송달하여야 한다(211조 2항).

경정결정에 대하여는 즉시항고를 할 수 있다. 다만, 판결에 대하여 적법한 항소가 있는 때에는 항소법원이 경정결정을 심사하면 충분하므로 즉시항고는 허용되지 않는다(211조 3항). 한편, 경정신청의 **기각결정**에 대해서는 불복할 수 없다는 것이 **통설·판례**이다(그렇다면, 헌법위반을 이유로 449조의 특별항고가 허용될 뿐이다).

(4) 효 력

경정결정은 원판결과 하나가 되어 판결을 선고한 때에 소급하여 그 효력이 발생한다. 그러나 판결에 대한 상소기간은 경정결정으로 영향을 받지 않고 판결이 송달된 날로부터 진행한다. 다만, 그 경정결정의 결과, 상소이유가 발생한 경우에는 상소의 추후보완(173조)을 할 수 있다.

11-6

◈ **경정결정의 결과, 상소이유가 발생한 경우에는 추후보완상소** ◈ 판결이 확정된 뒤 재산분할을 명하는 판결 주문에 원·피고가 잘못 표기됐다며 법원이 판결문을 고쳐 논란이 일고 있다. 법원은 단순 오타가 나 절차에 따라 적법하게 고쳤다는 입장이지만, 바뀐 판결문에 따라 불이익을 보게 된 당사자는 판결문만 믿고 항소조차 하지 않아 불복 기회마저 잃었다며 강하게 반발하고 있다. 아내 A(31)씨와 남편 B(33)씨의 이혼 및 재산분할 소송에서 "B씨는 A씨로부터 5천만원을 받고 A, B씨 공동명의 아파트의 지분 절반을 A씨에게 소유권 이전등기하라"고 주문이 적힌 판결문이 당사자들에게 송달됐는데, 아파트는 시가 4억 1천만 원 상당으로 이 주문대로라면 아내에게 훨씬 많은 재산이 돌아가는 셈이다. 이 판결에 대해서 A, B씨 모두 항소하지 않아 그대로 확정됐다. 아내는 판결문을 토대로 아파트 소유권을 넘겨받고자 집행절차를 밟으려 했다. 그러자 가만히 있던 B씨가 판결 주문의 원·피고 표시가 잘못됐다며 재판부에 판결의 경정신청을 냈다. 판결문의 이유 부분에는 주문과는 거꾸로 "A씨가 B씨로부터 5천만원을 받고 아파트 지분 절반을 B씨에게 넘겨주라"고 돼 있었기 때문이었다. 즉 남편에게 아파트 소유권을 인정한 것이다. 이에 재판부는 판결 이유 부분의 기재가 맞고 주문 표기가 잘못됐음을 인정했다. 판결 이유까지는 제대로 썼고 주문에서만 원고와 피고를 잘못 표기했다는 것이다. 이에 따라 재판부가 판결문을 수정했고, 판결의 경정결정에 대해 A씨 측이 즉시항고했지만 법원은 이를 받아들이지 않았다. B씨에게 아파트 소유권을 갖도록 판단한 것이 분명한 반면 주문

표기는 단순 오기임을 쉽게 알 수 있다는 이유에서였다. 판결 이유에 A, B씨의 재산 상황, 재산분할 비율, 아파트 소유 경위 등이 자세히 기록돼 있어 판결문을 전체적으로 보면 주문의 원고와 피고 표기가 오기임을 쉽게 알 수 있다며 "판결의 경정절차로 고칠 수 있다는 입장을 내세웠다. 이어 주문이 실수로 잘못 적혔다는 이유로 A씨에게 기대 이상의 이익을 주고 B씨에게 불이익을 줄 순 없다며 **판결이 경정됐을 때에는 그에 따라 항소를 추후 보완하는 방법**(추완항소)도 있으므로 A씨의 항소 기회가 박탈됐다고 보기도 어렵다고 보았다(2011.12.18.자 연합뉴스 기사).

II. 형식적 확정력

1. 의 의

11-7   판결은 그 법원에 의하여 철회·변경되거나 무시되지 않더라도 당사자가 불복신청을 하면 상급심법원의 심사에 따라 취소될 가능성이 있다. 그러나 상급심법원이라도 직권으로 시정하는 것이 아니고 당사자의 불복신청을 기다려 비로소 취소할 수 있는 것이므로 이 통상의 불복신청을 할 수 없게 되면 그 판결은 그 소송절차상에서 취소될 기회가 없게 된다. 이렇게 판결이 그 소송절차 내에서 인정되는 통상의 불복신청에 따라 그 존재를 잃게 되지 않을 상태에 도달한 것을 확정이라고 부르고, 판결의 이러한 취소 불가능성을 형식적 확정력이라고 부른다. 위의 자기구속력이 법원에 의한 철회·변경 불가능성인 것과 구별된다. 기판력(=실질적 확정력), 집행력 및 형성력도 형식적 확정력을 전제로 하여 생기는 것이 원칙이다. 판결이 형식적으로 확정되면 소송은 종료된다.

2. 판결의 확정시기

11-8   언제 형식적 확정력이 생기는가는 판결이 상소할 수 있는지 여부에 따라 다르게 된다.

(1) 상소를 할 수 없는 판결

11-9   가령 상고심의 종국판결과 같이 더 이상 상소를 할 수 없는 판결은 그 선고와 동시에 확정된다. **불항소의 합의**가 있는 때에도 판결선고와 동시에 판결이 확정된다. 다만, **비약상고의 합의**(390조 1항 단서)가 있는 때에는 상고기간만료시에 확정된다.

(2) 상소가 허용되는 판결

① 상소가 허용되는 판결에 대하여는 상소하지 않고 상소기간이 도과되면 11-10
그 기간만료시에 판결이 확정된다. 일단 상소를 하였다가 상소기간경과 뒤에 상
소를 취하한 때19) 또는 상소각하의 판결 또는 상소장각하명령을 받아 이것이 확
정된 때에는 원판결은 소급하여 상소가 없었던 것으로 되므로 상소기간만료시에
판결은 확정된다.

② 상소기간 이내에 상소가 제기되면, 판결의 확정은 차단되고(498조), 상소
기각의 판결이 확정되어야 그 시점에서 원판결도 비로소 확정된다.

③ 상소기간만료 전이라도 당사자가 상소권을 포기하면(394조, 425조), 그 포
기한 때에 판결이 확정된다.

3. 판결의 확정증명

판결이 확정되면, 소송당사자는 그 판결에 기하여 기판력을 주장하거나 등기 11-11
신청 등을 하기 위하여 판결이 확정되었음을 증명할 필요가 있게 된다. 상급심에
서 소송이 완결된 경우라도 소송기록은 제1심 법원에서 보존하게 되므로(421조,
425조) 당사자는 판결확정증명서를 제1심 법원의 법원사무관등에게 신청하고(499
조 1항). 다만 소송기록이 상급심에 있는 때에는 상급법원의 법원사무관등이 그
확정 부분에 대하여만 증명서를 내어 준다(동조 2항).

III. 기판력

1. 의 의

◈ 예 ◈ 판결은 「피고는 원고에게 6,000만원을 지급하라」, 「별지목록 기재 토지가
원고의 소유임을 확인한다」, 「원고와 피고는 이혼한다」, 「원고의 청구를 기각한다」와
같은 명령 또는 선언의 형식으로 행하여진다. 그러나 당사자가 이러한 명령이나 선언
에 대하여 항상 납득하고 따르는 것은 아니다. 가령 6,000만원의 대여금반환청구소송에
서 법원이 원고의 청구원인에 관한 주장이나 증명을 불충분하다고 판단하여 청구기각
판결을 행하고, 이에 대하여 원고는 항소 및 상고를 하면서 다투었으나, 상급심에서도
원판결을 뒤집지 못하고 제1심 판결이 그대로 확정되었다고 하자. 그런데 원고는 끝내

---

19) 대법원 2016. 1. 14. 선고 2015므3455 판결. 한편, 상소취하가 상소기간 이내에 이루어진 경우
에는 불복의 재신청이 아직 가능하므로 판결은 기간도과 전에는 확정되지 않고 기간이 만료한
때 확정된다.

단념하지 않고 그 뒤에도 이 소송을 검토한 바, 소송 당시에는 발견하지 못하였던 중요한 문서를 찾았거나 당시는 생각이 미치지 않았던 별개의 법률구성이 생각나서 다시 새로이 이전과 마찬가지 내용의 소를 법원에 제기한 경우에 새로운 후소의 수소법원이 원고의 주장을 옳다고 판단한다면, 이미 확정하고 있던 전소의 판단을 뒤집어 원고의 청구를 인정하는 판결을 내릴 수 있는가. 실체적 정의의 관점에서는 당사자가 구하는 바에 따라서 몇 번이라도 재심판을 행하여야 한다고도 생각할 수 있다. 그러나 이러한 분쟁의 반복이 인정된다고 한다면, 전소에서 당사자가 서로 공격방어를 다 펼치고 법원이 신중하게 심리하여 판단을 내렸지만, 그 전소의 판단이 전혀 무의미한 것으로 되어 버린다. 또한 당사자는 법원의 판결에 따라 분쟁을 최종적으로 해결하려고 소를 제기한 것인데 승소판결을 받아내더라도 언제까지나 법률관계가 안정되지 못하게 된다. 이러한 불합리를 피하기 위하여 절차적 정의를 내세워 확정판결의 내용은 장래 소송에 있어서도 유지되는 것이 보장되어야 한다. 이러한 요청에 따라 확정판결에는 그 뒤의 당사자 사이의 법률관계를 규율하는 기준으로서 통용력 내지는 구속력이 부여되어 있다. 즉 전소에서 심판된 사항과 동일한 사항이 후소에서 다시 문제가 된 때에는 당사자는 이 판단을 다툴 수 없고, 법원도 전소판단과 저촉되는 판단을 하는 것이 허용되지 않는다.

11-12　　　　　판결이 형식적 확정력을 가지면, 더 이상 상소에 의하여 취소될 수 없게 되고, 소송은 종료된다. 그러나 이것만으로는 동일 당사자 사이의 쟁송을 종국적으로 종결시킬 수는 없다. 위에서 살핀 상황을 생각해 보라. 위와 같은 사태를 저지하기 위한 것이 기판력이다. 즉 기판력(독일어 Rechtskraft를 직역하면 '법의 힘'이 되는데, 그렇다면 그 의미를 알기 어려우므로, 일본에서 '기판력'으로 번역하였다)은 확정판결의 판결내용에 부여된 후소에 대한 통용력 내지는 구속력을 말하는데, 실질적 확정력(materielle Rechtskraft)이라고도 한다.20) 소송은 당사자 사이의 분쟁을 국가의 재판권에 기하여 공권적 법률판단으로 해결하기 위한 것이므로 종국판결이 확정되면 최종적 해결로서 당사자 쌍방이 그 판단내용에 구속되어 이에 반하는 동일한 다툼을 되풀이하는 것을 허용하지 않게 되는 것과 함께 국가기관인 법원도 동일한 사항이 다시 소송상 문제가 된 경우에 종전판결을 규준으로 하여 당사자 사이의 관계를 판단하지 않으면 안 되게 된다. 이와 같이 당사자 및 법원에 대하여 확정판결로 나타내 보인 판단에 반하는 주장이나 판단을 할 여지를 없게 하는 효과가 기판력이다. 확정판결의 판결내용이 실체법과 합치하지 않는 부당한

---

20) 미국에서는 판결의 구속력에 대하여 종전에는 Res Judicata 및 Collateral Estoppel이 사용되었는데, 최근에는 Claim preclusion(소송원인의 차단), Issue preclusion(쟁점의 차단)이라는 용어가 사용되고 있다.

것(부당판결)인 경우에도 확정판결은 기판력을 가진다(외국법원의 확정판결 또는 이
와 동일한 효력이 인정되는 재판은 우리나라에서 승인요건을 모두 갖추면 기판력이 생기
고, 따라서 국내에서 동일한 소를 제기하면 기판력에 저촉된다. 217조, 217조2 참조). 기판
력이 미치고 있는지 여부는 **직권조사사항**이다.

◈ **기판력의 본질** ◈   기판력제도는 민사소송에서 기본적 제도의 하나이다. 그러나 기
판력이 구체적 법적 제도로 법기술적으로 어떠한 의의나 효과를 가지는가. 기판력을
이론상 어디로부터 유래하는 효과로 설명할 수 있는가, 기판력을 어떠한 법현상으로 볼
것인가. 이른바 소권론이 소송의 출발점에 관한 것임에 대하여, 이는 소송의 종결점에 관
한 것이라고 할 수 있다. 우리의 모법인 독일법계 민사소송법에서는 이 문제는 학설사
상으로 기판력의 본질론으로 논의되어 왔다. 이에 대하여는 소송법학의 기초이론의 하
나로 **실체법설**(확정판결을 실체법상 법률요건의 일종으로 보아 정당한 판결은 당사자 사이의
종래의 권리관계에 대하여 새로운 확증을 부여하는 것이고, 부당하게 잘못된 판결은 그 판단대
로 권리관계를 변경·수정하는 것으로 이해)과 **소송법설**(기판력은 소송외의 권리관계와는 무관
계한 것으로 오히려 소송법상 후소법원에 대한 구속이라고 이해)이 대립하고 있다.21) 이는
특히 객관적으로 존재하는 실체법상 권리관계와 판결의 판단과의 불일치나, 기판력이 당
사자 사이에서만 한정되는 상대성을 어떻게 설명하는가, 기판력이 직권조사사항인 것 등
을 어떻게 이해할 것인가가 논쟁의 초점이 되고 있다. 소송법설에서는 다시 기판력이 후
소법원을 구속하는 것의 설명의 방식에 따라 **구소송법설**(＝모순금지설)과 **신소송법설**(＝
반복금지설)로 나뉜다.

판례의 입장인 **모순금지설**은 기판력을 어느 법원의 판결이 확정되면 다른   15-변호사시험
법원도 이와 모순되는 재판을 하는 것이 허용되지 않는다는 국가적 판단의 통일
로부터 요청되는 효력으로 본다. 이 입장에서는 **승소판결**을 받은 경우에 원고가
동일한 소를 제기하는 것은 이미 권리보호를 받았음에도 불구하고 이를 다시 구하
는 것이므로 권리보호의 이익(소의 이익)이 없어 **소각하의 판결**을 하여야 하나,22)

---

21) 의무이행을 명하는 판결의 효력이 실체적 법률관계에 영향을 미치는 것은 아니므로, 점유자가
그 인도판결의 효력으로 판결 상대방에게 물건을 인도해야 할 실체적 의무가 생긴다거나 정당한
점유권원이 소멸하여 그때부터 그 물건에 대한 점유가 위법하게 되는 것은 아니다. 나아가 물건
을 점유하는 자를 상대로 하여 물건의 인도를 명하는 판결이 확정되더라도 그 판결의 효력은 이
들 물건에 대한 인도청구권의 존부에만 미치고, 인도판결의 기판력이 이들 물건에 대한 불법점
유를 원인으로 한 손해배상청구 소송에 미치지 않는다(대법원 2019. 10. 17. 선고 2014다46778
판결).

22) 대법원 2017. 11. 14. 선고 2017다23066 판결. 또한 면책적 채무인수를 한 자는 변론종결 후의
승계인으로서 전소 확정판결의 기판력이 미쳐 승계집행문으로 집행을 하면 되므로 원고는 특별
한 사정이 없는 한 다시 소송을 할 소의 이익이 없다(대법원 2016. 9. 28. 선고 2016다13482
판결[미간행]).

패소판결을 받은 원고가 다시 동일한 소를 제기하는 경우에 전소의 판결내용과 모순되는 판단을 하여서는 안 되므로 **청구기각의 판결**을 하여야 하고 소각하할 것은 아니라고 설명한다.[23] 반면, 다수의 학설이 취하는 **반복금지설**은 기판력을 소송법상 구속력으로 보는 점에서는 위 견해와 다르지 않지만, 그 근거를 일사부재리(一事不再理)에 내재하는 분쟁해결의 일회성의 요청에서 구하는 점에 특색이 있다. 사적 분쟁이 일단 공권적으로 해결된 이상, 후소법원은 그 판결내용을 존중하고 전소의 판결결과가 **승소이든 패소이든 관계없이** 후소는 부적법 각하되고 따라서 기판력은 그 자체로 소극적 소송요건이 된다고 설명한다.

전소	모순금지설(판례)	반복금지설
승소판결	소각하	소각하(소극적 소송요건)
패소판결	청구기각	소각하(소극적 소송요건)

◆ **기판력의 정당화 근거론** ◆ 그런데 현재의 기판력론은 당사자가 전소에 주장하지 않았던 사실을 후소에 있어서 주장하는 것이 왜 기판력에 의하여 구속되는가, 그것은 어떻게 정당화되는가에 대한 기판력의 **정당화 근거론**에 관한 방향으로 나아가고 있다. 정당화 근거론에 관하여 어느 한쪽으로 보지 않고, 법적 안정을 확보하기 위하여 기판력이 필요하다는 **제도적 효력**으로서의 근거와 함께 당사자 쌍방이 변론할 지위와 기회, 즉 절차보장을 받은 이상, 패소한 결과를 다시 다투는 것은 공평의 관념에 반한다는 것에서 생기는 **자기책임** 양쪽에서 그 근거를 구하는 **이원적 파악**이 가장 무난하다고 생각한다.[24]

◆ **형성판결의 기판력** ◆ 이행·확인·형성의 소에 대한 청구기각판결(성질상 이는 확인판결)에 기판력이 있는 것에는 다툼이 없다. 한편 이행판결, 확인판결과는 달리 형성판결(형성의 소에 대한 청구인용판결)에 대하여는 기판력을 인정할 것인지 여부에 대하여 다툼이 있었으나, **긍정설**이 **일반적** 입장이다. 부정설은 형성권은 형성력과 동시에 목적을 달성하고 소멸하는 이상, 반복금지의 기능은 형성력에 따라 달성할 수 있으므로 기판력이 생길 여지가 없다고 하나, 그러나 가령 이혼소송에서 패소한 배우자의 한쪽이 이혼판결은 부당하다고 하여 다른 쪽 배우자에 대하여 손해배상을 구하는 후소를 제기하는 경우에는 법원은 기판력에 의하여 후소를 배척하여야 하므로 형성판결에 있어서도 형성이 정당하게 행하여졌다는 확정에 있어서 기판력이 생길 필요가 있다. 따라서 기판력을 긍정하여야 한다.

---

23) 대법원 1976. 12. 14. 선고 76다1488 판결. 다만, 호, 700면은 이러한 판례의 태도는 어느 경우에나 후소가 기판력에 저촉됨에도 불구하고 이처럼 달리 취급하는 것은 타당성이 없고, 본래의 모순금지설과도 관계가 없는 출처 불명의 입장이라고 비판한다.

24) 대법원 1995. 4. 25. 선고 94다17956 전원합의체 판결의 「별개의견」 참조.

◆ **소송판결의 기판력** ◆ 본래 기판력은 본안판결을 염두에 두고 논하여 왔다고 할 수 있는데, 한편 소송판결에 기판력이 인정되는가가 문제이다. 소송요건의 부존재를 이유로 소를 부적법하다고 한 판단에 기판력을 **부정**하는 견해는 소송판결이 청구에 대한 판단이 아니며 분쟁을 해결하는 것이 아닌 것을 이유로 한다. 그러나 소송판결도 청구에 대한 소의 부적법을 확정하고, 이 점을 둘러싼 분쟁을 해결하게 된다. 또 소송판결에 있어서도 기판력을 인정할 실제적 필요성은 크고, 모든 판결은 법원의 판단으로서 등가치(等價値)이다. 따라서 소송요건의 부존재를 이유로 소를 부적법하다고 한 판단에 기판력을 **긍정**하는 입장이 **통설·판례**이다.25) 소송요건의 부존재를 그대로 둔 채, 다시 제소하면 전소판결의 기판력에 의하여 후소는 부적법 각하된다.26) 그러나 그 소송요건의 흠을 보완하여 다시 제소한 경우에는 기판력의 제한을 받지 않는다.27)

한편, 마찬가지의 판결의 구속력이라고 하더라도 **자기구속력**이 판결법원 자신에 대한 구속력인 점에서 또한 **기속력**이 동일 사건에 대한 절차 내에서의 다른 법원에 대한 구속력인 점에서 그 어느 것도 기판력과 구별된다.

2. 작 용

기판력은 실제 문제로서는 후소가 출현한 경우에 작용한다. 기판력이 미치는 장면이 가장 명료하게 나타나는 것은 후소가 전소와 **동일한 소송물**인 경우이다. 다만, 확정판결에 의한 채권의 소멸시효기간인 10년의 경과가 임박한 경우와 같이 시효중단 등 특별한 경우에는 예외적으로 소의 이익이 있어 신소가 허용된다. 심지어 재차 2번에 걸친 시효중단을 위한 경우도 권리보호의 이익이 있다.28) 그리고 이 경우에 소멸시효 중단을 위한 후소로서 기존의 '이행소송' 외에 '재판상의 청구'가 있다는 점에 대하여만 확인을 구하는 형태의 이른바 **'새로운 방식의**

11-13

---

25) 대법원 1996. 11. 15. 선고 96다31406 판결; 대법원 1997. 12. 9. 선고 97다25521 판결.
26) 일반적 소송의 경우가 아닌 특수한 경우인 **채권자대위소송**에 있어서 기판력의 작용과 관련하여 **채권자와 제3채무자** 사이의 후소가 문제된 사안에서, 전소판결은 소송판결로서 그 기판력은 **소송요건의 존부**에 관하여만 미친다 할 것이나, 甲이 乙을 대위하여 丙을 상대로 취득시효 완성을 원인으로 한 소유권이전등기소송을 제기하였다가 乙을 대위할 피보전채권의 부존재를 이유로 소각하 판결을 선고받고 확정된 후 丙이 제기한 토지인도소송에서 甲이 다시 위와 같은 권리가 있음을 항변사유로서 주장하는 사안에서 그 주장을 허용한다면 甲에게 乙에 대한 피보전채권의 존재를 인정하는 것이 되어 전소판결의 판단과 서로 **모순관계**에 있다고 할 수 있으므로 甲의 주장은 **기판력에 저촉**되어 허용될 수 없다고 보았다(대법원 2001. 1. 16. 선고 2000다41349 판결).
27) 대법원 2003. 4. 8. 선고 2002다70181 판결; 대법원 2023. 2. 2. 선고 2020다270633 판결.
28) 대법원 2018. 7. 19. 선고 2018다22008 전원합의체 판결. 그렇더라도 신소의 판결이 전소의 승소확정판결의 내용에 저촉되어서는 아니 되므로, 후소 법원으로서는 그 확정된 권리에 관하여 다시 심리할 수 없다(대법원 2010. 10. 28. 선고 2010다61557 판결 등).

확인소송'도(선택적) 허용된다(☞2 – 69).[29]

　　그 밖에도 기판력이 미치는 장면은 다음과 같이 전소의 소송물이 후소청구의 **선결문제**가 되는 경우, 후소청구가 전소판결과 **모순관계**에 있는 경우에도 기판력의 작용이 나타난다.

◈ **선결문제가 되는 경우의 예** ◈　예를 들어 甲이 乙을 상대로 건물소유권확인의 소를 제기하여 승소판결이 확정된 뒤에 甲이 乙을 상대로 소유권에 기한 건물인도청구(또는 말소등기청구)의 소를 제기한 경우에 전소와 후소의 소송물은 다르지만, 전소의 소송물인 소유권에 대한 판단은 후소의 소송물인 소유권에 기한 건물인도청구권의 논리적 전제가 된다(= 선결관계효. präjudizielle Wirkung). 전소의 소송물인 소유권에 대한 판단에 기판력이 생겨 이를 선결문제로 하는 소송물에 대하여 심리하는 후소법원은 전소의 변론종결시에 甲이 소유권을 가지는 것을 전제로 하여야 한다.

◈ **모순관계에 있는 경우의 예** ◈　예를 들어 소유권확인청구소송에서 패소한 피고가 원고를 상대로 동일물의 소유권확인청구의 소를 다시 제기하는 경우에 후소의 소송물은 전소의 소송물과 같지 않으나, 즉 형식적으로는 소송물의 동일성은 인정되지 않지만, 후소청구가 전소에서 확정한 법률관계와 모순되는 반대관계(kontradiktorische Gegenteil)에 있는 것이어서 후소청구를 뒷받침하는 공격방어방법은 전소의 판결내용을 다투는 것이 되기 때문에 기판력이 작용한다(결국 소송물이 동일한 경우와 마찬가지로 취급되어야 한다). 또한 금전채권의 이행청구소송에서 패소하여 판결내용에 따라 지급한 금원을 피고가 동일 채권의 부존재를 이유로 하는 부당이득반환청구의 소를 제기하는 경우도 소송물은 동일하지 않지만, 양 소송에서 다투는 권리관계는 동일한 계약에 의한 금전지급청구권의 존부때문이라고 할 수 있으므로 서로 모순관계(반대관계)로 기판력이 작용한다고 본다.[30]

　　기판력의 작용에는 소극적 작용과 적극적 작용의 양면이 있다. **소극적 작용**은 당사자가 확정된 전소판결의 내용을 다투는 주장 · 증명이 허용되지 않고, 법원도 그 주장 · 증명을 배척한다는 것으로 나타난다(☞11 – 16 다만, 실제의 소송에서는

---

29) 대법원 2018. 10. 18. 선고 2015다232316 전원합의체 판결.

30) 가등기에 기한 소유권이전등기절차의 이행을 명한 전소 판결에 대하여 만일 후소로써 위 가등기에 기한 소유권이전등기의 말소를 청구한다면 이는 1물1권주의의 원칙에 비추어 볼 때 전소에서 확정된 소유권이전등기청구권을 부인하고 그와 모순되는 정반대의 사항을 소송물로 삼은 경우에 해당하여 전소판결의 기판력에 저촉된다고 할 것이다(대법원 1995. 3. 24. 선고 93다52488 판결). 한편, 채무자와 수익자 사이의 소송절차에서 자백하는 등의 방법으로 화해권고결정이나 확정판결 등을 통해 마쳐진 소유권이전등기가 사해행위취소로 인한 원상회복으로써 말소되는 경우, 그것이 확정판결 등의 효력에 반하거나 모순되는 것은 아니다(대법원 2017. 4. 7. 선고 2016다204783 판결).

확정한 전소판결의 효력을 다시 당사자가 다툰다는 것은 표준시 뒤에 새로운 사유가 발생한 경우 이외에는 거의 일어나지 않는다). 가령 1,000만원을 지급하라는 이행판결이 있는 이상, 패소한 피고가 원고를 상대로 채무부존재확인의 소를 제기하여 그 표준시 전에 변제하였다든가 채무면제가 있었다고 주장하는 것은 원칙적으로 소극적 작용에 의하여 배척된다. 반면, **적극적 작용**은 기판력이 생긴 판단을 전제로 하여 후소법원은 판결하여야 한다는 것을 말한다. 가령, 전소의 소유권확인소송에서 승소한 원고가 후소에서 소유권이전등기청구를 하는 경우에는 전소의 소송물인 원고의 소유권이 후소의 전제가 되므로 적극적 작용에 의하여 특별한 사정이 없다면 후소에서도 원칙적으로 원고의 청구가 인용된다. 그런데 이 두 가지 작용은 전소의 소송물과 후소의 소송물의 관계에서 기판력이 작용하는 형태의 차이에 지나지 않고, 상호보완적인 내용을 가진다.

그런데 기판력의 효과는 무제한일 수 없다. 법원이 판결로 판단한 여러 사항 가운데 일정한 시간적 경과 중에서 정하여진 기준시점의 판단이(시적 한계. ☞아래 3), 일정한 사항·대상에 대하여(객관적 한계. ☞아래 4), 일정한 당사자 그 밖의 이해관계인 사이에서(주관적 한계. ☞아래 5) 나중의 소송절차에 있어서 당사자의 주장 및 법원의 판단에 대하여 내용적으로 구속력을 가진다고 하는 법제도이다.

이 기판력은 주로 나중에 같은 문제가 소송절차에서 반복되는 경우에 구속력이 생겨 되풀이하는 것을 허용하지 않는 효과를 가진다. 따라서 기판력이 있는 판결에 대하여 당연히 그 효력을 다투거나 부정할 수 없고, 이를 공격함에는 그것을 위하여 특히 마련된 재심절차에서 행하여야 한다는 것이 원칙이다.

3. 시적 범위

확정판결에 따라 소송물인 권리관계의 존부가 확정된다고 하여도 사법상의 권리관계는 시간의 흐름에 따라 변동 또는 소멸할 가능성을 가지므로, 어떠한 시점에 있어서 권리관계의 존부가 확정되는가를 분명히 할 필요가 있다. 가령 어느 일정한 시점을 전제로 채권채무관계가 존재한다 하더라도 그 뒤에 채권자가 변제를 받게 되면 채권채무관계는 소멸된다. 또 물건의 소유권도 매매나 상속 등으로 시간의 흐름에 따라 순차로 이전한다. 따라서 기판력으로 확정되는 법률관계도 어느 특정한 시점에 한정한 법률관계이어야 한다. 이를 기판력의 표준시(=기준시) 또는 시적 한계라고 부른다.

11-14

◆ **예** ◆   전소에서 원고가 단독상속인이라고 주장하여 소유권확인을 구하였으나 공동 상속인에 해당한다는 이유로 자신의 상속분(1/3 지분)에 해당하는 부분에 대해서만 원고의 청구를 인용하고 나머지 청구를 기각하는 판결이 선고되어 확정된 경우에 있어서 상속재산분할협의가 전소의 **변론종결 후에 이루어졌다면 비록 그 상속재산분할의 효력이 상속이 개시된 때로 소급한다 하더라도,** 상속재산분할협의에 의한 소유권의 취득은 전소의 **변론종결 후에 발생한 사유**에 해당한다고 할 것이고, 따라서 전소의 기판력은 상속재산분할협의에 의하여 원고가 소유권을 취득한 나머지 상속분(2/3 지분)에 관한 소유권확인을 구하는 후소에는 미치지 않는다고 보아야 한다.31) 즉 소유권확인청구의 경우에 그 소송물은 소유권 자체의 존부라고 할 것이므로 전소의 변론종결 후에 소유권을 새로이 취득하였다면, 전소의 기판력이 소유권확인을 구하는 후소에 미칠 수 없다.

(1) 표준시

11-15   그런데 소송물인 권리관계의 존부에 대하여 수소법원은 변론주의의 원칙에 따라서 당사자가 제출한 사실과 증거에 기하여 판단을 행하는데, 변론의 일체성에서 변론은 사실심 변론종결 시점(제1심만으로 확정하면 제1심의 변론종결시, 제2심까지 이어지면 제2심의 변론종결시, 그러나 제3심에서는 법률심이므로 제2심의 변론종결시)에서 전부 등가치의 것으로 일체로서 판단된다. 사실심 변론종결시까지의 사유는 전부 당사자가 주장할 수 있었던 사유이므로 그것에 대하여 당사자에게 반복하는 것을 금지하더라도 부당한 것은 아니다. 그리하여 기판력은 사실심 변론종결 시점에 있어서 생긴다. 이 사실심 변론종결시가 기판력의 표준시이다. 확정판결에 대한 청구이의사유를 정하고 있는 민사집행법 44조(확정판결에 대한 이의는 그 이유가 변론이 종결된 뒤에 생긴 것에 한하여 할 수 있다)는 이를 전제로 한 규정이다.

◆ **예** ◆   가령 1억원의 지급청구가 기각되었어도 그것은 표준시(가령, 변론종결일 2015. 7. 10.)에 있어서 1억원의 이행청구권이 존재하지 않는다는 것만이 확정되는 것이고, 표준시 전에 존재하지 않았던 것마저 확정되는 것은 아니다. 이것은 변론종결 직전에 1억원을 변제하였고, 그 변제가 소송에서도 주장·증명된 경우를 생각하면 분명할 것이다. 1억원을 구하는 청구가 그 부존재를 이유로 기각되었다고 하더라도 그 부존재는 표준시에서만이고(따라서 2015. 7. 10.부터의 이자 청구는 할 수 없다), 표준시 전의 부존재까지 기판력에 의하여 차단되는 것은 아니므로 위 1억원 채권이 존재하였음을 전제로 변론종결 전(가령, 2015. 7. 9)까지 발생한 이자 청구를 할 수 있음은 물론이다.32)

---

31) 대법원 2011. 6. 30. 선고 2011다24340 판결.
32) 기판력은 최종변론종결 당시의 권리관계를 확정하는 것이므로, 그 후의 이행지연으로 인한 손

(2) 실권효

당사자는 표준시 뒤에 생긴 사유(사실자료에 그치고, 즉 새로운 사실관계를 말하 11-16
는 것일 뿐 기존의 사실관계에 대한 새로운 증거자료가 있다거나 새로운 법적 평가 또는
그와 같은 법적 평가가 담긴 다른 판결이 존재한다는 등의 사정은 그에 포함되지 않고, 또한
법률의 변경, 기초가 되었던 행정처분의 변경도 포함되지 않음)를 가지고 판결내용을 다
투는 것은 무방하나(표준시에 있어서 소송물인 권리관계의 존부가 기판력에 의하여 확정
되는 것이므로 표준시 뒤의 새로운 사유에 대하여는 기판력은 관계하지 않는다), 표준시
전의 사유를 주장하여 판결내용을 다툴 수는 없다. 이를 실권효(또는 차단효, 배제
효)라고 한다.[33] 여기서 당사자가 전소에서 실제로 주장하였는지 여부, 제출하지
못한 데에 대한 과실의 유무를 **묻지 않고 실권**된다는 것이 **통설·판례**이다. 그런
데 표준시 전의 사유는 무엇이든지 일체 실권되는가. 전소에서 제출하지 못한 데
에 대한 과실의 유무, 구체적 경과나 사정을 고려하지 않고 실권되는가 등에 대
하여 좀 더 검토할 필요가 있다는 생각이다.[34]

해배상(이자) 청구부분은 그 선결문제로서 확정판결에 저촉되는 금원에 대한 피고의 지급의무의
존재를 주장하게 되어 논리상 기판력의 효과를 받게 되는 것이라고 할 것이나, 그 외의 부분(변
론종결 당시까지의 분)의 청구는 기판력의 효과를 받지 않는다(대법원 1976. 12. 14. 선고 76다
1488 판결).

33) 한편, 기판력의 시적 범위가 독자적으로 실권효를 가지는 것이 아니고, 객관적 범위가 작용하
는 것을 전제로 한다. 원래 기판력의 객관적 범위가 문제되지 않으면 시적 범위도 문제되지 않는
다고 할 것이다. 객관적 범위의 실권효를 보충하는 의미에서 시간적 관점에서 새로운 사실이나
증거의 제출을 허용할 것인지 여부를 검토하는 것이 시적 범위의 문제라고 생각한다.

34) 이 사건 토지가 토지거래허가구역에서 해제되어 이 사건 매매계약이 확정적으로 유효하게 되
었다는 사정은 이 사건 전소의 변론종결 전에 존재하던 사유이므로, 원고가 그러한 사정을 알지
못하여 이 사건 전소에서 주장하지 못하였다고 하더라도 이를 이 사건 소에서 새로이 주장하여
이 사건 전소에서의 법률관계의 존부에 관한 판단, 즉 이 사건 매매계약에 기한 원고의 피고에
대한 소유권이전등기청구권의 존부에 대한 판단과 모순되는 판단을 구하는 것은 이 사건 전소
확정판결의 기판력에 반하는 것이고, 전소에서 당사자가 그 공격방어방법을 **알지 못하여 주
장하지 못하였는지 나아가 그와 같이 알지 못한 데 과실이 있는지는 묻지 아니한다.** 후소의
소송물과 전소의 소송물은 모두 이 사건 매매계약을 원인으로 하는 소유권이전등기청구권으
로서 동일하므로 후소는 기판력에 저촉되어 허용될 수 없고, 비록 전소는 이 사건 토지가 토
지거래허가구역 내에 위치하고 있음을 전제로 한 반면, 후소는 **토지거래허가구역 지정이 해
제**되었음을 전제로 한다고 하더라도 마찬가지이다(대법원 2014. 3. 27. 선고 2011다49981 판
결). 앞에서 살펴본, 기판력의 정당성의 근거에 대하여 **법적 안정**을 위한 법원의 공권적·강
행적 분쟁해결의 제도적 효력으로 보는 견해에서는 당연히 이렇게 보게 될 것이다. 그런데
기판력의 정당성의 근거에 대하여 전소에서 당사자에게 절차보장이 주어진 것에 의한 **자기
책임**으로 보는 견해가 유력하게 주장되고 있는데, 이 입장에서는 일반적으로 당사자에게 전
소에서 그 제출을 당연히 기대할 수 있는 사유에 한하여 후소에서 다시 이를 내세우는 것이
허용되지 않는 것이지, 그렇지 않다면 달리 보게 될 것이다. 전소에서 어떠한 이유에서 토지

◈ **예** ◈ 1,000만원의 이행판결이 확정되면 그 표준시에 있어서 「1,000만원의 청구권이 있다는 판단」에 기판력이 생긴다. 이에 모순·저촉되는 당사자의 주장은 불가능하므로(실권효) 채무자는 청구이의의 소(민사집행법 44조)를 제기하여 표준시 전에 변제하였다든가, 채무면제가 있었다든가, 소멸시효가 완성하였다든가 라고 주장하면서 소송물인 1,000만원의 청구권의 부존재를 다투는 것은 기판력(실권효)으로 봉쇄된다.[35] 한편, 1,000만원의 이행판결이 확정되고 표준시 뒤에 변제한 경우라면, 그것으로 원고의 권리는 만족된 것이고, 원고가 그럼에도 불구하고 확정판결에 따라 강제집행을 한다면, 피고는 표준시 뒤의 변제사실을 주장하여 청구이의의 소(민사집행법 44조)를 제기하여 그 강제집행을 저지할 수 있다.

◈ **기한 미도래·정지조건 미성취** ◈ **기한 미도래**를 이유로 청구가 기각되었더라도 변론종결 뒤에 기한이 도래한 경우나 **정지조건 미성취**를 이유로 청구가 기각되었더라도 변론종결 뒤에 그 조건이 성취된 경우에 원고는 다시 소를 제기할 수 있다.[36]

◈ **한정승인·상속포기의 경우** ◈

채무자가 한정승인을 하였으나, 채권자가 제기한 소송의 사실심 변론종결시까지 이를 주장하지 아니하는 바람에 책임의 범위에 관하여 아무런 유보 없는 판결이 선고·확정된 경우	채무자가 그 후 한정승인 사실을 내세워 청구에 관한 이의의 소를 제기할 수 있다.[37] 한정승인에 의한 책임의 제한은 상속채무의 존재 및 범위의 확정과는 관계없이 다만 판결의 집행대상을 상속재산의 한도로 한정함으로써[38] 판결의 집행력을 제한할 뿐으로, 채권자가 피상속인의 금전채무를 상속한 상속인을 상대로 그 상속채무의 이행을 구하여 제기한 소송에서 만약 채무자가 한정승인 사실을 주장하지 않으면 책임의 범위는 현실적인 심판대상으로 등장하지 아니하여 판결의 주문에서는 물론 이유에서도 판단되지 않는 관계로 그에 관하여는 기판력이 미치지 않기 때문이다.

거래허가구역에서 지정해제된 사실을 주장하지 못하였는지를 고려하면서 다시 원고와 피고 사이의 공평을 저울질하는 조치를 강구하는 것이 오히려 당연하다고 본다.

35) 위와 같이 청구이의의 소 이외에 패소한 피고가 동일한 채권의 **채무부존재확인의 후소**를 제기한 경우도 **실권효**로 설명한다. 그런데 전소판결의 기판력이 후소심리에 작용한다는 결론에는 차이가 없지만, 이를 실권효가 아닌, **모순관계**라고 설명하는 입장도 있다. 한편, 패소하여 판결에 따라 이행을 한 피고가 **부당이득반환청구의 소**를 제기하는 경우에는 소송물은 동일하지 않지만, **모순관계**에 있으므로 전소판결의 기판력이 미친다고 본다는 것은 앞의 기판력의 작용 부분에서(☞11-13) 이미 언급하였다.

36) 대법원 2002. 5. 10. 선고 2000다50909 판결.

37) 대법원 2006. 10. 13. 선고 2006다23138 판결.

38) 한정승인을 한 상속인의 경우에는 상속재산의 한도에서 유한책임을 지게 된다(민법 1028조). 법원은 그 채무의 전액에 대하여 이행판결을 하면서, 상속재산의 한도에서 변제하여야 한다는 뜻을 유보하는 판결을 한다. 즉 주문의 형식은 다음과 같이 될 것이다.

| 채무자가 상속포기를 하였으나, 채권자가 제기한 소송의 사실심 변론종결 시까지 이를 주장하지 않아 그대로 채권자의 승소판결이 선고·확정된 경우 | 채무자가 청구이의의 소를 제기할 수 없다.39) 기판력에 의한 실권효 제한의 법리는 채무의 상속에 따른 책임의 제한 여부만이 문제되는 한정승인과 달리, 상속에 의한 채무의 존재 자체가 문제되어 그에 관한 확정판결의 주문에 당연히 기판력이 미치게 되는 상속포기의 경우에는 적용될 수 없다. |

(3) 표준시 뒤의 형성권의 행사

그런데 이와 관련하여 표준시 전에 형성원인이 발생하고 있는 취소권, 해제권, 백지보충권, 상계권, 건물매수청구권 등의 형성권(Gestaltungsrecht)을 표준시 뒤에 행사하여 확정판결의 내용을 다툴 수 있는지 여부에 대하여 그것이 표준시 전의 사유인가, 표준시 뒤의 사유인가를 둘러싸고 문제가 되고 있다.

11-17

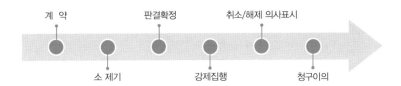

◈ **예** ◈   X는 Y로부터 매매계약을 근거로 A 물건의 인도를 구하는 소를 제기하여 승소한바, 위 판결확정 뒤에 Y가 X의 사기를 이유로 X·Y 사이의 매매계약을 **취소**한다는 주장을 한 경우에 그 취소주장이 있은 때에 비로소 실체법상 매매계약의 취소라는 효과가 생기므로 표준시 뒤의 새로운 사유로 기판력에 의하여 실권되지 않는다고 할 것인가? 가령 실권되지 않는다고 보면, Y는 청구이의의 소를 제기할 수 있다.

확정판결이 뒤에 당사자의 일방적인 형성권의 행사에 의하여 복멸되는 것을 방지함으로써 기판력제도가 목적으로 하는 법적 안정을 이룩하고, 채무자가 뒤늦게 형성권을 행사하여 청구이의의 소 등으로 강제집행을 배제 또는 지연시키는 것을 방지하자는 점에서 취소권, 해제권에 대하여 실권효를 긍정하지만, 반면, 형성권 가운데 **상계권, 건물매수청구권** 등은 다음 예에서 보듯이 예외로 취급하는 입장이 일반적이다. 즉 형성권 일반에 대하여 실권효를 생각하지 않고, 개개의 형성권의 성질·특색에 따라 그 취급을 달리하고 있다.

1. 피고는 원고에게 금 OOO원을 소외 망 김**로부터 상속받은 재산의 한도에서 지급하라.
2. 원고의 나머지 청구를 기각한다.

39) 대법원 2009. 5. 28. 선고 2008다79876 판결.

취소권	해제권	백지보충권	상계권	건물매수청구권
불가	불가	불가	가능	가능

◆ **백지보충권** ◆ 약속어음의 소지인이 어음요건의 일부를 흠결한 이른바 백지어음에 기하여 어음금 청구소송을 제기하였다가 위 어음요건의 흠결을 이유로 청구기각의 판결을 받고, 위 판결이 확정된 후, 위 백지 부분을 보충하여 완성된 어음에 기하여 다시 전소의 피고에 대하여 어음금청구소송을 제기한 경우에 **백지보충권** 행사의 주장은 특별한 사정이 없는 한, 전소판결의 기판력에 의하여 차단되어 허용되지 않는다고 본다.[40]

15-변리사시험
20-변호사시험

◆ **상계권** ◆ 乙이 甲을 상대로 한 전세금반환청구소송에 있어서 乙의 승소판결이 확정되었다. 乙이 위 확정판결을 집행권원으로 甲에 대하여 강제집행을 신청한바, 甲은 위 전세금반환청구소송에서 화재로 인한 손해배상청구권이 있음을 이유로 **상계항변**을 할 수 있었음에도 불구하고, 위 판결확정 뒤에 비로소 상계한 것을 주장하여 乙에 대하여 청구이의의 소를 제기하였다. 청구이의사유가 되는가? 상계권은 소구채권의 흠에 부착된 권리가 아니며, 이와 별개로 독립한 반대채권을 함께 소멸시키는 출혈적 방어방법이므로 표준시 뒤의 행사를 일체 허용하지 않는 것은 피고에게 너무 가혹하고, 또 상계권은 자동채권의 실현수단이 되기 때문에 자동채권의 행사시기를 표준시 전으로 강제할 성질이 아니라고 본다. **판례**도 당사자가 변론종결 전에 자동채권의 존재를 알았는가 몰랐는가에 관계없이 청구이의사유가 된다고 본다.[41]

07-사법시험

◆ **건물매수청구권** ◆ **건물매수청구권**은 임차권소멸을 이유로 한 임대인의 건물철거 및 토지인도청구에 대하여 토지에 투하한 자본의 회수수단으로서 임차인에게 주어진 유력한 방어수단이고, 건물매수청구권의 행사는 임차인의 실질적 패소를 의미하므로 이러한 청구권을 표준시까지 행사할 것이 반드시 기대되지 않는다고 할 것이다. 따라서 그 차단에 있어서 문제된다. 건물매수청구권은 소송물 자체에 부착된 흠에 근거한 것이 아니며 건물 자체의 효용을 되도록 유지하여야 한다는 강력한 정책적 견지에서 인정된 권리이기 때문에 그 행사에 시기를 정하는 것은 적절하지 못하다고 본다. **판례**도 확정판결에 의하여 건물철거가 집행되지 아니한 이상, 토지의 임차인으로서는 건물매수청구권을 행사하여 별소로 임대인에 대하여 건물매매대금의 지급을 구할 수 있다고 본다.[42]

---

40) 대법원 2008. 11. 27. 선고 2008다59230 판결.
41) 대법원 1998. 11. 24. 선고 98다25344 판결; 대법원 1966. 6. 28. 선고 66다780 판결. 이에 대하여 상계권이 있음을 몰랐을 경우에는 실권되지 않지만, 알고 이를 행사하지 않은 경우에는 실권된다는 입장으로는 이, 644면.
42) 대법원 1995. 12. 26. 선고 95다42195 판결. 아울러 전소인 토지인도 및 건물철거청구소송과 후소인 매매대금청구소송은 서로 그 **소송물을 달리하는 것**이므로 종전 소송의 확정판결의 기판

4. 객관적 범위

확정판결 가운데 어떠한 사항(부분)에 대하여 기판력을 가지는가 하는 문제   11-18
를 통상 기판력의 객관적 범위(물적 한계)라고 한다.

◈ **예** ◈   Y의 부주의한 자동차 운전에 의하여 부상을 당한 X가 불법행위에 기하여
금 6,000만원의 손해배상청구소송을 제기하고, X의 주장이 인정되어 승소한 경우의
판결을 생각하여 보자. 이 경우의 판결주문은 「Y는 X에게 금 6,000만원을 지급하라」
이고, 여기서는 Y의 X에 대한 금 6,000만원의 손해배상지급의무의 존재라는 판단이
나타나고 있다. 또 판결이유에서는 「Y는 사고 당시에 졸았는지 여부」라는 사실판단
이나 「호의동승자에 대하여 손해배상의무는 있는가」라는 법률판단 등이 나타난다.
이와 같은 확정판결에 나타난 여러 가지 판단 가운데 기판력을 가지는 부분을 기판
력의 객관적 범위라고 한다.

(1) 원 칙

(가) **판결주문에 포함된 판단**   기판력은 상계의 경우를 제외하고(216조 2   11-19
항), **판결주문에 포함된 판단**에만 생긴다(동조 1항).[43] 판결주문은 소장에 있어
서 청구의 취지에 대응하고, 원고가 제기한 소송상 청구(소송물)의 당부에 대한
법원의 판단의 결론을 나타내는 부분이다. 소송은 소송상 청구를 둘러싼 다툼이
므로 그에 대한 판단에 기판력을 가진다고 하는 것은 합리적이다.

(나) **소송물을 기준**   판결주문은 소송물에 관한 법원의 판단의 결론 부분이
므로 기판력의 객관적 범위는 원칙적으로 소송물을 기준으로 한다. 전소의 소송
물과 후소의 소송물이 동일하면 전소의 기판력은 후소에 미치고, 소송물이 다르
면 기판력은 미치지 않는다.[44] 결국 소송물을 어떻게 포착하는가에 의하여 기판

력에 의하여 건물매수청구권의 행사가 차단된다고 할 수도 없다. 뒤늦게 건물매수청구권을 행사
하는 것이 권리남용이거나 신의칙에 위배되지 않는다고 판시하였다. 이에 대하여 상계권의 행사
와 마찬가지로 건물매수청구권이 있음을 알고 이를 행사하지 않은 경우에는 실권되지만, 몰랐을
경우에는 차단되지 않는다는 입장으로는 이, 645면.

43) 판결이유 중의 판단에도 기판력이 미치는가의 점에 있어서 종래 독일 보통법학설에서 다툼이
있었고, 이 부분의 판단에도 기판력이 미친다고 하는 견해가 유력하였다(Savigny로 대표되는 견
해). 그러나 독일 민사소송법 입법자는 이 견해를 채택하는 것을 부정하여 기판력이 미치는 범위
를 좁게 「주문에 포함된 것」에 한정하였다.

44) 물건 점유자를 상대로 한 인도판결의 기판력은 인도청구권의 존부에만 미치고, 그 물건에 대한
불법점유를 원인으로 한 손해배상청구소송에 미치지 않는다(대법원 2019. 10. 17. 선고 2014다
46778 판결).

력의 객관적 범위도 다르게 된다.

◆ **예** ◆ **구소송물이론**에 따르면, 실체법상 청구권이나 형성권마다 소송물이 특정되므로 기판력도 실체법상 권리마다 생긴다. 따라서 실체법상 권리가 다르면 기판력은 미치지 않는다. 예를 들어 버스교통사고로 상해를 입은 X가 버스회사인 Y를 상대로 하여 제기한 손해배상청구소송에서 가령 X가 패소하였어도 운송계약위반이라는 채무불이행을 이유로 하는 후소를 제기하면 전소의 기판력은 후소에 미치지 않는다. 이에 대하여 **신소송물이론**에서는 이행급부의 내용이나 형성의 효과가 동일한 경우라면 1회로 분쟁의 결말을 맺으려고 하므로 위 불법행위에 기한 손해배상청구소송의 기판력은 채무불이행을 이유로 하는 후소에도 미친다. 또한 예를 들어 차용시 발행된 약속어음금의 지급을 구하는 소송에서 차용금이 변제되었다는 이유로 기각하는 판결이 확정된 뒤, 다시 위 차용금의 지급을 구하는 소를 제기한 경우에 **어음채권**과 어음을 발행하게 된 근거가 되는 이른바 **원인채권**은 별개의 것인지, 즉 소송물이론에 따라 기판력이 미치는지 여부가 다르게 된다.

20-법원행정고시

◆ **전소인 소유권이전등기말소청구소송의 확정판결의 기판력이 후소인 진정명의회복을 원인으로 한 소유권이전등기청구소송에 미치는지 여부** ◆ 가령, 원소유자 甲으로부터 부동산소유권이 乙→丙→丁의 순서로 이전되어 등기가 이루어졌고, 甲은 乙, 丙, 丁에게 乙에게 경료된 소유권이전등기는 극심한 강박상태에서 이루어진 원인무효의 등기이며, 이에 터잡아 이루어진 丙→丁에게의 순차이전등기도 원인무효라는 이유로 위 각 소유권이전등기의 말소를 구하는 소를 제기하였는데(이는 후술하듯이 통상의 공동소송. ☞13-26), 甲의 위 각 소송은 원고패소의 판결이 확정된 사안에서 그 뒤 甲은 다시 丁을 상대로 진정명의회복을 원인으로 한 소유권이전등기를 구하는 소를 제기할 수 있는가. **판례**는 말소등기에 갈음하여 허용되는 진정명의회복을 원인으로 한 소유권이전등기청구권과 무효등기의 말소청구권은 어느 것이나 진정한 소유자의 등기명의를 회복하기 위한 것으로서 **실질적으로 그 목적이 동일하고, 모두 소유권에 기한 방해배제청구권으로서 그 법적 근거와 성질이 동일**하므로, 비록 전자는 이전등기, 후자는 말소등기의 형식을 취하고 있다고 하더라도 그 **소송물은 실질상 동일**한 것으로 보아야 하고, 따라서 소유권이전등기말소청구소송에서 패소확정판결을 받았다면 그 기판력은 그 뒤 제기된 진정명의회복을 원인으로 한 소유권이전등기청구소송에도 미친다고 보았다(☞2-82).[45]

---

45) 대법원 2001. 9. 20. 선고 99다37894 전원합의체 판결. **이** 전원합의체 판결의 **별개의견**은 소송물이 실질적으로 동일하다고 하더라도, 각기 그 청구취지와 청구원인이 서로 다른 이상, 소송물은 다른 것이므로, 전소의 확정판결의 기판력은 후소에는 미치지 않는다고 보아야 할 것이고, 다만, 이미 전소에 관하여 확정판결이 있고 후소가 실질적으로 전소를 반복하는 것에 불과한 것이라면, 즉, 전소와 후소를 통하여 당사자가 얻으려고 하는 목적이나 사실관계가 동일하고, 전소의 소송과정에서 이미 후소에서와 실질적으로 같은 청구나 주장을 하였거나 그렇게 하는 데 아무런 장애가 없으며, 후소를 허용함으로써 분쟁이 이미 종결되었다는 상대방의 신뢰를 해치고

◈ **그 밖의 등기소송의 경우** ◈   소유권이전등기청구사건에 있어서 등기원인을 달리
하는 경우에는 그것은 단순히 공격방어방법의 차이에 불과한 것이 아니고 **등기원인별
로 별개의 소송물**로 인정되고, 가령 약정을 이유로 한 소유권이전등기청구권과 매매
를 원인으로 한 소유권이전등기청구권은 별개의 소송물이어서 기판력이 미치지 않는다
(☞2−82).46) 한편, 소유권이전등기말소청구사건에 있어서는 청구원인은 등기원인의 무
효로 보므로 원인무효사유인 **무권대리, 불공정한 법률행위 등은 모두 소송물인 소
유권이전등기말소청구권을 뒷받침하는 공격방어방법**으로서 이를 후소에서 주장하는
것은 기판력에 저촉된다(☞2−82).47) 그리고 가령, 1필의 토지의 일부를 특정하여 매수
하였다고 소유권이전등기청구소송을 제기한 뒤, 다시 전체 토지 중 일정지분을 매수하
였다고 그 지분에 대한 소유권이전등기를 구하는 소를 제기한 경우에 전소와 후소는
그 각 청구취지를 달리하여 소송물이 동일하다고 볼 수 없으므로 기판력은 미치지 않
는다.48)

◈ **일부청구** ◈   甲은 乙의 불법행위로 8,000만원의 손해가 발생하였다고 주장하며,   12−변호사시험
그 가운데 우선 6,000만원의 지급을 구하는 소를 제기하였는데, 법원은 甲의 청구를
기각하였다고 하자. 판결확정 뒤에 甲이 乙에게 잔액 2,000만원의 지급을 구하는 소를
제기하는 것이 기판력에 의하여 차단되는가? 일부청구인 것이 명시되었다면 소송물은
그 일부에 한정되고, 전소판결의 기판력은 잔부청구인 후소에 미치지 않아 허용되고,
일부라고 밝히지 않은 묵시의 청구의 경우에는 후소가 허용되지 않는다는 **명시적 일부
청구긍정설**이 **통설·판례**로49) 처분권주의와 피고의 절차보장을 함께 중시하는 입장이
라고 할 수 있다. 甲은 전소에서 8,000만원의 손해가 발생하였다고 주장하였으므로 일
부청구라는 것의 명시가 있었다고 할 수 있고, 따라서 **통설·판례**에 따르면50) 전소와

상대방의 법적 지위를 불안정하게 하는 경우에는 후소는 **신의칙에 어긋나** 허용되지 않는다고
보았다. 한편, 위 전원합의체 판결에서도 **반대의견**은 기판력의 범위를 결정하는 소송물은 원고
의 청구취지와 청구원인에 의하여 특정되는 것으로서, 사실관계나 법적 주장을 떠나서 청구취지
가 다르다면 소송물이 같다고 할 수 없을 것인 바, 양 소송은 우선 그 청구취지가 다르므로, 이
러한 법리의 적용을 배제할 만한 상당한 법적 근거가 없다면 **각각의 소송물이 다르다**고 보아야
하고, 말소등기청구권과 이전등기청구권이 실질적으로는 동일한 목적을 달성하기 위한 것이라
하더라도 각각에 다른 법률효과를 인정하여 별개의 소송물로 취급하는 것도 가능하고, 실체법과
함께 등기절차법의 측면에서 보면 이들 청구권의 법적 근거가 반드시 동일하다고만 볼 수도 없
다고 보았다.
46) 대법원 1996. 8. 23. 선고 94다49922 판결.
47) 대법원 1993. 6. 29. 선고 93다11050 판결 등.
48) 대법원 1995. 4. 25. 선고 94다17956 전원합의체 판결.
49) 대법원 1982. 11. 23. 선고 82다카845 판결; 대법원 2000. 2. 11. 선고 99다10424 판결 등.
50) 한편, **일부청구긍정설**은 처분권주의로부터 ① 소송물의 특정은 원고의 권능이고, ② 소송 밖
    에서 권리의 일부행사가 허용되며, ③ 가령, 인용될 손해액의 예측이 곤란한 경우에 일부청구를
    인정할 필요성이 있으므로 일부임을 명시하였는가, 묵시하였는가에 관계없이 별소에 의한 잔부
    청구를 긍정한다. 이에 대하여 **일부청구부정설**은 1차례로 전부 해결할 수 있는 분쟁을 원고의
    자의에 의하여 여러 차례의 소송으로 분단하는 것은 여러 번 응소하게 되는 피고로서는 불공평

17-법원행정고시
22-변리사시험

후소의 소송물은 다르게 되고, 甲의 2,000만원의 후소는 전소의 기판력에 의하여 영향을 받지 않는다(일부청구 소송물과 중복된 소제기에 대하여는 ☞5-12).51)

그리고 甲 등이 乙법인을 상대로 의료사고에 따른 손해배상을 구하는 조정신청을 하면서 '향후치료비는 향후 소송시 신체감정 결과에 따라 확정하여 청구한다'는 취지를 밝혔는데, 조정이 성립되지 않아 소송으로 이행되어 신체감정 등이 이루어지지 않은 상태에서 자백간주에 의한 전부승소판결이 확정된 사안에서 **판례**는 명시적 일부청구에 해당하므로 기판력이 후소에 미치지 않는다고 보았는데,52) 일부청구임을 명시하였는지 판단할 때에는 소장, 준비서면 등의 기재뿐만 아니라 소송의 경과 등을 고려하여 명시적 일부청구 여부를 파악하였다는 점에 의의가 있다.

◈ **후유증에 의한 확대손해** ◈　교통사고에 의한 신체상해사건의 경우에 손해배상을 둘러싼 다툼에 대하여 재판(또는 화해)으로 일단 확정(해결)된 뒤 당초 예견할 수 없었던 후유증의 발생에 따라서 손해가 증대한 경우에 확대손해에 대하여 다시 배상청구를 할 수 있는가. 이러한 문제에 있어서 전소 당시 예견할 수 없었던 후유증에 따른 손해배상청구의 후소를 제기할 수 있다는 점에 대하여 다툼은 없다. 다만, 어떠한 근거로 후유증에 따른 확대손해를 청구할 수 있는가에 대하여는 다툼이 있다. 후유증에 따른 손해는 표준시 뒤에 발생한 새로운 사유로 인한 손해로서 그 소송물은 전소와는 **별개의 소송물**이라고 보는 입장이 일반적이다.53)

16-법무사시험

◈ **예측에 반한 기대여명의 경우** ◈　식물인간 피해자의 기대여명이 종전의 예측에 비하여 수년 연장되어 그에 상응한 향후치료, 보조구 및 개호 등이 추가적으로 필요하게 된 사안에서, 이는 전소의 변론종결 당시에는 예견할 수 없었던 새로운 중한 손해로서 **별개의 소송물**로 전소의 기판력에 저촉되지 않는다고 하였다.54) 한편, 확정된 판결에서 손해배상액 산정의 기초로 인정된 기대여명보다 피해자가 일찍 사망한 경우라도 그 판결이 재심의 소 등으로 취소되지 않는 한, 그 판결에 기하여 지급받은

한 것이고, 분쟁해결의 실효성에서도 문제가 있다. 또한 법원은 청구된 일부의 판단을 하기 위하여도 그 권리의 성립·존속을 전면적으로 심리할 수밖에 없다. 전체를 심리하였지만, 기판력은 일부에만 미칠 수밖에 없다는 것은 소송경제에 어긋나므로 일부청구 뒤의 잔부청구를 부정한다.
51) 그런데 전소에서 인과관계가 인정되지 않는것을 이유로 청구가 기각되었다고 하자. 전소의 판결이유중의 판단인 인과관계의 부존재에는 기판력이 생기지 않는 것이 원칙이나(216조 1항), 이러한 원칙을 관철하면 후소에 있어서도 인과관계의 존부를 둘러싼 다툼이 재차 생길 수 있고, 이는 분쟁의 실질적 반복이 된다. 그런고로 전소에서 청구권 전체의 성립사유, 소멸사유의 유무에 대하여 심리하여 청구기각의 결론을 내렸으므로 잔부청구의 후소는 피고의 분쟁해결의 기대에 비추어 **신의칙**에 반한다는 논리 등을 생각할 수 있다(☞11-20). 일부청구와 기판력의 객관적 범위의 문제를 소송물의 범위 이외에 분쟁의 일회적 해결의 요청이나 피고의 절차보장의 요청과의 형량을 중시하여 포착하고자 하는 경향도 나타나고 있다.
52) 대법원 2016. 7. 27. 선고 2013다96165 판결.
53) 대법원 1980. 11. 25. 선고 80다1671 판결.
54) 대법원 2007. 4. 13. 선고 2006다78640 판결.

손해배상금 중 일부를 법률상 원인 없는 이득이라 하여 반환을 구하는 것은 그 판결의 기판력에 저촉되어 허용될 수 없다고 하였다.55)

(2) 판결이유 중의 판단

(가) 원칙적 기판력 부정　　기판력은 판결주문에 포함된 것에 한하므로 판결이유 중에 판단된 사실, 선결적 법률관계, 항변의 존부에 관한 판단에56) 대하여는 기판력을 가지지 않는다. 가령 피고 명의의 소유권이전등기가 원인무효라는 이유로 그 등기의 말소를 구하는 소를 제기하였다가 청구기각의 판결을 선고받아 확정되었다고 하더라도, 그 확정판결의 기판력은 소송물로 주장된 말소등기청구권이나 이전등기청구권의 존부에만 미치는 것이지 그 기본이 된 소유권 자체의 존부에는 미치지 않는다. 한편, 판결이유 중의 전제문제에 대한 판단에 대하여 기판력을 가지려면 중간확인의 소(264조)를 이용할 수밖에 없는데(☞12-48), 그러나 중간확인의 소에 의하여 기판력을 미치기 위하여는 당사자가 청구를 확장하여 전제사항에 대하여 명시적으로 판결을 구할 필요가 있고, 그 신청이 행하여지지 않는 한, 기판력은 판결의 전제가 되는 사항에는 미치지 않는다는 점에서 충분한 해결책이 되는 것은 아니라고 할 것이다.

　　판결이유 중의 판단에 기판력을 인정하지 않는 것은, ① 판결이유 중의 판단의 대상이 된 당사자의 주장이 소송상 소송물에 대한 수단적·2차적인 것이므로 당사자는 신중하게 그 쟁점을 생각하지 않을 가능성이 있고, 그럼에도 불구하고 그 판단에 구속력을 생기게 하여 다른 소송물과의 관계에서 그것을 다투지 못하게 하는 것은 당사자에 대한 예상 밖의 타격이 될 우려가 있기 때문이다. 또한 ② 적극적으로 자백하여 소송물에 대한 심판을 기동적으로 신속하게 얻을 수 있도록 하는 것에도 그 근거가 있다. 즉 가령 수단적인 변론에 대한 판단에도 기판력이 생겨 나중에 그것과 모순·저촉되는 주장이 허용되지 않게 된다면 당사자로서도 그 소송의 소송물에 대한 관계에서 자유로이 해당 쟁점을 처분한다는 것은 불가능하고, 장래의 별도의 소송을 위하여 철저하고 신중하게 다투어 두지 않으면 안되기 때문이다. 한편, ③ 법원도 실체법상의 논리적 순서에 구애받지 않고 판단이 용이한 공격방어방법부터 심리하여 소송물에 대한 판단을 신속하게 하여

11-20

21-변호사시험

---

55) 대법원 2009. 11. 12. 선고 2009다56665 판결.
56) 동시이행관계에 있는 반대채권의 존재 및 액수 등에 대하여서는 기판력이 생길 여지가 없다(대법원 1975. 5. 27. 선고 74다2074 판결).

결론에 도달할 수가 있기 때문이다. 가령, 대여금반환청구소송에 있어서 피고가 채무불성립을 주장하고 예비적으로 변제를 주장한 경우에 채무불성립을 심리하지 않고 변제만을 인정하여 피고 승소로 결론을 맺을 수도 있다(한편, 판결이유 중의 판단임에도 216조 2항에 따른 기판력이 생기는 상계의 항변의 경우는 증거조사설 ☞ 7-49). 만약 판결이유 중의 판단, 즉 변제의 유무에도 기판력이 생기게 되면 심리의 탄력성을 잃게 되고 실체법의 논리적 순서에 따라서 쟁점을 전부 신중하게 순서에 의하여 판단하지 않으면 안 되므로 절차가 지나치게 복잡하게 된다.57)

   (나) 신의칙 이론   그러나 당사자가 충분히 주장·증명을 다한 판결이유 중의 쟁점에 대하여까지 항상 기판력이 미치지 않는다고 딱 잘라 말하여도 좋은지 여부는 별개의 견해가 성립할 여지가 있다. 결국 당사자가 전제문제에 대하여 현실적으로 다툰 경우의 구속력은 별도의 문제로 고려되어야 한다고 생각할 수 있는 것이다. 그리하여 여러 학설이 위 「기판력＝소송물」이라는 명제에 대하여 비판적인 검토를 하면서 학자에 따라 여러 가지 견해가 전개되어 왔다.58) 가령 **신의칙**에 의거하여 ① 전소의 승소 당사자는 후소에 있어서 전소에서 얻은 이익과 실체법상 양립할 수 없는 이익을 이중으로 취득하려고 하거나 또는 전소에서 얻은 이익에 필연적으로 수반하는 부담을 면하려고 앞에서의 말을 번복하여 전소판결의 결론에 불가결한 전제인 판결이유 중의 판단과 모순·저촉되는 사실을 주장하는 것은 허용되지 않는다고 하는 「모순거동금지의 원칙」, ② 전소에서 권리행사를 게을리 한 패소 당사자는 전소 판결이유 중의 판단에 대하여 이미 해결되었다는 상대방의 정당한 신뢰가 생긴 이상은 후소에 있어서 그 신뢰를 뒤집는 동일한 문제를 다시 내세워서 전소 판결이유 중의 판단에 모순·저촉되는 주장을 하는 것은 허용되지 않는다고 하는 「권리실효원칙」을 지표로 하면서 개개 소송의 구체적 사정을 고려하고자 한다(다만, **판례**는59) 신의칙에 반하는 것이라고 단정할 수 없다

---

57) 그렇다면 제1소송에서 그 존재가 인정되지 않은 변제에 대하여 기판력이 생기지 않은 것으로 제2차소송에서 부당이득으로 그 반환청구를 긍정할 수 있는가. 또한 제1소송에서 변제가 인정되어 청구기각된 경우에 제2차소송에서 변제한 금액을 부당이득으로 반환청구를 할 수 있는가. 아니면 반대로 제2차소송에서 제1차소송에서의 변제의 여부에 대한 판단을 전제로 하여야 하는가. 그렇다면 그 근거는 무엇인가. 그것은 기판력의 효과인가.

58) 독일에서는 1960년경 Zeuner가 의미관련(Sinnzusammenhang)이라는 개념을 이용하여 전소에서 확정된 법적 효과가 지향하는 법질서가 후소청구에 의하여 의미를 잃게 되는 실체법적 관계(＝법적 의미관련)가 성립되면 전소의 판결이유 중의 판단에 구속력을 인정하고자 하는 **의미관련론**을 주장하였다(Zeuner, Die Objektiven Grenzen Der Rechtskraft Im Rahmen Rechtlicher Sinnzusammenhange, 1959).

고 보고 있다).

(다) **증명효 이론**　　한편, 판결이유 중의 판단에 구속력을 인정하고자 할 때에 **판례**가 취하고 있는 **증명효**(증거효)를 검토할 수 있다.60) 판결이유 중의 판단에 아무런 효력이 미치지 않는다고 한다면 후소에서는 이 점에 대하여 백지의 상태에서 심리하는 것이 이치에 맞을 것이지만, 전소판결을 증거로 제출하여 온 경우에 법원이 이에 어떻게 대응하여야 하는가가 문제이다. 실무상 후소법원은 전소의 판결이유를 참고로 하고 있는데, 이 경우에 효력이 미치지 않는다고 하면서 사실상 참고로 하고 있다는 것은 참으로 난처한 것이다. 경험적으로 영향을 받게 된다면 이를 법적 효력의 차원에서 이론화하여야 할 것이다. 전후 소송이 당사자가 같고 분쟁의 기초사실도 같으나, 다만 소송물이 달라 기판력에 저촉되지 아니한 결과 새로운 청구를 할 수 있는 경우에 이미 전소에서 확정되어 인정된 사실은 특별한 사정이 없는 한, 후소에서 유력한 증거가 되어 증거자료로서의 효력, 즉 증명효(증거효)가 생긴다고 할 것이다.

(3) 예외 – 상계의 항변

(가) **기판력을 인정한 취지**　　기판력은 판결주문 중의 판단에 대하여만 생긴다는 원칙에 대하여 예외적으로 상계를 주장한 청구가 성립되는지 아닌지의 판단은 판결이유 중의 판단임에도 불구하고 상계하자고 대항한 액수에 한하여 기판력이 생긴다(216조 2항). 이는 상계가 소구채권과는 무관계한 반대채권을 가지고 소구채권을 대등액에 있어서 소멸시키는 효과를 가지므로 이에 대하여 기판력을 인정하지 않으면 **소구채권의 존부에 대한 분쟁이 반대채권의 존부에 대한 분쟁으로 반복**되어 실질적으로 판결에 의한 해결을 무의미하게 만들기 때문이다. 즉 피고가 제출한 **상계의 항변을 인정**함으로써 원고의 청구를 기각한 경우에 반대채권에 대한 법원의 적극적 판단에 기판력이 미치지 않는다면, 피고는 원고의 소구채권을 소멸시킨 반대채권을 또 다시 새로운 소송으로 주장함으로써 동일한 채권을 이중으로 이용할 수 있게 되고, 한편 법원이 반대채권의 존재를 부정하여 피고의 **상계의 항변을 배척**하고 원고의 청구를 인용한 경우에 피고가 또 다시 자기의 반대채권을 청구하고자 하는 소송은 법원에 이중으로 심리의 부담을 지우게 된다. 이러한 불합리를 피하기 위하여 상계의 항변에 기판력을 인정한 것이다.

11-21

17-사법시험
18-변리사시험
19-법무사시험

---

59) 가령, 대법원 2002. 9. 24. 선고 2002다11847 판결.

60) 대법원 2018. 8. 30. 선고 2016다46338, 46345 판결 등.

◆ **예** ◆　甲이 乙에 대하여 100만원의 대여금반환청구소송을 제기하였다. 乙은 130만원의 매매대금채권을 가지고 상계한다는 취지의 항변을 제출하였다. 여기서 乙의 매매대금채권이 존재하지 않는 것으로 甲의 청구가 인용되고 그 판결이 확정되었다고 하자. 그 뒤, 乙이 甲에게 매매대금청구의 소를 제기한 경우에 위 대여금반환청구소송에서 대항한 액수에 한하여 기판력이 생기고, 대등액 100만원을 넘는 30만원에 대하여는 기판력에 저촉되지 않고,[61] 판결이유 중의 판단의 구속력에 대한 일반적인 문제가 된다. 그 밖의 경우의 설명은 다음 표와 같다.

소구채권		100만원	
반대채권의 주장	60만원	130만원	
판결	40만원 인정 (반대채권 60만원)	청구기각 (반대채권 130만원 있음)	40만원 인정 (반대채권 130만원 가운데 60만원만 존재 인정)
기판력　이유 중의 판단(소구채권에 대하여)	40만원의 존재 60만원의 부존재	100만원의 부존재	40만원의 존재 60만원의 부존재
기판력　이유 중의 판단(반대채권에 대하여)	60만원의 부존재	130만원　가운데 100만원의　부존재 → 남은 30만원에 기판력 없음	130만원 가운데 100만원의 부존재(당초부터 부존재 40만원 + 상계에 의해 소멸한 60만원) → 남은　30만원에 기판력 없음

(나) 기판력이 인정되는 경우　　그런데 상계의 항변에 대한 판단이라고 하여도 **어떠한 경우에** 기판력을 가지는가가 문제이다. 우선 ① 법원이 상계를 주장한 반대채권의 존부에 대하여 **실질적으로 판단한 경우에** 한하여 기판력이 생긴다. 따라서 상계항변이 철회된 경우,[62] 상계항변이 실기한 공격방어방법으로 각하된 경우(149조), 성질상 상계가 허용되지 않는 경우에는 기판력은 생기지 않는다. 그리고 ② 상계 주장의 대상이 된 수동채권이 소송물로서 심판되는 소구채권이거나 그와 실질적으로 동일하다고 보이는 경우(가령, 원고가 상계를 주장하면서 청구이의의 소송을 제기하는 경우 등)로서 상계를 주장한 **반대채권과 그 수동채권을 기판력의 관점에서 동일하게 취급하여야 할 필요성이 인정되는 경우에** 한하여 기판력이 생긴다. 만약, 상계 주장의 대상이 된 수동채권이 동시이행항변

23-변호사시험
23-법원행정고시

20-변호사시험

---

61) 대법원 2018. 8. 30. 선고 2016다46338, 46345 판결.
62) 대법원 2022. 2. 17. 선고 2021다275741 판결.

에 행사된 채권일 경우에는 그 상계 주장에 대한 판단에는 기판력이 발생하지 않는다.63)

◈ **상계항변을 둘러싼 쟁점** ◈ 상계항변에 관하여는 위 상계항변과 기판력의 객관적 범위의 문제 이외에, ① 소송에 있어서 상계권의 행사에 관한 문제(☞2-157), ② 상계 항변이 피고에 있어서는 반대채권의 실권이라는 불이익을 수반하므로 법원의 심리·판 단의 순서가 강제되어 당사자가 예비적으로 상계의 항변을 제출한 경우는 물론, 그렇 지 않더라도 우선 증거조사에 의하여 소구채권의 존재를 확정한 후 상계항변에 대한 심리·판단이 내려져야 하는가 하는 문제(☞7-49), ③ 상계항변과 중복된 소제기의 금 지의 문제(☞5-14), ④ 일부청구와 상계항변의 문제(☞2-96), ⑤ 표준시 뒤의 상계권 의 행사의 문제(☞11-17), ⑥ 상소의 이익에 있어서 상계항변의 문제(☞14-7), ⑦ 판 결이유 중의 판단에 기판력이 생기기 때문에 불이익변경금지원칙에 있어서 상계항변의 문제 등이 있다.

5. 주관적 범위

누구와 누구 사이에서 작용하는가 하는 문제를 기판력의 주관적 범위(인적 한계)라고 하는데, 기판력은 소송의 대립 당사자 사이에만 생기는 것을 원칙(=**상 대성의 원칙**)으로 한다(218조 1항).   11-22

◈ **상대효** ◈ 甲과 乙 사이에 컴퓨터의 소유권을 놓고 다툼이 있어서 甲은 乙을 상대 로 그 소유권확인의 소를 제기하여 승소확정판결을 받았는데, 그 뒤에 丙이 甲을 상대 로 소유권에 기하여 위 컴퓨터의 인도를 구하는 소를 제기하였을 때에 법원은 전소에서 甲이 소유권자라고 판단한 것에 구속되지 않고(전소의 당사자인 甲과 乙 사이에만 기판력이 생기므로) 경우에 따라서는 丙이 소유권자라고 판단하여 丙의 청구를 인용할 수도 있다.

(1) 상대효가 원칙

여러 다수 이해관계인 사이에도 동일한 분쟁에 대하여는 실체관계에 따른 모순 없는 통일적인 분쟁처리가 바람직하지만, 그러나 다음과 같은 근거에 의하 여 기판력은 상대효가 원칙이다. 즉 ① 민사소송에 있어서는 소송물인 특정한 권리관계에 대하여 특정한 당사자 사이에 상대적으로 해결되면 충분하다(필요 성). 결국 판결내용은 그 권리관계에 있어서 당사자 사이의 관계를 넘어서 사회 적인 보편적 타당성을 갖지 않는 것이 원칙이다. ② 또한 처분권주의, 변론주의

---

63) 대법원 2005. 7. 22. 선고 2004다17207 판결.

를 소송구조로 예정하고 있는 당사자주의 하에서는 절차보장이 주어져서 이익
주장의 지위와 기회가 부여된 자에게 자기책임원리에 기하여 소송수행결과의
귀속을 정당화할 수 있기 때문이다(절차보장의 입장).

(2) 제3자에게 기판력의 확장

그러나 당사자 사이에서의 소송의 분쟁해결의 실효성을 확보하기 위하여 최
저한의 **대체적 절차보장**을 인정할 수 있거나(가령 변론종결 뒤의 승계인, 소송담당의
경우의 권리이익귀속주체 등), 당사자와 별도로 독자의 절차보장이 필요하지 않고
(가령 청구의 목적물의 소지인) 당사자로 **동일시**할 수 있는 제3자에게 기판력의 확
장이 인정된다. 즉, 법은 변론종결 뒤의 승계인(변론 없이 한 판결의 경우에는 판결을
선고한 뒤의 승계인. 218조 1항), 청구의 목적물의 소지인(동조 동항), 소송담당에 있
어서 권리이익귀속주체(동조 3항), 소송탈퇴자(80조)에게 기판력이 미치는 것으로
규정하고 있다.

그 밖에도 특히 가사법률관계나 상법상의 단체적인 법률관계에[64] 대하여는
획일적 처리 및 법률관계의 안정의 요청에 기하여 넓게 일반 제3자에게 기판력이
미칠(이러한 요청에 기하여 아래와 같이 대세효를 규정하고 있다) 필요성이 있는 경우가
많다.

나아가 법인격이 남용되거나 형해화되어 **법인격부인의 법리**가 적용된 사안
에 있어서 **학설**은 당사자와 제3자를 동일 인격으로 보아 제3자에게도 판결의 효
력을 확장하려고 하나, **판례**는 절차의 명확·안정을 중시하는 소송절차 및 강제
집행절차에 있어서는 그 절차의 성격상 판결의 기판력 및 집행력의 범위를 확장
하는 것은 허용되지 아니한다고 본다.[65]

◈ **제3자에게 확장(대세효)** ◈   X가 검사를 상대로 제기한 망 Y남에 대한 인지청구
소송에 있어서 소송계속이 고지되지 않았고 또한 알 수 있는 상태에 있지 않았던 Y의
자 Z에게 그 인용판결의 효력은 미치는가? 가사소송법 21조 1항은 청구를 **인용**한 인

---

64) 회사나 법인 등의 단체법률관계에 있어서는 그에 관여하는 주체가 다수이고, 단체의 운영을 원
　활하게 이루어지게 하기 위해서는 다툼의 대상이 되는 법률관계나 법률상의 지위의 존부·내용을
　그러한 다수인과의 사이에서 획일적으로 확정할 필요가 있고, 나아가 그에 의하여 파생적 권리
　관계에 대한 분쟁을 발본적으로 해결할 수 있는데, 이러한 요청을 충족하기 위해 상법은 단체관
　계소송에 대하여 대세효를 규정하는 경우가 많다. 주주총회결의취소, 부존재 또는 무효(상법
　376조, 380조, 190조 본문) 등의 조직에 관한 소 등을 그 예로 들 수 있다.
65) 대법원 1995. 5. 12. 선고 93다44531 판결.

지판결은 제3자에게도 효력이 있다고 규정하고 있다.66) 위 소송에 있어서 아버지로 여겨지는 망 Y의 자 Z는 상속관계 등에서 중대한 이해관계를 가지고, 소송에 참가할 기회가 없었더라도 인지판결이 위법이 되는 것은 아니므로 기판력을 받는 지위에 선다. 한편, 인지청구소송은 형성소송이므로 형성판결의 일반이론에 따라서도 판결의 대세적 효력을 인정하는 데에는 별 문제가 없다(☞11－27). 그리고 회사의 설립무효, 주주총회 결의취소, 주주총회결의의 부존재 또는 무효확인 등의 회사관계소송에 있어서 청구인용 판결은 일반 제3자에게도 그 효력이 미친다(가령, 상법 190조, 376조 2항, 380조 등. 다만, 편면적 대세효로 청구기각판결은 판결의 효력이 확장되지 않고, 당사자에게만 판결의 효력이 미친다). 입법자는 단체법률관계의 주체로서의 다른 당사자적격자의 소권을 존중하는 취지에서, 합목적적 고려에 기하여 실제상 법률관계의 변경을 발생시킬 수 있는 청구인용판결만에 편면적 대세효를 인정하는 것으로 하였다고 생각된다.67) 한편, 이러한 대세효는 기판력인가, 형성력인가에(형성판결의 대세적 효력으로 보기도 한다) 대하여 논의가 있을 수 있다.

◆ **반사효** ◆　　**채권자**와 **주채무자** 사이의 주채무가 부존재한 것을 이유로 한 채권자 패소확정판결은 **보증인**에 대하여 어떠한 영향을 미치는가? 기판력의 상대적 효력에 의하면(218조 1항), 기판력은 채권자와 보증인 사이의 소송에는 미치지 않으므로 채권자와 보증인 사이의 후소에 있어서 전소와는 반대로 주채무가 존재하는 것이 인정되어, 그 결과 보증인이 보증채무를 지급하라는 판결도 있을 수 있다. 그러한 부자연스런 결과를 피하기 위하여 전소의 판결의 효력이 무엇인가의 형태로 후소에 미치는 것을 인정하려는 학설이 유력하게 제창되고 있다. 즉 후소 당사자인 제3자의 법적 지위가 전소 당사자의 **법률관계에 의존**하고 있는 경우에 전소판결의 효력을 유리 또는 불리하게 그 제3자에게 미치는 것이 허용된다고 하면서 그 영향력을 기판력의 확장과 별도의 판결의 효력의 일종으로서 **반사적 효력**(또는 반사효)이라고 부른다. 보증채무는 주채무의 부존재(소멸)에 대하여 부종성을 가지고, 결국 보증인은 그 채무의 부존재에 관하여 주채무자에게 의존하고 있다. 그래서 주채무자의 승소판결(채권자의 패소판결)의 반사효는 보증인에게 미친다고 보려는 것이다. 그런데 반사적 효력은 그 이론에 있어서 기판력의 확장과 무엇이 다른가, 실체법상 의존관계가 있는 것만으로 제3자에게 판결의 효력이 미치는 것을 충분히 설명할 수 있는가, 그리고 어떠한 경우에 반사적 효력이 생기는가 하는 그 범위에 관한 문제 등이 좀 더 검토되어야 한다고 생각한다.68) 한편, 보증채무는 주채무의 목적이나 형태보다 중하여진 때에도 주채무의 한도로 감축되므로

---

66) 한편, 위 청구를 배척한 판결이 확정된 경우에는 다른 제소권자는 사실심의 변론종결 전에 참가하지 못한 데 대하여 정당한 사유가 있지 아니하면 다시 소를 제기할 수 없다(가사소송법 21조 2항).

67) 그리하여 이러한 소를 여러 사람이 공동으로 제기한 경우는 필수적 공동소송에 해당한다고 본다(대법원 2021. 7. 22. 선고 2020다284977 전원합의체 판결).

68) 가령, 채권자와 주채무자 사이의 전소 확정판결을 채권자에게 보증인 사이에까지 불이익하게 확장하려고 한다면, 보증인과의 관계에서 채권자의 절차보장이 있었다고 할 수 있는가에 대한 검토가 필요하다고 생각한다.

반대로 주채무자가 **패소한 경우**에는 패소판결(채권자의 승소판결)의 효력을 보증인에게 확장시킬 수는 없다. 나아가 **채권자**와 **보증인** 사이의 주채무가 부존재한 것을 이유로 한 채권자 패소확정판결은 **주채무자**에 대하여 어떠한 영향을 미치는가도 생각하여 보자. 주채무자의 지위가 보증인에 의존하고 있다고 할 수 없으므로, 그 승소·패소를 묻지 않고 판결의 효력이 주채무자에게 미치는 것은 부정될 것이다.

(가) 변론종결 뒤의 승계인

11-23
14-변호사시험
16-사법시험
18-법무사시험
19-변호사시험

① **의 의**: 변론종결 뒤(변론 없이 한 판결의 경우에는 판결을 선고한 뒤. 한편, 변론종결 전의 승계인에 대하여는 소송승계의 문제로 ☞13-87)에 **소송물인 권리관계**에 대한 지위를 당사자(＝전주)로부터 승계한(상속 및 합병과 같은 일반승계와 특정한 권리의무를 대상으로 하는 특정승계를 포함) 제3자는[69] 전주와 상대방 당사자 사이에 내려진 판결의 기판력을 받는다(218조 1항). 그리고 소송물인 권리관계 자체를 승계한 것은 아니나, 소송물의 기초인 권리관계 또는 이것을 선결관계로 하는 권리관계에 대하여 **당사자적격을 취득한 사람**도 여기서의 승계인에 해당된다(이를 적격승계설이라고 한다).[70] 가령, 토지소유자가 건물소유자를 상대로 제기한 건물철거 및 토지인도청구소송에서 패소한 피고로부터 변론종결 뒤에 위 건물을 양수한 제3자를 어떻게든 구속하지 않으면 패소 당사자가 위 건물을 제3자에게 처분하는 것에 의하여 소송에 따른 해결의 결과를 간단히 헛되게 할 수 있어서 해결의 실효성이 없어지게 되므로 이것을 확보하려는 점이 그 취지이다.

② **승계의 시기**: 그런데 승계를 판단하는 기준시와 관련하여, 가령 매매 등 원인행위가 변론종결 전이라도 소유권이전등기를(부동산물권변동의 효력이 생기는 때) 변론종결 뒤에 갖추었으면 변론종결 뒤의 승계인에 포함된다.[71] 또한

---

[69] 체육시설의 설치·이용에 관한 법률 27조 1항에 따른 양수인의 기존 회원에 대한 채무인수는 **면책적 채무인수**에 해당하고, 이는 위 승계인에 해당한다(대법원 2016. 9. 28. 선고 2016다13482 판결[미간행]). 반면 **중첩적 채무인수**는 새로 채무의 이행을 소구하는 것은 별론으로 하고 채무자 이외의 자에게 기판력 및 집행력의 범위를 확장하여 승계집행문을 부여할 수 없다(대법원 2016. 5. 27. 선고 2015다21967 판결).

[70] 한편, 소송물이 동일하거나 선결문제 또는 모순관계에 의하여 기판력이 미치는 **객관적 범위에 해당하지 아니하는 경우**에는 당사자로부터 계쟁물 등을 승계한 자의 후소는 전소 판결의 기판력이 미치지 않는다(대법원 2014. 10. 30. 선고 2013다53939 판결).

[71] 대지소유권에 기한 방해배제청구로서 그 지상건물의 철거를 구하여 승소확정판결을 얻은 경우, 그 지상건물에 관하여 위 확정판결의 변론종결 전에 경료된 소유권이전등기청구권가등기에 기하여 위 확정판결의 변론종결 후에 소유권이전등기를 경료한 자가 있다면 그는 변론종결 후의 승계인이라 할 것이어서 위 확정판결의 기판력이 미친다(대법원 1992. 10. 27. 선고 92다10883 판결).

채권양수인이 변론종결 뒤 승계인에 해당하는지 여부를 판단하는 기준시는 채권
양도의 대항요건이 갖추어진 때이다(채권양도의 합의가 이루어진 때가 아니다).[72] 가
령, 대금분할을 명한 공유물분할판결의 변론이 종결된 뒤 해당 공유자의 공유지
분에 관하여 소유권이전청구권의 순위보전을 위한 가등기가 마쳐진 경우에 가등
기권자는 변론종결 후의 승계인에 해당하여 판결의 효력이 미친다.[73]

　　　　한편, 소송계속의 사실이나 전소판결의 존재에 대하여 승계인이 될 제3
자의 지(知)·부지(不知)는 문제되지 않는다.

　　③ **승계인의 범위**: 위에서 보았듯이 제3자가 소송물인 권리관계 또는
그것을 기초로 하는 권리관계에 대하여 당사자적격을 승계한 사람(위 적격승계설)
이라고 하더라도, 나아가 소송물인 권리관계의 실체법적 성질이나 제3자의 법률
상의 지위와의 관계에서 승계인의 범위가 다투어지는 경우가 있다.

　　　　㉮ **소송물인 권리관계의 실체법적 성질에 의하여 승계인의 범위
가 좌우되는가**: 소송물논쟁의 과정에서 쟁점이 되었다. 다만, 배경에는 실체법
적 관련을 중시하는가, 소송법적 고려로부터 218조 1항을 지렛대로 하여 분쟁
해결효율을 높이는가의 지향성, 관점의 차이에 따른 대립이라는 측면을 가지고
있다. **구소송물이론**에서는, 가령 소유권에 기한 반환청구와 같은 물권적 청구
권에 기한 경우에는 제3자에게 판결효가 미치고(물권의 대세적 효력),[74] 반면 계
약관계의 종료에 기한 반환청구와 같은 채권적 청구권에 기한 경우에는 제3자
에게 판결효가 미치지 않는다(채권의 대인적 효력)고 한다.[75] 반면, 소송물을 실체

---

72) 대법원 2020. 9. 3. 선고 2020다210747 판결.

73) 대법원 2021. 3. 11. 선고 2020다253836 판결(확정판결의 효력은 가등기권자에게 미친다).

74) 주택임대차보호법 3조 4항에 따라 임차주택의 양수인은 임대인의 지위를 승계한 것으로 보므
로 임대차보증금 반환채무도 부동산의 소유권과 결합하여 일체로서 임대인의 지위를 승계한 양
수인에게 이전되고 양도인의 보증금반환채무는 소멸하는 것으로 해석되므로, **변론종결 후 임대
부동산을 양수한 자**는 변론종결 후의 승계인에 해당한다(대법원 2022. 3. 17. 선고 2021다
210720 판결).

75) 건물인도소송의 변론종결 후에 그 재판의 피고로부터 그 **건물의 점유를 취득한 자**와의 관계
에 있어서는 그 소송에서의 소송물인 청구가 물권적 청구 등과 같이 대세적인 효력을 가진 것이
라면 몰라도 대인적인 효력밖에 없는 채권적 청구만에 그친 때에는 미치지 아니한다고 할 것이
다(대법원 1991. 1. 15. 선고 90다9964 판결). 한편, 피고 측이 아닌, 원고 측의 승계에 있어서
토지 소유자가 피고를 상대로 소유권에 기한 방해배제청구로서 가등기말소청구소송을 제기하였
으나 패소·확정되었고, 원고가 위 소송의 사실심 변론종결 후 위 **토지 소유자로부터 근저당권
을 취득**한 다음 피고를 상대로 근저당권에 기한 방해배제청구로서 동일한 가등기의 말소를 구한
사건에서, 원고는 전소 판결의 기판력이 미치는 변론종결 후의 승계인에 해당하지 않는다고 보
았다(대법원 2020. 5. 14. 선고 2019다261381 판결). 채권적 청구권인 부당이득반환청구권은 전

법상의 개념에서 해방시킨 **신소송물이론**에서는, 물권적 청구권인가, 채권적 청구권인가로 구별하지 않은 채 일률적으로 제3자에게 기판력이 미친다고 한다. 이러한 신소송물이론의 승계인 개념은 지나치게 광범위하고 형식적이며 실체법과 조화되지 않는다는 비판이 있으나,76) 이에 대하여 제3자를 승계인으로 보더라도 후술할 승계인에 대한 기판력의 작용에 있어서 형식설을 따른다면 부당한 결과를 배제할 수 있으며, 승계인은 집행을 면할 수 있다고 한다.

　　　　㉯ **제3자의 고유한 실체법적 지위에 따라 승계인의 범위가 좌우되는가**: 그런데 여기서 제3자의 고유한 실체법적 지위에 따라 승계인의 범위가 좌우되는지 여부가 문제된다. 가령, 통정허위표시에 기한 이전등기말소청구소송의 변론종결 뒤에 피고로부터 목적 부동산의 소유권을 양수한 제3자가 종전 소송 상대방의 자기에 대한 이전등기말소 또는 이전등기청구에 대하여 상대방의 소유권상실을 뒷받침하기 위한 항변으로서 민법 108조 2항에 기한 선의의 제3자라는 취지의 주장을 할 때에 그 사람을 승계인으로 취급할 것인가가 문제된다(또는 컴퓨터반환과 같은 동산의 인도청구에서 민법 249조의 선의취득자도 마찬가지). 요컨대 실체법과의 관련 및 분쟁해결의 효율과 전주(前主)의 상대방의 이익확보와 제3자의 절차보장확보 등의 문제가 여기에 잠재하고 있다.

　　　　이에 대하여 2가지 입장이 있는데, **실질설**은 제3자에게 고유의 실체법적 지위가 인정되는 경우에 제3자는 전주의 상대방으로부터의 청구를 거절할 수

　　　소유자의 토지 소유를 요건으로 하므로 소유권이 전 소유자에서 다른 사람으로 이전된 이후에는 더 이상 발생하지 않고, 그에 대한 양도도 있을 수 없으므로 자신이 위 토지의 소유권을 취득한 이후의 부당이득반환을 구하는 원고로서는 전소판결 소송의 소송물을 양수한 변론을 종결한 뒤의 승계인에도 해당하지 않는다(대법원 2023. 6. 29. 선고 2021다206349 판결).

76) **신소송물이론**에서는 승계인에 대한 기판력의 확장범위가 지나치게 넓어져 부당하다는 반성적 견지에서 신소송물이론을 유지하면서 나아가 소송물의 성질상 차이에 의하여, 즉 물권적 청구권과 채권적 청구권이 대비되는 경우에 채권적 청구권에는 2종류가 있는 것을 전제로, 가령, 임대인이 임차인에 대하여 임대차의 종료를 이유로 물건의 반환을 구하는 경우에는 그것이 채권적 청구권의 행사라고 하여도 배후에 물권이 대기하고 있는 채권적 청구권이고, 본래 소유권에 기한 반환청구권을 행사하려고 한다면 행사할 수 있는 점에 그 특색이 있는 것으로 이를 **환수청구권**(Herausgabeanspruch)이라 하고, 이에 대하여 임차인이 임차권에 기하여 임대인에 대하여 물건의 인도를 구하는 경우에는 순수한 채권적 청구권이고 물권과는 아무런 관련이 없는 것으로 이를 **교부청구권**(Verschaffungsanspruch)이라 하여 양자를 구별하여, 전자의 경우에만 기판력이 확장된다는 입장도 나타났다. 여기서는 민법전의 기본적 구성인 물권·채권의 개념, 양자의 관계와 위 승계인의 범위에 있어서 문제의 처리를 구별하여 검토한다. 그러나 신소송물이론이 그 이론적 우월성을 소송물을 실체법상 청구권으로부터 해방시킨 점에서 구하고 있는 것에 비추어 채권적 청구권의 경우에 이를 실체법적 속성에 따라 구별하여 제3자에게 기판력 확장의 유무를 논하는 것은 신소송물이론 자체의 모순에 빠지게 되어 지지할 수가 없다.

있는 이상 승계인은 아니고, 제3자에게 고유의 실체법적 지위가 인정될 수 없는 경우에 승계인이 된다고 본다. 이에 의하면 제3자를 보호할 것인지 여부가 기판력을 확장할 것인가의 판단 중에 행하여지므로(가령, 집행관계소송을 제기할 책임이 전주의 상대방에게 있다) 제3자의 지위를 실질적으로 심리한 뒤에 기판력의 확장을 정한다는 의미에서 실질적이라고 부르는 것이다. 실체법과의 관계를 중시하여 제3자의 고유한 실체법적 지위를 승계의 개념에 포함시켜 제3자의 절차보장을 도모하고자 한다. 반면 **형식설**은 제3자의 고유의 실체법적 지위와는 무관계하게 전래성(傳來性)이 인정된다면 제3자는 당연히 승계인이 되어 기판력의 확장을 받고(즉, 승계인의 요건만 충족되면 그것으로 기판력은 미친다고 형식적으로 기판력의 확장을 우선 판단하므로 형식설이라고 한다), 다만 후소에 있어서 제3자는(가령, 집행관계소송을 제기할 책임이 승계인에게 있다) 고유의 공격방어방법(선의의 제3자, 선의취득자 등)을 제출하는 것이 기판력으로 방해되는 것은 아니라고 본다(기판력 확장과 집행력 확장의 불일치).

◈ **예** ◈ 甲으로부터 乙에게 경료된 토지의 소유권이전등기에 대하여 甲은 乙에 대하여 위 등기는 통정허위표시로 무효라고 말소등기청구의 소를 제기하고 승소하여 그 판결은 확정되었다. 그런데 선의의 丙이 사실심 변론종결 뒤에 乙로부터 위 토지를 매수하고, 이전등기가 乙로부터 丙에게 경료되었다. **실질설**에서는 丙은 乙의 甲에 대한 본건 이전등기의무를 승계한 것이 아니고 승계인에 해당하지 않아 판결의 효력이 미치지 않게 된다(전주의 상대방에게 집행관계소송을 제기할 책임이 있다). 반면, **형식설**에서는 일단 기판력의 확장을 인정하여 丙을 乙의 승계인으로 결정하고, 丙이 고유의 실체법적 방어방법을 후소에서 제출할 수 있어서 집행력은 미치지 않게 되므로 기판력과 집행력의 범위가 다르게 된다.

◈ **추정승계인** ◈ 당사자가 변론을 종결할 때(변론 없이 한 판결의 경우에는 판결을 선고할 때)까지 **승계사실을 진술하지 아니한 때**에는 변론을 종결한 뒤(변론 없이 한 판결의 경우에는 판결을 선고한 뒤)에 승계한 것으로 **추정한다**(218조 2항). 이는 소송계속 중에 당사자, 특히 피고의 지위가 승계되었음에도 이를 숨긴 채, 상대방에게 알리지 아니하여 상대방으로 하여금 피고를 변경할 기회(가령 82조 소송인수 참조)를 놓치게 하였다면, 반증이 없는 한, 변론종결 뒤의 승계인으로 추정하여 판결효를 미치게 하려는 것이다. 가령 가옥인도청구사건에서 피고가 변론종결 전에 제3자에게 목적 건물을 점유승계시켰음에도 불구하고 이를 진술하지 아니한 채 그대로 소송이 진행되어 원고가 피고에 대한 승소판결을 받은 경우에 제3자에게 건물의 인도집행을 할 수 없는 사태는 위 추정승계인 규정에 따라 방지할 수 있는데, 원고는 추정승계인에 대하여 승계집행문(민

사집행법 31조)을 구하여 집행을 할 수 있다. 여기서 승계를 진술할 사람은 피승계인인 전주라고 풀이하는 입장이 일반적이다.77) 판결효를 미치게 하고자 하는 사람은 (승계시기에 대하여 증명할 필요가 없고) 승계사실만 증명하면 되고, 오히려 승계인이 시기적으로 변론종결 전에 승계되었음을 주장·증명하여 판결효에서 벗어날 수 있다(이러한 점에서 위 추정승계인 규정은 실효성이 있는 것은 아니라고 할 수 있다).78)

11-24   **(나) 청구의 목적물을 소지한 사람**   소송물이 특정물의 인도를 구하는 청구권의 경우에 그 특정물의 소지에 대하여 고유한 이익을 가지지 않고 오히려 당사자(또는 변론종결 뒤의 승계인)를 위하여 소지한 사람에 대하여도 기판력이 확장된다(218조 1항). 소지(점유)에 이른 시기는 상관없고 변론종결 전부터 소지하고 있는 사람이라도 무방하다. 이러한 사람에는 수취인, 관리인 등의 관리점유자가 해당한다(다른 사람의 위탁을 받아 목적물을 보관하는 창고업자 등). 피고 패소의 경우에 피고를 위하여 특정물을 소지하고 있는 사람에게 기판력이 확장되는 것을 염두에 두고 논의를 진행시키는 것이 보통이다.

◆ **예** ◆ 매매에 의한 소유권의 취득을 원인으로 하는 가옥인도청구소송에서 원고 승소판결이 확정된 경우, 위 소송계속 전부터 피고를 위하여 위 가옥을 점유하고 있는 관리인에게 위 판결의 효력이 미친다. 스스로 소지에 독자적인 이익을 가지고 있지 않음에도 실무상 종종 그 인도집행을 방해하는 경우가 있으므로 이러한 사람에게도 기판력을 미칠 실제상의 필요가 있다. 한편, 임차인, 질권자와 같이 자기의 이익을 위하여 특정물을 소지하고 있는 사람은 여기에 포함되지 않는다. 또한 가장의 등기명의인에 대하여 목적물을 소지한 사람에 준하여 기판력을 확장할 수 있는가가 논의되고 있는데, 가장의 등기명의인이 스스로의 법적 이익을 가지지 않고, 그 법적 지위는 당사자에게 완전히 의존하고 있으므로 별도로 절차보장을 요구하지 않고 판결의 효력이 미칠 수 있다고 본다.

11-25   **(다) 제3자의 소송담당에 있어서 권리이익귀속주체**   다른 사람을 위하여
12-법무사시험   원고나 피고가 된 사람에 대한 확정판결은 그 다른 사람에 대하여도 효력이 있다
16-변호사시험
(218조 3항). 이 경우의 「다른 사람을 위하여 원고나 피고가 된 사람」은 소송물에 대한 본래의 당사자적격자인 본인을 대신하여 스스로 소송수행을 할 당사자적격

---

77) 이에 대하여 피승계인이 진술하지 않았다고 하여 승계인에게 불이익을 주는 것은 타당하지 않다는 점을 근거로 승계인이 진술하여야 한다는 입장으로는 송/박, 466면.
78) 변론종결 전의 승계를 주장하는 자에게 그 입증책임이 있다는 것으로 변론종결 전의 승계사실이 입증되면 기판력이 미치지 않는다(대법원 2005. 11. 10. 선고 2005다34667, 34674 판결).

이 인정되고 있는 사람(즉 소송담당자)인데, 제3자의 소송담당의 경우에 제3자(＝담당자)가 받은 판결은 본인(＝피담당자)에게도 미친다는 것이다. 담당자(＝제3자)는 권리자 본인의 권리관계에 있어서 본인에 대신하여 스스로 원고 또는 피고로 소송을 수행한바, 본인 자신은 배후에 있고 표면에 나타나지 않지만, 피담당자(＝본인)에 대신하여 담당자가 소송을 수행하였고, 피담당자는 대체적이지만 스스로 소송을 수행한 것과 마찬가지로 절차보장을 받았다고 할 수 있다는 점에 그 실질적 근거가 있다. 가령, 선정당사자는 선정행위라는 명시적 소송수행권의 수권에 따라 선정자를 위하여 소송을 수행하는 소송담당자로, 선정당사자가 받은 판결은 선정자에게 그 효력이 미친다(☞13-112). 또한 가령, **판례**는 집합건물의 관리단이 부당이득반환소송을 제기하여 판결이 확정되었다면, 그 효력은 구분소유자에게도 미친다고 한다.79) 한편, **채권자대위소송에 있어서** 판결의 효력이 채무자에게 미치는가에 대하여는, 채권자의 소송관계를 제3자의 소송담당, 특히 법정소송담당이라고 보면서도, 채무자가 소송고지 등 어떠한 사유로 채권자대위소송이 제기된 사실을 알았을 때에 한하여 채무자에게 판결의 효력이 미친다는 **절충설**이 **통설·판례**이다(한편, 소송요건인 피보전채권의 존부에 관하여는 채무자에게의 기판력 부정).80) 또한 **추심의 소에 있어서** 판결의 효력이 집행채무자에게 미친다고 볼 것인가와 관련하여 그 성질을 **통설**은 채권자대위소송 등과 마찬가지로 제3자인 추심권자가 다른 사람인 집행채무자의 권리를 행사하는 것으로 보는 입장으로(법정소송담당설), 판결의 효력은 집행채무자에게 미친다고 본다.

20-5급공채시험

◈ **채권자대위소송의 경합의 경우** ◈ 우선 채무자와 제3채무자 사이에 이미 확정판결이 있는 경우에 **판례**는 채권자대위소송이 실질적으로 동일 내용의 소송이라면 위 확

---

79) 대법원 2022. 6. 30. 선고 2021다239301 판결.

80) 대법원 1975. 5. 13. 선고 74다1664 전원합의체 판결. 이때 채무자에게도 기판력이 미친다는 의미는 채권자대위소송의 소송물인 **피대위채권의 존부**에 관한 것이고, 채권자대위소송의 소송요건인 **피보전채권의 존부**에 관하여 해당 소송의 당사자가 아닌 채무자에게 기판력이 인정된다는 것은 아니다. 따라서, 채무자를 대위할 피보전채권이 인정되지 않는다는 이유로 소각하 판결을 받아 확정된 경우 그 판결의 기판력이 채권자가 채무자를 상대로 피보전채권의 이행을 구하는 소송에 미치는 것은 아니다(대법원 2014. 1. 23. 선고 2011다108095 판결). 한편, 참고할 것은 **채권자와 제3채무자 사이**의 2차 소송이 문제된 사안, 즉 취득시효 완성을 원인으로 한 소유권이전등기를 구하는 채권자대위소송에서 피보전채권의 부존재를 이유로 소각하 판결이 있은 뒤, **제3채무자**가 채권자를 상대로 제기한 토지인도소송에서 채권자가 다시 위와 같은 권리가 있음을 항변사유로서 주장하는 것은 기판력에 저촉되어 허용될 수 없다고 본 판례도 있다(대법원 2001. 1. 16. 선고 2000다41349 판결).

정판결의 효력은 채권자대위소송에도 미친다고 보았다.[81] 그리고 대위소송의 경합의 경우에 **판례**는 어느 채권자가 채권자대위권을 행사하는 방법으로 제3채무자를 상대로 소송을 제기하여 판결을 받은 경우, 어떠한 사유로든 채무자가 채권자대위소송이 제기된 사실을 알았을 경우에 한하여 그 판결의 효력이 채무자에게 미치므로, 이러한 경우에는 그 뒤 다른 채권자가 동일한 소송물에 대하여 채권자대위권에 기한 소를 제기하면 전소의 기판력을 받게 된다고 보았다(반면, 채무자가 전소 제기 사실을 알지 못하였을 경우에는 기판력이 미칠 수 없다).[82]

23-변호사시험 ◆ **복수의 채권자가 압류·추심명령을 받은 경우** ◆　한편, **판례**는 채권자대위소송과 추심금소송은 소송물이 채무자의 제3채무자에 대한 채권의 존부로서 같다고 볼 수 있지만, 그 근거 규정과 당사자적격의 요건이 달라 **양자의 기판력을 반드시 같이 보아야 하는 것은 아니어서** 위 채권자대위소송에서의 법리를 추심금소송에 적용하는 것은 적절하지 않고, 동일한 채권에 대하여 복수의 채권자가 압류·추심명령을 받은 경우에 어느 한 채권자가 제기한 추심금소송에서 확정된 판결의 기판력은 그 소송의 변론종결일 이전에 압류·추심명령을 받았던 다른 추심채권자에게 **미치지 않는다**고 한다.[83]

IV. 집행력

11-26　　이행판결에서 선고된 이행의무를 강제집행으로 실현할 수 있는 효력을 집행력이라고 하는데, 집행력을 가지는 것은 확정된 이행판결이 원칙이나, 가집행의 선고가 붙으면 확정 전이라도 집행력이 부여된다.[84] 이행판결과 같이 이행의무

---

81) 대법원 1981. 7. 7. 선고 80다2751 판결; 대법원 1992. 5. 22. 선고 92다3892 판결. 한편, 판례는 이미 채무자가 그 권리를 재판상 행사하였을 때에는 채권자는 채무자를 대위하여 채무자의 권리를 행사할 당사자적격이 없다고 (기판력 때문이 아니라) 보기도 한다(대법원 1992. 11. 10. 선고 92다30016 판결). 그런데 이 경우는 기판력의 상대성의 원칙에 비추어 기판력이라기보다 채권자와 채무자 사이의 실체법상의 의존관계에 따른 **반사효**로 보아야 한다는 견해가 있고(이, 639면), 한편 이 경우는 채권자대위소송이 후소이므로 218조 3항이 적용될 사안이 아님에도 불구하고 아무런 근거 없이 기판력의 주관적 범위를 확장한 것은 잘못이고, 정작 당사자는 기판력이라는 소송법적 효력만을 받는데, 직접 당사자가 아닌 제3자가 반사효라는 실체법적 효력을 받는 것은 주객이 전도되었다는 난점이 있고, 채무자가 제3채무자를 상대로 이미 확정판결을 받았으면 이미 채무자가 채권을 행사하였으므로 채권자에게는 실체법상 대위권이 발생하지 않는 것이고, 이는 반사적 효력이 아니라, **법률요건적 효력**에 해당하고, 따라서 채권자대위권의 법률요건이 불비된 경우로 후소를 청구기각하여야 한다는 견해가 있다(호, 605면, 610면).

82) 대법원 1994. 8. 12. 선고 93다52808 판결. 그런데 이는 아무런 근거도 없이 제3자인 다른 채권자의 소송가능성을 박탈하는 것이어서 부당하다는 비판이 있다(호, 604면).

83) 대법원 2020. 10. 29. 선고 2016다35390 판결.

84) 승소자는 판결의 확정을 기다려서 그 내용을 실현할 수 있는 것이 원칙이지만, 현재의 3심제 소송제도 아래에서는 판결이 확정될 때까지는 상당한 시간이 걸린다. 그러나 법원이 미확정판결에 관하여도 그 판결주문에서「판결을 가집행을 할 수 있다」고 선고한 때에는 그것에 기초하여

를 명기(明記)한 증서로 그 의무에 대하여 강제집행을 할 수 있는 것으로 되는 것을 집행권원(종전의 용어는 채무명의)이라고 한다. 집행력의 객관적 범위는 판결의 주문에 나타난 이행의무에 있어서 생기고, 그 주관적 범위도 기판력에 준한다.

V. 형성력

형성력은 형성판결(가령, 이혼판결)에서 선언된 대로 법률상태의 변동을 일으키는 효력으로, 청구인용판결에만 생기고, 판결의 확정에 따라 발생한다(형성판결의 기판력에 대하여는 ☞11-12). 형성력에 의한 법률상태의 변동효과는 누구나 인정하여야 하기 때문에 당사자에 한하지 않고 제3자에게도 미치는 것이 보통이다(대세효). 형성력과 기판력의 관계에 대해서는 앞에서 설명하였다(☞11-12).

11-27

	이행판결 (피고에게 일정한 급부를 명하는 판결)	확인판결 (일정한 법률관계의 존부를 확인하는 판결)	형성판결 (법률관계의 변동을 선언하는 판결)
청구인용판결	집행력·기판력	기판력	형성력· 기판력(☞11-12)
청구기각판결 (성질상 확인판결)	기판력 (청구권의 부존재의 확정)	기판력 (원고 주장의 권리관계가 없는 것을 확정)	기판력 (형성을 구하는 지위가 존재하지 않는 것을 확정)

제 3 절 확정판결의 효력의 배제

민사소송법은 특별한 경우에 기판력의 배제를 위한 수단으로 재심의 소를 마련하고 있다. 재심사유가 있을 때에는 당사자는 재심의 소를 제기할 수 있다(451조). 재심의 소가 이유 있으면, 종전의 확정판결은 취소되고 소송이 부활된다(☞15-1). 그 밖에 다음과 같은 제도를 생각할 수 있다. 한편, 청구이의의 소(민사집행법 44조)는 판결 등의 집행권원의 집행력의 배제를 목적으로 하는 소송으로, 이에 의한 기판력은 영향을 받지 않는다.

(즉 가집행선고 있는 종국판결이 집행권원이 된다) 강제집행을 할 수 있다.

I. 상소의 추후보완

11-28   불복신청기간의 도과에 의하여 일단 형식적으로 확정되었다고 인정되는 판결이 적합한 상소의 추후보완에 의하여(173조) 소송이 확정 전의 원상으로 부활하여 다시 상소심에서 취소가 가능한 상태에 놓이게 되어 형식적 확정력이 없어지는 경우가 있다(☞ 2 – 184).

II. 정기금판결과 변경의 소

정기금판결에 있어서 정기금 액수산정의 기초는 본래 판결의 표준시에는 아직 확정적인 것은 아니고, 장래에 변동할 가능성을 가지고 있다. 그래서 액수산정의 기초가 된 사정이 변동한 경우에 장래를 내다보고 내린 정기금 금액을 조정할 필요가 있으므로 법은 변경의 소에 대한 규정을 두고 있다(252조).

1. 의 의

11-29

07-사법시험
13-5급공채시험
18-법무사시험

이미 발생한 손해 또는 장래에 계속적으로 발생할 손해 등에 관하여 정기금의 지급을 명하는 판결이 확정된 뒤에 그 판결을 그대로 유지하여야 한다면 매우 불합리한 결과가 나오게 되는 경우가 적지 않으므로 기판력을 예외적으로 배제하는 소이다. 그 **액수산정의 기초가 된 사정이 현저하게 바뀜으로써 당사자 사이의 형평을 크게 침해할 특별한 사정이 생긴 때**에는 그 판결의 당사자는 장차 지급할 정기금 액수를 바꾸어 달라는 소를 제기할 수 있다(252조). 특수한 **소송법상의 형성의 소**이다.

◈ **예** ◈   신체장애로 말미암은 손해배상으로 장래의 치료비나 일실수입에 대하여 정기금의 배상을 명한 경우,85) 당연히 후유장애의 정도는 특정할 수 있는 상태라는 것을 그 전제로 하지만, 정기금배상을 명한 판결의 확정 뒤에 상당한 기간이 경과하는 동안에 예외적으로 그 후유장애의 정도가 의학 그 밖의 과학기술의 진보에 의하여 적절한 치료를 받는 것에 의하여 제거되거나 대폭으로 줄 수 있고, 반대로 악화될 수도 있다.

---

85) 가령, 후유장애에 의한 일실이익은 중간이자를 공제하여 불법행위 시점의 가액으로 환산하여 전손해를 일괄하여 지급하는 **일시금배상**이 일반적인데, **정기금에 의한 배상**을 구하고 있는 경우에 상당하다고 인정되는 때에는 정기금에 의한 배상의 대상이 된다. 이 경우에 원고의 의사가 존중되는가, 아니면 제한되는가가 처분권주의와 관련되는데, 손해배상에 대하여 정기금배상 방식으로 신청한 경우는 물론, 일시금배상 방식으로 신청한 경우에 법원은 그 신청에 따라 일시금배상 방식을 택할 수 있고, 한편 일시금배상 방식의 신청에 반하여 정기금배상 방식을 택할 수 있다고 할 것이다.

이러한 현저한 사태가 발생하여도 확정판결의 기판력에 의하여 이에 대하여 불복할 수 없다는 것은 타당하지 않다. 이러한 예는 토지인도시까지 계속적으로 발생할 장래의 임료 상당 손해금 또는 부당이득금의 지급을 명한 확정판결 뒤에 사정의 변동으로 그 배상금이 지나치게 과소하게, 또는 과대하게 되는 경우에도 볼 수 있다. 이러한 예에서 어떻게 법리적인 무리 없이 적절한 해결책을 강구할 것인가가 문제된다.86)

　　정기금의 지급을 명한 판결에 있어서 변론종결시에 아직 이행기가 도래하지 않은 부분은 **장래이행판결**이다. 가령, 정기금 액수산정의 기초가 된 후유장애, 임금수준, 물가 등의 사정은 변론종결시에 있어서 통상 예상되는 그 뒤의 변화의 예측에 터잡아 구체적 액수의 정기금의 지급이 명하여진다. 즉, 기판력의 표준시인 변론종결시에 확정된 법률관계는 장래의 법률관계이다. 그러나 상당히 긴 기간이 경과하면서 그 기초가 된 사정이 미리 예측한 상황을 넘어서 크게 변동할 수 있다. 이러한 시간적 간격을 둘러싸고 정기금의 지급을 명한 판결은 통상의 이행소송의 판결과 다른 특성이 있는데, 이러한 사정의 변화가 생긴 경우에도 확정판결에 기판력이 있다고 하여(변론종결 이후 기간까지 기판력이 미친다)87) 이에 대한 불복을 막는 것은 타당하지 않다고 생각한다.

　　그리하여 장래 이행기가 도래하는 부분에 대하여 그 액수산정의 기초가 된 사정이 현실적으로 발생한 사실관계와 현저하게 바뀌어 당사자 사이에 형평을 크게 침해할 사정이 생긴 경우에 판결의 재검토를 허용한다는 발상 하에 정기금판결에 대한 변경의 소를 인정한 것이다.

---

86) 2002년 **개정 민사소송법**에서 위 변경의 소가 신설되기 이전에, **판례**는 토지인도시에 이르기까지 임대료 상당의 부당이득금의 지급을 명한 판결이 확정된 뒤, 사정변경에 따라 그 임대료가 9배 가까이 상승하여 판결이 상당하지 않다고 이른 경우에 그 차액을 추가청구할 수 있다고 판시한 바 있는데(대법원 1993. 12. 21. 선고 92다46226 전원합의체 판결), 그 논거는 전소의 사실심 변론종결 후에 전소판결의 기초가 된 사정이 위와 같이 변경됨으로써 말미암아 전소판결에서 인용된 임료액이 현저하게 상당하지 아니하게 된 경우에는, **일부청구임을 명시하지는 아니하였지만, 명시한 경우와 마찬가지로** 그 청구가 일부청구이었던 것으로 보아, 전소판결의 기판력이 그 일부청구에서 제외된 위 차액에 상당하는 부당이득금의 청구에는 미치지 않는 것이라고 해석함이 옳다는 것이다. 그런데 2002년 신설된 위 변경의 소 자체가 위 92다46226 전원합의체 판결과 같은 추가청구의 구제방법이나(액수에 대한 추가청구를 인정하는 것과 액수에 대한 변경을 인정하는 것은 다르다), 청구액이 예상에 반하여 감소한 경우에 표준시 뒤의 사정에 의한 청구권의 (부분적) 소멸로 말미암은 청구이의의 소를 일체 배제한다고는 볼 것인가에 대한 검토의 문제는 남는다. 명시적인 일부청구가 있었던 것과 동일하게 평가한 위 92다46226 전원합의체 판결의 설시를 그대로 따른 대법원 2011. 10. 13. 선고 2009다102452 판결도 있다.

87) 대법원 2011. 10. 13. 선고 2009다102452 판결; 대법원 2019. 8. 29. 선고 2019다215272 판결 등.

2. 요 건

11-30   구체적으로 어떠한 경우가 위 변경의 소의 요건을 충족하는가의 판단은 어려운 문제인데, 판례의 축적에 의하여 구체적 기준이 정립되어야 할 것인데, 사안에 따라 다르겠지만, 토지의 공시지가가 약 2.2배 상승하고 ㎡당 연 임료가 약 2.9배 상승한 것만으로는 이에 해당하지 않는다고 한다.[88] 그리고 단순히 종전 판결의 결론이 위법·부당하다는 등의 사정을 이유로 액수를 바꾸어 달라는 것은 허용될 수 없다.[89]

변경의 소의 요건은 **본안요건**인가, **적법요건**인가가 논의되고 있는데, 현저한 사정변경이 있다는 주장은 기판력에 저촉되지 않는다는 주장이므로 변경의 소의 **적법요건**으로 보아야 한다.[90]

3. 대상이 되는 판결

11-31   변경을 구하는 소의 대상이 되는 판결은 확정 또는 불확정기간에 정기적으로(가령 1개월 경과시마다) 이행기가 도래하는 회귀적 급부를 명하는, **정기금의 지급**을 명한 판결이어야 한다(252조 1항). 치료비 등의 정기금배상판결뿐만 아니라, 정기금지급방식인 부양료, 양육비, 임금 등도 대상이 된다. 일시금의 지급을 명한 판결은 적용범위가 아니다. 그리고 미확정의 판결은 그 대상이 되지 않는다(상소로 불복하여야 한다).

4. 관할법원

11-32   관할법원은 **제1심 판결법원**의 **전속관할**이다(252조 2항). 전소판결이 항소심 판결이나 상고심 판결이라도 제1심 판결법원에 관할권이 있다. 확정판결에 대한 청구이의의 소도 제1심 판결법원의 관할이므로(민사집행법 44조 1항) 이것과 괘를 같이 하는 것이다.

---

88) 대법원 2009. 12. 24. 선고 2009다64215 판결.
89) 대법원 2016. 3. 10. 선고 2015다243996 판결.
90) 정영, 1012면. 한편, 이, 648면은 현저한 사정변경 요건을 따로 구별하지 않고 요건 전부 적법 요건이기보다 본안요건(이유구비요건)으로 본다.

5. 당사자

정기금판결의 당사자 또는 그 판결의 기판력이 미치는 제3자만이(218조 1항   11-33
에 의한 변론종결 뒤의 승계인) 변경의 소를 제기할 수 있다. 가령, 토지의 전 소유자
가 무단 점유자를 상대로 제기한 차임 상당의 부당이득반환청구소송의 소송물은
채권적 청구권인 부당이득반환청구권이므로 위 소송의 변론종결 후에 토지의 소
유권을 취득한 사람이 위 소송에서 확정된 정기금판결에 대하여 변경의 소를 제
기하는 것은 부적법하다(218조 1항에 의하여 확정판결의 기판력이 미치는 변론을 종결
한 뒤의 승계인에 해당한다고 볼 수 없다).[91]

6. 판 결

전소에서 심판의 대상이 되었던 전부에 대하여 다시 심판을 하는 것이 아니   11-34
다. 액수를 제외한 가령 인과관계의 존재, 과실상계와 같은 부분은 전소와 다른
판단을 할 수 없다.

변경이 인정되는 한도는 **장차 지급할** 정기금 액수이다(252조 1항). 여기서
장차는, 변경의 소를 제기한 시점이라고 보아야 할 것이다. 따라서 액수산정의
기초가 된 사정이 바뀐 뒤부터 변경을 구하는 소를 제기하기까지 사이의 정기금
에 대하여는 그 변경이 허용되지 않는다.

그리고 정기금액수의 감액을 구하는 원판결의 피고는 변경의 소를 제기한
것 자체로 강제집행이 정지되지 않으므로 따로 집행정지를 신청할 필요가 있다
(501조).

III. 판결의 편취

당사자가 상대방이나 법원을 악의로 기망하여 부당한 내용의 판결을 받은   11-35
경우를 판결의 편취 또는 부당취득이라고 한다. 여러 가지 유형이 있다. 예를 들
어 ① 타인의 성명모용소송(☞2-33), ② 소취하의 합의로 피고 불출석의 원인을
스스로 조성한 뒤 소취하를 하지 않고 피고의 불출석의 허를 찔러 승소판결을 받
은 경우, ③ 피고의 주소를 알고 있음에도 불구하고 소재불명으로 공시송달명령

---

91) 대법원 2016. 6. 28. 선고 2014다31721 판결. 송전선 관련 부당이득반환소송에서의 대법원
   2023. 6. 29. 선고 2021다206349 판결.

을 받아 피고가 모르는 사이에 승소판결을 받은 경우, ④ 피고의 주소를 허위주소로 하여 그 주소에 소장을 송달하게 하고 공모자가 송달받고도 피고 자신이 송달받은 것처럼 하고, 답변서를 제출하지 않거나 불출석한 것으로 법원을 속여 자백간주(의제자백)로 승소판결을 받은 경우 등이다.

이 경우에 당사자의 구제를 위한 절차로서 확정된 판결에 대한 비상의 구제수단인 **재심의 소**(451조), 당사자의 귀책사유 없는 사정으로 말미암아 상소가 불가능하게 된 경우의 **상소의 추후보완**(173조), 항소기간이 진행하지 않은 미확정 판결로 **항소** 등이 고려될 수 있다. ①, ②의 경우에는 대리권에 흠이 있는 경우에 준하여 재심의 소로(451조 1항 3호. ☞15-3) 판결을 취소할 수 있는데(물론 판결이 확정 전이면 상소를 제기(424조 1항 4호)할 수 있다), 특히 ③ 공시송달에 의한 판결의 편취, ④ 자백간주에 의한 판결의 편취의 경우가 문제된다.

1. 공시송달에 의한 판결의 편취

11-36
위 ③과 같은 경우에(일단 판결은 확정되어 기판력 발생) 451조 1항 11호의 「당사자가 상대방의 주소 또는 거소를 알고 있었음에도 불구하고 있는 곳을 잘 모른다고(소재불명) … 으로 하여 소를 제기한 때」에 해당하여(☞15-12) **재심의 대상**이 된다는 점에 관하여는 이론이 없다. **판례**도 마찬가지이다.[92] 그리고 이 경우에 판례는 재심의 소와 함께 소송행위의 추후보완에 의하여 상소를 택일적으로 할 수 있다고 본다.[93] 여기서 추완상소의 방법이 아닌 재심의 방법을 택한 경우에는 추완상소기간이 도과하였다 하더라도 재심기간 내에는 재심의 소를 제기할 수 있다.[94]

2. 자백간주에 의한 판결의 편취

11-37
14-법무사시험
위 ④와 같은 경우에는 소장의 송달 자체가 무효가 되어 소송계속의 효과가 생기지 않고, 그 판결은 소송계속 없이 선고한 판결이므로 판결이 무효라는 견해도 있을 수 있으나, 비록 진정한 당사자에게 소장 등이 송달되지는 않았지만 일단 송달이 있고 판결이 형식적으로나마 존재하므로 무효판결이 아니라고 생각한

---

92) 대법원 1985. 7. 9. 선고 85므12 판결.
93) 대법원 1985. 8. 20. 선고 85므21 판결.
94) 대법원 2011. 12. 22. 선고 2011다73540 판결.

다. 그렇다면 그 구제수단은 무엇인가. 이에 대하여는 **항소설**(판례)과95) **재심설**의96) 다툼이 있다.

◈ **예** ◈   甲은 X토지를 그 소유자인 乙로부터 매수한 사실이 없음에도 불구하고 乙을 상대로 X토지에 관한 매매를 원인으로 하는 소유권이전등기를 구하는 소를 제기하면서 소장에 乙의 주소를 허위로 기재하여 그 허위 주소로 소장이 송달되게 하고 甲의 친구인 丙으로 하여금 소장을 수령하게 하였다. 소장 송달일로부터 30일이 경과하여도 답변서가 제출되지 않자 법원은 변론 없이 청구인용 판결을 선고하였는데 판결서는 2017. 1. 2. 위 허위 주소로 송달되어 丙이 이를 수령하였다. 甲은 2017. 2. 5. 위 판결에 기하여 X토지에 관하여 甲 앞으로의 소유권이전등기를 마쳤다. 乙은 이상과 같은 사실을 2017. 3. 10. 알게 되었다. 2017. 4. 3. 현재 乙의 구제방법은?

판례는 이러한 경우에 피고가 판결정본 기타 소송서류를 받은 바 없으니 항소기간이 진행되지 아니하여 본건 사위판결은 피고에 대한 관계에서 확정되지 아니하여 기판력이 없는 것이라 할 것이고, 451조 1항 11호에 「당사자가 상대방의 주소 또는 거소를 알고 있었음에도 불구하고 허위의 주소나 거소로 하여 소를 제기한 때」를 재심사유로 규정하고 있으나, 이는 공시송달의 방법에 의하여 상대방에게 판결정본을 송달한 경우를 말하는 것이고, 본건 사위판결에 있어서와 같이 공시송달의 방법에 의하여 송달된 것이 아닌 경우까지 재심사유가 되는 것으로 규정한 취지는 아니라고 할 것이고, 결국 **피고는 지금이라도 항소를 제기할 수도 있다**고 하여 **항소설**을 취한다.97) 그리고 가령 자백간주에 의한 사위판결에 기하여 부동산에 관한 소유권이전등기가 경료된 경우에 그 등기는 원인무효로 말

---

95) 위 경우는 전혀 송달된 것이 아니고, 이러한 판결은 그 정본이 송달되지 아니한 상태의 판결로 아직 항소기간이 지나지 않은 미확정판결로서 어느 때나 항소를 제기할 수 있으며, 이에 대한 항소의 추후보완 및 재심의 소는 허용되지 않는 것이다. 강, 783~784면; 김홍, 884면; 호, 982~983면.
96) 항소에 의한다면 재심기간의 제약을 피할 수 있어 피고의 구제에 도움이 될 수도 있으나, 어느 때라도 항소를 제기할 수 있게 되어 법률상태를 불안정하게 방치시키는 결과가 되고 또한 피고의 심급의 이익도 박탈하게 되어 문제이다. 따라서 재심의 소로 구제되어야 한다는 것이다. 이, 678면. 나아가 정/유/김, 826면; 정영, 1012면은 **재심·항소 병용설**로 양쪽의 구제수단을 열어두는 것이 좋다고 한다.
97) 대법원 1978. 5. 9. 선고 75다634 전원합의체 판결. 한편 **대법원 1994. 1. 11. 선고 92다 47632 판결**은 참칭대표자의 불출석으로 인하여 변론종결되었으나, 적법한 대표자가 변론기일소환장을 송달받지 못하여 그 사실을 몰랐기 때문에 실질적인 소송행위를 할 수 없었다면, 즉 참칭대표자에 대한 자백간주에 의하여 판결이 확정된 경우에 이는 451조 1항 3호 소정의 재심사유가 되고, 또한 법원이 참칭대표자에게 적법한 대표권이 있는 것으로 그를 송달받을 자로 지정하여 소송서류 등을 송달하고 그 송달받을 자로 지정된 참칭대표자가 송달받은 경우에는 그 송달이 무효라고 할 수는 없고 그 때부터 항소기간이 진행되고 그 뒤 판결은 확정되었다고 보았는데, 앞의 **75다634 전원합의체 판결**의 항소설적 논리와 비교하여 좀 더 검토가 필요하다.

소될 처지에 있으므로 그 상대방이 항소를 제기하지 않고(사위판결을 그대로 둔 채) **별소로 그 등기의 말소를 구할 수도 있다.**

◆ **실체법적 구제수단** ◆ 위 판결의 부당취득에 대한 소송법적 구제방법 이외에 실체법적 구제방법으로 직접적으로 손해배상청구나 부당이득반환청구를 할 수 있는가의 논의가 있다. 기판력제도를 동요시키지 않기 위하여 재심의 소에 의하여 확정판결을 취소시키지 않는 한, 손해배상청구나 부당이득반환청구를 할 수 없다고 하는 **재심필요설**, 절차적 기본권이 박탈된 당사자는 재심의 소를 거칠 필요가 없이 바로 청구를 할 수 있다는 **제한적 재심불요설**, 재심의 소 등에 의한 취소를 기다릴 필요가 없다는 **재심불요설**이 대립하고 있다. **판례**는 확정판결에 기한 강제집행이 불법행위로 되는 것은 당사자의 **절차적 기본권이 근본적으로 침해**된 상태에서 판결이 선고되었거나 확정판결에 재심사유가 존재하는 등 확정판결의 효력을 존중하는 것이 정의에 반함이 명백하여 이를 묵과할 수 없는 경우로 한정하여야 한다고 보았다(제한적 재심불요설).[98] 그러나 손해배상청구와는 달리, **부당이득반환청구**는 확정판결의 판단에 직접적으로 반하는 모순관계에 서는 것이므로 재심의 소에 의하여 판결을 취소하지 않는 한, 확정판결의 기판력에 저촉되어 허용되지 않는다(재심필요설).[99]

◆ **판결의 흠(무효)** ◆ 판결에는 그 절차나 내용에 흠이 있는 경우가 있는데, 판결의 편취 이외에 다음과 같이 구별할 수 있다.

	판결의 부존재	무효판결	흠 있는 판결
의의	판결로 성립하기 위한 기본적 요건을 결여하고 법률상 판결로서 존재의의를 인정할 수 없는 것	절차상으로는 유효하게 존재하고 있는 재판이라도 기판력·집행력·형성력 등의 내용상의 효력을 인정할 수 없는 것	절차나 판결내용에 흠이 있지만, 법관에 의해 작성되어 선고된 결과, 판결로 적법하게 성립한 것
예	교육용 모의판결 판결원본이 작성되어 있어도 선고 전은 비판결	치외법권자에 대한 판결 실재하지 않는 사람을 당사자로 하는 판결	판결에 관여할 수 없는 법관이 관여한 판결
판결의 효력	심급종료효 ×	심급종료효 ○	심급종료효 ○
	자기구속력 ×	자기구속력 ○	자기구속력 ○
	형식적 확정력 ×	형식적 확정력 ○	형식적 확정력 ○
	확정판결의 내용적 효력(기판력·집행력·형성력) ×	확정판결의 내용적 효력(기판력·집행력·형성력) × 신소 제기 가능	확정판결의 내용적 효력(기판력·집행력·형성력) ○ 신소 제기 불가능

---

98) 대법원 1995. 12. 5. 선고 95다21808 판결; 대법원 2001. 11. 13. 선고 99다32899 판결 등.
99) 대법원 1995. 6. 29. 선고 94다41430 판결.

| 시정
방법 | 상소 등을 인정할 필요도 없음 | 당사자는 상소(다만, 사망자를 상대로 한 상고에 대하여 판례는 부적법하다고 본다) 또는 신소의 제기 가능 | 자기구속력이 있으므로 법원은 판결의 경정에 의해 시정 당사자는 상소 가능 |

제 4 절 종국판결에 부수하는 재판

1. 소송비용의 재판

법원은 사건을 완결하는 재판을 하는 때에 **직권**으로 종국판결의 주문에서 그 심급의 소송비용에 대하여 당사자가 부담하여야 할 소송비용의 액수 또는 비율을 선고하여야 한다(104조). 재판에 드는 비용을 크게 나누면 소송비용과 (변호사를 선임한 경우에는) 변호사비용이 있는데, 소송비용에 변호사비용이 포함된다. 다만, 변호사비용은 변호사에게 실제 지급한 또는 지급할 보수 전액이 소송비용으로 인정되는 것이 아니라, 대법원규칙(변호사보수의 소송비용 산입에 관한 규칙)이 정하는 금액의 범위 안에서 소송비용으로 인정하고 있다(109조 1항). 11-38

소송비용은 소송의 진행 중에는 각각의 당사자가 지급하지만, 최종적으로는 원칙적으로 **패소한 당사자가 부담**한다(98조). 보통 소송비용의 정함은 관행적으로 부담의 비율로 정하여지므로(가령, 소송비용은 피고가 부담한다. 또는 소송비용은 이를 3분하여 그 2는 원고가, 나머지는 피고 각 부담한다) 당사자는 별도로 소송비용액의 확정결정을 신청하여(110조 내지 112조) 이에 따라 상대방으로부터 비용의 상환을 받는다. 소송비용에 관한 재판에 대하여는 독립하여 상소를 하지 못한다(391조, 425조).

2. 가집행선고

재산권의 청구에 관한 판결에는 상당한 이유가 없는 한, 당사자의 신청 유무를 불문하고 **직권**으로 가집행을 할 수 있다는 것을 선고하여야 한다(213조 1항). 재산권의 청구는 강제집행을 한 뒤에 상소심에서 그 판결이 취소변경된다 하더라도 원상회복이 비교적 용이하고 또 금전배상으로 처리할 수 있는 것이 보통이기 때문이다. 따라서 이혼청구 등 신분상의 청구와 같은 비재산권의 청구에 대 11-39

하여는 가집행선고를 할 수 없다. 한편, 재산권의 청구라도 등기절차의 이행을 명하는 판결과 같이 의사의 진술을 명하는 판결은 성질상 가집행선고가 허용되지 않는다. 확정되어야만 의사의 진술이 있는 것으로 보기 때문이다(민사집행법 263조).

20-법무사시험

　　한편, 가집행선고 또는 본안판결을 바꾸는 판결의 선고로 가집행선고가 바뀌는 경우에는 원고는 가집행선고에 따라 피고가 지급한 물건을 돌려주어야(반환) 할 뿐만 아니라, 가집행으로 말미암은 손해 또는 그 면제를 받기 위하여 입은 손해를 배상하여야 한다(215조 2항).[100] 이를 **가집행선고의 실효로 인한 원상회복과 손해배상**이라고 한다. 굳이 채무자에게 커다란 위험을 가져오는 미확정판결에 따른 집행을 허용하였음에도 불구하고, 상소심에서 그것이 취소된 때는 결국 그 집행은 부당한 것이고, 그 부당집행의 결과를 제거하기 위하여 채권자에게 그가 얻은 것을 채무자에게 돌려줄 의무를 부담시키고 또한 채무자가 그것에 의하여 손해를 입은 경우에는 채권자에게 손해배상을 부담시키는 것이 공평에 합치할 뿐만 아니라, 채무자의 부당한 손해를 피할 수 있기 때문이다.

---

100) 여기에서 반환의 대상이 되는 가집행선고로 인한 지급물은 가집행의 결과 피고가 원고에게 이행한 물건 또는 그와 동일시할 수 있는 것을 의미하는 것으로 볼 수 있다. 그런데 가집행선고부 판결에 기한 공탁은 채무를 확정적으로 소멸시키는 원래의 변제공탁이 아니고 상소심에서 가집행선고 또는 본안판결이 취소되는 것을 해제조건으로 하는 것이므로 가집행선고부 판결이 선고된 후 피고가 판결인용금액을 변제공탁하였다 하더라도 원고가 **이를 수령하지 아니한 이상,** 그와 같이 **공탁된 돈 자체를 가집행선고로 인한 지급물이라고 할 수 없다.** 따라서 항소심에서 제1심판결의 채무액이 일부 취소되었다 하더라도 그 차액이 반환대상이 되는 가지급물이라고 할 수 없고, 다만 공탁원인의 소멸을 이유로 그에 해당하는 공탁금을 회수할 수 있다(대법원 2011. 9. 29. 선고 2011다17847 판결).

제 3 부

복잡한 소송형태

제1편 복수청구소송

제1장

총 설

지금까지는 소송의 개시로부터 종료까지 1인의 원고와 1인의 피고 사이에서 1개의 청구를 둘러싸고 다툰다는 단순한 소송절차를 전제로 하여 설명하여 왔다. 그러나 소송은 항상 이렇게 단순한 형태인 것만은 아니다. 원고 또는 피고, 혹은 쌍방 모두 복수인 경우도 있고 원고, 피고 이외의 제3자가 관여(참가)하는 소송도 있다. 이렇게 복수의 사람이 관여하는 소송에 대하여는 다수당사자소송으로 후술할 것이다. 또한 동일 절차에서 1인의 원고와 1인의 피고 사이에서 여러 개의 청구가 심판의 대상이 되는 소송도 있다. 여기서는 이러한 형태를 다루도록 한다. 예를 들어 甲이 乙에게 가옥을 임대하였는데, 乙이 임대료를 체납하여 甲은 임대차계약을 해제한 뒤에 가옥인도청구의 소를 제기한 경우에 처음부터 위 연체임대료의 지급을 아울러 청구할 수 있는가(고유의 소의 객관적 병합). 혹은 처음에는 가옥인도청구의 소만을 제기하고, 그 뒤에 위 연체임대료의 지급청구를 추가할 수도 있는가(소의 변경). 또 피고 乙로서도 이 때에 가옥의 수선을 위하여 지출한 비용의 상환을 甲에게 청구하기를 원한다면 위 소송에 있어서 위 비용의 상환을 청구할 수 있는가(반소) 등이 여기에서의 문제이다.

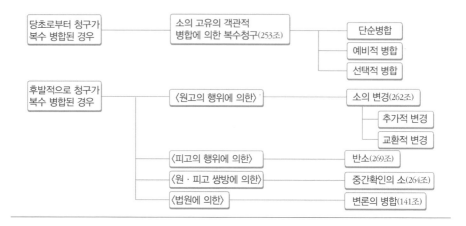

I. 의　의

12-1　　　동일한 당사자 사이에서 여러 개의 청구를 하나의 소송절차에서 심판하는 것을 청구의 병합이라고 하는데, 당사자가 복수인 경우의 심판형식인 소의 주관적 병합(공동소송)과 구별하는 의미에서 소의 객관적 병합이라고 한다(253조).[1]

II. 취　지

12-2　　　하나의 소송절차에서 여러 개의 청구를 심판하는 것은 당사자의 소송수행상의 부담을 감경하고, 특히 상호 관련된 청구라면 심리의 중복도 덜고 재판의 모순을 피할 수 있는 이익이 있다. 그러나 무턱대고 이를 인정하면 오히려 심리가 번잡하고 상대방의 응소를 곤란하게 하여 소송을 지연시킬 우려가 있다(따라서 각 경우에 있어서 합리적인 병합요건을 규정하고 있다). 결국 청구의 병합을 어느 범위에서 인정할 것인가는 위 두 가지 이익형량의 문제라고 할 수 있다. 하나는 분쟁의 일회적 해결의 요청이다. 이를 중시하면 청구의 복수를 넓게 인정하게 된다. 다른 하나는 소송복잡화의 방지의 요청이다. 이를 중시하면 청구의 복수를 제한하려는 방향으로 나아갈 것이다.

---

1) 주관적, 객관적이란 용어에서 주관적이란 주체적 또는 인적 의미인데, 가령 기판력의 주관적 범위라고 하면 기판력이 어떤 사람 사이에 미치는가를 지칭하는 것이고, 소의 주관적 병합이라고 하면 단순한 소가 인적, 즉 당사자의 점에서 보아 여러 개 결합된 형태로 공동소송을 제기하는 것을 말한다. 한편, 객관적이란 객체적, 대상적 또는 사물적 의미로 기판력의 객관적 범위라는 것은 기판력이 어떤 사물에 대하여 생기는가를 지칭하고, 소의 객관적 병합이라고 하면 소가 심판의 대상인 소송물 또는 청구의 점에서 보아 병합되어 있는 형태를 말하는 것이다.

III. 발생원인

복수의 청구가 소의 제기시부터 존재하고 있는가, 소의 제기 뒤에 복수가 되   12-3
는가에 따라 원시적 복수, 후발적 복수로 분류할 수 있다. 복수의 청구가 소의
제기시부터 존재하고 있는 경우가 협의의 청구의 병합이고, 이를 고유의 소의 객
관적 병합이라고 하고,2) 소의 제기 뒤에 후발적으로 복수가 되는 경우는 소의
변경, 반소, 중간확인의 소 등이 된다. 그리고 법원이 변론을 병합하는 경우(141조)
도 마찬가지이다(☞7-27).

한편, 복수의 청구는 단순히 청구를 병합한 것의 단순병합, 양립할 수 없는
복수의 청구에 순위를 붙여 주위적 청구가 인정되는 것을 해제조건으로 하는 예
비적 병합, 그리고 구소송물이론에서 선택적 병합을 인정하므로 단순병합, 예비
적 병합 이외에 선택적 병합으로 분류할 수 있다.

---

2) 고유라는 것은 원고에 의한 소의 병합이라도 수인의 원고가 또는 수인의 피고에 대하여 하나의
소가 제기된 경우에는 소의 주관적 병합을 수반하는 것이 되고, 또 소송의 도중에 원고가 종래의
소에 새로운 청구를 병합하는 것은 최초의 소를 변경하는 것이 되므로 이들 특별한 경우를 제외
한 의미에서 이것이 청구의 병합의 기본형을 이룬다는 의미이다.

제 2 장

소의 객관적 병합

I. 의 의

12-4 　　동일한 원고가 동일한 피고에 대하여 하나의 소로 여러 개의 청구에 대한 심판을 구하는 행위를 (고유의) 소의 객관적 병합이라고 한다(253조. 청구의 병합이라고도 한다). 청구의 복수는 이론적으로는 소송물의 복수를 의미한다. 그래서 소송물이론에 따라서 청구가 복수로 포착되는 경우와 단지 하나의 청구(소송물)를 떠받치는 공격방어방법이 복수로 포착되는 경우로 차이가 생긴다. 가령 청구권경합의 경우에 구소송물이론에서는 소의 객관적 병합에 해당되지만, 신소송물이론에서는 공격방어방법이 복수인 경우에 불과하고, 단일한 청구가 되므로 소의 객관적 병합에 해당되지 않는다(후술할 선택적 병합 참조).

II. 병합의 형태

1. 단순병합

12-5 　　매매대금지급청구와 대여금반환청구처럼 그 목적상 아무 관계없는 청구를 병합하여 각 청구에 있어서 다른 청구의 당부와 관계없이 심판을 구하는 경우이고, 법원은 반드시 각 청구에 대하여 판결하지 않으면 안 된다.

◈ **예** ◈　원고가 피고에 대하여 치료비 등의 손해는 1,500만원이고, 일실이익은 1억원이고, 위자료는 1,000만원이라고 주장하여 인신(人身)사고로 인한 손해배상청구를 한 경우에 판례는 적극적 손해, 소극적 손해(일실이익), 정신적 손해(위자료)로 소송물을 3

분(三分)하므로(☞2-84)[1]) 이 경우는 3개 청구의 단순병합이 된다. 만약 법원이 치료비 주장 1,500만원에 대하여 2,000만원을 인정한 것과 같이 각 손해항목에 있어서 원고의 요구액을 초과하는 금액을 인정하는 것은 처분권주의의 위반이 된다(☞2-93).

◈ **예** ◈   소 1마리의 인도를 구하면서(주청구), 그 집행불능일 것을 고려하여 그 대신에 손해배상으로 금 100만원의 지급을 구하는(**대상청구**) 소를 병합하여 제기하는 경우는 이를 예비적 청구로 보기도 하지만, 이는 주청구와 대상청구가 때(時)를 달리하여 존재하는 것으로 대상청구는 장래의 이행청구이므로(아울러 '미리 청구할 필요'가 있어서(251조) 소의 이익이 긍정된다) 그 병합은 예비적 병합이 아니고 단순병합으로 원고는 동시에 양 청구에 대하여 판결을 구하는 것이다.[2])

06-변리사시험
21-변리사시험

2. 예비적 병합

각 청구가 법률상 **양립하지 않고**, 오히려 서로 배척되는 관계에 있는 경우에 제1차(주위적) 청구가 인용되지 않을 것을 염려하여, 그 **인용을 해제조건**으로 하여 제2차(예비적) 청구에 대하여도 미리 심판을 신청하는 경우의 병합이다. 이 경우에 각 청구에 대하여 동시에 심판을 신청한다면 모순되는 신청이 되므로 각 청구에 심판의 순위를 붙이는 것이 요구되는 것이다.

12-6

◈ **예** ◈   甲이 乙에게 중고차를 팔았는데, 乙은 매매계약의 무효를 이유로 매매대금을 지급하지 않으므로 甲이 하나의 소송절차에서 매매계약의 유효함을 전제로 매매대금의 지급을 청구하면서, 매매가 무효라고 인정되는 경우를 염려하여 이미 인도한 자동차의 반환을 청구하기를 원하는 경우에 예비적 병합이 가능하다.

주위적 청구의 일부를 특정하여 그 부분이 인용될 것을 해제조건으로 하여 그 부분에 대해서만 하는 예비적 청구도 소송절차의 안정을 해친다거나 예비적

20-법원행정고시

---

1) 대법원 1976. 10. 12. 선고 76다1313 판결. 그러나 손해의 종류·성질에 있어서 소송물을 구별·특정하여야 할 의미는 없다고 보는 **전손해 1개설**의 입장도 있다.

2) 채권자가 본래적 급부청구에다가 이에 대신할 전보배상을 부가하여 **대상청구를 병합**하여 소구한 경우의 대상청구는 본래적 급부청구의 현존함을 전제로 하여 이것이 **판결확정 후에 이행불능 또는 집행불능이 된 경우**에 대비하여 전보배상을 미리 청구하는 경우로서 양자의 경합은 현재의 급부청구와 장래의 급부청구와의 **단순병합**에 속하고(대법원 1975. 7. 22. 선고 75다450 판결), 본래의 급부청구가 인용된다는 이유만으로 대상청구에 대한 판단을 생략할 수는 없다(대법원 2011. 8. 18. 선고 2011다30666, 30673 판결). 다만, 특정물의 인도청구를 하면서 **변론종결시 현재에 이행불능이 될 것을 염려**하여 대상청구를 하는 경우에는 단순병합이 아니라 **예비적 병합**이다(대법원 1962. 6. 14. 선고 62다172 판결).

청구의 성질에 반한다고 보여지지도 않으므로 허용된다.3) 그런데 예비적 청구가 주위적 청구를 질적으로 일부 감축한 청구에 지나지 아니할 뿐, 그 목적물과 청구원인이 주위적 청구와 완전히 동일한 경우에는(가령 주위적으로 무조건적인 소유권이전등기절차의 이행을 구하고, 예비적으로 금전지급과 상환으로 소유권이전등기절차의 이행을 구하는 경우) 예비적 병합이라고는 볼 수 없다.4)

한편, 병합된 청구 사이에 기초되는 사실관계가 전혀 관련이 없는 경우(위 중고차 예에서는 병합된 청구 사이에 기초되는 사실관계에 관련이 있지만, 가령 주위적으로 가옥인도를 구하고, 예비적으로 그것과 관계가 없는 대여금을 구하는 경우)라면 원칙적으로 예비적 병합은 인정될 수 없다.5)

14-변리사시험
22-변호사시험

그리고 논리적으로 양립할 수 있는(가령 본래 선택적 병합 관계에 있는) 양 청구에 관하여 당사자가 순위를 붙여 예비적 병합으로 청구한 경우에 그 병합 형태(이른바 **부진정 예비적 병합**이라고6) 한다)의 가부(취급)도 문제되고 있다. 당사자의 의사가 아닌 **병합청구의 성질**을 기준으로(가령, 예비적 병합이 아닌 선택적 병합으로) 판단하여야 한다는 **판례**가 있다(병합청구 성질설).7) 그러나 **생각건대** 병합의 형태를 그 성질을 기준으로 판단할 것이 아니라, 서로 양립하는 청구라도 예비적 병

---

3) 대법원 1996. 2. 9. 선고 94다50274 판결.

4) 주위적으로 민법 833조에 기하여 생활비용분담 청구를, 예비적으로 민법 826조 1항 본문에 기하여 부양료 청구를 한 경우에 후자는 부부 간의 부양·협조의무의 근거를, 전자는 위 부양·협조의무 이행의 구체적인 기준을 제시한 조항으로서 본질적으로 동일한 청구원인에 기한 것으로서 그 액수 산정의 근거를 달리 주장하는 것에 불과하여 별개의 청구가 아니므로 이는 예비적 청구가 아닌 단순청구이다(대법원 2017. 8. 25.자 2014스26 결정).

5) 대법원 2008. 12. 11. 선고 2005다51495 판결.

6) 대법원 2002. 9. 4. 선고 98다17145 판결은 성질상 선택적 관계에 있는 양 청구를 당사자가 주위적, 예비적 청구 병합의 형태로 제소함에 의하여 그 소송심판의 순위와 범위를 한정하여 청구하는 이른바, 부진정 예비적 병합 청구의 소도 허용된다고 하여, 명시적으로 '**부진정 예비적 병합**'이란 표현을 사용하고 있다. 한편 가령 제1차적 청구로 계약의 무효확인을 구하고, 제2차적 청구로 계약이 무효이면 계약의 이행으로서 이미 인도한 물건의 반환을 구하는 경우도 부진정 예비적 병합이라는 개념을 사용하는데, 이는 제1차적 청구가 배척되는 것을 조건으로 제2차적 청구에 관하여 심판을 구하는 본래의 진정 예비적 병합과 다르고, 단순병합으로 굳이 이러한 부진정 예비적 병합의 형태를 긍정할 필요는 없다거나(김홍, 918면; 송/박, 605면), 이 경우는 원고가 1개의 승소판결을 구하는 것이라고 한다(이, 702면).

7) 대법원 2014. 5. 29. 선고 2013다96868 판결. 이후 대법원 2018. 2. 28. 선고 2013다26425 판결도 마찬가지 취지에서 채무불이행을 원인으로 한 청구를 주위적으로, 불법행위를 원인으로 한 청구를 예비적으로 각각 구한 사안에서 원심은 원고가 붙인 심판의 순위에 따라 판단하였으나, 위 두 청구는 그 청구 모두가 동일한 목적을 달성하기 위한 것으로서 어느 하나의 채권이 변제로 소멸한다면 나머지 채권도 그 목적 달성을 이유로 동시에 소멸하는 관계에 있으므로 선택적 병합 관계에 있다고 보았다.

합으로 할 필요성이나 합리성이 인정되는 경우가 있으므로 당사자의 의사를 전제
로 **제한적**으로 그 필요성과 합리성에 따라 예비적 병합으로 다루어야 할 것이다
(제한적 긍정설. ☞14-14). 가령, 주위적으로 재산상 손해배상을 청구하면서 그 손
해가 인정되지 않을 경우에 예비적으로 같은 액수의 정신적 손해배상을 청구하는
것과 같이 수개의 청구 사이에 논리적으로 양립할 수 있더라도 그 논리적 관계가
밀접하고, 심판의 순위를 붙여 청구를 할 합리적 필요성이 있다고 인정되는 경우
에는 당사자가 붙인 순위에 따르는 부진정 예비적 병합도 허용된다.[8]

3. 선택적 병합

　　양립할 수 있는 여러 개의 청구 가운데 하나가 택일적으로 인용되는 것을 해   12-7
제조건으로 다른 청구에 대하여 심판을 신청하는 병합의 경우이다. 예를 들어 동일
물의 인도를 소유권 및 점유권에 기하여 청구하는 경우, 손해배상금청구를 불법행위
와 계약불이행으로 구하는 경우,[9] 이혼소송에 있어서 부정행위와 악의의 유기를 주
장하는 경우 등이 이에 해당한다. 이는 법률상 양립할 수 있지만, 실체법상 1차례
청구(또는 형성)밖에 인정되지 않는 청구권(또는 형성권)의 경합의 경우에 원고도 여
러 개의 청구의 어느 쪽이든 하나가 승소하면 당면의 목적이 달성되므로 2중의 이행
판결(또는 형성판결)을 피하기(처리하기) 위하여 **구소송물이론**에서 인정되는 것이
다. 그러나 **신소송물이론**에서는 위 경우에 청구는 하나이고, 다만 공격방법 내지
법률적 관점이 여러 개 경합된 것으로 보아 일반적으로 위와 같은 선택적 병합을
부인한다.[10]

　　한편, 논리적으로 **양립할 수 없는** 여러 개의 청구를 선택적으로 병합할 수
있는지 문제되나, 그 병합은 예비적 병합이어야 하고, 선택적 병합은 허용될 수
없다는 입장이 일반적이다. 가령 주위적 청구는 원고, 피고 사이의 매매계약이
해제되었음을 전제로 그 원상회복 및 손해배상을 구하는 것인 반면, 예비적 청구
는 매매계약이 유효함을 전제로 그 이행을 구하는 것인 경우에 이는 논리적으로

---

8) 대법원 2021. 5. 7. 선고 2020다292411 판결.
9) 해상운송인이 운송 도중 운송인이나 그 사용인 등의 고의 또는 과실로 인하여 운송물을 감실
　훼손시킨 경우, 선하증권 소지인은 운송인에 대하여 운송계약상의 채무불이행으로 인한 손해배
　상청구권과 아울러 소유권 침해의 불법행위로 인한 손해배상 청구권을 취득하며 그 중 어느 쪽
　의 손해배상 청구권이라도 선택적으로 행사할 수 있다(대법원 1983. 3. 22. 선고 82다카1533 전
　원합의체 판결).
10) 다만, 신소송물이론에서도 이분지설(＝이원설)에서는 선택적 병합을 인정할 수 있다.

양립할 수 없는 관계에 있고, 선택적 병합의 형태로 그 심판을 구할 수는 없다.

III. 병합의 요건

12-8　　일반적 요건으로서, ① 각 청구가 **같은 종류의 소송절차**에 따라 심리될 수 있을 것(253조. 따라서 통상의 민사사건이라면 병합될 수 있다. 그리고 행정소송에서 손해배상 등 민사상 관련청구는 예외적으로 병합될 수 있다(행정소송법 10조)), ② 각 청구에 있어서 **수소법원이 관할권을 가질 것을**[11] 들 수 있다.

　　그런데 객관적 병합은 원고의 소송행위에 의하여 병합상태가 생기는 것으로 원고로서는 여러 개의 청구를 합쳐서 하나의 소로 제기하는 것이 편의적일 것이고, 한편 피고로서는 별소가 제기되는 경우와 비교하여도 중대한 불이익은 생기지 않는다(피고로서 어차피 소에 응하여야 하므로). 또 최초의 단계에서의 병합은 소송의 지연이나 방어의 곤란을 문제로 할 필요도 없기 때문에 현행법상 그 요건은 그다지 엄격하지 않다. 이렇게 그 요건이 엄격하지 않은 것은 가령 병합에 의하여 소송이 복잡하게 된다면, 법원이 변론의 분리(141조) 등의 소송지휘권의 행사에 의하여 조절을 도모하고자 하는 생각이 그 근저에 있다고 할 수 있다.

　　위 병합의 요건은 병합청구에 따른 심판의 전제가 되는 소송요건이므로 법원은 처음에 직권으로 그 구비를 조사한다. 가령 병합의 요건을 갖추지 못한 때에는 법원은 가능한 한 독립한 소로 취급하여 필요에 따라 변론을 분리하여 심판하든가, 또는 일부의 청구가 전속관할에 속하는 때에는 그 전속관할법원에 이송한다(34조 1항).

IV. 병합청구의 심판

1. 소송목적의 값의 산정

12-9　　사물관할과 붙여야 할 인지의 표준이 되는 소송목적의 값(＝소가)의 산정에 있어서 단순병합은 병합된 여러 청구의 값을 모두 합하여 정함이 원칙이다(27조). 가령 1억 2천만원의 대여금반환청구와 4억원의 매매대금지급청구가 1개의 소로 병합청구된 경우에 소가는 5억 2천만원이 되고, 합의부에 사물관할이 생긴다(☞

---

11) 다만, 병합청구의 관련재판적(25조)에 의하여 법원은 하나의 청구에 대하여 관할을 가지면 다른 청구에도 관할을 갖게 된다(☞4－21). 그러나 다른 법원의 전속관할에 속하는 청구가 있으면 관련재판적의 적용이 배제되어(31조) 병합할 수 없다.

4-17). 반면, 예비적 또는 선택적 병합의 경우에는 합산이 아니라 중복청구의 흡수의 법리에 따른다. 경제적 이익이 공통하기 때문이다.

2. 심리의 공통

통상 병합된 여러 개의 청구는 동일 절차에서 심리된다(심리의 공통). 따라서 변론이나 증거조사도 동일 기일에 여러 개의 청구에 대하여 공통으로 행한다(소송자료 및 증거자료의 공통). 다만, 법원은 소송의 심리를 정리하기 위하여 어느 청구에 대하여 변론을 일시 제한할 수 있다.

12-10

09-변리사시험

3. 판 결

단순병합의 경우에 법원은 병합된 청구 전부에 대하여 판결을 하여야 하고, 그 가운데 일부의 청구에 대하여 (무의식적으로) 재판을 누락하면 그 법원이 추가판결을 한다(212조). **예비적 병합**의 경우에 예비적 청구는 주위적 청구가 인용되는 것을 해제조건으로 하는 것이므로 법원의 심판순서는 당사자가 청구한 심판의 순서에 구속을 받게 된다(주위적 청구를 먼저 판단하지 않고 예비적 청구만을 인용하거나 주위적 청구만을 배척하고 예비적 청구에 대하여 판단하지 않는 등의 일부판결은 예비적 병합의 성질에 반한다. 양 청구가 하나의 소송절차에 불가분적으로 결합되어 있기 때문이다. 가령, 주위적 청구를 배척하면서 예비적 청구에 대하여 판단하지 않은 판결을 한 경우에는 그 판결에 대한 상소가 제기되면 판단이 누락된 예비적 청구 부분도 **상소심으로 이심**이 되고 그 부분이 재판의 누락에 해당하여 원심에 계속중이라고 볼 것은 아니다. ☞11-1).12)
선택적 병합의 경우에 법원은 이유 있는 하나의 청구를 선택하여 청구를 인용하면 잔여의 청구에 대하여는 심판하지 않고 소송을 완결할 수 있지만,13) 원고를 패소시키려면 병합된 청구 전부를 기각하지 않으면 안 된다(선택적 청구 가운데 어느 하나만을 기각하고 다른 하나는 판단하지 않은 경우에 재판의 누락이 있을 수 없으므로(그 전제로 일부판결이 허용되지 않음) 이를 추가판결로 시정할 것이 아니라, 판단누락에 준하여 상소로 구제할 것이라고 보는 입장이 **통설·판례**이다).14)

12-11

22-노무사시험

---

12) 대법원 2000. 11. 16. 선고 98다22253 전원합의체 판결. 그리고 이러한 법리는 **부진정 예비적 병합**의 경우에도 달리 볼 이유가 없다(대법원 2021. 5. 7. 선고 2020다292411 판결).

13) 그런데 선택적 청구 중 하나에 대하여 일부만 인용하고 다른 선택적 청구에 대하여 아무런 판단을 하지 아니한 것은 위법하다. 선택적 병합의 경우에는 여러 개의 청구가 하나의 소송절차에 불가분적으로 결합되어 있기 때문이다(대법원 2016. 5. 19. 선고 2009다66549 전원합의체 판결).

14) 이와 관련하여 변론의 분리(141조)나 일부판결(200조)을 할 수 있는지 여부가 문제된다(☞11-1).

	변론의 분리·일부판결	심판	항소심의 심판
단순병합	가능 다만, 주요한 쟁점을 공통으로 하는 등 청구 서로 사이에 관련성이 높은 경우는 그 가부가 문제	청구 전부를 심판	− 불복신청이 있은 부분만 − 각 청구는 서로 무관계
예비적 병합	불가능	원고를 패소시키는 경우에는 청구 전부를 심리하여야 함	− 예비적 청구인용판결에 대한 피고만의 상소의 경우에 주위적 청구가 심판대상이 되는지 여부 − 주위적 청구인용판결에 대하여 항소된 경우에 주위적 청구를 기각하고, 예비적 청구를 인용할 수 있는지 여부
선택적 병합	불가능	원고를 패소시키는 경우에는 청구 전부를 심리하여야 함	원고승소판결에 대하여 항소한 경우의 심급의 이익

4. 상소심

12-12 　　상소가 제기되면, 원칙적으로 **확정의 차단** 및 **이심의 효력**은 원심에서 판단된 「전부의 사항」에 대하여 발생한다(**상소불가분의 원칙**). 그러나 상소심의 현실의 심판의 대상은 불복신청의 범위에 한정된다. 즉 상소인이 불복신청하고 있지 않은 부분에 대하여 당사자는 변론을 할 필요는 없고(407조 1항, 425조), 처분권주의가 상소심에서 발현되어 상소심 법원도 불복신청이 없는 부분에 대하여 원판결의 판단을 변경할 수가 없으며, 원판결의 변경을 청구하는 부분에 대하여만 심판을 할 수 있다(불이익변경금지의 원칙). 위 법리가 단순병합의 경우에 상소심에서

대체로 **단순병합**의 경우에는 변론의 분리나 일부판결을 할 수 있지만(다만, 주요한 쟁점을 공통으로 하는 등 청구 서로 사이에 관련성이 높은 경우는 그 가부가 문제될 수 있다), 예비적 병합과 선택적 병합의 경우에는 변론의 분리나 일부판결을 하면 그 뒤의 절차가 별개로 되어 청구를 병합한 이점을 살릴 수가 없게 되므로 원칙적으로 변론의 분리나 일부판결을 할 수 없다 할 것이다(병합의 형태에 따라 추가적 검토가 필요하다). 일부판결은 **예비적 병합**의 성질에 반하고(위 98다22253 전원합의체 판결), 선택적 청구 중 하나만을 기각하는 일부판결은 **선택적 병합**의 성질에 반하는 것으로서 법률상 허용되지 않는다(대법원 1998. 7. 24. 선고 96다99 판결).

어떻게 작동되는가는 아래와 같다(단순병합 이외에 예비적 병합과 선택적 병합의 경우
는 좀 더 복잡한 설명이 필요한데, 자세히는 후술한다. ☞14-14).

◆ **예** ◆   단순병합된 이전등기말소청구와 금원지급청구가 모두 기각된 경우에 원고가
이전등기말소청구기각 부분에 대하여만 상소를 제기하였다고 하여도 불복신청의 대상
이 되지 않은 금원지급청구기각 부분도 확정이 차단되고, 상소심에 이심되나(상소불가분
의 원칙), 한편 각 청구 사이에 관련이 없으므로 불복신청의 대상이 되지 않은 금원지
급청구기각 부분은 현실의 심판의 대상이 되는 것은 아니다. 따라서 원고가 항소심 변
론종결시까지 항소취지를 확장하지 않는 한, 금원지급청구기각 부분은 이전등기말소청
구 부분에 대한 **항소심 판결의 선고**와 동시(다만, 항소심 변론종결시로 보는 입장도 있음)
에 확정되어 소송이 종료된다.15)

---

15) 대법원 1994. 12. 23. 선고 94다44644 판결 등. 따라서 금원지급청구기각 부분에 관하여는 항
소심의 심판대상이 되지 아니하고, 상고심에서 파기환송 후 항소심으로서는 원고의 수개의 청구
중 항소하지 아니한 금원지급청구기각 부분을 다시 인용할 수는 없다.

제 3 장

소의 변경

I. 의 의

1. 개 념

12-13 소의 변경은 최초의 소에 의하여 개시된 소송절차를 이용하여 원고가 소송 계속 중에 청구의 취지 또는 원인을 바꾸어 동일 피고에 대한 심판의 대상(소송 물)을 변경하는 것을 말한다(262조). 소는 법원, 당사자, 청구(소송물)를 요소로 하므로 넓은 의미에서는 이러한 요소 가운데 하나라도 변경하면 소의 변경이 되지만, 현재 소의 변경은 법원과 당사자의 동일성을 전제로 한 뒤에 심판의 대상인 청구에 변경이 있는 경우를 말한다(262조 조문 제목도 '청구의 변경'으로 하고 있다). 그리고 가령 건물의 지번 등의 변경과 같은 소의 정정(訂正)이나 단순히 청구를 이유 있게 하는 사실의 추가인 공격방어방법의 변경은 어느 것도 심판의 대상의 동일성이 유지되고 있는 점에서 소의 변경과 구별하여야 한다. 가령 채권자가 23-변리사시험 사해행위취소 및 원상회복청구를 하면서 **보전**하고자 하는 **채권**을 **추가**하거나 **교환**하는 경우는 사해행위취소권과 원상회복청구권을 이유 있게 하는 공격방법에 관한 주장을 변경하는 것일 뿐이지 소송물 또는 청구 자체를 변경하는 것이 아니다.[1]

◆ **교환적 변경·추가적 변경** ◆ 소의 변경의 형태로는 **교환적** 변경과 **추가적** 변경이 있다. 종래의 청구에 대신하여 신청구에 대하여 심판을 구하는 경우가 교환적 변경이고, 당초의 청구를 유지하면서 신청구에 대하여도 심판을 구하는 경우가 추가적 변

---

[1] 대법원 2012. 7. 5. 선고 2010다80503 판결.

경이다.2) 특정물의 인도청구를 하였는바, 소송 도중에 그 물건이 멸실한 것을 알고 그 특정물의 가격에 상당하는 손해배상청구를 하는 경우가 교환적 변경의 예이다. 이 예에서 원고는 종래의 청구(인도청구)를 유지하더라도 청구기각판결을 받게 될 것이므로 신청구(손해배상청구)에 대하여만 심판을 구하는 것이다. 그런데 **교환적 변경의 성질**을 독자적 소의 변경의 형태로 보지 않고, 신청구의 추가와 구청구를 취하하는 것의 결합 형태로 보는 것(**결합설**)이 일반적이다(**통설·판례**).3) 한편, 추가적 변경에 있어서 소송목적의 값(訴價)은 그 가액이 합산되는데(27조 1항 참조), 추가적 변경에 의하여 단독판사의 사물관할(5억원)을 초과하게 되면(가령 4억 6천만원에서 5억 2천만원으로 확장), 사건을 합의부로 이송한다(34조 1항). 단독판사의 심리 중 원고의 청구취지의 확장(추가적 변경에 해당)에 의하여 소송목적의 값이 5억원을 초과하게 되는 때에는 관할위반의 문제가 생기므로 만약 변론관할(30조)이 생기지(☞4-31) 않았으면 사건을 합의부로 이송하여야 한다.4)

◈ **청구의 확장·청구의 감축** ◈ 청구취지의 확장으로 1,000만원의 금전채권 가운데 일부(700만원)를 청구하다가 (1,000만원으로) 잔부까지 청구를 확장하는 경우, 가옥의 일부의 인도를 청구하다가 전부의 인도청구로 변경하는 경우(양적 확장), 또는 상환이행청구로부터 단순이행청구로 변경하는 경우(질적 확장)가 있는데, 이러한 **청구의 확장**은 소의 **추가적 변경**에 해당한다고 보는 입장이 일반적이다. 반면, **청구의 감축**은 소의 **일부취하**로 풀이하는 입장이 일반적이다.

---

2) 그 변경형태가 불분명할 경우에는 법원으로서는 과연 청구변경의 취지가 무엇인가, 즉 교환적 인가 또는 추가적인가의 점에 대하여 석명으로 이를 밝혀볼 의무가 있다(대법원 2003. 1. 10. 선고 2002다41435 판결 등).

3) 그런데 원고가 채권자대위권에 기해 계약금의 반환을 구하는 청구를 하다가 해당 피대위채권 자체를 양수하여 양수금청구로 소를 **교환적으로 변경한 사안에서**, 양 청구는 동일한 소송물에 관한 권리의무의 특정승계가 있을 뿐 그 소송물은 동일한 점, 시효중단의 효력은 특정승계인에게도 미치는 점, 계속중인 소송에 소송목적인 권리 또는 의무의 전부나 일부를 승계한 특정승계인이 소송참가하거나 소송인수한 경우에는 소송이 법원에 처음 계속된 때에 소급하여 시효중단의 효력이 생기는 점, 원고는 위 계약금반환채권을 채권자대위권에 기해 행사하다 다시 이를 양수받아 직접 행사한 것이어서 위 계약금반환채권과 관련하여 원고를 '권리 위에 잠자는 자'로 볼 수 없는 점 등에 비추어 볼 때, 당초의 채권자대위소송으로 인한 시효중단의 효력이 소멸하지 않는다고 보았다(대법원 2010. 6. 24. 선고 2010다17284 판결). **통설·판례**가 교환적 변경의 성질을 구소의 취하와 신소의 제기라는 **결합설**을 취하고 있는데, 그렇다면 위 사안에서 구소의 취하에도 불구하고 구소의 제기에 따른 시효중단효를 그대로 인정하는 것은 모순이라는 지적도 있을 수 있으나, 한편 교환적 변경의 경우라도 구청구와 신청구의 내용이 실체법상 동일한 권리에 관계되는 경우라든지 그것이 소송의 종료를 의도한 것이 아닌 이상, 구청구에 관하여 생긴 시효중단의 효력이 소멸되지 않고 유지·존속되는 경우가 있을 수 있다는 점에서 위 판결은 매우 의미 있는 판례라고 생각한다.

4) 한편, 가령 원고가 3억 원의 대여금지급을 구하는 소를 제기하여 합의부가 소송을 진행하던 중 1억 원의 지급을 구하는 것으로 청구취지를 감축하여도 합의부는 단독재판부로 사건을 이송할 필요가 없다. 합의부에서 계속 심리하여도 당사자에게 불리하지 않기 때문이다.

2. 소의 변경을 둘러싼 이익형량

(1) 원고 측의 이익(=소변경 허용의 취지)

12-14   소송은 발전성을 가지며 원고의 사실관계에 관한 인식은 차례로 변화한다. 따라서 소송의 경과로부터 원고가 제기한 최초의 소가 피고와의 분쟁을 실질적으로 해결하는 것이 불가능 또는 불충분하게 되는 경우에 새로운 별소를 제기하지 않으면 안 된다고 하는 것은 어딘지 불합리하다. 오히려 당초의 소를 보다 적당한 분쟁으로 바꾸는 것을 허용하고 종래의 소송절차와 소송자료를 이용하여 당사자 사이의 분쟁을 종국적으로 해결시키는 쪽이 소송목적에 적합하다.

(2) 피고 측의 이익(=소변경 제한의 취지)

12-15   피고로서는 이미 어느 정도 방어의 준비를 하고 있으므로 소의 변경을 무제한으로 인정하면 새로운 방어목표가 불명확하게 되어 피고가 불이익을 입을 위험이 존재한다. 그리하여 청구의 기초가 바뀌지 아니하는 것을 전제로 가령 피고로서는 방어의 곤란이 생겨도 이를 감수하지 않으면 안 된다는 것이 262조의 취지이다. 그러므로 거꾸로 청구의 기초가 바뀌는 경우에는 피고의 보호의 필요성에 의하여 피고가 소의 변경에 동의하거나 이의 없이 응소하는 때에는 그 변경을 허용할 수 있다는 것이 일반적 견해이다.

(3) 민사소송제도 전반의 이익

12-16   관련 사건을 소의 변경에 의하여 가능한 한 근본적으로 해결하는 것은 소송제도 전반의 효율이라는 각도에서 추천할 만한 것이다. 소의 변경을 인정하는 것에 의하여 분쟁의 발본적 해결을 도모할 수 있게 되고 제도 전체를 효율적으로 운용할 수 있게 된다. 그러나 재판이 무르익은 종결 직전에 소를 변경하여 새로운 심판대상을 들먹이는 것은 새로운 분쟁의 도입에 의한 새로운 증거조사가 필요하게 되어 문제된다. 따라서 이러한 경우에는 합리적인 제도의 운용이라는 관점에서 우선 처음의 구소에 대하여 그대로 판결을 받은 다음 새롭게 신소를 제기하여야 한다.

II. 요 건

12-17   소의 변경에 의하여 구청구에 있어서의 절차에서 신청구의 심판을 하게 되므로

소의 객관적 병합의 일반적 요건(253조)을 구비하여야 한다. 그 밖에 소의 변경은 24-변리사시험
소송계속 중에 이루어지는 점에서 소의 변경 자체의 특별한 요건이 가중되어 있다.
다음의 요건을 구비하면 피고의 동의가 없더라도 소를 변경할 수 있다(262조 1항).

1. 청구의 기초에 변경이 없을 것(=청구의 기초의 동일성)

청구의 기초의 동일성이라는 요건은, 한편으로는 소의 변경이 피고의 동의가 12-18
필요하지 않다는 것 및 항소심에서도 소를 변경할 수 있다는 것과의 균형상 구청
구와 주요한 쟁점이 동일하여 그 소송자료·증거자료를 이용할 수 있어야 한다는
점이 필요하고, 다른 한편으로는 사회적으로 일련의 분쟁으로 볼 수 있는 한 가
급적 동일한 절차 내에서 같이 해결하여야 한다는 필요성과도 관계된다. 그런데
청구의 기초의 동일성의 개념에 관하여 종전부터 견해가 나뉘어 있다. ① 청구를
특정한 권리의 주장으로 구성하기 전의 사실적인 분쟁이익의 공통(**이익설**), ② 심
판의 자료를 이루는 재판자료의 동일성(**사실설**), ③ 신·구청구의 주요한 쟁점의
공통, 소송자료·증거자료의 이용가능성, 신·구청구의 이익주장이 사회생활상
동일 또는 일련의 분쟁에 관한 것(**병용설**) 등이 있으나, 어느 견해에 의하여도
구체적인 결론은 다르지 않다고 본다. **판례**의 주류는 동일한 생활사실 또는 동
일한 경제적 이익에 관한 분쟁에 있어 그 해결방법에 차이가 있음에 불과한 경우
에는 청구의 기초에 변경이 없다고 하여 사실과 이익의 **병용설적인 표현**을 하고
있다.5)

◈ **예** ◈ X는 Y에 대하여 임대차종료를 원인으로 가옥의 인도를 구하는 소를 제기하
였다. Y는 이를 다투고 있다. 소송계속 중 Y의 과실로 목적 가옥이 불에 탔다고 하자.
소송계속 중에 소송의 목적물의 현상에 변경이 발생한 경우이다. X는 특정물의 인도로
부터 금전의 이행이라는 소의 변경에 의하여 가옥의 멸실에 따른 손해배상을 구할 수
있다. X의 신청구는 X·Y 사이의 임대차계약, Y의 반환의무의 유무라는 청구의 기초의
동일성이 있어서 소의 변경의 요건을 충족한다.

앞에서 이미 언급하였듯이, 상대방이 지체 없이 이의하지 아니하고 변경된
청구에 관한 본안의 변론을 한 때에는 상대방은 더 이상 그 청구변경의 적법 여
부에 대하여 다투지 못한다(청구의 기초의 동일성이라는 요건은 **사익적 요건**이다).

---

5) 가령, 대법원 1997. 4. 25. 선고 96다32133 판결 등.

2. 사실심에 계속되고 변론종결 전일 것

12-19   변론을 종결할 때(변론 없이 한 판결의 경우에는 판결을 선고할 때)까지 소의 변경을 할 수 있다(262조 1항). 한편 소장부본을 송달하기 전에는 아직 피고에게 아무런 이해관계가 없으므로 원고는 소장의 보충·정정으로서 임의로 소를 변경할 수 있다. 그리고 변론종결 뒤 판결선고 전은 소의 변경을 할 수 없으나, 변론이 재개되면 별개이다. 법률심인 **상고심**에서는 변론이 열려도 소의 변경은 할 수 없으나, **항소심**에서는 동일한 요건 하에서(가령 추가적 변경의 경우에 상대방의 동의 없이) 소의 변경을 할 수 있다(항소심에서는 제1심의 소송절차에 관한 규정이 준용된다. 408조).6)

가령, 항소심에서 **교환적 변경**이 적법하게 이루어지면 제1심 판결은 교환적 변경에 따른 소취하로 실효되어서(신청구의 추가적 병합과 구청구의 취하의 결합 형태로 보는 입장),7) 항소심의 심판대상은 새로운 소송으로 바뀌고 항소심이 사실상 제1심으로 재판하는 것이 되므로, 그 뒤에 항소를 취하한다 하더라도 그 대상이 없어 항소취하는 아무런 효력을 발생할 수 없다.8) 그런데 항소심에서 교환적 변경의 경우에 주의할 점은 아래와 같이 구청구에 대하여 **재소금지의 원칙**(267조 2항)이 작동될 수 있다는 것이다.9)

---

6) 지방법원 본원 합의부가 지방법원 단독판사의 판결에 대한 항소사건을 제2심(항소심)으로 심리하는 도중에 지방법원 합의부의 관할에 속하는 소송이 새로 추가되거나 그러한 소송으로 청구가 변경되더라도 심급관할은 제1심 법원의 존재에 의하여 결정되는 전속관할이어서 이미 정하여진 항소심의 관할에는 영향이 없으므로 추가되거나 변경된 청구에 관하여도 지방법원 본원 합의부가 그대로(관할이 고등법원으로 바뀌지 않고) 심판할 수 있다(대법원 1992. 5. 12. 선고 92다2066 판결).

7) 구청구의 취하를 수반하므로 피고가 본안에 관하여 응소한 뒤에는 구청구에 대하여 피고의 동의를 받아야 하고(266조 2항), 이 경우에 피고가 동의하지 않으면 구청구에 대한 취하의 효과가 생기지 않으므로 결과적으로 추가적 변경과 동일하게 된다. 다만, 피고의 동의와 관련하여 청구의 기초의 동일성을 요구함으로써 피고의 보호는 보장되며, 관련된 분쟁을 일거에 해결할 필요성이 있는 것이므로 피고의 동의가 필요 없다는 견해도 있으며(정/유/김, 974면; 정영환, 733면), **판례**도 이러한 입장이다(대법원 1962. 1. 31. 선고 4294민상310 판결).

8) 대법원 1995. 1. 24. 선고 93다25875 판결. 또한 항소취하의 합의가 있음에도 항소취하서가 법원에 제출되지 않은 경우도 마찬가지인데, 교환적 변경이 적법하면 항소심은 제1심 판결이 있음을 전제로 한 항소각하 판결을 할 수 없고, 사실상 제1심으로서 새로운 청구의 당부를 판단하여야 한다(대법원 2018. 5. 30. 선고 2017다21411 판결).

9) 가령, 甲이 乙 앞으로 마쳐준 부동산 소유권이전등기가 명의신탁에 의한 것으로 무효라고 주장하면서 乙을 상대로 소유권이전등기말소청구의 소를 제기하여 제1심과 항소심 모두 승소하였으나 상고심 계속 중 소를 취하하였는데, 그 후 재차 乙을 상대로 소유권이전등기의 말소를 구하는 소를 제기하였다가 부동산 가액 상당 손해배상을 구하는 것으로 청구를 변경한 사안에서, 乙이 원인무효인 소유권이전등기의 말소를 거부하고 있을 뿐인데도 甲의 소유권이 침해되어 부동산

◈ **예** ◈　원고는 A청구를 하였다가 제1심에서 패소판결을 선고받고, 항소를 제기하여 항소심 계속 중에 B청구로 소를 교환적으로 변경하였다. 그런데 원고는 또 다시 소를 변경하여 주위적으로는 A청구를, 예비적으로는 B청구를 구하였다. 여기서 최종적으로 변경한 A청구는 재소금지의 원칙(267조 2항)과 관련하여 적법한가를 살펴보자. **통설·판례**는 소의 교환적 변경을 **신청구의 추가적 병합과 구청구의 취하의 결합** 형태로 보므로 사안의 경우에 최종적으로 변경한 주위적 청구(A청구)는 종국판결이 있은 뒤 소를 취하하였다가 동일한 소를 다시 제기한 경우에 해당하여 **부적법**하다고 본다.[10]

10-사법시험
11-사법시험
14-변리사시험
19-법원행정고시

3. 소송절차를 현저히 지연시키지 않을 것

소의 변경에 의하여 동일한 소송절차에 의하여 심리하는 것의 이점은 소의 변경이 현저하게 절차를 지연시키지 않는 경우에만 존재하고, 소의 변경에 의하여 새롭게 증명의 필요가 생기는 등 현저하게 절차의 지연을 발생시킨다면, 소의 변경은 허용되지 않는다.[11] 이 경우는 새로운 청구에 대하여 기판력이 미치는 것도 아니므로 오히려 별소에 의하는 것이 적당할 것이다. 이 요건의 충족 여부는 종전의 소송절차, 교환적 변경 또는 추가적 변경인가, 제1심에서의 변경인가 항소심에서의 변경인가 등 구체적 상황에 따른 법원의 판단에 맡겨져 있다.

청구의 기초의 동일성과 달리 위 요건은 **공익적 요건**으로 보므로 피고가 동의하거나 또는 이의 없이 응소하더라도 종전의 소송절차와 소송자료를 이용하여

12-20

가액 상당 손해가 발생했다고 보아 그 금액의 배상을 명한 원심판단에 법리오해의 잘못이 있다 (대법원 2023. 1. 12. 선고 2022다266874 판결).

10) 대법원 1987. 11. 10. 선고 87다카1405 판결. 다만, 당초의 청구를 취하한다는 명백한 표시가 없는 경우에 변경형태에 석명권을 행사하는 조치를 전혀 취함이 없이 재소금지에 해당된다고 판단한 것은 잘못이다(대법원 1994. 10. 14. 선고 94다10153 판결). **이에 대하여** 호, 769면은 (새로운 청구의 추가적 병합과 구소의 취하로 보는 것은 타당하지 않고, 한편 위와 같이 보더라도) 원고로서는 법원의 판결을 농락하려거나 소취하 내지 재소를 남용할 의도는 추호도 없는 것이고, 통설·판례는 형식논리에 치우쳐 원고의 아무런 악의 없는 소송수행에 느닷없이 족쇄를 채우는 결과를 초래하고 있다고 비판한다. 반면 이, 578면은 원고로서 예상 밖의 함정이 될 수 있는 위와 같은 상황에 대처하기 위해, 항소심에서의 소변경이 있는 경우에 법원은 그 형태가 교환적인지, 추가적인지 석명하여 확인하고 아울러 엄격한 의사해석에 의해 예상 밖의 결과가 생기는 것을 최소화하면 되고, 이 때문에 소의 교환적 변경의 성질에 관한 신청구의 제기, 구청구의 취하라는 결합설(통설·판례)까지 반대할 필요는 없다고 한다.

11) 대법원 2017. 5. 30. 선고 2017다211146 판결(1조 1항은 민사소송의 이상을 공정·신속·경제에 두고 있고, 그중에서도 신속·경제의 이념을 실현하기 위해서는 당사자에 의한 소송지연을 막을 필요가 있는데, 이에 따라 원고는 청구의 취지 또는 원인을 바꿀 수 있지만, 새로운 청구를 심리하기 위하여 종전의 소송자료를 대부분 이용할 수 없고 별도의 증거제출과 심리로 소송절차를 현저히 지연시키는 경우에는 허용되지 않는다).

당사자 사이의 분쟁을 종국적으로 해결할 수 없는 경우에는 소의 변경에 의하여 오히려 종전의 절차를 현저하게 지연시킬 우려가 있으므로 소의 변경은 허용되지 않는다.

4. 청구의 병합의 일반적 요건을 갖출 것

12-21   신·구청구가 같은 종류의 소송절차에 따라 심리될 수 있어야 한다(253조). 그리고 신청구는 다른 법원의 전속관할에 속하지 아니하여야 한다.12) 다른 법원의 전속관할에 속하는 경우에 수소법원은 신청구를 전속법원에 이송하여야 한다.

III. 절   차

1. 원고의 신청

12-22   소의 변경은 원고의 **신청**에 의하여야 한다. 소의 변경은 법원이 강제할 수 없고, 원고의 자유이다. 다만, 법원의 적극적 석명이 요구되는 경우가 있을 수 있다.13)

2. 소변경의 서면의 제출

12-23   소의 변경은 피고의 방어에 큰 영향을 미치므로 **서면**으로 하여야 함이 원칙이다(262조 2항). 조문상으로 청구취지의 변경은 서면으로 신청하여야 한다고 하고 있는바, 한편 청구원인의 변경에 있어서도 서면으로 하여야 하는지 여부가 문제될 수 있는데, (반대해석상) 청구원인의 변경은 반드시 서면으로 할 필요가 없고 말로 하여도 무방하다고 할 것이다(**통설·판례**). 서면으로 신청하지 아니한 청구취지의 변경은 잘못이지만, 이에 대하여 상대방이 바로 이의를 제기하지 않으면 이의권을 잃어 그 잘못은 치유된다고 할 것이다.14) 소변경의 서면에는 소정의 인지를 내야 하지만, 청구의 확장이나 추가적 변경에 있어서는 증가분에 대하여만 부족한 인지를 더 내면 된다.

---

12) 전속관할의 정함이 없는 경우에는 신청구에 대하여도 관련재판적에 의하여 관할이 생긴다(25조).
13) 토지임대차종료시 임대인의 건물철거와 그 부지인도청구에 대하여 임차인이 건물매수청구권을 행사한 경우에 건물철거·부지인도청구에는 건물매수대금지급과 동시에 건물명도를 구하는 청구가 포함되어 있다고 할 수 없으므로 이 경우에 법원으로서는 임대인이 종전의 청구를 계속 유지할 것인지, 아니면 **대금지급과 상환으로 지상물의 명도를 청구할 의사가 있는지(예비적으로라도)를 석명하고 임대인이 그 석명에 응하여 소를 변경**한 때에는 지상물명도의 판결을 함으로써 분쟁의 1회적 해결을 꾀하여야 한다(대법원 1995. 7. 11. 선고 94다34265 전원합의체 판결).
14) 대법원 1993. 3. 23. 선고 92다51204 판결.

3. 송 달

소변경의 서면은 신청구의 소장에 해당하는 것이므로 **상대방에게 송달**하여 　12-24
야 한다(262조 3항). 그 서면이 송달된 때에 신청구에 대하여 소송계속의 효력이
발생한다. 다만, 시효중단 등의 효과는 서면제출시에 생긴다(265조).

관련하여 일부청구에 있어서 잔부에 대하여도 시효중단의 효력이 미치는지
여부에 대하여, 즉 일부청구에서의 청구취지의 확장(추가적 변경)과 시효중단효의
범위에 대하여 학설·판례의 다툼이 있는 것은 이미 살펴본 바 있는데, 명시적인
가에 관계없이 전부중단설에 찬성한 바 있다(☞5-18).

IV. 심 판

1. 소변경의 불허

소의 변경이 있지만, 그 요건에 흠이 있는 때에는 법원은 직권으로 또는 상 　12-25
대방의 신청에 따라 그 변경을 허가하지 아니하는 결정을 하여야 한다(263조). 이
결정은 신청구에 대한 병합심판신청을 부정하고, 심판의 범위를 종래의 청구 부
분에 한정하는 취지의 중간적 재판의 성질을 가지므로 독립하여 항고할 수 없고,
종국판결에 대한 상소가 있는 경우에 상급심이 판단한다. 위 경우에는 법원은 구
청구에 대하여 심리판단을 행한다.

2. 소변경의 허가

소의 변경을 적법하다고 인정하면 명시적으로 허가한다는 결정을 할 필요는 　12-26
없고, 바로 신청구에 대하여 심판하게 되는데, 다툼이 있다면 결정으로 소의 변경
이 적법함을 중간적 재판으로 판단하거나, 종국판결의 이유중에서 판단한다(263
조의 유추적용).

3. 신청구의 심판

적법한 소의 변경으로 인정되면, **추가적 변경**에서는 구청구와 병합하여 신 　12-27
청구에 대하여도 심판하는데,[15] 구청구의 소송자료는 당연히 변경 뒤의 신청구

---

15) 원고 패소의 제1심 판결에 대하여 원고가 항소한 후 항소심에서 예비적 청구를 추가한 경우에
　항소심이 종래의 주위적 청구에 대한 항소가 이유 없다고 판단한 때에는 예비적 청구에 대하여

의 자료가 된다. 구청구에서의 재판상 자백은 신청구에 있어서도 그 효력을 가진다. **교환적 변경**에서는 구청구의 소송계속이 소멸되므로 신청구에 대하여만 심판한다.16) 한편, 법원이 소변경을 간과하고 기존 청구에 대하여만 심판하는 것은 신청구에 대한 판단을 빠뜨린 점에서 위법하다.17)

4. 항소심에서 소의 변경

12-28　　　항소심에 이르러 소가 변경된 경우에는 항소심은 신청구에 대하여 실질상 제1심으로 재판하여야 하고, 이 경우에 가령 제1심이 원고의 청구를 기각하였고, 항소심이 신청구를 기각할 경우라 하더라도 '원고의 청구를 기각한다'는 주문 표시를 하여야 하고, '항소를 기각한다'는 주문 표시를 하여서는 안 된다.18) 항소심 법원은 소의 변경이 있었던 것을 판결 주문에서 분명히 하여야 한다. 결론이 제1심과 일치하는 경우라도 다시 신청구에 대한 재판을 하여야 한다.19)

제1심으로 판단하여야 하므로 항소심은 원고의 항소를 기각하고 **새로이 추가된 예비적 청구에 따라 인용금액의 지급을 명하였어야 한다**(대법원 2017. 3. 30. 선고 2016다253297 판결).

16) 가령 재판상 자백의 성립 후 청구를 교환적으로 변경한 경우, 자백의 효력은 소멸된다(대법원 1997. 4. 22. 선고 95다10204 판결).

17) 가령 교환적 변경의 경우에 판단이 간과된 신청구는 **재판의 누락**(212조 1항)에 해당되어 원심법원이 추가판결을 하여야 하고, 구청구에 대하여 상급심이 심판한 것은 처분권주의 관련하여 위법으로 상소심은 원판결을 취소 또는 파기하고, 소송종료선언을 하게 된다(대법원 2003. 1. 24. 선고 2002다56987 판결). 이에 대하여 호, 833면은 변경된 신청구에 대한 재판을 누락한 것이 아니라 청구하지 아니한 소송물에 대하여 재판한 것으로 보아야 할 것이므로 원심법원이 추가판결을 할 필요 없이 상소심이 원판결을 취소하고 변경된 청구에 대하여 재판하면 된다고 한다.

18) 대법원 1997. 6. 10. 선고 96다25449, 25456 판결.

19) 원고가 제1심에서 선택적으로 구한 두 개의 청구 중 1개의 청구가 인용되고 피고가 항소한 후, 원고가 항소심에서 병합의 형태를 변경하여 제1심에서 심판되지 않은 청구 부분을 주위적 청구로, 제1심에서 인용된 위 청구 부분을 예비적 청구로 구함에 따라 항소심이 주위적 청구 부분을 먼저 심리하여 그 청구가 이유 있다고 인정하는 경우에는, 비록 결론이 제1심 판결의 주문과 동일하더라도 피고의 항소를 기각하여서는 아니 되고 새로이 청구를 인용하는 주문을 선고하여야 한다(대법원 2020. 10. 15. 선고 2018다229625 판결).

제4장

반 소

I. 의 의

피고가 소송계속 중에 그 소송절차를 이용하여 원고에 대하여 제기하는 소가 반소이다(269조). 피고에 의한 청구의 추가적 병합이고, 이에 의하여 동일한 소송 절차에서 여러 소송물이 다루어진다. 원고에게 소의 변경이 인정되는 것에 대하여, 반소를 통하여 피고에게도 본소절차를 이용하여 원고에 대한 청구를 심판받을 수 있게 하는 것이 공평하며, 한편 나아가 서로 관련이 있는 청구인 경우에는 심판의 중복을 피하기 위한 소송경제 및 판단의 모순저촉의 회피라는 재판운영의 이상을 이룰 수 있게 된다. 반소의 의의를 좀 더 심층 분석하면 다음과 같다.

◈ 예 ◈ 甲은 乙에 대하여 임대차종료를 원인으로 가옥의 인도를 구하는 소를 제기하였다. 乙은 이를 다투고 있다. 그런데 위 가옥은 최근에 비가 새는데도 甲이 수리하여 주지 않았다. 그런고로 乙은 의복 등에 300만원의 손해를 입었다. 乙은 위 소송과 관련하여 甲으로부터 그 배상을 받기를 원한다. 이렇게 소송계속 중에 乙이 청구하고 싶은 권리가 있는 경우에 취할 수 있는 수단을 생각하여보자. 피고 乙이 원고 甲에 대하여 가지는 손해배상청구권을 행사하는 방법으로서는 별소, 반소 또는 항변을 생각할 수 있다. 이 가운데 본소와 관련하여 배상을 구하는 방법은 반소와 항변이다. 사안에서는 우선 손해배상청구권에 기하여 가옥을 유치할 수 있다. 그렇다면 유치권의 항변이 성립할 수 있는데, 피고 乙이 이를 주장하는 한, 원고 甲의 가옥인도청구가 인용되는 경우에도 무조건의 이행판결이 아닌, 상환이행판결이 선고되게 된다. 다음 반소는 항변보다 강한 반격방법으로 본소청구 또는 본소의 방어방법(부인·항변)과 서로 관련이 있을 것을 요건으로 한다. 사안은 본소인 이행소송의 목적으로부터 생기는 손해배상청구이므로 이 요건을 충족하는 것은 분명하다.[1]

---

[1] 본래 상환이행판결은 상환이행에 있어서 금전의 지급에 대하여 상대방을 위하여 집행력을 가지는 것은 아니다. 왜냐하면 이 지급 문언은 소송물에 대한 판단이 아니라, 집행개시의 요건 (민사집행법 41조)에 지나지 않기 때문이다. 따라서 법원이 Y의 항변을 인정하여 상환이행판

1. 반소는 방어방법이 아니고, 독립한 소이다

12-30   반소는 피고가 자기의 신청에 대하여 판결을 구하는 정식의 독립적인 소 (selbständige Klage)이고, 단순히 본소를 물리치기 위한 방어방법과 다르다. 상계 또는 동시이행의 항변은 단순한 방어방법에 불과하며 반소로 볼 것은 아니다. 예를 들어 매매로 인한 물건인도청구의 본소에서 피고의 물건인도의무는 원고의 대금지급의무와 동시이행관계에 있다는 항변은 피고의 본소에 대한 방어방법일 뿐이고 반소에는 해당하지 않는다. 이 경우에 피고가 원고에 대하여 대금지급을 구하는 청구를 하여야 반소가 된다. 또한 반소는 방어방법이 아니므로 주문에서 이에 대하여 응답하여야 하고, 판결서의 청구취지에도 이를 밝혀야 한다.

2. 반소의 대상은 본소청구와는 다른 청구이어야 한다

12-31   피고는 본소에 대한 응소만으로도 본소청구기각을 기대할 수 있기 때문에 반소의 대상이 실질적으로 본소청구기각을 구하는 것과 같은 정도에 그친다면 반소로서의 이익이 없고, 반소의 이익이 있기 위해서는 본소의 방어방법 이상의 사항에 대하여 적극적으로 심판을 신청할 필요가 있다. 따라서 ① 동일한 권리관계에 기한 소유권의 확인을 구하는 적극적 확인의 본소청구에 대하여 그 부존재 확인의 소극적 확인의 반소청구는 허용되지 않는다. 본소청구를 기각하는 판결은 원고가 소유자가 아닌 것을 기판력에 의하여 확정하기 때문이다. 반면 이에 대하여 ② 소유권에 대한 적극적 확인을 구하는 본소에 있어서 원고가 소유자가 아니라는 이유로 청구를 기각하는 판결은 판결이유 중에서 그 토지가 피고의 소유라는 것을 인정하고 있더라도 그 점은 기판력에 의하여 확정되는 것은 아니므로 피

13-변호사시험

고는 적극적으로 소유권의 확인을 구하는 반소를 제기할 수 있다. 또한 ③ 동일

20-변호사시험

한 권리관계에 기한 이행의 소에 대하여 채무부존재확인의 반소청구는 허용되지 않는다.2) 반면, 이에 대하여 ④ 가령 손해배상채무의 부존재확인의 본소청구에 대하여 반소로 손해배상채무의 이행청구를 하는 것은 적법하다(한편, 본소에 대한

───────

결을 하였다 하더라도 X가 가옥인도의 집행권원에 기한 강제집행을 하지 않는 상황에서, Y는 적극적으로 스스로 손해배상금의 지급에 대한 이행의 소를 제기하지 않는 한, 손해배상금의 지급을 강제적으로 실현할 수 없다. 그래서 Y가 종국적인 해결을 구하는 경우에는 X를 상대로 반소를 제기할 필요가 있다.

2) 위 경우는 그 청구의 내용이 실질적으로 본소청구의 기각을 구하는 데 그치는 것이므로 부적법하다(대법원 2007. 4. 13. 선고 2005다40709, 40716 판결).

소의 이익이 소멸되는지 여부도 쟁점이 된다. ☞4－113).3)

3. 반소는 피고가 원고를 상대로 한 소이다

반소는 본소의 당사자인 피고(반소원고)가 원고(반소피고)를 상대로 하여(반소 의 당사자) 제기하는 소이다. 본소의 원고를 반소에서는 반소피고, 본소의 피고를 반소에서는 반소원고라고 부른다. 독립당사자참가에 있어서는 참가인과의 관계 에서 상대방의 지위에 서는 종전의 원·피고가 위 경우의 피고에 모두 포함된 다.4) 한편 보조참가인은 당사자가 아니므로 보조참가인에 의한(반소원고) 또는 보 조참가인에 대한(반소피고) 반소는 허용되지 않는다(이에 대하여 항변은 보조참가인 도 일정한 요건 하에서 그 제출을 할 수 있다. 76조 참조).

12-32

◈ **제3자 반소** ◈ 제3자 반소(Drittwiderklage)는 피고가 원고 이외의 제3자에 대하여 또는 피고 이외의 제3자가 원고에 대하여 제기하는 반소를 말한다. 해석론상 그 인정 에 인색할 필요가 없다는 견해,5) 해석론의 범위를 벗어나므로 허용되지 않는다는 견해 등이 나뉘고 있다.6) **판례**는 원고 보증인의 본소에 대하여 피고가 위 보증인 이외의 제3자인 주채무자를 추가하여 반소피고로 한 사안에서 필수적 공동소송이 아니어서 피 고의 주채무자에 대한 반소는 원칙적으로 허용되지 않고, 다만 피고가 제기하려는 반 소가 필수적 공동소송이 될 때에는 68조의 **필수적 공동소송인 추가의 요건을 갖추 면 허용**될 수 있다고 한다.7) **생각건대** 위 판례의 이론 구성이 필수적 공동소송인의 추가라는 추가적 공동소송의 범위로 이 문제를 포착하였다고 볼 수 있으므로 그 이론 구성을 출발점으로 하여, 다만 그 허용 범위는 위 판례보다 좀 더 넓게, 필수적 공동소 송 관계만으로 엄격하게 볼 것이 아니고, 제3자 및 당사자를 둘러싸고 서로 관련이 있 는 분쟁인 경우라면, 소송경제, 심판의 중복 및 판단의 모순저촉의 회피 등을 고려하여

16-변리사시험

---

3) 대법원 1999. 6. 8. 선고 99다17401, 17418 판결은 원고가 피고에 대하여 손해배상채무의 부존 재확인을 구할 이익이 있어 본소로 그 확인을 구하였다면, 피고가 그 후에 그 손해배상채무의 이행을 구하는 반소를 제기하였다 하더라도 **그러한 사정만으로 본소에 대한 확인의 이익이 소 멸하여 본소가 부적법하게 된다고 볼 수는 없다고** 보았다(이후 대법원 2010. 7. 15. 선고 2010다2428, 2435 판결도 마찬가지). 그러나 채무부존재확인의 본소는 이행의 반소를 유발한 것에 의하여 그 목적을 이루었고, 본소원고는 반소의 기각판결을 얻어 내면 본소의 목적을 달성 할 수 있기 때문에 여기서 본소는 확인의 이익을 잃어 부적법하다고 볼 수도 있다(☞4－113).
4) 대법원 1969. 5. 13. 선고 68다656, 657, 658 판결.
5) 김/강, 752면; 김용, 838면; 정영, 747면; 한, 649~650면.
6) 송/박(2014), 623면은 미국법과 같은 명문의 규정이 없으므로 허용되지 않는다고 하면서도, 반 소를 꼭 본소의 양 당사자 사이에서만 인정할 필요는 없으므로 적극적으로 도입을 검토할 필요 가 있다고 한다.
7) 대법원 2015. 5. 29. 선고 2014다235042, 235059, 235066 판결. 김홍, 946면; 이, 727면; 정/유/ 김, 977면도 판례와 마찬가지 입장이다.

제3자가 관련된 분쟁에 대하여도 반소로 제기할 수 있어야 한다고 본다.

4. 반소의 제기 여부는 피고의 자유이다

12-33   피고가 반소에 의할 것인가, 별소에 의할 것인가는 원칙적으로 피고의 자유
이다. 반소에 의할 수 있는 청구를 별소로 제기하였더라도 중복된 소제기로 보아
(259조) 그 별소를 금지할 방법은 없다. 다만, 여기서 이부(移部), 변론의 병합(141
조), 이송(35조) 등의 방법에 의하여 심판의 중복과 재판의 모순저촉을 막는 것이
타당하다는 견해 또는 별소에 의하는 것보다 반소에 의하는 것이 바람직한 경우
에는 반소를 제기하도록 석명권을 적절히 행사하여야 할 것이라는 견해 등이 있
다(참고로 보면, 미국 연방민사소송규칙은 강제반소를 규정하고 있다).

◈ **예비적 반소** ◈   반소는 본소를 위한 소송절차 내에서 본소와 병합심판을 받기 위
한 소로, 원칙적으로 조건을 부칠 수 없다. 무조건으로 반소에 대하여 법원의 판결을
구하는 단순반소가 통상적이다. 그러나 본소청구가 인용되거나 기각되거나 또는 부적법
할 경우를 조건으로 반소청구에 대하여 심판을 구하는 예비적 반소(Eventualwiderklage)
는 심리의 과정에서 그 조건 성취가 분명하게 되어, 절차의 안정을 해치는 것이 없으
므로 허용된다. 가령, 원고의 소유권에 기한 가옥인도의 본소청구에 대하여 피고가 그
가옥에 대하여 원고의 소유권이 없다는 이유로 청구기각을 구하다가 본소청구가 인용
될 경우를 대비하여 가옥에 투입한 유익비상환청구를 반소로 제기하는 경우, 원고가
매매계약에 기한 소유권이전등기를 본소로 청구한 경우에 청구기각을 구하는 피고가
만일 본소가 인용될 경우를 대비하여 잔대금의 지급을 반소로 구하는 경우 등은 **본소
청구의 인용**의 경우의 예비적 반소이다. 본소청구가 기각 또는 각하되는 것을 **해제조
건**으로 하는 이 경우는 본소청구가 **기각**되면 반소청구에 대하여 아무런 판단이 필요하
지 않으며,[8] 본소청구가 **각하**되거나 **취하**되면 반소청구는 본소청구와 운명을 같이하
여 소멸한다. 한편, 가령 소유권이전등기의 본소에 있어서 매매계약이 무효라 하여 본
소청구가 기각될 경우를 대비하여 이미 인도한 목적물을 부당이득으로 반환할 것을 반
소로 청구하는 것이 **본소청구의 기각**의 경우의 예비적 반소이다. 원고의 청구가 항소
심에서 기각되어 가집행선고부 제1심 판결이 취소될 것을 조건으로 한 피고의 가지급
물반환신청(215조 2항)도 그 예라고 할 수 있다.[9] 그런데 예비적 반소 중 본소청구가

---

8) 원고의 본소청구를 배척한 이상, 예비적 반소는 제1심의 심판대상이 될 수 없는 것이고, 이에
대하여 판단하였다고 하더라도 그 효력이 없다고 할 것이므로, 피고가 제1심에서 각하된 반소에
대하여 항소를 하지 아니하였다는 사유만으로 원심의 심판대상으로 될 수 없는 것은 아니고, 따
라서 원심으로서는 원고의 항소를 받아들여 본소청구를 인용한 이상 예비적 반소청구를 심판대
상으로 삼아 판단하였어야 한다(대법원 2006. 6. 29. 선고 2006다19061, 19078 판결).
9) 대법원 2005. 1. 13. 선고 2004다19647 판결; 대법원 2011. 8. 25. 선고 2011다25145 판결 등.

기각되는 경우를 대비한 것보다는 본소청구가 인용될 경우를 대비한(즉, 본소청구가 기각 또는 각하되는 것을 해제조건으로 하는) 것이 실무상 흔한 예이다.

◆ **재반소** ◆   재반소(Wieder-widerklage)는 피고의 반소에 대한 원고의 반소이다. 예를 들어 원고가 매매대금지급의 본소청구를 함에 대하여, 피고는 상계의 항변을 하고, 상계가 부적법하여 각하되는 때에 대비하여 반대채권의 지급을 구하는 반소청구를 제기한 데 대하여, 원고는 다시 반대채권의 발생원인이 되는 계약의 무효확인를 구하는 재반소를 제기하는 경우이다. 재반소를 인정할 것인지 여부에 대하여는, 소송절차를 번잡하게 한다는 이유로 허용할 수 없다는 견해도 있으나, 현행 민사소송법에는 그 금지의 특별한 규정도 없고, 관련성 있는 분쟁을 일회적으로 해결함으로써 소송경제를 도모할 수 있다는 점에서 일반적으로 재반소를 허용할 것이라고 한다(**통설**). 또한, 가령 소를 취하한 원고가 피고의 반소청구에 대하여 그 취하한 바 있었던 본래의 청구를 (재)반소의 형식으로 다시 살릴 수 있는데, 다만 이는 재소금지에 어긋나지 않아야 한다. 재반소에는 소의 변경에 관한 규정이 아니라, 반소에 관한 규정이 적용된다.

II. 요 건

소의 변경(262조)	반 소(269조)
소의 객관적 병합의 일반적 요건을 갖출 것	동 일
청구의 기초의 동일성	본소의 청구 또는 방어의 방법과 관련관계
사실심의 변론종결 전일 것	동 일 *다만, 항소심에서의 반소의 제기(412조)
소송절차를 현저히 지연시키지 않을 것	동 일
요건의 흠－불허결정(263조)	요건의 흠－부적법각하 *다만, 분리심판의 입장

반소는 원고의 소의 변경에 대응하는 것으로, 269조와 262조는 거의 대칭적 **12-34** 이므로 그 요건도 마찬가지로 생각하면 된다. 즉 사실심의 변론종결전일 것, 소송절차를 현저히 지연시키지 않을 것, 소의 객관적 병합의 일반적 요건을 갖출 것은 소의 변경과 동일하다. 그리고 반소에 있어서 「본소의 청구 또는 방어의 방법과 서로 관련관계」도 소의 변경의 요건인 「청구의 기초의 동일성」과 대칭으로 풀이하면 된다. 다만, 항소심에서의 반소는 상대방의 심급의 이익을 해할 우려가 없는 경우 또는 상대방의 동의를 받은 경우에 제기할 수 있다는 점(412조 1항)에

서 양자의 요건은 차이가 난다. 그 이유는 다음과 같다. 즉 소의 변경의 요건이 「청구의 기초의 동일성」인 것에 대하여, 반소의 요건은 「본소의 청구 또는 방어의 방법과 관련관계」인데, 청구의 기초가 동일하다면 항소심에서 소를 변경하여도 사실심리의 범위는 제1심의 심리범위와 대체로 동일하므로 상대방이 가지는 심급의 이익을 빼앗는 것이 되지 않는 데 반하여, 본소의 청구 또는 방어의 방법과 관련관계에 있는 것만으로는 반드시 사실심리의 범위는 동일하지 않으므로 항소심에서 반소를 무조건으로 허용하는 것은 상대방이 가지는 심급의 이익을 빼앗을 우려가 있기 때문이다. 그리고 반소에 있어서 그 밖의 소의 이익 등 일반적인 소송요건(Prozeßvoraussetzung)을 갖추어야 하는 것은 물론이다.10)

1. 본소의 청구 또는 본소의 방어의 방법과 서로 관련이 있을 것(269조 1항 단서)

12-35   반소청구는 본소청구나 본소의 방어방법과 서로 관련(Zusammenhang)이 있어야 한다. 관련이 있는 것을 필요로 하는 것은 반소청구가 추가적으로 본소와 병합 심리되므로 본소청구에 대한 재판자료가 반소청구의 재판자료로 되는 것이 정당화되어야 하고, 나아가 심리의 중복과 재판의 모순저촉을 피할 수 있기 때문이다.

(1) 본소의 청구와 관련관계

12-36   본소청구와 반소청구의 관련관계란 양자가 소송물 또는 그 권리의 대상이나 발생원인에 있어 법률상 또는 사실상으로 공통성이 있다는 것이다.

① 반소청구가 본소청구와 동일한 법률관계의 형성을 목적으로 하는 경우: 가령 원고가 이혼소송을 제기함에 대하여, 피고도 반소로써 이혼을 구하는 경우이다.

② 청구원인이 동일한 경우: 가령 원고가 매매를 원인으로 한 소유권이전등기를 구하는 본소에 대하여, 피고가 잔대금의 지급을 구하는 반소를 제기하는 경우이다.

③ 양자가 소송물인 권리관계의 대상이나 발생원인에 있어서 주된 부분

---

10) 공시송달에 의한 제1심 판결에 의해 이미 원고 명의로 등기명의가 이전된 경우에 이후 제기된 추후보완항소에서 제1심판결이 취소되고 등기권리자의 청구가 기각되는 경우, 등기의무자로서는 이미 등기명의를 이전받은 등기권리자를 상대로 위 추후보완항소 절차에서 반소를 제기할 소의 이익이 있다(대법원 2023. 4. 27. 선고 2021다276225, 276232 판결).

이 **공통한 경우**: 가령 원고가 본소로써 가옥소유권의 확인을 구하는 데 대하여, 피고가 반소로써 동일한 가옥에 대한 임차권의 확인을 구하는 경우이다(대상에 있어서 공통성). 또는 원고가 본소로써 교통사고를 원인으로 한 손해배상청구를 구하는 데 대하여, 피고가 동일한 사고를 원인으로 한 손해배상의 반소를 제기하는 경우이다(발생원인의 공통성).

◆ **예** ◆   개인택시를 운전하는 A씨는 영업을 위해 오후에 출근하였다가 새벽에 퇴근하는 생활을 하였으나, 아내인 B씨는 A씨가 일하는 밤 시간 동안 일주일에 한두 번 정도 친구들과 어울려 고스톱 놀이를 즐겨 부부 사이에 다툼이 잦았다. 화투놀이에 불만이 있던 A씨는 자신이 집을 비운 사이에 아내가 부정한 행위를 한다고 의심을 하여 자주 다투면서 외박을 하기도 하였다. 또 퇴근하고 귀가하였음에도 아내가 화투놀이를 하기 위해 집을 비운 것에 화가 나 그날 밤 11시 반이 넘어서 귀가한 아내에게 주전자를 던져 이마에 열상을 입히기도 하였다. A씨는 B씨를 상대로 이혼과 위자료를 청구하는 소송(본소)을 냈고, B씨도 A씨를 상대로 이혼 등을 요구하는 **반소**를 냈다. B씨가 밤늦은 시간에 친구들과 어울려 화투놀이를 즐기면서 A씨와의 불화의 단초를 제공한 것 역시 파탄의 한 원인이 되기는 하였지만, 이를 평화적으로 해결하고자 하는 노력을 기울이기보다는 외박을 하면서 그 해결을 회피한 A씨에게 혼인관계 파탄의 주된 책임이 있는데, 유책배우자인 원고(A씨)는 이혼을 청구할 수 없지만, 피고(B씨) 역시 반소를 제기하여 혼인관계를 유지할 의사가 없음을 명백히 하고 있는 이러한 경우 비록 혼인의 파탄에 관하여 전적인 책임이 있는 배우자의 이혼청구라도 인용함이 상당하다고 보았다(2007.12.11.자 리걸타임즈 기사).

(2) 본소의 방어의 방법과 관련관계

본소의 방어의 방법과 관련관계란 반소청구가 본소청구에 대한 항변사유와 그 내용 또는 발생원인에 있어서 법률상 또는 사실상 공통점을 가지는 때이다. 가령 소유권에 기한 인도청구의 본소에 대하여 방어방법으로서 유치권의 항변을 하면서 그 피담보채권을 반소로 청구한다든지, 대여금반환청구에 대하여 상계항변을 하면서 상계초과액(상계로 대항하고 남은 잔액)을 반소로 청구한다든지, 가령 원고가 매매계약 등 법률행위에 기하여 소유권을 취득하였음을 전제로 피고를 상대로 일정한 청구를 할 때, 피고는 원고의 소유권취득의 원인이 된 법률행위가 사해행위로서 취소되어야 한다고 다투면서 동시에 그 사해행위의 취소 및 원상회복을 구하는 반소를 제기하는 것과[11] 같이 피고의 항변사유와 반소청구가 그 내

12-37

08-변리사시험
17-변호사시험

21-변호사시험

---

11) 그 사해행위의 취소 여부는 반소의 청구원인임과 동시에 본소청구에 대한 방어방법이자, 본소

용 또는 발생원인에 있어서 공통점이 있는 경우이다. 여기서 본소의 방어방법이 반소제기 당시에 현실적으로 제출되어야 하며 또한 적법하여야 한다. 위 전자의 예에서 유치권의 항변이 실기한 공격방어방법으로 각하된 경우(149조)에 이에 바탕을 둔 반소나 위 후자의 예에서 상계금지채권과 같이 실체법상 상계가 허용되지 않는 경우에 이에 바탕을 둔 반소는 부적법하다.

22-변리사시험
24-변호사시험

◈ **예** ◈ 다음 반소는 적법한가? [1] 원고를 甲, 피고를 乙로 하는 토지소유권확인소송 계속 중에 乙로부터 甲에 대하여 동일한 토지의 소유권확인의 소를 반소로서 제기한 경우에 대하여 살펴보자. 여기서는 우선 위 본소청구와 관련관계가 문제된다. 결론적으로 동일한 토지의 소유권의 귀속을 다투므로 반소청구가 본소청구와 소송물을 이루는 권리의 대상에 있어서 공통하여 관련관계가 있다. 다음으로 본소의 기각을 구하는 응소는 甲의 소유권만을 부인할 뿐이지 乙의 소유권을 긍정하는 것은 아닌데, 위 乙의 반소는 본소의 기각을 바라는 방어방법 이상의 적극적 내용이 포함되게 되므로 반소의 대상은 본소청구와는 다른 청구이어야 한다는 점에서도 적법하다. [2] 원고의 **토지의 점유회복**의 본소에 대하여 피고가 **토지소유권**에 기한 토지의 인도를 구하는 반소를 제기한 경우에 민법 208조 2항이 「점유권에 기인한 소는 본권에 관한 이유로 재판하지 못한다」고 규정하고 있어서 문제이다. 그런데 이는 점유의 소에 대하여 피고가 본권을 방어방법(항변)으로 내세울 수 없다는 것이고, 본권에 기한 반소제기는 방어방법으로 주장하는 것이 아니기 때문에 **허용**할 수 있다. 이 경우에 계쟁 토지를 둘러싸고 반소청구가 본소청구와 관련관계가 있는 것은 명백하다. 그 결과로 본소·반소 모두 이유가 있으면 양쪽의 청구를 인용하게 된다.[12] 다만, 이에 대하여 본권에 기한 반소 제기를 허용하면 본권에 관한 심리에 상당한 시간이 필요하고, 물건에 대한 사실적 지배와 그 침해의 사실만을 증명하면 용이하게 판결에 이를 수 있는 점유의 소가 본권에 기한 반소로 인하여 해결이 지연될 우려가 있어 민법 208조 2항의 취지인 자력구제금지의 존재의의가 없어지게 된다는 근거로 본권에 기한 반소제기는 **부적법**하다는 입장도 있을 수 있다. [3] 고의에 의한 명예훼손의 손해배상청구의 본소에 대하여 전혀 별개의 사실을 이유로 하는 영업방해에 의한 손해배상청구의 반소를 제기하는 경우

청구 인용 여부의 선결문제가 될 수 있다. 법원이 반소 청구가 이유 있다고 판단하여 사해행위의 취소 및 원상회복을 명하는 판결을 선고하는 경우, 반소 청구에 대한 판결이 확정되지 않았더라도 사해행위인 법률행위가 취소되었음을 전제로 원고의 본소청구를 심리하여 판단할 수 있다(대법원 2019. 3. 14. 선고 2018다277785, 277792 판결).

12) 점유권에 기한 본소에 대하여 본권자가 본소청구 **인용에 대비**하여 본권에 기한 **예비적 반소**를 제기하고 양 청구가 모두 이유 있는 경우, 법원은 점유권에 기한 본소와 본권에 기한 예비적 반소를 모두 인용해야 하고 점유권에 기한 본소를 본권에 관한 이유로 배척할 수 없다. 모두 인용되어 확정되면, 점유자가 본소 확정판결에 의하여 집행문을 부여받아 강제집행으로 점유를 회복할 수 있다. 한편, 본권자의 소유권에 기한 반소청구는 본소의 **의무 실현을 정지조건**으로 하므로, 본권자는 위 본소 집행 후 집행문을 부여받아 비로소 반소 확정판결에 따른 강제집행으로 점유를 회복할 수 있다(대법원 2021. 2. 4. 선고 2019다202795, 202801 판결).

는 양소의 청구 사이에 관련관계가 없고, 또한 방어방법과도 관련관계가 없으므로 반소의 요건을 흠결하여 부적법하다. [4] 위 [3]의 본소에 대하여 매매대금채권으로 상계를 주장하는 것과 함께 그 잔대금채권이행의 반소를 제기하는 경우를 보면, 수동채권이 고의에 의한 명예훼손으로 인한 손해배상청구이어서 상계금지채권(민법 496조)에 해당하여 실체법적으로 상계가 허용될 수 없으므로 이를 전제로 한 반소는 부적법하게 된다. [5] 원고의 미지급임금 청구에 대해 피고가 원고에 대한 부당이득 또는 편취금 반환채권을 들어 상계항변을 하면서 동시에 반소를 제기한 경우에 원고의 본소와 피고의 반소는 동일한 법률관계 형성을 목적으로 하거나 주된 부분이 사실상 또는 법률상 공통된다고 볼 수 없고, 피고의 상계항변은 임금 전액지급원칙에 따라 허용되지 않는 점을 고려할 때 피고의 반소는 부적법하다.

2. 반소의 제기 당시 본소가 사실심에 계속 중이고 변론종결 전일 것(269조 1항)

(1) 본소의 각하·취하

본소가 사실심에 계속 중이어야 하는데, 본소의 소송계속은 반소제기의 요건이고, 그 존속요건은 아니므로 반소가 제기된 뒤에는 본소의 운명과 독자적이다. 즉 본소가 각하 또는 취하되어 그 소송계속을 이탈하여도 반소가 예비적 반소(예비적 반소는 본소의 청구가 인용되거나 기각됨에 의하여 영향을 받는 것을 내용으로 하기 때문)가 아닌 이상, 반소에 영향이 없다(반소의 취하에 대하여는 ☞12-47).

12-38

(2) 항소심에서의 반소의 제기

본소가 사실심 변론종결 전이면 반소를 제기할 수 있는데(한편, 법률심인 상고심에서의 반소의 제기는 허용되지 않는다), 다만 항소심에서 반소는 상대방(본소원고=반소피고)의 심급의 이익을 해할 우려가 없는 경우 또는 상대방의 동의를 받은 경우에 제기할 수 있다(412조 1항). 상대방이 이의를 제기하지 아니하고 반소의 본안에 관하여 변론을 한 때에는 반소제기에 동의한 것으로 본다(동조 2항).13)

12-39

17-변리사시험
22-변리사시험

◈ **예** ◈   제1심에서 건물철거 및 부지인도청구의 원고 甲의 본소에 대하여 피고 乙이 관습상의 법정지상권에 기한 항변을 하고, 이에 관하여 증명을 한 바 있다. 항소심에 이르러 피고 乙은 원고 甲에 대하여 법정지상권설정등기절차의 이행을 구하는 반소를 제기하였다. 甲이 乙의 위 반소제기에 동의하지 않더라도 乙의 반소청구는 제1심에

---

13) 원고가 "반소기각답변"을 한 것만으로는 「이의 없이 반소의 본안에 관하여 변론을 한 때」에 해당한다고 볼 수 없다(대법원 1991. 3. 27. 선고 91다1783, 1790 판결).

서 乙이 항변으로 제출하여 실제 심리를 받은 주장을 바탕으로 한 경우이므로(반소청구의 주장사실에 대하여 이미 거의 제1심에서 심리가 이루어졌다는 것이 주요한 기준이 된다) 甲의 심급의 이익을 빼앗는 것이 되지 않아 적법하다.14) 이렇게 제1심에서 이미 제출한 항변과 관련된 반소 또는 본소와 청구원인을 같이하는 반소15) 이외에도 항소심에서의 예비적 반소,16) 중간확인의 반소 등은 실질적으로 상대방의 심급의 이익을 빼앗는 경우가 아니어서 상대방의 동의가 필요하지 않다.

3. 본소절차를 현저히 지연시키지 않을 것(269조 1항)

12-40   피고는 변론종결시까지 소송절차를 현저히 지연시키지 아니하는 경우에 한하여 본소가 계속한 법원에 반소를 제기할 수 있다고 하여 본소의 소송절차를 현저하게 지연시키는 반소를 불허함으로써 신속한 재판을 도모하고자 하고 있다. 이 경우에는 별소에 의하도록 하는 것이 더 적절한데, 결국 위 요건에 의하여 반소가 본소의 지연책으로 남용되는 것도 막을 수 있다.

4. 본소와 같은 종류의 소송절차에 따를 것(253조 참조)

12-41   반소는 계속 중인 본소와 병합하여 심리되어야 하므로(소의 객관적 병합이 발생), 본소와 같은 종류의 소송절차에 따라야 한다. 즉 반소는 본소계속중에 그 소송절차를 이용하여 제기하는 신소이므로 소의 객관적 병합의 요건을 충족하지 않으면 안 된다(이 요건은 소의 변경에 있어서도 마찬가지이다).

5. 반소가 다른 법원의 전속관할에 속하지 아니할 것(269조 1항 단서)

12-42   반소가 다른 법원의 관할에 전속되면 본소와 병합할 수 없기 때문에 반소가 다른 법원의 전속관할(전속적 합의관할은 포함되지 않는다)에 속하지 않아야 한다.

---

14) 여기서 상대방의 심급의 이익을 해할 우려가 없는 경우라고 함은 반소청구의 기초를 이루는 실질적인 쟁점이 제1심에서 본소의 청구원인 또는 방어방법과 관련하여 충분히 심리되어 상대방에게 제1심에서의 심급의 이익을 잃게 할 염려가 없는 경우를 말한다(대법원 2005. 11. 24. 선고 2005다20064, 20071 판결).

15) 본소와 반소의 각 청구원인이 상이한 만큼 원고의 심급의 이익을 해할 우려가 없다고 할 수 없어 부적법하다(대법원 1994. 5. 10. 선고 93므1051, 1068 판결).

16) 새로운 반소의 변경으로서 항소심에서도 예비적 반소청구를 할 수 있다 할 것이니, 본위적 반소청구가 인용되지 아니하는 것을 조건으로 하여 판단을 바라는 것으로서 반소피고의 동의가 없다 하여도 반소원고의 예비적 반소청구는 적법하다(대법원 1969. 3. 25. 선고 68다1094, 1095 판결).

III. 절 차

본소와 마찬가지의 절차에 따르므로(270조), 원칙적으로 서면으로 하여야 하   12-43
고, 소장의 필수적 기재사항을 적고, 소장에 붙이는 것과 같은 액의 인지를 내야
하지만, 다만 본소와 그 목적이 동일한 반소의 경우에는 반소의 인지액에서 본
소의 인지액을 공제한 차액의 인지액만 내면 된다(민사소송 등 인지법 4조 1항,
2항).

■ **반소장 작성 기재례**

반 소 장

사   건   201○가합12345 건물인도청구
피고(반소원고)   ○ ○ ○
                    서울 강북구 미아동 137−24
                    소송대리인 변호사 ○ ○ ○
                    서울 광진구 구의동 68−37
원고(반소피고)   ○ ○ ○
                    서울 중랑구 중화2동 207

위 사건에 관하여 피고(반소원고)는 아래와 같이 반소를 제기합니다.

전세보증금 반환청구의 소

반 소 청 구 취 지

1. 원고(반소피고)는 피고(반소원고)로 부터 별지목록 기재 건물을 인도 받음과 동시에 피고(반소원고)에게 3,479
   만원을 지급하라.
2. 반소로 인한 소송비용은 원고(반소피고)가 부담한다.
3. 제1항은 가집행할 수 있다.
라는 판결을 구합니다.

반 소 청 구 원 인

1. 원고(반소피고)와 피고(반소원고)는 20○○.8.16. 별지목록 기재 건물에 대하여 전세보증금은 5,000만원, 전세
   기간은 24개월로 하는 전세계약을 체결하였습니다.
2. 한편, 원고와 피고는 위 계약 후, 여관운영에 필요한 비품을 피고가 구입하여 사용하였을 경우 그 구입 대금을
   위 계약 해약 또는 기간만료와 동시에 피고에게 지급하기로 특약하였습니다. 3. 그런데 위 계약은 원고 주장대
   로 20○○.7.3. 원·피고 사이에 합의해제된 바 있습니다.
3. 따라서 원고는 그 원상회복으로 전세보증금 중 일부인 3,250만원{5,000만원−이미 지급받은 돈(1,000만원
   +300만원+450만원)}과 약정에 따른 비품구입비 등 229만 원(칼라TV 4대 80만원, 이불, 요 등 구입비 53만
   원, 인터폰 설치비 29만원, 교체비 27만원, 보일러 교체비용 40만원)을 지급 받기 위하여 이 사건 반소를 제
   기합니다.

2010.1.22.
                        피고(반소원고) 소송대리인 변호사 ○ ○ ○

서울중앙지방법원 제15민사부 귀중

IV. 심 판

1. 요건에 흠이 있는 반소의 취급

12-44   반소가 제기되면 우선 반소의 요건을 조사하고, 그 요건에 흠이 있는 반소는 판결로 부적법 각하하여야 한다는 것이 종래의 입장이다. 그러나 최근의 **통설**은 독립한 소로서의 요건을 구비하고 있는 한, 별개 독립한 소로 취급하여야 한다는 입장이다(＝**분리심판설**). 당사자의 의사에도 합치하고 시효중단, 기간준수의 점에서도 합리적이며, 독립한 소로서 유지할 생각이 없으면 그 소를 취하하면 되므로 통설에 찬성한다.

2. 이 송

12-45   지방법원 단독판사가 본소를 심리 중에 피고가 합의사건에 속하는 청구에 관한 반소를 제기한 경우에(그 여부는 반소 자체만을 기준으로 정하고, 본소나 반소의 소송목적의 값을 합산할 것은 아니다) 법원은 직권 또는 당사자의 신청에 따른 결정으로 본소와 반소를 합의부로 이송하여야 한다.17) 다만, 반소에 관하여 변론관할(30조)의 요건을 갖춘 때에는 그대로 단독판사가 심판하고, 관할위반의 항변을 한

24-변리사시험   때에만 합의부로 이송한다(269조 2항). 한편, 지방법원 합의부가 지방법원 단독판사의 판결에 대한 항소사건을 제2심으로 심판하는 도중에 지방법원 합의부의 관할에 속하는 반소가 제기되었더라도 이미 정하여진 항소심 관할에는 영향이 없고, 35조는 전속관할인 심급관할에는 적용되지 않아 손해나 지연을 피하기 위한 이송의 여지도 없다.

3. 본안의 심판

12-46   반소가 적법하면 심리의 중복과 재판의 불통일을 피하기 위하여 반소는 본소와 병합하여 심판한다. 따라서 원칙적으로 변론의 분리나 일부판결은 허용되지 않고 1개의 전부판결을 하여야 한다. 다만, 원고가 동의하거나 심리의 번잡을 피하고 소송의 신속을 꾀할 필요 등 특별한 사정이 있는 경우에 예외적으로 변론의 분리나 일부판결을 할 수 있다(141조, 200조 2항).

---

17) 대법원 2011. 7. 14.자 2011그65 결정[미간행].

◈ **예** ◈ 甲은 乙에게 대여금 1천만원의 지급을 구하는 소를 제기하였다. 그런데 그
전에 甲은 乙에 대하여 고의로 명예훼손의 불법행위를 저질렀다. 위 대여금반환소송에
서 乙은 甲의 위 불법행위로 인해 3천만원의 손해를 입었다고 주장하면서 그 손해액을
가지고 상계항변을 하였고, 나아가 나머지 2천만원에 대하여 반소를 제기하였다. 법원
의 심리 결과 甲의 주장은 이유 있고, 乙의 주장 가운데 손해액으로 2천만원만 인정되
는 경우에 법원이 선고할 판결의 주된 주문은 어떻게 되는가?18)

> 1. 원고(반소피고)의 본소청구를 기각한다.
> 2. 원고(반소피고)는 피고(반소원고)에게 1천만원을 지급하라.
> 3. 피고(반소원고)의 나머지 반소청구를 기각한다.

위와 같이 본소 기각주문을 반소 인용주문보다 앞에 적는다. 한편, 다음과 같은 방식으
로 적기도 한다.

> 1. 원고(반소피고)는 피고(반소원고)에게 1천만원을 지급하라.
> 2. 원고(반소피고)의 본소청구 및 피고(반소원고)의 나머지 반소청구를 각 기각한다.

4. 반소의 취하

원래 소의 취하에 있어서 본안에 관하여 준비서면을 제출하거나 변론준비기   12-47
일에서 진술하거나 변론을 한 뒤에는 상대방의 동의를 받지 아니하면 그 효력이
없는데(266조 2항), 반소절차에 있어서 본소가 취하된 때에는, 반소에 대하여 원
고의 응소가 있은 뒤라도, 피고는 원고의 동의 없이 반소를 취하할 수 있다(271
조). 이러한 규정의 취지는 반소가 본소의 계속이 그 계기가 되어 제출된 반격으
로서의 실질을 가지므로 원고가 본소를 취하하면서 피고에게 반소절차의 유지를
강요하는 것은 타당하지 않다는 데에 있다.

학설은 나뉘고, **판례**는 본소가 원고의 의사와 관계없이 부적법하다 하여 각
하됨으로써 종료된 경우에까지 유추적용할 수 없다고 **부정**하지만,19) 본소가 취

---

18) 1개의 전부판결을 하는 경우에도 본소와 반소에 대하여 판결주문은 따로 따로 내야 하며, 다만
소송비용에 관하여는 본소로 인한 비용과 반소로 인한 비용을 구분하지 않고 소송비용불가분의
원칙상 일괄하여 총비용에 관한 부담을 정하는 것이 통례이다. 예를 들면 "소송비용은 본소, 반
소를 통하여 이를 3분하여 그 1은 원고(반소피고)의 나머지는 피고(반소원고)의 각 부담으로 한
다"와 같다.

19) 원고가 반소의 제기를 유발한 본소는 스스로 취하하여 놓고 그로 인하여 유발된 반소만의 유지
를 상대방에게 강요한다는 것은 공평치 못하다는 이유에서 둔 규정이므로 본소가 부적법 각하된
경우에는 **원고의 동의가 있어야만** 반소취하의 효력이 발생한다(대법원 1984. 7. 10. 선고 84다
카298 판결).

하된 때의 이치는 본소가 부적법 각하된 경우에도 타당하므로 위 규정은 본소가
부적법 각하된 때에도 **유추적용**하여야 할 것이다.

제 5 장

중간확인의 소

I. 의 의

중간확인의 소(Zwischenfeststellungsklage)는 소송진행중에 쟁점이 된 법률관 12-48
계(본래의 청구의 판단에 대하여 선결관계에 있는 법률관계)의 존부의 확정을 위하여
그 소송절차에 병합하여 따로 소(즉 그 법률관계를 소송물로 하여)를 제기하는 것이
다(264조). 가령 소유권에 기한 목적물의 인도청구(또는 말소등기청구)의 본소에 대
하여 피고는 목적물이 자기 소유에 속하는 것의 확인의 소를 원고에 대하여 중간
확인의 소로 제기할 수가 있다. 중간확인의 소는 원고가 제기하는 경우에는 소의
추가적 변경의 특수한 유형이고, 피고가 제기하는 경우에는 **반소의 특수한 유
형**(중간확인의 반소)이다. 그 특수한 것에서 중간확인의 소로 별도의 요건을 규정
한 것이다. 소이므로 이에 대한 판단은 중간판결이 아니고 종국판결이어야 한다.

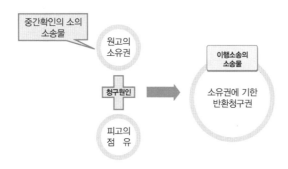

◈ **예** ◈   위 예에서 목적물의 소유권의 귀속까지는 인도청구(또는 말소등기청구)의 소
송물에 포함되지 않으므로 소유권에 관한 다툼은 기판력으로 확정되지 않는다(216조

1항. 기판력의 객관적 범위에 대하여는 ☞11－18). 소송물개념의 기술성으로부터 통상인이 사회적 분쟁이라고 생각하는 범위와 소송물은 서로 일치하지 않게 되고, 이렇게 선결관계에 있는 법률관계에 대하여는 기판력으로 확정되지 않는다. 여기서 본래의 인도청구(또는 말소등기청구)의 쟁점이 된 선결관계에 대하여 특별히 확인의 이익의 필요 없이, 본래의 청구가 사실심 계속 중에 중간확인의 소를 제기하는 것을 인정하는 것이다. 그런데 선결적 법률관계에 대하여 당사자가 반드시 중간확인의 소를 제기하여야 할 의무는 없고, 별도로 소를 제기할 수 있다.

II. 요 건

12-49   중간확인의 소는 선결성(쟁점이 된 선결적 법률관계의 확인을 구할 것)을 요건으로 하므로 청구의 기초의 동일성이나 반소의 관련성의 요건은 당연히 구비되어 있다고 볼 수 있다. 그리고 중간확인의 소는 본래의 청구와 같은 종류의 절차에서 심판되어야 하는 것으로, 다른 법원의 전속관할에 속하지 않는 한(264조 1항 단서), 본래의 청구가 사실심 계속 중인 때에 제기할 수 있고, 피고가 항소심에서 제기하는 경우에도 원고의 동의는 필요하지 않다(중간확인의 반소는 이 점에서 본래의 반소와 다르다. 반소의 제기는 항소심에서는 412조 1항에 의하여 상대방인 원고의 동의 등이 있어야 한다).

III. 절 차

12-50   중간확인의 소의 절차는 신소의 제기에 준하므로 중간확인의 소인 것을 나타내는 서면을 제출하고, 이 서면은 상대방에게 송달하여야 한다(264조 2항, 3항). 서면의 송달시에 소송계속이 생기며, 한편 시효중단이나 법률상 기간준수의 효력은 서면의 제출시에 생긴다(265조).

원고가 중간확인의 소를 제기하는 경우에는 소의 추가적 변경에 준하는 것이므로 본래의 소송대리권에 당연히 포함되고 그 소송대리인은 특별한 권한을 따로 받을 필요가 없으나, 반면 **피고**가 중간확인의 소를 제기하는 경우에는 반소의 제기에 준하므로 그 소송대리인은 특별한 권한을 따로 받아야 한다고 보는 입장이 일반적이다(90조 2항 참조).

IV. 심 판

12-51   중간확인의 소에 대하여는 우선 병합요건을 심리하고, 만약 요건을 갖추지

못하였으면 독립한 소로서 취급할 수 없는 한, 부적법 각하하여야 한다. 병합요건을 갖추었으면, 본래의 청구와 병합하여 심리한다. 중간확인의 소는 본래의 청구의 선결관계에 있는 법률관계의 확인을 구하는 소이고, 모순판단회피의 요청이 강하므로 변론의 분리나 일부판결은 부적당하며, 이를 피하는 것이 바람직하다.

제2편 다수당사자소송

제1장

총 설

13-1 　　다수당사자소송은 3인 이상의 사람이 동시 또는 이시(異時)에 절차에 관여하는 소송형태를 말한다. 여러 사람 사이의 분쟁을 하나의 다수당사자소송으로 해결하는 것은 당사자에게 편리한 것 이외에 공통의 쟁점에 대한 통일적인 심판을 할 수 있어 판결의 모순저촉을 회피할 수 있고 소송경제에도 적당하게 된다. 여기에는 원고 또는 피고 측에 2인 이상의 당사자가 공동으로 관여하는 「공동소송」, 다른 사람 사이에서 행하여지고 있는 소송에 제3자가 관여하는 「제3자의 소송참가」 그리고 소송계속 중에 당사자가 교체되는 「당사자의 변경」이 있다.

제 2 장

공 동 소 송

13-2

공동소송은 하나의 소송절차의 당사자의 일방 또는 쌍방 측에 여러 사람의 당사자가 있는 소송형태를 말한다. 소의 주관적 병합이라고도 부른다. 이 경우에 원고 또는 피고 측의 여러 사람을 공동소송인이라고 한다.

공동소송에 있어서는 근본적으로 다음과 같은 두 가지 원리의 대립이 있다. 분쟁의 일회적 해결의 요청과 소송복잡화 방지의 요청이다. 예를 들면 A 대 B라는 소송에 있어서는 A·B 사이의 문제밖에 해결할 수 없는 데 대하여, A 대 B·C라는 소송이 가능하면 A·B 사이의 문제와 A·C 사이의 문제를 함께 해결할 수 있다. 민사소송법은 1인의 원고와 1인의 피고 사이에서 소송이 진행되는 것을 일단 기본형으로 예정하고 있지만, 사회생활이나 경제거래가 점점 복잡해지는 현 상황에서 복수의 주체의 분쟁을 공동소송으로 할 수 있다면, 해결할 수 있는 분쟁의 수가 많아지게 되므로 1회의 소송에서 좀 더 많은 분쟁을 해결하고자 하는 분쟁의 일회적 해결의 요청에 공헌하게 된다. 그러나 공동소송에 들어오게 되는 분쟁의 수가 많아지므로 그것만큼 소송은 복잡하게 된다. 그렇게 되면 소송이 지연되는 폐해가 생길 위험이 있어서 다른 한편으로는 소송복잡화를 방지하고자 하는 요청이 고려될 필요가 있다(가령 선정당사자제도). 결국 위 분쟁의 일회적 해결의 요청과 소송복잡화 방지의 요청이라는 두 가지 대립하는 요청을 어떻게 할 것인가가 공동소송에 있어서 근본적인 문제가 된다.

제 1 절　공동소송의 형성

공동소송을 둘러싸고 개별적으로는 여러 가지 문제가 존재하는데, 크게 나누어 첫째, 어느 경우에 공동소송이 가능한가의 「공동소송의 형성」의 문제, 둘째, 어느 경우에 공동소송을 강제하는가의 「공동소송의 강제」의 문제, 셋째, 공동소송이 된 경우의 절차를 어떻게 하여야 하는가의 「공동소송의 절차」의 문제가 있다. 여기에서는 「공동소송의 형성」의 문제에 대하여 살펴보기로 한다.

I. 형성원인에 따른 공동소송의 분류

13-3　　　　형성원인에 따라 공동소송을 분류하면 시기의 점에서 소의 제기시부터 공동소송이 되는 경우(원시적 공동소송)와 소의 도중에 공동소송이 되는 경우(후발적 공동소송)가 있다. 전자가 고유의 소의 주관적 병합이고, 후자가 소의 주관적·추가적 병합이다. 그 밖에 별소의 제기가 있은 뒤에 법원의 재량에 따른 변론의 병합(141조) 및 우발적인 것으로 당사자의 지위를 여러 사람이 승계하는 경우가 있다.

원시적			후발적
단순병합	통상공동소송(66조)	당사자주도	통상공동소송의 후발적 형성(○×?)
	필수적 공동소송(67조)		고유필수적 공동소송인의 추가(68조)
예비적·선택적 공동소송(70조)			예비적·선택적 공동소송(70조)
			인수승계(82조)
		제3자주도	통상공동소송의 후발적 형성(○×?)
			공동소송참가(83조) *고유필수적 공동소송인의 보정
			독립당사자참가(79조)
			참가승계(81조)
		기타	변론의 병합(141조)
			복수인에 의한 승계(233조, 241조)

1. 원시적 공동소송—고유의 소의 주관적 병합

애초부터 공동으로 소를 제기하거나 제기당하는 경우를 말한다. 이것에는 각 청구에 대하여 심판의 신청에는 순위가 없고, 법원은 그 전체에 대하여 심판할 필요가 있는 **단순병합**의 경우 및 그 밖에 공동소송인의 또는 이에 대한 각 청구를 **예비적 또는 선택적**으로 병합하는 경우(예비적·선택적 공동소송)가 있다. 나아가 단순병합은 공동소송인 사이에 합일확정을 필요로 하는지 여부에 따라 **통상 공동소송**과 **필수적 공동소송**으로 구분된다.

13-4

2. 후발적 공동소송

소송계속 중에 제3자 스스로 당사자로 가입하거나, 종전의 원고 또는 피고가 제3자에 대한 소를 추가적으로 병합제기하는 것에 의한 공동소송형태를 말한다. 즉 당사자 또는 제3자의 의사에 따라 후발적으로 공동소송이 성립하는 경우이다.

13-5

(1) 제3자가 스스로 당사자로 가입한 경우

(가) **참가승계**(81조)　계쟁물의 양도에 따라 당사자적격의 이전이 있으면, 승계인은 소송절차에 참가하여 당사자의 지위를 취득할 수 있다

13-6

(나) **공동소송참가**(83조)　소송계속 중 당사자 사이의 판결의 효력을 받는 제3자가 공동소송인으로 소송에 참가할 수 있다.

(다) **고유필수적 공동소송에 있어서 누락된 사람의 보정**　고유필수적 공동소송인 가운데 일부가 누락된 경우에 그 사람이 공동소송참가(83조)하여 오면 그 사람의 추가를 인정하여 부적법을 보정한다.

(라) **통상공동소송의 후발적 형성**(＝소의 주관적·추가적 병합)　명문의 규정은 없지만, 65조의 요건을 충족하는 경우에 현재 계속 중인 소송에 제3자의 자발적인 소의 추가에 따라 생기는 공동소송을 해석론으로서 인정하려는 견해가 일반적이다(실무는 반대. ☞13-42). 이 경우에는 제3자가 원고 측의 공동소송인이 되는 경우와 피고 측의 공동소송인이 되는 경우가 있다. 전자의 예로서는 손해배상청구소송에 있어서 동일한 사고에 따른 다른 피해자가 손해배상청구를 추가하여 병합심판을 구하는 경우, 후자의 예로서는 교통사고의 피해자가 손해보험회사에 대하여 직접 손해배상청구를 하고 있는 경우에 가해자가 보험회사 측의 공동소송인

으로서 피해자에 대하여 어느 금액 이상의 손해배상의무가 없는 것의 확인청구를
병합하는 경우가 있다.

(2) 종래의 당사자가 제3자를 소송에 끌어들이는 경우

13-7   **(가) 고유필수적 공동소송인의 추가**(68조)   고유필수적 공동소송에서 공동
소송인이 되어야 할 사람 가운데 일부를 빠뜨리고 소를 제기한 경우에 원고는 그
누락된 제3자를 기존의 소송에 끌어들일 수 있다.

(나) 예비적·선택적 공동소송인의 추가(70조, 68조)   당사자를 추가하여 후
발적으로 예비적·선택적 공동소송으로 할 수 있다.

(다) 인수승계(82조)   소송계속 중에 당사자적격(또는 분쟁주체인 지위)이 당
사자의 일방으로부터 제3자에게 이전된 경우에 당사자는 그 제3자를 소송에 인
수시킬 것을 법원에 구할 수 있고, 이에 의하여 분쟁해결의 실효성, 당사자 사이
의 공평이 도모되고, 소송경제에 이바지할 수 있게 된다.

(라) 통상공동소송의 후발적 형성(=소의 주관적·추가적 병합)   명문의 규정
은 없지만, 공동소송인이 될 수 있는 제3자가 당사자로 되지 않은 경우에 종래의
당사자가 그 제3자를 소송에 끌어들이는 것을 인정할 것인가에 대하여 이를 긍정
하는 견해가 일반적이다(실무는 반대. ☞13-42). 가령 피해자가 택시운전수에게 손
해배상을 청구하는 도중에 택시회사에 대한 손해배상청구를 병합하는 경우이다.

(3) 법원 주도형

13-8   다른 당사자 사이의 소에 있어서 법원이 그 변론을 병합(141조)한 경우에 소
의 후발적 병합이 생기게 된다. 변론의 병합은 동일한 관서로서의 법원에 별개의
소송절차에 계속된 여러 개의 청구를 결합시켜 동일한 소송절차에서 심리·판결
할 것을 명하는 조치를 말한다. 이 결과 여러 개의 소송은 소의 객관적 병합이나
공동소송이 된다. 원고가 처음부터 소를 병합하여 제기하지 않고 별도로 제기한
경우에 그 사건이 서로 공통한 사항이 있기 때문에 증거조사를 공통의 기일에 행
하고, 공통의 심증을 도모하여 재판의 모순저촉을 방지하려는 것이다.

(4) 여러 사람에 의한 승계

13-9   사망한 당사자에게 여러 사람의 상속인이 있는 때와 같이 당사자의 지위를
여러 사람이 승계한 경우에도 소송 중에 후발적으로 공동소송이 되는 경우라고

할 수 있다.

II. 공동소송의 요건

어느 경우에 공동소송을 할 수 있는가의 공동소송의 형성의 문제는 여러 가 　13-10
지 형태의 공동소송에 공통하는 일반적 요건의 문제와 각 형태에 고유한 요건의
문제로 2분하여 생각할 수 있다. 여기서는 전자의 문제만을 살펴보겠다.

1. 소의 객관적 병합의 요건

공동소송은 청구의 병합이 따르게 되므로 객관적 병합의 요건을 갖추어야 　13-11
한다. 즉 ① 각자의 청구가 같은 종류의 소송절차에서 처리되어야 하고(253조),
② 각자의 청구에 대하여 수소법원이 관할권을 가져야 한다.1) 이는 직권조사사항
이다. 다만, 고유필수적 공동소송의 경우에는 이러한 객관적 요건을 갖출 필요는
없다.

2. 주관적 병합의 요건(=청구의 관련성·공통성)

여러 당사자를 하나의 소송절차에 관여시키는 경우이므로 각자의 청구 사이 　13-12
에 이것을 공통으로 심판하는 것을 정당화할 만한 관련성 또는 공통성이 있지 않
으면 안 된다. 이를 65조에서 열거하고 있다. 즉, 소송목적이 되는 권리나 의무가
여러 사람에게 공통되거나(아래 ①) 사실상 또는 법률상 같은 원인으로 말미암아
생긴 경우에는(아래 ②) 그 여러 사람이 공동소송인으로서 당사자가 될 수 있다.
소송목적이 되는 권리나 의무가 같은 종류의 것이고, 사실상 또는 법률상 같은
종류의 원인으로 말미암은 것인 경우에도(아래 ③) 또한 같다. 이는 공동소송에
특유한 주관적 요건이다. 이 요건은 직권조사사항은 아니고, 항변사항으로 피고
의 이의가 있을 때에 고려하면 된다.

---

1) 다만, 관련재판적(25조 2항)의 적용이 있을 수 있다. 즉 공동소송에 있어서 관련재판적의 적용
　에 대하여 25조 2항에서 소송목적이 되는 권리나 의무가 여러 사람에게 공통되거나 사실상 또는
　법률상 같은 원인으로 말미암아 그 여러 사람이 공동소송인으로서 당사자가 되는 경우, 즉 65조
　전문의 공동소송의 경우에만 관련재판적의 적용을 인정하고 있다. 이는 공동소송인 서로 사이에
　관련성이 없는 65조 **후문**과 같은 경우마저 관련재판적의 적용이 있게 되면, 피고로서는 무관계
　한 법원에 응소가 강제되어서 현저히 피고의 관할의 이익을 해치게 되고, 반면 여러 개의 청구
　서로 사이에 관련성이 강한 65조 전문의 경우에는 관련재판적의 적용을 인정하여 병합을 용이하
　게 하고자 하는 취지라고 생각한다.

① **권리의무의 공통**(65조 전문): 당사자 사이의 권리의무가 공통이더라도 소송절차에 있어서는 상대적 해결로 만족하는 것이 원칙이라는 것에서 본다면 반드시 이러한 사람을 절차상 공동으로 취급할 필연성은 없다. 그러나 여러 사람 사이에서 공통의 권리의무는 이를 일괄하여 소송을 하는 것이 원고로서 대단히 편리한 것은 분명하고, 피고로서도 응소에 편리한 경우가 많다. 그리하여 이러한 편리를 위하여 공동소송을 허용하였다. 가령, 합유자·공유자들의 소송, 여러 연대채무자에 대한 소송, 불가분채권자들의 소송과 같이 소송목적이 되는(소송물인) 권리나 의무가 여러 사람에게 공통된 경우이다.

② **권리의무원인의 공통**(65조 전문): 여러 당사자 사이에 동일한 사실상 원인에 의하여 생긴 청구권에 기하여 소송을 하는 경우에도 공동소송이 인정된다. 이 경우에도 통일적 판단을 하여야 할 필연성이 있는 것은 아니다. 그러나 원인사실을 공통으로 하고 있으므로 법원이 청구에 대하여 판단을 하기 위하여 일괄하여 심리를 행하는 것은 당사자에게 편리하다. 또한 이 경우에는 가능한 한 당사자 사이에서 그 결론이 다르게 되는 것을 피하는 것이 당사자 사이에서의 공평에도 합치한다. 절차를 공통으로 하는 것에 의한 간편화의 이익도 무시할 수 없다. 동일한 법률관계에 기한 경우도 마찬가지로 볼 수 있다. 그리하여 이러한 경우에는 공동으로 소송을 할 수 있도록 하고 있다. 가령, 동일한 사고에 기한 여러 피해자의 손해배상청구(동일한 사실상 원인), 주채무자와 보증인을 공동피고로 하는 청구(동일한 법률상 원인)와 같이 소송목적이 되는(소송물인) 권리나 의무가 사실상 또는 법률상 같은 원인으로 말미암아 생긴 경우이다.

③ **권리의무와 원인의 동종**(65조 후문): 여러 임차인에 대한 건물주의 각 임대료청구, 수통의 어음의 각 소지인이 각 어음발행인에 대한 어음청구와 같이 소송목적이 되는(소송물인) 권리나 의무가 같은 종류의 것이고, 사실상 또는 법률상 같은 종류의 원인으로 말미암은 것인 경우이다. 이 경우에는 공동소송인 서로 사이의 관련성 자체는 상당히 희박하다. 그러나 이 경우에도 여러 사람을 일괄하여 소송을 할 이익은 존재한다. 그래서 이러한 편리를 고려하여 심판의 대상이 되는 권리의무가 같은 종류로 사실상 또는 법률상 같은 종류의 원인으로 말미암은 경우에도 공동소송을 인정하였다. 한편, 일반적으로 이러한 경우에는 관련재판적(25조)의 적용이 없고, 선정당사자제도(53조)를 이용할 수 없다고 본다.

III. 공동소송의 소멸

공동소송에 있어서 일부판결에 의하여 공동소송인 일부의 소송관계가 종결   13-13
되거나 일부 당사자에 있어서 화해, 청구의 포기·인낙, 일부취하에 따라 또는 변
론의 분리(141조)에 따라 공동소송은 해소된다.2)

제 2 절   공동소송의 종류

I. 공동소송의 강제 여부에 따른 공동소송의 종류

다수당사자의 분쟁을 소송절차가 어떻게 받아들이는가(강제 여부)에 따라 다   13-14
음과 같은 종류로 나눌 수 있다.

첫째, 통상공동소송이다. 개별적으로 소송을 하여도 무방하나, 공동으로 소송
을 하여도 무방하다. 공동으로 소송을 하는 경우에는 66조가 그 절차를 규율한다.

둘째, 고유필수적 공동소송이다. 공동으로 소송을 할 수밖에 없다(모든 사람
이 공동으로 원고 또는 피고가 되어야 비로소 당사자적격이 인정된다). 67조가 그 절차를
규율한다.

셋째, 유사필수적 공동소송이다. 개별적으로 소송을 하여도 무방하나(공동소
송이 강제되지는 않으나), 공동으로 소송을 하는 경우에는 합일확정의 요청상 67조
가 그 절차를 규율한다.

공동소송의 종류	공동소송의 강제	판결의 합일확정의 요청
통상공동소송	×	×－공동소송인 독립의 원칙(66조)
고유필수적 공동소송	○	○－특칙(67조)
유사필수적 공동소송	×	○－특칙(67조)

---

2) 다만, 뒤에서 보듯이 필수적 공동소송의 경우에는 통상공동소송과 달리, 원고들 일부의 소의
   취하 또는 피고들 일부에 대한 소의 취하(대법원 2007. 8. 24. 선고 2006다40980 판결), 일부판
   결이 허용되지 않는다.

II. 통상공동소송

13-15   개별적으로 소송을 하여도 무방하나, 청구 사이에 일정한 관련성·공통성이 있으므로(65조) 하나의 소송절차에서 공동으로 소송을 하여도 무방한 경우의 공동소송이다. 일정한 관련성·공통성이 있어야 한다는 주관적 병합요건에 대하여는 이미 설명한 바 있다. 동일한 사고에 기한 여러 피해자의 손해배상청구가 그 예이다. 예외적으로 인정되는 필수적 공동소송을 제외하고, 공동소송은 모두 통상공동소송이다. 통상공동소송은 판결의 합일확정이 필요 없다. 즉 공동소송인 사이에서 승패가 일률적으로 될 필요가 없고, 공동으로 소송을 하는 경우에는 공동소송인 독립의 원칙(66조)이 그 절차를 규율한다.

16-변리사시험   ◆ **예** ◆   동업자들이 **동업자금을 공동명의로 예금한 경우**라면 채권의 **준합유**관계에 있어 은행에 대한 예금반환청구가 **필수적 공동소송에 해당**한다고 볼 것이나, 1인이 전부를 출연하거나 또는 각자가 분담하여 출연한 돈을 **동업 이외의 특정 목적을 위하여 공동명의로 예치**해 둠으로써 그 목적이 달성되기 전에는 공동명의 예금채권자가 자신의 예금에 대하여도 혼자서는 인출할 수 없도록 방지, 감시하고자 하는 목적인 경우에는 그 예금에 관한 관리처분권까지 공동으로 귀속된다고 볼 수 없을 것이므로 **필수적 공동소송이라고 할 수 없다.**[3] 또한 집합건물법상 재건축 관련 매도청구권은 반드시 매도청구권자 모두가 공동으로 행사하여야 하는 것은 아니고, 그에 따른 소유권이전등기소송도 매도청구권자 전원이 하여야 하는 **필수적 공동소송이 아니다.**[4]

III. 필수적 공동소송

13-16   필수적 공동소송은 공동소송인 사이에서 판결의 합일확정이 필요한 공동소송이다. 67조 1항은 「소송목적이 공동소송인 모두에게 합일적으로 확정되어야 할」 공동소송으로 규정하고 있다. 즉 승패를 일률적으로 할 필요가 있는 공동소송이다. 합일확정소송으로 불리기도 한다. 합일확정의 필요가 있어서 각 공동소송인은 소송수행상 다른 공동소송인으로부터 제약을 받게 된다(67조). 필수적 공동소송은 소송공동의 필요성의 유무, 즉 공동소송이 강제되는지 여부에 의하여 고유필수적 공동소송과 유사필수적 공동소송으로 나눌 수 있다.

---

3) 대법원 1994. 4. 26. 선고 93다31825 판결.
4) 대법원 2023. 7. 27. 선고 2020다263857 판결.

1. 고유필수적 공동소송

고유필수적 공동소송은 관계인 모두가 당사자가 되지 않으면 소송이 부적법   13-17
하게 되는, 즉 공동소송이 법률상 강제되고 또한 승패를 일률적으로 할 합일확정
이 필요한 공동소송이다. 고유필수적 공동소송이라도 각 공동소송인과 상대방 사
이에 청구가 있는 것이고, 다만 그 청구의 객관적 내용이 공동소송인 모두에게
동일하므로 전체로서도 1개의 청구밖에 존재하지 않는 듯이 보이는 것이다.

어떠한 분쟁이 고유필수적 공동소송으로 취급되어야 하는가에 대하여 법률에
뚜렷한 기준이 설정되어 있지 않으므로 그 판단은 학설·판례에 맡겨져 있다. ① 원
칙적으로 소송물인 권리에 관한 실체법상 관리처분권의 공동귀속 유무를 기준으로
하는 **관리처분권설**(실체법설),5) ② 분쟁의 통일적 해결의 관점에서 분쟁해결의 실
효성, 판결의 모순회피의 이익, 관계자의 이익(특히 제3자에게의 영향), 절차의 진행상
황 등의 소송법상 요소를 중시하는 **소송정책설**(소송법설), ③ 실체법적 관점에서 소
송물인 권리의 성질을 기본으로 하면서 분쟁해결의 실효성, 관계자 사이의 이해조
절 등 소송법적 관점을 아울러 중시하여 그 범위를 판정하여야 할 것이라는 **절충설**
이6) 있다. **생각건대**, 관리처분권설도 제소의 난이도 등의 소송법적 요소를 고려하
지 않으면 안 되고, 소송정책설도 실체법적으로 보아 여러 분쟁관계자가 밀접한 관
계에 있는 것을 전제로 하는 것으로 그 대립의 차이는 그렇게 크지 않다고 본다.

◈ **예** ◈ [1] **다른 사람 사이의 권리관계에 변동을 가져올 형성소송:** 형성권이 여러
사람에게 공동으로 귀속된 경우이다. 다른 사람 사이의 권리관계에 변동을 줄 목적으
로 하는 형성의 소 또는 이와 동일시할 수 있는 확인의 소가 이에 해당한다. 원칙적으
로 그 권리관계의 주체를 공동피고로 하여야 한다. 가족법상으로는 제3자가 제기하는
친자관계부존재확인소송(부모 및 자를 공동피고로 하여야 한다), 제3자가 제기하는 혼인무
효·취소의 소(부부를 공동피고로 하여야 한다) 등이 있다.7) 또한 **형식적 형성소송**에서도
필수적 공동소송의 형태를 취하는 경우가 있다. 즉, **공유물분할청구소송**도 모든 공유
자를 공동피고로 하여야 한다. 또한 인접 토지의 한편 또는 양편이 수인의 공유에 속

---

5) 강, 196~197면; 김홍, 966면; 이, 742면.
6) 김/강, 764면; 정/유/김, 1001면. 이에 대하여 이, 742면은 소송법적 관점은 객관적 기준이 불
  명확하여 불안정하며, 자칫 실체법상 관리처분권을 가진 사람의 지위가 무시될 수 있는 문제점
  이 있다고 지적한다.
7) 집합건물의 소유 및 관리에 관한 법률 24조 3항에서 정한 관리인 해임의 소는 관리단과 관리인 사
  이의 법률관계 해소를 목적으로 하는 형성의 소이므로 법률관계의 당사자인 관리단과 관리인 모두를
  공동피고로 하여야 하는 고유필수적 공동소송이다(대법원 2011. 6. 24. 선고 2011다1323 판결).

하는 경우, 그 **경계확정의 소**는 반대 입장이 있지만,8) 인접 토지의 소유자 모두 사이에서 합일확정될 필요가 있으므로 고유필수적 공동소송이라고 보아야 한다.9) [2] **재산권 또는 재산의 관리처분권이 여러 사람에게 합유적·총유적으로 귀속된 경우**: ① 민법상 **합유물**의 관리처분권은 합유자 전원에 귀속되므로(민법 272조, 273조) 이에 관한 소송수행권도 모두가 공동으로 행사하여야 한다.10) 가령 동업약정에 따라 공동으로 토지를 매수하였다면 동업자들을 조합원으로 하는 동업체에서 매수한 것이므로 그 동업자들은 토지에 대한 소유권이전등기청구권을 준합유하는 관계에 있으므로 소유권이전등기의 이행을 구하는 소를 제기하려면 **고유필수적 공동소송**으로 하지 않으면 안 된다.11) 다만, 예외적으로 합유물에 관한 것이라도 원인무효의 소유권이전등기의 말소를 구하는 소송과 같은 보존행위(방해제거청구)에 관한 소송은 합유자 각자가 할 수 있다.12) ② 또한 **총유물**의 관리처분권은 구성원 전원에 귀속되므로(민법 276조) 그 구성원 모두가 당사자로 나서는 경우에는 필수적 공동소송이 된다. 총유재산의 보존행위로서 소를 제기하는 경우에도 그 구성원은 설령 그가 대표자라거나 사원총회의 결의를 거쳤다 하더라도 단독으로 그 소송의 당사자가 될 수 없다.13) [3] **공유관계**: 공동소유 가운데 공유관계는 가장 개인적인 형태이다. 각 공유자는 양적으로는 지분권을 가지고 (그것이 합쳐지면 하나의 소유권이 된다), 지분권은 질적으로 완전한 하나의 소유권으로서 취급된다. 지분권을 바탕으로 공유자가 원고가 되는 **능동소송**은 개인의 이해에만 관계가 있으므로 단독으로 처분할 수 있어서 기본적으로는 개별소송이다.14) 그런데 대상이

---

8) 공유자 중의 1인이 청구한다고 해서 그의 지분에 한해서 경계가 정해진다는 일은 있을 수 없으므로 유사필수적 공동소송이라고 보는 것이 타당하다는 입장으로 호, 861면.

9) 대법원 2001. 6. 26. 선고 2000다24207 판결.

10) 상속인이 유언집행자가 되는 경우를 포함하여 유언집행자가 수인인 경우에는, 특별한 사정이 없는 한, 유증 목적물에 대한 관리처분권은 유언의 본지에 따른 유언의 집행이라는 공동의 임무를 가진 수인의 유언집행자에게 합유적으로 귀속되고, 그 관리처분권 행사는 과반수의 찬성으로써 합일하여 결정하여야 하므로, 유언집행자가 수인인 경우 유언집행자에게 유증의무의 이행을 구하는 소송은 유언집행자 전원을 피고로 하는 고유필수적 공동소송이다(대법원 2011. 6. 24. 선고 2009다8345 판결).

11) 대법원 1994. 10. 25. 선고 93다54064 판결.

12) 합유재산의 보존행위는 합유재산의 멸실·훼손을 방지하고 그 현상을 유지하기 위하여 하는 사실적·법률적 행위로서 이러한 합유재산의 보존행위를 각 합유자 단독으로 할 수 있도록 한 취지는 그 보존행위가 긴급을 요하는 경우가 많고 다른 합유자에게도 이익이 되는 것이 보통이기 때문이다. 민법상 조합인 공동수급체가 경쟁입찰에 참가하였다가 다른 경쟁업체가 낙찰자로 선정된 경우, 그 공동수급체의 구성원 중 1인이 그 낙찰자 선정이 무효임을 주장하며 무효확인의 소를 제기하는 것은 그 공동수급체가 경쟁입찰과 관련하여 갖는 법적 지위 내지 법률상 보호받는 이익이 침해될 우려가 있어 그 현상을 유지하기 위하여 하는 소송행위이므로 이는 합유재산의 보존행위에 해당한다(대법원 2013. 11. 28. 선고 2011다80449 판결).

13) 대법원 2005. 9. 15. 선고 2004다44971 전원합의체 판결.

14) 공동상속재산의 **지분에 관한 지분권존재확인을 구하는 소송**은 필수적 공동소송이 아니라 **통상의 공동소송**이다(대법원 2010. 2. 25. 선고 2008다96963, 96970 판결). 공동명의로 담보가등기를 마친 수인의 채권자가 각자의 지분별로 별개의 독립적인 매매예약완결권을 가지는 경우, 채권자 중 1인이 **단독으로 자신의 지분에 관하여** 가등기담보 등에 관한 법률이 정한 청산절차를 이행한 후 소유권이전의 본등기절차이행청구를 할 수 있고, 수인의 채권자 전원이 예약완결권을 공동으로 행사하여야 하는 것은 아니다(대법원 2012. 2. 16. 선고 2010다

공유물 전체인 경우에는 모두의 이해에 관계하므로 단독으로는 처분할 수 없다고 보고, 그리하여 예를 들어 소유권의 확인청구는 공유자 모두에 의한 소제기가 요구되는 **고유 필수적 공동소송**이 된다.15) 다만, 각 공유자는 보존행위로 등기말소청구나 건물철거 청구 등 방해제거청구의 소를 각 지분의 한도에서 단독으로 제기할 수 있다.16) 한편, 제3자가 공유자를 피고로 하여 소를 제기하는 **수동소송**의 경우에는 고유필수적 공동 소송의 예가 거의 나타나지 않고, 대부분 개별소송이다.17) 제3자가 공유자에 대하여 자기의 소유권을 주장하는 데에는 소유권을 다투는 사람만을 피고로 하면 되므로 개별 소송이 된다. 그리고 공유자 **내부관계에 관한 소송**으로, 공동소송인 사이에서 공동상 속인이 다른 공동상속인을 상대로 어떤 재산이 상속재산임의 확인을 구하는 소송은 필 수적 공동소송으로 보아야 한다.18) 그 재산이 현실로 공동상속인에 의한 상속재산분할 전의 공유관계에 있는 것의 확인을 구하는 것으로, 상속재산 귀속성을 둘러싼 공동상 속인 사이의 분쟁을 모두 관여시켜 해결할 필요가 있기 때문이다.

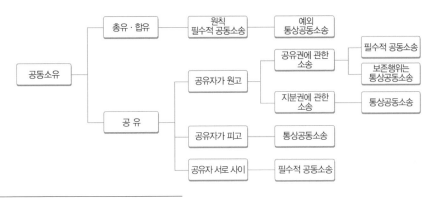

82530 판결).
15) 공유물 전체에 대한 소유관계확인은 이를 다투는 제3자를 상대로 공유자 전원이 하여야 하는 것이지 공유자 일부만이 그 관계를 대외적으로 주장할 수 있는 것이 아니다(대법원 1994. 11. 11. 선고 94다35008 판결).
16) 토지의 공유자는 단독으로 그 토지의 불법점유자에 대하여 인도를 구할 수 있다(대법원 1969. 3. 4. 선고 69다21 판결). 부동산의 공유자 중 한 사람은 공유물에 대한 보존행위로서 그 공유물 에 관한 원인무효의 등기 전부의 말소를 구할 수 있고, 진정명의회복을 원인으로 한 소유권이전 등기청구권과 무효등기의 말소청구권은 어느 것이나 진정한 소유자의 등기명의를 회복하기 위한 것으로서 실질적으로 그 목적이 동일하고 두 청구권 모두 소유권에 기한 방해배제청구권으로서 그 법적 근거와 성질이 동일하므로, 공유자 중 한 사람은 공유물에 경료된 원인무효의 등기에 관하여 각 공유자에게 해당 지분별로 진정명의회복을 원인으로 한 소유권이전등기를 이행할 것 을 단독으로 청구할 수 있다(대법원 2005. 9. 29. 선고 2003다40651 판결). 한편, 공유물의 소수 지분권자인 피고가 다른 공유자와 협의하지 않고 공유물의 전부 또는 일부를 독점적으로 점유하 는 경우 다른 소수지분권자인 원고가 피고를 상대로 공유물의 인도를 청구할 수는 없다(대법원 2020. 5. 21. 선고 2018다287522 전원합의체 판결).
17) 공동점유물의 인도를 청구하는 경우 상반된 판결이 나는 때에는 사실상 인도청구의 목적을 달 성할 수 없을 때가 있을 수 있으나, 그와 같은 사실상 필요가 있다는 것만으로 그것을 필수적 공 동소송이라고는 할 수 없다(대법원 1966. 3. 15. 선고 65다2455 판결).
18) 대법원 2007. 8. 24. 선고 2006다40980 판결.

2. 유사필수적 공동소송

13-18   유사필수적 공동소송은 각자가 단독으로 당사자적격을 가져 개별적으로 소송을 하여도 무방하나(공동소송이 강제되지 않으나), 누군가(A)에 대하여 판결을 내리면 그 소송법상 판결의 효력이 다른 제3자(B)에게도 확장되기(미치기) 때문에 만약 (A·B가) 공동으로 소송을 하는 경우에 공동소송인 서로 사이에 승패를 일률적(합일확정)으로 하여야 할 공동소송이다. 각 공동소송인에 대한 판결이 어긋나게 되면(예를 들어 A는 승소하였음에도 B는 패소) 자기가 받은 판결의 효력(A 승소)과 다른 사람으로부터 확장되는 판결의 효력(B 패소로 인한 A에게의 효력의 확장)이 모순·충돌하게 되고(결국 A는 승소인지, 패소인지) 수습이 되지 않는 결과가 되기 때문이다. 따라서 합일확정의 요청에 의하여 소송수행에 있어서 소송자료의 통일, 절차진행의 통일이 이루어져야 하는 상호연합관계의 공동소송이다(다만, 모두가 공동으로 소를 제기하거나 제소되지 않더라도 당사자적격을 잃는 것은 아니고, 개별적으로 제소할 수 있으므로 공동소송인 중의 한 사람의 소의 취하는 가능). 여기서 청구인용·청구기각 판결 어느 경우라도 판결효가 확장되는 경우뿐만 아니라 청구인용판결의 경우에만 판결효가 확장되는 이른바 **편면적 대세효**의 경우도 이에 **해당**한다고 본다. 소송법상 판결의 효력이 제3자에게 확장되는 경우에 판결의 모순·충돌을 회피하기 위하여 인정되는 공동소송으로 **소송법상 근거**에 의한 필수적 공동소송이라고도 한다(반면, 고유필수적 공동소송은 논의가 있지만, 일단 **실체법상 원인**에 의한 필수적 공동소송이라고 할 수 있다).

여기서 판결의 효력이 확장되는 경우라 함은 제3자에게 직접 미치는 경우만을 뜻하는가, 나아가 **반사효**가 제3자에게 미치는 경우도 포함되는가에 대하여 견해의 대립이 있는데,[19] 경우에 따라 개별적 검토가 필요하다고 할 것이다.

◈ **예** ◈   여러 사람이 제기하는 회사설립무효·취소의 소, 여러 주주에 의한 주주총회결의취소소송,[20] 주주대표소송, 여러 사람이 제기하는 혼인무효·취소의 소도 유사필수적 공동소송이다. 이 경우에 가령 처음에 1인의 소송수행권자에 의하여 소송계속 중이라면 다른 소송수행권자는 도중에 **공동소송참가**(83조)를 하는 것(주주 1인이 소집절차의 흠을 이유로 주주총회결의취소의 소를 제기한 경우에 다른 주주가 공동원고로서 소송에 참가하

---

19) 포함된다는 입장으로는, 송/박, 638면; 이, 748면. 포함되지 않는다는 입장으로는 김홍, 979면; 호, 864면.
20) 대법원 2021. 7. 22. 선고 2020다284977 전원합의체 판결.

는 것. ☞13-78)에 의하여 스스로 당사자가 되어 공동으로 소송수행을 할 수 있다. 나아가 여럿의 채권자에 의한 채권자대위소송(아래 별도 설명), 여럿의 압류채권자에 의한 추심의 소(아래 별도 설명)도 유사필수적 공동으로 보는 입장이 일반적이다.21)

◈ **편면적 대세효 있는 회사관계소송이 유사필수적 공동소송에 해당하는지 여부** ◈
주주총회결의의 부존재 또는 무효 확인을 구하는 소로서, 상법 380조에 의해 준용되는 상법 190조 본문에 따라 청구를 인용하는 판결은 제3자에 대하여도 효력이 있다. 가령, 이러한 소를 여러 사람이 공동으로 제기한 경우 당사자 1인이 받은 승소 판결의 효력이 다른 공동소송인에게 미치므로 공동소송인 사이에 소송법상 합일확정의 필요성이 인정되고, 상법상 회사관계소송에 관한 전속관할이나 병합심리 규정(상법 186조, 188조)도 당사자 간 합일확정을 전제로 하는 점 및 당사자의 의사와 소송경제 등을 함께 고려하면, 이는 67조가 적용되는 유사필수적 공동소송에 해당한다.22) 다만, 상법상 회사관계소송에서는 판결효의 확장이 인용판결의 경우에 한한다고 한다면, 엄밀한 의미에서는 판결효의 충돌은 생기지 않는다고 볼 수도 있다.23)

◈ **각 채권자대위권에 기하여 공동하여 채무자의 권리를 행사하는 다수의 채권자들의 소송관계** ◈ X가 A에 대한 소유권이전등기청구권에 기하여 A를 대위하여 Y에 대하여 소유권이전등기말소등기절차의 이행을 구하는 소를 제기하였는데, 소송계속 중에 X가 사망하자, 그 공동상속인들인 X-1, X-2가 소송수계를 하였고 A가 원고 측 증인으로 증언까지 하였다. 여기서 소송수계인들인 위 원고들은 다수 채권자의 지위에서 채권자대위소송에 의하여 채무자의 권리를 공동으로 행사하는 결과가 된 것인데, 위 소송수계인들은 **유사필수적 공동소송**관계에 있다고 본다.24) 채권자인 X-1, X-2가 각각 제3채무자인 Y에 대하여 채권자대위소송을 제기한 경우에 X-1 또는 X-2가 받은 판결의 효력은 (채권자대위소송이 제기된 것을 알았을 경우에) 채무자에게 확장되고,25) 채무자를 통하여 다른 채권자에게 미치므로(가령 (X-2 → 채무자 →)X-1 또는 (X-1 → 채무자 →)X-2)26) 여러 채권자에 의한 채권자대위소송은 유사필수적 공동소송이 된다고 한다. 추가하여 참고로 볼 것은, 채권자대위소송이 계속 중에 다른 채권자가 동일한 채무자를 대위하여 채권자대위권을 행사하며 **공동소송참가**를

---

21) 송/박, 638면; 이, 748면; 정/유/김, 1004면.
22) 대법원 2021. 7. 22. 선고 2020다284977 전원합의체 판결.
23) 편면적 대세효 있는 회사관계소송에서는 공동소송인 간에 판결 결과가 달라도 그 효력이 서로 충돌할 여지가 없어 판결의 모순·저촉이 발생한다고 볼 수 없으므로, '소송법'상 합일확정의 필요성이 있다고 볼 수도 없다. 즉, 통상공동소송으로 보아야 한다는 위 전원합의체 판결의 **별개의견** 참조.
24) 대법원 1991. 12. 27. 선고 91다23486 판결.
25) 대법원 1975. 5. 13. 선고 74다1664 전원합의체 판결.
26) 위 효력이 반사적 효력인지, 법률요건적 효력인지, 아니면 기판력의 확장인지 다툼이 있으나, 실무상으로는 기판력의 확장으로 보고 있다.

하는 것은 양 청구의 소송물이 동일하다면 합일적으로 확정되어야 할 경우에 해당하므로 적법하다.27)

◈ **동일한 채권에 대하여 복수의 채권자들이 압류·추심명령을 받은 경우** ◈ **판례** 는 이 경우에 어느 한 채권자가 제기한 추심금소송에서 확정된 판결의 기판력이 그 소송의 변론종결일 이전에 압류·추심명령을 받았던 다른 추심채권자에게 미치지 않는다고 보았는데,28) **생각건대** 그렇다면 여럿의 압류채권자의 추심의 소는 유사필수적 공동소송이 성립하는 것은 아니라고 보아야 할 것이다.

제 3 절   공동소송의 절차

공동소송에 있어서 각 청구의 관련성의 정도에 따라서 다음 두 종류의 절차를 규정하고 있다. 통상공동소송인의 지위에 대한 66조와 필수적 공동소송에 대한 특별규정인 67조가 그것이다. 66조는 각 공동소송인의 청구를 독립하여 취급하는 절차이다(공동소송인독립의 원칙이라고 한다). 이 규정이 적용되는 공동소송을 통상공동소송이라고 한다. 한편 67조는 각 공동소송인 서로 사이에 소송자료와 절차진행의 통일을 도모하는 절차이다. 이 규정이 적용되는 공동소송을 필수적 공동소송이라고 한다.

조문의 분석	66조 (통상공동소송인의 지위)	67조 (필수적 공동소송에 대한 특별규정)
공동소송인 가운데 한 사람의 소송행위	… 다른 공동소송인에게 영향을 미치지 아니한다.	① … 모두의 이익을 위하여서만 효력을 가진다.
공동소송인 가운데 한 사람 …에 대한 상대방의 소송행위	… 다른 공동소송인에게 영향을 미치지 아니한다.	② … 공동소송인 모두에게 효력이 미친다.
공동소송인 가운데 한 사람에 관한 사항	… 다른 공동소송인에게 영향을 미치지 아니한다.	③ … 한 사람에게 소송절차를 중단 또는 중지하여야 할 이유가 있는 경우 그 중단 또는 중지는 모두에게 효력이 미친다.

---

27) 대법원 2015. 7. 23. 선고 2013다30301, 30325 판결.
28) 대법원 2020. 10. 29. 선고 2016다35390 판결.

I. 공동소송인독립의 원칙 – 통상공동소송의 심판

1. 의 의

통상공동소송에서는 공동소송인독립의 원칙이 작용하는데, 이는 각 공동소송인이 다른 공동소송인이 제출한 소송자료에 영향을 받지 않고 독자적으로 소송수행을 하여 그 결과를 받는 것을 말한다. 66조는 공동소송인 가운데 한 사람이 상대방에 대하여 행한 소송행위(필수적 공동소송의 특별규정인 67조 1항에 대응), 상대방이 공동소송인 가운데 한 사람에 대하여 행한 소송행위(67조 2항에 대응), 공동소송인 가운데 한 사람에 관하여 생긴 사항(67조 3항에 대응)은 그 어느 것도 다른 공동소송인에게 영향을 미치지 않는다는 것을 규정하고 있다. 처분권주의나 변론주의에 나타나고 있는 민사소송법상의 자기책임의 원칙으로부터 공동소송인독립의 원칙은 당연하고, 오히려 67조가 특수한 규정이라고 할 수 있다(가령 A · B 대 C의 소송에 있어서 A가 청구를 포기하고 싶다고 생각한 경우 66조라면 가능하지만, 67조라면 B와 함께 하여야 한다). 각 당사자가 본래부터 가지고 있는 자주적 해결권이 다른 공동소송인의 행위로 말미암아 제한이나 간섭을 받는다는 논리는 생각할 수 없고, 공동소송인 각자의 소송수행에 따라 소송승패가 따로 따로 갈리는 것은 오히려 당연한 것이다. 통상공동소송의 경우에는 공동소송이라고 하더라도 분쟁의 통일적 해결이 도모된다는 법적 보장은 없다.

13-19

11-사법시험
12-법무사시험
14-변호사시험
18-변호사시험
22-변호사시험

2. 내 용

통상공동소송에서 소송의 수행은 개별소송의 경우와 다르지 않다. 가령, 소송요건, 소송계속은 각 공동소송인마다 개별 심리되고, 일부 공동소송인에 대하여만 소송요건의 흠이 있으면 그 공동소송인에 한하여 소를 각하하여야 한다.

13-20

(1) 당사자지위의 독립

각 공동소송인은 자신의 소송관계에 있어서만 당사자이다. 다른 공동소송인의 대리인, 보조참가인이 될 수 있다. 또 자기의 주장사실에는 관계가 없고 다른 공동소송인의 이해에만 관계있는 사항에 대하여는 증인능력도 있다.

13-21

(2) 소송자료의 불통일

각 공동소송인의 소송행위는 유리·불리를 묻지 않고 원칙적으로 다른 공동

13-22

소송인에게 영향을 미치지 않는다. 각자 독립적으로 자백, 청구의 포기·인낙, 화해, 소의 취하, 상소 등을 할 수 있고, 그 효력도 그 행위자와 상대방의 사이에만 미친다. 또한 공동소송인은 공격방어방법을 각자 제출할 수 있고, 그 주장을 달리 하더라도 관계없다.

> ◆ **예** ◆ 채권자가 주채무자와 보증인을 상대로 공동소송으로 대여금청구의 소를 제기한 경우에 주채무자는 주채무의 성립을 다투면서 가정적으로 변제의 항변을 제출하여 주채무의 존재를 다투는 데 대하여, 보증인은 간단히 주채무의 존재를 자백하고 보증채무의 부존재를 주장하여 방어를 펼치는 사안에서 보증인의 자백은 채권자와 보증인 사이의 소송에서만 자백으로 효력을 가지므로 법원은 채권자와 보증인 사이에서는 자백에 구속되어 주채무가 존재하는 것을 전제로 재판을 하여야 하지만, 채권자와 주채무자 사이에서는 증거에 따라서 주채무의 존부를 인정하여야 한다. 따라서 법원이 주채무는 일단 성립하였지만, 그 뒤에 변제로 소멸하였다는 심증을 얻은 경우에 채권자의 주채무자에 대한 청구는 기각할 수 있지만, 한편 보증계약의 성립을 인정하면 채권자의 보증인에 대한 청구는 인용되어야 한다.

(3) 소송진행의 불통일

13-23   공동소송인 가운데 한 사람에게 중단·중지의 사유가 생겨도 다른 공동소송인에게 영향을 미치지 않는다. 기일이나 기간의 해태도 다른 공동소송인에게 그 효과가 미치지 않는다. 가령 기일해태한 공동소송인만이 자백간주(150조 3항, 1항)의 불이익을 입게 된다.[29]

(4) 재판의 불통일

13-24   법원은 어떤 공동소송인의 소송만의 변론을 분리(141조)할 수 있고, 또 일부의 공동소송인에 대하여 일부판결(200조)을 할 수도 있다(☞11 – 1). 따라서 공동소송인독립의 원칙으로는 공동소송인 사이의 재판의 통일은 보장되지 못하고, 동일한 사건에 있어서 다른 판단이 내려질 수도 있다. 다만, 변론 및 증거조사가 공통의 기일에 행하여지는 것에 의하여 사실상 통일적인 재판이 기대되고 있으므로 항상 재판의 불통일이 발생하는 것은 아니다.

---

29) 자백간주가 된 피고와 원고의 주장을 다툰 피고 사이에서 동일한 실체관계에 대하여 서로 배치되는 내용의 판단이 내려진다고 하더라도 위법하지 않다(대법원 1997. 2. 28. 선고 96다53789 판결).

◆ **예** ◆ 甲은 Y에게 2억원을 빌려 주었다고 하자. 그 후 Y가 사망하여 상속인 A와 B가 1/2 지분씩 공동상속하였다. 그래서 甲은 A와 B를 공동피고로 하여 위 상속분에 따라 1억 원씩의 지급을 구하는 소를 제기하였다. 위 소송에서 소장부본이 A에 대하여는 공시송달되었고, B에 대하여는 교부송달되었다. 그 후 진행된 변론기일에 A는 출석하지 않았고, B는 출석하여 Y가 위 대여금 중 8,000만원을 변제하였다고 주장하였다. 위 대여사실과 변제사실이 모두 인정될 경우 甲의 A와 B에 대한 청구는 각각 어느 범위에서 인용되어야 하는가. 공시송달의 경우에는 자백간주의 적용이 없으므로(150조 3항 단서) A가 변론기일에 출석하지 않았음에도 甲은 자신의 대여사실을 증명하여야 한다. 사안에서 甲의 대여사실이 인정되었다고 제시되고 있으므로 甲의 청구액 1억 원은 전부 인용될 것이다. 대여금 중 일부인 8천만 원을 Y가 변제하였다는 B의 항변이 인정되고, 따라서 2억원에서 이미 Y가 변제한 8천만원을 빼면 1억 2천만원을 A와 B는 따로 따로 6천만원 씩만 갚으면 되지만, 공동소송인 독립의 원칙상(66조), 위 B의 항변이 A에게 아무런 영향을 미치지 않는다. B만 1억원 중 4천만원을 뺀 6천만원만 갚으면 된다. 피고 의무 사이에 중첩관계가 없는 경우로 판결의 주문은 다음과 같다.

> 원고에게, 피고 A는 1억원을, 피고 B는 6천만원을 **각** 지급하라.

한편, 가령 피고 의무 사이에 중첩관계가 있는 경우에, 피고 乙은 별다른 항변을 제출하지 않고(1억원 인용), 피고 丙은 일부(4천만원) 다투면서 항변한 경우로, 피고 별 청구 인용 금액이 다르다면 판결 주문 기재 방식은 다음과 같다.

> 원고에게 피고 乙은 1억원을, 피고 丙은 피고 乙과 **연대**(또는 공동)하여 위 금원 중 6천만원을 **각** 지급하라.

또는 다음과 같이 표시할 수 있다.

> 원고에게 피고들은 **연대**(또는 공동)하여 6천만원을, 피고 乙은 4천만원을 **각** 지급하라.

(5) 상 소

상소에 있어서도 공동소송인독립의 원칙이 적용되므로 상소불가분의 원칙이 작동하지 않고, **불복신청의 대상이 된 당사자 사이**의 청구에 대하여만 확정차단의 효력 및 이심의 효력이 생긴다. 가령 甲이 乙·丁을 공동피고(통상공동소송)로 하여 전부승소한 경우에 乙만이 상소하였다면, 乙의 상소는 甲·丙 사이의 청구에 그 효력을 미치지 않고 그 부분은 그대로 확정된다(☞14-13. 한편, 이와 대비되는 필수적 공동소송의 경우는 ☞13-34).

13-25

22-변리사시험

3. 공동소송인독립의 원칙의 수정

13-26   필수적 공동소송 이외의 공동소송 전부가 통상공동소송이 되는데, 그 가운데에는 개별소송으로의 취급을 관철하여도 무방한 것에서 청구 사이의 관련성이 강하여 판결의 모순회피의 요청이 작동하여야 하는 것까지 여러 가지가 있다. 공동소송인독립의 원칙이 기계적·형식적으로 관철되면 통상공동소송에 있어서 재판의 통일이 보장되기 어렵다. 그리하여 공동소송의 병합심리의 이점을 살리기 위하여 각각의 공동소송인에 대한 절차보장을 해치지 않는 범위에서 공동소송인독립의 원칙을 수정하려는 논의가 있다. 공동소송인 가운데 한 사람이 제출한 증거는 다른 공동소송인과 공통 또는 관련하는 다툼이 있는 사실에 대하여 특히 원용이 없더라도 전체로서 평가되어 사실인정의 통일적인 자료로 할 수 있다는 공동소송인 사이의 **증거공통의 원칙**이나(☞8–118) 이것에서 일보 전진하여 공동소송인 가운데 한 사람의 주장은 다른 공동소송인이 그것과 저촉되는 주장을 적극적으로 하지 않는 한, 그 주장이 다른 공동소송인에게도 이익이 있다고 생각되는 범위(한정적)에서 다른 공동소송인의 주장이 된다고 하는 **주장공통의 원칙**이 그것이다.

◆ **예** ◆ 위 2.의 예에서 주채무자가 변제의 항변을 제출하고, 증인신문결과, 법원은 변제가 있었다는 심증에 도달한 때에 그 증언을 채권자와 보증인 사이에서 공통으로 사용하는 것은 인정되지만, 한편 보증인이 주채무가 존재한다는 채권자의 주장을 다툴(부인) 뿐이고 변제의 항변을 제출하지 않은 경우에는 변제에 의한 주채무의 소멸을 이유로 채권자의 보증인에 대한 청구를 기각하는 것은 **변론주의에 위반**된다. 그렇다면 이 장면에서 공동소송인 사이의 증거공통의 원칙을 인정하여도 그다지 의미가 없게 된다. 이 원칙이 의미를 갖기 위하여는 나아가 주채무자가 변제의 항변을 제출하면, 그 소송법상의 효과가 보증인에 대하여도 생기지 않으면 안 된다. 그리하여 **주장공통의 원칙**이 주장되고 있다. 위 예에서 주채무자는 변제의 항변을 제출하고 있지만, 보증인이 그러한 항변을 원용조차 하지 않는 때에 법원이 주채무자에 대하여는 주채무의 소멸을 이유로 원고의 청구기각판결, 보증인에 대하여는 주채무의 존재를 전제로 원고의 청구인용판결을 하는 것은 역사적 사실은 하나밖에 있을 수 없다는 논리의 거역으로서 부당하다고 하면서 결국 공동심판절차에 부쳐진 이상, 가능하면 통일적인 해결을 도모하는 것이 바람직하다는 고려에서 공동소송인 사이에 주장공통을 인정하여도 공동소송인독립의 원칙에 저촉되지 않는다는 것이다. 즉 공동소송인독립의 원칙은 각자가 다른 공동소송인으로부터 제약을 받지 않고 적극적 소송수행행위를 할 수 있다는 데에 그

목적·의의가 있고, 각 공동소송인이 주어진 독립한 소송수행권을 행사하지 않은 경우의 취급은 이미 공동소송인독립의 원칙과는 직접적인 관계가 없다고 볼 수 있다는 것이다.

그런데 **판례**는 공동소송인독립의 원칙에 대한 명문의 규정과 **변론주의** 소송구조 등에 비추어 주장공통의 원칙은 적용되지 않는다는 **부정적** 입장이다.30)

◆ **순차경료된 등기 또는 수인 앞으로 경료된 공유등기의 말소청구소송** ◆ 공동소송인독립의 원칙의 수정과 관련하여 가령 A → B → C → D와 같이 순차적으로 경료된 등기가 원인무효임을 이유로 소유자 A가 B, C, D 3인을 상대로 각 등기말소를 구하는 청구와 같이 모두에 대하여 승소하지 않는다면 목적을 달성할 수 없는 경우에는 필수적 공동소송에 준하여 취급하여야 한다고 주장하는 입장도 있으나, **판례**는 이에 반대하여 순차 경료된 등기 또는 수인 앞으로 경료된 공유등기의 말소청구소송은 권리관계의 합일적인 확정을 필요로 하는 필수적 공동소송이 아니라 **통상공동소송**이며, 공동당사자들 상호간의 공격방어방법의 차이에 따라 모순되는 결론이 발생할 수 있고, 이는 변론주의를 원칙으로 하는 소송제도 아래서는 부득이한 일이라고 본다.31)

	대립 당사자 사이	공동소송인 사이		
주장공통의 원칙의 긍정 여부	긍정 (다툼이 없음)	다툼이 있음		
		부정설	긍정설	
이유	변론주의	공동소송인독립의 원칙이 전면적으로 타당 (**판례**)	공동소송인독립의 원칙을 각자가 다른 사람의 제약을 받지 않고 소송행위를 할 수 있다는 원칙으로 이해(한정적)	당연한 보조참가 이론(이론상·논리상 합일확정소송 이론)

주장공통의 원칙은 공동소송인 사이에 이해대립이 없는 경우라면 공동소송인의 합리적 의사의 추측으로서 타당하지만, 이해대립이 없는 경우로 한정하지 않으면 주장공통으로 처리된 공동소송인에게 생각지도 않는 불이익을 줄 수도 있다. 그래서 주장공통의 범위를 한정하는 것과 함께 예상 밖의 재판이 되는 경우에 법관은 적절한 **석명권**을 행사하여 공동소송인으로부터 명시적인 원용을 끌어내야 할 것이다.

---

30) 대법원 1994. 5. 10. 선고 93다47196 판결.
31) 대법원 1991. 4. 12. 선고 90다9872 판결.

II. 필수적 공동소송에 대한 특별규정

13-27   필수적 공동소송(고유필수적 공동소송 및 유사필수적 공동소송)에 있어서는 합일확정의 요청에서 공동소송인 서로 사이에 연합관계로 소송자료 및 소송진행의 통일을 도모하여야 한다. 그러나 각 공동소송인은 독립하여 소송행위를 할 수 있으므로(소송대리인도 각자 선임한다) 이에 대처하여 민사소송법은 67조에 특별규정을 두고 있다.

1. 소송자료의 통일

(1) 공동소송인의 소송행위

13-28   한 사람의 당사자가 행한 소송행위는 **모두의 이익을 위하여서만**(다른 당사자에 대하여 유리한 이상) 다른 당사자에 대하여도 효력을 발생한다(67조 1항). 따라서 유리한 소송행위는 공동소송인 가운데 한 사람이 행하면 모두를 위하여 효력이 생기고, 불리한 소송행위는 모두가 하지 않는 한, 그 소송행위를 행한 공동소송인과의 관계에서도 효력이 생기지 않는다.

13-29   **(가) 유리한 소송행위**   공동소송인 가운데 한 사람이 상대방의 주장사실을 다투면 모두가 다툰 것이 되고, 피고 측 한 사람이라도 본안에 관하여 응소하였으면, 소의 취하에 피고 측 모두의 동의가 필요하고, 공동소송인 가운데 한 사람이 기일에 출석하여 변론하였으면 다른 공동소송인이 결석하여도 기일해태의 효과가 발생하지 않는다.

13-30   **(나) 불리한 소송행위**   반면 불리한 소송행위는 공동소송인 모두가 함께
10-사법시험   하여야 하고, 공동소송인 가운데 한 사람이 한 것은 그 효력이 없다. 가령 재판상 자백, 청구의 포기·인낙, 소송상 화해는 불리한 소송행위이므로 공동소송인 모두가 함께 하여야 한다. 공동소송인 가운데 한 사람의 소의 취하 또는 한 사람에 대한 소의 취하는 **무효**이다(다만, 이와 달리 각자가 소를 취하할 수 있지만, 그 결과 다른 공동소송인의 청구마저도 부적법하게 되어 각하된다는 입장도 생각할 수 있다).[32]
23-변호사시험   한편, 유사필수적 공동소송의 경우에는 모두가 공동으로 소를 제기하거나 제소되

---

[32] 공동상속인이 다른 공동상속인을 상대로 어떤 재산이 상속재산임의 확인을 구하는 소는 고유 필수적 공동소송이라고 할 것이고, 원고들 일부의 소 취하 또는 피고들 일부에 대한 소 취하는 특별한 사정이 없는 한 그 효력이 생기지 않는다(대법원 2007. 8. 24. 선고 2006다40980 판결).

지 않더라도 당사자적격을 잃는 것은 아니고, 개별적으로 제소할 수 있으므로 공동소송인 중의 한 사람의 소의 취하가 가능하다.

(2) 상대방의 소송행위

한 사람에 대하여 행한 상대방의 소송행위는 공동소송인의 **모두에 대하여**   13-31
(유리·불리를 묻지 않고) 효력이 발생한다(67조 2항). 이는 상대방의 소송행위의 편의나 소송절차의 신속한 진행을 도모하고, 소송자료의 통일을 확보하기 위한 것이므로 그 행위가 공동소송인에게 유리한 행위인가, 불리한 행위인가 관계없다. 가령 공동소송인 가운데 한 사람이라도 기일에 출석하였으면 상대방은 그 사람에 대하여 준비서면으로 예고하지 않은 사실이라도 주장할 수 있고(276조 참조), 그 효력은 결석한 모두에 대하여도 미친다. 공동소송인 가운데 일부가 결석하더라도 상대방이 소송행위를 하는 데 지장이 없다.

위 규정의 적용은 상대방의 소송행위에 한하므로 법원의 공동소송인에 대한 소송행위, 특히 기일의 통지나 송달 등은 각 공동소송인에 대하여 하여야 한다. 각 공동소송인에 대한 제1심 판결의 송달일이 다르면 상소기간의 진행도 개별적이 된다.

2. 소송진행의 통일

(1) 공동소송인 가운데 한 사람에게 생긴 중단·중지사유

한 사람에 대하여 중단·중지의 사유가 발생하면 공동소송인 모두의 절차도   13-32
정지한다(67조 3항).[33] 통상공동소송의 경우에는 다른 공동소송인에게 영향을 미치지 않는 것과 다르다.

(2) 변론의 분리·일부판결

변론, 증거조사, 판결을 같은 기일에 함께 행하여야 하므로 변론의 분리(141   13-33
조)나 일부판결(200조)을 할 수 없다. 공동소송인 모두에 대한 하나의 종국판결을

---

[33] 여럿의 파산관재인이 선임되어 있는 경우에 **필수적 공동소송에 해당**하나, 54조가 여러 선정당사자 가운데 죽거나 그 자격을 잃은 사람이 있는 경우에는 다른 당사자가 모두를 위하여 소송행위를 한다고 규정하고 있음에 비추어 볼 때, 공동파산관재인 중 일부가 파산관재인의 자격을 상실한 때에는 남아 있는 파산관재인에게 관리처분권이 귀속되고 소송절차는 중단되지 아니하므로, 남아 있는 파산관재인은 자격을 상실한 파산관재인을 수계하기 위한 절차를 따로 거칠 필요가 없이 혼자서 소송행위를 할 수 있다(대법원 2008. 4. 24. 선고 2006다14363 판결).

선고하여야 하는 것이고, 남은 공동소송인에 대해 추가판결을 하는 것은 허용될
수 없다.34) 법원이 잘못하여 일부판결을 한 때에는 전부판결로 취급한다. 따라서
판결의 명의인이 되지 않은 공동소송인도 상소를 제기할 수 있다.

(3) 공동소송인 가운데 한 사람만의 상소

13-34
13-법무사시험

공동소송인 가운데 한 사람만이 상소를 제기하더라도 **모두에 대하여** 판결의
확정이 차단되고, 전소송이 이심하게 된다(69조도 이를 전제로 한 것이고, 한편 67조
1항에 따라 한 사람의 소송행위는 모두의 이익을 위하여 효력이 있다). 상소기간은 각 공
동소송인에게 판결정본이 송달된 때로부터 개별적으로 진행하지만(개별진행설),
공동소송인 모두에 대하여 상소기간이 만료되기까지는 판결은 확정되지 않는다.

제 4 절   공동소송의 특수형태

70조에서 예비적·선택적 공동소송에 대한 특별규정을 두고 있다. 한편, 추가적 공동소
송에 대하여는 누락된 필수적 공동소송인의 추가(68조) 등 몇 개의 규정을 단편적으로
두고 있고, 일반적 규정은 두고 있지 않다.

I. 예비적·선택적 공동소송

1. 의 의

13-35
07-법원행정고시
11-사법시험

공동소송인 가운데 일부의 청구가 다른 공동소송인의 청구와(원고 측) 법률상
양립할 수 없거나 또는 공동소송인 가운데 일부에 대한 청구가 다른 공동소송인
에 대한 청구(피고 측)와 법률상 양립할 수 없는 경우에 심판에 순서를 붙여서 **예
비적 공동소송**의 형태로, 또는 청구에 순위를 붙이지 않고 **선택적 공동소송**의
형태로 병합하여 소를 제기할 수 있다(70조).35)

---

34) 대법원 2011. 6. 24. 선고 2011다1323 판결. 고유필수적 공동소송인 공유물분할청구(대법원
   2022. 6. 30. 선고 2022다217506 판결) 등.
35) **2002년 개정 민사소송법**에서 신설된 규정으로, 관련하여 종래 강학상 주관적·예비적 병합의
   적법성이 문제되었는데, 개정 전 종전 판례는 이를 부정하였다(대법원 1972. 11. 28. 선고 72다829
   판결; 대법원 1997. 8. 26. 선고 96다31079 판결 등).

◈ **예** ◈   대리인과 계약하였지만 무권대리의 의심이 있는 때에는 제1차적으로 본인에게 이행을 청구하고, 이것이 기각될 경우에 대비하여 제2차적으로 대리인에 대한 손해배상청구도 병합하여 제기하는 경우를(민법 135조 1항 참조) 예비적 공동소송의 전형적 예로 들고 있다. 공작물의 설치·보존의 하자를 이유로 한 손해배상청구에서 점유자를 주위적 피고로, 그것이 인용되지 않을 경우를 대비하여 소유자를 예비적 피고로 한 각 손해배상청구의 경우도(민법 758조 1항) 그 예이다. 청구취지의 기재례는 다음과 같다. 예비적·선택적 공동소송의 경우에도 모든 공동소송인에 관한 청구에 대하여 판단하여야 하므로(70조 2항) 가령 피고가 복수인 예비적 공동소송에 있어서 예비적 당사자인 피고도 '예비적 피고'라고 적지 않고, 통상의 공동소송과 같이 '피고'라고 적는다.

> [피고 측 예비적 공동소송]
>   원고에게, 주위적으로 피고 甲, 예비적으로 피고 乙은 1,000만원을 지급하라.
> [원고 측 선택적 공동소송]
>   피고는 선택적으로 원고 甲 또는 원고 乙에게 1,000만원을 지급하라.

2. 형 태

(1) 원고 측이 공동소송인이 되는 경우(능동형)도 허용

가령 채권의 양수인이 채무자에게 이행을 구하는데, 채무자가 채권양도의 효력을 다투므로 제1차적으로 양수인이, 제2차적으로 양도인이 원고가 되어 제소하는 경우와 같이 원고 측이 공동소송인이 되는 경우도 예비적·선택적 공동소송이 허용된다.   13-36

(2) 선택적 공동소송도 허용

가령 피고 Y, Z에게 순위를 붙이지 않고, Y, Z 누구인가에 청구하는 선택적 공동소송까지 허용된다. 양립할 수 없는 관계에 있는 경우야말로 객관적·선택적 병합과 달리 선택적 공동소송의 주요한 적용영역이라고 할 수 있다.   13-37

(3) 후발적 예비적·선택적 공동소송도 허용

원·피고 사이에 소송계속 중 제1심 변론종결시까지 당사자를 추가하여(68조 준용) 후발적으로 예비적·선택적 공동소송으로 할 수 있도록 하였다(☞13-42).   13-38

14-법원행정고시
15-변호사시험
22-변호사시험

3. 요 건

13-39   공동소송인 가운데 **일부의 청구**가 다른 공동소송인의 청구와 **법률상 양립할 수 없거나** 공동소송인 가운데 **일부에 대한 청구**가 다른 공동소송인에 대한 청구와 **법률상 양립할 수 없는 경우**이어야 한다(70조).[36] 그리고 **공동소송의 일반적 요건**(65조, 253조 등)을 갖추어야 하는 것은 물론이다.

공동소송인 사이에 서로 **법률상 양립 불가능한** 청구이면, 별도의 신청을 필요로 하지 않고 예비적 또는 선택적 공동소송으로 취급된다고 할 것이며, 가령 통상공동소송으로 소를 제기하였더라도, 법원은 원고가 의사를 분명히 하도록 석명하여 예비적 또는 선택적 공동소송으로 심리하여야 할 것이다.

그런데 법률상 양립할 수 없는 경우는 어떠한 관계를 말하는가가 그다지 분명하지 않다. 우선, 양립할 수 없는 경우이어야 하므로 일단 양쪽 청구가 모두 인용될 수 있는 경우이면 허용되지 않는다.[37] 다음, 사실상 양립할 수 없는 관계와 법률상 양립할 수 없는 관계의 구별을 어떻게 할 것인지 여부가 문제이다.

◈ **소송법상으로 서로 양립할 수 없는 경우를 포함** ◈   **판례**는 아파트입주자대표회의의 대표자 또는 구성원의 지위에 관한 확인소송에서 그 대표자 또는 구성원 개인뿐 아니라 그가 소속된 아파트입주자대표회의를 공동피고로 하여 소가 제기된 경우에 누가 피고적격을 가지는지에 관한 법률적 평가에 따라 어느 한쪽에 대한 청구는 부적법하고 다른 쪽의 청구만이 적법하게 될 수 있으므로 이는 각 청구가 서로 법률

---

36) 여기서 '공동소송인 가운데 일부에 대한 청구'를 반드시 '공동소송인 가운데 일부에 대한 모든 청구'라고 해석할 근거는 없으므로, 주위적 피고에 대한 주위적·예비적 청구 중 주위적 청구 부분이 인용되지 아니할 경우 그와 법률상 **양립할 수 없는** 관계에 있는 예비적 피고에 대한 청구를 인용하여 달라는 취지로 결합하여 소를 제기하는 것도 가능하고, 이 경우 주위적 피고에 대한 예비적 청구와 예비적 피고에 대한 청구가 서로 법률상 **양립할 수 있는** 관계에 있으면 양 청구를 병합하여 통상의 공동소송으로 보아 심리·판단할 수 있다(대법원 2009. 3. 26. 선고 2006다47677 판결 등).

37) 가령, 어떤 물건에 대하여 직접점유자와 간접점유자가 있는 경우 그에 대한 점유·사용으로 인한 부당이득의 반환의무는 동일한 경제적 목적을 가진 채무로서 서로 중첩되는 부분에 관하여는 일방의 채무가 변제 등으로 소멸하면 타방의 채무도 소멸하는 이른바 **부진정연대채무**의 관계에 있다고 할 것인데, 그와 같이 부진정연대채무의 관계에 있는 채무자들을 공동피고로 하여 이행의 소가 제기된 경우에 그 공동피고에 대한 각 청구는 법률상 양립할 수 없는 것이 아니므로 그 소송은 예비적 공동소송은 아니고, 그 청구의 본래 성질에 따라 **통상공동소송** 등의 관계에 있다고 보아야 할 것이니, 그러한 공동소송 관계의 판결에 대하여 공동소송인 중 일부에 대해서만 불복한 경우에는 그 부분만 상소심으로 이심이 되고 상소심의 심판권한의 범위도 당연히 그 부분에 한정된다 할 것이다(대법원 2012. 9. 27. 선고 2011다76747 판결).

상 양립할 수 없는 관계에 해당한다고 보았다.38) 그리고 '법률상 양립할 수 없다'는
것은, ① 동일한 사실관계에 대한 법률적인 평가를 달리하여 두 청구 중 어느 한쪽
에 대한 법률효과가 인정되면 다른 쪽에 대한 법률효과가 부정됨으로써 두 청구가
모두 인용될 수는 없는 관계에 있는 경우나, ② 당사자들 사이의 사실관계 여하에
의하여 또는 청구원인을 구성하는 택일적 사실인정에 의하여 어느 일방의 법률효과
를 긍정하거나 부정하고 이로써 다른 일방의 법률효과를 부정하거나 긍정하는 반대
의 결과가 되는 경우로서, 두 청구들 사이에서 한쪽 청구에 대한 판단이유가 다른
쪽 청구에 대한 판단이유에 영향을 주어 각 청구에 대한 판단 과정이 필연적으로 상
호 결합되어 있는 관계를 의미하며, ③ 실체법적으로 서로 양립할 수 없는 경우뿐
아니라 **소송법상으로 서로 양립할 수 없는 경우를 포함**하는 것으로 봄이 상당하다
고 보았다. 이 판례는 법률상 양립 불가능의 의미에 관하여 처음으로 그 판단기준을
제시하였다는 점에서 큰 의미를 가진다. 특히, 「법률상 양립할 수 없다」는 것은 「소
송법상으로 서로 양립할 수 없는 경우」를 포함한다고 보고, 사안에서 누가 피고적격
을 가지는지에 관한 법률적 평가에 따라 어느 한 쪽에 대한 청구는 부적법하고 다른
쪽의 청구만이 적법하게 될 수 있으므로 예비적·선택적 공동소송의 요건을 충족하
고 있다고 판단한 점에 **특색**이 있다.

　법률상 양립할 수 없는 경우는 법률의 규정에 의하여 양쪽 청구가 양립할 수
없는 관계에 있고, 게다가 한쪽 청구를 기각하는 이유가 다른 쪽 청구의 인용에
필연적으로 결합하는 관계에 있어야 한다. 예를 들어 대리인과 계약하였지만 무
권대리의 의심이 있는 때에는 제1차적으로 본인에게 이행을 청구하고, 이것이 기
각될 경우에 대비하여 제2차적으로 대리인에 대한 손해배상청구도 병합하여 제
기하는 경우와 같이 대리권수여행위라는 **동일한 사실의 존부를 전제로 하여 서
로 모순되는 법률효과가 문제되는 경우**이다.

　또한 가령 계약의 체결에 있어서 계약의 상대방이 개인인가, 아니면 법인인
가 확실하지 않은 경우에 개인이 대표권을 가지고 대표자의 자격으로 계약을 체
결하였는가, 아니면 개인으로 계약을 체결하였는가에 따라 법인이 책임을 지는
가, 아니면 개인이 책임을 지는가가 문제가 된 사안은 예비적·선택적 공동소송
으로 취급될 수 있다. 계약은 하나밖에 없으므로(법률상으로 개인과 법인 양쪽과 계
약을 체결한다는 것은 있을 수 없다) 이 사안은 일방의 법률효과를 긍정하거나 부정
하고 이로써 다른 일방의 법률효과를 부정하거나 긍정하는 반대의 결과가 되는
경우로, 각 청구에 대한 판단과정이 필연적으로 결합되어 있다. 따라서 이 경우

---

38) 대법원 2007. 6. 26.자 2007마515 결정.

는 (사실상의 원인에 기한) 법률상 양립할 수 없는 관계에 해당한다.

반면, 가령 누구와 계약을 체결하였는지 불분명한 채, 가능성이 있는 복수의 사람을 피고로 하는 경우(마찬가지로 불법행위의 가해자가 Y인가 Z인가 하는 경우)는 한 쪽과의 계약체결이 다른 쪽의 계약 불성립을 이유 있게 하는 것으로, 일단 양 청구가 양립할 수 없는 관계로 보이지만, 그것은 법적인 것이 아니라, 사실인정 단계의 문제에 있어서 단순히 사실상의 결론에 불과한 것으로, 앞의 경우와는 다르다고 생각한다. 양 청구 사이에 한쪽의 청구에 대한 판단이유가 다른 쪽의 청구에 대한 판단이유에 대하여 영향을 주어 각 청구에 대한 판단과정이 필연적으로 결합되어 있는 관계라고 할 수 없고, 상황에 따라 어느 쪽도 아닌 진위불명의 제3의 경우가 있을 수 있어 어느 쪽에도 패소하는 것이 법률적으로 이상할 것은 없다. 법률상 양립할 수 없는 경우에 해당되지 않는다고 보아야 한다(해당된다는 반대 입장도 있음).

4. 심 리

13-40

(1) 양쪽 청구에 대한 소송절차가 항상 **일체적으로 취급**되어야 한다. 이러한 요청은 심리절차에 있어서 가령 공동소송인 독립의 원칙(66조)이 작동한다면 충분히 실현될 수 없으므로 적어도 공동소송인 독립의 원칙의 적용이 배제되어야 한다. 그런고로 그 심리에 대한 절차적 규제는 원칙적으로 **필수적 공동소송에 대한 특별규정을 준용**한다(70조 1항 본문). 그 결과, 소송자료의 통일과 소송진행의 통일(가령, 변론준비 · 변론 · 증거조사 · 판결선고는 같은 기일에 함께 하여야 하며, 변론의 분리 · 일부판결은 할 수 없다)이 있게 된다.[39]

(2) 다만, **청구의 포기 · 인낙, 화해 및 소의 취하**의 경우에는 필수적 공동소송에 대한 **특별규정을 준용하지 않도록 하고 있다**(70조 1항 단서).[40] 이 경우에

---

39) 이에 대하여 호, 881면은 소송자료의 통일을 위한 규정은 준용되지 않고, 소송진행의 통일을 위한 규정만이 준용되어야 한다고 본다. 그러나 이러한 해석은 명문의 규정에 어긋난다고 생각한다. 다만, 예비적 · 선택적 공동소송은 양쪽 청구에 대한 「판단 내용」 자체가 반드시 「합일적으로 확정되어야 할」 필요가 있다고는 생각하지 않으므로 양쪽 청구가 내용적으로 통일적 결과를 실현할 수 있도록 보장하는 규정인 67조를 준용함에 있어서 일정한 경우에 추가적 고려 내지는 제한 등이 필요할 수 있다는 점에서 위 입장의 방향성을 전혀 수긍하지 못할 것은 아니다.

40) 조정에 갈음하는 결정이 확정된 경우에는 재판상 화해와 동일한 효력이 있는데(민사조정법 34조 참조), 화해는 공동소송인 각자가 할 수 있다는 위 규정과 관련하여 조정에 갈음하는 결정에 대하여 일부 공동소송인이 이의하지 않은 사안에서 판례는 70조 1항 단서에 비추어 보면, **원칙적**으로 이의하지 않은 공동소송인에 대한 관계에서는 조정에 갈음하는 결정이 확정될 수 있다고

필수적 공동소송의 규율에 따른다면, 각 공동소송인의 소송물에 대한 처분의 자유를 지나치게 제한하는 것이 되므로 공동소송인 각자가 청구의 포기·인낙, 화해 및 소의 취하를41) 할 수 있도록 한 것이라고 그 취지를 설명한다.

◈ **예** ◈　공작물의 설치 또는 보존의 흠으로 말미암아 피해를 입은 사람이 우선 공작물의 점유자를 상대로 손해배상을 청구하면서, 가령 점유자가 주의의무를 다한 경우를 대비하여 순서를 붙여서 소유자를 상대로 한 손해배상청구를 병합하였다. 법원은 심리한 결과, 점유자에 대한 청구가 인용될 수 있다는 판단이 든다. 이 경우에 소유자가 자기에 대한 청구에 대하여 인낙을 하면 법원은 어떻게 하여야 하는가? 청구의 인낙은 단독으로 할 수 있다는 규정(70조 1항 단서)을 획일적으로 적용하는 것은 문제이므로 필수적 공동소송에 관한 규정(67조 1항)을 준용하여 인낙은 효력이 생기지 않는다고 하여야 할 것이라는 입장도 있을 수 있으나, 이는 70조 1항 단서 명문의 규정에 어긋난다. 한편, 주위적 피고에 대한 청구를 기각하여야 한다면, 양쪽의 청구에 순위를 정한 원고의 의사에 반하게 된다. 결국 예비적 피고가 청구를 인낙한 경우라도 주위적 피고에 대한 청구는 인용되고, 예비적 피고에 대한 청구는 기각된다고 보아야 한다.

(3) 한편, 그 밖에 공동소송인 1인의 **자백**을 어떻게 취급할 것인가는 여전히 문제이다.

◈ **자백·자백간주** ◈　자백사실은 다른 당사자에게 유리한 소송상태가 형성될 수 있다(주위적 피고와 예비적 피고 사이에 잠재적인 대립관계가 있으므로). 예를 들어 대리인과 계약하였지만 무권대리의 의심이 있는 때에는 제1차적으로 본인에게 청구하고, 이것이 기각될 경우에 대비하여 제2차적으로 대리인에 대한 청구도 병합하여 제기한 경우에 예비적 피고가 무권대리에 대하여 자백을 하면, 이는 주위적 피고에 대하여 유리한 행위가 된다. 예비적 피고의 자백에 대하여 주위적 피고가 다투지 않은 경우로 보아 자백의 효력을 인정하여 주위적 피고에 대하여는 청구기각, 예비적 피고에 대하여는 청구인용판결을 할 수 있다.42) 반면 자백한 사람 이외의 당사자에게 불이익을 미치는 자

할 것이나, **서로 이해관계가 상반되고 권리의무관계가 서로 관련**된 예비적 공동소송에 있어서 예비적 피고만이 이의신청을 하였을 뿐, 원고와 주위적 피고는 이의신청을 하지 아니한 경우에 조정에 갈음하는 결정은 **분리 확정이 허용되지 않는다**고 보았다(대법원 2008. 7. 10. 선고 2006다57872 판결). 이러한 법리는 화해권고결정의 경우에도 마찬가지이다(대법원 2015. 3. 20. 선고 2014다75202 판결[미간행]; 대법원 2022. 4. 14. 선고 2020다224975 판결).

41) 공동소송인 중 일부가 소를 취하하거나 일부 공동소송인에 대한 소를 취하할 수 있고, 이 경우 소를 취하하지 않은 나머지 공동소송인에 관한 청구 부분은 여전히 심판의 대상이 된다(대법원 2018. 2. 13. 선고 2015다242429 판결).

42) 반면 이, 758~759면은 한 사람이 자백하여도 효력이 없으며, 자백은 모두가 함께 하여야 한다고 본다.

백은 그 자백에 의하여 불이익을 받은 당사자가 자백사실을 다투는 한, 그 효력을 인정할 수 없다. 한편 피고 모두가 기일해태로 **자백간주**된 경우에 법원은 피고 모두에 대하여 원고 승소판결을 하여야 하는지, 아니면 제1차 피고에 대하여만 원고 승소판결을 하고, 제2차 피고에 대하여는 원고 패소판결을 하여야 하는지 문제된다. 전자의 입장에서는 피고 모두에 대하여 승소판결을 받은 원고는 제1피고를 제쳐두고 제2피고를 상대로 바로 강제집행을 할 수 있는지, 피고 모두에 대하여 동시에 강제집행을 할 수 있는지, 제1피고로부터 변제 받은 원고가 제2피고를 상대로 강제집행을 시도할 때에 제2피고는 어떤 방법으로 이를 저지할 수 있는지 등이 문제될 수 있다. 그러나 청구의 취지에 비추어 제1차 피고에 대하여만 원고 승소판결을 하고, 제2차 피고에 대하여는 원고 패소판결을 하여야 한다는 후자의 입장이 타당하다고 생각한다.

5. 판 결

13-41

22-변호사시험
22-변리사시험

(1) 제1차 청구를 인용하는 때에는 제2차 청구에 대하여 사실상 제2차 피고의 승소로 볼 수 있는데, 이러한 취지의 제2차 피고에 대한 청구기각판결이 행하여지지 않는 점에서 제2차 피고가 불이익·불안정한 지위에 놓이게 되므로 **모든 공동소송인에 관한 청구에 대하여 판결**을 하도록 하였다(70조 2항). 청구의 취지로부터 제1차 청구가 인용된다면, 제2차 청구에 대한 판결은 필요하지 않다고 보아 법원이 제2차 청구에 대하여는 판결하지 않는다는 태도를 견지하는 것은 적절한 절차적 대응이 아니다. 따라서 위 규정은 타당하다.43) 가령 예비적 청구를 인용하고자 하는 때에는 반드시 주위적 청구를 기각한 뒤에 하여야 하는 것은 당연하고, 거꾸로 주위적 청구를 인용하는 때에는 아울러 예비적 청구를 기각하는 판결을 반드시 하여야 한다(법률상 양립할 수 없는 관계에 있는 경우이어야 하므로 양쪽 청구 모두 인용하는 판결은 허용되지 않는다). 선택적 공동소송의 경우에도 마찬가지로 한쪽의 청구를 인용하는 때에는 다른 쪽의 청구를 기각하는 판결을 반드시 함께 하여야 한다. 다만, 여기서 어느 한쪽 당사자에 대한 청구를 기각한다고 하여 다른 쪽 당사자의 청구를 반드시 인용하여야 하는 것은 아니다. 증명책임과 관련

---

43) 통상 사용하는 개념으로, 예비적이라는 것은 어느 한쪽의 인용을 우선하여 신청하고, 그것이 인용되는 것을 해제조건으로서 다른 쪽의 심판을 구하는 신청을 하는 병합형태를 말하고, 선택적이라는 것은 순위를 붙이지 않고 어느 한쪽이 택일적으로 인용되는 것을 해제조건으로서 다른 쪽에 대하여 심판을 구하는 신청을 하는 병합형태를 말한다(소의 객관적 병합에서는 이러한 개념으로 설명하고 있다). 그런데 여기서의 예비적·선택적 공동소송은 모든 공동소송인에 관한 청구에 대하여 판결을 하여야 하므로 어느 한쪽이 우선 내지는 택일적으로 인용될 것을 해제조건부로 하는 것은 아니다. 이제는 어느 쪽 하나의 청구가 인용되는 것을 해제조건으로 하는 것이 아니므로 예비적이라는 표현보다는 순위적이라는 표현이 더 어울린다고 생각한다.

하여 모든 당사자에 대한 청구가 배척되는 경우도 충분히 있을 수 있다.

　(2) 한편, **주위적 청구를 인용하는 판결을 하면서 아울러 예비적 청구를 기각하는 판결을 하지 않은 경우**의 취급이 문제이다. 이 경우에 형태로서는 주위적 청구를 인용하는 것만의 일부판결과 같이 보이지만, 주위적, 예비적 2개의 청구는 표리일체의 관계에 있으므로 원래 일부판결이 허용되지 않는 경우에 행하여진 위법한 **흠이 있는 전부판결**이다. 따라서 이미 예비적 청구에 대한 추가판결의 여지는 없고 **상소**로써 이를 다투어야 한다(그리고 이 경우에 위법한 흠이 있는 판결에 대하여 상소가 있으면(판결의 명의인이 되지 않은 공동소송인도 상소를 제기할 수 있다), 소송의 전체가 이심하여 상소심의 심리에 복종하게 되어 전체로서 취소할 수 있게 된다고 풀이할 것이다. 상소의 효력에 대하여는 ☞14－9).44)

　◈ **예** ◈　예비적 공동소송에서 주위적 당사자와 예비적 당사자 중 어느 한 사람에 대하여 상소를 제기하면 다른 당사자에 대한 청구 부분도 확정이 차단되고 상소심에 이심되어 심판대상이 되며, 이러한 경우 상소심은 주위적·예비적 당사자 및 그 상대방 당사자 사이의 결론의 합일확정의 필요성을 고려하여 그 심판의 범위를 판단하여야 한다(상소심에서의 불이익변경금지의 원칙에 대하여는 ☞14－35 참조).45)

　여기서 상소할 수 있는 사람에 대하여, 가령 **주위적 청구인용, 예비적 청구기각의 경우**에 원고는 주위적 청구에서 승소한 이상, 예비적 청구에서 패소하였어도 이에 대하여는 불복의 이익을 가지지 않는다고 할 것이므로 상소할 수 있는 사람은 주위적 피고만이다. 그리하여 주위적 피고가 상소하면, 원고는 피상소인이 된다. 그리고 예비적 피고는 스스로가 원판결에 불복할 수 없다. 한편, **주위적 청구기각, 예비적 청구인용의 경우**에 원고에게 불복의 이익이 있는지 여부가 문제인데, 반대견해도 있을 수 있지만, 원고에게 주위적 청구와 예비적 청구가 반드시 등가치라고 할 수 없으므로 예비적 청구에 대하여 승소하고 있어도 원고는 상소의 이익을 가진다고 할 것이다. 그리하여 이 경우에 상소할 수 있는 사람은 원고와 예비적 피고이다.

　그러나 당사자가 예비적 공동소송의 형태로 청구하고 있지만 그 공동소송인들에 대한 청구가 상호 간에 **법률상 양립할 수 없는 관계에 있지 않다면**, 그 소송은 예비적 공동소송은 아니고, 그 청구의 본래 성질에 따라 통상공동소송 등의 관계에 있다고 보아야 할 것이니, 그러한 공동소송 관계의 판결에 대하여 공동소송인 중 일부에 대해서만 불복한 경우에는 그 부분만 상소심으로 이심이 되고 상소심의 심판권한의 범위도 당연히 그 부분에 한정된다 할 것이다.46)

---

　44) 대법원 2008. 3. 27. 선고 2005다49430 판결[미간행]. 그 판결에서 누락된 공동소송인은 판단유탈을 시정하기 위하여 상소를 제기할 이익이 있다.
　45) 대법원 2011. 2. 24. 선고 2009다43355 판결.
　46) 대법원 2012. 9. 27. 선고 2011다76747 판결.

II. 추가적 공동소송(주관적·추가적 병합)

13-42
15-사법시험
16-변호사시험
16-5급공채시험

애초부터 주관적 병합의 형태로 소를 제기하거나 또는 제기당하지 않았다 하더라도 소송계속 중에 제3자가 스스로 당사자로서 소송에 가입하거나(참가형), 종전의 원고나 피고가 제3자에 대한 소를 추가적으로 병합제기하는 것(인입형)에 따라 공동소송형태가 되는 경우이다.

현행법이 명문으로 추가적 공동소송을 인정하고 있는 것은 누락된 필수적 공동소송인의 추가(68조. 제1심 변론종결시까지 ☞13-7, 13-84), 당사자의 추가에 따른 예비적·선택적 공동소송(70조. 제1심 변론종결시까지), 참가승계(81조), 인수승계(82조) 공동소송참가(83조), 추심의 소에 있어서 피고(제3채무자)에 의한 다른 채권자의 인입(민사집행법 249조 3항) 등이 있다.

이와 같이 명문으로 인정하는 경우 이외에 추가적 공동소송을 인정할 것인가에 대하여, **학설**은 입장이 나뉘고 있는데,[47] **판례**는 필수적 공동소송이 아닌 사건에 있어서 소송 도중에 당사자를 추가하는 것은 그 경위가 어떻든 간에 허용될 수 없다고 부정한다.[48]

◆ **예** ◆ 甲이 乙을 피고로 불법행위에 기한 손해배상을 청구하는 소를 제기하고, 그 심리가 되고 있는 도중에 丙도 가해자인 것이 판명되었다. 그래서 甲은 공동불법행위자로서 丙도 피고로 추가하는 신청을 하였다. 이러한 신청이 적법한가 하는 문제이다. 68조는 필수적 공동소송에서 누락된 공동소송인이 있을 때에 한하여 제1심 변론종결시까지 당사자로 추가하는 길을 열어 소의 주관적·추가적 병합을 제한적으로 인정하고 있는 바, 위 사안은 乙·丙 사이에 판결의 합일확정이 필요하지 않은 것이어서 필수적 공동소송의 관계에 있지 않고, 통상공동소송관계이므로 그 허용성 여부가 여전히 문제된다.

생각건대 원고의 소제기를 기회로 당사자 및 제3자에게 그 소송절차를 이용하여 통일적인 자기의 권리의 실현 내지는 지위의 안정을 도모할 수 있도록 하는

---

47) 별소의 제기와 변론의 병합이라는 구차한 과정을 통하느니 소의 주관적·추가적 병합을 허용하여야 한다는 입장이 **다수설**이다. 이유는 ① 애초부터의 주관적 병합은 65조에서 인정하고 있는데, 그렇다면 이러한 관련성을 만족하고 있는 경우에는 후발적으로 추가를 인정하여도 무방하다. ② 심판의 중복이나 재판의 모순을 피할 수 있고 분쟁을 1회적으로 해결할 수 있어 소송경제에 적합하다 등이다.

48) 대법원 1993. 9. 28. 선고 93다32095 판결.

것이 바람직하다고 할 것이므로 부정하는 입장인 **판례**와 **달리**, 긍정하는 입장에 찬성한다. 물론 65조의 주관적 병합의 요건을 갖추어야 하고, 소송절차를 현저하게 지연시키지 않아야 한다.

제3장

제3자의 소송참가

제1절 보조참가

제3자의 소송참가는 소송 밖의 제3자가 현재 계속 중인 다른 사람 사이의 소송에 가입하는 것을 말한다. 일반적으로 소는 이미 계속 중의 소송과는 관계 없이 새롭게 제기되어 절차가 개시되는 것이 원칙이다. 그러나 계속 중의 소송의 결과에 일정한 이해관계가 있는 제3자를 위하여 소송에 참가하는 길을 열어 두는 것은 분쟁의 일회적·통일적 해결을 위하여 의미가 있다. 그리하여 민사소송법상 명문으로 인정되고 있는 것으로 ① 보조참가(71조), ② 공동소송적 보조참가(78조), ③ 독립당사자참가(79조), ④ 공동소송참가(83조)가 있다. 독립당사자참가, 공동소송참가는 청구를 내세우면서 당사자로서 참가하는 당사자참가이고, 보조참가, 공동소송적 보조참가는 청구를 내세우지 않고 또한 당사자로서는 참가하지 않는 비(非)당사자참가(＝종[從]참가)이다. 여기에서는 보조참가에 대하여 살펴본다.

I. 의 의

13-43   보조참가는 다른 사람 사이의 소송계속 중에 소송의 결과에 이해관계가 있는 제3자가 당사자의 한 쪽의 승소를 보조하기 위하여 소송에 관여하는 것을 말한다(71조 이하).

◆ **예** ◆ 채권자가 보증인을 상대방으로 한 소송에서 만약 보증인이 패소하면 보증인은 주채무자에게 구상청구를 할 것이므로 주채무자가 보증인의 승소를 위하여 참가하는 경우, 물건의 매수인 A가 그 매도인 B를 상대로 하자담보책임을 구하는 소를 제기하였을 때에 B에게 다툼이 있는 물건을 공급한 종전 매도인 C는 만약 B가 패소하면

그로부터 손해배상청구를 당할 우려가 있으므로 B의 승소를 위하여 참가하는 경우를 보조참가의 전형적인 예로 들고 있다.

이렇게 당사자의 한쪽을 승소시키기 위하여 소송에 관여하는 것에 따라 자기 이익을 지킬 기회를 부여하고자 하는 것이 보조참가의 주목적이다. 한편 피참가인으로서도 보조참가에 의하여 참가인의 협력을 기대할 수 있고, 자기가 패소한 경우에 그 부담을 참가인에게 분담시킬 수가 있으므로(71조의 참가적 효력은 그 역할을 담당한다) 보조참가는 동시에 피참가인의 이익을 지킬 수 있는 제도이기도 하다.

보조참가인은 자기의 이름으로 판결을 구하는 것이 아니라, 다만 당사자의 한쪽의 승소를 위하여 소송에 관여하는 것이므로 진정한 의미의 당사자라고 할 수 없다.[1] 한편, 자기의 이름으로 자기의 이익을 지키기 위하여 소송에 관여하는 것이므로 대리인과도 다르다. 보조참가인은 스스로를 위한 대리인을 선임할 수 있음은 물론이다.

II. 요 건

보조참가가 가능한 것은 「다른 사람 사이」의 「소송계속중」에 「소송결과」에 「이해관계」가 있는 경우로, 「소송절차를 현저하게 지연시키지 않아야 한다」(71조).   13-44

1. 「다른 사람 사이」의 소송

다른 사람 사이의 소송에 한하고, 자기 소송의 상대방에게는 참가할 수 없다.   13-45
법정대리인은 당사자에 준하는 존재이므로 본인의 소송에 보조참가를 할 수 없다. 그러나 자기의 공동소송인 또는 공동소송인의 상대방을 위하여 참가할 수 있다. 공동소송인 가운데 한 사람은 다른 공동소송인과의 관계에서 제3자로 볼 수 있기 때문이다(다만, 필수적 공동소송의 경우에는 보조참가를 인정할 필요는 없다).

2. 「소송계속중」

소송이 어떠한 심급에 있는가는 상관없다. 상고심에서도 할 수 있다. 판결확   13-46

---

1) 보조참가인은 소송 당사자가 아니므로 다수당사자소송이라고 표현하는 것은 다소 부정확하지만, 관행상 이를 사용하고 여기서 다룬다.

정 뒤라도 참가신청과 함께 재심의 소를 제기하여 소송을 재개시킬 수가 있다(72 조 3항).

3. 「소송결과」에 「이해관계」(=보조참가의 이익)

13-47   어떠한 경우가 여기에 해당하는지는 어려운 문제로 견해가 나뉠 수 있다. 해 당 소송에서 판결의 효력이 직접 미치지 않는다고 하더라도 그 판결을 전제로 보조참가를 하려는 자의 법률상 지위가 결정되는 관계에 있으면 이러한 이해관계가 인정된다고 본다.2)

(1) 여기서 말하는 「이해관계」는 우선, **법률상의 이해관계**이어야 한다. 가 령 피참가인이 패소하면 자기가 친족으로서 부양의무를 부담하게 될 우려(경제적 불이익)가 있다든지, 피참가인과 친구관계에 있다든지(동정심), 당사자인 회사가 패소하여 재산이 감소하면 주주인 자기의 이익배당이 적어진다는 등의 사실상·감정상·경제상의 이해관계는 여기에 속하지 않는다.3)

(2) 다음으로 문제되는 것은, 「소송결과」에 법률상의 이해관계가 있다는 것 의 의미·내용이다.4)

(가) 우선, 제3자에게 **직접 판결의 효력이 미치는 경우**가 이에 해당한다(물 론 이 경우의 보조참가는 그 성질이 공동소송적 보조참가가 될 것이다).

(나) 다음, 나아가 문리적으로 「소송결과」는 판결주문 중의 소송물의 판단에 한정하는 것이 당연하다는 것에서 보조참가인이 당사자가 되는 별도의 장래의 소 송에서 참가인의 법률상의 지위가 본소송의 **판결주문 중의 소송물인 권리관계 의 존부에 논리적으로 의존관계**(logische Abhängigkeit)**에 있을 때**에 보조참가의 이익이 있다는 것이 **통설**이다.

이에 대하여 보조참가인의 법률상의 지위가 판결주문에서 판단되는 소송물 인 권리관계의 존부에 직접 영향을 받는 관계에 있는 경우뿐만 아니라 **판결이유**

---

2) 대법원 2007. 4. 26. 선고 2005다19156 판결 등.

3) 대학입시 합격자가 A학교법인을 상대로 제기한 등록금환불청구소송에서 그 청구가 인용되면 그 간접적 영향으로 다른 B학교법인에게도 **파급효**가 미치게 되어 교육재정의 대부분을 차지하 는 등록금제도 운영에 차질이 생긴다는 사정만으로는 B학교법인은 위 등록금환불청구소송의 결과 에 대한 **법률상의 이해관계가 있다고 할 수 없다**(대법원 1997. 12. 26. 선고 96다51714 판결).

4) 그 소송의 판결의 기판력이나 집행력을 당연히 받는 경우 또는 적어도 그 판결을 전제로 하여 보조참가를 하려는 자의 법률상 지위가 결정되는 관계에 있는 경우를 의미한다(대법원 2017. 6. 22. 선고 2014다225809 전원합의체 판결).

중의 판단에 영향을 받는 경우도 포함된다고 보는 입장이 있다. 동일한 분쟁에 관련되는 이해관계인을 가급적 많이 소송에 참가하게 하여 분쟁의 일회적 해결을 도모하기 위하여는 참가의 문호를 넓힐 필요가 있다는 것이 그 근거이다.

◈ **예** ◈ 교통사고에 기한 손해배상청구소송에서 피해자 여럿 가운데 어느 피해자 A만이 가해자를 상대로 손해배상청구의 소를 제기하였을 때에 통설에 따르면 피해자 A의 소송결과는 다른 공동피해자의 법률상의 지위의 논리적 전제가 아니므로 다른 피해자는 A에게 보조참가를 할 수 없다. 그러나 반대입장에 따르면, 다른 피해자는 A에게 보조참가를 할 수 있다.

생각건대 보조참가인 자신의 법률상의 지위가 다투어지는 때에 불리한 영향이 생긴다는 점에서는 판결주문 중의 판단과 판결이유 중의 판단이 다르지 않고, 보조참가인이 당사자가 되는 후소의 심리의 내용을 보면 불리한 영향이 생기는 것은 대체로 판결이유 중의 판단이다. 아울러 판결이유 중의 판단에 대하여도 소위 참가적 효력이 생긴다고 한다면 보조참가의 이익을 소송물인 권리관계의 존부에 대한 이해관계에 한정하는 것은 논리적이지 못하다. 그리하여 보조참가의 이익을 판결주문 중의 판단에만 연결시킬 필요는 없다.5) 결국 유력설과 같이, 판결주문 중의 판단에 국한하지 않고 판결이유 중의 판단에 대한 이해관계에도 보조참가의 이익을 인정한다면, 공통한 쟁점을 가진 제3자에게도 보조참가를 인정할 수 있어서 주요한 쟁점에 관하여는 하나의 소송으로 집약할 수 있어 바람직하다.

4. 「소송절차를 현저하게 지연시키지 않을 것」

참가의 이익은 인정되지만, 가령 통제할 수 없을 정도의 여러 사람이 한꺼번 13-48

---

5) 대법원 1999. 7. 9. 선고 99다12796 판결은 불법행위로 인한 손해배상책임을 지는 자는 피해자인 원고가 다른 공동불법행위자를 상대로 제기한 손해배상청구소송의 결과에 대하여 **법률상의 이해관계를 갖는다고 할 것**이므로, 위 소송에 원고를 위하여 보조참가를 할 수 있다고 판시하였다. 원고와 다른 공동불법행위자 사이의 소송에서 다투어지고 있는 손해배상의무의 존재는 보조참가인의 법적 지위(참가인의 원고에 대한 손해배상책임)에 아무런 영향을 미치지 아니하여 참가인은 소송결과에 법률상의 이해관계가 없으므로 **통설**에 따른다면 보조참가의 이익이 없다고 할 것이다. 구상권의 문제는 공동불법행위자 사이에서 별도로 해결할 문제라고 할 수 있다. 보조참가인이 염두에 두고 있는 자기와 다른 공동불법행위자 사이의 구상관계에의 영향은 판결이유에서 나타난 다른 공동불법행위자의 과실의 유무의 판단에 따른 영향에 지나지 않는다. 따라서 위 판결은 추상적으로는 통설의 입장에 따르고 있다고 할 수 있지만, 한편 보조참가의 이익을 유연하게 해석하여 보조참가의 허용요건을 **확대**하는 **방향**이라고도 평가할 수 있다.

에 참가신청을 하는 등으로 재판의 진행을 방해하거나 지연시키기 위한 수단으로 이용되는 것을 막기 위함이다. 이는 공익적 요건으로 직권조사사항이다.

III. 절 차

1. 참가신청

13-49 　　참가신청은 참가의 취지와 이유를 밝혀 서면 또는 말(구술)로 참가하고자 하는 소송이 계속된 법원에 제기한다(72조 1항, 161조). 서면으로 신청한 경우에는 그 서면을 양쪽 당사자에게 송달하여야 한다(72조 2항). 참가신청은 참가인으로 할 수 있는 소송행위(가령 상소의 제기, 지급명령에 대한 이의, 재심의 소의 제기)와 동시에 할 수 있다(동조 3항). 그리고 참가신청은 소송행위이므로 그 유효요건을 갖추어야 한다. 가령 참가인은 당사자능력, 소송능력이 필요하다. 한편, 그러한 능력이 없는 행정청은 민사소송법상의 보조참가를 할 수 없다.6)

2. 요건의 심리 및 참가의 허부

13-50 　　피참가인 또는 그 상대방이 이의를 하지 않은 때에는 참가이유의 충족은 문제되지 않는다. 따라서 이의가 있을 때에 비로소 참가인은 참가의 이유를 소명하여야 하며, 법원은 그 허부를 **결정**으로 재판한다(73조 1항. 다만, 실무상 결정이 아닌 종국판결로써 심판하였더라도 위법한 것은 아니다). 그런데 예를 들어 제3자가 정당한 참가이유도 없이 사실상 소송대리의 목적으로 참가신청을 한 경우에 상대방 당사자가 법률에 무지하거나 시점을 놓치는 등의 이유로 이에 대하여 적절히 이의하지 못하면, 보조참가가 변호사대리의 원칙을 잠탈하는 편법으로 이용되는 결과가 되므로 당사자의 이의가 없는 경우에도 법원은 직권으로 참가인에게 참가이유를 소명하도록 명할 수 있으며, 참가이유가 있다고 인정되지 아니하는 때에는 참가를 허가하지 아니하는 결정을 하도록 하였다(73조 2항). 즉 법원이 당사자의 이의를 기다리지 않고 직권으로도 참가이유를 심사할 수 있다. 위 법원의 결정에 대하여는 즉시항고를 할 수 있다(73조 3항).

　　당사자가 참가에 대하여 이의 없이 변론(또는 변론준비기일에서 진술)한 경우에는 이의를 신청할 권리를 잃게 되고(74조), 허가결정 없이도 참가신청인은 계속

---

6) 대법원 2002. 9. 24. 선고 99두1519 판결. 행정청에 불과한 서울특별시장의 보조참가신청을 부적법하다고 한 사례로, 다만 행정소송법 17조 1항에 의한 소송참가를 할 수 있을 뿐이다.

소송행위를 할 수 있다. 그리고 이의신청이 있더라도 참가를 허가하지 않는 결정
이 확정될 때까지 참가신청인은 소송행위를 할 수 있다. 이 사이에 행한 참가신
청인의 소송행위는 참가불허결정이 확정되면 효력을 잃으나, 당사자가 원용하면
효력이 생겨 유효한 것으로 취급된다(75조).

IV. 참가인의 지위

보조참가인은 독립하여 소송상의 청구를 정립하지 않으면서(다만, 경우에 따라   13-51
보조참가도 시효중단사유로서 재판상 청구에 해당) 당사자의 한쪽을 승소시키는 것에
의하여 결과적으로 자기의 법적 이익을 지키려는 사람이다. 전자에 의하면 보조참가
인은 어디까지나 당사자가 아니지만, 후자에 의하면 어느 정도 피참가인으로부터 독
립한 절차상의 지위가 주어져야 한다. 따라서 참가인은 당사자에게 **종속**하는 성격
과 당사자로부터 **독립**한 성격을 **겸유**한다.

종속성	독립성
– 증인·감정인의 자격 있음 – 참가인의 사망은 절차중단사유 아님 – 참가인의 소송행위의 제한(76조 1항 단서, 　동조 2항) – 소송을 처분·변경하는 등의 행위 금지 – 피참가인의 사법상 권리 직접 행사 가부	– 기일의 통지, 소송서류의 송달 – 피참가인이 할 수 있는 소송행위(76조 1항 　본문) – 참가신청의 취하 항상 가능 – 소송비용의 부담(103조)

1. 종속적 성격

(1) 참가인은 자기 명의로 판결을 받는 당사자가 아니므로 판결의 명의인이   13-52
되지 않는다. 다만, 보조참가인을 실무상 판결서의 당사자란에 피참가인인 원고
또는 피고의 표시 다음에 '보조참가인'의 방식으로 그 지위를 표시하고 성명, 주
소, 대리인 등을 적고 있다.

(2) 당사자신문의 대상이 되지 않는다. 당사자가 아니므로 증인·감정인능력
을 갖는다.

(3) 참가인에게 사망 등 절차중단사유가 생겨도 본소 중단의 기준이 되지
않아 절차가 중단되지 않고,7) 다만 참가적 효력의 제외사유로 평가될 뿐이다.

---

7) 사망한 보조참가인의 승계인이 그 지위를 수계하는 문제만 남게 될 뿐이다(대법원 1995. 8. 25.

2. 참가인이 할 수 있는 소송행위와 그 제한

13-53   참가인은 소송관여의 기회가 주어져(후술하듯이 기일의 통지, 판결의 송달 등을 독자적으로 받는다) 피참가인을 위하여 피참가인이 할 수 있는 일체의 소송행위(주장·항변의 제출, 상대방의 소송행위에 대한 응답, 증거의 신청, 상소의 제기 등)를 스스로 할 수 있는 것이 원칙이지만(76조 1항 본문), 참가인의 자기의 이익보호는 피참가인을 승소시키는 것에 따라 간접적으로 실현되는 것에 지나지 않으므로 그 지위는 피참가인에게 종속하고, 피참가인의 이익보호를 위하여 다음과 같은 제한을 받는다(아래 (1), (2)는 조문상 제한, (3) 이하는 해석상 제한).

(1) 참가할 때의 소송의 진행정도에 따라 **피참가인이 할 수 없는 소송행위**는 참가인도 할 수 없다(76조 1항 단서).[8] 가령 피참가인이 시기에 늦어 제출할 수 없게 된 공격방어방법은 참가인이 제출할 수가 없다.

12-변호사시험   ◈ **예** ◈   여기서 문제되는 것은 피참가인의 상소기간경과 뒤에 참가인이 상소를 제기할 수 있는가이다. 판결정본이 피고에게 송달된 날은 2022. 5. 30.이고, 피고 보조참가인에게 송달된 날은 2022. 6. 4.이며, 피고는 가만히 있는데, 피고 보조참가인이 상고장을 제출한 날은 2022. 6. 15.이라고 하자. 참가인은 피참가인이 상소를 포기하지 않는 한, 피참가인을 위하여 상소를 제기할 수 있는데, 그 상소기간은 **피참가인의 상소기간**, 즉 피참가인에 대한 판결정본이 송달된 때로부터 진행하고, 참가인에 대한 송달시부터 진행하는 것은 아니며, 피참가인의 상소기간경과 뒤에 참가인은 상소를 제기할 수 없다는 입장이 **통설·판례**이다(☞13-59와 비교).[9]

21-변호사시험   (2) 참가인의 소송행위가 **피참가인의 소송행위에 어긋나는 경우**에는 효력이 생기지 않는다(76조 2항). 가령, 피참가인이 원고의 주장사실에 대하여 이미 자

선고 94다27373 판결).
8) 보조참가신청과 함께 재심의 소를 제기할 수 있으나 보조참가인의 재심청구 당시 피참가인인 재심청구인이 이미 사망하여 당사자능력이 없다면, 이를 허용하는 규정 등이 없는 한 보조참가인의 재심청구는 허용되지 않는다. 이는 신분관계에 관한 소송에서 소송의 상대방이 될 자가 존재하지 않는 경우 이해관계인들의 이익을 위하여 공익의 대표자인 검사를 상대방으로 삼아 소송을 할 수 있도록 하는 경우(민법 849조, 864조, 865조, 가사소송법 24조 3항, 4항)와는 구별된다(대법원 2018. 11. 29. 선고 2018므14210 판결).
9) 피참가인인 피고에 대한 관계에 있어서 상고기간이 경과한 것이라면 피고 보조참가인의 상고 역시 상고기간 경과 후의 것이 되어 피고 보조참가인의 상고는 부적법하다(대법원 2007. 9. 6. 선고 2007다41966 판결). 이에 대하여 참가인에게 판결정본이 송달된 때로부터 독자적인 상소기간을 인정하여 분쟁의 통일적·종합적 해결을 도모함이 타당하다는 반대견해도 있다(강, 220면).

백을 한 이상, 참가인이 그것을 다투어도 부인의 효력은 생기지 않고, 피참가인이 상소를 포기한 뒤에는 참가인은 상소를 제기할 수 없다. 그리고 위 76조 2항의 취지는 피참가인의 소송행위와 참가인의 소송행위가 서로 어긋나는 경우에는 피참가인의 의사가 우선하는 것을 뜻하므로 피참가인은 참가인의 행위에 어긋나는 행위를 할 수 있고, 따라서 **참가인이 제기한 항소를 피참가인이 포기 또는 취하할 수 있다.**10) 다만, 상대방이 주장하는 사실을 명백히 다투지 않는 자백간주와 같이 피참가인이 아직 아무것도 하지 않은 때 등 소극적으로만 불일치하는 때에는 어긋나는 경우라고 할 수 없어 참가인이 그 사실을 다툴 수 있다.11)

(3) **피참가인에게 불이익한 행위**, 가령 청구의 포기·인낙, 소송상 화해, 자백 등은 참가인이 할 수 없다. 참가의 취지에 어긋난다고 볼 수 있기 때문이다.

(4) 참가인은 **소송의 목적(심판의 대상)을 변경하고 확장하는 행위**는 할 수 없다. 즉 참가인은 기존의 소송을 전제로 소송행위를 할 수 있는 것이고, 소의 취하, 소의 변경 또는 반소의 제기 등은 할 수 없다.

(5) 참가인은 소송수행상 필요 또는 적당하다고 하더라도 당연히 **피참가인의 사법상의 권리를 행사할 수는 없다**(이 점에서 소송대리인과 다르다). 예를 들어 피참가인의 계약상의 취소권, 피참가인의 채권에 기한 상계권 등을 행사할 수 없다(행사를 인정하는 반대설이 없는 것은 아니다). 다만, 사법상 제3자에게 그 행사의 권능이 인정되는 경우(민법 404조 채권자대위권의 행사의 경우, 418조, 434조 보증인이 주채무자의 반대채권으로 상계할 수 있는 경우), 또는 이미 피참가인이 재판 외에서 사법상의 의사표시를 한 경우에는 그렇지 않다.

3. 독립적 성격

(1) 참가인은 피참가인의 대리인이 아니며, 자기 이익을 옹호하기 위하여 독자적인 권한으로서 소송에 관여하는 사람이므로 기일의 통지, 소송서류의 송달을 독자적으로 받는다.   13-54

(2) 참가인은 당사자능력, 소송능력이 필요하다.

(3) 참가인과 상대방 사이의 소송비용과 같이 참가로 인해 생긴 소송비용은 그 부담이 정하여진다(103조).

---

10) 대법원 2010. 10. 14. 선고 2010다38168 판결.
11) 대법원 2007. 11. 29. 선고 2007다53310 판결[미간행].

V. 참가인에 대한 판결의 효력

13-55
20-5급공채시험
21-변호사시험

　보조참가가 있더라도 판결의 효력인 기판력이나 집행력은 당사자에게만 미치고(218조 참조), 보조참가인에게는 미칠 수 없다. 그런데 보조참가에 있어서 77조가 **일정한 경우**(① 76조의 규정에 따라 참가인이 소송행위를 할 수 없거나, 그 소송행위가 효력을 가지지 아니하는 때, ② 피참가인이 참가인의 소송행위를 방해한 때, ③ 피참가인이 참가인이 할 수 없는 소송행위를 고의나 과실로 하지 아니한 때)를 **제외**하고 「재판은 참가인에 대하여도 그 **효력이 미친다**」고 규정하고 있어서, 이 재판의 효력의 성질이 무엇을 의미하는 것인가가 문제이다.

참가적 효력	기 판 력
참가적 효력은 피참가인이 패소하고 피참가인이 참가인을 상대로 후소를 제기한 경우에만 발생하는 효력이다.	기판력은 승소, 패소를 묻지 않고 일률적으로 발생한다.
참가적 효력은 참가인에게 충분하게 소송수행의 기회가 보장되지 않았던 경우에는 효력이 발생하지 않고, 게다가 당사자의 원용이 있어야 비로소 발생하는 효력이다.	기판력은 당사자의 소송수행에 있어서 고의·과실 등의 구체적 사정에 좌우되지 않고 당사자로 소송수행한 이상 무조건 발생하는 효력이고, 법원의 직권조사사항이다.
참가적 효력은 판결주문 중의 판단만이 아니라, 판결이유 중의 판단에도 미치는 효력이다.	기판력은 판결주문 중의 판단에만 발생한다.

　종래에는 기판력의 확장이라고 보는 **기판력설**이 있었으나, 현재의 **통설·판례**는 참가인이 피참가인과 협력하여 소송을 수행한 이상, 패소의 경우에는 그 책임을 공평하게 분담하여야 한다는 공평의 관념에 근거한 효력이고, 참가인이 뒤에 피참가인에 대한 관계에서 판결의 내용이 부당하다고 주장할 수 없는 금반언(禁反言)의 구속력으로서 기판력과 달리 보조참가에 특수한 효력, 즉 **참가적 효력**(Interventionswirkung)으로 풀이한다(이른바 참가적 효력설).[12]

---

12) 형평의 원칙상 보조참가인이 피참가인에게 그 패소판결이 부당하다고 주장할 수 없도록 구속력을 미치게 하는 이른바 참가적 효력이 있음에 불과하므로, 피참가인과 그 소송 상대방간의 판결의 기판력이 참가인과 피참가인의 상대방과의 사이에까지는 미치지 아니한다(대법원 1988. 12. 13. 선고 86다카2289 판결).

◈ **예** ◈ 물건의 매수인이 매매목적물에 대하여 소유권을 주장하는 제3자로부터 추탈청구를 받은 경우에 물건의 매도인이 매수인을 위해 보조참가하여 다투었음에도 불구하고 결국 목적물은 당초부터 제3자의 소유물이었다는 이유로 패소한 경우, 뒤에 매수인으로부터 담보책임을 추급당한 매도인은 매수인에게 이 목적물이 매매 당시에 자기 소유물이었다는 주장을 할 수 없다.

이렇게 **참가적 효력**으로 보면, 그 효력의 범위는 피참가인 패소의 경우에 **주관적**으로는 참가인과 피참가인 사이에서, **객관적**으로는 전소판결이유 중의 패소이유의 판단에 효력이 생긴다. 전소 확정판결의 결론의 기초가 된 사실상 및 법률상의 판단으로서 보조참가인이 피참가인과 공동이익으로 주장하거나 다툴 수 있었던 사항에 한하여 미친다.[13] 다만, 77조 각호의 참가적 효력의 제외사유로, 가령 참가인이 제출하려는 증거를 피참가인이 은닉하는 경우, 참가인이 모르고 있는 사실을 피참가인이 제출하지 않은 경우 등에는 위 효력이 배제된다. 한편, 가령 전소가 확정판결이 아닌 **화해권고결정, 조정에 갈음하는 결정**에 의하여 종료된 경우에는 확정판결에서와 같은 법원의 사실상 및 법률상의 판단이 이루어졌다고 할 수 없으므로 참가적 효력이 인정되지 않는다.[14]

24-변호사시험

제 2 절 공동소송적 보조참가

I. 의 의

공동소송적 보조참가(Streitgenössische Nebenintervention)란 본 소송의 판결의 효력이 제3자에게도 미치는 경우에 그 제3자가 보조참가를 하는 경우로, 그 참가인과 피참가인에 대하여 필수적 공동소송에 관한 **67조 및 69조를 준용**한다(78조). 판결의 효력을 받는 제3자가 당사자적격을 갖지 않는 경우에는 공동소송인으로 참가하는 공동소송참가는(83조) 허용되지 않고, 다만 보조참가인으로 참가하는 공동소송적 보조참가가 된다.

판결의 효력이 미치는 경우에는 참가인의 이해관계가 크므로 참가인에게 자

13-56

---

13) 한편, 전소 확정판결에 필수적인 요소가 아니어서 그 결론에 영향을 미칠 수 없는 부가적 또는 보충적인 판단이나 방론 등에까지 미치는 것은 아니다(대법원 1997. 9. 5. 선고 95다42133 판결).
14) 대법원 2015. 5. 28. 선고 2012다78184 판결; 대법원 2019. 6. 13. 선고 2016다221085 판결.

기의 이익을 해치는 본 소송의 진행을 견제할 수 있도록 그것에 어울리는 지위를 보장할 필요가 있다(참가인의 절차권 보장). 그리하여 보조참가의 일종이라는 측면은 있지만(공동소송'적'이라는 어미가 붙어 있으면서 용어의 끝이 '보조참가'이므로 공동소송참가와는 다르고, 요건 등에서 당연히 차이가 있다), 보조참가의 종속적 성격을 버리고 독립성에 무게를 두어 통상의 보조참가인보다도 강한 필수적 공동소송인에 준한 소송수행권능을 부여하려는 것에 공동소송적 보조참가의 의의가 있다.15)

공동소송적 보조참가는 그 **요건**으로 ① 다른 사람 사이의 소송계속중일 것(이는 보조참가와 마찬가지), ② 그 소송의 재판의 효력이 제3자(참가인)에게 미칠 것,16) ③ 그 제3자가 당사자적격을 갖지 않을 것이 필요한데, 구체적으로 어떠한 유형이 이에 해당하는가가 논의된다.

◈ **제3자의 소송담당에 의한 소송에서 판결의 효력을 받는 경우의 예** ◈ 가령 파산재단에 관한 소송에서 파산자는 **당사자적격이 없고** 파산관재인에게 당사자적격이 있는데(채무자 회생 및 파산에 관한 법률 359조), 파산관재인이 받은 **판결의 효력은 파산자에게도 미치게 되므로**(218조 3항), 이 경우에 파산자가 파산관재인의 파산재단에 관한 소송에 참가를 하면 공동소송적 보조참가가 된다. 선정당사자에 의한 소송에 있어서 선정자의 참가도 그 예로 들 수 있다.

19-변리사시험

◈ **예** ◈ 일반적으로 그 성질을 법정소송담당으로 보는 채권자대위소송에 있어서 **채무자의 참가**도 공동소송적 보조참가로 인정될 수 있다(나아가 채무자가 공동소송참가를 할 수 있는지 여부는 ☞13-79).17)

◈ **회사관계소송, 가사소송, 행정소송 등에서 제3자가 판결의 대세효를 받는 경우의 예** ◈ 乙회사가 주주총회를 개최하여 A를 이사로 선임한 바, 乙회사의 주주 甲이 乙회사를 상대방으로 주주총회결의취소를 구하는 소를 제기하였다고 하자. A가 피고 乙

---

15) 공동소송적 보조참가인은 판결의 효력을 받는 점에서 필수적 공동소송인에 준하는 지위를 부여받기는 하였지만, 원래 당사자가 아니라 보조참가인의 성질을 가진다(대법원 2015. 10. 29. 선고 2014다13044 판결 참조).

16) 그런데 재판의 효력이 제3자에게 미치는 경우라도 그에 의하여 자기의 권리나 법적 지위가 침해되지 않는 경우, 가령 **청구의 목적물의 소지자**에게 기판력이 확장되는 경우는(218조 1항) 고유한 이익을 가지지 않는다고 생각되므로 공동소송적 보조참가가 인정되지 않는다. 한편, 이른바 **반사효**를 인정하는 입장에서, 가령 채권자·채무자 사이의 소송에 보증인이 참가를 하는 경우에 이를 공동소송적 보조참가로 볼 수 있는가가 논의될 수 있는데, 이 경우는 통상의 보조참가를 할 수 있음에 지나지 않는다고 할 것이다.

17) 한편, 채권자대위소송은 채권자가 자기의 대위권을 행사하는 것으로 소송담당이 아니며, 따라서 채무자는 통상의 보조참가를 할 수 있다는 견해도 있다(호, 919면).

회사 측의 공동소송인이 되기 위하여 공동소송참가의 신청을 하였을 때에 법원은 A의 신청을 허용할 수 있는가. 주주총회결의에 의하여 선임된 이사 A는 결의취소소송의 **피고적격을 가지지 않으므로**(☞4-88)[18] A로서는 자기의 지위를 보전하기 위하여 피고 乙회사 측에 **공동소송적 보조참가를 할 수밖에 없다**는 입장이 일반적이다.[19] 또한 행정소송 사건에서 참가인이 한 보조참가가 행정소송법 16조가 규정한 제3자의 소송참가에 해당하지 않는 경우에도 판결의 효력이 참가인에게까지 미치는 점 등 행정소송의 성질에 비추어 보면 그 참가는 여기에서의 공동소송적 보조참가이다.[20]

II. 공동소송적 보조참가인의 지위

참가인은 소송물에 대하여 당사자적격이 없으므로(즉, 당사자가 아니므로) 보조참가인으로의 **종속성**을(공동소송적 보조참가인도 원래 당사자가 아니라 보조참가인이므로 통상의 보조참가인과 마찬가지로, 참가할 때의 소송의 진행 정도에 따라 피참가인이 할 수 없는 행위를 할 수 없다(76조 1항 단서 참조))[21] 완전히 벗어날 수는 없고(따라서 **참가인** 스스로 소의 변경, 소의 취하는 불가능. 한편, **피참가인**은 참가인 의사와 상관없이 소를 취하할 수 있음),[22] 다만 판결의 효력을 받는 사람이므로 그 **독립성**이 강

13-57

---

18) 주주총회결의 취소와 결의무효확인 판결은 대세적 효력이 있으므로 피고가 될 수 있는 자는 그 성질상 회사로 한정된다(대법원 1982. 9. 14. 선고 80다2425 전원합의체 판결). 이렇게 이사 선임결의의 효력을 다투는 본안소송의 피고적격자는 회사가 되지만, **이사에 대한 직무집행정지가처분신청은** 회사에게는 피신청인 적격이 없고, **해당 이사가 피신청인 적격**을 갖는 것(대법원 1982. 2. 9. 선고 80다2424 판결)에 주의하라.

19) 그러나 **생각건대** 乙회사에게 피고적격을 인정하고, 자신의 지위를 다투는 이해관계인인 이사 A에게도 피고로서의 지위를 부여하여 당사자로서의 지위에 기하여 공동소송참가의 신청을 구하여 온 경우에 이를 인정하여 공동피고로 하는 것(유사필수적 공동소송)이 타당하다고 본다(자세히는 ☞4-88).

20) 회사관계소송, 가사소송, 행정소송 등에서의 형성판결은 일반의 제3자에게도 판결의 효력이 미치는데, 가령 제소기간에 제한이 있는 경우에 그 **기간이 경과한 제3자**는 당사자적격이 없게 되므로 그 사람이 참가를 하는 경우에는 공동소송적 보조참가를 할 수밖에 없다(대법원 2013. 3. 28. 선고 2011두13729 판결). 물론 제소기간 내에는 당사자적격이 있으므로 제3자는 공동소송참가를 할 수 있다.

21) 판결의 효력을 받는 점에서 78조, 67조에 따라 필수적 공동소송인에 준하는 지위를 부여받기는 하였지만, 원래 당사자가 아니라 보조참가인의 성질을 가지므로 참가할 때의 소송의 진행 정도에 따라 피참가인이 할 수 없는 행위를 할 수 없다(대법원 2015. 10. 29. 선고 2014다13044 판결).

22) 공동소송적 보조참가는 그 성질상 필수적 공동소송 중 유사필수적 공동소송에 준한다 할 것인데, 그렇다면 원고들 중 일부가 소를 취하하는 경우에 다른 공동소송인의 동의를 받을 필요가 없다. 또한 소취하는 판결이 확정될 때까지 할 수 있고 취하된 부분에 대해서는 소가 처음부터 계속되지 아니한 것으로 간주되며(267조), 본안에 관한 종국판결이 선고된 경우에도 그 판결 역시 처음부터 존재하지 아니한 것으로 간주되므로, 이는 재판의 효력과는 직접적인 관련이 없는 소송행위로서 공동소송적 보조참가인에게 불이익이 된다고 할 것도 아니므로 피참가인이 공동소

화되어 필수적 공동소송인의 지위에 가깝게 된다(이 점에서 '공동소송'적). 따라서 참가인과 피참가인에 대하여 67조 및 69조를 준용한다(78조).23)

한편, 증거조사에 있어서 참가인을 제3자로 볼 것인가, 당사자로 보아 당사자신문의 방식에 따를 것인가 논의의 대립이 있다.24) 소송비용의 부담에 대하여도 참가인은 공동소송인과 마찬가지로 취급된다.

그런데 문제가 되는 것은, 참가인에게 소송절차의 중단·중지의 사유가 발생한 경우에는 절차가 정지되는지 여부(반대설도 있지만, 67조 3항을 준용하여 정지한다는 입장이 일반적), 그리고 참가 시점의 소송상태에 참가인이 구속되는지 여부이다(소송상태승인의무를 긍정하여야 할 것).

1. 피참가인의 행위와 어긋나는 행위도 가능(67조 1항 준용)

13-58 한 사람의 소송행위는 모두의 이익을 위하여서만 효력을 가진다는 67조 1항이 준용되므로 통상의 보조참가와 달리, 피참가인의 소송행위와 저촉되는 행위라도 참가인의 소송행위가 피참가인에게 유리한 경우에는 그 효력이 인정된다. 가령, 피참가인이 상소권을 포기하여도 참가인은 유효하게 상소를 할 수 있고(한편, 보조참가인은 할 수 없다. ☞13-53), 참가인의 상소를 피참가인이 취하하여도 참가인은 상소를 수행하는 데 지장이 없다.

2. 참가인의 상소기간은 피참가인과 독립하여 계산(396조 참조)

13-59 참가인의 상소기간은 피참가인과 독립하여 참가인에 대한 판결송달시부터 계산된다. 보조참가와 다르다(☞13-53).25)

송적 보조참가인의 동의 없이 **소를 취하**하였다 하더라도 이는 **유효**하다(대법원 2013. 3. 28. 선고 2011두13729 판결).

23) 한편, **재심의 소**에 참가인이 참가한 후에는 피참가인이 재심의 소를 취하하더라도 참가인의 동의가 없는 한 효력이 없다. 재심의 소를 취하하는 것은 **통상의 소를 취하하는 것과는 달리** 확정된 종국판결에 대한 불복의 기회를 상실하게 하여 더 이상 확정판결의 효력을 배제할 수 없게 하는 행위이므로, 이는 재판의 효력과 직접적인 관련이 있는 소송행위로서 확정판결의 효력이 미치는 공동소송적 보조참가인에 대하여는 불리한 행위이기 때문이다(위 2014다13044 판결). 마찬가지 이유에서 참가인의 상소 뒤에 피가인이 **상소취하**나 **상소포기**를 할 수 없다(대법원 2017. 10. 12. 선고 2015두36836 판결).

24) 당사자신문의 방식에 따를 수밖에 없다는 견해로는 송/박, 671면; 정영, 829면. 반면, 참가인은 증인능력을 갖는다는 견해로는 김/강, 811면; 한, 710면.

25) 공동소송적 보조참가인이 적법하게 상고를 제기하고 상고이유서 제출기간 내에 상고이유서를 제출하였으나 상고를 제기하지 않은 피참가인의 상고이유서 제출기간이 경과한 경우라도 위 상

◈ **예** ◈ 乙회사가 주주총회를 개최하여 A를 이사로 선임한 바, 乙사의 주주 甲이 乙사를 상대방으로 (주주총회의 소집절차가 법령에 위반되었다고 주장하여) 주주총회결의취소를 구하는 소를 제기한 사안에서, 다른 주주 丙이 (주주총회의 소집절차에 법령위반의 흠이 없다고 주장하면서) 피고 乙사 측에 참가하였는데(판례에 따르면 주주총회결의취소의 소의 피고적격자는 회사에 한정되므로(☞4-88) 丙은 당사자적격이 없지만, 판결의 효력을 받는 사람이 참가한 것으로, 이를 공동소송적 보조참가로 보는 것이 일반적 입장), 乙사가 패소한 경우에 주주 丙은 피참가인 乙사가 항소권을 포기하여도(피참가인의 소송행위와 어긋나지만) 유효하게 항소를 할 수 있고(항소기간은 참가인에 대한 판결송달시부터 독립하여 계산하므로 丙은 자신의 항소기간 내에 항소한다면), 그 항소는 적법하다.

III. 절차·효력

공동소송적 보조참가도 보조참가의 일종이므로 위와 같은 지위상 특례 이외의 점에서는, 즉 보조참가의 이익, 보조참가의 절차, 재판의 효력 등은 전부 통상의 보조참가의 경우와 공통이다. 다만, 참가인에게 재판의 효력이 미치지 않는다는 77조의 제외사유와 관련하여 참가인은 보조참가인과 달리 피참가인의 행위와 어긋나는 행위도 가능하므로(67조 1항 준용) 이를 이유로 참가적 효력을 면할 수 없다(77조, 76조 2항 참조).

13-60

제 3 절 소송고지

I. 의 의

소송고지(Streitverkündung)는 소송계속 중에 당사자가 참가의 이해관계를 가지는 제3자에게(보조참가, 공동소송적 보조참가, 독립당사자참가, 공동소송참가를 할 수 있는 사람이 포함될 수 있으나, 그 취지에 비추어 주로 보조참가할 이해관계인의 경우가 일반적) 고지이유 및 소송의 진행정도를 적은 서면을 법원을 통하여 송달하는 것에 의하여 소송계속의 사실을 통지하는 것을 말한다(84조 이하). 구체적 예로는

13-61

고이유서 제출은 적법하다(대법원 2012. 11. 29. 선고 2011두30069 판결). 한편, 공동소송적 보조참가인은 상고를 제기하지 않은 채 피참가인이 상고를 제기한 부분에 대한 상고이유서를 제출할 수 있지만, 이 경우 상고이유서 제출기간을 준수하였는지 여부는 피참가인을 기준으로 판단하여야 한다. 따라서 상고하지 않은 참가인이 피참가인의 상고이유서 제출기간이 지난 후 상고이유서를 제출하였다면 적법한 기간 내에 제출한 것으로 볼 수 없다(대법원 2020. 10. 15. 선고 2019두40611 판결).

채권자의 보증인에 대한 보증채무청구소송에 있어서 보증인으로부터 주채무자에게의 고지나 매매목적물에 대하여 자칭 소유자로부터 매수인에게의 목적물인도청구소송에서 매수인이 자기의 매도인에게의 고지 등이 있다.

　　소송고지의 존재의의 내지는 실익으로서는 우선 ① **피고지자**를 위한 측면으로서 피고지자에 대하여 소송에 참가하여 자기의 이익을 옹호할 기회를 보장하는 것을 지적할 수 있다. 그런데 고지를 받은 사람은 반드시 그 소송에 참가하는 것이 강제적인 것은 아니고, 자신의 여러 가지 이해를 고려하면서 소송에의 참가·불참가를 결정할 수 있다. 한편 ② **고지자**를 위한 측면으로서 고지자는 피고지자의 참가를 통하여 소송수행에 대한 협력을 기대하는 것 및 그럼에도 불구하고 고지자가 패소한 경우에 피고지자에 대하여 판결의 효력을 미쳐서 고지자와 피고지자의 후소(가령 구상권소송이나 손해배상소송)에서 전소와는 다른 사실인정이 될 위험을 방지하고자 하는 것이다. 후자의 기능은 소송고지가 있으면 고지를 받은 피고지자가 소송에 참가하지 않은 경우에도 77조의 규정을 적용하여(86조), 전소의 사실판단과 모순되는 주장을 할 수 없도록 한 제도상의 구속력에 의하여 담보되고 있다. 가령 보증인이 채권자로부터 보증채무청구를 받은 경우에 주채무자에게 고지하면 가령 보증인이 패소하여 보증채무를 지급하고 뒤에 주채무자에게 구상권을 행사한 소송에서 주채무자가 전소의 사실인정·판단과 모순되는 주채무가 부존재한다는 주장을 하는 것이 방지된다.

II. 요건 및 방식

13-62　　　1. 소송고지를 하기 위하여는 법원에 **소송이 계속된 때**이어야 한다(조정절차, 중재절차의 계속은 이에 해당하지 않는다). 심급은 상관없다. 보조참가가 상고심에서도 가능한 것에 대응하여 소송고지도 **상고심에 계속된 때라도 무방**하다. 다만, 사실심리가 종료된 뒤에는 피고지자가 참가하더라도 소송의 결과에 영향을 미칠 수 없고, 따라서 참가적 효력을 피고지자에게 미칠 수 없으므로 큰 의미는 가지지 않는다.

　　2. **고지를 할 수 있는 사람**은 소송의 당사자인데, 보조참가인도 당사자를 위하여 고지를 할 수 있다. 또한 이들로부터 고지를 받은 제3자(피고지자)도 다시 고지를 할 수 있다(84조 2항). 가령, 매매목적물의 하자담보책임에 기한 손해배상청구소송을 매수인으로부터 소구를 당한 매도인이 그 전매도인에 대하여 고지를

한 경우에 피고지자인 전매도인은 스스로 참가하지 않으면서 다시 자기의 전매도인에게 고지를 할 수 있다. 소송고지는 고지자의 자유이며, 원칙적으로 고지의 의무는 존재하지 않는다.

3. 앞에서 보았듯이 **피고지자**는 소송참가를 할 수 있는 이해관계를 가지는 제3자이다.

소송의 상대방에게는 물론 고지를 할 수 없으나, 상대방의 보조참가인, 자기의 공동소송인 등에 대하여는 고지를 할 수 있다. 이미 상대방으로부터 고지를 받고 있는 사람이라도 상관없으므로 요건이 구비되어 있는 경우에는 동일인이 당사자 양쪽으로부터 고지를 받을 수가 있다(이중소송고지). 가령, 매매계약에서 대리권의 존부가 문제가 된 경우에 대리인이 계약의 상대방인 원고로부터 무권대리인의 책임추급의 전제로 고지를 받고, 본인인 피고로부터 대금 등의 청구의 전제로 고지를 받는 경우를 생각할 수 있다.

4. 소송고지는 고지의 이유 및 소송의 진행정도를 기재한 **서면**(고지서)을 법원에 제출하고, 법원은 제출된 고지서를 **피고지자**에게 송달하는 외에 **소송의 상대방**에게도 송달하여야 한다(85조). 소송고지에 대하여 법원은 그 요건을 심사하지 않은 채, 고지서를 송달하고, 피고지자가 실제로 소송에 참가하여 상대방의 이의가 있을 때에 비로소 그 요건이 심사된다.

III. 효   과

소송고지는 참가의 기회를 주는 것에 지나지 않고, 참가할 의무를 생기게 하는 것은 아니다. 즉, 고지를 받은 사람이 참가할 것인지 여부는 피고지자의 자유이다(이때 피고지자가 소송에 보조참가하면 이른바 참가적 효력이 미치게 되는데, 이 효력은 77조에 따른 보조참가의 효력이지, 소송고지의 효력은 아닌 것에 주의). 다만, 피고지자가 참가하지 않았는데, 고지자가 패소한 경우에는 피고지자가 고지자에 보조참가할 이해관계가 있는 한, 피고지자에게 **참가할 수 있었을 때**에 참가한 것으로 보아 77조 **참가적 효력**의 규정(물론 그 예외도)을 적용한다(86조). 그리하여 전소 확정판결의 결론의 기초가 된 사실상·법률상 판단으로서 피고지자가 고지자와 공동이익으로 주장하거나 다툴 수 있었던 사항에 효력이 미치지만, 반면 아무런 사실인정이나 법률판단을 하지 아니한 채 고지자에게 패소판결을 하였다면 피고

13-63

20-법원행정고시
24-변호사시험

지자는 그 판결결과에 구속받지 않는다.26) **생각건대** 86조가 참가하지 않은 피고지자에게 재판의 효력을 미친다고 하고 있는데, 피고지자가 소송에 참가하여 고지자와 공동으로 소송행위를 한 것이 아님에도 불구하고 86조가 77조를 통하여 재판의 효력이 작동하도록 한 것에 대하여, 그 86조의 효력이 77조의 효력 그 자체와 동일한가의 점에 대해서는 좀 더 검토가 필요할 것이다.

◆ **예** ◆ 甲은 乙이 소유하였던 부동산을 매수한 것을 이유로 그 부동산의 소유권이전등기를 구하는 소를 乙에 대하여 제기하였다. 乙은 매도의 사실에 대하여 다툰다. 甲은 乙의 대리인 丙으로부터 본건 부동산을 유효하게 매수한 것, 예비적으로 丙의 표현대리를 주장한다. ① 甲은 丙에게 소송고지를 하였다. 丙은 甲에게 보조참가를 하고 자기의 대리권을 주장하였지만, 결국 丙의 대리권은 부정되고, 甲 패소의 판결이 확정되었다. 후에 甲이 「무권대리인」 丙에 대하여 손해배상청구를 할 때에 丙은 이제 자신의 대리권의 존재를 주장할 수 없다(위에서 보았듯이, 이는 소송고지의 효력이 아니라 77조 보조참가의 효력). ② 丙이 소송절차에 참가하지 않았던 경우에는 소송고지 그 자체의 효과로서 77조의 규정을 적용한다(86조).

위와 같은 소송고지의 소송법상 효과 이외에 **실체법상 효과**로, 소송고지서에 고지자가 피고지자에 대하여 **채무의 이행을 청구하는 의사가 표명**되어 있으면, 민법 174조 소정의 시효중단사유로서의 **최고의 효력**이 인정된다 할 것이고(중단효력의 발생시기는 소송고지서를 법원에 제출한 때),27) 6월 내에 재판상의 청구 등을 하지 않으면 시효중단의 효력이 없다는 위 174조와 관련하여, 해당 소송이 계속 중인 동안은 최고에 의하여 권리를 행사하고 있는 상태가 지속되는 것으로 보아 위 174조에 규정된 6월의 기간은 **당해 소송이 종료된 때**로부터 기산되는

---

26) 대법원 2020. 1. 30. 선고 2019다268252 판결. 그런데 소송고지를 받고도 위 소송에 참가하지 않았지만, 고지자가 소송에서 피고지자에게 채권이 양도된 사실 등을 **항변으로 제기하지 아니하여** 채권압류 및 전부명령과 위 채권양도의 효력의 우열에 관하여 아무런 **사실인정이나 법률판단을 하지 아니한 채** 고지자에게 패소판결을 한 경우의 소송고지의 효력에 관하여 대법원 1991. 6. 25. 선고 88다카6358 판결은 피고지자는 위 소송의 판결결과에 구속받지 않는다고 보았다.

27) 법원이 소송고지서의 송달사무를 우연한 사정으로 지체하는 바람에 소송고지서의 송달 전에 시효가 완성된다면 고지자가 예상치 못한 불이익을 입게 되므로 소송고지에 의한 최고의 경우에는 민사소송법 265조를 유추적용하여 당사자가 소송고지서를 **법원에 제출한 때에 시효중단의 효력이 발생**한다고 봄이 상당하다고 보아 소멸시효기간이 경과하기 약 4개월 전에 소송고지서를 제출하였으나, 소송고지서의 송달은 제출일로부터 약 5개월 후에 이루어진 사건에서, 소멸시효기간 경과 후 소송고지서가 송달되었다는 이유로 소멸시효가 완성되었다고 판단한 원심을 파기하였다(대법원 2015. 5. 14. 선고 2014다16494 판결).

것으로 풀이하여야 한다.28) 따라서 가령, 소송종료 뒤 6월 이내에 재판상 청구 등의 권리행사를 하면, 고지자의 피고지자에 대한 청구에 있어서 시효중단의 효력을 유지할 수 있다.

제 4 절   독립당사자참가

I. 의 의

독립당사자참가는 다른 사람 사이의 소송계속 중에 제3자가 그 양쪽 또는 한쪽에 대하여 청구를 내세우면서 새롭게 독립한 당사자로 소송절차에 가입하는 제도를 말한다(79조).29)   13-64

◈ **예** ◈   A·B·C의 3자 사이에 특정한 물건의 소유권의 귀속을 둘러싼 다툼이 있고, 이미 A·B 사이에 소송이 계속되고 있다면, C가 위 물건의 소유권을 주장하기 위하여는 위 계속 중인 소송과는 무관하게 B에 대한 반환청구소송을 제기하거나, 또는 필요하다면 A를 피고로 소유권확인소송을 제기하는 것도 당연히 생각할 수 있다. 그런데 이렇게 통상의 이면(二面)소송방식으로 처리한다면 심리의 중복에 따른 당사자나 법원의 부담의 증대는 물론이고, 다수자 사이의 실체관계에 적합한 모순 없는 처리가 반드시 보장되지 않는다. 그런고로 이미 A·B 사이에 소송이 계속되고 있으므로 C가 이러한 소송에 참가하여 자기의 소유권을 주장하여 A·B·C의 3자 사이에서 통일적인 분쟁의 해결이 도모된다면 그보다 더 좋은 일은 없을 것이다. 이러한 경우를 위하여 독립당사자참가를 마련하고 있다. 청구취지의 기재례는 다음과 같다.

[본소]	피고는 원고에게 훈민정음 해례본(상주본)을 인도하라.
[독립당사자참가]	1. 피고는 독립당사자참가인(이하 참가인)에게 훈민정음 해례본(상주본)을 인도하라.
	2. 원고와 참가인 사이에서 훈민정음 해례본(상주본)이 참가인의 소유임을 확인한다.

제3자가 당사자의 지위를 취득하는 점에서 보조참가와 구별되고, 종래의 당

---

28) 대법원 2009. 7. 9. 선고 2009다14340 판결.

29) 독일법은 이러한 참가유형을 가지고 있지 않다. 이에 유사한 제도로 64조의 주참가제도 (Hauptintervention)가 있다. 그러나 이는 새로운 소의 제기이고, 다른 사람 사이에 계속 중인 소송에의 참가는 아니다. 우리 법은 이를 두고 있지 않다.

사자 어느 쪽과도 공동소송관계에 서는 것이 아니고 독립한 지위를 가지는 점에서 공동소송참가와 구별된다. 여기서 2당사자 대립이라는 민사소송의 기본구조를 무너뜨리지 않고 그 소송구조를 설명하기 위하여, 동일한 권리관계를 둘러싼 3개의 소송, 즉 원·피고 사이, 참가인·원고 사이, 참가인·피고 사이에 각 1개씩 성립된 3개의 소송관계가 병합심리된다고 보는 **3개소송설**과,30) 3자 사이의 대립관계의 분쟁형태를 직시하여 3면분쟁을 일거에 게다가 모순 없이 해결하기 위하여 2당사자 대립구조의 예외로서 인정된 3면적인 1개의 소송관계라는 3면소송설이 있는데, 서로 일장일단이 있으나 후자인 **3면소송설**이 일반적 입장이다.

II. 요 건

13-65   일반적 소송요건(참가신청은 실질적으로 신소의 제기이므로 중복된 소제기가 아닐 것 등. 물론, 청구는 소의 이익을 갖추는 외에 그 주장 자체에 의하여 성립할 수 있음을 요한다), 소의 객관적 병합의 요건(참가신청은 본소청구에 참가인의 청구를 병합 제기하는 것이므로) 이외에 ① 다른 사람 사이에 소송이 계속중일 것, ② 참가의 이유가 있을 것, ③ 참가의 취지로 계속 중인 소송의 원·피고 양쪽 또는 한쪽에 대하여 자기의 청구에 대한 심판을 구할 것 등의 세 가지 요건을 들 수 있다.

1. 다른 사람 사이에 소송이 계속 중일 것

13-66   참가할 소송은 **다른 사람 사이의 소송**이어야 한다. 소송은 본래 판결절차를 말한다. 따라서 판결절차 이외의 강제집행절차, 증거보전절차 등이 계속 중이라도 참가를 할 수 없다.

독립당사자참가는 소송계속을 전제로 하므로 제1심 및 항소심에서 참가가 허용된다. 나아가 법률심인 **상고심**에서도 독립당사자참가를 할 수 있는지 여부에 대하여 다툼이 있는데, 실질에 있어서 신소제기의 성질을 가지고 있으므로 상고심에서는 **참가를 할 수 없다**는 것이 일부 학설과 **판례**이다.31) 그러나 상고심에서도 원판결이 파기되어 사실심으로 환송되면 그 때 사실심리를 받을 기회가 생기기 때문에 참가의 실익이 없는 것은 아니므로 **허용하여야 할 것**이고,32) 다만

---

30) 이, 806－807면; 한, 758면; 호, 980면은 3개소송설을 지지한다.

31) 대법원 1994. 2. 22. 선고 93다43682, 51309 판결.

32) 이, 807－808면; 정/유/김, 1068면; 정영, 796면; 한, 723면은 상고심에서 참가를 허용할 것이라는 입장이다.

상고가 각하 또는 기각될 때에는 참가신청을 부적법 각하하든가, 독립한 소로 인정될 때에는 제1심으로 이송할 것이다.

2. 참가의 이유

참가의 이유는 79조 1항 전단의 「소송목적의 전부나 일부가 자기의 권리라고 주장하는」 권리주장참가와 후단의 「소송결과에 따라 권리가 침해된다고 주장하는」 사해방지참가의 두 가지이다.

13-67

(1) **권리주장참가**는 「소송목적의 전부나 일부가 자기의 권리라고 주장」하는 제3자가 당사자로 소송에 참가하여 세 당사자 사이에 서로 대립하는 권리 또는 법률관계를 하나의 판결로 서로 모순 없이 일시에 해결하려는 것이다. 가령 원·피고 사이의 소유권확인청구소송에 있어서 참가인이 자기의 소유권을 주장하는 경우 등이다. 모순 없이 일시에 해결하려는 것이므로 원·피고 사이에 다투고 있는 권리관계가 참가인에게 귀속하여서 그 때문에 참가인의 청구가 참가하려는 소송에서의 원·피고 사이의 청구와 논리적으로 **양립할 수 없는 경우**이어야 한다.33)

18-법무사시험
21-변호사시험

(2) **사해방지참가**는 제3자가 「소송결과에 따라 권리가 침해된다고 주장」하는 경우의 참가이다. 권리주장참가와 달리, 참가인의 청구와 원고의 청구가 논리상 **양립할 수 있는 관계**에 있다고 할지라도 무방하다. 여기서 「소송결과에 따른 권리침해」의 의미에 관하여 견해의 대립이 있는데, 원고와 피고가 해당 소송을 통하여 제3자를 해할 의사, 즉 사해의사를 갖고 있다고 객관적으로 인정되는 경우에 참가가 허용된다는 입장이 **통설·판례**이다(**사해의사설**).34)

17-변호사시험

---

33) 부동산양도에 기한 이전등기청구소송에 2중양도를 받았다고 주장하는 제3자가 자기에게의 이전등기를 구하여 참가한 경우에 **판례**는 원고와 참가인의 청구권 사이에 법률상 양립할 수 없는 관계가 인정되지 않으므로(양수인은 양도인에게 이전등기청구권만이 있는 것이고, 배타적인 물권이 없으므로) 참가는 허용되지 않는다고 보았다(대법원 1969. 3. 25. 선고 68다2435, 2436 판결). 한편 대법원 1988. 3. 8. 선고 86다148, 149, 150 판결은 매매를 이유로 한 소유권이전등기절차의 이행을 구하는 소송계속 중에 참가인은 그 매매계약을 체결함에 있어서 매수인을 표시하는 방법으로 원고의 이름을 사용하였을 뿐이고 자기가 정당한 매수당사자라고 주장하면서 원고에 대하여는 소유권이전등기청구권부존재의 확인을 구하고, 피고에 대하여는 소유권이전등기절차의 이행을 구하는 경우, 원고의 피고에 대한 소유권이전등기청구권과 참가인의 피고에 대한 소유권이전등기청구권은, 당사자참가가 인정되지 아니하는 2중매매 등 통상의 경우와는 달리 하나의 계약에 기초한 것으로서 어느 한 쪽의 이전등기청구권이 인정되면 다른 한쪽의 이전등기청구권은 인정될 수 없는 것이므로 그 각 청구가 서로 **양립할 수 없는 관계**에 있음은 물론이고, 이는 하나의 판결로써 **모순 없이 일시에 해결할 수 있는 경우**에 해당한다고 할 것이므로 당사자참가는 적법하다고 보았다.

34) 대법원 2001. 8. 24. 선고 2000다12785, 12792 판결 등(사해의사와 제3자의 권리 또는 법률상

◆ **예** ◆   甲은 자신의 아들인 乙에 대하여 소유권이전을 다투며 토지의 소유권확인 및 말소등기를 구하는 소를 제기하였다. 위 토지를 乙로부터 매수한 丙은 甲·乙 사이에 계속하고 있는 소송을 이용하여 자기의 토지소유권을 주장하기 위해서 독립당사자참가제도를 이용할 수 있다. 우선 권리주장참가로, 甲·乙 사이에 토지소유권의 귀속에 있어서 다툼이 있고, 그 토지소유권이 자기에게 귀속하고 있다고 주장하고 있는 丙으로서는 권리주장참가의 이유가 있다고 할 것이다.[35] 다음으로 사해방지참가로, 甲·乙은 부자관계에 있고, 이러한 경우에는 일반적으로 사해소송일 가능성이 높다고 할 것이므로 사해방지참가의 이유가 긍정될 수 있다.[36] 권리주장참가, 사해방지참가의 연혁 등이 전혀 다름에도 불구하고 상호 배척하는 관계에 있는 것이 아니라 중복하는 부분도 존재하고, 게다가 법적 효과는 양쪽이 다르지 않으므로 결국 丙은 두 가지 가운데 어떤 참가의 이유를 주장하여도 무방할 것이다.

20-법무사시험

3. 참가의 취지

13-68   독립당사자참가는 전형적으로는 동일한 권리·법률관계를 둘러싼 삼면분쟁에 대처하는 제도이므로 참가인은 참가취지에서 당사자 양쪽에 대하여 각각 자기의 청구를 정립하여 참가하여야 하는 것(그리고 각각의 청구는 모두 적법하여야 하는 것)이 원칙이다. 그러나 경우에 따라서는 **편면참가**(片面參加)를 통하여 분쟁을 일거에 해결할 필요성이 있는 사건도 많다.

◆ **예** ◆   종전에 편면참가의 허부가 문제되었다. 가령 소유권의 귀속을 둘러싼 다툼에서 乙로부터 그 물건을 매수한 丙이 이미 계속 중의 甲·乙 사이의 소송에 참가하는 때에 乙이 丙에게의 매도를 실질적으로 다투지 않는 경우(특히 소송계속 중에 乙로부터 丙에게 매매가 있은 때에는 다투지 않는 경우가 보통일 것이다)를 생각한다면(또한 사해방지참가의 경우에도 丙은 甲의 乙에 대한 청구기각을 구하는 것만으로 만족할 수 있다), 항상

의 지위가 침해될 염려가 있다고 인정되는 경우에 그 참가의 요건이 갖추어 진다). 그 밖에 당사자 사이의 본소송의 판결결과의 영향을 사실상 받는 경우라는 입장(**이해관계설**), 본소송의 판결의 효력을 받는 경우에 한정할 것이라는 입장(**판결효설**) 등이 주장되고 있다.

35) 이에 대하여 엄밀하게 생각한다면, 丙이 소유권에 관하여 이전등기를 경료하지 않았다면 아직 부동산물권을 취득하였다 할 수 없으므로(성립요건주의) 丙은 권리주장참가를 할 수 없다고도 볼 수 있다.

36) 그런데 **판례**는 참가인이 원고에 대하여 사해행위의 취소를 청구하면서 사해방지참가를 하는 경우에, 사해행위취소의 상대적 효력에 의하면, 참가인의 청구가 그대로 받아들여져도 원고와 피고 사이의 법률관계에는 아무런 영향이 없고, 따라서 그 참가신청은 사해방지참가의 목적을 달성할 수 없어 부적법하다고 하나(대법원 2014. 6. 12. 선고 2012다47548 판결), 사해방지참가는 프랑스법 사해재심제도에서 유래한다고 보는데, 그 입법정책이나 입법목적이 불분명한 점에서 사해행위취소와 맞물려 위 사안과 같은 경우에 그 요건의 충족이라든지 신청의 적법성을 둘러싸고 대상판결과 다른 의견이 있을 수 있다(가령, 이, 811면).

丙은 乙에 대한 청구를 내세우지 않으면 참가로서 부적법하다고 하여야 하는가에 의문이 들기 때문이다.

참가인과 당사자의 한쪽 사이에 실질적으로 다툼이 없는 때에 그 사람에 대한 청구의 정립을 강제하는 것은 분쟁의 실정에 적합하지 않고 굳이 다툼이 없는 사람에 대하여 청구를 정립하게 할 필요가 없으므로 당사자의 **'양쪽'뿐만 아니라 '한쪽'**을 상대방으로 하여 참가할 수 있도록 편면참가를 적법한 것으로 인정하고 있다(79조). 참가인과 이미 계속 중의 소송의 한쪽 당사자의 관계에서 소의 이익이 인정되는, 즉 이른바 「분쟁의 현재화」가 있지만, 다른 당사자의 관계에서는 「분쟁의 현재화」가 있지 않은 경우에 편면참가를 할 수 있다. 분쟁이 현재화하고 있지 않은 당사자의 관계에서는 참가인은 청구를 내세우지 않을 수 있다. 다만, 수 개의 청구를 병합하여 독립당사자참가를 하는 경우에는 각 청구별로 독립당사자참가의 요건을 갖추어야 하고, 편면적 독립당사자참가가 허용된다고 하여, 독립당사자참가의 요건을 갖추지 못한 청구를 추가하는 것을 허용하는 것은 아니다.37)

그렇다면 편면참가에서도 여전히 3면소송설이 유지될 수 있는가가 문제이다. 편면참가에서는 참가인과 청구가 내세워지지 않은 한쪽 당사자 사이는 당사자 관계가 성립하지 않으므로 편면참가를 3면소송형태에 준하는 구조로 파악할 수밖에 없게 된다(편면참가에도 79조 2항에서 67조 준용). 다만 양자 사이는 오히려 공동소송인에 가까운 관계에 서는 것이 실체에 합치할 것이다.

III. 절   차

1. 참가신청 및 그 효과

독립당사자참가는 참가인이 새로운 절차에 가입한다는 점에서는 보조참가와 공통성을 가지므로 참가신청의 방식은 **보조참가에 준한다**(79조 2항, 72조 1항). 다만, 참가신청은 보조참가와 달리 실질적으로 당사자 양쪽 또는 한쪽에 대한 신소제기의 실질을 가지므로 소액사건을 제외하고(소액사건심판법 4조) 반드시 서면으로 하여야 한다(248조). 참가신청서에는 소장에 준하는 인지를 붙여야 한다.

13-69

---

37) 대법원 2022. 10. 14. 선고 2022다241608, 241615 판결.

2. 참가신청의 취급

13-70   참가신청을 실질적으로 보면 신소제기이므로 일반적으로 소의 제기에 대하여 이의를 할 수 없는 것처럼 참가신청이 소정의 참가요건을 구비하지 못한 경우라도 상대방인 원고·피고는 이의를 할 수 없다는 견해가 일반적이다.38)

IV. 심 판

1. 심 리

13-71   독립당사자참가소송은 원고도 피고도 참가인도 각 독립적으로 소송활동을 전개하는 것이지만, 참가인·원고·피고 3자 사이의 분쟁을 일거에 모순 없이 해결하려는 소송형태이므로 필수적 공동소송에 있어서와 마찬가지로 「소송자료의 통일」과 「소송진행의 통일」을 확보하지 않으면 안 된다. 따라서 판단자료와 심리의 공통을 위한 테크닉으로 67조 **필수적 공동소송의 특별규정을 준용**하고 있다(79조 2항).39)

(1) 소송자료의 통일

13-72   당사자 가운데 한사람의 소송행위는 참가인의 불이익이 되는 한도에서는 그 효력이 생기지 않는다(67조 1항). 참가인이 한 소송행위에도 마찬가지이다. 불이익이 되는 소송행위의 예로서는 자백이나 청구의 포기·인낙을 들 수 있다. 불리한 소송행위로 두 당사자 사이의 화해도 나머지 한 사람에게 불이익이 되는 한 허용되지 않는다.40) 반대로 유리한 소송행위에 대하여는 나머지 다른 사람을 위

---

38) 그러나 **생각건대** 독립당사자참가는 단순히 소의 제기가 아니라 다른 사람 사이의 소송에 참가하는 것이고, 제3자가 절차에 개입하는 것이므로 당사자를 보호하기 위하여 참가의 요건의 구비에 유무에 대하여 절차이의권을 인정할 필요가 있고 또한 참가의 요건에 다툼이 있는 경우에는 미리 참가의 적부에 대하여 판단하여 두는 것이 소송경제에도 합치하므로 이의를 할 수 있다고 보아야 한다.

39) 필수적 공동소송에 관한 67조의 준용에 있어서 주의할 것은 필수적 공동소송과 달리, 독립당사자참가소송에서 67조의 준용은 본질적으로 「합일확정의 요구」에 기한 것은 아니라는 점이다. 독립당사자참가소송은 필수적 공동소송의 경우와 같이 공동소송인 사이의 **협동관계·연합관계**가 아니라 세 당사자 사이의 **배척관계·견제관계**이다. 본래 참가청구를 별소로 수행하는 것도 가능하고, 양소에서 다른 판단이 행하여져도 기판력의 저촉이 생기는 것은 아닌 경우이다. 이것은 독립당사자참가소송이 67조 2항과 3항의 준용에 있어서는 필수적 공동소송과 차이를 발생시키지 않는데, 67조 1항의 준용에 있어서는 중요한 차이를 가져오게 된다.

40) 대법원 2005. 5. 26. 선고 2004다25901, 25918 판결(참가인이 화해권고결정에 대하여 이의한 경우, 이의의 효력이 원·피고 사이에도 미쳐 화해권고결정은 효력이 발생하지 않고, 소송은 화해권고

하여도 효력이 생긴다. 참가인의 주장사실에 대하여 원고만이 부인하고, 피고는 다투지 않아도 다툰 것과 마찬가지의 효력이 있는 것이 그 예이다.

그리고 당사자 가운데 한 사람이나 참가인 한 사람에 대한 소송행위의 효력은 다른 사람 모두에게 생긴다(동조 2항).

(2) 소송진행의 통일

통일적 진행을 위하여 한 사람에 대한 중단·중지의 사유가 생기면 전부의 당사자의 관계에서 소송이 정지한다(67조 3항). 변론의 분리도 허용되지 않는다. 다만, 상소기간과 같은 소송행위를 위한 기간은 각 당사자마다 계산한다.

13-73

2. 판 결

3자 사이의 판결의 내용은 논리적으로 모순이 없어야 한다. 그리고 전 청구에 대하여 1개의 판결로 동시에 재판을 하여야 하고, 법원이 변론을 분리하여 일부판결을 할 수도 없다. 만약 잘못하여 일부의 청구에 대하여 판결이 행하여져도 재판의 누락에 따른 추가판결에 의한 보정의 여지는 없고, 위법한 판결로 판단누락에 준한(451조 1항 9호) 상소에 의하여야 한다.

13-74

◈ 예 ◈ 甲이 乙에 대하여 1억원 지급청구의 소를 제기한 바, 丙이 그 채권이 자기에게 귀속한다고 주장하여 甲에 대하여 위 채권이 丙에게 귀속하는 것의 확인을, 乙에 대하여 그 지급을 구하여 독립당사자참가를 한 경우에 법원은 丙에게 채권이 귀속한다는 결론에 도달한 때에는 丙의 甲 및 乙에 대한 청구를 인용하고, 甲의 乙에 대한 청구를 기각하여야 한다.

위 예에서 丙의 청구가 인용된 부분에 있어서는 패소자 甲·乙이, 甲의 乙에 대한 청구가 기각된 부분에 있어서는 甲이 각각 불복의 이익(상소의 이익)을 가지는데, 자기의 패소 부분 전부에 대하여 모두가 상소하면 甲·乙·丙 사이의 3면소송이 상소심에도 유지되어 논리적으로 모순 없는 판결이 내려지게 될 것이다. 그런데 현실적으로는 반드시 패소자 모두가 상소하는 것은 아니다. 가령 甲·丙 어느 쪽에라도 지급하겠다고 마음먹은 乙이 상소하지 않는 경우도 있다. 이 경우에

결정 이전의 상태로 돌아간다). 독립당사자참가소송에 있어서 67조 1항의 준용은 상호 대립하는 3 당사자 사이의 「배척관계·견제관계」로부터 나오는 것임은 앞 각주에서 언급하였다. 결국 독립당사자참가소송에서는 「3당사자 가운데 2인의 소송행위는 다른 1인의 불이익이 되는 경우에 그 효력이 없다」는 것이 67조 1항의 준용의 의미이다.

甲은 자기의 패소 부분 전부에 대하여 상소하는 것이 보통이지만, 乙로부터 지급을 받으면 소기의 목적을 달성할 수 있으므로 乙에 대한 청구가 기각된 부분에 대하여만 상소하는 경우도 있다.

이러한 경우에 전체가 확정이 차단되어 상소심에 이심하는가. **분단확정설**도 있지만, 일반적으로 독립당사자참가소송에서 한 사람만이 상소를 한 경우에 사건은 당연히 전체가 상급심에 이심되고, 상급법원은 3당사자를 명의인으로 하는 1개의 종국판결을 하여야 한다고 풀이하는 **이심설**이 **통설·판례**이다.[41] 위 예에서 상소가 된 甲→乙의 청구만이 아니라, 상소를 하지 않았지만 위 청구와 논리적으로 양립하지 않는 다른 청구(丙→甲 및 丙→乙에 대한 청구)도 상소심에 이심된다고 본다.

나아가 상소를 하지 않은 사람은 상소심에 있어서 어떠한 지위에 있는가. 상소인설, 피상소인설, 양지위겸유설도 있지만, **통설**은 **상소심당사자설**로, 판결의 합일확정의 요청 때문에 불가피하게 상소심에 관여하여야만 하는 상소인도 피상소인도 아닌 단순한 상소심당사자에 불과하다고 한다. 그 구체적 지위는 상소장에 인지를 붙일 의무가 없고, 상소를 한 당사자의 승패에 관계없이 상소비용은 부담하지 않는다고 한다.

그리하여 상소심의 심리·판단의 대상은 무엇인가. **불이익변경금지의 원칙**과 관련하여 상소심에 있어서 어떻게 하여 3자 사이의 분쟁을 모순 없이 일거에 해결할 수 있는가가 문제가 된다(이에 대하여는 후술 ☞14-36 참조).

V. 두 당사자소송에의 환원

1. 본소의 취하

13-75   독립당사자참가가 있은 뒤에도 본소의 원고는 소를 취하할 수 있다. 원고로서는 독립당사자참가로부터 이탈하는 방법으로는 소송탈퇴가 있으나(80조), 판결효를 받음이 없이 당사자의 지위를 소멸시키는 방법으로서 본소의 취하를 인정할 필요가 있다. 다만, 소의 취하에 있어서 266조 2항에 따른 상대방의 동의에 관하여는 피고

---

41) 3당사자를 판결의 명의인으로 하는 하나의 종국판결을 내려야만 하는 것이지, 당사자의 일부에 관하여만 판결을 하거나 남겨진 자를 위한 추가판결을 하는 것들은 모두 허용되지 않는 것이므로 제1심에서 **원고 및 참가인 패소, 피고 승소의 본안판결이 선고된 데 대하여 원고만이 항소한 경우**에 원고와 참가인 그리고 피고간의 3개의 청구는 당연히 항소심의 심판대상이 되어야 하는 것이므로 항소심으로서는 참가인의 원고, 피고에 대한 청구에 대하여도 같은 판단을 하여야 한다(대법원 1991. 3. 22. 선고 90다19329, 19336 판결).

의 동의뿐만 아니라 참가인의 동의도 필요하다. 이 경우에 참가인의 입장에서는 참가에 의한 합일확정에 있어서 본소의 유지에 이익이 있다 할 것이기 때문이다.

2. 참가의 취하

참가인은 소의 취하에 준하여 참가신청을 취하할 수 있다. 따라서 본소의 원고나 피고가 본안에 관하여 응소한 경우에는 쌍방의 동의가 필요하다(266조 2항). 참가를 취하한 뒤에는 원고의 피고에 대한 애초의 소가 그대로 남는다(참가가 각하된 경우도 마찬가지이다).

13-76

3. 소송탈퇴

제3자가 독립당사자참가를 함으로써 종전의 원고 또는 피고가 소송을 계속할 필요가 없어지는 경우에 종전의 당사자는 소송으로부터 탈퇴할 수 있다(80조 본문).42) 참가가 있은 뒤에 다툼의 내용에 변화가 발생하여 원고 또는 피고가 소송수행의 이익을 포기하는 것을 생각할 수 있는데, 가령 참가인이 소송물인 채권의 양수를 주장하는 때에 피고가 채권의 존재를 다투는 것을 단념하고, 채권의 귀속을 둘러싼 원고·참가인 사이의 소송결과에 따라서 채무를 이행하려는 경우 등이다. 소송탈퇴의 결과로 소송은 참가인과 잔존 당사자 사이에서만 남게 된다.43)

소송탈퇴는 소송계속이 장래에 행하여 소멸된다는 효과를 가져온다는 점에서 소의 취하와 유사하므로 서면으로 하여야 하나, 기일에는 말로 할 수 있다.

소송으로부터 탈퇴한 경우에 판결의 효력은 그 **탈퇴한 당사자**에 대하여도 **미친다**(80조 단서). 소송탈퇴는 종전 당사자가 독립당사자참가관계로부터 이탈하는 것을 인정하면서 분쟁해결의 담보로 참가인과 잔존 당사자 사이의 판결의 효

13-77

---

42) 80조 본문은 「자기의 권리를 주장하기 위하여 소송에 참가한 사람이 있는 경우」(권리주장참가)라고만 규정하여 사해방지참가의 경우에 대하여는 아무런 언급도 없다. 그렇지만 이 경우에도 소송탈퇴가 허용되지 않는 것은 아니라는 것이 다수설이다(반대설도 있다). 그런데 전형적인 통모(通謀) 내지는 공모소송의 경우에는 종전 당사자의 어느 쪽이 소송에서 탈퇴한다는 것은 상당히 드문 경우일 것이다.

43) 이와 관련, 탈퇴에 의해 본소와 참가인·탈퇴자 사이의 소송관계는 종료된다고 보고, 탈퇴자가 자기의 입장을 전면적으로 참가인과 상대방 사이의 승패의 결과에 맡기고, 이를 조건으로 참가인 및 상대방과 자기 사이의 청구에 대하여 포기 또는 인낙을 하는 성질을 갖는다고 보는 입장(**조건부 청구의 포기·인낙설**)과 이에 대하여 탈퇴자가 자기의 또는 자기에 대한 청구에 대한 소송수행권을 참가인과 잔존 당사자에게 부여한 것일 뿐 탈퇴자의 소송관계는 남는다는 입장(**소송담당설**) 등이 있다.

력을 탈퇴자에게 확장시킨 것이다.[44] 그런데 여기서 미친다고 규정하고 있을 뿐, 그 효력의 내용에 대하여 침묵하고 있다. 따라서 그 성질이 참가적 효력인가 기판력의 확장인가, 기판력 및 집행력을 의미하는가에 대하여 견해의 대립이 있다. **일반적 입장**은 탈퇴를 인정한 실익을 확보하고 또 민사집행법 25조 1항(집행력의 주관적 범위)의 문언에 충실하게 위 판결의 효력에는 **기판력과 집행력이 모두 포함**된다고 본다.

제 5 절   공동소송참가

I. 의 의

13-78   공동소송참가라 함은 소송계속 중 당사자 사이의 판결의 효력을 받는(소송목적이 한쪽 당사자와 제3자에게 합일적으로만 확정되어야 할 경우) 제3자가 원고 또는 피고의 공동소송인으로 소송에 참가하는 것을 말한다(83조). 명문의 규정으로 주관적·추가적 병합을 인정하고 있는 경우의 하나이다(고유필수적 공동소송에서 공동소송인이 누락된 경우에 참가를 이용할 수 있는 형태). 주주 1인이 소집절차의 흠을 이유로 주주총회결의취소의 소를 제기한 경우에 다른 주주가 공동원고로 소송에 참가하는 경우가(이 경우는 **편면적**으로만 대세효가 있는 경우이지만)[45] 그 예이다. 판결의 효력을 받는 제3자가 당사자적격을 갖지 않는 경우에는 공동소송인으로의 공동소송참가는 허용되지 않고, 다만 보조참가인으로 참가하는 78조의 공동소송적 보조참가가 된다(☞13-56).

II. 요 건

13-79   ① **소송계속 중**이라면 상급심에서도 참가할 수 있다. 일부 누락자를 보충하

---

44) 판결의 효력은 탈퇴자에게도 미치므로 탈퇴한 경우와 탈퇴하지 않고 소송을 수행한 경우의 사이에 아무런 차이가 없고, 탈퇴한다고 하여 상대방에게 특히 불이익을 주는 일은 없으므로 80조 본문의 「상대방의 승낙을 받아」 탈퇴할 수 있다는 명문의 규정에도 불구하고 탈퇴에 관하여 상대방의 승낙을 받을 필요가 없다고 풀이하는 입장이 일반적이다. 그리고 이 경우에 탈퇴에 의하여 참가인의 이익이 침해되는 일도 없으므로 참가인의 승낙도 필요하지 않다.

45) 편면적 대세효가 있는 경우로 참가한 뒤의 여러 주주의 공동소송은 유사필수적 공동소송이 된다(대법원 2021. 7. 22. 선고 2020다284977 전원합의체 판결). 이 경우에 통상공동소송으로 보아야 한다는 **별개의견**이 있다.

는 수단으로 고유필수적 공동소송의 경우에 있어서 68조의 추가는 제1심에서만 허용되는 것과 달리, 상급심에서도 공동소송참가의 방식에 의하여 제3자가 스스로 소송에 참가할 수 있는 제도로 독자적 의의가 있다. ② 공동소송인으로 참가하는 것이므로 자기 스스로도 **당사자적격**을 구비하여야 한다.[46] ③ 소송목적이 한쪽 당사자와 제3자에게 **합일적으로 확정되어야 할 경우**이어야 한다. 가령 채권자대위소송이 계속 중인 상황에서 다른 채권자가 동일한 채무자를 대위하여 채권자대위권을 행사하면서 공동소송참가신청을 할 경우, 양 청구의 소송물이 동일하다면 이에 해당하므로 그 참가신청은 **적법**하다.[47] 그리고 유사필수적 공동소송이 될 경우는 물론 고유필수적 공동소송이 될 경우도(고유필수적 공동소송에서 누락된 사람의 참가로 보정) 포함된다고 본다. 그리하여 참가 뒤에는 유사필수적 공동소송 내지는 고유필수적 공동소송이 된다.

◈ **주주대표소송** ◈　　주주대표소송에 그 판결의 효력을 받는 권리귀속주체인 회사가 자신의 권리를 보호하기 위하여 원고 측에 참가하는 것(상법 404조 1항)은 공동소송참가로 해석함이 타당하고, 이러한 해석이 중복제소금지에 어긋나는 것도 아니다.[48]

◈ **채권자대위소송** ◈　　채권자 甲이 채무자 乙이 가지는 제3채무자 丙에 대한 채권을 대위하여 제소한 채권자대위소송에 있어서 乙이 자신과 甲 사이의 채권의 존재를 다투면서 자기의 이익을 보호하고자 하는 경우에 공동소송참가를 하는 것을 검토하면, 우선 채무자 乙이 제기한 소와 채권자 甲의 대위소송이 병합심리되어 소송목적은 합일확정되므로 중복된 소제기의 금지의 실질적 근거인 심판의 중복에 의한 불경제, 기판력의 저촉 가능성 및 피고의 응소의 부담이라는 폐해가 없어서 그 한도에서는 중복제소에 저촉되지는 않는다고 할 것이다.[49] 다만, 乙·甲 사이에 甲의 대위권을 둘러싼 다툼이 있더라도 독립당사자참가와 달라서 공동소송참가에 있어서는 그 다툼이 잠재적인 것이지, 청구로 나타나고 있지 않다. 채무자 乙은 관리처분권을 채권자 甲에게 빼앗긴

---

46) 위와 같이 보는 것이 일반적이나, 다만 83조 조문상으로는 반드시 당사자적격을 가진 사람에 한정되는 것은 아니라고도 볼 수 있는데, 다만 이에 의하면 공동소송적 보조참가와 공동소송참가의 경계가 불분명하게 된다.

47) 이때 양 청구의 소송물이 동일한지는 채권자들이 각기 대위행사하는 피대위채권이 동일한지에 따라 결정되고, 채권자들이 각기 자신을 이행 상대방으로 하여 금전의 지급을 청구하였더라도 채권자들이 채무자를 대위하여 변제를 수령하게 될 뿐 자신의 채권에 대한 변제로서 수령하게 되는 것이 아니므로 이러한 채권자들의 청구가 **서로 소송물이 다르다고 할 수 없다**(대법원 2015. 7. 23. 선고 2013다30301, 30325 판결).

48) 대법원 2002. 3. 15. 선고 2000다9086 판결.

49) 이에 대하여 이, 822면; 정/유/김, 1058면은 당사자적격은 가지나, **중복제소에 해당되어** 공동소송참가가 **허용되지 않는다**고 하나, 중복제소에 해당한다는 점 자체에 대하여 그렇게 볼 필요는 없다는 생각이다.

것이고, 한편 공동소송참가의 요건에서 참가인의 당사자적격을 요구하고 있으므로 이 점에서 乙은 **공동소송참가**를 할 수 없다고 생각한다. 그리고 乙의 보호로 충분한지는 별론으로 하고, **공동소송적 보조참가**는 인정될 수 있다(☞13-56).

III. 절 차

13-80   참가인이 절차에 새로이 가입한다는 점에서는 보조참가와 공통성을 가지므로 참가신청의 방식은 보조참가에 준한다(83조 2항, 72조 1항). 다만, 참가신청은 보조참가와 달리 실질적으로 신소제기의 실질(원고 측) 또는 청구기각의 판결을 구하는 것(피고 측)이므로 소액사건을 제외하고(소액사건심판법 4조) 서면으로 하여야 한다(248조). 참가신청서에는 소장에 준하는 인지를 붙여야 한다. 참가가 적법하면 피참가인과 참가인은 필수적 공동소송인으로 취급되고(특히 유사필수적 공동소송의 경우는 ☞13-18), 그 절차는 67조 **필수적 공동소송에 대한 특별규정이 적용**된다. 원칙적으로 변론과 증거조사는 공통된다.

IV. 효 력

13-81   판결의 효력은 모두에 대하여 합일확정되어야 한다. 소송비용은 참가인측 승소의 경우에는 상대방이, 패소의 경우에는 참가인과 피참가인이 공동부담한다(103조).

	보조참가	공동소송적 보조참가	독립당사자참가	공동소송참가
참가요건	소송결과에 법률상 이해관계가 있는 경우(71조)	판결의 효력을 받는 경우(78조)	권리주장참가(79조 1항 전단) 사해방지참가(79조 1항 후단)	판결의 효력을 받는 경우 – 합일적으로 확정되어야 할 경우(83조)
참가신청	72조	왼쪽과 동일	72조(79조 2항)	72조(83조 2항)
참가인의 지위	76조	76조 67조	67조(79조 2항)	67조
판결의 효력	77조	왼쪽과 동일	당사자로서 판결의 효력(다만, 합일확정)	왼쪽과 동일

제 4 장

당사자의 변경

제 1 절   임의적 당사자의 변경

소송절차에서의 당사자의 변경에는 크게 나누어 두 가지 경우가 있다. 하나는 실체관계에 변동이 없는 데도 절차상 당사자가 바뀌는 경우이고, 다른 하나는 실체관계의 변동(당사자적격의 이전)에 수반하여 당사자가 바뀌는 경우이다. 전자의 경우가 임의적 당사자변경의 문제이고, 후자의 경우가 소송승계의 문제이다.

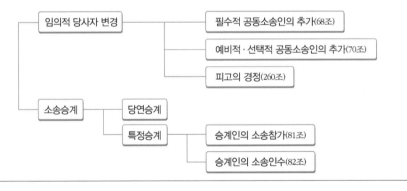

I. 의 의

일반적으로 당사자변경은 소송계속 중에 제3자가 종래의 당사자와 함께(당사자의 추가), 또는 종래의 당사자에 대신하여(당사자의 교체) 새로운 당사자가 되는 것을 의미하는데(좁은 의미에서는 당사자의 교체만을 가리킨다), 그 가운데 임의적 당사자변경(gewillkürte Parteiwechsel)은 실체관계에 변동이 없는 데도 당사자의 의

13-82

사에 따라 절차상 당사자를 바꾸는 것을 말한다.1)

07-사법시험
09-사법시험

◈ **예** ◈   X는 Y전기상회에서 대형냉장고를 구입하였는데, 흠이 있는 냉장고로 하자담보책임을 주장하여 Y전기상회의 주인 Z를 상대로 소를 제기하였다. X는 Y전기상회는 개인상점에 불과하고 Z가 주인이므로 매도인은 Z라고 생각하였기 때문이다. 따라서 소장의 피고란에는 Z라고 기재하였다. 그런데 이후 Z는 「매매계약의 매도인으로서 당사자는 주식회사 Y이고, 개인을 피고로 한 소는 피고를 잘못 삼은 것이다」라고 답변하였다. 결국 Z는 주식회사 Y의 대표이사이다. 그런데 Z는 Y주식회사의 대표이사이므로 실제 소송에서는 Z가 피고의 대표자로 소송수행을 하게 된다. 이 경우에 「주식회사 Y전기상회 대표이사 Z」로 당사자표시정정을 하여 종전의 소송관계를 그대로 유지할 수 있는 방법도 당사자의 확정과 관련하여 생각하여 볼 수는 있다. 하지만 당사자의 확정에 있어서 엄격하게 말한다면, 원고 X는 피고를 분명 잘못 삼은 것이다. 원고 X는 소를 취하하고 소장의 기재를 Z 개인으로부터 「주식회사 Y전기상회 대표이사 Z」로 변경하고 다시 소를 제기하여야 한다. 여기서 임의적 당사자변경을 인정하면, 소를 다시 제기하지 않아도 당사자변경에 의하여 처음의 소송관계를 무위로 돌리지 않고 유지할 수 있게 되는 실익이 있다.

24-법원행정고시

임의적 당사자변경은 소송계속 중에 당사자가 될 사람을 잘못 삼은 것이 판명되거나 또는 어느 일부의 사람을 누락한 때에 이를 보정하기 위한 것인데, 이러한 임의적 당사자변경이 **허용**되는지 **여부**에 대하여 견해가 대립되고 있다. **학설**은 종래부터 임의적 당사자변경이 허용된다고 보았다. 임의적 당사자변경을 불허하면, 소송경제와 분쟁해결의 일회성의 요청에 어긋나게 된다는 것이 그 이유다. 한편, **판례**는 종래부터 임의적 당사자변경을 불허하였다.

◈ **예** ◈   X주식회사의 대표이사인 甲(주식 전부를 甲이 소유하고 있는 1인회사)은 1994.11.18. 제1심 법원에 근저당권자인 피고 Y금고주식회사를 상대로 개인 명의로 X주식회사 소유 점포의 근저당권설정등기말소청구의 소를 제기하였다가, 제1차 변론기일 전인 같은 해 12.26. X주식회사를 원고로 추가하는 당사자추가신청을 하여 1995.1.13. 그 제1차 변론기일에 소장 및 당사자추가신청서를 진술한 뒤 甲의 소를 취하하였고, 이에 피고 Y금고주식회사는 당사자추가신청 및 소취하에 동의하였으며, 그 뒤 원고 X주식회사와 피고 Y금고주식회사 사이에 변론을 거쳐 제1심 판결이 선고되었다. 이러한 사안에서 **판례**는2) 일반적으로 당사자표시정정신청을 하는 경우에도 실질적으로 당사자가 변경되는 것은 허용할 수 없고, 필수적 공동소송이 아닌 사건에서 소송 도중에

---

1) 당사자 표시의 변경 전후에 있어서 당사자의 동일성이 있는 경우에는 당사자표시정정이고, 동일성이 없는 경우에는 임의적 당사자변경이라고 풀이하는 것이 일반적이다.

2) 대법원 1998. 1. 23. 선고 96다41496 판결.

당사자를 추가하는 것 역시 허용될 수 없으므로, **당사자의 변경을 가져오는 당사자 추가신청은 부적법**한 것이라고 하면서도, 그러나 법원이 당사자추가신청의 부적법함을 간과한 채 받아들이고 피고 회사도 그에 동의하였으며, 종전 원고인 甲이 이를 전제로 소를 취하하게 되어 제1심 제1차 변론기일부터 새로운 원고인 원고 회사와 피고 회사 사이에 본안에 관한 변론이 진행된 다음 제1심에서 본안판결이 선고되었다면, 이는 마치 처음부터 원고 회사가 종전의 소와 동일한 청구취지와 청구원인으로 피고 회사에 대하여 별도의 소를 제기하여 본안판결을 받은 것과 마찬가지라고 할 수 있어 **소송경제의 측면에서나 신의칙 등에 비추어** 그 후에 새삼스럽게 당사자추가신청의 적법 여부를 문제 삼는 것은 허용될 수 없다고 보았다. **생각건대** 위 판례는 기존의 임의적 당사자변경을 불허하고 있는 입장을 고수하고는 있지만, 결과적으로 소송경제, 신의칙을 거론하면서 타당한 결과를 모색하고 있다.

임의적 당사자변경을 완전히 자유롭게 무제한으로 허용하게 되면 소송계속 중에 당사자가 되는 사람의 절차보장, 즉 주장·증명의 기회를 부당하게 빼앗는 결과가 되므로 어느 정도 제한을 가할 필요가 있다. 따라서 임의적 당사자변경을 어떠한 요건 하에서 인정하고, 어떠한 효과를 부여할 것인가를 둘러싸고 임의적 당사자변경의 이론구성이 중요한 쟁점이 된다.

결국 새롭게 당사자로서 관여하게 되는 사람의 절차보장과 종전 소송을 무위로 돌리지 않으면서 어떻게 뒤의 소송으로 연결시킬 것인가라는 소송경제 및 분쟁해결의 일회성의 요청에 비추어 당사자변경을 긍정하여 당초의 소송관계를 유지하면서 소송을 속행할 수 있도록 할 경우의 이론구성은 새로운 당사자의 신소의 제기와 구소의 취하라는 2개의 소송상 행위가 복합하는 것으로 볼 것이다(**복합행위설=통설**).[3]

II. 임의적 당사자변경과 관련된 구체적 규정

「필수적 공동소송인의 추가」(68조), 「예비적·선택적 공동소송인의 추가」(70조), 「피고의 경정」(260조 - 교환적 당사자변경의 형태)에 대하여 규정하고 있다. 13-83

1. 필수적 공동소송인의 추가

필수적 공동소송인 가운데 일부가 누락된 경우에는 원고의 신청에 따라 누락된 사람을 추가하는 것이다(68조). 가령, 공유물분할청구소송에서 원고가 공유 13-84
15-법원행정고시
16-변리사시험

---

3) 그 밖의 이론구성으로, 소의 변경의 일종으로 허용된다는 **소의 변경설**, 당사자변경을 목적으로 하는 특수한 단일행위로서 기존의 법규와 별도로 독자적으로 그 요건·효과를 규율하려는 **특수 행위설** 등이 있다.

자 가운데 일부를 **빠뜨리고 제소한 경우**이다.4) 원고 측이든 피고 측이든 추가가 허용되지만, 원고 측을 추가하는 경우에는 추가될 새로운 당사자의 동의가 필요하다(68조 1항 단서). 새로운 당사자의 절차보장을 위한 것이다. 그리고 시기적으로 **제1심 변론종결 전**이어야 한다. 새로 가입하는 새로운 당사자의 심급의 이익 (절차보장)을 위한 것이다.5)

허가결정이 있으면 처음 소가 제기된 때에 추가된 새로운 당사자 사이에 소가 제기된 것으로 본다(68조 3항). 따라서 시효중단·기간준수의 효과는 처음 **제소시에 소급**한다. 이 점은 피고의 경정과는 다르다.

2. 예비적·선택적 공동소송인의 추가

13-85   원·피고 사이에 소송계속 중 **제1심 변론종결시**까지 당사자를 추가하여(68 조 준용) 후발적으로 예비적·선택적 공동소송으로 할 수 있다(70조). '법률상 양립할 수 없는 경우'라는 예비적·선택적 공동소송의 요건을 충족하여야 하는 것은 물론이다.

> ◈ **예** ◈   김씨 등이 아파트 동대표 박씨를 상대로 아파트입주자대표회의 구성원 중 112동 동대표지위에 있지 아니함을 확인한다는 내용의 '동대표지위부존재확인'의 소를 제기하였다가 그 소송이 제1심 법원에 계속되어 있던 중에 '아파트입주자대표회의'를 피고로 추가하는 주관적·예비적 피고의 추가 신청에 있어서 주관적·예비적 피고의 추가가 허용된다(☞13-39).6)

3. 피고의 경정

13-86   원고가 피고를 **잘못 지정한 것이 분명한 경우**에 **제1심 변론종결시**까지 원고의 신청에 따라 법원의 결정으로 피고를 경정하는 것이다(260조). 가령 법인격의 유무에 관하여 착오를 일으킨 것이 명백하거나(회사를 피고로 하여야 할 것을 그 대표이사 개인을 피고로 한 경우) 청구취지나 청구원인의 기재내용 자체로 보아 원

---

4) 한편, 처음부터 빠뜨린 경우가 아닌, 공유물분할소송이 계속 중 당사자인 공유자의 일부 지분이 제3자에게 이전되었고, 그 제3자가 인수승계 등의 방식으로 해당 소송의 당사자가 된 적이 없는 상태에서 변론이 종결된 경우에 고유필수적 공동소송인 공유물분할소송은 부적법하게 된다 (대법원 2014. 1. 29. 선고 2013다78556 판결).
5) 새로운 당사자의 동의가 있으면 항소심에서도 가능하다는 견해도 있다.
6) 대법원 2007. 6. 26.자 2007마515 결정.

고가 법률적 평가를 그르치는 등의 이유로 피고의 지정이 잘못된 것이 분명한 경우 등이다. 나아가 소송진행 중 증거조사 등을 통해 판명된 사실관계에 따라 잘못된 것을 알게 된 경우도 그 대상이 될 수 있는지 여부에 대하여 대체로 부정적이다.7) 한편, 피고의 경정 이외에 **원고의 경정**에 대하여 **학설**은 해석상 인정하고자 하나, **판례**는 앞에서 보았듯이 임의적 당사자변경에 대하여 **소극적**이다. 그리고 경정신청은 시기적으로 **제1심 변론종결 전**이어야 한다(260조 1항). 새로 가입하는 새로운 당사자의 심급의 이익(절차보장)을 위한 요건이다.8) 경정신청을 허가하는 결정이 있으면, 종전 피고에 대한 **소**는 **취하**된 것으로 **본다**(261조 4항). 따라서 종전 피고가 본안에 관하여 응소한(준비서면을 제출하거나 변론준비기일에 진술하거나 변론을 한) 때에는 피고의 동의가 필요하다(260조 1항 단서). 한편 새로운 당사자의 동의는 필요하지 않다. 종전 피고가 경정신청서의 송달을 받은 날로부터 2주 이내에 이의를 하지 아니한 때에는 위 동의가 있는 것으로 본다(260조 4항). 새로운 피고에 대하여는 소의 제기이므로 시효중단·기간준수의 효과는 경정신청서의 **제출시**에 발생한다(265조. 이는 참가승계, 인수승계와 다르다).

◈ **피고 사망사실을 알면서도 그대로 소를 제기한 사안에서 표시정정과 시효중단** ◈
제소 전에 피고가 사망하였음에도 불구하고 이를 간과하고 그대로 사자를 상대로 소를 제기한 사안, 이른바 사자명의소송에 있어서 소송계속 중에 이 점이 판명된 경우에 다수의 학설은 피고의 경정을 하여야 한다고 당사자표시정정에 반대하지만, 실무는 상속인으로 당사자표시정정을 인정하고 있고(☞2-36), 나아가 **판례**는 원고가 피고의 사망사실을 몰랐던 경우가 아니라, **사망사실을 알면서도 피고로 기재하여 소를 제기한 사안**에서 원고는 피고의 상속인으로 피고의 표시를 정정할 수 있고, 따라서 당초 소장을 제출한 때에 소멸시효중단의 효력이 생긴다고 보았다.9) 피고의 경정의 경우는 시효중단의 효과는 경정신청서를 제출한 때 생기므로(265조) 그 시점에 이미 소멸시효기간이 경

---

7) 대법원 1997. 10. 17.자 97마1632 결정은 원고가 공사도급계약상의 수급인은 그 계약 명의인인 피고라고 하여 피고를 상대로 소송을 제기하였다가 심리 도중 변론에서 피고 측 답변이나 증거에 따라 이를 번복하여 수급인이 피고보조참가인이라고 하면서 피고의 경정을 구하는 경우에는 계약 명의인이 아닌 실제상의 수급인이 누구인지는 증거조사를 거쳐 사실을 인정하고, 그 인정사실에 터잡아 법률판단을 하여야 인정할 수 있는 사항이므로, 피고를 잘못 지정한 것이 명백한 때에 해당한다고 볼 수 없다고 하였다. 한편 이, 829면; 정/유/김, 1100면은 경정을 허용할 것이라고 이에 **반대**한다.

8) 그런데 새로운 당사자의 동의가 있으면 항소심에서도 가능하다는 견해가 있다. 한편, 행정소송법 14조의 피고의 경정은 민사소송법 피고의 경정과 요건과 효과가 약간 다르게 규정되어 있다 (가령 적극적으로 제1심 변론을 종결할 때까지로 한정하고 있지 않다).

9) 대법원 2011. 3. 10. 선고 2010다99040 판결.

과하는 상황이라면, 애초 소장을 제출한 때에 시효중단의 효과가 생기는 표시정정으로
처리되는 경우와 피고의 경정으로 처리되는 경우는 시효중단에 있어서 차이가 생긴다.

제 2 절 소송승계

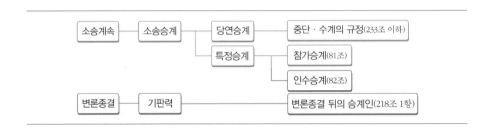

I. 의 의

13-87 　소송계속 중에 소송목적인 권리 또는 의무의 실체관계(당사자적격)가 변동한
결과, 이에 맞추어 절차상으로도 당사자가 변경되는 것이 소송승계이다. 이것에
도 실체관계의 변동의 결과, 법률상 당연히(ipso iure) 당사자의 지위가 변경되는
경우와 종전의 당사자 내지는 제3자의 절차적 행위(참가 내지는 인수)가 있어서 당
사자의 지위가 교체되는 경우가 있다. 전자를 **당연승계**(=포괄적 소송승계), 후자
를 **특정승계**(=계쟁물의 양도에 따른 소송승계)라고 한다. 후자는 다시 참가승계와
인수승계로 나뉜다(한편, 변론종결 뒤의 승계인에 대하여는 ☞11-23).

II. 당연승계

13-88 　실체법상 포괄승계가 있는 때에 새로운 당사자적격자의 의사를 묻지 않고
법률상 당연히 그 사람이 당사자의 지위를 취득한다. 이를 당연승계(=포괄승계)
라고 한다. 승계인과 상대방 사이에 심리가 진행되게 된다.

1. 원 인

13-89 　소송계속 중 ① 당사자의 사망으로 상속이 발생하는 경우가 그 전형적인 예
이다(233조 1항).10) 그 밖의 당연승계의 원인은, ② 법인 등의 합병에 의한 소멸

---

10) 당사자가 사망하여도 소송물인 권리관계가 상속이 되는 경우에 한하여 승계가 이루어진다. 포

(234조), ③ 당사자인 수탁자의 임무종료(236조), ④ 일정한 자격에 의하여 당사자가 된 사람의 자격상실(237조 1항), ⑤ 선정당사자의 소송중에 선정당사자 모두의 사망 또는 그 자격의 상실(동조 2항), ⑥ 파산의 선고 또는 해지(239조, 240조) 등이다. 위와 같은 경우에 법률상 당연히 당사자의 지위가 변경된다는 규정은 없지만, 당연승계의 발생원인인 포괄승계가 있는 때에 소송절차의 중단·수계라는 절차적 규정이 이를 전제로 하고 있다. 승계인은 ①의 경우는 상속인 등, ②의 경우는 합병에 의하여 설립된 법인 내지는 존속법인 등이다. 한편, 일신전속권이 소송목적이 되고 있는 때에는 소송은 당연히 종료되므로 소송승계는 발생하지 않는다.

2. 소송절차의 수계와 구별

당연승계의 원인이 발생한 때에는 소송에 있어서 당사자의 지위는 승계인에게 승계되지만, 승계인이 곧바로 소송수행을 할 수 있는 것은 아니므로 소송절차의 중단·수계라는 절차적 규정을 마련하고 있다(☞13-90). 주의할 것은 소송승계는 당사자의 소송상 지위면에서 본 것이고, 소송절차의 중단·수계는 소송절차의 진행면에서 파악한 것이기 때문에 양자는 별개의 관념이라는 것이다. 「소송의 승계」와 「소송절차의 수계」는 표현은 유사하지만, 개념적으로 확실히 구별하지 않으면 안 된다. 따라서 중단사유가 있음에도 불구하고 당사자의 교체가 없는 경우도 있으며(가령 소송능력을 잃은 경우), 반대로 소송승계가 있음에도 불구하고 중단이 발생하지 않는 경우도 있다(가령 소송대리인이 있는 경우로 실질상 소송대리인은 승계인의 대리인이라고 할 수 있다).

13-90

3. 절차의 진행

당연히 수계가 인정되는 경우를 제외하고(239조 후문), 소송절차가 중단되는 때에는 승계인 또는 상대방에 의한 수계신청 또는 법원의 속행명령에 의하여 소송이 속행된다. 한편, 당연승계가 있어도 소송절차가 중단되지 않는 경우에는 소송절차의 진행에 아무런 영향이 없다.

13-91

기할 수 있는 기간 내에 상속을 포기한 때, 소송물인 권리관계가 일신전속적이기 때문에 성질상 상속의 대상이 되지 않을 때에는 소송은 당연히 종료된다.

4. 취 급

13-92   당연승계가 발생하면 승계인은 당연히 당사자가 된다. 예를 들어 소송계속 중 당사자의 사망이라는 승계원인이 발생하면, 실체법상 피상속인의 권리의무가 상속인에게 승계되고 그것에 대응하여 소송법상은 상속인이 피상속인에 대신하여 당연히 당사자의 지위에 서게 되고(소송의 승계), 상속인은 당사자로 소송을 속행하기 위하여 절차를 수계한다(절차의 수계). 상속인은 수계하는 것에 따라 당사자가 되는 것이 아니고, 상속으로 당사자가 되는 것에 따라 수계하지 않으면 안 되는 것이다(다만, 상속포기를 할 수 있는 동안은 수계하지 못한다. 233조 2항).

III. 특정승계

1. 의 의

13-93   당연승계의 원인 이외의 원인으로 말미암아 소송계속 중에 소송목적인 권리 또는 의무의 실체관계(당사자적격)의 변동이 생긴 경우에는 이러한 소송상 지위의 변동을 구체적으로 소송절차에 반영시키는 것이 필요하다. 당연승계와 달리, 승계인이 당연히 당사자가 되는 것은 아니다. 승계인 또는 종전 당사자의 **신청**에 따라 승계인이 당사자의 지위를 취득한다.

> ◈ **예** ◈   A가 B에 대하여 등기말소청구소송을 제기하였는데, 소송의 도중에 B가 C에게 등기를 이전하였다고 하자. 이 경우에 A가 그대로 소송을 속행하여도 의미가 없다. A가 B에 대하여 승소판결을 얻어서, 이 판결을 가지고 B에 대하여 강제집행을 하려고 하여도 이미 B에게 소유권은 없어 강제집행을 할 수가 없기 때문이다(이러한 결점에 대한 대책으로 처분금지가처분제도를 이용할 수는 있다). 그래서 이 경우의 합리적 취급은 그때까지 행한 절차를 B로부터 C에게 인계시켜서 판결을 C를 명의인으로 하여 내리면 될 것이다. 이것이 소송승계의 시스템이다. 민사소송법에 위와 같은 소송승계를 정면에서 규정한 조문은 없지만, 81조(아울러 82조 3항은 이를 준용)는 이를 전제로 한 규정이다. 즉 81조는 A·B 사이의 소송계속 중에 C가 참가를 하여 왔으면 시효중단의 효력 등은 소송계속의 시초에 소급하여 생긴다고 규정하고 있다. 원래 시효중단의 기본원칙은 제소시에 생기는 것이므로(265조), 이 기본원칙으로부터는 C가 참가를 한 때에 시효중단의 효력이 생겨야 한다. 그런데 81조는 이를 A·B 사이의 소송계속의 시초에 소급하고 있다. 이것은 위 예의 C는 A·B 사이의 소송상태를 그대로 승계하였다는 취지로 볼 것이다. 이는 소송의 도중에 누군가가 소송에 들어오면 그 사람에게 종전의 효과가 인계된다는 것으로 소송승계의 시스템과 마찬가지이다.[11]

---

11) 한편, 독일 민사소송법 265조는 **당사자항정**(恒定)**주의**를 취하고 있어, 소송계속 중에 계쟁물

우리 민사소송법은 소송참가신청(81조) 및 소송인수신청(82조)을 규정하고 있다(＝협의의 소송승계). 승계인 스스로 당사자의 지위를 취득하는 경우를 참가승계라고 부르고, 종전 당사자가 이를 신청하는 경우를 인수승계라고 부른다. 참가승계와 인수승계는 승계인이 권리자인가 혹은 의무자인가에 따라 구별되는 것이 아니라, 승계인이 자발적으로 소송에 참가하는가(참가승계), 아니면 종전 당사자의 의사에 따라 강제적으로 소송에 관여하게 되는가(인수승계)로 구별된다.

2. 원 인

참가승계와 인수승계의 원인에 대하여 법에서는 소송계속 중12) 소송목적인 권리 또는 의무를 제3자가 특정승계한 경우를 규정하고 있다.13) 소송목적인 소송상의 청구, 즉 소송물의 양도가 소송승계의 원인이므로 소송물의 양도에 따른 소송승계라고 표현하고 있는 것이 일반적이다. 그런데 소송승계의 원인으로는 **소송물인 권리관계 그 자체**가 양도된 경우뿐만 아니라, 그 권리관계가 귀속되는 물건(＝계쟁물)이 양도되어 **당사자적격이 이전**된 경우도 포함된다(가령 건물철거 및 토지인도청구소송에서 건물이 제3자에게 양도된 경우, 신주발행무효의 소가 계속중 주식이 양도된 경우). 따라서 이를 계쟁물의 양도(Veräußerung des streitbefangenen Gegenstandes)라고 표현하는 쪽이 적당할 것이다. 그리고 여기서 양도는 매매, 증여 등의 법률행위, 경매 등의 집행처분뿐만 아니라 대위와 같은 법률의 규정에 의한 것도 무방하다.14) 또한 전부양도만이 아니라 일부양도도 포함된다.

13-94

14-사법시험
14-5급공채시험
16-변호사시험
17-변리사시험

의 양도가 있더라도 당사자의 소송상 지위에 변동을 미치지 않고, 전주(前主)가 당사자로 소송을 속행하고, 그 기판력의 주관적 범위는 원칙적으로 승계인에게까지도 확장된다.

12) 채권양수인이 소송계속 중의 승계인이라고 주장하며 참가신청을 한 경우에, 채권자로서의 지위의 승계가 소송계속 중에 이루어진 것인지 여부는 채권양도의 합의가 이루어진 때가 아니라 대항요건이 갖추어진 때를 기준으로 판단한다(대법원 2019. 5. 16. 선고 2016다8589 판결[미간행]).

13) 부동산임의경매 사건의 채무자 겸 소유자인 원고가 배당이의를 한 경우의 소송목적물은 채권자인 피고가 경매절차에서 배당받을 권리의 존부이지 원고가 경매절차에서 배당받을 권리(잉여금을 수령할 권리)가 아니어서, 원고 승계참가인이 원고의 배당받을 권리를 양수하였더라도 원고로부터 이 사건의 소송목적인 권리를 승계하였다고 할 수 없다고 보아, 원고 승계참가인의 승계참가 신청은 그 요건을 갖추지 못하여 부적법하다(대법원 2023. 2. 23. 선고 2022다285288 판결).

14) 한편, 주택재건축사업 시행자가 조합 설립에 동의하지 않은 토지 또는 건축물 소유자를 상대로 매도청구의 소를 제기하여 매도청구권을 행사한 이후 제3자가 매도청구 대상인 토지 또는 건축물을 특정승계한 경우, 사업시행자가 제3자로 하여금 매도청구소송을 **인수하도록 신청할 수 없다**(대법원 2019. 2. 28. 선고 2016다255613 판결).

3. 절 차

13-95   계쟁물의 양도에 따라 당사자적격의 이전이 있으면 승계인 또는 종전 당사
자는 소송을 승계하거나 승계시킬 수 있다. 새로운 청구의 정립에 관계하므로 **사
실심 변론종결시**까지 행할 것이 필요하고, 법률심인 상고심에서는 허용되지 않
는다.15)

	변론종결 전의 승계인	변론종결 뒤의 승계인 (☞11-23)
취지	분쟁해결의 실효성 확보	
승계의 형태	당연승계 및 참가·인수승계	일반승계 및 특정승계
특정승계의 경우 승계의 대상	당사자적격의 이전 *다툼이 있음	
제3자가 고유한 항변을 가지는 경우	승계인에 해당 *고유의 항변에 있어서 승계 뒤의 소송에서 독자의 소송수행 가능	승계인에 해당(형식설) *다툼이 있음
효과	승계인이 피승계인의 소송상 지위를 인계	기판력이 미침(218조 1항)

◆ **변론종결 뒤의 승계인으로 추정** ◆   甲은 乙에 대하여 그 소유하는 토지의 불법
점유를 이유로 乙의 건물철거 및 토지인도를 구하는 소를 제기하고 그 소송이 계속 중
이었는데, 乙은 본건 건물을 丙에게 양도하였다. 참가승계에는 승계인이 권리를 승계한
경우(예를 들어 원고의 소구중의 대금채권의 양수인)뿐만 아니라 위 사안과 같이 의무를 승
계한 경우도 포함된다. 소송이 乙에게 유리하게 전개되고 있는 경우에는 이러한 예가
희귀한 것은 아니다. 丙은 참가승계를 할 수 있다. 참가인 丙은 피승계인인 乙에 대하
여 아무런 청구를 하지 않아도 무방하다. 그리고 소송에 머무를 필요가 없는 乙은 해
당 소송절차로부터 탈퇴할 수 있다. 한편, 丙이 소송에 참가하지 않은 경우에 甲은 승
계의 사실을 알고 있는 때에는 丙으로 하여금 소송을 인수하라는 결정을 법원에 구하
는 신청을 할 수 있다. 그런데 소송승계는 계쟁물의 양도가 있었던 것이 인식된 경우

---

15) **참가승계**의 경우에 판례의 입장이나(대법원 2001. 3. 9. 선고 98다51169 판결; 대법원 2012.
11. 29. 선고 2012다44471 판결 등), 한편 정/유/김, 1090면은 원판결이 파기되어 환송될 가능
성이 있고, 또 전주의 상고를 지지하거나 상대방 상고의 기각을 구할 필요가 있기 때문에 이에
반대한다. 그리고 **인수승계**의 경우에는 사실심 변론종결 뒤는 218조 1항에 의해 판결의 효력이
미치므로 상고심에서는 허용할 실익이 없다거나(이, 838면), 환송된 뒤의 심급에서 신청하면 되
므로(정/유/김, 1090면) 상고심에서는 허용되지 않는다고 한다(송/박, 705면).

에 이를 소송절차에 현재화시키기 위한 절차인 것이다. 甲 또는 법원이 양도의 사실을 알지 못하였다면 여전히 乙을 피고로 하여 소송절차가 행하여지고, 乙에 대하여 판결이 내려질 가능성이 있다. 이 판결의 효력은 丙에게는 확장되지 않는 것이므로 甲은 매우 불이익을 받게 된다. 이러한 결과를 피하기 위하여 가처분의 이용(예를 들어 건물의 처분금지가처분이나 점유이전금지가처분)이 고려될 수 있지만, 이것도 원고 측 승계의 경우에는 무력한 것이고, 이러한 수단을 항상 거치지 않으면 충분한 대책이 되지 못한다는 것은 소송제도로서의 근본적인 문제를 가지고 있다고 할 수 있다. 그런데 우리 법은 특히 피고 측에 승계가 있는데도 이를 은폐하여 상대방으로 하여금 인수승계의 기회를 말살시킨 경우에 그 승계인을 변론종결 뒤의 승계인으로 추정하는 규정을 두어 (218조 2항) 기판력을 미치고 있다(☞11-23).

(1) 참가승계

(가) 신 청 가령 甲이 乙을 상대로 소유권에 기한 건물인도청구소송의 계속 중에 甲이 그 건물을 丙에게 양도한 경우에 승계인 丙이 소송절차에 참가하려면 **독립당사자참가의 규정에 따라** 하는 것으로 규정하고 있다(81조). 참가신청은 독립당사자참가 신청방식에 따라서 한다. 따라서 반드시 서면에 의하여야 하며, 그 서면에는 참가의 취지와 이유를 명시하여야 한다. 여기서 피승계인(＝前主)와 참가인 사이의 관계는 원칙적으로 이해가 대립되는 관계가 아니므로 소송의 구조는 고유한 독립당사자참가의 3면소송관계와 근본적인 차이가 있고, 피승계인이 승계사실을 다투지 않는 한, 3면소송관계가 성립하지 않게 된다.

13-96

(나) 허부에 대한 재판 참가신청은 일종의 신소제기에 해당한다고 볼 수 있으므로 신청에 대하여 상대방은 이의를 진술할 수 있고 그 당부는 **변론을 거쳐 판결**로 재판한다.16)

13-97

(2) 인수승계

(가) 신 청 소송계속 중 계쟁물의 양도가 있는 경우에 **종전 당사자의 신청에 따라** 승계인으로 하여금 소송을 인수하라는 결정을 법원에 구할 수 있다 (82조 1항). 반대입장도 있지만, 신청권자에 전주인 피승계인 자신도 포함된다고 볼 것이다(**통설**). 승계인은 자기의 자발적인 의사에 따라 소송을 인수하는 것이 아니다. 인수신청의 방식에 관하여는 특별한 제한이 없으므로 서면 또는 말로 할 수 있다(161조).

13-98

---

16) 승계참가신청을 불허함에 있어서는 판결의 형식으로 하여야 함에도 재판장의 명령으로 한 것은 잘못이다(대법원 2007. 8. 23.자 2006마1171 결정[미간행]).

13-99 　　　　(나) 허부에 대한 재판　　인수신청이 있으면 법원은 당사자와 제3자를 심문하여 신청의 **허부에 대한 결정**을 한다(82조 2항). 여기서는 제3자가 권리·의무를 승계하고 있는 것이 소명되고 있는지 여부가 심리대상이 된다. 이 소명이 있으면 제3자에게 인수를 명하고, 소명되지 않으면 인수신청을 각하한다. 각하결정에 대하여는 신청인은 항고할 수 있으나(439조), 인수결정은 중간적 재판이므로 피신청인인 승계인이 독립하여 불복신청을 할 수 없고, 종국판결과 함께 불복신청된다(392조).

07-사법시험　　　◈ **인수결정 뒤 본안에 관한 심리 중에 권리·의무의 승계가 없다고 판명된 때(즉 승계인이라고 할 수 없다는 판단이 든 경우)** ◈　　어떠한 재판으로 결말을 맺어야 하는가가 문제이다. 이에 대하여 다음의 세 가지 대처방법을 생각할 수 있다. ① 이를 본안문제로 취급하여 **청구기각**하는 방법을 생각할 수 있다. 인수결정이 있어서 인수인이 된 사람이 당사자 지위로 연결되었고 본안에 관한 심리도 행하여졌으므로 본안문제로 취급하여 무방하다는 견해이다. ② 인수승계는 당사자적격의 문제이므로 인수인이 된 사람에게 당사자적격이 없는 것이 판명된 것이어서 본안판결이 아닌 **소각하판결**을 하여야 한다는 방법을 생각할 수 있다. ③ 본안의 선결문제로 보아 인수의 원인인 권리·의무의 승계가 없는 것이 판명되었으므로 인수결정을 취소하고, **인수신청 자체를 각하**한다는 방법도 생각할 수 있다. 위 여러 가지 견해에는 각기 장단점이 있으나, ① **청구기각설**이 **타당**하다고 생각한다. 청구기각설이 이론적으로 명확하고 절차적으로도 간편하고, 게다가 인수인이 된 사람과 상대방 당사자의 분쟁을 종국적으로 해결할 수 있는 점에서 소송경제에 합치하기 때문이다. **판례**도 그러하다.[17)

4. 소송승계 뒤의 심리

(1) 소송상태의 승계

13-100 　　　**참가승계**에 있어서 참가인은 상대방과 피승계인(＝전주)과의 사이에서 행하여진 변론이나 증거조사, 재판 등에 구속되는 **소송상태승인의무**가 있고, 또한 **인수승계**에 있어서도 승계인은 소송상태승인의무가 있어서 전면적으로 **피승계인의 소송상의 지위에 구속**된다고 한다. 따라서 승계인은 자기에게 유리·불리

---

17) 소송계속 중에 소송목적인 의무의 승계가 있다는 이유로 하는 소송인수신청이 있는 경우에 신청의 이유로서 주장하는 사실관계 자체에서 그 승계적격의 흠결이 명백하지 않는 한 결정으로 그 신청을 인용하여야 하는 것이고, 그 승계인에 해당하는가의 여부는 피인수신청인에 대한 청구의 당부와 관련하여 판단할 사항으로 심리한 결과 승계사실이 인정되지 않으면 **청구기각의 본안판결**을 하면 되는 것이지 인수참가신청 자체가 부적법하게 되는 것은 아니다(대법원 2005. 10. 27. 선고 2003다66691 판결).

를 묻지 않고 피승계인과 동일한 소송상태에 놓이게 되고, 승계 전의 변론·증거 조사는 전부 그 효력이 있고, 시효중단이나 법률상의 기간준수의 효력도 처음 **소 송계속시에 소급**하여 승계인에게 생긴다(81조, 82조 3항).18) 또 피승계인이 이미 할 수 없는 소송행위, 가령 재판상 자백에 반하는 주장이나 시기에 늦은 공격방 어방법을 제출하는 것 등은 승계인도 할 수 없다. 그러나 **생각건대** 참가승계는 별론으로 하고, 인수승계에 있어서 피승계인이 이미 행한 소송상의 행위에 전면 적으로 구속된다고 풀이하는 것은 승계인의 절차권을 침해하는 것이 아닌가라는 의문이 든다. 특히 피승계인이 양도를 예정하고 불충분한 소송수행을 한 경우는 한층 더 그러하다. 자발적으로 참가한 참가승계와 강제적으로 참가하게 된 인수 승계에서 승계인의 소송상태승인의무의 범위에 대하여도 차이를 두어야 하는 것 이 아닌가 등 앞으로 검토할 여지가 있다.

(2) 종전 당사자의 소송탈퇴

참가승계 또는 인수승계가 있은 경우에는 일단 당사자의 추가적 변경이 발생 한다. 한편, 피승계인(=前主)이더라도 이미 계쟁물을 양도한 이상(피승계인은 당사자 적격이 없어진다), 이 소송에 머무를 필요가 없는 경우가 많을 것이다. 그래서 피승 계인은 상대방의 승낙이 있으면 해당 소송절차로부터 탈퇴할 수 있고(82조 3항, 80 조), 탈퇴하면 그 청구 부분은 소송관계가 종료되고,19) 소송은 승계인과 상대방 사 이에서 계속된다.20) 법원은 탈퇴한 피승계인의 청구에 관하여 심리·판단할 수 없 다.21) 그리고 탈퇴에도 불구하고 탈퇴자에게는 판결의 효력이 미친다(80조 단서).

13-101

---

18) 가령 신주발행무효의 소에 승계참가하는 경우에 그 제소기간의 준수 여부는 승계참가시가 아닌 원래의 **소 제기시**를 기준으로 판단하여야 한다(대법원 2003. 2. 26. 선고 2000다42786 판결).

19) 원고 甲에게서 소송탈퇴에 관한 특별수권을 받은 소송대리인은, 乙이 승계참가신청을 하자, 소 송탈퇴를 신청하였고, 상대방 측이 위 탈퇴에 동의하였다. 그런데 甲은 그전에 사망하였고, 乙이 소송물과 관련한 甲의 재산을 단독으로 상속하게 되었다면서 소송수계신청을 하였다. 이후 乙은 위 승계참가신청 취하서를 제출하여 상대방 측이 위 취하에 동의한 사안에서, 甲의 상속인들과 상대방 사이의 소송관계는 소송탈퇴로 적법하게 종료되었고 乙의 소송수계신청은 이미 종료된 소송관계에 관한 것이어서 이유 없음이 명백하고, 乙과 상대방 사이의 소송관계도 참가신청취하 로 적법하게 종료되었다고 보았다(대법원 2011. 4. 28. 선고 2010다103048 판결).

20) 항소심에서 원고가 적법하게 탈퇴한 경우에 있어서 법원은 제1심 판결을 변경하여 승계참가인 의 청구에 대하여 판단을 하였어야 할 것임에도, 단순히 피고의 항소를 기각한 것은 위법하다(대 법원 2004. 1. 27. 선고 2000다63639 판결).

21) 대법원 2014. 10. 27. 선고 2013다67105, 67112 판결[미간행]. 그런데 소송탈퇴는 승계참가가 적법한 경우에만 허용되는 것이므로, 승계참가가 부적법한 경우에는 피참가인의 소송탈퇴는 허 용되지 않고 피참가인과 상대방 사이의 소송관계가 유효하게 존속한다. 따라서 승계참가인의 참 가신청이 부적법함에도 불구하고 법원이 이를 간과하여 승계참가인의 참가신청과 피참가인의 소

◈ 권리승계형 승계참가에 필수적 공동소송에 관한 67조가 적용되는지 문제된 사건 ◈

피승계인이 소송탈퇴 등을 하지 않는 등으로 소송에 남아있다면 승계로 인하여 중첩된 피승계인과 승계인의 청구 사이의 관계는 어떻게 되는가. 참가인 스스로 주도권에 의하여 참가하는 참가승계의 경우는 **필수적 공동소송에 관한 심리의 특칙**(67조)**이 준용**된다고 할 것이다(한편, **인수승계의 경우는 통상의 공동소송으로 볼 것이다**).22) 원고가 피고를 상대로 정산금 지급을 구하는 소송계속 중에 승계참가인이 위 정산금채권 중 일부에 대해 전부명령을 받아 승계참가를 하였고, 원고는 자신의 청구 중 승계된 부분을 취하하지 않아 법원이 원고의 청구를 기각하고 승계참가인의 청구를 일부 인용하였으며, 이에 대해서 승계참가인과 피고만 항소하였는데 항소심 계속 중 피고들이 전부명령이 압류 경합으로 무효라고 다투자 원고가 부대항소를 제기한 사안에서 **판례**도 승계참가에 관한 민사소송법 규정과 2002년 민사소송법 개정에 따른 다른 다수당사자 소송제도와의 정합성, 원고승계참가인과 피참가인인 원고의 중첩된 청구를 모순 없이 합일적으로 확정할 필요성 등을 종합적으로 고려하면, 원고가 승계참가인의 **승계 여부에 대해 다투지 않으면서도 소송탈퇴, 소 취하 등을 하지 않거나 이에 대하여 피고가 부동의하여 원고가 소송에 남아있다면** 승계로 인해 중첩된 원고와 승계참가인의 청구 사이에는 **필수적 공동소송에 관한 67조가 적용**된다고 보았다.23) **따라서 위 사안에서** 제1심 판결에 대하여 승계참가인과 피고들만 항소하였더라도 원고 청구 부분을 포함한 제1심 판결 전체의 확정이 차단되고 사건 전부에 관하여 이심의 효력이 생기므로 원고가 제기한 부대항소는 적법하다는 이유로, 원고의 부대항소를 받아들여 원고의 청구를 일부 인용하고 승계참가인의 청구를 기각한 항소심의 판단은 정당하다고 보았다.

20-변호사시험
23-변리사시험

◈ 소송탈퇴와 최초의 재판상 청구로 인한 시효중단의 효력이 소멸하는지 여부 ◈

인수참가인의 청구를 기각하거나 소를 각하하는 판결을 선고하여 그 판결이 확정된 경우에는 원고가 제기한 최초의 재판상 청구로 인한 시효중단의 효력은 소멸한다. 다만 소송탈퇴는 소취하와는 그 성질이 다르며, 탈퇴 후 잔존하는 소송에서 내린 판결은 탈퇴자에 대하여도 그 효력이 미치는 것에 비추어 인수참가인의 소송목적 양수 효력이

송탈퇴가 적법함을 전제로 승계참가인과 상대방 사이의 소송에 대해서만 판결을 하였는데 상소심에서 승계참가인의 참가신청이 부적법하다고 밝혀진 경우, 피참가인과 상대방 사이의 소송은 여전히 탈퇴 당시의 심급에 계속되어 있으므로 상소심법원은 탈퇴한 피참가인의 청구에 관하여 심리·판단할 수 없다(대법원 2012. 4. 26. 선고 2011다85789 판결[미간행]).

22) 한편, **인수승계**의 경우는 종전의 당사자 사이의 소송에 승계인의 상대방과 승계인의 소송이 공동소송의 형식으로 추가되는 것이므로 승계의 효력을 다투는 등의 특별한 경우를 제외하고, 독립당사자참가의 구조로는 되지 않고(79조가 준용되지 않는다) **통상의 공동소송**으로 심리되는 것에 지나지 않는다고 생각한다. 이에 대하여 그렇다면 심판의 통일이 보장되지 않으므로 참가승계와 마찬가지로 독립당사자참가의 79조의 준용을 주장하거나, 실질적 3면적 대립관계가 인정되는 한 필수적 공동소송의 특칙이 타당하다는 입장이 있을 수 있다.

23) 대법원 2019. 10. 23. 선고 2012다46170 전원합의체 판결. **통상의 공동소송 관계에 있다는** 취지의 종전의 대법원 2004. 7. 9. 선고 2002다16729 판결 등은 위 전원합의체 판결에 의하여 변경되었다.

부정되어 인수참가인에 대한 **청구기각 또는 소각하 판결이 확정된 날부터 6개월 내**에 탈퇴한 원고가 다시 탈퇴 전과 같은 재판상의 청구 등을 한 때에는 탈퇴 전에 원고가 제기한 재판상의 청구로 인하여 발생한 시효중단의 효력은 그대로 유지된다고 봄이 타당하다(대법원 2017. 7. 18. 선고 2016다35789 판결). 만약 소송탈퇴를 **소 취하**로 보면, **소송탈퇴한 날부터 6개월 내**에 후소를 제기하여야 하고, 그렇지 않으면 전소로 인한 시효중단을 주장할 수 없는데, 위 판결은 소송탈퇴가 소 취하와 그 성질이 다르다고 본 점에서 의의가 있다. 한편 관련하여 판결의 효력은 그 탈퇴한 당사자에 대하여도 미치는데, 다만 위와 같은 원인으로(소송목적인 권리 또는 의무가 승계되지 않은 것) 청구기각된 경우에 탈퇴 전의 원고에게 다시 소를 제기하는 것을 허용할 필요성이 검토되어야 한다.

제 5 장

선정당사자

I. 의 의

13-102 공동소송인이 100명 이상과 같이 상당히 여럿이라면(가령 어느 공장의 인근주민 100명이 그 공장에서 발생하는 소음에 의하여 받은 정신적 손해의 배상을 구하여 공동으로 소를 제기하는 경우) 송달사무 및 변론이 복잡할 뿐만 아니라, 이러한 관계가 필수적 공동소송의 경우에는 어느 당사자의 사망 또는 능력의 상실에 의하여 소송절차가 중단됨으로써 소송의 원활한 진행이 방해되므로 여러 사람 가운데 대표자(한 사람 또는 여러 사람)를 선출하여 그 사람에게 소송수행권을 수여하고, 모두를 위하여 소송당사자로서 소송을 수행시켜 다수당사자소송을 단순화하고 신속한 권리구제를 위한 방법으로 선정당사자제도를 이용할 수 있다(53조).

여러 사람 가운데에서 선출되어 모두를 위하여 그들에 대신하여 소송당사자가 되는 사람이 선정당사자이고, 선정당사자와 선정자의 관계는 대리관계가 아니라, 선정자의 소송수행권을 선정당사자에게 신탁시킨 신탁관계이다. 즉 선정당사자제도는 선정자의 의사(선정)에 의하여 선정당사자에게 소송수행권이 인정되는 것이므로 **임의적 소송담당**의 일종이다. 선정당사자와 일반의 임의적 소송담당의 차이는 선정당사자는 원래 적격이 있는 사람에 대하여 수권이 있는 것에 대하여, 후자는 원래 적격이 없는 사람에 대하여 수권이 있다는 점에 있다.

II. 선정의 요건

13-103 선정당사자제도를 이용하기 위해서는 「공동의 이해관계를 가진 여러 사람이

52조의 규정에 해당되지 아니한 경우에는 이들은 그 가운데에서 모두를 위하여 당사자가 될 한 사람 또는 여러 사람을 선정하거나 이를 바꿀 수 있다」는 규정과 관련하여 다음의 요건을 갖추어야 한다.

1. 공동소송을 할 여러 사람이 있을 것

여기서 여러 사람은 실제로는 상당수를 예정하고 있지만, 이론상으로는 2인 이상이면 된다. 원고 측이 선정하는 경우가 많겠지만, 피고 측에서 선정이 행하여 지기도 한다. 다수자가 사단을 구성하고 공동의 이해관계가 사단의 목적으로 된다고 인정되는 경우에는 사단이 당사자가 되므로(52조) 이론상으로는 선정의 여지는 없게 된다. 다만, 사단으로서 당사자능력이 인정되는지 여부에 대하여 다툼이 있는 민법상 조합과 같은 경우에 당사자능력이 인정되지 않는다고 보면 조합재산에 관한 소송을 조합원 모두가 수행하여야 하므로 선정당사자제도를 이용할 실익이 있게 된다.

13-104

2. 여러 사람이 공동의 이해관계(=공동의 이익)를 가질 것

선정당사자제도를 이용하는 데에 있어서 여러 사람이 **공동의 이해관계**를 가져야 하는데, 어떠한 경우에 공동의 이해관계를 가지는가에 대하여 여러 가지 견해가 있다. **통설·판례**는1) 다수자 서로 사이에 공동소송인이 될 관계에 있고 또 주요한 공격방어방법을 공통으로 하여 사회관념상 상대방에 대하여 일체로서 대립한다고 인정되는 경우를 말하는 것이고, 그리하여 다수자가 65조 전문의 「소송목적이 되는 권리나 의무가 여러 사람에게 공통되거나 사실상 또는 법률상 같은 원인으로 말미암아 생긴」 경우에 해당할 때에 공동의 이해관계를 인정하고(그 구체적 예로서는 연대채무자, 동일 사고로 인한 손해배상을 청구하는 다수의 피해자 등을 예시한다), 65조 후문의 「소송목적이 되는 권리나 의무가 같은 종류의 것이고, 사실상 또는 법률상 같은 종류의 원인으로 말미암아 생긴」 경우에 해당하는 때에는 공격방어방법이 공통할 것을 기대할 수 없어서 선정당사자의 선정이 허용되지 않는다고 본다.

13-105

그러나 **생각건대** 65조 후문의 경우에 있어서도 구체적으로 보아 주요한 공격방어방법이 공통으로 되는 것이 예상된다고 한다면 선정당사자제도에 의하여

---

1) 대법원 1997. 7. 25. 선고 97다362 판결.

소송절차의 단순화가 도모될 것이고, 한편 그 소송의 승패에 의하여 받을 이해관계가 어느 정도 공통하고 있는 사람 가운데에서 당사자가 선정되므로 변호사대리의 원칙의 잠탈을 강조할 필요도 없을 것이다. 결국 예외적이지만 65조 후문의 경우에도 선정당사자제도를 이용할 수 있는 여지를 남기는 것이 타당하다. **판례 가운데** 여러 임차인들이 피고를 임대차계약상의 임대인이라고 주장하면서 피고에게 그 각 보증금의 반환을 청구하는 사안에서 그 사건의 쟁점은 피고가 임대차계약상의 임대인으로서 계약당사자인지 여부에 있으므로 그 임차인들은 상호간에 **공동소송인이 될 관계가 있을 뿐만 아니라 주요한 공격방어방법을 공통으로 하는 경우에 해당함이 분명하여 공동의 이해관계가 있다고 본 것이 있다.**[2]

3. 공동의 이해관계를 가진 사람 가운데에서 선정할 것

13-106　　　만약 제3자를 선정할 수 있다면 변호사대리의 원칙을 잠탈할 우려가 있기 때문이다.

III. 선정의 방법

13-107　　　선정은 자기의 권리이익에 대하여 소송수행의 권한을 수여하는(대리권 수여와 유사한 효과를 가진다) 소송행위로 소송능력이 요구되고, 무조건이어야 한다(가령 화해를 제한하는 취지의 선정을 하여도 그 제한 부분은 무효이고 무제한의 선정으로서 효력이 발생한다). 이와 관련하여 **심급을 한정한 선정이 허용되는지 여부**가 문제되는데, **통설**은 이를 긍정하고, **판례**도 허용된다고 전제하면서도 그러나 선정서에 사건명을 기재한 다음에 「제1심 소송절차에 관하여」 또는 「제1심 소송절차를 수행하게 한다」라는 문언이 기재되어 있는 경우라도 특단의 사정이 없는 한, 그 기재는 사건명 등과 더불어 선정당사자를 선정하는 사건을 특정하기 위한 것으로 보아야 하고 따라서 그 선정의 효력은 제1심의 소송에 한정하는 것이 아니라, 소송의 종료에 이르기까지 계속하는 것으로 해석함이 상당하다고 보았다.[3] **생각건대** 제도의 취지로부터는 소송의 종료에 이르기까지 소송수행을 하는 것이 바람직하

20-법원행정고시

---

2) 대법원 1999. 8. 24. 선고 99다15474 판결.
3) 대법원 1995. 10. 5.자 94마2452 결정. 이후 대법원 2003. 11. 14. 선고 2003다34038 판결도 선정된 당사자는 당해 소송의 종결에 이르기까지 총원을 위하여 소송을 수행할 수 있고, 상소와 같은 것도 역시 이러한 당사자로부터 제기되어야 하는 것이지만, 심급을 한정한 선정도 역시 허용된다고 할 것이나, 선정당사자의 선정행위시 심급의 제한에 관한 약정 등이 없는 한 선정의 효력은 소송이 종료에 이르기까지 계속되는 것이라고 보았다.

나, 한편 심급을 한정한 선정을 무효로 하더라도 선정의 취소, 변경이 자유인 이상, 실익이 없으며 또한 부정하여야 할 특별한 이유는 없다. 위 판례는 너무 엄격한 해석이라고 보인다. 다만, 선정의 효력이 상급심에서도 계속된다고 하더라도, 변호사의 위임장의 경우와 마찬가지로 상급심에서 새로 선정서를 제출하도록 하는 취급도 고려할 수 있다.

선정당사자의 자격은 소송상 서면으로 증명할 필요가 있으므로 선정서의 작성에 의하는 것이 통상이고, 이를 소송기록에 첨부하여야 한다(58조).

◈ **소장의 표시 방식** ◈ 「원고(선정당사자)」와 같은 방식으로 선정당사자만을 당사자로 표시하고, 선정자목록을 소장 뒤에 별지로 첨부한다. 한편, 별지 선정자목록에는 선정당사자도 포함시키는 것이 실무례이다.4) 그리고 청구취지(=판결 주문)의 표시는 개별적 기재방식과 포괄적 기재방식이 있는데, 모두 적법하지만, 오해를 없게 한다는 점이나 집행의 편의를 위한다는 점에서 가령 선정당사자가 원고 측인 경우에, "피고는 원고(선정당사자)에게 3,000,000원, 선정자 甲에게 2,000,000원, 선정자 乙에게 1,000,000원을 지급하라"는 개별적 기재방식을 택하는 것이 적절할 것이다. 위 경우에 포괄적 기재방식은, "피고는 원고(선정당사자)에게 6,000,000원을 지급하라"는 형식이 될 것인데, 이러한 포괄적 기재방식에 의할 때에는 판결의 이유에서 선정자별 권리 범위를 특정하여야 한다(보통은 별지로 기재).

1. 개별적 선정

선정은 각자가 **개별적**으로 하여야 하고, 다수결로 결정할 수 없다. 선정은 선정자단의 전체의 의사를 형성하는 경우가 아니고, 각자의 개인적 이익을 각자의 의사에 따라 처리하는 문제이기 때문이다. 따라서 모두가 공동하여 같은 사람을 선정할 필요는 없고, 이에 찬성하지 않는 사람은 스스로 소송을 하는 것도 또는 다른 사람을 선정하는 것도 가능하다. 한편, 선정은 공동의 이해관계가 있는 쪽에서 하는 것이므로 상대방 쪽에서는 다수자 가운데 특정한 사람을 선정할 수는 없다.

13-108

2. 선정의 시기

선정의 시기는 **소송계속 전이거나 소송계속된 뒤이거나 상관없다.** 그러나

13-109

---

4) 선정자명단에 선정당사자를 선정자로 표기하는 것이 위법하다고 볼 수 없다(대법원 2011. 9. 8. 선고 2011다17090 판결).

소송계속된 뒤에 선정을 하면 그 전의 당사자인 선정자는 당연히 소송에서 탈퇴한 것으로 보고(53조 2항), 선정당사자가 그 지위를 승계한다.

IV. 선정의 효과

1. 선정당사자의 지위

13-110
13-변리사시험

선정당사자는 소송당사자로서 소송수행의 자격을 가진다. 선정당사자는 대리인이 아니므로 90조 2항의 소송위임에 의한 대리인과 같은 제한은 없다. 따라서 소송상 화해나 청구의 포기·인낙을 할 권한도 가진다.5) 선정자로부터 소송수행을 위한 포괄적인 수권을 받은 것으로서 일체의 소송행위는 물론 소송수행상 필요한 사법상의 행위도 할 수 있다고 풀이한다(선정자의 개별적 동의가 필요한 것은 아니다).6) 선정자에게 사망, 계쟁권리의 양도 등 실체법상의 지위의 변동이 있더라도 선정당사자의 자격에는 영향은 없다(95조의 유추).

20-5급공채시험
22-노무사시험

◈ **예** ◈   X1 외 9명은 공동하여 Y를 상대로 손해배상청구의 소를 제기하였다고 하자(통상공동소송). 소송계속 중 X10을 제외한 공동소송인들은 X1, X2를 선정당사자로 선정하였지만, X10만은 자신의 소송을 자신이 속행하고 싶다고 하면서 이에 동조하지 않았다. 여기서 X1과 X2는 동일 선정자단에서 같이 선정된 2인이므로 선정자의 소송수행권을 합유하게 되는 것으로 고유필수적 공동소송의 관계가 된다고 풀이한다. 한편, X10은 위 선정당사자 X1 및 X2와 통상의 공동소송의 관계로 소송을 속행하게 된다. 위 선정이 있은 후 변론에 있어서 Y는 X3, X4, X5에 대한 채무는 전액 배상하였다는 취지의 주장을 하였다고 하자. 이에 대하여 X1은 이를 인정하고, X2는 반대로 이를 부인하였다. 법원은 어떻게 처리하여야 하는가? 위에서 본 바와 같이 X1과 X2는 고유필수적 공동소송의 관계에 있다. 그렇다면 고유필수적 공동소송에 있어서 판결의 기초자료의 통일 확보를 위한 테크닉, 즉 공동소송인의 1인의 행위 가운데 전원에게 유리한 행위만 전원에게 효력을 인정하고자 하는 방식(67조 1항)에 의하여 처리하면 된다. 이 경우에 승소판결을 받기 위한 것을 목적 내지는 유리한 것으로 보아, 법원은 X2의 부인의 쪽에 효력을 인정하여야 할 것이다.

---

5) 설사 다수자 사이에 공동의 이해관계가 없는 자가 선정당사자로 선정되어 청구를 인낙한 경우라도 선정자가 스스로 선정행위를 하였다면 위 선정당사자자격의 흠이 민사소송법 451조 1항 3호의 **재심사유에 해당하지 않는다**(대법원 2007. 7. 12. 선고 2005다10470 판결).
6) 대법원 2003. 5. 30. 선고 2001다10748 판결. 그러나 변호사인 **소송대리인**과 사이에 체결하는 **보수약정**은 소송위임에 필수적으로 수반되어야 하는 것은 아니므로 선정당사자가 그 자격에 기한 독자적인 권한으로 행할 수 있는 소송수행에 필요한 사법상의 행위라고 할 수 없다. 따라서 선정당사자가 선정자로부터 별도의 수권 없이 변호사 보수에 관한 약정을 하였다면 선정자가 이를 추인하는 등의 특별한 사정이 없는 한 선정자에 대하여 효력이 없다고 할 것이다(대법원 2010. 5. 13. 선고 2009다105246 판결).

선정당사자의 자격의 유무는 소송요건의 하나인 당사자적격에 관한 것으로 직권조사사항이다. 선정행위에 흠이 있거나 서면에 의한 자격증명이 없는 때에는 법원은 보정을 명할 수 있으며, 만일 보정하는 것이 지연됨으로써 손해가 생길 염려가 있는 경우에는 법원은 일시적으로 소송행위를 하게 할 수 있다(61조, 59조). 또한 자격이 없는 사람의 소송행위라도 뒤에 그 사람을 선정당사자로 선정하여 그 소송행위를 추인하면 유효하게 된다(61조, 60조).

2. 선정당사자의 자격상실

선정당사자는 **사망 또는 선정의 취소**에 의하여 그 자격을 상실한다. 선정자는 언제든지 선정의 취소를 할 수 있고, 또한 취소와 동시에 다른 사람을 선정하면 선정당사자의 변경이 된다. 선정의 취소 또는 변경은 상대방에게 통지하지 않으면 효력이 생기지 않는다(63조 2항). 선정당사자에 대한 부분의 소가 취하되거나 판결이 확정되는 등으로 공동의 이해관계가 소멸하는 경우에도 선정당사자는 그 자격을 상실한다.[7]

13-111

여러 선정당사자 가운데 일부가 사망 그 밖의 사유로 자격을 상실한 경우에는 남은 다른 당사자가 모두를 위하여 소송을 수행한다(54조). 선정당사자 모두가 자격을 상실한 때에는 선정자 모두 또는 새로운 선정당사자가 소송을 수계하고 이들이 수계할 때까지 소송절차는 중단된다(237조 2항). 그러나 소송대리인이 있는 경우에는 중단되지 않는다(238조. 선정당사자가 자격을 잃더라도 그 소송대리인의 대리권은 소멸되지 않는다는 96조 2항 참조).

3. 선정자의 지위

소송이 법원에 계속된 뒤, 선정에 의하여 당사자를 바꾼 때에는 선정자는 당연히 **소송에서 탈퇴**한 것으로 본다(53조 2항). 소송이 법원에 계속되기 전에 선정을 한 경우에는 선정자가 소송수행권을 상실하지 않는다는 반대견해도 있지만, 선정자는 소송수행권을 상실한다고 볼 것이다. 그리고 선정당사자가 받은 판결은 선정자에게도 효력이 미친다(218조 3항).

13-112

---

7) 대법원 2006. 9. 28. 선고 2006다28775 판결.

◆ **집단소송제도** ◆   [1] 가령 낙동강유역의 페놀오염사건, 망원동수해사건으로 인한 다수주민의 재해배상소송, 환경·공해소송, 흡연소송, 결함이 있는 제조물로 인한 제조물 책임소송, 소비자·투자자 소송 등에 있어서는 동시에 다수의 사람들이 손해 내지는 피해를 받고 있지만 각자에 대한 피해가 그 전형적 형태에 있어서는 비교적 소액에 그치면서 불특정다수의 광범위한 국민이 피해자집단으로서 등장한다(diffused and fragmented). 최근에도 개인정보가 대량으로 유출되는 사건이 잇따르면서 20만명 가까운 사람이 해당 기업을 상대로 손해배상청구를 한 경우가 있었다. [2] 기존 일반적 민사소송을 통한 해결에는 한계가 있다는 점을 인식하고 이를 집단적으로 해결할 특별한 절차가 마련될 필요성이 제기되어 왔는데 이 경우에 참고로 할 외국제도가 있다. 미국의 대표당사자 소송(Class action)은 대표당사자가 통지 등의 요건을 만족시키면 그 집단 전체를 대표하여 집단에 속하는 구성원 전원을 위하여 손해배상청구를 할 수 있다. 또 독일에서는 소비자단체에게 금지청구에 있어서 당사자적격을 인정하는 단체소송(Verbandsklage)을 가지고 있다. [3] 위와 같은 유형의 집단적 분쟁사태에 대응하는 새로운 입법이 요구되어, 미국의 대표당사자소송에 따른 **증권관련집단소송**과8) 독일의 단체소송에 따른 **소비자단체소송**이,9) 나아가 2011년 9월 30일부터 개인정보보호법에 의한 **개인정보단체소송**이 도입되었다. [4] 소비자분쟁에 있어서 일정한 요건을 갖춘 소비자단체 등이 다수 소비자의 생명·신체·재산에 대한 권익을 침해하는 사업자의 위법행위에 대하여 법원에 소비자권익침해행위의 **금지·중지를 청구**하는 소비자단체소송을 도입하였지만 (소비자기본법 70조 내지 76조), 개개의 피해자(특히 피해금액이 소액이면서 동종의 피해가 다수 소비자에 발생한 경우)에 대신하여 단체가 **손해배상**을 청구하는 것은 인정되지 않고 있다. 소비자분쟁에 있어서 소비자 각자가 손해배상청구권을 가지므로 소비자단체가 곧바로 손해배상청구소송의 당사자적격을 가지는 것으로 볼 수 없다. 따라서 단체에 대하여 손해배상청구에 있어서 임의적 소송담당이나 선정당사자제도를 활용할 수 없는 가를 검토하기도 한다. [5] 소비자분쟁, 환경분쟁 등 집단적인 피해를 수반하면서도 피해의 증명이 용이하지 않은 현대적 분쟁이 빈발하고 있음에 비추어 기존 민사소송제도 만으로는 피해자 구제에 한계를 느꼈다고 한다면, 위와 같은 개별적 입법으로 대처하는 것보다는 오히려 집단소송에 대한 통일적 입법을 검토하여야 할 것이다.

---

8) 2011년 불거진 '씨모텍 주가조작' 사건과 관련하여 증권거래 과정에서 발생한 집단적인 피해를 구제하기 위하여 소수 주주가 대표로 유상증자 주관사인 DB금융투자를 상대로 한 증권관련집단소송에 대한 대법원의 첫 판결이 있었다(대법원 2020. 2. 27. 선고 2019다223747 판결). 손해액의 10%를 배상하라는 일부승소판결로, 제외신청(opt-out)을 한 피해자를 제외하고 피해자 모두에게 효력이 미치는데, 총 4972명에게 기판력이 미치게 된다.

9) 소비자단체소송은 2006년 도입되었지만, '티머니카드 환불 거부 사건', '한전 누진요금 부과 사건', '호텔스닷컴 청약철회 거부사건' 등 소수에 불과하다.

제4부

상소 · 재심

제 1 장

상　소

I. 총　설

1. 상소의 의의

일반적으로 상소는 재판이 확정되지 않은 동안에 상급법원에 그 취소·변경   14-1
을 구하는 불복신청방법을 말한다. 상소는 당사자의 소송행위이고 소송상의 신청
의 성질을 가진다. 현행법은 상소로서 **항소·상고·항고**의 3가지를 인정하고 있
다. 항소, 상고는 종국판결에 대하여, 항고는 결정 또는 명령에 대하여 인정된다
(다만, 항고는 법이 명문으로 인정한 경우에 한하여 허용된다). 그리고 항소는 제1심 판
결에 대한 상소이고, 상고는 원칙적으로 항소심 판결에 대한 상소이다.

한편, 상소는 재판의 확정에 의하여 그 소송절차가 완결되기 이전의 불복신
청이며, 그 재판의 확정을 차단하면서 사건의 재심판을 구하는 점에서 재심과 같
은 확정판결에 대한 비상적 불복신청과 구별된다.

또한 상소는 상급법원에 대한 불복신청이므로 수명법관이나 수탁판사의 재
판에 대한 이의(441조), 지급명령에 대한 이의(469조 2항), 보전명령에 대한 이의
(민사집행법 283조, 301조) 등과 같이 동일한 심급 내에서 재판의 취소를 구하는 이
의와는 구별된다. 이의는 이심의 효력이 없다는 점에서도 상소와 구별된다.

2. 상소제도의 목적

(1) 오판으로부터의 당사자의 구제

상소제도의 목적으로 우선 부당 또는 위법한 재판에 의한 당사자의 불이익   14-2

을 구제하는 제도라는 것을 들 수 있다. 재판의 권위와 신용을 유지하기 위해서는 그 적정을 기하지 않으면 안 되는데, 당사자가 불만이라면 동일한 사건을 다른 법원에 다시 심판시켜 그 과오를 시정하는 것이 필요하다.

(2) 법령의 해석적용의 통일

14-3   한편, 상소를 허용하는 것에 의하여 여러 가지 사건이 소수의 상급법원에서 심판되게 되고, 최후에는 유일한 대법원의 심판을 받을 기회에 접하게 된다. 그렇지 않다면 법원이 각각 다른 것에 의하여 동일한 법령의 해석적용이 각각 별개로 흐를 염려가 있다. 상소제도의 구조적 장면인 심급제도는 이렇게 국내 법령의 해석적용을 통일하고 법률생활의 안정을 도모하는 일반적 기능도 가지고 있다.

3. 상소요건

14-4   법원의 물적·인적 자원은 무한정하지 않으며 상소제도를 유효·적절하게 운영하기 위하여는 무조건으로 불복신청의 당부(본안)의 심판을 인정할 수는 없다. 따라서 가령 상소인이 상소를 제기하더라도 실제로 상급심에서의 심판이 필요한 사건만을 취급한다. 이렇게 상급심에서 본안의 심리·판단을 받기 위하여 구비될 것이 요구되고 있는 요건을 「상소요건」이라고 하고, 이 요건을 갖추지 못한 상소는 부적법 각하된다(소송요건에 대칭된다). 각각의 상소에 공통하는 일반요건으로서는 통상 이하의 요건을 들 수 있다.

(1) 원판결이 불복신청을 할 수 있는 재판일 것(상소의 대상적격)

14-5   상소의 대상이 되는 것은 종국적 재판에 한정된다. 중간판결이나 소변경의 불허결정 등의 중간적 재판은 종국판결과 함께 상소심에서 심리되므로(392조 참조) 독립한 상소의 대상이 되지 않는다. 상소심이 종국판결의 당부를 판단하는 전제로서 위 중간적 재판에 대한 심사를 인정하는 취지이다.

(2) 적식의 상소제기 및 상소기간의 준수

14-6   가령 항소의 제기는 항소장을 제1심 법원에 제출함으로써 하는데(397조 1항), 따라서 서면으로 하지 않은 상소, 원심법원에 제출하지 않은 상소는 부적법하다. 그리고 항소는 판결서가 송달된 날로부터 2주 이내에 제기하여야 하는데(396조), 따라서 상소기간을 도과한 상소는 부적법하다(다만, 항소각하판결이 아닌, 명령으로

항소장을 각하: 399조 2항, 402조 2항).

(3) 상소인에게 상소의 이익이 있을 것

법원의 한정된 물적·인적 자원을 유효하게 활용하기 위해서는 원재판에 대 14-7
한 불복의 당부에 대하여 심판할 만한 이익이 당사자에게 있는 경우에 한정하여
심판할 필요가 있다. 이를 「상소의 이익」이라고 한다.

어떠한 경우에 상소의 이익을 인정할 것인가에 관하여 아래의 **형식적 불복
설** 이외에 원판결보다도 실체(실질)적으로 유리한 재판을 얻을 가능성이 있으면
상소의 이익이 있다는 **실체**(실질)**적 불복설**, 원판결을 취소하지 않으면 판결의
효력에 의하여 불이익을 받는가(유리·불리를 원판결의 기판력뿐만 아니라 집행력, 부
수적 효력 등 모든 효력에 의하여 판단)에 의하여 상소를 허용하고자 하는 **신실체**(실
질)**적 불복설**, 원고에 대하여는 형식적 불복설에 의하고, 피고에 대하여는 실질
적 불복설에 의하여 판단하자는 **절충설** 등의 입장이 있다.

명문의 규정이 없는바, 그 판단기준으로, 상소인이 원심에서 구한 본안판결의
신청내용과 법원이 내린 판결내용, 즉 판결주문을 **형식적**으로 **비교**하여 그 전부
또는 일부가 인정되지 않은 경우에 상소의 이익을 인정하는 **형식적 불복설**이 일
반적 입장이다. 이렇게 신청과 판결주문을 비교하여 후자가 전자에 미치지 못한
다면 상소의 이익이 있다고 하는 판단 방식은 매우 명쾌하고 알기 쉽다. 그리하
여 ① **전부승소**한 당사자에게는 원칙적으로 상소의 이익은 없고,[1] ② **판결이유
중의 판단**에 불복이 있더라도 승소하였다면 상소의 이익은 없다. 그러나 반드시
충분히 설명되지 않는 점이 있기 때문에 형식적 불복설에서는 다음과 같은 일정
한 예외를 인정한다.

◆ **예** ◆ 원고 甲의 피고 乙에 대한 손해배상청구소송에 있어서, [1] 제1심에서 甲은
4,000만원 청구에 대한 **전부인용판결**을 받았다. 甲은 5,000만원으로 청구를 확장하기
위하여 항소할 수 있는가? [2] 제1심에서 乙이 甲에 대하여 별도로 가지고 있는 채권
에 기하여 **상계의 항변**이 인정되어서 甲의 청구가 기각된 경우에 乙이 이것에 불복하
여 항소할 수 있는가? [1] 전부승소한 경우에 있어서는 원칙적으로 항소심에서 소의 변
경(내지는 청구취지의 확장)을 하게 되면 제1심보다도 유리한 판결을 받을 수 있다는 것
만으로는 항소의 이익은 없지만, 소의 변경을 하지 않는다면 별소에서의 청구가 불가

23-법무사시험
24-변리사시험

---

[1] 피고가 소가 각하되어야 한다고 주장하였고, 법원이 소를 각하한 경우에 피고는 재판의 주문을
기준으로 전부 승소하였으므로 판결이유에 불만이 있더라도 상소를 할 이익이 없다(대법원
2022. 6. 30. 선고 2018두289 판결).

능한 경우(잔액청구가 기판력으로 차단되는 경우 등)에는 예외적으로 소의 변경을 위한 항소의 이익을 인정한다.2) 예외적으로 항소의 이익을 인정할 것인가는 제1심에서 甲의 손해배상청구 4,000만원을 일부청구로 볼 것인가, 전부청구로 볼 것인가와 관련하여 일부청구이론에 의하여 다르게 된다. 일부청구를 완전히 부정하는 입장에서는 나중에 별소의 제기가 허용되지 않으므로 5,000만원으로 청구를 확장하기 위한 항소의 이익이 인정된다. 이에 반하여 명시적인 일부청구를 긍정하는 **통설·판례**에 의하면 제1심에서의 4,000만원의 청구가 일부청구라고 명시한 것인지 여부에 따라 다르게 되는데, 만약 4,000만원의 청구가 묵시의 일부청구라면 잔부청구가 후소에서는 허용되지 않게 되어서 예외적으로 항소의 이익이 인정된다.3) **[2]** 판결이유 중의 판단에는 원칙적으로 기판력이 생기지 않지만(216조 1항), 상계의 항변의 경우에는 법원의 판단이 내려지면 상계를 위하여 이용된 피고의 채권의 존부에 대하여도 기판력이 생기므로(동조 2항), 상계의 항변에 대한 판단은 형식적으로는 판결이유 중의 판단이더라도 실질적으로는 판결주문의 판단과 마찬가지 의미를 가지고, 게다가 다른 한편으로 상계는 자기의 출연이 따르는 것이므로 이것이 인정된 경우에는 형식적으로는 승소하였더라도 실질적으로는 패소한 것과 마찬가지이다. 상계의 항변이 인정되었다는 것은 실질적으로는 판결주문에서 패소하였다는 것과 같은 것이고, 상계의 항변을 인용한 판단을 불복하는 항소에 예외적으로 항소의 이익을 인정할 수 있다고 본다.4)

(4) 상소권의 포기나 불상소의 합의가 없을 것

14-8   당사자는 상대방의 동의 없이 상소권을 포기할 수 있는데(394조, 425조), 상소권의 포기에 의하여 상소권은 상실되며 제기된 상소는 부적법하게 된다. 상소권의 포기는 상소제기 후라도 상관없는데, 이 경우에는 상소취하의 효력도 있다(395조 3항). 또한 불상소의 합의가 있는 경우는 상소할 수 없다.

4. 상소제기의 효력

14-9   상소가 제기되면, 상소의 효력으로 원재판에 대한 **확정차단의 효력**과 사건

---

2) 전부승소한 판결에는 항소가 허용되지 않는 것이 원칙이나, 하나의 소송물에 관하여 형식상 전부승소한 당사자의 상소이익의 부정은 절대적인 것이라고 할 수도 없는 바, 원고가 재산상 손해(소극적 손해)에 대하여는 형식상 전부승소하였으나 위자료에 대하여는 일부패소하였고, 이에 대하여 원고가 원고 패소 부분에 불복하는 형식으로 항소를 제기하여 사건 전부가 확정이 차단되고 소송물 전부가 항소심에 계속되게 된 경우에는, 더욱이 **불법행위로 인한 손해배상에 있어 재산상 손해나 위자료는 단일한 원인에 근거한 것인데 편의상 이를 별개의 소송물로 분류하고 있는 것에 지나지 아니한 것이므로 이를 실질적으로 파악하여**, 항소심에서 위자료는 물론이고 재산상 손해(소극적 손해)에 관하여도 청구의 확장을 허용하는 것이 상당하다(대법원 1994. 6. 28. 선고 94다3063 판결).
3) 대법원 1997. 10. 24. 선고 96다12276 판결.
4) 대법원 2002. 9. 6. 선고 2002다34666 판결.

08-변리사시험
15-5급공채시험

에 대한 **이심의 효력**이 발생한다. 이러한 효력은 원칙적으로 상소인의 불복신청의 범위에 관계없이 원재판의 전부에 대하여 불가분적으로 발생하는 상소불가분의 원칙이 적용된다.

(1) 확정차단의 효력

판결은 상소기간의 경과와 함께 확정되는데, 그 기간 이내에 상소가 제기되면 확정이 차단되어(498조), 확정판결에 따른 기판력, 집행력 등의 효력의 발생이 방해된다. 이를 확정차단의 효력이라고 한다.5)

14-10

한편, 상소 가운데 항고에 관하여는 즉시항고에 대해서만 집행정지의 효력이 인정되고(447조), 통상항고에는 이러한 집행정지효가 인정되지 않으므로 통상항고의 경우에는 항고에 대한 결정이 있을 때까지 별도로 집행정지 등의 처분을 명할 수 있도록 하고 있다(448조).

(2) 이심의 효력

이심의 효력은 원법원의 소송계속이 소멸되고, 이에 대신하여 상소법원에 있어서 소송계속이 발생하는 것을 말한다. 즉 상소가 제기되면 그 소송사건이 원법원을 떠나 상소법원에 계속되고, 양 당사자와 상소심 사이에 상소법률관계가 성립하고 그 내용인 여러 가지의 권리의무가 발생한다.

14-11

(3) 상소불가분의 원칙

(가) 의 의 상소의 제기에 의한 확정차단의 효력 및 이심의 효력은 상소인의 불복신청의 범위에도 불구하고 원재판의 전부에 대하여 불가분적으로 발생한다. 이를 상소불가분의 원칙이라고 한다. 가령 원고의 1,000만원의 대여금반환청구 전부를 인용하는 판결에 대하여 피고가 700만원에 대하여만 취소를 구하는 경우와 같이 그 일부만에 대하여 불복신청이 있더라도 1,000만원 재판 전체(즉 청구 전부)에 대하여 확정차단의 효력 및 이심의 효력이 발생한다. 또한 소의 객관적 병합에 대한 판결과 같이 1개의 재판 가운데에 여럿의 청구에 대한 판단이 포함된 경우에 상소인의 불복신청이 그 일부에 관계되는 경우라도 상소의 효력은 그 재판 전체에 발생한다. 가령 단순병합된 매매대금청구와 대여금반환청구가 모두 기각된 경우에 원고가 매매대금청구기각 부분에 대하여만 상소를 하였다고 하

14-12
15-사법시험

---

5) 다만, 판결에 가집행선고가 있으면 그에 따른 집행력은 확정차단효에 의하여 영향을 받지 않는다.

더라도 불복신청의 대상이 되지 않은 대여금반환청구기각 부분도 확정이 차단되고, 상소심에 이심된다. 본소청구와 반소청구에 대하여 1개의 판결을 한 경우에도 마찬가지이다.

(나) 상소불가분의 원칙의 예외

14-13   ① 일부에 대하여만 불복신청을 함에 있어서 나머지 부분에 대하여 불상소의 합의나 상소권·부대상소권의 포기가 있는 경우에는 불복신청이 없는 부분의 판결은 가분적으로 그대로 확정된다.

② 한편, 다수당사자소송 가운데 **통상공동소송**의 규율이 적용되는 것에 대하여는 공동소송인독립의 원칙이 적용되므로(66조) 상소불가분의 원칙이 작동하지 않고, 불복신청의 대상이 된 당사자 사이의 청구에 대하여만 확정차단의 효력 및 이심의 효력이 생긴다(☞13－25). 가령 甲이 통상공동소송인 乙·丙에게 승소한 경우에 乙만이 상소하였다면, 乙의 상소는 甲·丙 사이의 청구에 그 효력을 미치지 않고 그 부분은 그대로 확정된다.

13-법무사시험   ③ 그러나 다수당사자소송 가운데 필수적 공동소송, 예비적·선택적 공동소송, 독립당사자참가에 있어서는 **합일확정의 요청**상 패소한 당사자 가운데 1인의 상소는 패소한 다른 당사자에 대하여도 확정차단 및 이심의 효력이 생긴다는 입장이 일반적이다.6)

(4) 심판의 대상

14-14   상소불가분의 원칙에 의하여 원재판의 전부에 대하여 확정차단의 효력 및 이심의 효력이 생기지만, 그러나 상소심의 현실의 심판의 대상은 **불복신청의 범위에 한정**된다. 따라서 상소심에서의 심판의 대상은 확정차단 및 이심의 효력범위와 일치하지 않을 수 있다. 불복신청하지 않은 부분에 대하여는 당사자가 변론

---

6) 고유필수적 공동소송의 경우에 모두에 대한 관계에서 확정이 차단되고 소송은 전체로서 상소심에 이심된다(대법원 2011. 6. 24. 선고 2011다1323 판결). 따라서 고유필수적 공동소송인 **공유물분할청구의 소**에서 공유물분할 판결은 공유자 전원에 대하여 상소기간이 만료되기 전에는 확정되지 않고, 일부 공유자에 대하여 상소기간이 만료되었다고 하더라도 그 공유자에 대한 판결 부분이 분리·확정되는 것은 아니고(대법원 2017. 9. 21. 선고 2017다233931 판결), 상소심판결의 효력은 상소를 하지 아니한 공동소송인에게 미치므로 상소심으로서는 공동소송인 전원에 대하여 심리·판단하여야 한다(대법원 2003. 12. 12. 선고 2003다44615, 44622 판결). 또한 **주관적·예비적 공동소송**에서 주위적 공동소송인과 예비적 공동소송인 중 어느 한 사람이 상소를 제기하면 다른 공동소송인에 관한 청구 부분도 확정이 차단되고 상소심에 이심되어 심판대상이 되고, 이러한 경우 상소심의 심판대상은 주위적·예비적 공동소송인들 및 상대방 당사자 간 결론의 합일확정 필요성을 고려하여 판단하여야 한다(대법원 2011. 2. 24. 선고 2009다43355 판결).

할 필요가 없고(407조 참조), 처분권주의의 항소심에서의 현출(불이익변경금지의 원칙)에 의하여 법원도 그 부분에 대한 원재판을 바꿀 수 없다(415조). 가령 1,000만원의 지급을 구하였다가 패소하였으나, 원고가 그 가운데 700만원에 대하여만 항소한 경우에, 나머지 300만원 부분을 항소심 법원은 다시 인용할 수 없다.

한편 단순병합의 경우는 이미 설명한 바 있으니(불복신청의 대상이 되지 않은 청구 부분은 실제 현실로 심판의 대상이 되는 것은 아니므로 심판의 대상과 확정차단 및 이심의 효력 범위는 일치하지 않을 수 있다. ☞12 – 12), 여기에서는 예비적 병합, 선택적 병합에 대하여 살펴본다.

◆ **예비적 병합의 경우–주위적 청구가 인용된 때에 피고만이 항소한 경우** ◆ 예를 들어 매도인이 매매를 유효하다고 하여 주위적으로 대금의 지급을 청구하고, 예비적으로 만약 매매가 무효라면 이미 인도한 목적물의 반환을 구한다고 주장하여 소를 제기한 바, 제1심에서 매매의 유효에 기해 주위적 청구를 인용한 경우(병합의 성질상 주위적 청구가 인용되면, 예비적 청구에 대하여 판단할 필요는 없다. 즉 예비적 병합은 주위적 청구의 인용을 해제조건으로서 예비적 청구의 심판을 신청하는 것이므로 주위적 청구인용판결은 그 자체가 전부판결이다)에 제1심 판결에 대하여 피고만이 항소의 이익을 가지므로 피고가 항소한 경우를 살펴보자. 피고가 제1심에서 인용된 주위적 청구에 불복신청을 한 경우에 주위적 청구도 예비적 청구도 함께 확정이 차단되고 이심된다(상소불가분의 원칙). 한편, 항소심 법원이 주위적 청구에 대하여 이유 없다는 결론에 도달하였을 때 주위적 청구에 대한 판결을 취소하여 청구를 기각하더라도 처분권주의와 관련하여 피고의 불복대상은 어디까지나 주위적 청구의 인용 부분이므로 예비적 청구는 심판이 불가능할 것처럼 생각된다(불이익변경금지의 원칙). 그러나 주위적 청구와 예비적 청구 사이의 조건관계로부터 항소심에서 주위적 청구인용판결이 잘못되었다고 인정된다면 당연히(피항소인의 부대항소를 요하지 않고) 예비적 청구가 항소심의 현실적인 심판의 대상이 될 수 있다고 할 것이다. 원래 원고로서는 주위적 청구가 인정되지 않는 경우에 대비하여 예비적 청구를 하는 것이고, 주위적 청구가 인정되지 않는 경우에 예비적 청구에 대하여 심판받기를 바라는 것이기 때문이다. **판례**도 마찬가지이다.[7] 그런데 처분권주의(불이익변경금지의 원칙)와 관련한 위 문제 이외에 또 다른 각도에서 생각할 것은 제1심에서 심판되지 않았던 예비적 청구에 대하여 항소심에서 심판하는 것이 당사자의 심급의 이익을 해치지 않는가 하는 문제이다. **생각건대** 예비적 청구는 이미 제1심에서 심판된 주위적 청구와 밀접한 관련(그 기초인 사실관계의 관련성)을 가지고 있으므로 그 자료의 대부분은 제1심에 나타났다 할 것이고, 따라서 굳이 환송할 필요는 없다고 본다.

---

7) 대법원 2000. 11. 16. 선고 98다22253 전원합의체 판결.

◆ **예비적 병합의 경우−주위적 청구가 기각되고, 예비적 청구가 인용된 때에 피고만이8) 항소한 경우** ◆   항소제기에 의한 이심의 효력은 당연히 사건 전체에 미치지만, 항소심의 심판범위는 불복신청한 범위에 한정된다. 불복신청하고 있지 않은 부분에 대하여 당사자는 변론을 할 수 없고(407조 1항), 항소심 법원도 불복신청이 없는 부분에 대하여 원판결의 판단을 변경할 수가 없으며, 원판결의 변경을 청구하는 부분에 대하여만 심판을 할 수 있다(415조 본문. 불이익변경금지의 원칙). 이와 관련하여 항소심에서 제1심 판결을 유지할 때에는 항소기각의 판결을 하면 되고, 특별한 문제는 생기지 않는다. 그렇지만 항소심이 제1심 판결과 달리 예비적 청구가 이유 없다는 결론에 도달한 경우(바꾸어 말하면 원고의 주위적 청구를 인용할 수 있는 경우)에 대하여는 좀 더 살펴볼 필요가 있다. **통설·판례**(상소필요설)는9) 제1심에서 기각된 주위적 청구에 대하여 원고의 불복신청이 없는 이상, 주위적 청구는 항소심의 심판의 대상이 되지 않는다고 한다. 항소심의 심판대상은 당사자가 불복신청한 범위에 의하여 정하여지는 것이 원칙인데(처분권주의), 주위적 청구를 인용하는 것은 피고에 대하여는 불이익변경금지의 원칙에 어긋나는 것이 되기 때문이다. 원고는 주위적 청구에 대하여 항소심의 심판을 바란다면 부대항소(403조)를 하여야 한다고 한다. 따라서 이러한 입장에서는 예비적 청구가 이유 없다는 결론에 도달한 경우에 원고의 항소도 부대항소도 없다면 항소심에서 예비적 청구 부분만을 취소하고, 그 부분을 기각하는 판결을 하여야 한다(원판결 가운데 예비적 청구에 관한 부분[=피고 패소 부분]을 취소한다. 원고의 예비적 청구[=위 취소 부분]를 기각한다는 판결주문이 된다). 그 결과 원고의 주위적 청구, 예비적 청구 모두 기각되게 된다. 이에 대하여 **반대설**(상소불요설)은 제1심에서 인용된 예비적 청구를 항소심에서 뒤집어 기각을 하여야 할 결론에 이른 경우에는 주위적 청구가 인용될 가능성이 크고, 그렇다면 이러한 경우에 원고에게 부대항소를 하지 않은 자기책임을 엄격하게 하는 것에 문제가 없지 않은가. 양 청구가 표리의 관계에 있는 것을 중시하여 주위적 청구와 예비적 청구를 통일적으로 판단하여 어느 쪽이라도 인정되었으면 하고 소를 제기하는 것이 원고의 의사이고, 이러한 의사가 받아들여져 청구의 예비적 병합이 허용되는 것이다. 따라서 원고는 주위적 청구기각판결에 대하여 형식적인 불복신청을 하지 않았더라도 이미 실질적인 불복을 하고 있는 것이다. 이 실질적 불복에 기하여 주위적 청구도 심판의 대상이 된다고 보아야 한다(제1심 판결 취소, 주위적 청구 인용판결을 할 수 있다).10) 예비적 청구의 인용으로 만족한 원고에 대하여 주위적 청구기각판결에 대한

---

8) 주위적 청구기각판결에 있어서는 원고가, 예비적 청구인용판결에 있어서는 피고가 각각 항소의 이익을 가진다.

9) 대법원 1995. 2. 10. 선고 94다31624 판결 등. 그 결과, 항소심이 심판의 대상이 되지 않은 주위적 청구에 대하여도 제1심과 마찬가지로 원고의 청구를 기각하는 판결을 한 경우, 항소심이 위와 같이 무의미한 판결을 하였다고 하여 원고가 그에 대하여 상고함으로써 주위적 청구 부분이 상고심의 심판대상이 되는 것은 아니다(대법원 1995. 1. 24. 선고 94다29065 판결).

10) 이러한 입장을 **원고의사설**이라고 할 수 있다. 또는 피고로부터의 항소에 대하여 원고가 하는 항소기각의 신청에 예비적 청구가 기각되는 경우에는 제1심 판결의 주위적 청구 기각 부분도 취소하여 그 인용판결을 구한다는 의사(예비적 부대항소)를 포함하는 것으로 해석하는 입장이다 (**예비적 부대항소 간주설**이라고 할 수 있다).

불복신청을 강제하는 것은 타당한 처리라고 할 수 없다고 한다.[11] **생각건대**, 반대설(상소불요설)과 같이 원고가 스스로 항소도 부대항소도 하지 않았는데, 주위적 청구인용판결을 하여야 한다고 하면 피고의 방어권을 침해하는 것이고, 피고의 항소에 있어서 제1심 판결을 피고의 불이익으로 변경하는 것으로 불이익변경금지의 원칙에 어긋나게 되므로 타당하지 않다. 따라서 **통설·판례**의 입장을 따르면서, 다만 구체적인 경우에 생기는 불이익은 항소심이 **석명권**(136조)을 적절하게 행사하여 원고에게 부대항소를 촉구하는 것에 의하여 시정할 것이다. 적극적 석명을 행하는 것에 신중하여야 할 것은 물론이나, 그렇다고 하더라도 사건의 경과에 비추어 전혀 적극적 석명은 할 수 없다고 볼 것은 아니라고 생각한다.

◈ **부진정 예비적 병합–항소심에서의 심판 범위도 병합청구의 성질을 기준으로 결정** ◈   원고가 피고에 대하여 청구원인으로 대여를 주장하며 그 지급을 청구하였다가 제1심 변론 과정에서 이를 주위적 청구로 변경하고, 예비적으로 불법행위(사기)를 원인으로 한 손해배상 청구를 추가한 사안에서 **판례는 병합청구의 성질을 기준으로 병합의 형태를 판단하여야 하고, 항소심에서의 심판 범위도 그러한 병합청구의 성질을 기준으로 결정**하여야 하므로 따라서 실질적으로 선택적 병합 관계에 있는 2청구에 관하여 당사자가 주위적·예비적으로 순위를 붙여 청구하였고, 그에 대하여 제1심 법원이 주위적 청구를 기각하고 예비적 청구만을 인용하는 판결을 선고하여 피고만이 항소를 제기한 경우에도, 항소심으로서는 2청구 모두를 심판의 대상으로 삼아 판단하여야 하고, 피고가 항소의 대상으로 삼은 예비적 청구만을 심판대상으로 삼을 것은 아니라고 보았다.[12] 원고의 부대항소마저도 없기 때문에 원고의 청구가 모두 기각되게 되는 상황을 고려하여 부득이 (혹시 구체적 타당성을 기하고자) 병합청구의 성질에 따라 예비적 병합이 아닌, 선택적 병합으로 보아 청구 모두를 항소심의 심판 대상으로 삼을 수 있도록 하고자 한 것은 아닌가 하는 생각도 든다. **생각건대** 주위적 청구기각, 예비적 청구인용의 제1심 판결에 대하여 피고만이 항소한 특수한 경우는 당사자와의 소통이라는 점에서 법원은 **석명권**을 적절하게 **행사**하여 원고로부터 부대항소 등을 이끌어 내어 그에 따른 필요한 심리를 다하여야 할 것이다.

◈ **선택적 병합의 경우–어느 하나의 청구 인용한 경우** ◈   선택적 병합에 있어서 어느 하나의 청구를 인용하는 판결은 전부판결이므로, 이것에 대하여 피고로부터 항소가 있으면 소송 전부가 항소심에 이심되고, 다른 청구도 항소심의 심판의 대상이 된다.[13] 그 이유는 각 청구는 1개의 청구인용판결을 뒷받침하는 점에서 밀접한 관계가 있기 때문이다. 여기서 가령, 항소심은 제1심에서 받아들인 청구가 이유 없고, 제1심에서 판단

16-변리사시험

24-변호사시험

---

11) 김/강, 735면은 이러한 입장이다.

12) 대법원 2014. 5. 29. 선고 2013다96868 판결.

13) 따라서 항소심이 원고의 청구를 인용할 경우에는 선택적으로 병합된 수개의 청구 중 어느 하나를 임의로 선택하여 심판할 수 있으나, 원고의 청구를 모두 기각할 경우에는 원고의 선택적 청구 전부에 대하여 판단하여야 한다(대법원 2010. 5. 27. 선고 2009다12580 판결).

되지 않은 다른 청구 부분이 이유 있을 때에 피고의 항소를 기각하여서는 안 되며, 제
1심 판결을 취소한 다음, 새로이 청구를 인용하는 주문을 선고하여야 한다는 입장이
판례이나,14) **학설**은 피고의 항소가 이유 없다고 하여 항소를 기각하고, 제1심 판결을
유지하여야 한다는 입장도 만만치 않다.15)

◆ **선택적 병합의 경우–양 청구 모두 기각된 경우** ◆   제1심에서 선택적으로 병합된
여러 개의 청구가 모두 이유 없다고 전부 청구기각판결이 선고되고, 이에 대하여 원고
가 **항소**한 경우에 항소심은 병합된 여러 개 청구 가운데 어느 하나의 청구를 선택하여
심리할 수 있고, 그 결과 그 청구가 이유 있다고 인정될 경우에는 원고의 청구를 전부
기각한 제1심판결을 취소하고, 이유 있다고 인정되는 청구를 인용하는 주문을 선고하
여야 한다.16) 또한 선택적으로 병합된 여러 개의 청구를 모두 기각한 항소심판결에 대
하여 원고가 **상고**한 경우, 상고법원이 선택적 청구 중 어느 하나의 청구에 관한 상고
가 이유 있다고 인정할 때에는 항소심판결을 전부 파기하여야 한다.17)

다만, 원재판의 전부에 대하여 확정차단 및 이심의 효력이 생기므로 상소심
에서 상소인은 불복신청의 범위를 확장하고, 반대로 피상소인은 부대상소를 하는
것에 의하여 상소심에 그 심판을 구할 수 있다(403조, 425조). 한편, 상소인은 상
소불가분을 임의로 제한할 수 없고, 또한 상소의 일부취하도 허용되지 않는다
(☞14 – 37).

◆ **삼성家 상속소송 2라운드** ◆   1심에서 패소한 고(故) 이병철 삼성그룹 창업주의
장남 이맹희씨가 여전히 강한 상속회복청구 의지를 가진 것으로 전해져 1심을 능가할
정도로 치열한 법정공방이 벌어질 전망이다. 이맹희씨 측은 항소 기한 마지막 날에 항
소장을 제출했다. 1심 판결 선고 후 2주가 지나도록 특별한 움직임이 없다가 항소장
제출 마감 시간인 이날 자정까지 불과 몇 시간 남겨두지 않고 전격적으로 항소장을 낸
것이다. 다만, 차녀 이숙희씨와 차남 고(故) 이창희씨 유족 등은 1심과는 달리 항소심
에는 참여하지 않은 것으로 확인됐다(통상공동소송으로 상소불가분의 원칙 작동 않음). 일
단 청구금액을 4조원대에서 100억원 수준으로 크게 낮췄다. 앞으로 다시 **청구취지(불
복신청의 범위)를 확장할 계획**이라고 한다(2013.2.15.자 연합뉴스 기사).

---

14) 대법원 1992. 9. 14. 선고 92다7023 판결; 대법원 2006. 4. 27. 선고 2006다7587, 7594 판
결. 이러한 입장은, 김홍, 923면; 호, 814면.
15) 강, 362면; 이, 709면; 정/유/김, 958면
16) 대법원 1993. 10. 26. 선고 93다6669 판결.
17) 대법원 2017. 10. 26. 선고 2015다42599 판결; 대법원 2024. 7. 25. 선고 2022다233874 판결.

II. 항 소

1. 의 의

항소라 함은 지방법원이나 시군법원의 단독판사 또는 지방법원 합의부가 내린 제1심의 종국판결에 대하여 다시 유리한 판결을 구하기 위하여 그 바로 위의 상급법원에 하는 불복신청, 즉 취소의 요구이다(390조 1항).[18]

14-15

항소장에는 당사자 등의 표시 이외에 제1심 판결의 표시와 그 판결에 대한 항소의 취지를 표시한다(397조 2항). 이것이 항소장의 필수적 기재사항이며, 불복의 범위와 불복의 이유는 임의적 기재사항이고, 성질상 기재되어도 준비서면이 되는 것이다(398조). 항소장에는 제1심 판결의 변경을 구한다는 항소인의 의사가 나타나면 충분하고 항소의 범위나 이유까지 기재되어야 하는 것은 아니다.[19]

그런데 최근 **민사소송법 개정**에 의하여 항소인이 항소기록 접수의 통지를 받은 날부터 **40일 이내**에 항소이유서를 제출하도록 하고, 항소인의 신청이 있는 경우에 1회에 한하여 해당 기간을 1개월 연장할 수 있도록 하였고(402조의2), 직권으로 조사하여야 할 사유가 있거나 항소장에 항소이유가 기재되어 있는 때를 제외하고, 위 제출기간 내에 항소이유서를 제출하지 않은 때에는 항소법원은 결정으로 **항소를 각하**하도록 하고, 위 결정에 대하여는 즉시항고를 할 수 있다는 규정을 신설하였다(402조의3).

항소의 이유는 사실인정의 부당 및 법령위반을 포함한다. 항소이유에 특별히 제한이 없다.[20] 현재 항소이유서의 제출을 강제하고 있지 않다. 항소이유의 무제한성으로부터 나타나는 문제점을 극복하고, 항소심의 심판범위를 명확히 하기 위

---

18) 제1심에서 다투지 않은 피고의 항소를 허용하는 위 390조 1항, 즉 자백간주로 인한 피고 패소 판결을 항소의 대상에서 제외하는 규정을 두지 않은 위 390조 1항이 헌법에 위반되지 않는다(헌법재판소 2015. 7. 30. 선고 2013헌바120 결정).

19) 따라서 항소장 전체의 취지로 보아 제1심 판결의 변경을 구한다는 내용임을 알 수 있는 경우라면, 제1심 또는 항소심 재판장이 항소취지 또는 항소이유를 명확히 하라는 보정명령을 하였는데도 항소인이 이에 불응하였다고 하더라도 이는 재판장의 항소장 각하명령에 관한 399조 2항 또는 402조 2항이 적용될 사유에는 해당하지 아니한다(대법원 2012. 3. 30.자 2011마2508 결정).

20) 그런데 상고이유(☞14-39)와 달리, 항소이유는 체계서의 사항색인에서 찾아볼 수 없을 것이다. 또 체계서에 항소이유가 독립한 항목으로 설명되어 있지 않다. 그 이유는 무엇인가. 항소심은 제1심과 마찬가지로 사실심이라고 불리고, 항소이유는 상고와 같이 법적인 측면으로부터 원심판결을 공격하는 것뿐만 아니라 사실인정에 대하여도 원심판결을 공격할 수 있는 것이어서 결론적으로 항소이유에 제한이 없으므로 그러한 것이다. 물론 상고이유로 규정되어 있는 것도 항소이유로 할 수 있다.

하여 항소이유서의 제출을 강제할 것인가가 앞으로의 과제이다(☞1-37). 제출을 강제하지 않으므로 항소심에 제출하는 첫 번째 서면도 항소이유서가 아니고, 준비서면이라고 부른다.

2. 부대항소

(1) 의 의

14-16   항소심은 그 심판의 범위를 항소의 신청에 의하여 정한다. 피항소인으로서는 스스로 항소를 하지 않는 한, 상대방의 항소에 응소하는 데 그칠 수밖에 없고, 이때에 피항소인은 제1심 판결 이상으로 유리한 판결을 기대할 수가 없다. 그러나 이와 같은 경우에 또는 항소권을 포기하여 독립하여서는 항소를 할 수 없게 된 때라도 상대방이 제기한 항소의 존재를 전제로 하여, 여기에 편승하여 제1심 판결 중 자기에게 불이익한 부분의 변경을 구하는 신청은 할 수 있다. 이것을 부대항소라 한다. 즉, 부대항소란 피항소인이 한 **불복신청**으로 항소심의 심판 범위가 항소인의 불복범위에 한정되지 않도록 함으로써 자기에게 유리하게 제1심 판결을 변경하기 위한 것이다.

가령, 일부인용, 일부기각판결의 경우에 원고 · 피고 양쪽에게 항소의 이익이 있으므로 양쪽이 항소하면 부대항소의 문제는 생기지 않는다. 그러나 상대방이 항소하지 않으리라고 예상하고 스스로 항소하지 않거나 항소를 포기한 「평화적 당사자」가 있는 때에 예상에 반하여 상대방이 항소기간만료 전에 항소한 경우, 이 「평화적 당사자」에 있어서 부대항소가 의미가 있다.

부대항소의 준용에 의한 부대상고(425조), 부대항고(443조)도 있는데, 이를 총칭하여 부대상소라고 한다.

◈ **예** ◈   항소인은 제1심 판결의 소송물 전부가 아닌 그 일부만을 불복의 대상으로 할 수 있다. 예를 들어 1,000만원의 청구에서 700만원 인용, 300만원 기각의 일부인용, 일부기각판결이 내려졌다고 하면 원고는 패소한 300만원의 한도에서 항소할 수 있게 되는데, 당초는 200만원의 한도로 항소하여 두고 항소심의 변론종결시까지 300만원으로 불복의 대상(범위)를 확장할 수 있다. 이렇게 항소인에게 항소심 도중에 심판의 대상을 확장할 수 있게 한다면, 피항소인에게도 심판의 대상을 자기에게 유리한 범위까지 확장하는 것을 인정하는 것이 공평할 것이다. 위 예에서 원고로부터의 항소에 의하여 1,000만원 전부가 항소심에 이심되는데, 항소인의 항소에 의하여 개시된 항소심 절차에 편승하여 피항소인 쪽이 700만원 부분에 대하여 심판대상으로 할 것을 구할 수 있다. 이것이 부대항소이다.

(2) 성 질

만약, 제1심에서 전부승소하여 항소의 이익이 없는 사람도 부대항소를 할 수 있는가. 부대항소의 성질을 **항소로 볼 것인지 여부**에 의하여 부대항소에 있어서도 항소의 이익이 그 적법요건인가가 쟁점이 된다. 부대항소는 상대방의 항소를 전제로 하며, 스스로는 항소심절차를 개시시키지 않은 점에서 항소가 아니라는 근거를 찾을 수 있고, 따라서 일단 **비항소설**에 찬성한다(**통설·판례**).21) 가령, 甲의 乙에 대한 토지임대차계약의 부존재확인청구소송에서의 전부승소한 甲의 판결에 대하여 乙이 항소를 하였는바, 甲이 토지인도시까지의 임대료상당액의 손해금을 구하기 위한 부대항소를 한 경우에 甲은 항소의 이익이 없는데(항소의 이익의 판단에 관한 형식적 불복설), 부대항소의 성질에 관한 비항소설에 의하면 항소의 이익이 필요하지 않으므로 전부승소한 甲도 적법하게 부대항소를 하여 손해금의 지급에 대한 심판을 신청(항소심에서도 청구취지를 확장·변경 또는 반소의 제기를 부대항소의 형식으로)할 수 있다. 한편, 부대항소의 성질을 항소라고 보는 항소설에서는 제1심에서 전부승소한 사람이 항소심에서 청구를 확장·변경(또는 반소의 제기)하기 위하여 부대항소를 하는 것은 항소의 이익이 없어서 허용될 수 없다는 결론이 된다.

(3) 요 건

우선 적법한 항소가 존재하여야 한다. 그리고 부대항소를 할 수 있는 기간은 **항소심 변론이 종결될 때까지**이다(403조). 즉, 부대항소는 항소권이 소멸된 뒤에도, 가령 피항소인 스스로의 항소기간을 도과한 때 또는 자기의 항소권을 포기한 뒤에도 항소심 변론이 종결될 때까지 할 수 있다.

스스로 한 항소를 취하한 당사자도 상대방으로부터의 항소가 있는 한 부대항소를 할 수 있다. 다만, 부대항소권 자체도 포기한 때에는 그러하지 않다.

(4) 방 식

방식은 항소에 관한 규정을 적용한다(405조). 그리하여 부대항소의 취지가 기재된 '부대항소장'을 제출하는 방식으로 하여야 함이 원칙인데(397조 2항 참조), 나아가 **판례**는 피항소인이 단순히 항소기각을 구하는 방어적 신청에 그치지 않

---

21) 대법원 1992. 12. 28. 선고 91다43015 판결; 대법원 1995. 6. 30. 선고 94다58261 판결.

고 제1심 판결보다 자신에게 유리한 판결을 구하는 적극적·공격적 신청의 의미가 객관적으로 명백히 기재된 서면을 제출한 경우에는 비록 그 서면에 '부대항소장'이나 '부대항소취지'라는 표현이 사용되지 않았더라도 이를 부대항소로 볼 수 있다고 한다.22)

부대항소장은 항소기록이 항소법원에 송부되기 전에는 제1심법원에 제출하면 되나(397조 1항 참조), 이미 항소심에서 심리되고 있는 상태라면 항소법원에 제출할 수 있다.

부대항소를 할 수 있는 범위는 항소인이 주된 항소에 의하여 불복을 제기한 범위에 의하여 제한을 받지 않는다.23)

그리고 항소와 마찬가지로 부대항소에 있어서도 그 취하가 인정되는데, 그 취하에 대하여 상대방의 동의는 필요하지 않다. 또한 일단 부대항소를 하고 이를 취하한 뒤에도 다시 부대항소를 할 수 있다고 할 것이다.

◆ **부대항소의 종속성·독립부대항소** ◆ 부대항소는 상대방의 항소에 의존하는 것이고, 그 자체가 항소로서의 이심의 효과 등을 가지는 것은 아니므로 주된 항소가 취하되거나 부적법한 것으로 각하된 때에는 그 효력을 잃는다(404조 본문).24) 이를 「**부대항소의 종속성**」이라고 한다. 다만, 항소기간 이내에 한 부대항소는 독립한 항소로 본다

---

22) 대법원 2022. 10. 14. 선고 2022다252387 판결(상대방인 항소인에게 공격방어의 기회 등 절차적 권리가 보장된 경우이다. 그리고 이는 피항소인이 항소기간이 지난 뒤에 실질적으로 제1심 판결 중 자신이 패소한 부분에 대하여 불복하는 취지의 내용이 담긴 항소장을 제출한 경우라고 하여 달리 볼 것은 아니다). 관련하여, 피고가 원심에 이르러 비로소 제출한 답변서에서 원고 청구의 전부 기각을 구하면서 제1심판결 중 원고 승소 부분에까지 영향을 미치는 항변 사유를 기재하였으나, 답변서 말미에서 항소기각을 구하는 취지도 함께 기재한 점, 피고는 제1심판결을 확인하고서 제1심판결에서 인용된 금액의 액수 자체는 다투지 않고 원고에게 지급한 점 등에 비추어 보면, 원고 일부 패소의 제1심판결에 대하여 원고만 항소한 이 사건에서 석명권을 행사하여 피고에게 제1심판결 중 원고 승소 부분에 대하여 부대항소 제기 의사가 있는지를 확인하고, 부대항소를 제기하는 취지라면 불복신청의 범위를 특정하게 하고 법령에 따른 인지를 붙이도록 한 후 소송절차에서 '부대항소인'으로 취급함으로써 항소심의 심판범위를 명확히 하였어야 한다는 대법원 2022. 12. 29. 선고 2022다263462 판결도 참고할 가치가 있다.

23) 피고의 반소인 이혼과 위자료 및 재산분할 청구 일부가 인용되고 원고의 본소인 이혼 및 위자료 청구가 모두 기각되었는데, 이에 대하여 원고는 본소 청구 중 위자료 부분에 대하여는 항소를 제기하지 아니하였다고 하더라도 피고가 부대항소로서 반소 청구 중 제1심에서 기각된 위자료 부분의 지급을 구하는 데 법률상 지장이 없다(대법원 1999. 11. 26. 선고 99므1596, 1602 판결; 대법원 2003. 9. 26. 선고 2001다68914 판결도 같은 취지).

24) 항소인은 피항소인이 부대항소를 제기하였는지 여부에 관계 없이 항소를 취하할 수 있고, 그 때문에 피항소인이 부대항소의 이익을 잃게 되어도 이는 그 이익이 본래 상대방의 항소에 의존한 은혜적인 것으로 주된 항소의 취하에 따라 소멸되는 것이어서 어쩔 수 없다 할 것이므로, 이미 부대항소가 제기되어 있다 하더라도 주된 항소의 취하는 그대로 유효하다(대법원 1995. 3. 10. 선고 94다51543 판결).

(동조 단서). 이를 **독립부대항소**라고 하는데, 그러나 독립부대항소라도 항소가 취하·각하된 뒤에는 그 자체가 항소의 이익을 갖추어야 한다.

(5) 불이익변경금지의 원칙의 배제

부대항소의 효력과 관련, 불이익변경금지의 원칙을 깨뜨리는 경우는 후술한다(☞14－31).

3. 항소장의 심사

항소장이 제1심 법원에 제출되면 우선 원심재판장등이 항소장을 심사하고(399조), 항소기록이 항소법원에 송부된(400조) 뒤에, 항소심재판장등이 다시 항소장을 심사한다(402조). 항소심재판장에 앞서서 원심재판장에게 항소장심사권을 부여한 이유는 항소장의 **원심제출주의**와 일관하려는 것으로 부적식의 항소장을 사전에 심사하여 항소심의 부담을 경감시키고 상소권의 남용을 막으려는 점에 있다고 할 것이다. 항소장이 부적식한 경우에 재판장은 항소인에게 상당한 기간을 정하여 그 기간 이내에 흠을 보정하도록 명하여야 하고, 법원사무관등으로 하여금 위 보정명령을 하게 할 수 있다. 항소장의 심사에 있어서 항소장보정명령, 항소장각하명령, 항소장각하명령에 대한 즉시항고는 소장의 그것에 준하여 생각하면 된다(☞1－11, 1－12, 1－13).[25] 그리고 항소장의 부본을 송달할 수 없는 경우에는 항소심재판장이 보정명령, 각하명령을 한다.

14-17
10-변리사시험

◆ **402조 1, 2항에 따른 항소장각하명령에 관한 판례를 변경할 것인지 여부가 문제된 사건** ◆　항소장 부본을 피항소인에게 송달하려 하였으나 수취인불명을 이유로 항

---

25) 인지를 보정하라는 보정명령을 받고서도 그 기간 이내에 흠을 보정하지 아니한 채 원심재판장에 의하여 항소장각하명령이 내려졌다면, (판결과 같이 선고가 필요하지 않은 결정이나 명령과 같은 재판은) 그 원본이 법원사무관등에게 교부되었을 때 성립한 것으로 보아야 하므로, 이미 각하명령이 성립한 이상 위 각하명령이 고지되기 전에 흠결을 보정한 경우는 물론, 위 각하명령에 대하여 즉시항고를 하고 그 흠결을 보정하였을 경우라도 이를 경정하거나 재도의 고안 또는 항고심의 결정에 의하여 취소할 수 없다(대법원 1968. 7. 29.자 68사49 전원합의체 결정; 대법원 1991. 1. 16.자 90마878 결정). 항소를 한 원고에게 인지 보정명령을 발령하였음에도 원고가 인지를 보정하지 않자, 제1심법원은 원고의 항소장을 각하하였고, 이에 대하여 원고가 즉시항고를 하면서(399조 1항, 2항) 인지 보정을 완료하였다고 소명하자, 제1심법원은 즉시항고가 이유 있다고 인정하여 위 항소장 각하명령을 **취소**하는 결정을 하였는데(446조의 재도의 고안), 이에 피고는 위 항소장 각하명령 취소결정(경정재판)에 대하여 대법원에의 특별항고가 아닌(449조), **즉시항고**를 할 수 있다. 불이익을 받는 상대방 당사자는 위 경정재판에 대하여 다시 즉시항고로 불복할 수 있다고 보아야 하기 때문이다(대법원 2023. 7. 14.자 2023그585, 586 결정).

소장 부본이 송달불능된 경우에 항소심재판장은 402조 1, 2항에 따라 상당한 기간을 정하여 주소보정명령을 하여야 하고 항소인이 이를 이행하지 아니한 때 항소심재판장이 **항소장각하명령**을 하여야 한다는 기존 **판례**의 입장은 타당하므로 그대로 **유지되어야** 한다고 **최근 전원합의체 판결**에서 이를 재확인하였다.[26] 이러한 다수의견에 대하여, 항소장 부본의 송달불능은 소송계속 중 소송서류가 송달불능된 것에 불과한 점, 항소인이 항소장 부본의 송달불능을 초래한 것이 아닌데도 그 송달불능으로 인한 불이익을 오로지 항소인에게만 돌리는 것은 부당한 점, 소장각하명령과 항소장각하명령은 본질적으로 다른 재판이므로 소장 부본이 송달불능된 경우 주소보정명령을 하고 그 불응 시 소장각하명령에 관한 법리를 항소장 부본이 송달불능된 경우에 그대로 적용할 수 없는 점 등을 이유로 402조 1, 2항에 근거하여 항소인에게 주소보정명령을 하거나 그 불이행 시 항소장각하명령을 하는 것은 허용될 수 없다고 보아야 하므로 기존 판례는 변경되어야 한다는 **반대의견**이 있다.

가령, 소장이 피고에게 송달되었다면 이제 소장의 각하는 할 수 없고, 판결로 소를 각하하여야 하는데, 마찬가지로 항소심재판장의 항소장각하명령은 항소장 송달 전까지만 할 수 있으므로 항소장이 피항소인에게 송달되어 항소심 법원과 당사자 사이의 소송관계가 성립하면 항소심재판장은 더 이상 단독으로 항소장각하명령을 할 수 없다.[27]

4. 항소심의 심리

14-18　　항소심은 ① 항소제기가 적식이고, 항소기간이 지켜졌는가(이 부분은 전술 재판장의 항소장 심사 관련), ② 항소가 적법한가, ③ 불복신청이 이유가 있는가 등의 순서로 심리한다.

(1) 항소심의 구조

14-19　　항소심에서도 원칙적으로 새로운 사실이나 증거를 제출할 수가 있다. 제1심

---

26) 대법원 2021. 4. 22.자 2017마6438 전원합의체 결정.

27) 독립당사자참가소송은 동일한 권리관계에 관하여 원고, 피고, 참가인 사이의 다툼을 하나의 소송절차로 한꺼번에 모순 없이 해결하는 소송형태이므로, 위 세 당사자들에 대해서는 하나의 종국판결을 선고하여 합일적으로 확정될 결론을 내려야 하고, 이러한 본안판결에 대해 일방이 항소한 경우 제1심 판결 전체의 확정이 차단되고 사건 전부에 관하여 이심의 효력이 생긴다. 이처럼 항소심재판장이 단독으로 하는 항소장 각하명령에는 시기적 한계가 있고 독립당사자참가소송의 세 당사자들에 대하여는 합일적으로 확정될 결론을 내려야 하므로, 독립당사자참가소송의 제1심 본안판결에 대해 일방이 항소하고 피항소인 중 1명에게 항소장이 적법하게 송달되어 항소심 법원과 당사자들 사이의 소송관계가 일부라도 성립한 것으로 볼 수 있다면, 항소심재판장은 더 이상 단독으로 항소장 각하명령을 할 수 없다(대법원 2020. 1. 30.자 2019마5599, 5600 결정).

에서 이미 제출된 재판자료와 항소심에서 새롭게 제출된 재판자료가 항소심 판결의 기초가 된다. 이 의미에서 항소심의 구조는 **속심**(續審)이다.28)

(2) 심리의 대상

(가) 항소심의 심리에 있어서 우선 심리의 대상이 항소심에 이심되어 있을 것이 필요하다. 제1심 판결에 대한 항소의 제기가 있으면, 제1심 판결은 확정이 차단되고(498조) 항소심에 이심되어 다시 심리된다. 다만, 제1심 판결에 불복신청이 없었던 부분에 대하여도 이심의 효력은 생기는데, 이를 **항소불가분의 원칙**이라고 한다.

14-20

(나) 나아가 심리의 대상에 대하여 불복이 신청되어 있을 것이 필요하다. 항소심의 심리는 처분권주의에 의하여 당사자가 항소로 주장한 **불복신청**의 범위에 **한정**된다(407조). 불복신청은 항소라는 수단 이외에 부대항소라는 수단에 의해서도 가능하다. 항소인은 항소심의 변론종결시까지 불복의 신청을 확장하여 애초에 불복을 신청하지 않았던 부분을 항소심의 심판대상에 포함할 수 있다. 또한 피항소인은 항소인 승소의 부분(항소인으로서는 항소의 이익이 없는 부분)에 대하여 부대항소에 의하여(403조) 불복신청을 할 수 있다. 불이익변경금지의 원칙에 의하여 당사자의 불복신청의 한도를 넘어서 제1심 판결을 불이익 또는 이익으로 변경할 수 없다(415조).

13-사법시험
15-사법시험
16-변리사시험

(3) 항소심의 변론

(가) **제1심 절차의 준용** 항소심 절차에 대하여는 일반적으로 제1심 절차에 관한 규정을 준용한다(408조). 변론에 있어서 항소인은 우선 원판결에 대한 불복의 범위, 즉 제1심 판결의 변경을 구하는 한도를 명확하게 진술하여야 한다. 다만, 그 범위는 변론의 종결까지 변경할 수 있다. 피항소인은 항소의 각하 또는 기각을 신청하거나 또는 새로이 부대항소를 할 수 있다. 또한 항소심에 있어서 소의 변경이나 반소의 제기와 같은 새로운 청구의 추가도 가능하다.

14-21

(나) **변론의 갱신** 항소심의 구조에 대하여는 속심제라고 보고 있다. 제1

---

28) 항소심의 구조에 대하여 **복심제**(제1심과는 전혀 별개로 항소심에서 다시 심판을 하는 제도), **사후심제**(제1심에서 제출한 자료만을 기초로 제1심 판결의 내용을 사후적으로 심사하는 제도), **속심제**(제1심의 자료에 항소심에서 제출된 새로운 자료를 더하여 제1심 판결의 당부를 심사하는 제도) 등의 형태가 있으나, 우리 민사소송법은 기본적으로 **사후심제가 아닌 속심제**를 채택하고 있는 만큼 항소법원이 제1심판결을 취소하는 경우 반드시 사건을 제1심법원에 **환송하여야 하는 것은 아니다**(대법원 2013. 8. 23. 선고 2013다28971 판결).

14-22　심에서 일단 종결하였던 변론을 재개하여 속행하는 것이 된다. 변론은 제1심 절차의 속행이므로 당사자는 제1심 판결의 사실에 기하여 제1심에 있어서의 변론의 결과를 진술하여야 한다(407조 2항). 이를 변론의 갱신이라고 한다. 제1심에 있어서의 소송행위는 그대로 항소심에서도 효력을 보유한다(409조). 가령, 제1심에서의 재판상 자백의 구속력도 그대로 유지된다.

14-23　　**(다) 변론의 갱신권**　또한 당사자는 항소심의 변론종결시까지 종전의 주장을 보충·정정하고, 더 나아가 제1심에서 제출하지 않은 새로운 공격방어방법을 제출할 수 있다(408조, 146조). 이를 변론의 갱신권이라고 한다(위 변론의 갱신과 구별). 다만, 항소심에서 제출한 새로운 공격방어방법이라도 시기에 뒤늦은 것이면 각하되고(408조, 149조), 시기에 뒤늦었는지 여부는 항소심은 속심이므로 제1·2심을 통하여 판단한다.

5. 항소심의 종국판결

14-24　항소심에서도 중간판결 그 밖의 중간적 재판을 할 수 있지만, 항소 또는 부대항소에 의한 불복신청에 대하여는 종국판결에서 완결하여야 한다. 한편, 항소장의 심사단계에서 항소장이 부적식인 때, 항소기간을 넘긴 것이 분명한 때 등에는 재판장은 명령으로 항소장을 각하한다(399조 2항, 402조 2항).

(1) 항소각하판결

14-25　항소법원이 본안에 대하여 심판하기 위하여 항소가 갖추어야 할 요건, 즉 항소가 적법하기 위한 항소요건으로 ① 불복하는 판결이 항소할 수 있는 판결일 것, ② 항소제기가 적식이고, 항소기간이 지켜졌을 것, ③ 불복의 이익(항소의 이익)이 있을 것(적극적 요건), ④ 항소권의 포기가 없을 것, ⑤ 불항소의 합의가 없을 것(위 ④, ⑤는 소극적 요건으로 처분권주의에 근거) 등과 그 밖에 항소시에 소송능력, 대리권이 존재할 것 등과 같이 소송요건에 해당하는 요건 등을 갖추어야 하는데, 이러한 요건 가운데 어느 하나를 갖추지 못하여 항소가 부적법한 때에는 항소법원은 판결로 항소를 각하한다. 그 흠을 보정할 수 없는 경우에는 변론 없이 항소를 각하할 수 있다(413조). 다만 위 ②의 항소기간이 도과한 경우에 그 항소는 부적법하지만, 항소각하판결이 아니라 항소장을 명령으로 각하하여야 한다(399조 2항, 402조 2항).

(2) 항소기각판결

원판결이 정당하다고 인정되는 경우(414조 1항)는 물론, 그 이유가 부당하더라도 항소심의 변론종결 당시의 상황에서 판단하여 결론적으로 원판결의 주문과 일치하여 그 판결이 정당하다고 인정되면 역시 항소를 기각한다(동조 2항). 가령 변제를 이유로 한 청구기각판결에 대하여 변제가 아닌, 소멸시효를 이유로 하여 항소기각판결을 하는 것은 무방하다. 원판결의 결론이라고 할 수 있는 주문에 포함된 것에 한하여 기판력이 있으며, 판결이유 중의 판단에 있어서는 기판력에 영향이 없기 때문이다(216조 1항).29)

14-26
24-변호사시험

항소기각의 판결이 확정되면 제1심 판결도 확정되게 되는데, 이행판결의 경우에 집행권원이 되는 것은 제1심 판결이다. 다만, 그 기판력의 표준시는 항소심 변론종결시이다.

(3) 항소인용판결

(가) 원판결의 취소　원판결이 **내용상 부당**한 때에는 이를 취소하여야 한다(416조). 또한 원판결의 **절차가 법률에 어긋나** 그 존립 자체에 의심이 있는 경우에도 이를 취소하여야 한다(417조).

14-27

(나) 자 판　원판결을 취소하면 소에 대한 완결된 법원의 응답이 없게 되므로 이에 대하여 항소법원이 무엇인가 조치를 강구하여야 하는데, 항소심은 사실심인 관계상 항소법원이 스스로 제1심에 대신하여 소에 대하여 재판하게 되는 자판(自判)이 원칙이다. 가령 원고의 청구를 인용한 제1심 판결에 대하여, 항소법원은「제1심 판결을 취소한다」다음에「원고의 청구를 기각한다」와 같이 재판한다. 한편, 가령 판결이 선고되기까지 피고가 원고의 청구를 다투는 취지의 답변서를 제출한 경우에는 무변론판결을 할 수 없으므로(257조 1항) 피고의 답변서 제출을 간과한 채 선고한 제1심의 무변론판결을 취소한 경우에, 사건을 제1심에 환송하지 않고, 항소심이 자판하더라도 무방하다(심급의 이익이 침해되었다고 볼 수 없다).30)

14-28

---

29) 그런데 상계항변에 대한 판결이유 중의 판단에는 기판력이 생기기 때문에 특별한 고려가 필요하다. 가령 제1심에서 원고의 소구채권 자체를 인정하지 아니하여 청구를 기각하였는데, 항소심에서는 소구채권은 인정하면서도 상계항변을 받아들인 결과 원고의 청구를 기각한 원심판결은 216조 2항에 따라 기판력의 범위를 서로 달리하므로 항소심은 그 결론이 같다고 하여 원고의 **항소를 기각할 것이 아니라** 제1심 판결을 취소하고 다시 원고의 **청구를 기각하는 판결을 하여야** 한다(대법원 2013. 11. 14. 선고 2013다46023 판결).

30) 위 제1심 판결의 절차는 법률에 어긋난 경우에 해당한다. 항소법원은 417조에 의하여 제1심

14-29   **(다) 환 송**   그런데 가령, 원판결이 소각하판결이라면 본안에 대하여 제1심의 심리가 전혀 없었던 것이므로 항소법원은 자판할 수 없고, 반드시 사건을 제1심 법원에 환송하여 다시 심리를 하여야 한다(418조 본문). 이를 필수적 환송이라고 한다. 다만, 제1심에서 본안판결을 할 수 있을 정도로 실체심리가 되어서 심급의 이익을 해치지 않는다고 인정되는 경우 또는 당사자의 동의가 있는 경우에는 환송하지 않고 자판할 수 있다(동조 단서).

환송받은 제1심 법원은 항소법원이 취소의 이유로 한 법률상 및 사실상의 판단에 기속된다(법원조직법 8조). 이는 상고법원의 환송판결의 기속력과 마찬가지이다(☞14 – 51).

14-30   **(라) 이 송**   한편, 원판결이 전속관할을 무시한 것이라면 원심에 환송하지 않고 항소법원으로부터 직접 관할 제1심 법원에 이송한다(419조). 그러나 제1심의 임의관할위반은 그 관할위반을 주장하지 못하므로 원판결 취소사유가 되지 않는다(411조).

6. 불이익변경금지의 원칙

(1) 의 의

14-31   항소심은 항소(또는 부대항소)에 대하여 심판한다. 즉 당사자로부터의 불복신청을, 그 신청의 범위에서 심판한다. 제1심 판결의 변경은 불복신청의 한도에서 할 수 있다(415조). 그 결과 불복을 신청하고 있는 범위를 넘어서 재판을 하는 것은 허용되지 않고(＝이익변경금지), 불복을 신청하고 있는 범위 이하로 원판결을 변경하는 것도 허용되지 않는다(＝불이익변경금지). 이는 상소심에 있어서 처분권주의의 발현이라고 설명된다.

24-변호사시험   ◆ **예** ◆   가령 1,000만원을 청구하여 700만원의 일부인용판결을 얻은 원고가 일부패소의 300만원 부분 내의 200만원에 대하여 항소한 경우, 불복신청은 이 200만원이므로 항소심이 원고에게 1,000만원 전부의 청구권이 있다고 판단하여도 200만원을 넘어서 300만원 전부를 인용하는 것으로 판결을 변경하는 것은 불가능하다(이익변경금지). 거꾸로 항소심이 600만원밖에 원고에게 청구권이 없다고 판단하더라도 이 부분은 불복신청의 대상 이하이므로 원판결을 취소하여 원고에게 보다 불리한 600만원의 판결을 하는

판결을 취소하여야 하나, 이 경우에 반드시 사건을 제1심 법원에 환송하여야 하는 것은 아니므로, 사건을 **환송하지 않고 직접 다시 판결할 수 있다**(대법원 2020. 12. 10. 선고 2020다255085 판결).

것은 불가능하고(불이익변경금지), 항소기각으로 700만원의 원판결을 유지할 수 있는 데 머무른다.

불이익변경금지의 원칙에 의하여 항소심은 당사자의 불복신청 범위 내에서 제1심판결의 당부를 판단할 수 있을 뿐이므로, 설령 제1심판결이 부당하다고 인정되는 경우라 하더라도 그 판결을 불복한 당사자의 불이익으로 변경하는 것은 당사자가 신청한 불복의 한도를 넘어 제1심판결의 당부를 판단하는 것이 되어 허용될 수 없다. 항소인은 항소심에서 전면적으로 패배한다고 하여도 항소기각의 판결이 내려질 뿐이고, 원판결 이상으로 불리한 판결을 당하지 않는 것이다. 이러한 보장이 있으므로 안심하고 패소자는 항소가 가능하고, 그 결과로서 잘못된 판결이 시정될 수 있는 기회가 증가하는 것이다. 다만, 피항소인으로부터 항소 또는 부대항소가 제기되면 원판결 가운데 항소인 승소 부분도 불복신청의 범위에 포함되므로 그 경우에는 불이익변경금지의 원칙은 적용되지 않는다.

◈ **부대항소의 경우** ◈   위 1,000만원 청구의 예에서 원고만이 항소하였을 때에 피항소인의 부대항소가 있고 항소심이 정당한 인용액이 600만원이라고 판단한 경우에 불이익변경금지에 저촉되지 않고 제1심 판결 700만원보다 적은 금액인 600만원의 일부인용판결을 할 수 있다. 이렇게 부대항소는 불이익변경금지의 원칙을 깨뜨린다. 물론 피항소인의 부대항소가 없다면, 불이익변경금지의 원칙상 600만원 일부인용판결을 할 수 없다.

(2) 문제되는 경우

(가) 판결이유의 불이익변경   불이익변경금지에 있어서 불이익은 무엇을 기준으로 하는가. 불이익변경금지의 원칙이 처분권주의로부터 뒷받침되는 것에 비추어 본래는 판결의 주문에 관계된다. 불이익은 **기판력**(판결의 효력)을 기준으로 한다. 판결이유 중의 판단에는 기판력이 생기지 않는 한(216조 1항) 불이익변경금지는 작동하지 않는다. 가령, 변제를 이유로 한 청구기각판결에 대하여 변제가 아닌 소멸시효를 이유로 하여 항소기각판결을 하는 것은 지장이 없다. 그런데 가령, **동시이행의 판결**에 있어서는 원고가 피고에게 반대급부를 제공하지 아니하고는 판결에 따른 집행을 할 수 없어 비록 반대급부이행청구에 관하여 기판력이 생기지 않더라도 반대급부의 내용이 원고에게 불리하게 변경된 경우에는 불이

14-32

익변경금지 원칙에 반하게 된다.31)

한편, 판결이유 중의 판단이지만, 상계항변은 216조 2항에 의하여 기판력이 생기므로 특별한 고려가 필요하다.

24-변호사시험
① 피고의 **예비적 상계의 항변을 인용**하여 원고의 청구를 기각한 제1심 판결에 대하여 **원고만이 항소**하고, 피고는 항소도 부대항소도 하지 않은 때에 **항소심이 소구채권의 성립을 부정**하는 경우에, 항소심이 소구채권의 불성립을 이유로 하여 제1심 판결을 취소하고, 원고의 청구를 기각하는 것은 원고로서는 상계에 제공된 반대채권의 소멸이라는 이익을 잃게 되므로 불이익변경금지에 저촉되고, 따라서 항소심은 **항소기각**하는 데 머물러야 한다. 원고의 청구를 기각한 제1심 판결에서는 피고의 반대채권도 소멸되고 있으므로 원고가 불복신청을 한 범위에서 판결을 하는 데에는 제1심 판결의 결론을 유지할 수밖에 없기 때문이다.

② 제1심 판결이 피고의 **예비적 상계의 항변을 인용**하여 원고의 청구를 기각한 때에 **피고만이**(소구채권의 성립을 다투어 상계의 항변의 인용을 불복으로 하는) **항소**하고(피고 승소이더라도 항소의 이익은 있으므로), 원고가 항소도 부대항소도 하지 않은 경우에 있어서 **항소심이 소구채권의 성립을 부정**하는 때에는 제1심 판결을 취소하고, 다시 청구기각의 판결을 하여야 한다(**통설·판례**).32) 상계의 항변에 관한 판단에는 기판력이 생겨서(216조 2항 참조) 결론은 같은 청구기각이지만 기판력의 객관적 범위가 달라지기 때문이다. 한편, 위 경우에 항소심이 (상계항변을 인용한) 제1심과 달리 피고의 **반대채권**(＝자동채권)이 **부존재**한다고 판단하는 경우는 어떠한가. 항소심의 판단내용대로라면 (상계항변을 배척하여) 청구인용이 될 수밖에 없지만, 이는 항소인(＝피고)이 신청한 바가 아니고, 따라서 청구기각을 항소인에게 불이익하게 청구인용으로 변경할 수 없고, 항소를 기각하는 데 머물러야 한다. 즉, 상계에 의한 청구기각의 제1심 판결을 유지하여야 한다.33)

22-변호사시험

15-변리사시험
23-변리사시험
③ 한편, 불이익변경금지의 원칙은 항소심에서 상계에 관한 주장을 인정한 때에는 적용이 없다(415조 단서). 상계항변은 제2심 변론종결시까지 제출할 수 있으므로 제2심에서 비로소 상계의 항변이 이유 있다고 판단될 때에는 제1심 판결 중 원고 승소 부분까지 취소하여 그 청구를 모두 기각할 수 있다. 가령, 대여금청

---

31) 대법원 2005. 8. 19. 선고 2004다8197, 8203 판결; 대법원 2022. 8. 25. 선고 2022다211928 판결.
32) 대법원 2002. 9. 6. 선고 2002다34666 판결.
33) 대법원 1995. 9. 29. 선고 94다18911 판결.

구소송에서 피고가 우선 변제항변을 하고 예비적으로 상계항변을 하였는데, 제1
심은 변제항변만 일부 인정하고 상계항변은 이유 없다고 하여 원고의 청구가 일
부기각된 경우에 피고는 불복하지 아니하고 원고만이 항소하였을 때, 항소심은
변제항변은 이유 없지만 상계항변이 전부 이유 있는 것으로 인정되면, 이 때 항소
심으로서는 비록 원고만이 항소하였어도 제1심 판결을 취소하여 원고의 청구를
기각할 수 있다.

(나) **필수적 환송의 경우에 청구기각이 분명한 때**   소각하의 소송판결에
대하여 원고만이 항소를 제기한바, 항소심이 소송요건은 존재하지만, 오히려 청
구가 이유 없어 청구기각이 분명하다고 판단되는 경우에 법원은 어떻게 하여야
하는가. 418조 단서가 제1심에서 본안판결을 할 수 있을 정도로 심리가 된 경우
또는 당사자의 동의가 있는 경우에는 항소심 법원은 스스로 본안판결을 할 수 있
다고 규정하고 있는 한편, 불이익변경금지의 원칙과 관련하여 소각하의 판결보다
청구기각판결이 항소한 원고에게 불리한 것과 관련하여 문제된다.

상소심에서 소각하의 하급심 판결을 취소하고 청구기각의 판결을 하는 것이
실제적인 결론에 도달하며, 소송경제에도 합치한다고 하며, 본래 불이익변경금지
원칙의 취지가 원판결이 당사자에게 부여한 바를 상소심에서 함부로 박탈하는 것
을 금하는 데 있는바, 하급심에서 원고는 소송요건이 불비되었다고 판단받았을
뿐이며, 아직 실체적인 법적 지위에 대한 아무런 판단을 한 바 없다면, 상소심이
하급심 판결을 취소하고 **청구기각의 판결**을 하더라도 불이익변경금지의 원칙에
어긋나지 않는다는 입장이 **다수설**이다. 그러나 **판례**는 원고만이 상소한 사건에
있어서 소각하의 판결보다도 청구기각의 판결이 원고에게 보다 불리하기 때문에
청구기각의 판결이 허용되지 않고, 원판결을 유지하여야 하므로 **상소기각의 판
결**을 하여야 한다는 입장이다.[34]

(다) **직권조사사항**   가령 일부인용, 일부기각의 제1심 판결에 대하여 원고
가 항소한바, 항소심에서 소송요건의 흠이 인정되는 경우에 항소심은 제1심 판결
을 취소하고, 소각하의 자판을 할 수 있다. 소송요건의 공익성으로부터 일부인용
된 부분도 취소하여 소각하판결이라는 불이익변경을 할 수 있다고 본다(반대입장
도 있다).[35]

14-33
16-사법시험

14-34

---

34) 대법원 1999. 4. 9. 선고 98다46945 판결 등.
35) 대법원 1995. 7. 25. 선고 95다14817 판결(법원이 당사자의 신청과는 관계없이 직권으로 조사

14-35 　　　(라) 예비적·선택적 공동소송　　예비적·선택적 공동소송에 있어서 상소심의 심판범위에 대한 일반원칙에 따르는 한(407조, 415조 참조), 상소하지 않은 청구에 대하여 원래 상소심에서의 심판대상이 되지 않을 것이지만, 두 개의 청구는 한쪽이 인용되는 때에는 다른 쪽은 기각되어야 한다는 표리일체의 관계에 있는 것이어서 그 판결에 대한 합일확정의 요청을 확보하기 위해서는 상소하지 않은 청구에 대하여도 상소심에서 심판대상이 되는 것으로 풀이하여야 한다(☞13-45). 가령 주위적 피고에 대하여 인용판결, 예비적 피고에 대하여 기각판결이 내려진 경우에 주위적 피고가 상소하여 상소심에서 주위적 청구가 기각되고, 오히려 예비적 청구가 인용된다는 사태가 생긴다면, 상소하지 않은 예비적 피고로서는 결과적으로 원판결이 불이익하게 변경되는데, 그 한도에서는 상소심의 일반원칙인 불이익변경금지의 원칙은 합일확정의 요청에 양보하는 것이 된다. 또한 주위적 피고에 대하여 기각판결, 예비적 피고에 대하여 인용판결이 내려진 경우에 예비적 피고만이 상소하더라도 상소하지 않은 원고와 주위적 피고 사이의 청구도 심판대상이 되며, 원고에게 유리하게 원고와 주위적 피고 사이의 청구가 인용판결로 바뀔 수 있다. 이렇게 불이익변경금지의 원칙이 배제된다.

14-36
08-사법시험
21-변호사시험

　　　(마) 독립당사자참가　　독립당사자참가에서 합일확정의 요청을 실현하는 데에 필요한 범위에서 항소하지 않은 패소자의 판결 부분이 변경될 수 있는 경우에 불이익변경금지의 원칙이 수정된다. 다만, 가령 참가신청을 **각하**한 경우에 참가인만이 항소하였는데, 항소를 기각하면서 피고가 항소하지도 않은 원고의 피고에 대한 청구인용의 본소 부분을 취소하고 원고에게 불리하게 변경한 것은 부적법하다. 이 경우는 합일확정의 요청상 필요한 범위가 아니다.36)

　　◆ **예** ◆　　丙이 甲·乙에 대하여 독립당사자참가를 하였는데, 甲 및 丙의 각 청구가 기각되었다. 자기 패소 부분 전부에 대하여 모두 상소를 제기하면 상소심에서도 논리적으로 모순 없는 판결이 내려질 것이다. 그런데 현실적으로 반드시 패소자 모두가 상

───────────

하여야 할 사항에는 그 적용이 없는 것이므로, 항소심이 원고가 불복하지 않은 청구에 대하여도 확인의 이익의 유무를 조사하여 원고의 청구를 각하한 조치는 정당하다). 마찬가지 입장으로는 이, 887면; 정/유/김, 872면. 그러나 강, 759-760면은 위 경우에 불이익변경금지의 원칙이 적용되어 원고의 항소가 이유 없을 때에는 소송요건이 흠결되었다 하더라도 항소기각함이 옳다고 반대한다.

36) 원고승소의 판결에 대하여 참가인만이 상소를 했음에도 상소심에서 원고의 피고에 대한 청구인용 부분을 원고에게 불리하게 변경할 수 있는 것은 **참가인의 참가신청이 적법하고 나아가 합일확정의 요청상 필요한 경우**에 한한다(대법원 2007. 12. 14. 선고 2007다37776, 37783 판결).

소를 제기하는 것은 아니다. 이 경우에 丙이 乙만을 상대로 하여 항소를 제기한 경우에 항소심에서 丙 승소의 결론에 도달한 때에 丙→乙의 청구를 인용하는 이외에 丙→甲의 청구도 인용으로 변경할 수 있는가? 합일확정에 필요한 한도에서 다른 당사자 사이의 관계, 즉 丙→甲, 甲→乙 부분에 대하여도 제1심 판결 부분에 대하여 변경을 가할 수 있다. 따라서 항소심은 丙의 甲에 대한 판결을 청구인용판결로 변경할 수 있다. 세 당사자 사이의 결론의 **합일확정의 요청을 실현하는 데에 필요한 범위에서 불이익변경금지의 원칙은 수정**되어야 하고, 결국 다른 당사자 사이의 판결도 심판의 대상이 되어 변경을 가할 수 있다(다만, 위 각주 32) 부분과 같은 예에서는 그러하지 않은 것에 주의).37)

7. 항소의 취하

항소인에 의한 항소신청의 철회를 항소의 취하라고 한다. 항소의 취하는 법원에 대한 항소인의 의사표시로 소송행위이다. 항소인은 항소심의 종국판결이 있기 전에 항소를 취하할 수 있다(393조 1항). 피항소인의 동의는 필요하지 않다(동조 2항에서 266조 2항을 준용하지 않는다). 그런데 항소의 **일부취하**는 항소불가분의 원칙에 의하여 **무효**이나, 한편 항소의 신청에는 변경을 하지 않은 채 불복신청의 범위만을 **감축**하는 것은(407조 1항) 일부취하가 아니므로 **허용**된다.38) 가령, 객관적 병합에 있어서 행하여진 제1심 판결에 대하여 항소가 제기된 경우에도 항소를 취하하는 때에는 항소의 전부를 취하할 필요가 있고, 그 일부의 취하를 하는 것은 허용되지 않는다. 이 경우에는 항소인으로서는 불복신청의 범위를 병합청구의 일부로 감축하는 신청을 하는 것에 의하여 항소심의 심판의 범위를 그 부분에 제한하는 방식으로 대처할 수 있다(415조 본문).

항소의 취하에 의하여 항소는 **소급**하여 효력을 잃게 되어 항소심 절차는 종료된다(393조 2항, 267조 1항).39) 따라서 제1심 판결이 남게 되고, 항소기간이 만

14-37

18-변리사시험

24-변호사시험

---

37) 이 경우에 불이익변경금지의 원칙과 관련된 문제에 앞서서 우선 사건 전체가 확정이 차단되어 상소심에 이심하는가, 상소를 제기하지 않은 다른 패소자는 상소심에 있어서 어떠한 지위에 있는가, 상소심의 심리·판단의 대상은 무엇인가 등이 문제된다(이에 대하여는 전술 ☞13-74 참조).

38) 원고가 1심에서 3개의 청구에 대하여 청구기각판결을 선고받고 전부 항소하였다가 그 중 2개의 청구에 대하여 항소취지를 감축하는 항소취지변경신청서를 제출한 후 이를 번복하여 위 2개의 청구를 다시 항소취지에 포함시키는 항소취지변경신청서를 제출한 사안에서 **항소의 일부가 취하되는 효력이 발생하는 것이 아니라, 단지 불복의 범위가 감축되었다가 항소심 변론종결 전에 다시 불복의 범위가 확장된 것에 불과한 것**이므로 심리에 나아갔어야 한다고 보았다 (대법원 2017. 1. 12. 선고 2016다241249 판결).

39) 한편, 항소취하의 합의가 있었음이 주장되면 항소심법원은 항소의 이익이 없다고 보아 항소를

료하고 있다면 제1심 판결이 확정되게 된다(한편, 아직 항소기간 내라면 물론 항소를 재차 제기 가능).[40]

한편, 소의 취하는 항소심에서도 할 수 있고, 이 경우에는 소의 제기가 없어지게 되며, 또한 제1심 판결도 없어지게 되는데(다만, 본안판결이 있은 뒤에는 267조 2항의 재소금지가 작동한다), 항소의 취하에서는 제1심 판결이 남는다는 점에서 다르게 된다.

		항소의 취하	소의 취하
공통점		처분권주의의 발현 항소의 취하의 방식에는 소의 취하의 방식을 준용(393조)	
근본적 차이		항소만을 철회	소 그 자체의 철회
요건의 차이	주체	항소인(원고·피고)	
	시간적 한계	항소심의 종국판결이 있을 때까지(393조 1항)	종국판결 확정시까지(266조 1항)
	상대방의 동의	불필요	피고가 준비서면의 제출 등을 한 뒤에는 필요(266조 2항)
효과의 차이		항소는 소급적으로 실효 1심 판결에는 영향 없음	소송계속의 소급적 소멸(267조 1항) 재소금지효(267조 2항)

III. 상 고

1. 의 의

14-38 　　상고는 종국판결에 대한 법률심에의 상소로, 원판결의 당부를 오로지 법령의 준수·적용의 측면에서만 심사할 것을 구하는 불복신청이다. 상고는 원칙적으로 항소심의 종국판결에 대한 상소로 인정된다. 고등법원이 제2심으로서 내린 판결과 지방법원 합의부가 제2심으로 내린 판결이 상고의 대상이다(422조 1항).

각하함이 원칙인데(☞2-165), 항소심에서 청구의 교환적 변경 신청이 있고, 그 시점에 항소취하서가 법원에 제출되지 않은 이상 항소심의 심판대상이었던 제1심 판결이 실효되고 항소심의 심판대상은 새로운 청구로 바뀐다(대법원 2018. 5. 30. 선고 2017다21411 판결).

40) 항소취하는 소의 취하나 항소권의 포기와 달리 제1심 종국판결이 유효하게 존재하므로, 항소기간 경과 후에 항소취하가 있는 경우에는 항소기간 만료시로 소급하여 제1심 판결이 확정되나, 항소기간 경과 전에 항소취하가 있는 경우에는 판결은 확정되지 아니하고 항소기간 내라면 항소인은 다시 항소의 제기를 할 수 있다(대법원 2016. 1. 14. 선고 2015므3455 판결).

◆ **비약상고의 예** ◆ 실무에서 매우 드물지만, 제1심에 대하여 예외적으로 항소심이 생략되고, 직접 상고하는 **비약상고**가 행하여지는 경우가 있다(390조 1항 단서, 422조 2항). 초등학교 교사로 근무하다 퇴직한 김씨는 임용시험에 합격해 재임용되었다. 학교를 그만둘 때 지급받은 명예퇴직수당을 전액 반납하지 않을 경우 합격이 취소된다는 시험공고에 따라 명퇴수당 4,838만원을 반납하였다. 그런데 김씨처럼 재임용된 교사들에 대한 명예퇴직수당 환수조치와 관련한 법적 근거가 없어 전국적으로 논란이 일었다. 문제가 불거지자 정부는 국가공무원법 등을 개정하여 명퇴수당 환수에 관한 규정을 신설하였으나 2002년 7월 이후 재임용된 교사들부터 적용하는 바람에 김씨는 한푼도 되돌려 받지 못하였다. 그러자 김씨는 부당이득반환 청구소송을 냈다. 그는 임용시험을 함께 본 사람 가운데 성적 후순위자들은 뒤늦게 발령받아 일부만을 반납한 반면 성적이 우수하여 임용이 빨랐다는 이유로 전액 반납하게 한 것은 부당하다고 주장하였다. 제1심은 환수처분은 헌법상 평등의 원칙과 행정법상의 일반원리인 비례의 원칙을 위반한 것으로서 위법하고, 위법정도가 중대하고 명백하여 당연무효라며 원고 승소판결을 내렸다. 또 신설된 환수금 산정기준에 따를 경우 퇴직기간이 2~3년인 김씨의 경우 정당한 환수금은 2,903만원이므로 1,935만원을 돌려주라고 하였다. 원·피고 양측은 판결문을 검토한 뒤 **사실관계에 대한 다툼이 없자 항소심을 생략하기로 합의**하였다. 대신 '교육당국의 환수조치가 당연무효 사유인지 여부'에 대한 법률적인 판단을 받기 위하여 대법원에 **비약적 상고**를 하였다(2008. 1. 11.자 법률신문 기사).

상고는 항소와 달리 법률심에의 상소이므로 상고심에서는 스스로 사건의 사실인정을 다시 행하지 않는다. 원판결의 사실인정의 당부를 심사하지 않은 채, 오히려 이에 기속되고(432조), 이를 전제로 법률적인 측면에서 판단을 하여야 하는 사후심적이라고 할 수 있다(☞1-39).

상고 및 상고심절차에는 특별한 규정이 없으면 항소 및 항소심절차에 관한 규정이 준용된다(425조). 그리하여 399조(원심재판장등의 항소장심사권)의 규정이 준용되므로 상고장에 필수적 기재사항을 기재하지 않은 경우와 법률의 규정에 의한 인지를 붙이지 않은 경우에는 원심재판장이 상고인에게 상당한 기간을 정하여 그 기간 내에 흠을 보정할 것을 명하여야 한다. 법원사무관등으로 하여금 위 보정명령을 하게 할 수 있다. 상고인이 흠을 보정하지 않은 때와 상고기간을 넘긴 것이 분명한 때에는 원심재판장은 명령으로 상고장을 각하하여야 한다. 위와 같이 원심재판장등의 항소장심사권에 더하여, 402조(항소심재판장등의 항소장심사권)도 상고장심사에서의 보정명령, 각하명령에 준용된다.

2. 상고이유[41)]

(1) 일반적 상고이유

14-39

15-변리사시험

상고에 있어서 상고인의 원판결에 대한 불복의 주장은 법령(헌법·법률·명령 또는 규칙)의 위반이 있음을 이유로 하여야 한다(423조). 따라서 새로운 사실이나 증거의 제출에 의하여 원판결의 사실인정을 다툴 여지는 없다. 판결이 법령에 위반한다고 하는 것에는 판결 중의 법률판단이 잘못된 경우와 심리과정인 절차에 과오가 있는 경우가 있다. 이를 「일반적 상고이유」라고 한다. 그러나 모든 법령위반이 곧바로 상고이유가 되는 것이 아니라, 그 법령위반이 판결의 결론인 주문의 판단에 영향을 미친 인과관계가 있는 경우에 한한다.

(2) 절대적 상고이유

14-40

일반적 상고이유와 달리 법은 특히 중대한 절차위반을 열거하여 그러한 절차위반이 있으면 원판결에의 영향 유무에 관계없이 당연히 상고이유가 있는 것으로서 규정하여 구체적으로 판결의 결론에 대한 영향을 불문하고 있다. 이를 「절대적 상고이유」라고 한다(424조). 절대적 상고이유는 법률에 따라 판결법원을 구성하지 아니한 때(1호), 법률에 따라 판결에 관여할 수 없는 판사가 판결에 관여한 때(2호. 가령 41조 제척원인이 있는 법관임에도 재판에 관여하여 판결을 내린 경우이다. ☞2-16), 전속관할에 관한 규정에 어긋난 때(3호. 공익성 때문에 절대적 상고이유가 된다. 한편 임의관할위반에 대하여는 411조가 항소심에서 다툴 수 없다고 규정하고 있으므로 이는 상고이유가 될 수 없다), 법정대리권, 소송대리권 또는 대리인이 소송행위에 대한 특별한 권한의 수여에 흠이 있는 때(4호. 당사자의 절차보장과 관련된다. 그리고

---

41) 다만, 소액사건에서는 법률·명령·규칙 또는 처분의 헌법 위반 여부와 명령·규칙 또는 처분의 법률위반 여부에 대한 판단이 부당한 때나 대법원의 판례에 상반되는 판단을 한 때에만 상고를 할 수 있다고 하여 상고이유를 제한하는 특례가 마련되어 있다(소액사건심판법 3조. 통상의 소송사건과 달리 사실상 2심제이다). 그런데 소액사건에서 구체적 사건에 적용할 법령의 해석에 관한 대법원판례가 아직 없고 같은 법령의 해석이 쟁점으로 되어 있는 다수의 소액사건들이 하급심에 계속되어 있을 뿐 아니라 재판부에 따라 엇갈리는 판단을 하는 사례가 나타나고 있는 경우, 소액사건이라는 이유로 대법원이 법령의 해석에 관하여 판단을 하지 아니한 채 사건을 종결한다면 국민생활의 법적 안전성을 해칠 것이 우려된다. 이와 같은 특별한 사정이 있는 경우에는 소액사건에 관하여 상고이유로 할 수 있는 '**대법원의 판례에 상반되는 판단을 한 때**'의 요건을 **갖추지 아니하였다고 하더라도** 법령해석의 통일이라는 대법원의 본질적 기능을 수행하는 차원에서 실체법 해석적용의 잘못에 관하여 판단할 수 있다(대법원 2017. 3. 16. 선고 2015다3570 판결 등).

성명모용소송 등에 유추적용된다),42) 변론을 공개하는 규정에 어긋난 때(5호), 판결의 이유를 밝히지 아니하거나 이유에 모순이 있는 때(6호)이다. 그런데 그 취지로부터 위 사유는 한정열거라고 풀이할 것은 아니므로 필요에 따라서 유추적용이 허용되며, 또한 재심사유도 상소로 주장할 수 있으므로(451조 1항 단서) 절대적 상고이유에 포함되지 않은 재심사유(동조 동항 4호 이하. ☞15-5)도 중대한 절차위반으로서 실질상으로 상고이유가 된다고 풀이할 것이다.

(3) 심리미진

한편, 상고이유가 위와 같음에도 불구하고, 판례는 종종 원심이 법령의 해석을 잘못한 결과, 필요한 사실의 해명이 충분하게 행하여지지 못한 것과 같은 경우에 이유불비 등과 중첩적 또는 선택적으로 심리미진(審理未盡)이라는 이유로 원판결을 파기하고 있다. 상고심의 법률심으로서의 성격상 심리미진이라는 이름으로 사실심의 사실인정에 간섭하는 것은 문제가 있다.

14-41

(4) 경험칙 위반

사실인정에 있어서 법관이 법률상의 제약을 받지 않고 논리와 경험칙에 의하여 자유로운 판단으로 사실의 존부에 대한 확신을 얻는 원칙인 자유심증주의가 결코 법관의 자의(恣意)를 뜻하는 것은 아니므로 통상의 **경험칙에 현저히 반하는** 사실인정의 경우에 상고할 수 있다고 본다. 판례는 경험칙 위반을 423조 소정의 법령위반과 동일시하고 있다.43)

14-42

3. 심리불속행제도

당사자에 의하여 주장된 상고이유가 「상고심절차에 관한 특례법」상의 다음과 같은 사유(심리속행사유)에 해당되지 아니한다고 판단될 때에는 상고법원이 더 나아가 심리를 진행하지 아니하고 상고기각판결을 한다(동법 4조 1항).44)

14-43

---

42) 한편, 본호의 대리권의 흠은 60조 또는 97조의 규정에 따라 적법하게 추인되면 상고이유로 되지 않는다(424조 2항). 추인은 묵시적으로도 할 수 있다. 가령 새로운 소송대리인이 본인을 위하여 변론을 한 이상 종전의 소송대리권 없는 사람이 한 흠 있는 소송행위는 행위시에 소급하여 유효한 것이 된다.

43) 특별한 기능이 없이 농촌일용노동에 종사하는 자의 일실수입 산정의 기초가 되는 월 가동일수는 경험칙상 25일로 추정되므로 매월 22일씩 가동할 수 있음을 경험칙에 의하여 인정한 원심은 월 가동일수에 관한 법리를 오해한 위법이 있고, 이는 판결에 영향을 미쳤음이 명백하다(대법원 1998. 7. 10. 선고 98다4774 판결).

44) 심리불속행제도에 대하여 재판을 받을 국민의 권리를 침해할 우려가 있다는 반론이 있는데, 이

심리속행사유는 원심판결이 헌법에 위반하거나 헌법을 부당하게 해석한 때 (1호), 원심판결이 명령·규칙 또는 처분의 법률위반 여부에 대하여 부당하게 판 단한 때(2호), 원심판결이 법률·명령·규칙 또는 처분에 대하여 대법원판례와 상 반되게 해석한 때(3호), 법률·명령·규칙 또는 처분에 대한 해석에 관하여 대법원 판례가 없거나 대법원판례를 변경할 필요가 있는 때(4호), 위 1호 내지 4호 이외 에 중대한 법령위반에 관한 사항이 있는 때(5호), 이유불비·이유모순을 제외한 민사소송법 424조 소정의 절대적 상고이유가 있는 때(6호)이다.

다만, 상고이유로 주장한 바가 위 6가지 속행사유에 해당하더라도 그 주장 자체로 보아 이유가 없는 때, 원심판결과 관계가 없거나 원심판결에 영향을 미치 지 아니하는 경우에는 더 이상 심리를 속행하지 아니하고 상고기각판결을 한다 (동법 4조 3항).

심리불속행의 사유로 인한 상고기각판결에는 이유를 기재하지 아니할 수 있 고, 이러한 판결은 선고를 요하지 아니하고 **상고인에게 송달**됨으로써 효력이 생 긴다(동법 5조. 일반적 상고심판결이 판결선고와 동시에 확정되는 것과 다름. ☞11-9).

심리속행 등과 달리, 심리불속행의 경우는 판결문 작성 등 심도 있고 어려운 재판과정을 거치지 않으므로 상고인은 이미 납부한 인지액의 2분의 1에 해당하 는 금액을 환급받을 수 있다(민사소송 등 인지법 14조 1항 6호. 위 429조에 해당하여 기각된 경우도 마찬가지).

에 대하여 헌법이 대법원을 최고법원으로 규정하였다고 하여 대법원이 곧바로 모든 사건을 상고 심으로서 관할하여야 한다는 결론이 당연히 도출되는 것은 아니며, "헌법과 법률이 정하는 법관 에 의하여 법률에 의한 재판을 받을 권리"가 사건의 경중을 가리지 않고 모든 사건에 대하여 대 법원을 구성하는 법관에 의한 균등한 재판을 받을 권리를 의미한다거나 또는 상고심 재판을 받 을 권리를 의미하는 것이라고 할 수는 없다고 하여 헌법에 위반되지 않는다고 보았다(헌법재판소 1997. 10. 30. 선고 97헌바37 결정). 그런데 심리불속행제도를 폐지하고, 대법원과 별도인 상고심 법원으로 「상고법원」을 설치하고자 계속하여 추진되었으나, 입법으로 채택되지 못하였다. 한편, **독일**에서는 항소심 법원이 판결을 통하여 허가하거나 또는 상고심 법원이 상고불허가에 대한 불 복을 받아들여 허가한 경우에 한하여 상고를 할 수 있는 상고허가제(Zulassungsrevision)를 채택 하고 있다(ZPO 543조). 사안이 근본적 중요성을 가지거나 법의 형성발전이나 판례통일을 위하 여 필요한 경우에 한하여 상고가 허가된다. 그리고 **일본**은 중요하다고 판단한 사건만을 선택하 여 심리를 행하는 방식인 상고수리제도를 채택하고 있다(재량상고제라고 불린다). 한편, **미국**은 사건기록이송영장(writ of certiorari)에 의하여 상고를 제한한다. 연방대법원은 연방항소법원 또 는 주최고법원의 판결에 대하여 당사자의 불복이 있을 경우에 폭넓은 재량권을 행사하여 그 중 극히 일부에 대해서만 상고를 허가하면서 하급심 법원에 기록을 대법원으로 송부하라는 명령으 로 사건기록이송영장을 발부하여 본안판단을 하고 있다.

◆ **비단 몇 줄이라도 상고기각 이유 달아줘야** ◆ 변호사들은 현행 심리불속행제도
가 개선되지 않으면 변호사에 대한 의뢰인의 신뢰를 훼손시켜 사법제도의 불신으로 변
질 수 있다는 데 목소리를 모았다. 2~3년 공을 들여 승소한 1심판결을 항소심에서 아
무런 증거제출도 없이 파기해 버리고 이에 불복해 상고하더라도 심리불속행으로 기각
돼 버리면 변호사조차 의뢰인을 납득시키지 못하는 결과가 된다면서 결국 심리불속행
이 사법불신을 배가시키는 데 일조하는 것이라고 꼬집었다. 또한 간략하지만 이유라도
달아서 기각해 주면 판결을 받아보는 당사자가 법원을 신뢰할 수 있을 텐데 형식적 문
구로 기각을 해 버리고 나면 당사자는 법원을 더 원망하는 결과가 나오게 된다고 지적
했다. 반환하지 않는 인지대에 대한 지적도 이어졌다. 비싼 인지대를 부담하고 상고하
여 심리도 하지 않고 기각되면 의뢰인 얼굴을 볼 수 없다. 심리불속행하는 경우에는
인지대라도 돌려줘야 한다고 주장했다. 심리불속행으로 처리하고 인지대 환급청구권을
인정하지 않는 것은 국가가 제공한 역무와 균형이 맞지 않는다고 지적했다(이후 결국 2
분의 1의 인지대를 환급하도록 법이 개정되었다). 그리고 1·2심 판단이 달랐던 사건에 대
해서는 최소한 심리를 열어 어느 심급의 판단이 옳은지 설시해 줘야 한다면서 그렇게
하면 최종적 사실심인 항소심에서 원심을 파기하기 위해 보다 더 신중한 판단을 하게
될 것이라고 말했다(2009.7.1.자 법률신문기사).

4. 상고심의 심리

(1) **법률심**이라는 점에서 심리는 서면주의와 구술주의를 반영하여 행하여진다. 14-44

(2) 상고인이 상고장에 상고이유를 함께 적지 않은 때에는 소송기록접수통
지를 받은 날로부터[45] 20일 이내에 상고법원(원심법원이 아님)에 상고이유서를 제
출하여야 한다(427조).[46] **상고이유서**는 서면심리를 위하여 제출하는 것이므로
단지 변론의 준비서면이 아니고, **확정서면**의 성질을 가진다고 할 것이다. 이를
어기어 상고이유서를 제출하지 않은 때에는 직권조사사항이 있는 경우를 제외하
고,[47] 상고법원은 변론 없이 판결로 상고를 기각하여야 한다(429조). 기간이 지난
뒤에 추가로 제출된 상고이유서는 기간 내에 제출된 상고이유서에서 주장된 사항

---

[45] 통지는 법령에 다른 정함이 있다는 등의 특별한 사정이 없는 한 서면 이외에 구술·전화·모사
전송·전자우편·휴대전화 문자전송 그 밖에 적당한 방법으로도 할 수 있고, 통지의 대상자에게
도달됨으로써 효력이 발생한다(대법원 2017. 9. 22.자 2017모1680 결정).

[46] 상고이유서제출기간은 불변기간이 아니므로 추후보완 신청을 할 수 없다(대법원 1981. 1. 28.
자 81사2 결정).

[47] 매매예약완결권의 제척기간이 도과하였는지 여부는 소위 직권조사 사항으로서 이에 대한 당사자
의 주장이 없더라도 법원이 당연히 직권으로 조사하여 재판에 고려하여야 하므로, 상고법원은 매
매예약완결권이 제척기간 도과로 인하여 소멸되었다는 주장이 적법한 상고이유서 제출기간 경과
후에 주장되었다 할지라도 이를 판단하여야 한다(대법원 2000. 10. 13. 선고 99다18725 판결).

을 보충하는 의미만 있을 뿐이고, 새로운 주장이 포함되어 있더라도 이는 적법한 상고이유가 될 수 없다.

상고이유서에는 상고이유를 특정하여 원심판결의 어떤 점이 법령(헌법·법률·명령 또는 규칙)에 어떻게 위반되었는지에 관하여 구체적이고도 명시적인 이유를 밝혀야 하고(민사소송규칙 129조), 절대적 상고이유 가운데 하나의 사유를 상고이유로 삼는 때에는 그 해당하는 조항과 해당하는 사실을 밝혀야 하고(민사소송규칙 130조), 원심판결이 대법원판례와 상반되는 것을 상고이유로 하는 경우에는 그 판례를 구체적으로 밝혀야 한다(민사소송규칙 131조). 그렇지 않으면 상고이유서를 제출하지 않은 것으로 취급할 수밖에 없다(변론 없이 판결로 상고기각. 429조).48)

(3) 상고이유서를 제출받은 상고법원은 바로 그 부본이나 등본을 상대방에게 송달하고, 답변서의 제출기회를 준다(428조). 피상고인은 10일 이내에 답변서를 제출하는 이외에 부대상고를 통하여 원판결에 대하여 자기에게 유리한 변경을 신청할 수 있다. 이 부대상고도 부대항소에 준하여 인정되는 것이다.49)

(4) 상고법원은 상고이유에 따라 불복신청의 한도 안에서 심리한다(431조). 상고심은 원심법원이 적법하게 행한 사실인정에 기속되고(432조), 원판결의 당부를 법률적인 측면에서만 심사하기 때문에 법률심이라고 부른다. 직권조사사항을 제외하고 새로 소송자료의 수집과 사실확정을 할 수 없다.50)

변론을 열지 않아도 무방하다(430조 1항). **임의적 변론**이다. 그런데 소송관계를 명료하게 하기 위하여 필요한 경우에는 특정한 사항에 관하여 **변론을 열어 참고인의 진술을 들을 수 있다**(430조 2항).51) 상고심의 심리에서 치열한 공방이 이루어지거나 특히 이해관계가 첨예하게 대립하고 국가 전체에 큰 영향을 미치는 중요한 사건에 관하여 변론을 열어 전문가의 진술을 청취할 수 있도록 한 것이다. 그리고 미국연방대법원의 법정조언자(Amicus curiae) 제도를 변형하여 변론이 열

---

48) 대법원 2001. 3. 23. 선고 2000다29356, 29363 판결; 대법원 2017. 5. 31. 선고 2017다216981 판결 등.

49) 한편, 부대상고를 제출할 수 있는 시기는 항소심에서의 변론종결시에 대응하는 상고이유서 제출기간 만료시이다(대법원 1995. 11. 14. 선고 94다34449 판결).

50) 사실심에서 변론종결시까지 당사자가 주장하지 아니한 직권조사사항에 해당하는 사항을 상고심에서 비로소 주장하는 경우에 그 직권조사사항에 해당하는 사항은 상고심의 심판범위에 포함된다(대법원 2015. 12. 10. 선고 2012다16063 판결).

51) 2002년 개정 민사소송법에서 신설된 규정인데, 여성도 종중원으로 인정하여 달라는 이른바 '딸들의 반란'사건(대법원 2005. 7. 21. 선고 2002다1178 전원합의체 판결)에서 2003. 12. 28. 처음으로 공개변론을 열어 참고인의 진술을 들은 바 있다.

리지 않는 사건에까지 그리고 참고인의 지정 없이도 국가기관과 지방자치단체 등
은 공익 관련 사항에 관하여 참고인으로서 의견서를 제출할 수 있고, 대법원은
소송관계를 분명하게 하기 위하여 공공단체, 그 밖의 참고인 등에게 의견서를 제
출하게 할 수 있는 **참고인의견서 제출** 제도를 도입하였다(민사소송규칙 134조의2).

한편, 상고심에서도 소의 취하, 청구의 포기·인낙, 소송상의 화해 그리고 상
고의 취하가 허용된다.

5. 상고심의 종결

판결은 상고기록을 받은 날로부터 5월 이내에 선고한다(199조 단서). 이는 훈
시규정이다(이에 위반하여도 소송법상의 효력에는 영향이 없는 종류의 규정으로, 효력규
정과 대칭되는 개념이다).

14-45

◈ **3년 5개월 동안 판결이 선고되지 않았더라도 법관의 위법행위로 볼 수 없어** ◈

대법원이 재판부 교체 등의 이유로 재판이 늦어져 3년 5개월 동안 판결을 선고하지 못
했더라도 위법행위로 볼 수는 없다는 판결이 나왔다. 현대미포조선에서 해고된 뒤 복
직판결을 확정받은 김모씨가 3년 5개월이라는 비정상적인 기간 동안 판결이 선고되지
않아 정신적 피해를 입은 만큼 위자료 3,000만원을 배상하라며 국가를 상대로 낸 손해
배상청구소송 항소심에서 원고패소 판결을 내렸다. 판결은 소가 제기된 날부터 5개월
이내, 항소심 및 상고심은 기록을 받은 날로부터 5개월 이내 선고하도록 규정한 199조
는 훈시규정이라면서 이 기간을 도과해 이뤄진 판결선고가 위법하다고 볼 수 없다고
밝혔다. 김씨는 현대미포조선에서 근무하던 지난 97년 휴일근무업무가 자신에게 편중
돼 있고, 성과급 지급이 늦어지자 회사 측을 비난하는 내용의 유인물을 배포했다가 회
사로부터 '상사명령 불복종, 하극상' 등의 이유로 해고당했다. 김씨는 이에 불복해 지난
2000년 울산지법에 해고무효확인소송을 제기, 1·2심에서 일부승소 판결을 받았다. 그
러나 대법원은 2002년 2월 사건을 접수하고도 3년 5개월이 지난 2005년 7월에야 원고
승소판결을 내린 원심을 확정했다. 사건을 심리하던 대법관이 정년퇴임하는 등 2차례
에 걸쳐 대법관인사로 인한 재판부 변경이 있었기 때문이다. 그러자 김씨는 신속한 재
판을 받을 권리는 당사자가 요청한 권리구제의 실익을 상실하지 않는 합리적인 시간범
위 안에서 법적상태를 확정지을 것을 요구한다고 주장하며 손해배상소송을 냈으나 1심
에서도 패소했다(2008.5.14.자 법률신문 기사).

---

(1) 상고각하판결

상고가 부적법하고 흠을 보정할 수 없는 경우에는 상고는 판결로 각하된다
(425조, 413조).

14-46

(2) 상고기각판결

14-47   불복에 이유가 없는 때에는 물론, 불복이유대로 원판결이 부당하더라도 다른 이유에서 동일한 결론이 도출되는 경우에는 역시 상고가 기각된다(425조, 414조).

(3) 상고인용판결

14-48   **(가) 원판결의 파기환송 등**   상고심의 심판의 대상은 불복신청의 대상인 원판결이 파기(破棄)될 것인지 여부이다. 상고심에 의한 원판결의 취소를 특히 **파기**라고 부른다. 상고심은 상고가 이유 있다고 인정할 때(상고인용)에는 원판결을 파기하여야 한다. 직권조사사항에 관하여 조사한 결과, 원판결이 부당한 때에도 파기이유가 된다. 상고심에서는 사건에 대한 사실인정을 다시 행하지 않으므로 원판결을 파기하는 때에는 항소심에서의 취소·자판의 경우와는 반대로 사건을 사실심으로 **환송**하는 것이 **원칙**이다(판례는 파기환송판결의 성질을 실질적으로 확정된 종국판결이라 할 수 없다고 본다. ☞14-51). 다만, 전속관할의 위반이 있는 경우나 원판결에 관여한 판사는 환송 뒤의 재판에 관여하지 못하는 436조 3항에 따른 제약으로 환송 뒤의 항소심을 구성할 수 없는 경우 등은 동등한 다른 법원에 **이송**하여야 한다(436조 1항).

14-49   **(나) 파기자판**   상고법원이 원판결을 파기하는 경우라도 반드시 사건을 환송하여야 하는 것은 아니다. ① 확정된 사실에 대하여 법령적용이 어긋난다 하여 판결을 파기하는 경우에 사건이 그 사실을 바탕으로 재판하기에 충분한 때, ② 사건이 법원의 권한에 속하지 아니한다 하여 판결을 파기하는 때에는 상고법원은 사건에 대하여 자판(종국판결)을 하여야 한다(437조). 파기자판을 하는 경우에 상고법원은 항소심의 입장에서 재판하게 된다. 가령 중복된 소제기로 소를 부적법 각하한 제1심 판결을 유지한 항소심 판결을 상고법원이 파기할 때에는 항소심 판결 파기 → 제2심의 입장에서 제1심 판결 취소 → 제1심 법원에의 환송으로 처리한다. 자판의 내용은 제1심 판결의 취소와 (소가 부적법하다고 각하한 제1심 판결을 취소하는 경우로) 사건을 제1심 법원에 환송하는 것이다(418조 본문). 이러한 판결은 본래는 원법원이 행하여야 할 것을 소송경제상 이에 갈음하여 상고법원이 행하는 것이다.

6. 파기환송 뒤의 심리

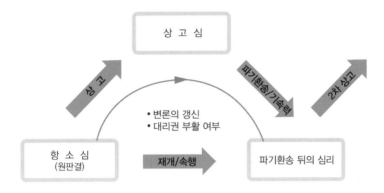

(1) 상고심에 의하여 원판결이 파기되어 환송받은 법원은 그 심급의 소송절 차에 따라 새로 변론을 열어 심리하지 않으면 안 된다(436조 2항). 그런데 이 경우 환송 전 원심의 소송절차는 그것이 파기이유로서 위법이 되지 않는 한, 당연히 효력을 잃는 것은 아니고, 환송 뒤 신구술변론은 환송 전 원심의 구술변론을 재개하여 속행하는 것에 지나지 않는다. 그러나 환송 뒤에는 새로 재판부를 구성하여야 하는 관계로(원심판결에 관여한 판사는 이에 관여할 수 없다. 436조 3항) 반드시 변론의 갱신 절차를 밟아야 하고, 당사자는 종전의 변론결과를 진술하여야 한다 (407조 2항의 유추). 이에 의하여 환송 전 원심의 소송자료와 증거자료가 환송 뒤 변론에 원용되어 새로운 판결의 인정자료로 사용될 수 있다. 그리고 시기에 뒤늦지 않는 한(149조), 새로운 공격방법을 제출할 수 있다. 또한 주장의 변경 내지 자백의 철회도 할 수 있다. 가령 피고만이 상고하여 원판결 중 피고패소 부분이 파기환송된 경우에 환송되는 사건의 심판 범위는 위 패소 부분을 넘을 수 없고 따라서 이 한도를 초과하여 피고에게 불이익한 판결을 할 수 없지만, 한편 환송 뒤의 소송절차에서 원칙적으로 새로운 사실과 증거를 제출할 수 있음은 물론, 소의 변경, 부대항소의 제기 이외에 청구의 확장 등 그 심급에서 허용되는 모든 소송행위를 할 수 있으므로 원고가 청구취지를 확장함으로써 환송 전보다 환송 뒤에 청구금액이 더 많이 인용될 수 있다.52) 한편, 환송 전 먼저 있은 원심 종국판결은 그 효력을 잃고 그 종국판결이 없었던 것과 같은 상태로 돌아가게 된다. 그리하여 가령 환송 후 새로운 종국판결이 있기까지는 항소인은 피항소인이 부대항

14-50

21-변리사시험

52) 대법원 1991. 11. 22. 선고 91다18132 판결.

소를 제기하였는지 여부에 관계 없이 항소를 취하할 수 있다.53)

20-변호사시험
22-법무사시험

(2) 그런데 환송 전 항소심 소송대리인의 대리권이 환송에 의하여 당연히 부활하는가에 대하여는 다툼이 있다. **판례**는 환송 뒤라도 항소심이라고 풀이하여 당연히 부활한다는 **긍정설**이다(따라서 해당 소송대리인에게 한 송달은 당사자에게 한 송달과 마찬가지의 효력이 있다).54) 처음 1차의 항소심 소송대리인은 이미 사실관계에 정통하고 있는 것 및 만약 본인이 그 대리인을 신뢰할 수 없게 되었다면 언제라도 해임할 수 있는 점을 고려하면 통상은 긍정설처럼 생각하여도 무방하다고 본다. 그러나 이에 대하여 **심급대리의 원칙** 하에서 환송판결이 종국판결인 것, 환송된 항소심은 상고심을 거쳤기 때문에 원래의 항소심보다 사실이 복잡하게 될 것, 상고심에서의 소송대리인이 환송 전 항소심 소송대리인과 다른 경우 등은 신뢰관계도 없어지게 되는 것을 이유로 반대하는 **부정설**이 다수설이다. **생각건대** 파기되어 환송된 경우에 있어서 위 긍정설(=당연부활설)은 상당히 위화감을 주는 것은 사실이나, 하여튼 당사자 본인의 수권행위에 대한 해석문제로 보아서 본질적으로는 개개의 해석에 맡겨야 할 것이고, 위와 같은 특별한 사정이 없는 한, 긍정설로서 운용하는 것이 타당하다고 본다.55)

22-법무사시험

(3) 환송 뒤, 심판의 대상이 되는 청구는 원판결 가운데 파기되어 환송된 부분만이다. 따라서 가령 환송 전 원판결 중 소극적 손해에 관한 원고 패소 부분만 파기하고, 원고 승소 부분의 상고는 기각한 경우, 환송 뒤의 심판범위는 소극적 손해에 관한 원고 패소 부분에 한하고, 환송 전 원판결 중 원고 승소 부분은 확정되므로 환송받은 법원은 이에 대하여 심판을 할 수 없다.56)

---

53) 부대항소의 이익은 본래 상대방의 항소에 의존한 은혜적인 것이므로, 이미 부대항소가 제기되어 있다 하더라도 주된 항소의 취하는 그대로 유효하다(대법원 1995. 3. 10. 선고 94다51543 판결).

54) 대법원 1984. 6. 14. 선고 84다카744 판결. 그런데 한편 상고심에서 항소심으로 파기환송된 사건이 다시 상고되었을 경우에는 환송 전의 상고심에서의 소송대리인의 대리권이 그 사건이 다시 상고심에 계속되면서 부활하게 되는 것은 아니라고 할 것이어서, 새로운 상고심은 변호사 보수의 소송비용 산입에 관한 규칙의 적용에 있어서는 환송 전의 상고심과는 별개의 심급으로 보아야 한다(대법원 1996. 4. 4.자 96마148 결정).

55) 환송 전 항소심에서의 소송대리인인 변호사 등의 소송대리권이 부활하므로 환송 전 항소심에서의 소송대리인이 승소판결을 받았더라도 상고심에서 파기환송되어 환송 후 항소심이 계속 중인 때에는 특별한 사정이 없는 한 의뢰인에 대하여 성공보수를 청구할 수 없다. 환송 후 항소심 사건의 소송사무까지 처리하여야만 비로소 위임사무의 종료에 따른 보수를 청구할 수 있게 된다(대법원 2016. 7. 7. 선고 2014다1447 판결).

56) 대법원 1998. 4. 14. 선고 96다2187 판결; 대법원 2013. 2. 28. 선고 2011다31706 판결.

(4) 가령 제1심판결에서 원고의 청구가 인용되었다가 피고의 항소가 받아들여져 원고 패소판결이 선고되었으나, 원고가 상고한 결과 환송 전 원심판결이 파기되어 환송 후 원심에서 제1심판결과 같이 원고의 청구가 인용될 수 있다.[57]

7. 파기환송판결의 기속력

환송 뒤의 심판은 신구술변론에 기한 심판이지만, 그때 상고심이 파기의 이유로 한 사실상(상고심은 사실심이 아니므로 여기에서의 사실상은 가령 소송요건 등의 직권조사사항에 해당하는 사실)과 법률상(가령 법령의 해석·적용)의 판단에 기속된다 (436조 2항 후문, 법원조직법 8조 참조).[58] 이러한 기속력의 존재이유로서는 ① 상고심에 의한 법령해석의 통일을 위한 것 및 ② 사건이 법원 사이를 반복·왕복하는 것을 방지하여 심급제도를 유지하기 위한 것이라고 설명할 수 있다. 기속력의 법적 성질에 대하여는 중간판결설, 기판력설, 특수효력설 등이 있는데, 심급제도의 유지를 위하여 상급심의 판결이 하급심을 구속하는 특수한 효력으로 보는 **특수 효력설**이 타당하다고 생각한다.[59]

14-51

한편, 상고심의 판단은 환송을 받은 환송심뿐만 아니라 환송받은 사건에 대하여 다시 상고가 행하여진 때에 제2차(재) 상고심도 기속하는데,[60] 다만 종전 환송판결이 한 법률상 판단을 변경할 필요가 있다고 인정하는 경우에는 대법원 전원합의체가 그에 기속되지 아니하고 통상적인 법령의 해석적용에 관한 의견의

13-사법시험
22-법무사시험

---

57) 위 경우에 소송촉진 등에 관한 특례법 3조 2항에서 정한 채무자가 그 이행의무의 존재 여부나 범위에 관하여 항쟁하는 것이 타당하다고 인정되는 때는 환송 후 원심판결 선고 시이다(대법원 2024. 6. 27. 선고 2024다219629 판결).

58) 이에는 상고법원이 명시적으로 설시하지 아니하였더라도 파기이유로 한 부분과 논리적·필연적 관계가 있어서 파기이유의 전제로서 당연히 판단하였다고 볼 수 있는 법률상의 판단도 포함된다 (대법원 2012. 3. 29. 선고 2011다106136 판결). 한편, 환송판결의 기속적 판단의 기초가 된 법률 조항을 위헌으로 선언하여 그 법률 조항의 효력이 상실된 때에는 그 범위에서 환송판결의 기속력은 미치지 않는다(대법원 2020. 11. 26. 선고 2019다2049 판결).

59) 다만, **판례**는 대법원의 환송판결은 형식적으로 보면 "확정된 종국판결"에 해당하지만, 소송절차를 최종적으로 종료시키는 판결은 아니며, 또한 법원조직법 8조, 민사소송법 436조 2항 후문의 규정에 의하여 하급심에 대한 **특수한 기속력**은 인정되지만, 원심의 재판을 파기하여 다시 심리판단하여 보라는 종국적 판단을 유보한 재판의 성질상, 직접적으로 기판력이나 실체법상 형성력, 집행력이 생기지 아니한다고 하겠으므로 이는 "**중간판결**"**의 특성**을 갖는 판결로서 "실질적으로 확정된 종국판결"이라 할 수 없다고 본다(대법원 1995. 2. 14. 선고 93재다27, 34 전원합의체 판결).

60) 다만, 이 기속력은 파기판결의 기속력과 구별하여, 판결법원 자신에 대한 자박력(자기구속력)에 속하는 것이라고 생각한다.

변경절차에 따라 이를 변경할 수 있다고 할 것이다.61)

IV. 항　고

1. 의　의

14-52　　항고(Beschwerde)는 결정이나 명령에 대한 독립한 상소인데, 판결에 대한 상소인 항소, 상고와 비교하여(재판의 공정을 위한 양 제도의 목적은 공통) 간이·신속한 불복신청으로 부수적·파생적 사항에 관하여 인정되고 있다. 그러나 결정, 명령의 모든 경우에 허용되는 것은 아니고, 법률이 특별히 인정하는 경우에 한한다. 항고를 인정하게 된 이유는 아래와 같다.

　　① 사건의 본체는 판결절차에 의하여 심판되고, 그 각 심급의 종국판결에 대하여는 항소 또는 상고가 인정되고, 그 전의 중간적 재판도 종국판결과 함께 상급심의 판단을 받는 것이 원칙이다(392조 본문). 이에 대하여 절차의 진행에 부수적으로 관계하는 사항 또는 파생적인 절차사항의 해결을 모두 종국판결과 함께 상급심까지 가지고 올라가면 절차가 오히려 복잡하게 되고, 전제문제 때문에 사건의 심리가 역행하게 되어 절차를 불안정하게 한다. 따라서 사건의 본체와의 관계가 희박하여 이와 단절하여 해결할 수 있는 사항으로, 신속하게 확정하여 절차를 진행시키는 것이 타당한 사항에 대하여는 그 점의 재판에 대하여 독립하여 상소를 인정하여 간이하게 처리하고자 하는 것이 항고를 인정하는 주요한 이유이다.

　　② 한편, 가령 소장각하명령(254조 3항 참조)과 같이 그 절차가 **종국판결에 이르지 않고** 완결한 경우, 소송비용액의 확정결정(110조 3항 참조)과 같이 그 재판이 **종국판결 뒤에** 발생한 경우, 제3자에 대한 문서제출명령(351조, 318조, 311조 8항 참조)과 같이 판결의 명의인이 아닌 **제3자에 대한 재판**의 경우 등은 종국판결에 대한 상소와 함께 다툴 수 없으므로 별도로 상소의 길을 열어줄 필요가 있는 것도 항고의 또 다른 존재이유이다.

> ◆ **형식에 어긋나는 결정 또는 명령** ◆　가령 법원이 그 사항에 대하여 본래 행하여야 할 재판과 다른 종류의 재판을 행한 경우를 형식에 어긋나는 재판이라고 한다. 판결로 재판하여야 할 사항에 대하여 결정(또는 명령)으로 재판을 한 때에는 항고할 수 있다(440조). 판결에 대하여는 항상 상소가 인정되고 있지만, 결정(또는 명령)에 대하여는 항상 독립한 불복신청이 허용된다고는 할 수 없다. 그래서 판결에 의하여 재판하여

---

61) 대법원 2001. 3. 15. 선고 98두15597 전원합의체 판결.

야 할 때에 잘못하여 결정(또는 명령)으로 재판한 경우가 문제되는데, 이러한 형식에 어긋나는 재판에 대하여 항고할 수 있다고 규정한 것이다. 그 취지에는 위 형식에 어긋나는 재판이 당사자의 이익에 중대한 영향을 주기 때문이라는 점이 깔려 있다.

2. 종   류

(1) 통상항고·즉시항고

항고에는 통상항고와 즉시항고가 있다. **통상항고**가 항고기간의 제한이 없고 원재판의 취소를 구하는 이익이 있는 한 언제라도 할 수 있는 것(따라서 이른바 형식적 확정의 문제가 생기지 않는다)에 대하여, **즉시항고**는 신속한 해결의 필요에서 재판이 고지된 날로부터 1주일의 항고기간(불변기간)이 정하여져 있는 것이다(444조). 통상원고가 원칙이고, 즉시항고는 법률이 「즉시항고 할 수 있다」고 명문으로 허용한 경우에 한하여 **예외적으로 허용**된다. 즉시항고의 경우에는 그 집행정지효(447조)에 의하여, 가령 소송비용의 담보제공의 명령에 대하여 즉시항고를 하게 되면(121조), 그 절차 중에는 담보부제공에 의한 불이익(124조)은 생기지 않는다. 반면 통상항고에는 이러한 집행정지효가 인정되지 않으므로 통상항고의 경우에는 항고에 대한 결정이 있을 때까지 별도로 집행정지 등의 처분을 명할 수 있다(448조).

14-53

(2) 최초의 항고·재항고

또한 항고의 종류로 최초의 항고, 재항고가 있는데, **최초의 항고**는 결정·명령에 대하여 처음으로 하는 항고이고, 최초의 항고에 대한 항고법원의 결정과 고등법원 또는 항소법원의 결정 및 명령에 대한 법률심인 대법원에의 항고가 **재항고**이다(442조).[62] 결정·명령에 대해서까지 재항고를 인정하여 3심제를 관철시키고 있는 것에 대하여 입법론상 재검토가 필요하다고 한다.[63] 항고심절차에는 항소

14-54

---

[62] 원심법원의 항고장각하결정은 경락허가결정을 1차적인 처분으로 한 원심법원이 그 경락허가결정의 당부에 관하여 항고법원의 재판을 대신하여 판단하는 2차적인 처분이 아니라, 그 경락허가결정의 당부와는 무관하게 채무자 또는 소유자가 그 경락허가결정에 불복하여 제출한 즉시항고장에 보증의 제공이 있음을 증명하는 서류가 첨부되었는지 여부에 관하여 자기 몫으로 판단하는 1차적인 처분으로서, 그에 대한 불복방법인 위 즉시항고는 성질상 최초의 항고라고 할 것이므로, 항고인이 비록 원심법원의 항고장각하결정에 대하여 불복하면서 제출한 서면에 '재항고장'이라고 기재하였다고 하더라도 이를 그 관할법원인 항고법원으로 이송하여야 한다(대법원 1995. 1. 20.자 94마1961 전원합의체 결정).

[63] 가령 이시윤, 925면.

심절차가 준용되고(443조 1항), 재항고에는 상고의 규정이 준용된다(동조 2항).

(3) 특별항고

한편, 위 일반적 항고에 대하여, **특별항고**라 함은 불복할 수 없는 결정이나 명령에 대하여 **재판에 영향을 미친 헌법위반이 있거나**[64) **재판의 전제가 된 명령 · 규칙 · 처분의 헌법 또는 법률의 위반 여부에 대한 판단이 부당**하다는 것을 이유로 하는 때에만 대법원에 하는 항고이다(449조 1항). 특별항고는 불복할 수 없는 경우에 한하므로 재판확정 뒤의 비상불복방법이고, 통상의 불복방법인 본래의 상소는 아니다. 가령, 제척 또는 기피신청이 이유 있다는 결정(법관 등의 경우 47조 1항, 감정인의 경우 337조 3항)은 명문으로 불복할 수 없다고 규정하고 있으므로 특별항고의 대상이 된다.

3. 절 차

항고할 수 있는 결정 · 명령에 대하여 불복이 있는 사람은 항고장을 **원심법원**에 제출하여 항고를 제기할 수 있다(445조). 항고장이라는 서면의 제출을 하여야 하고, 말로는 항고의 제기를 할 수 없다. 즉시항고 기간은 불변기간이므로 당사자가 책임질 수 없는 사유로 그 기간을 지킬 수 없었던 경우에는 그 사유가 없어진 날부터 2주 이내에 추후보완 항고를 할 수 있다(173조 1항).

한편, 판결과 달리 선고가 필요하지 않은 결정이나 명령과 같은 재판은 당사자에게 고지되어야 효력이 발생하는데(221조 1항), 아직 당사자에게 고지되지 않아 효력이 발생하지는 않았지만 그러한 결정이 있는 사실을 알게 된 당사자가 그 결정이 자기에게 고지되기 전에 항고를 제기할 수 있는지 여부가 문제된 사안에서 **판례**는 이를 적법하다고 보았다.[65)

항고는 원칙적으로 2당사자의 대립을 예상하지 않는 편면적인 불복절차로서 항고인과 이해가 상반되는 사람이 있는 경우라도 판결절차에 있어서와 같이 엄격한 의미의 대립을 인정할 수 있는 것이 아니므로 항고장에 반드시 상대방의 표시가 있어야 하는 것도 아니고, 항고장을 상대방에게 송달하여야 하는 것도 아니다. 그리고 항고심은 결정절차이므로 변론을 열 것인지 여부는 항고법원의 재량에 의

---

64) 결정이나 명령 절차에 있어서 헌법 27조 등에서 규정하고 있는 적법한 절차에 따라 공정한 재판을 받을 권리가 침해된 경우를 포함한다(대법원 2023. 6. 15.자 2023그590 결정).
65) 대법원 2014. 10. 8.자 2014마667 전원합의체 결정.

한다(134조 1항 단서). 변론을 열지 않은 때에는 항고인, 상대방, 이해관계인 그 밖의 참고인을 심문(審問)할 수 있다(동조 2항).

4. 재도의 고안

항고에 **정당한 이유**가 있다고 인정하는 때에는 원심법원은 원재판을 경정(취소)하여야 하는데(446조), 이를 **재도의 고안**(再度의 考案)이라고 한다. 가령, 항소를 한 원고에게 인지 보정명령을 발령하였음에도 인지를 보정하지 않자, 제1심법원은 원고의 항소장을 각하하였고, 이에 대하여 원고가 즉시항고를 하면서(399조) 인지 보정을 완료하였다고 소명하자, 제1심법원은 즉시항고가 이유 있다고 인정하여 위 항소장 각하명령을 취소하는 결정을 한 경우에, 이 경정결정이 재도의 고안이다.66) 항고가 제기된 경우에 원심법원이 그 신청을 심사하는 때에 스스로 재판을 다시 재고할 기회를 주는 것에 의하여 상급심의 절차를 생략하고 간이·신속하게 사건을 처리하여 당사자의 이익을 보호하고자 하는 것이다. 한편, 항고가 이유 없다고 판단되면 원심법원은 사건을 항고법원에 보낸다.

14-57

---

66) 대법원 2023. 7. 14.자 2023그585, 586 결정 참조.

제 2 장

재　심

I. 의　의

15-1
1. 재심의 소(Wideraufnahme des Verfahrens)는 확정된 종국판결에 대하여 확정에 이르기까지 절차의 중대한 흠이나 판결의 기초가 되는 자료에 묵과할 수 없는 흠이 있는 때에 당사자가 그 판결의 취소와 사건의 재심판을 구하는 비상의 불복신청방법이다(451조 1항).

2. 여기서 확정된 종국판결이란 해당 사건에 대한 소송절차를 최종적으로 종결시켜 그것에 흠이 있다고 하더라도 다시 통상의 절차로는 더 이상 다툴 수 없는 기판력이나 형성력, 집행력을 갖는 판결을 뜻하는 것이라고 이해하여야 할 것이다. 본안판결 이외에 소송판결이라도 상관없고, 제1심 판결이든, 최상급심으로 상고심 판결이든 상관없다. 다만, 항소심에서 본안판결을 한 경우에는 동일 사건의 제1심 판결에 대하여 재심의 소를 제기할 수 없다(451조 3항). 이는 항소심의 구조가 속심제이고, 항소심은 제1심에서의 소송자료에 더하여 항소심에서 추가된 자료에 기해 판결을 하므로 제1심 판결에 대하여 독자적으로 재심의 소를 제기할 실익이 없기 때문이다. 그리고 확정된 재심판결도 그 대상이 된다.[1]

3. 한편, **판례**는 대법원의 환송판결은 실질적으로 확정된 종국판결이라 할 수 없고, 따라서 이를 대상으로 하여 제기한 재심의 소는 부적법하다고 본다.[2]

4. 일단 종결했던 사건을 다시 심리하기 때문에 재심사유가 법정되어 있고 (451조 1항 1호부터 11호까지 11가지 사유가 법정되어 있는데, 여기에 열거된 재심사유가

---

[1] 대법원 2015. 12. 23. 선고 2013다17124 판결.
[2] 대법원 1995. 2. 14. 선고 93재다27, 34 전원합의체 판결(☞14-51 각주 부분).

있는 경우에 한하여 재심의 소가 인정된다. 즉 **한정열거**이다), 재심의 제기기간도 제한 되어 있다(456조, 예외는 457조).

5. 그런데 원판결의 **취소**와 본안에 관한 **재심판**이라는 재심의 기본구조와 관련하여 재심의 소에 있어서 **소송물**(심판의 대상)과 그 법적 성질을 어떻게 포착 할 것인가가 문제된다. 확정판결의 취소를 구하는 부분에 대하여는 소송상의 형 성권을 주장하는 형성소송의 성질을 가지지만, 원판결이 취소되는 때에는 종전 소송의 속행으로서의 성질을 가지므로 그 소송물로서는 원판결의 취소를 구하는 소송물과 종전 소송의 소송물의 2가지로 생각할 수 있고, 이 양자가 함께 재심의 소의 소송물이 된다는 입장이 일반적이다(소송상의 형성소송설 = **이원설**).3)

6. 재심의 소도 소장을 제출하여 제기한다. 재심의 소송절차에는 그 성질에 반하지 않는 한, 각 심급의 소송절차에 관한 규정을 준용한다(455조).

◆ **재심의 보충성** ◆　본래 소송은 3심제로 사실심리를 2회, 법률적 관점에서의 심리를 3회 행한 뒤에 해결되는 것으로 되어 있다. 3심제의 보장 하에서 나름대로 심리되었음에 도 불구하고 실질적으로 3심제를 보장하지 않았다고 볼 수 있는 것과 마찬가지의 결과가 되는 경우에 다시 재심판이 인정되고 있는 것이 확정판결에 대한 재심의 소이다. 그런고 로 상소에서 재심사유인 흠을 주장할 수 있었다면, 일부러 재심의 소를 인정할 필요가 없 다. 이것을 분명히 한 것이 451조 1항 단서로, 즉 「당사자가 상소에 의하여 그 사유를 주 장하였거나 이를 알고도 주장하지 아니한 때」에는 재심의 소를 제기할 수 없다.4) 이른바 「재심의 보충성(종속성)」이라고 일컬어지는 것이다. 상소와 재심은 원판결에 대한 불복신 청수단으로서 공통성을 가지며 재심사유가 당연히 상고이유가 되는 것을 전제로 동일한 사유에 대하여 2중으로 주장의 기회를 줄 필요는 없고 또한 스스로 불복신청의 기회를 포기한 사람에 대하여 다시 재심에 의한 구제를 줄 필요는 없다. 가령 판단유탈과 같은 재심사유는 특별한 사정이 없는 한 당사자가 판결정본의 송달에 의하여 이를 알게 되었다 고 봄이 상당하므로 재심대상판결에 대하여 상고를 제기하면서 상고이유에서 판단유탈을 주장한 바가 없었다면 재심의 보충성에 의하여 재심사유로 삼을 수 없다.5)

14-법무사시험

---

3) 이에 대하여 재심의 소를 상소와 유사한 제도로 보아, 재심판되어야 할 본안소송의 소송물만이 재심의 소의 소송물이며(본안소송설), 그 1개의 소송물로 필요충분하고, 한편 재심사유는 재차 본안소송의 소송물에 대하여 재판을 받기 위한 전제조건에 불과하다는 입장이 유력하게 주장되 고 있다(1개소송물설 = **일원설**).

4) '이를 알고도 주장하지 아니한 때'란 상소를 제기하지 않아 판결이 그대로 확정된 경우까지도 포함하는 것이라고 해석하여야 하는데, 공시송달에 의하여 판결이 선고되고 판결정본이 송달되 어 확정된 이후에 추완항소의 방법이 아닌 재심의 방법을 택한 경우에는 **추완상소기간이 도과 하였다 하더라도 재심기간 내에 재심의 소를 제기할 수 있다**(대법원 2011. 12. 22. 선고 2011 다73540 판결).

5) 대법원 2010. 4. 29. 선고 2010다1517 판결.

II. 개개의 재심사유(451조 1항)

1. 법률에 따라 판결법원을 구성하지 아니한 때(1호 ☞절대적 상고이유 1호)

15-2

22-법무사시험

가령, 대법원에서 종전의 판례변경을 하면서 전원합의체에서 하지 않고 대법관 3인 이상으로 구성되는 소부(小部)에서 재판하는 경우가 이에 해당된다.6) 한편, 하급심 법원이 유사 사건의 대법원 판례와 다른 견해를 취하여 재판한 경우는 이에 해당되지 않는다.

2. 법률상 그 재판에 관여할 수 없는 법관이 관여한 때(2호 ☞절대적 상고이유 2호)

15-3

당연히 직무집행에서 배제되어야 하는 제척원인(41조)이 있는 법관이 재판에 관여한 경우가 그 예이다(☞2 - 14).

3. 법정대리권, 소송대리권 또는 대리인이 소송행위를 하는 데에 필요한 권한의 수여에 흠이 있는 때(3호 ☞절대적 상고이유 4호)

15-4

다만, 60조 또는 97조의 추인이 있는 경우에는(☞2 - 58, 4 - 79) 그러하지 아니하다(동호 단서 ☞절대적 상고이유 2항).

가령, 우편집배원의 배달착오로 상고인인 원고(재심원고)가 소송기록접수통지서를 송달받지 못하여 상고이유서 제출기간 이내에 상고이유서를 제출하지 않았다는 이유로 원고의 상고가 기각된 경우는 적법하게 소송에 관여할 수 있는 기회를 부여받지 못하였으므로, 이러한 경우도 필요한 수권의 흠결이 있는 때에 준하여 재심사유에 해당한다.

4. 재판에 관여한 법관이 그 사건에 관하여 직무에 관한 죄를 범한 때(4호)

15-5

가령, 법관이 그 담당사건에 대하여 수뢰죄나 공문서위조죄 등을 범한 경우이다.

---

6) 대법원 1982. 9. 28. 선고 81사9 판결; 대법원 2000. 5. 12. 선고 99재다524 판결.

5. 형사상 처벌을 받을 다른 사람의 행위로 말미암아 자백을 하였거나 판결에 영향을 미칠 공격 또는 방어방법의 제출에 방해를 받은 때(5호)

범죄행위로 인하여 변론권을 침해당한 당사자의 보호를 위한 것이다. 경범죄 　15-6
처벌법위반행위나 행정질서벌은 여기의 형사상 처벌을 받을 행위에 포함되지 않
는다. 그리고 여기서 다른 사람이라 함은 통상은 상대방 또는 제3자를 말하며,
상대방의 법정대리인·소송대리인도 포함되는데, 나아가 **판례**는 당사자의 법정대
리인, 소송대리인도 당사자 본인에서 본다면 다른 사람이라고 풀이한다.7)

6. 판결의 증거가 된 문서, 그 밖의 물건이 위조되거나 변조된 것인 때(6호)

위조문서가 판결주문을 유지하는 근거가 된 사실을 인정하는 자료로서 증거 　15-7
로 채택되어 판결서에 구체적으로 기재되어 있는 경우를 말하고, 가사 법관의 심
증에 영향을 주었을 것이라고 추측되는 자료가 된다 하여도 그것이 증거로 채택
되어 사실인정의 직접적 또는 간접적인 자료가 된 바 없는 것이라면 이에 해당되
지 않는다.

7. 증인, 감정인, 통역인의 거짓 진술 또는 당사자신문에 따른 당사자나 법정대리인의 거짓 진술이 판결의 증거가 된 때(7호)

증인이 직접 재심의 대상이 된 소송사건을 심리하는 법정에서 허위로 진술 　15-8
하고 그 허위진술이 판결주문의 이유가 된 사실인정의 자료가 된 경우를 가리키
는 것이지, 증인이 재심의 대상이 된 소송사건 이외의 다른 민·형사 관련사건에
서 증인으로서 허위진술을 하고 이것이 채용된 경우는 여기에 포함될 수 없다.
판결주문에 영향을 미친다는 것은 만약 그 허위진술이 없었더라면 판결주문이 달
라질 수도 있었을 것이라는 개연성이 있는 경우를 말하고 변경의 확실성을 요구
하는 것은 아니며, 그 경우에 있어서 사실인정의 자료로 제공되었다 함은 그 허
위진술이 직접적인 증거가 된 때뿐만 아니라 대비(對比)증거로 사용되어 간접적
으로 영향을 준 경우도 포함되지만, 허위진술을 제외한 나머지 증거만에 의하여
도 판결주문에 아무런 영향도 미치지 아니하는 경우에는 비록 그 허위진술이 위
증으로 유죄의 확정판결을 받았다고 하더라도 이에 해당되지 않는다.

---

7) 대법원 2012. 6. 14. 선고 2010다86112 판결.

◈ **가별행위의 재심사유** ◈   4호 내지 7호의 가별행위에 대하여는 처벌받을 행위에 대하여 유죄의 판결이나 과태료의 판결이 확정된 때 또는 증거흠결 이외의 이유로 유죄의 확정판결이나 과태료의 확정판결을 할 수 없을 때에 한하여 재심의 소를 제기할 수 있다(451조 2항). 즉 유죄확정판결의 존재 등이 요구되고 있다. 이를 **증거확실의 원칙**(Prinzip der Beweissicherheit)이라고 한다. 재심의 소의 남발을 방지하기 위하여 가별행위의 존재가 객관적으로 분명하게 된 것이 필요하다.[8] 그러면 가별행위 자체와 유죄의 확정판결 등이 합쳐져서 재심사유가 되는가(**합체설**), 아니면 재심사유는 가별행위 자체이고 유죄의 확정판결 등은 그 적법요건(요건부존재는 부적법 각하)에 지나지 않는가(**적법요건설**). **판례**는 적법요건설이다.[9]

8. 판결의 기초가 된 민사나 형사의 판결, 그 밖의 재판 또는 행정처분이 다른 재판이나 행정처분에 따라 변경된 때(8호)

15-9   그 확정판결에 법률적으로 구속력을 미치거나 또는 그 확정판결에서 사실인정의 자료가 된 재판이나 행정처분이 그 뒤 다른 재판이나 행정처분에 의하여 확정적이고 또한 소급적으로 변경된 경우를 말하는 것이고, 여기서 사실인정의 자료가 되었다고 하는 것은 그 재판 등이 확정판결의 사실인정에 있어서 증거자료로 채택되었고 그 재판 등의 변경이 확정판결의 사실인정에 영향을 미칠 가능성이 있는 경우를 말한다.[10]

관련하여 여러 개의 유죄판결이 재심대상판결의 기초가 되었는데 이후 각 유죄판결이 재심을 통하여 효력을 잃고 무죄판결이 확정된 경우, 어느 한 유죄판

---

8) 유죄의 확정판결이 없는 경우에는 증거부족 외의 이유인 공소시효의 완성 등으로 인하여 유죄의 확정판결을 할 수 없다는 사실뿐만 아니라 그 사유만 없었다면 위조나 변조의 유죄 확정판결을 할 수 있었다는 점을 재심청구인이 증명하여야 한다(대법원 2016. 1. 14. 선고 2013다40070 판결[미간행]).

9) 이는 남소의 폐해를 방지하기 위한 것이므로 4호 내지 7호 소정의 재심사유에 있어서 위 2항의 요건이 불비되어 있는 때에는 당해 사유를 이유로 한 재심의 소 자체가 부적법한 것이 되므로 위 4호 내지 7호 소정의 재심사유 자체에 대하여 그 유무의 판단에 나아갈 것도 없이 각하되어야 하는 것이고 반면에 위 2항 소정의 요건에 해당하는 사실이 존재하는 경우에는 당해 요건사실 즉 그 판단들이나 처분 등에 관한 판단내용 자체에 대해서는 그 당부를 따질 것 없이 재심의 소는 적법요건을 갖춘 것으로 보아야 하나, 여기에서 나아가 위 4호 내지 7호 소정의 재심사유의 존부에 대해서는 위에서 본 판결이나 처분내용에 밝혀진 판단에 구애받음이 없이 독자적으로 심리판단을 할 수 있는 것이다(대법원 1989. 10. 24. 선고 88다카29658 판결).

10) 이에 따르면 특허권자가 정정심판을 청구하여 특허무효심판에 대한 심결취소소송의 사실심 변론종결 이후에 특허발명의 명세서 또는 도면에 대하여 정정을 한다는 심결이 확정되더라도 정정 전 명세서 등으로 판단한 원심판결에 민사소송법 451조 1항 8호가 규정한 재심사유가 있다고 볼 수 없다(대법원 2020. 1. 22. 선고 2016후2522 전원합의체 판결).

결이 효력을 잃고 무죄판결이 확정되었다는 사정은 특별한 사정이 없는 한 별개의 독립된 재심사유라고 보아야 하고, 재심대상판결의 기초가 된 각 유죄판결에 대하여 형사재심에서 인정된 재심사유가 공통된다거나 무죄판결의 이유가 동일하다고 하더라도 달리 볼 수 없다.11)

9. 판결에 영향을 미칠 중요한 사항에 관하여 판단을 누락한 때(9호)

이는 당사자가 소송상 제출한 공격방어방법으로서 판결에 영향이 있는 것에 대하여 판결이유 중에 판단을 명시하지 아니한 경우를 말하며, 그 판단이 있는 이상, 그 판단내용에 잘못이 있고 그 판단에 이르는 이유가 소상하게 설시되어 있지 않거나 당사자의 주장을 배척하는 근거를 일일이 개별적으로 설명하지 아니하더라도, 이를 판단누락이라고 할 수 없다. 그리고 설령 판결에서 실제로 판단을 하지 않았더라도 그 주장이 배척될 것이 분명하다면 판결 결과에 영향이 없어 판단누락의 잘못이 있다고 할 수 없다.

15-10

10. 재심을 제기할 판결이 전에 선고한 확정판결에 어긋나는 때(10호)

이는 재심대상판결의 기판력과 전에 선고한 확정판결의 기판력과의 충돌을 조정하기 위하여 마련된 것이므로 전에 선고한 확정판결의 효력이 재심대상판결의 당사자에게 미치는 경우로서 양 판결이 어긋나는 때를 말하고 전에 선고한 확정판결이 재심대상판결과 그 내용이 유사한 사건에 관한 것이라고 하더라도 그 판결의 기판력이 당사자에게 미치지 아니하는 때에는 이에 해당되지 않는다.

15-11

11. 당사자가 상대방의 주소 또는 거소를 알고 있었음에도 있는 곳을 잘 모른다고 하거나(소재불명) 주소나 거소를 거짓으로 (허위) 하여 소를 제기한 때(11호)

판결의 편취에 있어서 사위판결에 대한 구제책이다(☞11-35). 가령 청구인이 피청구인의 거주지를 알면서도 청구인의 본적지를 피청구인의 주소로 표시하여 이혼심판청구의 소를 제기하고 송달불능되자 **공시송달**의 방법으로 심판절차가 진행되어 그 판결이 선고되었다면, 이에 해당한다.

15-12

---

11) 대법원 2019. 10. 17. 선고 2018다300470 판결.

III. 재심의 제기기간

15-13
20-변리사시험

재심의 소는 원칙적으로 당사자가 판결이 확정된 뒤 **재심사유를 안 날로부터 30일 이내**에 제기하여야 한다(456조 1항). 4호 내지 7호의 가벌행위를 재심사유로 하는 경우에 「재심사유를 안 날」이라는 것은 유죄의 판결이 확정된 때 또는 증거부족 이외의 이유로 유죄의 확정판결을 할 수 없음을 알았을 때이다. 그리고 당사자가 재심사유의 존재를 알지 못하였더라도 **판결이 확정된 뒤 5년**이 지난 때에는 재심의 소를 제기하지 못한다(동조 3항). 다만, 재심사유가 판결이 확정된 뒤에 생긴 때에는 위 5년의 기간은 그 사유가 발생한 날로부터 계산한다(동조 4항). 여기서 「재심사유」가 판결이 확정된 뒤에 생긴 때에는 451조 2항의 요건이 판결이 확정된 뒤에 충족될 때를 포함하는 것으로 보아 유죄의 확정판결 등이 있은 때부터 제기기간이 경과되고, 가령 (재심대상)판결이 확정된 뒤 5년이 지났더라도 유죄의 확정판결 등이 있기 전에는 제기기간은 도과되지 않는다고 본다.

한편, 대리권의 흠(협의의 무권대리의 흠을 말하고, 특별수권의 흠은 적용되지 않는다)12) 또는 기판력의 저촉을 재심사유로 하는 때에는 위 기간의 제한을 받지 아니한다(457조). 여기서 전자가 제외된 것은 절차권의 보장을 위한 것이고, 후자가 제외된 것은 재판의 통일을 도모하기 위한 것이다.

IV. 재심절차

1. 관할법원

15-14
20-법무사시험

재심의 소는 소송목적의 값(=소가)이나 심급에 관계없이 **취소대상인 판결을 한 법원의 전속관할**에 속한다(453조 1항). 가령, 취소대상의 판결이 상고심 판결이면 상고법원의 관할이 된다. 다만, 상고심은 사실인정에 관한 한 직권조사사항을 제외하고는 증거조사와 사실인정의 권한이 없으므로 서증의 위조, 변조, 증인 등의 허위진술 등 사실인정에 관한 것을 재심사유로 하는 경우에는 비록 상고법원이 채증법칙 위배가 없다고 하여 상고를 기각하였더라도 상고심 판결이 아니

---

12) 비법인사단의 대표자가 총유물의 처분에 관한 소송행위를 하려면 사원총회의 결의가 있어야 하는데, 그 결의 없이 소송행위를 하였더라도 전연 대리권을 갖지 아니한 사람이 소송행위를 한 대리권 흠결의 경우와 달라서 457조는 적용되지 않는다(대법원 1999. 10. 22. 선고 98다46600 판결).

라, 사실심인 항소심 판결에 대하여 재심의 소를 제기하여야 한다.

한편, 항소심에서 사건에 대하여 본안판결을 하였을 때에는 제1심 판결에 대하여 재심의 소를 제기하지 못한다(451조 3항). 가령 제1심의 종국판결에 대하여 항소심이 항소기각의 본안판결을 한 경우라면, 제1심 판결은 재심의 대상이 아니고 항소심 판결이 재심의 대상이 되고, 항소심법원만이 관할권을 가진다.13)

그리고 제1심에서 본안판결이 있고, 나아가 항소각하의 소송판결, 상고기각 판결이 있으면, 각각의 확정판결에 대하여 재심의 소를 제기할 수 있다. 그러나 3개의 확정판결에 대한 재심의 소를 동시에 계속시키는 것은 혼란을 발생시키므로 상급법원이 병합하여 관할하는 것을 인정한다(453조 2항 본문). 상급법원에서 하급심의 재심사건을 함께 심리함으로써 재판의 모순·저촉을 피하고 당사자의 편의를 도모하자는 취지이다. 다만 항소심 판결과 상고심 판결에 각각 독립된 재심사유가 있는 때에는 그러하지 아니하다(동조 2항 단서. 그 심리구조가 각각 다르기 때문).

2. 당사자적격

재심의 소는 확정판결을 취소하고 그 기판력의 배제를 구하는 것이기 때문에 확정판결의 기판력에 의하여 불이익을 받는 사람이 재심원고, 이익을 받은 사람이 재심피고가 되는 것이 원칙이다. 즉 재심의 대상인 확정판결에 있어서 **당사자** 및 그 **(일반·특정)승계인**이 당사자적격을 가진다.14) 한편, 재심의 소 제기는 채권자대위권의 목적이 될 수 없으므로 채권자는 당사자적격이 없다(채무자의 의사에 맡기는 것이 타당).15)

15-15

20-변리사시험

---

13) 재심소장에 재심을 할 판결로 제1심 판결을 표시하고 있다고 하더라도 주장하고 있는 재심사유가 항소심 판결에 관한 것이라고 인정되는 경우에는 재심을 할 판결의 표시는 잘못 기재된 것으로 보는 것이 타당하므로 재심소장을 접수한 제1심 법원은 그 재심의 소를 부적법하다 하여 각하할 것이 아니라 재심관할법원인 항소심 법원에 이송하여야 한다(대법원 1984. 2. 28. 선고 83다카1981 전원합의체 판결).

14) 재심대상판결의 소송물은 취득시효 완성을 이유로 한 소유권이전등기청구권으로서 **채권적 청구권**인 경우, 그 변론종결 후에 원고로부터 소유권이전등기를 경료 받은 승계인은 기판력이 미치는 **변론종결 후의 제3자에 해당하지 아니하여** 피고는 기판력을 배제하기 위하여 승계인에 대하여 재심의 소를 제기할 필요는 없어서 부적법하다(대법원 1997. 5. 28. 선고 96다41649 판결).

15) 채무자와 제3채무자 사이의 소송이 계속된 이후의 소송수행과 관련한 개개의 소송상의 행위는 그 권리의 행사를 소송당사자인 **채무자의 의사에 맡기는 것이 타당**하기 때문이다(대법원 2012. 12. 27. 선고 2012다75239 판결). 이에 대하여 이, 936면은 의문이라고 한다.

　　보조참가인도 재심의 소를 제기할 수 있다(76조 1항 본문). 또한 전(前) 소송의
판결의 효력을 받는 제3자는 다른 사람 사이의 판결에 대한 재심의 소에 공동소
송적 보조참가를 신청하여 재심절차에 참가할 수 있다(78조).16) 만약 통상의 보조
참가인이 재심의 소를 제기한 경우에는 피참가인이 통상의 보조참가인에 대한 관
계에서 재심의 소를 취하할 권능이 있으나, 한편 재심의 소에 공동소송적 보조참
가인이 참가한 뒤에는 공동소송적 보조참가인에게 불리한 영향을 미칠 수는 없으
므로 공동소송적 보조참가인의 동의가 없는 한 피참가인이 재심의 소를 취하하더
라도 그 소 취하는 효력이 없고, 그리고 이는 재심의 소를 피참가인이 제기한 경
우에도 마찬가지이다.17)

　　그 밖에 판결의 효력이 제3자에게 미치는 경우에 확정판결의 취소에 고유의
이익을 갖는 제3자도 **원고적격**이 인정된다고 본다. 이 경우에 재심의 소를 제기
하는 방법에 대하여는, **독립당사자참가의 방식**(79조)에 의하여 확정판결의 당사
자 양쪽을 재심피고로 하여 재심의 소를 제기할 수 있다는 입장이 일반적이나,
생각건대 제3자는 전(前)소송의 당사자가 아닌 이상, 당연히는 원고적격을 가지
는 것은 아니고, 다만 재심의 소를 제기하는 것과 **함께** 독립당사자참가의 신청을
한 경우에 만약 재심사유가 인정되어 본안심리로 들어가게 되면 합일확정의 요청
을 매개로 재심대상판결에의 개입권을 얻게 되어 그 한도에서 제3자의 원고적격
이 긍정될 수 있다고 생각한다.18)

---

16) 한편, 다른 사람 사이의 재심의 소에 제3자가 독립당사자참가를 한 경우에 제3자는 재심사유
　　있음이 인정되어 본안사건이 부활되기 전에는 아직 참가이유를 주장할 여지가 없는 것이고, 본
　　안사건이 부활되는 단계를 위하여 참가를 하는 것이라고 한다(대법원 1994. 12. 27. 선고 92다
　　22473, 92다22480 판결).
17) 특히 통상의 보조참가인이 재심의 소를 제기한 경우에는 피참가인의 재심의 소 취하로 재심의
　　소 제기가 무효로 된다거나 부적법하게 된다고 볼 것도 아니다(대법원 2015. 10. 29. 선고 2014
　　다13044 판결).
18) 관련하여, 앞으로 확정판결의 효력을 받는 제3자가 다른 사람 사이의 소송에서 자기의 권리가
　　침해된 것을 이유로 제3자재심, 즉 사해소송을 이유로 재심의 소(이른바 사해재심)를 제기할 수
　　있는지 여부도 검토할 필요가 있다. 물론 사해적 소송이 진행되고 있는 경우에 제3자가 그 소송
　　의 존재를 알았을 때는 이른바 사해방지참가로서 독립당사자참가(79조 1항 후단)를 할 여지가
　　있으나, 해당 소송의 존재를 알지 못한 채 그 소송이 종료되고 확정되었을 때에 해당 제3자의
　　권리가 침해되는 경우가 있을 수 있다.

■ 재심소장 작성 기재례

재 심 소 장

재심원고(본소피고): 성 춘 향

　　주　　　소: ○○시 ○○동 314-11

　　우편번호: ○○○-○○○

　　전화번호: ○○○-○○○○

재심피고(본소원고): 이 몽 룡

　　주　　　소: ○○시 ○○동 427-1

　　우편번호: ○○○-○○○

　　전화번호: ○○○-○○○○

부동산소유권이전등기 등 청구사건의 판결에 대한 재심

재심피고를 원고, 재심원고를 피고로 하는 귀원 2020가합 ○○○호 부동산소유권이전등기 등 청구사건에 관하여 동원이 2020. ○. ○. 선고한 다음 판결에 재심사유가 있으므로 재심의 소를 제기합니다.

재심을 구하는 판결의 표시

1. 피고는 원고에 대하여 별지목록 기재의 부동산에 관하여 2010. ○. ○.자 매매에 의한 소유권이전등기절차를 이행하라.

2. 소송비용은 모두 피고의 부담으로 한다.

재 심 청 구 취 지

1. 재심대상판결을 취소한다.

2. 원고의 청구를 기각한다.

3. 본안 및 재심 소송비용은 모두 재심피고의 부담으로 한다.

라는 판결을 구합니다.

재 심 청 구 원 인

재심원고는 1989. 1. 13.부터 지금까지 '○○시 ○○동 314-11'에 주소를 두고 그곳에 계속 거주하여 왔는바, 재심피고는 재심대상사건의 소송절차에서 재심원고의 주소를 알고 있었음에도 있는 곳을 잘 모른다고 하여 공시송달에 의하여 재심대상판결을 받았으므로, 위 재심대상판결에는 민사소송법 제451조 제1항 제11호 소정의 재심사유가 있다고 생각되므로 본 재심의 소에 이른 것입니다.

첨 부 서 류

1. 납부서　　1통

2. 재심소장부본　　1통

2022.　.　.

위 재심원고　　　　(기명날인 또는 서명)

○○법원　　귀중

3. 심리·판결

15-16 　(1) 재심의 소는 재심사유를 주장하여 **확정판결의 취소**를 구하고, 이것이 인정되는 때에는 **본안에 대하여 심리를 속행**한다는 복합적인 목적을 가지고 있으므로 그 심판절차도 이론상으로는, 재심청구의 **적법요건**, **재심사유**, 재심이 허용됨을 전제로 한 **본안심판**의 단계로 이루어진다. 여기서 절차가 당연히 구분되지 않고, 이를 한꺼번에 하나의 절차에서 심판한다면, 가령 본안에 대하여까지 심리하여 놓고 재심사유가 존재하지 않는다는 이유로 재심청구를 기각하는 판결을 하는 경우도 생길 수 있다. 그리하여 법원은 재심의 소가 적법한지 여부와 재심사유의 존부에 관한 심리·재판을 본안에 관한 심리·재판과 분리하여 먼저 시행할 수 있도록 하고 있다(454조 1항).

　(2) 법원은 우선 재심의 소의 **적법요건**을 조사하고, 이를 갖추지 못한 때에는 소를 **부적법 각하**한다.[19] 다음으로 재심의 소를 적법하다고 인정하면, 재심사유의 존부를 판단한다.

　(3) 재심사유를 부정하는 때에는 **종국판결**로 재심청구를 기각한다. 한편, 재심사유가 존재하면 그 취지의 **중간판결**을 한 뒤(중간판결에 의하여 심리의 비효율을 해소하고 소송관계를 분명히 할 수 있다), 본안에 관하여 심리·재판하는데(454조 2항), 즉 원판결에서 완결된 소송(소 또는 상소)에 대하여 재심청구이유의 범위 안에서 다시 심판한다(459조 1항). 본안의 변론은 종전 소송의 부활·속행으로서 행한다. 법관의 교체가 있으면 변론갱신절차가 행하여진다(204조 2항).

　(4) 심리한 결과 원판결을 부당하다고 인정하면 불복의 한도에서 이를 **취소**하고, 이에 **갈음하는 판결**을 한다.[20] 한편, 재심사유가 존재하는 경우라도 원판결을 정당하다고 인정하면 재심청구를 **기각**한다(460조).

　(5) 재심의 소에서의 종국판결에 대한 불복은 다시 그 재심의 심급에 따라

---

[19] 확정되지 아니한 판결에 대한 재심의 소는 부적법하고, 판결 확정 전에 제기한 재심의 소가 부적법하다는 이유로 각하되지 아니하고 있는 동안에 판결이 확정되었더라도, 재심의 소는 적법한 것으로 되는 것이 아니다(대법원 2016. 12. 27. 선고 2016다35123 판결).

[20] 원래의 확정판결을 취소한 확정재심판결에 대한(물론 재심의 소의 대상이 된다) 재심의 소에서 원래의 확정판결에 대하여 재심사유를 인정한 종전 재심법원의 판단에 재심사유가 있어 종전 재심청구에 관하여 다시 심리한 결과 원래의 확정판결에 재심사유가 인정되지 않을 경우에는 재심판결을 취소하고 종전 재심청구를 기각하여야 하며, 그 경우 재심사유가 없는 원래의 확정판결 사건의 본안에 관하여 다시 심리와 재판을 할 수는 없다고 보아야 한다(대법원 2015. 12. 23. 선고 2013다17124 판결).

통상의 **상소**에 의한다.

(6) 그리고 가령 제1심 판결에 대하여는 원고가 증인의 허위진술을 재심사유로 주장하고 있고, 항소를 각하한 제2심 판결에 대하여는 제척사유 있는 법관의 관여를 재심사유로 주장하고 있는 경우에 제1, 2심 판결 각각에 대하여 재심의 소를 제기할 수 있는데(각각의 재심사유별로 그 관할법원이 달라진다), 위 두 가지 중 하나의 재심사유를 들어 제기한 재심의 소가 배척된 판결이 확정된 뒤라도 다른 재심사유를 들어 재심의 소를 제기할 수 있다.

V. 준재심

확정판결과 동일한 효력을 가지는 220조의 **화해조서**(제소전 화해조서, 조정　　15-17
조서 포함), **청구의 포기·인낙조서**에 대하여 451조 1항의 재심사유가 있을 때에는 재심의 소에 준하여 재심을 제기할 수 있고, 또한 소장 각하명령(254조 3항)이나 상소장 각하명령(402조, 399조, 425조 등), 소송비용에 관한 결정(110조 등) 등과 같은 즉시항고로 불복을 신청할 수 있는 **결정**이나 **명령**이 확정된 경우에 그 결정이나 명령에 대하여도 위 재심사유가 있을 때에는 준재심의 신청을 할 수 있다(이는 소가 아니라 신청의 방식에 의하고, 판결이 아니라 결정으로 심판한다). 이를 「준재심」이라고 한다(461조).21)

한편, 기판력을 가지지 않는 확정된 **이행권고결정**(소액사건심판법 5조의7 참조)은 설사 재심사유에 해당하는 흠이 있다 하더라도 준재심의 **대상이 아니다**(한편, 민사집행법 44조의 청구이의의 소는 제기할 수 있다).22)

---

21) 준재심 제기기간 기산일에서 법인 등이 준재심의 사유를 안 날은 단지 대표자가 준재심의 사유를 아는 것만으로는 부족하고 적어도 법인 등의 이익을 정당하게 보전할 권한을 가진 다른 임원 등이 준재심의 사유를 안 때에 비로소 준재심 제기기간이 진행된다(대법원 2016. 10. 13. 선고 2014다12348 판결).

22) 대법원 2009. 5. 14. 선고 2006다34190 판결.

제 5 부

민사소송의 기본이념

제 1 장

민사소송의 이상과 신의성실의 원칙

I. 민사소송의 이상

민사소송법 1조 1항에서 법원은 소송절차가 공정하고 신속하며 경제적으로   16-1
진행되도록 노력하여야 한다고 민사소송의 이상에 대하여 밝히고 있다.

적정	공평	신속	경제
• 구술주의 • 직접주의 • 3심제도	• 심리의 공개 • 법관의 제척· 기피 등 • 쌍방심리주의	• 변론준비절차 • 적시제출주의 • 소취하간주	• 소송구조제도 • 소액사건심판 제도

1. 적 정

적정이라 함은 민사소송의 절차가 법의 규율에 따라 바르게 진행되고, 재판   16-2
의 내용이 정당하고 과오가 없는 것이다. 적정의 이상을 구현하기 위하여 민사소
송법은 ① 변호사대리의 원칙, ② 구술주의, ③ 직접주의, ④ 석명권의 행사,1) ⑤
직권증거조사, ⑥ 교호신문제도, ⑦ 3심제도와 재심제도 등 불복신청제도 등을
두고 있다.

---

1) 법원은 소송절차가 **공정·신속**하고 **경제**적으로 진행되도록 노력하여야 하므로(1조 1항), 변론
  주의에 반하지 아니한 범위 내에서 소송관계를 명료하게 하기 위하여 당사자에게 사실상과 법률
  상의 사항에 관하여 질문하거나 입증을 촉구할 수 있는 **석명권 등 소송지휘권**을 적절히 행사하
  여 실체적인 진실을 규명하고 분쟁을 효과적으로 종식시킬 수 있도록 충실히 사건을 심리하여야
  한다(대법원 2017. 4. 26. 선고 2017다201033 판결).

2. 공 평

16-3   공평이라 함은 쌍방 당사자를 평등하게 취급하고, 또 이익이 되는 사항을 주
장할 수 있는 기회를 균등하게 부여함으로써(무기평등의 원칙) 재판에 대한 신뢰감
을 주는 것을 말한다. 공평의 이상을 구현하기 위하여 민사소송법은 ① 심리의
공개, ② 법관의 제척·기피·회피제도, ③ 쌍방심리주의, ④ 소송절차의 중단·중
지제도, ⑤ 대리인제도, ⑥ 준비서면에 예고하지 않은 사실의 진술금지 등을 두고
있다.

3. 신 속

16-4   소송에 의한 분쟁해결이 오래 걸리면 걸릴수록 당사자의 부담은 커지게 되
므로 소송의 완결을 가능한 한 신속하게 행하여야 한다. 당사자 사이의 사회적·경
제적 관계는 유동적인 것이어서 판결에 의한 해결이 있더라도 그것이 대단히 지
연된 경우에는 유효한 해결기능을 가지지 못할 수가 있다. 이러한 경우에 권리보
호의 지연은 권리보호의 거절과 같은 것이다. 소송촉진은 헌법 27조 3항에서 보
장하고 있는 국민의 기본권의 하나이다. 신속의 이상을 구현하기 위하여 민사소
송법 및 특별법에서 ① 변론준비절차, ② 기일연장의 제한, ③ 소송지휘권에 의한
직권진행, ④ 적시제출주의, ⑤ 소취하간주, ⑥ 재정기간제도, ⑦ 실기한 공격방
어방법의 각하, ⑧ 독촉절차·제소전 화해절차·소액사건심판절차(특히 이행권고결
정제도) 등을 두고 있다.

4. 경 제

16-5   경제라 함은 소송에 들이는 법원과 당사자의 비용과 노력을 가능한 한 적게
하고, 소송으로 얻는 이익보다 많은 비용과 노력이 소모되어서는 안 된다는 것을
말한다. 법원이 소송심리에 들일 수 있는 시간은 무한한 것이 아니라 그 한계가
있으므로 가능한 한 법원에 헛수고의 심리를 덜어주려는 요청이 생긴다. 경제의
이상을 구현하기 위하여 민사소송법 및 특별법에서 ① 소의 병합, ② 소송의 이
송, ③ 추인이나 이의권의 상실에 의한 흠의 치유, ④ 변호사보수의 소송비용산입
제, ⑤ 소송구조제도, ⑥ 구술신청 등의 소액사건심판제도, ⑦ 화해·조정 활성화
등을 두고 있다.

5. 각 이상의 모순·상충

위 4대 이상은 이론상으로는 모순되지 않지만, 현실적으로는 여러 가지 제약 16-6
요인에 의하여 상호간에 상충할 수밖에 없다. 가령 적정이나 공평을 위하여는 신
속이나 경제는 한발 물러서야 한다. 결국 재판의 공정과 심리의 촉진은 숙명적으
로 모순·상충한다. 정책적인 배려에 의하여 어디에 무게중심을 둘 것인가의 문제
와 관련되게 된다.2)

II. 신의성실의 원칙

1. 의 의

민사소송법 1조 2항에서 **당사자**와 **소송관계인**은(따라서 원고·피고뿐만 아니 16-7
라, 보조참가인, 법정대리인과 소송대리인은 물론 증인이나 감정인도) 신의에 따라 성실
하게 소송을 수행하여야 한다고 하여3) 신의칙이 민사소송법의 대원칙임을 명문
화하고 있다. 이는 각각의 법률의 규정이나 해석론에 의하여 타당한 결과를 얻을
수 없는 경우 내지는 곤란한 경우에 신의칙이라는 일반조항에 의하여 정의와 형
평에 합치되는 해결을 도모하려는 노력의 현출이라고 할 수 있다.

◈ **신의칙 적용의 기본적 자세** ◈ 각각의 법규정이나 특정한 법이론의 형식적 적용
에 의하여 타당한 결과가 얻어질 수 없는 경우에 한하여, **예외적·보충적**으로만 신의
칙을 적용하여야 한다는 입장과 위와 같이 타당한 결과가 불가능한 경우에만 한정할
필요가 없이 신의칙에 의하는 것이 보다 좀 더 직접적이고 용이하다고 생각되는 경우에
는 널리 **선택적**으로 신의칙을 적용하여야 한다는 입장의 대립이 있다. **생각건대** 전자
의 예외적·보충적 적용 입장을 지지하나, 다만, 개개의 법규정을 적용하면 상당히 무
리하게 되는 경우나, 특정한 법이론을 적용하여도 그 법이론이 상당히 특수한 경우 등

---

2) 민사소송의 이상은 적정·공평을 전제로 하여 이를 훼손하지 않으면서 신속·경제를 달성하는
  것이다. 적정·공평과 신속·경제는 상호 배치되거나 모순되기 보다는 서로 조화를 이루는 모습
  을 보여준다. 항소의 대상에 관한 390조 1항이 자백간주로 인한 피고 패소판결을 항소의 대상에
  서 제외하지 않음으로써 자백간주제도가 적정·공평의 이상을 훼손하지 않으면서 신속·경제의
  이상을 달성할 수 있는 것이다. 한편, 자백간주로 인하여 항소조차 하지 않을 것이라는 신뢰까지
  형성된다고 볼 수 없으므로 390조 1항이 신의성실의 원칙과 상호 배치되거나 모순된다고 할 수
  없다(헌법재판소 2015. 7. 30. 선고 2013헌바120 결정).
3) 당사자와 소송관계인은 신의에 따라 성실하게 소송을 수행하여야 하므로, 자신의 공격·방어권
  행사에 불이익이 초래된다는 등 특별한 사정이 없는 한 석명권 등 법원의 조치에 대하여 **신의에**
  좇아 성실하게 협력하여야 할 의무가 있다(대법원 2017. 4. 26. 선고 2017다201033 판결).

에는 단적으로 신의칙을 원용하여 '신의성실'에 위반하는 구체적 사정을 음미하고 설시하여 재판하는 것이 재판의 신뢰성과 설득력을 높이는 것이 될 것이다.4)

그런데 민사소송에 있어서 신의칙의 연구방법으로서 여러 가지 적용례를 그에 알맞게 그룹으로 나누든지 유형화하여 각각의 유형에 따라 그 적용요건 등을 탐구하여야 한다는 점에서는 거의 일치하고 있지만, 구체적인 유형화의 방법에 있어서 차이가 존재한다. 일반적인 **신의칙 적용례의 유형화**는 다음과 같이 **네 가지**로 분류하는 방식이고, 이들 유형마다 신의칙적용의 요건 등에 대한 분석이 시도되고 있다. 다만, 이러한 분류는 절대적인 것은 아니고 하나의 현상이 여러 개의 유형에 해당하기도 한다.

2. 적용례의 유형화

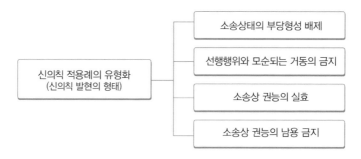

(1) 소송상태의 부당형성 배제

16-8   일방 당사자가 간책을 써서 악의로 소송법규의 요건에 맞는 법적 상태를 작출하여 해당 법규의 부당한 적용을 받으려고 하는 경우에는 신의칙에 의하여 그 적용이 배제되고, 소기의 효과가 부정된다.

◈ **예** ◈   가령 원고가 피고에 대하여 영월지원에 손해배상청구의 소를 제기하여 증거조사 등 상당한 정도의 절차를 진행하였음에도 불구하고 소를 취하하고 주민등록지를 서울로 옮겨 서울중앙지방법원에 다시 소를 제기한 경우에 원고의 소취하 및 주민등록

---

4) 원고가 피고를 상대로 A의 지급청구를 할 수 있으면, A를 지급한 피고는 다시 원고에게 같은 금액 상당의 B청구를 할 수 있는 사안에서 이는 원·피고 사이의 **순환소송을 인정하는 결과가 되어 소송경제에 반할 뿐만 아니라** 원고는 결국 피고에게 반환할 것을 청구하는 것이 되어 이를 허용하는 것은 **신의칙에 비추어 타당하지 않다**는 대법원 2017. 2. 15. 선고 2014다19776, 19783 판결 등 참조.

지 이전 시기 그리고 새로운 소제기의 시기를 감안할 때 서울로 생활근거지를 옮기기 위한 것이 아니고, 피고가 소송을 수행하기에 용이하지 아니한 서울중앙지방법원에 관할권을 창출하기 위한 것이라면, 이른바 **재판적의 도취**(盜取) 또는 **관할원인의 부당취득**으로서 신의칙에 어긋난다.5)

그리고 소액사건심판법 5조의2에서는 소액사건심판법의 적용을 받을 목적으로 청구를 분할하여 그 일부만을 청구할 수 없다고 규정하고 있는데, 그 근저에는 위와 같은 취지가 깔려 있다(☞2 - 85).

(2) 선행행위와 모순되는 거동의 금지

어느 당사자가 소송상 또는 소송 외에서 어느 행위(선행행위)를 한 후에 소송상 이것과 모순되는 행위(모순행위)를 한 경우, 모순행위의 효력을 그대로 인정하는 것이 선행행위를 신뢰한 상대방 또는 법원의 이익을 해치는 때에는 그 효력이 부정되어야 한다.6) 부제소특약에 반하는 소의 제기,7) 소취하계약에 반하는 거동(소송을 계속 유지하는 것)을 하는 경우 등이 그 예이다.

16-9

(3) 소송상 권능의 실효

소송상 권능이 장기간 행사되지 않고 방치된 것에 의하여 상대방이 이를 행사하지 않으리라는 정당한 기대를 가지게 되어 그에 기하여 행동한 때에는 **소송상 권능**은 이미 **실효**하여8) 그 뒤에 소송상 권능을 행사하려고 하여도 허용되지 않게 된다.9) 금반언의 일종인데 소송상 권능의 불행사라는 부작위의 결과로서

16-10

---

5) 서울민사지방법원 1988. 10. 12.자 88가합39479 결정[확정].

6) 가령 자신의 추완항소를 받아들여 심리 결과 본안판단에서 항소가 이유 없다고 기각하자 이제는 상고이유에서 그 추완항소의 부적법을 스스로 주장하는 것은 허용될 수 없다(대법원 1995. 1. 24. 선고 93다25875 판결).

7) 부제소하기로 합의한 경우, 이에 위반하여 제기한 소는 **권리보호의 이익이 없고**, 또한 **신의성실의 원칙에 비추어** 허용될 수 없다(대법원 1993. 5. 14. 선고 92다21760 판결). 이와 같이 판례는 신의칙 적용에 있어서 보충성의 원칙을 그렇게 엄격하게 요구하고 있지 않고, 소의 이익으로 해결할 수 있는 문제도 선택적으로 신의칙의 적용범위로 본다(정/유/김, 32면). 한편 이는 신의칙 위반이 아니라 계약의 구속력 위반이라고 보는 입장도 있다(호, 51면).

8) 여기서 소권 그 자체의 실효를 인정할 것인가에 대하여 **적극설**(이, 34면; 정영, 108면)과 소권의 본질을 법치국가성에 기인하는 헌법상 권리로 보아 그 실효를 인정하는 것은 기본권의 실효를 인정하는 결론이 되기 때문에 실효를 부정함이 타당하다는 **소극설**(강, 46면; 정/유/김, 36면)이 있다. 한편, 소권 그 자체의 실효를 인정하지 않으면서 실체법상의 권리의 실효로 말미암아 이를 소송상 행사하는 것이 허용되지 않는다는 **실체법상의 실효의 문제**로 이해하고(김용, 792면; 송/박, 21면), 소송법상의 신의칙 위배가 아니라고 보기도 한다(호, 48면).

9) 자백간주 형식에 의하여 판결이 편취된 경우에는 기간의 정함이 없이 어느 때나 항소를 제기

생긴 외관에 대한 상대방의 신뢰보호를 목적으로 하는 점에 그 특징이 있다.

◈ **예** ◈   근로자가 퇴직금과 해고수당의 변제를 받지 아니하여 이를 공탁하자 근로자
가 아무런 조건의 유보 없이 공탁금을 수령하여 간 경우에 있어서 근로자가 공탁금을
수령할 때 회사의 해고처분을 유효한 것으로 인정하였다고 볼 수밖에 없고, 근로자가
해고당한 뒤, 약 1개월이 지난 다음 동종업체에 취업하여 전 회사에 있어서와 유사한
봉급수준의 임금을 지급받으며 근무하고 있으면서 해고당한 때로부터 **3년 가까이나 경
과하여 해고무효확인청구의 소를 제기한 경우**라면 이는 신의칙에 어긋난다.[10]

(4) 소송상 권능의 남용 금지

16-11   소송상 권능이라고 하여도 법이 그것을 인정하는 취지에 어긋나는 남용은
인정되지 않는 것은 당연하다. 어느 경우가 소송상 권능의 남용에 해당하는가는
법원이 구체적으로 판단한다. 소송지연이나 강제집행의 지연을 목적으로 기피권
을 남용하는 것에 대한 규제는 이미 명문화되어 있다(45조 1항). 가령 3명의 공동
상속인 가운데 1인만이 무자력자인데, 그 무자력자만이 원고가 되어 상속재산(공
유물)의 보전을 위한 소를 제기하고, 소송구조신청을 한 경우에 이는 언뜻 문제가
없다고 볼 수도 있지만, 법의 목적에 어긋나는 경우로 이에 해당된다고 할 수 있
다. 또한 가령 최종심인 대법원에서 수회에 걸쳐 같은 이유를 들어 재심청구를
기각하였음에도 이미 배척된 이유를 들어 최종 재심판결에 대하여 다시 재심청구
를 거듭하는 것도 그 예라고 할 수 있다.[11]

◈ **관할선택권 남용의 예** ◈   변호사 甲과 乙 사찰이, 소송위임계약으로 인하여 생기
는 일체 소송은 전주지방법원(乙 사찰의 주된 사무소를 관할하는 법원)을 관할 법원으로
하기로 합의하였는데, 이후 甲이 乙 사찰을 상대로 소송위임계약에 따른 성공보수금
지급청구 소송을 제기하면서 乙 사찰의 대표단체인 丙 재단을 공동피고로 추가하여 丙
재단의 주소지를 관할하는 서울중앙지방법원에 소를 제기한 사안에서, **판례**는 乙 사찰

할 수 있는데, 이 경우에 항소권과 같은 소송법상의 권리(또는 통상항고 등 기간의 정함이 없
는 각종의 신청)에 대하여도 실효의 원칙이 적용될 수 있다(대법원 1996. 7. 30. 선고 94다
51840 판결).

10) 대법원 1990. 11. 23. 선고 90다카25512 판결. 판례에서는 특히 노사 사이의 고용관계에
관한 분쟁은 신속하게 해결되는 것이 바람직하므로 다른 법률관계보다 실효의 원칙을 적극
적으로 원용하고 있다.

11) 상대방을 괴롭히는 결과가 되고, 나아가 사법인력의 불필요한 소모와 사법기능의 혼란과 마비
를 조성하는 것으로서 소권을 남용하는 것에 해당되어 허용될 수 없다(대법원 1997. 12. 23. 선
고 96재다226 판결).

은 종단에 등록을 마친 사찰로서 독자적인 권리능력과 당사자능력을 가지고, 乙 사찰
의 甲에 대한 소송위임약정에 따른 성공보수금 채무에 관하여 丙 재단이 당연히 연대
채무를 부담하게 되는 것은 아니며, 법률전문가인 甲으로서는 이러한 점을 잘 알고 있
었다고 보아야 할 것인데, 甲이 위 소송을 제기하면서 丙 재단을 공동피고로 추가한
것은 실제로는 丙 재단을 상대로 성공보수금을 청구할 의도는 없으면서도 단지 丙 재
단의 주소지를 관할하는 서울중앙지방법원에 관할권을 생기게 하기 위함이라고 할 것
이고, 따라서 甲의 위와 같은 행위는 **관할선택권의 남용**으로서 **신의칙에 위반**하여
허용될 수 없으므로 관련재판적에 관한 25조는 적용이 배제되어 서울중앙지방법원에는
甲의 乙 사찰에 대한 청구에 관하여 관할권이 인정되지 않는다고 보았다.12)

◆ **소권을 남용하여 청구가 이유 없음이 명백한 소를 반복적으로 제기하는 경우에
대한 2023. 4. 18 개정 민사소송법(2023. 10. 19. 시행)**13) ◆　① 소권의 남용에 대
응하여 소송구조에 있어서 패소할 것이 분명한 경우 소송구조 신청에 필요한 소송비용
과 불복신청에 필요한 소송비용에 대하여 소송구조를 하지 않도록 규정하고(128조 2항),
② 원고가 소권(항소권 포함)을 남용하여 청구가 이유 없음이 명백한 소를 반복적으로
제기한 것에 대하여 법원이 무변론 소각하판결을 하는 경우에는 피고에 대하여 공시송
달을 명령할 수 있는 근거를 신설하며(194조 4항), ③ 소권(및 항소권)을 남용에 대한 제
재로 청구가 이유 없음이 명백한 소를 반복적으로 제기한 경우에 법원이 500만원 이하
의 과태료를 부과할 수 있도록 규정하는(219조의2 신설) 한편, ④ 소장 등에 붙이거나
납부한 인지액이 「민사소송 등 인지법」에 따른 최소인지금액에 미달하는 경우에(가령, 소
송목적의 값이 3,000만 원 이하인 사건에서는 1,000원) 소장의 접수를 보류할 수 있음을 명
시적으로 규정하였다(248조 2항).

3. 위반의 효과

신의칙에 어긋나는지 여부는 직권조사사항이다. 신의칙에 어긋나는 개개의　　16-12
소송행위는 무효가 되고, 신의칙에 어긋나는 제소는 부적법 각하된다(한편, 관할원
인의 부당취득은 이송의 문제가 될 수 있다).

신의칙에 어긋나는 소송행위를 간과한 판결이 있은 경우에 그 확정 전에는
상소로 취소할 수 있으나, 확정 뒤에는 당연무효의 판결이라고 할 수 없다. 한편
신의칙에 위반된 판결의 편취와 관련하여 재심사유가 될 가능성은 있다.

---

12) 대법원 2011. 9. 29.자 2011마62 결정(원심을 파기환송. 항고심은 제1심 이송결정을 취소).

13) 개정에 있어서, 2019년에 1명이 7,707건의 소를 제기하고 이 중 99.9%인 7,705건이 각하판결
　　을 받았고, 2020년에 특정인이 6,072건의 소를 제기하여 93%에 달하는 5,671건이 각하판결
　　받았는데, 부당한 소송으로 보이는 위와 같은 사례가 있었다.

제 2 장

민사소송의 목적

민사소송법의 체계서 및 강의는 「민사소송제도는 무엇을 위하여 존재하는가」라는 목적론(학설의 대립이라는 의미에서는 목적론 논쟁)에서 시작하는 것이 보통이다. 이 목적론은 매우 추상적인 논의이기는 하지만, 민사소송법 이론과 해석이나 절차의 운용을 둘러싼 여러 가지 중요한 구체적 과제를 연구하기 위해서는 항상 이 근본의 문제에 접하지 않을 수 없다. 그러한 의미에서 목적론은 역시 민사소송법 이론과 해석의 척추(脊椎)이며 절차의 운용을 위한 원천이라고 할 수 있는데, 본 교재에서는 마지막에 이를 음미하기로 한다.

I. 의 의

17-1   민사소송의 목적론은 법이나 재판의 근본에 관계하는 문제로, 이에 대하여 종래 사권보호설(=권리보호설), 사법질서유지설, 분쟁해결설 등의 추상적인 목적이 주장되어 왔다. 아마 가치관에 좌우되는 문제이므로 영원히 결론이 나지 않을 과제일지도 모르겠다. 최근에는 민사소송의 목적을 다원적으로 포착하는 입장도 등장하였다.

II. 목적론 논쟁

1. 종래의 논의

(1) 사권보호설(=권리보호설)

17-2   국가가 사인에게 자력구제(自力救濟)를 금지한 대가로 국가가 사인의 권리를 보호하지 않으면 안 되게 되어서 민사소송제도를 마련하였다고 한다.[1] 근대적 민

---

1) 강, 11면; 정/유/김, 25면; 정영, 34면; 한, 4면.

사소송제도가 성립한 19세기를 휩쓸던 자유주의, 개인주의 물결의 야경국가(夜警
國家) 하에서 개인의 권리보호가 최고의 이상이었으므로 민사소송도 개인의 권리
를 보호하기 위한 제도로 인식된 것이다.

　　그런데 사권보호설에 대하여 다음과 같은 의문이 든다. ① 소송제도를 개인
의 이익 측면으로만 파악하고 국가는 사적 분쟁에 대하여 아무런 이해관계가 없
다는 자유주의적 국가관에 입각한 견해로 개인권리의 과잉의식이다.2) ② 분쟁은
권리를 주장하는 측과 권리를 부정하는 측과의 다툼인데, 단순히 권리를 주장하
는 측의 권리를 보호하는 것이 소송이라고 보는 것은 한쪽 면만 본 것이다(채권의
존재를 주장하는 측과 채무의 존재를 부정하는 상대방(채무자)과의 분쟁을 생각한다면 특
히 그렇다).

(2) 사법질서유지설

　　국가가 스스로 제정한 민법이나 상법 등의 사법질서(私法秩序)를 유지하고,　　17-3
그 실효성을 확보하기 위해서 민사소송제도를 마련하였다고 한다. 근대 법치국가
의 소송관을 반영한 것으로 오래전의 독일에서의 유력한 입장이었다.

　　그런데 다음의 몇 가지 점에서 근본적인 문제가 있다. ① 사법(私法)은 사람
들이 서로 공정하게 살아가기 위한 수단일진데, 그 질서유지와 실효성확보를 소
송의 목적으로 하는 것은 수단을 자기목적화하는 오류를 범하고 있지 않는가 하
는 점이다. 즉 사회질서라는 것은 사람들이 서로 자유롭고 다양하게 관계를 맺는
와중에서 저절로 형성되어 나가는 것인데, 우선 처음부터 보편적·고정적 질서를
상정하여 이를 유지시키는 것을 생각하고 있다는 점에서 잘못이다. ② 공동체 내
부에서 사법질서의 침해가 있더라도 개인의 신청이 없으면 민사소송제도 자체가
작동되지 못하며, 그리고 비록 소송이 개시되더라도 그 목적인 법질서유지의 달
성 여부와는 상관없이 순수한 개인의 의사에 따라 소송이 종료되기도 하는 민사
소송의 성질에 비추어 오로지 사법질서의 유지만으로 민사소송의 목적을 설명하
는 것은 정당하지 못하다.3) ③ 사법질서유지설은 사권의 보호가 사법질서를 유
지하는 과정에서 파생된 부산물에 지나지 않는다고 보는데, 이는 권리보호를 구
하는 당사자를 소송절차의 단순한 객체로 전락시킬 위험이 있어, 민사소송제도가
형사소송에 대하여 가지는 특질이 몰각될 염려가 있고, 한편 그 근저에는 전체주

---

　2) 이, 3면.
　3) 강, 9면.

의적 국가관이 도사리고 있어 위험하다.4)

(3) 분쟁해결설

17-4   국가나 사회에 의한 민사소송에 따른 재판의 필요성은 사법(私法)의 존재를 뛰어넘는 것이고, 처음부터 국가나 사회에게 민사분쟁의 해결이 요구되고 있어서 민사소송이 생겨난 것이므로 분쟁의 해결이 바로 민사소송의 목적이라는 입장이다.5)

분쟁해결설은 사법질서유지설이나 사권보호설의 위와 같은 난점을 극복하기 위하여 전개된 학설이지만, 다음과 같은 문제점을 가진다. ① 반드시 소송이 아니라도(화해, 중재 등) 분쟁이 해결될 수 있는데, 이 입장은 분쟁이 소송보다 넓다는 것을 간과하고 있다.6) ② 소송이 분쟁해결과정 가운데 하나에 지나지 않는다고 본다면, 소송에 분쟁해결이라는 과대한 역할을 떠맡기고 있다. ③ 이 입장에서는 분쟁을 질서를 어지럽히는 것으로 보는, 즉 죄악시하는 것이 감돌고 있어 결과적으로 국가가 분쟁을 위에서 해결하여 준다라는 개입주의적 소송관과 결합되기 쉽다.

2. 최근의 논의

(1) 절차보장설

17-5   양쪽 당사자의 실질적인 대등화를 도모하면서 각각의 역할에 기하여 소송에 의한 토론을 전개해 나가는 절차를 보장하고자 하는 것이 민사소송의 목적이라고 한다. 그리하여 민사소송의 목적은 소송과정에서 양 당사자로 하여금 이성적인 대화를 하게 함으로써 소송 전 또는 소송 외에서 깨진 당사자의 자치(自治)를 다시 복구·실현시키는 데 있다는 것이다.7) 그런데 당사자의 대등변론의 보장은 소송제도의 수단(내지는 중요한 이념)은 될지언정, 목적 자체가 될 수 없다는 점에서 문제점이 지적되기도 한다.8)

---

4) 이, 3면.

5) 김/강, 34~35면은 분쟁해결설을 근간으로 하여 권리보호의 목적이나 법질서유지의 목적 또는 대등절차보장의 목적이 조화될 수 있도록 포섭하여야 할 것이라고 본다.

6) 이, 3면.

7) 독일 학설의 영향을 받았지만, 일본 나름대로 독자적으로 이른바 신당사자주의 내지는 절차보장의 제3의 물결이론을 주장하는 학자들에 의하여 주장된 견해이다.

8) 강, 11면; 이, 3면.

(2) 다원설

(가) 사권보호 및 사법질서유지　민사소송의 목적은 사권보호인 동시에 사 17-6
법질서(私法秩序)유지라고 보는 견해이다. 원래 사권의 존재는 사법질서의 존재를
전제로 하는 것이며, 따라서 사권과 사법은 동일 현상을 다른 측면에서 본 것에
지나지 않는다. 그러므로 민사소송은 이를 이용하는 개인의 입장에서 볼 때에는
사권의 보호라고 하겠고, 하나의 국가제도라는 차원에서는 사법질서의 유지라고
할 것이므로, 이러한 해석이 자유주의적 국가관과 전체주의적 국가관의 변증법적
조화라 할 문화국가관에 맞는 소송목적관이라고 생각되므로 민사소송의 목적을
사권보호 및 사법질서유지의 다원적으로 보는 것이 타당하다는 것이다.9)

(나) 사권보호, 사법질서유지 및 분쟁해결　사권보호, 사법질서유지 및 분 17-7
쟁해결의 어느 것도 민사소송제도의 목적이고, 어느 것도 무시되어서는 안 된다
고 한다. 민사소송제도를 만든 국가는 사법질서를 유지하려는 목적이 있고, 민사
소송에서 사건을 심리하고 재판하는 법원은 당사자들 사이의 분쟁을 해결할 임무
를 갖고 소송에 임하고, 민사소송을 이용하는 개인은 자신의 권리를 보호받고자
하는 목적이 있으므로 결국 민사소송제도의 목적은 이 세 가지 모두라고 한다.10)

III. 검 토

추상적인 목적론이 문제되는 것은 독일 민사소송법학의 사변적(思辨的)인 성 17-8
격을 우리가 계수한 영향이라고 생각한다. 이제 개념법학적 추상론에 안주하는
목적론에서 벗어나, 발전적이고 기능적인 면에서 소송을 고찰하여 그 본질적 목
적을 거시적이고 동태적으로 파악하는 것이 필요하다고 생각한다.11) 이 경우에
지금까지의 목적론에서 제시되지 않은 가치, 즉 당사자 사이의 공평, 절차의 적
정·신속, 소송경제, 실체법과의 공조, 분쟁해결모델의 제시 등을 포함하여 지금
까지 그 목적으로 생각하지 않았던 여러 가치들을 무시하기는 쉽지 않을 것이
다.12) 여기서는 민사소송법 이론의 체계화에서 목적론의 의의를 찾고자 하며, 그
렇다면 사권보호, 사법질서유지(실체법의 실현), 분쟁해결, 절차보장, 당사자 사이

---

9) 이, 4면.
10) 김홍, 3면; 범/곽, 3면; 호, 9면.
11) 송/박, 15면.
12) 이, 4면에서도 사권보호 및 사법질서유지설을 따르면서도 그 밖에 분쟁을 간단하게, 경제적으
　　로, 그리고 신속하게 종결시키는 것이 제도상·절차상의 목적이라고 하고 있다.

의 공평, 절차의 적정·신속, 소송경제 등이 그 내용에 있어서 다소 중복은 있더
라도 민사소송의 목적(가치 및 과제)으로 인식되어야 할 것이다.

판례색인

사항색인

[저자 약력]

서울 배문고 졸업
서울대 법대 졸업
사법시험 합격
대법원 법무사자격심의위원회 위원 역임
대법원 개인회생절차 자문단 위원 역임
법무부 법조직역 제도개선 특별분과위원회 위원 역임
법무부 공증인 징계위원회 위원 역임
독학사시험위원, 변리사시험위원, 입법고시위원, 공인노무사시험위원 역임
사법시험위원, 변호사시험위원 역임
한국민사집행법학회 회장 역임
(현재) 대한변호사협회지「인권과 정의」편집위원
(현재) 중앙대학교 법학전문대학원 교수

[저 서]
민사집행법[제5판], 박영사
도산법[제5판], 박영사
민사소송 가이드·매뉴얼[제2판], 박영사
민사소송법연습[제7판], 법문사
민사소송법 핵심판례 셀렉션, 박영사
분쟁유형별 민사법[제4판], 법문사
공증법제의 새로운 전개, 중앙대학교 출판부
제로(0) 스타트 법학[제6판], 문우사
[e북] 민사소송법 판례
[e북] 민사소송법 선택형 문제
[e북] 민사소송법 연습
[e북] 분쟁유형별 요건사실

[플랫폼 주소] http://justitia.kr

[QR코드]

제5판
강의 민사소송법

초판발행　　　2018년 8월 30일
제5판발행　　2025년 1월 31일

지은이　　　　전병서
펴낸이　　　　안종만·안상준

편 집　　　　윤혜경
기획/마케팅　조성호
표지디자인　　권아린
제 작　　　　고철민·김원표

펴낸곳　　　　(주) **박영사**
　　　　　　　서울특별시 금천구 가산디지털2로 53, 210호(가산동, 한라시그마밸리)
　　　　　　　등록 1959. 3. 11. 제300-1959-1호(倫)

전 화　　　　02)733-6771
f a x　　　　02)736-4818
e-mail　　　　pys@pybook.co.kr
homepage　　www.pybook.co.kr
ISBN　　　　979-11-303-4890-2 93360

정 가　　　　46,000원